Revisão Final

TJ - SP

Com base no edital

• Revisão ponto a ponto •

Oficial de Justiça

Revisão Final

TJ - SP

Com base no edital

• Revisão ponto a ponto •

Oficial de Justiça

COORDENAÇÃO

Henrique Correia

Leandro Bortoleto

INCLUI

- Dicas ponto a ponto do edital, separadas e organizadas por assunto e disciplina
- Quadros e esquemas

TODAS AS DISCIPLINAS

Língua Portuguesa • Direito Penal • Direito Processual Penal • Direito Administrativo • Legislação Especial • Direito Civil • Direito Processual Civil • Noções de Informática • Atualidades • Direitos das Pessoas com Deficiência • Matemática • Raciocínio Lógico

2024

EDITORA JusPODIVM

www.editorajuspodivm.com.br

EDITORA
*Jus*PODIVM
www.editorajuspodivm.com.br

Rua Canuto Saraiva, 131 – Mooca – CEP: 03113-010 – São Paulo – São Paulo
Tel: (11) 3582.5757
• Contato: https://www.editorajuspodivm.com.br/central-de-relacionamento

Copyright: Edições *Jus*PODIVM

Diagramação: Ana Paula Lopes Corrêa *(aninha_lopescorrea@hotmail.com)*

Capa: Ana Caquetti

R454 Correia, Henrique
Revisão Final - TJ-SP - Oficial de Justiça / coordenado por Henrique Correia e Leandro Bortoleto – São Paulo: Editora JusPodivm, 2024.
800 p.

Vários autores
ISBN: 978-85-442-5499-8

1. Concurso Público. 2. Provas. 3. Tribunal de Justiça. I. Correia, Henrique. II. Bortoleto, Leandro. III. Título.

CDD 341.4191

BIBLIOTECÁRIA RESPONSÁVEL

Ana Carolina Ribeiro Mois – CRB7 – RJ 007348/0

Apresentação da Coleção

A *Coleção* ***REVISÃO FINAL*** tem o propósito de preparar o concurseiro para provas de concursos públicos. Seu diferencial é a organização e a estruturação do conteúdo com base nos temas especificados no edital. É uma verdadeira revisão do conteúdo, ponto a ponto.

São diversos concursos, em cada um deles o edital é detalhadamente analisado e o conteúdo elaborado por autores especializados na preparação para provas. Essa preparação direcionada garante a otimização do estudo e a revisão completa das matérias, com **destaques aos pontos mais relevantes** que costumam ser cobrados nos certames.

Os conteúdos são apresentados por meio de recursos diferenciados para facilitar a assimilação e consolidação da matéria estudada, como **dicas, esquemas e quadrinhos**. Assim, é possível aprofundar o conhecimento nos assuntos exigidos ao mesmo tempo em que se oferece um rápido panorama sobre temas complementares ao programa do edital.

Os autores também são responsáveis pela elaboração de **dicas**, pensadas de acordo com o que tem sido exigido com mais frequência **nas últimas provas** realizadas.

Tudo isso para oferecer uma revisão de qualidade, que facilitará muito o planejamento e o percurso rumo à sua aprovação.

Ricardo Didier

Editora Juspodivm

Apresentação do REVISÃO FINAL – TJ/SP – Oficial de Justiça

O livro Revisão Final TJ SP – Oficial de Justiça é destinado a auxiliar você, leitor(a), que pretende ingressar no tribunal paulista.

Sabe-se que tão importante quanto assimilar o conteúdo é revisá-lo com frequência. Isso permitirá a consolidação do que fora estudado, o que contribuirá, e muito, para que seja alcançado um rendimento de excelência nas provas de concursos públicos. Entretanto, revisar não é tarefa fácil, especialmente pela dificuldade na seleção do conteúdo a ser revisado, o que, muitas vezes, faz o candidato ou ler quase toda a matéria novamente ou deixar pontos relevantes fora da revisão. Sem dúvida, essa atividade deve ser feita de acordo com o concurso almejado, seguindo o respectivo edital.

Disso, surgiu a ideia deste livro, pois sua proposta é oferecer uma revisão, com qualidade, conforme o edital. Ponto a ponto. Não é pretensão esgotar os temas, mas, na verdade, apontar aquilo que é mais relevante e costuma ser mais cobrado nas provas.

De acordo com o edital, as disciplinas cobradas na prova objetiva estão divididas em três blocos:

Bloco I: Língua Portuguesa.

Bloco II: Conhecimentos específicos, que inclui: Direito Penal, Direito Processual Penal, Direito Processual Civil, Direito Constitucional, Direito Administrativo, Direito Civil e Legislação Especial.

Bloco III: Conhecimentos Gerais, que inclui: Atualidades, Matemática e Informática.

Todavia, para otimizar o estudo, houve o desmembramento da disciplina Atualidades e o item 2 de seu conteúdo consta na disciplina Direitos das Pessoas com Deficiência e, da mesma maneira, desmembrou-se o contido em Matemática e parte do conteúdo está na disciplina Raciocínio Lógico.

Assim, veja como ficou a organização do livro:

Disciplina	Autor(a)
Língua Portuguesa	Duda Nogueira
Direito Penal	Danilo da Cunha Souza

Disciplina	Autor(a)
Direito Processual Penal	Danilo da Cunha Souza
Direito Processual Civil	Luciano Alves Rossato
Direito Constitucional	Paulo Lépore
Direito Administrativo	Alan Martins
Direito Civil	Plínio Moura
Legislação Especial	Leandro Bortoleto
Direitos da Pessoas com Deficiência	Paulo Boldrin
Atualidades	Rodolfo Gracioli
Matemática	Marcelo Sbicca
Raciocínio Lógico	Marcelo Sbicca
Informática	Emannuelle Gouveia

O edital publicado foi, criteriosamente, analisado pelos autores e autoras, todos especializados na preparação para concursos, e, com base nele, foram elaboradas as dicas. Cada autor(a) selecionou o que considera essencial para que você reveja antes de sua prova, conforme o que é o cobrado no edital.

Dessa maneira, você tem a sua disposição um material com excelentes dicas, seguindo ponto a ponto o edital.

Isso mesmo! No livro Revisão Final TJ SP Oficial de Justiça, você tem dicas de todas as disciplinas cobradas na prova objetiva, conforme o edital, e, ainda, cobrindo ponto a ponto de cada matéria. Com certeza, isso vai facilitar o planejamento e a execução de sua revisão rumo a sua aprovação, futuro(a) Oficial(a) de Justiça!

Bons estudos!!!!

Leandro Bortoleto

Henrique Correia

Coordenadores

Sobre os Autores

COORDENADORES

HENRIQUE CORREIA

Procurador do Trabalho. Professor de Direito do Trabalho da Escola Trabalhista (www.escolatrabalhista.com.br). Autor e Coordenador de diversos livros para concursos públicos pela Editora Juspodivm.

Site: www.henriquecorreia.com.br

Podcast: Carreiras Trabalhistas

Instagram: Prof_correia

YouTube: Henrique Correia

LEANDRO BORTOLETO

Mestre e bacharel em Direito pela Universidade Estadual Paulista – UNESP. Analista Judiciário (OJAF) na Justiça Federal. Autor e coordenador de livros jurídicos na Editora Juspodivm. Professor convidado no curso de especialização em Direito Administrativo na USP/FDRP. Professor na especialização em Direito Constitucional e Administrativo no curso Ênfase. Professor nos cursos preparatórios Verbo Jurídico e Complexo de Ensino Renato Saraiva – Cers. Professor no Jus Aulas na Editora Juspodivm; e Ex-oficial de justiça no TJ-SP. Instagram: @profbortoleto

AUTORES

ALAN MARTINS – *DIREITO ADMINISTRATIVO*

Auditor Fiscal da Receita Estadual/SP. Mestre em Direito pela UNESP. Especialista em Direito Tributário. Professor em cursos preparatórios (Direção Concursos, CERS e Qualis Concursos). Professor da Escola de Governo do Estado de São Paulo – Egesp. Professor da Maestría Internacional Hacienda Pública Dirección y Admnistración Tributaria do Instituto de Estudios Fiscales do Ministerio de Hacienda y Administraciones Públicas del Gobierno de España. Docente em cursos de especialização e MBAs da USP, Fundace, CERS, Faculdade Baiana de Direito, UniFacef, EBJUR e de outras instituições. Autor de livros e coordenador de obras da área fiscal pela Editora Juspodivm.

Instagram: @prof.alanmartins

Canal do Telegram: Direito Tributário & Legislação (t.me/tributarioelegis)

DANILO DA CUNHA SOUSA – *DIREITO PENAL E DIREITO PROCESSUAL PENAL*

Oficial de Justiça Avaliador Federal (TRF/3). Mestre em Direito pela Unesp Franca. Coautor em diversos livros das coleções Revisaço e Reta Final da Editora Juspodivm. Autor do livro *Processo Penal para Concursos*.

DUDA NOGUEIRA – *LÍNGUA PORTUGUESA*

Professora de Língua Portuguesa para concursos públicos. Autora de vários livros das Coleções Tribunais e MPU, Revisaço, Revisão Final, Carreiras Policiais, Sinopses Carreiras Fiscais, Como se Preparar. Coordenadora de Coleções na Editora Juspodivm. Pós-graduada em Linguística e Graduada em Letras.

Cursos - Carreiras de Tribunais, Carreiras Policiais e Receita Federal (JusAulas).

Telegram e Instagram - DudaProfe.

EMANNUELLE GOUVEIA - *INFORMÁTICA*

Bacharel em Ciência da Computação. Especialista em Gerência de Projetos, em Criptografia e Segurança da Informação e em Segurança Digital, Gestão e Governança de Dados. Servidora Pública. Atua na área acadêmica, em cursos de Graduação em Ciência da Computação e em cursinhos para concursos, *on-line* e presenciais, em vários estados do país.

Facebook: Emannuelle Gouveia

Instagram: @emannuellegouveia

Twitter: @manurolimf

E-mail: mentoriadamanu@yahoo.com

LEANDRO BORTOLETO - *LEGISLAÇÃO ESPECIAL*

Mestre e bacharel em direito pela Universidade Estadual Paulista – UNESP. Analista Judiciário (OJAF) na Justiça Federal. Autor e coordenador de livros jurídicos na Editora Juspodivm. Professor convidado no curso de especialização em Direito Administrativo na USP/FDRP. Professor na especialização em Direito Constitucional e Administrativo no curso Ênfase. Professor nos cursos preparatórios Verbo Jurídico e Complexo de Ensino Renato Saraiva – Cers. Professor no Jus Aulas na Editora Juspodivm. Ex-oficial de justiça no TJ-SP. Instagram: @profbortoleto

LUCIANO ALVES ROSSATO – *DIREITO PROCESSUAL CIVIL*

Doutor em Direito pela PUC/SP. Professor de cursos de pós-graduação *lato sensu*. Professor do Luciano Rossato Cursos (www.lucianorossatocursos.com.br).

Site: www.lucianorossatocursos.com.br

Instagram: @lucianorossato1.

MARCELO SBICCA - *MATEMÁTICA E RACIOCÍNIO LÓGICO*

Agente Fiscal de Rendas do Estado de São Paulo. Professor do CERS - Complexo de Ensino Renato Saraiva - das disciplinas Matemática e Estatística. Autor de livros para concursos publicados pela Editora Juspodivm.

E-mail: prof.sbicca@gmail.com

Facebook: Professor.MarceloSbicca

PAULO HENRIQUE BOLDRIN - *NOÇÕES SOBRE DIREITOS DAS PESSOAS COM DEFICIÊNCIA*

Advogado. Mestre em Direito pela Faculdade de Direito de Ribeirão Preto da USP. Graduado pela mesma faculdade. Professor e Tutor da Pós-Graduação Profissional em Direito e Processo do Trabalho do Aprovação PGE e Faculdade Metropolitana do Estado de São Paulo. Professor Universitário.

E-mail: paulomboldrin@gmail.com

PLÍNIO MOURA - *DIREITO CIVIL*

Advogado concursado do Banco do Nordeste do Brasil S.A. Especialista em Direito Civil e em Direito Processual Civil e Mestre em Direitos Humanos. Professor de cursos de Graduação e Pós-Graduação há 17 anos. Professor de cursos para concursos há 16 anos. Coautor em vários livros da Coleção Revisão Final e da Coleção Revisaço, pela Editora Juspodivm.

E-mails: pliniormoura@yahoo.com.br e plinio.rmoura79@gmail.com.

PAULO LÉPORE - *DIREITO CONSTITUCIONAL*

Coordenador e Professor do Curso Ênfase. Professor do Curso G7 Jurídico. Pós-doutor em Direito pela Universidade Federal de Santa Catarina - UFSC. Doutor em Serviço Social pela Universidade Estadual Paulista - UNESP. Doutorando em Direito pela Universidade de Coimbra - UC. Mestre em Direitos Coletivos e Função Social do Direito pela Universidade de Ribeirão Preto - UNAERP. Coordenador de Coleções e autor de diversos livros e artigos jurídicos. Advogado. Coordenador da Comissão de Direitos Infantojuvenis da 12ª Subseção da Ordem dos Advogados do Brasil do Estado de São Paulo - OAB-SP.

Site: www.paulolepore.com.br

RODOLFO MUNIZ ALVES GRACIOLI - *ATUALIDADES*

Professor de Sociologia, Filosofia, Atualidades e Temas de Redação de cursos preparatórios para concursos públicos e pré-vestibulares (modalidade presencial e à distância). Autor de outras obras da Editora Juspodivm.

www.rodolfogracioli.com.br

rodolfogracioli@uol.com.br

@RodolfoGracioli

Sumário

LÍNGUA PORTUGUESA

Duda Nogueira

DIREITO CIVIL

Plínio Moura

DIREITO PROCESSUAL CIVIL

Luciano Alves Rossato

DIREITOS DAS PESSOAS COM DEFICIÊNCIA

Paulo Henrique Boldrin

MATEMÁTICA

Marcelo Sbicca

RACIOCÍNIO LÓGICO

Marcelo Sbicca

Língua Portuguesa

Duda Nogueira

PARTE I – EDITAL SISTEMATIZADO

1. APRESENTAÇÃO

Olá, leitor(a).

Neste capítulo, abordaremos todos os assuntos de **Língua Portuguesa** exigidos pela banca VUNESP nas provas de Tribunais.

Sugiro que siga a ordem dos assuntos tratados porque um conteúdo depende de outro. Para entender melhor, o edital foi sistematizado.

Saliento que é de suma importância aplicar a teoria, isto é, resolver questões para fixar a matéria. Estude, por exemplo, pronome e resolva várias questões sobre pronome da banca. Perceberá, então, que a língua portuguesa não é tão difícil assim, mas é fundamental estudar de forma correta para obter um bom desempenho na avaliação iminente. Lembre-se de que serão 20 de Língua Portuguesa.

Excelsos estudos!

2. EDITAL SISTEMATIZADO

Cargo: Oficial de Justiça		
Itens do edital	**No livro**	**Onde encontrar**
1. Análise, compreensão e interpretação de diversos tipos de textos verbais, não verbais, literários e não literários. 2. Informações literais e inferências possíveis. 3. Ponto de vista do autor.	Interpretação e compreensão textual	PARTE VI capítulos 1 a 8
4. Estruturação do texto: relações entre ideias; recursos de coesão.	Coesão e coerência Pronome Análise sintática Período composto	PARTE V – capítulos 1 a 5 Parte III – capítulo 5 Parte IV – capítulos 1 a 3 Parte IV – capítulo 4

Cargo: Oficial de Justiça		
Itens do edital	**No livro**	**Onde encontrar**
5. Significação contextual de palavras e expressões.	Coesão e coerência Semântica Ortografia	PARTE V – capítulos 1 a 5 PARTE II – capítulo 2 PARTE II – capítulo 1
6. Sinônimos e antônimos. 7. Sentido próprio e figurado das palavras.	Semântica	PARTE II – capítulo 2
8. Classes de palavras: emprego e sentido que imprimem às relações que estabelecem: substantivo, adjetivo, artigo, numeral, pronome, verbo, advérbio, preposição e conjunção.	Morfologia Classes gramaticais	PARTE III capítulos 1 a 10
9. Concordância verbal e nominal.	Concordância	PARTE IV – capítulo 5
10. Regência verbal e nominal.	Regência	PARTE IV – capítulo 6
11. Colocação pronominal.	Pronome	PARTE III – capítulo 5 Itens 5 a 9
12. Crase.	Crase	PARTE IV – capítulo 7
13. Pontuação.	Pontuação	PARTE IV – capítulo 8

Parte I – Fonologia e Semântica

Capítulo 1. Ortografia

1. INTRODUÇÃO

Ortografia deriva das palavras gregas *ortho* que significa "correto" e *graphos* que significa "escrita". Assim sendo, trata-se da **escrita correta das palavras.**

Torna-se importante seu estudo por ser um tópico pedido em concursos. **Dicas** para facilitar o estudo, já que não é aconselhável ler todas as regras:

1) Ao se deparar com **palavras novas**, ou seja, desconhecidas, procure o significado no dicionário e anote para que fixe melhor.

2) **Faça muitos testes de concursos**, pois as palavras exigidas pelas bancas se repetem.

2. O ALFABETO

O alfabeto da língua portuguesa é formado por 26 letras (21 consoantes e 5 vogais). Cada letra apresenta uma forma minúscula e outra maiúscula. Veja:

a A (á)	**g G** (gê ou guê)	**m M**(eme)	**s S** (esse)	**y Y** (ípsilon)
b B (bê)	**h H** (agá)	**n N** (ene)	**t T** (tê)	**z Z**(zê)
c C (cê)	**i I**(i)	**o O** (ó)	**u U** (u)	
d D (dê)	**j J** (jota)	**p P** (pê)	**v V** (vê)	
e E (é)	**k K** (cá)	**q Q**(quê)	**w W** (dáblio)	
f F (efe)	**l L** (ele)	**r R** (erre)	**x X** (xis)	

Observação: emprega-se também o **ç,** que representa o fonema /s/ diante das letras: ***a, o,*** **e** ***u*** em determinadas palavras.

3. EMPREGO DAS LETRAS K, W E Y

REGRA	EXEMPLO
Em nomes de pessoas originários de outras línguas e seus derivados.	Kant, kantismo; Darwin, darwinismo; Taylor, taylorista.
Em nomes próprios de lugar originários de outras línguas e seus derivados.	Kuwait, kuwaitiano.
Em siglas, símbolos, e mesmo em palavras adotadas como unidades de medida de curso internacional.	K (Potássio), W (West), kg (quilograma), km (quilômetro), Watt.

4. EMPREGO DE X E CH

4.1. Emprega-se o X

REGRA	EXEMPLO	EXCEÇÃO
Após um ditongo.	cai**x**a, frou**x**o, pei**x**e	**recauchutar** e seus derivados gua**ch**e, cau**ch**o
Após a sílaba inicial "en".	en**x**ame, en**x**ada, en**x**aqueca	palavras iniciadas por **ch** que recebem o prefixo **en-:** encharcar (de charco), enchiqueirar (de chiqueiro), encher e seus derivados (enchente, enchimento, preencher)
Após a sílaba inicial "me-".	me**x**er, me**x**erica, me**x**icano, me**x**ilhão	mecha
Em vocábulos de origem indígena ou africana e nas palavras inglesas aportuguesadas.	abaca**x**i, **x**avante, ori**x**á, **x**ará, **x**erife, **x**ampu	**ch**apecó, alca**ch**ofra, **ch**afariz, ca**ch**aça, co**ch**i**ch**o, co**ch**ilar
Nas seguintes palavras	be**x**iga, bru**x**a, coa**x**ar, fa**x**ina, gra**x**a, lagarti**x**a, li**x**a, li**x**o, pu**x**ar, ri**x**a, o**x**alá, pra**x**e, ro**x**o, ve**x**ame, **x**adrez, **x**arope, **x**axim, **x**ícara, **x**ale, **x**ingar, etc.	

4.2. Emprega-se o dígrafo CH

REGRA	EXEMPLO
Ao passar do latim para o português, as sequências "cl", "pl" e "fl", transformaram-se em "**ch**"	• *afflare* → a**ch**ar • *clamare* → **ch**amar • *planus* → **ch**ão
Em palavras com origem francesa.	• Avalan**ch**e (Avalón**ch**), Ca**ch**ê (Ca**ch**et) • Ca**ch**ecol (Ca**ch**er), **Ch**alé (**Ch**alet) • **Ch**assi (**Ch**ânssis), **Ch**ampanhe (**Ch**ampagne) • **Ch**ampignon (**Ch**ampignon), **Ch**antilly (**Ch**antilly) • **Ch**ance (**Ch**ance), **Ch**apéu (**Ch**apeau) • **Ch**antagem (**Ch**antage)

5. EMPREGA-SE O G

REGRA	EXEMPLO	EXCEÇÃO
Nos substantivos terminados em ***–agem, –igem, –ugem***	barra**g**em, mira**g**em, via**g**em, ori**g**em, ferru**g**em	pajem
Nas palavras terminadas em ***–ágio, –égio, –ígio, –ógio, –úgio***	est**ágio**, privil**égio,** prest**ígio,** rel**ógio,** ref**úgio**	
Nas palavras derivadas de outras que se grafam com ***g***	en**g**essar (de gesso), massa**g**ista (de massagem), verti**g**inoso (de vertigem)	
Nos vocábulos	al**g**ema, au**g**e, be**g**e, estran**g**eiro, **g**eada, **g**en**g**iva, **g**ibi, **g**ilete, he**g**emonia, here**g**e, me**g**era, mon**g**e, rabu**g**ento, va**g**em.	

6. EMPREGA-SE O J

REGRA	EXEMPLO
Nas formas dos verbos terminados em *-jar* ou *-jear*	• arran**jar** – arran**j**o, arran**j**e, arran**j**em • despe**jar**– despe**j**o, despe**j**e, despe**j**em • gor**jear**– gor**j**eie, gor**j**eiam, gor**j**eando • enferru**jar**– enferru**j**e, enferru**j**em • via**jar**– via**j**o, via**j**e, via**j**em
Nas palavras de **origem tupi, africana, árabe ou exótica**	bi**j**u, **j**iboia, can**j**ica, pa**j**é, **j**erico, man**j**ericão, Mo**j**i
Nas palavras derivadas de outras que já apresentam ***j***	laranja– laran**j**eira, loja– lo**j**ista, lisonja– lison**j**eador, nojo– no**j**eira, cereja– cere**j**eira, varejo– vare**j**ista, rijo– enri**j**ecer, jeito– a**j**eitar.
Nos vocábulos	berin**j**ela, cafa**j**este, **j**eca, **j**egue, ma**j**estade, **j**eito, **j**e**j**um, la**j**e, tra**j**e, pega**j**ento

7. EMPREGO DAS LETRAS S E Z

7.1. Emprega-se o S

REGRA	EXEMPLO
Nas palavras derivadas de outras que já apresentam ***s*** no radical	análise– anali**s**ar, catálise– catali**s**ador, casa– ca**s**inha, ca**s**ebre, liso– ali**s**ar
Nos sufixos***-ês*** e ***–esa***, *ao indicarem nacionalidade, título ou origem*	burguês– burgu**esa,** inglês– ingl**esa,** chin**ês**– chin**esa,** milan**ês**– milan**esa**
Nos sufixos formadores de adjetivos -***ense, –oso*** e ***–osa***	catarin**ense,** gost**oso**– gost**osa,** amor**oso**– amor**osa,** palmeir**ense,** gas**oso**– gas**osa,** teim**oso**– teim**osa**
Nos sufixos gregos ***–ese, –isa, –osa***	catequ**ese**, dioc**ese**, poet**isa**, profet**isa**, sacerdot**isa**, glic**ose**, metamorf**ose**, vir**ose**
Após **ditongos**	coi**s**a, pou**s**o, lou**s**a, náu**s**ea
Nas formas dos verbos ***pôr*** e ***querer***, bem como em seus derivados	pu**s**, pô**s**, pu**s**emos, pu**s**eram, pu**s**era, pu**s**esse, pu**s**éssemos qui**s**, qui**s**emos, qui**s**eram, qui**s**er, qui**s**era, qui**s**éssemos repu**s**, repu**s**era, repu**s**esse, repu**s**éssemos
Em nomes próprios personativos (de pessoas)	Balta**s**ar, Heloí**s**a, Inê**s**, I**s**abel, Luí**s**, Luí**s**a, Re**s**ende, Sou**s**a, Tere**s**a, Tere**s**inha, Tomá**s**
Nos vocábulos	abu**s**o, a**s**ilo, atravé**s**, avi**s**o, be**s**ouro, bra**s**a, corte**s**ia, deci**s**ão, despe**s**a, empre**s**a, fregue**s**ia, fu**s**ível, mai**s**ena, me**s**ada, pai**s**agem, paraí**s**o, pê**s**ames, pre**s**épio, pre**s**ídio, quero**s**ene, rapo**s**a, surpre**s**a, te**s**oura, u**s**ura, va**s**o, vigé**s**imo, vi**s**ita, etc.

7.2. Emprega-se o Z

REGRA	EXEMPLO
Nas palavras derivadas de outras que já apresentam ***z*** no radical	deslize– desli**z**ar, ra**z**ão– ra**z**oável, vazio– esva**z**iar, raiz– enrai**z**ar, cru**z**-cru**z**eiro
Nos sufixos ***–ez, –eza***, ao formarem substantivos abstratos a partir de adjetivos	inválido– invalid**ez,** limpo-limp**eza,** macio– maci**ez,** rígido– rigid**ez,** frio– fri**eza,** nobre– nobr**eza,** pobre-pobr**eza,** surdo– surd**ez**

REGRA	EXEMPLO
Nos sufixos *–izar*, ao formar verbos e –*ização*, ao formar substantivos	civil**izar**– civilização, hospital**izar**– hospital**ização,** colon**izar**– colonização, real**izar**– real**ização**
Nos derivados em *–zal, –zeiro, –zinho, –zinha, –zito, –zita*	cafe**zal,** cafe**zeiro,** cafe**zinho,** arvore**zinha,** cão**zito,** ave**zita**
Nos vocábulos	a**z**ar, a**z**eite, a**z**edo, ami**z**ade, bu**z**ina, ba**z**ar, catequi**z**ar, chafari**z**, cicatri**z**, coali**z**ão, cuscu**z**, proe**z**a, vi**z**inho, xadre**z**, verni**z**, etc.
Nos **vocábulos homófonos** (mesmo som), estabelecendo distinção no contraste entre o ***S*** e o ***Z***	co**z**er (cozinhar) e co**s**er (costurar) pre**z**ar (ter em consideração) e pre**s**ar (prender) tra**z** (forma do verbo trazer) e trá**s** (parte posterior)

Observação: em muitas palavras, a letra ***X*** soa como ***Z***: exame, exato, exausto, exemplo, existir, exótico, inexorável.

8. EMPREGO DE S, Ç, X E DOS DÍGRAFOS SC, SÇ, SS, XC, XS

8.1. Emprega-se o S

REGRA	EXEMPLO
Nos substantivos derivados de verbos terminados em ***"andir"***, ***"ender"***, ***"verter"*** e ***"pelir"***	exp**andir**– expan**s**ão, pret**ender**– preten**s**ão, **verter**– ver**s**ão, exp**elir**– expul**s**ão, est**ender**– exten**s**ão, susp**ender**– suspen**s**ão, con**verter** – conver**s**ão, re**pelir**– repul**s**ão

8.2. Emprega-se Ç

REGRA	EXEMPLO
Nos substantivos derivados dos verbos **ter** e **torcer**	a**ter**– aten**ç**ão, **torcer**– tor**ç**ão, de**ter**– deten**ç**ão, dis**torcer**-distor**ç**ão, man**ter**– manuten**ç**ão, con**torcer**– contor**ç**ão

8.3. Emprega-se o X

REGRA	EXEMPLO
Em alguns casos, a letra **X** soa como **Ss**	au**x**ílio, e**x**pectativa, e**x**perto, e**x**troversão, se**x**ta, sinta**x**e, te**x**to, trou**x**e

8.4. Emprega-se SC

REGRA	EXEMPLO
Nos **termos eruditos**	acré**sc**imo, a**sc**ensorista, con**sc**iência, de**sc**ender, di**sc**ente, fa**sc**ículo, fa**sc**ínio, impre**sc**indível, mi**sc**igenação, mi**sc**ível, plebi**sc**ito, re**sc**isão, sei**sc**entos, tran**sc**ender, etc.

8.5. Emprega-se SÇ

REGRA	EXEMPLO
Na conjugação de alguns verbos	• nascer → na**sç**o, na**sç**a • crescer → cre**sç**o, cre**sç**a • descer → de**sç**o, de**sç**a

8.6. Emprega-se SS

REGRA	EXEMPLO
Nos substantivos derivados de verbos terminados em ***gredir, mitir, ceder*** e ***cutir***	a**gredir**– agre**ss**ão, de**mitir**– demi**ss**ão, **ceder**– ce**ss**ão, dis**cutir**– discu**ss**ão, pro**gredir**– progre**ss**ão, trans**mitir**– transmi**ss**ão, ex**ceder**– exce**ss**o, reper**cutir**– repercu**ss**ão

8.7. Emprega-se o XC e o XS

REGRA	EXEMPLO
Em dígrafos que soam como ***Ss***	e**xc**eção, e**xc**êntrico, e**xc**edente, e**xc**epcional, e**xs**udar

Observações sobre o uso da letra *X*

REGRA	EXEMPLO
O **X** pode representar os seguintes fonemas	/ch/ – **x**arope, ve**x**ame /cs/ – a**x**ila, ne**x**o /z/ – e**x**ame, e**x**ílio /ss/ – má**x**imo, pró**x**imo /s/ – te**x**to, e**x**tenso
Não soa nos grupos internos ***–xce–*** e ***–xci–***	e**xce**lente, e**xci**tar

9. EMPREGO DAS LETRAS E e I

9.1. Emprega-se o E

REGRA	EXEMPLO
Em sílabas finais dos verbos terminados em ***–oar, –uar***	mag**oar** – mago**e**, mago**e**s contin**uar**– continu**e**, continu**e**s
Em palavras formadas com o prefixo ***ante–* (antes, anterior)**	ant**e**braço, ant**e**cipar
Nos vocábulos	cad**e**ado, confet**e**, dis**e**nteria, **e**mpecilho, irr**e**quieto, m**e**xerico, orquíd**e**a, etc.

9.2. Emprega-se o I

REGRA	EXEMPLO
Em sílabas finais dos verbos terminados em ***–air, –oer, –uir****	c**air**– cai d**oer**– dói infl**uir**– influi*
Em palavras formadas com o prefixo ***anti–* (contra)**	Ant**i**cristo, ant**i**tetânico
Nos vocábulos	abor**í**gine, art**i**manha, chef**i**ar, d**i**gladiar, pen**i**c**i**lina, priv**i**légio, etc.

***Regra MUITO pedida em provas da Fundação Carlos Chagas.**

10. EMPREGO DAS LETRAS O E U

REGRA	EXEMPLO
A oposição **o/u** é responsável pela diferença de significado de algumas palavras.	c**o**mprimento (extensão) e c**u**mprimento (saudação, realização) s**o**ar (emitir som) e s**u**ar (transpirar)
Grafam-se com a letra ***O***	*b**o**lacha, búss**o**la, c**o**stume, m**o**leque.*
Grafam-se com a letra ***U***	*cam**u**ndongo, jab**u**ti, Man**u**el, táb**u**a*

11. EMPREGO DA LETRA H

Esta letra, em início ou fim de palavras, não tem valor fonético. Conservou-se apenas como símbolo, por força da etimologia e da tradição escrita. A palavra ***hoje,*** por exemplo, grafa-se desta forma devido a sua origem na forma latina ***hodie.***

11.1. Emprega-se o H

REGRA	EXEMPLO
Inicial, quando etimológico	**h**ábito, **h**esitar, **h**omologar, **H**orácio
Medial, como integrante dos dígrafos ***ch, lh, nh***	fle**ch**a, te**lh**a, compa**nh**ia
Final* e *inicial, em certas interjeições	a**h**!, i**h**!, e**h**!, o**h**!, **h**em?, **h**um!, etc.
Em **compostos unidos por *hífen***, no início do segundo elemento, se etimológico	anti-**h**igiênico, pré-**h**istórico, super-**h**omem, etc.
Observações:	
1) No substantivo ***Bahia***, o ***h*** sobrevive por tradição. 2) Os vocábulos ***erva, Espanha*** e ***inverno*** não possuem a letra **h** na sua composição. No entanto, seus derivados eruditos sempre são grafados com ***h***.	1) Note que nos substantivos derivados como ***baiano, baianada*** **ou** ***baianinha*** **ele não é utilizado.** 2) ***herbívoro, hispânico, hibernal.***

12. EM CONCURSOS

12.1. Emprego dos porquês

	Regras	Exemplos
Por que	equivale a **pelo qual**	Este é o caminho **por que** passo.
	vem acompanhado pela palavra **razão***(mesmo que subentendida)*	**Por que** você foi embora logo?
Porque	é uma explicação, equivale a **pois.**	Fui embora logo **porque** estava muito cansado.
Porquê	é um substantivo, ou seja, nomeia.	Não sei o **porquê** de sua demora.
	Admite PLURAL	O estudo da palavra **porquê.**
Por quê	Segue a regra da palavra **que**: quando utilizada no fim de uma frase, será sempre acentuada.	Ele faltou, mas não sei **por quê.**

Em concurso:

Faltou ontem e não sabemos **por quê.** Regra: final de frase.

Faltou ontem e não sabemos o **porquê.** Regra: admite plural = não sabemos **os porquês.**

12.2. Mal e mau

	Regras	Exemplos
Mal	**substantivo** (nomeia)	O **mal** que a televisão me fez.
	advérbio (indica circunstância)	Dormi **mal** a semana toda.
Mau	é um **adjetivo** (qualifica)	Ele é um **mau** aluno.

Facilitando: em provas fáceis, pode pensar na antiga dica de antônimos.

Mal	x	Bem
Mau	**x**	**Bom**

12.3. Viagem e viajem

	Regras	Exemplos
Viagem	**substantivo** (nomeia)	A **viagem** que farão.
Viajem	**verbo** (pode ser conjugado)	Que eles **viajem** bem.

12.4. Cessão, sessão e seção (ou secção)

	Regras	Exemplos
Cessão	Ato de **ceder**	A **cessão** de terras não será feita pelo governo.
Sessão	reunião	A **sessão** de cinema começará às oito horas.
Seção ou secção	parte, divisão	Li a notícia na **seção** (ou **secção**) de esportes.

12.5. Onde e aonde

	Regras	Exemplos
Onde	Significa **no lugar** e equivale a em que, no(a) qual	O bairro **onde** fica a editora. = A editora fica **no** bairro.
Aonde	Significa **ao lugar**	A casa **aonde** iremos. = Iremos **a** casa.

12.6. Se não e senão

	Regras	Exemplos
Se não	Equivale a **caso não, quando não** ou no caso de o **se** ser conjunção integrante.	**Se não** fossem meus amigos, não seria quem sou. Perguntei aos alunos **se não** gostariam de estudar.
Senão	Equivale a **caso contrário, do contrário, de outro modo, a não ser, mas sim**	Estude bastante, **senão** não conseguirá aprender o suficiente.

12.7. Tão pouco e tampouco

	Regras	Exemplos
Tão pouco	muito pouco, curto, pouca coisa, algo pequeno, escasso	Estudei **tão pouco** que nem vou fazer a prova.
Tampouco	**também não** ou **nem**	Não estudou, **tampouco** trabalhou.

12.8. De encontro a e ao encontro de

	Regras	Exemplos
De encontro a	contra, em oposição a, para chocar-se com	A decisão foi **de encontro a** nossos ideais.
Ao encontro de	estar de acordo com, em direção a, favorável a, para junto de	Minha nota veio **ao encontro do** que desejava.

12.9. Em vez de e ao invés de

	Regras	Exemplos
Em vez de	Em lugar de	**Em vez de** estudar, foi ao cinema.
Ao invés de	**Ao contrário de, lado oposto**. Utilizada para indicar ideias opostas, ideias contrárias.	**Ao invés de** rir, chorou muito.

12.10. Acerca de, a cerca de e há cerca de

	Regras	Exemplos
Acerca de	**a respeito de** ou **sobre**	**Acerca do** fato, não darei minha opinião.
A cerca de	perto de, aproximadamente, próximo de	O mar fica **a cerca de** 50 metros da pousada.
Há cerca de	tempo decorrido	**Há cerca de** 10 anos, foi aprovado.

12.11. Mas e mais

	Regras	Exemplos
Mas	• **substantivo comum** = um defeito, um senão • **conjunção** = adversativa tem sentido de uma oposição ou limitação, podendo ser substituído por porém, todavia, contudo • **advérbio** = enfatiza uma afirmação	• Nem **mas** nem meio mas, faça já o que mandaram. • Não estudou, **mas** foi aprovado. • Ele é bom aluno, **mas** tão bom aluno que tem sempre nota máxima nas provas.
Mais	Pode ser **substantivo, conjunção, advérbio de intensidade, preposição, pronome indefinido** indicando noção de maior quantidade ou intensidade. Significa também **ainda os outros, os demais, os restantes.**	• Ela é a menina **mais** inteligente da turma. • Dois **mais** dois são quatro. • Isto é o **mais** que ele consegue fazer. • Não faço **mais** nada do que pensar. • Vou embora, os **mais** que se decidam.

12.12. A fim e afim

	Regras	Exemplos
A fim	Locução de finalidade, equivale a **para**	Estudou **a fim de** ter salário fixo.
Afim	**Semelhante**, que tem afinidade	Nossos valores sempre foram **afins**.

12.13. Se Quer e Sequer

	Regras	Exemplos
Se quer	Conjunção **se** + verbo **querer** = se desejar	**Se quer** ter sucesso, trabalhe.
Sequer	Ao menos = advérbio	Estava doente e **sequer** tinha remédio em casa.

Capítulo 2. Semântica

1. INTRODUÇÃO

Semântica é o estudo do significado. Incide sobre a relação entre significantes palavras, frases, sinais e símbolos, e o que eles representam.

A semântica linguística estuda o significado usado por seres humanos para se expressar através da linguagem.

A semântica opõe-se à sintaxe, caso em que a primeira se ocupa do que algo significa, enquanto a segunda refere-se as estruturas ou padrões formais do modo como esse algo é expresso (por exemplo, escritos ou falados). Dependendo da concepção de significado que se tenha, existem diferentes semânticas. A semântica formal, a semântica da enunciação ou argumentativa e a semântica cognitiva, fenômeno, mas com conceitos e enfoques diferentes.[1]

2. SINONÍMIA

É a relação que se estabelece entre duas palavras ou mais que apresentam significados iguais ou semelhantes, ou seja, os sinônimos.

Exemplos: cômico – engraçado; débil – fraco, frágil; distante – afastado, remoto.

3. ANTONÍMIA

É a relação que se estabelece entre duas palavras ou mais que apresentam significados diferentes, contrários, isto é, os antônimos.

Exemplos: economizar – gastar; bem – mal; bom – ruim.

4. HOMONÍMIA

É a relação entre duas ou mais palavras que, apesar de possuírem significados diferentes, possuem a mesma estrutura fonológica, ou seja, os homônimos.

As homônimas podem ser classificadas em:

4.1. Homógrafas

Palavras iguais na escrita e diferentes na pronúncia.

1. Wikipedia. Disponível em <https://pt.wikipedia.org/wiki/Semantica>. Acesso em 26 jan. 2014, alterado.

Exemplos: gosto (substantivo) – gosto (1ª pessoa singular presente indicativo do verbo gostar); conserto (substantivo) – conserto (1ª pessoa singular presente indicativo do verbo consertar).

4.2. Homófonas

Palavras iguais na pronúncia e diferentes na escrita.

Exemplos: cela (substantivo) – sela (verbo); cessão (substantivo) – sessão (substantivo); cerrar (verbo) – serrar (verbo).

4.3. Perfeitas – homófonas e homógrafas

Palavras iguais na pronúncia e na escrita.

Exemplos: cura (verbo) – cura (substantivo); verão (verbo) – verão (substantivo); cedo (verbo) – cedo (advérbio).

5. PARONÍMIA

É a relação que se estabelece entre duas ou mais palavras que possuem significados diferentes, mas são muito parecidas na pronúncia e na escrita, isto é, os parônimos.

Exemplos:

- cavaleiro – cavalheiro
- absolver – absorver
- comprimento – cumprimento
- aura (atmosfera) – áurea (dourada)
- conjectura (suposição) – conjuntura (situação decorrente dos acontecimentos)
- descriminar (desculpabilizar) – discriminar (diferenciar)
- desfolhar (tirar ou perder as folhas) – folhear (passar as folhas de uma publicação)
- despercebido (não notado) – desapercebido (desacautelado)
- geminada (duplicada) – germinada (que germinou)
- mugir (soltar mugidos) – mungir (ordenhar)
- percursor (que percorre) – precursor (que antecipa os outros)
- sobrescrever (endereçar) – subscrever (aprovar, assinar)
- veicular (transmitir) – vincular (ligar)
- descrição – discrição
- onicolor – unicolor.

5.1. Quadro resumo

	Semântica		
	Escrita	**Pronúncia**	**Significação**
Homógrafos	igual	diferente	diferente
Homófonos	diferente	igual	diferente
Homônimos	igual	igual	diferente
Parônimos	semelhante	semelhante	diferente
Sinônimos	diferente	diferente	igual ou semelhante
Antônimos	diferente	diferente	oposto

6. POLISSEMIA

É a propriedade que uma mesma palavra tem de apresentar vários significados.

Exemplos: Ele ocupa um alto **posto** na empresa. Abasteci meu carro no **posto** da esquina.

Os convites eram de **graça**. Os fiéis agradecem a **graça** recebida.

7. CONOTAÇÃO E DENOTAÇÃO

7.1. Conotação

É o uso da palavra com um significado diferente do original, criado pelo contexto.

Exemplo: Você tem um coração de **pedra**.

7.2. Denotação é o uso da palavra com o seu sentido original

Exemplos: **Pedra** é um corpo duro e sólido, da natureza das rochas. A construção de um muro de **pedras**.

Capa da Revista Veja:

8. AMBIGUIDADE

À duplicidade de sentido, seja de uma palavra ou de uma expressão, dá-se o nome de ambiguidade. Ocorre, geralmente, nos seguintes casos:

Casos	Exemplos	Ambiguidade	Eliminando a ambiguidade
Má colocação do Adjunto Adverbial	Crianças que recebem leite materno frequentemente são mais sadias.	As crianças são mais sadias porque recebem leite frequentemente ou são frequentemente mais sadias porque recebem leite?	Crianças que recebem frequentemente leite materno são mais sadias. Crianças que recebem leite materno são frequentemente mais sadias.

Casos	Exemplos	Ambiguidade	Eliminando a ambiguidade
Uso Incorreto do Pronome Relativo	Gabriela pegou o estojo vazio da aliança de diamantes que estava sobre a cama.	O que estava sobre a cama: o estojo vazio ou a aliança de diamantes?	Gabriela pegou o estojo vazio da aliança de diamantes a qual estava sobre a cama. Gabriela pegou o estojo vazio da aliança de diamantes o qual estava sobre a cama. **Observação**: Neste exemplo, pelo fato de os substantivos estojo e aliança pertencerem a gêneros diferentes, resolveu-se o problema substituindo os substantivos por o qual/a qual. Se pertencessem ao mesmo gênero, haveria necessidade de uma reestruturação diferente.
Má Colocação de Pronomes, Termos, Orações ou Frases	Aquela velha senhora encontrou o garotinho em seu quarto.	O garotinho estava no quarto dele ou da senhora?	Aquela velha senhora encontrou o garotinho no quarto dela. Aquela velha senhora encontrou o garotinho no quarto dele.
	Sentado na varanda, o menino avistou um mendigo.	Quem estava sentado na varanda: o menino ou o mendigo?	O menino avistou um mendigo que estava sentado na varanda. O menino que estava sentado na varanda avistou o mendigo.[2]

Exemplo em "tirinha"

2. Brasil Escola. Disponível em <http://brasilescola.uol.com.br/redacao/ambiguidade.htm>. Acesso em 24 julho 2014, alterado.

Capítulo 3. Acentuação

1. INTRODUÇÃO

Acentuação gráfica é a aplicação de sinais gráficos nas palavras e entre esses sinais estão os acentos gráficos (acento agudo, acento circunflexo, acento grave, til, apóstrofo, cedilha e hífen).

2. REGRAS DE ACENTUAÇÃO GRÁFICA

Em algumas provas de concursos, é comum ser cobrada a matéria acerca de acento diferencial em verbos (singular e plural) – exemplo: o verbo manter (mantém/mantêm).

Iniciemos com exemplo de uma simples tabela para facilitar a classificação dos vocábulos.

1) Separe as sílabas. Lembre-se de que em cada sílaba, há **uma vogal**.
2) A última coluna deve estar sempre preenchida (como o exemplo da palavra **hífen**).
3) Não colocar na tabela: hiato, monossílabo e ditongos abertos (eu, oi, ei), por não seguirem as classificações mencionadas a seguir.

Proparoxítona	Paroxítona	Oxítona
crí	ti	co
	hí	fen
	ca	**fé**

Facilitou?

- **Crítica** é uma proparoxítona; **hífen** é paroxítona e **café** é **oxítona.**

2.1. Proparoxítonas

Sílaba tônica: antepenúltima.

As proparoxítonas são **todas** acentuadas graficamente: **trá**gico, pa**té**tico, **ár**vore.

2.2. Paroxítonas

Sílaba tônica: penúltima.

Acentuam-se as PAROXÍTONAS terminadas em	EXEMPLO
l	**fá**cil
n	**pó**len
r	ca**dá**ver
ps	**bí**ceps
x	**tó**rax
us	**ví**rus
i, is	**jú**ri, **lá**pis
om, ons	**iân**dom, **í**ons
um, uns	**ál**bum, **ál**buns
ã(s), ão(s)	**ór**fã, **ór**fãs, **ór**fão, **ór**fãos
ditongo oral (seguido ou não de s)	**jó**quei, **tú**neis

2.2.1. Observações

As paroxítonas terminadas em ***n*** são acentuadas (hífen), mas as que terminam em ***ens***, não.	hifens, jovens
Não são acentuados os prefixos terminados em ***i*** e ***r***.	semi, super
Acentuam-se as paroxítonas terminadas em ditongos crescentes: ***ea(s), oa(s), eo(s), ua(s), ia(s), ue(s), ie(s), uo(s), io(s).***	várzea, mágoa, **óleo, régua, férias, tênue,** cárie, ingênuo, início

2.3. Oxítonas

Sílaba tônica: última.

Acentuam-se as OXÍTONAS terminadas em	EXEMPLO
a(s)	so**fá**, so**fás**
e(s)	jaca**ré**, vo**cês**
o(s)	pale**tó**, a**vós**
em, ens	nin**guém**, arma**zéns**

2.4. Monossílabos

2.4.1. Monossílabos Tônicos

Possuem **uma sílaba** e são pronunciados fortemente.

Acentuam-se os MONOSSÍLABOS terminados em	EXEMPLOS
a(s)	lá, cá
e(s)	pé, mês
o(s)	só, pó, nós, pôs

Acentuam-se os MONOSSÍLABOS terminados em	EXEMPLOS
éu, éus	céu, véus
éi, éis	réis
ói, óis	dói, sóis

2.4.2. Monossílabos Átonos

Não possuem autonomia fonética, sendo proferidos **fracamente,** como se fossem sílabas átonas do vocábulo a que se apoiam: o(s), a(s), um, uns, me, te, se, lhe nos, de, em, e, que, etc.

2.4.3. Observações

Os monossílabos átonos são palavras vazias de sentido, vindos representados por artigos, pronomes oblíquos, elementos de ligação (preposições, conjunções).	
Há monossílabos que são tônicos numa frase e átonos em outras.	Você trouxe sua mochila para ***quê***? (tônico) ***Que*** tem dentro da sua mochila? (átono) Há sempre um ***mas*** para questionar. (tônico) Eu sei seu nome, ***mas*** não me recordo agora. (átono)
Muitos verbos, ao se combinarem com pronomes oblíquos, produzem formas oxítonas ou monossilábicas que devem ser acentuadas por acabarem assumindo alguma das terminações contidas nas regras.	beijar + a = beijá-la fez + o = fê-lo dar + as = dá-las fazer + o = fazê-lo

2.5. Regras Especiais

Estas regras não podem ser encaixadas na tabela de dica mencionada no início do capítulo.

2.5.1. Ditongos abertos

Os ditongos **éi, éu** e **ói**, sempre que tiverem pronúncia aberta em palavras **oxítonas** (éi e não êi), são acentuados.	***éi(s):*** an**éi**s, fi**éi**s, pap**éi**s ***éu(s):*** trof**éu**, **céu**s ***ói(s):*** her**ói**, constr**ói**, caub**ói**s
Os ditongos abertos ocorridos em palavras paroxítonas NÃO são acentuados.	assembleia, boia, colmeia, Coreia, estreia, heroico, ideia, jiboia, joia, paranoia, plateia, etc.
A palavra destróier é acentuada por ser uma paroxítona terminada em "r" (e não por possuir ditongo aberto **oi).**	–

2.5.2. Hiatos

REGRA	EXEMPLO
Acentuam-se o **i** e **u** tônicos quando formam hiato com a vogal anterior, estando eles sozinhos na sílaba ou acompanhados apenas de **"s"**, desde que não sejam seguidos por **-nh.**	sa **– í** – da e – go **– í**s –mo sa **– ú** – de

REGRA	EXEMPLO
Não se acentuam, portanto, hiatos como os das palavras seguintes	ju -**iz**, ra – **iz**, ru – **im**, ca – **ir**
Motivo: –**i** ou –**u** não estão sozinhos nem acompanhados de –**s** na sílaba.	
Cabe esclarecer que existem hiatos acentuados não por serem hiatos, mas por outras razões	po-é-ti-co: proparoxítona bo-ê-mio: paroxítona terminada em ditongo crescente. ja-ó: oxítona terminada em "o".

2.5.3. *Verbos TER e VIR*

REGRA	EXEMPLO
Acentua-se com circunflexo a 3ª pessoa do plural do presente do indicativo dos verbos **ter** e **vir**, bem como nos seus compostos (*deter, conter, reter, advir, convir, intervir*, etc.).	Ele tem – Eles têm Ele vem – Eles vêm Ele retém – Eles retêm Ele intervém – Eles intervêm
– Nos verbos compostos de ter e vir, o acento ocorre obrigatoriamente, mesmo no singular. Distingue-se o plural do singular mudando o acento de agudo para circunflexo	ele *detém* – eles *detêm* ele *advém* – eles *advêm*

Capítulo 4. Reforma Ortográfica

1. MUDANÇAS NO ALFABETO

O alfabeto passa a ter 26 letras. Foram reintroduzidas as letras **k**, **w** e **y**:

A B C D E F G H I J **K** L M N O P Q R S T U V **W** X **Y** Z

Usadas em	Exemplos
símbolos de unidades de medida	km (quilômetro), kg (quilograma), W (watt)
palavras e nomes estrangeiros (e seus derivados)	show, playboy, playground, windsurf, kung fu, yin, yang, William, kaiser, Kafka, kafkiano

2. TREMA

Não se usa mais o trema (¨), sinal colocado sobre a letra **u** para indicar que ela deve ser pronunciada nos grupos **gue**, **gui**, **que**, **qui**.

Em provas, a exceção	o trema permanece apenas nas palavras estrangeiras e em suas derivadas: Müller, mülleriano.

3. MUDANÇAS NAS REGRAS DE ACENTUAÇÃO

	O que mudou	Exemplos	Exceções
1	Não se usa mais o acento dos **ditongos abertos éi** e **ói** das palavras paroxítonas (palavras que têm acento tônico na penúltima sílaba).	alcaloide, alcateia, androide, apoia (verbo apoiar), apoio (verbo apoiar), asteroide, boia, celuloide, claraboia, colmeia, Coreia	Essa regra é válida somente para palavras paroxítonas. Continuam a ser acentuadas as palavras oxítonas e os monossílabos tônicos terminados em **éis** e **ói(s)**: papéis, herói, heróis, dói (verbo doer), sóis.
2	Nas palavras **paroxítonas**, não se usa mais o acento no **i** e no **u** tônicos quando vierem depois de um ditongo.	baiuca, bocaiuva (tipo de palmeira), cauila (avarento).	1. se a palavra for oxítona e o **i** ou o **u** estiverem em posição final (ou seguidos de **s**), o acento permanece: tuiuiú, tuiuiús, Piauí. 2. se o **i** ou o **u** forem precedidos de ditongo crescente, o acento permanece: guaíba, Guaíra.

	O que mudou	Exemplos	Exceções
3	Não se usa mais o acento das palavras terminadas em **êem** e **ôo(s)**.	abençoo, creem, deem, doo, enjoo.	
4	Não se usa mais o **acento diferencial** os pares pára – para, péla(s) – pela(s), pêlo(s) – pelo(s), pólo(s) – polo(s) e pêra – pera.	Ele não para de falar. Foram para Londres.	1. Permanece o acento diferencial em **pôde** e **pode**: Ontem, ele não **pôde** sair mais cedo, mas hoje ele **pode**. 2. Permanece o acento diferencial em **pôr** (verbo) e **por** (preposição): Vou **pôr** o livro na estante que foi feita **por** mim. 3. Permanecem os acentos que diferenciam o singular do plural dos verbos **ter** e **vir**, assim como de seus derivados (manter, deter, reter, conter, convir, intervir, advir etc.): Ele **tem** – Eles **têm;** Ele **vem** – Eles **vêm;** Ele **mantém** – Eles **mantêm;** Ele **convém** – Eles **convêm.** 4. Acento facultativo – o uso do acento circunflexo para diferenciar as palavras **forma** e **fôrma**. Em alguns casos, o uso do acento deixa a frase mais clara: Qual é a **forma** da **fôrma** do bolo?
5	Não se usa mais o acento agudo no u tônico das formas (tu) arguis, (ele) argui, (eles) arguem, do presente do indicativo dos verbos arguir e redarguir.	*João argui Pedro sobre sua ausência na reunião.* *Pedro redargui: Por acaso isso te interessa?*	
6	Há uma variação na pronúncia dos verbos terminados em **guar**, **quar** e **quir**, como aguar, averiguar, apaziguar, desaguar, enxaguar, obliquar, delinquir etc. Esses verbos admitem duas pronúncias em algumas formas do presente do indicativo, do presente do subjuntivo e também do imperativo. 1. se forem pronunciadas com **a** ou **i** tônicos, essas formas devem ser acentuadas. 2. se forem pronunciadas com **u** tônico, essas formas deixam de ser acentuadas.	1. verbo enxaguar: enxáguo, enxáguas, enxágua, enxáguam; enxágue, enxágues, enxáguem. verbo delinquir: delínquo, delínques, delínque, delínquem; delínqua, delínquas, delínquam. 2. (a vogal sublinhada é tônica, isto é, deve ser pronunciada mais fortemente que as outras): verbo enxaguar: enxag**u**o, enxag**u**as, enxag**u**a, enxag**u**am; enxag**u**e, enxag**u**es, enxag**u**em. verbo delinquir: delinq**u**o, delinq**u**es, delinq**u**e, delinq**u**em; delinq**u**a, delinq**u**as, delinq**u**am.	No Brasil, a pronúncia mais corrente é a primeira, aquela com **a** e **i** tônicos.

4. USO DO HÍFEN COM COMPOSTOS

	Usa-se hífen	Exemplos	Exceções
1	nas palavras compostas que não apresentam elementos de ligação.	guarda-chuva, arco-íris, boa-fé, segunda-feira, mesa-redonda, vaga-lume, joão-ninguém, porta-malas, porta-bandeira, pão-duro, bate-boca	Não se usa o hífen em certas palavras que perderam a noção de composição, como girassol, madressilva, mandachuva, pontapé, paraquedas, paraquedista, paraquedismo.
2	em compostos que têm palavras iguais ou quase iguais, sem elementos de ligação.	reco-reco, blá-blá-blá, zum-zum, tico-tico, tique-taque, cri-cri, glu-glu, rom-rom, pingue-pongue, zigue-zague, esconde-esconde, pega-pega, corre-corre	
3	nos compostos entre cujos elementos há o emprego do apóstrofo.	gota-d'água, pé-d'água	
4	nas palavras compostas derivadas de topônimos (nomes próprios de lugares), com ou sem elementos de ligação.	belo-horizontino, porto-alegrense, mato-grossense-do-sul, rio-grandense-do-norte, sul-africano	
5	nos compostos que designam espécies animais e botânicas (nomes de plantas, flores, frutos, raízes, sementes), tenham ou não elementos de ligação.	bem-te-vi, peixe-espada, peixe-do-paraíso, mico-leão-dourado, andorinha-da-serra, lebre-da-patagônia, erva-doce, ervilha-de-cheiro, pimenta-do-reino, peroba-do-campo, cravo-da-índia.	não se usa o hífen quando os compostos que designam espécies botânicas e zoológicas são empregados fora de seu sentido original. Observe a diferença de sentido entre os pares: a) bico-de-papagaio (espécie de planta ornamental); bico de papagaio (deformação nas vértebras). b) olho-de-boi (espécie de peixe); olho de boi (espécie de selo postal).

Não se usa hífen	Exemplos	Exceções
em compostos que apresentam elementos de ligação.	pé de moleque, pé de vento, pai de todos, dia a dia, fim de semana, cor de vinho, ponto e vírgula, camisa de força, cara de pau, olho de sogra.	água-de-colônia, arco-da-velha, cor-de-rosa, mais-que-perfeito, pé-de-meia, ao deus-dará, à queima-roupa.
Complemento: incluem-se nesse caso os compostos de base oracional.	maria vai com as outras, leva e traz, diz que diz que, deus me livre, deus nos acuda, cor de burro quando foge, bicho de sete cabeças, faz de conta.	

5. USO DO HÍFEN COM PREFIXOS

As observações a seguir referem-se ao uso do hífen em palavras formadas por prefixos (anti, super, ultra, sub etc.) ou por elementos que podem funcionar como prefixos (aero, agro, auto, eletro, geo, hidro, macro, micro, mini, multi, neo etc.).

	Casos gerais	Exemplos	Exceções
1	Usa-se o hífen diante de palavra iniciada por **h.**	anti-higiênico, anti-histórico, macro-história, mini-hotel, proto-história, sobre-humano, super-homem, ultra-humano	Quando o segundo elemento perdeu o H inicial: desumano, desumidificar, inábil.
2	Usa-se o hífen se o prefixo terminar com a mesma letra com que se inicia a outra palavra. micro-ondas, anti-inflacionário, sub-bibliotecário, inter-regional		Prefixo CO-: coordenar, cooperar, cooperação, cooptar, coocupante. Prefixo RE-: reeleger, reenviar, reescrever
3	Não se usa o hífen se o prefixo terminar com letra diferente daquela com que se inicia a outra palavra.	autoescola, antiaéreo, intermunicipal, supersônico, superinteressante, agroindustrial, aeroespacial, semicírculo	Prefixos que sempre levam hífen: sota-, soto-, vice-, vizo-. **Observação**: Se o prefixo terminar por vogal e a outra palavra começar por r ou s, dobram-se essas letras: minissaia, antirracismo, ultrassom, semirreta

5.1. Casos particulares

	Casos particulares	Exemplos
1	Com os prefixos sub e sob, usa-se o hífen também diante de palavra iniciada por r.	sub-região, sub-reitor, sub-regional, sob-roda
2	Com os prefixos circum e pan, usa-se o hífen diante de palavra iniciada por m, n e vogal.	circum-murado, circum-navegação, pan-americano
3	Usa-se o hífen com os prefixos **ex, sem, além, aquém, recém, vice.**	além-mar, além-túmulo, aquém-mar, ex-aluno, ex-diretor, ex-hospedeiro, ex-prefeito, ex-presidente, recém-casado, recém-nascido, sem-terra, vice-rei
4	Usa-se o hífen com os prefixos **pós, pré, pró.**	pós-graduação, pré-história, pré-vestibular, pró-europeu. **Observação**: Se os prefixos não forem autônomos, não haverá hífen: predeterminado, pressupor, pospor, propor.
5	O prefixo co junta-se com o segundo elemento, mesmo quando este se inicia por o ou h. Neste último caso, corta-se o h. Se a palavra seguinte começar com r ou s, dobram-se essas letras.	coobrigação, coedição, coeducar, cofundador, coabitação, coerdeiro, corréu, corresponsável, cosseno
6	Com o prefixo re não se usa o hífen, mesmo diante de palavras começadas por e.	reescrever, reedição
7	Na formação de palavras com ab, ob e ad, usa-se o hífen diante de palavra começada por b, d ou r.	ad-digital, ad-renal, ob-rogar, ab-rogar

5.2. Outros casos do uso do hífen

	Outros casos do uso do hífen	Exemplos
1	Não se usa o hífen na formação de palavras com não e quase.	(acordo de) não agressão, (isto é um) quase delito
2	Com mal*, usa-se o hífen quando a palavra seguinte começar por vogal, h ou l.	mal-entendido, mal-estar, mal-humorado, mal-limpo **Observação:** Quando mal significa doença, usa-se o hífen se não houver elemento de ligação. Exemplo: mal-francês. Se houver elemento de ligação, escreve-se sem o hífen. Exemplos: mal de lázaro, mal de sete dias.
3	Usa-se o hífen com sufixos de origem tupi-guarani que representam formas adjetivas, como açu, guaçu, mirim.	capim-açu, amoré-guaçu, anajá-mirim
4	Usa-se o hífen para ligar duas ou mais palavras que ocasionalmente se combinam, formando não propriamente vocábulos, mas encadeamentos vocabulares.	ponte Rio-Niterói, eixo Rio-São Paulo
5	Para clareza gráfica, se no final da linha a partição de uma palavra ou combinação de palavras coincidir com o hífen, ele deve ser repetido na linha seguinte.	Na cidade, conta-se que ele foi viajar. O diretor foi receber os ex--alunos.

Pesquisa realizada em: Guia Nova Ortografia Michaelis e umportugues.com.

Parte II – Morfologia

Capítulo 1. Substantivo

1. DEFINIÇÃO

Substantivo é a classe gramatical variável que denomina os seres. Além de objetos, pessoas e fenômenos, os substantivos também nomeiam:

Lugares	Alemanha, Porto Alegre.
Sentimentos	amor, raiva.
Estados	alegria, tristeza.
Qualidades	honestidade, sinceridade.
Ações	corrida, pescaria.

1.1. Em Concursos – Morfossintaxe

Na análise sintática, o substantivo pode ser núcleo de vários termos.

núcleo	do **sujeito**
	do **complemento verbal** – objeto direto e objeto indireto
	do **agente da passiva**
	do **complemento nominal**
	do **aposto**
	do **predicativo** – do sujeito ou do objeto
	do **vocativo**
	do **adjunto adnominal**
	do **adjunto adverbial**

2. CLASSIFICAÇÃO DO SUBSTANTIVO

2.1. Substantivos Comuns e Próprios

comum	designa os seres de uma mesma espécie de forma genérica	menino, cidade, mulher, cachorro
próprio	designa os seres de uma mesma espécie de forma particular	Brasil, Grécia, Luciana, Pedro

2.2. Substantivos Concretos e Abstratos

concreto	designa o ser que existe, independentemente de outros seres
abstrato	designa seres que dependem de outros para se manifestar ou existir

2.2.1. Em Concursos

Os substantivos concretos designam seres do mundo real e do mundo imaginário.

Seres do mundo real: homem, mulher, cadeira, cobra, Brasília, etc.

Seres do mundo imaginário: saci, mãe-d'água, fantasma, etc.

Os substantivos abstratos designam estados, qualidades, ações e sentimentos dos seres, dos quais podem ser abstraídos, e sem os quais não podem existir: vida (estado), rapidez (qualidade), viagem (ação), saudade (sentimento).

3. FORMAÇÃO DO SUBSTANTIVO

3.1. Substantivos Simples e Compostos

Substantivo simples é formado por um único elemento; substantivo composto é formado por dois ou mais elementos.

simples	sol, poesia, livro, lua
composto	girassol, beija-flor, guarda-sol

3.2. Substantivos Primitivos e Derivados

Substantivo primitivo não deriva de nenhuma outra palavra da própria língua portuguesa; o substantivo derivado se origina de outra palavra.

primitivo	terra, luz, fogo, feudo
derivado	território, luzeiro, fogueira, feudalismo

4. FLEXÃO DO SUBSTANTIVO

4.1. Flexão de Gênero

Gênero é a propriedade que as palavras têm de indicar sexo real ou fictício dos seres. São dois gêneros: **masculino** e **feminino.**

4.1.1. Substantivos Biformes e Substantivos Uniformes

Atente-se ao que facilita: uni = uma; bi = duas.

Biformes: possuem duas formas, uma para o masculino e outra para o feminino.

masculino	feminino
menino	menina
amigo	amiga

masculino	feminino
gato	gata
candidato	candidata

Uniformes: possuem uma única forma e são classificados em:

4.1.2. Epicenos

Têm um só gênero e nomeiam bichos.

onça macho	onça fêmea
jacaré macho	jacaré fêmea
foca macho	foca fêmea

4.1.3. Sobrecomuns

Têm um só gênero e nomeiam pessoas.

a criança	a testemunha	o cônjuge	o carrasco	o ídolo

Observação: Há substantivos que, variando de gênero, variam em seu significado:

- o rádio (aparelho receptor) e a rádio (estação emissora)
- o capital (dinheiro) e a capital (cidade)

4.1.4. Comuns de dois gêneros

Indicam o sexo das pessoas por meio do artigo.

o dentista	a dentista
um jovem	uma jovem
o imigrante	a imigrante

4.1.5. Formação dos Substantivos Biformes e Uniformes

4.1.5.1. Substantivos Biformes[1]

<table>
<tr><td>Regra geral</td><td>troca-se a terminação -o por a-</td><td colspan="2">aluno – aluna</td></tr>
<tr><td>Substantivos terminados em -ês</td><td>acrescenta-se -a ao masculino</td><td colspan="2">freguês – freguesa</td></tr>
<tr><td rowspan="5">Substantivos terminados em -ão</td><td rowspan="5">fazem o feminino de três formas</td><td>troca-se -ão por -oa.</td><td>patrão – patroa</td></tr>
<tr><td>troca-se -ão por -ã.</td><td>campeão – campeã</td></tr>
<tr><td rowspan="2">troca-se -ão por ona.</td><td>solteirão – solteirona</td></tr>
<tr><td>barão – baronesa</td></tr>
<tr><td>Exceções:</td><td>• ladrão– ladra
• sultão – sultana</td></tr>
</table>

1 Só português. Disponível em <http://www.soportugues.com.br/secoes/morf/morf24.php>. Acesso em 30 março 2014, alterado.

Substantivos terminados em –or	1. acrescenta-se **-a** ao masculino	doutor – doutora
	2. troca-se **-or** por **–triz**	imperador – imperatriz
Substantivos com feminino em -esa, –essa, –isa	**-esa**	cônsul – consulesa
	-essa	conde – condessa
	-isa	poeta – poetisa
Substantivos que formam o feminino trocando o –e final por –a	elefante – elefanta	
Substantivos que têm radicais diferentes no masculino e no feminino	bode – cabra / boi – vaca	
Substantivos que formam o feminino de maneira especial, isto é, não seguem nenhuma das regras anteriores:	czar – czarina / réu – ré	

4.1.5.2. Uniformes[2]

Epicenos	Alguns nomes de animais apresentam uma só forma para designar os dois sexos. Esses substantivos são chamados de **epicenos**. No caso dos epicenos, quando houver a necessidade de especificar o sexo, utilizam-se palavras **macho** e **fêmea.**
	o jacaré (gênero masculino) – o macho do jacaré / o jacaré macho – a fêmea do jacaré / o jacaré fêmea ou fêmeo. a mosca (gênero feminino) – o macho da mosca/ a mosca macho ou macha – a fêmea da mosca/ o mosca fêmea".
Sobrecomuns	O substantivo sobrecomum, que se refere aos seres humanos, tem a mesma forma genérica para o masculino ou feminino. Nem os artigos e adjetivos que acompanham o substantivo sobrecomum variam.
	O algoz / O apóstolo / A criança / A pessoa / A vítima / O cônjuge / O verdugo / A criatura
Comuns de Dois Gêneros	A distinção de gênero pode ser feita através da análise do artigo ou adjetivo, quando acompanharem o substantivo.
	o colega – **a** colega / **o** imigrante – **a** imigrante / **um** jovem – **uma** jovem / artista **famoso** – artista **famosa** / repórter **francês** – repórter **francesa**

4.2. Flexão de Número do substantivo[3]

4.2.1. Plural dos Substantivos Simples

Os substantivos terminados em	**vogal, ditongo oral e n fazem o plural pelo acréscimo de s.**	pai – pais / ímã – ímãs hífen – hifens (sem acento, no plural) **Exceção:** cânon – cânones.
	m fazem o plural em ns.	homem – homens

2 Só português. Disponível em <http://www.soportugues.com.br/secoes/morf/morf25.php>. Acesso em 30 março 2014, alterado.

3 Só português. Disponível em <http://www.soportugues.com.br/secoes/morf/morf27.php>. Acesso em 30 março 2014.

<table>
<tr><td rowspan="11"></td><td>r e z fazem o plural pelo acréscimo de es.</td><td colspan="2">revólver – revólveres / raiz – raízes
Atenção: O plural de caráter é caracteres.</td></tr>
<tr><td>al, el, ol, ul flexionam-se no plural, trocando o l por is.</td><td colspan="2">quintal – quintais / caracol – caracóis / hotel – hotéis
Exceções: mal e males, cônsul e cônsules.</td></tr>
<tr><td rowspan="3">il fazem o plural de duas maneiras:</td><td>Quando oxítonos, em is.</td><td>canil – canis</td></tr>
<tr><td>Quando paroxítonos, em eis.</td><td>míssil – mísseis.</td></tr>
<tr><td colspan="2">Obs.: a palavra réptil pode formar seu plural de duas maneiras: répteis ou reptis (pouco usada).</td></tr>
<tr><td rowspan="2">s fazem o plural de duas maneiras:</td><td>Quando monossilábicos ou oxítonos, mediante o acréscimo de es.</td><td>ás – ases
retrós – retroses</td></tr>
<tr><td>Quando paroxítonos ou proparoxítonos, ficam invariáveis.</td><td>o lápis – os lápis
o ônibus – os ônibus.</td></tr>
<tr><td rowspan="3">ão fazem o plural de três maneiras.</td><td>substituindo o -ão por -ões</td><td>ação – ações</td></tr>
<tr><td>substituindo o -ão por -ães</td><td>cão – cães</td></tr>
<tr><td>substituindo o -ão por -ãos</td><td>grão – grãos</td></tr>
<tr><td>x ficam invariáveis.</td><td colspan="2">o látex – os látex.</td></tr>
</table>

4.2.2. Plural dos Substantivos Compostos

A formação do plural dos substantivos compostos depende da forma como são grafados, do tipo de palavras que formam o composto e da relação que estabelecem entre si. Aqueles que são grafados sem hífen comportam-se como os substantivos simples.

aguardente e aguardentes	pontapé e pontapés	girassol e girassóis	malmequer e malmequeres

O plural dos substantivos compostos cujos elementos são ligados por hífen costuma provocar muitas dúvidas e discussões. Vamos a elas.

<table>
<tr><td rowspan="4">1.
Flexionam-se os dois elementos, quando formados de</td><td>substantivo
+
substantivo</td><td>couve-flor e couves-flores</td></tr>
<tr><td>substantivo
+
adjetivo</td><td>amor-perfeito e amores-perfeitos</td></tr>
<tr><td>adjetivo
+
substantivo</td><td>gentil-homem e gentis-homens</td></tr>
<tr><td>numeral
+
substantivo</td><td>quinta-feira e quintas-feiras</td></tr>
<tr><td rowspan="3">2.
Flexiona-se somente o segundo elemento, quando formados de</td><td>verbo
+
substantivo</td><td>guarda-roupa e guarda-roupas</td></tr>
<tr><td>palavra invariável
+
palavra variável</td><td>alto-falante e alto-falantes</td></tr>
<tr><td>palavras repetidas ou imitativas</td><td>reco-reco e reco-recos</td></tr>
</table>

<table>
<tr><td rowspan="3">3.
Flexiona-se somente o primeiro elemento, quando formados de</td><td>substantivo
+
preposição clara
+
substantivo</td><td>água-de-colônia e águas-de-colônia</td></tr>
<tr><td>substantivo
+
preposição oculta
+
substantivo</td><td>cavalo-vapor e cavalos-vapor</td></tr>
<tr><td>substantivo
+
substantivo que funciona como determinante do primeiro, ou seja, especifica a função ou o tipo do termo anterior.</td><td>palavra-chave – palavras-chave
bomba-relógio – bombas-relógio
notícia-bomba – notícias-bomba
homem-rã – homens-rã
peixe-espada – peixes-espada</td></tr>
<tr><td rowspan="2">4.
Permanecem invariáveis, quando formados de</td><td>verbo
+
advérbio</td><td>o bota-fora e os bota-fora</td></tr>
<tr><td>verbo
+
substantivo no plural</td><td>o saca-rolhas e os saca-rolhas</td></tr>
<tr><td>5.
Casos Especiais</td><td colspan="2">o louva-a-deus e os louva-a-deus
o bem-te-vi e os bem-te-vis
o bem-me-quer e os bem-me-queres
o joão-ninguém e os joões-ninguém</td></tr>
</table>

4.2.3. Plural das Palavras Substantivadas

As palavras substantivadas, isto é, palavras de outras classes gramaticais usadas como substantivo, apresentam, no plural, as flexões próprias dos substantivos.

os **prós**	os contras	prova dos **noves**	os **sins**	os **nãos**

4.2.4. Plural dos Diminutivos

Flexiona-se o substantivo no plural, retira-se o s final e acrescenta-se o sufixo diminutivo.

pãe(s) + zinhos	pãezinhos	**colhere(s) + zinhas**	colherezinhas	**túnei(s) + zinhos**	tuneizinhos
animai(s) + zinhos	animaizinhos	**flore(s) + zinhas**	florezinhas	**pai(s) + zinhos**	paizinhos
botõe(s) + zinhos	botõezinhos	**mão(s) + zinhas**	mãozinhas	**pé(s) + zinhos**	pezinhos
chapéu(s) + zinhos	chapeuzinhos	**papéi(s) + zinhos**	papeizinhos	**pé(s) + zitos**	pezitos
farói(s) + zinhos	faroizinhos	**nuven(s) + zinhas**	nuvenzinhas		
tren(s) + zinhos	trenzinhos	**funi(s) + zinhos**	funizinhos		

Capítulo 2. Adjetivo

1. DEFINIÇÃO

É a palavra que caracteriza o substantivo e lhe atribui qualidade, estado, aparência, aspectos gerais, característica e modo de ser.

substantivo	adjetivo
candidato	competente
aluno	estudioso
aluna	estudiosa
servidor	aprovado
servidora	aprovada

1.1. Em Concursos – Morfossintaxe

Na análise sintática, pode ser:

adjunto adnominal	predicativo do sujeito	predicativo do objeto

2. CLASSIFICAÇÃO DO ADJETIVO

Explicativo	Exprime qualidade própria do ser.	fogo **quente**, neve **fria**, céu **azul**
Restritivo	Exprime qualidade que não é própria do ser.	fruta **madura**, homem **baixo**, céu **alaranjado**

3. FORMAÇÃO DO ADJETIVO

3.1. Simples e Composto

Simples	formado por um radical.	claro, escuro
Composto	formado por mais de um radical.	azul-claro, verde-escuro

3.2. Primitivo e Derivado

Primitivo	não se origina de outra palavra.	bom, feliz
Derivado	deriva de substantivos ou verbos.	bondoso, amado

4. ADJETIVO PÁTRIO

Indica nacionalidade ou origem do ser. Refere-se a países, regiões, continentes, estados, povos, raças.

5. LOCUÇÃO ADJETIVA

Locução é o conjunto de duas ou mais palavras que portam significado distinto daquele que advém da consideração das palavras isoladamente, isto é, locução adjetiva é mais de uma palavra com valor de substantivo. Normalmente é formada por preposição + substantivo.

Exemplos: de águia = aquilino; de fogo = ígneo; de pato = anserino.

6. FLEXÕES DO ADJETIVO

6.1. Flexão de gênero

Os adjetivos concordam com o substantivo a que se referem (masculino e feminino).

6.1.1. Adjetivos Uniformes e Biformes

Biformes	têm duas formas, sendo uma para o masculino e outra para o feminino.	estudioso, estudiosa, vencedor, vencedora
Uniformes	têm uma só forma tanto para o masculino como para o feminino.	feliz, confiante, contente

6.2. Flexão de Número

6.2.1. Plural dos Adjetivos Simples

Os adjetivos simples flexionam-se no plural de acordo com as regras estabelecidas para a flexão numérica dos substantivos simples.

mau e maus	feliz e felizes	ruim e ruins	boa e boas

6.2.1.1. Em concursos

Caso o adjetivo seja uma palavra que também exerça função de substantivo, ficará invariável. Facilitando: se a palavra que qualifica um elemento for, originalmente, um substantivo, ela manterá sua forma primitiva (singular).

A palavra **violeta** é um substantivo, porém, se estiver qualificando um elemento, funcionará como adjetivo. Ficará invariável. Ex.: camisas **violeta**, ternos **violeta**.

Comparando	
Blusas **vinho** – substantivo adjetivado = singular	Blusas **verdes** – adjetivo = plural

Comparando	
Tetos **musgo** – substantivo adjetivado = singular	Tetos **azuis** – adjetivo = plural
Livros **monstro** – substantivo adjetivado = singular	Livros **grandiosos** – adjetivo = plural

6.2.2. Plural dos Adjetivos Compostos

Adjetivo composto é formado por dois ou mais elementos. Normalmente, esses elementos são ligados por hífen.

Regra: apenas o último elemento concorda com o substantivo a que se refere; os demais ficam na forma masculina, singular.	camisas **verde-claras**

6.2.2.1. Em concursos

Caso um dos elementos que forma o adjetivo composto seja um substantivo adjetivado, todo o adjetivo composto ficará invariável.

As palavras **ouro e café** são originalmente substantivos, porém, se estiverem qualificando um elemento, funcionarão como adjetivos. Caso se ligue a outra palavra por hífen, formará um adjetivo composto; como é um substantivo adjetivado, o adjetivo composto inteiro ficará invariável. Ex.: 1) Camisas **amarelo-ouro.** 2) Telhados **marrom-café**

Observações importantes	**Azul-marinho, azul-celeste, ultravioleta e qualquer adjetivo composto iniciado por cor-de-...** são sempre invariáveis.	Blusas **azul-marinho** Blusas **azul-celeste** Blusas **cor-de-rosa**
	Os adjetivos compostos **surdo-mudo e pele-vermelha** têm os dois elementos flexionados.	Meninos **surdos-mudos** Crianças **peles-vermelhas**

6.3. Flexão de Grau

Os adjetivos flexionam-se em grau para indicar a intensidade da qualidade do ser. São dois os graus do adjetivo: o **comparativo** e o **superlativo**.

6.3.1. Grau comparativo

Igualdade	...	tão	...	como (quanto)	...
Superioridade	...	mais	...	(do que)	...
Inferioridade	...	menos	...	(do que)	...

6.3.1.1. Em concursos

Na comparação, a preposição é facultativa**: mais que** ou **mais do que, menos que** ou **menos do que.**

6.3.2. Grau superlativo

O superlativo expressa qualidades num grau muito elevado ou em grau máximo. O grau superlativo pode ser **absoluto** ou **relativo**.

<table>
<tr><th colspan="2">Absoluto</th><th colspan="2">Relativo</th></tr>
<tr><td colspan="2">ocorre quando a qualidade de um ser é intensificada, sem relação com outros seres.</td><td colspan="2">ocorre quando a qualidade de um ser é intensificada em relação a um conjunto de seres.</td></tr>
<tr><th>Analítico</th><th>Sintético</th><th>Superioridade</th><th>Inferioridade</th></tr>
<tr><td>a intensificação se faz com o auxílio de palavras que dão ideia de intensidade (advérbios.
O secretário é muito inteligente.</td><td>a intensificação se faz por meio do acréscimo de sufixos.
O secretário é inteligentíssimo.</td><td>Clara é a mais bela da sala.</td><td>Clara é a menos bela da sala.</td></tr>
</table>

Capítulo 3. Artigo

1. DEFINIÇÃO

É a palavra que acompanha o substantivo e indica a forma que está sendo empregado – definindo ou indefinindo. Indica, também, o gênero e o número dos substantivos.

2. CLASSIFICAÇÃO DO ARTIGO

Definido	individualiza e se refere a um ser conhecido	o, a, os, as	**O** presidente viajou.
Indefinido	generaliza e se refere a um ser desconhecido	um, uma, uns, umas	**Um** aluno faltou hoje.

3. COMBINAÇÃO DO ARTIGO

Os artigos definidos e indefinidos podem combinar com preposições.

Preposição	**Artigo**			
	o, os	a, as	um, uns	uma, umas
a	ao, aos	à, às	-	-
de	do, dos	da, das	dum, duns	duma, dumas
em	no, nos	na, nas	num, nuns	numa, numas
por (per)	pelo, pelos	pela, pelas	-	-

4. EMPREGO DO ARTIGO[1]

NÃO SE USA o artigo definido	
Em Provérbios e Comparações	Cão que ladra não morde. Amor com amor se paga. Amor e tosse na dá para esconder.
Depois de Cujo e o Substantivo Imediato	Era o homem cujo pai procurávamos. Há animais cujo pelo é liso.
Antes de Palavras que Designam Matérias de Estudo, usadas com os verbos ensinar, aprender, estudar e equivalentes	Estudava Literatura. Lecionava Português. Já não se estuda Latim nas escolas.

1 Recanto das letras. Disponível em <http://www.recantodasletras.com.br/gramatica/1408194>. Acesso em 2 abril 2014.

NÃO SE USA o artigo definido	
Antes de Nomes de Sentido Generalizado – antes de substantivos usados de uma maneira geral	Amor é sacrifício. Avareza não é economia. Escrever certo é difícil. Sal, pimenta e açúcar devem ser usados em quantidades moderadas.
Antes de Palavras que se Referem à Mesma Pessoa	Diretor da empresa e funcionário público.
Antes de Pronomes Tratamento	Sua Alteza casou com Dona Teresa Cristina. Espero não ter interrompido Vossa Excelência.
→**EXCEÇÃO:** senhor, senhora e senhorita admitem artigo.	Falei com a senhorita Ana. O senhor João morreu ontem.
→**Cuidado:** não quando nos dirigimos à própria pessoa	Adeus, senhor Antônio.
Antes dos Adjetivos São, Santo e Santa, quando acompanhados de nome próprio, assim como Nosso Senhor e Nossa Senhora	Santo Antônio é seu padroeiro e confidente
Antes de Pronome Possessivo usado em expressões com o valor de alguns	Quem não tem suas (algumas) dificuldades?
Com Nomes Próprios de Pessoas Usados Por Inteiro (famosos ou não)	João Figueiredo pediu para ser esquecido.
→**Observações:** Com nomes de pessoas, geralmente, não se usa artigo	Rita não compareceu à cerimônia.
Cuidado: na linguagem coloquial de alguns Estados brasileiros, é frequente a anteposição de artigo a nomes de pessoas, a fim de indicar afetividade ou familiaridade	O Édson é meu irmão. A Sandra não quis sair comigo.
Antes das palavras Casa e Terra, quando não especificadas.	Eles estavam em casa. Voltou para casa mais tarde do que de hábito. Os marinheiros permaneciam em terra.
→**Cuidado: usa-se artigo antes das palavras Casa e Terra,** quando especificadas.	Ele estava na casa do amigo. Voltou para a casa dos pais. Os marinheiros permaneceram na terra dos anões.
Antes de Outro em sentido indeterminado	Uns estavam atentos, outros não. Um entrou no banco, outro no carro.
Com Ambos (ambas) é obrigatório o emprego do artigo definido. Coloque-o entre o numeral ambos e o substantivo a que se refere	O juiz solicitou a presença de ambos os cônjuges. Ambas as partes chegaram a um acordo.
Com Cujo (e flexões) não usamos artigo	Este é o homem cujo amigo desapareceu. Este é o autor cuja obra conheço.
Não se combina com preposição o artigo que faz parte do nome de revistas, jornais e obras literárias	Li a notícia em O Estado de São Paulo. A notícia foi publicada em O Globo.

USA-SE o artigo definido	
Nomes próprios geográficos Dica: use **voltei do, da** = com artigo	A Bahia = voltei da O Rio de Janeiro = voltei do A Amazônia = voltei da
Qualificando o lugar, haverá também o artigo	O velho Portugal = voltei do A Atenas de Péricles = voltei da A antiga Grécia = voltei da
→ **Cuidado:** **voltei de** = sem artigo	Portugal = voltei de Roma = voltei de Atenas = voltei de Curitiba = voltei de São Paulo = voltei de Paris = voltei de
Uso FACULTATIVO antes de pronomes possessivos	Foi rápida a sua entrevista. Foi rápida sua entrevista.

Artigo indefinido	
Transmite ao substantivo grande força expressiva	*Estou com* **uma sede***!* O artigo indefinido denota a grande intensidade da sede que o emissor da frase sente.
Antepõe-se ao numeral quando não se pode precisá-lo	*Ela deve ter* **uns 15** *anos.*
Antes de nomes próprios para acentuar a semelhança de alguém com um personagem célebre. Nesse caso o nome próprio passa a ser um nome comum	*Revelou-se* **um Pavarotti**. (um grande cantor)

Capítulo 4. Numeral

1. DEFINIÇÃO

É a palavra que atribui quantidade aos seres ou os situa em determinada sequência.

Os **quatro** últimos ingressos foram vendidos há pouco.	**quatro:** numeral = atributo numérico de "ingresso".
Eu quero café **duplo.**	**duplo:** numeral = atributo numérico de "café".
A **primeira** pessoa da fila pode entrar.	**primeira:** numeral = situa o ser "pessoa" na sequência de «fila».

Os **numerais** traduzem, em palavras, o que os números indicam em relação aos seres. Assim, quando a expressão é colocada em números (1, 1º, 1/3, etc.) não se trata de numerais, mas sim de algarismos. Estes últimos são uma classe gramatical específica às palavras (um, primeiro, terça parte etc.).

Além dos numerais mais conhecidos, já que refletem a ideia expressa pelos números, existem mais algumas palavras consideradas numerais porque denotam quantidade, proporção ou ordenação. São alguns exemplos**: década, dúzia, par, ambos(as), novena**.

2. CLASSIFICAÇÃO DO NUMERAL

De acordo com suas funções, os numerais são classificados em:

Cardinais, ordinais, fracionários, multiplicativos e coletivos.

Nº	Cardinais	Ordinais	Multiplicativos	Fracionários	Coletivos
1	um	primeiro			
2	dois	segundo	duplo ou dobro	meio ou metade	duo, dueto, dupla
3	três	terceiro	triplo ou tríplice	terço	trio
4	quatro	quarto	quádruplo	quarto	quarteto
5	cinco	quinto	quíntuplo	quinto	quinteto

3. LEITURA DOS NUMERAIS

Separando os números em centenas, de trás para frente, obtêm-se conjuntos numéricos, em forma de centenas e, no início, também de dezenas ou unidades. Entre esses conjuntos usa-se vírgula; as unidades ligam-se pela conjunção **e**.

1.203.726	um milhão, duzentos **e** três mil, setecentos **e** vinte **e** seis.
45.520	quarenta **e** cinco mil, quinhentos **e** vinte.

4. EMPREGO DOS NUMERAIS[1]

Não se deve usar o numeral um antes de mil	Ganhei mil reais.
Em relação ao primeiro dia do mês	Fortaleza, 1º de dezembro de 2014. Com relação ao primeiro dia, há gramáticos respeitados, como Evanildo Bechara, que defendem tanto o uso do ordinal como do cardinal. O emprego do ordinal, todavia, parece ter maior aceitação e, portanto, deve receber prioridade.
Com relação às datas – Uso de AOS, A e EM	É facultativo. Assim, posso empregar qualquer uma das três opções. – **Aos** 18 dias de março foi prolatada a sentença. – **A** 18 de março foi prolatada a sentença. – **Em** 18 de março foi prolatada a sentença. – **No** dia 23 de março foi prolatada a sentença.
Os numerais milhares, milhões e bilhões exigem o artigo no masculino	– Os milhares de mulheres compareceram à passeata. – Os três milhões de árvores plantadas cresceram devagar. – Não há oferta de trabalho para os dois bilhões de pessoas ociosas.
Na designação de artigos, capítulos e parágrafos, usam-se os ordinais de um a nove e os cardinais de dez em diante	– Capítulo VII (sétimo) – Capítulo X (dez) – Artigo IX (nono) – Artigo X (dez) – Parágrafo X (dez) – Parágrafo XI (onze)
Na designação de papas, séculos e reis, usam-se os ordinais de um a dez e os cardinais de onze em diante	– Oficialmente o fim do Império Romano se deu no século V. (século quinto) – A Reforma Protestante e a Contrarreforma ocorreram no século XVI. (século dezesseis) – Pio X e Pio XII foram dois papas da Igreja Católica. (respectivamente Pio décimo e Pio doze) – Dom Pedro II era maçom. (Pedro Segundo) **Observação: usar-se-ão, todavia, os ordinais em frases como:** No décimo quarto século depois do fim do Império Romano nasceu Nietzsche, o filósofo que mais perseguiu o cristianismo.
Na designação de páginas de um livro e nos endereços de apartamentos e casas de uma vila usam-se os cardinais	Carla abriu o livro na página 5. (cinco) Carla mora no apartamento 203. Casa 3. (três) **Observação: se o numeral anteceder o substantivo, o ordinal deve ser usado.** – Carla abriu o livro na 5ª página. (quinta) – Carla abriu o livro na quinta página.
Não se usa o ponto entre os numerais, quando estes designam datas	Hoje é dia 18 de agosto de 2013. **Observação: Nos demais casos, o ponto deve ser colocado entre as centenas e milhares.** – Ele ganhou R$ 1.250.350,18 de prêmio. – O juiz de Direito fez menção ao art. 1.184 do Código de Processo Civil.

1 Português Uol. Disponível em < http://portugues.uol.com.br/gramatica/o-emprego-que-se-atribui-aos-numerais.html>. Acesso em 8 de junho 2016, alterado.

Uso de sinais gráficos entre as datas: três opções, sendo a primeira mais aceita	- / 12 / 2013 -.12.2013 - - 12 - 2013
Quantidade de dígitos em relação aos dias, meses e anos	- Escrita: 18/01/2014. - No preenchimento de campos, seja em papéis, seja nos meios eletrônicos: 18/01/2014 ou 18/01/14. - No computador: O fato aconteceu a 20 de dezembro de 2013. - O fato aconteceu a 20/12/2013. - Ribeirão Preto, 26 de janeiro de 2014. (por causa do nome geográfico, no caso Ribeirão Preto).
Uso de sinais gráficos entre a data, o nome geográfico e entre este e a sigla correspondente ao estado ou país	- Ribeirão preto, SP, 26 de janeiro de 2014. - Ribeirão Preto-SP, 26 de janeiro de 2016. - Ribeirão Preto (SP), 26 de janeiro de 2016.

Capítulo 5. Pronome

1. INTRODUÇÃO

Os pronomes mais pedidos em provas são: pessoais, demonstrativos e relativos.

2. DEFINIÇÃO

Pronome é a palavra usada no lugar do nome, pode referir-se ao nome ou simplesmente o acompanhar, dando-lhe uma qualidade.

3. PRONOME ADJETIVO E SUBSTANTIVO

Pronome adjetivo: acompanha o substantivo.

Pronome substantivo: substitui o nome (substantivo).

Exemplos:

- **Nós** viajaremos em **seu** carro.
- **Nós**: pronome substantivo
- **Seu**: pronome adjetivo

4. CLASSIFICAÇÃO DOS PRONOMES

4.1. Pronome pessoal

Substitui os substantivos, indicando diretamente as pessoas do discurso. O emissor (quem fala ou escreve) assume os pronomes **eu** ou **nós**; usa-se os pronomes **tu, vós, você** ou **vocês** para designar o receptor (a quem se dirige) e **ele, ela, eles** ou **elas** para designar o referente (pessoa ou pessoas de quem fala).

RETOS	OBLÍQUOS	
	Átonos	**Tônicos**
EU	me	mim, comigo
TU	te	ti, contigo
ELE	o, a, lhe, se	si, consigo, ele, ela
NÓS	nos	conosco, nós
VÓS	vos	convosco, vós
ELES	os, as, lhes, se	si, consigo, eles, elas

Pessoas do discurso		
Emissor	quem fala	eu, nós
Receptor	com quem se fala	tu, vós
Referente	de quem se fala	ele, ela, eles, elas

4.1.1. Em Concursos

Cuidado com o emprego dos pronomes nas frases a seguir:

Ana, preciso falar **com você.**

Estás calado demais hoje, quero falar **contigo** depois.

No primeiro caso, usa-se **com você**, já que não há referência da 2ª pessoa. No segundo caso, há referência do sujeito tu, portanto, usa-se **contigo**.

4.1.2. Emprego dos Pronomes Pessoais

Pronomes	Funções	Exemplos	Perguntas	Respostas
Retos	sujeito	**Nós** viajaremos no fim de semana.	quem?	Nós
		Eles estudaram para a prova.	quem?	Eles

Pronomes	Funções	Quando é usado	Dica	São eles
Oblíquos	Objeto Direto	vem após um verbo transitivo direto, ou seja, **não** pede preposição.	**sem** preposição	o, a, os, as
	Objeto Indireto	vem após verbo transitivo indireto, ou seja, pede preposição.	**com** preposição	lhe, lhes

Objeto Direto:

Eles	compraram	alguns livros.	*compra algo*
	↓ V.T.D.	↓ O.D.	

Objeto Indireto:

Todos	necessitam	de felicidade.	*necessita de algo*
	↓ V.T.I.	↓ O.I.	

Entregaram	o prêmio	ao vencedor.	*entregaram algo a alguém*
↓ V.T.D.I	↓ O.D	↓ O.I.	

Sendo assim, teremos:

- **O.D: o(s), a(s)**
- **O.I: lhe(s)**

Convidei	-o	para jantar.	convida alguém
↓ V.T.D	↓ O.D.		

O filho	obedece	-lhe.	*obedece a alguém*
	↓ V.T.I.	↓ O.I.	

Verbos terminados em					
	r, s, z	+ o, a	= lo, la	Quis + o Fiz + a Amar + o	= qui-lo = fi-la = amá-lo
	m, ão, õe	+ o, a	= no, na	fizeram + o põe + a dão + o	= fizeram-no = põe–na = dão-no

Uso de MIM e EU

Usa-se EU apenas quando o pronome possuir função de SUJEITO.

Para que isso aconteça, é necessário haver um verbo posposto ao pronome:

- Este exercício é para MIM.
- Este exercício é para EU resolver.
- Quem irá resolver? **Eu *é*** o sujeito do verbo posposto.

  Assim sendo, usamos a forma reta.
- Não houve intrigas entre MIM e TI (você, ele, ela).

  É difícil para mim **acreditar** no Brasil.

  Temos aqui um caso típico de inversão e uma grande "pegadinha" de concurso.

  Oração iniciada por VERBO SER (ou qualquer verbo de ligação) + _______ + PARA = MIM.

SE, SI, CONSIGO: usamos em voz reflexiva, ou seja, quando o sujeito praticar e sofrer a ação. Exemplos:

- Ele feriu-se com a faca.
- O aluno trouxe o livro consigo.
- Pense em ele MESMO.
- ele PRÓPRIO.

4.2. Pronomes de tratamento

Chamados também de segunda pessoa indireta. O pronome de tratamento faz parte da divisão dos pronomes pessoais por fazerem referência a pessoas que são consideradas como autoridades.

EMPREGO DOS PRONOMES DE TRATAMENTO – PODER EXECUTIVO

Destinatário	Tratamento	Abrev	Vocativo	Envelope
Presidente da República	Vossa Excelência	Não se usa	Excelentíssimo Senhor Presidente da República,	Excelentíssimo Senhor Fulano de Tal Presidente da República Endereço
Vice-Presidente da República	Vossa Excelência	V.Exa.	Senhor Vice-Presidente,	Excelentíssimo Senhor Fulano de Tal Vice-Presidente da República
Ministros de Estado	Vossa Excelência	V.Exa.	Senhor Ministro,	Excelentíssimo Senhor Fulano de Tal Ministro...
Secretário-Geral da Presidência da República	Vossa Excelência	V.Exa.	Senhor Secretário,	Excelentíssimo Senhor Fulano de Tal Secretário-Geral da Presidência
Consultor-Geral da República	Vossa Excelência	V.Exa.	Senhor Consultor,	Excelentíssimo Senhor Fulano de Tal Consultor-Geral da República
Chefe do Estado-Maior das Três Armas	Vossa Excelência	V.Exa.	Senhor Chefe,	Excelentíssimo Senhor Fulano de Tal Chefe do Estado-Maior das Três Armas
Oficiais-Generais das Forças Armadas	Vossa Excelência	V.Exa.	Senhor + Cargo respectivo,	Excelentíssimo Senhor Fulano de Tal Oficial-General das Forças Armadas
Chefe do Gabinete Militar da Presidência da República	Vossa Excelência	V.Exa.	Senhor Chefe,	Excelentíssimo Senhor Fulano de Tal Chefe do Gabinete Militar da Presidência da República
Chefe do Gabinete Pessoal da Presidência da República	Vossa Excelência	V.Exa.	Senhor Chefe,	Excelentíssimo Senhor Fulano de Tal Chefe do Gabinete Pessoal da Presidência da República
Secretários da Presidência da República	Vossa Excelência	V.Exa.	Senhor Secretário	Excelentíssimo Senhor Fulano de Tal Secretário da Presidência da República
Secretário Executivo e Secretário Nacional de Ministérios	Vossa Excelência	V.Exa.	Senhor Secretário	Excelentíssimo Senhor Fulano de Tal Secretário Executivo ou Secretário Nacional de Ministérios
Procurador-Geral da República	Vossa Excelência	V.Exa.	Senhor Procurador,	Excelentíssimo Senhor Fulano de Tal Procurador-Geral da República
Governador de Estado	Vossa Excelência	V.Exa.	Senhor Governador,	Excelentíssimo Senhor Fulano de Tal Governador do Estado
Vice-Governador de Estado	Vossa Excelência	V.Exa.	Senhor Vice-Governador,	Excelentíssimo Senhor Fulano de Tal Vice-Governador do...
Secretário de Estado dos Governos Estaduais	Vossa Excelência	V.Exa.	Senhor Secretário,	Excelentíssimo Senhor Fulano de Tal Secretário de Estado de
Prefeitos Municipais	Vossa Excelência	V.Exa.	Senhor Prefeito,	Excelentíssimo Senhor Fulano de Tal Prefeito do Município
Embaixador	Vossa Excelência	V.Exa.	Senhor Embaixador,	Excelentíssimo Senhor Fulano de Tal Embaixador do...

EMPREGO DOS PRONOMES DE TRATAMENTO – PODER LEGISLATIVO

Destinatário	Tratamento	Abrev	Vocativo	Envelope
Presidente do Congresso Nacional	Vossa Excelência	Não se usa	Excelentíssimo Senhor Presidente do Congresso Nacional,	Excelentíssimo Senhor Fulano de Tal Presidente do Congresso Nacional
Presidente da Câmara	Vossa Excelência	V.Exa.	Senhor Presidente,	Excelentíssimo Senhor Fulano de Tal Presidente da Câmara
Vice-Presidente da Câmara	Vossa Excelência	V.Exa.	Senhor Vice-Presidente,	Excelentíssimo Senhor Fulano de Tal Vice-Presidente da Câmara
Membros da Câmara dos Deputados	Vossa Excelência	V.Exa.	Senhor Deputado,	Excelentíssimo Senhor Fulano de Tal Deputado
Membros do Senado Federal	Vossa Excelência	V.Exa.	Senhor Senador,	Excelentíssimo Senhor Senador Fulano de Tal Senado Federal endereço
Presidente e Membros do Tribunal de Contas da União e dos Tribunais de Contas Estaduais	Vossa Excelência	V.Exa.	Senhor + cargo respectivo,	Excelentíssimo Senhor Fulano de Tal cargo respectivo,
Presidente e Membros das Assembleias Legislativas Estaduais	Vossa Excelência	V.Exa.	Senhor + cargo respectivo,	Excelentíssimo Senhor Fulano de Tal cargo respectivo,
Presidentes das Câmaras Municipais	Vossa Excelência	V.Exa.	Senhor + cargo respectivo,	Excelentíssimo Senhor Fulano de Tal cargo respectivo,

EMPREGO DOS PRONOMES DE TRATAMENTO – PODER JUDICIÁRIO

Destinatário	Tratamento	Abrev	Vocativo	Envelope
Presidente do Supremo Tribunal Federal	Vossa Excelência	Não se usa	Excelentíssimo Senhor Presidente do Supremo Tribunal Federal	Excelentíssimo Senhor Fulano de Tal Presidente Supremo Tribunal Federal
Membros do Supremo Tribunal Federal	Vossa Excelência	V.Exa.	Senhor + cargo respectivo,	Excelentíssimo Senhor Fulano de Tal Cargo respectivo
Presidente e Membros do Superior Tribunal de Justiça	Vossa Excelência	V.Exa.	Senhor + cargo respectivo,	Excelentíssimo Senhor Fulano de Tal Cargo respectivo
Presidente e Membros do Tribunal Superior Militar	Vossa Excelência	V.Exa.	Senhor + cargo respectivo,	Excelentíssimo Senhor Fulano de Tal Cargo respectivo
Presidente e Membros do Tribunal Superior Eleitoral	Vossa Excelência	V.Exa.	Senhor + Cargo respectivo,	Excelentíssimo Senhor Fulano de Tal Cargo respectivo
Presidente e Membros do Tribunal Superior do Trabalho	Vossa Excelência	V.Exa.	Senhor + Cargo respectivo,	Excelentíssimo Senhor Fulano de Tal Cargo respectivo
Presidente e Membros dos Tribunais de Justiça	Vossa Excelência	V.Exa.	Senhor + Cargo respectivo,	Excelentíssimo Senhor Fulano de Tal Cargo respectivo
Presidente e Membros dos Tribunais Regionais Federais	Vossa Excelência	V.Exa.	Senhor + Cargo respectivo,	Excelentíssimo Senhor Fulano de Tal Cargo respectivo

Destinatário	Tratamento	Abrev	Vocativo	Envelope
Presidente e Membros dos Tribunais Regionais Eleitorais	Vossa Excelência	V.Exa.	Senhor + Cargo respectivo,	Excelentíssimo Senhor Fulano de Tal Cargo respectivo
Presidentes e Membros dos Tribunais Regionais do Trabalho	Vossa Excelência	V.Exa.	Senhor + Cargo respectivo,	Excelentíssimo Senhor Fulano de Tal Cargo respectivo
Juízes	Vossa Excelência	V.Exa.	Senhor Juiz,	Excelentíssimo Senhor Fulano de Tal Cargo respectivo
Desembargadores	Vossa Excelência	V.Exa.	Senhor Desembargador,	Excelentíssimo Senhor Fulano de Tal Cargo respectivo
Auditores da Justiça Militar	Vossa Excelência	V.Exa.	Senhor + cargo respectivo,	Excelentíssimo Senhor Fulano de Tal Cargo respectivo

EMPREGO DOS PRONOMES DE TRATAMENTO – OUTROS CASOS

Destinatário	Tratamento	Abrev	Vocativo	Envelope
Reitor de Universidade	Vossa Magnificência	Não se usa	Magnífico Reitor,	A vossa Magnificência o Senhor Fulano de Tal Reitor da Universidade
Presidentes e diretores de empresas	Vossa Senhoria	V.Sa.	Senhor Fulano de Tal ou Senhor + cargo respectivo,	Ao Senhor Fulano de Tal Cargo Respectivo
Cônsul	Vossa Senhoria	V.Sa.	Senhor Cônsul,	Ao Senhor Fulano de Tal Cônsul da Embaixada Local
Outras autoridades	Vossa Senhoria	V.Sa.	Senhor + cargo respectivo,	Ao Senhor Fulano de Tal Cargo respectivo Endereço

EMPREGO DOS PRONOMES DE TRATAMENTO – HIERARQUIA ECLESIÁSTICA

Destinatário	Tratamento	Abrev	Vocativo	Envelope
Papa	Vossa Santidade	Não existe	Santíssimo Padre,	Santíssimo Padre Fulano de Tal Endereço
Cardeais	Vossa Eminência ou Vossa Eminência Reverendíssima	Não existe	Eminentíssimo Senhor Cardeal, ou Eminentíssimo e Reverendíssimo Senhor Cardeal,	Senhor Cardeal Fulano de Tal Endereço
Arcebispos e Bispos	Vossa Excelência Reverendíssima	Não existe	Excelentíssimo e Reverendíssimo Senhor Arcebispo (ou Bispo),	Senhor Arcebispo (ou Bispo) Fulano de Tal Endereço
Monsenhores, Cônegos e superiores religiosos	Vossa Reverendíssima ou Vossa Senhoria Reverendíssima	Não existe	Reverendíssimo Monsenhor (ou Cônegos, etc.), ou Reverendíssimo Senhor Cônego,	Senhor Monsenhor (ou Cônego, etc.) Fulano de Tal Endereço
Sacerdotes, Clérigos e demais religiosos	Vossa Reverência	Não existe	Reverendo Sacerdote (ou Clérigo etc.),	Senhor Sacerdote (ou Clérigo etc.) Fulano de Tal Endereço

Fonte: <http://www.casacivil.pr.gov.br/modules/conteudo/>.

4.2.1. Em concursos[1]

O senhor, a senhora e você, vocês são pronomes de tratamento. "O senhor" e **"a senhora"** são empregados no tratamento cerimonioso; **"você"** e **"vocês"**, no tratamento familiar. **Você** e **vocês** são empregados no português do Brasil; em algumas regiões, a forma **tu** é de uso frequente, em outras, é muito pouco empregada. Já a forma **vós** tem uso restrito à linguagem litúrgica, ultraformal ou literária.

Vossa Excelência e **Sua Excelência:** os pronomes de tratamento que possuem "Vossa(s)" são empregados em relação à pessoa **a quem** nos dirigimos.

3ª pessoa: a concordância deve ser feita com a 3ª pessoa. Assim, os verbos, os pronomes possessivos e os pronomes oblíquos empregados em relação a eles devem ficar na 3ª pessoa.

Uniformidade de Tratamento: quando escrevemos ou nos dirigimos a alguém, não é permitido mudar, ao longo do texto, a pessoa do tratamento escolhida inicialmente. Se usa a terceira pessoa (você), não pode usar oblíquos **te, ti, contigo**, nem os possessivos **teu, tua**, por exemplo.

4.3. Pronome possessivo

Indica posse das pessoas do discurso.

Pessoa	Número	Pronome
Primeira	singular	meu(s), minha(s)
	plural	nosso(s), nossa(s)
Segunda	singular	teu(s), tua(s)
	plural	vosso(a), vossos(as)
Terceira	singular	seu(s), sua(s)
	plural	seu(s), sua(s)

4.3.1. Morfossintaxe do Pronome Possessivo

O pronome possessivo, quando adjetivo, ou seja, acompanhado por substantivo, exerce função de adjunto adnominal.

Entregou **seu** gabarito ao fiscal.

- Morfologia: pronome adjetivo (acompanha o substantivo **gabarito**).
- Sintaxe: adjunto adnominal do objeto direto **seu gabarito**.

Pode possuir função sintática de: núcleo do sujeito, do complemento verbal, do predicativo, etc. Normalmente ocorre em estruturas paralelísticas – o substantivo representado já foi mencionado anteriormente, acompanhado por um pronome possessivo adjetivo.

Este é o **meu** concurso. O **seu**, o edital nem foi publicado.

1 Só português. Disponível em <http://www.soportugues.com.br/secoes/morf/morf46.php>. Acesso em 2 abril 2014, alterado.

4.3.2. Em Concursos[2]

Pronomes possessivos e demonstrativos que possuem outros valores	Afetividade	Não faça assim, **minha** criança.
	Proximidade	Ele tem **seus** quarenta anos.
	Hábito	Vai começar com **sua** tosse?
	Desprezo	Ela está namorando **aquilo**?
	Surpresa	Esta é **aquela**?
	Intensidade	Aonde você vai com **essa** pose?
Não é pronome possessivo quando possui sentido de Senhor	Obrigada, **Seu** Jorge. = Obrigada, Senhor Jorge.	
Em frases com pronome de tratamento, o pronome possessivo concorda com a terceira pessoa.	Vossa Excelência leu todo o **seu** livro?	
Pronomes pessoais oblíquos podem assumir valor de posse.	Ajeitou-**lhe** a coberta. = Ajeitou **sua** coberta.	

4.4. Pronome Demonstrativo

O pronome demonstrativo é utilizado em três situações. Pode se referir a espaço, ideias ou elementos. São eles:

Pessoa	Variáveis	Invariáveis
primeira	este, esta, estes, estas	isto
segunda	esse, essa, esses, essas	isso
terceira	aquele, aquela, aqueles, aquelas	aquilo

4.4.1. Emprego do Pronome Demonstrativo

Para demonstrar no espaço		
pronome	**usado para**	**dica**
Este(s), esta(s), isto	o que está próximo a mim	AQUI
Esse(s), essa(s), isso	o que está próximo a você	AÍ
Aquele(s), aquela(s), aquilo	o que está distante	LÁ

Exemplos:

Este livro em minhas mãos foi escrito por **aquele** autor sentado na sexta fileira.

Essa aliança é de qual casamento seu?

Para retomar elementos (pessoas ou coisas)	
pronome	**usado para**
Este(s), esta(s)	retomar o elemento mais próximo do pronome
Aquele(s), aquela(s)	retomar o elemento mais distante do pronome

Exemplo:

Matemática e **literatura** me agradam: **esta** desenvolve a sensibilidade; **aquela**, o raciocínio.

2 Só português. Disponível em <http://www.soportugues.com.br/secoes/morf/morf47.php>. Acesso em 2 abril 2014, alterado.

Percebam que, se caso a ordem for alterada, os pronomes, obrigatoriamente, serão alterados também. Dependerá sempre do contexto. Exemplo:

Literatura e **matemática** me agradam: **aquela** desenvolve a sensibilidade; **esta**, o raciocínio.

Para ideias		
pronome	**usado para**	**dica**
Esse (a), isso	para retomar ideia	anáfora
Este (a), isto	para citar ideia	catáfora

Pronome anafórico: retoma ideia do período anterior ou do parágrafo anterior.

Pronome catafórico: cita ideia. Associe o **c** no início dos dois vocábulos.

Exemplos:

Espero sinceramente **isto**: que se procedam as reformas.

Que as reformas sejam efetuadas logo; é **isso** que desejo.

4.5. Pronome Relativo

Representa nomes já mencionados anteriormente e com os quais se relaciona. Inicia as orações subordinadas adjetivas. São eles:

Variáveis	Invariáveis
o qual, a qual, os quais, as quais	que
cujo, cuja, cujos, cujas	quem
quanto, quanta, quantos, quantas	onde

Observações importantes:

- Os vocábulos **como** e **quanto**, quando retomam termos anteriormente mencionados, possuem função de pronome relativo.
- Para evitar erros, ao aparecer a palavra **que**, tente substituí-la por **o qual, a qual, os quais, as quais**.

4.5.1. Emprego do Pronome Relativo

Um dos tópicos mais pedidos em concursos por fazer, também, de regência. Muitas teorias não valem a pena ser mencionadas porque as instituições pedem o emprego da mesma forma.

Atenção, em primeiro lugar, ao quadro-resumo a seguir.

Quem	Cujo	Onde
usado apenas para pessoas.	concorda com o termo posterior e indica posse da anterior e não admite artigo, apenas preposição.	usado para retomar lugar e pode ser substituído por **em que, na qual, no qual, nas quais, nos quais**.

Siga o passo a passo:

1) Encontre o pronome relativo;
2) Veja a qual termo o pronome relativo se refere;
3) Construa outra oração com os termos posteriores ao pronome relativo e encaixe o vocábulo que o relativo retoma.

Sempre mantenha a informação, atente-se aos exemplos a seguir.

- **Não conheço o lugar onde você mora.**

1) Onde	2) Retoma **lugar**	3) Você mora **no** lugar

Quem mora, mora ***em*** *algum lugar.*

A preposição **em *é pedida.***

Assim, teremos:

Não conheço o lugar **em que** você mora.

Não conheço o lugar **no qual** você mora.

- **Conheço a garota de quem você falou.**

1) Quem	2) Retoma **garota**	3) Você falou **da** garota

Quem fala, fala **de** alguém.

A preposição **de *é pedida.***

Assim, teremos:

Conheço a garota **da qual** você falou.

Conheço a garota **de que** você falou.

- **Este é o autor a cuja obra me referi.**

1) Cuja	2) Refere-se a **autor**	3) Eu me referi à obra do autor (posse do anterior)

Quem se refere, refere-se **a** algo.

A preposição **a** foi pedida.

Atenção: não existem as formas *cujo o, cuja a* e *o cuja*, mas *a cujo(a)* existe = preposição e não artigo.

- **Estas são as pessoas com cujas ideias concordo.**

1) Cujas	2) Refere-se a **ideias**	3) Eu concordo **com** as ideias do autor

Quem concorda, concorda **com** algo.

A preposição **com** foi pedida.

4.6. Pronome Indefinido

Designa o referente, isto é, a terceira pessoa do discurso e possui sentido vago.

Classificam-se em:

Pronomes Indefinidos Substantivos: assumem o lugar do ser ou da quantidade aproximada de seres na frase. São eles: **algo, alguém, fulano, sicrano, beltrano, nada, ninguém, outrem, quem, tudo.**

Pronomes Indefinidos Adjetivos: qualificam um ser expresso na frase, conferindo-lhe a noção de quantidade aproximada. São eles: **cada, certo(s), certa(s).**

Variáveis				Invariáveis
Singular		Plural		
Masculino	Feminino	Masculino	Feminino	
algum	alguma	alguns	algumas	alguém
nenhum	nenhuma	nenhuns	nenhumas	ninguém
todo	toda	todos	todas	outrem
muito	muita	muitos	muitas	tudo
pouco	pouca	poucos	poucas	nada
vário	vária	vários	várias	algo
tanto	tanta	tantos	tantas	cada
outro	outra	outros	outras	
quanto	quanta	quantos	quantas	
qualquer		quaisquer		

Locuções pronominais indefinidas: cada qual, cada um, qualquer um, quantos quer(-que), quem quer(que), seja quem for, seja qual for, todo aquele(que), tal qual(= certo), tal e qual, tal ou qual, um ou outro, uma ou outra, etc.

4.6.1. Em concursos[3]

Sentido negativo	nenhum, ninguém, nada
Sentido afirmativo	algum, alguém, algo
Totalidade negativa	nenhum, nada
Totalidade afirmativa	todo, tudo
Particulariza	certo
Generaliza	qualquer
Pessoa	alguém, ninguém
Coisa	algo, nada

3 Só português. Disponível em <http://www.soportugues.com.br/secoes/morf/morf50.php>. Acesso em 2 abril 2014.

4.7. Pronome Interrogativo

Os pronomes **que, quem, qual e quanto**, na teoria indefinidos, são classificados particularmente como interrogativos porque são empregados para formular interrogações diretas ou indiretas:

Que *foi isso?*

Quero saber que foi isso.

Quem é esse rapaz?

5. COLOCAÇÃO PRONOMINAL

Os pronomes oblíquos átonos (**o, a, os, as, lhe, lhes, me, te, se, nos, vos**) podem ocupar três posições diferentes em relação ao verbo: **próclise, mesóclise e ênclise.**

Dica: a fonética (a sonoridade) ajuda a resolver as questões. Pronuncie e perceba se a dicção está perfeita. Em casos de colocação errada, a fala soa mal.

6. PRÓCLISE

O pronome oblíquo surge **antes do verbo**, isto é, **proclítico.**

Ocorre em orações nas quais antes do verbo haja:

Palavra ou expressão de **valor negativo.**	**Nunca me** revelaram os motivos. **Não me** conte seus problemas.
Advérbios e pronomes indefinidos, sem que haja pontuação.	**Tudo se** acaba um dia. **Assim se** resolveram as questões. Havendo pontuação, ocorrerá ênclise: Assim, **resolvem-se** os problemas.
Pronomes e advérbios interrogativos.	**Quem te** chamou aqui? **Por que a** avisaram apenas agora?
Orações exclamativas e optativas (indicam desejo).	**Deus te** abençoe. **Como a** admiro!
Conjunções subordinativas.	**É necessário que se** faça a reforma. Comprei o livro **que me** será útil.
Gerúndio + em (preposição)	**Em se tratando** de provas, é melhor fazer muitos exercícios.
Advérbio só e conjunção coordenada alternativa.	**Só me** lembrou disso hoje. = só: somente **Ou se** afaste, **ou me** ame.
Pronome relativo	Foi o seu irmão **que me** ensinou a matéria.

7. MESÓCLISE

O pronome oblíquo surge **no meio do verbo**, ou seja, **mesoclítico.** É empregada, exclusivamente na linguagem culta ou literária.

Ocorrências:

Verbo no futuro do presente ou futuro do pretérito do indicativo.	**Convidar-me-ão** para a festa. **Convidar-te-ia** para a reunião.
NÃO OCORRERÁ se houver justificativa para próclise, como estudamos no tópico anterior:	**Amanhã o** convidarão para a festa. **Todos te** convidariam para a reunião.

8. ÊNCLISE

O pronome oblíquo surge **depois do verbo**, isto é, **enclítico**. É a colocação básica do pronome, a mais utilizada e ocorre quando não há palavras que atraem o oblíquo. Utilizada em:

Verbo no início da frase.	Comenta-se que ele foi aprovado.
Verbo no imperativo afirmativo.	Alunos, apressem-se.
Verbo no gerúndio.	Mudou o texto, acrescentando-lhe explicação.
Verbo no infinitivo impessoal.	Leia os testes antes de resolvê-los.

9. EM LOCUÇÕES VERBAIS

<table>
<tr><td rowspan="4">Verbo principal no infinitivo ou gerúndio</td><td>Pronome depois do verbo auxiliar ou do verbo principal</td><td>Quero-lhe apresentar a meus amigos.
Quero apresentar-lhe a meus amigos.
Ia-lhe dizendo o gabarito inteiro.
Ia dizendo-lhe o gabarito inteiro.</td></tr>
<tr><td>Com palavra que exija próclise: pronome antes do verbo auxiliar ou depois do principal</td><td>Não lhe quero apresentar a meus amigos.
Não quero apresentar-lhe a meus amigos.
Alguém lhe ia dizendo o gabarito.
Alguém ia dizendo-lhe o gabarito.</td></tr>
<tr><td>Preposição entre o verbo auxiliar e o infinitivo: duas formas.</td><td>Seu artigo há de encontrar-se no jornal de ontem.
Seu artigo há de se encontrar no jornal de ontem.</td></tr>
<tr><td>Preposição a e o pronome oblíquo o = pronome depois do infinitivo.</td><td>Voltou a cumprimentá-los pela aprovação.</td></tr>
<tr><td rowspan="2">Verbo Principal no Particípio</td><td>O pronome oblíquo átono não poderá vir depois dele.</td><td>Os poemas tinham-se perdido no vazio do tempo.</td></tr>
<tr><td>Havendo fator que justifique a próclise, o pronome ficará antes da locução.</td><td>Não me haviam consultado sobre a data da prova.</td></tr>
</table>

Capítulo 6. Verbo

1. INTRODUÇÃO

Verbo, além de ser um tópico extenso, é o mais pedido nas provas de concursos. Iniciaremos do zero para que não fique dúvida, pois não se trata de um assunto difícil, mas sim repleto de detalhes.

2. DEFINIÇÃO

Verbo é palavra variável que indica ação (caminhar), estado (ser), fenômeno da natureza (amanhecer), processos naturais (morrer), processos mentais (estudar) etc.

3. CLASSIFICAÇÃO VERBAL

Regulares	possuem as desinências normais de sua conjugação e cuja **flexão não provoca alterações no radical**.	**cant**o, **cant**ei, **cant**arei, **cant**ava, **cant**asse.
Irregulares	a **flexão provoca alterações no radical** ou nas desinências.	faço, fiz, farei, fizesse.
Anômalos	incluem **mais de um radical** em sua conjugação.	Ir, pôr, ser, saber.
Defectivos	**não** apresentam **conjugação completa**.	colorir, computar, falir.
Auxiliares	fazem parte da formação dos tempos compostos e das locuções verbais.	ser, estar, ter e haver.
Abundantes	possuem **mais de uma forma com o mesmo valor**. Geralmente, esse fenômeno costuma ocorrer no particípio, em que, além das formas regulares terminadas em –**ado** ou –**ido**, surgem as chamadas **formas curtas** (particípio irregular).	fritar: frito, fritado; prender: preso, prendido
Pronominais	São aqueles verbos que **se conjugam com os pronomes oblíquos átonos me, te, se, nos, vos, se**, na mesma pessoa do sujeito, expressando reflexibilidade.	abster-se, ater-se, apiedar-se, atrever-se, dignar-se, arrepender-se.

3.1. Defectivos[1]

Verbos que não apresentam conjugação completa. Classificam-se em **impessoais, unipessoais** e **pessoais**.

IMPESSOAIS	Não possuem sujeito. Normalmente, são usados na terceira pessoa do singular.	Os principais são: • **haver**, quando sinônimo de existir, acontecer, realizar-se ou fazer (em orações temporais). • **fazer, ser e estar** (quando indicam tempo). • Todos os verbos que indicam fenômenos da natureza são impessoais: **chover, ventar, nevar, gear, trovejar, amanhecer, escurecer,** etc. **Outros verbos impessoais** • o verbo **passar** (seguido de preposição), indicando tempo. • os verbos **bastar e chegar**, seguidos da preposição **de**, indicando suficiência. • os verbos **estar e ficar** em orações tais como **Está bem, Está muito bem assim, Não fica bem, Fica mal,** sem referência a sujeito expresso anteriormente. • o verbo **deu + para** da língua popular, equivalente de **"ser possível".**
UNIPESSOAIS	Possuem sujeito e são conjugados apenas nas terceiras pessoas, do singular e do plural.	Entre os unipessoais estão os verbos que significam vozes de animais**: bramar**: tigre; **bramir**: crocodilo; **cacarejar**: galinha; **coaxar**: sapo; **cricrilar**: grilo **Outros verbos unipessoais** **1) cumprir, importar, convir, doer, aprazer, parecer, ser** (preciso, necessário, etc.). **2) fazer** e **ir**, em orações que dão ideia de tempo, seguidos da conjunção **que.**
PESSOAIS	Não apresentam algumas flexões por motivos morfológicos ou eufônicos.	Exemplo: **falir, computar.**

3.2. Abundantes

São verbos que possuem duas formas no particípio: formas regulares (terminação:**-ado** e **–ido**: formas longas) e formas irregulares (curtas).

INFINITIVO	PARTICÍPIO REGULAR	PARTICÍPIO IRREGULAR
Anexar	Anexado	Anexo
Dispersar	Dispersado	Disperso
Eleger	Elegido	Eleito
Envolver	Envolvido	Envolto
Imprimir	Imprimido	Impresso
Matar	Matado	Morto

1 Só português. Disponível em <http://www.soportugues.com.br/secoes/morf/morf55.php>. Acesso em 24 abril 2014, alterado.

INFINITIVO	PARTICÍPIO REGULAR	PARTICÍPIO IRREGULAR
Morrer	Morrido	Morto
Pegar	Pegado	Pego
Soltar	Soltado	Solto

Como utilizá-las?

1) **Ao lado de SER ou ESTAR,** usamos as formas **curtas (irregulares).**

2) **Ao lado de TER ou HAVER,** usamos as formas **longas (regulares).**

Exemplos:

- O vereador **estava** (ou **foi) eleito** pelo povo.
- O ladrão **foi** (ou **estava) preso** pelo policial.
- Alguém **havia** (ou **tinha) fritado** o bife.
- Ele **tinha** (ou **havia) prendido** o corrupto.

VERBOS QUE EXIGEM MUITA ATENÇÃO:

1) Ao lado de TER e HAVER admitem as duas formas (regular e irregular).

	PAGAR	GASTAR	GANHAR
TER	Tinha pago	Tinha gasto	Tinha ganho
	Tinha pagado	Tinha gastado	Tinha ganhado
HAVER	Havia pago	Havia gasto	Havia ganho
	Havia pagado	Havia gastado	Havia ganhado

2) **PEGAR passou a ser aceito como abundante**

Ele **foi** pego.

Alguém **tinha** pegado o sujeito.

3) **CHEGAR: não** existe a forma chego!

3.3. Anômalos

São aqueles que incluem mais de um radical em sua conjugação. Os clássicos são os verbos SER e IR, acrescentemos o PÔR e SABER.

Ir	Pôr	Ser	Saber
vou	ponho	sou	sei
vais	pus	és	sabes
ides	pôs	fui	soube
fui	punha	foste	saiba
foste	–	seja	–

3.3.1. Em concursos

Os verbos **ir** e **ser** possuem a mesma conjugação no pretérito perfeito do indicativo: fui, foste, foi, fomos, fostes, foram. Exemplos:

Eu **fui** aluna. = ser.

Eu **fui à Grécia.** = ir.

3.4. Auxiliares

São aqueles que entram na formação dos tempos compostos e das locuções verbais. O verbo principal, quando acompanhado de verbo auxiliar, é expresso numa das formas nominais: **infinitivo, gerúndio** ou **particípio.**

Dica: os dois verbos podem ser substituídos por um e o verbo que desaparece é o auxiliar.

Exemplos:

Farei		prova
Vou	**fazer**	prova.
verbo auxiliar	*verbo principal no infinitivo*	

Chega		a hora da aula.
Está	**chegando**	a hora da aula.
verbo auxiliar	*verbo principal no gerúndio*	

Nós	**cumprimentamos**		os aprovados
Os aprovados	**foram**	**cumprimentados**	por nós.
	verbo auxiliar	*verbo principal no particípio*	

No último exemplo, há voz passiva analítica (ser + particípio) e na ativa equivale a: Nós cumprimentamos os aprovados.

3.5. Pronominais

São aqueles verbos que se conjugam com os pronomes oblíquos átonos **me, te, se, nos, vos, se**, na mesma pessoa do sujeito, expressando reflexibilidade (pronominais acidentais) ou apenas reforçando a ideia já implícita no próprio sentido do verbo (reflexivos essenciais).

Essenciais	sempre se conjugam com os pronomes oblíquos me, te, se, nos, vos, se.	abster-se, ater-se, apiedar-se, atrever-se, dignar-se, arrepender-se, etc.
Acidentais	verbos transitivos diretos em que a ação exercida pelo sujeito recai sobre o objeto representado por pronome oblíquo da mesma pessoa do sujeito; assim, o sujeito faz uma ação que recai sobre ele mesmo. Em geral, forma a voz reflexiva.	eu me arrependo; tu te arrependes; ele se arrepende; nós nos arrependemos; vós vos arrependeis; eles se arrependem.
	Observação: A reflexibilidade se diz acidental, pois a ação reflexiva pode ser exercida também sobre outra pessoa.	Ele se penteava. Ele me penteou.

3.5.1. *Conjugação*

Pessoas	Presente do indicativo	Pretérito Imperfeito do indicativo	Futuro do presente do indicativo
EU	eu ME sento	Me sentava	ME sentarei
TU	tu TE sentas	TE sentavas	TE sentarás
ELE	ele SE senta	SE sentava	SE sentará
NÓS	NOS sentamos	NOS sentávamos	NOS sentaremos
VÓS	VOS sentais	VOS sentáveis	VOS sentareis
ELES	SE sentam	SE sentavam	SE sentarão

3.5.2. *Em concursos*

- Os pronomes oblíquos átonos dos verbos pronominais não possuem função sintática, pois são parte integrante do verbo.
- Verbos reflexivos não são essencialmente pronominais e os pronomes possuem função sintática: Ele se feriu. O verbo ferir é transitivo direto e o objeto direto é o pronome **se**.

4. MODO VERBAL

Modo são as formas assumidas pelo verbo na expressão de um fato. Há três:

Indicativo	certeza	estudo, estudei, estudarei.
Subjuntivo	dúvida, hipótese	que eu estude, se ele estudasse, quando você estudar.
Imperativo	ordem, desejo	estuda tu, estude você, estudemos nós, estudai vós, estudem vocês.

4.1. Formas Nominais

São formas que não possuem noção de tempo, mas sim de nomes – substantivo, adjetivo e advérbio.

Infinitivo	exprime a significação do verbo de modo vago e indefinido, podendo ter valor e função de **substantivo**.	cantar, fazer, partir
Gerúndio	o gerúndio pode funcionar como adjetivo ou **advérbio**.	**Saindo** da escola, encontrei alguns amigos. (função de advérbio) No parque, havia crianças **vendendo** doces. (função adjetivo)
Particípio	se não for empregado na formação dos tempos compostos, o particípio indicará ação terminada.	cantado, feito, partido

4.1.1. *Em concursos*

O **infinitivo impessoal** não possui sujeito. O **infinitivo pessoal** possui sujeito e assume a forma do impessoal. Flexiona-se assim:

2ª pessoa do singular: Radical + ES	cantares (tu)
1ª pessoa do plural: Radical + MOS	cantarmos (nós)
2ª pessoa do plural: Radical + DES	cantardes (vós)
3ª pessoa do plural: Radical + EM	cantarem (eles)

Na primeira e terceira pessoas do singular, assumem a forma do impessoal: cantar (sem desinência).

O **gerúndio**, na forma simples, expressa uma ação em curso; na forma composta, uma ação concluída: **Estudando**, entenderá o valor da vida. **Tendo estudado**, entendeu o valor da vida.

O **particípio** pode exprimir somente estado, sem nenhuma relação temporal, e assumir verdadeiramente a função de adjetivo (adjetivo verbal): Ele foi o estudante **escolhido** para organizar a palestra.

5. TEMPO VERBAL

Antes de nos aprofundarmos nas conjugações dos tempos, vamos às dicas do que indica cada tempo. O intuito é tornar o verbo uma matéria prazerosa de ser estudada, já que é a classe gramatical mais usada em nosso dia a dia. Relembrando os modos: indicativo = certeza; subjuntivo = dúvida, hipótese.

Dica

1) PRESENTE

- **do indicativo**: indica ação que acontece no momento da fala; hábito.

  Ele estuda de manhã e trabalha à tarde.

  Canto, cantas, canta, cantamos, cantais, cantam

- **do subjuntivo**: indica hipótese, dúvida.

  Que nós estudemos todas as manhãs.

  Que eu cante, cantes, cante, cantemos, canteis, cantem

2) FUTURO

- **do presente do indicativo**: ação futura certa (amanhã)

  Estarei no local marcado à tarde.

  Cantarei, cantarás, cantará, cantaremos, cantareis, cantarão

- **do pretérito do indicativo**: tempo condicional

  Nós *cantaríamos* se houvesse público.

  Cantaria, cantarias, cantaria, cantaríamos, cantaríeis, cantariam

- **do subjuntivo**: ação futura duvidosa

  Quando *fizer* o trabalho, darei os parabéns.

  (quando/se) eu cantar, cantares, cantar, cantarmos, cantardes, cantarem

3) **PRETÉRITO**

- **Perfeito do indicativo**: ação concluída (ontem)

  Fizemos tudo certo naquele dia.

  Cantei, cantaste, cantou, cantamos, cantastes, cantaram

- **Imperfeito do indicativo**: ação prolongada, contínua

  Passeava de moto quando o guarda o multou.

  Cantava, cantavas, cantava, cantávamos, cantáveis, cantavam

- **Mais-que-perfeito do indicativo**: ação passada em relação a outra ação também passada.

  Fez os exercícios e **aprendera** toda a matéria.

  Cantara, cantaras, cantara, cantáramos, cantáreis, cantaram

  Perceba que para ter o mais- que- perfeito é necessário o perfeito.

- **Imperfeito do subjuntivo**: tempo condicional

  Se fizesse todas as tarefas, poderia viajar.

  Se cantasse, cantasses, cantasse, cantássemos, cantásseis, cantassem

  Normalmente usado junto com o futuro do pretérito para enfatizar a condição.

5.1. Tempos Primitivos

Presente do Indicativo

1ª conjugação	2ª conjugação	3ª conjugação	Desinência pessoal
CANTAR	VENDER	PARTIR	
cantO	vendO	partO	O
cantaS	vendeS	parteS	S
canta	vende	parte	-
cantaMOS	vendeMOS	partiMOS	MOS
cantaIS	vendeIS	partIS	IS
cantaM	vendeM	parteM	M

Pretérito Perfeito do Indicativo

1ª conjugação	2ª conjugação	3ª conjugação	Desinência pessoal
CANTAR	VENDER	PARTIR	
canteI	vendI	partI	I

1ª conjugação	2ª conjugação	3ª conjugação	Desinência pessoal
cantaSTE	vendeSTE	partISTE	STE
cantoU	vendeU	partiU	U
cantaMOS	vendeMOS	partiMOS	MOS
cantaSTES	vendeSTES	partISTES	STES
cantaRAM	vendeRAM	partiRAM	RAM

Infinitivo Impessoal

Não indica tempo e não possui sujeito.

1ª conjugação	2ª conjugação	3ª conjugação
CANTAR	VENDER	PARTIR

5.2. Tempos Derivados do Presente do Indicativo

Presente do Subjuntivo

Substitui-se a desinência –**o** da primeira pessoa do singular do presente do indicativo pela desinência –**e** (nos verbos de 1ª conjugação) ou pela desinência –**a** (nos verbos de 2ª e 3ª conjugação).

1ª conjugação	2ª conjugação	3ª conjugação	Des. temporal	Des. temporal	Desinência pessoal
			1ª conj.	2ª/3ª conj.	
CANTAR	VENDER	PARTIR			
cantE	vendA	partA	E	A	Ø
cantES	vendAS	partaAS	E	A	S
cantE	vendA	partaA	E	A	Ø
cantEMOS	vendAMOS	partAMOS	E	A	MOS
cantEIS	vendAIS	partAIS	E	A	IS
cantEM	vendAM	partAM	E	A	M

Imperativo

Imperativo Afirmativo

Tira-se do presente do indicativo a 2ª pessoa do singular (tu) e a segunda pessoa do plural (vós) eliminando-se o "S" final. As demais pessoas são retiradas, sem alteração, do presente do subjuntivo.

Presente do Indicativo	Imperativo Afirmativo	Presente do Subjuntivo
Eu canto	–	Que eu cante
Tu cantas	**CantA tu**	Que tu cantes

Presente do Indicativo	Imperativo Afirmativo	Presente do Subjuntivo
Ele canta	Cante você	Que ele cante
Nós cantamos	Cantemos nós	Que nós cantemos
Vós cantais	**CantAI vós**	Que vós canteis
Eles cantam	Cantem vocês	Que eles cantem

Imperativo Negativo

Forma-se o imperativo negativo, inserindo a negação às formas do presente do subjuntivo. Muito simples.

Presente do Subjuntivo	Imperativo Negativo
Que eu cante	–
Que tu cantes	Não cantes tu
Que ele cante	Não cante você
Que nós cantemos	Não cantemos nós
Que vós canteis	Não canteis vós
Que eles cantem	Não cantem eles

IMPORTANTE:
O verbo SER, no imperativo (segundas pessoas) = sê (tu), sede (vós).

5.3. Tempos Derivados do Pretérito Perfeito do Indicativo

Pretérito mais-que-perfeito

Formação: elimina-se a desinência –**STE** da 2ª pessoa do singular do pretérito perfeito, acrescenta-se a esse tema a desinência temporal –**RA** mais a desinência de número e pessoa correspondente.

1ª conjugação	2ª conjugação	3ª conjugação	Des. temporal	Desinência pessoal
			1ª/2ª e 3ª conj.	
CANTAR	VENDER	PARTIR		
cantaRA	vendeRA	partiRA	RA	Ø
cantaRAS	vendeRAS	partiRAS	RA	S
cantaRA	vendeRA	partiRA	RA	Ø
cantáRAMOS	vendêRAMOS	partíRAMOS	RA	MOS
cantáREIS	vendêREIS	partíREIS	RE	IS
cantaRAM	vendeRAM	partiRAM	RA	M

Pretérito Imperfeito do Subjuntivo

Formação: tema + **–sse, –sses, –sse, –ssemos, –sseis, –ssem** (1ª, 2ª e 3ª conj.)

1ª conjugação	2ª conjugação	3ª conjugação	Des. temporal	Desinência pessoal
			1ª /2ª e 3ª conj.	
CANTAR	VENDER	PARTIR		
cantaSSE	vendeSSE	partiSSE	SSE	Ø
cantaSSES	vendeSSES	partiSSES	SSE	S
cantaSSE	vendeSSE	partiSSE	SSE	Ø
cantáSSEMOS	vendêSSEMOS	partíSSEMOS	SSE	MOS
cantáSSEIS	vendêSSEIS	partíSSEIS	SSE	IS
cantaSSEM	vendeSSEM	partiSSEM	SSE	M

Futuro do Subjuntivo

Formação: tema + **–r, –res, –r, –rmos, –rdes, –rem** (1ª, 2ª e 3ª conj.)

1ª conjugação	2ª conjugação	3ª conjugação	Des. temporal	Desinência pessoal
			1ª /2ª e 3ª conj.	
CANTAR	VENDER	PARTIR		
cantaR	vendeR	partiR	Ø	
cantaRES	vendeRES	partiRES	R	ES
cantaR	vendeR	partiR	R	Ø
cantaRMOS	vendeRMOS	partiRMOS	R	MOS
cantaRDES	vendeRDES	partiRDES	R	DES
cantaREM	VendeREM	PartiREM	R	EM

5.4. Tempos Derivados do Infinitivo Impessoal

Futuro do Presente do Indicativo

Formação: Infinitivo Impessoal + **–ei, –ás, –á, –emos, –eis, –ão** (1ª, 2ª e 3ª conj.)

1ª conjugação	2ª conjugação	3ª conjugação
CANTAR	VENDER	PARTIR
cantar ei	vender ei	partir ei
cantar ás	vender ás	partir ás
cantar á	vender á	partir á
cantar emos	vender emos	partir emos
cantar eis	vender eis	partir eis
cantar ão	vender ão	partir ão

Futuro do Pretérito do Indicativo

Formação: Infinitivo Impessoal + **–ia, –ias, –ia, –íamos, –íeis, –iam** (1ª, 2ª e 3ª conj.)

1ª conjugação	2ª conjugação	3ª conjugação
CANTAR	VENDER	PARTIR
cantarIA	venderIA	partirIA
cantarIAS	venderIAS	partirIAS
cantarIA	venderIA	partirIA
cantarÍAMOS	venderÍAMOS	partirÍAMOS
cantarÍEIS	venderÍEIS	partirÍEIS
cantarIAM	venderIAM	partirIAM

Infinitivo Pessoal

Formação: Infinitivo Impessoal + **–es** (2ª pessoa do singular), **–mos** (1ª pessoa do plural), **–des** (2ª pessoa do plural), **–em** (3ª pessoa do plural) (1ª, 2ª e 3ª conj.)

1ª conjugação	2ª conjugação	3ª conjugação
CANTAR	VENDER	PARTIR
cantar	vender	partir
cantarES	venderES	partirES
cantar	vender	partir
cantarMOS	venderMOS	partirMOS
cantarDES	venderDES	partirDES
cantarEM	venderEM	partirEM

5.5. Tempos Compostos

Composto por haver mais de um verbo. Os tempos compostos são formados por locuções verbais: verbo auxiliar **ter** ou **haver + verbo principal** (particípio). Vamos, agora, aos tempos.

Tempo	formação	exemplo	valor
Pretérito Perfeito Composto do Indicativo	auxiliar **ter** ou **haver** no Presente do Indicativo e o principal no particípio,	tenho estudado	indica uma ação repetida que tem ocorrido no passado, prolongando-se até ao presente.
Pretérito Perfeito Composto do Subjuntivo	auxiliar **ter** ou **haver** no **Presente do Subjuntivo** e o principal no particípio	tenha estudado	indica uma ação anterior já concluída, podendo se referir a um fato passado ou futuro.
Pretérito Mais-que-perfeito Composto do Indicativo	auxiliar **ter** ou **haver** no **Pretérito Imperfeito do Indicativo** e o principal no particípio	tinha estudado	indica uma ação que ocorreu antes de outra ação passada. Pode indicar também um acontecimento situado de forma incerta no passado.

Tempo	formação	exemplo	valor
Pretérito Mais-que-perfeito Composto do Subjuntivo	auxiliar **ter** ou **haver** no **Pretérito Imperfeito do Subjuntivo** e o principal no particípio	tivesse estudado	indica um fato anterior a outro fato passado. Pode se referir também a acontecimentos irreais do passado.
Futuro do Presente Composto do Indicativo	auxiliar **ter** ou **haver** no **Futuro do Presente simples do Indicativo** e o principal no particípio	terei estudado	refere-se a um fato futuro que estará terminado antes de outro fato futuro. Pode expressar tanto certeza como incerteza.
Futuro do Pretérito Composto do Indicativo	auxiliar **ter** ou **haver** no **Futuro do Pretérito simples do Indicativo** e o principal no particípio	teria estudado	indica uma ação que poderia ter acontecido posteriormente a uma situação passada, encontrando-se condicionada. Indica também a possibilidade de uma ação passada e transmite incerteza, surpresa e indignação.
Futuro Composto do Subjuntivo	auxiliar **ter** ou **haver** no **Futuro do Subjuntivo simples** e o principal no particípio	tiver estudado	ação futura que estará terminada antes de outra ação futura.
Infinitivo Pessoal Composto	auxiliar **ter** ou **haver** no **Infinitivo Pessoal simples** e o principal no particípio	ter estudado	fato passado já concluído.

Em Concursos

Há locuções formadas por verbos auxiliares + gerúndio ou infinitivo. Dica: os dois verbos poderão, sempre, ser substituídos por um verbo.

Estou viajando = viajo.

Correlação de tempos verbais

Por ser um assunto comum em várias provas, segue a lista das correlações mais exigidas.

Presente do indicativo + Presente do subjuntivo

Pretérito perfeito do indicativo + Pretérito imperfeito do subjuntivo

Presente do indicativo + Pretérito perfeito composto do subjuntivo

Pretérito imperfeito do indicativo + Mais-que-perfeito composto do subjuntivo

Futuro do subjuntivo + Futuro do presente do indicativo

Pretérito imperfeito do subjuntivo + Futuro do pretérito do indicativo

Pretérito mais-que-perfeito composto do subjuntivo + Futuro do pretérito composto do indicativo

Futuro do subjuntivo + Futuro do presente do indicativo

Futuro do subjuntivo + Futuro do presente composto do indicativo

6. ASPECTO VERBAL

É a referência ao desenrolar da ação, marcando-se o início, a **duração**, a **conclusão** ou o resultado de desenvolvimento processual.

Completamento do processo		
Aspecto perfectivo	O processo é apresentado em sua totalidade, com começo, meio e fim. Pode ser **durativo** ou **pontual**.	Estudou a matéria em duas horas = durativo. Correu ontem na competição = pontual.
Aspecto imperfectivo	O processo verbal é incompleto, prolongando-se por tempo não determinado. Não há enfoque do processo todo.	Ele era engraçado desde criança. Permanece a indisciplina naquela classe.

Duração do processo		
Aspecto durativo	O processo de duração contínua.	A nota de corte é 8. Estava estudando desde as 6 horas.
Aspecto pontual ou momentâneo	Não é apresentada a duração.	Viu o filme e devolveu ao dono. O aluno estuda a matéria e faz os testes.
Aspecto iterativo	Há uma ideia de repetição.	A primeira coisa que o professor de literatura faz é a chamada. = iteração pontual. Ela me beijou duas vezes. = iteração pontual. Tem evitado álcool. = iteração durativa.

DESENVOLVIMENTO DO PROCESSO		
Aspecto inceptivo	O processo é apresentado no seu início.	Ao tocar o sinal, os alunos entraram.
Aspecto cursivo	O processo é apresentado durante o seu desenvolvimento.	Durante a aula, dividia a atenção entre os alunos novos e antigos.
Aspecto terminativo ou cessativo	O processo é apresentado no seu término.	Enfim, o que os "concurseiros" mais esperavam: a aprovação e o começo do trabalho.

7. INFINITIVO PESSOAL E IMPESSOAL

Verbo no infinitivo significa que apresenta sentido genérico ou indefinido. O infinitivo impessoal não se relaciona à pessoa – não possui sujeito e sua forma é invariável. Considera-se apenas o processo verbal. O infinitivo pessoal apresenta desinências de número e pessoa.

	–	Eu
cantar	-es	Tu
oferecer	–	Ele
partir	-mos	Nós
	-des	Vós
	-em	Eles

7.1. Emprego do Infinitivo impessoal

O infinitivo impessoal é usado:

Quando apresenta uma ideia vaga, genérica, sem haver sujeito.	**Beber** prejudica o fígado. É desnecessário **reclamar.**
Quando tiver o valor de Imperativo.	Alunos, **estudar**! = Estudem!
Quando é regido de preposição e funciona como complemento de um substantivo, adjetivo ou verbo da oração anterior.	Ele não os convenceu **a aceitar**. Eles não têm o direito **de chorar** assim. Os candidatos foram impedidos **de participar** do jogo.
Importante: na voz passiva dos verbos **contentar**, **tomar** e **ouvir**, o infinitivo (verbo auxiliar) deve ser flexionado.	Aqueles refrigerantes não são ruins de **serem** tomados. Eram leitores difíceis de **serem** contentados. Os MP3 que ela me emprestou são agradáveis de **serem** ouvidos.
Nas locuções verbais.	Precisamos **dormir** bem cedo amanhã. Podiam **reclamar** da instituição. Vou **pensar** em você sempre.
Quando o sujeito do infinitivo é o mesmo do verbo da oração anterior.	Devemos sorrir ao invés de **chorar**. Tenho ainda alguns livros por (para) **publica**r. Eles foram condenados a **pagar** pesadas multas.
Importante: quando o infinitivo preposicionado, ou não, preceder ou estiver distante do verbo da oração principal (verbo regente), pode ser flexionado para melhor clareza do período e também para se enfatizar o sujeito (agente) da ação verbal.	Foram dois amigos à casa de outro, a fim **de jogarem** basquete. Na esperança **de sermos** aprovados, estudaremos. **Para estudarmos**, estaremos sempre atentos.
Com os verbos causativos "deixar", "mandar" e "fazer" e seus sinônimos que não formam locução verbal com o infinitivo que os segue.	**Mandei**-os **sair** cedo hoje.
Com os verbos sensitivos "ver", "ouvir", "sentir" e sinônimos, deve-se também deixar o infinitivo sem flexão.	**Vi**-os **entrar**. **Ouvi**-as **dizer** que iriam à aula.
Importante: É inadequado o emprego da preposição **para** antes dos objetos diretos de verbos como **pedir**, **dizer**, **falar** e sinônimos.	Pediu **para** Fernanda entrar. = errado Pediu **para** que Fernanda entrasse. = errado Pediu que Fernanda entrasse. = correto

7.2. Emprego do Infinitivo pessoal

O infinitivo deve ser flexionado:

Quando o sujeito da oração estiver claramente expresso.	Se **tu perceberes** isto... Convém **vocês irem** depois. O bom é sempre **lembrarmos** desta matéria. = sujeito desinencial, sujeito implícito = **nós**
Quando tiver sujeito diferente daquele da oração principal.	**O professor** deu um prazo para **os alunos estudarem** bastante para a prova. Perdoo-**te** por me **traíres**. **O hotel** preparou tudo para **os turistas ficarem** à vontade.

Quando se quiser indeterminar o sujeito (utilizado na terceira pessoa do plural).	Têm de agir assim para se **promoverem**. Ela não sai sozinha à noite a fim de não **falarem** mal da sua conduta.
Quando apresentar reciprocidade ou reflexibilidade de ação.	Fizemos os adversários **cumprimentarem-se**. Mandei os homens **olharem-se** no espelho do banheiro.

8. VOZ VERBAL

Refere-se à forma como o agente e o paciente de uma oração são enquadrados nas funções gramaticais – sujeito e complementos verbais (especialmente o objeto direto).

Há duas vozes verbais principais, **voz ativa** e **voz passiva**. A diferença principal é que o sujeito da voz passiva tem o mesmo papel em relação ao verbo principal que o objeto da voz ativa. Há algumas variantes dessas duas vozes principais, como a **voz** (**ativa**) **reflexiva** (Eles se prepararam) e a **voz passiva sintética**. Há ainda uma outra voz na Língua Portuguesa, a **voz reflexiva**, na qual o sujeito sofre e efetua a ação ao mesmo tempo.

8.1. Voz Ativa

O sujeito pratica a ação. Exemplo:

V.A. =	**Todos os alunos**	ouviram	aquela música
	sujeito	*V.T.D.*	*objeto direto*

Para passar uma oração da voz ativa para a passiva, o objeto direto é obrigatório.

8.2. Voz Passiva

o sujeito sofre a ação.

Há dois tipos de voz passiva:

8.2.1. Passiva Analítica

SER + PARTICÍPIO

V.P. =	**Aquela música**	**foi ouvida**	**por todos os alunos**
	sujeito paciente	*Ser + particípio*	*agente da passiva*

Dica 1: transpondo a oração da voz ativa para a passiva. Siga a numeração.

8.2.2. *Passiva Sintética*

V.T.D.(I.) + SE = V.P. (sujeito)

Verbo transitivo direto ou transitivo direto e indireto + se = voz passiva e possui sujeito. O **se** é pronome aPASSIVAdor.

Vende– se livro. = V.P. sintética

V.T.D. + se = VP sujeito		
Entregou-se	**o prêmio ao vencedor.**	**= V.P. sintética**
V.T.D.I. + se = VP sujeito O.I.		

Equivalem a:

- Livro é vendido. = V.P. analítica
- O prêmio foi entregue ao vencedor. = V.P. analítica

Por isso, as formas corretas são:

- Vendem-se livros.
- Entregaram-se os prêmios aos vencedores.

Dica 1: Sujeito no plural = verbo no plural

Dica 2: Atente-se ao número de verbo.

Voz Ativa	Voz Passiva = + SER
1 verbo	1 verbo + SER = 2 verbos
2 verbos	2 verbos + SER = 3 verbos

Voz Passiva	Voz Ativa = - SER
2 verbos	2 verbos – SER = 1 verbos
3 verbos	3 verbos – SER = 2 verbos

Capítulo 7. Advérbio

1. INTRODUÇÃO

O Advérbio faz parte das classes gramaticais invariáveis e em concursos é pedido como adjunto adverbial – tópico que será estudado na parte IV, capítulo 6.

2. DEFINIÇÃO

Advérbio é uma palavra invariável que modifica o sentido do verbo, do adjetivo e do próprio advérbio. Esclareço: fazendo pergunta ao verbo, encontramos a circunstância expressa pelo advérbio. Modifica o adjetivo e o próprio advérbio através de intensidade.

3. FLEXÃO DO ADVÉRBIO

Embora seja invariável – não admite flexão de gênero e número –, alguns advérbios admitem variação de grau.

Comparativo	igualdade	tão	advérbio	tanto (como)	Ele fala tão **alto** quanto ela.
	superioridade	mais	advérbio	que (do que)	Ele fala mais **alto** (do) que ela.
	inferioridade	menos	advérbio	que (do que)	Ele fala menos **alto** (do) que ela.
Superlativo	analítico	acompanha outro advérbio			Ela fala **muito alto**.
	sintético	formado com sufixo			Ela fala **altíssimo**.

4. CLASSIFICAÇÃO DO ADVÉRBIO

Antes de listar os principais advérbios, aprendamos a diferença entre advérbio e locução adverbial. Sintaticamente, possuem função de adjunto adverbial, estudaremos na terceira parte.

4.1. Advérbio e locução adverbial

Advérbio	uma palavra	ontem
Locução Adverbial	é um conjunto de palavras que pode exercer a função de advérbio.	de modo algum

4.2. Lista dos principais Advérbios, Locuções Adverbiais e Palavras Denotativas

Como pedido nas últimas provas, houve acréscimo das **palavras denotativas,** palavras que, embora, em alguns aspectos (ser invariável, por exemplo), assemelhem-se a advérbios, não possuem, segundo a Nomenclatura Gramatical Brasileira, classificação especial. Do ponto de vista sintático, são expletivas, isto é, não assumem nenhuma função; do ponto de vista morfológico, são invariáveis (muitas delas vindas de outras classes gramaticais); do ponto de vista semântico, são inegavelmente importantes no contexto em que se encontram à lista.

Modo	Bem, mal, assim, adrede, melhor, pior, depressa, acinte, debalde, devagar, ás pressas, às claras, às cegas, à toa, à vontade, às escondas, aos poucos, desse jeito, desse modo, dessa maneira, em geral, frente a frente, lado a lado, a pé, de cor, em vão e a maior parte dos que terminam em –mente: calmamente, tristemente, propositadamente, pacientemente, amorosamente, docemente, escandalosamente, bondosamente, generosamente.
Intensidade	Muito, demais, pouco, tão, menos, em excesso, bastante, pouco, mais, menos, demasiado, quanto, quão, tanto, assaz, que (equivale a quão), tudo, nada, todo, quase, de todo, de muito, por completo, bem (quando aplicado a propriedades graduáveis).
Tempo	Hoje, logo, primeiro, ontem, tarde outrora, amanhã, cedo, dantes, depois, ainda, antigamente, antes, doravante, nunca, então, ora, jamais, agora, sempre, já, enfim, afinal, amiúde, breve, constantemente, entrementes, imediatamente, primeiramente, provisoriamente, sucessivamente, às vezes, à tarde, à noite, de manhã, de repente, de vez em quando, de quando em quando, a qualquer momento, de tempos em tempos, em breve, hoje em dia.
Lugar	Aqui, antes, dentro, ali, adiante, fora, acolá, atrás, além, lá, detrás, aquém, cá, acima, onde, perto, aí, abaixo, aonde, longe, debaixo, algures, defronte, nenhures, adentro, afora, alhures, nenhures, aquém, embaixo, externamente, a distância, à distância de, de longe, de perto, em cima, à direita, à esquerda, ao lado, em volta.
Negação	Não, nem, nunca, jamais, de modo algum, de forma nenhuma, tampouco, de jeito nenhum.
Dúvida	Acaso, porventura, possivelmente, provavelmente, quiçá, talvez, casualmente, por certo, quem sabe.
Afirmação	Sim, certamente, realmente, decerto, efetivamente, certo, decididamente, realmente, deveras, indubitavelmente.
Exclusão	apesar, somente, só, salvo, unicamente, exclusive, exceto, senão, sequer, apenas, etc.
Inclusão	Ainda, até, mesmo, inclusivamente, também.
Ordem	Depois, primeiramente, ultimamente.
Designação	Eis.
Afastamento	Embora.
Adição	ainda, além disso, etc.
Afetividade	ainda bem, felizmente, infelizmente
Aproximação	quase, lá por, bem, uns, cerca de, por volta de, etc.
Explicação	isto é, por exemplo, a saber, etc.
Limitação	só, somente, unicamente, apenas, etc.

Realce	é que, cá, lá, não, mas, é porque, etc.
Retificação	aliás, isto é, ou melhor, ou antes, etc.
Situação	então, mas, se, agora, afinal, etc.

4.3. Em concursos

Diferença entre advérbio, pronome indefinido e adjetivo.

Advérbio	ligado ao verbo e invariável	Estudei **muito** = estudamos **muito**.
Adjetivo	qualifica e varia (gênero e número)	O livro é **caro** = os livros são **caros**.
Pronome indefinido	sentido vago	Estudamos **muitas** horas.

Capítulo 8. Conjunção

1. DEFINIÇÃO

É a palavra invariável que liga duas orações ou dois termos semelhantes de uma mesma oração.

Aprofundaremos os estudos em sintaxe, no período composto. Facilitando: a conjunção é invariável e liga orações.

Na sintaxe, as conjunções, como as preposições, não exercem propriamente uma função sintática: são **conectivos**.

2. CLASSIFICAÇÃO

As conjunções podem ser **coordenativas** ou **subordinativas**. Coordenadas ligam orações independentes sintaticamente e subordinadas ligam orações que possuem dependência sintática.

Coordenadas	• aditivas • adversativas • alternativas • conclusivas • explicativas
Subordinadas	• integrantes • adverbiais

OBSERVAÇÃO

Aprofundaremos o estudo em sintaxe (período composto).

Capítulo 9. Preposição

1. INTRODUÇÃO

Assim como o advérbio, a preposição faz parte das classes gramaticais invariáveis. Em provas de concursos públicos, é pedida a relação que a preposição indica e, na maioria das vezes, é a mesma circunstância expressa pela locução adverbial.

2. DEFINIÇÃO

É a palavra invariável que estabelece uma relação entre dois ou mais termos da oração. Essa relação é do tipo **subordinativa**, isto é, entre os elementos ligados pela preposição não há sentido separado, individualizado. O sentido da expressão é dependente da junção de todos os elementos que a preposição vincula.

Os candidatos **de** São Paulo falavam **sobre** a prova.

As preposições ligam termos, subordinam-nos. O termo que antecede a preposição é chamado de **regente** e o termo posposto é chamado de **regido**.

As preposições são palavras **invariáveis**, pois não sofrem flexão de gênero, número ou variação em grau como os nomes, nem de pessoa, número, tempo, modo, aspecto e voz como os verbos. Em diversas situações as preposições se **combinam** a outras palavras da língua (fenômeno da **contração**) e, assim, estabelecem uma relação de concordância em gênero e número com essas palavras às quais se ligam. Mesmo assim, não se trata de uma variação própria da preposição, mas sim da palavra com a qual ela se funde.

Combinação	não ocorre perda de som	
a	+ o (artigo)	ao
a	+ onde (advérbio ou pronome)	aonde
a	+ os (artigo)	aos

Contração	ocorre perda de som	
em	+ o (artigo)	no
por	+ a (artigo)	pela
de	+ isto (pronome)	disto

3. CLASSIFICAÇÃO DAS PREPOSIÇÕES

Essenciais	desempenham apenas o papel de preposição	a, ante, após, até, com, contra, de, desde, em, entre, para, per, perante, por, sem, sob, sobre, trás
Acidentais	palavras de outras classes gramaticais que são usadas como preposição	• como (= na qualidade de), • conforme (= de acordo com), • segundo (= conforme), • consoante (= conforme), • durante, salvo, fora, mediante, tirante, exceto, senão, • visto (=por)

4. LOCUÇÃO PREPOSITIVA

Como já visto em capítulos anteriores, locução é o conjunto de palavras. Assim, locução prepositiva é mais de uma palavra que possui a função de subordinar termos, ou seja, de ligar palavras. Facilitando: **p**reposição liga **p**alavras e conjunção liga orações.

abaixo de	acima de	acerca de
a fim de	além de	a par de
apesar de	antes de	depois de
ao invés de	diante de	em fase de
em vez de	graças a	junto a
junto com	junto de	à custa de
defronte de	através de	em via de
de encontro a	em frente de	em frente a
sob pena de	a respeito de	ao encontro de

5. RELAÇÕES DAS PREPOSIÇÕES

As preposições podem indicar relações. Faça, como no advérbio, a pergunta e encontre a relação.

Atenção: se estiver ligada ao verbo, a relação da preposição será a mesma circunstância da locução adverbial. A diferença entre preposição e locução adverbial é o fato de poder haver preposição que não faça parte da locução adverbial.

Caneta **de** Maria	posse	de quem?
Ver **de** perto	lugar	de onde?
Mesa **de** trabalho	finalidade	para que a mesa?
Morreu **de** felicidade	causa	morreu de quê?
Falava **de** amor	assunto	falava de quê?
Saiu **com** os amigos	companhia	saiu com quem?
Sou **de** Ribeirão	lugar (origem)	de onde?
Bola **de** couro	matéria	de que é feita a bola?

A música é **de** Caetano Veloso	autoria	de quem?
A escolha será **por** sorteio	modo ou conformidade	como?
Andaremos **a** cavalo	meio	de quê?
Palmeiras jogou **contra** Corinthians	oposição	contra quem?
Tomei um copo **de** vinho	conteúdo	de quê?
Vendeu o livro **(a)por** R$ 50,00	preço	por quanto?
Formou-se **em** medicina	especialidade	em quê?
Olhe **para** frente sempre	destino ou direção	para onde?
Foi **até** o fim	limite	
Está **sem** paciência	ausência, falta	
Saiu do palco **sob** muitos aplausos	**lugar conotativo** (sentido figurado)	

Capítulo 10. Interjeição

1. DEFINIÇÃO

Classe gramatical invariável que exprime emoções, sensações, estados de espírito, ou que procura agir sobre o interlocutor de forma sintetizada.

Exemplos:

Bravo! Bis!	Ai! Ai! Ai!	Ah	Hum!	Psiu!	Puxa!

2. FUNÇÕES

Sintetizar uma frase exclamativa, exprimindo alegria, tristeza, dor, etc.	Você faz o que no Brasil?
	Eu? Eu negocio com madeiras.
	Ah, deve ser muito interessante.
Sintetizar uma frase **apelativa**	**Cuidado**! Saia da minha frente.

3. FORMAÇÃO

simples sons vocálicos	Oh!, Ah!, Ó, Ô.
palavras	Oba!, Olá!, Claro!
grupos de palavras (locuções interjetivas)	Meu Deus!, Ora bolas!

4. CLASSIFICAÇÃO

Advertência	Cuidado!, Devagar!, Calma!, Sentido!, Atenção!, Olha!, Alerta!
Afugentamento	Fora!, Passa!, Rua!, Xô!
Alegria ou Satisfação	Oh!, Ah!, Eh!, Oba!, Viva!
Alívio	Arre!, Uf!, Ufa! Ah!
Animação ou Estímulo	Vamos!, Força!, Coragem!, Eia!, Ânimo!, Adiante!, Firme!, Toca!
Aplauso ou Aprovação	Bravo!, Bis!, Apoiado!, Viva!, Boa!
Concordância	Claro!, Sim!, Pois não!, Tá!, Hã-hã!
Repulsa ou Desaprovação	Credo!, Irra!, Ih!, Livra!, Safa!, Fora!, Abaixo!, Francamente!, Xi!, Chega!, Basta!, Ora!
Desejo ou Intenção	Oh!, Pudera!, Tomara!, Oxalá!

Desculpa	Perdão!
Dor ou Tristeza	Ai!, Ui!, Ai de mim!, Que pena!, Ah!, Oh!, Eh!
Dúvida ou Incredulidade	Qual!, Qual o quê!, Hum!, Epa!, Ora!
Espanto ou Admiração	Oh!, Ah!, Uai!, Puxa!, Céus!, Quê!, Caramba!, Opa!, Virgem!, Vixe!, Nossa!, Hem?!, Hein?, Cruz!, Putz!
Impaciência ou Contrariedade	Hum!, Hem!, Irra!, Raios!, Diabo!, Puxa!, Pô!, Ora!
Pedido de Auxílio	Socorro!, Aqui!, Piedade!
Saudação, Chamamento ou Invocação	Salve!, Viva!, Adeus!, Olá!, Alô!, Ei!, Tchau!, Ô, Ó, Psiu!, Socorro!, Valha-me, Deus!
Silêncio	Psiu!, Bico!, Silêncio!
Terror ou Medo	Credo!, Cruzes!, Uh!, Ui!, Oh!
Afetividade	oizinho, bravíssimo, até loguinho.

Parte III – Sintaxe

Capítulo 1. Termos Essenciais da Oração

1. INTRODUÇÃO

Sintaxe é o cerne da língua portuguesa, o âmago do estudo para todas as provas de concursos públicos.

Para fazer a análise, precisa-se da morfologia – substantivo, adjetivo, pronome, verbo e outras classes gramaticais. Para entender os tópicos nela contidos, é necessário seguir o passo a passo.

2. DEFINIÇÃO

A sintaxe estuda a relação lógica das palavras na frase, no período e no texto. É preciso haver coerência para que uma mensagem seja compreendida; a combinação dos vocábulos e das orações nada mais é do que a sintaxe.

3. SINTAXE DE ORAÇÃO – TERMOS ESSENCIAIS

3.1. Frase, oração e período

3.1.1. Frase

Frase é uma informação que possui sentido completo. Pode ser representada por uma palavra ou várias e o verbo não é obrigatório. Exprime ideias, emoções, ordens ou apelos.

3.1.1.1. Tipos de frase[1]

Interrogativas	Uma pergunta é feita e se deseja obter alguma informação. A interrogação pode ser direta ou indireta.	Você estuda comigo domingo? = Interrogação direta Desejo saber se você estuda comigo domingo. = Interrogação indireta
Imperativas	O emissor da mensagem dá uma ordem, um conselho ou faz um pedido, utilizando o verbo no modo imperativo (afirmativo ou negativo).	Faça-o entrar no carro! = Afirmativa Não faça isso. = Negativa

1 Só português. Disponível em: <http://www.soportugues.com.br/secoes/sint/sint2.php>. Acesso em 5 maio 2014, alterado.

Exclamativas	Possuem estado afetivo e apresentam entoação ligeiramente prolongada.	Que prova difícil! É uma delícia esse sanduíche!
Declarativas	É a constatação um fato. Informa ou declara alguma coisa. Podem ser afirmativas ou negativas.	Obrigaram o aluno a sair. = Afirmativa Ela não está na escola. = Negativa
Optativas	Usadas para exprimir um desejo.	Deus te abençoe! Bons ventos o tragam!

3.1.1.2. Construção da frase

Frase Nominal	Não há verbo.	Socorro! Cuidado! Belo quadro o seu!
Frase Verbal	Possui verbo.	A lua ilumina a cidade e inspira os poetas. Os músicos saíram para o show.

3.1.2. Oração

Oração possui estrutura sintática, ou seja, possui verbo.

Se a frase (precisa ter sentido completo) possuir verbo, será também uma oração.

A lua ilumina a cidade e inspira os poetas.	Oração = possui verbo. Frase = possui sentido.

3.1.3. Período

O período é formado por oração e pode ser classificado em simples ou composto.

Período Simples	Uma oração, um verbo.	A lua ilumina a cidade.
Período Composto	Mais de uma oração, mais de um verbo	A lua ilumina a cidade e inspira os poetas.

3.2. Termos essenciais da oração

São termos essenciais da oração: sujeito e predicado.

Sujeito é o ser de quem se declara algo e predicado é a declaração feita do sujeito.

3.2.1. Sujeito

Para encontrar o sujeito faz-se a pergunta **o quê?** (para coisa) e **quem?** (para pessoa).

Atente-se: se há voz ativa, voz passiva e voz reflexiva, o sujeito não é apenas o ser que pratica ação. Pode praticar, sofrer ou praticar e sofrer a ação.

Classificam-se em:

Simples	um núcleo	Muitos **fatos** estranhos ocorriam naquela situação. = o que ocorriam?	
Composto	mais de um núcleo	**Música** e **literatura** fazem bem à alma. = o que fazem bem?	
Oracional	possui verbo, é uma oração	**Convém que faça exercícios.** **= o que convém? Que faça os exercícios.** **= oração subordinada substantiva subjetiva (estudaremos no próximo capítulo).**	
Simples e implícito ou elíptico ou desinencial ou oculto	não está explícito na oração	Fez o texto ontem. = quem fez? Ele, mas o pronome não está explícito.	
Indeterminado	não se sabe quem é o sujeito. Pode ocorrer em duas situações:	1. Verbo na terceira pessoa do plural; 2. Verbo na terceira pessoa do singular + se (índice de indeterminação do sujeito)	**Fizeram** ótima prova. = quem fizeram? Não se sabe. **Necessita-se** de silêncio. = quem necessita, necessita de algo (V.T.I.) – de silêncio é O.I.
Oração sem sujeito	não há sujeito e pode ocorrer em três situações:	1. Verbo haver no sentido de existir ou ocorrer; 2. Verbos ser, estar e fazer indicando tempo ou fenômeno meteorológico; 3. Verbos que indicam fenômenos da natureza.	**Havia** pessoas. = existiam **São** duas horas. = ser indicando tempo **Está** muito calor. = estar indicando fenômeno meteorológico **Faz** três anos que não a vejo. = fazer indicando tempo decorrido Ontem **choveu** demais. = fenômeno da natureza

3.2.1.1. *Em concursos*

O que é pedido em concursos e pode gerar dúvidas:

– **Simples**: retirando o núcleo, o(s) termo(s) que resta(m) possui (possuem) função de adjunto adnominal.

Muitos **fatos** estranhos ocorriam naquela situação

A.A. núcleo A.A.

- **Composto**: o termo que liga os núcleos é chamado de conjunção ou conectivo.

  Música e **literatura** fazem bem à alma.

  E = conectivo ou conjunção
- **Simples e implícito ou elíptico** ou **desinencial** ou **oculto:** No singular, sujeito = ele; no plural, sujeito = indeterminado.

  Fez o texto ontem. = sujeito simples e implícito (ele) – Fora de contexto.

  Fizeram o texto ontem. = sujeito indeterminado (verbo no plural).
- **Indeterminado:** Sempre muito pedida a diferença do **SE**.

Índice de indeterminação do sujeito	Verbo no singular + se.	Intransitivo, transitivo indireto e verbo de ligação.	Dormiu-se bem. Precisa-se de livros.
Pronome apassivador	Verbo no singular ou no plural + se. Admite plural porque possui sujeito.	transitivo direto + se ou transitivo direto e indireto + se	Encontrou-se o local da prova = encontraram-se os locais da prova. Dão-se aulas aos necessitados = aulas são dadas aos necessitados.

– **Oração sem sujeito:** Há pouco tempo, acrescentou-se o verbo **bastar** seguido da preposição **de** = Basta de problemas: oração sem sujeito.

Fixando a concordância:

ORAÇÃO SEM SUJEITO verbo no singular	SUJEITO verbo admite plural
Havia alunos.	**Existiam** alunos.
Devia haver alunos.	**Deviam** existir alunos.
Havia de haver alunos.	**Haviam** de existir alunos.
Alunos: **objeto direto**	Alunos: **sujeito** *Por isso o verbo admite plural

Verbo **FAZER** indicando tempo decorrido: singular.

Faz dois anos. **Vai** fazer dois anos.

Em: **O dia amanheceu calmo**, embora o verbo indique fenômeno da natureza, **o dia** possui função de sujeito.

3.2.2. Predicado

Predicado é a declaração feita do sujeito, isto é, retirando-se o sujeito obtém-se o predicado. Pode haver oração sem sujeito, mas não há como existir oração sem predicado. São classificados em **verbal, nominal e verbo-nominal.**

Para classificá-lo, é necessário estudarmos os termos que fazem parte do predicado. Siga o passo a passo para evitar erros.

3.2.2.1. Predicação verbal

Predicação é a classificação do verbo. Vamos aprofundar:

Classificação	Teoria	Exemplo	Dica
Intransitivo	o verbo não exige complemento, por isso o prefixo IN.	O vulto desapareceu na planície.	Nunca caberão as palavras *algo* e *alguém* após o intransitivo.
Transitivo direto	o verbo exige complemento SEM preposição.	"Tenho duas mãos e o sentimento do mundo."	tem **algo**
Transitivo indireto	o verbo exige complemento COM preposição.	Todos precisam de felicidade.	precisa **DE algo**

Classificação	Teoria	Exemplo	Dica
Transitivo direto e indireto	o verbo exige dois complementos: com e sem preposição	Alguém ofereceu flor à Iemanjá.	oferece **algo a alguém**
Verbo de ligação	liga o sujeito ao predicativo (termo que qualifica) e **não indica ação. Indica estado.**	Todos ficaram felizes.	Para haver verbo de ligação, é preciso haver **predicativo**.

3.2.2.1.1. Estados do verbo de ligação

Por não indicar ação (movimento), o verbo de ligação pode expressar diferentes estados.

Estado	Verbo	Exemplo
permanente	ser, viver	Ele é alegre. Ele vive alegre.
transitório	estar, andar, achar-se, encontrar-se	Nós estamos felizes. Eles andam felizes.
mutatório	ficar, virar, tornar-se, fazer-se	Ficaram cansados. Tornaram-se exaustos.
continuidade de estado	continuar, permanecer	Todos continuam desconfiados. Alguém permanece desatento.
estado aparente	parecer	Ela parece satisfeita.

3.2.2.1.2. Em concursos

Note a diferença entre as orações abaixo.

Lembre-se de que para haver verbo de ligação é preciso haver predicativo!

Eles estavam	exaustos.
V.L.	predicativo sujeito

Eles estavam	em Londres.
intransitivo	adjunto adverbial de lugar

Elas ficaram	nervosas.
V.L.	predicativo sujeito

Elas ficaram	na escola.
intransitivo	adjunto adverbial de lugar

3.2.2.2. Predicativo

Predicativo é o termo que qualifica o sujeito ou o objeto.

Muito importante: para haver predicativo é necessário o verbo de ligação e para haver verbo de ligação é necessário o predicativo.

Fácil assim:

- **Predicativo** – Verbo de ligação
- **Verbo de ligação** – Predicativo

Predicativo do sujeito	**A plateia** aplaudiu o espetáculo **emocionada**.
A plateia (sujeito) aplaudiu o espetáculo (e estava = V.L.) emocionada.	

Predicativo do objeto	Encontrei **mortos os soldados**.
Encontrei (transitivo direto) os soldados (objeto direto) (e eles estavam) mortos.	

3.2.2.2.1. Morfossintaxe dos predicativos

Predicativo do sujeito	**adjetivos ou locuções adjetivas**	A lua é branca.
	substantivos	Ele é engenheiro.
	pronomes substantivos	Para Vinícius de Moraes, a beleza era tudo.
	numerais substantivos	Os irresponsáveis eram cinco.
	palavra substantivada	A vida é um querer sem fim.
	oração subordinada substantiva	A verdade é que ele foi aprovado.
Predicativo do objeto	**adjetivo**	Todos consideraram a prova difícil.
	substantivo	Nomearam-no síndico.

3.2.2.3. Classificação do predicado

PREDICADO	Teoria	Exemplo	Dica
Verbal	o núcleo é o verbo	Todos **CAMINHAVAM tranquilamente pela praia**.	menos o verbo de ligação
Nominal	o núcleo é o predicativo	Alguns **estavam FELIZES**.	há verbo de ligação
Verbo-nominal	há dois núcleos: verbo e predicativo	Todos **CAMINHAVAM FELIZES pela praia**.	verbo (+ V.L. oculto) + predicativo
	Todos **CAMINHAVAM (e estavam) FELIZES pela praia**.		

Facilitando:

predicados	verbo significativo	verbo de ligação	predicativo
P.V.	sim	não	não
P.N.	não	sim	sim
P.V.N.	sim	não explícito	sim

Verbos significativos são os intransitivos, transitivos diretos, transitivos indiretos, transitivos diretos e indiretos.

Capítulo 2. Termos Integrantes da Oração

1. INTRODUÇÃO

Termos integrantes, como o próprio nome diz, integram o sentido de outros termos, completam. São eles: complementos verbais – objeto direto e objeto indireto –, complemento nominal e agente da passiva.

2. OBJETO DIRETO

Completa a significação de verbos transitivos diretos sem acompanhamento de preposição obrigatória.

Importante notar que dentro do objeto direto pode haver, também, o adjunto adnominal.

As mãos cálidas	encontram	**o estático olhar.**
sujeito	V.T.D.	**O.D.**

O estático olhar: objeto direto.

Núcleo: olhar (substantivo)

Adjunto Adnominal: o, estático.

Abriu	**os longos braços**	ao chegar.
V.T.D.	**O.D.**	

Os longos braços: objeto direto

Núcleo: braços (substantivo)

Adjunto adnominal: os, longos.

2.1. Em concursos

Verbos intransitivos aparecem, frequentemente, como verbos transitivos diretos. Facilite: verbos não são intransitivos, apenas estão, pois no contexto podem sofrer alterações na predicação.

"... me sorri **um sorriso** pontual..."

Viveu **uma vida** tranquila.

2.2. Objeto direto preposicionado

Completa o sentido de um verbo transitivo direto (não exige preposição) e a preposição pode ser retirada sem que prejudique a estrutura. Pode ser preposicionado em algumas situações:

O pronome pessoal oblíquo tônico é objeto direto.	Ela amava **a si** mesma. Enganaram **a ti**.
Pronome relativo quem.	Era a moça **a quem** amava.
Evitar ambiguidade.	**Ao dono**, nenhum cão abandona.
Numeral ambos.	Aprovou **a ambos**.
Nomes próprios ou comuns.	Ele traiu **ao pai**.
Pronomes substantivos indefinidos ou demonstrativos.	Aprecio **a este**.
Reciprocidade.	Todos se odiavam uns **aos outros**.
Ênfase.	Pegou **da viola**. Bebeu **do vinho**. Comeu **do bolo**.

2.3. Objeto direto pleonástico

Ocorre repetição do objeto direto através de um pronome oblíquo átono. O pronome tem de se referir ao objeto direto.

Estes livros,	**já**	**os**	**li.**
O.D.		**O.D. pleonástico**	V.T.D.

A mim,	ninguém	**me**	engana.
O.I. (tônico)		**O.I. pleonástico (átono)**	

3. OBJETO INDIRETO

Completa a significação de verbos transitivos indiretos, com acompanhamento de preposição obrigatória.

Importante notar que dentro do objeto direto pode haver, também, o adjunto adnominal e, claro, a preposição.

Desobedeço	**a meus patrões.**
V.T.I. a: preposição meus: adjunto adnominal	**O.I.**

– Desobedece A alguém.

Precisamos	**de silêncio**	para estudar.
V.T.I.	**O.I.**	

– Precisamos DE algo.

Enviou	**-lhe**	o livro.
V.T.D.I.	**O.I.**	O.D.

– Enviou algo A alguém.

3.1. Objeto indireto pleonástico

Ocorre repetição do objeto indireto através de um pronome oblíquo átono. O pronome tem de se referir ao objeto indireto.

Aos pobres,	nega	**-lhes**	tudo.
O.I.	V.T.D.I.	**O.I. pleonástico**	O.D.

Ao estudante relapso,	nenhuma disciplina	**lhes**	interessa.
O.I.	SUJEITO	**O.I. pleonástico**	V.T.I.

4. MORFOSSINTAXE DOS COMPLEMENTOS VERBAIS

Os objetos podem ser representados por:

Substantivo	Leu **bons livros**. Gosta de **bons livros**.
Pronome Substantivo	Nunca li **aquilo**. Confiam **em mim**.
Numeral substantivo	– Quantos irmãos você tem? – Tenho **três**.
Palavra substantivada	Disse um sonoro "**sim**".
Oração subordinada	Espero **que você seja aprovado**.

5. AGENTE DA PASSIVA

É o termo da oração que pratica a ação verbal na voz passiva, sempre introduzido por preposição, com a finalidade de indicar o ser que pratica a ação verbal sofrida pelo sujeito.

Quanto à transposição da voz ativa para a passiva analítica (ser + particípio), já aprofundamos os estudos no capítulo 6 – Verbo.

A prova	foi adiada	**pela banca.**
sujeito paciente	*ser + particípio*	***agente da passiva***

Note que o agente da passiva passa a ser sujeito na voz ativa e que o sujeito paciente passa a objeto direto:

A banca	adiou	a prova.
sujeito ativo	*V.T.D.*	*O.D.*

Por isso é necessário o objeto direto para haver transposição da voz ativa para a passiva.

Exemplo com três verbos:

Os gabaritos	tinham sido encontrados	no pátio da escola	**pelos candidatos.**
sujeito paciente	ser particípio	adj. adverbial de lugar	**agente da passiva**

Se na voz passiva há três verbos, na ativa haverá dois: retira-se o **ser**.

Os candidatos	tinham encontrado	no pátio da escola	os gabaritos.
sujeito	= encontraram: V.T.D.	adj. adverbial de lugar	O.D.

5.1. Em concursos

Em provas recentes, a pegadinha das bancas é retirar o verbo **ser**, deixando explícito apenas o particípio.

Dica: tente transpor a oração para a voz ativa:

A passeata	feita	**por estudantes.**
sujeito paciente	(ser implícito) particípio	**agente da passiva**

Estudantes	fizeram	a passeata.
sujeito ativo	V.T.D.	objeto direto

5.2. Morfossintaxe do agente da passiva

O agente da passiva é representado por um substantivo ou por uma palavra ou oração com valor de substantivo.

O poema	foi escrito	por um grande poeta.	núcleo: **poeta = substantivo**
O poema	foi escrito	**por ele.**	núcleo: **ele = pronome substantivado**
O poema	foi feito	**pelos três.**	núcleo: **três = numeral substantivado**

6. COMPLEMENTO NOMINAL

É o termo da oração que se liga a um nome – substantivo, adjetivo ou advérbio – sempre por meio de uma preposição. Possui a função de completar o sentido do nome.

O novo projeto	é	acessível	**aos membros do grupo.**
sujeito	V.L.	predicativo do sujeito	**C.N.**

Faz-se a pergunta ao nome (regência nominal): é **acessível a algo** = completa adjetivo.

Alguns	tinham	medo	**do futuro.**
sujeito	V.T.D.	O.D.	**C.N.**

Quem tem medo, tem **medo de algo** = completa substantivo.

Agiu	contrariamente	**ao esperado.**
I.	adj. adverbial de modo	**C.N.**

Agiu **contrariamente a algo** = completa advérbio

6.1. Morfossintaxe do complemento nominal

O complemento nominal possui função substantiva, isto é, será representado por um substantivo ou palavra ou oração com valor de substantivo.

A obediência às **leis**	é necessária.

Leis: substantivo

A necessidade **dela**	era a mesma dos outros.

Ela: pronome substantivo

A confiança **nos dois**	é fundamental para o futuro.

Dois: numeral substantivado

Tinha necessidade	**de que o ajudassem.**

De que o ajudasse: oração subordinada substantiva

Caminhar a pé **lhe** era necessário.

Lhe: pronome oblíquo = saudável a ele

O remédio **nos** era prejudicial.

Nos: pronome oblíquo = prejudicial a nós

7. DIFERENÇA ENTRE COMPLEMENTO NOMINAL E OBJETO INDIRETO

Muito fácil se pensar assim:

1) Os dois termos são preposicionados;

2) O objeto indireto vem após o verbo;

3) O complemento nominal vem após um nome (não pode ser conjugado).

Todos	gostaram	**do resumo.**
sujeito	V.T.I.	**O.I.**

- Quem gosta, gosta de algo = complementa o verbo.

Todos	tinham	receio	**da reprovação.**
sujeito	V.T.D.	O.D.	**C.N.**

- Quem tem receio, tem receio de algo = completa o substantivo.

E como diferenciar os dois termos em outra situação? Mais fácil ainda! Vamos lá:

Entregaram	o prêmio	**ao vencedor.**
V.T.D.I.	O.D.	**O.I.**
Retire o objeto direto: Entregaram ao vencedor.		

- Retirou-se o objeto direto e manteve o sentido. Significa que o termo preposicionado está ligado ao verbo, ou seja, é objeto indireto.

Tinham	medo	**da reprovação.**
V.T.D.	O.D.	**C.N.**

Não é possível retirar o objeto direto e continuar correta oração.

- Se retirar o objeto direto e a frase ficar incoerente, significa que o termo preposicionado está ligado ao nome, isto é, trata-se de um complemento nominal.

8. DIFERENÇA ENTRE COMPLEMENTO NOMINAL E AGENTE DA PASSIVA

A dica é tentar transpor a oração para a voz ativa. Simples, não é?

Candidatos	foram inscritos	**pelos agentes.**
Sujeito paciente	ser + particípio	**agente da passiva**

Voz ativa = Os agentes inscreveram os candidatos.

Candidatos	ficaram atentos	**ao resultado.**
sujeito	V.L + predicativo do sujeito	**complemento nominal**

A oração já se encontra na voz ativa!

9. DIFERENÇA ENTRE COMPLEMENTO NOMINAL E ADJUNTO ADNOMINAL

Para que haja diferença entre os dois termos é necessário atentar-se a três itens:

1. O termo deve estar dentro do sujeito;
2. O termo é preposicionado;
3. O termo vem ligado a um substantivo.

Feitas as três análises, passemos ao segundo passo:

Sentido Ativo	Adjunto Adnominal
A resposta **DO ALUNO**	convenceu a classe.
O aluno respondeu: sentido ativo	

Sentido Passivo	Complemento Nominal
A resposta **AO ALUNO**	convenceu a classe.
O aluno recebeu a resposta: sentido passivo	

A crítica **DO TÉCNICO AOS JOGADORES** foi severa.
O técnico criticou: do técnico = adjunto adnominal
Os jogadores foram criticados: aos jogadores = complemento nominal

Capítulo 3. Termos Acessórios da Oração

1. INTRODUÇÃO

Termos acessórios são dispensáveis na estrutura básica da oração, mas são importantes para a compreensão do enunciado. Podem caracterizar o ser, determinar os substantivos e exprimirem circunstâncias. São eles: adjunto adnominal, adjunto adverbial e aposto.

2. ADJUNTO ADNOMINAL

É o termo que **determina**, **especifica** ou **explica** um substantivo. Possui função adjetiva na oração, a qual pode ser desempenhada por adjetivos, locuções adjetivas, artigos, pronomes adjetivos enumerais adjetivos.

Agrupam-se ao redor dos substantivos dentro de qualquer termo da oração – essencial, integrante ou mesmo acessório (adjunto adverbial).

Aqueles dois rapazes **interessados**	estudaram	**toda a** matéria.
Sujeito. Núcleo: rapazes (substantivo)	V.T.D.	O.D. Núcleo: matéria
Aqueles, dois e interessados: adjunto adnominal		**Toda e a:** adjunto adnominal

2.1. Morfossintaxe do adjunto adnominal

Artigo	**A** prova foi aplicada
Numeral adjetivo	**Três** candidatos chegaram.
Pronome adjetivo	**Aqueles** candidatos fizeram boa prova.
Pronome pessoal oblíquo (equivalendo a possessivo)	Roubaram-**me** a prova. = roubaram a minha prova. Não **te** reconheci a voz. = a tua voz.
Adjetivo	Candidatos **insatisfeitos** faltaram.
Locução adjetiva	Candidatos **da capital** chegaram.
Oração subordinada	O aluno **que estuda** é aprovado. O aluno estudioso = oração subordinada adjetiva.

2.2. Em concursos

Predicativo e Adjunto Adnominal: para haver predicativo, obrigatoriamente haverá verbo de ligação (mesmo que implícito, como estudamos na parte I – termos essenciais da oração). O adjunto adnominal vem dentro de um termo da oração e não exige verbo de ligação.

3. ADJUNTO ADVERBIAL

É o termo da oração que indica **circunstância.** Pode modificar o sentido de um verbo (faz-se uma pergunta), de um adjetivo (intensidade) ou de um advérbio (intensidade).

Facilitando: indica circunstância do verbo e pode intensificar o sentido do adjetivo ou do próprio advérbio.

O verão	chegou	**cedo.**
	quando?	**tempo**

Leram	o livro	**na biblioteca.**
onde?		**lugar**

O verão	chegou	**muito**	**cedo.**
	quando?	**intensidade**	**tempo**

Ele	estava	**muito**	atrasado.
		intensidade	predicativo (adjetivo)

3.1. Diferença entre adjunto adverbial e predicativo

Para ser predicativo, precisa-se do verbo de ligação (mesmo que implícito) e para ser adjunto adverbial, deve-se fazer pergunta ao verbo para saber a circunstância ou deve indicar intensidade do adjetivo ou advérbio.

Facilitando:

predicativo	varia
adjunto adverbial	não varia

Ele estava muito **atrasado** = Ela estava muito **atrasada.**

3.2. Classificação do adjunto adverbial

Circunstância	Exemplo	Dica
Acréscimo	**Além da alegria**, sentia cansaço.	+
Afirmação	**Certamente** será aprovado.	Não é necessário fazer pergunta.
Assunto	Falávamos **sobre política**.	Sobre o quê?
Causa	**Com o frio**, os animais morreram.	Por quê?
Companhia	**Com quem** você saiu ontem?	Com quem?
Concessão	**Apesar do nervosismo**, fez boa prova.	Embora, apesar de.

Circunstância	Exemplo	Dica
Condição	**Sem a autorização do fiscal**, você não poderá sair.	Se, caso.
Conformidade	Fez tudo **conforme o combinado.**	Regra.
Dúvida	**Quiçá** acertemos todas as questões.	Não é necessário fazer pergunta.
Fim, finalidade	Eles vivem **para estudar.**	Para quê?
Frequência	**Sempre** vêm aqui.	Quando?
Instrumento	Desenhava **a lápis**.	Com o quê?
Intensidade	Todos corriam **bastante.**	Não é necessário fazer pergunta.
Limite	Estudava **até cansar.**	Até.
Lugar	Nasceu **em Ribeirão Preto.**	Onde?
Matéria	Era feito **de ferro.**	De quê?
Meio	Foi **de avião.**	De quê?
Modo	Ficamos **à vontade.**	Como?
Negação	**Não** pode haver enganos.	Não é necessário fazer pergunta.
Preço	Os livros são vendidos **a preços baixos.**	Quanto?
Substituição ou troca	Abandonou os estudos **por trabalhos rentáveis.**	Por o quê?
Tempo	**Ontem à noite** saiu com amigos.	Quando?

3.3. Morfossintaxe do adjunto adverbial

O adjunto adverbial é representado por um advérbio (invariável) ou por uma locução adverbial (variável).

4. APOSTO

É o termo explica ou especifica os substantivos e os pronomes. Pode vir separado dos demais termos da oração por vírgula, dois-pontos ou travessão.

Recentemente, o mais pedido em provas é o aposto especificativo – não possui sinal de pontuação. Compare:

Carlos Drummond de Andrade	**, grande poeta mineiro,**	escrevia sobre a arte de escrever.
	Aposto explicativo = com pontuação	

O poeta **Carlos Drummond de Andrade**	escrevia sobre a arte de escrever.
Aposto especificativo = sem pontuação	

4.1. Morfossintaxe do aposto

O aposto possui função substantiva na oração. Seu núcleo é representado por um substantivo ou palavra substantivada.

4.2. Classificação do aposto

Explicativo	Traduz, ou seja, dá significado a uma frase, geralmente vem entre vírgulas, dois pontos ou parênteses.	Foi aqui, **neste lugar tranquilo**, que o encontrei.
Enumerativo	É representado por dois pontos, e estabelece uma sequência de elementos que são usados para complementar a ideia fundamental da frase.	À tarde, irei à casa de dois amigos: **Fernando e Júnior**.
Resumidor ou Recapitulativo	É representado por um pronome que resume tudo o que foi expresso anteriormente.	Henrique, Adilson, Sten, Paulo, **todos** foram aprovados.
Comparativo	É usado para comparar.	Seus olhos, **lindos oceanos**, fazem-me acreditar no amor.
Distributivo	Distribui as informações de termos separadamente.	Marcelo e Adriano são amigos. **Este** é um baiano divertido, **aquele**, carioca.
Aposto de Oração	Usado para resumir termos anteriores.	Ele tem um único desejo: **que todos os candidatos sejam aprovados no concurso.**
Especificativo	Individualiza um substantivo de sentido genérico.	A rua **Garibaldi** está muito longe do bairro **Irajá**.

4.3. Em concursos

Não confunda aposto especificativo com adjunto adnominal.

A obra **de Machado de Assis** é símbolo da literatura brasileira.

- Obra de Machado de Assis = obra **machadiana** (adjetivo). Se possui função de adjetivo, é adjunto adnominal.

5. VOCATIVO

O vocativo é um termo independente dentro da oração. Não faz parte do sujeito, nem do predicado, nem dos termos integrantes ou acessórios da oração.

Possui função de chamar ou interpelar o interlocutor (é com quem se fala). Vem, sempre, separado por sinal de pontuação.

"**Pai**, afasta de mim esse cálice." (Chico Buarque de Holanda e Milton Nascimento).

Dica: o vocativo não pode ser confundido com o sujeito.

1) A pontuação é obrigatória no vocativo;

2) A pontuação nunca poderá separar o sujeito.

No exemplo citado anteriormente:

- Pai: vocativo.
- Sujeito: tu, pois o verbo está no imperativo afirmativo (afasta tu).

5.1. Morfossintaxe do vocativo

Por se referir a um ser, o vocativo é representado por um substantivo ou por um pronome substantivo.

Capítulo 4. Período Composto

1. INTRODUÇÃO

Estudamos o período simples nos capítulos anteriores, ou seja, as relações que os termos (vocábulos) possuem dentro da oração. Agora estudaremos as relações estabelecidas entre as orações, é a vez da conjunção – termo que liga orações.

2. CONCEITOS

Período Simples	Possui uma oração.
Período Composto	Possui mais de uma oração.

Período Composto		
Coordenação	São orações que possuem independência sintática.	Ele estudou /e foi aprovado.
Subordinação	Há dependência sintática entre as orações, isto é, uma oração se subordina à outra.	Já que estudou, /foi aprovado.

3. COORDENAÇÃO

3.1. Assindéticas

As orações coordenadas assindéticas não possuem conjunção.

Importante: é preciso haver verbo em toda oração.

Acordou,	estudou,	viajou depois.
assindética	assindética	Assindética

3.2. Sindéticas

Possuem conjunção e são classificadas em:

Aditivas	Expressam ideia de **adição, acrescentamento.**	e, nem, não só… mas também, não só… como, assim… como.	Não só cantou como também dançou. Nem comprei o livro, nem estudei.

Adversativas	Exprimem fatos ou conceitos que se opõem ao que se declara na oração coordenada anterior, estabelecendo **contraste** ou **compensação.**	mas, contudo, todavia, entretanto, porém, no entanto, ainda, assim, senão.	Ficou muito cansada, contudo se divertiu. Não comprei o estudei, mas trabalhei.
Alternativas	Expressam ideia de **alternância de fatos** ou **escolha**.	**ou... ou; ora...ora; quer...quer; seja... seja.**	Ou usa o protetor solar, ou usa o óleo bronzeador. Quer eu durma quer eu fique acordada, estarei no quarto.
Conclusivas	Exprimem **conclusão** ou **consequência** referentes à oração anterior.	logo, portanto, por fim, por conseguinte, consequentemente.	Passou no concurso, portanto irá comemorar. Tomou muito sol, consequentemente ficou adoentado.
Explicativas	Indicam uma **justificativa** ou uma **explicação** referente ao fato expresso na declaração anterior.	que, porque, pois, isto é, ou seja, a saber, na verdade.	Passei na prova porque me esforcei. Não fui à aula pois merecia uma folga à noite.

3.3. Em concursos

- A conjunção **e** pode indicar oposição. A vírgula é obrigatória, mas é claro que as bancas a retiram: Exemplo: Estudou e não foi aprovado = conjunção adversativa.
- Embora algumas gramáticas abominem, em concursos é pedido: **mas também** indica adição. Exemplo: Estudou mas também foi aprovado.
- **Pois**: no sentido de porque = explicação; no sentido de logo = conclusão.
- **Explicação** e **causa**: Explicação é coordenada – orações independentes; causa é subordinada (estudaremos a seguir).

Explicação: O candidato devia estar doente, porque chorava muito.

O choro do candidato não poderia ser a causa de sua doença.

Causa: Ele está triste porque foi reprovado.

A reprovação é a causa da tristeza dele.

4. SUBORDINAÇÃO

4.1. Introdução

As orações subordinadas possuem estrutura distinta das orações coordenadas assindética e sindética. Veja:

Todos sabem	que é necessário ter coragem.
Oração principal	*Oração subordinada*

A oração principal rege a oração subordinada (possui conjunção ou verbo na forma nominal).

As orações subordinadas são divididas em três tipos:

Tipos	Definição	Dica
Substantivas	Possuem valor de **substantivo** e vêm introduzidas por conjunção integrante.	Encaixa-se **isto** ou **disto** antes da conjunção.
Adjetivas	Possui valor e função de **adjetivo** e vêm introduzidas por pronome relativo.	Que = **o qual** Cujo
Adverbiais	Exercem função de **adjunto adverbial** do verbo da oração principal e exprimem circunstâncias. São introduzidas por conjunções subordinativas – exceto as integrantes.	Indicam circunstâncias.

4.2. Subordinada substantiva

A oração substantiva possui função de substantivo e dependendo da função sintática que exerce, classifica-se em:

<table>
<tr><td rowspan="4">Subjetiva</td><td colspan="2">Exerce a função sintática de sujeito do verbo da oração principal.</td></tr>
<tr><td>É preciso</td><td>que o grupo estude.</td></tr>
<tr><td>V.L. + predicativo</td><td>sujeito</td></tr>
<tr><td>Oração principal</td><td>oração subordinada substantiva subjetiva</td></tr>
<tr><td rowspan="4">Objetiva Direta</td><td colspan="2">Exerce função de objeto direto do verbo da oração principal
– que termina com V.T.D.</td></tr>
<tr><td>Os candidatos pediram</td><td>que a prova fosse adiada.</td></tr>
<tr><td>Sujeito + V.T.D</td><td>objeto direto</td></tr>
<tr><td>Oração principal</td><td>oração subordinada substantiva objetiva direta</td></tr>
<tr><td rowspan="4">Objetiva Indireta</td><td colspan="2">É objeto indireto do verbo da oração principal e vem precedida de preposição.
– a oração principal termina em V.T.I.</td></tr>
<tr><td>O autor precisa</td><td>de que alguém a ajude.</td></tr>
<tr><td>Sujeito + V.T.I.</td><td>Objeto indireto</td></tr>
<tr><td>Oração principal</td><td>oração subordinada substantiva objetiva indireta</td></tr>
<tr><td rowspan="4">Completiva Nominal</td><td colspan="2">Completa um nome que pertence à oração principal e possui preposição.
– a oração principal termina em NOME.</td></tr>
<tr><td>Tenho vontade</td><td>de que aconteça algo inesperado.</td></tr>
<tr><td>(eu) + V.T.D. + O.D.</td><td>Complemento nominal</td></tr>
<tr><td>Oração principal</td><td>oração subordinada substantiva completiva nominal</td></tr>
<tr><td rowspan="4">Predicativa</td><td colspan="2">Exerce papel de predicativo do sujeito do verbo da oração principal.
– a oração principal termina em VERBO DE LIGAÇÃO.</td></tr>
<tr><td>A verdade é</td><td>que você não virá.</td></tr>
<tr><td>Sujeito + V.L.</td><td>Predicativo do sujeito</td></tr>
<tr><td>Oração principal</td><td>oração subordinada substantiva predicativa</td></tr>
</table>

<table>
<tr><td rowspan="3">Apositiva</td><td colspan="2">Exerce função de aposto de algum termo da oração principal.
– normalmente há dois-pontos.</td></tr>
<tr><td>Toda a turma tem o mesmo objetivo:</td><td>que ele seja aprovado.</td></tr>
<tr><td>Oração principal</td><td>oração subordinada substantiva apositiva</td></tr>
</table>

4.2.1. *Em concursos*

- Certifique-se de que a oração é subordinada substantiva apenas encaixando o pronome demonstrativo **isto**. A conjunção que liga as orações é **conjunção integrante.**
- Expressões na voz passiva na oração principal = oração subjetiva: **Sabe-se, Soube--se, Conta-se, Diz-se, Comenta-se, É sabido, Foi anunciado, Ficou provado.**

4.3. Subordinada adjetiva

As orações adjetivas exercem função sintática de adjunto adnominal do adjetivo. Relacionam-se a um nome da oração principal e são introduzidas por pronome relativo. Tópico muito exigido em questões de pontuação.

<table>
<tr><th>Conversei ontem com alunos</th><th>que estudam português.</th></tr>
<tr><td rowspan="3">Oração Principal</td><td>que = os quais</td></tr>
<tr><td>que estudam = estudiosos – adjetivo</td></tr>
<tr><td>oração subordinada adjetiva</td></tr>
</table>

<table>
<tr><th>Os escritores</th><th>que fizeram um ótimo trabalho</th><th>serão homenageados.</th></tr>
<tr><td rowspan="2">Oração Principal</td><td>que = os quais</td><td rowspan="2">Oração Principal</td></tr>
<tr><td>oração subordinada adjetiva</td></tr>
</table>

4.3.1. *Classificação das subordinadas adjetivas*

Classificação	Teoria	Dica
Explicativa	Explica, isto é, atribui característica própria e pode ser retirada do período sem que haja alteração no sentido.	Atente-se ao SENTIDO. Possui pontuação.
Restritiva	Restringe, ou seja, limita a significação do nome a que se refere e se retirada do período, altera o sentido, perde-se informação.	Atente-se ao SENTIDO. Não possui pontuação.

<table>
<tr><td rowspan="2">Explicativa</td><td>Capitu, que é uma personagem de Machado de Assis, tinha olhos de ressaca.</td><td>= a qual
A informação generaliza (Capitu é personagem)e pode ser retirada, explica.</td></tr>
<tr><td>O irmão dela, que era advogado, prestou <u>serviços</u> ao réu.</td><td>= o qual
A informação generaliza (o irmão era advogado) e pode ser retirada, explica.</td></tr>
</table>

<table>
<tr><td rowspan="2">Restritiva</td><td>Você é um dos poucos autores que conheço.</td><td>= os quais
Conheço alguns autores e não todos.
Não se pode retirar a informação da oração adjetiva.</td></tr>
<tr><td>Eles são um dos alunos que falaram conosco ontem.</td><td>= os quais
Conversamos com alguns alunos e não com todos.
Não se pode retirar a informação da oração adjetiva.</td></tr>
</table>

4.3.2. Em concursos

A pontuação, nas orações adjetivas explicativas, pode ser através de vírgula(s), travessão (final de frase) ou travessões (no meio da oração principal), ou parênteses.

4.3.3. Funções sintáticas do pronome relativo

Nas orações adjetivas, o pronome relativo desempenha função sintática. Vamos às dicas.

SUJEITO	Os políticos **que** representaram o Brasil. = **Os políticos** representaram o Brasil: sujeito
OBJETO DIRETO	Entreguei o material **que** você pediu. Você pediu **o material** = O.D. Fernanda, a **quem** admiro, influenciou-me na decisão. Admiro **Fernanda**: a preposição pode ser retirada = objeto direto preposicionado.
OBJETO INDIRETO	O livro de **que** necessito hoje é este. Necessito **do livro** = O.I.
COMPLEMENTO NOMINAL	Eis as informações de **que** tem necessidade. Tem necessidade **das informações**. = C.N.
PREDICATIVO DO SUJEITO	Ele é o funcionário público **que** a maioria quer ser. A maioria quer ser **funcionário público**. = predicativo
AGENTE DA PASSIVA	Ele é o diretor por **quem** fui criticado. Fui criticado **pelo diretor**. = agente da passiva
ADJUNTO ADVERBIAL	Os fatos aconteceram no mês em **que** fez aniversário. Fez aniversário **no mês**. = adj. adverbial de tempo
ADJUNTO ADNOMINAL	Apenas o relativo **cujo** e suas variações podem possuir função de adjunto adnominal. Ele não consegue conviver com chefes **cujas** aspirações sejam apenas materiais. = Não conseguem conviver com chefes = As aspirações dos chefes são apenas materiais.

4.4. Subordinada adverbial

A oração subordinada adverbial exerce a função de **adjunto adverbial** do verbo da oração principal. Indica circunstância.

4.4.1. *Classificação*[2]

Iniciam-se pelas conjunções subordinativas, exceto as integrantes, que fazem parte apenas das orações subordinadas substantivas. São elas:

	Definição	Conjunções	Exemplo	Dica
Causal	É a causa, o motivo da oração principal.	**porque, como, pois, pois que, já que, uma vez que, visto que.**	Ela foi aprovada **porque se dedicou aos estudos.**	Faz-se a pergunta **por quê?** À oração principal
Consecutiva	Indica a consequência da oração principal	**que, de forma que, de sorte que, tanto que,** etc., e pelas estruturas **tão...que, tanto... que, tamanho...que.**	Fiz o trabalho tão concentrada **que nem percebi sua presença.**	Encaixa-se sempre a expressão **de modo que.**
Condicional	Algo que se impõe como necessário para a realização ou não de um fato.	**se, caso, contanto que, desde que, salvo se, exceto se, a não ser que, a menos que, sem que, uma vez que** – acompanhada de verbo no subjuntivo.	**Caso não se prepare com antecedência**, será difícil ser aprovado.	Substitua por **caso** e **se**.
Concessiva	Indica concessão em relação à oração principal, contraste, ideias opostas.	embora, conquanto, ainda que, ainda quando, mesmo que, se bem que, posto que, apesar de que.	**Embora a prova estivesse dificílima**, fui aprovado e convocado.	Encaixe **embora** e **apesar de.**
Comparativa	É uma comparação.	**como, tão...como** (quanto), **mais** (do) **que, menos** (do) **que.**	Estudou **como um louco.**	Normalmente há verbo implícito. No exemplo citado: como um louco (estuda).
Conformativa	Indica conformidade, regra.	**conforme**, **como**, **consoante** e **segundo**	**Conforme foi previsto**, houve atraso na entrega dos documentos.	Encaixe **conforme.**
Final	Indica finalidade da oração principal.	**a fim de que**, **que**, **porque** (= para que) e **para que.**	Estudaram de manhã **para depois irem ao cinema.**	Pergunta: **para quê?**
Proporcional	Indica proporcionalidade, ações simultâneas, acontecem ao mesmo tempo.	à proporção que, **à medida que, ao passo que, quanto maior...**(maior), **quanto maior...**(menor), **quanto menor...**(maior), **quanto menor...**(menor), **quanto mais...**(mais), **quanto mais...**(menos), **quanto menos...**(mais), **quanto menos...**(menos).	À medida que estuda, aprende mais.	Encaixe: à medida que.

2 Só português. Disponível em <http://www.soportugues.com.br/secoes/morf/morf86.php>. Acesso em 5 maio 2014, alterado.

	Definição	Conjunções	Exemplo	Dica
Temporal	Indica o tempo da oração principal.	**quando, enquanto, mal, assim que, logo que, todas as vezes que, antes que, depois que, sempre que, desde que,** etc.	"**Quando você foi embora**, fez--se noite em meu viver..."	Pergunta: **quando?**

4.4.2. Em concursos

Observações importantes:

1. Onde há causa, há consequência. Associe assim:

Já que você não vai,	eu não vou
causa	por quê?
	consequência

A oração para que fazemos a pergunta **por quê?** indica a consequência, o efeito; enquanto a reposta indica causa.

2. À medida que indica proporção; **na medida em que** indica causa. Muito cuidado porque sempre é pedida a diferença.
3. As orações subordinadas e coordenadas podem vir mescladas.

4.5. Orações reduzidas

Orações reduzidas, como o próprio nome indica, são menores. Possuem duas características:

1. Apresentam o verbo em uma forma nominal.	gerúndio, particípio, infinitivo.
2. Não possuem conectivo.	conectivos: conjunções subordinativas ou pronomes relativas.

4.5.1. Classificação

1. Subordinada Reduzida de Infinitivo	2. Subordinada Reduzida de Gerúndio	3. Subordinada Reduzida de Particípio

ORAÇÕES REDUZIDAS		
1 INFINITIVO	É necessário **estudar todas as matérias.** = que estude todas as matérias.	**Oração subordinada substantiva** (isto) **subjetiva** (possui função de sujeito) **reduzida de infinitivo**
	Ele assegurou **serem de boa qualidade as máquinas.** = que eram de boa qualidade as máquinas.	**Oração subordinada substantiva** (isto) **objetiva direta reduzida de infinitivo**
	Gosto **de estudar sozinha.** = que eu estude sozinha.	**Oração subordinada substantiva** (disto) **objetiva indireta reduzida de infinitivo**

ORAÇÕES REDUZIDAS		
	O melhor seria **fazerem a prova logo.** = que fizessem a prova logo.	**Oração subordinada substantiva** (isto) **predicativa reduzida de infinitivo**
	Ele estava disposto **a vender tudo.** = que ele vendesse tudo.	**Oração subordinada substantiva** (isto) **completiva nominal reduzida de infinitivo**
	Ela nos fez um convite: **comparecermos à sua formatura.** = que comparecêssemos à sua formatura.	**Oração subordinada substantiva apositiva reduzida de infinitivo**
	Aquele, **a dançar**, é meu irmão. = que dança – o qual dança.	**Oração subordinada adjetiva** (cabe pronome relativo) **explicativa** (com pontuação) **reduzida de infinitivo**
	Ela foi a **primeira a reclamar**. = que reclamou – a qual reclamou.	**Oração subordinada adjetiva** (cabe pronome relativo) **restritiva** (sem pontuação) **reduzida de infinitivo**
	Lamentou **por ter chegado muito cedo**. = porque chegou muito cedo.	**Oração subordinada adverbial causal** (por quê?) **reduzida de infinitivo**
	Ao rever os pais, deu-lhes vários beijos. = quando viu os pais.	**Oração subordinada adverbial temporal** (quando?) **reduzida de infinitivo**
	Fiz um empréstimo **para pagar a faculdade**. = para que pagasse a faculdade.	**Oração subordinada adverbial final** (para quê?) **reduzida de infinitivo**
	Apesar de estar triste, sorri. = apesar de que esteja triste.	Oração subordinada adverbial concessiva reduzida de infinitivo
	Se cumprirem a promessa eu cumpro a minha. = caso cumpram a promessa.	Oração subordinada adverbial condicional reduzida de infinitivo
	Ela se distraiu tanto **a ponto de esquecer a briga**. = que esqueceu a briga.	Oração subordinada adverbial consecutiva reduzida de infinitivo
	Encontrei Fernanda, **saindo do hotel**. = que saía do hotel – a qual saía.	**Oração subordinada adjetiva** (cabe pronome relativo) **explicativa** (com pontuação) **reduzida de gerúndio**
	Gosto de bichos **correndo pelo quintal**. = que correm pelo quinta.	**Oração subordinada adjetiva** (cabe pronome relativo) **restritiva** (sem pontuação) **reduzida de gerúndio**
	Não cumprindo a promessa, sentiu remorsos. = porque não cumpriu a promessa	**Oração subordinada adverbial causal** (por quê?) **reduzida de gerúndio**
2 GERÚNDIO	**Faltando alguns minutos para o final da avaliação**, todos terminaram. = quando faltavam alguns minutos para o final da avaliação.	**Oração subordinada adverbial temporal** (quando?) **reduzida de gerúndio**
	Mesmo estando doente fiz a prova. = mesmo que estivesse doente	**Oração subordinada adverbial concessiva reduzida de gerúndio**
	Mentindo assim será pior. = caso minta assim.	**Oração subordinada adverbial condicional reduzida de gerúndio**

ORAÇÕES REDUZIDAS		
3 PARTICÍPIO	Fiquei surpresa com a escultura, **pintada de amarelo**. = que pintaram de amarelo – a qual	**Oração subordinada adjetiva** (cabe pronome relativo) **explicativa** (com pontuação) **reduzida de particípio**
	Têm apenas um livro **comprado**. = que comprou – que comprou	**Oração subordinada adjetiva** (cabe pronome relativo) **restritiva** (sem pontuação) **reduzida de particípio**
	Ferido no rosto, ele não pode mais trabalhar. = porque se feriu no rosto	**Oração subordinada adverbial causal** (por quê?) **reduzida de particípio**
	Concluída a prova, foi comemorar. = quando concluiu a prova	**Oração subordinada adverbial temporal** (quando?) **reduzida de particípio**
	Vencido o campeonato, permanecerão treinando. = mesmo que vençam o campeonato	**Oração subordinada adverbial concessiva reduzida de particípio**
	Excluídas as doações, como funcionaremos? =caso excluam as doações	**Oração subordinada adverbial condicional reduzida de particípio**

Capítulo 5. Concordância

1. INTRODUÇÃO

Concordância é a correspondência de flexões existentes entre dois termos – ou mais – de uma oração, como entre verbo e sujeito, entre substantivo e adjetivo.

2. CONCORDÂNCIA VERBAL

REGRA GERAL

O verbo concorda com o sujeito em número e pessoa.

"Você	me	faz	feliz."
sujeito	*verbo*		
pronome terceira pessoa singular	***verbo terceira pessoa singular***		

Música e literatura	fazem	bem à alma.
sujeito composto	*verbo*	
dois núcleos: terceira pessoa do plural	***verbo terceira pessoa plural***	

2.1. Casos particulares[1]

<table>
<tr><td rowspan="2">Expressão partitiva
= parte de, uma porção de, o grosso de, metade de, a maioria de, a maior parte de, grande parte de...
+ substantivo ou pronome no plural</td><td>o verbo pode ficar no singular ou no plural.</td><td>A maioria dos alunos aprovou (aprovaram) a equipe.</td></tr>
<tr><td colspan="2">Coletivos: Um bando de vândalos destruiu (destruíram) o jardim.</td></tr>
<tr><td rowspan="2">Expressão que indica quantidade aproximada
= cerca de, mais de, menos de, perto de...
+ numeral e substantivo</td><td>o verbo concorda com o substantivo.</td><td>Cerca de mil pessoas participaram da manifestação.</td></tr>
<tr><td colspan="2">mais de um + verbos que exprimem reciprocidade, o plural é obrigatório: Mais de um colega se abraçaram.</td></tr>
<tr><td>Nomes que só existem no plural, o artigo manda na concordância</td><td>Sem artigo: verbo no singular. Com artigo no plural: verbo no plural.</td><td>As Minas Gerais fazem sonhos.
Minas Gerais faz poesia e bons sons.</td></tr>
</table>

1 Só português. Disponível em <http://www.soportugues.com.br/secoes/sint/sint49.php>. Acesso em 9 maio 2014, alterado.

Pronome interrogativo ou indefinido plural = quais, quantos, alguns, poucos, muitos, quaisquer, vários + de nós ou de vós	verbo concorda com o **primeiro pronome** –na terceira pessoa do plural– ou com o **pronome pessoal**.	**Quais** de **vós são (sois)** capazes?
	Interrogativo ou **indefinido estiver no singular:** verbo no **singular: Qual de nós é capaz?**	
Expressão que indica porcentagem + substantivo	**Sem modificador** da porcentagem: facultativamente o verbo pode concordar com o **substantivo** ou com o **número** referente à porcentagem.	30% do **orçamento** da empresa **deve (ou devem)** destinar-se à Educação. 1% dos alunos **faltaram (ou faltou)** à prova.
	Com modificador da porcentagem: o verbo concorda com o **modificador** que pode ser pronome demonstrativo, possessivo ou artigo.	**Os** 10% da classe estudam muito. **Este** 1% dos alunos estuda mais.
	Expressão que indica porcentagem não é seguida de substantivo = verbo concorda com o número: 40% precisam de mudança.	
Pronome relativo QUE	concordância em número e pessoa com o **antecedente do pronome**.	Fui **eu** que **paguei** o livro. És **tu** que me fazes ver o sentido da vida.
Um dos que	verbo **plural**.	Você é **um dos que admiram** o livro.
	Ele foi **um dos** escritores **que** mais **fez** sucesso. Ela é **uma das** alunas mais **brilhante** da sala.	
Quem	verbo na terceira pessoa do singular ou concordando com o antecedente do pronome.	Fui eu **quem pagou** o livro. Fui **eu** quem **paguei** o livro.
Pronome de tratamento	verbo na 3ª pessoa do singular ou plural.	Vossa Excelência **é** casado? Vossas Excelências vão escrever?
Bater, dar e soar	verbo concorda com o numeral.	**Deu uma** hora no relógio da sala. Deram cinco horas no relógio da sala.
	sujeito da oração = relógio, sino, torre, etc., o verbo concorda com o sujeito: O tradicional relógio da praça matriz dá nove horas.	
Verbos Impessoais: Haver no sentido de existir; Fazer indicando tempo; Indicam fenômenos da natureza.	verbo na 3ª pessoa do singular	**Havia** muitos alunos na sala. **Faz** três anos que não viajamos. **Chovia** ontem à tarde.

2.2. Sujeito composto[2]

Sujeito é composto e **anteposto** ao verbo	verbo **plural** **Pai e filho conversavam.**
Sujeitos compostos formados por **pessoas gramaticais diferentes**: a primeira pessoa do plural prevalece sobre a segunda pessoa, que por sua vez, prevalece sobre a terceira.	Teus irmãos, tu e eu **tomaremos** a decisão. = nós Tu e teus irmãos **tomareis (tomarão)** a decisão. = vós (ou vocês)* *sujeito é composto, formado por um elemento da segunda pessoa e um da terceira, é possível empregar o verbo na terceira pessoa do plural. Pais e filhos **precisam** respeitar-se. = eles

2 Só português. Disponível em <http://www.soportugues.com.br/secoes/sint/sint53.php>. Acesso em 9 maio 2014, alterado.

Sujeito composto **posposto** ao verbo: em vez de concordar no plural com a totalidade do sujeito, o verbo pode estabelecer concordância com o **núcleo do sujeito mais próximo**. É uma opção, e não uma obrigação.	**Faltaram coragem e competência.** **Faltou coragem** e competência.
Quando ocorre ideia de **reciprocidade**, no entanto, a concordância é feita obrigatoriamente no **plural**.	Abraçaram-**se** vencedor e vencido. **Ofenderam-se** o jogador e o árbitro.

2.2.1. *Casos particulares*[3]

Sujeito composto por **núcleos sinônimos** ou quase sinônimos	verbo no **plural** ou no **singular**.	Descaso e desprezo **marcam (marca)** seu comportamento.
Sujeito composto por **núcleos dispostos em gradação**	verbo no **plural** ou concorda com o **último núcleo do sujeito**.	Com você, meu amor, uma hora, um minuto, um segundo me **satisfazem (satisfaz).**
Núcleos do sujeito composto são unidos por **ou** ou **nem**	verbo no **plural** se a declaração contida no predicado puder ser atribuída a todos os núcleos.	Drummond **ou** Bandeira **representam** a essência da poesia brasileira. **Nem** o professor **nem** o aluno **acertaram** a resposta.
	núcleos excludentes: verbo **singular**.	Roma ou Buenos Aires será a sede da próxima Olimpíada. Você ou ele será escolhido.
Um e outro	verbo no singular ou no plural.	Um e outro **compareceu (compareceram)** à festa. Nem um nem outro **saiu (saíram)** do colégio.
Núcleos do sujeito são unidos por **com**	o verbo pode ficar no **plural:** com = e.	O pai **com** o filho **montaram** o brinquedo. O governador **com** o secretariado **traçaram** os planos para o próximo semestre.
Núcleos do sujeito são unidos por **expressões correlativas**: **não só...mas ainda, não somente..., não apenas...mas também, tanto...quanto**	verbo no **plural**.	**Não só** a seca, **mas também** o pouco caso **castigam** o Nordeste. **Tanto** a mãe **quanto** o filho **ficaram** surpresos com a notícia.
Elementos do sujeito composto resumidos por **aposto recapitulativo**	a concordância é feita com o termo resumidor.	Filmes, novelas, boas conversas, **nada** o **tirava** da apatia. Trabalho, diversão, descanso, **tudo é** muito importante na vida das pessoas.

2.2.2. *Verbo + SE*[4]

Precisa-se de funcionários.

Alugam-se apartamentos à beira-mar.

Índice de indeterminação do sujeito	o **"se"** acompanha os verbos **intransitivos, transitivos indiretos** e de **ligação** = singular.	**Precisa-se** de governantes interessados em civilizar o país. **Confia-se** em teses absurdas. **Era-se** mais feliz no passado.

3 Só português. Disponível em <http://www.soportugues.com.br/secoes/sint/sint53.php>. Acesso em 2 abril 2014, alterado.

4 Só português. Disponível em <http://www.soportugues.com.br/secoes/sint/sint55.php>. Acesso em 2 abril 2014, alterado.

Pronome apassivador	acompanha verbos **transitivos diretos** e **indiretos** na formação da voz passiva sintética. O verbo deve concordar com o sujeito da oração.	**Construiu-se um posto** de saúde. **Construíram-se novos postos** de saúde. **Não se pouparam** esforços para despoluir o rio. **Não se devem poupar** esforços para despoluir o rio.

2.3. Verbo SER

O futuro	**é**	esperanças.
Sujeito	*Verbo **ser** concorda com o sujeito*	
O futuro	**são**	esperanças.
	*Verbo **ser** concorda com o predicativo do sujeito.*	*predicativo*

O VERBO SER CONCORDA COM O PREDICATIVO DO SUJEITO[5]	
Sujeito representado pelos pronomes – isto, isso, aquilo, tudo, o – e o predicativo estiver no plural.	**Isso são lembranças** inesquecíveis. **Aquilo eram problemas** gravíssimos. **O** que eu admiro em você **são** os seus **cabelos** compridos.
Sujeito no singular – referindo-se a coisas – e o predicativo substantivo no plural.	**Nosso piquenique foram** só **guloseimas.** **Sua rotina eram só alegrias.**
Sujeito indicar pessoa, o verbo concorda com o sujeito.	Gustavo era só decepções. Minhas alegrias é esta criança. Admite-se a **concordância no singular** quando se deseja fazer prevalecer um elemento sobre o outro: **A vida é** ilusões.
Sujeito for pronome interrogativo que ou quem.	**Que são** esses papéis? **Quem são** aquelas crianças?
Impessoal na indicação de horas, dias e distâncias, o verbo ser concorda com o numeral.	**É uma** hora. **São três** da manhã. **Eram 25** de julho quando partimos. Daqui até a padaria **são dois** quarteirões. Hoje **é dia** quatro de março. Hoje **são quatro** de março.
Sujeito indicando peso, medida, quantidade + pouco, muito, menos de, mais de, etc. = verbo ser no singular.	Cinco quilos de açúcar **é mais do** que preciso. Três metros de tecido **é pouco** para fazer seu vestido. Duas semanas de férias **é muito** para mim.
Sujeito ou predicativo for pronome pessoal do caso reto, com este concordará o verbo.	No meu setor, **eu sou** a única mulher. Aqui os adultos **somos nós**.
	Ambos os termos representados por pronomes pessoais = verbo concorda com o pronome sujeito: Eu não sou ela. Ela não é eu.

5 Só português. Disponível em <http://www.soportugues.com.br/secoes/sint/sint56.php>. Acesso em 10 abril 2014, alterado.

O VERBO SER CONCORDA COM O PREDICATIVO DO SUJEITO[5]	
Sujeito com sentido partitivo ou coletivo e o predicativo no plural = verbo ser concorda com o predicativo.	A grande maioria no protesto **eram jovens**. O resto **foram atitudes** imaturas.

2.4. Verbo PARECER[6]

Ocorre variação do verbo parecer e não se flexiona o infinitivo.	Alguns colegas **pareciam chorar** naquele momento.
A variação do verbo parecer não ocorre, o infinitivo sofre flexão.	Alguns colegas **parecia chorarem** naquele momento.

2.5. Haja vista

A expressão é invariável.	**Haja vista** as lições dadas por ele. = tendo em vista **Haja vista** aos fatos explicados por esta teoria. = tendo em vista
O verbo haver pode variar = se não seguido de preposição, considerando-se o termo posposto como sujeito.	**Hajam vista** os exemplos de sua dedicação. = vejam-se

3. CONCORDÂNCIA NOMINAL[7]

<table>
<tr><th colspan="4">Regras gerais[7]</th></tr>
<tr><td>O adjetivo concorda em gênero e número com o substantivo.</td><td colspan="3">As mãos trêmulas denunciavam o que sentia.</td></tr>
<tr><td rowspan="2">Adjetivo referindo-se a vários substantivos, a concordância varia</td><td rowspan="2">Adjetivo anteposto aos substantivos:</td><td>O adjetivo concorda em gênero e número com o substantivo mais próximo.</td><td>Encontramos caídas as roupas e os prendedores.
Encontramos caída a roupa e os prendedores.
Encontramos caído o prendedor e a roupa.</td></tr>
<tr><td>Substantivos como nomes próprios, adjetivo plural.</td><td>As adoráveis Fernanda e Cláudia vieram me visitar.
Encontrei os divertidos primos e primas na festa.</td></tr>
</table>

6 Só português. Disponível em <http://www.soportugues.com.br/secoes/sint/sint58.php>. Acesso em 10 abril 2014, alterado.

7 Só português. Disponível em <http://www.soportugues.com.br/secoes/sint/sint59.php>. Acesso em 10 abril 2014, alterado.

Regras gerais[7]		
Adjetivo posposto aos substantivos	O adjetivo concorda com o **substantivo mais próximo** ou **com todos eles.**	A indústria oferece localização e **atendimento perfeito.** A indústria oferece atendimento e **localização perfeita.** A indústria oferece **atendimento e localização perfeitos.**
	Substantivos possuindo mesmo gênero, adjetivo no singular ou plural.	A beleza e a inteligência **feminina(s).** O carro e o iate **novo(s).**
Expressões formadas pelo verbo SER + adjetivo	O adjetivo fica no masculino singular, se o substantivo não for acompanhado de nenhum modificador.	Água é **bom** para saúde.
	O adjetivo concorda com o substantivo, se este for modificado por **um artigo** ou qualquer outro determinativo.	**Esta** água é **boa** para saúde.
O adjetivo concorda em gênero e número com os pronomes pessoais a que se refere.	Juliana **as** viu ontem muito **felizes.**	
Nas expressões formadas por pronome indefinido neutro (nada, algo, muito, tanto, etc.) + preposição DE + adjetivo = adjetivo masculino singular.	Os jovens tinham **algo** de **misterioso.**	
A palavra só, quando equivale a "sozinho", tem função adjetiva e concorda com o nome a que se refere.	Cristina saiu **só.** Cristina e Débora saíram **sós.**	
	só = somente ou **apenas** – função adverbial: invariável. Eles **só** desejam uma palavra.	
Um único substantivo modificado por dois ou mais adjetivos no singular	O substantivo permanece no singular e coloca-se o artigo antes do último adjetivo.	Admiro a **cultura** espanhola e **a** portuguesa.
	O substantivo vai para o plural e o artigo antes do adjetivo é omitido.	Admiro as **culturas** espanhola e portuguesa.

3.1. Casos particulares

É proibido – É necessário – É bom – É preciso – É permitido	
Formadas por verbo + adjetivo, ficam invariáveis se o substantivo a que se referem possuir sentido genérico (não vier precedido de artigo).	É **proibido** entrada de crianças. Em certos momentos, é **necessário** atenção. No verão, melancia é **bom.** É **preciso** cidadania. Não é **permitido** saída pelas portas laterais.

<table>
<tr><td>Sujeito dessas expressões estiver determinado por artigos, pronomes ou adjetivos, tanto o verbo como o adjetivo concordam com ele.</td><td>É proibida a entrada de crianças.
Esta salada é ótima.
A educação é necessária.
São precisas várias medidas na educação.</td></tr>
<tr><td colspan="2">Anexo – Obrigado – Mesmo – Próprio – Incluso – Quite</td></tr>
<tr><td>Concordam em gênero e número com o substantivo ou pronome a que se referem.
São expressões adjetivas.</td><td>Seguem anexas as documentações requeridas.
A menina agradeceu:
– Muito obrigada.
Muito obrigadas, disseram as senhoras, nós mesmas faremos isso.
Seguem inclusos os papéis solicitados.
Já lhe paguei o que estava devendo: estamos quites.</td></tr>
<tr><td colspan="2">Bastante – Caro – Barato – Longe</td></tr>
<tr><td>Invariáveis quando advérbios.
Concordam com o nome a que se referem quando funcionam como adjetivos, pronomes adjetivos, ou numerais.</td><td>As jogadoras estavam bastante cansadas. = advérbio
Há bastantes pessoas insatisfeitas com o trabalho. = pronome adjetivo (muitos)
Nunca pensei que o estudo fosse tão caro. = advérbio
As casas estão caras. = adjetivo
Achei barato este casaco. = advérbio
Hoje as frutas estão baratas. = adjetivo
"Vais ficando longe de mim como o sono, nas alvoradas." (Cecília Meireles) = advérbio
"Levai-me a esses longes verdes, cavalos de vento!" (Cecília Meireles) = adjetivo)</td></tr>
<tr><td colspan="2">Meio – Meia</td></tr>
<tr><td>Quando adjetivo (metade), concorda com o nome a que se refere.</td><td>Pedi meia cerveja e meia porção de polentas.</td></tr>
<tr><td>Quando advérbio (modificando um adjetivo, sentido de um pouco) permanece invariável.</td><td>A noiva está meio nervosa.</td></tr>
<tr><td colspan="2">Alerta – Menos</td></tr>
<tr><td>Essas palavras, normalmente, são advérbios e permanecem invariáveis.</td><td>Os escoteiros estão sempre alerta.
Carolina tem menos bonecas que sua amiga.</td></tr>
</table>

Capítulo 6. Regência

1. INTRODUÇÃO

Regência trata das relações entre os termos da frase, estabelecendo a dependência entre eles.

Regente é o termo que exige complemento e **regido** é o termo complementar.

Ninguém	**assistiu**	**à palestra.**
	termo regente	**termo regido**

Necessidade	**de ser fera.**
termo regente	**termo regido**

Regência	
Verbal	**Nominal**
• V.T.D. • V.T.I. • V.T.D.I. • I.	• admiração a, por • doutor em • diferente de • suspeito de • longe de

2. REGÊNCIA VERBAL

Com o intuito de facilitar, vamos dividir o estudo de regência em:

1. Verbos que apresentam uso popular em desacordo com a norma culta;
2. Verbos que possuem mais de uma regência;
3. Lista de verbos notáveis.

2.1. Verbos que apresentam uso popular em desacordo com a norma culta

Verbo	Sentido	Regência	Exemplo
Custar	ser difícil	V.T.I.	Custou **a**o candidato aceitar a nota.
Implicar	acarretar	V.T.D.	Sua atitude implicará demissão.
Namorar	–	V.T.D.	Ela namora o advogado há alguns meses.

Verbo	Sentido	Regência	Exemplo
Obedecer e desobedecer	–	V.T.I.	Ele obedece **a**o patrão. Ela desobedece **a**o pai.
Admitem voz passiva, embora sejam transitivos indiretos: O patrão é obedecido por ele. O pai era desobedecido por ela.			
Pedir	–	V.T.D. (coisa) V.T.I. (pessoa)	Pediu licença e saiu. Pediu **a**o professor que lhe entregasse o gabarito.
Pede a preposição para quando subentendida a palavra licença		V.T.D.	Pediu (licença) para sair.
Preferir	–	V.T.D.I. (algo a algo)	Prefere cinema **a** teatro.
Responder	quando declaração da resposta	V.T.D.	Respondeu que não sabia o segredo.
	quando nomeia a coisa ou a pessoa a quem se dá a resposta	V.T.I.	Ele respondeu **a** todas as perguntas.
Simpatizar e antipatizar	–	V.T.I.	Simpatiza **com** ela.
Não admite o pronome oblíquo, por não ser pronominal.			

2.2. Verbos que possuem mais de uma regência

Verbo	Sentido	Regência	Exemplo
Aspirar	respirar, sorver (perfume, ar)	V.T.D.	Aspirou um ar venenoso.
	pretender/ desejar	V.T.I. (a)	Os candidatos aspiram **a** aprovações.
	O verbo aspirar **não aceita os pronomes lhe, lhes** como objeto indireto, por isso devemos substituí-los por a ele, a ela, a eles, a elas.		
Assistir	ver	V.T.I. (a)	Assistiu **a**o jogo.
	Usado nesse sentido, "assistir" não aceita lhe, lhes, como objeto indireto; por isso, quando necessário, deveremos trocá-lo por a ele, a ela, a eles, a elas.		
	socorrer, ajudar	V.T.D.	O amigo assistiu o doente.
	caber, pertencer	V.T.I. (a)	O poder de resolver assiste **a** ele apenas.
Chamar	mandar vir, solicitar a presença	V.T.D.	A professora chamou os alunos.
	chamar pelo nome, apelidar	há quatro construções	Chamaram a menina de balão. Chamaram a menina balão. Chamaram à menina de balão. Chamaram à menina balão.
Esquecer e lembrar	não pronominais: sem preposição	Esqueceu o caderno.	
	pronominais: com preposição (de)	Ele **se** esqueceu **do** caderno.	
	Se a coisa esquecida possuir função de sujeito, sofre alteração: Esqueceu-me o ocorrido. Lembrou-me o assunto.		
Informar	Admite duas construções	V.T.D.I.	Informei a data **a**o aluno (algo a alguém). Informei o aluno **d**a data (alguém de algo).

Verbo	Sentido	Regência	Exemplo
Pagar e perdoar	Para coisa	V.T.D.	Paguei o DVD. Perdoei seus erros.
	Para pessoa	V.T.I.	Paguei **a** você. Perdoei **a** você.
Proceder	ter fundamento	I.	Os boatos não procediam.
	executar	V.T.I. (a)	Procederemos **a**o inquérito.
Querer	desejar	V.T.D.	"A gente quer dinheiro e felicidade."
	estimar	V.T.I. (a)	Quero **a** meus amigos.
Visar	mirar	V.T.D.	Visou o alvo.
	vistar	V.T.D.	Visou o cheque.
	ter em vista	V.T.I. (a)	Visam **a** aprovações.
	O verbo visar **não aceita os pronomes lhe, lhes** como objeto indireto, por isso devemos substituí-los por a ele, a ela, a eles, a elas.		

2.3. Lista de verbos notáveis

Verbo	Sentido	Regência	Exemplo
Abraçar	cingir com os braços, *ocupar-se de*, seguir	V.T.D.	Muitos abraçam as ideias comunistas.
	adotar como sua	V.T.D.	Abraçou nossa causa.
Agradar	fazer agrados, *mimar*, acaricia	V.T.D.	Ele agrada seu cão.
	ser agradável, *contentar*, satisfazer, sendo o sujeito da oração nome de **coisa**.	V.T.I. (a)	A música agradou **a**o público.
	ser agradável, *contentar*, satisfazer, quando o sujeito é nome de **pessoa**.	V.T.D.	Ela não consegue agradar o chefe.
	ser agradável, *contentar*, satisfazer	I.	A apresentação não agradou.
	gostar: pronominal	V.T.I. (de)	Agradou-**se** muito **d**o rapaz.
Agradecer	objeto direto de coisa e indireto de pessoa	V.T.I. (a)	Agradeci o presente **a** meu pai.
Ajudar	transitivo direto ou indireto	V.T.D. ou V.T.I. (a)	Ajudei este homem nos seus estudos. Ajudei **a** este homem nos seus estudos.
	Seguido de infinitivo	V.T.D.I.	Ajudei este homem **a** estudar.
Atender	acolher ou receber alguém com atenção, responder a alguém que se dirige a nós, ouvir, conceder, deferir um pedido	V.T.D.	O diretor atendeu os alunos. Deus atendeu a súplica de seu servo.
	dar atenção a alguém, ouvir-lhe os conselhos, levar em consideração, atentar, prestar atenção a, satisfazer	V.T.I. (a)	A mãe não atendia **a**os apelos do filho. Atenderemos **a**o chamado do cliente.
Chegar	aparece modificado por adjunto adverbial de lugar (rege a preposição **a**)	I.	Chegamos **a** São Paulo pela manhã.

Verbo	Sentido	Regência	Exemplo
Ensinar	objeto direto de coisa e indireto de pessoa ou objeto direto de pessoa e indireto no infinitivo (rege a preposição **a**)	V.T.D.I.	Ensino a dança **a** João. Ensina-o a converter cada espinho em flor.
Residir	aparece modificado por adjunto. Rege a preposição **em**	I.	Reside **n**a rua Garibaldi.

3. REGÊNCIA NOMINAL

É a relação existente entre um **nome** (substantivo, adjetivo ou advérbio) e os termos regidos por esse nome. Essa relação é sempre intermediada por uma **preposição**.

– alheio **a, de**	– liberal **com**
– ambicioso **de**	– apto **a, para**
– análogo **a**	– grato **a**
– bacharel **em**	– indeciso **em**
– capacidade **de, para**	– natural **de**
– contemporâneo **a, de**	– nocivo **a**
– contíguo **a**	– paralelo **a**
– curioso **a, de**	– propício **a**
– falto **de**	– sensível **a**
– incompatível **com**	– próximo **a, de**
– inepto **para**	– satisfeito **com, de, em, por**
– misericordioso **com, para com**	– suspeito **de**
– preferível **a**	– longe **de**
– propenso **a, para**	– perto **de**
– hábil **em**	

Capítulo 7. Crase

1. INTRODUÇÃO

A palavra *crase* significa fusão, junção, mistura. Ocorre com vogais idênticas e o primeiro **a** sempre será uma preposição.

2. REGRA GERAL

Haverá crase quando o termo regente exigir a preposição **a** e o tremo regido admitir o artigo **a** ou **as.**

Referi-me	**à autora.**
Referi-me **a** (preposição)	+ **a** (artigo) = **à**

Ficou insensível	**à dor.**
Insensível **a** algo (preposição)	+ **a** (artigo) = **à**

Chegamos	**às sete horas.**
Chegamos **a** (preposição)	**+ as** (artigo) = **às**

DICA

Nos casos mencionados, basta trocar a o regido por um masculino correlato, ou seja, que pertença à mesma classe gramatical. Se obtiver a combinação **ao (preposição a + artigo o)**, haverá crase.

Referi-me	à autora. (substantivo feminino)
	ao autor. (substantivo masculino) = à

Ficou insensível	à dor. (substantivo feminino)
	ao sofrimento. (substantivo masculino) = à

Chegamos	à**s** sete horas. (numeral indicando hora)
	ao meio-dia. (substitua por meio-dia)= às

3. CASOS EM QUE SEMPRE HAVERÁ CRASE[8]

Diante de palavras femininas – Substitua sempre por uma masculina	
• Sou grata **à** aluna. • Álcool é prejudicial **à** saúde. • Este texto é posterior **à** invenção do conto.	• Sou grata **ao aluno**. • Álcool é prejudicial **ao organismo**. • Este texto é posterior **ao problema** do conto.
Diante da palavra moda = à moda de (mesmo que a expressão *moda de* fique subentendida)	
• O jogador fez um gol **à** (moda de) Romarinho. • Usava sapatos **à** (moda de) Luís XV.	
Na indicação de horas	
• Acordamos **às** seis horas. = **ao** meio-dia • Elas chegaram **às** dez horas. = **ao** meio-dia • Foram dormir **à** meia-noite. = **ao** meio-dia	
Em locuções adverbiais, prepositivas e conjuntivas formadas por palavras femininas.	
• à tarde, às ocultas, às pressas, à medida que, • à noite, às claras, às escondidas, à força, • à vontade, à beça, à larga, à escuta, às avessas, à revelia, à exceção de, à imitação de, à esquerda, às turras, às vezes, à chave, • à direita, à procura, à deriva, à toa, à luz, • à sombra de, à frente de, à proporção que, • à semelhança de, às ordens, à beira de	

4. DIANTE DE NOMES DE LUGAR

Substitua o termo regente por um verbo que peça a preposição **de.**

Resultando na contração **da** significa que esse nome de lugar aceita o artigo e haverá crase.

- Vou **à** França. = Vim **da** França.
- Cheguei **à** Grécia. = Vim **da** Grécia.
- Retornarei **à** Itália. = Vim **da** Itália.

Observação: **Se especificar o nome do lugar, haverá crase**.

- Retornarei **à** São Paulo dos bandeirantes. = Vim **da** São Paulo dos bandeirantes.
- Irei **à** Salvador de Jorge Amado. = Vim **da** Salvador de Jorge Amado.

5. DIANTE DE PRONOME DEMONSTRATIVO

Haverá crase diante desses pronomes sempre que o termo regente exigir a preposição a.

8 Só português. Disponível em <http://www.soportugues.com.br/secoes/sint/sint78.php>. Acesso em 12 abril 2014, alterado.

Refiro-me	**a aquele** livro	
	Preposição a + pronome demonstrativo aquele = àquele *livro* objeto indireto	
Dediquei	**a aquele** aluno	o meu livro.
	Preposição a + pronome demonstrativo aquele = àquele *aluno* objeto indireto	

Não haverá crase	
Se o termo regente não pedir preposição	Aluguei aquele apartamento. = Aluguei algo

6. COM PRONOME RELATIVO

A QUAL	
Dependerá da regência do verbo – se exige ou não a preposição –, mas trabalharemos com dicas para que não ocorra erro.	A apostila **à qual** me referi. 1. O relativo retoma um substantivo feminino (apostila); 2. Substitua-o por um substantivo masculino: **O livro ao qual** me referi. Resultou em **ao**, há crase.
	A sessão à qual assisti foi muito rápida. 1. O relativo retoma um substantivo feminino (sessão); 2. Substitua-o por um substantivo masculino: **O filme ao qual** assisti. Resultou em ao, há crase.
Não resultando em **ao**, não há crase.	A propaganda **a qual** vi. = O filme **o qual** vi.

QUE	
Algumas gramáticas alegam não haver o acento indicativo de crase antes do **que**, mas há exceção e é pedido em concursos (comparação que está ligada ao pronome demonstrativo – estudaremos abaixo).	Sua caneta é igual à que comprei. 1. O relativo retoma um substantivo feminino (caneta); 2. Substitua-o por um substantivo masculino: Seu lápis é igual **ao que comprei**. Resultou em ao, há crase.

QUEM e CUJO	
Não há crase anteposta a quem e cujo por repelirem o artigo. Em caso de dúvida, substitua.	A mulher **a quem** obedeço. = O homem a quem obedeço. A autora **a cuja** obra me referi. = A autora a cujo livro me referi. *O **a** que acompanha o relativo *cujo* é preposição e não artigo: refiro-me à obra.

7. COM PRONOME DEMONSTRATIVO

Façamos, mais uma vez a substituição.

Sua ideia é ligada **à** de seus professores.	= Sua ideia é ligada àquela. = Seu dever é ligado **ao** de seus professores.

8. ANTES DA PALAVRA DISTÂNCIA

<table>
<tr><td>Se especificada, haverá crase.</td><td>A rua fica à distância de 50 Km daqui.
Fiquem à distância de 100 metros do palco.</td><td>= Determina-se a distância.
= A palavra distância está especificada.</td></tr>
<tr><td>Sem especificar = sem crase.</td><td colspan="2">Ficaram a distância.
Ensinou a distância.
Foi reconhecido a distância.</td></tr>
<tr><td colspan="3">Observação: para evitar ambiguidade, pode-se usar a crase. Ensinou à distância. Ela o curou à distância.</td></tr>
</table>

9. CRASE FACULTATIVA

Diante de nomes próprios femininos	Enviei o e-mail **a** Fernanda. Enviei o e-mail à Fernanda.	Facultativo porque o artigo pode ou não acompanhar o nome próprio.
Diante de pronome possessivo feminino	Referi-me **a** sua ideia. Referi-me à sua ideia.	Facultativo porque o artigo pode ou não acompanhar o pronome possessivo.
Após preposição até	Fui até **a** esquina. Fui até à esquina. O curso vai até **as** oito horas. O curso vai até à**s** oito horas.	

10. NÃO SE USA CRASE

<table>
<tr><td>Diante de substantivos masculinos</td><td>Fizeram o teste a lápis.
Comprei o carro a prazo.</td></tr>
<tr><td>Diante de verbos</td><td>Estavam a estudar.
Nada tem a dizer.</td></tr>
<tr><td rowspan="2">Diante de pronomes e das expressões de tratamento</td><td>Fez referência a Vossa Excelência.
Peço a Vossa Senhoria que entenda.</td></tr>
<tr><td>Exceção: diante de pronomes de tratamento que se referem à mulher: senhora, dona, senhorita e madame. Entregou o livro à senhorita (à madame) (à senhora) (à dona)</td></tr>
<tr><td>Diante de numerais cardinais</td><td>Chegou a cinquenta o número de aprovados.
Daqui a duas semanas será a avaliação.</td></tr>
<tr><td>Singular + plural</td><td>Não vou a festas.
Não se pode usar crase porque o a é apenas uma preposição.</td></tr>
<tr><td>Entre palavras repetidas dentro do adjunto adverbial</td><td>Ficaram frente a frente.
Exceção: em palavras que façam parte de complemento verbal (objeto indireto) = Prefere guerra à guerra.</td></tr>
</table>

Capítulo 8. Pontuação

1. INTRODUÇÃO

São sinais gráficos da linguagem escrita que indicam a entoação da leitura. Servem para compor a coesão e a coerência textual além de ressaltar especificidades semânticas e pragmáticas[1].

2. VÍRGULA

A vírgula é empregada para separar termos de uma oração, ou orações de um período. É uma questão de sintaxe – período simples e período composto – e por esse motivo separaremos nosso estudo em dois tópicos: vírgula dentro da oração e vírgula entre as orações.

O poder da vírgula

"Se o homem soubesse o valor
que tem a mulher andaria
de quatro a sua procura"

Se você for mulher, certamente colocou
a vírgula depois de mulher.
Se for homem, certamente colocou
a vírgula depois de tem.

2.1. Vírgula no interior da oração

Iniciemos pela **ordem direta** da oração: **sujeito + verbo + complemento verbal + adjunto adverbial ou predicativo ou complemento nominal**.

Se a oração estiver na ordem apresentada, não se usa a vírgula.

Os poetas	escreveram	os textos	com entusiasmo.
sujeito	*V.T.D.*	*O.D.*	*adj. adv. modo*

A vírgula é usada para separar:

	Exemplo	Dica
Termos intercalados	Trabalharam muito**, logo,** merecem descansar.	Intercala conjunção
	Nossos alunos**, certamente,** serão aprovados.	Intercala adjunto adverbial
	Estudem**,** concurseiros**,** pois chegou a hora.	Intercala vocativo
	Mary**, aluna da turma top,** foi empossada.	Intercala aposto
	A música**, isto é,** o alimento da alma encanta a humanidade há séculos.	Intercala expressões explicativas: **isto é, a saber, por exemplo, ou melhor, ou antes, etc.**

1 TERRA, Ernani. *Curso Prático de Gramática*. 1. ed. São Paulo: Editora Scipione, 2002. p. 385.

	Exemplo	Dica
Termos deslocados = normalmente, a oração não se inicia com o sujeito.	**Naquele dia,** muitos faltaram.	Adjunto adverbial anteposto. Em locução adverbial, a vírgula é obrigatória.
	Hoje, muitos faltaram.	Em advérbio anteposto, a vírgula é dispensável.
	Este assunto, já o li em uma revista.	Objeto direto pleonástico anteposto.
Palavras omitidas	A turma 1 estudou português e a turma 2**,** informática.	Zeugma ou elipse
Vocativo = a quem se dirige	**Alunos**, estudem mais. "**Deus! ó Deus!** onde estás que não respondes?" (Castro Alves)	Pode estar no início, meio ou final da frase.
Termos coordenados ligados por e, ou, nem	E o namorado**, e** os amigos**, e** os irmãos magoaram-no. Não andou por montanhas**, ou** florestas**, ou** cavernas.	Repetindo a conjunção coordenada indica ênfase (polissíndeto).
Datas	**Ribeirão Preto,** 26 de janeiro de 2014.	Separa o local.
Advérbios sim ou não	– Você leu o livro? – **Sim,** inteiro.	Usados como resposta.
Saudação	Com muito amor, Respeitosamente,	Em correspondência comercial ou social.
Termos de mesma função sintática	Leu os livros**, a apostila, os contos** e as poesias.	Objeto direto
Elementos paralelos	Tal pai, tal filho.	Em provérbios.

Para **FGV**, a inversão só exigirá vírgula se houver mais de três palavras na locução adverbial. Atente-se a esse detalhe.

2.2. Vírgula entre as orações

As orações, compondo um período, podem possuir vírgula ou não. Estudemos os casos.

	Exemplo	Dica
Orações subordinadas adjetivas explicativas	O homem**, que é um ser racional,** aprende com os erros.	Sempre possuirão vírgula, ou travessão ou parênteses.
Orações subordinadas adjetivas restritivas	O aluno **que estuda** é aprovado.	Restringe (apenas o que estuda): sem pontuação.
	Observação: com verbos seguidos, pode-se inserir a vírgula. O homem que **fuma, adoece** rápido.	
Orações subordinadas adverbiais	**Quando entrou na sala de aula,** todos aplaudiram.	Oração deslocada: não se inicia com a oração principal.
Orações subordinadas substantivas	Espero **que me telefone logo**. O remédio era **esperar**.	Não se separa da principal, exceto a apositiva.

	Exemplo	Dica
Orações coordenadas	**Chegou, ficou em silêncio, aguardou alguns minutos** e aplicou a prova.	Separam-se por vírgula. Exceto as aditivas.
	Os ignorantes falam muito**, e os sábios** se calam.	Sujeitos distintos: com vírgula.
	E estuda, e enlouquece**, e** fica bravo**, e** será aprovado.	Polissíndeto (a conjunção indica ênfase): com vírgula.
	Não estudou**, e foi aprovado.**	Conjunção **e** com valor adversativo: com vírgula.
Orações intercaladas	Eu**, disse o candidato,** preciso do voto de vocês.	Sempre serão separadas por vírgulas, travessões ou parênteses.

3. PONTO E VÍRGULA

É um sinal intermediário entre a vírgula e o ponto e não indica o término do período. Usa-se para separar:

- **Orações coordenadas não unidas por conjunção.**

  Ex.: Ele saiu tarde; chegou atrasado.

- **Orações coordenadas, quando pelo menos uma delas possui elementos separados por vírgula.**

  Ex.: O resultado foi: dois alunos foram a favor; quinze, contra.

- **Itens de uma enumeração.**

  Ex.: Considerando: 1) A alta taxa de desemprego; 2) A elevação da taxa de juros; 3) A recessão; solicitamos atenção.

- **Substituir a vírgula em conjunções adversativas.**

  Ex.: Gostaria de encontrar você hoje**;** todavia, a vida impede.

- **Orações coordenadas adversativas quando a conjunção aparecer no meio da oração.**

  Ex.: Esperava receber todos os livros**;** recebi, porém, apenas dois.

4. DOIS-PONTOS

Introduzem algo importante. Utilizam-se:

para anunciar a fala de personagens nas histórias de ficção	"A porta abriu-se, um brado ressoou: – Até que enfim, meu rapaz!" (Eça de Queirós)
para anunciar uma citação	Assim escreveu Vinícius de Moraes**:** "Tristeza não tem fim, Felicidade sim."
para anunciar uma enumeração	Os alunos aprovados são**:** Júlia, Renata, Paulo e Marcos.

antes de orações apositivas	Só aceito com esta condição: *Irá casar comigo.*
para indicar um esclarecimento, resultado ou resumo do que se disse	Em síntese: estudou, foi aprovado e viajou em férias.
em invocação das correspondências	Prezados Senhores:

5. PONTO FINAL

Usado para fechar o período de frases declarativas e imperativas e em abreviaturas.

6. PONTO DE INTERROGAÇÃO

O ponto de interrogação é usado ao final de qualquer interrogação direta, ainda que a pergunta não exija resposta. Exemplos:

- Onde você comprou este curso**?**
- Quais seriam as causas de tantas discussões**?**

7. PONTO DE EXCLAMAÇÃO

O ponto de exclamação é utilizado após as interjeições, frases exclamativas e imperativas. Pode exprimir surpresa, espanto, susto, indignação, piedade, ordem, súplica, etc. Possui entoação descendente. Exemplos:

- "Como as mulheres são lindas**!**" (Manuel Bandeira)
- Pare, por favor**!**

8. RETICÊNCIAS

As reticências marcam uma interrupção da sequência lógica da frase. Podem ser usadas para:

indicar continuidade de uma ação ou fato	A vida passa...
indicar suspensão ou interrupção do pensamento	Acreditei que...
representar, na escrita, hesitações comuns na língua falada	Não vou estudar agora...porque...porque não consigo pensar.
realçar uma palavra ou expressão	Para que tanto...desespero?
realizar citações incompletas	"No meio do caminho tinha uma pedra, tinha..."
transmitir mais emoção e subjetividade para quem lê	(...) 'Stamos em pleno mar... Dois infinitos Ali se estreitam num abraço insano, Azuis, dourados, plácidos, sublimes... Qual dos dous é o céu? qual o oceano?... 'Stamos em pleno mar... Abrindo as velas Ao quente arfar das virações marinhas, Veleiro brigue corre à flor dos mares, Como roçam na vaga as andorinhas... (...) (Navio Negreiro – Castro Alves)

9. PARÊNTESES

Isolam explicações, indicações, orações de caráter explicativo, palavras ou comentários acessórios.

Podem ser substituídos por vírgulas ou travessões.

10. TRAVESSÃO

O travessão simples (–) serve para dar início à fala de um personagem; indicar mudança do interlocutor nos diálogos; unir grupos de palavras que indicam itinerário.

O duplo travessão (– –) pode substituir dupla vírgula ou parênteses.

11. ASPAS

Destacam uma parte do texto. São usadas:

antes e depois de citações ou transcrições textuais	para representar nomes de livros ou legendas	para assinalar estrangeirismos, neologismos, gírias, expressões populares, ironia	para realçar uma palavra ou expressão
"Ia viajar! Viajei. Trinta e quatro vezes, às pressas, bufando, com todo o sangue na face, desfiz e refiz a mala". *(O prazer de viajar – Eça de Queirós)*	*Machado escreveu "Dom Casmurro".*	*Conversando com meu superior, dei a ele um "feedback" do serviço a mim requerido.*	*Você foi o "esperto" que respondeu a questão?*

12. COLCHETES

Os colchetes, assim como os parênteses, isolam explicações, indicações, orações de caráter explicativo, palavras ou comentários acessórios. Seu uso normalmente se restringe aos escritos de cunho didático, filológico, científico.

13. ASTERISCO

O asterisco (*) é usado nas remissões a notas ou explicações contidas em pé de páginas ou ao final de capítulos e nas substituições de nomes próprios não mencionados.

PARTE IV – COESÃO, COERÊNCIA E REESCRITA DE FRASES

Capítulo 1. Coesão, coerência e reescrita de frases

1. INTRODUÇÃO

Coesão relaciona-se com o microtexto, ou seja, com as palavras que estabelecem as ligações das ideias. É importante para estabelecer a coerência do texto.

Coerência textual é a relação lógica entre as ideias, pois essas devem se complementar, é o resultado da não contradição entre as partes do texto. Inclui fatores como o conhecimento que o produtor e o receptor têm do assunto abordado no texto, conhecimento de mundo, o conhecimento que esses têm da língua que usam e intertextualidade. Por isso, refere-se ao nível semântico e cognitivo, isto é, as informações de um texto possuem um fundo de verdade em relação ao próprio texto e em relação ao mundo real.[1]

Em provas de VUNESP, ocorre junção de toda a teoria gramatical que até aqui estudamos mais noções das teorias a seguir. As questões exigem várias avalições. Fundamental saber as funções das palavras QUE, SE e COMO.

2. COESÃO REFERENCIAL

Ocorre quando determinado elemento textual se remete a outro, substituindo-o. A **referência**, inicialmente, pode ser em relação a um dado **externo** ou **interno** ao texto.

Coesão por Referência exofórica	Refere-se a um elemento *fora do texto.*
Coesão por Referência endofórica	Faz referência a algo *dentro do texto.*

Exemplo de coesão por referência **exofórica**:

*"A gente era pequena **naquele** tempo. E **aquele** era um tempo em que ainda se apregoava nas ruas. Não em todas as ruas, mas **naquela** onde vivíamos. **Naquela** rua, que tinha por nome a data de um santo, o tempo passava mais lentamente do que no resto da cidade de Porto Alegre."*

(Trecho inicial de uma crônica, postada no site http://revistagloborural.globo.com, por Letícia Wierzchowski)

---

1 Brasil Escola. Disponível em <http://brasilescola.uol.com.br/redacao/coerencia.htm>. Acesso em 24 julho 2014, alterado. Sou mais ENEM. Disponível em <http://soumaisenem.com.br/redacao/coesao-e-coerencia/coesao-referencial>. Acesso em 24 julho 2014, alterado.

A coesão por referência **endofórica** ocorre por intermédio de: pronomes (pessoais, possessivos, demonstrativos, indefinidos, interrogativos e relativos), numerais (ambos, primeiro, segundo), advérbios pronominais (lá, aí, aqui, onde, aqui), elipse (omissão de um termo facilmente perceptível), sinonímia (substituição lexical) e metonímia (parte pelo todo).

3. COESÃO SEQUENCIAL

É obtida por meio dos elementos de ligação que proporcionam as relações necessárias à integração harmoniosa de orações e parágrafos em torno de um mesmo assunto. Elementos de coesão mais utilizados:

Prioridade, relevância	principalmente, primordialmente, sobretudo, em primeiro lugar, antes de mais nada, primeiramente, acima de tudo.
Tempo (ordem, sucessão, anterioridade, posterioridade)	finalmente, agora, atualmente, hoje, frequentemente, constantemente, às vezes, eventualmente, por vezes, ocasionalmente, sempre, raramente, não raro, ao mesmo tempo, simultaneamente, a princípio, pouco antes, pouco depois, anteriormente, posteriormente, em seguida, afinal, por fim.
Semelhança, comparação	igualmente, da mesma forma, assim também, do mesmo modo, similarmente, analogamente, por analogia, de maneira idêntica.
Conformidade	conformidade com, de acordo com, segundo, conforme, sob o mesmo ponto de vista, tal qual, tanto quanto, como, assim como, bem como.
Condição, hipótese	se, caso, salvo se, contanto que, desde que, a menos que, a não ser que etc.
Adição, continuação	e, além disso, ademais, por sua vez, outro ponto, mais (grave) ainda, ainda mais, também, mas também, constata-se também, vale frisar ainda, vale lembrar também.
Dúvida	provavelmente, possivelmente, é provável.
Certeza, ênfase	de fato, por certo, certamente, indubitavelmente, inquestionavelmente, sem dúvida, obviamente.
Ilustração, exemplificação, esclarecimento	por exemplo, isto é, em outras palavras, ou por outra, a saber, haja vista.
Propósito, intenção, finalidade	com o fim de, a fim de, com o propósito de, para que, afim de que.
Resumo, recapitulação, conclusão	em suma, em síntese, enfim, em resumo, portanto, assim, dessa forma, dessa maneira, logo, afinal, está claro que.
Causa	em virtude de, por causa de, devido a, é resultado de.
Consequência	consequentemente, por consequência, como resultado, por isso, assim, como efeito, de sorte que, de modo que, de forma que, de maneira que.
Explicação	porque, porquanto, pois, já que, uma vez que, visto que.
Contraste, oposição	por outro lado, paradoxalmente, pelo contrário, caso contrário, em contraste com, mas, porém, contudo, todavia, entretanto, no entanto.
Restrição, ressalva	embora, apesar de, ainda que, mesmo que, posto que, conquanto, se bem que, por mais que, por menos que, não obstante.

3.1. Paráfrase

A Paráfrase é um texto que procura tornar mais claro e objetivo aquilo que se disse em outro texto. Portanto, é sempre a reescritura de um texto já existente, uma espécie de *tradução* dentro da própria língua.

O autor da paráfrase deve demonstrar que entendeu claramente a ideia do texto. Além disso, são exigências de uma boa paráfrase:

1) Utilizar a mesma ordem de ideias que aparece no texto original.
2) Não omitir nenhuma informação essencial.
3) Não fazer qualquer comentário acerca do que se diz no texto original.
4) Utilizar construções que não sejam uma simples repetição daquelas que estão no original e, sempre que possível, um vocabulário também diferente.

3.2. Perífrase

Trata-se de uma expressão que designa um ser através de alguma de suas características ou atributos, ou de um fato que o celebrizou.

Exemplo: A Cidade Maravilhosa (= Rio de Janeiro) continua atraindo visitantes do mundo todo.

Observação: quando a perífrase indica uma pessoa, recebe o nome de *antonomásia*. Exemplos:

- O Divino Mestre (= Jesus Cristo) passou a vida praticando o bem.
- O Poeta dos Escravos (= Castro Alves) morreu muito jovem.
- O Poeta da Vila (= Noel Rosa) compôs lindas canções.

4. TIPOS DE INCOERÊNCIA

Semântica	Os significados das palavras não se completam.	"A televisão **transmite** lazer." O verbo transmitir significa "fazer passar de um lugar a outro, comunicar". Nesse sentido, o lazer não é algo que venha de um ponto para outro, mas algo que é "proporcionado".
Sintática	Não são utilizados corretamente os meios sintáticos para expressar a coerência semântica, ou seja, empregam-se conectivos, pronomes (etc.) inadequadamente.	Pessoas ricas procuram o ensino particular. **Onde** os métodos, equipamentos e professores são melhores.
Incoerência Estilística	Ocorre quando se misturam registros linguísticos.	Observe a mudança "de tom" no discurso que se segue: "Venho diante de vossa Magnificência manifestar meu repúdio ao fato de uma instituição pública querer subtrair da população um espaço de lazer. Francamente, achei *a* **maior sujeira, sacanagem, nada a ver**."

Pragmática	O sentido de uma sequência de atos de fala é quebrado.	A: "Achei difícil compreender o tópico dois do capítulo três." B: **"O céu está maravilhoso com as nuvens escuras de chuva."**

5. ESTUDO DOS VOCÁBULOS QUE, SE E COMO

5.1. A palavra QUE

Interjeição	exprime espanto, admiração, surpresa	**Quê!** Você ainda não está pronto?
Substantivo	equivale a **alguma coisa**	Ele tem certo **quê** misterioso.
Preposição	liga dois verbos de uma locução verbal em que o auxiliar é o verbo **ter**. Equivale a **de**	Tenho **que** sair agora. = Tenho de sair.
Partícula expletiva ou de realce	pode ser retirada da frase, sem prejuízo algum para o sentido.	Quase **que** não consigo chegar a tempo.
Advérbio	modifica um adjetivo ou um advérbio. Equivale a **quão**.	**Que** lindas flores!
Pronome	pronome relativo	retoma um termo e **o qual** e flexões. Não encontramos as pessoas **que** saíram.
	pronome indefinido	pode funcionar como pronome substantivo ou pronome adjetivo.
	pronome substantivo	equivale a **que coisa.** **Que** aconteceu com você?
	pronome adjetivo	determina um substantivo – função sintática: adjunto adnominal. **Que** vida é essa?
Conjunção	relaciona entre si duas orações	Quando funciona como conjunção coordenativa ou subordinativa, a palavra **que** recebe o nome da oração que introduz. Venha logo, **que** é tarde. = conjunção coordenativa explicativa Falou tanto **que** ficou rouco. = conjunção subordinativa consecutiva
		Quando inicia uma oração subordinada substantiva, a palavra **que** recebe o nome de **conjunção subordinativa integrante**. Desejo **que** você venha logo.

5.1.1. Funções Sintáticas da palavra QUE

O pronome relativo [que] se refere a um termo da oração anterior (antecedente) projetando-o na oração seguinte, subordinada a esse antecedente. Veja:

– Mudei para *a casa* / que eu mesmo construí.

Na frase acima, a palavra [que] se relaciona com o antecedente [a casa]. A oração que se subordina a esse antecedente é: *que eu mesmo construí.* Para melhor compreendermos qual o papel desempenhado pelo pronome relativo [que], vamos desdobrar o período composto em duas orações: Mudei para a casa. Eu mesmo construí a casa.

Não é difícil perceber, agora, que o relativo [que], introduz a segunda oração e, ao mesmo tempo, substitui [casa] na segunda oração. Observe que [casa], na segunda oração, exerce a função sintática de objeto direto. Como [que] a substitui, essa será a função sintática do pronome [que]. Portanto, [que] cumpre uma dupla função: substitui, na segunda oração, o termo antecedente (a casa) e ao mesmo tempo introduz a oração subordinada adjetiva.

O pronome relativo que pode ter *por antecedente* o demonstrativo [o, a, os, as]: Olha o (= isto) que esse menino fez na prova!

- Falo o (= aquilo) que sinto.

Lembro-lhe que é fundamental diferenciar o relativo [que] da conjunção integrante [que], que introduz uma oração subordinada substantiva. Para reconhecer o relativo [que] substitua-o por *o/a qual, os/as quais:*

- Comprei a casa que você indicou => [...] a qual você indicou.

- Você me deu um presente que me agradou => o qual me agradou.

O pronome relativo, que sempre tem uma função na oração adjetiva, a saber: *sujeito, predicativo do sujeito, objeto direto, objeto indireto, complemento nominal, agente da passiva e adjunto adverbial.*

Conscientemente falando, não é tão simples descobrir essas funções sem a ajuda de um "macete". Um muito usado é este:

1º Substitua o pronome relativo pelo seu antecedente;

2º Observe a função sintática do antecedente na nova posição que assumiu no lugar do pronome relativo;

3° A função do antecedente, em sua nova posição, será a mesma do pronome relativo [que] (substituído);

4° Em muitos casos, será necessário colocar a nova frase em ordem direta para maior clareza da função do antecedente.

Exemplos:

- O povo chorou os soldados que morreram em combate.

  Substituindo: os soldados morreram em combate.

  Função sintática: os soldados = objeto direto = que.

- Aqui está o livro que lerei nas férias.

  Substituindo: o livro lerei nas férias. => lerei o livro nas férias.

  Função Sintática: o livro = objeto direto = que.

- Comprei a casa a que você se referiu.

  Substituindo: a casa você se referiu => você se referiu a casa.

  Função sintática: a casa = objeto indireto = que.

- Este é o remédio de que tenho necessidade.

  Substituindo: do remédio tenho necessidade => Tenho necessidade do remédio.

  Função sintática: do remédio = complemento nominal = que.

- A casa em que moro é bem cuidada.

  Substituindo: Na casa moro é bem cuidada. => moro na casa...

  Função Sintática: na casa = adjunto adverbial = que.

- Ignoras o cínico que ele é.

  Substituindo: o cínico ele é. => ele é o cínico.

  Função Sintática: o cínico = predicativo do sujeito = que.

- Era venenosa a aranha por que você foi picado.

  Substituindo: Era venenosa pela aranha você foi picado. => você foi picado pela aranha.

  Função Sintática: foi picado pela aranha = agente da passiva = que.

  Os Pronomes Relativos **onde, como e cujo** exercem sempre as funções sintáticas de: adjunto adverbial de lugar, de modo e adjunto adnominal, respectivamente:

- O salão do clube onde passamos o réveillon estava repleto.

  Substituindo: passamos o réveillon no salão do clube (adj. adv. de lugar).

- A foto cujo negativo lhe enviei ficou ótima.

  Substituindo: o negativo da foto (adjunto adnominal) ficou ótimo.

- A maneira firme como defendeu o rapaz causou admiração.

  Substituindo: defendeu de maneira firme (adj. adv. de modo) o rapaz.[2]

5.2. A palavra SE

Conjunção	a conjunção relaciona entre si duas orações.	
	conjunção subordinativa integrante: inicia uma oração subordinada substantiva.	Perguntei **se** ele estava feliz.
	conjunção subordinativa condicional: inicia uma oração adverbial condicional (equivale a **caso**).	**Se** todos tivessem estudado, as notas seriam boas.

2 Fonte: RECANTO DAS LETRAS. Escrito por Ricardo Sérgio. Disponível em <http://www.recantodasletras.com.br/gramatica/2530513>.

<table>
<tr><td>Partícula expletiva ou de realce</td><td>pode ser retirada da frase sem prejuízo algum para o sentido.</td><td>Passavam-se os dias e nada acontecia.</td></tr>
<tr><td>Pronome apassivador</td><td>ligada a verbo que pede objeto direto, caracteriza as orações que estão na voz passiva sintética. É também chamada de pronome apassivador.</td><td>Vendem-se livros.
Aluga-se piano.</td></tr>
<tr><td>Índice de indeterminação do sujeito</td><td>vem ligando a um verbo que não é transitivo direto ou transitivo direto e indireto, tornando o sujeito indeterminado. O verbo deverá estar na terceira pessoa do singular.</td><td>Trabalha-se de dia.
Precisa-se se apoio.</td></tr>
<tr><td rowspan="4">Pronome reflexivo</td><td colspan="2">quando a palavra se é pronome pessoal, ela deverá estar sempre na mesma pessoa do sujeito da oração de que faz parte. Por isso o pronome oblíquo se sempre será reflexivo (equivalendo a a si mesmo), podendo assumir as seguintes funções sintáticas:</td></tr>
<tr><td>objeto direto</td><td>Ele cortou-se com o facão.</td></tr>
<tr><td>objeto indireto</td><td>Ele se atribui muito valor.</td></tr>
<tr><td>sujeito de um infinitivo</td><td>"Sofia deixou-se estar à janela."</td></tr>
</table>

5.3. A palavra COMO

<table>
<tr><td>Substantivo</td><td>aparece antecedido de um determinante ou especificando outro termo.</td><td>Estamos analisando a palavra "como".</td></tr>
<tr><td>Interjeição</td><td>expressa um espanto ou admiração.</td><td>Como! Não sabia que iríamos viajar?!</td></tr>
<tr><td>Preposição</td><td>Ocorre quando houver a possibilidade de se subentender o gerúndio (sendo) depois do termo em estudo, ou ainda se puder ser substituído pela locução "na qualidade de".</td><td>Na maioria dos concursos, ele atua como fiscal.
= na qualidade de</td></tr>
<tr><td>Advérbio</td><td>Relaciona-se a um verbo ou a um adjetivo, exprimindo circunstância de intensidade ou modo.
Sintaticamente: adjunto adverbial de intensidade ou modo.</td><td>Como suporta conviver com essa angústia?</td></tr>
<tr><td rowspan="4">Conjunção</td><td colspan="2">introduz uma oração subordinada adverbial, levando-se em conta as respectivas circunstâncias expressas pelo fato verbal. Assim classificadas:</td></tr>
<tr><td>Causal – equivale-se a "porque", "já que", "uma vez que".</td><td>Como não tinha interesse, nem olhou a mercadoria.</td></tr>
<tr><td>Conformativa – apresenta-se passível de ser substituída por "conforme", "segundo".</td><td>Como já imaginávamos, não concluiu o trabalho.</td></tr>
<tr><td>Comparativa – pode ser substituída pela expressão "tal qual", representando o segundo elemento da comparação.</td><td>Dormia como um anjo. = tal qual um anjo</td></tr>
<tr><td>Pronome relativo</td><td>Assumindo tal função, aparece sempre antecedida de um substantivo, equivalendo-se a "com o(a) qual, pelo(a) qual" e demais variações. Nesse caso, exerce a função de adjunto adverbial de modo.</td><td>Esse foi o modo como fui recebido.
= pelo qual</td></tr>
</table>

Parte V – Interpretação e compreensão textual

Capítulo 1. Interpretação e compreensão textual

1. INTRODUÇÃO

A maioria dos candidatos possui dificuldade ao interpretar texto. Por quê? Simplesmente porque você não está habituado a ler. Para se criar o gosto pela leitura e eliminar a palavra medo, comece a ler revistas e jornais; assim, estará se preparando para duas matérias ao mesmo tempo: português e atualidades. Leia um texto, feche a revista e tente resumi-lo mentalmente. Analise: para que o autor escreveu? Qual o objetivo? Qual o tema (assunto) do texto? Note que o tema se repete na introdução (primeiro parágrafo) e na conclusão (último parágrafo).

Para obter domínio sobre a leitura, precisamos aprofundar, ou melhor, esclarecer alguns importantes tópicos. Vamos a eles:

Texto	É um **conjunto de palavras e frases** encadeadas que permitem interpretação e **transmitem uma mensagem**. É qualquer obra escrita em versão original e que constitui um livro ou um documento escrito. Um texto é uma unidade linguística de extensão superior à frase.
Contexto	É a relação entre o texto e a situação em que ele ocorre dentro do texto. É o conjunto de circunstâncias em que se produz a mensagem que se deseja emitir– lugar e tempo, cultura do emissor e do receptor etc. – e que permitem sua correta compreensão.
Intertexto	Os textos podem apresentar referências diretas ou indiretas a outros autores através de citações. É um texto dentro de outro texto.
Interpretação de texto	A primeira leitura deve ser feita cuidadosamente por ser o primeiro contato com o texto, extraindo-se informações e se preparando para a leitura interpretativa. Sublinhe palavras-chave e ideias importantes; encontre a ideia central de cada parágrafo. O segundo nível de leitura concentra-se nas perguntas e opções de respostas. Atente-se às palavras NÃO, EXCETO, RESPECTIVAMENTE, INCORRETO, SEMPRE, TODOS, NUNCA etc., pois fazem diferença na escolha adequada. Retorne ao texto sempre que necessário. Leia a frase anterior e posterior para ter ideia do sentido global proposto pelo autor. A banca nos oferece um texto completo e, nas questões, extrai uma parte do texto para pedir a análise. O segredo é voltar ao texto e ler as informações anteriores e posteriores à parte mencionada. Se fosse para analisar apenas o trecho, não haveria motivo para mencionar o texto completo. Aqui mora o grande segredo.

Interpretar é diferente de compreender. Veja, a seguir, a diferença.

Interpretar	Consiste em saber a conclusão do que está escrito.	Nas questões: depreende-se/infere-se/conclui-se do texto; o texto permite deduzir; é possível subentender a partir do texto; qual a intenção do autor quando afirma; o texto possibilita o entendimento; com o apoio do texto, infere-se; o texto encaminha o leitor para; pretende o texto mostrar que o leitor...; o texto possibilita deduzir.
Compreender	Consiste em analisar o que realmente está escrito, é necessário coletar dados do texto.	Nas questões: segundo o texto; o autor/narrador do texto diz; o texto informa; no texto; tendo em vista o texto; de acordo com o texto; o autor sugere; o autor afirma; na opinião do autor do texto.

Dica: INterpretar = INferir.

2. TIPOLOGIA TEXTUAL

TIPOS	DEFINIÇÃO	EXEMPLOS
Narração	Modalidade em que se conta um fato, fictício ou não, que ocorreu num determinado tempo e lugar, envolvendo certos personagens. Refere-se a objetos do mundo real. Há uma relação de anterioridade e posterioridade. **O tempo verbal predominante é o passado**.	Conto, fábula, crônica, romance, novela, depoimento, piada, relato etc.
Descrição	Um texto em que se faz um retrato por escrito de um lugar, uma pessoa, um animal ou um objeto. **A classe de palavras mais utilizada nessa produção é o adjetivo**, pela sua função caracterizadora. Numa abordagem mais abstrata, pode-se até descrever sensações ou sentimentos. Não há relação de anterioridade e posterioridade. Significa "criar" com palavras a imagem do objeto descrito. É fazer uma descrição minuciosa do objeto ou da personagem a que o texto se Pega. É um tipo textual que se agrega facilmente aos outros tipos em diversos gêneros textuais.	Cardápio, folheto turístico, anúncio classificado etc.
Dissertação	Dissertar é o mesmo que **desenvolver ou explicar um assunto**, discorrer sobre ele. Dependendo do objetivo do autor, pode ter caráter expositivo ou argumentativo.	
	Dissertação-Exposição: Apresenta um saber já construído e legitimado, ou um saber teórico. Apresenta informações sobre assuntos, expõe, reflete, explica e avalia ideias de modo objetivo. O texto expositivo apenas expõe ideias sobre um determinado assunto. A intenção é informar, esclarecer.	Aula, resumo, textos científicos, enciclopédia, textos expositivos de revistas e jornais, etc.

TIPOS	DEFINIÇÃO	EXEMPLOS
Dissertação	**Dissertação-Argumentação**: Um texto dissertativo-argumentativo faz a defesa de ideias ou um ponto de vista do autor. O texto, além de explicar, também persuade o interlocutor, objetivando convencê-lo de algo. Caracteriza-se pela progressão lógica de ideias. Geralmente utiliza linguagem denotativa.	Sermão, ensaio, monografia, dissertação, tese, ensaio, manifesto, crítica, editorial de jornais e revistas.
Outros Tipos Textuais	Dialogal / Conversacional	Entrevista, conversa telefônica, chat etc.
	Injunção/Instrucional	Ordens; pedidos; súplica; desejo; manuais e instruções para montagem ou uso de aparelhos e instrumentos; textos com regras de comportamento; textos de orientação; receitas, cartões com votos e desejos.
	Predição	Previsões astrológicas, previsões meteorológicas, previsões escatológicas/ apocalípticas.

3. GÊNEROS TEXTUAIS

Os Gêneros textuais são as estruturas com que se compõem os textos, sejam orais ou escritos. Essas estruturas são muito parecidas, com características comuns, procuram atingir intenções comunicativas semelhantes e ocorrem em situações específicas. São variadas formas de linguagem que circulam na sociedade, formais ou informais. Cada gênero textual tem seu estilo próprio, podendo ser identificado e diferenciado dos demais através de suas características.

Notícia	Possui características narrativas: o fato ocorrido que se deu em um determinado momento e em um determinado lugar, envolvendo determinadas personagens. Características do lugar, bem como dos personagens envolvidos são, muitas vezes, minuciosamente descritos.
Reportagem	Gênero textual jornalístico de caráter dissertativo-expositivo. A reportagem tem, por objetivo, informar e levar os fatos ao leitor de uma maneira clara, com linguagem direta.
Carta ao leitor	Gênero dissertativo-argumentativo e possui linguagem pessoal e leve.
Propaganda	Gênero textual dissertativo-expositivo. Há o intuito de propagar informações sobre algo, buscando sempre atingir e influenciar o leitor apresentando, na maioria das vezes, mensagens que despertam as emoções e a sensibilidade do mesmo.
Bula de remédio	Gênero textual descritivo, dissertativo-expositivo e injuntivo. Fornece as informações necessárias para o correto uso do medicamento.
Receita	Gênero textual descritivo e injuntivo. Objetivo: informar a fórmula para preparar tal comida, descrevendo os ingredientes e o preparo destes, com verbos no imperativo, dado o sentido de ordem, para que o leitor siga corretamente as instruções.
Editorial	Gênero textual dissertativo-argumentativo. Expressa o posicionamento da empresa sobre determinado assunto, sem a obrigação da presença da objetividade.
Tutorial	Gênero injuntivo. É um guia que tem por finalidade explicar ao leitor, passo a passo e de maneira simplificada, como fazer algo.

Entrevista	Gênero textual dialogal e dissertativo-expositivo. Representado pela conversação de duas ou mais pessoas, o entrevistador e o(s) entrevistado(s), para obter informações sobre ou do entrevistado ou de algum outro assunto.
História em quadrinhos	Gênero narrativo. Consiste em enredos contados em pequenos quadros através de diálogos diretos entre seus personagens, gerando uma espécie de conversação.
Charge	Gênero textual narrativo onde se faz uma espécie de ilustração cômica, através de caricaturas, com o objetivo de realizar uma sátira, crítica ou comentário sobre algum acontecimento atual, em sua grande maioria.

3.1. Gêneros literários

Gênero Narrativo	Na Antiguidade Clássica: épico, lírico e dramático. Épico passou a ser considerado apenas uma variante do gênero literário narrativo, devido ao surgimento de concepções de prosa com características diferentes: o romance, a novela, o conto, a crônica, a fábula. Todas as obras narrativas possuem elementos estruturais e estilísticos em comum e devem responder a questionamentos, como: quem? o quê? quando? onde? por quê?	
	Épico (ou Epopeia)	Textos épicos são longos e narram histórias de um povo ou de uma nação, envolvem aventuras, guerras, viagens, gestos heroicos, etc. Apresentam um tom de exaltação, valorização de seus heróis e seus feitos.
	Romance	É um texto completo, com tempo, espaço e personagens bem definidos e de caráter mais verossímil. Conta as façanhas de um herói, mas principalmente uma história de amor vivida por ele e uma mulher, muitas vezes, "proibida" para ele. Apesar dos obstáculos que o separam, o casal vive sua paixão proibida, física, adúltera, pecaminosa e, por isso, costuma ser punido no final. É o tipo de narrativa mais comum na Idade Média.
	Novela	Texto caracterizado por ser intermediário entre a longevidade do romance e a brevidade do conto. O Alienista, de Machado de Assis, e A Metamorfose, de Kafka são exemplos.
	Conto	**Texto narrativo breve, e de ficção, geralmente em prosa, que conta situações rotineiras, anedotas e até folclores (conto popular). Caracteriza-se por personagens previamente retratados.**
	Fábula	Texto de caráter fantástico que busca ser inverossímil. As personagens principais são não humanas e a finalidade é transmitir alguma lição de moral.
	Crônica	Narrativa informal, breve, ligada à **vida cotidiana**, com linguagem coloquial. Pode ter um tom humorístico ou um toque de crítica indireta.
	Crônica narrativo-descritiva	Há alternância entre os momentos narrativos e manifestos descritivos.
	Ensaio	Texto literário breve, situado entre o poético e o didático, expondo ideias, críticas e reflexões morais e filosóficas a respeito de certo tema. É menos formal e mais flexível que o tratado. Há defesa de um ponto de vista pessoal e subjetivo sobre um tema sem que se paute em formalidades.

3.2. Gêneros dramáticos

Por serem pouco exigidos em concursos, apenas citaremos os tipos: tragédia, farsa, comédia, tragicomédia e poesia de cordel.

3.3. Gêneros líricos

Outro tópico pouco pedido. São eles: elegia, epitalâmia, ode, idílio, sátira, acalanto, acróstico, balada, canção, gazal, haicai, soneto, vilancete.

4. ARGUMENTAÇÃO[1]

A argumentação é um recurso que tem o propósito de convencer alguém, alterando sua opinião ou seu comportamento.

Os argumentos, na construção textual, são essenciais.

Há diferentes tipos de argumentos e a escolha certa consolida o texto.

4.1. Argumentação por citação

Sempre que queremos defender uma ideia, procuramos pessoas 'consagradas', que pensam como nós acerca do tema em evidência.

Apresentamos no corpo de nosso texto a menção de uma informação extraída de outra fonte.

A citação pode ser apresentada assim:

Assim parece ser porque, para Piaget, "toda moral consiste num sistema de regras e a essência de toda moralidade deve ser procurada no respeito que o indivíduo adquire por essas regras" (Piaget, 1994, p.11). A essência da moral é o respeito às regras. A capacidade intelectual de compreender que a regra expressa uma racionalidade em si mesma equilibrada.

O trecho citado deve estar de acordo com as ideias do texto, assim, tal estratégia poderá funcionar bem.

4.2. Argumentação por comprovação

A sustentação da argumentação se dará a partir das informações apresentadas (dados, estatísticas, percentuais) que a acompanham. Esse recurso é explorado quando o objetivo é contestar um ponto de vista equivocado.

O ministro da Educação, Cristovam Buarque, lança hoje o Mapa da Exclusão Educacional. O estudo do Inep, feito a partir de dados do IBGE e do Censo Educacional do Ministério da Educação, mostra o número de crianças de sete a catorze anos que estão fora das escolas em cada estado. Segundo o mapa, no Brasil, 1,4 milhão de crianças, ou 5,5 % da população nessa faixa etária (sete a catorze anos), para a qual o ensino é obrigatório, não frequentam as salas de aula. O pior índice é do Amazonas: 16,8% das crianças do estado, ou 92,8 mil, estão fora da escola.

1. CABRAL, Marina. Brasil Escola. Disponível em <http://brasilescola.uol.com.br/redacao/a-argumentacao.htm>. Com alterações. Acesso em 14 agosto 2017.

O melhor, o Distrito Federal, com apenas 2,3% (7 200) de crianças excluídas, seguido por Rio Grande do Sul, com 2,7% (39 mil) e São Paulo, com 3,2% (168,7 mil).

(Mônica Bergamo. Folha de S. Paulo, 3.12.2003)

Nesse tipo de citação o autor precisa de dados que demonstrem sua tese.

4.3. Argumentação por raciocínio lógico

A criação de relações de causa e efeito é um recurso utilizado para demonstrar que uma conclusão (afirmada no texto) é necessária, e não fruto de uma interpretação pessoal que pode ser contestada.

"O fumo é o mais grave problema de saúde pública no Brasil. Assim como não admitimos que os comerciantes de maconha, crack ou heroína façam propaganda para os nossos filhos na TV, todas as formas de publicidade do cigarro deveriam ser proibidas terminantemente. Para os desobedientes, cadeia."

VARELLA, Drauzio. In: Folha de S. Paulo, 20 de maio de 2000.

Para a construção de um bom texto argumentativo faz-se necessário o conhecimento sobre a questão proposta, fundamentação para que seja realizado com sucesso.

5. PRESSUPOSTOS E SUBENTENDIDOS[2]

Pressupostos e subentendidos são informações implícitas num texto, não expressas formalmente, apenas sugeridas por marcas linguísticas ou pelo contexto. Cabe ao leitor, numa leitura proficiente, ir além da informação que se encontra explícita, identificando e compreendendo as informações implícitas, ou seja, lendo nas entrelinhas.

Os pressupostos são de mais fácil identificação, estando sugeridos no texto. Os subentendidos são deduzidos pelo leitor, sendo da sua responsabilidade.

Entenda melhor:

– Heloísa está cansada de ser professora.

Pressuposto: Heloísa é professora.

Subentendido: Talvez porque o salário é baixo ou há muita indisciplina.

– Infelizmente, meu marido continua trabalhando fora do país.

Pressuposto: O marido está trabalhando fora do país e a mulher não está satisfeita com essa situação.

Subentendido: Talvez por ter melhor salário fora do país ou por não encontrar trabalho no seu país.

2. Norma Culta. Disponível em <https://www.normaculta.com.br/pressuposto-e-subentendido/>. Acesso em 14 agosto 2017.

5.1. Pressupostos

Os pressupostos são informações implícitas adicionais, facilmente compreendidas devido a palavras ou expressões presentes na frase que permitem ao leitor compreender essa informação implícita. O enunciado depende dessa pressuposição para que faça sentido. Assim, o pressuposto é verdadeiro e irrefutável.

Exemplos de pressupostos:

– Decidi deixar de comer carne.

Pressuposto: A pessoa comia carne antes.

– Finalmente acabei minha monografia.

Pressuposto: Demorou algum tempo para terminar a monografia.

– Alunos que estudam de manhã costumam ter melhor rendimento.

Pressuposto: Há alunos que não estudam de manhã.

– Desde que ela mudou de casa, nunca mais a vi.

Pressuposto: Costumava vê-la antes dela mudar de casa.

Marcas linguísticas que facilitam a identificação de pressupostos:

Verbos que indicam fim, continuidade, mudança e implicações: começar, continuar, parar, deixar, acabar, conseguir, ...

Advérbios: felizmente, finalmente, ainda, já, depois, antes, ...

Pronome introdutório de orações subordinadas adjetivas: que

Locuções que indicam circunstâncias: depois que, antes que, desde que, visto que, ...

5.2. Subentendidos

Os subentendidos são insinuações, informações escondidas, dependentes da interpretação do leitor. Não possuem marca linguística, sendo deduzidos através do contexto comunicacional e do conhecimento que os destinatários têm do mundo. Podem ser ou não verdadeiros e podem ser facilmente negados, visto serem unicamente da responsabilidade de quem interpreta a frase.

Exemplos de subentendidos:

– Quando sair de casa, não se esqueça de levar um casaco.

Subentendido: Está frio lá fora.

– Já tenho a garganta seca de tanto falar.

Subentendidos: Quero beber um copo de água ou quero parar de falar neste momento.

– Você vai a pé para casa agora?

Subentendidos: Eu posso lhe dar uma carona ou é perigoso andar a pé na rua a estas horas.

6. DISCURSO DIRETO, INDIRETO E INDIRETO LIVRE[3]

Discurso direto é a transcrição exata da fala das personagens, sem participação do narrador.

Discurso indireto é a intervenção do narrador no discurso ao utilizar as suas próprias palavras para reproduzir as falas das personagens.

Discurso indireto livre mescla o direto e o indireto. É a apresentação das falas exatas das personagens inseridas dentro do discurso do narrador.

Exemplo: *Cotejava o passado com o presente. Que era, há um ano? Professor. Que é agora? Capitalista.*

DICAS de transposição do discurso direto para o indireto

1. Mudança das pessoas do discurso:

Discurso direto	Discurso indireto
primeira pessoa	terceira pessoa
eu, me, mim, comigo	ele, ela, se, si, consigo, o, a, lhe
nós, nos, conosco	eles, elas, os, as, lhes
meu, meus, minha, minhas, nosso, nossos, nossa, nossas	seu, seus, sua e suas

2. Mudança de tempos verbais:

Discurso direto	Discurso indireto
Presente do indicativo	*pretérito imperfeito do indicativo*
Pretérito perfeito do indicativo	*pretérito mais-que-perfeito do indicativo*
Futuro do presente do indicativo	*futuro do pretérito do indicativo*
Presente do subjuntivo	
Futuro do subjuntivo	*pretérito imperfeito do subjuntivo*
Imperativo	

3. Mudança na pontuação das frases:

Discurso direto	Discurso indireto
Frases interrogativas, exclamativas e imperativas	*frases declarativas* (o emissor constata um fato – informa ou declara alguma coisa)

3. Norma Culta. Disponível em < https://www.normaculta.com.br/discurso-direto-e-indireto/>. Acesso em 14 agosto 2017.

4. Mudança dos advérbios e adjuntos adverbiais:

Discurso direto	Discurso indireto
Ontem	*no dia anterior*
Hoje	*naquele dia e naquele momento*
Amanhã	*no dia seguinte*
Aqui, aí, cá	*ali e lá*
Este, esta e isto	*aquele, aquela, aquilo*

7. FUNÇÕES DA LINGUAGEM

As funções da linguagem são formas de utilização da linguagem segundo a intenção do falante.

Elas são classificadas em seis tipos: função referencial, função emotiva, função poética, função fática, função conativa e função metalinguística.

Referencial	Também chamada de função informativa, a função referencial **tem como objetivo principal informar**, referenciar algo.	materiais didáticos, textos jornalísticos e científicos
Emotiva	Também chamada de função expressiva, na função emotiva o emissor **tem como objetivo principal transmitir suas emoções**, sentimentos e subjetividades por meio da própria opinião.	textos poéticos, as cartas, os diários
Poética	É característica das obras literárias que possui como marca a utilização do sentido conotativo das palavras. Nessa função, **o emissor preocupa-se de que maneira a mensagem será transmitida** por meio da escolha das palavras, das expressões, das figuras de linguagem.	provérbios, anedotas, trocadilhos, músicas
Fática	**Possui o objetivo de estabelecer ou de interromper a comunicação** de modo que o mais importante é a relação entre o emissor e o receptor da mensagem. Aqui, o foco reside no canal de comunicação.	utilizada nos diálogos, nas expressões de cumprimento, saudações, discursos ao telefone etc.
Conativa	Também chamada de apelativa, a função conativa é caracterizada por uma linguagem persuasiva que tem o **intuito de convencer o leitor**. Por isso, o grande foco é no receptor da mensagem.	utilizada em propagandas, publicidades e discursos políticos
Metalinguística	É caracterizada pelo uso da metalinguagem, ou seja, **a linguagem que se refere a ela mesma**. Dessa forma, o emissor explica um código utilizando o próprio código.	Um texto que descreva sobre a linguagem textual ou um documentário cinematográfico que fala sobre a linguagem do cinema

8. ELEMENTOS DOS ATOS DE COMUNICAÇÃO

A comunicação está associada à linguagem e interação, de forma que representa a transmissão de mensagens entre um emissor e um receptor.

Derivada do latim, o termo comunicação significa **partilhar, participar de algo, tornar comum**, sendo, portanto, um elemento essencial da interação social humana.

Os elementos que compõem a comunicação são:

Emissor	é aquele que emite a mensagem para um ou mais receptores.
Receptor	é quem recebe a mensagem emitida pelo emissor.
Mensagem	é o objeto utilizado na comunicação, de forma que representa o conteúdo, o conjunto de informações transmitidas pelo locutor.
Código	representa o conjunto de signos que serão utilizados na mensagem.
Canal de comunicação	corresponde ao local (meio) onde a mensagem será transmitida, por exemplo, jornal, livro, revista, televisão etc.
Contexto	trata-se da situação comunicativa em que estão inseridos o emissor e receptor.
Ruído na comunicação	ele ocorre quando a mensagem não é decodificada de forma correta pelo interlocutor: o código utilizado pelo locutor, desconhecido pelo interlocutor, barulho do local, voz baixa etc.

REFERÊNCIAS

CONTEÚDO GRAMATICAL

ALI, M. Said. Gramática secundária da língua portuguesa. 7.ª ed. São Paulo: Editora Melhoramentos, 1966.

ALMEIDA, Napoleão Mendes de. Gramática metódica da língua portuguesa. 46.ª ed. revista. São Paulo: Saraiva, 2009.

BAGNO, Marcos. A norma oculta: língua e poder na sociedade brasileira. São Paulo: Parábola Editorial, 2003.

BECHARA, Evanildo. Moderna Gramática Portuguesa. 32ª edição, São Paulo, Companhia Editora Nacional, 1988.

BECHARA, Evanildo. Lições de Português pela Análise Sintática. Editora Lucema. Rio de Janeiro, RJ. 2001.

CARVALHO, José Augusto. Gramática superior da língua portuguesa. 2.ª ed. Brasília: Centro Editorial / Thesaurus, 2011.

CEGALLA, Domingos Paschoal. Novíssima Gramática da Língua Portuguesa. 48.ª ed. São Paulo: Companhia Editora Nacional, 2008.

CIPRO NETO, Pasquale e INFANTE, Ulisses. Gramática da Língua Portuguesa. Editora Scipione. São Paulo, SP. 2003.

CUNHA, Celso e CINTRA, Luiz F. Lingley. Nova Gramática do Português Contemporâneo. Editora Nova Fronteira. Rio de Janeiro, RJ. 2001.

FARACO&MOURA. Gramática Nova. São Paulo: Ática, 1993.

GARCIA, Othon M. Comunicação em prosa moderna: aprenda a escrever, aprendendo a pensar. 13ª edição, Rio de Janeiro, Ed. da Fundação Getúlio Vargas, 1986.

HENRIQUES, Claudio Cezar. Morfologia: usos, normas e exercícios com respostas. 2.ª ed. Rio de Janeiro: Elsevier, 2007 – 2.ª reimpressão.

HILDEBRANDO, André A de. Gramática ilustrada. 4. ed. São Paulo: Moderna, 1990.

INFANTE, Ulisses. Curso de gramática aplicada aos textos. São Paulo: Ed. Scipione, 1997.

INFANTE, Ulisses; CIPRO Neto, Pasquale. Gramática da Língua Portuguesa. São Paulo: Ed. Scipione, 2010.

JORDÃO, Rose e OLIVEIRA, Clenir Bellezi de. Linguagens, estrutura e arte. São Paulo: Moderna, 1999.

KOCH, Ingedore G.V. A coesão textual. 2ª edição. São Paulo, Contexto, 1990.

KOCH, Ingedore G. V. e TRAVAGLIA, Luiz C. Texto e coerência. São Paulo, Cortex, 1989.

KURY, Adriano da Gama. Novas lições de análise sintática. 9.ª ed. São Paulo: Editora Ática, 2000.

LIMA, Carlos Henrique da Rocha. Gramática normativa da língua portuguesa. 42ªed. Rio de Janeiro, José Olympio, 2002.

LUFT, Celso Pedro. Grande manual de ortografia globo. 5ª edição, São Paulo, Globo, 1997.

MOREIRA, A., ARAÚJO, D, 1977, *Português e Literatura – Visão Atual*, 2 ed., Record Cultural, Rio de Janeiro, RJ.

NOGUEIRA, Duda. Língua Portuguesa para concursos. 10. ed. Salvador, Editora Juspodivm, 2024.

PERINI, A. Mário. Sofrendo a gramática. São Paulo: Ática, 1997.

ROCHA LIMA, C. H., 1999, *Gramática Normativa da Língua Portuguesa*, 37 ed., José Olympio Editora, Rio de Janeiro, RJ.

TERRA, Ernani. Gramática de Hoje /Ernani&Nicola. São Paulo: Scipione, 1999.

TERRA, Ernani. *Curso Prático de Gramática*. 1. ed. São Paulo: Scipione, 2002. p. 385.

TRAVAGLIA, Luiz Carlos. Gramática e interação: uma proposta para o ensino de gramática. 9.ª ed. revista. São Paulo: Cortez Editora, 2003.

TUFANO, Douglas. Estudos da Língua Portuguesa: Gramática – São Paulo: Moderna, 1995.

VASCONCELOS, Viveiros de. Verbos portugueses e rudimentos de análise léxica. 113ª ed. Rio de Janeiro: Editores e Distribuidores, 1994.

DICIONÁRIOS

FERREIRA, Aurélio Buarque de Holanda. Novo dicionário da língua portuguesa. 2ªed. Rio de Janeiro: Nova Fronteira, 1986.

HOLANDA, A. B., 1988, *Dicionário Aurélio Escolar da Língua Portuguesa*, 1 ed., Editora Nova Fronteira, Rio de Janeiro, RJ.

HOUAISS, Antônio. Dicionário Houaiss da língua portuguesa. Rio de Janeiro: Objetiva, 2001 – 1ª edição.

NASCENTES, Antenor. Dicionário Etimológico da Língua Portuguesa. Rio de Janeiro, Francisco Alves, Acadêmicos, São José e Livros de Portugal, 1955.

SARAIVA, F. R. dos Santos. Novíssimo Dicionário Latino-Português. 10ª edição, Rio de Janeiro, Livraria Garnier, 1993.

SITES – TEORIA E DICIONÁRIO

Acessos: de janeiro de 2011 a maio de 2024

BRASIL ESCOLA Exercício. Disponível em <http://exercicios.brasilescola.com>

BRASIL ESCOLA. Disponível em <http://www.brasilescola.com>

CASA CIVIL. Disponível em <http://www.casacivil.pr.gov.br/modules/conteudo>

DICIONÁRIO AULETE. Disponível em <http://aulete.uol.com.br>

EDUCAÇÃO UOL. Disponível em <http://educacao.uol.com.br>

FATIMA LP. Disponível em <http://fatimalp.blogspot.com.br>

INFO ESCOLA. Disponível em <http://www.infoescola.com>

NA LÍNGUA PORTUGUESA. Disponível em <http://nalinguaportuguesa.wordpress.com>

PORTAL 3. Disponível em <http://www.portal3.com.br>

PORTUGUÊS CONCURSO. Disponível em <http://www.portuguesconcurso.com>

PORTUGUÊS X CONCURSOS. Disponível em <http://portuguesxconcursos.blogspot.com.br>

PRIBERAM. Disponível em <http://www.priberam.pt>

RECANTO DAS LETRAS. Disponível em <http://www.recantodasletras.com.br>

SIMPLESMENTE PORTUGUÊS. Disponível em <http://www.simplesmenteportugues.com.br>

SÓ LINGUAGEM. Disponível em <http://solinguagem.blogspot.com.br>

SÓ PORTUGUÊS. Disponível em <http://www.soportugues.com.br>

TUDO DE CONCURSOS E VESTIBULARES. Disponível em <http://tudodeconcursosevestibulares.blogspot.com.br>

UM PORTUGUÊS. Disponível em <http://umportugues.com>

WIKIPEDIA. Disponível em <https://pt.wikipedia.org/wiki/Wikipédia:Página_principal>

Direito Constitucional

Paulo Lépore

Conteúdo Programático

Direito constitucional: Constituição Federal – artigos 1º a 16; 18; 37 a 41; 92 a 99; 125; 127; 134.

Constituição Federal. Artigos 1º a 16

1. PRINCÍPIOS FUNDAMENTAIS

1.1. Fundamentos da República

A República Federativa do Brasil (RFB), formada pela união indissolúvel dos Estados e Municípios e do Distrito Federal, constitui-se em Estado Democrático de Direito e tem como **fundamentos**: I – a soberania; II – a cidadania; III – a dignidade da pessoa humana; IV – os valores sociais do trabalho e da livre iniciativa; V – o pluralismo político (art. 1° da CF).

- Para memorizar os fundamentos da RFB, o leitor pode se valer da expressa mnemônica: **SOCIDIVAPLU**

FUNDAMENTOS DA REPÚBLICA FEDERATIVA DO BRASIL	
SO:	Soberania
CI:	Cidadania
DI:	Dignidade da pessoa humana
VA:	Valores sociais do trabalho e da livre iniciativa
PLU:	pluralismo político
SO-CI-DI-VA-PLU	

Federalismo: pode ser classificado em: a) por agregação ou centrípeto: b) por desagregação ou centrífugo:

Federalismo por agregação ou centrípeto: se forma a partir de Estados ou entes independentes que se juntam para a formação de um Estado Federado, com garantia de autonomia aos seus componentes, mas que dota apenas o Estado Unido (reunião de seus entes autônomos) de independência. Assim, por serem autônomos, mas não independentes, os entes federados não têm direito à secessão, ou seja, não podem se tornar independentes do Estado Federado. Essa é a forma originária e própria de Federalismo, que ocorreu com as treze colônias que conquistaram a independência da Grã-Bretanha, mas optaram pela formação dos Estados (federados) Unidos da América.

Federalismo por desagregação ou centrífugo: se forma a partir da subdivisão de um Estado unitário em entes independentes, que se harmonizam para a formação de um Estado Federado, com garantia de autonomia aos seus componentes, mas que dota apenas o Estado Unido (reunião de seus entes autônomos) de independência. Assim, por serem autônomos, mas não independentes, os entes federados não têm direito à secessão, ou seja, não podem se tornar independentes do Estado Federado. Essa é a forma imprópria de Federalismo, que ocorreu com o Brasil em 1891, formando os Estados Unidos do Brasil e permanece até hoje, mas sob nova roupagem, pois estamos sob a égide da República Federativa do Brasil.

Federalismo de terceiro grau: é o nome que se dá à Federação que também confere autonomia aos Municípios. No Brasil, o federalismo de terceiro grau passou a existir apenas a partir da Constituição Federal de 1988, momento em que os Municípios ganharam autonomia.

Princípio democrático

Todo o poder emana do povo, que o exerce por meio de representantes eleitos ou diretamente, nos termos da Constituição Federal de 1988 (art. 1°, parágrafo único, da CF). Trata-se do denominado **Princípio Democrático**.

1.2. Poderes da União

São **Poderes da União**, independentes e harmônicos entre si, o Legislativo, o Executivo e o Judiciário (art. 2° da CF).

- A Primeira Constituição Brasileira, de 1824, previa um quarto Poder, chamado de **Moderador**. Por meio dele o Imperador podia interferir diretamente nas atividades exercidas pelos demais Poderes, o que se ilustrava pela possibilidade de o Governante dissolver a Câmara dos Deputados.
- **Atenção!** O Ministério Público é compreendido como uma Função Essencial à Justiça (art. 127 da CF), não um Poder.
- A União é pessoa jurídica de direito público interno que representa a **pessoa jurídica de direito público externo República Federativa do Brasil**.

1.3. Objetivos fundamentais

Constituem **objetivos fundamentais** da República Federativa do Brasil: I – construir uma sociedade livre, justa e solidária; II – garantir o desenvolvimento nacional; III – erradicar a pobreza e a marginalização e reduzir as desigualdades sociais e regionais; IV – promover o bem de todos, sem preconceitos de origem, raça, sexo, cor, idade e quaisquer outras formas de discriminação (art. 3° da CF).

1.4. Relações Internacionais

A República Federativa do Brasil rege-se, nas suas **relações internacionais**, pelos seguintes princípios: I – independência nacional; II – prevalência dos direitos humanos; III

– autodeterminação dos povos; IV – não-intervenção; V – igualdade entre os Estados; VI – defesa da paz; VII – solução pacífica dos conflitos; VIII – repúdio ao terrorismo e ao racismo; IX – cooperação entre os povos para o progresso da humanidade; X – concessão de asilo político (art. 4° da CF).

1.5. Preceitos fundamentais

São chamados de **preceitos fundamentais** não só os princípios fundamentais descritos nos artigos 1° a 4° da CF, mas também todas as prescrições que dão o sentido básico do regime constitucional, especialmente as designativas de direitos e garantias fundamentais.

2. DIREITOS E GARANTIAS FUNDAMENTAIS

Os direitos e garantias fundamentais estão formalmente previstos nos **artigos 5° a 17 da CF**.

Conceito e evolução

Denominam-se direitos fundamentais os **direitos humanos que são previstos nas constituições.**

A doutrina classifica os direitos humanos e os fundamentais em **gerações ou dimensões de direitos.**

Os **direitos civis e políticos** seriam os de primeira geração ou dimensão, caracterizados pelo valor liberdade.

Já os **direitos econômicos, sociais e culturais** seriam os de segunda geração ou dimensão, caracterizados pelo valor igualdade.

Por fim, os **direitos de solidariedade ou fraternidade** seriam os de terceira geração ou dimensão, caracterizados pelo valor solidariedade ou fraternidade. Estes direitos formariam, assim, um conjunto indivisível de direitos fundamentais, entre os quais não há qualquer relação hierárquica.

Características e funções

Segundo apontamentos doutrinários, os direitos fundamentais caracterizados pela **indivisibilidade, irrenunciabilidade e incaducabilidade**, que decorrem da exigência de atendimento do princípio da dignidade da pessoa humana.

Efeito *cliquet* e vedação do retrocesso: o efeito *cliquet* nada mais é do que a aplicação do princípio da vedação do retrocesso. Ou seja, uma vez garantido, um direito não pode mais ser revogado. Sua aplicação é evidente na temática dos direitos humanos. Uma vez reconhecido, um direito humano não pode mais ser desconsiderado.

Titularidade e destinatários

Apesar do *caput* do artigo 5° garanti-los apenas a brasileiros e estrangeiros residentes no Brasil, a doutrina e o STF os estendem **também para estrangeiros em trânsito e pessoas jurídicas** (HC 94.016, julgado em 2008 e relatado pelo Ministro Celso de Mello).

- Segundo entendimento pacífico do Supremo Tribunal Federal, **as pessoas jurídicas também são titulares de direitos fundamentais** (AC 2.032-QO/SP, relatada pelo Ministro Celso de Mello e julgada em 2008).

2.1. Dos direitos e deveres individuais e coletivos

Direitos e deveres individuais e coletivos

- Os direitos e deveres individuais e coletivos estão concentrados no **art. 5°** da CF. É essencial a leitura completa desse dispositivo, uma vez que quase todas as questões desse assunto exigem do candidato a "letra da lei".

Passaremos, agora, a destacar alguns direitos elencados no artigo 5º, o que, contudo**, não dispensa a leitura do texto constitucional completo**!

O *caput* do art. 5° da CF enuncia que "todos são iguais perante a lei, sem distinção de qualquer natureza". Segundo posição doutrinária pacífica, trata-se do reconhecimento da **igualdade formal (perante a lei**). Entretanto, implícita ao texto constitucional também existe a **igualdade material (na lei)**, que significa conferir tratamento desigual, para igualar. A igualdade material leva em consideração os sujeitos e valores envolvidos e busca equilibrar as relações de fato.

Art. 5º, IV e V – É livre a **manifestação do pensamento**, vedado o anonimato, e assegurado direito de resposta proporcional ao agravo, **além** de eventual indenização por dano material, moral ou à imagem (a resposta não exclui o dever de indenizar).

Art. 5º, XI- Inviolabilidade do domicílio

INVIOLABILIDADE DO DOMICÍLIO	
Regra	**Exceções:** hipóteses em que se pode penetrar em casa mesmo sem o consentimento do morador
A casa (englobando escritórios, motéis, hotéis e congêneres, segundo o STF) é asilo inviolável do indivíduo e nela ninguém pode penetrar sem consentimento do morador.	**a) a qualquer horário**: em caso de flagrante delito ou desastre, ou para prestar socorro
	b) somente durante o dia: por determinação judicial.

- O conceito normativo de casa é abrangente; assim, qualquer compartimento privado onde alguém exerce profissão ou atividade está protegido pela inviolabilidade do domicílio. Apesar disso, **há a possibilidade de se instalar escuta ambiental em escritório de advocacia que seja utilizado como reduto para a prática de crimes, conforme já decidiu o STF**: "Escuta ambiental e exploração de local. Captação de sinais óticos e acústicos. Escritório de advocacia. Ingresso da autoridade policial, no período noturno, para instalação de equipamento. Medidas autorizadas por decisão judicial. Invasão de domicílio. Não caracterização. (...) Inteligência do art. 5º, X e XI, da CF; art. 150, § 4º, III, do CP; e art. 7º, II, da Lei 8.906/1994. (...) Não opera a inviolabilidade do escritório de advocacia, quando o próprio advogado seja suspeito da prática de crime, sobretudo concebido e consumado no âmbito desse local de trabalho, sob pretexto de exercício da profissão." (Inq 2.424, julgado em 2008 e relatado pelo Ministro Cezar Peluso).

> Art. 5º, XIV – É assegurado a todos o **acesso à informação** e resguardado o sigilo da fonte, quando necessário ao exercício profissional.

> **Art. 5º, VIII – Ninguém será privado de direitos por motivo de crença religiosa ou de convicção filosófica ou política**, salvo se as invocar para eximir-se de obrigação legal a todos imposta e recusar-se a cumprir prestação alternativa, fixada em lei;

> Art. 5º, XXVIII – É assegurada, nos termos da lei, a **proteção às participações individuais em obras coletivas e à reprodução da imagem e voz humanas, inclusive** nas atividades desportivas.

> Art. 5º, XXXI – A **sucessão de bens de estrangeiros situados no País** será regulada pela lei brasileira em benefício do cônjuge ou dos filhos brasileiros, sempre que não lhes seja mais favorável a lei pessoal do "de cujus". Em outras palavras: **aplica-se a lei brasileira, salvo se a do falecido for mais favorável**.

> Art. 5º, XII – O **sigilo da correspondência e das comunicações telegráficas, de dados e das comunicações telefônicas** é inviolável, **salvo**, no último caso, por **ordem judicial**, nas hipóteses e na forma que a lei estabelecer para fins de **investigação criminal ou instrução processual penal** (não para processo civil).

- Os sigilos bancário e fiscal estão incluídos na proteção ao **sigilo de dados**.
- **O STF já firmou posicionamento no sentido que a interceptação telefônica se submete à reserva de jurisdição (depende de uma decisão judicial fundamentada), sem exceção.** Vale ressaltar que se a gravação for feita por um dos interlocutores, desconfigura-se a interceptação telefônica, restando mera gravação ambiental (RE 453.562-AgR, julgado em 2008 e relatado pelo Ministro Joaquim Barbosa).
- Importante destacar que a **interceptação** (gravações de conversas presentes e futuras) **não se confunde com a quebra de sigilo** (acesso a dados passados). Tal distinção é relevante, pois as CPIs (órgãos que não são investidos de poderes jurisdicionais) até podem determinar a quebra de sigilo de dados telefônicos (registro de chamadas recebidas e efetuadas), mas não a interceptação telefônica.

> Art. 5º, XVI- É livre o direito de reunião pacífica, não sendo necessária autorização. Entretanto, exige-se **prévio aviso** (não pedido de autorização) à autoridade competente, para que não frustre outra reunião anteriormente convocada.

- **Atenção!** A finalidade do direito de reunião é a manifestação do pensamento. A liberdade ambulatorial constitui apena um meio para o exercício do direito de reunião. Nesse sentido, diante de uma violação ao direito fundamental, líquido e certo, de reunião, cabível será o **mandado de segurança**, não o *habeas corpus*.

> **Art. 5º, XXV-** No caso de iminente perigo público, a autoridade competente poderá usar de propriedade particular, assegurada ao proprietário **indenização ulterior**, apenas **se houver dano** (e não em qualquer caso).

Associações (art. 5º, XVII a XXI)

ASSOCIAÇÕES	
OBJETIVOS	**EXIGÊNCIAS**
1) Criação	Não depende de autorização do poder público. É **vedada** a criação de associações de caráter paramilitar
2) Suspensão das Atividades	Somente por decisão Judicial
3) Dissolução	Somente por decisão judicial com trânsito em julgado

Art. 5º, XLII a XLIV – Somente os crimes de racismo e de ações de grupos armadas, civis ou militares, contra a ordem constitucional e o Estado Democrático são **imprescritíveis** (além de inafiançáveis). Já os crimes de tortura, tráfico ilícito de entorpecentes e drogas afins, terrorismo e os definidos em lei como hediondos, são **insuscetíveis de graça ou anistia** (além de inafiançáveis).

Crime	Inafiançável	Imprescritível	Insuscetível de graça ou anistia
Racismo	Sim	Sim	Não
Ações de Grupos Armados, Civis ou Militares contra a Ordem Constitucional e o Estado Democrático	Sim	Sim	Não
Tortura	Sim	Não	Sim
Tráfico Ilícito de Entorpecentes e Drogas Afins	Sim	Não	Sim
Terrorismo	Sim	Não	Sim
Hediondo	Sim	Não	Sim

- Dica para memorização: **TTTH** prescrevem! (**T**ortura, **T**ráfico Ilícito de Entorpecentes e Drogas Afins, **T**errorismo e **H**ediondos).

  Para o STF a expressão "racismo" alcança também a homotransfobia. (STF. ADO 26/DF, rel. Min. Celso de Mello, julgamento em 13.6.2019. (ADO-26) MI 4733/DF, rel. Min. Edson Fachin, julgamento em 13.6.2019. (MI-4733) (Info 944).

- A incitação de ódio público feita por líder religioso contra outras religiões pode configurar o crime de racismo, não sendo protegida pela liberdade de expressão. (STF. 2ª Turma. RHC 146303/RJ, rel. Min. Edson Fachin, red. p/ o ac. Min. Dias Toffoli, julgado em 6/3/2018- Info 893).

Art. 5º, LXVII – A CF garante que não haverá prisão civil por dívida, **salvo** a do responsável pelo inadimplemento voluntário e inescusável (não desculpável) de obrigação alimentícia e a do depositário infiel (mas o STF já declarou inaplicável a prisão civil do depositário infiel).

Art. 5º, LXXIV – O Estado prestará **assistência jurídica integral e gratuita** (apenas) aos que comprovarem **insuficiência de recursos** (e não a todos, indistintamente).

Art. 5º, XXXIII – Todos têm direito a receber dos órgãos públicos informações de seu interesse particular, ou de interesse coletivo ou geral, que serão prestadas no prazo da lei, sob pena de responsabilidade, **ressalvadas aquelas cujo sigilo seja imprescindível à segurança da sociedade e do Estado**, **não** havendo prevalência do direito individual neste caso.

Art. 5º, LXXVI – O registro civil de nascimento e a certidão de óbito são gratuitos **apenas aos reconhecidamente pobres**.

Art. 5º, XIII – É livre o exercício de qualquer trabalho, ofício ou profissão, **desde que** atendidas as qualificações profissionais que a lei estabelecer.

"As limitações ao livre exercício das profissões serão legítimas apenas quando o inadequado exercício de determinada atividade possa vir a causar danos a terceiros e desde que obedeçam a critérios de adequação e razoabilidade, o que não ocorre em relação ao exercício da profissão de músico, ausente qualquer interesse público na sua restrição." [**ADPF 183**, rel. min. Alexandre de Moraes, j. 27-9-2019, P, *DJE* de 18-11-2019.]

Art. 5º, XXIX – A lei assegurará aos autores de inventos industriais **privilégio temporário** para sua utilização, bem como proteção às criações industriais, à propriedade das marcas, aos nomes de empresas e a outros signos distintivos, tendo em vista o interesse social e o desenvolvimento tecnológico e econômico do País.

Art. 5º, LVI – O Supremo Tribunal Federal entende que decorre da regra que veda a utilização no processo de provas obtidas por meios ilícitos a proibição de utilização também das provas derivadas das ilícitas – teoria que se tornou conhecida pela alcunha de **"frutos da árvore envenenada"**. Todas essas provas são consideradas **nulas**.

Art. 5º, LXII – A prisão de qualquer pessoa e o local onde se encontre serão comunicados imediatamente ao juiz competente e à família do preso ou à pessoa por ele indicada.

Art. 5º, VII – É assegurada, nos termos da lei, a prestação de **assistência religiosa** nas entidades civis e militares de internação coletiva.

De acordo com entendimento da **Súmula vinculante 14 do STF**, é direito do defensor, no interesse do representado, ter acesso amplo aos elementos de prova que, **já documentados em procedimento investigatório realizado por órgão com competência de polícia judiciária, digam respeito ao exercício do direito de defesa** em procedimento investigatório realizado por órgão com competência de polícia judiciária.

Art. 5º, XLV – **Nenhuma pena** passará da pessoa do condenado, podendo a obrigação de reparar o dano e a decretação do perdimento de bens ser, nos termos da lei, estendidas aos sucessores e contra eles executadas, **até o limite** do valor do patrimônio transferido (art. 5°, XLV, da CF).

Art. 5º, XXXIV – São a todos assegurados, independente do pagamento de taxas: o direito de petição aos Poderes Públicos em defesa de direitos ou contra ilegalidade ou abuso de poderes; a obtenção de certidões em repartições públicas, para defesa de direitos e esclarecimento de situações de interesse pessoal.

Art. 5º, LXXVIII – **Princípio da Razoável Duração do Processo:** a todos, no âmbito judicial e administrativo, são assegurados a razoável duração do processo e os meios que garantam a celeridade de sua tramitação.

Direito à proteção de dados

Seguindo uma tendência de proteção aos dados inaugurada pela lei geral de proteção de dados (lei nº 13.709/2018), **a EC 115/2022 conferiu à proteção de dados status de direito fundamental, com a inserção do inciso LXXIX no art. 5º da CF/88**: "é assegurado, nos termos da lei, o direito à proteção de dados pessoais, inclusive nos meios digitais". A emenda ainda estabeleceu, no art. 21, como competência da União, organizar e fiscalizar a proteção e o tratamento de dados pessoais, bem como, no art. 22, estabeleceu a competência privativa da União para disciplinar a proteção e o tratamento de dados pessoais.

Ações ou remédios constitucionais

Habeas Corpus

- Conceder-se-á *habeas corpus* sempre que alguém sofrer ou se achar ameaçado de sofrer violência ou coação em sua liberdade de locomoção (também denominada **ambulatorial**), por ilegalidade ou abuso de poder.

Mandado de Segurança

- Caberá **mandado de segurança** para proteger **direito líquido e certo, não amparado por** *habeas corpus* **ou** *habeas data***,** quando o responsável pela ilegalidade ou abuso de poder for **autoridade pública ou agente de pessoa jurídica no exercício de atribuições do Poder Público**.

Lei 12.016/09:	
Art. 5º: Não se concederá mandado de segurança quando se tratar:	I – de ato do qual caiba recurso administrativo com efeito suspensivo, independentemente de caução;
	II – de decisão judicial da qual caiba recurso com efeito suspensivo;
	III – de decisão judicial transitada em julgado.

- O mandado de segurança pode ser utilizado **contra ato de juiz criminal, praticado em processo penal** (STJ. REsp 96024 GO, julgado em 1998 e relatado pelo Ministro José Dantas).
- **Entende-se por direito líquido e certo** aquele que pode ser demonstrado de plano por meio de prova pré-constituída, isto é, sem que haja necessidade de dilação probatória. Na dicção de conceituada doutrina de **Hely Lopes Meirelles**, é o direito "manifesto na sua existência, delimitado na sua extensão e apto a ser exercitado no momento da impetração" (*Mandado de Segurança*. 22 ed. São Paulo: Malheiros, 2000. p. 21-22).

Mandado de Segurança Coletivo

- O **mandado de segurança coletivo** pode ser impetrado por: a) partido político com representação no Congresso Nacional; b) organização sindical; c) entidade de classe ou **associação legalmente constituída** e em funcionamento há **pelo menos um ano**, em defesa dos interesses de seus membros ou associados.

Habeas Data

- Conceder-se-á *habeas data*: a) para assegurar o conhecimento de **informações relativas à pessoa do impetrante**, constantes de registros ou bancos de dados de entidades governamentais ou de caráter público; b) para a retificação de dados, quando não se prefira fazê-lo por processo sigiloso, judicial ou administrativo. Se forem informações de **interesse pessoal**, mas não da pessoa do impetrante, cabe **mandado de segurança**.
- **Atenção!** Não confunda o mandado de segurança com o *habeas data*. São comuns as questões que desafiam os candidatos quanto ao cabimento dessas duas ações constitucionais. Para facilitar a compreensão, elaboramos a seguinte tabela.

MANDADO DE SEGURANÇA	*HABEAS DATA*
1. Conhecimento de informações de **interesse pessoal** do impetrante	1. Conhecimento de informações **relativas/referentes à pessoa** do impetrante
2. Obtenção de **certidão** que contenha informações de interesse pessoal do impetrante	2. Obtenção de **informações constantes em registros ou bancos de dados** (não em certidões)

- **Atenção!** São **gratuitas** as ações de *habeas corpus* e *habeas data*, e, na forma da lei, os atos necessários ao exercício da cidadania (para se lembrar, pense que são os únicos com os nomes em latim). Os demais remédios constitucionais (como mandado de segurança e mandado de injunção) não tem tal previsão. A ação popular prevê isenção de custas judiciais e ônus da sucumbência somente se o autor tiver agido de boa-fé.

Mandado de Injunção

- O mandado de injunção é utilizado **sempre que a falta de norma regulamentadora torne inviável o exercício dos direitos e liberdades constitucionais e das prerrogativas inerentes à nacionalidade, à soberania e à cidadania.**
- Apesar de não haver previsão constitucional, **o STF admite o Mandado de Injunção Coletivo** (MI 102, julgado em 1998 e relatado para acórdão pelo Ministro Carlos Velloso). Ademais, a lei 13.300/2016 prevê expressamente essa modalidade de mandado de injunção.

Ação Popular

- A **ação popular** pode ser proposta por qualquer **cidadão** (nacional no gozo dos direitos políticos) com o objetivo de anular ato lesivo ao patrimônio público ou de entidade de que o Estado participe, à moralidade administrativa, ao meio ambiente e ao patrimônio histórico e cultural, ficando o autor, **salvo comprovada má-fé**, isento de custas judiciais e do ônus da sucumbência;
- Como o requisito para a propositura é ser cidadão (art. 5°, LXXIII, da CF), e formalmente isso significa ter título de eleitor, aquele que, **a partir dos 16 anos** estiver munido deste documento, poderá ajuizar ação popular.

2.2. Direitos sociais

Os direitos sociais, econômicos, e culturais são **direitos humanos de segunda geração, realizáveis por meio de políticas públicas estatais, e normalmente descritos em normas programáticas**, mas isso não significa que não podem ser exigidos juridicamente. Isso porque, **todos os direitos humanos são juridicamente exigíveis**, e os direitos fundamentais expressos na Constituição têm aplicabilidade imediata.

Nos termos do art. 6°, da CF, **são direitos sociais:** a educação, a saúde, a alimentação, o trabalho, a moradia, o transporte, o lazer, a segurança, a previdência social, a proteção à maternidade e à infância, além da assistência aos desamparados, na forma da Constituição.

- O parágrafo único, por sua vez, estabelece que todo brasileiro em situação de vulnerabilidade social terá direito a uma renda básica familiar, garantida pelo poder público em programa permanente de transferência de renda, cujas normas e requisitos de acesso serão determinados em lei, observada a legislação fiscal e orçamentária.

Vale notar que esse artigo já foi objeto de quatro emendas constitucionais (EC 26/2000, EC 64/2010 , EC 90/2015 e EC 114/2021). A primeira emenda incluiu a moradia, a segunda inseriu a alimentação, a terceira adicionou o transporte e a quarta incluiu o parágrafo único, que instituiu a renda básica familiar.

- Os direitos sociais, econômicos, e culturais são direitos humanos de segunda geração, realizáveis por meio de políticas públicas estatais, e normalmente descritos em normas programáticas, mas isso não significa que não podem ser exigidos juridicamente. Isso porque, todos os direitos humanos são juridicamente exigíveis, e os direitos fundamentais expressos na Constituição têm aplicabilidade imediata.

Nos termos do art. 6°, da CF, **são direitos sociais:** a educação, a saúde, a alimentação, o trabalho, a moradia, o transporte, o lazer, a segurança, a previdência social, a proteção à maternidade e à infância, além da assistência aos desamparados, na forma da Constituição.

- O parágrafo único, por sua vez, estabelece que todo brasileiro em situação de vulnerabilidade social terá direito a uma renda básica familiar, garantida pelo poder público em programa permanente de transferência de renda, cujas normas e requisitos de acesso serão determinados em lei, observada a legislação fiscal e orçamentária.

  Vale notar que esse artigo já foi objeto de quatro emendas constitucionais (EC 26/2000, EC 64/2010, EC 90/2015 e EC 114/2021). A primeira emenda incluiu a moradia, a segunda inseriu a alimentação, a terceira adicionou o transporte e a quarta incluiu o parágrafo único, que instituiu a renda básica familiar.

  A Constituição Federal estabelece **proibição de distinção entre trabalho** manual, técnico e intelectual e entre os profissionais respectivos.

Há proibição de qualquer trabalho a menores de dezesseis anos, salvo na condição de aprendiz, a partir de **quatorze** anos.

É direito do trabalhador urbano e rural, **remuneração do serviço extraordinário** superior, no mínimo, em cinquenta por cento (50%) à do normal.

Trabalhador doméstico

- A **EC 72/13 trouxe nova redação ao parágrafo único do art. 7º da CF**, que agora determina: "São assegurados à categoria dos trabalhadores domésticos os direitos previstos nos incisos IV, VI, VII, VIII, X, XIII, XV, XVI, XVII, XVIII, XIX, XXI, XXII, XXIV, XXVI, XXX, XXXI e XXXIII e, atendidas as condições estabelecidas em lei e observada a simplificação do cumprimento das obrigações tributárias, principais e acessórias, decorrentes da relação de trabalho e suas peculiaridades, os previstos nos incisos I, II, III, IX, XII, XXV e XXVIII, bem como a sua integração à previdência social." (grifos nossos)

É **vedada a dispensa** do empregado sindicalizado a partir do registro da candidatura a cargo de direção ou representação sindical e, se eleito, ainda que suplente, até um ano após o final do mandato, salvo se cometer falta grave.

O **aposentado filiado** tem direito a votar e ser votado nas organizações sindicais.

É vedada a criação de mais de uma organização sindical, em qualquer grau, representativa de categoria profissional ou econômica, na mesma base territorial, que será definida pelos trabalhadores ou empregadores interessados, não podendo ser inferior à área de um **Município** (não de um Estado).

2.3. Direitos da nacionalidade

O fato natural do nascimento não é suficiente para o reconhecimento de nacionalidade, pois devem ser levados em consideração outros elementos tais como: i) o local do nascimento; ii) nacionalidade dos pais; e; iii) função exercida pelos pais no local de nascimento da criança.

A origem sanguínea firma a nacionalidade pelo critério *jus sanguinis*, e a vinculação territorial reconhece o brasileiro via critério *jus solis*.

Brasileiros natos

São brasileiros **natos:** a) os **nascidos na República Federativa do Brasil**, ainda que de pais estrangeiros, desde que estes não estejam a serviço de seu país; b) os nascidos no estrangeiro, de pai brasileiro ou mãe brasileira, desde que **qualquer deles** esteja **a serviço da República Federativa do Brasil** e; c) os nascidos no estrangeiro de pai brasileiro ou de mãe brasileira, desde que sejam **registrados em repartição brasileira competente ou venham a residir na República Federativa do Brasil e optem**, em qualquer tempo, depois de atingida a maioridade, pela nacionalidade brasileira (nacionalidade potestativa).

Brasileiros naturalizados

São brasileiros **naturalizados:** a) os que, na forma da lei, **adquiram a nacionalidade brasileira**, exigidas aos originários de países de língua portuguesa apenas residência por um ano ininterrupto e idoneidade moral (ato discricionário de soberania estatal, não sendo direito público subjetivo); b) os estrangeiros de qualquer nacionalidade, residentes na República Federativa do Brasil há mais de quinze anos ininterruptos e sem condenação penal, desde que **requeiram** a nacionalidade brasileira (direito público subjetivo).

SÃO BRASILEIROS	
1. Natos (Nacionalidade Primária / Originária)	a) os **nascidos na República Federativa do Brasil**, ainda que de pais estrangeiros, desde que estes não estejam a serviço de seu país; b) os nascidos no estrangeiro, de pai brasileiro ou mãe brasileira, desde que **qualquer deles** esteja **a serviço da República Federativa do Brasil;** c) os nascidos no estrangeiro de pai brasileiro ou de mãe brasileira, desde que sejam **registrados em repartição brasileira competente ou venham a residir na República Federativa do Brasil e optem**, em qualquer tempo, depois de atingida a maioridade, pela nacionalidade brasileira.
2. Naturalizados (Nacionalidade Secundária)	a) os que, na forma da lei, **adquiram a nacionalidade brasileira**, exigidas aos originários de países de língua portuguesa apenas residência por um ano ininterrupto e idoneidade moral; b) os estrangeiros de qualquer nacionalidade, residentes na República Federativa do Brasil há mais de quinze anos ininterruptos e sem condenação penal, desde que **requeiram** a nacionalidade brasileira.

CARGOS PRIVATIVOS DE BRASILEIROS NATOS

São **privativos de brasileiros natos** os cargos: I – de Presidente e Vice-Presidente da República; II – de Presidente da Câmara dos Deputados; III – de Presidente do Senado Federal; IV – de Ministro do Supremo Tribunal Federal; V – da carreira diplomática; VI – de oficial das Forças Armadas; VII – de Ministro de Estado da Defesa.

- Para memorizar os cargos privativos de brasileiro nato, o amigo leitor pode valer-se da expressa mnemônica **"MP3.COM"**

Cargos privativos de brasileiro nato		
	M	inistro do STF
P3	**P**	residente da República (e Vice)
	P	residente da Câmara dos Deputados
	P	residente do Senado Federal
	C	arreira Diplomática
	O	ficial das Forças Armadas
	M	inistro de Estado da Defesa

- **Atenção** para as "pegadinhas" clássicas: a) o cargo de Ministro do STJ não é privativo de brasileiro nato, mas o de Ministro do STF é; b) o cargo de Ministro da Justiça não é privativo de brasileiro nato, mas o de Ministro de Estado da Defesa é; c) o cargo de Senador não é privativo de brasileiro nato, mas o de Presidente do Senado Federal é.

Perda da nacionalidade

O **brasileiro nato** **não pode mais perder a nacionalidade (a menos que isso seja por ele requerido)**, pois, com a edição da EC 131/2023 que alterou o § 4°, do art. 12, da CF, somente haverá perda da nacionalidade:

a) quando o brasileiro naturalizado tiver **cancelada** sua naturalização, por sentença judicial, em virtude de fraude relacionada ao processo de naturalização ou de atentado contra a ordem constitucional e o Estado Democrático; ou

b) quando o brasileiro **nato ou naturalizado** fizer pedido **expresso** de perda da nacionalidade brasileira perante autoridade brasileira competente, ressalvadas situações que acarretem apatridia.

Ademais, foi incluído §5º ao art. 12 no qual se determina que, no caso da perda da nacionalidade por pedido expresso, será possível ao interessado readquirir sua nacionalidade brasileira originária, nos termos da lei. Verifica-se, contudo, que essa disposição trata apenas do brasileiro **nato**, e não do naturalizado, já que fala em nacionalidade **originária.**

Medidas de exclusão do território nacional

A **deportação** se materializada na hipótese de entrada ou permanência irregular de estrangeiro no país, independentemente da prática de qualquer crime. Desta feita, será deportado aquele que entrar ou permanecer no território nacional violando normas administrativas, e não quiser se retirar voluntariamente no prazo fixado pela autoridade competente.

O **banimento ou degredo** se refere ao envio compulsório de um nacional ao estrangeiro, sem possibilidade de retorno, como forma de punição. Trata-se de medida vedada pelo ordenamento brasileiro.

O Supremo Tribunal Federal não fica vinculado ao juízo formulado pelo Poder Executivo na concessão administrativa de asilo político. A condição de asilado político (art. 4, X, da CF) **não** suprime, por si só, a possibilidade de o Estado brasileiro conceder a extradição que lhe haja sido requerida (vide Ext 524, julgada em 1989 e relatada pelo Ministro Celso de Mello), **salvo** quando o fato que enseja o pedido assume a qualificação de crime político ou de opinião (art. 5°, LII, da CF).

A **expulsão** é medida política que se aplica ao estrangeiro que pratica condutas que coloquem em risco a segurança ou a ordem pública do país. Normalmente se refere à prática de crime, mas pode também decorrer da violação de normas administrativas, sendo aplicável aos casos em que a deportação não seja aconselhável.

- Regras sobre **extradição**: a) O brasileiro nato **nunca** será extradito (por crime comum ou de opinião); b) O brasileiro naturalizado somente poderá ser extraditado em caso de crime comum (praticado **antes** da naturalização), ou de comprovado envolvimento em tráfico ilícito de entorpecentes e drogas afins (**antes ou depois** da naturalização), na forma da lei, mas **não** por crime político; c) O estrangeiro pode ser extraditado pela prática de crime comum, mas **não** por crime político e; d) O Brasil não extradita **ninguém** pela prática de crime político.

	POSSIBILIDADE DE EXTRADIÇÃO	
	Crime comum	**Crime político ou de opinião**
Brasileiro Nato	Não	Não
Brasileiro Naturalizado	Sim, desde que seja por: • crime praticado antes da naturalização; • comprovado envolvimento em tráfico ilícito de entorpecentes e drogas afins, na forma da lei.	Não
Estrangeiro	Sim	Não
Regra geral:	O Brasil não extradita ninguém pela prática de crime político ou de opinião	

- Segundo a Súmula 421 do STF: "**Não impede a extradição** a circunstância de ser o extraditando casado com brasileira ou ter filho brasileiro".

2.4. DIREITOS POLÍTICOS E SISTEMAS ELEITORAIS

2.4.1. Conceitos Fundamentais

A) Democracia: podemos classificar os regimes democráticos em três espécies:

Democracia Direta	povo exerce seus poderes diretamente, sem representantes.
Democracia Representativa	o poder é exercido indiretamente, por meio da outorga de poderes aos representantes eleitos pelo povo.
Democracia Semidireta ou Participativa	sistema híbrido, em que se tem uma democracia representativa com atributos da democracia direta. Nesse sistema, além da participação direta e concreta do cidadão na democracia representativa, há também um controle popular sobre os atos estatais. **OBS.** Adotada pelo Brasil a partir da exegese do parágrafo único do artigo 1° c.c. o artigo 14, ambos da CF.

B) Soberania Popular: é a qualidade máxima de poder extraída da soma dos atributos de cada membro da sociedade estatal, encarregado de escolher os seus representantes no governo através do sufrágio universal e do voto direto.

C) Nacionalidade: é o vínculo jurídico-político que liga um indivíduo a um determinado Estado, tornando-lhe apto a contrair obrigações e exercer direitos.

D) Cidadania: é a característica decorrente da nacionalidade que consiste na capacidade de exercer direitos políticos devido ao fato de o indivíduo ter direito de sufrágio (votar e ser votado).

E) Sufrágio: é o direito de votar e ser votado.

F) **Voto:** instrumento do exercício do direito de sufrágio.

G) **Escrutínio:** é a forma de exteriorização do voto, pública ou secreta.

2.4.2. Capacidade eleitoral passiva

Tem **capacidade eleitoral passiva** aquele que preenche as condições do direito de ser escolhido para exercício de mandato eletivo por meio de voto. Em sentido oposto, **capacidade eleitoral ativa** é atributo de quem reúne condições para votar em candidato, partido ou coligação.

2.4.3. Alistamento e voto

O **alistamento eleitoral e o voto** são: I – **obrigatórios** para os maiores de dezoito anos; II – **facultativos** para: a) os analfabetos; b) os maiores de setenta anos e; c) os maiores de dezesseis e menores de dezoito anos.

ALISTAMENTO E VOTO	
1. Obrigatórios	Maiores de 18 anos
2. Facultativos	a) Maiores de 16 e menores de 18 anos; b) Maiores de 70 anos; c) Analfabetos.

São **inalistáveis** (para votarem ou serem votados) os estrangeiros e os conscritos, durante o período militar obrigatório.

2.4.4. Condições de elegibilidade

São **condições de elegibilidade**, na forma da lei: I – a nacionalidade brasileira; II – o pleno exercício dos direitos políticos; III – o alistamento eleitoral; IV – o domicílio eleitoral na circunscrição; V – a filiação partidária; VI – a idade mínima.

IDADE MÍNIMA PARA EXERCÍCIO DE MANDATO POLÍTICO ELETIVO	
Idade Mínima	**Mandato Político Eletivo**
18 anos	Vereador
21 anos	Prefeito, Vice Prefeito, Deputado Estadual ou Distrital e Deputado Federal
30 anos	Governador e Vice Governador de Estado e do Distrito Federal
35 anos	Presidente da República, Vice Presidente da República e Senador

O **quase-nacional**, português que exerce direitos de brasileiros, condicionado à existência de reciprocidade (art. 12, § 1°, da CF), também poderá exercer direitos políticos no Brasil, como eleitor ou candidato (respeitadas as restrições constitucionais), nos termos do art. 17 do Decreto 3.927/01, que versa sobre o Tratado de Amizade, Cooperação e Consulta entre a República Federativa do Brasil e a República Portuguesa. Assim, nem sempre a nacionalidade será condição de elegibilidade.

Nem todos os que tiverem feito alistamento eleitoral serão elegíveis, isso porque, o alistamento é facultativo entre 16 e 18 anos, e nessa idade o eleitor será absolutamente inelegível porque sequer terá adquirido capacidade eleitoral passiva.

São **inelegíveis** (não podem ser votados) os inalistáveis e os analfabetos.

Assim, **todo inalistável é inelegível, mas nem todo inelegível é inalistável**, pois o analfabeto é inelegível (não pode ser votado), mas é alistável (pode votar). Somente os estrangeiros e os conscritos são inalistáveis e inelegíveis.

Súmula Vinculante 18: "A **dissolução da sociedade ou do vínculo conjugal, no curso do mandato**, não afasta a inelegibilidade prevista no § 7º do art. 14 da CF".

A improbidade administrativa é caso de **suspensão** de direitos políticos (art. 15, V, c.c. art. 37, § 4°, ambos da CF)

A condenação **criminal** (não a cível) transitada em julgado, enquanto durarem seus efeitos, é caso de **suspensão** dos direitos políticos, lembrando que **é vedada a cassação de direitos políticos**.

O cancelamento de naturalização por **sentença judicial** (e não por decisão administrativa) é caso de perda de nacionalidade e, por consequência, também dos direitos políticos.

- **Cuidado!** A incapacidade civil que gera a **suspensão** (não a perda) de direitos políticos é a de natureza **absoluta**, não relativa.

2.4.5. Sistemas eleitorais

As **eleições para Presidente e Governador** seguem o sistema majoritário com exigência de maioria absoluta ou dois turnos. Nos termos do art. 28, alterado pela EC 111/2021: "A eleição do Governador e do Vice-Governador de Estado, para mandato de 4 (quatro) anos, realizar-se-á no primeiro domingo de outubro, em primeiro turno, e no último domingo de outubro, em segundo turno, se houver, do ano anterior ao do término do mandato de seus antecessores, e **a posse ocorrerá em 6 de janeiro do ano subsequente**, observado, quanto ao mais, o disposto no art. 77 desta Constituição.". Antes dessa emenda, a posse se dava no dia primeiro de janeiro do ano subsequente. Estabelece também o art. 82 da CF/88 que: "Art. 82. O mandato do Presidente da República é de 4 (quatro) anos e **terá início em 5 de janeiro do ano seguinte ao de sua eleição**." Essas alterações, contudo, só vão ser aplicadas a partir das eleições de 2026.

A **eleição do Prefeito** e do Vice-Prefeito será realizada no primeiro domingo de outubro do ano anterior ao término do mandato dos que devam suceder, aplicadas as regras do art. 77 da CF (com segundo turno ou exigência de maioria absoluta) apenas no caso de Municípios com mais de duzentos mil eleitores. Sendo assim, nos Municípios de até duzentos mil eleitores considera-se eleito o candidato que obtiver a maioria (simples) dos votos, independentemente de ter obtido a aprovação da maioria absoluta dos eleitores.

Atenção! A partir da edição da EC 111/2021, que incluiu o §12 e §13 no art. 14 da CF/88, "Serão realizadas concomitantemente às eleições municipais as consultas populares sobre **questões locais** aprovadas pelas Câmaras Municipais e encaminhadas à Justiça Eleitoral até 90 (noventa) dias antes da data das eleições, observados os limites operacionais relativos ao número de quesitos.". Ademais, eventuais manifestações a tais questões ocorrerão durante as campanhas eleitorais **sem a utilização de propaganda gratuita no rádio e na televisão.**

São **Congressistas** o Deputado Federal e o Senador. O deputado federal é eleito pelo sistema proporcional (art. 45, da CF), e o Senador é eleito pelo majoritário simples (art. 46, da CF). Desta feita, é errado dizer que o Congressista é eleito mediante sistema proporcional, pois tal afirmativa ignora que o Senador se elege via sistema majoritário.

O **Vereador** será eleito mediante sistema proporcional.

Para concorrerem a **outros cargos**, o Presidente da República, os Governadores de Estado e do Distrito Federal e os **Prefeitos** devem **renunciar** aos respectivos mandatos **até seis meses antes** do pleito.

2.4.6. Inelegibilidade reflexa

Inelegibilidade reflexa: são **inelegíveis**, no território de jurisdição do titular, o cônjuge e os parentes consanguíneos ou afins, até o segundo grau ou por adoção, do Presidente da República, de Governador de Estado ou Território, do Distrito Federal, de Prefeito ou de quem os haja substituído dentro dos seis meses anteriores ao pleito, salvo se já titular de mandato eletivo e candidato à reeleição (art. 14, § 7°, da CF).

2.4.7. Elegibilidade do militar

O **militar alistável é elegível**, sendo que, se contar mais de dez anos de serviço, será agregado pela autoridade superior e, se eleito, passará automaticamente, no ato da diplomação, para a inatividade, e, se contar **menos** (não mais) de dez anos de serviço, deverá afastar-se da atividade.

2.4.8. Hipóteses de inelegibilidade

As hipóteses de inelegibilidade constam de rol **exemplificativo.** Prova disso é o artigo 14, § 9°, da CF, segundo o qual **lei complementar estabelecerá outros casos de inelegibilidade e os prazos de sua cessação,** a fim de proteger a probidade administrativa, a moralidade para exercício de mandato considerada vida pregressa do candidato, e a normalidade e legitimidade das eleições contra a influência do poder econômico ou o abuso do exercício de função, cargo ou emprego na administração direta ou indireta.

2.4.9. *Impugnação do mandato eletivo*

O mandato eletivo poderá ser **impugnado** ante a Justiça Eleitoral no prazo de quinze dias contados da diplomação, instruída a ação com provas de abuso do poder econômico, corrupção ou fraude.

- A ação de impugnação de mandato **tramitará** em segredo de justiça, respondendo o autor, na forma da lei, se temerária ou de manifesta má-fé.

3. ORGANIZAÇÃO POLÍTICO-ADMINISTRATIVA

3.1. Disposições gerais

A **organização político-administrativa da República Federativa do Brasil** compreende a União, os Estados, o Distrito Federal e os Municípios, todos autônomos, nos termos desta Constituição (art. 18, *caput*, da CF).

A autonomia dos Estados federados está assegurada por meio da sua capacidade de **auto-organização** (elaboração das Constituições Estaduais e Leis Orgânicas do DF e dos Municípios), de **autolegislação** (criação de leis estaduais, distritais e municipais), de **autogoverno** (eleição de seus representantes) e **autoadministração** (organizações próprias dos Poderes Executivo, Legislativo e Judiciário, ressalvado o judiciário municipal, que não existe).

Brasília é a Capital Federal (art. 18, § 1°, da CF).

Os **Territórios Federais** integram a União, e sua criação, transformação em Estado ou reintegração ao Estado de origem serão reguladas em lei complementar (art. 18, § 2°, da CF).

Os Estados podem incorporar-se entre si, subdividir-se ou desmembrar-se para se anexarem a outros, ou formarem novos Estados ou Territórios Federais, mediante aprovação da população diretamente interessada, através de plebiscito, e do Congresso Nacional, por lei complementar (art. 18, § 3°, da CF).

- **Atenção!** Exige-se **lei complementar federal** (com trâmite no Congresso Nacional) para a aprovação da **criação de novos Entes Estaduais** (novos Estados).

Os Estados podem **incorporar-se entre si**, mas mediante aprovação da população diretamente interessada, através de **plebiscito,** não de referendo.

- Consoante art. 3°, da Lei 9.709/98, nas questões de relevância nacional, de competência do Poder Legislativo ou do Poder Executivo, e no caso do § 3° do art. 18 da Constituição Federal (Os Estados podem incorporar-se entre si, subdividir-se ou desmembrar-se para se anexarem a outros, ou formarem novos Estados ou Territórios Federais, mediante aprovação da população diretamente interessada, através de plebiscito, e do Congresso Nacional, por lei complementar), o plebiscito e o referendo são convocados **mediante decreto legislativo, por proposta de um terço, no mínimo, dos membros que compõem qualquer das Casas do Congresso Nacional**, de conformidade com esta Lei.

- A consulta à população do território que restar do Estado originário é **requisito para a reconfiguração de Estados** (art. 18, § 3º, da CF). Nesse sentido: "A expressão 'população diretamente interessada' constante do § 3º do art. 18 da CF (...) deve ser entendida como a população tanto da área desmembrada do Estado-membro como da área remanescente." (ADI 2.650, julgada em 2011 e relatado pelo Ministro Dias Toffoli).
- No bojo da ADI 2650, a Mesa da Assembleia Legislativa do Estado de Goiás (AL-GO) impugnava a primeira parte do artigo 7º da Lei 9.709/98, e o STF decidiu, por unanimidade, que **o plebiscito para o desmembramento de um estado da federação deve envolver não somente a população do território a ser desmembrado, mas a de todo o Estado.** A ação tinha como objeto o plebiscito para o desmembramento do Estado do Pará, que objetivava criar os Estados do Tapajós e de Carajás. Por fim, no dia 11 de dezembro de 2011, toda a população do Pará pode ir às urnas, e o resultado indicou que 66,59% escolheu "não" para a criação do Estado de Carajás e 66,08% rejeitou a criação do Estado de Tapajós.

A criação, a incorporação, a fusão e o desmembramento de Municípios, far-se-ão por lei estadual, dentro do período determinado por Lei Complementar Federal, e dependerão de consulta prévia, mediante plebiscito, às populações dos Municípios envolvidos, após divulgação dos Estudos de Viabilidade Municipal, apresentados e publicados na forma da lei (art. 18, § 4º, da CF).

- Nos termos do art. 5º da Lei 9.709/98 (que regulamenta os plebiscitos, os referendos e a iniciativa popular de lei), o plebiscito destinado à criação, à incorporação, à fusão e ao desmembramento de Municípios, será convocado pela **Assembleia Legislativa** (não pela Câmara de Vereadores), de conformidade com a legislação federal e estadual.
- Não obstante a **inexistência de lei complementar federal regulamentando a criação de novos municípios**, o STF deixou de pronunciar a nulidade de leis estaduais de criação de diversos municípios em razão da consolidada situação de fato e em respeito ao princípio da segurança jurídica. O art. 18, § 4º, da CF diz que é necessária LC federal para criação, a incorporação, a fusão e o desmembramento de municípios. Entretanto, vários municípios foram criados sem essa LC, que ainda não existe. Com isso o STF declarou inconstitucional a criação desses municípios, mas não anulou a criação deles. O Supremo, então, fixou um prazo (em alguns casos de 18 e outros de 24 meses) para o Congresso criar a LC. Porém, ao invés de o Congresso editar a LC, editou a EC 57/2008 que acrescentou o art. 96 ao ADCT, convalidou os atos de criação dos municípios, desmembrados, fundidos ou incorporados – Art. 96 ADCT.

- O STF fixou, em 2022, a tese de que: "A EC nº 57/08 não convalidou desmembramento municipal realizado sem consulta plebiscitária e, nesse contexto, não retirou o vício de ilegitimidade ativa existente nas execuções fiscais que haviam sido propostas por município ao qual fora acrescida, sem tal consulta, área de outro para a cobrança do IPTU quanto a imóveis nela localizados." (STF, RE 614384/SE, relator Min. Dias Toffoli, julgamento virtual finalizado em 29.4.2022).

Os **Municípios integram a federação brasileira**, possuindo autogoverno (gestão próprio de suas atividades por Prefeito, Vereadores, e demais agentes públicos), auto-organização (possuem Lei Orgânica) e auto-administração (prestam e mantêm serviços próprios).

4. ADMINISTRAÇÃO PÚBLICA

4.1. Disposições gerais

Noção: A Administração Pública pode ser **direta** (prestada pela própria pessoa política, União, Estado ou Município) ou **indireta** (descentralizada para outra pessoa jurídica, Autarquia, Fundação, Empresa Pública ou Sociedade de Economia Mista).

Princípios da Administração Pública: para memorizar os princípios da administração pública que constam do artigo 37, da CF, o amigo leitor pode valer-se da clássica expressa mnemônica **"LIMPE"**.

Princípios da Administração Pública	
L	egalidade
I	mpessoalidade
M	oralidade
P	ublicidade
E	ficiência
LIMPE	

Normas:

Somente por **lei específica** poderá ser criada autarquia e autorizada a instituição de empresa pública, de sociedade de economia mista e de fundação, cabendo à **lei complementar**, neste último caso (fundação), definir as áreas de sua atuação.

Depende de **autorização legislativa**, em cada caso, a criação de subsidiárias de empresa pública, assim como a participação de qualquer delas em empresa privada.

Organização:

A **autonomia gerencial, orçamentária e financeira dos órgãos e entidades da administração direta e indireta poderá ser ampliada** mediante contrato, a ser firmado entre seus administradores e o poder público, que tenha por objeto a fixação de metas de desempenho para o órgão ou entidade, cabendo à lei dispor sobre prazo de duração do contrato, os controles e critérios de avaliação de desempenho, direitos, obrigações e responsabilidade dos dirigentes, bem como a remuneração do pessoal.

A **administração fazendária** e seus servidores fiscais terão, dentro de suas áreas de competência e jurisdição, **precedência sobre os demais setores administrativos**, na forma da lei (art. 37, XVIII, da CF).

A **publicidade dos atos, programas, obras, serviços e campanhas dos órgãos públicos** deverá ter **caráter educativo, informativo ou de orientação,** dela não podendo constar nomes, símbolos ou imagens que caracterizem promoção pessoal de autoridades ou servidores públicos.

As obras, serviços, compras e alienações, ressalvados os casos especificados na legislação, serão contratados mediante processo de **licitação pública** que assegure igualdade de condições a todos os concorrentes, com cláusulas que estabeleçam obrigações de pagamento, mantidas as condições efetivas da proposta, nos termos da lei, o qual somente permitirá as exigências de qualificação técnica e econômica indispensáveis à garantia do cumprimento das obrigações.

Servidores públicos civis e militares – regime jurídico constitucional

4.2. Concurso público

- Quanto a **concurso público e o princípio da igualdade**, segundo **entendimento do STF**, é possível: a) fixação limites etários máximos para a admissão de pessoal no serviço público em atenção à natureza das atribuições do cargo a ser preenchido; e b) estabelecimento de limites mínimos de altura para candidatos em concurso público.

  Nos termos do artigo 5º, VIII, da Constituição Federal **é possível a realização de etapas de concurso público em datas e horários distintos dos previstos em edital, por candidato que invoca escusa de consciência por motivo de crença religiosa**, desde que presentes a razoabilidade da alteração, a preservação da igualdade entre todos os candidatos e que não acarrete ônus desproporcional à Administração Pública, que deverá decidir de maneira fundamentada (Tema 386). RE 611874/DF, rel. orig. Min. Dias Toffoli, red. p/ o ac. Min. Edson Fachin, julgamento em 19.11, 25.11 e 26.11.2020. ARE 1099099/SP, rel. Min. Edson Fachin, julgamento em 19.11, 25.11 e 26.11.2020(Info 1000)

CONCURSO PÚBLICO E O PRINCÍPIO DA IGUALDADE Segundo entendimento do STF é possível:	
a) fixação **limites etários máximos** para a admissão de pessoal no serviço público em atenção à natureza das atribuições do cargo a ser preenchido (Súmula 683, do STF);	b) estabelecimento de **limites mínimos de altura** para candidatos em concurso público;

- Súmula 683, do STF: "O limite de idade para a inscrição em concurso público só se legitima em face do art. 7º, XXX, da Constituição, quando possa ser justificado pela natureza das atribuições do cargo a ser preenchido."• A exigência constitucional de reserva de vagas para portadores de deficiência em concurso público **não pode** ser afastada se o percentual legalmente previsto for inferior a um, hipótese em que a fração deve ser arredondada, obedecendo a regra constitucional constante no art. 37, VIII, da CF.

Os cargos, empregos e funções públicas são acessíveis aos brasileiros que preencham os requisitos legais, **assim como aos estrangeiros**, na forma da lei (art. 37, I, da CF).

É **inconstitucional** toda modalidade de provimento que propicie ao servidor investir-se, sem prévia aprovação em concurso público destinado ao seu provimento, em cargo que não integra a carreira na qual anteriormente investido (Súmula Vinculante 43). Adquire **estabilidade, após três anos de efetivo exercício**, o servidor nomeado para cargo de provimento efetivo em virtude de concurso público, consoante art. 41, *caput*, da CF.

Em 2007, no bojo dos Mandados de Injunção (MIs) 670, 708 e 712, o STF autorizou **a aplicação da lei de greve da iniciativa privada** (Lei 7.783/89) **para garantir o exercício grevista regular dos servidores públicos**.

Tanto a vinculação quanto a equiparação de quaisquer espécies remuneratórias no serviço público **são vedadas** para o efeito de remuneração de pessoal das carreiras públicas (art. 37, XIII, da CF).

É **vedada a acumulação** remunerada de cargos ou empregos públicos, exceto, quando houver compatibilidade de horários, nos seguintes casos: a) a de dois cargos de professor; b) a de um cargo de professor com outro técnico ou científico; c) a de dois cargos ou empregos privativos de profissionais de saúde, com profissões regulamentadas.

ACUMULAÇÃO REMUNERADA DE CARGOS PÚBLICOS	
1. Regra	Vedação/Impossibilidade
2. Exceções	a) dois cargos de professor b) um cargo de professor com outro técnico ou científico c) dois cargos ou empregos privativos de profissionais de saúde, com profissões regulamentadas

- **Cuidado! Não é possível** a acumulação nos seguintes casos:

a) de cargo técnico com outro privativo de profissional da saúde;

b) de mais de dois cargos ou empregos públicos (três ou mais);

c) de dois cargos técnicos;

As **funções de confiança**, exercidas exclusivamente por servidores ocupantes de cargo efetivo, e os **cargos em comissão**, a serem preenchidos por servidores de carreira nos casos, condições e percentuais mínimos previstos em lei, **destinam-se apenas às atribuições de direção, chefia e assessoramento**.

Reintegração: invalidação da pena de demissão aplicada a servidor público, com o retorno ao cargo, sem prejuízo da indenização. Se quem estiver em seu lugar for estável, será reconduzido ao cargo anteriormente ocupado, ou será afastado com vencimentos proporcionais, ou aproveitado em outro cargo (sem direito a indenização), mas se quem estava no lugar não era estável, será simplesmente exonerado.

A **exoneração** somente será a pedido ou por conveniência da administração, já a **demissão** é sempre a título de punição.

- O servidor público ocupante de cargo efetivo **não pode ser exonerado segundo livre critério da autoridade competente**, pois os casos de perda de cargo estão previstos no § 1º do art. 41 da CF (I – Em virtude de sentença judicial transitada em julgado; II – Mediante Processo Administrativo em que lhe seja assegurada ampla defesa; III – Mediante Procedimento de Avaliação Periódica de Desempenho, na forma da lei complementar, assegurada ampla defesa).

- No caso da **falta de necessidade do cargo**, o servidor **ficará em disponibilidade**, com remuneração proporcional ao tempo de serviço, até o seu adequado aproveitamento em outro cargo.

- O servidor público ocupante de cargo efetivo **não pode ser exonerado *ad nutum***, com base em decreto que declara a desnecessidade do cargo (Súmula 21 do STF).

Os **vencimentos** referem-se ao vencimento básico somado às gratificações permanentes previstas em lei (art. 1°, da Lei 8.852/94), que se aplicam aos agentes administrativos submetidos a regime estatutário, os denominados servidores públicos.

Já o **subsídio**, na lição de Leandro Bortoleto "é o pagamento de uma única parcela, sem subdivisões [...] forma normalmente adotada para se remunerar os agentes políticos" (*Direito Administrativo*. Salvador: Juspodivm, 2012, p. 142).

O membro de Poder, o detentor de mandato eletivo, os Ministros de Estado e os Secretários Estaduais e Municipais serão remunerados exclusivamente por **subsídio fixado em parcela única** (e não em quatro parcelas, trimestrais), vedado o acréscimo de qualquer gratificação, adicional, abono, prêmio, verba de representação ou outra espécie remuneratória.

É vedada a **vinculação ou equiparação de quaisquer espécies remuneratórias** para o efeito de remuneração de pessoal do serviço público.

Os **acréscimos pecuniários percebidos por servidor público** não serão computados e acumulados para fins de concessão de acréscimos ulteriores.

É **vedada a incorporação de vantagens** de caráter temporário ou vinculadas ao exercício de função de confiança ou de cargo em comissão à remuneração do cargo efetivo.

A fixação dos **padrões de vencimento e dos demais componentes do sistema remuneratório** observará a natureza, o grau de responsabilidade e a complexidade dos cargos componentes de cada carreira; os requisitos para a investidura; e as peculiaridades dos cargos.

A Lei da União, dos Estados, do Distrito Federal e dos Municípios disciplinará a aplicação de recursos orçamentários provenientes da economia com despesas correntes em cada órgão, autarquia e fundação, para aplicação no desenvolvimento de programas de qualidade e produtividade, treinamento e desenvolvimento, modernização, reaparelhamento e racionalização do serviço público, **inclusive** sob a forma de adicional ou prêmio de produtividade (art. 39, § 7°, da CF).

A remuneração dos servidores públicos deve ser fixada por lei específica, assegurada a revisão geral anual, **sempre na mesma data e sem distinção de índices**, e não depois de decorrido o prazo mínimo de um ano do último reajuste concedido à categoria.

A **fixação de vencimentos dos servidores** públicos não pode ser objeto de **convenção coletiva** (Súmula 679 do STF).

O **teto salarial do funcionalismo público**, previsto no texto constitucional e cujo parâmetro é o subsídio dos ministros do STF, **aplica-se** aos servidores da administração direta, autárquica e fundacional, e também, aos empregados das empresas públicas e sociedades de economia mista, e suas subsidiárias, que receberem recursos da União, dos Estados, do DF ou dos Municípios para pagamento de despesas de pessoal ou de custeio em geral (art. 37, § 9º, da CF).

A União, os Estados e o Distrito Federal manterão escolas de governo para a formação e o aperfeiçoamento dos servidores públicos, constituindo-se a participação nos cursos um dos requisitos para a promoção na carreira, **facultada** (e não sendo obrigatória), para isso, a celebração de convênios ou contratos entre os entes federados, que deverão promovê-los anualmente.

- **Súmula Vinculante 37**: "Não cabe ao Poder Judiciário, que não tem função legislativa, aumentar vencimentos de servidores públicos sob fundamento de isonomia".

Aos servidores titulares de cargos efetivos da União, dos Estados, do Distrito Federal e dos Municípios, **incluídas** suas autarquias e fundações, é assegurado **regime de previdência de caráter contributivo e solidário**, mediante contribuição do respectivo ente público, dos servidores ativos e inativos e dos pensionistas, observados critérios que preservem o equilíbrio financeiro e atuarial.

Os servidores abrangidos pelo regime de previdência **serão aposentados**: I – por incapacidade permanente para o trabalho, no cargo em que estiver investido, quando insuscetível de readaptação, hipótese em que será obrigatória a realização de avaliações periódicas para verificação da continuidade das condições que ensejaram a concessão da aposentadoria; II – compulsoriamente, com proventos proporcionais ao tempo de contribuição, aos 70 (setenta) anos de idade, ou aos 75 (setenta e cinco) anos de idade, na forma de lei complementar; III – no âmbito da União, aos 62 (sessenta e dois) anos de idade, se mulher, e aos 65 (sessenta e cinco) anos de idade, se homem, e, no âmbito dos Estados, do Distrito Federal e dos Municípios, na idade mínima estabelecida mediante emenda às respectivas Constituições e Leis

Orgânicas, observados o tempo de contribuição e os demais requisitos estabelecidos em lei complementar do respectivo ente federativo.

Os **proventos de aposentadoria** e as pensões, por ocasião de sua concessão, **não** poderão ser inferiores ao valor mínimo a que se refere o § 2º do art. 201 ou superiores ao limite máximo estabelecido para o Regime Geral de Previdência Social, observado o disposto nos §§ 14 a 16.

Os proventos **nunca poderão ser excedentes ao subsídio mensal, em espécie, dos Ministros do Supremo Tribunal Federal**, o que não abrange as parcelas de caráter indenizatório previstas em lei.

REGRAS CONSTITUCIONAIS PARA APOSENTADORIA DO SERVIDOR				
Modalidade	**Sexo**	**Requisito**	**Aposentadoria**	**Limite/Teto**
I – Por Incapacidade Permanente	Homem ou Mulher	Incapacidade Permanente	Condicionada à realização de avaliações periódicas para verificação da continuidade das condições que ensejaram a concessão da aposentadoria	Proventos nunca excedentes ao subsídio mensal, em espécie, dos Ministros do Supremo Tribunal Federal
II – Compulsoriamente	Homem ou Mulher	70 ou 75 anos de idade, na forma de lei complementar	Com proventos proporcionais ao tempo de contribuição.	
III – Voluntariamente	1) Homem	a) 65 anos de idade		
	2) Mulher	a) 62 anos de idade		

É **vedada a existência de mais de um regime próprio de previdência social para os servidores titulares de cargos efetivos**.

As pessoas jurídicas de direito público e as de direito privado prestadoras de serviços públicos **responderão pelos danos que seus agentes, nessa qualidade, causarem a terceiros**, assegurado o direito de regresso contra o responsável nos casos de dolo ou culpa.

A lei disporá sobre os requisitos e as restrições ao ocupante de cargo ou emprego da administração direta e indireta que possibilite o acesso a informações privilegiadas.

A Administração pode anular seus próprios atos, quando eivados de vícios que os tornem ilegais, porque deles não se originam direitos, ou revogá-los, por motivo de conveniência ou oportunidade, mas **não pode** fazer revisão de direitos adquiridos, consoante súmula 473 do STF.

Os atos de improbidade administrativa importarão a **suspensão** de direitos políticos, a perda da função pública, a indisponibilidade de bens e o ressarcimento ao erário, na forma e gradação previstas em lei, **sem prejuízo da ação penal cabível**.

Constituição Federal. Arts. 92 a 99; 125 e 127

5. PODER JUDICIÁRIO E FUNÇÕES ESSENCIAIS À JUSTIÇA

5.1. Poder judiciário

- São **órgãos** do Poder Judiciário: I – o Supremo Tribunal Federal; I-A o Conselho Nacional de Justiça; II – o Superior Tribunal de Justiça; II-A – o Tribunal Superior do Trabalho; III – os Tribunais Regionais Federais e Juízes Federais; IV – os Tribunais e Juízes do Trabalho; V – os Tribunais e Juízes Eleitorais; VI – os Tribunais e Juízes Militares; VII – os Tribunais e Juízes dos Estados e do Distrito Federal e Territórios.

- De acordo com o que dispõe o art. 93, da CF, **Lei complementar, de iniciativa do Supremo Tribunal Federal, disporá sobre o Estatuto da Magistratura**.

- **É obrigatória a promoção** do juiz que figure por três vezes consecutivas ou cinco alternadas em lista de merecimento.

- **Não será promovido** o juiz que, injustificadamente, retiver autos em seu poder além do prazo legal, **não** podendo devolvê-los ao cartório sem o devido despacho ou decisão. Trata-se de nova regra criada pela EC 45/04, no contexto da reforma do Poder Judiciário, que teve como vetor fundamental a busca pela celeridade processual, estampada também no princípio da razoável duração do processo (art. 5°, LXXVIII, da CF).

- A **promoção por merecimento** pressupõe **2 anos** de exercício na respectiva entrância e integrar o juiz a primeira **quinta parte** da lista de antiguidade desta, salvo se não houver com tais requisitos quem aceite o lugar vago.

- Para fins de promoção, deverá ocorrer a aferição do merecimento conforme o desempenho e pelos critérios objetivos de produtividade e presteza no exercício da jurisdição e **pela frequência e aproveitamento em cursos** oficiais ou reconhecidos de aperfeiçoamento (portanto, o aproveitamento não é dispensável), consoante art. 93, II, "c", da CF.

- Na **apuração de antiguidade**, o tribunal somente poderá recusar o juiz mais antigo pelo voto fundamentado de **dois terços** de seus membros, conforme procedimento próprio, e assegurada ampla defesa, repetindo-se a votação até fixar-se a indicação (art. 93, II, "d", da CF).

- A permuta de magistrados de comarcas de igual entrância passou a ser admitida com a edição da EC nº 130/2023.
- Os **Estados organizarão sua Justiça**, observados os princípios estabelecidos nesta Constituição.
- A **competência dos tribunais será definida na Constituição do Estado**, sendo a lei de organização judiciária de iniciativa do Tribunal de Justiça.
- O **Tribunal de Justiça poderá funcionar descentralizadamente**, constituindo Câmaras regionais, a fim de assegurar o pleno acesso do jurisdicionado à justiça em todas as fases do processo.
- O Tribunal de Justiça instalará a **justiça itinerante**, com a realização de audiências e demais funções da atividade jurisdicional, nos limites territoriais da respectiva jurisdição, servindo-se de equipamentos públicos e comunitários.
- Para dirimir **conflitos fundiários**, o Tribunal de Justiça proporá a **criação de varas especializadas**, com competência exclusiva para **questões agrárias**. Sempre que necessário à eficiente prestação jurisdicional, o juiz far-se-á presente no local do litígio.

5.2. Funções essenciais à justiça

5.2.1. Ministério Público

- O **Ministério Público** é instituição permanente, essencial à função jurisdicional do Estado, incumbindo-lhe a **defesa da ordem jurídica, do regime democrático** e **dos interesses sociais e individuais indisponíveis**.
- São **princípios institucionais** do Ministério Público: a **unidade,** a **indivisibilidade** e a **independência funcional**.
- São **funções institucionais** do Ministério Público:

  a) promover, privativamente, a ação penal pública, na forma da lei;

  b) zelar pelo efetivo respeito dos Poderes Públicos e dos serviços de relevância pública aos direitos assegurados nesta Constituição, promovendo as medidas necessárias a sua garantia;

  c) promover o inquérito civil e a ação civil pública, para a proteção do patrimônio público e social, do meio ambiente e de outros interesses difusos e coletivos;

  d) promover a ação de inconstitucionalidade ou representação para fins de intervenção da União e dos Estados, nos casos previstos nesta Constituição;

  e) defender judicialmente os direitos e interesses das populações indígenas;

  f) expedir notificações nos procedimentos administrativos de sua competência, requisitando informações e documentos para instruí-los, na forma da lei complementar respectiva;

g) exercer o controle externo da atividade policial, na forma da lei complementar mencionada no artigo anterior;

h) requisitar diligências investigatórias e a instauração de inquérito policial, indicados os fundamentos jurídicos de suas manifestações processuais;

i) exercer outras funções que lhe forem conferidas, desde que compatíveis com sua finalidade, sendo-lhe vedada a representação judicial e a consultoria jurídica de entidades públicas.

- Ao Ministério Público é assegurada **autonomia funcional e administrativa**, podendo propor ao Poder Legislativo a criação e extinção de seus cargos e serviços auxiliares, provendo-os por concurso público de provas ou de provas e títulos, a política remuneratória e os planos de carreira.
- O Ministério Público elaborará sua **proposta orçamentária** dentro dos limites estabelecidos na lei de diretrizes orçamentárias. Se o Ministério Público **não encaminhar a respectiva proposta** orçamentária dentro do prazo estabelecido na lei de diretrizes orçamentárias, o Poder Executivo **considerará, para fins de consolidação da proposta orçamentária anual, os valores aprovados na lei orçamentária vigente.**
- São **garantias dos membros do Ministério Público:**

a) **vitaliciedade**, após dois anos de exercício, não podendo perder o cargo senão por sentença judicial transitada em julgado;

b) **inamovibilidade**, salvo por motivo de interesse público, mediante decisão do órgão colegiado competente do Ministério Público, pelo voto da maioria absoluta de seus membros, assegurada ampla defesa;

c) **irredutibilidade de subsídio.**

- **Vedações aos Membros do Ministério Público:**

a) receber, a qualquer título e sob qualquer pretexto, honorários, percentagens ou custas processuais;

b) exercer a advocacia;

c) participar de sociedade comercial, na forma da lei;

d) exercer, ainda que em disponibilidade, qualquer outra função pública, salvo uma de magistério;

e) exercer atividade político-partidária;

f) receber, a qualquer título ou pretexto, auxílios ou contribuições de pessoas físicas, entidades públicas ou privadas, ressalvadas as exceções previstas em lei;

g) exercer, ainda que em disponibilidade, outro cargo ou função, salvo uma de magistério;

h) receber, a qualquer título ou pretexto, custas ou participação em processo;

i) dedicar-se à atividade político-partidária;

j) receber, a qualquer título ou pretexto, auxílios ou contribuições de pessoas físicas, entidades públicas ou privadas, ressalvadas as exceções previstas em lei.

5.2.2. *Defensoria Pública*

- A Defensoria Pública é **instituição permanente, essencial à função jurisdicional do Estado, incumbindo-lhe, como expressão e instrumento do regime democrático, fundamentalmente, a orientação jurídica, a promoção dos direitos humanos e a defesa, em todos os graus, judicial e extrajudicial, dos direitos individuais e coletivos, de forma integral e gratuita, aos necessitados**, na forma do inciso LXXIV do art. 5º desta Constituição Federal. ("o Estado prestará assistência jurídica integral e gratuita aos que comprovarem insuficiência de recursos").
- São **princípios institucionais da Defensoria Pública** a unidade, a indivisibilidade e a independência funcional, aplicando-se também, no que couber, o disposto no art. 93 e no inciso II do art. 96 desta Constituição Federal.
- Lei complementar organizará a Defensoria Pública da União e do Distrito Federal e dos Territórios e prescreverá normas gerais para sua organização nos Estados, em cargos de carreira, providos, na classe inicial, mediante concurso público de provas e títulos, assegurada a seus integrantes a garantia da **inamovibilidade** (mas não a vitaliciedade) e vedado o exercício da advocacia fora das atribuições institucionais.
- Em superação ao entendimento da Súmula 421 do STJ, STJ e STF passaram a entender que, independentemente do ente público com que litiga, será assegurado o pagamento de honorários sucumbenciais à Defensoria Pública, por inexistir subordinação deste órgão ao Poder Executivo. (STJ. 2ª Turma. REsp 2.089.489-GO, Rel. Min. Francisco Falcão, julgado em 5/9/2023 - Info 786 e STF. Plenário. RE 1.140.005/RJ, Rel. Min. Roberto Barroso, julgado em 26/06/2023. Repercussão Geral – Tema 1.002. Info 1100.).

Na mesma decisão, o STF entendeu ser **vedado** o rateio do valor recebido à título de honorários sucumbenciais entre os membros, devendo a quantia ser destinada exclusivamente à estruturação das unidades dessa instituição.

- **Atenção!** A **EC 69/12** passou a disciplinar que compete à União organizar e manter a Defensoria Pública dos Territórios, mas que a organização e a manutenção da Defensoria Pública do Distrito Federal caberá ao próprio DF.
- De acordo com as jurisprudências do STJ e do STF, as **Defensorias Públicas Estaduais podem atuar perante os tribunais superiores**. O fundamento é o art. 106 da Lei Complementar 80/94, segundo o qual, a Defensoria Pública do Estado prestará assistência jurídica aos necessitados, em todos os graus de jurisdição e instâncias administrativas do Estado e caberá a ela interpor recursos aos Tribunais Superiores, quando cabíveis.

- **Ao Defensor Público aplica-se o regramento disposto no art. 41 da CF, ou seja, será estável após 3 anos de efetivo exercício** e poderá perder o cargo em virtude de sentença judicial transitada em julgado, ou mediante processo administrativo em que lhe seja assegurada ampla defesa, ou mediante procedimento de avaliação periódica de desempenho, na forma da lei complementar, assegurada ampla defesa.
- **Atenção! A EC 80/2014** alterou o art. 98 do ADCT, que passou a dispor o seguinte: O número de defensores públicos na unidade jurisdicional será proporcional à efetiva demanda pelo serviço da Defensoria Pública e à respectiva população. § 1°: No prazo de 8 (oito) anos, a União, os Estados e o Distrito Federal deverão contar com defensores públicos em todas as unidades jurisdicionais, observado o disposto no *caput* deste artigo. Durante o decurso do prazo previsto no § 1° deste artigo, a lotação dos defensores públicos ocorrerá, prioritariamente, atendendo as regiões com maiores índices de exclusão social e adensamento populacional.

DIREITO PENAL

Danilo da Cunha Sousa

ITENS DO EDITAL	ITENS DAS DICAS
ARTIGOS 1º A 12, CP.	**1. APLICAÇÃO DA LEI PENAL**
ARTS. 100 A 106, CP	2. DA AÇÃO PENAL
ARTS. 107 A 120, CP	3. CAUSAS EXTINTIVAS DE PUNIBILIDADE
ART. 121, CP	4. HOMICÍDIO
ART. 129, CP	5. LESÃO CORPORAL
ART. 150, CP	6. VIOLAÇÃO DE DOMICÍLIO
ART. 154, CP	7. VIOLAÇÃO DE SEGREDO PROFISSIONAL
ARTIGOS 293 A 305; 307; 308; 311-A, CP.	8. DOS CRIMES CONTRA A FÉ PÚBLICA
ARTIGOS 312 A 317; 319 A 333; 336 A 337; 339 A 347; 357 E 359, CP.	9. DOS CRIMES CONTRA A ADMINISTRAÇÃO PÚBLICA
ARTIGO 327, CP	9.1. CONCEITO DE FUNCIONÁRIO PÚBLICO
ARTIGOS 312 A 317; 319 A 326, CP.	9.2. DOS CRIMES PRATICADOS POR FUNCIONÁRIO PÚBLICO CONTRA A ADMINISTRAÇÃO EM GERAL
ARTIGOS 328 A 333; 336 A 337, CP.	9.3. DOS CRIMES PRATICADOS POR PARTICULARES CONTRA A ADMINISTRAÇÃO EM GERAL
ARTIGOS 339 A 347; 357 E 359, CP.	9.4. DOS CRIMES CONTRA A ADMINISTRAÇÃO DA JUSTIÇA

1. APLICAÇÃO DA LEI PENAL

- Princípio da **anterioridade da norma penal:** Não há crime sem lei anterior que o defina. Não há pena sem prévia cominação legal.
- Por esse princípio, uma pessoa só pode ser punida se houver uma **lei anterior** que defina o fato como crime, bem como preveja a aplicação de pena para esse crime.
- Princípio da **reserva legal:** A norma penal incriminadora só pode ser instituída por meio de **lei**. Não se admite a criação de crime ou pena por analogia, costumes ou princípios gerais do direito.

ATENÇÃO!!!!!!

- Analogia é o método de **integração da norma**, em que se aplica, a uma hipótese não regulada por lei, a legislação de um caso semelhante.
- **Analogia em norma penal incriminadora ou *in malam partem***: é aquela aplicada em desfavor do réu. É **vedada em matéria penal**.
- **Analogia *in bonam partem***: é aquela aplicada em favor do réu. É **admitida em matéria penal**.

- Princípio da **irretroatividade da norma penal:** a norma penal não retroage, exceto para beneficiar o réu.
- A qualquer tempo, mesmo depois de condenação transitada em julgado a sentença penal condenatória ou já extinta a punibilidade por qualquer motivo, inclusive, cumprimento de pena, a norma penal mais benéfica é aplicada.
- ***Abolitio criminis***: a norma deixa de considerar determinado fato como crime. Nesse caso, aplica-se a nova norma aos fatos ocorridos antes do início de sua vigência.
- Mas, não se aplica a lei penal posterior mais gravosa. Assim, se norma superveniente prevê penas mais severas a determinada conduta, não se aplica aos fatos ocorridos no passado, havendo ultratividade da norma penal mais benéfica, apesar de revogada.
- Exceções: **lei excepcional ou temporária**, embora decorrido o período de sua duração ou cessadas as circunstâncias que a determinaram, aplica-se ao fato praticado durante sua vigência.
- **Lei excepcional:** é aquela adotada em razão de um fato extraordinário, como a guerra ou terremoto.
- **Lei temporária**: é aquela adotada durante período de tempo determinado.
- **Exemplo**: durante a guerra, promulga-se lei que incrimina o desperdício de água potável. Encerrado o evento excepcional, essa lei deixa de ter vigência e tal conduta deixa de ser considerada crime. Mesmo assim, por ser considerada lei excepcional, essa norma penal goza de ultratividade, apesar de ser norma penal mais gravosa.
- **Tempo do crime:** art. 4º do Código Penal: adotou a teoria da **atividade**: considera-se praticado o crime no momento da ação ou da omissão, ainda que seja outro o do resultado.
- Se o agente tem 17 anos no dia em que atirou na vítima, que só veio a falecer dois meses depois, quando o autor do fato já completou 18 anos, este não responde penalmente.
- **Lugar do crime**: art. 6º do Código Penal: adotou a teoria da **ubiquidade:** considera-se praticado o crime no lugar em que ocorreu a ação ou omissão, no todo ou em parte, bem como onde se produziu ou deveria produzir o resultado.
- A aplicação da lei penal está relacionada à soberania do Estado e, portanto, incide aos limites de seu território.
- **Princípio da territorialidade:** se aplica a lei brasileira aos crimes cometidos no território nacional, ou seja, o espaço territorial em que o Brasil é soberano.

EXTENSÃO DO TERRITÓRIO NACIONAL	*i.* as embarcações e aeronaves brasileiras, de natureza pública ou a serviço do governo brasileiro, em qualquer lugar que se encontre; *ii.* as embarcações e aeronaves brasileiras, de natureza mercantil ou privada, que se achem respectivamente em alto-mar ou no espaço aéreo correspondente; *iii.* aeronaves e embarcações estrangeiras de propriedade privada, se estiverem sobre o território nacional, em aeroporto ou porto, ou no espaço aéreo ou marítimo (art. 5º, §§ 1º e 2º, do Código Penal).

- **Atenção**: se um crime é cometido em embarcação estrangeira particular, quando está em porto nacional, como o de Santos, aplica-se a lei brasileira por força do princípio da territorialidade, pois tal embarcação é considerada extensão do território nacional. Não se trata de aplicação do princípio da extraterritorialidade.
- **Princípio da extraterritorialidade**: em razão de determinadas circunstâncias, como de pessoas envolvidas ou dos bens jurídicos atingidos, aplica-se a lei brasileira, excepcionalmente, ainda que o fato tenha acontecido no exterior (art. 7º do Código Penal). É o caso de homicídio contra o Presidente da República praticado no exterior.

Espécies	Características	Hipóteses	Condições
Extraterritorialidade incondicionada	A lei brasileira se aplica aos fatos praticados no exterior, independentemente de qualquer condição	os crimes: a) contra a vida ou a liberdade do Presidente da República; b) contra o patrimônio ou a fé pública da União, do Distrito Federal, de Estado, de Território, de Município, de empresa pública, sociedade de economia mista, autarquia ou fundação instituída pelo Poder Público; c) contra a administração pública, por quem está a seu serviço; d) de genocídio, quando o agente for brasileiro ou domiciliado no Brasil.	INEXISTEM

Extraterritorialidade condicionada	A aplicação da lei brasileira depende do concurso de diversas condições	I – os crimes: a) que, por tratado ou convenção, o Brasil se obrigou a reprimir; b) praticados por brasileiro; c) praticados em aeronaves ou embarcações brasileiras, mercantes ou de propriedade privada, quando em território estrangeiro e aí não sejam julgados. II- crime cometido por estrangeiro contra brasileiro fora do Brasil	a) entrar o agente no território nacional; b) ser o fato punível também no país em que foi praticado; c) estar o crime incluído entre aqueles pelos quais a lei brasileira autoriza a extradição; d) não ter sido o agente absolvido no estrangeiro ou não ter aí cumprido a pena; e) não ter sido o agente perdoado no estrangeiro ou, por outro motivo, não estar extinta a punibilidade, segundo a lei mais favorável.

- **Pena cumprida no estrangeiro**: é causa de **detração penal**: porque atenua a pena imposta no Brasil pelo mesmo crime, quando diversas, ou nela é computada, quando idênticas (art. 8º, CP).
- **Sentença penal estrangeira**: pode gerar efeitos no Brasil, desde que haja sua **homologação pelo STJ**, que não analisa o mérito, mas formalidade do ato, como o trânsito em julgado e o respeito ao devido processo legal.
- Nos termos do art. 9º, CP, a homologação de sentença estrangeira gera dois efeitos:

  I – obrigar o condenado a reparar o dano civil decorrente do fato criminoso.

  II – imposição de medida de segurança.
- A Lei n. 13.445/2017 regulamentou a hipótese de execução de pena no Brasil decorrente de sentença penal estrangeira.
- Os prazos no Direito Penal são **improrrogáveis** e o dia do **começo inclui-se** no cômputo do prazo.
- Assim, os prazos para a contagem de pena, prescrição, decadência, livramento condicional, progressão de regime prisional etc., seguem essa regra do art. 11, CP.
- Se uma pessoa, por exemplo, comete um crime no dia 10 de março, um domingo. O prazo prescricional tem início nesse mesmo dia 10, um domingo, não precisando começar na segunda.
- Desprezam-se, nas penas privativas de liberdade e nas restritivas de direitos, as **frações de dia**, e, na pena de multa, as **frações de real**.
- Logo, se uma pessoa nasceu no dia 12 de janeiro de 2000, às 23h59min, e cometer o crime no dia 12 de janeiro de 2018, às 10h, é considerado inimputável, pois, para efeitos penais, já tem 18 anos.

- As regras gerais deste Código aplicam-se aos fatos incriminados por lei especial, se esta não dispuser de modo diverso (art. 12, CP).
- Trata-se da aplicação do princípio da **especialidade**, em que a incidência da norma especial afasta a da norma geral.
- Dessa forma, se alguém calunia outrem no contexto eleitoral, há o crime de calúnia eleitoral (art. 350 do Código Eleitoral), afastando-se a incidência do crime de calúnia do art. 138, CP.
- O princípio da especialidade é um dos mecanismos para resolução de **conflito aparente de normas**, juntamente, com os princípios da subsidiariedade e da consunção, evitando-se o *bis in idem* (aplicação de duas normas penais a um mesmo fato).

Princípios	Características
Especialidade	Há uma norma especial que afasta a aplicação geral. Especial é a norma que reúne todos os elementos da norma geral, acrescidos de alguns outros denominados especializantes.
Subsidiariedade	A norma subsidiária afasta a aplicação da norma principal, ambas a tutelar o mesmo bem jurídico. Essa relação se revela pela análise do fato concreto.
Consunção	A norma definidora de um crime é meio necessário ou fase normal de preparação ou execução de outro crime. Tem-se o fato anterior ou posterior impunível, porque fase preparatória ou consequência lógica para a realização do crime.

2. DA AÇÃO PENAL

- Com o cometimento de um crime, surge para o Estado a pretensão de punir o autor desse crime. Mas, para punir essa pessoa, o Estado depende de uma ação judicial para fazê-lo, que é a ação penal.
- Como o Estado é o titular do direito de punir, em regra, a **ação penal é pública**, ou seja, movida por Instituição do Estado que tenha atribuição para movê-la: **o Ministério Público**.
- A petição inicial da ação penal pública é a **denúncia.**

Espécies de ação penal pública	a) **Incondicionada**: é a regra no direito brasileiro. Para iniciar a ação penal, o Ministério Público não depende de manifestação da vontade da vítima. Havendo indícios de autoria e prova da materialidade delitiva, tem a obrigação de oferecer denúncia. b) **Condicionada à representação**: Para iniciar a ação penal, o Ministério Público depende de manifestação da vontade da vítima, através de um ato chamado **representação.** Exemplo: crime de ameaça (art. 147, CP). c) **Condicionada à requisição do Ministro da Justiça**: Para iniciar a ação penal, diante da relevância do bem jurídico tutelado, o Ministério Público depende de manifestação do Ministério da Justiça, através de um ato chamado **requisição.** Exemplo: crime contra a honra do Presidente da República (art. 145, parágrafo único, CP).

- O Ministério Público não está vinculado à representação do ofendido ou requisição do Ministério da Justiça, não devendo oferecer denúncia se não presentes a prova da materialidade e indícios de autoria.
- Excepcionalmente, a lei pode conferir legitimidade extraordinária ao ofendido para dar início à ação penal, afastando-se a titularidade do Ministério Público. Trata-se da **ação penal privada**.
- A petição inicial da ação penal privada é a **queixa-crime.**

Espécies de ação penal privada	a) **Propriamente dita**: é iniciada pelo próprio ofendido ou seu representante legal ou seus sucessores no prazo legal, sob pena de decadência. Exemplo: é a regra dos crimes contra a honra (calúnia, injúria e difamação – art. 145, CP). b) **Subsidiária da pública**: A princípio a ação é pública, mas o Ministério Público se mantém inerte, ou seja, ao final do inquérito policial, deixa de oferecer denúncia, não arquiva a investigação, nem requisita novas diligências. Nesse caso, o ofendido assume a titularidade da ação. Exemplo: qualquer crime de ação penal pública. c) **Personalíssima**: Nesse caso, somente o ofendido pode oferecer a queixa crime. Trata-se de direito intransferível ao seu representante legal ou aos seus sucessores. Atualmente, apenas é cabível para o crime de induzimento a erro essencial ou ocultação de impedimento para casamento (art. 236, CP).

- No caso de morte do ofendido ou de ter sido declarado ausente por decisão judicial, o direito de oferecer queixa ou de prosseguir na ação passa ao **cônjuge, ascendente, descendente ou irmão** (C-A-D-I).
- **Crime complexo**: é a fusão de dois tipos penais. Exemplo: latrocínio (roubo + homicídio).
- No caso de crime complexo, se, ao menos um dos crimes que o compõe for de ação penal pública, a ação do crime complexo também é pública (art. 101, CP).

Representação	A representação é a manifestação do ofendido, pelo qual autoriza o Ministério Público a iniciar a ação penal pública condicionada. Depois de representar, o ofendido pode **se retratar**? Sim. Em regra, representação se torna **irretratável até o oferecimento da denúncia (art. 102, CP).** Na Lei Maria da Penha, a representação se torna irretratável até o recebimento da denúncia pelo Juiz (art. 16, Lei n. 11.340/2016). É possível a vítima se **retratar da retratação**? Sim. Se o ofendido se retratou da representação e, depois, quer novamente representar, pode fazer, desde que dentro do prazo decadencial.

- Os arts. 103 a 106 tratam de decadência, renúncia e perdão do ofendido, que são causas de extinção da punibilidade, e serão abordados no tópico seguinte.

3. DAS CAUSAS EXTINTIVAS DE PUNIBILIDADE

- A punibilidade é a possibilidade jurídica do Estado de aplicar sanção penal ao infrator da norma penal.
- Tem-se por extinta a punibilidade, quando um fato previsto em lei torna impossível a aplicação da sanção penal.
- **Morte:** no direito penal brasileiro, aplica-se o princípio da intranscedência da responsabilidade penal, ou seja, somente o autor do fato pode ser punido pelo crime.
- Se a extinção da punibilidade do agente for declarada com base em **certidão de** óbito **falsa**, essa decisão judicial pode ser revista, segundo entendimento jurisprudencial predominante.
- **Anistia:** é estabelecida por **lei**, que tem efeito retroativo, fazendo que se apaguem os efeitos penais do crime. Relacionada, geralmente, a crimes políticos.
- **Graça:** é concedida pelo Presidente da República, mediante provocação do interessado, e é direcionada a uma pessoa específica.
- **Indulto:** é concedida espontaneamente pelo Presidente da República e tem caráter generalizado, destinada a um grupo de sentenciados com características próprias.
- ***Abolitio criminis:*** uma lei deixa de considerar determinado fato como criminoso. É o que ocorreu com o adultério, que deixou de ser considerado crime pela Lei nº 11.106/2005. Como se trata de norma penal mais benéfica, retroage para beneficiar o agente, extinguindo a sua punibilidade.
- **Decadência** é a extinção da punibilidade decorrente da perda de direito de ação, já que o ofendido se mantém inerte e não oferece representação, no caso de ação penal pública condicionada à representação, ou queixa-crime, no caso de ação penal privada.
- **Prazo decadencial:** é o prazo que tem o ofendido para oferecer representação ou queixa-crime: **6 MESES a partir do conhecimento da AUTORIA DELITIVA.** No caso de ação penal privada subsidiária da pública, o início do prazo decadencial é a data em que se esgota o prazo para o Ministério Público oferecer a denúncia.
- **Renúncia: ANTES de iniciada a ação penal privada, o ofendido pode renunciar ao direito de apresentar queixa-crime.**
- A renúncia pode ser **tácita ou explícita.**
- O recebimento de indenização pelo ofendido não implica forma de renúncia tácita.
- **Perdão do ofendido: DEPOIS de iniciada a ação penal privada, o ofendido pode perdoar, expressa ou tacitamente, o querelado (autor do crime), o que obsta o prosseguimento da ação penal.**
- Para gerar efeitos, o perdão depende de **aceitação do querelado.** Trata-se de ato **bilateral**.

- O perdão concedido a um dos querelados aproveita a todos os demais **(princípio da indivisibilidade da ação penal)**.
- Caso haja mais de um ofendido, o perdão concedido por um deles não afeta o direito dos outros ofendidos em continuar com a ação penal.
- **Não é admissível o perdão depois que passa em julgado a sentença condenatória.**
- **Perempção:** é a extinção da punibilidade decorrente da inércia do querelante (ofendido) na ação penal privada nos termos do art. 60, CPP.
- **Renúncia:** é a extinção da punibilidade decorrente da inércia do querelante (ofendido) na ação penal privada nos termos do art. 60, CPP.
- **Perdão judicial:** a faculdade concedida ao juiz de comprovada a prática de uma infração penal, deixar de aplicar a pena imposta pela lei, em face de justificadas circunstâncias excepcionais.
- No perdão judicial, a lei prevê que as consequências do crime já são suficientemente graves que a pena se torna desnecessária, como pode ocorrer no homicídio culposo em que a vítima é filha do autor.
- A concessão do perdão judicial depende da análise do caso concreto.
- A sentença concessiva de perdão judicial é declaratória da extinção da punibilidade, não subsistindo qualquer efeito condenatório (Súmula 18, STJ).
- **Prescrição** é a extinção da punibilidade decorrente da inércia estatal que não exerce sua pretensão punitiva, que ocorre antes da sentença penal condenatória transitada em julgado, ou executória, que ocorre depois da sentença penal condenatória transitada em julgado.

Espécie	Forma de contagem	Termo Inicial	Efeitos	Modo de Ocorrência
Pretensão punitiva propriamente dita	Pega-se o máximo da pena prevista em lei	Em regra, o dia que se consumou o crime.	Apagam-se todas as consequências penais do crime, obstando desde a instauração de Inquérito Policial até a prolação de sentença penal condenatória.	Transcurso do prazo prescricional sem que tenha ocorrido um fator que o suspenda ou interrompa.
Superveniente ou intercorrente	Pega-se a pena em concreto estabelecido na sentença.	Publicação da sentença peal condenatória.	Apagam-se todas as consequências penais do crime, tirando o efeito da sentença penal condenatória, já prolatada, mas não transitada em julgado.	Transcurso do prazo prescricional entre a publicação da sentença e a intimação do réu ou a publicação da sentença e o julgamento do recurso da defesa.

Espécie	Forma de contagem	Termo Inicial	Efeitos	Modo de Ocorrência
Retroativa	Pega-se a pena em concreto estabelecido na sentença.	Publicação da sentença peal condenatória.	Apagam-se todas as consequências penais do crime, tirando o efeito da sentença penal condenatória, já prolatada, mas não transitada em julgado.	Conta-se para trás os eventos que suspendem ou interrompem o prazo prescricional
Executória	Pega-se a pena fixada na sentença ou acórdão condenatório transitado em julgado	Trânsito em julgado da sentença condenatória para a acusação	Impede a aplicação da pena, mas permanecem os demais efeitos penais, como reincidência, e extrapenais, como indenizatória.	Transcurso do prazo prescricional para o início ou a continuação da execução da pena

- A prescrição, depois da sentença condenatória com trânsito em julgado para a acusação ou depois de improvido seu recurso, regula-se pela pena aplicada, não podendo, em nenhuma hipótese, **ter por termo inicial data anterior à da denúncia ou queixa.**

Prazos prescricionais	I - em vinte anos, se o máximo da pena é superior a doze; II - em dezesseis anos, se o máximo da pena é superior a oito anos e não excede a doze; III - em doze anos, se o máximo da pena é superior a quatro anos e não excede a oito; IV - em oito anos, se o máximo da pena é superior a dois anos e não excede a quatro; V - em quatro anos, se o máximo da pena é igual a um ano ou, sendo superior, não excede a dois; VI - em 3 (três) anos, se o máximo da pena é inferior a 1 (um) ano.

- Aplicam-se às penas restritivas de direito os **mesmos prazos** previstos para as privativas de liberdade.
- Termos iniciais para a contagem do prazo prescricional **antes do trânsito em julgado** da sentença penal condenatória:

Regra Geral	Data de Consumação do Crime
Tentativa	Dia em que Cessou a Atividade Criminosa
Crimes Permanentes	Dia em que Cessou a Permanência
Bigamia e falsidades de Registro Público	Dia em que o fato se tornou conhecido
Crimes contra a dignidade sexual de crianças e adolescente	Data em que a vítima completar 18 anos, salvo se a ação penal já fora proposta.

Regra Geral	Data de Consumação do Crime
A partir da vigência da Lei nº 14.344/2022	Nos crimes contra a dignidade sexual ou que envolvam violência contra a criança e o adolescente, previstos neste Código ou em legislação especial, da data em que a vítima completar 18 (dezoito) anos, salvo se a esse tempo já houver sido proposta a ação penal.

- Termos iniciais para a contagem do prazo prescricional **depois do trânsito em julgado** da sentença penal condenatória:

I - do dia em que transita em julgado a sentença condenatória, para a acusação, ou a que revoga a suspensão condicional da pena ou o livramento condicional;

II - do dia em que se interrompe a execução, salvo quando o tempo da interrupção deva computar-se na pena.

- No caso de **evadir-se o condenado ou de revogar-se o livramento condicional**, a prescrição é regulada pelo **tempo que resta da pena**.

Causas de Redução do prazo prescricional à metade	a) menor de vinte e um anos na DATA DO CRIME b) maior de 70 amos na DATA DA SENTENÇA

Prescrição da pena de Multa	a) Dois anos: se a multa for a única pena aplicada ou cominada. b) Mesmo prazo da pena privativa de liberdade: se a multa for cominada ou aplicada cumulativamente com a pena privativa de liberdade.

Causas impeditivas da prescrição	I - enquanto não resolvida, em outro processo, questão de que dependa o reconhecimento da existência do crime; II - enquanto o agente cumpre pena no exterior; III - na pendência de embargos de declaração ou de recursos aos Tribunais Superiores, quando inadmissíveis; e IV - enquanto não cumprido ou não rescindido o acordo de não persecução penal.

Causas interruptivas da prescrição	I - pelo recebimento da denúncia ou da queixa; II - pela pronúncia; III - pela decisão confirmatória da pronúncia; IV - pela publicação da sentença ou acórdão condenatórios recorríveis; V - pelo início ou continuação do cumprimento da pena; VI - pela reincidência.

- Excetuados os casos de **início de cumprimento de pena ou reincidência**, a interrupção da prescrição produz efeitos relativamente a todos os autores do crime. Nos crimes conexos, que sejam objeto do mesmo processo, estende-se aos demais a interrupção relativa a qualquer deles.
- Interrompida a prescrição, salvo a hipótese de **início de cumprimento de pena**, todo o prazo começa a correr, novamente, **do dia da interrupção**.
- As penas mais leves prescrevem com as mais graves.
- **TEMA 1100 – STJ:** O acórdão condenatório de que trata o inciso IV do art. 117 do Código Penal interrompe a prescrição, inclusive quando confirmatório de sentença condenatória, seja mantendo, reduzindo ou aumentando a pena anteriormente imposta.
- **TEMA 931 – STJ:** O inadimplemento da pena de multa, após cumprida a pena privativa de liberdade ou restritiva de direitos, não obsta a extinção da punibilidade, ante a alegada hipossuficiência do condenado, salvo se diversamente entender o juiz competente, em decisão suficientemente motivada, que indique concretamente a possibilidade de pagamento da sanção pecuniária.
- Nos crimes conexos, que sejam objeto do mesmo processo, estende-se aos demais a interrupção relativa a qualquer deles.
- No caso de concurso de crimes, a extinção da punibilidade incidirá sobre a pena de cada um, isoladamente.

4. HOMICÍDIO

- **Homicídio** é o crime em que o agente mata alguém.
- Tutela-se no crime de homicídio a vida extrauterina. De acordo com o STJ, iniciado o trabalho de parto, é o caso de se falar em homicídio ou infanticídio, conforme o caso, não necessidade de comprovação de respiração do nascituro, pois há outas formas de comprovar o nascimento com vida" (HC n. 228.998/MG).
- **Consumação:** evento morte: no direito brasileiro, o parâmetro a ser seguido é o momento da morte encefálica nos termos da Lei nº 9.437/97.

- No **homicídio privilegiado**, o juiz deve reduzir a pena de um sexto a um terço (art. 121, § 1º, do Código Penal.
- A eutanásia pode configurar homicídio privilegiado.

Requisitos do homicídio privilegiado: basta a presença de um deles (a, b ou c) para a configuração do privilégio	a) Se o agente comete o crime impelido por motivo de relevante valor social: levam-se em consideração valores relevantes para a comunidade, com o patriotismo, a paz pública, etc. Por exemplo: assassinato do traidor da pátria. b) Se o agente comete o crime impelido por motivo de relevante valor moral: levam-se em consideração valores relevantes individuais: eutanásia. c) Se o agente comete o crime sob o domínio de violenta emoção, logo em seguida a injusta provocação da vítima: o agente está dominado, não meramente influenciado, pela injusta provocação da vítima.

- **Homicídio qualificado**: os patamares da pena prevista para o crime são maiores (pena: reclusão de 12 a 30 anos), em decorrência de circunstâncias objetivas e subjetivas, consideradas mais graves pelo legislador (art. 121, § 2º, CP).
- O homicídio qualificado é tido como hediondo pela Lei nº 8.072/90.

Qualificadoras subjetivas	Qualificadoras objetivas
Mediante paga ou promessa de recompensa ou por outro motivo torpe.	Com emprego de veneno, fogo, explosivo, asfixia, tortura ou outro meio insidioso ou cruel, ou de que possa resultar perigo comum
Por motivo fútil.	À traição, de emboscada, ou mediante dissolução ou outro recurso que dificulte ou torne impossível a defesa do ofendido.
Para assegurar a execução, a ocultação, a impunidade ou vantagem de outro crime.	Contra autoridade ou agente descrito nos arts. 142 e 144 da Constituição Federal, integrantes do sistema prisional e da Força Nacional de Segurança Pública, no exercício da função ou em decorrência dela, ou contra seu cônjuge, companheiro ou parente consanguíneo até terceiro grau, em razão dessa condição
--------	Contra menor de 14 anos

- **Feminicídio:** é o homicídio praticado contra mulher em razão dessa condição, ou seja, em razão do gênero.

Condições para reconhecimento de feminicídio	I - violência doméstica e familiar; II - menosprezo ou discriminação à condição de mulher.

- A jurisprudência do STJ é no sentido de que o feminicídio é qualificadora de **natureza objetiva e, portanto, pode ser cumulado com o motivo fútil ou torpe.**
- "(...) IV - Ressalta-se, ainda, que "esta Corte possui o entendimento segundo o qual as qualificadoras do motivo torpe e do feminicídio não possuem a mesma natureza, sendo certo que a primeira tem caráter subjetivo, ao passo que a segunda é objetiva, não havendo, assim, qualquer óbice à sua imputação simultânea" (HC n. 430.222/ MG, Quinta Turma, Rel. Min. Jorge Mussi, DJe 22/3/2018, grifei). V - In casu, como bem destacado pela Corte de origem "diferentemente do alegado pela defesa, a qualificadora do feminicídio possui natureza objetiva, na medida em que está relacionada à condição de gênero feminino, enquanto a qualificadora do motivo fútil é de natureza subjetiva, pois diz respeito à pessoa do agente" (fl. 439). Portanto, inexiste constrangimento legal a ser sanado no caso dos autos." (STJ – AgRg no HC 822149 / SC).
- A vítima pode ser mulher, homossexual ou heterossexual, ou transexual, pois não se trata de identidade de sexo biológico, mas questão de gênero.
- Não se aplica em caso de homossexuais masculinos.
- Admite-se o **homicídio privilegiado-qualificado**, se a qualificadora decorrer de motivo objetivo. Assim, impelido por motivo de relevante valor social, o agente mata a vítima por meio de asfixia.
- De acordo com a jurisprudência do STF, o homicídio privilegiado-qualificado **não é considerado hediondo, pois não consta do rol taxativo do art. 1º da Lei nº 8.072/90.**
- As causas de aumento de pena no homicídio doloso vêm sendo objeto de sucessivas alterações pelo legislador, como resposta a fatos graves de repercussão social, o que implica falta de boa técnica legislativa.
- Assim, por vezes, deve-se evitar o chamado *bis in idem*. Por exemplo, caso de vítima de feminicídio maior de sessenta anos. No caso, se aplica apenas a causa de aumento do art. 121, § 7º II, CP, afastando-se a incidência da causa de aumento do art. 121, § 4º, parte final do CP.

Causas de aumento de pena no Homicídio doloso: a pena é aumentada de **um terço** (art. 121, § 4º, parte final, CP):	I- se o crime é praticado contra pessoa menor **de 14 (quatorze).** PS: em relação ao fato de a vítima ser menor de 14 anos, há duas correntes: a) não há mais incidência dessa causa de diminuição de pena, porque haveria "bis in idem" ante a nova qualificadora do art. 121, IX, CP; b) aplica-se a causa de aumento de pena, se há outra qualificadora, no caso concreto, além da causa etária (por exemplo, vítima menor de quatorze anos e crime praticado por envenenamento. Nesse caso, o uso do veneno serve como qualificadora, enquanto a idade menor de 14 anos serve como causa de aumento). II – Crime praticado por maior de 60 (sessenta) anos.

Causa de aumento de pena no Feminicídio: a pena é aumentada de **um terço até a metade** (art. 121, § 7º, CP):	I – durante a **gestação** ou nos **3 (três) meses posteriores ao parto;** II – contra pessoa **maior de 60 (sessenta) anos**, com **deficiência** ou portadora de **doenças degenerativas** que acarretem condição **limitante** ou de **vulnerabilidade física ou mental**; III – na **presença** física ou virtual de **descendente** ou de **ascendente da vítima;** IV – em **descumprimento** das **medidas protetivas de urgência** previstas Lei Maria da Penha.

Contra **menor de 14 anos** é aumentada de (art. 121, § 2º-B, CP)	I – **um terço até a metade** se a vítima é pessoa com **deficiência ou com doença** que implique o aumento de sua vulnerabilidade; II – dois terços se o autor é **ascendente, padrasto ou madrasta, tio, irmão, cônjuge, companheiro, tutor, curador, preceptor ou empregador** da vítima ou por qualquer outro título tiver **autoridade** sobre ela. III - 2/3 (dois terços) se o crime for praticado em instituição de educação básica pública ou privada

A pena é aumentada de **um terço até a metade** (art. 121, § 6º, CP):	se o crime for praticado **por milícia privada,** sob o pretexto de prestação de serviço de segurança, **ou por grupo de extermínio.**

- No **homicídio culposo**, o agente provoca a morte da vítima em decorrência de inobservância do dever de cuidado, caracterizada pela imprudência, imperícia ou negligência (art. 121, § 3º, CP).
- Admite-se o perdão judicial no crime de homicídio culposo, como ocorre na hipótese em que um pai negligente acaba por causar a morte de seu próprio filho.

- O homicídio culposo na direção de veículo automotor caracteriza o crime do art. 302 do Código de Trânsito Brasileiro.

Causa de aumento de pena no Homicídio culposo: a pena é aumentada de **um terço** (art. 121, § 4º, parte inicial, CP):	se o crime resulta de **inobservância de regra** técnica de profissão, arte ou ofício; ou se o agente **deixa de prestar imediato socorro** à vítima, **não procura diminuir as consequências** do seu ato, ou **foge** para evitar prisão em flagrante.

5. LESÃO CORPORAL

A. Lesão corporal dolosa

- A integridade física também é um bem jurídico tutelado constitucional e penalmente, motivo pelo qual há o crime de lesão corporal.

Leve	Grave	Gravíssima
Residual	Incapacidade para ocupações habituais por mais de 30 dias	Incapacidade permanente para o trabalho
–	Perigo de vida	Enfermidade incurável
–	Debilidade permanente de membro, sentido ou função	Perda ou inutilizarão de membro, sentido ou função
–	Aceleração de Parto	Deformidade permanente
–	–	Aborto.

- No crime de lesão corporal gravíssima em decorrência do aborto, há um crime preterdoloso, já que o agente tinha o dolo de provocar a lesão corporal, enquanto resultado aborto decorre de conduta culposa.
- No crime de lesão corporal seguida de morte, há um crime preterdoloso, já que o agente tinha o dolo de provocar a lesão corporal, enquanto resultado morte decorre de conduta culposa.

Causa de diminuição de pena na lesão corporal dolosa privilegiada	Se o agente comete o crime impelido por **motivo de relevante valor social ou moral ou sob o domínio de violenta emoção**, logo **em seguida a injusta provocação da vítima**, o juiz pode reduzir a pena de **um sexto a um terço**.

Causa de aumento de pena: **Aumenta-se a pena de 1/3 (um terço) se**	I – o crime é praticado contra pessoa menor de 14 (quatorze) ou maior de 60 (sessenta) anos; II – o crime for praticado por milícia privada, sob o pretexto de prestação de serviço de segurança, ou por grupo de extermínio.

B. Lesão corporal dolosa no ambiente doméstico

A Lei Maria da Penha alterou o art. 129, § 9º, do Código Penal, a fim de estabelecer caso de qualificadora no caso de crime de lesão corporal leve no âmbito doméstico e familiar.

A pena no caso de violência doméstica em caso de lesão corporal leve passa a ser de: detenção, de 3 (três) meses a 3 (três) anos.

A incidência do art. 129, § 9º, CP, ocorre independentemente se a vítima for mulher ou homem, pois o tipo penal não faz essa distinção.

Para incidência do art. 129, § 9º, o agente deve-se valer de uma das condições a seguir para a prática da violência.

Para fins do art. 129, § 9º, CP, ocorre violência doméstica, se o crime for praticado contra.	a) ascendente, descendente e irmão: não se exige nesse caso a coabitação, mas apenas a existência do grau de parentesco (Nucci); b) cônjuges ou companheiros; c) com quem o autor do fato convive ou tenha convivido; d) relações domésticas, de coabitação ou de hospitalidade.

No caso de lesão corporal de **natureza grave e gravíssima**, bem como no caso de **lesão corporal seguida de morte**, as circunstâncias do art. 129, § 9º, CP, não são qualificadoras, mas causas de aumento de pena: aumenta-se a pena em 1/3 (um terço).

Se, presentes as circunstâncias do art. 129, § 9º, CP, e sendo a vítima **portadora de deficiência**, a pena é aumentada de 1/3.

C. Lesão corporal contra autoridade

Se a lesão for praticada contra autoridade ou agente descrito nos arts. 142 e 144 da Constituição Federal, integrantes do sistema prisional e da Força Nacional de Segurança Pública, no exercício da função ou em decorrência dela, ou contra seu cônjuge, companheiro ou parente consanguíneo até terceiro grau, em razão dessa condição, a pena é aumentada de um a dois terços.

D. Lesão corporal contra mulher

Presentes os requisitos do feminicídio, há a qualificadora do art. 129, § 13, CP: Se a lesão for praticada contra a mulher, por razões da condição do sexo feminino, nos termos do § 2º-A do art. 121 deste Código: reclusão, de 1 (um) a 4 (quatro anos).

A qualificadora do art. 121, § 13, CP, se aplica apenas no caso de lesão corporal leve, pois as penas dos crimes de lesão corporal grave, gravíssima e seguida de morte são maiores do que a prevista no art. 129, ª 13, CP.

O art. 121, § 13, CP, a vítima deve ser mulher. Trata-se de violência de gênero, conforme o disposto no crime de feminicídio.

Se, ao mesmo tempo, houver uma das circunstâncias do art. 129, § 9º, e uma das condições do art. 129, § 13, CP, aplica-se a qualificadora desse parágrafo, servindo as causas do art. 129, § 9º, como circunstância judicial desfavorável (art. 59, CP) ou circunstância agravante (art. 61, CP).

E. Lesão corporal culposa

Na lesão corporal culposa, o resultado é provocado por imprudência, negligência ou imperícia.

A gravidade da lesão não serve como qualificadora ou causa de aumento de pena, mas pode o juiz levar em consideração como circunstância judicial desfavorável (consequências do crime).

Caso a lesão corporal seja provocada na direção de veículo automotor, trata-se de crime previsto no art. 303, CTB.

Na lesão corporal culposa, admite-se o perdão judicial.

6. VIOLAÇÃO DE DOMICÍLIO

- Tutela-se a inviolabilidade do domicílio, que é um direito fundamental, previsto na Constituição Federal.
- Conduta típica: Entrar ou permanecer, clandestina ou astuciosamente, ou contra a vontade expressa ou tácita de quem de direito, em casa alheia ou em suas dependências.
- Forma qualificada: Se o crime é cometido durante a noite, ou em lugar ermo, ou com o emprego de violência ou de arma, ou por duas ou mais pessoas.

Causas que excluem o crime	I - durante o dia, com observância das formalidades legais, para efetuar prisão ou outra diligência; II - a qualquer hora do dia ou da noite, quando algum crime está sendo ali praticado ou na iminência de o ser

A expressão "casa" compreende	I - qualquer compartimento habitado; II - aposento ocupado de habitação coletiva; III - compartimento não aberto ao público, onde alguém exerce profissão ou atividade.

Não se compreendem na expressão "casa"	I - hospedaria, estalagem ou qualquer outra habitação coletiva, enquanto aberta, salvo a restrição do n.º II do parágrafo anterior (aposento ocupado de habitação coletiva); II - taverna, casa de jogo e outras do mesmo gênero.

7. VIOLAÇÃO DO SEGREDO PROFISSIONAL

- Conduta típica: Revelar alguém, sem justa causa, segredo, de que tem ciência em razão de função, ministério, ofício ou profissão, e cuja revelação possa produzir dano a outrem.
- Ação penal: Pública condicionada à representação.
- Exemplo: Oficial de Justiça revela fato referente a uma ação que corre em segredo de Justiça, que tomou conhecimento durante o cumprimento de mandado judicial.
- Elemento normativo do tipo: só há crime se não há justa causa para a revelação do segredo.

8. DOS CRIMES CONTRA A FÉ PÚBLICA (ARTS. 293 A 305; 307; 308; 311-A, CP)

- Nos crimes contra a fé-pública, tutela-se a presunção de veracidade que se emana dos documentos.

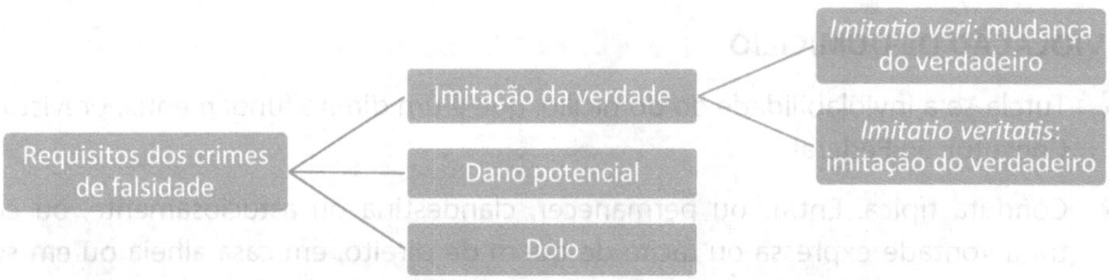

Art. 293, CP, FALSIFICAÇÃO DE PAPÉIS PÚBLICOS

- **Conceito de papel público**: são os de feitura atribuída privativamente à administração do Estado ou a entidade de direito público cujos objetivos particulares são realizados no interesse da coletividade e que se ajustam ao programa funcional do Poder Público (Júlio Fabbrini Mirabete. *Manual de Direito Penal.* v. 3. p. 223).
- Condutas criminosas: **Falsificar, fabricando ou alterando** os documentos públicos a seguir enumerados. Nos §§ 2º e 3º, há outras condutas que também fazem incidir a pena do crime em comento.
- Há inúmeros papéis públicos, mas o crime só se caracterizará se a falsidade recair sobre um daqueles enumerados pelo art. 293, CP.

Papéis públicos enumerados no art. 293, CP	I – selo destinado a controle tributário, papel selado ou qualquer papel de emissão legal destinado à arrecadação de tributo; II – papel de crédito público que não seja moeda de curso legal; III – cautela de penhor, caderneta de depósito de caixa econômica ou de outro estabelecimento mantido por entidade de direito público; IV – talão, recibo, guia, alvará ou qualquer outro documento relativo a arrecadação de rendas públicas ou a depósito ou caução por que o poder público seja responsável; V – bilhete, passe ou conhecimento de empresa de transporte administrada pela União, por Estado ou por Município.

- Quem falsifica vale postal incide na figura penal prevista no art. 47 da Lei nº 6.538/78, que revogou tacitamente o art. 293, III, CP.
- Trata-se de **crime comum**, porque pode ser cometido por qualquer pessoa. Se o agente é **funcionário público**, e comete o crime prevalecendo-se do cargo, **aumenta-se a pena de sexta parte (art. 295, CP)**.
- Trata-se de **crime formal**, que se consuma com a falsificação, independentemente, de se causar prejuízo à qualquer pessoa.
- **Pena – reclusão, de dois a oito anos, e multa.**

<table>
<tr><td rowspan="3">Formas equiparadas: incide nas mesmas penas o agente que:

Observação: o agente só responde pela figura equiparada do art. 293, § 1º, CP, se não foi o autor da falsificação prevista no art. 293, "caput", CP. Ou seja, se o autor da falsificação, guarda, por exemplo, o papel de crédito público que não seja moeda de curso legal, ele responde apenas pela figura do "caput".</td><td colspan="2">I – usa, guarda, possui ou detém qualquer dos papéis falsificados a que se refere este artigo</td></tr>
<tr><td colspan="2">II – importa, exporta, adquire, vende, troca, cede, empresta, guarda, fornece ou restitui à circulação selo falsificado destinado a controle tributário</td></tr>
<tr><td>III – importa, exporta, adquire, vende, expõe à venda, mantém em depósito, guarda, troca, cede, empresta, fornece, porta ou, de qualquer forma, utiliza em proveito próprio ou alheio, no exercício de atividade comercial ou industrial, produto ou mercadoria:</td><td>a) em que tenha sido aplicado selo que se destine a controle tributário, falsificado;
b) sem selo oficial, nos casos em que a legislação tributária determina a obrigatoriedade de sua aplicação.</td></tr>
</table>

- **Formas privilegiadas (art. 293, §§ 2º e 3§, CP):** nesses crimes, o agente falsifica o carimbo ou sinal de que o documento público já foi utilizado licitamente para reutilizá-lo ilicitamente.

Pena – de um a quatro anos, e multa.

- Quem usa ou restitui à circulação, **embora recebido de boa-fé**, qualquer dos **papéis falsificados ou alterados**, a que se referem o art. 293, CP, e o seu § 2º, **depois de conhecer a falsidade ou alteração**, incorre na **pena de detenção, de seis meses a dois anos, ou multa.**

Art. 294, CP, PETRECHOS DE FALSIFICAÇÃO

- Condutas criminosas: **Fabricar, adquirir, fornecer, possuir ou guardar** objetos destinados à falsificação.
- Objeto material: é o objeto que se usa para fazer a falsificação.
- Se o agente pratica uma das condutas do art. 294, CP, para o fim de falsificar papel público e faz a falsificação, apenas responde pelo crime do art. 293, CP. O crime de petrechos de falsificação (crime meio) é absorvido pelo crime de falsificação de papéis públicos (crime fim).
- **Pena: reclusão, de um a três anos, e multa.**

Art. 295, CP, CAUSA DE AUMENTO DE PENA

- Aumenta-se a pena de **sexta parte**, se o autor de um dos dois crimes anteriores (arts. 293 e 294, CP) for **funcionário público** e se prevalece desse cargo para cometer o crime.

Art. 296, CP, FALSIFICAÇÃO DE SELO OU SINAL PÚBLICO

- Condutas criminosas: **Falsificar, fabricando ou alterando** os documentos enumerados a seguir. Outras condutas estão enumeradas no art. 296, § 1º, CP.

Documentos (objeto material)	I – selo público destinado a autenticar atos oficiais da União, de Estado ou de Município;
	II – selo ou sinal atribuído por lei a entidade de direito público, ou a autoridade, ou sinal público de tabelião.

- **Pena: reclusão, de dois a seis anos, e multa.**
- Quem usa o selo público, ciente da falsidade, incide na mesma pena (art. 296, § 1º, I, CP).
- Aumenta-se a pena de **sexta parte**, se o autor de um dos dois crimes acima, for **funcionário público** e se prevalece desse cargo para cometer o crime.

DOCUMENTO (arts. 297 a 299, CP)

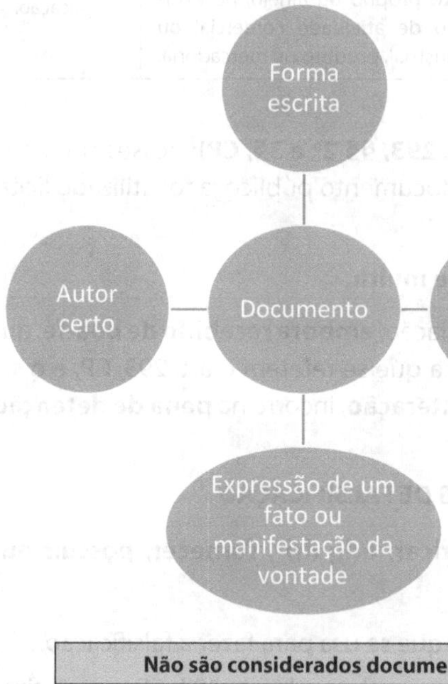

Não são considerados documentos
Escrito a lápis
Fotografias isoladas
Fotocópia não autenticada
Falsificação grosseira, facilmente perceptível

- **Documento eletrônico:** pode ser passível de crime de falsidade, desde que constante de página ou sítio na rede mundial de computadores que possa ter sua autenticidade aferida por assinatura digital. A regulamentação que garante a autenticidade, a integridade e a validade jurídica de documentos em forma eletrônica se dá pela Medida Provisória n. 2.200-2, de 24 de agosto de 2001, que instituiu a Infraestrutura de Chaves Públicas Brasileira (ICP-Brasil) e a responsabilidade por essa base é da Autarquia Federal, o ITI – Instituto Nacional de Tecnologia da Informação, ligado à Presidência da República (*contrario sensu* – Info nº 610/STJ).

Art. 297, CP, FALSIFICAÇÃO DE DOCUMENTO PÚBLICO

- Condutas criminosas: **Falsificar**, no todo ou em parte, documento público, ou **alterar** documento público verdadeiro.

Falsificar: reproduzir, imitando um documento verdadeiro;
Alterar: modificar ou alterar o documento verdadeiro

- **Falsidade material:** o documento público ou parte dele é falso em sua estrutura. Significa formar um documento materialmente ou alterá-lo. Por exemplo, uma gráfica produz espelho de CNH falsa.
- **Falsidade de documento público:** (art. 297, CP). Documento público: é o elaborado por funcionário público no desempenho de suas funções: escritura pública, RG, CPF, CTPS, alvará judicial etc.
- **Documentos públicos por equiparação:** emanado de entidade paraestatal, título ao portador ou transmissível por endosso, ações da sociedade comercial, os livros mercantis e o testamento particular.
- **O particular** pode ser sujeito ativo do crime de falsidade de documento público, se fazer um documento que deveria ser elaborado por funcionário público ou adultera um documento público.
- **Falsidade grosseira:** se a falsificação não for apta a ludibriar terceiros, a conduta é atípica, pois ausente a potencialidade lesiva.
- Se a falsidade tiver o fim de se praticar crime de estelionato, o crime de falsidade material é absorvido pelo crime patrimonial (Súmula 17, STJ).
- **Pena: reclusão, de dois a seis anos, e multa.**
- **Causa de aumento de pena: aumenta-se a pena de sexta parte:** se o funcionário público for o autor da falsificação e se valer de sua função para cometer o crime (art. 297, § 1º, CP).
- **Crimes de falsidade de documentos relativos à Previdência Social:** art. 297, §§ 3º e 4º, CP: na verdade, seria falsidade ideológica, já que o que é falso é o conteúdo do documento, o fato que expressa. Mas, por falta de técnica de legislador, foi incluído no art. 297, tendo as mesmas penas deste, portanto.

Art. 298, CP, FALSIFICAÇÃO DE DOCUMENTO PARTICULAR

- Condutas criminosas: **Falsificar**, no todo ou em parte, documento particular ou **alterar** documento particular verdadeiro.
- **Falsidade de documento particular:** documento particular tem conceito residual, ou seja, é aquele que não é elaborado por funcionário público no exercício de suas funções ou não é equiparado pela lei a documento público.
- **Falsidade material:** o documento particular ou parte dele é falso em sua estrutura. Significa formar um documento materialmente ou alterá-lo. Por exemplo, faz-se rasura no valor do contrato de locação entre particulares.
- A cópia autenticada de um documento particular continua particular. No entanto, se a falsificação recair precisamente sobre a autenticação, haverá falsificação de documento público.
- **Falsidade grosseira:** se a falsificação não for apta a ludibriar terceiros, a conduta é atípica, pois ausente a potencialidade lesiva.
- Se a falsidade tiver o fim de se praticar crime de estelionato, o crime de falsidade material é absorvido pelo crime patrimonial (Súmula 17, STJ).
- **Documento particular por equiparação: cartão de crédito ou de débito.**
- **Pena: reclusão, de um a cinco anos, e multa.**
- Não há causa de aumento no crime de falsidade de documento particular.

Art. 299, CP, FALSIDADE IDEOLÓGICA

- Conduta criminosa: **Omitir**, em documento público ou particular, declaração que dele devia constar, ou nele **inserir ou fazer inserir** declaração falsa ou diversa da que devia ser escrita, com o fim de prejudicar direito, criar obrigação ou alterar a verdade sobre fato juridicamente relevante.

Falsidade Ideológica: o documento é materialmente verdadeiro, emanado de quem tenha atribuição para fazê-lo, mas o conteúdo que expressa é falso.

<table>
<tr><td rowspan="2">Condutas da falsidade ideológica</td><td>Comissivas:</td><td>Inserir declaração falsa ou desvio da que devia constar;
Fazer inserir declaração falsa ou diversa da que deveria constar</td></tr>
<tr><td>Omissivas</td><td>Omitir declaração que deveria constar</td></tr>
</table>

- Na falsidade ideológica, o documento pode ser público ou particular, conforme o art. 299, CP. Porém, a pena é maior se for público.

- O autor do documento pode não responder pelo crime, se não for ciente da declaração falsa. Por exemplo, "A" passou uma informação falsa a um funcionário público que produz uma certidão com esses dados falsos, sem saber desse fato. Somente, "A" responde pelo crime.
- Somente haverá crime de falsidade ideológica se o autor agir com um fim especial: **prejudicar direito, criar obrigação ou alterar a verdade sobre fato juridicamente relevante.**
- Na falsidade ideológica, o documento pode ser público ou particular, conforme o art. 299, CP. Porém, a pena é maior se for público.
- **Pena: reclusão, de um a cinco anos, e multa, se o documento for público.**
- **Pena: reclusão, de um a três anos, e multa, se o documento for particular.**

Causa de aumento de pena de sexta parte	O agente é **funcionário público** e comete o crime prevalecendo-se do cargo; **OU** a falsificação ou alteração é de **assentamento de registro civil**

- Na falsidade material, é **imprescindível o exame de corpo de delito;** enquanto na falsidade ideológica não pode ser provada por perícia, já que, nesse caso, o documento é materialmente verdadeiro.

Falsidade Material	Falsidade Ideológica
Fabricação de espelho de RG em uma gráfica não autorizada para emiti-lo	Funcionário Público tem um espelho de RG verdadeiro em suas mãos e, com atribuição para preenchê-lo, acrescenta dados falsos
Particular tem espelho em branco de um RG verdadeiro e o preenche com dados falsos ou mesmo verdadeiro	Particular fornece dados inverídicos ao funcionário público que tem atribuição para emitir RG

Art. 300, CP, FALSO RECONHECIMENTO DE FIRMA OU LETRA

- Condutas criminosas: **Reconhecer**, como verdadeira, no exercício de função pública, firma ou letra que o não seja.
- Trata-se de **crime próprio:** o autor do crime tem que ter a atribuição legal para proceder ao reconhecimento de firma ou letra, como o Tabelião, o Oficial de Registro e os funcionários que tenham recebido essa delegação.
- O particular pode cometer tal crime se em concurso de agentes com o Tabelião ou outro que tenha atribuição para reconhecer firma ou letra.

Firma: assinatura manuscrita de alguém; **Letra:** sinal gráfico, representativo de vocábulos da linguagem escrita.

- **Pena: reclusão, de um a cinco anos, e multa, se o documento for público.**
- **Pena: reclusão, de um a três anos, e multa, se o documento for particular.**

Art. 301, CP, Certidão ou atestado ideologicamente falso

- Condutas criminosas: **Atestar** ou **certificar** falsamente, em razão de função pública, fato ou circunstância que habilite alguém a obter cargo público, isenção de ônus ou de serviço de caráter público, ou qualquer outra vantagem.
- Trata-se de **crime próprio:** o autor do crime tem que ter a atribuição legal para atestar ou certificar, como o funcionário público que emite atestado documentos necessários à habilitação a cargo público.
- O particular pode cometer tal crime se em concurso de agentes com o funcionário público que tem atribuição para fazer certidão e atestado.
- A diferença com o crime de falsidade ideológica é que, no crime do art. 301, CP, há uma finalidade específica que haja benefício a alguém se habilitar a obter cargo público, isenção de ônus ou de serviço de caráter público, ou qualquer outra vantagem.
- o funcionário público emite certidão de antecedentes criminais negativa, sendo que o interessado tem condenação anterior, com o fim específico de que esse interessado seja habilitado em concurso público, comete o crime do art. 301, CP.
- **Pena: detenção, de dois meses a um ano.** Se o crime é cometido com o fim de lucro, aplica-se também multa.

Art. 301, § 1º, CP, falsidade material de atestado ou certidão

- Condutas criminosas: **Falsificar**, no todo ou em parte, atestado ou certidão, ou **alterar** o teor de certidão ou de atestado verdadeiro, para prova de fato ou circunstância que habilite alguém a obter cargo público, isenção de ônus ou de serviço de caráter público, ou qualquer outra vantagem.
- A diferença com o crime de falsidade material é que, no crime do art. 301, § 1º, CP, há uma finalidade específica: haja benefício a alguém se habilitar a obter cargo público, isenção de ônus ou de serviço de caráter público, ou qualquer outra vantagem.
- **Pena: detenção, de três meses a dois anos.** Se o crime é praticado com o fim de lucro, aplica-se, além da pena privativa de liberdade, a de multa.

Art. 302, CP, Falsidade de atestado médico

- Condutas criminosas: **Dar** o médico, no exercício da sua profissão, atestado falso.
- Trata-se de **crime próprio:** o autor do crime tem que ser médico e dá o atestado falso.
- A pessoa que não é médica pode cometer tal crime se em concurso de agentes com o médico.

- Por exemplo: o médico dá atestado a uma pessoa, dizendo que ela está acometida de tuberculose, quando na verdade a pessoa não está.
- **Pena: detenção, de um mês a um ano.** Se o crime é cometido com o fim de lucro, aplica-se também multa.

Art. 303, CP, Reprodução ou adulteração de selo ou peça filatélica

- Condutas criminosas: **Reproduzir** ou **alterar** selo ou peça filatélica que tenha valor para coleção, salvo quando a reprodução ou a alteração está visivelmente anotada na face ou no verso do selo ou peça.
- Selo ou peça filatélica: é selo ou qualquer outro documento, como cartão, geralmente relacionados a Países, voltados para colecionadores.
- **Pena: detenção, de um a três anos, e multa.**
- Na mesma pena incorre quem, para fins de comércio, faz uso do selo ou peça filatélica.

Art. 304, CP, USO DE DOCUMENTO FALSO

- Conduta criminosa: **Fazer** uso de um dos documentos falsos na forma dos arts. 297 a 302, CP.
- Trata-se de um tipo penal **remitido**, uma vez que faz referência a outros tipos penais para a sua configuração.
- Posição majoritária: **aquele que falsifica um documento e depois faz uso dele, só responde pelo crime de falsidade.** De acordo com essa corrente, o uso de documento falso, material ou formalmente, seria mero *post factum* impunível.
- Qualquer que seja o documento, se a exibição for em decorrência de exigência de autoridade, há o crime de uso de documento falso. Assim, se o agente exibe o RG falso em decorrência de exigência de policial há o crime do art. 304, CP.
- Policiais em cumprimento de mandado de busca e apreensão domiciliar encontram o documento falso em uma gaveta, não há crime de uso de documento falso, pois não foi a pessoa que o apresentou, que dele fez uso.
- **Exceção:** Em uma *blitz* policial, o condutor se recusa a apresentar a **CNH**, que é falsa. Os policiais, então, fazem a busca e encontram o documento no interior do porta-luvas. Nesse caso, há crime de uso de documento público, uma vez que a **CNH** é **documento de porte obrigatório** pelos motoristas (art. 159, § 1º, CTB).
- **Finalidade especial:** fazer prova de fato relevante juridicamente.
- **Pena: a cominada à falsificação ou à alteração.**
- Assim, se o uso for de documento falso ideologicamente, aplica-se a pena do crime de falsidade ideológica.

Art. 305, CP, SUPRESSÃO DE DOCUMENTO

- Conduta criminosa: **Destruir**, **suprimir** ou **ocultar**, em benefício próprio ou de outrem, ou em prejuízo alheio, documento público ou particular **verdadeiro**, de que não podia dispor.
- **Finalidade especial:** benefício próprio ou de outrem ou em prejuízo alheio.
- **Elemento normativo do tipo penal:** só há crime se a pessoa não tinha autorização legal para destruir, suprimir ou ocultar o documento.
- **Pena: reclusão, de dois a seis anos, e multa, se o documento é público.**
- **Pena: reclusão, de um a cinco anos, e multa, se o documento é particular.**

Art. 307, CP, FALSA IDENTIDADE

- Conduta criminosa: **Atribuir-se** ou **atribuir a terceiro** falsa identidade para obter vantagem, em proveito próprio ou alheio, ou para causar dano a outrem.
- **Falsa identidade**: o agente não usa um documento falso, mas se identifica falsamente. Ou seja, mente em relação a um elemento de identificação, como nome, estado civil, sexo, idade, filiação, nacionalidade etc.
- **Finalidade específica**: obter alguma vantagem ou causar prejuízo a terceiros.
- O Supremo Tribunal Federal, ao examinar o RE 640.139/DF, cuja repercussão geral foi reconhecida, entendeu que o **princípio constitucional da autodefesa não alcança aquele que atribui falsa identidade perante autoridade policial** com o objetivo de ocultar maus antecedentes, sendo, portanto, **típica a conduta praticada pelo agente.**
- **Pena: detenção, de três meses a um ano, ou multa, se o fato não constitui elemento de crime mais grave.**

Art. 308, CP, Uso de documentos de terceiro como se fosse próprio

- Conduta criminosa: **Usar**, como próprio, passaporte, título de eleitor, caderneta de reservista ou qualquer documento de identidade alheia ou **ceder** a outrem, para que dele se utilize, documento dessa natureza, próprio ou de terceiro.
- Trata-se de crime subsidiário ao crime de falsa identidade. No art. 308, CP, há singela apresentação do documento de terceiro sem que haja identificação pelo agente criminoso.
- USO DE DOCUMENTO FALSO. PRETENDIDA DESCLASSIFICAÇÃO DO DELITO CONTRA A FÉ PÚBLICA PARA O TIPO PREVISTO NO ARTIGO 308 DO CÓDIGO PENAL. CRIME QUE PRESSUPÕE A UTILIZAÇÃO DE DOCUMENTO VERDADEIRO. IMPOSSIBILIDADE. CONSTRANGIMENTO ILEGAL NÃO EVIDENCIADO. 1. O delito previsto no artigo 308 do Código Penal exige, para a sua configuração, que o agente se utilize de documento verdadeiro, de titularidade de outrem, como se fosse seu, para ocultar a sua verdadeira identidade. 2. Na hipótese, o paciente utilizou-se de passaporte alheio, nele inserindo a sua fotografia, circunstância que evidencia a falsidade do documento e impede a desclassificação pretendida.

- **Pena: detenção, de quatro meses a dois anos, e multa, se o fato não constitui elemento de crime mais grave.**

Art. 311-A, CP, Fraudes em certames de interesse público

- Conduta criminosa: **Utilizar** ou **divulgar**, indevidamente, com o fim de beneficiar a si ou a outrem, ou de comprometer a credibilidade do certame, conteúdo sigiloso dos certames públicos a seguir enumerados.

Certames	I – concurso público; II – avaliação ou exame públicos; III – processo seletivo para ingresso no ensino superior; IV – exame ou processo seletivo previstos em lei.

- **Condutas equiparadas:** quem permite ou facilita, por qualquer meio, o acesso de pessoas não autorizadas às informações mencionadas.
- **Finalidade especial:** beneficiar a si ou a outrem, ou de comprometer a credibilidade do certame.
- Exemplo: alguém divulga as questões ou o gabarito do concurso antes de sua realização.
- A partir desse tipo penal, a chamada "cola", como a eletrônica, passou a ser considerada crime.
- Trata-se de crime formal, pois não se exige o efetivo benefício ou prejuízo à credibilidade do certame. Basta a conduta que vise um ou outro objetivo. Se houver o dano, há a qualificadora.
- **Pena: reclusão, de 1 (um) a 4 (quatro) anos, e multa.**
- **Qualificadora:** Se da ação ou omissão **resulta dano à administração pública** (art. 311-A, § 2º, CP).
- **Pena da qualificadora: reclusão, de 2 (dois) a 6 (seis) anos, e multa.**
- **Causa especial de aumento de pena** (para a forma simples e para a qualificadora): Aumenta-se a pena de **1/3 (um terço)** se o fato é cometido por **funcionário público.**

9. CRIMES CONTRA A ADMINISTRAÇÃO PÚBLICA

9.1. Conceito de Funcionário Público (art. 327, CP) e princípio da insignificância em crimes contra a Administração Pública

Conceito de Funcionário Público (art. 327, CP).

- Para fins penais, há um conceito de funcionário público próprio, previsto no art. 327 do Código Penal. Conceito esse que não se limita aos crimes previstos no Código, mas se estende à legislação extravagante, como a Lei nº 8.137/1990.

- O conceito abarca quem exerce transitoriamente ou sem remuneração cargo, emprego ou função. É o caso dos jurados do Tribunal do Júri.
- O modo de investidura no serviço público é indiferente. Pode ser por meio de concurso público (servidor de carreira), de eleição (prefeitos, vereadores, vice-prefeitos etc.) ou de livre nomeação (Ministros de Estado).
- Não importa se se trata de agente político (como membro de um dos Poderes ou do Ministério Público), servidor público estatutário, celetista ou ocupante de função pública.
- Estagiário no serviço público: é considerado funcionário público para efeitos penais (STJ – RHC 21951/MT – Rel. Min. Félix Fisher. DJ. 02/09/2008).
- Para fins penais: o art. 327, *caput*, do Código Penal, se aplica tanto às hipóteses em que o funcionário público é autor do crime (por exemplo, concussão, excesso de exação, corrupção passiva), quanto às hipóteses em que é vítima ao lado do Estado, da infração penal (por exemplo, desacato, desobediência e resistência). (STJ – HC nº 52.989/AC, Rel. Min. Félix Fisher, DJ. 23/05/2006)
- Funcionário público por equiparação: Art. 327, § 1º, do Código Penal.
- A expressão entidade paraestatal do art. 327, § 1º, do Código Penal, deve ser interpretada ampliativamente e deve abranger: autarquias, fundações públicas, sociedades de economia mista, empresas públicas, entidades do sistema S (SESI, SENAI, SENAC) etc.
- São equiparados a funcionários públicos os empregados das pessoas jurídicas de direito privado que mantêm contratos de concessão, permissão, autorização e convênios com o Poder Público, desde que o objeto desse contrato seja uma atividade típica da Administração Pública, como a prestação de serviços de saúde por uma Santa Casa.
- **Princípio da insignificância em crimes contra a Administração Pública: Súmula 599 do STJ: não se aplica o princípio da insignificância em crimes contra a Administração Pública.**
- Porém, o próprio STJ já afastou a incidência dessa Súmula em caso concreto, como no caso em que o prejuízo da Administração de aproximadamente R$ 25,00.
- Aplica-se o princípio da insignificância ao crime de descaminho quando o montante do tributo não recolhido for inferior ao limite de R$ 20.000,00 – valor estipulado pelo art. 20, Lei 10.522/2002.

9.2. Crimes praticados por funcionário público contra a Administração Pública em Geral (arts. 312 a 317; 319 a 326, CP)

- Todos os crimes previstos entre o art. 312 e o art. 326, CP, são **crimes próprios**, ou seja, o autor do crime deve ser **funcionário público** na forma do art. 327, CP.

- **O particular** pode praticar tais crimes, desde que em concurso de agentes com o funcionário público.
- **Causa especial de aumento de pena:** A pena será aumentada da terça parte quando os autores dos crimes previstos neste Capítulo (arts. 312 a 326, CP) forem ocupantes de cargos em comissão ou de função de direção ou assessoramento de órgão da administração direta, sociedade de economia mista, empresa pública ou fundação instituída pelo poder público.

Arts. 312 e 313, CP, PECULATO

- **Peculato** (arts. 312 e 313 do Código Penal). Peculato é um crime praticado por funcionário público e que visa tutelar o patrimônio da Administração e, excepcionalmente, atinge um bem particular, quando o bem está sob a posse ou a detenção do Poder Público.

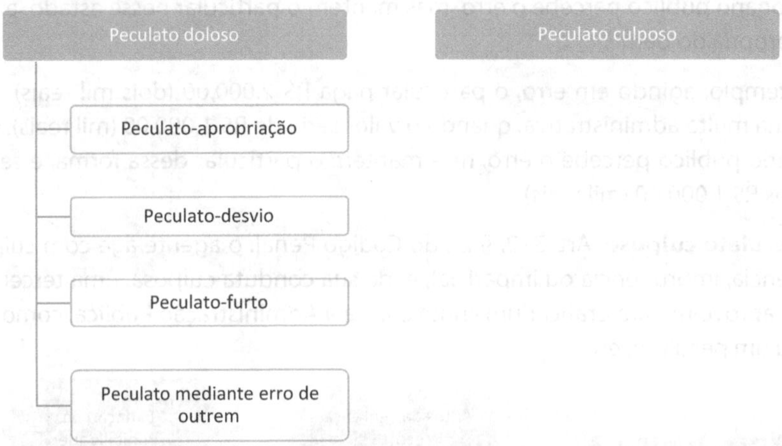

- **Peculato-apropriação**: art. 312, *caput*, 1ª parte, do Código Penal: o funcionário público, em razão da função que ocupa, tem **a posse lícita do bem público, mas passa a agir como se dono fosse do bem**. Por exemplo, o funcionário público tem a posse do computador em que trabalha e, então, resolve levá-lo para casa, dele se apropriando.
- **Peculato-desvio**: art. 312, *caput*, 2ª parte: o funcionário público, em razão da função que ocupa, tem a posse lícita do bem público, mas desvia a sua aplicação em proveito próprio ou alheio. Por exemplo, há uma verba destinada ao pagamento pela construção da praça pública, mas o funcionário público desvia em seu favor tal verba.
- 1. "No delito de peculato-desvio, previsto no art. 312, caput (segunda figura) do Código Penal, o dolo é representado pela consciência e vontade de empregar a coisa para fim diverso daquele determinado, aliado ao elemento subjetivo do injusto, consistente no especial fim de agir, que é a obtenção do proveito próprio ou alheio" (REsp 1257003/RJ, Rel. Ministro ROGERIO SCHIETTI CRUZ, Rel. p/ Acórdão Ministro NEFI CORDEIRO, SEXTA TURMA, julgado em 20/11/2014, DJe 12/12/2014).
- Se o desvio da verba for em benefício da própria Administração Pública, não há o crime de peculato-desvio, podendo-se configurar o crime de emprego irregular de

verbas ou rendas públicas (artigo 315 do CP) segundo entendimento da jurisprudência do STJ.

- **Peculato-furto ou peculato impróprio**: art. 312, § 1º, do Código Penal: o funcionário público, valendo-se das facilidades de sua função, subtrai (furta) ou concorre (auxilia, induz ou instigue) outrem a subtrair, para si ou para outrem, o bem da Administração Pública ou que esteja sob sua posse ou detenção.

- Nesse caso, o bem não está na posse ou detenção do funcionário-público (como ocorre no peculato-apropriação). Por exemplo, o segurança de um Banco estatal subtrai o dinheiro do caixa da agência, em que trabalha.

- **Peculato mediante erro de outrem**: Art. 313 do Código Penal: agindo em erro, um particular entrega à Administração Pública um bem de expressão econômica, o funcionário público percebe o erro, mas mantém o particular nesse estado, e, ainda, se apropria do bem.

- Exemplo: agindo em erro, o particular paga R$ 2.000,00 (dois mil reais), relativa a uma multa administrativa, quando o valor seria de R$ 1.000,00 (mil reais). O funcionário público percebe o erro, mas mantém o particular dessa forma, e se apropria dos R$ 1.000,00 (mil reais).

- **Peculato culposo**: Art. 312, § 2º, do Código Penal: o agente age com culpa (negligência, imprudência ou imperícia), e, de sua conduta culposa, uma terceira pessoa se aproveita para praticar um crime contra a Administração Pública, como um furto ou um peculato, etc.

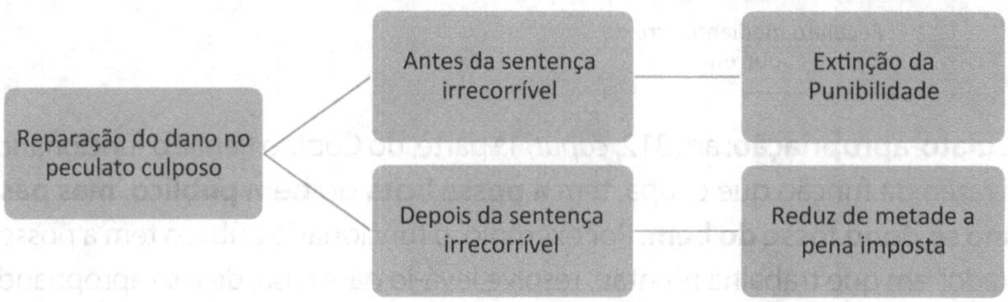

- **NO PECULATO DOLOSO, A REPARAÇÃO DO DANO NÃO EXTINGUE A PUNIBILIDADE.**

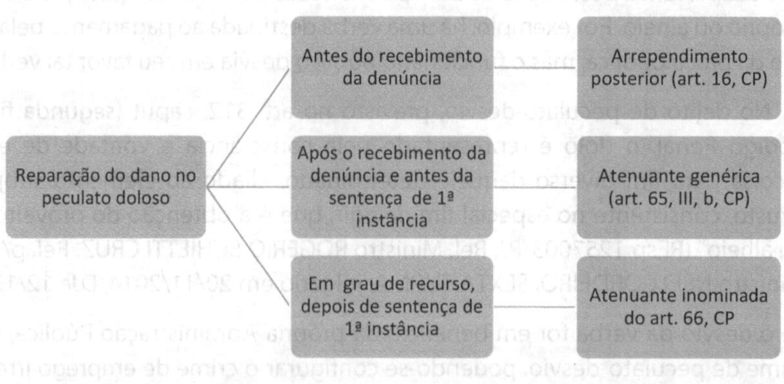

- **Peculato de uso**: ocorre na hipótese de o funcionário público se apropriar, desviar ou subtrair o bem público, mas com a nítida intenção de restituí-lo à Administração Pública e, assim, procede. Nesse caso, não há crime de peculato, porque se exige prejuízo de ordem patrimonial à Administração Pública (STJ – HC nº 94.168/MG. Rel. Min. Jane Silva. DJ. 01º.04.2008).
- Peculato de uso: na doutrina, há entendimento de que, se o funcionário público utiliza a coisa móvel em destinação diversa da prevista em lei, ainda que tenha a intenção de restituir a coisa Administração pública, comete o crime de peculato-desvio. Há outro entendimento doutrinário de que o peculato-desvio só é punível se a coisa usada for fungível. Com isso, o uso momentâneo de coisa infungível é atípico.
- Porém, apesar de não ser crime, tal conduta pode configurar ato de improbidade administrativa (Lei nº 8.429/92).
- **Penas nos crimes de peculato.**

Peculato apropriação, desvio e furto	Pena – reclusão, de dois a doze anos, e multa.
Peculato culposo	Pena – detenção, de três meses a um ano.
Peculato mediante erro de outro	Pena – reclusão, de um a quatro anos, e multa.

Art. 313-A, CP, Inserção de dados falsos em sistema de informações.

- Conduta criminosa: **Inserir** ou **facilitar**, o funcionário autorizado, a inserção de dados falsos, alterar ou excluir indevidamente dados corretos nos sistemas informatizados ou bancos de dados da Administração Pública com o fim de obter vantagem indevida para si ou para outrem ou para causar dano.
- O sujeito ativo, além de ser funcionário público, deve ser autorizado de acordo com lei a inserir dados, alterar ou excluir dados nos sistemas informatizados ou bancos de dados da Administração Pública.
- Os dados inseridos devem ser **falsos** ou a alteração ou exclusão de dados corretos for **indevida** (em desacordo com as normas que regem a matéria).
- **Finalidade especial do tipo penal:** o agente visa obter **vantagem indevida** (pode ser de qualquer natureza, não só econômica, desde que seja contrária ao direito) para si ou para outrem ou **causar dano**.
- **Pena: reclusão, de 2 (dois) a 12 (doze) anos, e multa.**

Art. 313-B, CP, Modificação ou alteração não autorizada de sistema de informações

- Conduta criminosa: **Modificar** ou **alterar**, o funcionário, sistema de informações ou programa de informática sem autorização ou solicitação de autoridade competente.
- A alteração é do sistema de informação ou do software, feita indevidamente, sem autorização da autoridade competente (elemento normativo do tipo penal).
- **Pena: detenção, de 3 (três) meses a 2 (dois) anos, e multa.**

- **Causa de aumento de pena:** as penas são aumentadas de **um terço até a metade** se da modificação ou alteração resulta dano para a Administração Pública ou para o administrado.

Art. 314, CP, Extravio, sonegação ou inutilização de livro ou documento

- Conduta criminosa: **Extraviar** livro oficial ou qualquer documento, de que tem a guarda em razão do cargo**; sonegá-lo ou inutilizá-lo**, total ou parcialmente.
- Objeto material: Livro Oficial pertence à Administração Pública, como, por exemplo, o livro de rol de culpados do Tribunal do Júri**.** O documento pode ser particular.
- Em ambas as hipóteses, o funcionário público tem a guarda em razão da função.
- **Pena: reclusão, de um a quatro anos, se o fato não constitui crime mais grave.**

Art. 315, CP, Emprego irregular de verbas ou rendas públicas

- Conduta criminosa: **Dar** às verbas ou rendas públicas aplicação diversa da estabelecida em lei.
- O sujeito ativo do presente crime, além de ser funcionário público, tem que ter a atribuição de destinar verbas ou rendas públicas.
- Algumas verbas públicas têm destinação vinculada em lei. Assim, o agente que, em vez de aplicar a verba destinada à saúde, aplica-a na educação.
- O Prefeito Municipal que pratica essa conduta incide no crime previsto no art. 1º, III, Decreto-Lei nº 201/1967.
- Distingue-se do peculato-desvio, porque, neste, o agente desvia a verba pública em seu proveito ou de terceiro, enquanto no crime do art. 315, CP, a verba é aplicada em favor da Administração Pública, mas em desacordo com a Lei.
- **Pena: detenção, de um a três meses, ou multa.**

Art. 316, CP, CONCUSSÃO

- Conduta criminosa: **Exigir**, para si ou para outrem, direta ou indiretamente, ainda que fora da função ou antes de assumi-la, mas em razão dela, vantagem indevida.
- **Concussão**: O funcionário público faz uma exigência ao particular, em que há uma **ameaça**, ao menos implicitamente, para receber vantagem indevida.
- Exemplo: o agente florestal **exige** do poluidor uma quantia em dinheiro para si, para deixar de aplicar a multa.
- O agente deve se valer da condição de funcionário público, mesmo que não esteja no seu exercício, como se nomeado, mas não empossado, ou ainda no caso de aposentado, **mas sua conduta é sempre em razão da função**.
- O crime se consuma com a **exigência**, independentemente da efetiva vantagem pretendida pelo agente. Trata-se de crime formal.

- A vantagem pode ser econômica ou de outra natureza, mas sempre tem que ser **vantagem indevida.**
- A vantagem pode ser em favor do próprio funcionário público ou de terceiro.
- **Pena: reclusão,** de 2 (dois) a 12 (doze) anos, e multa.

Art. 316, §§ 1º e 2º, CP, EXCESSO DE EXAÇÃO

- Conduta criminosa: Se o funcionário **exige** tributo ou contribuição social que **sabe ou deveria saber indevido**, ou, **quando devido**, emprega na cobrança meio **vexatório ou gravoso**, que a lei não autoriza.
- **Excesso de exação**: art. 316, § 1º, do Código Penal: Crime relacionado à cobrança de tributos.
- Há duas figuras. Na primeira delas, o funcionário sabe ou devia saber que o tributo é indevido, mas, mesmo assim, exige o seu pagamento.
- Na segunda delas, o tributo é devido, mas o funcionário público expõe o devedor a uma cobrança vexatória ou gravosa, por meio não previsto em lei.
- A cobrança de tributo não deixa de ser meio invasivo, mas está delimitada nos termos da lei. O crime ocorre se o funcionário aplica meio vexatório não previsto em lei.
- **Pena: reclusão, de 3 (três) a 8 (oito) anos, e multa.**
- Há modalidade especial de excesso de exação previsto: art. 316, § 2º, do Código Penal: o funcionário público desvia a quantia recebida indevidamente **em proveito próprio ou alheio.**
- **Pena: reclusão, de dois a doze anos, e multa.**

Art. 317, CP, Corrupção passiva

- Conduta criminosa: **Solicitar** ou **receber**, para si ou para outrem, direta ou indiretamente, ainda que fora da função ou antes de assumi-la, mas em razão dela, vantagem indevida, ou **aceitar** promessa de tal vantagem.
- **Corrupção passiva**: o funcionário público solicita, recebe ou aceita promessa de vantagem indevida.
- Na concussão, o agente **exige** a vantagem indevida, enquanto, na corrupção passiva, há mera **solicitação.**
- Não é necessário que o funcionário público receba a vantagem indevida, basta que solicite ou aceite a promessa de recompensa, para a configuração do crime de corrupção passiva, já que se trata de **crime formal.**
- O agente deve se valer da condição de funcionário público, mesmo que não esteja no seu exercício, como se nomeado, mas não empossado, ou ainda no caso de aposentado, **mas sua conduta é sempre em razão da função.**
- A vantagem pode ser econômica ou de outra natureza, mas sempre tem que ser **vantagem indevida.**

- A vantagem pode ser em favor do próprio funcionário público, como a terceiro particular.
- **Pena: reclusão, de 2 (dois) a 12 (doze) anos, e multa.**
- **Causa de aumento de pena:** art. 317, § 1º, CP: A pena é aumentada de **um terço**, se, em consequência da vantagem ou promessa, o funcionário **retarda ou deixa de praticar** qualquer **ato de ofício** ou o **pratica infringindo dever funcional**.
- **Corrupção privilegiada:** art. 317, § 2º, CP: Se o funcionário **pratica, deixa de praticar ou retarda ato de ofício**, com infração de dever funcional, cedendo a **pedido ou influência de outrem**.
- Na corrupção privilegiada, o funcionário público não solicita, recebe vantagem indevida ou aceita promessa de indevida vantagem. Ele age em desconformidade com a lei ao atender a pedido ou influência de outrem.
- **Pena: detenção, de três meses a um ano, ou multa.**

Art. 319, CP, PREVARICAÇÃO

- Conduta criminosa: **Retardar** ou **deixar de praticar**, indevidamente, ato de ofício, ou praticá-lo contra disposição expressa de lei, para satisfazer interesse ou sentimento pessoal.
- **Prevaricação**: se o funcionário público agir de forma contrária ao que determina a lei, comete crime de prevaricação, desde que vise a satisfazer interesse ou sentimento pessoal.
- No caso de dúvida ou erro na interpretação da lei, o funcionário público não responde por prevaricação, pois se trata de conduta meramente culposa.
- Além de querer não observar o que estabelece em lei, o funcionário público age **para satisfazer interesse ou sentimento pessoal**, como o ódio, a afeição, a teimosia, o capricho, a contemplação, benefício patrimonial indireto etc.
- **Pena: detenção, de três meses a um ano, e multa.**

Art. 319-A, CP, PREVARICAÇÃO IMPRÓPRIA OU ESPECIAL

- Conduta criminosa: **Deixar** o Diretor de Penitenciária e/ou agente público, de **cumprir seu dever** de vedar ao preso o acesso a aparelho telefônico, de rádio ou similar, que permita a comunicação com outros presos ou com o ambiente externo.
- Além da qualidade de funcionário público, o autor do crime deve ser **DIRETOR DE PENITENCIÁRIA e/ou agente público** que tenha a atribuição de impedir a comunicação de pessoas presas.
- Trata-se de crime omissivo próprio, pois a conduta descrita no tipo penal é negativa: "deixar de...".
- O preso pode se comunicar com o mundo exterior, como, por exemplo, visitas, cartas, mas não pode por telefone e, diante de vários casos de telefone celular no

interior dos presídios, cuja entrada decorria de conduta de agentes penitenciários, houve por bem o legislador prever o crime em tela.

- Para a configuração do crime, basta que haja a entrada dos objetos descritos no tipo penal no interior do presídio; não é preciso que o preso use o aparelho. Essa entrada deve decorrer da omissão dolosa do agente público.
- **Pena: detenção, de 3 (três) meses a 1 (um) ano.**

Art. 320, CP, Condescendência criminosa

- Conduta criminosa: **Deixar** o funcionário, por indulgência, **de responsabilizar** subordinado que cometeu infração no exercício do cargo ou, quando lhe falte competência, não levar o fato ao conhecimento da autoridade competente.
- **Condescendência criminosa:** art. 320, CP: o superior hierárquico, por indulgência, deixa de tomar as medidas legais cabíveis contra o funcionário público subordinado que cometeu uma infração administrativa.
- **Indulgência:** piedade, clemência, é o motivo que leva o autor a não punir o funcionário público faltoso.
- Trata-se de tipo penal especial em relação ao crime de prevaricação.
- **Pena: detenção, de quinze dias a um mês, ou multa.**

Art. 321, CP, ADVOCACIA ADMINISTRATIVA

- Conduta criminosa: **Patrocinar**, direta ou indiretamente, interesse privado perante a administração pública, valendo-se da qualidade de funcionário.
- Patrocinar significa defender, advogar.
- Nesse crime, o funcionário público defende perante a Administração interesse de um particular, caracterizando conflito de interesses evidente.
- Trata-se de crime formal, caracterizando-se ainda que o particular não obtenha o interesse patrocinado pelo funcionário público perante a Administração Pública.
- **Pena: detenção, de um a três meses, ou multa.**
- **Pena: detenção, de três meses a um ano, além da multa,** se o interesse é ilegítimo, como cancelamento de imposto que é devido.

Art. 322, CP, VIOLÊNCIA ARBITRÁRIA

- Conduta criminosa: **Praticar** violência, no exercício de função ou a pretexto de exercê-la:
- Nesse crime, o funcionário público extrapola o estrito cumprimento do dever legal e pratica **violência** no exercício da função ou a pretexto de exercê-la.
- Por vezes, o agente do Estado deve se valer de violência para praticar o seu ato, como o policial para prender alguém que contra ele ou terceiro representa ameaça, mas, se exceder nessa violência, comete o crime em tela.

- **Pena: detenção, de seis meses a três anos, além da pena correspondente à violência.**
- Há entendimento de que esse artigo foi revogado tacitamente pela Lei de Abuso de Autoridade. Mas, os últimos concursos do TJSP têm cobrado esse crime.
- Na nova lei de abuso de autoridade, há os seguintes crimes, em que há violência praticada pelo funcionário público, no tipo penal:

  Art. 13. Constranger o preso ou o detento, mediante violência, grave ameaça ou redução de sua capacidade de resistência, a: I – exibir-se ou ter seu corpo ou parte dele exibido à curiosidade pública; II – submeter-se a situação vexatória ou a constrangimento não autorizado em lei; III – produzir prova contra si mesmo ou contra terceiro.

  Pena – detenção, de 1 (um) a 4 (quatro) anos, e multa, sem prejuízo da pena cominada à violência.

  Art. 22. Invadir ou adentrar, clandestina ou astuciosamente, ou à revelia da vontade do ocupante, imóvel alheio ou suas dependências, ou nele permanecer nas mesmas condições, sem determinação judicial ou fora das condições estabelecidas em lei:

  Pena – detenção, de 1 (um) a 4 (quatro) anos, e multa.

  § 1º Incorre na mesma pena, na forma prevista no caput deste artigo 22, quem: I – coage alguém, mediante violência ou grave ameaça, a franquear-lhe o acesso a imóvel ou suas dependências;

  Art. 24. Constranger, sob violência ou grave ameaça, funcionário ou empregado de instituição hospitalar pública ou privada a admitir para tratamento pessoa cujo óbito já tenha ocorrido, com o fim de alterar local ou momento de crime, prejudicando sua apuração:

  Pena – detenção, de 1 (um) a 4 (quatro) anos, e multa, além da pena correspondente à violência.

Art. 323 CP, ABANDONO DE FUNÇÃO

- Conduta criminosa: **Abandonar** cargo público, fora dos casos permitidos em lei.
- Abandonar significa renunciar, afastar-se, retirar-se, do cargo por **tempo relevante** e em hipótese **não autorizada em lei.**
- Não se configura o crime, se o abandono for por causa autorizada em lei, como férias, licenças, etc.
- Não precisa haver prejuízo concreto à Administração Pública, se ocorrer há a forma qualificada com pena mais gravosa.
- Também há pena mais gravosa se o abandono for em região de fronteira, dado os interesses de proteger a soberania do Estado nessas regiões, como atuação da Polícia Federal e da Receita Federal.

- **Pena: detenção, de quinze dias a um mês, ou multa.**
- **Pena: detenção, de três meses a um ano, e multa,** se do abandono houver prejuízo para a Administração Pública.
- **Pena: detenção, de um a três anos, e multa**, se o abandono ocorrer em região de fronteira.

Art. 324, CP, Exercício funcional ilegalmente antecipado ou prolongado

- Conduta criminosa: **Entrar** no exercício de função pública antes de satisfeitas as exigências legais, **ou continuar a exercê-la**, sem autorização, depois de saber oficialmente que foi exonerado, removido, substituído ou suspenso:
- Nesse crime, o agente entra em exercício antes de tomar posse ou continua em exercício mesmo depois de exonerado, removido, substituído ou suspenso.
- **Pena: detenção, de quinze dias a um mês, ou multa.**

Art. 325, CP, Violação de sigilo funcional

- Conduta criminosa: **Revelar** fato de que tem ciência em razão do cargo e que deva permanecer em segredo, ou **facilitar-lhe** a revelação.
- Nesse crime, deve haver perigo ao interesse público protegido pelo segredo para a configuração do crime.
- A consumação ocorre quando o terceiro toma conhecimento do fato que estava sob segredo.
- Se o funcionário público revela fato que oficialmente esteja sob sigilo, mas que já fora revelado por outrem anteriormente, não comete o crime em tela.

Condutas equiparadas	I – permite ou facilita, mediante atribuição, fornecimento e empréstimo de senha ou qualquer outra forma, o acesso de pessoas não autorizadas a sistemas de informações ou banco de dados da Administração Pública; II – se utiliza, indevidamente, do acesso restrito.

- **Pena: detenção, de seis meses a dois anos, ou multa, se o fato não constitui crime mais grave.**
- **Pena: reclusão, de 2 (dois) a 6 (seis) anos, e multa, se da ação ou omissão (quebra do sigilo) houver dano à Administração Pública.**

Art. 326, CP, Violação do sigilo de proposta de concorrência

- **Devassar** o sigilo de proposta de concorrência pública, ou **proporcionar** a terceiro o ensejo de devassá-lo.
- **Pena: Detenção, de três meses a um ano, e multa.**
- Há entendimento de que esse artigo foi revogado tacitamente pela antiga Lei de Licitação. Mas, os últimos concursos do TJSP têm cobrado esse crime.
- Como cautela, comentamos esse crime previsto na nova Lei de Licitações.

Art. 337-J. Devassar o sigilo de proposta apresentada em processo licitatório ou proporcionar a terceiro o ensejo de devassá-lo: Pena – detenção, de 2 (dois) anos a 3 (três) anos, e multa.	Para garantir a competitividade, as propostas são apresentadas de forma sigilosa, constituindo crime a quebra desse sigilo.

9.3. Crimes praticados por particular contra a Administração Pública em Geral (arts. 328 a 333, 336 e 337, CP)

- Todos os crimes previstos entre o art. 328 e o art. 337-D, CP, são **crimes comuns**, porque não se exige qualquer qualidade especial do sujeito ativo.
- **O funcionário público** pode cometer crime dessa natureza, se estiver na sua condição de particular. Assim, por exemplo, pode o policial civil praticar crime de desobediência.

Art. 328, CP, USURPAÇÃO DE FUNÇÃO PÚBLICA

- Conduta criminosa: **Usurpar** o exercício de função pública.
- Usurpar: o particular pratica ato público como se fosse funcionário público.
- O funcionário público que pratica ato que não é de sua atribuição, mas de outro funcionário, comete o crime de usurpação.
- **Pena: detenção, de três meses a dois anos, e multa.**
- **Pena: reclusão, de dois a cinco anos, e multa.** Se do fato, o autor do crime obtém vantagem. Não só vantagem de natureza patrimonial, como de outra natureza. Essa vantagem pode ser devida ou indevida.

Art. 329, CP, RESISTÊNCIA

- Conduta criminosa: **Opor-se** à execução de ato legal, mediante violência ou ameaça a funcionário competente para executá-lo ou a quem lhe esteja prestando auxílio.
- **Resistência**: Para a caracterização do crime de resistência, o sujeito ativo deve se voltar contra **ato legal** da Administração Pública, isto é, ato praticado formal e materialmente nos termos da lei.
- Se o ato for **injusto e lítico**, a oposição do particular mediante violência ou ameaça configura o crime de resistência.
- O agente deve resistir mediante **violência ou ameaça**.
- O ato de resistência deve ser voltado contra **o funcionário público competente** para a sua prática ou contra **o particular** que, porventura, o esteja a **auxiliá-lo**.
- Exemplo: o funcionário da empresa pública de fornecimento de água vai cortar o fornecimento por falta de pagamento, mas o particular resiste mediante violência ou ameaça.
- Resistência passiva (***vis civilis*** ou **atitude ghândica**): o particular se opõe à conduta do funcionário público, sem violência ou ameaça, como ocorre no caso de deitar-se no solo da via pública e resistir à prisão). Não há o crime de resistência.

- O crime se consuma mesmo que o ato administrativo seja realizado.
- Caso o ato não se realize, há uma qualificadora.
- **Pena: detenção, de dois meses a dois anos.**
- **Pena: reclusão, de um a três anos.** Se o ato, em razão da resistência, não se executa.

Art. 330, CP, Desobediência

- Conduta criminosa: **Desobedecer** a ordem legal de funcionário público.
- **Desobediência**: O particular deixa de cumprir uma ordem legal, emanada de funcionário público que tenha competência para dar tal ordem.
- Pode o funcionário público praticar crime de desobediência, desde que não se dê em descumprimento hierarquia interna, hipótese em que não há o crime em tela, podendo configurar mera infração administrativa ou, no máximo, prevaricação (STJ – ROHC nº 12.780/MS. Rel. Min. Félix Fisher. DJ. 27.05.2003).
- Na desobediência, **não há violência ou ameaça.**
- **Pena: detenção, de quinze dias a seis meses, e multa.**

Art. 331, CP, Desacato

- Conduta criminosa: **Desacatar** funcionário público no exercício da função ou em razão dela.
- **Desacato:** o agente, por qualquer meio, como palavras, gestos ou escritos, humilha, ofende, desprestigia o funcionário público no exercício ou em função dele.
- O que se tutela é a dignidade da função pública, ou seja, há crime ainda que o servidor não se sinta ofendido subjetivamente.
- Se a ofensa for feita ao funcionário público ausente, haverá crime de injúria qualificada.
- A discussão exaltada entre o particular e o funcionário público **não** tipifica o crime de desacato (STJ – REsp. 13.946/PR. Rel. Min. Cid Flaquer Scartezzini. DJ. 24.06.1992).
- O Supremo Tribunal Federal declarou inconstitucional o art. 7º, § 2 ª, do Estatuto da Ordem dos Advogados do Brasil (Lei nº 8.906/1994), que tornava imune o advogado que cometia desacato no exercício de sua função (ADI nº 1127/DF. Rel. Original. Min. Marco Aurélio. Rel. para Acórdão. Min. Ricardo Lewandowski. DJ. 17.05.2006).
- **Embriaguez:** há entendimento de que a embriaguez, ainda que voluntária, exclui o dolo do agente de desacatar, de ofender a dignidade do serviço público. De outro lado, há entendimento de que se aplica a regra geral do art. 28, II, CP, no sentido de que a embriaguez não exclui o crime.
- **Pena: detenção, de seis meses a dois anos, ou multa.**

Art. 332, CP, TRÁFICO DE INFLUÊNCIA

- Conduta criminosa: **Solicitar, exigir, cobrar ou obter,** para si ou para outrem, vantagem ou promessa de vantagem, a pretexto de influir em ato praticado por funcionário público no exercício da função.

- O autor do fato pode ter ou não qualquer influência sobre o funcionário público, que o crime se consuma.
- Na verdade, essa suposta influência é mero pretexto para o agente obter a indevida vantagem, que pode ser patrimonial ou de outra natureza.
- Trata-se de crime formal, que se consuma no momento em que o agente pratica um dos verbos da conduta típica.
- Não precisa que o agente peça a influência ao funcionário público.
- **Pena: reclusão, de 2 (dois) a 5 (cinco) anos, e multa.**
- **Causa de aumento de pena:** A pena é aumentada da **metade**, se o agente **alega ou insinua** que a vantagem é também destinada ao funcionário.
- Para a incidência da causa de aumento, não é preciso que o funcionário público esteja de fato em conluio com o autor do fato. Basto alegação ou insinuação nesse sentido.

Art. 333, CP, CORRUPÇÃO ATIVA

- Conduta criminosa: **Oferecer** ou **prometer** vantagem indevida a funcionário público, para determiná-lo a praticar, omitir ou retardar ato de ofício.
- **Corrupção ativa**: o particular oferece ou promete a vantagem indevida.
- Trata-se de exceção à teoria monista, pois o funcionário público responde por corrupção passiva, enquanto o particular por corrupção ativa.

Corrupção ativa	Corrupção passiva
--------------------	Solicitar
Oferecer	Receber
Prometer	Aceitar promessa.

ATENÇÃO!
Se o funcionário público tomar a iniciativa e solicitar a vantagem econômica, o particular **não** responde por corrupção ativa, mesmo que efetue o pagamento.

- **Finalidade específica:** o oferecimento ou a promessa de vantagem indevida tem o fim específico de determinar o funcionário público a praticar, omitir ou retardar ato de ofício.
- Trata-se de **crime formal**, basta o oferecimento ou a promessa. Independe que o funcionário público deixe de praticar o ato de ofício.
- **Pena: reclusão, de 2 (dois) a 12 (doze) anos, e multa.**
- **Causa de aumento de pena:** A pena é aumentada de **um terço**, se, em razão da vantagem ou promessa, o funcionário **retarda ou omite ato de ofício**, ou **o pratica infringindo dever funcional.**

- Incide a causa de aumento de pena, se, em decorrência do oferecimento ou promessa, o funcionário público toma conduta contrária ao seu dever legal.

Art. 336, CP, Inutilização de edital ou de sinal

- Conduta criminosa**: Rasgar** ou, de qualquer forma**, inutilizar ou conspurcar** edital afixado por ordem de funcionário público**; violar** ou **inutilizar** selo ou sinal empregado, por determinação legal ou por ordem de funcionário público, para identificar ou cerrar qualquer objeto.
- A Administração Pública pode fixar editais em lugares públicos, como, por exemplo, editais de citação em processos.
- Pode também colocar seus sinais em outros lugares, como, para interdição de estabelecimento comercial.
- Esses editais ou selos que são objeto material do crime.
- **Pena: detenção, de um mês a um ano, ou multa.**

Art. 337, CP, Subtração ou inutilização de livro ou documento

- Conduta criminosa**: Subtrair,** ou **inutilizar,** total ou parcialmente, livro oficial, processo ou documento confiado à custódia de funcionário, em razão de ofício, ou de particular em serviço público.
- Na subtração, não basta que o livro oficial seja tirado do lugar. É preciso que o agente tome a coisa para si, a leve consigo, tome posse do livro.
- Na inutilização, não basta o simples risco ou a simples rasura, o livro ou documento deve se tornar inútil, não podendo mais ser usado para o seu devido fim.
- **Pena: reclusão, de dois a cinco anos, se o fato não constitui crime mais grave.**

9.4. Crimes contra a Administração da Justiça (arts. 339 a 347; 357 e 359, CP)

- Os crimes desse capítulo tutelam a correta prestação jurisdicional.

Art. 339, CP, DENUNCIAÇÃO CALUNIOSA

- Conduta criminosa**: Dar causa** à instauração de inquérito policial, de procedimento investigatório criminal, de processo judicial, de processo administrativo disciplinar, de inquérito civil ou de ação de improbidade administrativa contra alguém, imputando-lhe **crime, infração ético-disciplinar ou ato ímprobo de** que o sabe inocente.

Procedimentos	inquérito policial, procedimento investigatório criminal, processo judicial, processo administrativo disciplinar, inquérito civil ou; ação de improbidade administrativa

- O crime se consuma com o início das investigações, mesmo que não haja um dos procedimentos explicitados no tipo penal, formalmente instaurado.
- O crime ocorre se o fato não ocorreu e o agente, além de mentir quanto ao fato, imputa a alguém a autoria.
- O crime ocorre se o fato ocorreu e o agente imputa falsamente a alguém a autoria.
- O envio de carta anônima dando notícia de um crime e apontando falsamente a autoria delitiva configura crime de denunciação caluniosa, se a partir dela se iniciam as investigações.
- **Pena: reclusão, de dois a oito anos, e multa.**
- **Causa de aumento de pena:** A pena é aumentada de **sexta parte,** se o agente se serve de **anonimato** ou **de nome suposto.**
- **Causa de diminuição de pena:** A pena é diminuída de **metade, se** a imputação é de prática de **contravenção.**

Art. 340, CP, COMUNICAÇÃO FALSA DE CRIME

- Conduta criminosa**: Provocar** a ação de autoridade, comunicando-lhe a ocorrência de crime ou de contravenção que sabe não se ter verificado.
- Nesse crime, o agente não imputa o fato a alguém, mas comunica à autoridade policial que houve um **crime ou contravenção penal, que não ocorreu.**
- O crime não está na simples comunicação, mas se consuma no momento em que autoridade inicia qualquer ato de investigação, ainda que não inquérito policial, se tem a consumação do crime.
- **Pena: detenção, de um a seis meses, ou multa.**

Art. 341, CP, Autoacusação falsa

- Conduta criminosa**: Acusar-se**, perante a autoridade, de crime inexistente ou praticado por outrem.
- Nesse caso, o agente se acusa falsamente como autor de um **crime**, que não ocorreu, ou se ocorreu, foi praticado por outra pessoa.
- **Pena: detenção, de três meses a dois anos, ou multa.**

Art. 342, CP, Falso testemunho ou falsa perícia

- Conduta criminosa**: Fazer** afirmação falsa, ou **negar** ou **calar** a verdade como testemunha, perito, contador, tradutor ou intérprete em processo judicial, ou administrativo, inquérito policial, ou em juízo arbitral.

Sujeitos ativos	Testemunha; Perito; Contador; Tradutor; Intérprete

- O Superior Tribunal de Justiça firmou compreensão de que, apesar do crime de falso testemunho ser de mão própria, pode haver a participação do advogado no seu cometimento;

- A impetrante foi denunciada por ter, como testemunha, supostamente mentido em processo criminal no qual figura como réu seu marido. A Turma entendeu que, para a caracterização do crime de falso testemunho, **não é necessário o compromisso da testemunha**. Porém, no caso, como a testemunha possui **fortes laços afetivos com o réu (esposa)**, não se pode exigir que ela diga a verdade, justamente em desfavor da pessoa pela qual nutre afeição, colocando em risco até mesmo a própria unidade familiar. Assim, por não haver ilicitude na conduta, a Turma concedeu a ordem para trancar a ação penal. Precedentes citados: HC 20.924-SP, DJ 7/4/2003, e REsp 198.426-MG, DJ 5/11/2001. HC 92.836-SP, Rel. Min. Maria Thereza de Assis Moura, julgado em 27/4/2010.

- Se a vítima mentir em Juízo, **não** comete crime de falso testemunho.

- Condutas comissivas: **Fazer** a afirmação falsa ou **negar** a verdade.

- Conduta omissiva: **Calar** a verdade.

- **Fato juridicamente relevante:** só há o crime se o falso recair sobre fato relevante para o deslinde da causa. Se o fato for irrelevante para a formação de convencimento da Autoridade Policial ou Judicial, não há potencialidade lesiva à Administração da Justiça.

- Se o falso é cometido no cumprimento de carta precatória, o Juízo deprecado é o competente para o julgamento do crime, pois o crime se consumou nesse local.

- **Pena: reclusão, de 2 (dois) a 4 (quatro) anos, e multa.**

- **Causa de aumento de pena:** As penas aumentam-se de **um sexto a um terço,** se o crime é praticado **mediante suborno** ou se cometido com o fim de obter prova destinada a produzir efeito em **processo penal**, ou em **processo civil** em que for parte **entidade da administração pública direta ou indireta.**

- **Retratação:** o fato deixa de ser punível se, **antes da sentença no processo em que ocorreu o ilícito**, o agente se retrata ou declara a verdade.

Art. 343, CP, CORRUPÇÃO ATIVA DE TESTEMUNHA OU PERITO

- Conduta criminosa**: Dar, oferecer ou prometer** dinheiro ou qualquer outra vantagem a testemunha, perito, contador, tradutor ou intérprete, para fazer afirmação falsa, negar ou calar a verdade em depoimento, perícia, cálculos, tradução ou interpretação.

- A vantagem pode ser econômica ou de outra natureza.

- Não é preciso que a testemunha ou outro destinatário receba a vantagem basta que haja oferecimento ou promessa.

- Finalidade especial: a corrupção é para que o destinatário faça afirmação falsa, negar ou calar a verdade em depoimento, perícia, cálculos, tradução ou interpretação.
- **Pena: reclusão, de três a quatro anos, e multa.**
- **Causa de aumento de pena:** As penas aumentam-se de **um sexto a um terço**, se o crime é cometido com o fim de obter prova destinada a produzir efeito **em processo penal** ou **em processo civil** em que for parte entidade da **administração pública direta ou indireta.**

Art. 344, CP, Coação no curso do processo

- Conduta criminosa**: Usar** de violência ou grave ameaça, com o fim de favorecer interesse próprio ou alheio, contra autoridade, parte, ou qualquer outra pessoa que funciona ou é chamada a intervir em processo judicial, policial ou administrativo, ou em juízo arbitral.
- Meio de coação: **violência ou grave ameaça.**
- Finalidade especial: **favorecer interesse próprio ou alheio.**

Vítimas	Autoridade; Parte; Qualquer outra pessoa que funciona ou é chamada a intervir.

- **Pena: reclusão, de um a quatro anos, e multa, além da pena correspondente à violência.**

Causa de aumento de pena: A pena aumenta-se de 1/3 (um terço) até a metade se o processo envolver crime contra a dignidade sexual.

Art. 345, CP, Exercício arbitrário das próprias razões

- Conduta criminosa**: Fazer** justiça pelas próprias mãos, para satisfazer pretensão, embora legítima, salvo quando a lei o permite.
- O Estado tem o monopólio da prestação jurisdicional, só ele faz a Justiça.
- Então, ninguém pode fazer Justiça pelas próprias mãos, ainda que sua pretensão seja legítima.
- Por vezes, a lei autoriza que a pessoa defenda sua pretensão sem necessidade de buscar a tutela jurisdicional.
- Exemplo: O possuidor turbado, ou esbulhado, poderá manter-se ou restituir-se **por sua própria força**, contanto que o **faça logo**; os atos de defesa, ou de desforço, não podem ir além do indispensável à manutenção, ou restituição da posse (art. 1.210, § 1º, CC).
- **Pena: detenção, de quinze dias a um mês, ou multa, além da pena correspondente à violência.**
- **Ação penal:** em regra, se procede **mediante queixa** (ação penal privada). Se houver violência, a ação penal é pública incondicionada.

Art. 346, CP, Subtração, supressão ou danificação de coisa própria no legítimo poder de terceiro

- Conduta criminosa: **Tirar, suprimir, destruir ou danificar** coisa própria, que se acha em poder de terceiro por determinação judicial ou convenção.
- Mais uma vez, o Estado tutela o monopólio da prestação jurisdicional.
- O bem pertence ao agente, mas por decisão judicial ou contrato, tal bem está na posse de outra pessoa. O dono então tira, suprime, destrói ou danifica tal bem.
- **Pena: detenção, de seis meses a dois anos, e multa.**

Art. 347, CP, Fraude processual

- Conduta criminosa: **Inovar** artificiosamente, na pendência de processo civil ou administrativo, o estado de lugar, de coisa ou de pessoa, com o fim de induzir a erro o juiz ou o perito.

Tipo penal	a) a conduta consiste em **inovar** (mudar, alterar), b) **artificiosamente** (mediante artifício ou ardil); c) o estado de **lugar**, de **coisa** ou de **pessoa**; d) com o **fim** de **induzir a erro ou juiz ou o perito**.

- **Pena: detenção, de três meses a dois anos, e multa.**
- **Causa de aumento de pena:** Se a inovação se destina a produzir efeito em **processo penal**, ainda que **não iniciado**, as penas aplicam-se em **dobro.**

Inovação artificial em processo civil ou administrativo	Inovação artificial em processo penal
O processo já **deve ter se iniciado (pendência)**	A inovação pode ocorrer mesmo antes de iniciado o processo

Art. 357, CP, Exploração de prestígio

- Conduta criminosa: **Solicitar ou receber** dinheiro ou qualquer outra utilidade, a pretexto de influir em juiz, jurado, órgão do Ministério Público, funcionário de justiça, perito, tradutor, intérprete ou testemunha.
- Esse crime se assemelha ao de tráfico de influência. A diferença é que a suposta influência vai recair sobre **juiz, jurado, órgão do Ministério Público, funcionário de justiça, perito, tradutor, intérprete ou testemunha**.
- **Pena: reclusão, de um a cinco anos, e multa.**
- **Causa de aumento de pena:** As penas aumentam-se de **um terço,** se o agente alega ou insinua que o dinheiro ou utilidade também se destina a qualquer das pessoas referidas neste artigo.

Art. 359, CP, Desobediência a decisão judicial sobre perda ou suspensão de direito

- Conduta criminosa: **Exercer** função, atividade, direito, autoridade ou múnus, de que foi suspenso ou privado por decisão judicial.
- Há ordem judicial que proíbe ou suspende a pessoa de praticar função atividade, direito, autoridade ou múnus.
- O crime ocorre caso o agente desobedece a essa ordem judicial.
- **Pena: detenção, de três meses a dois anos, ou multa.**

REFERÊNCIAS BIBIOGRÁFICAS

CUNHA, Rogério Sanches. Manual De Direito Penal – Parte Geral – Volume Único. 13 ed. São Paulo: Editora Juspodivm, 2024.

CUNHA, Rogério Sanches. Manual De Direito Penal – Parte Especial – Volume Único. 17 ed. São Paulo: Editora Juspodivm, 2024.

NUCCI, Guilherme de Souza. Código Penal Comentado. 22 ed. Rio de Janeiro: Editora Forense, 2022.

Direito Processual Penal

Danilo da Cunha Sousa

ITENS DO EDITAL	ITENS DAS DICAS
ART. 28, CPP	1. DO ARQUIVAMENTO DO INQUÉRITO POLICIAL
ARTIGOS 24 A 42, 61 E 62, CPP	2. DA AÇÃO PENAL
ARTS. 63 A 68, CPP	3. DA AÇÃO CIVIL EX DELICTO
ARTS. 69 A 74	4. DA COMPETÊNCIA
ARTS. 125 A 131, CPP	5. Do sequestro de bens imóveis
ARTS. 156, 185, 202 A 204, 218 A 225, 240 A 250, CPP	6. Da prova
ARTIGOS 112 E 274, CPP.	7. DOS FUNCIONÁRIOS DA JUSTIÇA
ARTIGOS 283 A 303, CPP.	8. DA PRISÃO PROCESSUAL
ARTIGOS 351 A 363, 370 a 372 CPP.	9. COMUNICAÇÕES PROCESSUAIS (CITAÇÃO e INTIMAÇÃO
ARTIGOS 396 e 396-A, 406, 436 A 446 E 485 A 487, 513 A 518-, CPP	10. Dos procedimentos
ARTIGOS 513 a 518, CPP.	11. DO PROCESSO E DO JULGAMENTO DOS CRIMES DE RESPONSABILIDADE DOS FUNCIONÁRIOS PÚBLICOS
ARTIGOS 563 a 570, CPP.	12. DAS NULIDADES
ARTIGOS 593, 647 a 654, CPP.	13. APELAÇÃO E *HABEAS CORPUS*
ARTIGOS 762 a 763, CPP.	14. DA EXECUÇÃO DAS MEDIDAS DE SEGURANÇA
ARTS. 792, 798 E 798-A, CPP	15. AUDIÊNCIA E PRAZO NO PROCESSO PENAL
LEI Nº 9.099 DE 26.09.1995 (ARTIGOS 1º; 2º, 60 A 62; 66 A 68).	16. LEI Nº 9.099/95

1. ARQUIVAMENTO DO INQUÉRITO POLICIAL

- **Após o julgamento das ADIs que impugnaram o Pacote Anticrime, o sistema de arquivamento de inquérito policial passou a ser da seguinte forma**
- O Ministério Público, titular da ação penal, é que tem atribuição constitucional para manifestar pelo arquivamento do Inquérito Policial ou de outras peças de informação.

- Essa manifestação do Ministério Público está sujeita às seguintes formas de controle:
  a) O órgão do Ministério Público deve submeter a manifestação ao juízo competente, que poderá homologar o arquivamento ou, caso discorde, enviar os Autos ao Órgão Superior do Ministério Público com atribuição para deliberar sobre o arquivamento;
  b) O órgão do Ministério Público deve comunicar a vítima ou seu representante legal sobre o arquivamento, os quais poderão recorrer à instância superior do "Parquet" com atribuição para deliberar sobre o arquivamento;
  c) O próprio órgão do Ministério Público pode encaminhar a manifestação aos Órgãos Superiores para eventual revisão de sua manifestação.
- O órgão Superior do Ministério Público poderá adotar as seguintes decisões: manter o arquivamento, requisitar novas diligências ou designar outro membro do MP para oferecimento da denúncia.
- Cabe registrar que a Autoridade Policial não tem atribuição para arquivar o inquérito policial, ao final do qual, ela elabora um relatório e o envia ao juízo competente e, depois de distribuídos os Autos, estes são encaminhados ao membro do Ministério Público, que tem atribuição para deliberar sobre o arquivamento.

2. DA AÇÃO PENAL

Quadro resumido sobre ação penal:

Natureza	Legitimidade ativa	Condição Específica	Exemplos
Pública Incondicionada	Ministério Público	Não tem	É a regra: homicídio, furto, etc.
Pública Condicionada à Representação	Ministério Público	Representação do ofendido ou representante legal	Ameaça
Pública Condicionada à Requisição do Ministério da Justiça	Ministério Público	Requisição do Ministério da Justiça	Crimes contra a honra do Presidente da República
Privada	Ofendido ou seu representante	Não tem	Crimes contra a honra em geral
Privada Subsidiária da Pública	Ofendido ou seu representante	Inércia do Ministério Público	Qualquer crime de ação pública
Privada Personalíssima	Exclusiva do ofendido	Não tem	Única hipótese: art. 236, CP.

<table>
<tr><td>Condições da ação penal</td><td>a. Legitimidade ativa: é o autor da ação penal (Ministério Público, em regra; excepcionalmente, o ofendido);
b. Legitimidade passiva: é autor do crime, aquele contra quem o Estado pretende exercer a pretensão punitiva;
c. Interesse de agir: necessidade de intervenção do Judiciário para satisfação da pretensão punitiva e com a escolha da via adequada;
d. Justa causa: a inicial da ação penal deve ser acompanhada pelo mínimo de prova a indicar a viabilidade da ação penal, ao final, ser julgada procedente.</td></tr>
</table>

A. AÇÃO PENAL PÚBLICA

- A ação penal pública é aquela em que o autor da ação é o Ministério Público, conforme dispõe o art. 129, I, CF/88.

<table>
<tr><td>Princípios da ação penal pública</td><td>1. Princípio da obrigatoriedade: o Ministério Público tem o dever de promover a ação penal tão só tenha ele notícia do crime e não existam obstáculos que o impeça de atuar.
Assim, verificando ser a conduta típica, ilícita e culpável, o Ministério Público estará obrigado a oferecer a denúncia.
2. Princípio da indisponibilidade: uma vez proposta a ação penal, o MP não pode desistir de seu prosseguimento;
3. Oficialidade: a ação penal está a cargo do Ministério Público, órgão estatal;
4. (In)divisibilidade posição majoritária na doutrina: indivisibilidade: o MP deve oferecer denúncia contra todos os autores do crime, segundo os indícios colhidos até o momento da propositura da ação. STF e STJ: a jurisprudência é no sentido de que vige o princípio da divisibilidade, pois o MP pode oferecer denúncia contra um acusado em um momento e contra outro em momento posterior ao surgirem novas provas.</td></tr>
</table>

Jurisprudência do STJ: Na ação penal pública, o MP não está obrigado a denunciar todos os envolvidos no fato tido por delituoso, não se podendo falar em arquivamento implícito em relação a quem não foi denunciado. Isso porque, nessas demandas, **não vigora o princípio da indivisibilidade**. Assim, o Parquet é livre para formar sua convicção incluindo na increpação as pessoas que entenda terem praticados ilícitos penais, mediante a constatação de indícios de autoria e materialidade. Ademais, há possibilidade de se aditar a denúncia até a sentença. Precedentes citados: REsp 1.255.224-RJ, Quinta Turma, DJe 7/3/2014; APn 382-RR, Corte Especial, DJe 5/10/2011; e RHC 15.764-SP, Sexta Turma, DJ 6/2/2006. RHC 34.233-SP, Rel. Min. Maria Thereza de Assis Moura, julgado em 6/5/2014.

<table>
<tr><td>Modalidades de ação penal pública</td><td>a) Ação penal pública incondicionada;
b) Ação penal pública condicionada à representação do ofendido;
c) Ação penal pública condicionada à requisição do Ministro da Justiça.</td></tr>
</table>

- Na ação **penal pública incondicionada**, o Ministério Público age, independentemente de manifestação de vontade da vítima. Ou seja, ele pode oferecer a denúncia, desde que presentes os requisitos legais, ainda que a vítima manifeste que não está de acordo com a propositura da ação.
- Na ação **penal pública condicionada à representação** há condição específica de procedibilidade: a representação do ofendido ou de seu representante legal. Com

efeito, o Ministério Público só pode iniciar a ação penal pela denúncia, desde que haja manifestação do ofendido nesse sentido.

- O ofendido pode se retratar à representação, em regra, até o **oferecimento** da denúncia.
- Na Lei Maria da Penha, a retratação pode acontecer até o **recebimento** da denúncia, necessitando-se de audiência específica para tanto.
- A representação tem caráter **objetivo**, ou seja, se refere ao fato, não aos autores dele, devendo o Ministério Público zelar pelo princípio da indivisibilidade.
- A outra modalidade de ação penal pública condicionada é aquela que depende de **requisição do Ministro da Justiça**, como, por exemplo, nos crimes contra a honra do Presidente da República.
- Tanto a representação do ofendido, quanto a requisição do Ministro da Justiça, não vinculam o Ministério Público, que pode não oferecer denúncia, se achar que não há prova da materialidade delitiva ou de indícios suficientes de autoria.

  Jurisprudência do STJ: A controvérsia disposta nos autos versa acerca da possibilidade de terceiro (avó, no caso), que não seja representante legal, possa representar – no interesse da vítima – na ação penal pública condicionada, em razão da **prescindibilidade de rigores formais** para o ato, no caso de crime sexual contra menor de idade praticado antes da vigência da Lei n. 12.015/2009 – arts. 214 c/c o 224, a, e 226, II, do Código Penal. 2. Doutrina e jurisprudência são uniformes no sentido de que a representação **prescinde de qualquer formalidade**, sendo suficiente a demonstração do interesse da vítima ou seu representante em autorizar a persecução criminal. 3. A **representação tem mais caráter material do que formal, admitindo-se a iniciativa de outras pessoas ligadas à vítima**: avós, tios, irmãos, pais de criação, pessoas encarregadas da guarda, entre outras. 4. Percebe-se que a renúncia contida nos autos, deveu-se a fatores outros, totalmente alheios ao interesse da vítima, sendo imperioso prestigiar-se a legítima pretensão jurídica esboçada, in casu, pela avó da criança, em defesa dos direitos desta (AgRg no REsp nº 1.618.438/MG. Rel. Min. Sebastião Reis Júnior. DJ. 04/05/2017).

- Qualquer pessoa do povo poderá provocar a iniciativa do Ministério Público, nos casos em que caiba a ação pública, fornecendo-lhe, por escrito, informações sobre o fato e a autoria e indicando o tempo, o lugar e os elementos de convicção.

B. AÇÃO PENAL PRIVADA

- Na ação penal privada, a legitimidade extraordinária para propor a ação é do ofendido ou seu representante legal.

Princípios da ação penal privada	1. Oportunidade ou conveniência: é faculdade da vítima oferecer queixa-crime de acordo com a sua conveniência; 2. Disponibilidade: oferecida a queixa-crime, pode o querelante desistir da ação penal; 3. Indivisibilidade: o querelante deve promover a ação penal contra todos os autores do crime.

- Na **ação penal privada subsidiária da pública**, o ofendido oferece queixa-crime em caso de **inércia** do Ministério Público, que **não oferece denúncia, não arquiva o inquérito policial ou não requer novas diligências**.
- **Atenção:** o **arquivamento** do inquérito policial **não autoriza** o oferecimento de queixa-crime em ação penal privada **subsidiária** da pública, porque **não houve inércia.**
- Na **ação penal privada subsidiária da pública**, se o ofendido não der continuidade à demanda, o Ministério Público deverá assumir o polo ativo da ação em razão do princípio da obrigatoriedade, que vige na ação penal pública (lembre-se que, originalmente, ação penal é pública, havendo mera substituição por privada em decorrência da inércia do MP).
- **Ação penal privada personalíssima:** só pode ser movida pelo próprio ofendido. Em caso de sua morte, outras pessoas não podem iniciar ou continuar a ação penal. Caso único: **Induzimento a erro essencial e ocultação de impedimento (art. 236, CP).**

C. DO ACORDO DE NÃO PERSCUÇÃO PENAL (ANPP)

- O acordo de não persecução penal foi introduzido no ordenamento jurídico brasileiro pelo Pacote Anticrime.

Requisitos para ANPP	a) Não é o caso de arquivamento do inquérito policial; b) Confissão formal e circunstanciada da prática da infração penal pelo investigado; c) infração penal sem violência ou grave ameaça e com pena mínima inferior a 4 (quatro) anos; d) A medida é necessária e suficiente para reprovação e prevenção do crime.
Fatos impeditivos para ANPP	I – se for cabível transação penal de competência dos Juizados Especiais Criminais, nos termos da lei; II – se o investigado for reincidente ou se houver elementos probatórios que indiquem conduta criminal habitual, reiterada ou profissional, exceto se insignificantes as infrações penais pretéritas; III – ter sido o agente beneficiado nos 5 (cinco) anos anteriores ao cometimento da infração, em acordo de não persecução penal, transação penal ou suspensão condicional do processo; e IV – nos crimes praticados no âmbito de violência doméstica ou familiar, ou praticados contra a mulher por razões da condição de sexo feminino, em favor do agressor.
Condições ajustadas cumulativa e alternativamente no ANPP	I – reparar o dano ou restituir a coisa à vítima, exceto na impossibilidade de fazê-lo; II – renunciar voluntariamente a bens e direitos indicados pelo Ministério Público como instrumentos, produto ou proveito do crime; III – prestar serviço à comunidade ou a entidades públicas por período correspondente à pena mínima cominada ao delito diminuída de um a dois terços, em local a ser indicado pelo juízo da execução, na forma do art. 46 do Decreto-Lei nº 2.848, de 7 de dezembro de 1940 (Código Penal);

Condições ajustadas cumulativa e alternativamente no ANPP	IV – pagar prestação pecuniária, a ser estipulada nos termos do art. 45 do Decreto-Lei nº 2.848, de 7 de dezembro de 1940 (Código Penal), a entidade pública ou de interesse social, a ser indicada pelo juízo da execução, que tenha, preferencialmente, como função proteger bens jurídicos iguais ou semelhantes aos aparentemente lesados pelo delito; ou V – cumprir, por prazo determinado, outra condição indicada pelo Ministério Público, desde que proporcional e compatível com a infração penal imputada.

- O juiz pode se recusar a homologar o ANPP, se não presentes os requisitos legais ou se considerar inadequadas, insuficientes ou abusivas as condições dispostas no acordo.
- Descumpridas quaisquer das condições estipuladas no acordo de não persecução penal, o Ministério Público deverá comunicar ao juízo, para fins de sua rescisão e posterior oferecimento de denúncia. Cumprido integralmente o acordo de não persecução penal, o juízo competente decretará a extinção de punibilidade.
- No caso de recusa, por parte do Ministério Público, em propor o acordo de não persecução penal, o investigado poderá requerer a remessa dos autos a órgão superior, na forma do art. 28, §1º do CPP.

D. DISPOSIÇÕES COMUNS À REPRESENTAÇÃO DO OFENDIDO E À QUEIXA-CRIME

Morte do ofendido (legitimidade para oferecer representação ou queixa-crime – ART. 31, CPP)	• **C**ônjuge; • **A**scendente; • **D**escendente; • **I**rmão.

- Se comparecer mais de uma pessoa com direito de queixa, terá preferência o cônjuge, e, em seguida, o parente mais próximo na ordem de enumeração constante do art. 31, CPP, podendo, entretanto, qualquer delas prosseguir na ação, caso o querelante desista da instância ou a abandone.
- O prazo para representação na ação penal pública condicionada e para oferecimento de queixa-crime na ação penal privada é de **seis meses e se inicia a partir do momento em que o ofendido <u>tomou conhecimento da autoria do crime.</u>**
- Em caso de inércia do ofendido ou de seu representante legal, há extinção da punibilidade em razão da **decadência**.
- Quando a vítima for menor de dezoito anos ou incapaz, a representação na ação penal pública ou queixa-crime na ação penal privada deve ser feita pelo seu representante legal, em regra, aquele que detém o poder familiar.
- A partir da vigência do CC/02, o menor de vinte e um anos e maior de dezoito, não depende de representação.
- Se o incapaz não tiver representante legal ou os interesses deles conflitarem, o juiz pode nomear curador especial.
- Há casos na jurisprudência em que se admitiu como representante legal do ofendido incapaz os seus avós, tios, irmãos, vizinhos, etc.

E. DENÚNCIA E QUEIXA-CRIME (PETIÇÃO INICIAL)

- **Denúncia: é a peça inicial da ação penal pública.**
- **Queixa-crime: é a peça inicial da ação penal privada. Para o advogado apresentar a queixa-crime, deve ter poderes especiais para tanto.**

Requisitos formais da peça inicial, sob pena de inépcia	• a exposição do fato criminoso, com todas as suas circunstâncias; • a qualificação do acusado ou esclarecimentos pelos quais se possa identificá-lo; • a classificação do crime e; • quando necessário, o rol das testemunhas.

- **Não presentes esses requisitos é o caso de rejeição de denúncia ou queixa-crime pelo Juiz.**

F. DO DEVER DO JUIZ EM CASO DE EXTINÇÃO DA PUNIBILIDADE

- Como a extinção da punibilidade é matéria de ordem pública, em qualquer fase do processo, o juiz, se reconhecer extinta a punibilidade, deverá declará-lo **de ofício**.
- No caso de requerimento do Ministério Público, do querelante ou do réu, o juiz mandará autuá-lo em apartado, ouvirá a parte contrária e, se o julgar conveniente, concederá o prazo de cinco dias para a prova, proferindo a decisão dentro de cinco dias ou reservando-se para apreciar a matéria na sentença final.
- No caso de morte do acusado, o juiz somente à vista da certidão de óbito, e depois de ouvido o Ministério Público, declarará extinta a punibilidade.

3. DA AÇÃO CIVIL "EX DELICTO"

- Uma mesma conduta pode constituir um crime e um ilícito cível, gerando o dever de o autor do fato indenizar o ofendido.
- A sentença penal condenatória transitada em julgado vale como título executivo no juízo cível, devendo haver a liquidação do dano efetivamente sofrido pelo ofendido, mesmo que haja a fixação mínima do dano na sentença penal condenatória, nos termos do art. 387, IV, do CP.
- O ofendido pode optar por ingressar com ação de conhecimento no juízo cível, com o objetivo de reparar o dano, no curso da ação penal. Nesse caso, o juízo cível pode suspender a ação de reparação de dano.
- O ofendido pode optar por ingressar com ação de conhecimento no juízo cível, com o objetivo de reparar o dano, no curso da ação penal. Nesse caso, o juízo cível pode suspender a ação de reparação de dano.

Fazem coisa julgada no juízo cível	a) Sentença penal condenatória; b) sentença penal que reconhecer ter sido o ato praticado em estado de necessidade, em legítima defesa, em estrito cumprimento de dever legal ou no exercício regular de direito; c) Sentença absolutória por estar provada a inexistência do fato; d) Sentença absolutória por estar provado que o réu não concorreu para a infração penal.

Não Fazem coisa julgada no juízo cível	a) Sentença absolutória por não haver prova da existência do fato; b) Sentença absolutória por não constituir o fato infração penal; c) Sentença absolutória por não existir prova de ter o réu concorrido para a infração penal; d) Sentença absolutória por existir prova suficiente para a condenação; e) o despacho de arquivamento do inquérito ou das peças de informação; f) a decisão que julgar extinta a punibilidade.

4. DA COMPETÊNCIA

CRITÉRIOS PARA FIXAÇÃO DE COMPETÊNCIA NO CPP	**I - o lugar da infração;** **II - o domicílio ou residência do réu;** **III - a natureza da infração;** **IV - a distribuição;** **V - a conexão ou continência;** **VI - a prevenção;** **VII - a prerrogativa de função.**

- **Competência territorial:** o CPP adotou o critério do lugar da infração.

Lugar da infração	a) **Teoria do resultado** **a.1) Regra geral:** Lugar em que se **consumar a infração.** **a.2)** Quando o **último ato de execução** for praticado **fora do território nacional,** será competente o juiz do lugar em que o crime, embora parcialmente, **tenha produzido ou devia produzir seu resultado.** **b) Teoria da ação:** **b.1) no caso de tentativa:** lugar em que for **praticado o último ato de execução;** **b.2)** Início da execução no território nacional com consumação fora dele: lugar em que for **praticado o último ato de execução.**

- **Crime de estelionato**: quando praticados **mediante depósito, mediante emissão de cheques sem suficiente provisão de fundos em poder do sacado ou com o pagamento frustrado ou mediante transferência de valores**, a competência será definida pelo **local do domicílio da vítima**, e, em caso de **pluralidade de vítimas**, a competência firmar-se-á pela **prevenção**.
- **Crime continuado ou permanente**: praticado em **território de duas ou mais jurisdições**, a competência firmar-se-á pela **prevenção**.
- **Competência pelo domicílio do réu:** critério adotado se não conhecido o **lugar da infração**. Nesse caso, se o réu tiver mais de um domicílio, adota-se o critério da prevenção.
- Se o réu não tiver **residência certa ou for ignorado o seu paradeiro**, será competente o juiz que **primeiro tomar conhecimento do fato**.
- **Ação penal privada propriamente dita ou personalíssima:** o réu pode optar por seu domicílio, ainda que conhecido o lugar da infração penal.

- **Competência pelo domicílio do réu:** critério adotado se não conhecido o **lugar da infração**. Nesse caso, se o réu tiver mais de um domicílio, adota-se o critério da prevenção.
- **Competência pela natureza da infração:** fixada a competência territorial, passa-se a definir qual Vara da Comarca será competente, podendo a Lei de Organização Judiciária fixar a competência em razão da natureza da infração. Assim, por exemplo, em Comarcas maiores, pode haver a fixação de competência em Varas especializadas em crimes contra o patrimônio, crimes contra a Administração Pública etc.
- **Competência do Tribunal do Júri:** a Constituição Federal estabelece que os crimes dolosos contra a vida estão sujeitos ao Tribunal do Júri. Trata-se de competência mínima, ou seja, lei federal pode prever que outros crimes estejam sujeitos ao Júri popular. Mas, a lei de organização judiciária não pode fazê-lo.
- Assim, os crimes dolosos contra a vida (homicídio doloso, induzimento, instigação ou auxílio a suicídio ou a automutilação, infanticídio e aborto) devem ser julgados pelo Tribunal do Júri.
- **Desclassificação do crime:** iniciada a ação penal perante um Juízo, se, no curso do processo, houver desclassificação, os Autos devem ser encaminhados ao Juízo competente em razão da matéria, salvo se o juiz iniciante for mais graduado.
- Por exemplo, se uma lei de organização judiciária determinar que, em São Paulo, há Varas para julgamento de crimes contra a Administração Pública e contra o patrimônio, inicia-se um processo por peculato-furto na primeira. Caso haja desclassificação para crime de furto, a competência deve ser deslocada para a Vara de crimes contra o patrimônio.
- **Desclassificação no Tribunal do Júri**: o rito do Tribunal do Júri é dividido em duas fases.
- Se a desclassificação ocorrer na primeira fase, pelo juiz singular, os Autos são encaminhados ao juiz competente para o julgamento da nova imputação. Assim, se, no final da primeira fase, o juiz singular entender que, ao invés de homicídio doloso, há homicídio culposo, os Autos devem ser enviados ao juiz singular para julgar essa causa, não ao Tribunal do Júri.
- Se a desclassificação ocorrer na segunda fase, em Plenário, pelo Conselho de Sentença, o Juiz Presidente do Tribunal do Júri será o competente para o julgamento da infração penal com nova imputação.

5. DO SEQUESTRO DE BENS IMÓVEIS

- O CPP prevê a medidas cautelares reais que visam o ressarcimento do dano causado à vítima. Entre essas medidas cautelares se encontra o sequestro.
- **Objeto do sequestro**: **bens imóveis,** adquiridos pelo indiciado com os **proventos da infração**, ainda que já tenham sido transferidos a terceiro.

- **Requisito mínimo**: existência de **indícios veementes** da **proveniência ilícita** dos bens.
- **Legitimidade para determinar ou requer o sequestro: juiz**, **de ofício**, a **requerimento** do **Ministério Público** ou do **ofendido**, ou mediante **representação da autoridade policial**.
- **Momento para se decretar o sequestro: qualquer fase do processo** ou ainda **antes** de **oferecida** a denúncia ou queixa.
- O sequestro será autuado em **apartado** e admitirá **embargos de terceiro**.

Outros legitimados para embargar o sequestro	I - pelo **acusado**, sob o fundamento de não terem os bens sido adquiridos com os proventos da infração; II - pelo **terceiro**, a quem houverem os bens sido transferidos a título oneroso, sob o fundamento de tê-los adquirido de **boa-fé**.

- Não poderá ser pronunciada decisão nesses embargos **antes** de passar em julgado a sentença condenatória.

Hipóteses de levantamento do sequestro	- se a ação penal não for intentada no prazo de sessenta dias, contado da data em que ficar concluída a diligência; II - se o terceiro, a quem tiverem sido transferidos os bens, prestar caução que assegure a integral reparação do dano à vítima; III - se for julgada extinta a punibilidade ou absolvido o réu, por sentença transitada em julgado.

6. DA PROVA

- **Ônus da prova:** A prova da alegação incumbirá a quem a fizer.

Possibilidade do juiz de determinar produção de provas de ofício	I – ordenar, **mesmo antes de iniciada a ação penal**, a produção antecipada de provas consideradas **urgentes e relevantes**, observando a **necessidade, adequação e proporcionalidade da medida**; II – determinar, **no curso da instrução**, ou **antes de proferir sentença**, a realização de **diligências para dirimir dúvida** sobre ponto relevante.

A) DO INTERROGATÓRIO

- O **interrogatório** é exercício de **defesa pessoal** e será exercido perante a autoridade judicial, como **último ato processual**, na presença de **defensor**, constituído ou nomeado pelo juiz.

Interrogatório de réu preso	**Regra:** em sala própria, no estabelecimento em que estiver recolhido. **Exceção:** o juiz, por decisão fundamentada, de ofício ou a requerimento das partes, poderá realizar o interrogatório do réu preso por sistema de videoconferência ou outro recurso tecnológico de transmissão de sons e imagens em tempo real.

- Antes do interrogatório por videoconferência, o preso poderá **acompanhar**, pelo mesmo sistema tecnológico, **a realização de todos os atos da audiência única de instrução e julgamento.**

- Em qualquer modalidade de interrogatório, o juiz garantirá ao réu o direito de **entrevista prévia e reservada com o seu defensor**; se realizado por videoconferência, fica também garantido o acesso a canais telefônicos reservados para comunicação entre o defensor que esteja no presídio e o advogado presente na sala de audiência do Fórum, e entre este e o preso.
- Do interrogatório deverá constar a informação sobre a existência de filhos, respectivas idades e se possuem alguma deficiência e o nome e o contato de eventual responsável pelos cuidados dos filhos, indicado pela pessoa presa.

B) **PROVA TESTEMUNHAL**

- **Toda pessoa** poderá ser testemunha.
- A testemunha deve fazer a **promessa de dizer a verdade** do que souber e lhe for perguntado.
- O depoimento deve ser **oral**, não podendo ser por escrito.
- A testemunha poderá fazer **breve consulta a apontamentos**.
- **Condução coercitiva:** Se, **regularmente intimada**, a testemunha **deixar de comparecer sem motivo justificado**, o juiz poderá **requisitar à autoridade policial** a sua apresentação ou determinar seja **conduzida por oficial de justiça**, que poderá solicitar o auxílio da força pública.
- **Penalidades à testemunha faltosa:** multa; crime de desobediência e pagamento das custas da diligência.
- As pessoas impossibilitadas**, por enfermidade ou por velhice,** de comparecer para depor**, serão inquiridas onde estiverem.**
- Os militares deverão ser **requisitados à autoridade superior.**
- **TESTEMUNHAS RESIDENTES EM COMARCA DISTINTA DO LOCAL EM QUE CORRE O PROCESSO:** podem ser oividas por **carta precatória** ou por meio de **videoconferência** ou outro **recurso tecnológico de transmissão de sons e imagens em tempo real**, permitida a presença do defensor e podendo ser realizada, inclusive, durante a realização da audiência de instrução e julgamento.
- **Carta Rogatória:** expedida para oitiva de testemunha residente em outro País. Só será expedida se demonstrada previamente a sua **imprescindibilidade**, arcando a parte requerente com os custos de envio.
- **Intérprete:** nomeado para oitiva de testemunhas que não falam a língua portuguesa.
- As testemunhas comunicarão ao juiz, dentro de um ano, qualquer mudança de residência, sujeitando-se, pela simples omissão, às penas do não-comparecimento.
- **Oitiva antecipada:** testemunha **houver de ausentar-se**, ou, por **enfermidade ou por velhice**, inspirar **receio** de que ao tempo da instrução criminal já não exista.

C) BUSCA E APRRENSÃO

Cláusula de reserva de jurisdição (medidas que só podem ser tomadas por Juiz)	(a) decretar a **prisão** de um cidadão; (b) **interceptação telefônica**; (c) mandado de **busca domiciliar** (inviolabilidade do domicílio).

- A busca e a apreensão domiciliar, mediante ordem judicial, só pode ser cumprida durante o dia ou mediante autorização do morador, em nome da tutela do direito à inviolabilidade do domicílio.
- A busca e a apreensão **pessoal independerá de mandado**, no caso de prisão ou quando houver fundada suspeita de que a pessoa esteja na posse de arma proibida ou de objetos ou papéis que constituam corpo de delito, ou quando a medida for determinada no curso de busca domiciliar.

Fundadas razões que autorizam a busca e apreensão domiciliar	a) prender criminosos; b) apreender coisas achadas ou obtidas por meios criminosos; c) apreender instrumentos de falsificação ou de contrafação e objetos falsificados ou contrafeitos; d) apreender armas e munições, instrumentos utilizados na prática de crime ou destinados a fim delituoso; e) descobrir objetos necessários à prova de infração ou à defesa do réu; f) apreender cartas, abertas ou não, destinadas ao acusado ou em seu poder, quando haja suspeita de que o conhecimento do seu conteúdo possa ser útil à elucidação do fato; g) apreender pessoas vítimas de crimes; h) colher qualquer elemento de convicção.

Fundadas razões que autorizam a busca e apreensão pessoal	suspeita de que alguém oculte consigo arma proibida ou objetos mencionados nas letras b a f e letra h do quadro anterior.

Elementos do mandado de busca e apreensão domiciliar	**I - indicar, o mais precisamente possível, a casa em que será realizada a diligência e o nome do respectivo proprietário ou morador; ou, no caso de busca pessoal, o nome da pessoa que terá de sofrê-la ou os sinais que a identifiquem;** **II - mencionar o motivo e os fins da diligência;** **III - ser subscrito pelo escrivão e assinado pela autoridade que o fizer expedir.**

7. DOS FUNCIONÁRIOS DA JUSTIÇA

- Os funcionários da Justiça, como Oficiais de Justiça, devem se abster de atuar nos processos em que estão incompatíveis, impedidos ou suspeitos de atuar, pois como o Juiz têm, como característica fundamental, a **imparcialidade.**
- Em relação aos **impedimentos**, são hipóteses **objetivas**, no sentido de que não é possível qualquer valoração por parte do Magistrado para continuar na condução da presidência do processo (arts. 252 e 253, CPP). Ou seja, por exemplo, se o cônjuge do juiz tiver funcionado no processo, ele deve se declarar impedido.

Causas de impedimento	I – tiver funcionado seu cônjuge ou parente, consanguíneo ou afim, em linha reta ou colateral até o terceiro grau, inclusive, como defensor ou advogado, órgão do Ministério Público, autoridade policial, auxiliar da justiça ou perito; II – ele próprio houver desempenhado qualquer dessas funções ou servido como testemunha; III – tiver funcionado como juiz de outra instância, pronunciando-se, de fato ou de direito, sobre a questão; IV – ele próprio ou seu cônjuge ou parente, consanguíneo ou afim em linha reta ou colateral até o terceiro grau, inclusive, for parte ou diretamente interessado no feito; V – Nos juízos coletivos, não poderão servir no mesmo processo os juízes que forem entre si parentes, consanguíneos ou afins, em linha reta ou colateral até o terceiro grau, inclusive.

"A consolidada jurisprudência dos Tribunais Superiores sustenta que as hipóteses causadoras de impedimento, constantes nos arts. 252, 253 e 258 do Código de Processo Penal são taxativas, não sendo viável interpretação extensiva e analógica, sob pena de se criar judicialmente nova causa de impedimento não prevista em lei, o que vulneraria a separação dos poderes e, por consequência, cercearia inconstitucionalmente a atuação válida do magistrado ou mesmo do promotor" (HC n. 353.440/MG, relator Ministro RIBEIRO DANTAS, Quinta Turma, julgado em 16/5/2017, DJe de 19/5/2017).

- Na **suspeição,** há espaço para um **juízo de valoração**, seja porque ao Juiz é permitido se declarar suspeito, de ofício ou após a arguição pela parte, seja porque o fato alegado deve ser demonstrado por meio de provas.

Causas de suspeição	I – se for amigo íntimo ou inimigo capital de qualquer deles; II – se ele, seu cônjuge, ascendente ou descendente, estiver respondendo a processo por fato análogo, sobre cujo caráter criminoso haja controvérsia; III – se ele, seu cônjuge, ou parente, consanguíneo, ou afim, até o terceiro grau, inclusive, sustentar demanda ou responder a processo que tenha de ser julgado por qualquer das partes; IV – se tiver aconselhado qualquer das partes; V – se for credor ou devedor, tutor ou curador, de qualquer das partes; VI – se for sócio, acionista ou administrador de sociedade interessada no processo.

- o STF decidiu que, declarada a incompetência absoluta do Juízo, não fica prejudicada a análise de suspeição do Juiz da causa (HC n. 164.493 e HC 193.726).

  "HABEAS CORPUS. ESTUPRO DE VULNERÁVEL. PRONUNCIAMENTO ORAL DO REVISOR E RELATOR PARA O ACÓRDÃO. JULGAMENTO DA APELAÇÃO CRIMINAL DA DEFESA. MANIFESTAÇÃO DESRESPEITOSA, PEJORATIVA E OFENSIVA AO ACUSADO. **EXCESSO VERBAL** QUE EXORBITA DA MERA FALTA DE URBANIDADE. MALTRATO AO DEVIDO PROCESSO LEGAL. SISTEMA ACUSATÓRIO. FALTA DE IMPARCIALIDADE. HIPÓTESE DE SUSPEIÇÃO. RECONHECIMENTO DA NULIDADE. CONCESSÃO DA ORDEM. ANULAÇÃO DO JULGAMENTO COM RENOVAÇÃO". (STJ – HC 718525/PR).

- Por sua vez, as causas de **incompatibilidade** não são previstas expressamente em lei, mas também podem surgir ao longo do processo e, tal como as causas de impedimento e suspeição, influir na imparcialidade no julgamento. É o caso de alegar o juiz questão de foro **íntimo** para se seguir no feito.

- Se for a própria parte que der causa à inimizade, não se pode declarar a suspeição.
- Os funcionários dos Judiciários, aos quais, segundo a sistemática do CPP, também se aplicam as regras de suspeição, impedimento e incompatibilidade, notadamente, em relação **àqueles** que praticam atos de ordinatórios decorrentes de delegação por parte do Juizo.

8. DA PRISÃO PROCESSUAL

- No sistema jurídico brasileiro, existem duas modalidades de prisão: a prisão-pena ou prisão sanção e a prisão cautelar.
- A prisão sanção decorre de sentença penal condenatória **transitada em julgado**, em nome do princípio de presunção de inocência.
- Por prisão cautelar ou provisória, se entende aquelas decretadas antes do trânsito em julgado da sentença penal condenatória. São suas espécies: (a) prisão em flagrante; (b) prisão preventiva; (c) prisão temporária.
- Em regra, toda prisão depende de prévia **decisão judicial devidamente fundamentada**, exceto no caso de prisão em flagrante delito, em que o controle judicial da medida é posterior.
- Toda prisão cautelar tem caráter **instrumental.** Desse modo, ela só é cabível em caso de ser cominado ao crime, isolada ou cumulativamente, pena de prisão.
- A prisão pode ser decretada em qualquer dia e horário, desde que respeitadas as restrições que garantem a inviolabilidade do domicílio: art. 5º, XI, CF/88: a casa é asilo inviolável do indivíduo, ninguém nela podendo penetrar **sem consentimento** do morador, **salvo em caso de flagrante delito** ou desastre, ou para prestar socorro, ou, **durante o dia, por determinação judicial.**

Requisitos do mandado de prisão	a) será lavrado pelo escrivão e assinado pela autoridade; b) designará a pessoa, que tiver de ser presa, por seu nome, alcunha ou sinais característicos; c) mencionará a infração penal que motivar a prisão; d) declarará o valor da fiança arbitrada, quando afiançável a infração; e) será dirigido a quem tiver qualidade para dar-lhe execução.

- Quando o acusado estiver no território nacional, **fora da jurisdição do juiz processante**, será **deprecada** a sua prisão, devendo constar da precatória o inteiro teor do mandado.
- O juiz competente providenciará o imediato registro do mandado de prisão em banco de dados mantido pelo **Conselho Nacional de Justiça** para essa finalidade.

A. Da prisão em flagrante

- A prisão em flagrante é aquela que ocorre enquanto presente o chamado estado de flagrância.

Espécies de Flagrante	(a) o crime está acontecendo ou acabou de acontecer (**flagrante próprio**); (b) o agente é perseguido logo após a infração em situação que o faça presumir ser o autor do fato criminoso (**flagrante impróprio**); (c) o agente é preso logo depois de cometer o crime com objetos que presumam ser ele o autor do crime (**flagrante presumido**).

- No **flagrante preparado**, o agente é induzido ou instigado a cometer o crime, geralmente, por meio de uma conduta de uma agente do Estado. Nesse caso, não há crime, pois, a **consumação** é **impossível** (Súmula nº 145 do STF).
- No flagrante **esperado ou retardado**, o agente policial deixa de executar a prisão em flagrante por uma questão estratégica, como, por exemplo, esperar a colheita de mais elementos de provas.
- Nas infrações permanentes, entende-se o agente em flagrante delito enquanto não cessar a permanência.

9. COMUNICAÇÕES PROCESSUAIS (CITAÇÃO E INTIMAÇÃO

Espécies de citação no processo penal	a. **pessoalmente** (mandado judicial cumprido por Oficial de Justiça); b. por **hora certa**; c. por **edital**.

- **Não existe citação por carta no processo penal**.

Elementos que devem constar do mandado judicial	I – o nome do juiz; II – o nome do querelante nas ações iniciadas por queixa; III – o nome do réu, ou, se for desconhecido, os seus sinais característicos; IV – a residência do réu, se for conhecida; V – o fim para que é feita a citação; VI – o juízo e o lugar, o dia e a hora em que o réu deverá comparecer; VII – a subscrição do escrivão e a rubrica do juiz.

- Citação por **precatória**: réu que está em território distinto de onde o processo corre. Assim, se o processo corre em Franca, mas o réu mora em Rio Claro, o juiz de Franca envia a carta precatória para Rio Claro, onde será o réu citado.

Elementos que devem constar da carta precatória	I – o juiz deprecado (Rio Claro, por exemplo) e o juiz deprecante (Franca); II – a sede da jurisdição de um e de outro; III – o fim para que é feita a citação, com todas as especificações; IV – o juízo do lugar, o dia e a hora em que o réu deverá comparecer.

- Caráter itinerante da **precatória**: o juízo deprecado pode enviar a precatória para outra Comarca, sem necessidade de devolvê-la ao Juízo deprecante.
- Assim, seguindo o exemplo, se o Juiz de Rio Claro descobrir que o acusado se mudou para Ribeirão Preto, ele já envia a precatória para esta comarca, sem necessidade de voltar à Franca.

- **Carta rogatória**: é usada no caso de o denunciado estiver no exterior ou em delegação estrangeira.
- O militar será citado na pessoa de seu superior hierárquico. No caso de servidor público, serão citados ele e o seu superior em relação à data de comparecimento à audiência.
- Se o réu estiver preso, será pessoalmente citado.

Requisitos da citação por mandado	I – leitura do mandado ao citando pelo oficial e entrega da contrafé, na qual se mencionarão dia e hora da citação; II – declaração do oficial, na certidão, da entrega da contrafé, e sua aceitação ou recusa.

- **Citação por hora certa:** ocorre se o Oficial de Justiça levantar suspeita de que o acusado se **oculta** para não ser citado.
- Na **citação por hora certa**, se o réu não apresentar resposta e/ou constituir advogado, será nomeado defensor dativo em seu favor e segue o feito. **Não há suspensão do feito**.
- O procedimento a ser adotado pelo Oficial de Justiça na citação por hora certa é o previsto no CPC.
- Na **citação por edital**, o réu se encontra em local incerto e não sabido. O prazo do edital será de **quinze dias.**
- O processo terá completada a sua formação quando realizada a **citação do acusado**.
- A intimação no processo penal é entendida como dar conhecimento à parte, no processo, da prática de um ato, despacho ou sentença, referindo-se sempre a um ato já praticado.

  juiz marcará desde logo, na presença das partes e testemunhas, dia e hora para seu prosseguimento, do que se lavrará termo nos autos.

Intimação pela imprensa oficial	• defensor constituído; • do advogado do querelante; e • do assistente
Intimação pessoal	• Defensor dativo; • Ministério Público; • Defensoria Pública; • Réu.

10. DOS PROCEDIMENTOS

- Há três procedimentos comuns nos termos do art. 394, § 1º, do CPP: **ordinário, sumário e sumaríssimo**.
- O critério diferenciador é a **pena máxima** privativa de liberdade prevista em **abstrato**, como se mostra do quadro a seguir:

Procedimento	Pena máxima em abstrato
Ordinário	MAIOR OU IGUAL A 4 ANOS
Sumário	MENOR A 4 ANOS
Sumaríssimo	MENOR OU IGUAL A DOIS ANOS E CONTRAVENÇÕES PENAIS

- O legislador estabelece que o procedimento será **comum**:

  (a) **ordinário**: sanção máxima cominada igual ou superior a quatro anos;

  (b) **sumário**: sanção máxima inferior a quatro anos;

  (c) **sumaríssimo:** infrações penais de **menor potencial ofensivo**, previsto na Lei nº 9.099/95.

- As disposições dos arts. 395 a 398 do CPP aplicam-se a todos os procedimentos penais de primeiro grau, ainda que não regulados no Código.

A. Procedimento comum e sumário

- **Rito: (1) denúncia; (2) rejeição ou recebimento da denúncia; (3) citação; (4) resposta à acusação; (5) absolvição sumária ou ratificação do recebimento da denúncia; (6) audiência de instrução, debates e julgamento.**
- Ao receber a denúncia o juiz determina a citação do réu para apresentar reposta escrita no prazo de dez dias.
- Na resposta, o acusado pode alegar preliminares e questões ligadas ao mérito, além de ter que requerer as provas que deseja produzir e apresentar o rol de testemunhas, sob pena de preclusão.
- A exceção será processada em apartado.
- Se o réu foi citado pessoalmente ou por hora certa e não apresentar resposta à acusação no prazo de dez dias, o juiz lhe nomeia defensor dativo.

B. Procedimento do Júri

- O Tribunal do Júri é uma garantia constitucional, segundo a qual o réu em crimes de sua competência tem o direito de ser julgado por seus iguais, o jurado ou juiz leigo.
- O procedimento do Tribunal do Júri é **escalonado** em duas fases: (a) juízo de **admissibilidade**, sumário de culpa, juízo de acusação ou *judicium accusationis*; (b) juízo de **mérito** ou *judicium causae*.

  Juízo de admissibilidade, sumário de culpa, juízo de acusação ou *judicium accusationis*.

- A primeira fase tem procedimento semelhante ao procedimento ordinário, com denúncia, recebimento da denúncia, citação, resposta à acusação, absolvição sumária ou ratificação do recebimento da denúncia, audiência de instrução e julgamento e decisão que encerra a primeira fase.

- O juiz, ao receber a denúncia ou a queixa, ordenará a citação do acusado para responder a acusação, por escrito, no prazo de 10 (dez) dias, contado a partir do efetivo cumprimento do mandado ou do comparecimento, em juízo, do acusado ou de defensor constituído, no caso de citação inválida ou por edital.
- A acusação deverá arrolar testemunhas, até o máximo de 8 (oito), na denúncia ou na queixa.
- Na resposta, o acusado poderá arguir preliminares e alegar tudo que interesse a sua defesa, oferecer documentos e justificações, especificar as provas pretendidas e arrolar testemunhas, até o máximo de 8 (oito), qualificando-as e requerendo sua intimação, quando necessário.

Juízo de mérito ou judicium causae

- Preclusa a pronúncia, o Julgamento do mérito será feito pelos jurados, juízes leigos, escolhidos entre representantes do povo.
- O serviço do júri é **obrigatório**. O alistamento compreenderá os cidadãos maiores de 18 (dezoito) anos de notória idoneidade.

Estão isentos de serem jurados	I – o Presidente da República e os Ministros de Estado; II – os Governadores e seus respectivos Secretários; III – os membros do Congresso Nacional, das Assembleias Legislativas e das Câmaras Distrital e Municipais; IV – os Prefeitos Municipais; V – os Magistrados e membros do Ministério Público e da Defensoria Pública; VI – os servidores do Poder Judiciário, do Ministério Público e da Defensoria Pública; VII – as autoridades e os servidores da polícia e da segurança pública; VIII – os militares em serviço ativo; IX – os cidadãos maiores de 70 (setenta) anos que requeiram sua dispensa; X – aqueles que o requererem, demonstrando justo impedimento.

- A **recusa** ao serviço do júri fundada em convicção religiosa, filosófica ou política importará no dever de **prestar serviço alternativo**, sob pena de **suspensão** dos direitos políticos, enquanto não prestar o serviço imposto.
- Ao jurado que, sem causa legítima, deixar de comparecer no dia marcado para a sessão ou retirar-se antes de ser dispensado pelo presidente será aplicada multa de 1 (um) a 10 (dez) salários mínimos, a critério do juiz, de acordo com a sua condição econômica.
- Somente será aceita escusa fundada em motivo relevante devidamente comprovado e apresentada, ressalvadas as hipóteses de força maior, até o momento da chamada dos jurados.
- O jurado somente será dispensado por decisão motivada do juiz presidente, consignada na ata dos trabalhos.
- O jurado, no exercício da função ou a pretexto de exercê-la, será responsável criminalmente nos mesmos termos em que o são os juízes togados.

- A votação dos jurados será feita em sala especial, para garantia do sigilo.

Tem acesso à sala especial	o juiz presidente, os jurados, o Ministério Público, o assistente, o querelante, o defensor do acusado, o escrivão e O OFICIAL DE JUSTIÇA

- Para assegurar o sigilo do voto, o **OFICIAL DE JUSTIÇA** recolherá em urnas separadas as cédulas correspondentes aos votos e as não utilizadas.
- Após a resposta, verificados os votos e as cédulas não utilizadas, o presidente determinará que o escrivão registre no termo a votação de cada quesito, bem como o resultado do julgamento.
- Do termo também constará a conferência das cédulas **NÃO UTILIZADAS**.

11. DO PROCESSO E DO JULGAMENTO DOS CRIMES DE RESPONSABILIDADE DOS FUNCIONÁRIOS PÚBLICOS

- O procedimento é especial, porque oferecida a denúncia, antes de recebê-la, o juiz determina a **notificação** do denunciado para apresentar defesa **preliminar** por escrito, no prazo de quinze dias, e, só depois, recebe a denúncia ou a rejeita. Caso a receba, o procedimento passa a ser o comum.
- Durante o prazo concedido para a resposta, os autos permanecerão em cartório, onde poderão ser examinados pelo acusado ou por seu defensor.
- A resposta poderá ser instruída com documentos e justificações.

12. DAS NULIDADES

- A nulidade é absoluta nas hipóteses em que o vício é mais grave e se presume o prejuízo à parte. Decorre, em regra, de violação de norma constitucional.
- Já a nulidade é relativa se o vício é menos grave e a parte deve comprovar que sofreu prejuízo.

Princípio	Noção
Da transcendência ou *pas nulité sans grief*	não há nulidade sem prejuízo
Da causalidade	a nulidade de um ato causa a nulidade dos atos que dele dependam ou são consequência.
Do Interesse	somente a parte que for beneficiada com a declaração da nulidade tem interesse em argui-la.
Da convalidação	possibilita a ratificação do ato viciado se foi atingida a sua finalidade.
Instrumentalidade das formas	não se decreta a nulidade se o ato, apesar de viciado, atinge a sua finalidade ou não tenha influenciado na apuração da verdade real.

- A **falta** de defesa gera a **nulidade absoluta** do processo penal.

- Porém, a defesa **deficiente** não gera vício, exceto no caso de Tribunal do Júri em nome do princípio da plenitude da defesa.
- **Defesa colidente**: dois ou mais réus de um processo constituem o mesmo defensor, se os acusados apresentarem versões conflitantes, é caso de **nulidade absoluta.**
- Nenhuma das partes poderá arguir nulidade a que haja dado causa, ou para que tenha concorrido, ou referente a formalidade cuja observância só à parte contrária interesse.
- Não será declarada a nulidade de ato processual que não houver influído na apuração da verdade substancial ou na decisão da causa.
- A nulidade por ilegitimidade do representante da parte poderá ser a todo tempo sanada, mediante ratificação dos atos processuais.
- A falta ou a nulidade da **citação, da intimação ou notificação** estará sanada, desde que o **interessado compareça**, antes de o ato consumar-se, embora declare que o faz para o único fim de argui-la. O juiz ordenará, todavia, a suspensão ou o adiamento do ato, quando reconhecer que a irregularidade poderá prejudicar direito da parte.

13. APELAÇÃO E *HABEAS CORPUS*

I. Apelação

- Sua interposição pode ser feita por meio de **petição** ou por **termo** nos autos, ou seja, não depende de rigor formal, bastando manifestação de inconformismo pela parte com a decisão impugnada.
- O réu pode interpor recurso de apelação, mesmo que não tenha capacidade postulatória (não seja advogado).
- As razões de apelação podem ser apresentadas no mesmo momento da interposição do recurso ou, em separado, no prazo de oito dias.

Cabe apelação contra	I - das sentenças definitivas de condenação ou absolvição proferidas por juiz singular; II - das decisões definitivas, ou com força de definitivas, proferidas por juiz singular nos casos não previstos no Capítulo anterior;
Cabe apelação contra	III - das decisões do Tribunal do Júri, quando: a) ocorrer nulidade posterior à pronúncia; b) for a sentença do juiz-presidente contrária à lei expressa ou à decisão dos jurados; c) houver erro ou injustiça no tocante à aplicação da pena ou da medida de segurança; d) for a decisão dos jurados manifestamente contrária à prova dos autos.

- No caso de apelação contra decisão tomada pelo Tribunal do Júri, o princípio da soberania dos veredictos restringe as matérias que podem ser ventiladas no recurso, bem como a competência do Tribunal para reformar a sentença:

RAZÕES DA APELAÇÃO NO JÚRI	CONSEQUÊNCIA
Nulidade superveniente à pronúncia	Novo julgamento pelo Tribunal do Júri
A sentença do Juiz-Presidente contrariar dispositivo legal ou a decisão dos jurados	O Tribunal de Segundo Grau competente para julgar o recurso corrige a interpretação feita pelo Juiz.

RAZÕES DA APELAÇÃO NO JÚRI	CONSEQUÊNCIA
Ocorrer equívoco na imposição da pena ou da medida de segurança	O Tribunal de Segundo Grau competente para julgar o recurso corrige a interpretação feita pelo Juiz.
A decisão dos jurados for manifestamente contrária às provas dos autos.	Novo julgamento pelo Tribunal do Júri.

- Quando cabível a apelação, não poderá ser usado o recurso em sentido estrito, ainda que somente de parte da decisão se recorra.

II. *Habeas corpus* e seu processo

- Pode ser interposto **a qualquer momento**: Inquérito Policial, durante a Ação Judicial ou mesmo após o trânsito em julgado da sentença penal condenatória desde que vise sanar **ameaça ou violação ao direito de liberdade de locomoção.**
- **No âmbito de sua competência jurisdicional, qualquer autoridade judicial poderá expedir de ofício ordem de *habeas corpus*, individual ou coletivo, quando, no curso de qualquer processo judicial, verificar que, por violação ao ordenamento jurídico, alguém sofre ou se acha ameaçado de sofrer violência ou coação em sua liberdade de locomoção.**
- **A ordem de *habeas corpus* poderá ser concedida de ofício pelo juiz ou pelo tribunal em processo de competência originária ou recursal, ainda que não conhecidos a ação ou o recurso em que veiculado o pedido de cessação de coação ilegal.**

Hipóteses de cabimento de HC	I – quando não houver justa causa; II – quando alguém estiver preso por mais tempo do que determina a lei; III – quando quem ordenar a coação não tiver competência para fazê-lo; IV – quando houver cessado o motivo que autorizou a coação; V – quando não for alguém admitido a prestar fiança, nos casos em que a lei a autoriza; VI – quando o processo for manifestamente nulo; VII – quando extinta a punibilidade.

- **Não cabe** *habeas corpus* em que a única pena cominada ou aplicada for a de **multa**.
- Em regra, para o **trancamento do Inquérito Policial**, cabe *habeas corpus* ao **Juízo de Direito de Primeiro Grau.**
- Mas, se o inquérito for instaurado por meio de **requisição do Juiz ou do Ministério Público,** caberá *habeas corpus* ao **Tribunal de Segundo Grau.**
- A concessão do *habeas corpus* não obstará, nem porá termo ao processo, desde que este não esteja em conflito com os fundamentos daquela.
- Qualquer pessoa pode interpor *habeas corpus*, mesmo que não seja advogado.

Requisitos da petição inicial	a) o nome da pessoa que sofre ou está ameaçada de sofrer violência ou coação e o de quem exercer a violência, coação ou ameaça; b) a declaração da espécie de constrangimento ou, em caso de simples ameaça de coação, as razões em que funda o seu temor; c) a assinatura do impetrante, ou de alguém a seu rogo, quando não souber ou não puder escrever, e a designação das respectivas residências.

- Tem-se por **paciente a pessoa física** cuja liberdade se visa resguardar.
- Pessoa jurídica **não pode ser paciente em HC, mesmo em relação aos crimes ambientais, pois a ela não se aplicam penas privativas de liberdade.**

- o Ministério Público, na qualidade de fiscal da correta aplicação da lei penal e processual penal (*custos legis*) **tem legitimidade** ativa para impetrar com *habeas corpus* em favor do réu.
- o Delegado de Polícia **não pode** impetrar *habeas corpus* em favor do investigado.
- o Juiz de Direito **não tem legitimidade** para impetrar *habeas corpus*, pois ele goza de poder jurisdicional para cessar a ilegalidade do ato, concedendo a ordem de ofício ou mediante provocação.

Espécies	Conceito
Preventivo	Há ameaça iminente de coação ilegal
Repressivo	O paciente se encontra preso ilegalmente
Suspensivo	Já existe o constrangimento ilegal, mas a pessoa ainda não foi presa
Profilático	Imediatamente, visa sanar a nulidade e, mediatamente, evitar a coação decorrente dessa nulidade

- A tramitação do *habeas corpus* é marcada pela celeridade. Dessa forma, não há espaço para produção de provas, devendo os fatos que fundamentam o pedido do autor estar demonstrados no momento da impetração do *writ*, geralmente, por meio de prova documental.
- Os juízes e os tribunais têm competência para expedir de ofício ordem de *habeas corpus*, quando no curso de processo verificarem que alguém sofre ou está na iminência de sofrer coação ilegal.

O paciente deverá ser apresentado ao Juiz, salvo	I – grave enfermidade do paciente; II – não estar ele sob a guarda da pessoa a quem se atribui a detenção; III – se o comparecimento não tiver sido determinado pelo juiz ou pelo tribunal.

- Em regra, não cabe *habeas corpus* contra decisão liminar tomada monocraticamente por Ministro Relator de Tribunal Superior (Súmula 691, STF). Somente, se a violação ao direito de locomoção for flagrante é que se torna possível o STF conceder a ordem contra decisão liminar de relator.
- Efetuadas as diligências, e interrogado o paciente, o juiz decidirá, fundamentadamente, dentro de **24 (vinte e quatro) horas**.
- O secretário do tribunal lavrará a ordem que, assinada pelo presidente do tribunal, câmara ou turma, será dirigida, por ofício ou telegrama, ao detentor, ao carcereiro ou autoridade que exercer ou ameaçar exercer o constrangimento.

14. DA EXECUÇÃO DE MEDIDAS DE SEGURANÇA

- Medida de segurança é espécie de sanção penal imposta a inimputável ou semiimputável em decorrência de doença mental;
- Espécies de Medida de Segurança: **INTERNAÇÃO** ou ambulatorial.

REQUISITOS DA ORDEM DE INTERNAÇÃO	**I - a qualificação do internando;** **II - o teor da decisão que tiver imposto a medida de segurança;** **III - a data em que terminará o prazo mínimo da internação.**

- Se estiver **solto** o internando, será expedido **mandado de captura**, que será cumprido por **OFICIAL DE JUSTIÇA ou por autoridade policial.**

15. DA AUDIÊNCIA E DOS PRAZOS EM MATÉRIA PROCESSUAL PENAL

- As audiências, sessões e os atos processuais serão, **em regra, PÚBLICOS** e se realizarão nas sedes dos juízos e tribunais, com assistência dos escrivães, do secretário, do **oficial de justiça que servir de porteiro**, em dia e hora certos, ou previamente designados.
- Todos os prazos correrão em cartório e serão **contínuos e peremptórios, não se interrompendo** por férias, domingo ou dia feriado.
- **Súmula 310, STF: Quando a intimação tiver lugar na sexta-feira, ou a publicação com efeito de intimação fôr feita nesse dia, o prazo judicial terá início na segunda-feira imediata, salvo se não houver expediente, caso em que começará no primeiro dia útil que se seguir.**
- Não se computará no prazo o dia do começo, **incluindo-se, porém, o do vencimento**.
- Assim, se uma pessoa é citada no dia 10 de agosto, uma segunda feira, o prazo será iniciado no dia 11 de agosto.
- **Súmula 710, STF:** No processo penal, contam-se os prazos da data da intimação, e não da juntada aos autos do mandado ou da carta precatória ou de ordem.
- Trata-se de inovação trazida pela Lei n. 14.365/2022, que possibilitou a suspensão dos prazos processuais penais durante o recesso do Judiciário.
- **Regra geral de suspensão: Suspende-se o curso do prazo processual nos dias compreendidos entre 20 de dezembro e 20 de janeiro, inclusive.**
- Nesses casos de suspensão, fica **VEDADA a realização de audiências e de sessões de julgamento.**

Exceções	**I - que envolvam réus presos, nos processos vinculados a essas prisões;** **II - nos procedimentos regidos pela Lei nº 11.340, de 7 de agosto de 2006 (Lei Maria da Penha);** **III - nas medidas consideradas urgentes, mediante despacho fundamentado do juízo competente.**

16. LEI Nº 9.099/1995

16.1. Disposições Gerais da Lei nº 9.099/95 (arts. 1º a 2º)

- A Constituição Federal prevê a criação de "**juizados especiais**, providos por **juízes togados, ou togados e leigos**, competentes para a **conciliação**, o **julgamento** e a **execução** de causas **cíveis de menor complexidade e infrações penais de menor potencial ofensivo**, mediante os procedimentos **oral e sumaríssimo**, permitidos, nas hipóteses previstas em lei, a **transação** e o **julgamento de recursos** por **turmas de juízes de primeiro grau**".

Princípios da Lei nº 9.099/95	• Oralidade. • Simplicidade. • Informalidade. • Economia processual. • Celeridade.

16.2. Disposições Gerais do JUIZADO ESPECIAL CRIMINAL (arts. 60 a 62)

- O Juizado Especial Criminal, provido por **juízes togados ou togados e leigos**, tem competência para a **conciliação, o julgamento e a execução** das **infrações penais de menor potencial ofensivo**, respeitadas as regras de conexão e continência.
- Na reunião de processos, perante o **juízo comum ou o tribunal do júri**, decorrentes da aplicação das regras de conexão e continência, **deverão ser observados** os institutos da **transação penal e da composição dos danos civis**.

Infrações penais de menor potencial ofensivo	• as **contravenções penais** • os **crimes** a que a lei comine pena **máxima não superior a dois anos**, cumulada ou não com multa.

- No JECRIM, deve-se buscar a **reparação do dano à vítima e a aplicação de pena não privativa de liberdade**.

16.3. Da competência e dos atos processuais (arts. 66 a 68)

- A citação no JECRIM será **pessoal** e feita na sede do próprio Juizado, SEMPRE QUE POSSÍVEL, ou por meio de **MANDADO**.
- **NÃO EXISTE CITAÇÃO FICTA EM JECRIM.**
- Caso frustrada a citação pessoal do autor do fato, os autos serão encaminhados ao Juízo Comum.

INTIMAÇÃO	A) REGRA: Pessoa Física: por correspondência, com aviso de recebimento pessoal; Pessoa Jurídica ou firma individual: por correspondência, mediante entrega ao encarregado da recepção, que será obrigatoriamente identificado. B) EXCEÇÃO: POR **OFICIAL DE JUSTIÇA**, INDEPENDENTEMENTE DE MANDADO OU CARTA PRECATÓRIA, OU AINDA POR QUALQUER MEIO IDÔNEO DE COMUNICAÇÃO.

- As partes, os interessados e defensores serão considerados intimados desde logo a respeito dos atos processuais praticados em audiência.
- O autor do fato deverá tomar ciência, na citação ou na intimação, de que terá de **comparecer acompanhado de advogado** e, na ausência deste, será nomeado um *ad hoc* para ele.

REFERÊNCIAS BIBLIOGRÁFICAS

ALENCAR, Rosmar Rodrigues; Távora, Nestor. Curso de Direito Processual Penal. 19 ed. São Paulo: Editora Juspodivm, 2024.

PACELLI, Eugênio. Curso de Processo Penal. 17 ed. São Paulo: Editora Atlas, 2013.

ROQUE, Fábio; TÁVORA, Nestor. Código de Processo Penal para Concursos – Doutrina, Jurisprudência e Questões de Concurso. 4 ed. São Paulo: Editora Juspodivm, 2013.

DIREITO ADMINISTRATIVO

Alan Martins

Estatuto dos Funcionários Públicos Civis do Estado de São Paulo (Lei n.º 10.261/68) - artigos 1º; 3º; 4º; 11; 13; 14; 46; 47; 57; 78; 110; 120; 127; 176; 241 a 243; 251.

- **Funcionário público ou servidor público?** Considerando-se a Constituição Federal como norma hierarquicamente superior do sistema jurídico, pode-se utilizar as terminologias **"servidor público"** e **"Estatuto do Servidor Público",** não obstante fique a ressalva de que no texto da Lei 10.261/68 prevalecem as designações "funcionário público" e "Estatuto do Funcionário Público", que eram as utilizadas na época.

- **Destinatários da lei:** nos termos do artigo 1º, parágrafo único, são destinatários das normas do Estatuto o servidores:

⇒ **dos três Poderes** do Estado (**Executivo, Legislativo e Judiciário**);
⇒ **do Tribunal de Contas** do Estado.

- **Funcionário público (servidor público):** para fins do Estatuto, é a pessoa legalmente investida em cargo público (art. 3º).

- **Cargo público:** conjunto de atribuições e responsabilidades cometidas a um servidor público (art. 4º).

- **Provimento do cargo público:** refere-se ao preenchimento do cargo público. Nos termos do artigo 11 do Estatuto, os cargos públicos serão providos por: **I** – nomeação; **II** - transferência; **III** - reintegração; **IV** - acesso; **V** - reversão; **VI** - aproveitamento; e **VII** - readmissão.

Entre essas modalidades, apenas a **nomeação** constitui forma originária de provimento de cargo, enquanto as demais constituem meios de provimento derivado.

Provimento	
Originário	Derivado
Nomeação	Transferência Reintegração Acesso Reversão Aproveitamento Readmissão

- **Formas de nomeação para o cargo público (art. 13):**

Forma	Hipótese	Definição
Em caráter vitalício	nos casos expressamente previsto na Constituição Federal (Magistratura e MP)	perda do cargo somente mediante sentença judicial transitada em julgado
Em comissão	quando se tratar de cargo que em virtude de lei assim deva ser provido	cargos de livre nomeação e exoneração, independente de concurso público (lei definirá percentual mínimo de servidores de carreira ocupantes)
Efetivo	quando se tratar de cargo de provimento dessa natureza	provimento mediante concurso público(servidores efetivos ou servidores de carreira com direito à estabilidade)

- **Concurso público para cargo de provimento efetivo:** coerente com o artigo 37, inciso II, da CF, o Estatuto Paulista dispõe que **a nomeação para cargo público de provimento efetivo será precedida de concurso público de provas ou de provas e títulos** (Lei 10.261/68, art. 14). Portanto, são duas as modalidades de concursos permitidas: 1) Provas; 2) Provas e títulos.

- **Peso máximo da prova de títulos:** o Estatuto limita o peso dos títulos nos concursos de provas e títulos, estabelecendo que as provas serão avaliadas na escala de 0 (zero) a 100 (cem) pontos e aos títulos serão atribuídos, no máximo, 50 (cinquenta) pontos (art. 14, parágrafo único).

- **Posse:** é o ato administrativo que investe o cidadão em cargo público (Estatuto, art. 46), não apenas o servidor efetivo como também qualquer um que vá ocupar cargo em comissão. Antes da posse não é possível falar tecnicamente em servidor público, pois é no ato da posse que se completa o vínculo da Adminis- tração com o servidor nomeado para o cargo.

- **Requisitos para posse no cargo público:** previstos no artigo 47 do Estatuto, são os seguintes: **I** - ser brasileiro; **II** - ter completado 18 (dezoito) anos de idade; **III** - estar em dia com as obrigações militares; **IV** - estar no gozo dos direitos políticos; **V** - ter boa conduta; **VI** - gozar de boa saúde, comprovada em inspeção realizada em órgão médico registrado no Conselho Regional correspondente, para provimento de cargo em comissão; **VII** - possuir aptidão para o exercício do cargo; **VIII** - ter atendido às condições especiais prescritas para o cargo.

- **Exercício:** é o ato pelo qual pelo qual o servidor assume as atribuições e responsabilidades do cargo (art. 57). Tem **influência decisiva em relação a tempo de serviço e, por conseguinte, na aquisição de vários direitos do servidor**, com destaque para estabilidade, adicionais por tempo de serviço, licença-prêmio, entre outros.

- **Registro do exercício no assentamento individual:** tudo que se refere ao exercício (início, interrupção e reinício) será registrado no assentamento individual do funcionário (art. 57, § 1º), sendo dever do chefe de repartição ou serviço em que estiver lotado o servidor comunicar o início do exercício e todas as alterações ao órgão competente (§ 2º).

- **Distinção entre concurso público, provimento, posse e exercício:**

Conceitos fundamentais sobre investidura e exercício do servidor público estadual em cargo efetivo	
Concurso público	pressuposto constitucional para investidura no cargo público (CF, art. 37, II)
Nomeação	ato de provimento originário no cargo público (Lei 10.261/68, art. 13)
Posse	ato que investe o cidadão em cargo público (Lei 10.261/68, art. 46)
Exercício	ato pelo qual o servidor assume as atribuições e responsabilidades do cargo (Lei 10.261/68, art. 57)

- **Efetivo exercício (art. 78):** são considerados efetivo exercício **para todos os efeitos legais** os seguintes eventos: **I** - férias; **II** - casamento, até 8 (oito) dias; **III** - falecimento do cônjuge, filhos, pais e irmãos, até 8 (oito) dias; **IV** - falecimento dos avós, netos, sogros, do padrasto ou madrasta, até 2 (dois) dias; **V** - serviços obrigatórios por lei; **VI** - licença quando acidentado no exercício de suas atribuições ou atacado de doença profissional; **VII** - licença à funcionária gestante; **VIII** - licenciamento compulsório, nos termos do art. 206 (quando o servidor é fonte de doença transmissível); **IX** - licença-prêmio; **XI** - missão ou estudo dentro do Estado, em outros pontos do território nacional ou no estrangeiro, nos termos do art. 68 (no interesse do serviço público, mediante autorização expressa do Governador); **XII** - nos casos previstos no art. 122 (doação de sangue); **XIII** - afastamento por processo administrativo, se o funcionário for declarado inocente ou se a pena imposta for de repreensão ou multa; e, ainda, os dias que excederem o total da pena de suspensão efetivamente aplicada; **XIV** - trânsito, em decorrência de mudança de sede de exercício, desde que não exceda o prazo de 8 (oito) dias; e **XV** - provas de competições desportivas, nos termos do item I, do § 2º, do art. 75 (sem prejuízo do vencimento ou remuneração, quando representar o Brasil, ou o Estado, em competições desportivas oficiais); **XVI** - licença-paternidade, por 5 (cinco) dias; **XVII** - licença para doação de tecidos, de órgãos, de parte de órgãos e de partes do corpo vivo para fins terapêuticos ou de transplantes intervivos, nos termos do inciso X do artigo 181 (hipóteses autorizadas pela legislação federal e mediante inspeção médica, observado o estabelecido em decreto).

- **Descontos por faltas ao serviço (art. 110):** o funcionário terá os seguintes descontos nas hipóteses descritas no quadro a seguir:

Desconto	Hipótese
Perda do vencimento ou remuneração do dia	quando **não** comparecer ao serviço

Desconto	Hipótese
Perda de 1/3 do vencimento ou remuneração diária	quando comparecer ao serviço dentro da hora seguinte à marcada para o início do expediente ou quando dele retirar-se dentro da última hora

Atenção! Esses descontos não se aplicam nas seguintes hipóteses:

⇒ compensação de horas previstas no parágrafo único do artigo 117 (disciplinado em regulamento);

⇒ aos integrantes do Quadro do Magistério da Secretaria da Educação.

- **Hipótese de faltas sucessivas, justificadas ou injustificadas:** os dias intercalados – domingos, feriados e aqueles em que não haja expediente – serão computados exclusivamente para efeito de desconto do vencimento ou remuneração (não aplicável aos integrantes do Quadro do Magistério da Secretaria da Educação).
- **Ponto e frequência do servidor (art. 120):** ponto é o registro pelo qual se verificará, diariamente, a entrada e saída do funcionário em serviço.
- **Meios de registro do ponto:** serão usados, de preferência, meios mecânicos (art. 120, **§ 1º**).
- **Dispensa do ponto: é vedado** dispensar o funcionário do registro do ponto, **salvo** os casos expressamente previstos em lei. A infração dessa norma determinará a responsabilidade da autoridade que tiver expedido a ordem, sem prejuízo da ação disciplinar cabível.
- **Férias (art. 176):** o funcionário terá direito ao gozo de 30 (trinta) dias de férias anuais, observada a escala que for aprovada.
- **Vedações relativas às férias (art. 176, §§ 1º e 2º): é proibido:**

⇒ levar à conta de férias qualquer falta ao trabalho, ou seja, não é permitida a compensação de faltas em dias de férias;

⇒ a acumulação de férias, **salvo** por absoluta necessidade de serviço e pelo máximo de 2 (dois) anos consecutivos.

- **Redução das férias (art. 176, § 3º):** o período de férias será reduzido para 20 (vinte) dias, se o funcionário, no exercício anterior, tiver, considerados em conjunto, mais de 10 (dez) não comparecimentos correspondentes a

⇒ faltas justificadas e injustificadas; ou

⇒ às licenças previstas nos itens IV, VI e VII do artigo 181 (doença em pessoa da família, tratar de assuntos particulares e licença à funcionária casada com funcionário ou militar.

- **Regime disciplinar do servidor público:**

Instituto	Conceito	Natureza das sanções
Deveres	Obrigações de fazer	Administrativa
Proibições	Vedações (obrigações de não fazer)	Administrativa
Responsabilidades	Dever de reparar prejuízos causados por dolo ou culpa	Civil / Administrativa

- **Deveres (art. 241):**

I – ser assíduo e pontual;

II – cumprir as ordens superiores, representando quando forem manifestamente ilegais;

III – desempenhar com zelo e presteza os trabalhos de que for incumbido;

IV – guardar sigilo sobre os assuntos da repartição e, especialmente, sobre despachos, decisões ou providências;

V – representar aos superiores sobre todas as irregularidades de que tiver conhecimento no exercício de suas funções;

VI – tratar com urbanidade as pessoas;

VII – residir no local onde exerce o cargo ou, onde autorizado;

VIII – providenciar para que esteja sempre em ordem, no assentamento individual, a sua declaração de família;

IX – zelar pela economia do material do Estado e pela conservação do que for confiado à sua guarda ou utilização;

X – apresentar-se convenientemente trajado em serviço ou com uniforme determinado, quando for o caso;

XI – atender prontamente, com preferência sobre qualquer outro serviço, às requisições de papéis, documentos, informações ou providências que lhe forem feitas pelas autoridades judiciárias ou administrativas, para defesa do Estado, em Juízo;

XII – cooperar e manter espírito de solidariedade com os companheiros de trabalho;

XIII – estar em dia com as leis, regulamentos, regimentos, instruções e ordens de serviço que digam respeito às suas funções; e

XIV – proceder na vida pública e privada na forma que dignifique a função pública.

- **Proibições do art. 242:**

I – Revogado.

II – retirar, sem prévia permissão da autoridade competente, qualquer documento ou objeto existente na repartição;

III – entreter-se, durante as horas de trabalho, em palestras, leituras ou outras atividades estranhas ao serviço;

IV – deixar de comparecer ao serviço sem causa justificada;

V – tratar de interesses particulares na repartição;

VI – promover manifestações de apreço ou desapreço dentro da repartição, ou tornar-se solidário com elas;

VII – exercer comércio entre os companheiros de serviço, promover ou subscrever listas de donativos dentro da repartição; e

VIII – empregar material do serviço público em serviço particular.

Proibições do art. 243:

I – fazer contratos de natureza comercial e industrial com o Governo, por si, ou como representante de outrem;

II – participar da gerência ou administração de empresas bancárias ou industriais, ou de sociedades comerciais, que mantenham relações comerciais ou administrativas com o Governo do Estado, sejam por este subvencionadas ou estejam diretamente relacionadas com a finalidade da repartição ou serviço em que esteja lotado;

III – requerer ou promover a concessão de privilégios, garantias de juros ou outros favores semelhantes, federais, estaduais ou municipais, exceto privilégio de invenção própria;

IV – exercer, mesmo fora das horas de trabalho, emprego ou função em empresas, estabelecimentos ou instituições que tenham relações com o Governo, em matéria que se relacione com a finalidade da repartição ou serviço em que esteja lotado;

V – aceitar representação de Estado estrangeiro, sem autorização do Presidente da República;

VI – comerciar ou ter parte em sociedades comerciais nas condições mencionadas no item II deste artigo, podendo, em qualquer caso, ser acionista, quotista ou comanditário;

VII – incitar greves ou a elas aderir, ou praticar atos de sabotagem contra o serviço público;

VIII – praticar a usura;

IX – constituir-se procurador de partes ou servir de intermediário perante qualquer repartição pública, exceto quando se tratar de interesse de cônjuge ou parente até segundo grau;

X – receber estipêndios de firmas fornecedoras ou de entidades fiscalizadas, no País, ou no estrangeiro, mesmo quando estiver em missão referente à compra de material ou fiscalização de qualquer natureza;

XI – valer-se de sua qualidade de funcionário para desempenhar atividade estranha às funções ou para lograr, direta ou indiretamente, qualquer proveito; e

XII – fundar sindicato de funcionários ou deles fazer parte.

Atenção!

Além do funcionário poder ser, em qualquer caso, acionista, quotista ou comanditário de empresas (art. 243, VI, parte final), **não** está compreendida na proibição dos itens II e VI do artigo 243 a participação do funcionário em sociedades em que o

Estado seja acionista, bem assim na direção ou gerência de cooperativas e associações de classe, ou como seu sócio (art. 243, parágrafo único). Completa-se com isso o quadro das proibições do servidor em relação a vínculos com empresas, que pode ser exposto da seguinte forma:

Espécie de vínculo	Empresas abrangidas	Relações com o Governo	Proibido (ou não)
gerência ou administração	empresas bancárias, industriais ou comerciais	comerciais ou administrativas	Proibido
gerência ou administração	empresas bancárias, industriais ou comerciais		Proibido
emprego ou função	empresas, estabelecimentos ou instituições	em matéria que se relacione com a finalidade da repartição ou serviço	Proibido
emprego ou função	empresas, estabelecimentos ou instituições		Não
acionista, quotista ou comanditário	empresas bancárias, industriais ou comerciais		Não
participação	sociedades em que o Estado for acionista		Não
sócio, direção ou gerência	cooperativas e associações de classe		Não

- **Penas disciplinares:** na sistemática do Estatuto paulista, são **penas disciplinares:** **I** – repreensão; **II** – suspensão; **III** – multa; **IV** – demissão; **V** – demissão a bem do serviço público; e **VI** – cassação de aposentadoria ou disponibilidade (Lei 10.261/68, art. 251).

Lei Federal n.º 8.429/92 (Lei de Improbidade Administrativa) – artigos 9º e 13

- **Atos de Improbidade Administrativa:** existem três modalidades de atos de improbidade administrativa, definidas nos artigos 9º, 10, e 11, da Lei 8.429/92. Além da definição de cada modalidade, esses dispositivos ainda enumeram condutas tipificadas em cada uma das modalidades de improbidade, cabendo ressaltar que, nos casos dos artigos 9º e 10, essa enumeração constitui um **rol exemplificativo**, marcado pelo termo "notadamente" nos *caputs* dos artigos. Já no caso do artigo 11, a lista de condutas não tem natureza exemplificativa, haja vista a redação do *caput* referir-se apenas a "uma das seguintes condutas".

- **Quadro das modalidades de atos de improbidade administrativa (Lei 8.429/92):**

Art.	Modalidades	Definição	Rol exemplificativo (notadamente)
9º	Atos que importam enriquecimento ilícito	auferir, mediante a prática de ato doloso, qualquer tipo de vantagem patrimonial indevida em razão do exercício de cargo, de mandato, de função, de emprego ou de atividade	I - receber, para si ou para outrem, dinheiro, bem móvel ou imóvel, ou qualquer outra vantagem econômica, direta ou indireta, a título de comissão, percentagem, gratificação ou presente de quem tenha interesse, direto ou indireto, que possa ser atingido ou amparado por ação ou omissão decorrente das atribuições do agente público; II – perceber vantagem econômica, direta ou indireta, para facilitar a aquisição, permuta ou locação de bem móvel ou imóvel, ou a contratação de serviços pelas entidades referidas no art. 1° por preço superior ao valor de mercado; III – perceber vantagem econômica, direta ou indireta, para facilitar a alienação, permuta ou locação de bem público ou o fornecimento de serviço por ente estatal por preço inferior ao valor de mercado; IV – utilizar, em obra ou serviço particular, veículos, máquinas, equipamentos ou material de qualquer natureza, de propriedade ou à disposição de qualquer das entidades mencionadas no art. 1° desta lei, bem como o trabalho de servidores públicos, empregados ou terceiros contratados por essas entidades; V – receber vantagem econômica de qualquer natureza, direta ou indireta, para tolerar a exploração ou a prática de jogos de azar, de lenocínio, de narcotráfico, de contrabando, de usura ou de qualquer outra atividade ilícita, ou aceitar promessa de tal vantagem; VI – receber vantagem econômica de qualquer natureza, direta ou indireta, para fazer declaração falsa sobre medição ou avaliação em obras públicas ou qualquer outro serviço, ou sobre quantidade, peso, medida, qualidade ou característica de mercadorias ou bens fornecidos a qualquer das entidades mencionadas no art. 1º desta lei; VII – adquirir, para si ou para outrem, no exercício de mandato, cargo, emprego ou função pública, bens de qualquer natureza cujo valor seja desproporcional à evolução do patrimônio ou à renda do agente público; VIII – frustrar a licitude de processo licitatório ou de processo seletivo para celebração de parcerias com entidades sem fins lucrativos, ou dispensá-los indevidamente, acarretando perda patrimonial efetiva; IX – perceber vantagem econômica para intermediar a liberação ou aplicação de verba pública de qualquer natureza; X – agir ilicitamente na arrecadação de tributo ou de renda, bem como no que diz respeito à conservação do patrimônio público; XI – incorporar, por qualquer forma, ao seu patrimônio bens, rendas, verbas ou valores integrantes do acervo patrimonial das entidades mencionadas no art. 1° desta lei; XII – usar, em proveito próprio, bens, rendas, verbas ou valores integrantes do acervo patrimonial das entidades mencionadas no art. 1° desta lei;

Art.	Modalidades	Definição	Rol exemplificativo (notadamente)
9º	Atos que importam enriquecimento ilícito	auferir, mediante a prática de ato doloso, qualquer tipo de vantagem patrimonial indevida em razão do exercício de cargo, de mandato, de função, de emprego ou de atividade	XIII – permitir que se utilize, em obra ou serviço particular, veículos, máquinas, equipamentos ou material de qualquer natureza, de propriedade ou à disposição de qualquer das entidades mencionadas no art. 1° desta lei, bem como o trabalho de servidor público, empregados ou terceiros contratados por essas entidades. XIV – celebrar contrato ou outro instrumento que tenha por objeto a prestação de serviços públicos por meio da gestão associada sem observar as formalidades previstas na lei; XV – celebrar contrato de rateio de consórcio público sem suficiente e prévia dotação orçamentária, ou sem observar as formalidades previstas na lei; (Incluído pela Lei nº 11.107, de 2005) XVI – facilitar ou concorrer, por qualquer forma, para a incorporação, ao patrimônio particular de pessoa física ou jurídica, de bens, rendas, verbas ou valores públicos transferidos pela administração pública a entidades privadas mediante celebração de parcerias, sem a observância das formalidades legais ou regulamentares aplicáveis à espécie; XVII – permitir ou concorrer para que pessoa física ou jurídica privada utilize bens, rendas, verbas ou valores públicos transferidos pela administração pública a entidade privada mediante celebração de parcerias, sem a observância das formalidades legais ou regulamentares aplicáveis à espécie; XVIII – celebrar parcerias da administração pública com entidades privadas sem a observância das formalidades legais ou regulamentares aplicáveis à espécie; XIX – agir para a configuração de ilícito na celebração, na fiscalização e na análise das prestações de contas de parcerias firmadas pela administração pública com entidades privadas; XX – liberar recursos de parcerias firmadas pela administração pública com entidades privadas sem a estrita observância das normas pertinentes ou influir de qualquer forma para a sua aplicação irregular; XXI – revogado; XXII – conceder, aplicar ou manter benefício financeiro ou tributário contrário ao que dispõem o caput e o § 1º do art. 8º-A da Lei Complementar nº 116, de 31 de julho de 2003.
10	Atos que causam lesão ao erário	qualquer ação ou omissão dolosa, que enseje, efetiva e comprovadamente, perda patrimonial, desvio, apropriação, malbaratamento ou dilapidação dos bens ou haveres	I – facilitar ou concorrer, por qualquer forma, para a indevida incorporação ao patrimônio particular, de pessoa física ou jurídica, de bens, de rendas, de verbas ou de valores integrantes do acervo patrimonial das entidades referidas no art. 1º desta Lei; II – permitir ou concorrer para que pessoa física ou jurídica privada utilize bens, rendas, verbas ou valores integrantes do acervo patrimonial das entidades mencionadas no art. 1º desta lei, sem a observância das formalidades legais ou regulamentares aplicáveis à espécie;

Art.	Modalidades	Definição	Rol exemplificativo (notadamente)
10	Atos que causam lesão ao erário	qualquer ação ou omissão dolosa, que enseje, efetiva e comprovadamente, perda patrimonial, desvio, apropriação, malbaratamento ou dilapidação dos bens ou haveres	III – doar à pessoa física ou jurídica bem como ao ente despersonalizado, ainda que de fins educativos ou assistências, bens, rendas, verbas ou valores do patrimônio de qualquer das entidades mencionadas no art. 1º desta lei, sem observância das formalidades legais e regulamentares aplicáveis à espécie; IV – permitir ou facilitar a alienação, permuta ou locação de bem integrante do patrimônio de qualquer das entidades referidas no art. 1º desta lei, ou ainda a prestação de serviço por parte delas, por preço inferior ao de mercado; V – permitir ou facilitar a aquisição, permuta ou locação de bem ou serviço por preço superior ao de mercado; VI – realizar operação financeira sem observância das normas legais e regulamentares ou aceitar garantia insuficiente ou inidônea; VII – conceder benefício administrativo ou fiscal sem a observância das formalidades legais ou regulamentares aplicáveis à espécie; VIII – frustrar a licitude de processo licitatório ou de processo seletivo para celebração de parcerias com entidades sem fins lucrativos, ou dispensá-los indevidamente, acarretando perda patrimonial efetiva; IX – ordenar ou permitir a realização de despesas não autorizadas em lei ou regulamento; X – agir ilicitamente na arrecadação de tributo ou de renda, bem como no que diz respeito à conservação do patrimônio público; XI – liberar verba pública sem a estrita observância das normas pertinentes ou influir de qualquer forma para a sua aplicação irregular; XII – permitir, facilitar ou concorrer para que terceiro se enriqueça ilicitamente; XIII – permitir que se utilize, em obra ou serviço particular, veículos, máquinas, equipamentos ou material de qualquer natureza, de propriedade ou à disposição de qualquer das entidades mencionadas no art. 1° desta lei, bem como o trabalho de servidor público, empregados ou terceiros contratados por essas entidades; XIV – celebrar contrato ou outro instrumento que tenha por objeto a prestação de serviços públicos por meio da gestão associada sem observar as formalidades previstas na lei; XV – celebrar contrato de rateio de consórcio público sem suficiente e prévia dotação orçamentária, ou sem observar as formalidades previstas na lei; XVI – facilitar ou concorrer, por qualquer forma, para a incorporação, ao patrimônio particular de pessoa física ou jurídica, de bens, rendas, verbas ou valores públicos transferidos pela administração pública a entidades privadas mediante celebração de parcerias, sem a observância das formalidades legais ou regulamentares aplicáveis à espécie; XVII – permitir ou concorrer para que pessoa física ou jurídica privada utilize bens, rendas, verbas ou valores públicos transferidos pela administração pública a entidade privada mediante celebração de parcerias, sem a observância das formalidades legais ou regulamentares aplicáveis à espécie; XVIII – celebrar parcerias da administração pública com entidades privadas sem a observância das formalidades legais ou regulamentares aplicáveis à espécie;

Art.	Modalidades	Definição	Rol exemplificativo (notadamente)
10	Atos que causam lesão ao erário	qualquer ação ou omissão dolosa, que enseje, efetiva e comprovadamente, perda patrimonial, desvio, apropriação, malbaratamento ou dilapidação dos bens ou haveres	XIX – agir para a configuração de ilícito na celebração, na fiscalização e na análise das prestações de contas de parcerias firmadas pela administração pública com entidades privadas; XX – liberar recursos de parcerias firmadas pela administração pública com entidades privadas sem a estrita observância das normas pertinentes ou influir de qualquer forma para a sua aplicação irregular; XXI – revogado; XXII – conceder, aplicar ou manter benefício financeiro ou tributário contrário ao que dispõem o caput e o § 1º do art. 8º-A da Lei Complementar nº 116, de 31 de julho de 2003.
11	Atos que atentam contra os princípios da administração pública	ação ou omissão dolosa que viole os deveres de honestidade, de imparcialidade e de legalidade	I – revogado; II – revogado; III – revelar fato ou circunstância de que tem ciência em razão das atribuições e que deva permanecer em segredo, propiciando beneficiamento por informação privilegiada ou colocando em risco a segurança da sociedade e do Estado; IV – negar publicidade aos atos oficiais, exceto em razão de sua imprescindibilidade para a segurança da sociedade e do Estado ou de outras hipóteses instituídas em lei; V – frustrar, em ofensa à imparcialidade, o caráter concorrencial de concurso público, de chamamento ou de procedimento licitatório, com vistas à obtenção de benefício próprio, direto ou indireto, ou de terceiros; VI – deixar de prestar contas quando esteja obrigado a fazê-lo, desde que disponha das condições para isso, com vistas a ocultar irregularidades; VII – revelar ou permitir que chegue ao conhecimento de terceiro, antes da respectiva divulgação oficial, teor de medida política ou econômica capaz de afetar o preço de mercadoria, bem ou serviço; VIII – descumprir as normas relativas à celebração, fiscalização e aprovação de contas de parcerias firmadas pela administração pública com entidades privadas; IX – revogado; X – revogado; XI – nomear cônjuge, companheiro ou parente em linha reta, colateral ou por afinidade, até o terceiro grau, inclusive, da autoridade nomeante ou de servidor da mesma pessoa jurídica investido em cargo de direção, chefia ou assessoramento, para o exercício de cargo em comissão ou de confiança ou, ainda, de função gratificada na administração pública direta e indireta em qualquer dos Poderes da União, dos Estados, do Distrito Federal e dos Municípios, compreendido o ajuste mediante designações recíprocas; XII – praticar, no âmbito da administração pública e com recursos do erário, ato de publicidade que contrarie o disposto no § 1º do art. 37 da Constituição Federal, de forma a promover inequívoco enaltecimento do agente público e personalização de atos, de programas, de obras, de serviços ou de campanhas dos órgãos públicos.

- **Sistema das sanções por improbidade administrativa: independentemente** do ressarcimento integral do dano patrimonial, se efetivo, e das sanções penais comuns e de responsabilidade, civis e administrativas previstas na legislação específica, está o responsável pelo ato de improbidade sujeito às seguintes cominações, que podem ser aplicadas **isolada ou cumulativamente, de acordo com a gravidade do fato**:

Atos que importam enriquecimento ilícito	Atos que causam lesão ao erário	Atos que atentam contra os princípios da Administração
Perda da função pública	Perda da função pública	
Suspensão dos direitos políticos: até 14 anos	Suspensão dos direitos políticos: até 12 anos	
Multa civil: equivalente ao valor do acréscimo patrimonial	Multa civil: equivalente ao valor do ano	Multa civil: até 24x valor da remuneração percebida pelo agente
Proibição de celebrar contrato com o Poder Público e de receber benefícios ou incentivos fiscais ou creditícios, direta ou indiretamente, ainda que por intermédio de pessoa jurídica da qual seja sócio majoritário: até 14 anos	Proibição de celebrar contrato com o Poder Público e de receber benefícios ou incentivos fiscais ou creditícios, direta ou indiretamente, ainda que por intermédio de pessoa jurídica da qual seja sócio majoritário: até 12 anos	Proibição de celebrar contrato com o Poder Público e de receber benefícios ou incentivos fiscais ou creditícios: 4 anos
Perda dos bens ou valores acrescidos indevidamente	Perda dos bens ou valores acrescidos indevidamente, se ocorrer	–

Atenção!

A multa pode ser aumentada até o dobro, se o juiz considerar que, em virtude da situação econômica do réu, o valor calculado na forma dos incisos I, II e III do art. 12 é ineficaz para reprovação e prevenção do ato de improbidade.

As sanções deverão observar o princípio constitucional do *non bis in idem*.

As sanções previstas neste artigo somente poderão ser executadas após o trânsito em julgado da sentença condenatória.

- **Declaração de bens (art. 13):** a posse e o exercício de agente público ficam condicionados à apresentação de declaração de imposto de renda e proventos de qualquer natureza, que tenha sido apresentada à Secretaria Especial da Receita Federal do Brasil, a fim de ser arquivada no serviço de pessoal competente.

  ⇒ **Periodicidade:** a declaração de bens a que se refere o caput deste artigo será atualizada anualmente e na data em que o agente público deixar o exercício do mandato, do cargo, do emprego ou da função.

  ⇒ **Demissão por recusa ou falsidade da declaração:** será apenado com a pena de demissão, sem prejuízo de outras sanções cabíveis, o agente público que se recusar a prestar a declaração dos bens dentro do prazo determinado ou que prestar declaração falsa.

Legislação Especial

Leandro Bortoleto

LEGISLAÇÃO ESPECIAL

1. LEI N.º 6.830/1980 (ARTIGOS 1º; 2º; 7º; 8º; 11; 37)

(Prof. Alan Martins)

- **Aplicação subsidiária do CPC (art. 1º):** A execução judicial para cobrança da Dívida Ativa da União, dos Estados, do Distrito Federal, dos Municípios e respectivas autarquias, denominada Execução Fiscal, é **regida pela Lei 6.830/80** (LEF) e, **subsidiariamente**, pelo **Código de Processo Civil – CPC**. Ou seja, na ausência de disposição expressa na norma específica da LEF, aplica-se a norma processual geral do CPC.

- Objeto da Lei 6.830/80: rege não apenas a **cobrança da Dívida Ativa tributária**, como também da **não tributária** (art. 2º)

- **Acessórios da Dívida Ativa (tributária e não tributária):** além do principal (crédito tributário ou não tributário), a dívida ativa abrange atualização monetária, juros e multa de mora e demais encargos previstos em lei ou contrato (art. 2º, § 2º).

- **Sujeição da dívida não tributária às normas de preferência do crédito tributário:** aplica-se à Dívida Ativa da Fazenda Pública de natureza não tributária o disposto nos artigos 186 e 188 a 192 do Código Tributário Nacional, normas que se referem a preferências do crédito tributário (art. 4º, § 4º).

- **Hipótese de supensão da prescrição:** a **inscrição na Dívida Ativa**, que se constitui no ato de controle administrativo da legalidade, será feita pelo órgão competente para apurar a liquidez e certeza do crédito e **suspenderá a prescrição**, para todos os efeitos de direito, **por 180 dias, ou até a distribuição da execução fiscal**, se esta ocorrer antes de findo aquele prazo (art. 2º, § 3º).

Atenção! A suspensão de 180 (cento e oitenta dias) do lapso prescricional **somente é aplicável às dívidas de natureza não tributária**, consoante entendimento do Superior Tribunal de Justiça (AgRg no REsp 991520/RS) e da própria Procuradoria Geral da Fazenda Nacional (Parecer PGFN/CRJ/Nº 2624/2008). O fundamento é que, para tratar de prescrição em matéria tributária, é necessária a edição de lei complementar (CF, art. 146, III, "b"), *status* de que não goza a Lei de Execuções Fiscais, que é lei ordinária.

- **Despacho da petição inicial:** o despacho do Juiz que deferir a inicial importa em **ordem para**: I – **citação**, pelas sucessivas modalidades previstas no artigo 8º; II – **penhora**, se não for paga a dívida, nem garantida a execução, por meio de depósito, fiança ou seguro garantia; III – **arresto**, se o executado não tiver domicílio ou dele se ocultar; IV – **registro da penhora ou do arresto**, independentemente do pagamento de custas ou outras despesas; V – **avaliação** dos bens penhorados ou arrestados (art. 7º).

- **Citação do executado:** o executado será citado para, no prazo de 5 (cinco) dias, pagar a dívida com os juros e multa de mora e encargos indicados na CDA, ou garantir a execução (art. 8º).
- **Meio preferencial de citação (via postal):** a citação será, em regra, pelo correio, considerando-se feita na data da entrega da carta no endereço do executado, ou, se a data for omitida, no aviso de recepção, 10 (dez) dias após a entrega da carta à agência postal (art. 8º, I e II).
- **Meios subsidiários de citação (Oficial de Justiça ou edital):** se o aviso de recepção não retornar no prazo de 15 (quinze) dias da entrega da carta à agência postal, a citação será feita por Oficial de Justiça ou por edital (art. 8º, III).
- **Citação por edital:** o edital de citação terá o prazo de 30 (trinta) dias. A citação por edital será cabível quando frustradas as demais modalidades de citação (Súmula 414, do STJ).
- **Citação de executado ausente do país (edital obrigatório):** no caso de executado ausente do País, a citação será necessariamente por edital, que, nesse caso, terá o prazo de 60 (sessenta) dias.
- **Interrupção da prescrição:** coerente com o artigo 174, parágrafo único do CTN, o **despacho do Juiz, que ordenar a citação, interrompe a prescrição** (art. 8º, § 2º).
- **Garantia da execução:** em garantia da execução, pelo valor da dívida, juros e multa de mora e encargos indicados na Certidão de Dívida Ativa, o executado poderá: I – efetuar **depósito em dinheiro**, à ordem do Juízo em estabelecimento oficial de crédito, que assegure atualização monetária; II – oferecer **fiança bancária**; III – **nomear bens à penhora**, observada a **ordem do artigo 11**; ou IV – **indicar à penhora bens oferecidos por terceiros e aceitos pela Fazenda Pública** (art. 9º).
- **Ordem de penhora ou arresto de bens:** nos termos do artigo 11 da Lei 6.830/80 a penhora ou arresto de bens recairá, **sucessivamente**, sobre os seguintes bens: I – dinheiro; II – título da dívida pública, bem como título de crédito, que tenham cotação em bolsa; III – pedras e metais preciosos; IV – imóveis; V – navios e aeronaves; VI – veículos; VII – móveis ou semoventes; e VIII – direitos e ações.

Atenção! Excepcionalmente, a **penhora poderá recair sobre estabelecimento** comercial, industrial ou agrícola, bem como em plantações ou edifícios em construção (art. 11, § 1º).

- **Responsabilidade do Auxiliar de Justiça:** o Auxiliar de Justiça que, por ação ou omissão, culposa ou dolosa, prejudicar a execução, será responsabilizado, civil, penal e administrativamente (art. 37).
- **Prazo de cumprimento das diligências pelo Oficial de Justiça:** o Oficial de Justiça deverá efetuar, em 10 (dez) dias, as diligências que lhe forem ordenadas, salvo

motivo de força maior devidamente justificado perante o Juízo (art. 37, parágrafo único).

2. RESOLUÇÃO Nº 354/2020 DO CONSELHO NACIONAL DE JUSTIÇA (ARTIGOS 1º; 8º A 10)

Dispõe sobre o cumprimento digital de ato processual e de ordem judicial e dá outras providências.

Art. 1º Esta Resolução regulamenta a realização de audiências e sessões por videoconferência e telepresenciais e a comunicação de atos processuais por meio eletrônico nas unidades jurisdicionais de primeira e segunda instâncias da Justiça dos Estados, Federal, Trabalhista, Militar e Eleitoral, bem como nos Tribunais Superiores, à exceção do Supremo Tribunal Federal.

Art. 8º Nos casos em que cabível a citação e a intimação pelo correio, por oficial de justiça ou pelo escrivão ou chefe de secretaria, o ato poderá ser cumprido por meio eletrônico que assegure ter o destinatário do ato tomado conhecimento do seu conteúdo. Parágrafo único. As citações e intimações por meio eletrônico serão realizadas na forma da lei (art. 246, V, do CPC, combinado com art. 6o e 9o da Lei n o 11.419/2006), não se lhes aplicando o disposto nesta Resolução.

Art. 9º As partes e os terceiros interessados informarão, por ocasião da primeira intervenção nos autos, endereços eletrônicos para receber notificações e intimações, mantendo-os atualizados durante todo o processo.

Parágrafo único. Aquele que requerer a citação ou intimação deverá fornecer, além dos dados de qualificação, os dados necessários para comunicação eletrônica por aplicativos de mensagens, redes sociais e correspondência eletrônica (email), salvo impossibilidade de fazê-lo.

Art. 10. O cumprimento da citação e da intimação por meio eletrônico será documentado por:

I – comprovante do envio e do recebimento da comunicação processual, com os respectivos dia e hora de ocorrência; ou

II – certidão detalhada de como o destinatário foi identificado e tomou conhecimento do teor da comunicação.

§ 1º O cumprimento das citações e das intimações por meio eletrônico poderá ser realizado pela secretaria do juízo ou pelos oficiais de justiça.

§ 2º Salvo ocultação, é vedado o cumprimento eletrônico de atos processuais por meio de mensagens públicas.

Para fixação:

RESOLUÇÃO Nº 354/2020 CNJ
Citação e Intimação por Meio Eletrônico (art. 8º)
Cabimento: nos casos onde a citação e intimação poderiam ser feitas via correio
Quem pode fazer: oficial de justiça, ou escrivão/chefe de secretaria
Requisito: deve assegurar que o destinatário tomou conhecimento do seu conteúdo

RESOLUÇÃO Nº 354/2020 CNJ
Endereço Eletrônico (art. 9º)
Partes e terceiros: a) informarão na primeira intervenção; b) manterão atualizado
Quem requer a citação deve informar: a) dados de qualificação; b) dados para comunicação eletrônica via aplicativos de mensagens, redes sociais, ou e-mail, salvo impossibilidade.
Documentação do Cumprimento da Citação e Intimação Eletrônica (art. 10)
Comprovante do envio e recebimento da comunicação processual, com respectivos dia e hora.
Certidão detalhada descrevendo como o destinatário foi identificado e tomou conhecimento da comunicação.

3. LEI ESTADUAL N.º 11.608, DE 29/12/2003

Dispõe sobre a Taxa Judiciária incidente sobre os serviços públicos de natureza forense.

Fato gerador da taxa judiciária (art. 1º)

Prestação de serviços públicos de natureza forense, devida pelas partes ao Estado:

a) nas ações de conhecimento;

b) na execução;

c) nas ações cautelares

d) nos procedimentos de jurisdição voluntária

e) nos recursos

f) na carta arbitral

TAXA JUDICIÁRIA
INCLUI (ART. 2º)
Todos os atos processuais, inclusive:
I - Relativos ao distribuidor;
II - Relativos ao contador;
III - Relativos ao partidor;
IV - De hastas públicas;
V - Da Secretaria dos Tribunais;
VI - As despesas com registros, intimações e publicações na Imprensa Oficial.
NÃO INCLUI (ART. 2º)
I- as publicações de editais;
II - as despesas com o porte de remessa e de retorno dos autos, no caso de recurso, cujo valor será estabelecido por ato do Conselho Superior da Magistratura;
III - as despesas postais com citações e intimações;
IV - a comissão dos leiloeiros e assemelhados;
V - a expedição de certidão, cartas de sentença, de arrematação, de adjudicação ou de remição, e a reprodução de peças do processo, cujos custos serão fixados periodicamente pelo Conselho Superior da Magistratura;
VI - a remuneração do perito, assistente técnico, avaliador, depositário, tradutor, intérprete e administrador;
VII - a indenização de viagem e diária de testemunha;

VIII - as consultas de andamento dos processos por via eletrônica, ou da informática; **IX** - as despesas de diligências dos Oficiais de Justiça, salvo em relação aos mandados: **a)** expedidos de ofício; **b)** requeridos pelo Ministério Público; **c)** do interesse de beneficiário de assistência judiciária; **d)** expedidos nos processos referidos no Artigo 5°, incisos I a IV; **X** - a despesa com o desarquivamento de processo físico ou digital no Arquivo Geral do Tribunal ou em empresa terceirizada é fixada em 1,212 Unidade Fiscal do Estado de São Paulo (UFESP) e para processo arquivado nas Unidades Judiciais é fixada em 0,661 UFESP. (NR) **XI** - a inclusão e a exclusão de ordens judiciais ou a obtenção de informações via sistemas informatizados, tais como Infojud, Sisbajud, Renajud, SerasaJud ou análogos, cujos custos serão fixados periodicamente pelo Conselho Superior da Magistratura; **XII** - as despesas de arrombamento e remoção, nas ações de despejo e reintegração de posse, ou de quaisquer outras diligências preparatórias de ação ordenadas por magistrados, cujos custos serão fixados periodicamente pelo Conselho Superior da Magistratura **XIII** - o envio eletrônico de citações, intimações, ofícios e notificações, por qualquer meio eletrônico, cujos custos serão fixados periodicamente pelo Conselho Superior da Magistratura; **XIV** - as despesas com restauração de autos e cancelamento de processos, cujos custos serão fixados periodicamente pelo Conselho Superior da Magistratura **XV** - todas as demais despesas que não correspondam aos serviços previstos para a sua abrangência
NÃO INCIDE (ART. 7º) I - Jurisdição de menores; **II** - Acidente do trabalho; **III** - Ações de alimentos em que o valor da prestação mensal não seja superior a 2 salários-mínimos.
ISENÇÃO (ART. 6º) União Estado Município Autarquias e fundações Ministério Público
DIFERIMENTO (ART. 5º) Pagamento será diferido (postergado) para depois da satisfação da execução quando comprovada, por meio idôneo, a momentânea impossibilidade financeira do seu recolhimento, ainda que parcial: **I** - nas ações de alimentos e nas revisionais de alimentos; **II** - nas ações de reparação de dano por ato ilícito extracontratual, quando promovidas pela própria vítima ou seus herdeiros; **III** - na declaratória incidental; **IV** - nos embargos à execução.
DESTINAÇÃO DA TAXA ARRECADADA (ART. 9º) I - 10% para custeio das diligências dos Oficiais de Justiça, indicadas no inciso IX do parágrafo único do artigo 2° da lei II - 30% para custeio das despesas com pessoal no âmbito do Tribunal de Justiça III - 60% ao Fundo Especial de Despesa do Tribunal de Justiça, instituído pela Lei n° 8.876/1994

Artigo 4° - O recolhimento da taxa judiciária será feito da seguinte forma:

I - 1,5% (um e meio por cento) sobre o valor da causa no momento da distribuição ou, na falta desta, antes do despacho inicial, aplicando-se esta mesma regra às hipóteses de reconvenção e oposição; (NR)

II - 4% (quatro por cento) sobre o valor da causa, nos termos do artigo 1.007 do Código de Processo Civil, como preparo da apelação e do recurso adesivo; (NR)

III - 2% (dois por cento) sobre o valor da causa no momento da distribuição da execução de título extrajudicial; (NR)

IV - 2% (dois por cento) sobre o valor do crédito a ser satisfeito, por ocasião da instauração da fase de cumprimento de sentença. (NR)

§ 1° - Os valores mínimo e máximo a recolher-se, em cada uma das hipóteses previstas nos incisos anteriores, equivalerão a 5 (cinco) e a 3.000 (três mil) UFESPs - Unidades Fiscais do Estado de São Paulo, respectivamente, segundo o valor de cada UFESP vigente no primeiro dia do mês em que deva ser feito o recolhimento.

§ 2° - Nas hipóteses de pedido condenatório, o valor do preparo a que se refere o inciso II, será calculado sobre o valor fixado na sentença, se for líquido, ou, se ilíquido, sobre o valor fixado eqüitativamente para esse fim, pelo MM. Juiz de Direito, de modo a viabilizar o acesso à Justiça, observado o disposto no § 1°.

§ 3° - Nas cartas de ordem e nas cartas precatórias, além de outras despesas ressalvadas no parágrafo único do Artigo 2°, o valor da taxa judiciária será de 10 (dez) UFESPs.

§ 4° - O Conselho Superior da Magistratura baixará Provimento fixando os valores a serem recolhidos para cobrir as despesas postais, para fins de citação e intimação, bem como com o porte de remessa e de retorno dos autos, no caso de interposição de recurso, como previsto no Artigo 511 do Código de Processo Civil.

§5° - A petição do agravo de instrumento deverá ser instruída com o comprovante de pagamento da taxa judiciária correspondente a 15 (quinze) UFESPs e do porte de retorno, fixado na forma do parágrafo anterior, nos termos do art. 1.007 do Código de Processo Civil. (NR)

§ 6° - Na ação popular, a taxa será paga a final (Artigo 10 da Lei Federal n° 4.717, de 29 de junho de 1965) e, na ação civil pública, na forma prevista no Artigo 18 da Lei n° 7.347, de 24 de julho de 1985.

§ 7° - Nos inventários, arrolamentos e nas causas de separação judicial e de divórcio, e outras, em que haja partilha de bens ou direitos, a taxa judiciária será recolhida antes da adjudicação ou da homologação da partilha, observado o disposto no § 2° do Artigo 1.031, do Código de Processo Civil, de acordo com a seguinte tabela, considerado o valor total dos bens que integram o monte mor, inclusive a meação do cônjuge supérstite, nos inventários e arrolamentos:

1 - até R$ 50.000,00..10 UFESPs

2 - de R$ 50.001,00 até R$ 500.000,00.....................100 UFESPs

3 - de R$ 500.001,00 até R$ 2.000.000,00................300 UFESPs

4 - de R$ 2.000.001,00 até R$ 5.000.000,00...........1.000 UFESPs

5 - acima de R$ 5.000.000,00..................................3.000 UFESPs

§ 8° - No caso de habilitação retardatária de crédito em processo de recuperação judicial e de falência, o credor recolherá a taxa judiciária na forma prevista nos incisos I e II do artigo 4°, calculada sobre o valor atualizado do crédito, observados os limites estabelecidos no § 1°. (NR)

§ 9° - Nas ações penais, salvo aquelas de competência do Juizado Especial Criminal - JECRIM, em primeiro grau de jurisdição, o recolhimento da taxa judiciária será feito da seguinte forma:

a) nas ações penais, em geral, o valor equivalente a 100 (cem) UFESPs, será pago, a final, pelo réu, se condenado;

b) nas ações penais privadas, será recolhido o valor equivalente a 50 (cinqüenta) UFESPs no momento da distribuição, ou, na falta desta, antes do despacho inicial, bem como o valor equivalente a 50 (cinqüenta) UFESPs no momento da interposição do recurso cabível, nos termos do disposto no § 2° do Artigo 806 do Código de Processo Penal.

§ 10 - Na hipótese de litisconsórcio ativo voluntário, além dos valores previstos nos incisos I e II, será cobrada a parcela equivalente a 10 (dez) Unidades Fiscais do Estado de São Paulo - UFESPs, para cada grupo de dez autores, ou fração, que exceder a primeira dezena.

§ 11 - Nos casos de admissão de litisconsorte ativo voluntário ulterior e de assistente, cada qual deverá recolher o mesmo valor pago, até aquele momento, pelo autor da ação.

§12 - O valor da causa, para fins de cálculo da taxa judiciária, em qualquer fase do processo, deverá ser sempre atualizado monetariamente. (NR)

§13 - Ao dar início à execução, o exequente incluirá no demonstrativo de débito a taxa prevista nos incisos III e IV do presente artigo. (NR)

Artigo 8° - Alterado para mais o valor da causa, a diferença da taxa será recolhida em até 30 (trinta) dias.

Parágrafo único - O recolhimento da diferença da taxa será diferido para final quando comprovada, por meio idôneo, a impossibilidade financeira de seu recolhimento, ainda que parcial, no prazo referido no "caput" deste artigo.

4. NORMAS JUDICIAIS DA CORREGEDORIA GERAL DA JUSTIÇA

A cobrança desse tópico é feita sobre a literalidade do texto normativo, sendo indispensável a sua leitura, seguindo-se adiante todo o conteúdo exigido. Nas partes em que há necessidade para fixação, foram inseridas tabelas.

4.1. Tomo I – Capítulo I: (art. 1º a 4º)

CAPÍTULO I

DA MISSÃO, VISÃO E PRINCÍPIOS INSTITUCIONAIS DA CORREGEDORIA GERAL DA JUSTIÇA

Art. 1º A Corregedoria Geral da Justiça alinha-se às diretrizes do Conselho Nacional de

Justiça, Presidência, Conselho Superior da Magistratura e Órgão Especial do Tribunal de Justiça do Estado de São Paulo, na implementação de um Poder Judiciário voltado para a eficiência, no intuito de reconhecimento pela Sociedade como efetivo instrumento de justiça, equidade e paz social.

Art. 2º São princípios institucionais da Corregedoria Geral da Justiça:

I - a eticidade;

II - a imparcialidade;

III - a probidade;

IV - a transparência administrativa e processual;

V - o aperfeiçoamento da qualidade e produtividade dos serviços prestados;

VI - a satisfação e bom atendimento do usuário, sem preconceitos de origem, raça, sexo, cor, idade, condição social, filiação religiosa, orientação sexual e quaisquer outras formas de discriminação;

VII - a celeridade processual;

VIII - a acessibilidade;

IX - a responsabilidade social e ambiental;

X - a responsabilidade na gestão da informação e do conhecimento;

XI - a credibilidade;

XII - o aprimoramento dos canais de comunicação internos e externos; XIII - a modernização tecnológica.

Parágrafo único. Os princípios contidos neste artigo, de observância obrigatória, contínua e permanente, conformam a existência da Corregedoria Geral da Justiça, regem sua atuação normativa, orientadora, reorganizadora, fiscalizadora e disciplinar-punitiva e norteiam a conduta de todos os órgãos e agentes a ela subordinados.

Art. 3º A Corregedoria Geral da Justiça estimulará a conciliação entre as partes, divulgará decisões judiciais predominantes em litígios recorrentes e incentivará o debate sobre o significado do princípio da dignidade da pessoa e o respeito aos direitos fundamentais como forma de prevenção de conflitos.

Art. 4º Para a efetivação da missão, observância dos princípios e medidas institucionais contidos neste capítulo, os órgãos subordinados à Corregedoria Geral da Justiça adotarão, de imediato, os seguintes instrumentos de gestão:

I - a desconcentração do processo decisório na resolução de problemas da unidade, em reuniões periódicas sob a coordenação do escrivão judicial, facultada a participação de todos os servidores;

II - o sistema de gestão por atividades;

III – o aprimoramento dos procedimentos, sem prejuízo da segurança, da completude dos atos judiciais e do devido processo legal, de forma a torná-los simplificados, padronizados, integrados e convergentes entre as diversas áreas, de modo a evitar superposição de competências e repetição de serviços;

IV - a incorporação, na dinâmica institucional:

a) da cultura da melhoria e da adaptação contínuas;

b) da cooperação, colaboração, respeito e urbanidade entre os servidores, independentemente da função desempenhada;

c) da excelência no atendimento do público externo (partes, advogados e população em geral);

V - o constante treinamento e ações de transferência de conhecimentos, mediante revezamento periódico de atribuições, para que todos os funcionários dominem por completo a integralidade dos procedimentos e serviços desempenhados pela unidade judicial, respeitando-se, contudo, as competências legais do cargo;

VI – a identificação de talentos, o incentivo à habilidade e ao conhecimento dos servidores, o fomento de boas práticas, visando à sistemática revisão e melhoria das rotinas de trabalho;

VII - a satisfação do usuário, mediante:

a) uma prestação célere e eficiente dos serviços judiciais e administrativos disponibilizados;

b) o recebimento de críticas, sugestões e reclamações, ou o encaminhamento dos interessados aos órgãos competentes para o processamento dessas demandas;

c) um tratamento interpessoal educado, cortês e respeitoso;

d) a utilização de linguagem clara e acessível em todas as informações verbais, publicações ou divulgações oficiais.

§ 1º A implementação dos instrumentos de gestão previstos neste artigo não importa em inobservância das rotinas e procedimentos estabelecidos nas Normas de Serviço. Se a unidade estiver sob intervenção específica da Corregedoria, observar-se- á o método de trabalho resultante da excepcionalidade.

§ 2º As medidas ora editadas serão implementadas sob a coordenação e responsabilidade do escrivão judicial, mediante colaboração de toda a equipe e fiscalização do Juiz Corregedor Permanente.

§ 3º O Juiz Corregedor Permanente, ao constatar a eficácia das providências adotadas, poderá indicar à Corregedoria Geral da Justiça os nomes dos servidores que mereçam elogio em ficha funcional.

§ 4º As propostas de inovação experimentadas e consideradas exitosas poderão ser submetidas à análise da Corregedoria Geral da Justiça, para extensão às demais unidades de serviço.

4.2. Tomo I – Capítulo III - Seção III: (art. 33)

CAPÍTULO III

DOS OFÍCIOS DE JUSTIÇA EM GERAL

Seção III

Dos Escrivães Judiciais e Demais Servidores

Art. 33. Os servidores registrarão diariamente, na entrada e saída, o ponto biométrico, salvo exceções definidas pela Presidência do Tribunal de Justiça e observada a regulamentação pertinente.

4.3. Tomo I – Capítulo III - Seção V: (art. 47; 49)

Seção V

Do Sistema Informatizado Oficial

Art. 47. Os servidores dos ofícios de justiça deverão se adaptar continuamente às evoluções do sistema informatizado oficial, utilizando plenamente as funcionalidades disponibilizadas para a realização dos atos pertinentes ao serviço (emissão de certidões, ofícios, mandados, cargas de autos etc.).

Parágrafo único. Para efeito de divisão do trabalho entre os escreventes técnicos judiciários, oficiais de justiça e juízes, e outras providências necessárias à ordem do serviço, o sistema informatizado atribuirá a cada processo distribuído um número de controle interno da unidade judicial, sem prejuízo do número do processo (número do protocolo que seguirá série única).

Art. 49. Os níveis de acesso às informações e o respectivo credenciamento (senha) dos funcionários, para operação do SAJ/PG, serão estabelecidos em expediente interno pela Corregedoria Geral da Justiça, com a participação da Secretaria de Tecnologia da Informação - STI.

§ 1º É vedado ao funcionário credenciado ceder a respectiva senha ou permitir que outrem, funcionário ou não, use-a para acessar indevidamente o sistema informatizado.

§ 2º Os escrivães judiciais comunicarão prontamente à STI as alterações no quadro funcional da unidade, para o processamento da revogação ou novo credenciamento.

4.4. Tomo I – Capítulo III - Seção XI: (arts. 105 a 110)

Seção XI

Dos Mandados

Art. 105. Os mandados de citação, intimação e demais atos a serem cumpridos pelos Oficiais de Justiça submetem-se às regras previstas no Capítulo VII destas Normas de Serviço.

Parágrafo único. Os mandados e contramandados de prisão e alvarás de soltura submetem-se às disposições constantes na Seção XII do Capítulo IV.

4.5. Tomo I – Capítulo IV - Seção III: (art. 196, inciso XX)

CAPÍTULO IV

DOS OFÍCIOS DE JUSTIÇA EM ESPÉCIE

Seção III

Dos Atos Processuais Gerais e Específicos

Subseção II

Dos Atos Meramente Ordinatórios

Art. 196. Salvo motivada decisão jurisdicional em sentido contrário, o servidor praticará atos ordinatórios nas situações abaixo descritas:

XX - constatada a necessidade de ordem de arrombamento e reforço policial, o oficial de justiça, independentemente da devolução do mandado, apresentará ao juízo requerimento em modelo padronizado. O requerimento, se deferido, servirá de requisição da força policial e cópia dele será entranhada aos autos;

4.6. Tomo I – Capítulo IV - Seção IV: (art. 282. § 1º)

Seção IV

Do Ofício da Portaria dos Auditórios e dos Leilões Presenciais

Art. 282 - No Foro Central da Comarca da Capital funcionará o Ofício dos Leilões Públicos com a finalidade de realizar os leilões presenciais das varas centrais da Comarca da Capital. Os escreventes nele lotados apregoarão os leilões, apenas em situações excepcionalíssimas, desde que o exequente não exerça o seu direito de indicação e haja impedimento legal para atuação de todos os leiloeiros públicos credenciados.

§ 1º Nas demais Comarcas e varas os leilões serão realizados por oficiais de justiça, apenas em situações excepcionalíssimas, desde que o exequente não exerça o seu direito de indicação e haja impedimento legal para atuação de todos os leiloeiros públicos credenciados, e sob fiscalização do juiz

4.7. Tomo I – Capítulo IV - Seção VI: (arts. 310; 315)

Seção VI

Dos Ofícios Judiciais das Varas das Execuções Fiscais da Fazenda Pública da Comarca da Capital

Subseção II

Da Ordem Geral dos Serviços

Art. 310. Em todos os mandados expedidos será anotado o número do respectivo processo, dispensada a anotação do número de ordem da carga, se esta informação constar do sistema informatizado do setor e estiver disponível para consulta e verificação correcional.

§ 1º Será certificada nos autos a expedição e a feitura da carga do mandado ao oficial de justiça, que assinará o livro respectivo.

§ 2º Existindo seção designada para a feitura das cargas, será certificada nos autos tão-somente a expedição do mandado, remetendo-o logo em seguida à referida seção, que velará pelo lançamento da assinatura do oficial de justiça no livro próprio.

§ 3º No sistema informatizado serão anotados a data da distribuição do mandado ao oficial e o nome deste, para consulta e controle de prazos.

§ 4º Ressalvados os mandados urgentes, em razão do volume do expediente, por autorização e mediante controle do Juiz Corregedor Permanente, poderá ser adotado sistema de carga única, mensalmente.

§ 5º Inexistindo prazo expressamente determinado na ordem judicial, os mandados serão cumpridos dentro de 45 (quarenta e cinco) dias, ressalvado prazo menor genérico por determinação pelo Juiz Corregedor Permanente da SADM ou, onde não houver, do Ofício Judicial.

§ 6º Nas 24 (vinte e quatro) horas que antecederem o vencimento do prazo para cumprimento do mandado, desde que não seja possível a ultimação da diligência, deverá o oficial de justiça formular pedido de dilação, justificando os motivos da demora, vedada a devolução sem integral cumprimento, salvo expressa autorização judicial.

§ 7º Devolvidos os mandados cumpridos, a baixa deverá ser imediatamente lançada no sistema informatizado, na presença do oficial de justiça, emitindo-se, prontamente, o relatório para conferência e assinatura do meirinho, dispensada a baixa manual no livro de carga.

Art. 315. As certidões das diligências cumpridas por oficiais de justiça e os autos por eles lavrados devem ser apresentados com cópia.

§ 1º Devolvido o mandado, as cópias que o acompanham serão anexadas à contracapa dos autos , para aproveitamento em eventuais novos mandados.

§ 2º O desentranhamento e aditamento de mandado poderá ser dispensado, a critério do juiz, expedindo-se novo mandado, fornecendo, a parte, as peças necessárias

4.8. Tomo I – Capítulo IV - Seção XII: (art. 410)

Subseção II

Dos Requisitos Específicos, Da Expedição e Do Cumprimento dos Alvarás de Soltura

Art. 410. Os alvarás de soltura serão enviados à autoridade responsável pela custódia obrigatoriamente por correio eletrônico institucional (e-mail) do ofício de justiça.

§ 1º O ofício de justiça confirmará, por via telefônica, o recebimento do alvará de soltura pela autoridade destinatária e anotará, na via encartada aos autos, o nome e o cargo de quem recepcionou a ordem, assim como a data e o horário da ligação. Caso não obtida a confirmação, a circunstância será certificada nos autos, com juntada de cópia da mensagem eletrônica enviada à autoridade responsável pela custódia, e encaminhado o alvará de soltura para cumprimento por oficial de justiça em regime de plantão.

§ 2º A remessa do alvará de soltura será feita sob a responsabilidade do escrivão judicial.

§ 3º Se o preso estiver recolhido em estabelecimento de outra unidade da Federação, o alvará, endereçado ao juiz corregedor da cadeia ou presídio, será enviado por carta precatória, por correio eletrônico institucional (e-mail) ou aparelho de facsímile.

§ 4º Tratando-se de réu ou condenado, em prisão preventiva, regime fechado ou semiaberto em cumprimento na modalidade domiciliar, o ofício de justiça expedirá um mandado de intimação com a finalidade de entrega do alvará de soltura ao réu ou condenado, para cumprimento por oficial de justiça em regime de urgência, mediante certidão e colheita de assinatura do intimado, que terá efeito de cumprimento do referido alvará.

§ 5º Nos casos do §4º, salvo determinação judicial em outro sentido, no mandado de intimação deverá constar exclusivamente o endereço onde o réu ou condenado estiver recolhido, dispensando o oficial de justiça de outras diligências para efetivação do ato e, não sendo localizado o réu ou condenado, deverá ser lavrada certidão nesse sentido pelo oficial de justiça, devolvendo-se o mandado para ulterior deliberação judicial.

4.9. Tomo I – Capítulo IV - Seção XIII: (arts. 436; 436-A)

Da Citação no Processo Comum

Art. 436. Na precatória e no mandado de citação, expedidos para que o réu seja citado e apresente resposta à acusação, na forma do art. 396 do Código de Processo Penal, constarão as seguintes advertências:3 I - a defesa escrita deverá ser realizada por advogado, na qual poderão ser arguidas preliminares e invocadas todas as razões de defesa, oferecidos documentos e justificações, especificadas as provas pretendidas, bem como arroladas testemunhas até o limite legal;4 II – é dever do oficial de justiça perguntar ao acusado se o mesmo possui defensor constituído, certificando-se nos autos;5 III - em caso de afirmar não possuir advogado, será indagado se deseja a imediata atuação da Defensoria Pública, cujo endereço deverá lhe ser fornecido, bem como orientado de que a mesma deverá ser procurada pessoalmente ou por familiar, possibilitando a indicação de testemunhas. Sendo esta sua vontade, independentemente da fluência do prazo de 10 (dez) dias, deverá ser aberta vista à defensoria para os fins acima mencionados, ficando a mesma nomeada para todos os atos do processo.

Art. 436-A. Havendo disponibilidade de equipamentos eletrônicos e de funcionários aptos a operá-los, tanto nas dependências dos fóruns do Estado de São Paulo, como nas unidades prisionais, a citação e a intimação de réu preso deverá ser realizada por videoconferência, observados os arts. 122, § 3º e 1.029 destas NSCGJ. Parágrafo único. Na citação e intimação por videoconferência deverão ser rigorosamente observadas as formalidades previstas no Código de Processo Penal bem como nas Normas de Serviço da Corregedoria Geral da Justiça para a confecção, distribuição e cumprimento dos mandados. 1 §2º - Revogado.2

4.10. Tomo I – Capítulo IV - Seção XIV: (art. 439; 440; 440-A)

Seção XIV

Das Intimações

Art. 439. Quando não for possível o cumprimento remoto (art. 1.029, NSCGJ), as intimações de indiciado, réu ou condenado preso, que deva tomar conhecimento de qualquer ato processual, inclusive de sentença, serão feitas por oficial de justiça, diretamente no estabelecimento onde custodiado, dispensada a requisição para a formalização de tais atos em juízo. § 1º O oficial de justiça levará o impresso contendo termo de recurso e de renúncia ao direito de recorrer e consultará o réu sobre sua intenção, colhendo a assinatura no espaço próprio. Na sequência preencherá por completo o termo correspondente à opção do sentenciado e inutilizará a parcela do formulário rechaçada pelo acusado. § 2º Se o réu não souber escrever, será colhida sua impressão digital e assinará a rogo uma terceira pessoa, além de 2 (duas) testemunhas. § 3º Os réus que estiverem internados em estabelecimentos situados fora da comarca serão intimados por meio de carta precatória. § 4º Comparecendo o réu ou apenado em audiência, as intimações em relação aos atos nela praticados serão realizadas na própria audiência.

Art. 440. Os mandados de intimação de vítimas ou testemunhas, quando estas derem conta de coação ou grave ameaça, após deferimento do juiz, serão elaborados em separado, individualizados. Parágrafo único. Uma vez cumpridos, apenas serão juntadas aos autos as certidões do oficial de justiça, nelas não sendo consignados os endereços e dados das pessoas procuradas. Os originais dos mandados serão destruídos pelo escrivão judicial.

Art. 440-A. A ofendida deverá ser imediatamente comunicada da decisão que deferir ou indeferir pedido de prisão cautelar ou de imposição de medida protetiva de urgência, bem como da alteração da natureza da prisão e do ingresso e saída do agressor do estabelecimento prisional, facultada a utilização do procedimento previsto no art. 1.245, §4º, NSCGJ.

Parágrafo único: Permite-se a intimação da vítima por meio de telefone fixo, celular, WhatsApp ou e-mail, desde que haja anuência daquela, no momento da lavratura do boletim de ocorrência ou da apresentação do requerimento, com o fornecimento dos dados necessários, garantido seu absoluto sigilo; no mesmo ato a vítima será informada dos canais adequados e disponíveis para a comunicação do descumprimento das medidas protetivas de urgência.

4.11. Tomo I – Capítulo VII (art. 994 a 1.091-A)

CAPÍTULO VII

DOS OFICIAIS DE JUSTIÇA

Seção I

Disposições Gerais

Art. 994. O presente Capítulo dispõe sobre as regras aplicáveis aos Oficiais de Justiça, à expedição, distribuição, cumprimento e ressarcimento dos mandados e demais disposições atinentes ao funcionamento das Seções Administrativas de Distribuição de Mandados – SADMs.

Art. 995. Para os fins deste Capítulo:

I - Considera-se:

a) Diligência: atividade do Oficial de Justiça para o cumprimento dos atos descritos no mandado, incluindo todas as idas e vindas, no mesmo endereço ou em endereços contíguos, lindeiros e referenciados, no mesmo dia ou em dias distintos;

b) Valor da diligência: valor a ser depositado pela parte ou interessado nos mandados pagos para fins de ressarcimento do Oficial de Justiça de acordo com a natureza do ato;

c) Cota: valor a ser ressarcido ao Oficial de Justiça em razão do cumprimento do mandado, independentemente da quantidade de idas e vindas, do número de atos e respectivo resultado de cada um deles;

d) Cota paga: valor a ser ressarcido pelo Oficial de Justiça no cumprimento de mandados pagos, apurado a partir do valor da diligência, de acordo com a natureza do ato, deduzido o valor dos custos administrativos;

e) Cota gratuita: valor a ser ressarcido pelo Oficial de Justiça no cumprimento de mandados gratuitos, apurado a partir das verbas de rateio, por mandado ou lote de mandados de acordo com a natureza do ato, nos termos dos artigos 1.044, 1.045 e 1.053, deduzido o valor da antecipação;

f) Margeamento: cálculo da quantidade de cota(s) ou valor da(s) cota(s) de ressarcimento pelo cumprimento de mandado ou lote de mandados por Oficial de Justiça;

g) SADM: a unidade administrativa estruturada ou, onde não houver, unidade que utiliza o módulo "Central de Mandados" no sistema do Ofício de Justiça para o recebimento, distribuição e acompanhamento do cumprimento dos mandados.

II - Classificam-se os mandados:

a) Conforme o meio em que expedidos, físicos (processos físicos) ou digitais (processos digitais);

b) Conforme o prazo de cumprimento, em mandados de plantão, mandados urgentes, mandados de audiência e mandados comuns;

c) Conforme a forma de ressarcimento, em mandados pagos em adiantamento, mandados pagos por mapa posterior (na forma do artigo 1.050) e mandados gratuitos e equiparados.

III – Classificam-se os atos:

a) Conforme a natureza, em atos com deslocamento ou atos sem deslocamento (atos remotos ou realizados na própria sede do juízo), ou ato sem deslocamento com possibilidade de conversão;

b) Conforme o tempo de realização, em atos simples (um ou mais atos que podem ser praticados ao mesmo tempo, ainda que sejam realizados em dias distintos) e atos complexos (um ou mais atos com interregno de prazo legal ou judicial a ser observado);

c) Conforme o resultado (se houve ou não o atingimento da finalidade processual), em cumpridos (positivos, parcialmente cumpridos, negativos), ou não cumpridos (prejudicados e devolvidos por irregularidade).

Para fixação:

DEFINIÇÕES CONTIDAS NO ART. 995, I

Termo	Definição
Diligência	Atividade do Oficial de Justiça para o cumprimento dos atos descritos no mandado, incluindo todas as idas e vindas, no mesmo endereço ou em endereços contíguos, lindeiros e referenciados, no mesmo dia ou em dias distintos.

Termo	Definição
Valor da diligência	Valor a ser depositado pela parte ou interessado nos mandados pagos para fins de ressarcimento do Oficial de Justiça de acordo com a natureza do ato.
Cota	Valor a ser ressarcido ao Oficial de Justiça em razão do cumprimento do mandado, independentemente da quantidade de idas e vindas, do número de atos e respectivo resultado de cada um deles.
Cota paga	Valor a ser ressarcido pelo Oficial de Justiça no cumprimento de mandados pagos, apurado a partir do valor da diligência, de acordo com a natureza do ato, deduzido o valor dos custos administrativos.
Cota gratuita	Valor a ser ressarcido pelo Oficial de Justiça no cumprimento de mandados gratuitos, apurado a partir das verbas de rateio, por mandado ou lote de mandados de acordo com a natureza do ato, nos termos dos artigos 1.044, 1.045 e 1.053, deduzido o valor da antecipação.
Margeamento	Cálculo da quantidade de cota(s) ou valor da(s) cota(s) de ressarcimento pelo cumprimento de mandado ou lote de mandados por Oficial de Justiça.
SADM	Unidade administrativa estruturada ou, onde não houver, unidade que utiliza o módulo "Central de Mandados" no sistema do Ofício de Justiça para o recebimento, distribuição e acompanhamento do cumprimento dos mandados.

CLASSIFICAÇÃO DOS MANDADOS E ATOS (ART. 995, II E III)

Categoria	Classificação
Mandados	a) Conforme o meio em que expedidos: físicos (processos físicos) ou digitais (processos digitais); b) Conforme o prazo de cumprimento: mandados de plantão, mandados urgentes, mandados de audiência e mandados comuns; c) Conforme a forma de ressarcimento: mandados pagos em adiantamento, mandados pagos por mapa posterior (na forma do artigo 1.050) e mandados gratuitos e equiparados.
Atos	a) Conforme a natureza: atos com deslocamento ou atos sem deslocamento (atos remotos ou realizados na própria sede do juízo), ou ato sem deslocamento com possibilidade de conversão; b) Conforme o tempo de realização: atos simples (um ou mais atos que podem ser praticados ao mesmo tempo, ainda que sejam realizados em dias distintos) e atos complexos (um ou mais atos com interregno de prazo legal ou judicial a ser observado); c) Conforme o resultado (se houve ou não o atingimento da finalidade processual): cumpridos (positivos, parcialmente cumpridos, negativos), ou não cumpridos (prejudicados e devolvidos por irregularidade).

Art. 996. As dúvidas e divergências relativas à aplicação das disposições deste Capítulo serão decididas pelo Juiz da causa ou pelo Juiz Corregedor da SADM, conforme ocorram dentro ou fora do âmbito do processo.

Parágrafo único - Nas decisões proferidas pelo Juiz Corregedor da SADM sobre questões fora do âmbito do processo caberá recurso sem efeito suspensivo para a Corregedoria Geral da Justiça, em instrumento apartado, no prazo de 15 (quinze) dias.

Seção II

Dos deveres dos Oficiais de Justiça

Art. 997. São deveres do Oficial de Justiça:

I - executar as ordens dos Juízes a que estiver subordinado, auxiliar o Juiz na manutenção da ordem e exercer as funções inerentes a seu cargo;

II - agir com disciplina, observar as normas regulamentares e zelar pela utilização adequada dos bens e recursos públicos;

III – observar os prazos para recebimento, cumprimento e devolução dos mandados e demais atividades relacionadas à sua função;

IV - cumprir pessoalmente o mandado que lhe for distribuído, envidando o máximo de empenho para concluir a diligência;

V - registrar de forma fidedigna os dados nas certidões que exarar, no preenchimento dos mapas e nos sistemas informatizados;

VI – conferir a indicação do recolhimento e realizar o margeamento em conformidade com as normas expedidas pela Corregedoria Geral da Justiça e Presidência do Tribunal;

VII - identificar-se quando do desempenho de suas funções mediante apresentação de carteira funcional ou crachá, obrigatório em todas as diligências;

VIII – registrar frequência na forma estabelecida pela Presidência do Tribunal;

IX – comparecer, presencialmente, uma vez por semana, ao Ofício ou SADM em que lotado e ali permanecer à disposição do juiz, quando e como escalado;

X - permanecer à disposição do Juiz nos plantões, até o seu encerramento, quando escalado, e sempre que convocado;

XI - acessar diariamente a caixa de mensagens eletrônicas institucional, pelo menos uma vez ao dia, em expediente regular, e no início e no fim do expediente, se em plantão;

XII - manter atualizados os seus dados cadastrais junto ao Tribunal de Justiça, principalmente o número do telefone celular e endereço, sob pena de responsabilidade funcional.

§ 1º É vedado ao Oficial de Justiça:

I - o recebimento de qualquer numerário diretamente da parte;

II – a passagem de mandado, de um para outro Oficial de Justiça, diretamente, salvo ordem do Juiz do feito, cuja ocorrência será certificada nos autos;

III - a devolução de mandado sem cumprimento, a pedido de qualquer interessado.

§ 2º As escalas de comparecimento e o e-mail funcional ficarão à disposição de terceiros para consulta na SADM para agendamento de diligências que possam ou devam acompanhar.

§ 3º Os números de telefone celular dos Oficiais de Justiça constarão em rol e ficarão à disposição para consulta na SADM ou, onde não houver, no Ofício de Justiça.

§ 4º O Oficial de Justiça poderá recusar o repasse do número de seu telefone celular a terceiros, caso em que deverá comparecer diariamente no Fórum, pelo período mínimo de uma hora de permanência e em horário fixo dentro do expediente forense.

Para fixação:

DEVERES E VEDAÇÕES DOS OFICIAIS (ART. 997)

Deveres	Vedações
I - Executar as ordens dos Juízes a que estiver subordinado, auxiliar o Juiz na manutenção da ordem e exercer as funções inerentes a seu cargo.	I - O recebimento de qualquer numerário diretamente da parte.
II - Agir com disciplina, observar as normas regulamentares e zelar pela utilização adequada dos bens e recursos públicos.	II – A passagem de mandado, de um para outro Oficial de Justiça, diretamente, salvo ordem do Juiz do feito, cuja ocorrência será certificada nos autos.
III - Observar os prazos para recebimento, cumprimento e devolução dos mandados e demais atividades relacionadas à sua função.	III - A devolução de mandado sem cumprimento, a pedido de qualquer interessado.
IV - Cumprir pessoalmente o mandado que lhe for distribuído, envidando o máximo de empenho para concluir a diligência.	
V - Registrar de forma fidedigna os dados nas certidões que exarar, no preenchimento dos mapas e nos sistemas informatizados.	
VI - Conferir a indicação do recolhimento e realizar o margeamento em conformidade com as normas expedidas pela Corregedoria Geral da Justiça.	
VII - Identificar-se quando do desempenho de suas funções mediante apresentação de carteira funcional ou crachá, obrigatório em todas as diligências.	
VIII - Registrar frequência na forma estabelecida pela Presidência do Tribunal.	
IX - Comparecer, presencialmente, uma vez por semana, ao Ofício ou SADM em que lotado e ali permanecer à disposição do juiz, quando e como escalado.	
X - Permanecer à disposição do Juiz nos plantões, até o seu encerramento, quando escalado, e sempre que convocado.	
XI - Acessar diariamente a caixa de mensagens eletrônicas institucional, pelo menos uma vez ao dia, em expediente regular, e no início e no fim do expediente, se em plantão.	
XII - Manter atualizados os seus dados cadastrais junto ao Tribunal de Justiça, principalmente o número do telefone celular e endereço, sob pena de responsabilidade funcional.	

Art. 998. Sem prejuízo das modalidades de plantão previstas no Capítulo X destas Normas de Serviço (plantões judiciários ordinários, especiais e extraordinários), que observarão o quanto nele disposto, o Oficial de Justiça cumprirá:

I - plantão regular, destinado ao cumprimento de medidas urgentes em dias que houver expediente forense;

II – plantão de Júri: destinado ao cumprimento de medidas que se fizerem necessárias em Plenários de Júri.

§ 1º A escala para atuação nos plantões previstos neste artigo será organizada mensalmente e aprovada pelo Juiz Corregedor Permanente da Unidade Judicial ou da SADM de acordo com as necessidades do serviço, observadas as seguintes regras:

I - no plantão regular, deverá ser designado pelo menos um Oficial de Justiça para comparecimento presencialmente, facultado o cumprimento à distância quanto aos demais Oficiais de Justiça designados, se necessário;

II – no plantão de Júri, deverá ser designado um Oficial de Justiça devidamente capacitado por plenário ou grupo de plenários, seguindo-se o critério de revezamento, sendo vedada a designação de Oficial de Justiça exclusivamente para esta atuação específica.

§ 2º Os Oficiais de Justiça em plantão deverão permanecer disponíveis até o seu encerramento, observas as seguintes regras:

I – em plantão regular, o Oficial de Justiça deverá permanecer disponível até o término do horário do expediente, e, após este horário, desde que o Ofício de Justiça comunique até 30 (trinta) minutos antes do encerramento que será encaminhado mandado depois desse horário para cumprimento naquele mesmo plantão;

II – em plantão do Júri, o Oficial de Justiça deverá apresentar-se antes do início previsto para a solenidade e permanecer disponível até o momento de seu encerramento, observada a probabilidade de alguns plenários estenderem-se para além do horário normal de expediente.

§ 3º Considera-se remetido no plantão regular ou no plantão especial seguinte, se durante o recesso, o mandado de plantão encaminhado após o horário de expediente sem a comunicação prevista do disposto no inciso I do § 2º deste artigo.

§ 4º A escala mensal de plantão dos Oficiais de Justiça elaborada pela SADM será encaminhada às unidades judiciais, acompanhada dos números de telefones atualizados.

§ 5º É vedada a designação de Oficial de Justiça, exclusivamente ou em sistema de rodízio, para atuação no controle do acesso a gabinete de Juízes e a sala de audiências, bem como para coadjuvar o Juiz do feito na manutenção da ordem em audiências, ressalvada a determinação em processo específico, por decisão fundamentada.

§ 6º A participação do Oficial de Justiça em audiência dependerá da comunicação prévia ao funcionário responsável pela SADM da determinação judicial neste sentido, com prazo não inferior a 10 (dez) dias da data da audiência.

Para fixação:

Modalidades de Plantões (Art. 998)

Modalidade	Descrição
Plantão regular	Destinado ao cumprimento de medidas urgentes em dias que houver expediente forense.
Plantão de Júri	Destinado ao cumprimento de medidas que se fizerem necessárias em Plenários de Júri.
Regras de escala	A escala para atuação nos plantões será organizada mensalmente e aprovada pelo Juiz Corregedor Permanente da Unidade Judicial ou da SADM.

Modalidade	Descrição
Disponibilidade	Os Oficiais de Justiça em plantão deverão permanecer disponíveis até o seu encerramento, seguindo as regras específicas para plantão regular e de Júri.
Escala mensal	A escala mensal de plantão dos Oficiais de Justiça será elaborada pela SADM e encaminhada às unidades judiciais, acompanhada dos números de telefones atualizados.
Vedação	É vedada a designação de Oficial de Justiça, exclusivamente ou em sistema de rodízio, para atuação no controle do acesso a gabinete de Juízes e a sala de audiências, salvo por decisão fundamentada em processo específico.

Art. 999. Antes de entrar em gozo de licença ou qualquer outro afastamento por prazo superior a 5 (cinco) dias, o Oficial de Justiça comunicará o Ofício ou à SADM a que vinculado e todos os demais que acumular e devolverá todos os mandados em seu poder, observados os §§ 1º, 2º e 3º deste artigo.

§ 1º Os Oficiais de Justiça não receberão mandados nos 15 (quinze) dias antecedentes às suas férias marcadas na escala e ao gozo de licença prêmio e horas credoras (nas duas hipóteses pelo período ininterrupto equivalente ao bloco mínimo permitido para o gozo de férias).

§ 2º No prazo do §1º, os Oficiais de Justiça cumprirão os mandados anteriormente recebidos, e só poderão entrar em férias ou em gozo de licença prêmio e horas credoras sem nenhum mandado em mãos, vedada a baixa para redistribuição.

§ 3º Se as férias marcadas em escala ou o gozo de licença prêmio e horas credoras formarem com o recesso período ininterrupto de descanso, a distribuição dos mandados cessará nos 15 (quinze) dias que antecederem ao recesso.

§ 4º Durante os prazos previstos nos §§1º, 2º e 3º os Oficiais de Justiça não serão escalados para plantões na forma do art. 998.

§ 5º Na hipótese de cancelamento das férias ou afastamento, o Oficial de Justiça deverá cumprir dias adicionais de plantão equivalentes aos dias em que ficou sem distribuição.

Subseção II

Dos prazos para recebimento e cumprimento dos mandados

Art. 1.000. Os mandados serão emitidos nos Ofícios de Justiça e remetidos com as peças indispensáveis ao seu integral cumprimento e com GRD e comprovante de pagamento, se exigível.

§ 1º Anotado no sistema informatizado, o mandado será remetido para a SADM ou módulo da SADM do ofício para verificação e distribuição entre os Oficiais de Justiça de acordo com a classificação, observadas as seguintes regras:

I - os mandados classificados como plantão serão equitativamente distribuídos entre os Oficiais de Justiça de plantão presencial e à distância, independentemente do setor a que pertençam, no mesmo dia em que expedido, até o término do expediente, ou após, observado o disposto no art. 998, §2º, inc. I destas Normas;

II - os mandados classificados como urgentes, inclusive aqueles relacionados a réus presos, serão equitativamente distribuídos entre os Oficiais de Justiça de acordo com os setores de atuação, no prazo de 24 (vinte e quatro) horas;

III – os mandados para cumprimento remoto em unidades prisionais ou de internação, serão equitativamente distribuídos entre os Oficiais de Justiça do setor específico ou de acordo com os setores de atuação, no prazo de até 24 (vinte e quatro) horas;

IV – os mandados comuns, bem como aqueles sem prazo expressamente determinado na ordem judicial, serão equitativamente distribuídos entre os Oficiais de Justiça de acordo com os setores de atuação, no prazo de até 5 (cinco) dias.

§ 2º Os mandados serão recebidos diariamente, e cumpridos pelos Oficiais de Justiça também de acordo com a sua classificação, observadas as seguintes regras:

I – os mandados classificados como plantão imediato, a que se referem o art. 440-A, NSCGJ (intimação de vítima), deverão ser cumpridos em 24 (vinte e quatro) horas, distribuídos em regime de plantão;

II – os mandados classificados como plantão, referentes a medidas protetivas de urgência decretadas deverão ser cumpridos no prazo máximo de 48 horas, distribuídos em regime de plantão;

III – os mandados para cumprimento remoto em unidades prisionais ou de internação serão recebidos até o dia imediatamente seguinte ao da distribuição, para agendamento em 48 horas e cumprimento e devolução em até 7 (sete) dias úteis;

IV – os mandados classificados como réu preso expedidos em processo de réu preso, deverão ser cumpridos dentro de 3 (três) dias, salvo determinação contrária do Juiz do feito;

V – os mandados comuns serão recebidos no dia imediatamente seguinte ao da distribuição, para cumprimento e devolução em até 45 (quarenta e cinco) dias corridos, salvo prazo inferior estabelecido na decisão judicial e que deverá constar expressamente do mandado;

VI – os mandados classificados como audiência, referente a processos com audiência designada deverão ser cumpridos nos prazos dos §§ 3º e 4º deste artigo.

§ 3º Os mandados destinados à intimação para audiência de conciliação ou de mediação prevista no art. 334 do Código de Processo Civil deverão ser cumpridos e devolvidos até 20 (vinte) dias úteis antes da data designada.

§ 4º Os mandados destinados à intimação para qualquer outra audiência deverão ser cumpridos e devolvidos até 10 (dez) dias úteis antes da data designada, salvo determinação contrária do Juiz do feito.

§ 5º Decorridos os prazos para recebimento previstos no §2º, considera-se iniciado o prazo para cumprimento ainda que o Oficial de Justiça não tenha retirado o mandado físico na unidade ou procedido ao seu recebimento no sistema informatizado.

Prazos para cumprimento dos mandados	
Tipo do mandado	**Prazo**
Plantão imediato - art. 440-A, NSCGJ (intimação de vítima)	24 horas
Plantão - medidas protetivas de urgência decretadas	48 horas
Para cumprimento remoto em unidades prisionais ou de internação	Agendamento em 48 horas e cumprimento e devolução até 7 dias úteis

Prazos para cumprimento dos mandados	
Tipo do mandado	**Prazo**
Réu preso - expedidos em processo de réu preso	3 dias, salvo determinação contrária do Juiz do feito;
Comuns	45 dias corridos, salvo prazo inferior estabelecido na decisão judicial e que deverá constar expressamente do mandado
Intimação para audiência de conciliação ou de mediação prevista no art. 334 do CPC	Até 20 dias úteis antes da data designada
Intimação para qualquer outra audiência	Até 10 dias úteis antes da data designada, salvo determinação contrária do Juiz do feito

Art. 1.001. Vencido o prazo, o Oficial de Justiça devolverá o mandado ao cartório, certificando os motivos da demora ou do descumprimento.

§ 1º Se necessária prorrogação de prazo para cumprimento do mandado, o Oficial de Justiça, sem o devolver, submeterá ao Juiz do feito requerimento justificado em modelo padronizado com 48 (quarenta e oito) horas de antecedência, sob pena de não conhecimento.

§ 2º Também sob a mesma pena, o requerimento obrigatoriamente conterá informação do funcionário responsável pela SADM sobre a data da distribuição ou distribuições anteriores, qualquer que seja o Oficial de Justiça, e eventuais prorrogações de prazo antes concedidas.

§ 3º Se deferida a prorrogação, no mesmo dia o Oficial de Justiça a demonstrará à SADM para anotações no sistema informatizado e no expediente de cobrança. Se indeferida a prorrogação ou se não conhecido o requerimento, o mandado será cumprido no prazo restante em curso.

§ 4º Na hipótese de mandado compartilhado, o requerimento justificado em modelo padronizado será enviado a partir do e-mail institucional do Oficial de Justiça para o do Ofício de Justiça expedidor do mandado, com cópia para a SADM de sua lotação. Com a resposta positiva do Ofício de Justiça, a SADM anotará no sistema o prazo de prorrogação.

§ 5º O mandado só poderá ficar retido com o Oficial de Justiça, além do prazo, mediante autorização escrita do juiz do feito.

Art. 1.002. O funcionário responsável pela SADM ou do Ofício de Justiça fará a cobrança de mandados com prazos excedidos para cumprimento a cada 30 (trinta) dias, ressalvado o prazo menor genérico por determinação pelo Juiz Corregedor Permanente da SADM ou, onde não houver, do Ofício de Justiça.

§ 1º Se necessária prorrogação de prazo para cumprimento do mandado, o Oficial de Justiça procederá na forma do art. 1.001 destas Normas de Serviço, comunicando eventual pedido, deferimento ou indeferimento, se já apreciado, ao funcionário responsável.

§ 2º Decorrido o prazo máximo de 48 (quarenta e oito) horas para devolução do mandado, após cobrança, sem atendimento, o atraso será comunicado ao Juiz Corregedor Permanente, em expediente próprio, para as providências cabíveis, tais como busca e apreensão, redistribuição e instauração de procedimento disciplinar.

§ 3º As providências do § 2º serão adotadas sem prejuízo da comunicação devida ao Juiz responsável pelo processo, caso este não seja o Juiz Corregedor Permanente.

Subseção III

Da organização das SADMs e dos Oficiais de Justiça

Art. 1.003. Para os fins das presentes Normas de Serviço e demais normas editadas pela Corregedoria Geral da Justiça, considera-se SADM tanto a unidade administrativa própria quanto o setor interno das Unidades Judiciais encarregados das atribuições dos Oficiais de Justiça.

Parágrafo único - A constituição da SADM em unidade administrativa própria seguirá os critérios definidos pela Presidência.

Art. 1.004. A SADM, quando constituída em unidade administrativa, manterá os seguintes livros e classificadores obrigatórios:

I - livro de visitas e correições;

II - livro de registro de portarias e ordens de serviço, com índice;

III - livro de registro de feitos administrativos;

IV - livro de registro de sentenças da Corregedoria Permanente;

V - livro protocolo de autos e papéis em geral;

VI - livro de carga manual de mandados em caso de contingência do sistema informatizado;

VII - classificador para cópias de ofícios expedidos;

VIII - classificador para ofícios recebidos;

IX - classificador para GRD (guias de recolhimento de diligências de Oficial de Justiça).

Parágrafo único - nos locais onde a SADM não estiver estruturada, poderão ser utilizados os livros do próprio Ofício que sirvam para a mesma finalidade.

Art. 1.005. O Juiz Corregedor Permanente da SADM responderá pela função correcional da SADM e servidores e Oficiais de Justiça a ela vinculados, cabendo especial atenção a:

I - organização, funcionamento e eficiência da SADM como um todo;

II - presteza, produtividade e cumprimento de prazos nas atividades relacionadas ao cumprimento de mandados;

III - conferência das certidões, mapas e outros documentos necessários para ressarcimento de diligências em mandados pagos e gratuitos;

IV - assiduidade, disciplina e demais condutas dos servidores e Oficiais de Justiça e correspondentes sanções disciplinares.

§ 1º Na hipótese de acumulação e plantão, os Juízes Corregedores Permanentes exercerão função correcional em relação às atividades realizadas em cada SADM, cabendo ao Juiz Corregedor da SADM da lotação originária a apuração de infrações e aplicação de sanções disciplinares, para o que deverá ser oficiado.

§ 2º Nos plantões judiciários ordinários, especiais e extraordinários (Capítulo X destas Normas de Serviço), caberá ao Magistrado plantonista a adoção das providências urgentes, como a busca e apreensão e redistribuição do mandado, oficiando-se ao Juiz Corregedor Permanente da lotação originária para apuração de infrações e aplicação de sanções disciplinares, se o caso.

Art. 1.006. Além de outras funções que o respectivo Juiz Corregedor Permanente lhe atribuir, compete ao servidor responsável pela SADM:

I - conferir, sem prejuízo da responsabilidade do Oficial de Justiça e do Oficial encarregado, a exatidão, a autenticidade, a veracidade e a adequação a regras de mapas, certidões e documentos necessários para ressarcimento de diligências em mandados pagos e gratuitos;

II - fiscalizar a tempestividade das tarefas dos Oficiais de Justiça e cobrar mandados com prazos excedidos, procedendo na forma do art. 1.002 destas Normas;

III - controlar a assiduidade e a vida funcional de Oficiais de Justiça e funcionários designados para a SADM;

IV - organizar mensalmente escala de plantão de Oficiais de Justiça de acordo com as necessidades do serviço;

V - acessar o e-mail institucional diariamente.

Parágrafo único - Nos plantões judiciários ordinários, especiais e extraordinários (Capítulo X destas Normas de Serviço), caberá ao responsável pelo plantão adotar as providências de conferência do mapa e envio à SADM em que lotado o Oficial de Justiça. Caberá à SADM o lançamento dos dados nos sistemas SMG e SGF.

Art. 1.007. Os Oficiais de Justiça serão distribuídos em setores por CEP (código de endereçamento postal), por bairros ou outro critério razoável, observado o disposto nestas Normas e nas determinações do Conselho Superior da Magistratura.

§ 1º A distribuição dos setores deverá observar, no mínimo, as seguintes configurações:

I – parte urbana: 1 (um) setor para cada bairro ou conjunto de bairros contíguos, vila e/ou vilarejos, além de 1 (um) setor para cada assentamento, fazenda e/ou outra situação que demande atenção especial dos Oficiais de Justiça;

II – parte rural: 1 (um) setor para cada bairro ou conjunto de bairros contíguos, vila e/ou vilarejos, além de 1 (um) setor para cada assentamento, fazenda e/ou outra situação que demande atenção especial dos Oficiais de Justiça;

III – nas localidades com CEP único, sem prejuízo das configurações dos itens I e II, deve ser criada a Zona Única e somente nesta deverá ser vinculado o CEP, observadas as orientações veiculadas por Comunicado.

§ 2º Sem prejuízo do disposto no caput e §1º deste artigo, deverão ser criados setores especiais, sem vinculação de CEP:

I - para o cumprimento de mandados remotos, com ou sem possibilidade de conversão;

II - para o cumprimento de mandados da Fazenda Pública Estadual na hipótese de haver Oficiais de Justiça exclusivos (Lei nº 1.906/78) e para a Fazenda Pública Municipal na hipótese de haver Oficiais de Justiça ad hoc;

III - para penitenciárias, presídios (ou centros de progressão penitenciária), cadeias públicas (ou centros de detenção provisória);

IV – para municípios integrantes de Comarca contígua ou agrupada e para munícipios cujo território esteja sob a jurisdição de Comarca ou Foro.

§ 3º Ressalvadas as hipóteses previstas neste artigo e determinação expressa em contrário desta Corregedoria Geral da Justiça ou do Conselho Superior da Magistratura, é vedada distribuição de mandados por tipo de ato, matéria ou unidade judicial de origem.

Distribuição dos setores	
Parte Urbana	1 setor para cada bairro ou conjunto de bairros contíguos, vila e/ou vilarejos 1 setor para cada assentamento, fazenda e/ou outra situação que demande atenção especial dos Oficiais de Justiça.
Parte Rural	1 setor para cada bairro ou conjunto de bairros contíguos, vila e/ou vilarejos, 1 setor para cada assentamento, fazenda e/ou outra situação que demande atenção especial dos Oficiais de Justiça.
Localidades com CEP único	Além do determinado para parte urbana e rural, deve ser criada a Zona Única e somente nesta deverá ser vinculado o CEP, observadas as orientações veiculadas por Comunicado.
Setores Especiais (sem vinculação de CEP)	Mandados remotos Mandados da Fazenda Pública Estadual (se houver Oficiais exclusivos) e Municipal (se houver Oficiais ad hoc) Penitenciárias, presídios, cadeias públicas, centros de progressão penitenciária, centros de detenção provisória Municípios integrantes de Comarca contígua ou agrupada.
É vedada a distribuição de mandados por tipo de ato, matéria ou unidade judicial de origem, com exceção das hipóteses previstas anteriormente e determinação expressa em contrário desta Corregedoria Geral da Justiça ou do Conselho Superior da Magistratura	

Art. 1.008. Para cada setor será designado pelo menos um Oficial de Justiça, podendo haver mais de um, segundo a necessidade do serviço, ou mais de uma vaga para o mesmo Oficial de Justiça por setor, de modo a equilibrar a distribuição no total de mandados.

§ 1º O Juiz Corregedor Permanente da SADM poderá remanejar Oficiais de Justiça de setores de atuação para atender à necessidade do serviço ou possibilitar rodízio periódico, quando o caso.

§ 2º É vedada alteração de setor, área ou região de atuação de Oficial de Justiça sem prévia autorização do Juiz Corregedor Permanente da SADM que, dentro do possível, seguirá critério do revezamento.

Art. 1.009. Os leilões serão realizados apenas em situações excepcionalíssimas, desde que o exequente não exerça o seu direito de indicação e haja impedimento legal para atuação de todos os leiloeiros públicos credenciados, segundo escala previamente elaborada pelos Oficiais de Justiça plantonistas, sob a fiscalização do Juiz de Direito do feito.

§ 1º Os Ofícios de Justiça encaminharão à SADM, até o vigésimo dia de cada mês, pauta com dias e horários de leilões designados para o mês seguinte e, pelos e-mails das unidades, comunicarão eventual sustação, antes da data designada, para as necessárias anotações.

§ 2º Processos com leilões judiciais públicos designados deverão ser encaminhados à SADM com um dia útil de antecedência, até às 12h30min, mediante carga e termo de remessa.

§ 3º Recebidos os autos, a SADM elaborará pauta diária de leilões judiciais, que conterá somente data, horário e número do processo.

§ 4º Se houver processos de mais de uma vara com hastas designadas para o mesmo dia e horário, as hastas serão realizadas de acordo com a ordem numérica, independentemente do ano de distribuição ou vara de origem.

§ 5º Os incidentes relativos aos leilões serão decididos pelo Juiz do feito.

§ 6º A lavratura de autos competirá ao Ofício de Justiça de origem do processo e caberá ao Oficial de Justiça a lavratura de súmula.

Art. 1.010. O compartilhamento de mandados digitais entre SADMs deste Tribunal, quando existente, determina sua distribuição para a SADM que compreenda o setor do local de cumprimento da diligência, ainda que pertencente a outra Comarca ou Foro do Estado de São Paulo.

§ 1º O compartilhamento independe de decisão judicial que assim autorize, dispensando a expedição de carta precatória para todas as matérias e atos, salvo em relação a:

I - mandados de processos físicos;

II - mandados de cumprimento remoto;

III - mandados para intimação de vítima ou testemunha protegida, físicos ou digitais;

IV – outros mandados de atos que demandem providências no âmbito do Juízo deprecado, como, por exemplo, audiência (nas hipóteses ainda autorizadas), perícia com nomeação de perito local, penhora de faturamento, com nomeação de administrador local, intervenção de setores técnicos.

§ 2º Na configuração do compartilhamento serão observadas as seguintes regras:

I - a atribuição de setores territoriais por divisão de CEPs da Comarca da Capital para cada SADM será feita pela Corregedoria Geral da Justiça;

II - as SADMs deverão vincular todos os CEPs de sua atribuição setorial a zona, conforme organização interna, sendo vedada a vinculação de um mesmo CEP a mais de uma zona;

III - periodicamente, e sempre que solicitado por unidade judicial, as SADMs deverão conferir o cadastro das zonas, incluindo CEPs que não estiverem vinculados a zona alguma.

§ 3º A partir da implantação da Central de Mandados Compartilhada, os Oficiais de Justiça serão competentes para:

I - o cumprimento de mandados compartilhados nas zonas a que estiverem vinculados, bem como para os mandados para cumprimento remoto;

II – o cumprimento de mandados físicos e para os demais casos em que o compartilhamento tenha sido vedado pelas normas ou por decisão judicial, nos limites da Resolução OE 742/2016.

§ 4º O recolhimento das despesas de condução será efetuado por meio de guia própria (GRD – guia de recolhimento de diligências), para crédito em conta aberta na agência ou posto bancário, da comarca ou fórum, a que distribuído o feito correspondente.

§ 5º Os mapas individuais de diligências pagas e gratuitas serão confeccionados e apresentados na SADM de lotação do Oficial de Justiça, com encaminhamento para o crédito na conta bancária do Oficial de Justiça.

§ 6º Para os mandados positivos digitalizados, nos quais tenham sido colhidas as respectivas notas de ciente (art. 1.258, § 4º, NSCGJ), provenientes de Ofícios Judiciais de outros fóruns, e devolvidos pelos Oficiais de Justiça, a SADM os enviará, a cada 90 (noventa) dias, para a SADM vinculada à Comarca ou Foro Regional da unidade judiciária expedidora, para entrega à serventia respectiva.

§ 7º Para os mandados provenientes de Ofícios Judiciais do próprio Fórum, a SADM os devolverá na forma do art. 1.000, NSCGJ. Os mandados sem assinatura qualquer serão descartados pelo Oficial de Justiça (art. 1.015, § 5º, NSCGJ).

Seção II

Da expedição dos mandados pelos Ofícios Judiciais

Art. 1.011. Constarão de todos os mandados expedidos, na forma desta seção:

I - o número do processo e a unidade judicial de origem;

II – o ato ou todos os atos a serem praticados, ainda que em momentos distintos;

III – o endereço principal e eventuais endereços contíguos ou lindeiros, assim considerados os endereços que não distarem entre si mais de 200 (duzentos) metros, em linha reta;

IV – o destinatário ou conjunto de destinatários, ainda que não relacionados entre si, localizados no mesmo endereço ou em endereços contíguos ou lindeiros, observado o inciso II do §4º do art. 1.012;

V – a indicação do estabelecimento prisional ou de internação e todos os meios disponíveis para contato, nos mandados remotos;

VI – a classificação do mandado quanto ao prazo (plantão/urgente/comum/audiência, remoto) e o prazo exato para cumprimento, quando distinto dos prazos padronizados por estas Normas;

VII - a forma de ressarcimento (mandados pagos em adiantamento, mandados pagos por mapa e mandados gratuitos ou equiparados) e, em relação aos mandados pagos por adiantamento, o número e valor da GRD;

VIII - o seguinte texto, ao pé do instrumento: "É vedado ao Oficial de Justiça o recebimento de qualquer numerário diretamente da parte. A identificação do Oficial de Justiça, no desempenho de suas funções, será feita mediante apresentação de carteira funcional, obrigatória em todas as diligências.";

IX - número do mandado com o código de barras.

§ 1º - Os atos judiciais que sirvam como mandados, cartas precatórias e alvarás, se não contiverem o código de barras, deverão ser remetidos com "folha de rosto" extraída do sistema informatizado.

§ 2º - Nos casos indicados no §1º do presente artigo, a anotação de ciente do destinatário deverá ser colhida na determinação judicial que serviu de mandado.

Art. 1.012. Nos mandados para cumprimento de atos com deslocamento, será expedido um mandado para a prática de todos os atos em relação a um mesmo destinatário em um mesmo endereço ou em endereços contíguos ou lindeiros, observadas as regras e exceções estabelecidas nestas Normas de Serviço;

§ 1º É vedada a expedição de mais de um mandado para atos subsequentes relacionados ao mesmo endereço, ainda que entre os atos haja prazo legal ou fixado pelo Juiz que demande o cumprimento em várias diligências, salvo se a soma dos prazos ultrapassar o prazo total para cumprimento do mandado.

§ 2º Os endereços contíguos ou lindeiros são indicados no bojo do mesmo mandado, sem prejuízo do agrupamento pelo mesmo sistema, sendo considerado, em qualquer caso, um único mandado para fins de margeamento, independentemente do número de atos ou destinatários no mesmo endereço ou em endereços contíguos ou lindeiros.

§ 3º Havendo mais de um endereço não contíguo ou lindeiro indicado nos autos:

I – salvo decisão judicial fundamentada em contrário, será expedido apenas um mandado por vez;

II – no momento do peticionamento, a parte deverá indicar os endereços lindeiros e contíguos ou indicar a ordem de preferência na expedição de cada mandado;

III – o pedido de expedição de mais de um mandado concomitantemente deverá ser justificado e acompanhado da comprovação do recolhimento da GRD para cada mandado;

IV - os demais mandados serão expedidos sucessivamente, na ordem de preferência indicada ou, não havendo, conforme o critério fixado pelo Juízo;

V – deferida a expedição de mais de um mandado concomitantemente, havendo notícia de cumprimento em qualquer um dos mandados, o Ofício de Justiça deverá imediatamente solicitar a devolução dos demais independentemente de cumprimento.

§ 4º Na hipótese de o mesmo ato ou conjunto de atos a ser realizado envolver mais de um destinatário localizado no mesmo endereço ou em endereços contíguos ou lindeiros, caberá ao Ofício de Justiça, alternativamente:

I – expedir um mandado por destinatário, que deverão ser agrupados para cumprimento e margeamento único; ou

II - incluir manualmente no bojo do mandado os demais destinatários, desde que seu encaminhamento não dependa de senha.

§ 5º Salvo nas hipóteses de gratuidade ou cumprimento de medidas de urgência, assim determinadas pelo Juiz, ou nos casos autorizados nestas Normas de Serviço, nenhum mandado será expedido sem a juntada no processo judicial da GRD, com a comprovação do recolhimento do valor devido – autenticação mecânica ou comprovante de pagamento fornecido pelo banco recebedor.

§ 6º Os mandados nas ações de execução de título extrajudicial serão expedidos apenas para fins de citação, salvo pedido expresso do exequente para que a tentativa de penhora de bens livres ocorra imediatamente após o decurso do prazo de pagamento, hipótese em que não será processado o pedido de bloqueio pela via eletrônica antes da certificação do cumprimento de todos os atos do mandado.

Art. 1.013. Nos mandados para cumprimento de atos sem deslocamento, ou com possibilidade de conversão, será expedido um mandado para a prática de todos os atos remotos em relação a um mesmo destinatário com todos os contatos disponíveis no feito, observadas as regras e exceções estabelecidas nestas Normas de Serviço.

§ 1º Serão expedidos para cumprimento do ato pela via remota:

I – citações, intimações e notificações em unidades prisionais;

II – citações, intimações e notificações em unidades de internação;

III – intimação da vítima de violência doméstica, nos casos em que esta tenha indicado telefone ou aplicativo de mensagem para fins de comunicação.

§ 2º Ainda que não tenha sido expressamente determinado para cumprimento pela via remota, permite-se a intimação da vítima por meio de telefone fixo, celular, WhatsApp ou e-mail, desde que haja anuência no momento da lavratura do boletim de ocorrência ou da apresentação do requerimento, com os dados necessários, garantido seu absoluto sigilo.

§ 3º Nos demais casos, a avaliação da viabilidade da realização do ato pela via remota caberá exclusivamente ao Juiz da causa.

Art. 1.014. Os mandados serão classificados pelo Ofício de Justiça, conforme a decisão do Juiz da causa, observadas as seguintes regras:

§ 1º - Em relação aos prazos, serão automaticamente classificados como:

I – comum, os mandados sem prazo definido no mandado;

II – plantão imediato, os mandados referentes ao art. 440-A;

III – plantão, os mandados referentes a medidas protetivas de violência doméstica e equivalentes;

IV – urgente, os mandados com determinação judicial;

V – audiência, todos os mandados com audiência marcada;

VI – réu preso (3 dias), todos mandados expedidos em processo de réu preso, independente da parte a ser diligenciada;

VII – remoto Réu Preso (7 dias), os mandados referentes a réus presos ou menores internados.

§ 2º Ressalvadas as hipóteses do §1º, é vedada a classificação de mandado como plantão ou urgente sem decisão judicial fundamentada.

§ 3º Tão somente a designação de audiência não justifica a classificação como plantão ou urgente.

§ 4º Os mandados classificados em desconformidade com o disposto nestas Normas de Serviço poderão ser reclassificados pela SADM de ofício ou a pedido do Oficial de Justiça que o receber.

Para fixação:

Classificação dos Mandados (Art. 1.014)

Classificação	Descrição
Comum	Mandados sem prazo definido no mandado.
Plantão imediato	Mandados referentes ao art. 440-A (intimação de vítima).
Plantão	Mandados referentes a medidas protetivas de violência doméstica e equivalentes. Obs: A designação de audiência não justifica, por si só, a classificação como plantão ou urgente.
Urgente	Mandados com determinação judicial fundamentada.
Audiência	Mandados que contêm designação de audiência.
Réu Preso (3 dias)	Mandados expedidos em processos de réu preso, independentemente da parte a ser diligenciada.
Remoto Réu Preso (7 dias)	Mandados referentes a réus presos ou menores internados, com prazo de cumprimento remoto de 7 dias.

Art. 1.015. Devidamente instruídos, os mandados serão encaminhados para distribuição à SADM ou módulo próprio por meio do sistema informatizado, observadas as regras de compartilhamento:

I – os mandados de processos digitais deverão ser emitidos selecionando-se a zona correspondente ao CEP do mandado; na emissão do mandado, o sistema identificará a zona correspondente; caso a identificação automática não ocorra, a unidade judicial deverá solicitar à SADM competente pelo cumprimento a vinculação do CEP a uma zona;

II - os mandados de processos físicos e para cumprimento remoto, bem como em relação àqueles cujo compartilhamento tenha sido vedado pelas normas ou decisão judicial serão emitidos selecionando-se a zona específica que será informada pela SADM local.

§ 1º Salvo em relação aos mandados classificados como de plantão ou urgentes por força da fundamentação constante da decisão que determinou sua expedição, os mandados deverão ser remetidos com antecedência suficiente para que seja possível distribui-los para os Oficiais de Justiça e estes possam cumpri-los nos prazos fixados.

§ 2º Salvo outro prazo fixado em lei, os mandados de intimação para a participação em audiências observarão o prazo mínimo de 7 (sete) dias úteis.

§ 3º Os mandados expedidos fora do sistema pelos Ofícios de Justiça usuários do SAJ (por exemplo, em feitos eleitorais e administrativos e em casos de contingência) deverão ser remetidos por e-mail para a SADM, sob registro e assinatura no livro de protocolo de autos e papéis, a qual os cadastrará como "mandados excepcionais – outros locais".

§ 4º Desde que observado o disposto no inc. I do §2º do art. 998, o mandado emitido em plantão e não recepcionado pela SADM até o término do expediente será entregue pela Unidade Judicial por e-mail diretamente ao Oficial de Justiça de plantão, com regularização da distribuição pela SADM no dia útil seguinte ou por ocasião da devolução do mandado.

§ 5º Os mandados que não atenderem às disposições destas Normas de Serviço poderão ser devolvidos pela SADM ou pelo Oficial de Justiça a que for distribuído para que seja expedido novo mandado ou quantos mandados forem necessários.

Art. 1.016. Somente poderão ser aditados os mandados enquanto ainda estiverem em posse do Oficial de Justiça e até o cumprimento do objeto do aditamento.

§ 1º Os aditamentos a mandados serão comunicados, sem devolução, por correio eletrônico (e-mail) à SADM com cópia ao próprio Oficial de Justiça. **§ 2º** Uma vez cumprido o mandado pelo Oficial de Justiça, é incabível o aditamento, sendo necessária a expedição de novo mandado e, quando for o caso, comprovação do recolhimento de nova GRD.

Art. 1.017. Mensalmente, o escrivão relacionará os mandados em poder dos Oficiais de Justiça, além dos prazos legais ou fixados, comunicando ao Juiz Corregedor Permanente, para as providências cabíveis.

§ 1º Compete ao dirigente do Ofício de Justiça, por intermédio do e-mail institucional da unidade, comunicar imediatamente à SADM, ou diretamente ao Oficial de Justiça, quando vinculado ao próprio Ofício, a necessidade de recolhimento de mandados já remetidos, encarregando-se esta de devolvê-los à origem. **§ 2º** Os pedidos de devolução ou cobrança de mandados compartilhados deverão ser encaminhados para o e-mail institucional da SADM onde está o mandado.

Seção III

Do processamento dos mandados nas SADMs

Art. 1.018. Após a anotação no sistema informatizado, os mandados serão recebidos pela SADM ou módulo de SADM para verificação, distribuição e carga. Parágrafo único - Os mandados deverão ser remetidos de forma a facilitar a identificação da classificação, do zoneamento e da data de audiência cadastrada na pauta.

Art. 1.019. Antes da distribuição, a SADM deverá verificar se o mandado está de acordo com as formalidades legais e regulamentares e se está devidamente instruído.

I – observada qualquer irregularidade, a SADM solicitará correção ao Ofício de Justiça de origem e justificará no sistema informatizado o motivo da devolução, conforme orientações veiculadas por Comunicado;

II - tratando-se de mandado de plantão, a irregularidade será corrigida pela própria SADM, se viável a medida, independentemente de devolução ao Ofício de origem;

III – os mandados compartilhados cujo endereço pertença a outra SADM serão devolvidos ao Ofício de Justiça ou retransmitidos diretamente, nos casos de plantão ou urgência;

IV – os mandados em conformidade serão distribuídos de acordo com as regras e prazos aplicáveis à sua classificação.

§ 1º Onde instaladas como unidade autônoma, todas as remessas de mandados serão feitas exclusivamente pela SADM, vedada a remessa pelos Ofícios Judiciais diretamente aos Oficiais de Justiça, salvo o disposto no §4º do art. 1.015.

§ 2º É vedada a indicação de Oficial de Justiça pela parte ou por seu procurador, bem como a prática de se atribuírem todos os mandados do dia, independentemente da classificação, ao Oficial de Justiça de plantão.

§ 3º Os mandados relativos a pessoas protegidas pelo Provimento CG nº 32/2000 serão direcionados para Oficial plantonista que, contudo, não precisará cumpri-lo de imediato, salvo ordem diversa do juiz do feito.

§ 4º A SADM deverá providenciar carga em livro próprio dos mandados expedidos fora do sistema, com rigoroso controle no equilíbrio das distribuições aos Oficiais de Justiça.

§ 5º Para a redistribuição do mandado haverá baixa e nova carga ou transferência para outro Oficial no caso de impossibilidade de certificação do Oficial, com respectivos registros do motivo no sistema informatizado.

Art. 1020. Serão agrupados pelo sistema, quando possível, ou, ainda, no momento da distribuição pela SADM e no recebimento pelo Oficial de Justiça:

I - os mandados emitidos em processos com gratuidade para cumprimento em endereços lindeiros ou contíguos, ainda que relacionados a processos e direcionados a pessoas distintas;

II – os mandados relacionados ao mesmo setor/zona, tais como:

a) os mandados oriundos de um mesmo processo ou processos conexos ou apensados;

b) os mandados oriundos de ações distintas, propostas pelo mesmo autor, ou autores em litisconsórcio, contra o mesmo réu, ou mesmos réus em litisconsórcio;

c) os mandados oriundos de mesma ação, ou em ações distintas de mesma natureza, propostas pela mesma pessoa jurídica de direito público, contra um ou mais réus, em litisconsórcio ou não (execuções fiscais).

III – os mandados direcionados ao mesmo estabelecimento prisional ou de internação, tais como:

a) mandados provenientes de processos distintos contra o mesmo preso ou internado;

b) mandados expedidos contra mais de um preso ou internado pelo mesmo processo;

c) mandados oriundos de processos distintos e contra presos ou internados também diferentes.

Parágrafo único - O Juiz Corregedor Permanente baixará ordens de serviço a fim de estabelecer critérios para o agrupamento de mandados nas hipóteses previstas neste artigo.

Para fixação:

Agrupamento de Mandados - Art. 1020

Critério de Agrupamento	Detalhes
Mandados emitidos em processos com gratuidade	Para cumprimento em endereços lindeiros ou contíguos, ainda que relacionados a processos e direcionados a pessoas distintas.
Mandados relacionados ao mesmo setor/zona	a) Oriundos de um mesmo processo ou processos conexos ou apensados; b) Oriundos de ações distintas, propostas pelo mesmo autor, ou autores em litisconsórcio, contra o mesmo réu, ou mesmos réus em litisconsórcio; c) Oriundos de mesma ação, ou em ações distintas de mesma natureza, propostas pela mesma pessoa jurídica de direito público, contra um ou mais réus, em litisconsórcio ou não (execuções fiscais).
Mandados direcionados ao mesmo estabelecimento prisional ou de internação	a) Mandados provenientes de processos distintos contra o mesmo preso ou internado; b) Mandados expedidos contra mais de um preso ou internado pelo mesmo processo; c) Mandados oriundos de processos distintos e contra presos ou internados também diferentes.

Art. 1.021. Tão logo o Oficial de Justiça devolva o mandado, a SADM verificará a regularidade do seu cumprimento, se emitidos certidões e documentos correlatos, se lançadas as informações correspondentes no sistema informatizado e se correto o número de atos margeados.

§ 1º Constatada irregularidade no cumprimento do mandado, a SADM fará a devolução deste para a fila do Oficial de Justiça, que o restituirá em 48 (quarenta e oito) horas, devidamente regularizado.

§ 2º Depois de conferidos, não sendo o caso de devolução, na forma do §1º, os mandados serão restituídos pelas SADMs aos Ofícios de Justiça de origem no prazo máximo de 5 (cinco) dias, com exceção dos mandados para cumprimento urgente ou em plantão, que serão imediatamente baixados e encaminhados à origem.

§ 3º Certidões, termos e autos serão impressos em tantas vias quantas necessárias para juntada a autos não eletrônicos e para o ressarcimento devido.

Art. 1.022. O funcionário responsável pela SADM fará a cobrança de mandados com prazos excedidos para cumprimento a cada 30 (trinta) dias, ressalvado prazo menor genérico por determinação do Juiz Corregedor Permanente da SADM ou, onde não houver, do Ofício de Justiça.

Seção IV

Do cumprimento dos mandados pelos Oficiais de Justiça

Art. 1.023. Ao receber eletrônica ou fisicamente em carga, o Oficial de Justiça deverá verificar se o mandado está dentro dos limites de seu setor de atuação e se contém os documentos necessários ao seu cumprimento, bem como se o valor foi corretamente recolhido e é suficiente para a prática do ato ordenado;

§ 1º Se constatar irregularidades, dentro de 24 (vinte e quatro) horas, o Oficial de Justiça poderá devolver o mandado. Depois desse prazo, salvo irregularidade insanável, não poderá o oficial devolver o mandado sem o devido cumprimento.

§ 2º Se necessários dois ou mais Oficiais de Justiça para cumprimento da ordem judicial considerada complexa ou perigosa, o sorteado poderá solicitar que o outro Oficial de Justiça seja designado pelo responsável pela SADM, que o fará preferencialmente com Oficial do mesmo setor. Neste caso, todos serão ressarcidos frente ao ato ou atos realizados.

§ 3º No caso de mandados pagos, salvo nas hipóteses de cumprimento de medidas de urgência, assim determinadas pelo Juiz, nas expressamente autorizadas nestas Normas de Serviço, ausente ou insuficiente o depósito, o Oficial de Justiça devolverá para complementação pelo interessado, indicando, desde logo, o valor a ser complementado e o critério utilizado para cálculo.

Art. 1.024. O Oficial deverá cumprir todos os atos do mandado, ainda que em momentos distintos, no endereço principal e nos endereços lindeiros.

§ 1º Na hipótese de arresto ou penhora, o Oficial de Justiça realizará as diligências subsequentes como a intimação e avaliação, se possível.

§ 2º Se couber ordem de arrombamento ou reforço policial, o Oficial de Justiça, sem devolver o mandado, submeterá ao Juiz do feito requerimento em modelo padronizado.

§ 3º Na hipótese do § 2º, o requerimento, se deferido, servirá de requisição da força policial e/ou de ordem de arrombamento e cópia dele será entranhada aos autos ou digitalizada para inserção em autos inteiramente eletrônicos.

Art. 1.025. O interessado deverá prover diretamente os meios ou oferecer depósito das despesas em caso de transporte e depósito de bens e outras necessárias ao cumprimento de mandados, sem prejuízo daquelas relativas à condução.

§ 1º Quando o interessado prover diretamente os meios para o cumprimento do mandado, deverá desde logo especificá-los, indicando dia, hora e local em que estará à disposição, sendo seu ônus entrar em contato com a SADM ou o Oficial de Justiça;

§ 2º Deixando de prover diretamente, o interessado deverá oferecer depósito do valor indicado pelo Oficial de Justiça nos autos, em conta judicial, no prazo de 5 (cinco) dias, a partir do qual começará a contagem do prazo para cumprimento do mandado.

§ 3º Vencido o prazo referido no § 2º deste artigo, o Oficial de Justiça o devolverá, certificando a ocorrência.

Art. 1.026. O Oficial de Justiça, ao proceder às citações, intimações e notificações, exigirá a exibição do documento de identidade do citando, anotando nos autos os respectivos números, em especial o número de inscrição no Cadastro de Pessoas Físicas.

§ 1º Nas citações de pessoas jurídicas ou sociedades sem personalidade jurídica, serão observados os incisos VIII e IX do art. 75 do Código de Processo Civil.

§ 2º Nas citações por hora certa, o oficial de Justiça certificará os dias e horários em que o réu foi procurado, descrevendo todos os fatos e circunstâncias que espertaram a suspeita de ocultação e fazendo a citação, de preferência, em pessoa da família.

§ 3º Nos condomínios edilícios ou nos loteamentos com controle de acesso, será válida a intimação a que se refere o § 2º feita a funcionário da portaria responsável pelo recebimento de correspondência.

§ 4º Nas ações de despejo, verificando que se trata de imóvel de habitação coletiva multifamiliar, o Oficial de Justiça dará ciência a todos os ocupantes do imóvel, que serão identificados, e certificará a respeito.

§ 5º Nas ações possessórias em que figure no polo passivo grande número de pessoas, o Oficial de Justiça deverá efetuar a citação pessoal dos ocupantes que forem encontrados no local, exaurindo-se a diligência com relação aos que não foram encontrados para citação, certificando-se.

§ 6º Quando o ato exigir a investidura de depositário de bens, o Oficial de Justiça constará do auto ou certidão o número do documento de identidade e da inscrição no Cadastro de Pessoa Física - CPF do depositário.

Art. 1.026-A. Suprimido.

Art. 1.027. O Oficial de Justiça deverá cumprir diligência em outro endereço, obtido por indicação no local da diligência, independentemente de devolução ou aditamento do mandado, desde que no seu setor/zona de atuação.

§ 1º Caso o endereço referenciado pertença a outro setor/zona, o Oficial de Justiça devolverá o mandado certificando o novo endereço, quem o informou e a circunstância de pertencer a outro setor/zona.

§ 2º Na hipótese do § 1º deste artigo, a parte será intimada para manifestar se deseja a expedição de novo mandado direcionado ao endereço referenciado, recolhendo novas despesas de deslocamento, se o caso.

Art. 1.028. O cumprimento de atos no território das Comarcas localizadas nos Estados vizinhos observará o disposto no "Protocolo de Cooperação" celebrado.

§ 1º O Oficial de Justiça, munido de um ofício de apresentação, dirigir-se-á ao Fórum local, onde os funcionários do Ofício de Justiça subordinados ao Juiz Diretor do Fórum lhe fornecerão todas as informações solicitadas, especialmente a respeito da localização e dos meios de acesso ao local designado para cumprimento do ato.

§ 2º O reembolso das despesas de condução dos atos cumpridos na forma deste artigo observará as mesmas regras dos demais atos praticados nas Comarcas e Foros do Estado de São Paulo.

Art. 1.029. No cumprimento remoto de mandados em unidades prisionais ou de internação será observado o que segue:

I – o Oficial de Justiça fará o agendamento no prazo de 48 (quarenta e oito) horas após o recebimento, na forma de Comunicado específico; o cumprimento do ato deverá ser efetivado em até 07 (sete) dias úteis.

II – em caso de agendamento em prazo superior a 07 (sete) dias úteis a partir do contato, o Oficial de Justiça certificará nos autos com anexação da resposta da unidade, podendo o Juiz do feito aguardar a data ou converter o cumprimento do mandado em presencial, por decisão nos autos, comunicando à SADM ou, onde não houver, ao responsável pela Central de Mandados;

III - na hipótese de conversão do cumprimento remoto em presencial a ser efetivado em Comarca diversa, não contígua, o mandado será redistribuído à SADM competente para a região onde localizado o estabelecimento prisional ou de internação de adolescentes infratores;

IV – a conversão do cumprimento remoto em presencial será informada pelo Oficial de Justiça à Unidade Prisional ou de Internação na mesma forma do agendamento, para a liberação da data.

Parágrafo único - É vedado o cumprimento presencial de mandado remoto em unidade prisional ou de internação sem a estrita observância do disposto neste parágrafo e, se houver o cumprimento, não dará ensejo a qualquer ressarcimento.

Para fixação:

Cumprimento Remoto de Mandados em Unidades Prisionais ou de Internação
O Oficial de Justiça fará o agendamento no prazo de 48 horas após o recebimento
O cumprimento do ato deverá ser efetivado em até 07 dias úteis
Em caso de agendamento em prazo superior a 07 dias úteis a partir do contato, o Oficial certificará nos autos com anexação da resposta da unidade. Nesse caso, o Juiz do feito pode a) aguardar a data b) converter o cumprimento do mandado em presencial, por decisão nos autos, comunicando à SADM ou, onde não houver, ao responsável pela Central de Mandados. O Oficial de Justiça deve informar à Unidade Prisional ou de Internação, na mesma forma do agendamento, a conversão em cumprimento presencial para a liberação da data (se não observar isso e cumprir, não haverá ressarcimento). Obs: se o cumprimento presencial tiver de ser efetivado em Comarca diversa, não contígua, o mandado será redistribuído à SADM competente para a região onde localizado o estabelecimento prisional ou de internação de adolescentes infratores

Art. 1.030. O Oficial de Justiça, ao efetuar qualquer ato de cientificação presencial, como citação, intimação ou notificação, colherá a nota de ciente do cientificando.

§ 1º No caso de o cientificando não exarar sua nota de ciente, deverá certificar pormenorizadamente tal ocorrência no mandado, incluída a descrição física sucinta de quem se recusou.

§ 2º Nos atos de cientificação virtual o Oficial de Justiça certificará o meio utilizado, colhendo-se a impressão da tela ou outro meio de comprovação, se possível.

Art. 1.031. Salvo expressa autorização judicial, é defeso ao Oficial de Justiça devolver mandado sem cumprimento e sem esgotar os meios ao seu alcance para integral cumprimento, não se admitindo como escusa o término de prazo.

§ 1º Antes do Oficial de Justiça certificar a impossibilidade da prática do ato, esgotará todos os meios de concretização, especificando na certidão as diligências efetuadas.

§ 2º Na hipótese de o endereço ser localizado, mas a pessoa procurada não se encontrar no local, considera-se o esgotamento após duas tentativas de procura, salvo se houver informações claras de que o réu não poderá mais ser encontrado no referido endereço, o que deverá ser certificado nos autos.

Seção V

Da certificação e devolução dos mandados

Art. 1.032. Cumprido o mandado, o Oficial de Justiça utilizará o sistema informatizado para informar o resultado obtido e emitir certidão e, quando o caso, auto ou termo, imprimindo-os e anexando-os ao respectivo mandado, observado o § 3º do art. 1.021.

§ 1º A impressão é dispensada em relação a processos com autos eletrônicos.

§ 2º Quando houver mais de um ato determinado no mandado, e entre um e outro houver interregno superior a 05 (cinco) dias úteis, transcorrido ou a transcorrer durante o cumprimento, o Oficial de Justiça sem devolução lavrará no sistema certidão intermediária sobre o quanto já praticado em 24 (vinte e quatro) horas, mantido em seu poder o mandado para prática do ato seguinte, ressalvada cobrança sem cumprimento pelo Juiz do feito.

§ 3º Caso o Oficial cumpra o mandado em endereço nele não constante, dentro do seu setor (art. 1.028), deverá inseri-lo no sistema e na certidão em campo apropriado definido pelo Juiz Corregedor Permanente da SADM.

Art. 1.033. Na certidão, o Oficial de Justiça deverá fazer constar:

I – o resultado da diligência;

II – a pessoa diligenciada;

III - o(s) endereço(s) diligenciado(s);

IV – o(s) ato(s) praticado(s);

V – a data e horário da diligência, em especial se for diversa da data da certidão;

VI – o cumprimento concomitante de outros atos ou mandados em endereços contíguos ou lindeiros;

VII - no caso de o endereço ser diverso ao do mandado, fazer menção se o endereço diligenciado foi obtido através de aditamento, ou no caso de indicação, fazer constar onde recebeu a informação;

VIII – no cumprimento de mandados remotos, que se valeu de seus próprios meios;

IX - o número da GRD e valor utilizado em mandados pagos ou a quantidade de cotas em mandados gratuitos;

X - em casos da necessidade de retificar/complementar certidões ou redistribuir mandados, deve constar na certidão a respectiva especificidade em negrito e caixa alta;

XI – certificar, em mandado, proposta de autocomposição apresentada por qualquer das partes, na ocasião, de realização de ato de comunicação que lhe couber conforme o resultado (se houve ou não o atingimento da finalidade processual), em cumpridos (positivos, parcialmente positivos, negativos), não cumpridos (prejudicados e devolvidos por irregularidade).

Parágrafo único. O Oficial de Justiça deverá observar os seguintes parâmetros para a classificação da situação das diligências:

I – **cumprido:**

a) **ato positivo:** quando todos os atos previstos no mandado forem cumpridos;

b) **cumprido parcialmente:** quando o Oficial de Justiça praticar atos com resultados diferenciados e pelo menos um deles for cumprido de forma conclusiva;

c) **ato negativo:** quando a ordem judicial não for frutífera em razão de a pessoa ou de o bem não ter sido encontrado, depois de reiteradas tentativas.

II – **não cumprido:**

a) quando a parte deixar de fornecer os meios necessários ao seu cumprimento;

b) quando houver solicitação de devolução por parte da serventia ou do Magistrado;

c) quando o mandado não contiver os elementos ou não observar os prazos indicados nestas Normas;

d) quando houver necessidade de redistribuição do mandado pelo fato de o Oficial de Justiça tê-lo recebido equivocadamente.

III – **irregular:**

a) quando o mandado não contiver os elementos ou não observar os prazos indicados nestas Normas;

b) quando houver necessidade de redistribuição do mandado pelo fato de o Oficial de Justiça tê-lo recebido equivocadamente.

Para fixação:

Classificação das diligências	
Cumprido	**Ato positivo** Quando todos os atos previstos no mandado forem cumpridos;
	Cumprido parcialmente Quando o Oficial de Justiça praticar atos com resultados diferenciados e pelo menos um deles for cumprido de forma conclusiva;
	Ato negativo Quando a ordem judicial não for frutífera em razão de a pessoa ou de o bem não ter sido encontrado, depois de reiteradas tentativas.
Não cumprido	Quando a parte deixar de fornecer os meios necessários ao seu cumprimento;
	Quando houver solicitação de devolução por parte da serventia ou do Magistrado;
	Quando o mandado não contiver os elementos ou não observar os prazos indicados nestas Normas;
	Quando houver necessidade de redistribuição do mandado pelo fato de o Oficial de Justiça tê-lo recebido equivocadamente.
Irregular	Quando o mandado não contiver os elementos ou não observar os prazos indicados nestas Normas;
	Quando houver necessidade de redistribuição do mandado pelo fato de o Oficial de Justiça tê-lo recebido equivocadamente.

Art. 1.034. Devolvido o mandado com a respectiva certidão, os dados serão cadastrados pelo Ofício de Justiça no sistema informatizado próprio, observando--se as disposições constantes do Capítulo III, Seção V, Subseção III, destas Normas.

§ 1º Quando a citação ou intimação for realizada por Oficial de Justiça, ao receber o mandado positivo digitalizado pelo Oficial de Justiça, o Ofício de Justiça procederá à sua liberação nos autos juntamente com a certidão do Oficial de Justiça, por este assinada eletronicamente, momento a partir do qual se considera juntado o mandado aos autos digitais, para fins de contagem de prazo (artigo 231 do Código de Processo Civil).

§ 2º No caso de mandado descartado e não digitalizado, caberá ao Ofício de Justiça a liberação da certidão do Oficial de Justiça, por este assinada eletronicamente, e a prática do ato ordinatório pertinente.

Seção VI

Do ressarcimento nos mandados

Art. 1.035. As despesas dos Oficiais de Justiça no cumprimento dos mandados serão reembolsadas por cotas, apuradas por mandado cumprido ou por lotes de mandados cumpridos, na forma desta seção e subseções.

§ 1º Observado o disposto no art. 995 destas Normas, considera-se:

I – cota paga com deslocamento: valor do reembolso dos Oficiais de Justiça no cumprimento de mandados pagos, relativo a atos com deslocamento, apurado a partir do valor da diligência, deduzidos os custos administrativos;

II – cota paga sem deslocamento: valor do reembolso dos Oficiais de Justiça no cumprimento de mandados pagos, relativo a atos remotos ou na sede do Juiz, apurado a partir do valor da diligência, deduzidos os custos administrativos;

III – cota gratuita: valor do reembolso dos Oficiais de Justiça no cumprimento de mandados gratuitos ou equiparados, por mandado ou lote de mandados, apurado em rateio, deduzidos os valores de antecipação.

§ 2º O valor a ser ressarcido ao Oficial de Justiça observará o disposto nesta seção independentemente da distância, quantidade de idas e vindas, do número de atos e respectiva situação, positivo, parcialmente ou negativo de cada um deles.

§ 3º Caso haja a designação de dois ou mais Oficiais de Justiça para o cumprimento de um mandado ou determinados atos de um mandado, cada Oficial de Justiça deverá ser ressarcido separadamente.

§ 4º Considera-se não cumprido, para fins de ressarcimento de despesas, o ato que infringir os requisitos estabelecidos neste Capítulo.

Art. 1.036. Nos mandados relativos a atos com deslocamento, o cumprimento de cada mandado dará direito a uma cota paga ou gratuita, de acordo com a forma de ressarcimento do mandado, independentemente do número de atos e diligências em cada um deles, inclusive se realizadas em dias distintos.

§ 1º Como exceção à regra prevista no caput, ainda que sejam vários os mandados, será considerado um único mandado para fins de ressarcimento e dará ensejo a uma única cota de ressarcimento:

I – os mandados de atos subsequentes relacionados ao mesmo endereço, ainda que entre os atos haja prazo legal ou fixado pelo Juiz que demande o cumprimento em várias diligências, salvo se a soma dos prazos ultrapassar o prazo total para cumprimento do mandado, de acordo com a sua classificação;

II – todos os mandados em posse do Oficial de Justiça, independentemente da data do recebimento, para cumprimento em endereços lindeiros ou contíguos, ainda que relacionados a processos e direcionados a pessoas distintas;

III – na hipótese de conversão para cumprimento pessoal, todos os mandados relacionados a uma mesma unidade prisional ou de internação, ainda que relacionados a processos e réus distintos.

§ 2º Se, durante a diligência para cumprimento dos mandados, o Oficial de Justiça verificar uma das hipóteses do **§ 1º**, deverá considerá-las para fins de margeamento um único mandado.

§ 3º Além da cota relativa ao próprio mandado, darão ensejo a remuneração adicional por lotes, dos valores oriundos do rateio, na forma do art. 1.052 destas Normas:

I – os mandados em qualquer tipo de plantão relativos a endereços fora da comarca do local do plantão; e

II – os mandados cumpridos em acumulação (art. 1.052) de fora da Comarca da lotação original do Oficial de Justiça.

§ 4º Considera-se incluído no valor da cota de ressarcimento os pagamentos de passagens em veículo público ou particular, travessia por pedágio-rodoviário, balsa ou ferry-boat, relacionados ao próprio Oficial de Justiça.

Art. 1.037. Nos mandados para cumprimento de atos sem deslocamento, ou com possibilidade de conversão, ou na própria sede do Juízo:

I – nos mandados pagos, o ressarcimento será apurado por mandado cumprido, a partir do valor da diligência remota, deduzidas as despesas (uma cota paga sem deslocamento por mandado);

II – nos mandados gratuitos, o cumprimento de cada lote de 10 (dez) mandados com os meios do próprio Oficial dará ensejo ao ressarcimento de uma cota (uma cota gratuita para cada dez mandados).

Parágrafo único - Observará a forma de ressarcimento previsto no caput o mandado com deslocamento que tenha sido cumprido de forma remota, na forma do disposto no **§ 2º** do art. 1.013.

Art. 1.038. As dúvidas e divergências serão decididas pelo Juiz da causa ou pelo Juiz Corregedor, conforme ocorram dentro ou fora do âmbito do processo, com recurso sem efeito suspensivo para a Corregedoria Geral da Justiça, em instrumento apartado, no prazo de 15 (quinze) dias.

Art. 1.039. As diligências praticadas em cumprimento de mandados da Justiça Eleitoral serão reembolsadas pelo Tribunal Regional Eleitoral, não podendo ser incluídas nos mapas mensais de ressarcimento de diligências gratuitas da Justiça Estadual (Comunicado CG nº 753/2009).

Subseção I
Dos mandados pagos

Art. 1.040. Nos mandados pagos, na Capital e no Interior, a parte ou interessado deverá depositar os seguintes valores de diligência:

I - nos mandados com deslocamento, independentemente de atos a serem praticados no mesmo endereço ou em endereços contíguos ou lindeiros (art. 1.020), ainda que o resultado de um ou mais atos seja negativo, equivalente a 03 (três) UFESPs;

II - nos mandados exclusivamente remotos ou na própria sede do Juízo, equivalente a 01 (uma) UFESP;

III - nos mandados inicialmente remotos, verificada a necessidade de conversão para mandado com deslocamento, será necessária a complementação da diferença entre os valores previstos nos incisos I e II.

§ 1º Os novos valores, decorrentes do reajustamento da UFESP, não se aplicarão aos depósitos antes efetuados, ainda que o correspondente mandado não tenha sido expedido ou cumprido.

§ 2º Do valor da diligência, 10% (dez por cento) da arrecadação será destinada para o custeio das despesas administrativas, inclusive aquelas relacionadas à impressão dos mandados, sendo o restante considerado uma cota da respectiva natureza do ato para fins de ressarcimento do Oficial de Justiça (cota paga com ou sem deslocamento).

§ 3º O percentual mencionado no parágrafo anterior, destinado ao custeio dos custos administrativos, deverá ser transferido ao Fundo Especial de Despesa por ocasião do pagamento dos mapas dos Oficiais de Justiça através do sistema SAJADM (SGF); e o remanescente 90% (noventa por cento) deverá ser depositado na conta corrente do Oficial de Justiça no Banco do Brasil S/A.

§ 4º Quando o interessado oferecer condução ao Oficial de Justiça, deverá, desde logo, indicar dia, hora e local em que a condução estará à disposição, não havendo nesta hipótese recolhimento do valor das despesas.

Art. 1.041. O recolhimento das despesas destinadas ao cumprimento de diligências pelos Oficiais de Justiça será efetuado por meio de GRD, cujo preenchimento deverá ser feito no sítio eletrônico do Banco do Brasil na internet.

§ 1º A parte ou interessado deverão fazer constar da GRD:

I - valor recolhido;

II - conta corrente do depósito;

III - nome do depositante e das partes (autor e réu);

IV - Comarca ou fórum onde ajuizado o feito ou distribuída a carta precatória;

V - número do processo e unidade judicial, quando conhecidos.

§ 2º O boleto de pagamento será gerado a partir da GRD em 4 (quatro) vias: a 1ª (primeira) será destinada à parte, a 2ª (segunda) entranhada nos autos, a 3ª (terceira) e 4ª (quarta) anexadas ao mandado.

§ 3º O interessado poderá efetuar o pagamento do boleto em qualquer estabelecimento da rede bancária, através de internet banking ou outra forma autorizada nas presentes Normas de Serviço ou pela Presidência do Tribunal.

§ 4º O depositante apresentará 3 (três) vias do boleto ao Ofício de Justiça e, caso o recolhimento não esteja autenticado mecanicamente, anexará a cada uma das vias o devido comprovante de pagamento, fornecido pelo atendente de caixa, terminal de autoatendimento ou internet banking.

§ 5º Nos processos físicos, observado o disposto no §4º deste artigo, se o estabelecimento bancário fornecer apenas um comprovante de pagamento (filipeta), caberá ao interessado extrair cópias para anexar às outras duas vias do boleto.

§ 6º Na hipótese de carta precatória itinerante, e não se tratando de Comarcas pertencentes ao compartilhamento de mandados eletrônicos, em que a conta bancária de depósito da GRD seja diversa daquela a que atrelado o Oficial de Justiça apto a recebê-la, o Ofício de Justiça ou a SADM que realizar a diligência deverá, antes da devolução ao Juízo Deprecante, oficiar ao Ofício de Justiça ou SADM da Comarca onde feito o depósito para solicitar a transferência do valor em vista do ressarcimento ao Oficial de Justiça.

§ 7º Depósitos realizados de forma contrária ao previsto neste artigo, deverão ser rejeitados, intimando-se o interessado a proceder novo depósito.

Art. 1.042. A relação de mandados pagos a serem ressarcidos será elaborada pelo Oficial de Justiça, preenchida de forma integral em todos os campos próprios (nome do Oficial, nº da matrícula e CPF, nº do processo, nº de atos realizados e das respectivas cotas de ressarcimento, nº da conta corrente, nº da guia e valor), assinada pelo Escrivão Judicial ou responsável da SADM e pelo Juiz Corregedor.

§ 1º Uma das vias da GRD ou do boleto bancário da GRD, entregue ao Oficial de Justiça, ficará com o próprio Oficial de Justiça e outra será devolvida com a relação de mandados, para ser arquivada em classificador próprio, juntamente com a relação prevista no caput deste artigo.

§ 2º As guias ou boletos bancários de recolhimento de diligências do Oficial de Justiça, a relação de mandados e a cópia da autorização de crédito, referentes ao **§ 5º** deste artigo, serão conservados pela SADM e pelo Oficial de Justiça pelo prazo mínimo de dois anos contados do arquivamento, após o qual poderão ser inutilizadas.

§ 3º Para os casos de compartilhamento de mandados eletrônicos, os mapas totalizadores de mandados pagos deverão ser preenchidos, via sistema SGF, em formulário padrão, com informação das quantidades totais de atos e valores de cada Oficial, e enviados à Secretaria de Orçamento e Finanças (SOF), nas datas estipuladas em calendário anual a ser oportunamente divulgado no Diário da Justiça Eletrônico;

§ 4º Caso não haja divulgação do cronograma previsto no **§ 3º** deste artigo, será considerado o válido para o último mês, com ajuste das datas para o próximo dia útil subsequente quando não houver expediente.

§ 5º Para o pagamento de mandados pagos de unidades que não estejam na central compartilhada, o escrivão ou o servidor responsável pela SADM remeterá ao estabelecimento bancário, no dia 20 (vinte) de cada mês, ou no primeiro dia útil subsequente, relação correspondente aos mandados devolvidos no período anterior, conforme modelo próprio.

§ 6º Excepcionalmente, no mês de dezembro de cada ano, em virtude do recesso forense, a relação mencionada no **§ 5º** será enviada ao estabelecimento bancário no último dia útil do ano antes do recesso.

§ 7º O atraso no encaminhamento das relações previstas nos **§§ 3º** e **5º** por período superior a 02 (dois) meses posteriores àquele correspondente ao mês do cumprimento do ato, ainda que acompanhado da necessária justificativa, implicará no indeferimento do pedido de ressarcimento.

Art. 1.043. A restituição de valores de diligência indevidamente recolhidos ou de valor superior ao necessário poderá ser solicitada até a expedição do mandado, observará as seguintes regras:

I - para processos não distribuídos, o requerimento será feito diretamente ao Juiz Corregedor da SADM da Comarca a que dirigido o depósito, quando existir, ou, na inexistência, ao Juiz Diretor do Fórum:

a) o requerimento deverá indicar Agência/Cód. cedente, Data Emissão, Data do Pagamento, Pagador, Número do Depósito, Nome do Autor, Nome do Réu, com a qualificação completa da pessoa autorizada a receber (RG, CPF, nome completo) e será apresentado pelo depositante ou seu procurador, juntamente com as vias originais da Guia de Recolhimento de Diligência, a via original e uma cópia do comprovante de pagamento (filipeta) e a comprovação da não distribuição da ação (certidão negativa de distribuição);

b) o servidor responsável pela SADM, ou a Unidade Judicial a que estiver vinculado o Juiz Diretor do Fórum, quando o caso, providenciará a expedição do alvará de levantamento (GRD processo não distribuído), nele constando todos os dados da Guia de Recolhimento de Diligência (agência/cód. cedente, data emissão, pagador, número do depósito, nome do autor, nome do réu), com a qualificação completa da pessoa autorizada a receber (RG, CPF, nome completo).

c) o alvará de levantamento (GRD processo não distribuído) será instruído com duas vias da guia de recolhimento de diligências, do comprovante de pagamento (filipeta) e da procuração, quando o caso, e será entregue, mediante recibo, ao depositante ou seu procurador.

d) a terceira via da guia de recolhimento de diligências e a cópia do comprovante de pagamento (filipeta) serão anexadas à cópia do alvará de levantamento (GRD processo não distribuído) para arquivamento em classificador próprio, com indexador por ordem alfabética ou por número da guia de recolhimento de diligência, a fim de se evitar fraudes ou duplicidade no pagamento;

e) para os casos de compartilhamento de mandados eletrônicos (deverá ser emitido um ofício, em modelo institucional específico ('GRD processo não distribuído'), que será encaminhado pela SADM por e-mail institucional, para a Secretaria de Orçamento e Finanças (e-mail grd_restituicao@tjsp.jus.br) que providenciará o levantamento do valor.

II – para processos já distribuídos, a restituição do depósito de diligência de Oficial de Justiça deverá ser solicitada ao Juiz responsável pela demanda judicial e, deferida a restituição, a Unidade Judicial emitirá o ofício "506499 - ofício – levantamento de valores – guia diligência – Oficial de Justiça", que será encaminhado do e-mail da Unidade Judicial para o e-mail grd_restituicao@tjsp.jus.br.

§ 1º O pedido de restituição de valores poderá ocorrer até a data da expedição do mandado ou, não havendo a emissão, dentro do prazo de cinco (5) anos, contado a partir da data do recolhimento da GRD.

§ 2º Na hipótese de não expedição do mandado, o valor poderá ser reaproveitado no mesmo processo ou levantado pela parte ou interessado, observado o disposto no inc. II do caput deste artigo.

§ 3º Outras informações referentes à restituição de valores estão disponíveis no Comunicado CG nº 1.158/2021.

§ 4º Os custos administrativos previstos no art. 1.040, §2º serão considerados deduzidos no momento do recolhimento e não integrarão eventual pedido de restituição, sendo processados nos termos do §3º do art. 1.040.

§ 5º Não serão processados pedidos de restituição cujo valor seja inferior ao valor dos custos administrativos.

Subseção II

Dos mandados gratuitos

Art. 1.044. São considerados mandados gratuitos para fins de ressarcimento do Oficial de Justiça, os mandados expedidos:

I – em favor de interessado que seja beneficiário de gratuidade de Justiça ou na hipótese em que for deferido pelo Juiz o diferimento do recolhimento;

II – de ofício, por ordem judicial, e a requerimento do Ministério Público, quando o Juiz decidir que o custeio não deverá ser adiantado pelo autor, na forma do art. 82, §1º do Código de Processo Civil;

III – nos processos referidos no artigo 5º, incisos I a IV, da Lei Estadual 11.608/03, salvo se o deferimento do benefício de diferimento excepcionar as despesas além da taxa judiciária;

IV – nas ações abrangidas pelo art. 219 da Lei 8.069/90 (Estatuto da Criança e do Adolescente);

V – Nos processos do Juizado Especial;

Parágrafo único – A classificação do mandado como gratuito para fins de ressarcimento:

I – na hipótese do inc. V não afasta o dever de recolhimento em preparo por ocasião de eventual recurso inominado;

II – na hipótese dos incisos I e II não afasta o dever de pagamento do equivalente pela parte vencida, salvo se esta também for beneficiária de gratuidade.

Art. 1.045. Nos mandados gratuitos, o valor de cada cota corresponderá ao resultado da divisão do montante de 80% (oitenta por cento) da verba destinada a esse fim específico pelo número de cotas de ressarcimento dos atos ordenados em mandados gratuitos, devolvidos durante o mês pelos Oficiais de Justiça de todo o Estado.

§ 1º Para fins de antecipação do valor necessário ao custeio das despesas de condução com diligências gratuitas, 20% (vinte por cento) do montante da arrecadação serão igualmente divididos entre os Oficiais de Justiça que tenham cumprido, no mês anterior, mandados gratuitos.

§ 2º Suprimido.

§ 3º Suprimido.

§ 4º O valor da cota dos mandados gratuitos não poderá ser superior ao valor da cota destinada ao ressarcimento dos mandados pagos com deslocamento, hipótese em que os valores de arrecadação que levariam ao excedente serão registrados para inclusão no rateio nos meses subsequentes.

Art. 1.046. Para o ressarcimento previsto no §1º do art. 1.045, o escrivão ou servidor responsável da SADM encaminhará à DICOGE, até o 8º (oitavo) dia útil de cada mês, pelo Sistema de Mandados Gratuitos – SMG, a relação/certidão completa dos Oficiais de Justiça que tenham mandados cumpridos no mês.

§ 1º Da relação prevista no caput deste artigo constará a quantidade de mandados e das respectivas cotas para fins de ressarcimento, bem como o mês em que ocorreu o cumprimento do mandado, sendo vedado o lançamento, na mesma relação/certidão, de cotas relativas a mandados cumpridos em meses diferentes.

§ 2º Não serão incluídas no cálculo do mês referido no art. 1.045 as relações que não derem entrada na DICOGE, no prazo contido no caput deste artigo. O atraso no encaminhamento das relações por período superior a 02 (dois) meses anteriores àquele correspondente ao mês do ressarcimento, ainda que acompanhado da necessária justificativa, implicará no indeferimento do pedido de ressarcimento.

Art. 1.047. Em cada vara ou setor haverá 1 (um) Oficial de Justiça, escolhido pelos demais, que, sem prejuízo de suas funções, preencherá os mapas mensais individuais de mandados gratuitos, utilizando-se das informações passadas pelo interessado, assinando-os juntamente com o escrivão judicial ou servidor responsável da SADM.

§ 1º O Escrivão ou servidor responsável da SADM, após a devida conferência, especialmente da quantidade de mandados e das respectivas cotas de ressarcimento, certificará a autenticidade e a veracidade do conteúdo (dados oriundos dos mandados relacionados e correspondentes certidões), e colherá, na sequência, visto do Juiz Corregedor Permanente.

§ 2º Os mapas de mandados gratuitos deverão ser entregues, mediante recibo em via própria, ao funcionário responsável pela SADM no 1º (primeiro) dia útil do mês subsequente ao mês de referência para conferência e encaminhamento em tempo hábil ao setor competente por meio do aplicativo SMG – Sistema de Mandados Gratuitos.

§ 3º Mapas com rasuras, irregularidades ou incompletudes serão restituídos para retificação e subsequente reapresentação.

§ 4º Os mapas mensais individuais de mandados gratuitos deverão permanecer arquivados na unidade, após certificação de sua autenticidade e veracidade quanto ao seu conteúdo (dados oriundos dos mandados e respectivas certidões), durante o prazo de 2 (dois) anos, após o qual poderão ser inutilizados.

§ 5º Havendo necessidade de examinar os atos praticados, a Corregedoria Geral da Justiça poderá exigir dos Oficiais de Justiça a remessa do mapa original arquivado em cartório, bem como de cópias dos mandados nele relacionados e das correspondentes certidões, observadas as seguintes disposições:

I – A exigência será encaminhada por ofício ao Juiz Corregedor Permanente, que deverá comunicar, com brevidade, à Corregedoria Geral da Justiça, a data da ciência aos Oficiais de Justiça e ao Escrivão Judicial.

II – Decorridos 60 (sessenta) dias da data da ciência, sem que tenham sido remetidos os documentos, por desídia do Oficial de Justiça, o pedido de ressarcimento será automaticamente indeferido, sem prejuízo da continuidade da apuração administrativa.

III – As cópias dos mandados e certidões relativas a processos que na data da exigência estiverem fora de cartório, com prazo superior ao fixado no parágrafo anterior, poderão ser substituídas por certidão do Escrivão Judicial, que dará fé da impossibilidade de serem remetidas pelo interessado.

Subseção III

Do regime facultativo dos mandados das Fazendas

Art. 1.048. Os mandados expedidos no interesse das Fazendas Públicas observarão as regras dos mandados pagos, salvo em relação aos regimes facultativos previstos nesta seção, aplicáveis aos casos indicados em relação aos entes optantes que cumprirem todos os requisitos para sua implantação.

Art. 1.049. O regime facultativo geral será aplicável aos mandados expedidos em processo de qualquer natureza, no interesse da Fazenda Federal, da Fazenda do Estado de São Paulo e das Fazendas dos Municípios localizados na mesma Comarca do processo e do endereço a ser diligenciado.

§ 1º O regime facultativo implica na possibilidade de efetuar o recolhimento dos valores de diligência previstos no art. 1.041 destas Normas de Serviço depois de entregue ao seu representante, especialmente indicado, a relação mensal dos mandados (modelo próprio) e cópias das certidões do respectivo cumprimento, observado o disposto no art. 1.043 destas Normas.

§ 2º O ente fazendário deverá indicar um único endereço para o envio dos mapas, sendo vedada a imposição à Unidade Judicial ou Oficial de Justiça a triagem para envio a endereços diversos conforme a matéria tratada no mandado.

§ 3º O pagamento pelo ente fazendário da soma do valor das diligências deverá ocorrer em duas parcelas, 10% do valor total ao Fundo Especial de Despesas do Tribunal de Justiça – FEDTJ e os 90% restantes ao Oficial de Justiça que deu cumprimento à diligência, cabendo ao ente administrativo, nesta hipótese, o controle.

§ 4º O ente fazendário terá vista dos mapas mensais. Eventuais impugnações ofertadas pelo ente fazendário e acolhidas pelo Juízo serão compensadas no mapa posterior ou, não sendo possível, devolução direta pelo Oficial de Justiça, sob pena de processo administrativo e inscrição em dívida ativa.

§ 5º A comprovação do pagamento deverá ser comunicada à SADM ou Ofício de Justiça, que deverá manter o arquivo pelo prazo de 2 (dois) anos, após o qual poderão ser inutilizados, aplicando-se, nesta hipótese, o disposto no § 2º do art. 74. As dúvidas serão apreciadas e decididas pelo Juiz Corregedor Permanente.

§ 6º A aplicação do regime especial previsto neste artigo poderá ser cancelada em caso de descumprimento das normas do regime ou deliberação do Juiz Corregedor Permanente, a ser submetida à Corregedoria, hipótese em que somente serão expedidos mandados mediante a prévia comprovação da GRD no respectivo feito.

§ 7º No caso descrito no § 5º, o pagamento em atraso sofrerá multa moratória de 0,33% ao dia, a ser pago juntamente com o principal em conta própria do Tribunal de Justiça de São Paulo.

Art. 1.050. Nos mandados expedidos na Vara de Execução Fiscal da Fazenda da Capital do Estado de São Paulo, serão aplicadas as seguintes regras:

I – A Fazenda da Capital do Estado de São Paulo, após peticionar nos autos do respectivo processo de execução fiscal solicitando a diligência, encaminhará no mês seguinte a relação de processos que deseja a efetiva expedição dos mandados, providenciando, desde logo, o depósito do valor equivalente;

II – Na hipótese do § 1º, a unidade providenciará a expedição dos mandados aos processos constantes da relação para que sejam cumpridos, operando-se o ressarcimento a partir do valor depositado na mesma forma dos mandados pagos;

III – Ao deixar de indicar processos, a Fazenda da Capital do Estado de São Paulo explicitará sua desistência em relação ao pedido anteriormente formulado e concordância com o arquivamento do feito, na forma do art. 40 da Lei 6.830/80, independentemente de qualquer outra intimação;

IV – Após a devida conferência dos mapas, os pagamentos das cotas de ressarcimento observarão as mesmas regras dos mandados pagos, observando, sempre, o limite do valor depositado para o respectivo ente.

§ 1º A Fazenda da Capital do Estado de São Paulo terá vista dos mapas mensais. Eventuais impugnações ofertadas pela Fazenda da Capital do Estado de São Paulo e acolhidas pelo Juízo serão compensadas no mapa posterior ou, não sendo possível, devolução direta pelo Oficial de Justiça, sob pena de processo administrativo e inscrição em dívida ativa.

§ 2º Sem prejuízo de demais encargos e cominações estabelecidas pela Presidência, a aplicação do regime especial previsto neste artigo poderá ser cancelada em caso de descumprimento das normas do regime ou deliberação do Juiz Corregedor Permanente, a ser submetida à Corregedoria, hipótese em que somente serão expedidos mandados mediante a prévia comprovação da GRD no respectivo feito.

Art. 1.051. Em caso de mandado de interesse das Fazendas de outros Estados e de Municípios não localizados na Comarca em que tramitar o processo, será observado, exclusivamente, o disposto nos art. 1.040 a 1.043.

Subseção IV

Do ressarcimento adicional

Art. 1.052. Além da cota relativa ao próprio mandado, darão ensejo a remuneração adicional por lotes, dos valores oriundos do rateio das verbas dos mandados gratuitos:

I – os mandados de qualquer tipo de plantão, cumpridos com deslocamento, em endereços dentro da comarca do local do plantão;

II – os mandados de qualquer tipo de plantão, cumpridos com deslocamento, em endereços fora da comarca do local do plantão;

III – os mandados de qualquer tipo, cumpridos com deslocamento, pelos Oficiais de Justiça que possuam determinação de prestação cumulativa em vigor, publicada em DJE por designação da Presidência do TJSP.

§ 1º Na hipótese do inc. I, para cada lote de 10 (dez) mandados cumpridos com deslocamento em plantão dentro da Comarca do local do plantão, o Oficial de Justiça terá direito ao ressarcimento adicional de 1 (uma) cota.

§ 2º Na hipótese dos incs. II e III, para cada lote de 10 (dez) mandados cumpridos com deslocamento, o Oficial de Justiça terá direito ao ressarcimento adicional 1 cota para cada trecho de deslocamento, calculado da seguinte forma:

I – não se aplica o ressarcimento adicional quando a distância entre as SADMs de origem e de destino for igual ou inferior a 15 km;

II – depois dos primeiros 15 km, considera-se 1 trecho cada 15 km de percurso;

III – as distâncias deverão ser calculadas em linha reta entre a SADM de origem e a SADM da Comarca de destino;

IV – havendo mais de uma SADM, deverá ser considerada a mais próxima da SADM de origem;

V – na hipótese de acumulação de mais de uma unidade, o número de trechos deverá ser aferido em relação à unidade mais próxima acumulada, cabendo ao Oficial de Justiça comunicar todas as acumulações e sempre que receber uma nova;

VI – consideram-se incluídos no valor das cotas os gastos com pedágio, balsa ou ferry-boat no trajeto específico da acumulação;

VII – o total de cotas por blocos não poderá ser inferior a 1 (uma) nem ultrapassar o total de 5 (cinco) cotas para cada bloco de 10 mandados.

§ 3º O ressarcimento adicional não altera o valor da diligência a ser pago pela parte ou interessado nos mandados pagos.

Art. 1.053. O lançamento do ressarcimento adicional que trata o art. 1.052 deve ser feito no mapa de mandados gratuitos do Oficial de Justiça, após obter todas as autorizações necessárias, de acordo com as seguintes regras:

I – O lançamento deverá ser feito:

a) no mapa da SADM do local em que prestado o plantão, em relação ao ressarcimento adicional pelo cumprimento de mandados de plantão regular e do Júri;

b) no mapa do plantão, no plantão ordinário, especial, extraordinário, em relação ao ressarcimento adicional pelo cumprimento de mandados nos respectivos plantões;

c) no mapa da SADM de destino, em relação ao ressarcimento adicional pelo cumprimento de mandados em acumulação.

II – o ressarcimento deverá ser calculado uma vez para cada grupo de 10 (dez) mandados cumpridos no mês de envio do mapa, com arredondamento a maior para fração de cota em cálculo final (exemplo: com cotas de ressarcimento adicional fixadas em 03 em Portaria, e cumpridos 54 mandados no período, divide-se 54 por 10 e multiplica-se por 3, para resultado 16,2, arredondados para 17, número total de cotas a margear no mapa);

III – caso o Oficial de Justiça cumpra mandados em Unidades Judiciais diversas na mesma Comarca, como por exemplo, Ofícios Judiciais de Varas e Juizados Especiais nos locais em que não instaladas as SADMs, deve lançar em só um dos mapas o ressarcimento adicional, sujeito às penalidades em caso de mais de um lançamento no mesmo período.

§ 1º Caberá ao Juiz Corregedor Permanente da SADM da sede do plantão, bem como de todos aqueles que receberem o Oficial de Justiça para prestar serviços cumulativos:

I – expedir Portaria específica que regulamente a distância, em linha reta, entre os dois Juízos (do Fórum de origem do Oficial de Justiça ao Fórum de destino por acumulação); as cotas de deslocamento, que deverá ser encaminhado à Corregedoria Geral da Justiça para revisão hierárquica (art. 5º, § 2º, NSCGJ);

II – caso haja Portaria em vigor anteriormente homologada pela Corregedoria Geral da Justiça e dentro dos critérios de autorização estabelecidos neste artigo, outros

Oficiais de Justiça que acumulem e provenham da mesmo Fórum de origem poderão ser incluídos por mero despacho na Portaria, a partir da data da aprovação em diante, enquanto a acumulação estiver vigente e as informações de origem e destino permanecerem inalteradas, sem necessidade de comunicação à Corregedoria Geral da Justiça, mantido o histórico atualizado em expediente administrativo para eventual consulta ou requisição de informações.

III – poderá o Juiz Corregedor da SADM, que receber o Oficial de Justiça para prestar serviços cumulativos:

a) exigir a apresentação de outras informações e/ou documentos que entenda relevantes para análise do pedido ou a fim de facilitar o procedimento de conferência ao Chefe da Seção responsável e demais servidores, assim como propiciar meios para fiscalização efetiva;

b) escalar o Oficial de Justiça para participar de plantão, preferencialmente à distância, nos dias em que ocorra o efetivo deslocamento para cumprimento de mandados, nos termos do artigo 1.053 NSCGJ; se coincidir a escala com a Comarca de origem, esta terá preferência, devendo ser comunicada a incompatibilidade de data com antecedência mínima de 5 (cinco) dias ao Juiz Corregedor Permanente da SADM de acumulação.

§ 2º A presente disciplina não se aplica a questões relativas a remoções, transferências ou relotações de Oficiais de Justiça e administrativa da E. Presidência do TJSP.

§ 3º Em caso de irregularidade em margeamentos e demais regras estabelecidas nesta subseção, a Corregedoria Permanente da Comarca de origem do Oficial de Justiça deverá ser comunicada.

4.12. Tomo I – Capítulo X - Seção III (art. 1.137 a 1.139)

CAPÍTULO X
DO PLANTÃO JUDICIÁRIO EM PRIMEIRA INSTÂNCIA

Seção III
Disposições Gerais

Art. 1.137. Todos os documentos expedidos que devam ser cumpridos por oficial de justiça serão registrados no módulo da central de mandados e devolvidos para o cartório do plantão após seu cumprimento (carga e baixa).

§ 1º Ressalvado prazo diferenciado fixado pelo juiz do feito, os mandados cumpridos que não forem devolvidos no mesmo dia serão entregues nas primeiras horas do dia subsequente para regularização pelo responsável pelo plantão do dia da devolução.

§ 2º Os mandados cumpridos que não forem devolvidos durante o plantão serão entregues nas primeiras horas do dia útil subsequente para regularização pelo responsável do plantão do dia da expedição.

§ 3º O funcionário responsável pelo plantão deverá controlar e cobrar os documentos pendentes de devolução pelo oficial de justiça, repassando a informação ao funcionário responsável pelo plantão do dia seguinte, se o caso.

§ 4º Decorrido o prazo sem atendimento, o atraso será comunicado pelo responsável do plantão ao Chefe da SADM do Foro onde atua o oficial de justiça, via mensagem eletrônica, que submeterá ao juiz corregedor permanente, em expediente próprio, para as providências cabíveis, tais como busca e apreensão e instauração de procedimento disciplinar. Excepcionalmente, o magistrado responsável pelo plantão também poderá adotar as medidas cautelares administrativas que entender pertinentes.

Art. 1.138. Os alvarás de soltura expedidos em véspera de plantão, quando não for possível a confirmação do recebimento pela autoridade destinatária nos termos do art. 410 destas Normas de Serviço, serão encaminhados em 2 (duas) vias ao responsável pelo plantão, que passará recibo e fará o protocolo e anotação na relação de expedientes recebidos.

Parágrafo único. Os alvarás de soltura, assinados pelo juiz expedidor, serão encaminhados pelo juiz do plantão judiciário, à autoridade que os deve cumprir.

Art. 1.139. Os alvarás de soltura serão entregues em 2 (duas) vias ao oficial de justiça de plantão que os encaminhará ao estabelecimento prisional ou ao distrito policial para cumprimento.

Parágrafo único. Os alvarás de soltura que não tenham sido expedidos pelos plantonistas deverão ser relacionados, consignando-se tal ocorrência e o nome do oficial de justiça responsável pelo seu encaminhamento.

4.13. Tomo I – Capitulo XI - Seção VII (art. 1.245; 1.247)

CAPÍTULO XI
DO PROCESSO ELETRÔNICO

Subseção VII

Das Citações, Intimações e Notificações

Art. 1.245. Nos processos eletrônicos, as cartas e os mandados de citação conterão senha que viabilize o acesso à íntegra dos autos digitais pela internet.

§ 1º Não dispondo a Lei ou estas Normas de Serviço de modo diverso, a citação, a intimação e a notificação pelo Correio serão efetuadas por meio da Carta AR Digital Unipaginada.

§ 2º É vedado, salvo determinação judicial em sentido contrário, o encaminhamento de cópia da petição inicial em papel, cabendo ao ofício de justiça sua impressão, mediante o recolhimento, quando o caso, do valor referente ao custo de reprodução da peça processual.

§ 3º Tratando-se de processos criminais ou de apuração de ato infracional, o mandado de citação deverá ser instruído com cópia, respectivamente, da denúncia ou representação.

§ 4º Nas hipóteses de cumprimento remoto de ordens judiciais de comunicações em geral, como citação, intimação ou notificação, para Unidades Prisionais ou de Internação, poderá o Juiz do feito, a seu critério, dispensar a expedição de mandado para que a ordem judicial seja cumprida diretamente pelo Ofício Judicial, certificados os atos por serventuário com fé pública.

Art. 1.247. Na impossibilidade do uso do meio eletrônico, a citação, intimação, notificação e atos cartorários urgentes serão praticados segundo os meios ordinários.

Direito Civil

Plínio Moura

Direito Civil

I. EDITAL SISTEMATIZADO DA DISCIPLINA DIREITO CIVIL

Itens do Edital	Tópico
1. Lei de Introdução às Normas do Direito Brasileiro (LINDB). => Decreto-Lei n.º 4.657 de 04/09/1942.	Capítulo 1
2. Pessoas Naturais. 2.1 Conceito. 2.2 Início da Existência e a Personalidade Jurídica. 2.3 Capacidade Jurídica. 2.4 Direitos da personalidade. 2.5 Fim da Existência e a Curadoria de Bens do Ausente. => arts. 1º a 25, do CC.	Capítulo 2
3. Pessoas Jurídicas. 3.1 Disposições Gerais. 3.2 Administradores, Sócios e a Desconsideração da Personalidade Jurídica. 3.3 Classificação. => arts. 40 a 45; 49 a 50; 53; 62, do CC.	Capítulo 3
4. Domicílio das Pessoas Físicas e Jurídicas. => arts. 70 a 78, do CC.	Capítulo 4
5. Bens. => arts. 79 a 103, do CC.	Capítulo 5
6. Negócio jurídico. 6.1 Disposições gerais. 6.2 Representação. 6.3 Defeitos do negócio jurídico. 6.4 Invalidade do negócio jurídico. => arts. 115 a 120; 138 a 159; 166 a 201, do CC.	Capítulo 6
7. Atos jurídicos lícitos e ilícitos. => arts. 186 a 188, do CC.	Capítulo 7
8. Prescrição. 8.1 Disposições Gerais. 8.2 Causas Suspensivas. => arts. 189 a 201, do CC.	Capítulo 8
9. Noções sobre Prova do negócio jurídico. => arts. 212 a 215, do CC.	Capítulo 9
10. Contrato de Mandato. => arts. 653 a 666, do CC.	Capítulo 10
11. Prepostos da Empresa. 11.1 Disposições Gerais. 11.2 Gerente. => arts. 1.169 a 1.173, do CC.	Capítulo 11
12. Posse e sua Classificação. => arts. 1.196 a 1.203, do CC.	Capítulo 12
13. Penhor. 13.1 Constituição do Penhor. 13.2. Espécies de Penhor. => arts. 1.431 a 1.432; 1.442; 1.444 a 1.447; 1.451; 1.461; 1.467 a 1.472, do CC.	Capítulo 13
14. Noções de Tutela e Curatela. => arts. 1.728; 1.767; 1.775 a 1.778, do CC.	Capítulo 14
15. Pagamento de Dívidas em Inventário e Partilha. => art. 1.997, do CC.	Capítulo 15

II. CONTEÚDO PROGRAMÁTICO

CAPÍTULO 1. LEI DE INTRODUÇÃO ÀS NORMAS DO DIREITO BRASILEIRO (LINDB)

Itens do Edital: Decreto-Lei n.º 4.657 de 04/09/1942.

O primeiro ponto do conteúdo de Direito Civil constante no Edital do Concurso para OFICIAL DE JUSTIÇA do TJSP trata de um tema cobrado na imensa maioria das provas de concurso: o Decreto Lei n. 4.657/42, denominado desde 2010 de Lei de Introdução às Normas do Direito Brasileiro – LINDB.

A LINDB é uma norma que trata de leis em geral. Seu conteúdo, portanto, extrapola o Direito Civil e é aplicável para qualquer outro ramo do Direito. Como era chamada, antes de 2010, de *Lei de Introdução ao Código Civil*, por razões históricas (os primeiros artigos do Código Civil de 1916 disciplinavam a matéria), tradicionalmente este tema consta no programa de Direito Civil dos editais de concursos.

1.1. Início da Vigência das Leis

Cada espécie de lei possui um processo legislativo próprio, tema que é abordado pelo Direito Constitucional, e, após a promulgação, a Lei deverá ser publicada no Diário Oficial, oportunidade em que passa a ser de conhecimento público.

Acontece que a Publicação da Lei não implica dizer que ela já passa a ser automaticamente obrigatória para os cidadãos brasileiros, destinatários da norma. A depender da complexidade da Lei, pode ser determinado pelo legislador um determinado período entre a publicação e a entrada em vigor da norma, fase em que as pessoas irão conhecer o conteúdo da lei e se preparar ou se adaptar para o início de sua incidência: trata-se do período de vacância da lei (*vacatio legis*).

Assim, a **obrigatoriedade** da Lei, isto é, momento em que ela passa a produzir seus efeitos, tem início a partir de sua **vigência** no ordenamento jurídico.

Sobre a **vigência** e **obrigatoriedade** da Lei, destaca-se o quadro esquemático abaixo:

Vigência de Lei e Vacatio Legis	A VIGÊNCIA da lei é o momento em que ela passa a ser obrigatória, produzindo efeitos no ordenamento jurídico. A *VACATIO LEGIS* é o período entre a publicação da lei e sua entrada efetiva em vigor. Pode não ocorrer, quando a lei entrar em vigor na data da publicação (art. 8°, da LC n. 95/98).
Prazo geral de Vacatio Legis (no silêncio da lei a respeito)	*Art. 1° Salvo disposição contrária, a lei começa a vigorar em todo o país **quarenta e cinco dias** depois de oficialmente publicada.* *§ 1° Nos Estados, estrangeiros, a obrigatoriedade da lei brasileira, quando admitida, se inicia **três meses** depois de oficialmente publicada.*
Norma corretiva x Lei Nova (quando há uma republicação)	*Art. 1° (...)* *§ 3° Se, **antes de entrar a lei em vigor**, ocorrer nova publicação de seu texto, destinada a correção, o prazo deste artigo e dos parágrafos anteriores começará a correr da nova publicação.* *§ 4° s correções a texto de lei já em vigor consideram-se lei nova.*
Princípio da Obrigatoriedade	Está no art. 3°: *Ninguém se escusa de cumprir a lei, alegando que não a conhece.* A doutrina aponta como flexibilizações a este princípio. Ex.: o art. 139, III, do CC e o erro de tipo, no direito penal.

 # DICAS importantes:

a) Contagem do prazo de *vacatio legis*, **o dia da publicação ou o dia da entrada em vigor pode ser sábado, domingo ou feriado**, pois não há prorrogação na contagem do prazo de vacância da lei e sua vigência;

b) Quando ocorre a REPUBLICAÇÃO da lei antes da entrada em vigor (durante o prazo de *vacatio legis*), o prazo de vacância recomeça a correr da data de publicação da *norma corretiva*, mas esta nova contagem só se aplica para os artigos ou dispositivos que foram efetivamente modificados.

1.2. Fim da Vigência da Lei

As leis podem ter vigência temporária (exceção) ou indeterminada/permanente (regra).

A ***lei de vigência temporária*** tem prazo de vigência prefixado, deixando de ser obrigatória no termo final ali estabelecido. Tem-se como exemplo as leis orçamentárias, leis de benefícios temporários e emergenciais, a lei de cotas nos concursos públicos (art. 6º da Lei 12.990/2014), etc.

Quanto não for temporária, a ***lei de vigência permanente ou indeterminada*** ficará em vigor até que sobrevenha sua REVOGAÇÃO por uma outra norma superveniente. Seguem as principais regras esquematizadas:

Princípio da Continuidade	Está no art. 2°, *caput*: "Não se destinando à vigência temporária, a lei terá vigor até que outra a modifique ou revogue".
Revogação Expressa	Via direta: quando cláusula da lei nova afirma expressamente a revogação da anterior ou de dispositivos de leis anteriores (Ex.: art. 2045, do CC);
Revogação Tácita	Via oblíqua: quando a nova norma não anuncia a revogação, mas trata da mesma matéria prevista na lei anterior de forma diferenciada, tornando incoerente e ilógica a manutenção das duas normas (art. 2º, § 1º, da LINDB).
Revogação Total	Também chamada de *AB-ROGAÇÃO* - revoga a lei inteira.
Revogação Parcial	Também chamada de *DERROGAÇÃO* - implica na revogação ou modificação da redação de um ou mais dispositivos da lei, que se mantém vigente.
Leis Gerais e Leis Especiais	Convivem perfeitamente e não se revogam mutuamente: Art. 2°, § 2º: "*A lei nova, que estabeleça disposições gerais ou especiais a par das já existentes, não revoga nem modifica a lei anterior*".
Repristinação	A REGRA GERAL é a da IMPOSSIBILIDADE DE *REPRISTINAÇÃO*, mesmo que a lei revogadora venha a ser revogada (art. 2°, § 3°), salvo se a lei revogadora dispuser em sentido contrário. Exemplo: A lei X, de 2010, entra em vigor; A lei Y, de 2012, revoga a lei X; A lei W, de 2014, revoga a lei Y. Pergunta-se: Neste caso, a lei X volta a ter vigência? Resposta: Não, salvo se a lei W, ao revogar a lei Y, determinar expressamente o retorno da vigência da lei X.

 # DICAS importantes:

a) a REVOGAÇÃO pode ser EXPRESSA ou TÁCITA;

b) a REPRISTINAÇÃO só pode ser EXPRESSA.

1.3. Aplicação e Interpretação da Lei

Por força do Princípio da Obrigatoriedade da Jurisdição, previsto no art. 5º, XXXV, da CF e no art. 3º, do CPC/15, o Poder Judiciário deverá apreciar *qualquer lesão ou ameaça de lesão ao direito* de qualquer pessoa que exerça seu direito de ação. Dessa forma, o caso concreto deverá ser analisado e julgado à luz do ordenamento jurídico e das fontes do direito.

Quando a situação que está sendo apreciada pelo Poder Judiciário é prevista na lei (fato típico), a **aplicação** da lei é denominada de <u>*subsunção*</u>. ***Na aplicação da lei, o juiz atenderá aos fins sociais a que ela se dirige e às exigências do bem comum*** (art. 5º, da LINDB).

A regra geral em comento, na verdade, representa uma das técnicas de **Interpretação** Normativa, atividade hermenêutica do Julgador pela qual, diante da demanda levada à jurisdição, aquele deverá aplicar a lei abstrata da forma mais próxima de sua intenção original, descobrindo o sentido e o alcance da norma jurídica. Sobre a interpretação da lei, deve-se estar atento às seguintes classificações:

a) Quanto às Fontes ou Origem da Interpretação:

Autêntica:	O próprio legislador faz esclarecimentos para melhor interpretar a norma. Ex.: Art. 3º, da Lei 13.146/15 (Estatuto da Pessoa com Deficiência).
Jurisprudencial:	Fixada pelos Tribunais. Convém destacar que, para fins de interpretação, não são levados em conta apenas os precedentes tratados como vinculantes.
Doutrinária:	Feita pelos juristas em suas obras acadêmicas, livros e pareceres.

b) Quanto aos Métodos ou Técnicas de Interpretação:

Gramatical ou Literal	Tem como método a análise dos vocábulos constante na norma, de modo a respeitar as regras do vernáculo, chegando-se à correta interpretação.
Lógica	Busca o alcance e sentido da norma através da utilização de raciocínio dedutivo, indutivo, silogismos e presunções, de acordo com o dispositivo, o texto da norma e/ou regras correspondentes.
Histórica	Análise da norma partindo da premissa dos seus antecedentes históricos, verificando as circunstâncias fáticas e jurídicas que lhe antecederam e o seu processo legislativo.
Sistemática	Analisa a norma dentro do ordenamento jurídico, comparando-a com outros textos similares ou leis anteriores. Evita a análise do artigo de forma isolada.
Finalística/Sociológica/ Teleológica	Interpreta a lei conforme sua finalidade (*MENS LEGIS – intenção ou espírito da lei*), adequando-a ao contexto social e à própria dinâmica dos fatos sociais. É a técnica contida no art. 5º, da LINDB.
Observação:	Esses critérios não devem ser utilizados isoladamente, mas sim em conjunto, aproveitando-se, caso a caso, as suas vantagens. Parte da doutrina, porém, reconhece os métodos teleológico e sistemático como os mais relevantes.

c) Quanto aos Resultados:

Interpretação Declarativa:	Constata-se que o texto legal é exato quanto ao seu alcance, não sendo necessária a interpretação estrita ou ampliada. Ex.: regras que impõem prazos para a prática de atos.
Interpretação Extensiva ou Ampliada:	O intérprete compreende que o alcance da norma é maior que aquele que foi expresso pelo legislador, estendendo seus efeitos. Ex.: interpretação de Direitos da Personalidade.

Interpretação Estrita ou Restritiva:	Ocorre quando o legislador trata de questões que se referem à renúncia ou perda de direitos, bem como regras sancionadoras, que devem ser interpretadas de forma restrita. Ex.: Interpretação de renúncia, contratos benéficos, transação, etc.

1.4. Integração da Lei

Como destacado no item anterior, no procedimento de *subsunção*, o julgador aprecia o caso concreto aplicando a lei para solucioná-lo, observando as técnicas de interpretação reconhecidas pela doutrina e jurisprudência, elencadas acima.

Acontece que nem sempre existe lei para disciplinar determinadas situações, até mesmo pela dinâmica e complexidade da vida social (lacuna normativa). Partindo-se do pressuposto de que o Magistrado não pode se escusar do dever de julgar a demanda (vedação ao *non liquet*), na LACUNA da lei ele utilizará outras fontes do direito, sejam as outras fontes formais previstas no art. 4º, da LINDB (analogia, costumes e princípios gerais de direito), sejam fontes informais também relevantes (equidade, jurisprudência, doutrina, etc.):

Analogia	Preenche-se a lacuna da lei, para a solução do caso concreto, utilizando-se outra norma que regule situação semelhante (*analogia legis*) ou um conjunto de normas e/ou princípios previstos para situações semelhantes (*analogia juris*). * Ex.: Utilizar a lei de greve do trabalhador celetista para julgar a legalidade de greve de serventuários de um Tribunal (não há lei sobre greve de servidores públicos).
Costumes	Usos comuns e reiterados das pessoas de uma determinada localidade, que se tornam regra no consciente coletivo. Classificam-se em: Secundum legem: já foi transformado em lei e serve para interpretação; Contra legem: contrário à lei – considera-se ato ilícito, sem poder revogatório; Praeter legem: (além da lei) refere-se a situação não prevista em lei. Utilizado para integração normativa.
Princípios Gerais do Direito	São regras gerais reconhecidas no ordenamento jurídico, mesmo não existindo um dispositivo legal específico. Possuem força normativa, e servem tanto para integração quando para a interpretação. * Ex.: ninguém pode se beneficiar da própria torpeza (*nemo auditur propriam turpitudinem allegans*), viver honestamente (*honeste vivere*), não lesar ninguém (*alterum non laedere*), etc.
Equidade	Não prevista no art. 4º da LINDB, *pode ser utilizada como meio de integração, mas apenas quando há autorização legal expressa, conforme art. 140, parágrafo único, do CPC.* A CLT (art. 8º), o art. 413, do CC/02 e a Lei 9.099/95 (art. 6º) são exemplos de normas que permitem expressamente o julgamento por equidade.
Jurisprudência	Já vinha sendo tratada de forma diferenciada desde a EC 45/2004, com a criação da Súmula Vinculante, e tornou-se ainda mais importante, para o direito processual civil, com o aumento das hipóteses de precedentes vinculantes (art. 927, do CPC).
Doutrina	Enunciados desenvolvidos pelos Juristas, em suas obras literárias e acadêmicas, bem como em pareceres jurídicos, que orientam tanto a interpretação das normas quanto a integração normativa, nas hipóteses de lacunas do ordenamento.

Embora não seja tema unânime na doutrina, prevalece, especialmente para provas de concurso, o entendimento de que existe uma ordem de aplicação dos métodos de integração, seguindo justamente aquela prevista no art. 4º, da LINDB, ou seja, primeiro a analogia, depois os costumes e, finalmente, os princípios gerais de direito.

 # DICAS importantes:

a) INTEGRAÇÃO (art. 4º.) – NÃO HÁ LEI – é preciso usar outras fontes do direito para solucionar o caso concreto.

b) INTERPRETAÇÃO (art. 5º.) - EXISTE LEI – é preciso aplicar a lei da melhor forma para solucionar o caso concreto.

1.5. Conflito das leis no tempo

Quando uma lei revoga a outra, resta a solução do possível conflito temporal, ou seja, das situações jurídicas que eram disciplinadas pela regra anterior e passam a ter nova regra, como, por exemplo, a *reforma da previdência*.

É o que se denomina DIREITO INTERTEMPORAL.

A regra geral é a aplicação imediata da lei, ou seja, uma lei que entrou em vigência hoje atinge os fatos no presente e no futuro e, portanto, não teria aplicabilidade a atos jurídicos praticados no passado (*tempus regit actum*).

Acontece que alguns atos, mesmo praticados no passado, continuam produzindo efeitos, ou são periódicos (um contrato de plano de saúde ou de fornecimento de energia elétrica, por exemplo). Normalmente as leis possuem regras denominadas "disposições transitórias" (regras de transição), para solucionar parte dessas questões. Os pontos que não forem solucionados por tais normas, seguirão a **regra geral da irretroatividade**, constante no art. 5º, XXXVI, da CF e disciplinada pelo art. 6º, da LINDB:

> *Art. 6º A Lei em vigor terá efeito imediato e geral, respeitados o ato jurídico perfeito, o direito adquirido e a coisa julgada.*
>
> *§ 1º Reputa-se ato jurídico perfeito o já consumado segundo a lei vigente ao tempo em que se efetuou.*
>
> *§ 2º Consideram-se adquiridos assim os direitos que o seu titular, ou alguém por êle, possa exercer, como aquêles cujo comêço do exercício tenha têrmo pré-fixo, ou condição pré-estabelecida inalterável, a arbítrio de outrem.*
>
> *§ 3º Chama-se coisa julgada ou caso julgado a decisão judicial de que já não caiba recurso.*

Admitindo-se a possibilidade excepcional de retroatividade das leis, como se observa do art. 6°, da LINDB, há direitos que não são atingidos pela nova Lei, em nome do Princípio da Segurança Jurídica (art. 5°, XXXVI, da CF).

Para a melhor compreensão do tema, é preciso diferenciar as situações protegidas contra os efeitos retroativos de uma lei (**Direitos Adquiridos em sentido amplo**), e as situações que não são protegidas, e, portanto, são atingidas pela nova lei (**Expectativa de Direitos e Regimes Jurídicos**).

FATOS PRETÉRITOS NÃO ATINGIDOS POR LEI QUE POSSUA EFICÁCIA RETROATIVA:

DIREITO ADQUIRIDO: aquele que o seu titular, ou alguém por ele, ***possa exercer**, como aqueles cujo começo do exercício tenha termo pré-fixo, ou condição pré-estabelecida inalterável, a arbítrio de outrem* (art. 6°, § 2°):	Ex.: Se Tício já preencheu todos os requisitos para sua aposentação de acordo com a lei A, mesmo que não tenha ainda apresentado pedido administrativo de aposentação junto ao INSS, a entrada em vigor da lei B, alterando os critérios, *não atinge Tício.*
ATO JURÍDICO PERFEITO: aquele ***já consumado segundo a lei vigente ao tempo em que se efetuou*** (art. 6°, § 1°):	Ex.: "As regras estabelecidas na Lei 9.656/98 restringem-se aos contratos de plano de saúde celebrados *ou renovados* após sua vigência" (STJ, AgRg no Ag n. 1.214.119/RS).
COISA JULGADA: *é a autoridade da **decisão contra a qual não caiba mais recurso*** (art. 6°, § 3°):	Ex.: Se um empregado obteve o pagamento de *horas in intineri* por decisão judicial transitada em julgado, novas regras da Lei 13.467/17 (Reforma Trabalhista) não o atingem.

FATOS PRETÉRITOS ATINGIDOS POR LEI QUE POSSUA EFICÁCIA RETROATIVA:

EXPECTATIVA DE DIREITO: direito que ainda não se pode exercer, mas que se tem a expectativa de se adquirir no futuro (não é adquirido);	Ex.: Se Tício não preencheu todos os requisitos para sua aposentação de acordo com a lei A, a entrada em vigor da lei B, alterando os critérios, atinge Tício, pois este tinha apenas expectativa de direito.
REGIME JURÍDICO: Pela jurisprudência reiterada do STF e do STJ, não há direito adquirido a regime jurídico, ou seja, direito decorrente direta e exclusivamente da lei.	Ex.: Bem de família estabelecido por lei; regime das incapacidades; regras estatutárias (idoso, juventude, igualdade racial, etc.); obrigatoriedade da contribuição sindical (vide Lei 13.467/17 - alterações da Reforma Trabalhista), Direito Ambiental, etc.

Por fim, é preciso salientar que a proteção à coisa julgada, consoante art. 6º, da LICC, bem como consagrado no art. 5º, XXXVI, da CF, não é absoluta. Com efeito, a coisa julgada tem sido alvo de corrente doutrinária e jurisprudencial (orientação firmada pelo Supremo Tribunal Federal no RE n. 363.889-DF, Rel. Min. Dias Toffolli, julgado em 2/6/2011) favorável à sua relativização, especialmente para os casos de investigação de paternidade antigos, anteriores à possibilidade de uso do exame de DNA como prova pericial.

1.6. Eficácia das leis no espaço

A partir do art. 7º, a LINDB traz regras de Direito Internacional Público e Privado, ao disciplinar as situações em que se aplicam a lei brasileira e as hipóteses de aplicação das leis de outros países. A teoria da territorialidade temperada foi adotada pelo direito brasileiro, ou seja, nem sempre o critério territorial será adotado.

Eis as principais regras sobre a aplicação da lei brasileira ou estrangeira para situações de direito civil:

MATÉRIA	LUGAR DA LEI APLICÁVEL
Personalidade, capacidade e direito de família:	***LEX DOMICILII*** (Lei do domicílio da pessoa) - Art. 7º A lei do país em que domiciliada a pessoa determina as regras sobre o começo e o fim da personalidade, o nome, a capacidade e os direitos de família.

MATÉRIA	LUGAR DA LEI APLICÁVEL
Qualificação dos bens:	***LEX REI SITAE*** (Lei da localização da coisa) - Art. 8º Para qualificar os bens e regular as relações a eles concernentes, aplicar-se-á a lei do país em que estiverem situados.
Regulação das obrigações:	***LOCUS REGIT ACTUM*** (lei do local da constituição do ato) - Art. 9º Para qualificar e reger as obrigações, aplicar-se-á a lei do país em que se constituírem.
Sucessão por morte ou ausência:	***LEX DOMICILII*** (Lei do domicílio da pessoa falecida – o *de cujus*) – Art. 10. A sucessão por morte ou por ausência obedece à lei do país em que domiciliado o defunto ou o desaparecido, qualquer que seja a natureza e a situação dos bens.

A LINDB, ainda sobre a Aplicação da Lei no Espaço, traz regras de Direito Processual Civil, relativas aos temas: competência (art. 12), provas (arts. 12 e 13) e Homologação de Sentença Estrangeira (art. 15), em relação às quais se remete ao conteúdo da disciplina em questão.

Em relação à Homologação de Sentença Estrangeira, convém observar que o ÓRGÃO CENTRAL para essa atividade, que o faz em *Juízo de Delibação* (análise de requisitos formais, conforme art. 15, mencionado), é o **Superior Tribunal de Justiça - STJ**, conforme **art. 105, I, "i", da CF**. Logo, onde se lê STF, no art. 15, alínea "e", da LINDB, deve-se compreender STJ, conforme dispositivo legal acima, cuja alteração foi efetivada pela Emenda Constitucional n. 45/2004.

Por outro lado, as *Autoridades Consulares* brasileiras, por força do art. 18, da LINDB, são competentes para:

> *a)* ***Celebrar casamento de brasileiros*** *(que deve ser registrado em 180 dias, a contar do retorno ao Brasil, no Cartório de Pessoas do domicílio ou Capital do Estado – art. 1.544, do CC);*
>
> *b)* ***Praticar atos de Registro Civil e de tabelionato, inclusive o registro de nascimento e de óbito dos filhos de brasileiro ou brasileira*** *nascidos no país da sede do Consulado;*
>
> *c)* ***Celebrar a separação consensual e o divórcio consensual de brasileiros****, por escritura pública.*
>
> *São requisitos legais para separação e divórcio perante a Autoridade Consular:*
>
> *I – Inexistência de filho menor ou incapaz;*
>
> *II – Constar da escritura pública o acordo sobre partilha de bens, alimentos e nome dos cônjuges;*
>
> *III – Assistência de advogado, podendo ser um para ambos os cônjuges ou advogados distintos, não sendo necessária a assinatura dos causídicos na escritura.*

Convém destacar, por fim, como determina o art. 17, da LINDB, *as leis, atos e sentenças de outro país, bem como quaisquer declarações de vontade, não terão eficácia no Brasil, quando ofenderem a soberania nacional, a ordem pública e os bons costumes.*

1.7. Novas regras da LINDB sobre a Segurança Jurídica – Lei 13.655, de 25.04.18

A LINDB sofreu uma ampliação com a Lei n. 13.655/18, que incluiu NOVOS ARTIGOS (do 20 ao 30), com objetivo de fomentar *"segurança jurídica e eficiência na criação e na aplicação do direito público"*.

Eis as novas regras, que merecem atenção especial do candidato, de acordo com o texto normativo da Lei n. 13.655/18:

1.7.1. Consequencialismo

Como anuncia a própria lei, seu primeiro dispositivo demonstra que a finalidade social da norma é regular e harmonizar a atividade de órgãos públicos de CONTROLE, FISCALIZAÇÃO e JULGAMENTO, que apreciam os atos administrativos dos GESTORES PÚBLICOS em geral e de seus ASSESSORES TÉCNICOS. Nos arts. 20 e 21, verifica-se a necessidade de inclusão do CONSEQUENCIALISMO ao direito público, que deve ser incorporado à motivação das decisões administrativas, judiciais e de controladorias. Enfim, espera-se que as decisões judiciais e administrativas sejam menos genéricas, observando sempre a alternativa jurídica menos nociva para a sociedade e para a ordem pública, analisando as peculiaridades do caso concreto.

1.7.2. Proporcionalidade e Razoabilidade na sanção dos agentes por atos administrativos de gestão

O art. 22 tem sintonia com as regras anteriores, complementando a ideia anterior de consequencialismo com os Princípios da Proporcionalidade e Razoabilidade, reclamando a observação das circunstâncias em que o ato fiscalizado foi praticado, no que se refere à estrutura do órgão público. Veja-se que o dispositivo requer a estruturação de um raciocínio próximo à dosimetria da pena que é tradicional no Direito Penal, para que sanção seja mais ajustada ao contexto sob o qual foi emanado o ato administrativo que é objeto do controle público.

1.7.3. Modulação de efeitos temporais e regras de transição

Como o Princípio da Segurança Jurídica é um dos valores essenciais da nova Lei n. 13.655/18, os arts. 23 e 24 regulam justamente o aspecto da necessidade de observância das normas de transição e da modulação dos efeitos temporais no caso de ALTERAÇÃO do entendimento firmado nos órgãos judiciais e de controle. Essa preocupação segue a lógica dos itens anteriores, pois o Gestor Público precisa de prazo para se adaptar às alterações no entendimento dos órgãos destinados à fiscalização, controle e julgamento, em nome de uma maior segurança na aplicação do direito público.

1.7.4. Celebração de termos de compromisso

A busca da solução consensual e negociada, que já é incentivada há muito tempo na esfera privada dos direitos disponíveis, vem ganhando espaço no Direito Público, e foi reforçada pelos arts. 26 e 27, acrescidos à LINDB pela multicitada Lei n. 13.655/18.

No art. 26, a norma incentiva a celebração de compromisso entre os interessados, que se assemelha aos Termos de Ajuste de Conduta (TAC) que são muito utilizados pelo Ministério Público. A regra seguinte (art. 27), é sugerida a possibilidade de compensação dos danos causados ou benefícios indevidos, inclusive por meios dos acordos (compromissos) indicados na norma anterior. É exemplo conhecido na mídia a restituição de valores desviados da Petrobrás por investigados da "Operação Lava Jato", hipótese que ganha normatização geral na esfera do direito público com o art. 27.

A autocomposição de conflitos de direito público pode se dar tanto na esfera judicial como na administrativa, de forma individualizada ou através de consultas públicas, como destacam as normas supra transcritas.

1.7.5. Responsabilidade Administrativa dos Agentes Públicos por Decisões de Gestão e Opiniões Técnicas

A regra geral, prevista no ar. 37, § 6°, da CF, destaca a responsabilidade objetiva do "Estado" pelos atos dos agentes públicos, enquanto estes respondem regressivamente perante o Estado, pelos mesmos atos, de forma SUBJETIVA, ou seja, quando agem com DOLO ou CULPA. Na nova regra do art. 28, da LINDB, trazida pela Lei n. 13.655/18, disciplinou a situação específica, ou seja, as Decisões dos Gestores Públicos e as Opiniões Técnicas dos agentes consultivos, e, para tais hipóteses, amenizou a responsabilidade dos mesmos, restringindo-a ao dolo ou ao erro grosseiro, isto é, *culpa grave*, senão vejamos:

> Art. 28. O agente público responderá pessoalmente por suas decisões ou opiniões técnicas em caso de dolo ou erro grosseiro.

1.7.6. Consultas Públicas e Orientações vinculantes

Mais uma vez com lastro nos Princípios da Publicidade e Segurança Jurídica, os arts. 29 e 30 da LINDB, os últimos que foram implantados pela Lei n. 13.655/18, possibilitam a realização de consultas públicas, preferencialmente por meios eletrônicos, bem como a necessidade de edição de regulamentos, súmulas e respostas a consultas, de forma a melhor orientar os Gestores Públicos e demais agentes administrativos. As novas disposições normativas seguem a linha de publicização da LINDB, com vistas a uma maior transparência e participação social na atividade administrativa.

CAPÍTULO 2. PESSOAS NATURAIS.

Itens do Edital: arts. 1° a 25, do CC.

A Pessoa Natural, Humana ou Física é o ser humano, o ente individual. Serão explorados os temas "Personalidade Jurídica" e "Capacidade Jurídica", em diversos aspectos, nos limites dos arts. 1° a 25, do CC, conforme Edital.

2.1. Conceito

É todo ser humano nascido com vida, a quem são atribuídos direitos e deveres, de acordo com as normas a seguir destacadas.

2.2. Início da Existência e a Personalidade Jurídica

Para uma melhor compreensão do tema, o Candidato deve, em primeiro lugar, estar seguro das diferenças entre Personalidade Jurídica e Capacidade Jurídica, especialmente quanto às denominações que podem aparecer na prova, conforme quadro a seguir:

PERSONALIDADE JURÍDICA	CAPACIDADE JURÍDICA
Aptidão para ser sujeito de direitos e deveres que toda pessoa tem (art. 1°, do CC). Soma dos caracteres corpóreos e incorpóreos (sociais), inerentes ao ser humano.	É o atributo específico de cada pessoa, que tem personalidade jurídica, porém nem sempre pode praticar os atos da vida civil por si só, necessitando de representação ou assistência.
Nomenclatura: também denominada de *personalidade civil (art. 2°, do CC); capacidade de direito (art. 1°, do CC), capacidade de gozo e de aquisição.*	Nomenclatura: também denominada de *capacidade civil, capacidade de fato e capacidade de exercício.*

O art. 1°, do CC, deixa claro que toda pessoa natural tem personalidade jurídica (capacidade de direito).

2.2.1. Início da Personalidade Jurídica e da Existência Humana – Teorias Históricas e Regra Geral

Historicamente, foram desenvolvidas três teorias no direito civil que trazem diferentes soluções para o problema da demarcação do início da existência da pessoa humana e a consequente aquisição da personalidade jurídica:

a) Natalista: A aquisição da personalidade se dá a partir do nascimento com vida. *Embora o Código Civil afirme que a Personalidade Civil é adquirida a partir do nascimento com vida, concede, ao mesmo tempo, direitos ao nascituro, demonstrando que esta teoria não foi integralmente adotada pelo ordenamento jurídico brasileiro;*

b) Concepcionista: A aquisição da personalidade se dá a partir da concepção. Dessa forma o nascituro teria personalidade jurídica plena. *A lei reconhece direitos ao nascituro, mas só afirma personalidade civil (completa) a partir do nascimento com vida, demonstrando que esta teoria não foi integralmente adotada pelo ordenamento jurídico brasileiro;*

c) Personalidade Condicionada: A aquisição da personalidade se dá com a concepção, mas fica sob condição suspensiva até que ocorra o nascimento com vida. *Como o Código Civil não admite condição legal, mas apenas a convencional (art. 121), essa teoria não é compatível com a legislação, até mesmo pela incompatibilidade com a redação do art. 2°, do CC.*

Diante da controvérsia, o Código Civil de 1916 adotou uma regra que aparenta ser natalista, mas tem características concepcionistas, ao reconhecer direitos ao nascituro. O Código Civil de 2002 manteve praticamente a mesma redação, conforme se observa do art. 2°, abaixo transcrito:

> Art. 2º: *a personalidade civil da pessoa começa do nascimento com vida; mas a lei põe a salvo, desde a concepção, os direitos do nascituro.*

Veja-se que a regra tem um caráter relativamente dúbio, pois defende o início da personalidade a partir do nascimento com vida, mas deixa ressalvados os direitos do nascituro, o que indica a presença de uma série de direitos já na fase uterina do desenvolvimento humano.

2.2.2. Interpretação do Art. 2º e os direitos do nascituro

Diante da redação do art. 2º, do CC, *prevalece o entendimento de que o nascituro tem **Personalidade Formal** (direitos extrapatrimoniais), ainda que não possua **Personalidade Material** (direitos patrimoniais).* Logo, é a partir do nascimento que se adquire *Personalidade Plena.*

Estaria o Nascituro, portanto, em uma situação intermediária, entre as teorias natalista e concepcionista, pois não tem todos os direitos de uma pessoa humana com personalidade jurídica completa, mas já é sujeito de diversos direitos, especialmente de natureza extrapatrimonial.

Seguem os exemplos de direitos já reconhecidos ao nascituro na lei, na jurisprudência e na doutrina majoritária:

Direito à vida (arts. 124-127, do CP – crime de aborto);

Direito à saúde e integridade física (arts. 7º e 8º, do ECA);

Direito a alimentos gravídicos, cujo titular é o nascituro (Lei 11.804/08);

Direito, quanto ao Seguro DPVAT, a indenização por morte, no caso de aborto provocado por acidente automobilístico (STJ – Informativo n. 547 - REsp 1415727 / SC);

Direito ao conhecimento da origem genética (STF – RCL 2040);

Direito a danos morais por homicídio do pai (STJ – REsp 399.029/SP);

Direito a nome, imagem e sepultura, ainda que natimorto (Enunciado n. 01, JDC/CJF).

Por fim, é relevante frisar algumas diferenças conceituais:

a) CONCEPTURO: Não há concepção ainda. O CC prevê a possibilidade da "prole eventual" ser beneficiária de testamento, se as pessoas indicadas pelo testador vierem a conceber o herdeiro no prazo de 02 anos a partir da abertura da sucessão (arts. 1799-1800);

b) NASCITURO: Ser concebido, com vida intrauterina. Como visto, é titular de diversos direitos da personalidade que lhe são compatíveis (personalidade formal);

c) NATIMORTO: Nascituro que não chegou a nascer com vida. Ainda assim, como houve um período de vida intrauterina, tem direito a nome, imagem e sepultura, conforme Enunciado n. 01, JDC/CJF;

d) EMBRIÃO: É o ser concebido fora do útero, através de técnicas como a Fertilização *in vitro* (FIV). Após implantado no útero da futura mãe, não há mais distinção com o nascituro. Antes de implantado, ainda assim possui proteção jurídica, só sendo possível o descarte ou utilização para pesquisas quando inviáveis ou depois de 03 anos de congelamento, com autorização dos genitores (art. 5º, da Lei 11.105). Frise-se que o dispositivo foi considerado constitucional pelo STF (ADI 3510).

2.3. Capacidade Jurídica

Veja-se que todas as pessoas físicas possuem personalidade jurídica (art. 1º), e que esta personalidade é adquirida plenamente a partir do nascimento com vida, ressalvados os direitos do nascituro desde a concepção (art. 2º).

Acontece que, embora seja regra que as pessoas também possuam capacidade jurídica, ou seja, a maturidade para exercer seus direitos, o Código Civil destaca as exceções residuais - situações em que as pessoas têm limitações à capacidade de fato (art. 4º) e a situação em que a pessoa se encontra sem capacidade civil (art. 3º).

Assim, o CC define os incapazes, num juízo de exclusão lógica, dividindo-os entre Absolutamente Incapazes e Relativamente Incapazes, conforme quadro a seguir:

ABSOLUTAMENTE INCAPAZES	RELATIVAMENTE INCAPAZES
Art. 3º São absolutamente incapazes de exercer pessoalmente os atos da vida civil os menores de 16 (dezesseis) anos.	Art. 4º São incapazes, relativamente a certos atos ou à maneira de os exercer: I - os maiores de dezesseis e menores de dezoito anos; II - os ébrios habituais e os viciados em tóxico; III - aqueles que, por causa transitória ou permanente, não puderem exprimir sua vontade; IV - os pródigos. Parágrafo único. A capacidade dos indígenas será regulada por legislação especial.
Serão representados na prática dos atos da vida civil	Serão assistidos na prática dos atos da vida civil

Por último, é preciso lembrar que a pessoa adquire capacidade, pelo critério de idade, aos 18 anos, mas é possível a EMANCIPAÇÃO (art. 5º), antes dos 18 anos, nas seguintes hipóteses:

Voluntária	Quando o menor conta com, no mínimo, 16 anos + os pais concedem em comum acordo (ou um deles, na falta do outro) + através de instrumento público + que deve ser levado a registro (art. 9°, II), independentemente de homologação judicial;
Judicial	Quando o menor conta com, no mínimo, 16 anos + os pais não chegam a um consenso ou o menor vive sob tutela (o tutor não pode conceder a voluntária) + é necessária uma decisão judicial + que deve ser levada a registro (art. 9°, II);
Legal	Ocorre automaticamente, independente de registro, sentença ou instrumento público, nas hipóteses previstas no art. 5°, parágrafo único, incisos II a V: *II - pelo casamento;* *III - pelo exercício de emprego público efetivo;* *IV - pela colação de grau em curso de ensino superior;* *V - pelo estabelecimento civil ou comercial, ou pela existência de relação de emprego, desde que, em função deles, o menor com dezesseis anos completos que tenha economia própria.*

2.4. Direitos da Personalidade

Os Direitos da Personalidade formam um grupo especial, conceituando-se como "aqueles que têm por objeto os atributos físicos, psíquicos e morais da pessoa em si e em suas projeções sociais" (GAGLIANO e PAMPLONA FILHO, 2022).

São direitos que decorrem do Princípio da **Dignidade da Pessoa Humana (art. 3º, I, da CF)**, valor que tutela as projeções físicas e psíquicas do sujeito em sua individualidade.

Observando as disposições exemplificativas do Código Civil acerca dos Direitos da Personalidade (art. 11 a 21), pode-se apresentar o seguinte esquema de estudo do tema:

Características	*Art. 11.* ***Com exceção dos casos previstos em lei****, os direitos da personalidade são* ***intransmissíveis*** *e* ***irrenunciáveis****,* ***não podendo o seu exercício sofrer limitação voluntária****.* * Obs.: Outras CARACTERÍSTICAS: a) absolutismo: são oponíveis contra todos (*erga omnes*); b) generalidade: os direitos da personalidade são outorgados a todas as pessoas – direito *inato*; c) extrapatrimonialidade; os direitos da personalidade estão FORA DO COMÉRCIO, pois não possuem conteúdo patrimonial direto. Alguns direitos, porém, admitem *repercussões patrimoniais*, como os direitos autorais; e) imprescritibilidade: não há prazo para seu exercício, não se extinguindo pelo não uso; f) impenhorabilidade: os direitos da personalidade não são passíveis de penhora; g) perpetuidade ou vitaliciedade: são permanentes, cessando apenas com a morte; h) atipicidade: o rol do CC é exemplificativo, e nenhuma lei disciplina todos os direitos da personalidade, até mesmo porque derivam da cláusula geral da dignidade da pessoa humana e evoluem com o tempo.
Tutela Judicial – Inibitória e Reparatória	*Art. 12. Pode-se exigir que* ***cesse a ameaça, ou a lesão****, a direito da personalidade, e* ***reclamar perdas e danos****, sem prejuízo de outras sanções previstas em lei.* *Parágrafo único. Em se tratando de* ***morto****,* ***terá legitimação para requerer a medida prevista neste artigo o <u>cônjuge</u> sobrevivente, ou qualquer <u>parente em linha reta</u>, ou <u>colateral até o quarto grau</u>****.* * Obs.: Tutela dos Direitos da Personalidade: I - São 03 tipos de tutela: a) Cessar a ameaça (prevenir danos); b) Cessar a lesão (parar o dano); c) Perdas e danos (reparar / indenizar o prejuízo - o dano material, moral ou estético). II - Legitimidade para pedir essas três tutelas quando a ofensa se dirige ao morto: a) Cônjuge (ou companheiro) sobrevivente; b) Linha Reta - Ascendentes (pais, avós, bisavós...) e Descendentes (filhos, netos, bisnetos...); c) Linha Colaterais até o 4º Grau: - Irmãos (2º grau); - Tios e sobrinhos (3º grau); - Primos, sobrinhos netos, tios-avós (4º grau).

Proteção da Integridade do Corpo - Física	*Art. 13. Salvo por exigência médica, é defeso o ato de disposição do próprio corpo, quando importar diminuição permanente da integridade física, ou contrariar os bons costumes.* *Parágrafo único. O ato previsto neste artigo será admitido para fins de transplante, na forma estabelecida em lei especial.* *Art. 14. É válida, com objetivo científico, ou altruístico, a disposição gratuita do próprio corpo, no todo ou em parte, para depois da morte.* *Parágrafo único. O ato de disposição pode ser livremente revogado a qualquer tempo.* *Art. 15. Ninguém pode ser constrangido a submeter-se, com risco de vida, a tratamento médico ou a intervenção cirúrgica.* * Obs.: Tais regras gerais devem ser analisadas sob o prisma dos Princípios Constitucionais que as orientam, como por exemplo, no que se refere à exigência médica para qualquer intervenção que implique em diminuição do corpo, nos termos da doutrina pacificada: *# Enunciado n. 6, JDC/CJF: A expressão "exigência médica" contida no art. 13 refere-se tanto ao bem-estar físico quanto ao bem-estar psíquico do disponente.* *# Enunciado n. 276, JDC/CJF: O art. 13 do Código Civil, ao permitir a disposição do próprio corpo por exigência médica, autoriza as cirurgias de transgenitalização, em conformidade com os procedimentos estabelecidos pelo Conselho Federal de Medicina, e a consequente alteração do prenome e do sexo no Registro Civil.* *# Enunciado n. 403, JDC/CJF: O Direito à inviolabilidade de consciência e de crença, previsto no art. 5º, VI, da Constituição Federal, aplica-se também à pessoa que se nega a tratamento médico, inclusive transfusão de sangue, com ou sem risco de morte, em razão do tratamento ou da falta dele, desde que observados os seguintes critérios:* *a) capacidade civil plena, excluído o suprimento pelo representante ou assistente;* *b) manifestação de vontade livre, consciente e informada; e* *c) oposição que diga respeito exclusivamente à própria pessoa do declarante.*
Proteção do Nome	*Art. 16. Toda pessoa tem direito ao nome, nele compreendidos o **prenome** e o **sobrenome**.* *Art. 17. O nome da pessoa **não** pode ser empregado por outrem em **publicações ou representações** que a exponham ao desprezo público, **ainda quando não haja intenção difamatória**.* *Art. 18. **Sem autorização, não** se pode usar o nome alheio em **propaganda comercial**.* *Art. 19. O **pseudônimo** adotado para atividades lícitas **goza da proteção que se dá ao nome**.* * **Obs. 1**: Avançando sobre a temática das pessoas transgênero, merece realce o recente posicionamento do STF acerca da alteração do PRENOME e do GÊNERO no Registro Civil. Em 01.03.2018, foi publicado o julgado do STF que apreciou a **ADI 4275**, firmando a seguinte tese: "A pessoa transgênero que comprove sua identidade de gênero dissonante daquela que lhe foi designada ao nascer por autoidentificação firmada em declaração escrita desta sua vontade dispõe do direito fundamental subjetivo à alteração do prenome e da classificação de gênero no registro civil pela via administrativa ou judicial, independentemente de procedimento cirúrgico e laudos de terceiros, por se tratar de tema relativo ao direito fundamental ao livre desenvolvimento da personalidade.".

Proteção do Nome	* **Obs. 2**: O art. 56 da LRP (Lei 6.015/73) previa que o interessado, no primeiro ano após ter atingido a maioridade civil, poderia alterar o nome, desde que não prejudicasse os apelidos de família. Todavia, a Lei n. 14.382/2022 alterou a redação original do aludido dispositivo, passando a dispor que a pessoa registrada poderá, após ter atingido a maioridade civil, requerer *pessoalmente e imotivadamente* a alteração de seu prenome, independentemente de decisão judicial, sem a limitação temporal anteriormente prevista.
Proteção da Imagem	*Art. 20. Salvo se autorizadas, ou se necessárias à administração da justiça ou à manutenção da ordem pública, a divulgação de escritos, a transmissão da palavra, ou a publicação, a exposição ou a utilização da* ***imagem*** *de uma pessoa poderão ser proibidas, a seu requerimento e sem prejuízo da indenização que couber, se lhe atingirem a honra, a boa fama ou a respeitabilidade, ou se se destinarem a fins comerciais.* ***Parágrafo único. Em se tratando de morto ou de ausente, são partes legítimas para requerer essa proteção o cônjuge, os ascendentes ou os descendentes.*** * **Obs. 1**: Tutela da IMAGEM do MORTO (**regra especial) - Legitimidade**: a) Cônjuge (ou companheiro) sobrevivente; b) Parentes de Linha Reta - Ascendentes (pais, avós, bisavós...) e Descendentes (filhos, netos, bisnetos...); c) **A regra especial de proteção à imagem do morto, que não inclui os colaterais**. * **Obs. 2**: ***Súmula n. 403, do STJ:*** *Independe de prova do prejuízo a indenização pela publicação não autorizada de imagem de pessoa com fins econômicos ou comerciais.* Neste caso, como o Dano Moral é presumido, tem-se uma hipótese do chamado "***dano in re ipsa***".
Proteção da Privacidade e Intimidade	*Art. 21. A vida privada da pessoa natural é inviolável, e o juiz, a requerimento do interessado, adotará as providências necessárias para impedir ou fazer cessar ato contrário a esta norma.* * Obs. 1: No julgamento da **ADI n. 4815**, discutido no plenário em 10.06.15 e publicado em 01.02.16, o **STF** considerou que os arts. 20 e 21 são constitucionais, mas sua interpretação conforme a CF **impede a censura ou autorização prévia da pessoa biografada e coadjuvantes da história**, harmonizando os princípios da proteção à intimidade, imagem e privacidade aos princípios da liberdade de expressão, de pensamento e de criação artística. * Obs. 2: ***Direito ao Esquecimento*** => No julgamento do RE 1.010.606 (Tema 786), o STF firmou a seguinte tese: "É incompatível com a Constituição a ideia de um direito ao esquecimento, assim entendido como o poder de obstar, em razão da passagem do tempo, a divulgação de fatos ou dados verídicos e licitamente obtidos e publicados em meios de comunicação social analógicos ou digitais. Eventuais excessos ou abusos no exercício da liberdade de expressão e de informação devem ser analisados caso a caso, a partir dos parâmetros constitucionais - especialmente os relativos à proteção da honra, da imagem, da privacidade e da personalidade em geral - e das expressas e específicas previsões legais nos âmbitos penal e cível" (Julgamento em 11.02.2021).

2.5. Fim da Existência e a Curadoria de Bens do Ausente

A existência da pessoa natural tem fim com a morte. Para fins didáticos e melhor compreensão do tema, é preciso que o aluno tenha em mente três situações relevantes e suas distinções:

2.5.1. *Morte Real x Morte Civil*

a) MORTE REAL: É a situação em que a morte pode ser comprovada com o exame do corpo, a partir da verificação médica de morte cerebral (art. 3º, da Lei n. 9434/97). O atestado médico, ou a declaração de duas testemunhas, será levado ao Cartório de Registro Civil para o assento do óbito, do qual se extrai a competente certidão (art. 77, da LRP).

b) MORTE CIVIL: Seria a hipótese de considerar morta uma pessoa que está viva, por força de atos que tenha cometido (sanção). Não há morte civil no direito atual, diante do Princípio da Dignidade da Pessoa Humana. Há, porém, um resquício ou equiparação, nas hipóteses de Exclusão de Herança (art. 1.816, do CC).

2.5.2. *Comoriência (tempo x espaço)*

a) Regra da presunção de morte simultânea: *Art. 8º Se dois ou mais indivíduos falecerem na mesma ocasião, não se podendo averiguar se algum dos comorientes precedeu aos outros, presumir-se-ão simultaneamente mortos.*

b) Aplicação prática: Frise-se que a presunção em comento é importante quando há relação de parentesco entre os falecidos, pois, na hipótese de comoriência, não há transmissão de herança entre parentes sucessíveis.

c) Tempo x espaço: Por fim, destaque-se que a morte deve se dar no mesmo tempo (ocasião), e não no mesmo lugar (as mortes podem ocorrer em locais distintos).

2.5.3. *Morte Presumida – Procedimentos Judiciais para a Declaração da Morte Presumida*

a) Hipótese: A morte é *presumida* porque a pessoa está desaparecida (não é possível examinar o corpo).

b) Procedimento Judicial: Em qualquer espécie de morte presumida, a sua declaração depende de procedimento judicial, sendo vedada a solução pela via administrativa (direto em cartório).

c) Subdivisão em duas espécies de procedimentos:

2.5.3.1. *Procedimento de Declaração de Morte Presumida SEM prévia Decretação de Ausência:*

a) Desaparecimento com ALTA probabilidade de morte, nas duas hipóteses do art. 7º:

> **Art. 7º** *Pode ser declarada a morte presumida, sem decretação de ausência:*
>
> ***I - se for extremamente provável a morte de quem estava em perigo de vida;***
>
> ***II - se alguém, desaparecido em campanha ou feito prisioneiro, não for encontrado até dois anos após o término da guerra.***
>
> *Parágrafo único. A declaração da morte presumida, nesses casos, somente poderá ser requerida depois de esgotadas as buscas e averiguações, devendo a sentença fixar a data provável do falecimento.*

b) No caso do inciso I, que é genérico (naufrágio, acidente aéreo, deslizamento de terra, etc.), não há prazo específico – aguarda-se o encerramento das buscas para ajuizamento da demanda;

c) Na situação do inciso II, que é específico (guerra), é preciso esperar o prazo mínimo de 2 anos, contados do fim do conflito.

d) Em ambas as hipóteses, concordando com o pedido, o Juízo deve declarar a data provável da morte do desaparecido, sem prévia decretação de ausência (procedimento simples e direto).

2.5.3.2. Procedimento de Declaração de Morte Presumida COM prévia Decretação de Ausência

a) Desaparecimento com BAIXA probabilidade de morte (**o desaparecimento ocorre sem motivo aparente, não se vislumbrando risco à vida conhecido**).

b) **O procedimento judicial** para a declaração de morte **é mais complexo e demorado, passando por três fases** (arts. 22-39, do CC e arts. 744-745, do CPC), porém o EDITAL só exige a fase inicial de CURADORIA de BENS do AUSENTE, prevista entre os arts. 22 a 25, do CC:

> *Art. 22. Desaparecendo uma pessoa do seu domicílio sem dela haver notícia, se não houver deixado representante ou procurador a quem caiba administrar-lhe os bens, o juiz, a requerimento de qualquer interessado ou do Ministério Público, declarará a ausência, e nomear-lhe-á curador.*
>
> *Art. 23. Também se declarará a ausência, e se nomeará curador, quando o ausente deixar mandatário que não queira ou não possa exercer ou continuar o mandato, ou se os seus poderes forem insuficientes.*
>
> *Art. 24. O juiz, que nomear o curador, fixar-lhe-á os poderes e obrigações, conforme as circunstâncias, observando, no que for aplicável, o disposto a respeito dos tutores e curadores.*
>
> *Art. 25. O cônjuge do ausente, sempre que não esteja separado judicialmente, ou de fato por mais de dois anos antes da declaração da ausência, será o seu legítimo curador.*
>
> *§ 1º Em falta do cônjuge, a curadoria dos bens do ausente incumbe aos pais ou aos descendentes, nesta ordem, não havendo impedimento que os iniba de exercer o cargo.*
>
> *§ 2º Entre os descendentes, os mais próximos precedem os mais remotos.*
>
> *§ 3º Na falta das pessoas mencionadas, compete ao juiz a escolha do curador.*

 # DICAS importantes:

a) Curador Convencional: tem procuração outorgada pelo Ausente, antes do desaparecimento, para administrar-lhe os bens.

b) Curador Judicial: não havendo o convencional, o Juízo deve nomear um curador, com preferência para o cônjuge (Casamento) OU COMPANHEIRO (União Estável), de acordo com a ordem de preferência do art. 25.

CAPÍTULO 3. PESSOA JURÍDICA

Itens do Edital: arts. 40 a 45; 49 a 50; 53; 62, do CC.

Enquanto o estudo da pessoa física ou natural contempla o aspecto individual do ser humano, a pessoa jurídica representa o esforço conjunto das pessoas a fim de realizarem objetivos comuns, reunindo suas qualidades, seus interesses, seus patrimônios, formando um grupo que incorpora personalidade própria.

3.1. Disposições Gerais

A Pessoa Jurídica é um conjunto de pessoas e/ou bens, com finalidade comum e personalidade jurídica própria, quando atendidos os requisitos legais para sua formalização (Teoria da Realidade Técnica).

A **constituição** da Personalidade Jurídica da Pessoa Jurídica decorre de um ato formal (Teoria da Realidade Técnica), ou seja, do **registro** dos atos constitutivos (arts. 45 e 985, ambos do CC), que pode ser precedido ou não de autorização do Poder Executivo.

O Registro, para a Pessoa Jurídica, portanto, tem natureza CONSTITUTIVA, com efeitos *ex nunc*, ao contrário da situação da Pessoa Natural, cujo registro é ato de natureza DECLARATÓRIA, com efeitos *ex tunc*, pois já existe plena capacidade de direito desde o nascimento com vida.

Frise-se que eventual vício na inscrição da Pessoa Jurídica deverá ser anulado no prazo de 03 anos, sob pena de Decadência, como prevê o art. 45, parágrafo único, do CC.

Como a constituição da pessoa jurídica ocorre a partir do registro dos atos constitutivos (contrato social ou estatuto), no órgão público competente, a doutrina e a jurisprudência reconhecem grupos que não possuem personalidade jurídica: os **Grupos Despersonalizados**. Ex.:

a) Herança jacente ou vacante (arts. 1.819 a 1.823, do CC);

b) Massa falida (Lei n. 11.101/05);

c) Sociedades de Fato (irregulares ou em comum – arts. 985-990, do CC);

d) Condomínio (arts. 1.314-1.358, do CC);

e) Órgãos Públicos (ex.: Súmula 525, do STJ).

Os entes despersonalizados podem titularizar alguns Direitos e Obrigações, e possuem personalidade judiciária, a teor do art. 75, do CPC.

3.2. Administradores, Sócios e a Desconsideração da Personalidade Jurídica

As Pessoas Jurídicas, para exercer seus direitos e deveres, ou seja, para praticar os atos da vida civil, são representadas por pessoas físicas que compõem seu quadro social ou são designadas como administradores, com poderes de gestão. *Se a administração da pessoa jurídica vier a faltar, o juiz, a requerimento de qualquer interessado, nomear-lhe-á administrador provisório* (art. 49, do CC).

No que se refere à distinção entre os sócios e administradores em relação à própria Pessoa Jurídica, convém destacar que a Lei n. 13.874/19 (Declaração de Direitos da Liberdade Econômica) trouxe um reforço à regra geral de independência jurídica e patrimonial:

> **Atenção!**
>
> *Convém destacar, neste sentido, o novel art. 49-A, do CC, incluído pela Lei n. 13.874/19:*
>
> ***Art. 49-A.*** *A pessoa jurídica não se confunde com os seus sócios, associados, instituidores ou administradores.*
>
> *Parágrafo único. A autonomia patrimonial das pessoas jurídicas é um instrumento lícito de alocação e segregação de riscos, estabelecido pela lei com a finalidade de estimular empreendimentos, para a geração de empregos, tributo, renda e inovação em benefício de todos.*

A personalidade jurídica própria e autônoma, naturalmente, não irá impedir a eventual DESCONSIDERAÇÃO DA PERSONALIDADE JURÍDICA, para atingir sócios e/ou administradores, por dívidas ou obrigações da pessoa jurídica.

Tema de fundamental importância para diversos ramos do direito:

a) Direito Civil e Empresarial – art. 50, do CC – regras materiais gerais;

b) Direito do Consumidor – art. 28, do CDC – regras materiais específicas (Teoria Menor, conforme quadro abaixo);

c) Direito Processual Civil – arts. 133-137, do CPC – regras processuais sobre o incidente;

d) Direito Processual Trabalhista – art. 855-A, da CLT – regras processuais sobre o incidente (no direito material trabalhista, a regra é a responsabilidade subsidiárias dos sócios, independente da desconsideração – art. 10-A, da CLT).

O quadro abaixo traz as principais questões que envolvem o tema, de forma sistematizada:

Procedimento	A desconsideração da personalidade jurídica da pessoa jurídica, para atingir sócios/administradores, depende de decisão proferida em ***procedimento judicial***.
Pedido	Não pode ser deferida *ex officio*, dependendo de requerimento expresso.
Requerentes	Parte Interessada (credor) ou do Ministério Público, em uma demanda judicial.
Requeridos	O incidente processual ou pedido de desconsideração na petição inicial é direcionado, em regra, contra os **<u>sócios e/ou administradores</u>** (**desde que *<u>beneficiados, direta ou indiretamente</u>*, com o abuso de personalidade, nos termos da atual redação do art. 50, *caput*, do CC, após a vigência da nova Lei n. 13.874/19**). Também é possível a *"desconsideração inversa"*.
Inversa ou Invertida	Ocorre quando o credor do sócio requer que tais obrigações sejam direcionadas à Pessoa Jurídica, quando demonstra que o sócio se valeu da pessoa jurídica para "esconder" patrimônio, caracterizando confusão patrimonial ou desvio de finalidade. Já era admitida pela jurisprudência do STJ, pela Doutrina (En. 283, da JDC/CJF), e, recentemente, foi admitida pelo CPC/15 (art. 133, § 2º). Por fim, a questão também foi abordada na nova redação do **<u>art. 50, § 3º, do CC</u>**, após advento da nova Lei n. 13.874/19, consoante próximo quadro.

Objetivo	Cobrar dos sócios / administradores obrigações que são da pessoa jurídica, excepcionando a regra geral da autonomia patrimonial do **art. 49-A**. (Obs.: desconsideração não implica em extinção, mas apenas no afastamento temporário da personalidade para a cobrança sobre os sócios / administradores).
Requisitos	O pedido, que pode ser feito em qualquer fase do processo, só será deferido se comprovado o **abuso de personalidade, caracterizado pela CONFUSÃO PATRIMONIAL e o DESVIO DE FINALIDADE**. Frise-se que a regulamentação do abuso de personalidade, na nova Lei n. 13.874/19, trouxe mais segurança jurídica à matéria, como se vislumbra no próximo quadro.
Desvio de Finalidade	# **Há DESVIO DE FINALIDADE: "Art. 50, § 1º** - Para os fins do disposto neste artigo, desvio de finalidade é a utilização da pessoa jurídica com o propósito de lesar credores e para a prática de atos ilícitos de qualquer natureza". # **NÃO há DESVIO DE FINALIDADE: "Art. 50, § 5º** - Não constitui desvio de finalidade a mera expansão ou a alteração da finalidade original da atividade econômica específica da pessoa jurídica".
Confusão Patrimonial	# **Há CONFUSÃO PATRIMONIAL: Art. 50, § 2º** - Entende-se por confusão patrimonial a ausência de separação de fato entre os patrimônios, caracterizada por: I - cumprimento repetitivo pela sociedade de obrigações do sócio ou do administrador ou vice-versa; II - transferência de ativos ou de passivos sem efetivas contraprestações, exceto os de valor proporcionalmente insignificante; e III - outros atos de descumprimento da autonomia patrimonial. # **NÃO há CONFUSÃO PATRIMONIAL nem DESVIO DE FINALIDADE: Art. 50, § 4º** - A mera existência de grupo econômico sem a presença dos requisitos de que trata o caput deste artigo não autoriza a desconsideração da personalidade da pessoa jurídica.
Art. 50, do CC x Art. 28, CDC	# O **art. 28, do CDC**, tem um regramento mais flexível e a regra é mais abrangente, pois o **simples inadimplemento** da Pessoa Jurídica perante o Consumidor já é motivo para a desconsideração. O CDC adotou a "**TEORIA MENOR**" da desconsideração. # Por outro lado, o **art. 50, do CC** aderiu à "**TEORIA MAIOR**" da desconsideração, com disciplinamento mais rígido, exigindo estrito cumprimento dos requisitos legais, como destacado na linha anterior. O caráter excepcional da desconsideração da personalidade jurídica no direito civil e empresarial é realçado na nova Lei n. 13.874/19, seja pelo novo art. 49-A, transcrito na abertura deste capítulo, seja pela redação atual do art. 50, que será destacada no próximo quadro.

 # Dicas Doutrinárias compatíveis com a redação atual do art. 50, do CC e com a jurisprudência do STJ:

a) Enunciado n. 146 – Art. 50: Nas relações civis, interpretam-se restritivamente os parâmetros de Desconsideração da Personalidade Jurídica previstos no art. 50 (desvio de finalidade social ou confusão patrimonial);

b) Enunciado n. 281 – Art. 50: A aplicação da teoria da desconsideração, descrita no art. 50 do Código Civil, prescinde da demonstração de insolvência da pessoa jurídica;

c) Enunciado n. 282 – Art. 50: O encerramento irregular das atividades da pessoa jurídica, por si só, não basta para caracterizar abuso da personalidade jurídica.

3.3. Classificação

A Classificação decorre do regime jurídico adotado (art. 40, do CC), que pode ser:

a) Regime Jurídico de Direito Internacional Público (Pessoas Jurídicas de Direito Público Externo);

b) Regime Jurídico de Direito Público Administrativo (Pessoas Jurídicas de Direito Público Interno); e

c) Regime Jurídico de Direito Privado, Civil ou Empresarial (Pessoas Jurídicas de Direito Privado).

O quadro abaixo traz a classificação geral das Pessoas Jurídicas de forma sistematizada:

Direito Público Externo:	Estados estrangeiros e todas as pessoas que forem regidas pelo direito internacional público (art. 42, do CC).
Direito Público Interno:	Possuem responsabilidade civil objetiva pelos atos de seus agentes (art. 43, do CC) e Código Civil traz alguns exemplos (art. 41, do CC): *I - a União;* *II - os Estados, o Distrito Federal e os Territórios;* *III - os Municípios;* *IV - as autarquias, inclusive as associações públicas;* *V - as demais entidades de caráter público criadas por lei.*
Direito Privado:	Instituídas pela vontade dos particulares, visando a atender os seus interesses. O Código Civil traz alguns exemplos (art. 44, do CC): *I - as associações;* *II - as sociedades;* *III - as fundações.* *IV - as organizações religiosas;* *V - os partidos políticos.* *VI – Revogado pela Lei 14.382/22 (as empresas individuais de responsabilidade limitada foram excluídas do ordenamento jurídico – já é permitida a sociedade limitada unipessoal desde a Lei n. 13.874/19 – Declaração dos Direitos da Liberdade Econômica)* *§ 1º São livres a criação, a organização, a estruturação interna e o funcionamento das organizações religiosas, sendo vedado ao poder público negar-lhes reconhecimento ou registro dos atos constitutivos e necessários ao seu funcionamento.* *§ 2º As disposições concernentes às associações aplicam-se subsidiariamente às sociedades que são objeto do Livro II da Parte Especial deste Código.* *§ 3º Os partidos políticos serão organizados e funcionarão conforme o disposto em lei específica.*

Quanto às Pessoas Jurídicas de Direito Privado, convém destacar as distinções elementares entre as mesmas, inclusive destacando os arts. 53 e 62, do CC, no contexto da diferenciação abaixo:

Sociedades	Reunião de pessoas para circulação de bens e serviço, com finalidade econômica (distribui lucro entre os sócios). Reitere-se que a sociedade limitada pode ter um único sócio, motivo que levou o ordenamento jurídico a excluir a figura da "EIRELI".

Associações	Reunião de pessoas para fins não econômicos (art. 53, caput, do CC. Ex.: Uma entidade de classe pode arrecadar dinheiro para a atividade social, mas não distribui lucro entre os integrantes associados). Por fim, nos termos do art. 53, parágrafo único, do CC, *"Não há, entre os associados, direitos e obrigações recíprocos"*.
Fundações	Afetação especial de bens livres, criada por escritura pública ou testamento, especificando sua finalidade e, se quiser, a maneira de administrar a fundação (art. 62, caput, do CC). Ao contrário das entidades anteriores, o art. 62, parágrafo único, do CC, definiu um rol taxativo de finalidades para as quais podem ser constituídas as fundações civis: *I – assistência social; II – cultura, defesa e conservação do patrimônio histórico e artístico; III – educação; IV – saúde; V – segurança alimentar e nutricional; VI - defesa, preservação e conservação do meio ambiente e promoção do desenvolvimento sustentável; VII – pesquisa científica, desenvolvimento de tecnologias alternativas, modernização de sistemas de gestão, produção e divulgação de informações e conhecimentos técnicos e científicos; VIII – promoção da ética, da cidadania, da democracia e dos direitos humanos; e IX – atividades religiosas.*
Organizações Religiosas	Reunião de pessoas sem fins econômicos, para atividade religiosa (pode arrecadar dinheiro para a atividade social, mas não distribui lucro entre os membros). A liberdade de criação, funcionamento, administração e estruturação é a regra geral (art. 44, § 1°, do CC).
Partidos Políticos	Reunião de pessoas sem fins econômicos, para atividade política (pode arrecadar dinheiro para a atividade social, mas não distribui lucro entre os membros). Regulamento em lei própria (Lei n. 9.096/95).

CAPÍTULO 4. DOMICÍLIO DAS PESSOAS FÍSICAS E JURÍDICAS

Itens do Edital: arts. 70 a 78, do CC.

Conceito do Direito Civil que se refere à *locus* jurídico de uma pessoa física ou jurídica para os diversos fins de direito, seja no que se refere à sua vida privada, seja no que se refere às atividades econômicas. Em sentido amplo, compreende-se o domicílio como um elemento identificador que traz diversas implicações jurídicas, tais como o regime de competências processuais e o regramento da aplicação da lei no lugar.

4.1. Domicílio Civil da Pessoa Natural

Alguns concursos, em relação à Pessoa Natural, podem exigir que o candidato conheça a distinção didática entre morada, residência e domicílio residencial, que pode ser assim simplificada:

a) Morada: estadia provisória de uma pessoa: casa de parentes, pousada, albergue, etc.

b) Residência: local onde a pessoa habita – elemento objetivo (fático) do conceito privado de domicílio jurídico. Ex.: casa própria, alugada, dos pais, enfim, o endereço da pessoa.

c) Domicílio Residencial: domicílio jurídico voluntário da pessoa natural formado pela residência (elemento objetivo) com ânimo definitivo (elemento subjetivo).

O domicílio civil da pessoa física pode ser classificado em:

a) **Domicílio Voluntário**: é a regra geral do domicílio, com o elemento objetivo (estabelecimento da pessoa, onde passa a maior parte do tempo) e o elemento subjetivo (ânimo definitivo, exercício da autonomia privada). Observações importantes:

Domicílio Residencial (art. 70):	Local onde a pessoa habita com ânimo definitivo, mesmo que não seja proprietária do imóvel. Ex.: casa própria, apartamento alugado, casa dos pais, pensão de longa duração, casa de praia...
Domicílio Profissional (art. 72):	É também domicílio da pessoa natural, quanto às relações concernentes à profissão, o lugar onde esta é exercida.
Pluralidade de Domicílios (art. 71 + art. 72):	É possível ter mais de uma residência ou mais de um emprego, simultaneamente, e todos são considerados domicílio. Ex.: A pessoa que tem apartamento e casa de praia.
Domicílio Ocasional, Eventual ou Aparente (art. 73):	*Ter-se-á por domicílio da pessoa natural, que não tenha residência habitual, o lugar onde for encontrada.* Ex.: circense, nômade, morador de rua... Portanto, *toda pessoa tem domicílio.*
Mudança de Domicílio (art. 74)	*Muda-se o domicílio, transferindo a residência, com a intenção manifesta de o mudar.* *Parágrafo único. A prova da intenção resultará do que declarar a pessoa às municipalidades dos lugares, que deixa, e para onde vai, ou, se tais declarações não fizer, da própria mudança, com as circunstâncias que a acompanharem.*

b) **Domicílio Legal, Necessário ou Obrigatório**: é a situação excepcional em que a lei determina o domicílio da pessoa humana, embora não exclua do domicílio voluntário. Eis as hipóteses:

Domicílio do incapaz:	*É o do seu representante ou assistente.* Ex.: Domicílio dos pais, tutores ou curadores.
Domicílio do servidor público:	*O lugar em que exercer permanentemente suas funções.* Ex.: a lotação do servidor público.
Domicílio do militar	*Onde servir, e, sendo da Marinha ou da Aeronáutica, a sede do comando a que se encontrar imediatamente subordinado.* Ex.: Militar da marinha que estiver em serviço no Município de Corumbá, terá domicílio em Salvador, se estiver vinculado à Base Naval de Aratu.
Domicílio do marítimo	*Onde o navio estiver matriculado.* Ex.: Funcionário da TRANSPETRO, que trabalha em navio matriculado em Campos/RJ. Esta cidade será o seu domicílio necessário.
Domicílio do preso	*É o lugar em que cumprir a sentença.* Obs. Prisões não definitivas e de natureza cautelar não implicam em domicílio legal ou necessário.
Domicílio do agente diplomático, que, citado no estrangeiro, alegar extraterritorialidade	*Poderá ser demandado no Distrito Federal ou no último ponto do território brasileiro onde o teve.* Obs.: As embaixadas são consideradas territórios neutros, por isso é possível ao agente diplomático alegar extraterritorialidade.

c) **Domicílio de Eleição, Contratual ou Convencional**: Com reflexos processuais (art. 63, do CPC/15), esta espécie de Domicílio decorre da **CLÁUSULA DE FORO** dos negócios jurídicos, conforme art. 78, do CC/02: *Nos contratos escritos, poderão os contratantes especificar domicílio onde se exercitem e cumpram os direitos e obrigações deles resultantes.*

4.2. Domicílio Civil da Pessoa Jurídica

Além de possuir Personalidade Jurídica própria, tem ainda a Pessoa Jurídica o seu próprio Domicílio, de acordo com o quadro esquemático abaixo (art. 75):

Regra Geral:	*Sua sede, domicílio especial fixado no seu estatuto ou atos constitutivos ou o lugar onde funcionarem as respectivas diretorias e administrações.*
Entes Públicos:	*I - da União, o Distrito Federal;* *II - dos Estados e Territórios, as respectivas capitais;* *III - do Município, o lugar onde funcione a administração municipal;*
Pessoa Jurídica Nacional ou Estrangeira com filiais:	*§1º Tendo a pessoa jurídica diversos estabelecimentos em lugares diferentes, cada um deles será considerado domicílio para os atos nele praticados.* *§2º Se a administração, ou diretoria, tiver a sede no estrangeiro, haver-se-á por domicílio da pessoa jurídica, no tocante às obrigações contraídas por cada uma das suas agências, o lugar do estabelecimento, sito no Brasil, a que ela corresponder.*

Veja-se que, na definição do domicílio da Pessoa Jurídica que tem filiais, sucursais e agências, o candidato deve atentar para *o estabelecimento onde o ato foi praticado.*

CAPÍTULO 5. BENS.

Itens do Edital: arts. 79 a 103.

São os objetos das relações jurídicas, são as coisas que, por serem úteis e raras, são suscetíveis de apropriação e contêm valor econômico (GONÇALVES, 2023).

O Código Civil classifica os bens em três categorias: Considerados em Si Mesmos; Considerados Reciprocamente e Públicos, conforme arts. 79-103.

5.1. Bens Considerados em si mesmos

Classificação que leva em conta as características próprias do bem, analisado individualmente conforme sua natureza ou de acordo com a forma de tratamento jurídico que o titular lhe confere nos negócios jurídicos civis.

Assim, os bens considerados em si mesmos são subdivididos no CC em cinco subgrupos, a seguir disciplinadas de forma esquemática e comparativa:

5.1.1. Imóveis x Móveis (arts. 79-84)

IMÓVEIS	MÓVEIS
a) **Por sua natureza**: o solo (art. 79, 1ª parte). Ex.: fazenda, lote urbano; b) **Por acessão natural**: tudo o que adere ao solo naturalmente e que não pode ser removido sem dano (art. 79, 2ª parte). Ex.: plantações; c) **Por acessão artificial**: tudo o que adere ao solo artificialmente e que não pode ser removido sem dano (art. 79, 2ª parte). Ex.: construções, edifícios, pontes;	a) **Por sua natureza**: suscetíveis de remoção sem dano (art. 82, 2ª parte). Ex.: carro, cadeira; b) **Semoventes**: têm movimento próprio (art. 82, 1ª parte). Ex.: animais; c) **Por antecipação**: quando o aproveitamento econômico da coisa implica na mobilização de bens naturalmente imóveis. Ex.: árvores para corte (eucalipto);

IMÓVEIS	MÓVEIS
d) **Por determinação legal**: (arts. 80-81): *Art. 80. Consideram-se imóveis para os efeitos legais:* *I - os direitos reais sobre imóveis e as ações que os asseguram* (hipoteca, servidões); *II - o direito à sucessão aberta.* *Art. 81. Não perdem o caráter de imóveis:* *I - as edificações que, separadas do solo, mas conservando a sua unidade, forem removidas para outro local* (casa pré-fabricada retirada de um terreno e transportada para outro local); *II - os materiais provisoriamente separados de um prédio, para nele se reempregarem.* (Ex.: telha retirada para conserto das madeiras do telhado, e reempregada novamente na mesma estrutura após reforma)	d) **Por determinação legal**: de acordo com os arts. 83-84: *Art. 83. Consideram-se móveis para os efeitos legais:* *I - as energias que tenham valor econômico* (por essa razão, o "gato" de energia constitui crime de furto – subtração de coisa alheia móvel); *II - os direitos reais sobre objetos móveis e as ações correspondentes* (penhor); *III - os direitos pessoais de caráter patrimonial e respectivas ações* (direito autoral, patente, etc.). *Art. 84. Os materiais destinados a alguma construção, enquanto não forem empregados, conservam sua qualidade de móveis; readquirem essa qualidade os provenientes da demolição de algum prédio.* (antes da obra e depois da retirada definitiva)

5.1.2. Fungíveis x Infungíveis (art. 85)

FUNGÍVEIS	INFUNGÍVEIS
Móveis + Substituíveis por outros da mesma espécie, qualidade e quantidade.	• Imóveis OU • Móveis + Insubstituíveis por outros da mesma espécie, qualidade e quantidade.
Ex.: produtos industrializados de massa: livros, aparelhos eletrônicos, móveis, dinheiro, etc...	Ex.: terrenos, edificações, móveis de valor histórico, fósseis, obras de arte, etc...

5.1.3. Consumíveis x Inconsumíveis (art. 86)

CONSUMÍVEIS (dois critérios)	INCONSUMÍVEIS
• De Fato: móveis cujo uso importa destruição imediata da própria substância. Ex.: alimentos, bebidas, cigarro, etc. ***E*** • De Direito: móveis destinados à alienação. Ex.: produtos à venda, dinheiro, etc.	• Imóveis ***OU*** • Móveis que não se classifiquem em nenhum dos critérios anteriores (não sejam de destruição imediata e não estejam à venda). Ex.: pneu do carro particular, caneta pessoal, roupas, etc.

5.1.4. Divisíveis x Indivisíveis (arts. 87-88)

DIVISÍVEIS	INDIVISÍVEIS
• Podem ser fracionados sem que ocorra: a) Alteração da substância; b) Diminuição considerável do valor; c) Prejuízo do uso a que se destinam.	• Não podem ser fracionados por: a) Sua natureza; b) Vontade das partes (art. 88); c) Força da lei (art. 88).
Ex.: dinheiro, carnes, terrenos, grãos, líquidos, óleos, etc...	Ex.: cédula de dinheiro, animal vivo, terreno negociado com cláusula de indivisibilidade, etc...

5.1.5. *Singulares x Universalidades (arts. 89-91)*

SINGULARES	COLETIVOS (duas classificações distintas)
• São singulares os bens que, embora reunidos, se consideram *de per si*, independentemente dos demais. Ex.: Bens vendidos no varejo, como em um supermercado.	• **Universalidades de Fato**: Constitui universalidade de fato a pluralidade de bens singulares que, pertinentes à mesma pessoa, tenham destinação unitária. Ex.: Bens vendidos no atacado; estabelecimento comercial (art. 1043, do CC); biblioteca; coleções; rebanho de gado; sempre que tratados como um todo unitário em negócio jurídico. • **Universalidades de Direito**: Constitui universalidade de direito o complexo de relações jurídicas, de uma pessoa, dotadas de valor econômico. Ex.: herança, massa falida.

5.2. Bens Reciprocamente Considerados

Classificação que leva em conta a relação comparativa entre os bens entre si vinculados.

5.2.1. *Principais x Acessórios*

É a subdivisão geral do tema. Principal é o bem que existe sobre si, abstrata ou concretamente; acessório, aquele cuja existência supõe a do principal (art. 92, do CC).

Obs.: Princípio da **GRAVITAÇÃO JURÍDICA**: traz a regra geral de que o acessório segue o principal, como se observa da redação do art. 92, do CC e de diversos outros exemplos do Código Civil:

> ** Art. 184. Respeitada a intenção das partes, a invalidade parcial de um negócio jurídico não o prejudicará na parte válida, se esta for separável;* ***a invalidade da obrigação principal implica a das obrigações acessórias****, mas a destas não induz a da obrigação principal.*
>
> ** Art. 233.* ***A obrigação de dar coisa certa abrange os acessórios dela embora não mencionados****, salvo se o contrário resultar do título ou das circunstâncias do caso.*
>
> ** Art. 287. Salvo disposição em contrário,* ***na cessão de um crédito abrangem-se todos os seus acessórios.***
>
> ** Art. 323.* ***Sendo a quitação do capital sem reserva dos juros, estes presumem-se pagos.***
>
> ** Art. 1.232.* ***Os frutos e mais produtos da coisa pertencem****, ainda quando separados,* ***ao seu proprietário****, salvo se, por preceito jurídico especial, couberem a outrem.*

5.2.2. *Espécies de Acessórios*

Na análise dos bens reciprocamente considerados, o Candidato deve estar atento às espécies de acessórios, muito cobradas em provas de concursos:

Pertenças: Arts. 93-94:	a) CONCEITO: São pertenças os bens que, <u>não constituindo partes integrantes</u>, se destinam, de modo duradouro, ao uso, ao serviço ou ao aformoseamento de outro (art. 93). Ex.: Móveis de uma casa, carteiras da sala de aula, quadros na parede, máquinas da fazenda, equipamentos de uma indústria, etc.

Pertenças: Arts. 93-94:	b) EXCEÇÃO AO PRINCÍPIO DA GRAVITAÇÃO JURÍDICA: Os negócios jurídicos que dizem respeito ao bem principal **não** abrangem as pertenças, salvo se o contrário resultar da lei, da manifestação de vontade, ou das circunstâncias do caso (art. 94). *Enfim, a pertença é um acessório que, em regra, não segue o principal.*
Benfeitorias: Arts. 96-97:	a) CONCEITO: São benfeitorias os melhoramentos realizados pelo proprietário, possuidor ou detentor (art. 97) que se tornam parte integrante do bem principal. b) ESPÉCIES: *Art. 96. As benfeitorias podem ser voluptuárias, úteis ou necessárias.* *§ 1º São **voluptuárias** as de mero deleite ou recreio, que não aumentam o uso habitual do bem, ainda que o tornem mais agradável ou sejam de elevado valor.* *§ 2º São **úteis** as que aumentam ou facilitam o uso do bem.* *§ 3º São **necessárias** as que têm por fim conservar o bem ou evitar que se deteriore.*
Frutos: Art. 95:	a) CONCEITO: São utilidades produzidas pela coisa principal, cuja retirada **NÃO causa** dano ou diminuição; b) REGRA GERAL para negócios jurídicos: *Art. 95. Apesar de ainda não separados do bem principal, os frutos e produtos podem ser objeto de negócio jurídico.* c) CLASSIFICAÇÕES: 1 **Quanto à natureza:** • *Naturais: decorrem de um processo orgânico do bem principal (frutas das árvores, ovos das aves, leite das vacas e cabras, crias dos animais, látex da seringueira, lã das ovelhas, etc.);* • *Industriais: decorrem da atividade industrial humana (bens manufaturados);* • *Civis: rendimentos periódicos obtidos a partir da coisa ou capital principal (juros, aluguel, rendas, foros, etc.);* 2 **Quanto à posição em relação ao bem principal:** • *Colhidos: frutos naturais já destacados da coisa principal, mas ainda existentes;* • *Percebidos: frutos industriais/civis já destacados da coisa principal, mas ainda existentes;* • *Pendentes: aqueles que ainda não foram destacados da coisa principal;* • *Percipiendos: aqueles que ainda não foram destacados da coisa principal, mas já deveriam ter sido;* • *Estantes: frutos já destacados, e que se encontram estocados e armazenados para venda;* • *Consumidos: frutos já destacados e que não mais existem, pois foram devidamente utilizados ou comercializados;* • *Perdidos: frutos destacados que não foram aproveitados.*
Produtos: Art. 95:	a) CONCEITO: São utilidades produzidas pela coisa principal, cuja retirada **causa** dano ou diminuição (Ex.: Minérios, marfim das presas dos elefantes e rinocerontes, dentes de tigres, etc.); b) REGRA GERAL para negócios jurídicos: *Art. 95. Apesar de ainda não separados do bem principal, os frutos e produtos podem ser objeto de negócio jurídico.*

Da classificação dos Bens Acessórios, é sempre relevante deixar claras as diferenças entre Pertença e Benfeitoria, muito cobradas nas provas de concurso:

a) As PERTENÇAS, que são acessórios que, em um negócio jurídico, em regra, não seguem o principal, tem como principal característica não se integrar, fisicamente, à estrutura do bem principal. Ex.: os móveis, em relação à casa; os quadros, em relação à parede; as máquinas, em relação à fábrica; os tratores, em relação à fazenda; as carteiras e os aparelhos de ar condicionado, em uma sala de aula, etc.;

b) As BENFEITORIAS, que não decorrem da força da natureza mas sim da ação do proprietário, possuidor ou detentor, ao contrário das pertenças, são melhoramentos que se integram à estrutura física do bem principal, como é o caso da impermeabilização de uma parede (necessária); construção de rampa de acesso a uma repartição pública (útil); piscina em um quintal (voluptuária); etc.

5.3. Bens Públicos

O Código Civil adota o critério da titularidade para diferenciar os bens públicos dos bens privados.

Os bens particulares se definem por exclusão, ou seja, são aqueles que pertencem a pessoas físicas e a pessoas jurídicas de direito privado.

Por outro lado, destaca-se a regulamentação dos bens públicos (arts. 98-103, do CC):

Conceito:	Art. 98. São públicos os bens do domínio nacional **pertencentes às pessoas jurídicas de direito público interno**; todos os outros são particulares, seja qual for a pessoa a que pertencerem (critério da titularidade)*.
Espécies:	*Art. 99. São bens públicos:* *I - os de* ***uso comum do povo****, tais como rios, mares, estradas, ruas e praças* (bens públicos de circulação de pessoas e mercadorias. Não há discriminação ou ordem especial de fruição, exceto eventual pagamento de tarifas ou preferências legais); *II - os de* ***uso especial****, tais como edifícios ou terrenos destinados a serviço ou estabelecimento da administração federal, estadual, territorial ou municipal, inclusive os de suas autarquias* (edifícios e terrenos de fruição ou funcionamento das pessoas de direito público, como escolas públicas, fóruns, delegacias, cemitérios públicos, etc.); *III - os* ***dominicais****, que constituem o patrimônio das pessoas jurídicas de direito público, como objeto de direito pessoal, ou real, de cada uma dessas entidades* (bens móveis das pessoas direito público, terrenos de marinha, terras devolutas, etc.). *Parágrafo único. Não dispondo a lei em contrário, consideram-se dominicais os bens pertencentes às pessoas jurídicas de direito público a que se tenha dado estrutura de direito privado.*
Alienação:	*Art. 100. Os bens públicos de* ***uso comum do povo*** *e os de* ***uso especial*** *são* ***inalienáveis****, enquanto conservarem a sua qualificação, na forma que a lei determinar.* *Art. 101. Os bens públicos* ***dominicais podem ser alienados****, observadas as exigências da lei**.*

Usucapião:	*Art. 102. Os bens públicos **não** estão sujeitos a usucapião.* Sobre a impossibilidade de Usucapião de Bens Públicos, convém destacar a Jurisprudência do STF: ***Súmula n. 340***: *"Desde a vigência do Código Civil, os bens dominicais, como os demais bens públicos, não podem ser adquiridos por usucapião".*
Uso pelo Particular:	*Art. 103. O uso comum dos bens públicos pode ser gratuito ou retribuído, conforme for estabelecido legalmente pela entidade a cuja administração pertencerem.*

* Sobre o conceito de Bens Públicos, também é aceito pela doutrina, especialmente no Direito Administrativo, o critério da *afetação*. Neste sentido é o Enunciado n. 287, das JDC: *O critério da classificação de bens indicado no art. 98 do Código Civil não exaure a enumeração dos bens públicos, podendo ainda ser classificado como tal o bem pertencente a pessoa jurídica de direito privado que esteja afetado à prestação de serviços públicos.* Ex.: casa de um particular alugada para a Prefeitura instalar uma secretaria.

** Por outro lado, interpretando os arts. 100 e 101, acima, compreende-se que os bens de uso especial só poderão ser alienados se forem "desafetados". Ex.: O prédio de uma escola pública, se deixa de ser uma escola e mais nada funciona no local, pode ser alienado (torna-se dominical). Observe-se que os bens públicos de uso comum do povo e de uso especial, por serem inalienáveis, também são impenhoráveis (art. 833, I, do CPC).

CAPÍTULO 6. NEGÓCIO JURÍDICO

Itens do Edital: arts. 115 a 120; 138 a 159; 166 a 201, do CC.

Um dos temas mais cobrados nas provas de direito civil, será esquematizado nos itens a seguir, considerando os limites estabelecidos pelo Edital quanto aos dispositivos legais do Código Civil destacados.

6.1. Disposições Gerais

O Negócio Jurídico é o Ato lícito que decorre da vontade humana, qualificado pela ausência de vícios (arts. 138-184, do CC), que tem a finalidade de alcançar determinados efeitos desejados pelos interessados.

A vontade humana prevalece tanto na realização quanto nas consequências do ato, "sofrendo sempre as limitações decorrentes da ingerência de normas de ordem pública, notadamente constitucionais, por força da proteção destinada à pessoa humana" (FARIAS e ROSENVALD, 2022). Ex.: Contratos, testamentos, renúncia, etc.

6.2. Representação

Uma Pessoa Física ou Jurídica pode se fazer representar por outra para a celebração dos negócios jurídicos de seu interesse. A Representação pode ser:

a) Legal: imposta por lei (algumas vezes dependem de nomeação judicial): pais em relação aos filhos menores; tutela; curatela; inventariança; síndico de condomínio; administrador de massa falida; etc.

b) Convencional: decorre de negócio jurídico: mandato; agência e distribuição; comissão; corretagem; gestores de Pessoas Jurídicas; etc;

Os atos do representado, se praticados sem *excesso de poder*, obrigam o representado (art. 116, do CC). **Poderão ser anulados**, porém, os atos do representante, se restar configurado, sem autorização do representado ou legal:

a) Autocontratação (art. 117, do CC);

b) Conflito de interesses (art. 119, do CC).

6.3. Defeitos do Negócio Jurídico

Da análise dos elementos de um Negócio Jurídico, extrai-se do Código Civil e da construção doutrinária o estudo do negócio jurídico através dos Planos de Existência (onde se encontram os elementos essenciais ou estruturantes do negócio), da Validade (pressupostos de regularidade dos elementos essenciais) e da Eficácia (análise da produção de efeitos do negócio, caso se verifique a presença dos elementos acidentais).

O Edital do Concurso para OFICIAL DE JUSTIÇA do TJSP, pelos dispositivos cobrados, concentrou seu enfoque no Plano da Validade, destacando os DEFEITOS do negócio jurídico que, caso presentes, irão conduzir à invalidade do ato.

6.3.1. Plano da Validade. Requisitos de validade para os elementos essenciais

Como pressupostos básicos de VALIDADE do Negócio Jurídico, apresentam-se qualidades imprescindíveis aos elementos essenciais destacados no item anterior:

a) Agente CAPAZ e LEGITIMADO para o negócio;

b) Objeto LÍCITO, POSSÍVEL e DETERMINADO/DETERMINÁVEL;

c) Forma adequada ao negócio PRESCRITA em lei ou, sendo LIVRE, que não seja "DEFESA" (não proibida pela norma);

d) Manifestação de vontade LIVRE e DE BOA FÉ

Na análise da Validade do Negócio Jurídico, o não cumprimento dos pressupostos constantes no item anterior pode levar à anulação ou à nulidade, como se verificará adiante.

Acontece que o Candidato deve estar atento ao chamado PRINCÍPIO DA PRESERVAÇÃO ou CONSERVAÇÃO DO NEGÓCIO, ou seja, o ato **não** será invalidado em algumas situações em que o vício pode ser corrigido ou pelo fato de não ser suficiente para influenciar na vontade da parte, preservando-se, assim, a vontade inicial dos negociantes.

Uma das principais razões para a REVISÃO DOS NEGÓCIOS JURÍDICOS é a existência DESEQUILÍBRIO entre as obrigações das partes, gerando ONEROSIDADE EXCESSIVA (vide, adiante, os vícios de LESÃO e ESTADO DE PERIGO).

Neste sentido, o próprio ordenamento jurídico, dentro do Plano da Validade do Negócio Jurídico, prevê as seguintes soluções para evitar a extinção do ato por invalidade:

Conversão:	Hipótese em que, diante da nulidade do negócio jurídico original, admite-se a conversão em outro negócio, desde que preenchidos os pressupostos do segundo (art. 170, do CC). Ex.: converter um contrato particular de compra e venda em promessa de compra e venda, tendo em vista que esta última não exige forma pública quando o objeto se tratar de imóvel acima de 30 salários-mínimos.
Concentração:	A invalidade do pacto acessório não atinge o principal, bem como a invalidade parcial não atinge a parte válida, se for possível separá-la, conservando a vontade das partes (art. 184, do CC). Outro exemplo é a regra do art. 183, do CC, que admite que invalidade do instrumento não induz a do negócio que pode ser provado por outro meio.
Convalidação:	Quando o vício resultar em anulabilidade, é possível a ratificação posterior das partes, como destacam os arts. 172-176, do CC, respeitados os direitos de terceiros.
Revisão:	Se o vício do negócio se refere ao desequilíbrio que pode ser revisto para atender à vontade original das partes e atender aos ditames da boa fé e função social, a revisão terá preferência sobre a anulação, como se infere dos arts. 142-144, 157, § 2º, 479, todos do CC.
Validade - Vício acidental:	O negócio será preservado quando o vício não for suficiente para influenciar na vontade da parte ou para alterar os pressupostos básicos do negócio. Portanto, não se anula o negócio se o erro não é substancial (art. 138, do CC), se o dolo não é relevante (art. 146, do CC), se a coação não é insuportável (art. 151, do CC), etc.

6.3.2. Defeitos do Negócio Jurídico e a Simulação

Seguindo às observações anteriores, os VÍCIOS que podem INVALIDAR o Negócio Jurídico são divididos em:

a) São vícios de consentimento: Erro (arts. 138-144); Dolo (arts. 145-150); Coação (arts. 151-155); Lesão (art. 157); Estado de perigo (art. 156).

b) São vícios sociais: Simulação (art. 167); e Fraude contra credores (arts. 158-165).

Percebe-se, portanto, que há um vício que é CAUSA DE NULIDADE – a **Simulação** – e outros 06 vícios que são CAUSAS DE ANULAÇÃO, os chamados **DEFEITOS DO NEGÓCIO JURÍDICO**.

Eis a análise dos DEFEITOS do negócio jurídico de forma esquemática:

a) Erro:

Conceito	Ocorre quando alguém age de forma contrária à sua vontade por ignorância acerca de uma informação relevante para o negócio, sendo que sua postura seria diversa se não estivesse equivocado. *Ex.: Comprou um aparelho de voltagem 220 sem saber que, em sua casa, a corrente é 110 v.*
Características essenciais	A teor do art. 138, o negócio jurídico é anulável por erro quando este é SUBSTANCIAL e ESCUSÁVEL. - O **Erro escusável** é aquele que não poderia ser percebido pelo homem de diligência normal, o homem médio (**perdoável, desculpável, não grosseiro**).

Características essenciais	- O **Erro substancial** (**relevante, essencial, determinante**) está destacado no art. 139, sendo os dois primeiros incisos relativos ao erro de fato quanto ao negócio (natureza, objeto ou substância) ou a pessoa. No terceiro inciso o legislador admite que o "erro de direito" também pode ser causa de anulação (*Ex.: comprou um terreno para montar uma cerâmica, sem saber que existe um decreto da prefeitura que proíbe esse tipo de indústria naquele bairro*).
Falso motivo	*Art. 140. O falso motivo só vicia a declaração de vontade quando expresso como razão determinante* (mais uma vez: tem que ser essencial)
Erros que não anulam o negócio (acidentais)	Quando for possível identificar a coisa ou pessoa cogitada, quando for possível retificar o erro (de cálculo, por exemplo) ou quando for possível executar o negócio de acordo com a vontade real do manifestante (arts. 142-144, do CC). Aplicação do Princípio da Conservação/Preservação do Negócio Jurídico.
Consequência	Anulação do negócio jurídico, consoante requisitos dos arts. 138-140 + 171, II.

b) Dolo:

Conceito	É o "ardil" malicioso usado para ***convencer*** alguém à prática de negócio prejudicial (é a ***causa*** do negócio – sem dolo, o prejudicado não negociaria). *Ex.: Um assessor de investimentos, para conseguir boa comissão, convence um cliente a aplicar recursos em uma determinada operação ou "ação" na bolsa, mentindo sobre a média de retorno ou se omitindo sobre os riscos do negócio.*
Dolo Positivo e Dolo Negativo	O dolo pode ser efetivado por ação (DOLO POSITIVO) ou pelo próprio silêncio do agente quanto a uma informação relevante e essencial para a ocorrência do negócio (DOLO NEGATIVO - art. 147).
Dolo de Terceiro	A ciência do interessado pode resultar em anulação: *art. 148: Pode também ser anulado o negócio jurídico por dolo de terceiro, se a parte a quem aproveite dele tivesse ou devesse ter conhecimento; em caso contrário, ainda que subsista o negócio jurídico, o terceiro responderá por todas as perdas e danos da parte a quem ludibriou.*
Dolo do Representante	O legislador separou o dolo do representante legal (ex. pais de filhos menores) do representante convencional (ex. mandatário): *Art. 149. O dolo do representante legal de uma das partes só obriga o representado a responder civilmente até a importância do proveito que teve; se, porém, o dolo for do representante convencional, o representado responderá solidariamente com ele por perdas e danos.*
Dolo Acidental	É aquele que não é a causa para a realização de negócio, que ocorreria mesmo se uma das partes não agisse dolosamente (art. 146). ***Não anula o negócio, mas é possível a responsabilização civil.***
Dolo Bilateral	**Não se anula o negócio nem há responsabilidade**, quando *ambas as partes procederem com dolo* (art. 150)
Consequência	Anulação do negócio jurídico, (exceto o acidental e o bilateral) – art. 171, II.

c) Coação:

Conceito	Representa toda violência exercida sobre uma pessoa, causando-lhe o temor de dano iminente e irreparável sobre si, sua família* ou seus bens, de forma a obrigá-la a realizar um negócio jurídico contra sua vontade (art. 151).

Espécies	Há a coação física ou direta (*vis absoluta – Ex.: Tortura, uso de arma*) e a coação psicológica, moral ou indireta (*vis compulsiva – Ex.: chantagem*).
Caráter irresistível	Na análise do negócio, para caracterizar a coação, levar-se-ão em conta o sexo, a idade, a condição, a saúde e todas as demais circunstâncias que possam influir na gravidade dela, ou seja, no grau de "resistência" à "violência" do agente (art. 152).
Exceções:	**Não se considera coação** a ameaça do ***exercício normal de um direito***, nem o simples ***temor reverencial*** (art. 153).
Coação de Terceiro	Segue raciocínio similar ao dolo de terceiro, ou seja, depende do conhecimento da coação por parte do beneficiado (arts. 154-155, do CC).
Consequência	Anulação do negócio jurídico, ressalvadas as exceções (art. 153) acima – art. 171, II.

d) Estado de Perigo:

Conceito	Configura-se quando alguém, premido da necessidade de salvar-se, ou a pessoa de sua família*, de grave dano conhecido pela outra parte, assume obrigação excessivamente onerosa (art. 156). *Ex.: Pagar valor exorbitante (acima da média de mercado) em tratamento de urgência médica, diante de risco à saúde.*
Elementos Subjetivos	# A ***parte prejudicada* deve estar premida de NECESSIDADE relativa à saúde ou integridade física sua ou de ente próximo**. # A ***parte beneficiada*** deve ter **conhecimento** dessa necessidade da vítima => a ciência da parte beneficiada é conhecida como **"dolo de aproveitamento"**.
Elemento Objetivo	A obrigação excessivamente onerosa. O vício está essencialmente no **PREÇO**, ou baixo demais, ou caro demais (média de mercado como parâmetro).
Consequência	Anulação do negócio jurídico – art. 171, II. *Obs.: Enunciado n. 148, JDC: Ao "estado de perigo" (art. 156) aplica-se, por analogia, o disposto no § 2º do art. 157* (vide quadro abaixo, última linha).

e) Lesão:

Conceito	Configura-se quando alguém, por inexperiência ou necessidade, obriga-se a prestação manifestamente desproporcional ao valor da prestação oposta. (art. 157). *Ex. Obter empréstimo por juros exorbitantes para quitar aluguel em atraso, diante de ameaça de despejo.*
Elementos Subjetivos	A *parte prejudicada* deve ser INEXPERIENTE ***ou*** estar diante de uma PREMENTE NECESSIDADE, que, para diferenciar do "estado de perigo", é mais genérica, e, de regra, tem natureza ***patrimonial***. Não se exige a ciência da *parte beneficiada* (o "dolo de aproveitamento não é obrigatório para configuração).
Elemento Objetivo	A prestação manifestamente desproporcional. O vício também está vinculado ao **PREÇO**, ou baixo demais, ou caro demais (média de mercado como parâmetro).
Momento	A aferição da desproporcionalidade deve se dar no momento em que é realizado o negócio. A onerosidade superveniente não configura lesão (art. 157, § 1º).

Consequência	Anulação do negócio jurídico (171, II). **Não cabe anulação, mas sim a revisão do contrato** em busca do seu reequilíbrio, quando a parte beneficiada concorda em adequar o preço, conforme **art. 157, § 2°**, que positiva o Princípio da Preservação ou Conservação dos Negócios.

f) Fraude contra Credores:

Conceito	É vício social e corresponde a todo ato suscetível de diminuir ou onerar seu patrimônio, reduzindo ou eliminando a garantia que este representa para o pagamento de suas dívidas. É praticada pelo devedor insolvente ou por este ato reduzido à insolvência. *Ex.: João tem dívidas com três bancos, mas faz contrato de doação de seu automóvel, para sua mãe, tornando-se insolvente, com a intenção de evitar que os credores executem o bem em eventual cobrança.*
Requisitos	***a) Eventus damni: ELEMENTO OBJETIVO*** *- É o estado de INSOLVÊNCIA do devedor que se desfaz do patrimônio* ***ou*** *que SE TORNA INSOLVENTE diante da alienação do bem de sua propriedade para terceiro. A insolvência é objetiva, ou seja, a dívida que ele tem é superior ao patrimônio restante.* ***b) Consilium fraudis: ELEMENTO SUBJETIVO*** *– É o conluio fraudulento, quando o alienante (devedor) e adquirente (comprador - terceiro) têm ciência do prejuízo causado aos credores com o negócio, agindo de* ***má fé*** *para frustrar o cumprimento (pagamento) do negócio. A boa fé do adquirente impede a caracterização do consilium fraudis.*
Ato gratuito	Pode ocorrer nos negócios gratuitos, situação em que o negócio será anulado mesmo que a parte não soubesse da insolvência ou do dano que está causando aos credores. Enfim, no negócio gratuito por parte do devedor, a sua má fé é presumida.
Ato oneroso	Também se configura nos negócios onerosos, mas aqui, além do dano, é necessário que o devedor tenha o ânimo de prejudicar os credores e o comprador tenha ciência disso (*consilium fraudis*). NÃO se presume a FRAUDE, ela tem que ser comprovada pelo credor interessado.
Ação cabível	O credor prejudicado pode utilizar a AÇÃO PAULIANA OU REVOCATÓRIA, para fins de reverter o prejuízo que advenha do negócio.
Consequência	**Anulação** do negócio jurídico, retornando o patrimônio para o acervo do devedor ou do concurso de credores, para análise da ordem de preferência. Vale destacar que, na FRAUDE À EXECUÇÃO (art. 792, do CPC/15), a consequência jurídica é a *ineficácia* do auto, diferença esta que é muito importante na comparação entre o instituto material e o processual.

g) Simulação.

Sobre a SIMULAÇÃO, que, como já destacado, NÃO É UM DEFEITO DO NEGÓCIO JURÍDICO, mas sim uma das causas de NULIDADE, alguns apontamentos merecem destaque:

Conceito	É uma declaração enganosa da vontade (inclusão de ***dados falsos*** no negócio que é exposto), visando produzir efeito diverso e prejudicial a terceiros. *Ex.: João "vende" um carro para Mário, mas combina com ele celebrar um contrato falso de "doação", para evitar dividir o valor recebido com sua esposa. A "doação" é o negócio "simulado" (falso - nulo), e a "compra e venda" é negócio "dissimulado" (verdadeiro – pode ser aproveitado).*

Espécies	a) Simulação ABSOLUTA: só existe o negócio simulado, pois as partes não pretendem celebrar negócio algum; b) Simulação RELATIVA: existem dois negócios: o falso (simulado) e o verdadeiro, que não se expõe (dissimulado).
Configuração (*os "dados falsos" podem ser os mais diversos - vide § 1° e seus incisos*)	*Art. 167.* ***É*** *nulo o negócio jurídico simulado, mas subsistirá o que se dissimulou, se válido for na substância e na forma.* *§ 1º Haverá simulação nos negócios jurídicos quando:* *I - aparentarem conferir ou transmitir direitos a pessoas diversas daquelas às quais realmente se conferem, ou transmitem;* *II - contiverem declaração, confissão, condição ou cláusula não verdadeira;* *III - os instrumentos particulares forem antedatados, ou pós-datados.* *§ 2º Ressalvam-se os direitos de terceiros de boa-fé em face dos contraentes do negócio jurídico simulado.*
Consequência	Nulidade do negócio Simulado. Se a simulação for relativa, aplica-se a regra do art. 167, *caput*, ou seja, o Simulado é Nulo, mas pode ser aproveitado o Dissimulado, ou seja, o negócio verdadeiro, que está "encoberto".

6.4. Invalidade dos Negócios Jurídicos

Trata-se de importante reflexo do item anterior, ainda no Plano da Validade do Negócio Jurídico.

Como já destacado no item 6.3, parte inicial, a lei e a doutrina traçam os pressupostos básicos de validade do negócio jurídico. O Candidato, entretanto, precisa ir além, ou seja, identificar qual a espécie de invalidade está presente no negócio discutido, ou seja, precisa identificar se o caso é de NULIDADE ou ANULABILIDADE.

Eis as principais distinções entre NULIDADE E ANULABILIDADE:

NULIDADE	ANULABILIDADE
Hipóteses (dentre outras contidas no CC/02): *Art. 166. É nulo o negócio jurídico quando:* ***I - celebrado por pessoa absolutamente incapaz;*** *II - for ilícito, impossível ou indeterminável o seu objeto;* *III - o motivo determinante, comum a ambas as partes, for ilícito;* *IV - não revestir a forma prescrita em lei;* *V - for preterida alguma solenidade que a lei considere essencial para a sua validade;* *VI - tiver por objetivo fraudar lei imperativa;* *VII - a lei taxativamente o declarar nulo, ou proibir-lhe a prática, sem cominar sanção.* *Art. 167.* ***É nulo o negócio jurídico simulado, mas subsistirá o que se dissimulou, se válido for na substância e na forma.*** *§ 1º Haverá simulação nos negócios jurídicos quando:*	Hipóteses (dentre outras contidas no CC/02): *Art. 171. Além dos casos expressamente declarados na lei, é anulável o negócio jurídico:* ***I - por incapacidade relativa do agente;*** *II - por vício resultante de erro, dolo, coação, estado de perigo, lesão ou fraude contra credores.* ***Obs.: Sempre importante relembrar que houve alteração do regime das incapacidades, a partir do Estatuto da Pessoa com Deficiência (Lei 13.146/15), razão pela qual esta questão pode ser explorada conjuntamente, para saber se o negócio é nulo (absolutamente incapaz sem representante) ou anulável (relativamente incapaz sem assistente).***

NULIDADE	ANULABILIDADE
I - aparentarem conferir ou transmitir direitos a pessoas diversas daquelas às quais realmente se conferem, ou transmitem; *II - contiverem declaração, confissão, condição ou cláusula não verdadeira;* *III - os instrumentos particulares forem antedatados, ou pós-datados.* *§ 2º Ressalvam-se os direitos de terceiros de boa-fé em face dos contraentes do negócio jurídico simulado.*	
Matéria de ordem pública, que pode ser alegada pela parte, pelo Ministério Público ou mesmo de ofício, pelo Magistrado (art. 168).	Matéria que afeta, normalmente, interesses particulares das partes, sendo passível de alegação apenas pelo prejudicado (art. 177).
Não pode ser suprida pelo Juízo ou convalidada pelas partes (168 e 169). Só é possível a conversão (170).	Ressalvado o direito de terceiro, cabe confirmação do negócio pelas partes (arts. 172 e 173).
Ação Declaratória de Nulidade	Ação Anulatória ou Ação Pauliana (Fraude)
Alegável a qualquer tempo - Imprescritível	Prazos Decadenciais – Regra Geral: art. 179 + Regras Especiais: Ex.: arts. 119, 178, 45, parágrafo único, etc.
Efeitos *erga omnes*, além de se considerar que o negócio jamais produzira efeitos.	Efeitos *inter partes* (177) até a sentença *(177) ex tunc* (182) depois da decisão que determina a anulação

CAPÍTULO 7. ATOS LÍCITOS E ATOS ILÍCITOS

Item do Edital: arts. 186 a 188, do CC.

Dentre os Fatos Humanos ou Atos Jurídicos, o Direito Civil contém a subdivisão entre Atos LÍCITOS (ex.: Negócios Jurídicos, assunto do tópico anterior) e Atos ILÍCITOS.

Passa-se, agora, à análise dos Atos Jurídicos Ilícitos.

7.1. Teoria Geral do Ato Ilícito

O ato ilícito é aquele que contraria o direito, deveres originais previstos no ordenamento jurídico. A prática do ato ilícito pode ter diversas consequências, dentre as quais o dever de indenizar, quando configurar a responsabilidade civil.

De acordo com o Código Civil, o Ato Ilícito pode ser identificado, em regra, em duas hipóteses, caracterizadas a seguir:

Ato Ilícito Civil em sentido estrito:	**Art. 186. Aquele que, por ação ou omissão voluntária, negligência ou imprudência, violar direito e causar dano a outrem, ainda que exclusivamente moral, comete ato ilícito.** *Obs.: O conceito abrange os elementos da responsabilidade civil:* *a) Conduta Ilícita: ação ou omissão que viola o direito;* *b) Culpa em sentido amplo: dolo, negligência, imprudência ou imperícia;* *c) Nexo de causalidade: a conduta causa o dano;* *d) Dano: patrimonial ou extrapatrimonial.*

Abuso de Direito:	**Art. 187. Também comete ato ilícito o titular de um direito que, ao exercê-lo, excede manifestamente os limites impostos pelo seu fim econômico ou social, pela boa-fé ou pelos bons costumes.** *Obs.: Enunciado n. 37, JDC: A responsabilidade civil decorrente do abuso do direito independe de culpa e fundamenta-se somente no critério objetivo-finalístico.*

7.2. Excludentes da ILICITUDE

Situações em que o agente causa um dano à vítima, mas não tem, em regra, o dever de indenizar, pois o ATO É CONSIDERADO LÍCITO:

Art. 188. Não constituem atos ilícitos (SÃO ATOS **LÍCITOS**):

I - os praticados em legítima defesa ou no exercício regular de um direito reconhecido (está implícito aqui o estrito cumprimento do dever legal);

II - a deterioração ou destruição da coisa alheia, ou a lesão a pessoa, a fim de remover perigo iminente.

Parágrafo único. No caso do inciso II, o ato será legítimo somente quando as circunstâncias o tornarem absolutamente necessário, não excedendo os limites do indispensável para a remoção do perigo.

* **Obs. 1**: EXISTEM ATOS LÍCITOS QUE IMPLICAM EM DEVER DE INDENIZAR: Vide artigo 188, II, combinado com os arts. 929* e 930**. Outro exemplo: passagem forçada, no direito de vizinhança (art. 1.285***).

**** Art. 929. Se a pessoa lesada, ou o dono da coisa, no caso do inciso II do art. 188, não forem culpados do perigo, assistir-lhes-á direito à indenização do prejuízo que sofreram.***

***** Art. 930. No caso do inciso II do art. 188, se o perigo ocorrer por culpa de terceiro, contra este terá o autor do dano ação regressiva para haver a importância que tiver ressarcido ao lesado.***

**** **Art. 1.285**. O dono do prédio que não tiver acesso a via pública, nascente ou porto, pode, **mediante pagamento de indenização cabal**, constranger o vizinho a lhe dar passagem, cujo rumo será judicialmente fixado, se necessário.*

§ 1º Sofrerá o constrangimento o vizinho cujo imóvel mais natural e facilmente se prestar à passagem.

§ 2º Se ocorrer alienação parcial do prédio, de modo que uma das partes perca o acesso a via pública, nascente ou porto, o proprietário da outra deve tolerar a passagem.

§ 3º Aplica-se o disposto no parágrafo antecedente ainda quando, antes da alienação, existia passagem através de imóvel vizinho, não estando o proprietário deste constrangido, depois, a dar uma outra.

* **Obs. 2**: NEM TODO ATO ILÍCITO IMPLICA EM DEVER DE INDENIZAR: Há outros efeitos decorrentes do ato ilícito, que não apenas o indenizatório, como a perda de um direito (suspensão e perda do poder familiar – art. 1638, do CC). Também merece referência o Enunciado n. 539, das JDC: *O abuso de direito é uma categoria jurídica autônoma em relação*

à responsabilidade civil. Por isso, o exercício abusivo de posições jurídicas desafia controle independentemente de dano.

CAPÍTULO 8. PRESCRIÇÃO

Item do Edital: arts. 189 a 201, do CC.

A Prescrição e a Decadência são efeitos do *decurso do tempo*, extinção de vantagens jurídicas quando o titular não as exerce, em nome do Princípio da Segurança Jurídica. No EDITAL para o concurso de OFICIAL DE JUSTIÇA do TJSP, apenas são cobradas algumas regras sobre prescrição, ficando de fora o tema decadência.

8.1. Disposições Gerais

No quadro abaixo serão sistematizadas as regras gerais na disciplina da Prescrição:

Violado o Direito, nasce a **Pretensão**:	O prazo de prescrição é aquele que o titular possui para exercer a pretensão (189). Ex.: o prazo para o credor cobrar judicialmente a dívida, a partir do vencimento, por força da inadimplência do devedor.
Prescrição **LEGAL**:	**Os prazos prescricionais são fixados por lei (arts. 205 e 206)**. Por isso, esses prazos **NÃO** podem ser alterados por acordo de vontade das partes (**art. 192**).
Suspensão e Interrupção dos prazos:	Os prazos (arts. 205-206) podem ser suspensos ou interrompidos (**arts. 197-204**), mas a prescrição iniciada contra uma pessoa continua a correr contra o seu sucessor (art. 196).
Renúncia à prescrição:	Pode haver *renúncia* expressa ou tácita da prescrição (art. 191), *após o fim do prazo (vedada renúncia antecipada)*.
Matéria de ordem pública:	Pode ser alegada **a qualquer tempo e em qualquer grau de jurisdição** pela parte interessada (art. 193). Enfim, é matéria que não preclui e o juiz pode conhecer *de ofício* (art. 487, parágrafo único, do CPC).
Direito de regresso:	Os relativamente incapazes e as pessoas jurídicas têm ação contra os seus assistentes ou representantes legais, que derem causa à prescrição, ou não a alegarem oportunamente (art. 195).

8.2. Causas Suspensivas

Na suspensão de um prazo, a contagem é estancada em um momento (causa de suspensão) e só volta a correr quando o motivo deixa de existir. Eis as **10** (dez) causas de suspensão, previstas entre os **arts. 197 e 201**, do CC, abaixo transcritos:

Art. 197. Não corre a prescrição:

I - entre os cônjuges, na constância da sociedade conjugal;

II - entre ascendentes e descendentes, durante o poder familiar;

III - entre tutelados ou curatelados e seus tutores ou curadores, durante a tutela ou curatela.

Art. 198. Também não corre a prescrição:

> ***I - contra os incapazes de que trata o art. 3º (absolutamente incapazes – menores de 16 anos) – o absolutamente incapaz é o CREDOR;***
>
> *II - contra os ausentes do País em serviço público da União, dos Estados ou dos Municípios **– servidor público que está fora do país é o CREDOR;***
>
> *III - contra os que se acharem servindo nas Forças Armadas, em tempo de guerra **– o militar que está servindo em tempos de guerra é o CREDOR.***
>
> *Art. 199. Não corre igualmente a prescrição:*
>
> *I - pendendo condição suspensiva;*
>
> *II - não estando vencido o prazo;*
>
> *III - pendendo ação de evicção.*
>
> *Art. 200. Quando a ação se originar de fato que deva ser apurado no juízo criminal, não correrá a prescrição antes da respectiva sentença definitiva.*
>
> *Art. 201. Suspensa a prescrição em favor de um dos credores solidários, só aproveitam os outros se a obrigação for indivisível.*

CAPÍTULO 9. NOÇÕES SOBRE PROVA DO NEGÓCIO JURÍDICO

Item do Edital: arts. 212 a 215, do CC.

Em complemento aos tópicos anteriores, o estudo do Negócio Jurídico envolve o tema das provas, disciplinadas pelos arts. 212 a 232, do CC. O EDITAL para o concurso de OFICIAL DE JUSTIÇA do TJSP cobrou apenas os primeiros dispositivos sobre o tema.

Prova é o meio empregado para demonstrar a existência e o cumprimento dos requisitos dos fatos jurídicos, especialmente os negócios. O Código de Processo Civil trata da produção de provas em demandas judiciais, mas pode ser utilizado por analogia, no caso de lacuna da norma cível.

O Código Civil prevê, no art. 212, um rol **"não taxativo"** de provas:

> *Art. 212. Salvo o negócio a que se impõe forma especial, o fato jurídico pode ser provado mediante:*
>
> *I - confissão;*
>
> *II - documento;*
>
> *III - testemunha;*
>
> *IV - presunção;*
>
> *V - perícia.*

De acordo com o já mencionado Edital, serão cobradas as regras de Confissão e a primeira norma da prova Documental.

9.1. Confissão (arts. 213-214)

É a admissão da veracidade de um fato que a outra parte do negócio jurídico pretende provar. É um ato jurídico em sentido estrito que deve observar os requisitos gerais de existência, validade e eficácia já estudados para o negócio jurídico. Quanto ao agente que confessa, o art. 213 prevê dois parâmetros específicos de **eficácia**:

> Art. 213. Não tem eficácia a confissão se provém de quem não é capaz de dispor do direito a que se referem os fatos confessados.
>
> Parágrafo único. Se feita a confissão por um representante, somente é eficaz nos limites em que este pode vincular o representado.

Quanto à manifestação de vontade, o art. 214 afirma que a confissão é **irrevogável**, e reforça dois requisitos de **validade**:

> Art. 214. A confissão é irrevogável, mas pode ser anulada se decorreu de erro de fato ou de coação.

9.2. Prova Documental (arts. 215-226)

Documento é a reprodução de um fato. No sentido clássico e estrito, seria uma representação "escrita" de um acontecimento jurídico. A evolução tecnológica, porém, exige uma caracterização ampla, pois também é documento o registro fotográfico, áudio, vídeo ou documentos digitais.

O único dispositivo cobrado foi o art. 215, do CC, a seguir transcrito, que trata da ESCRITURA PÚBLICA:

> *Art. 215. A escritura pública, lavrada em notas de tabelião, é documento dotado de fé pública, fazendo prova plena.*
>
> *§ 1º Salvo quando exigidos por lei outros requisitos, a escritura pública deve conter:*
>
> *I - data e local de sua realização;*
>
> *II - reconhecimento da identidade e capacidade das partes e de quantos hajam comparecido ao ato, por si, como representantes, intervenientes ou testemunhas;*
>
> *III - nome, nacionalidade, estado civil, profissão, domicílio e residência das partes e demais comparecentes, com a indicação, quando necessário, do regime de bens do casamento, nome do outro cônjuge e filiação;*
>
> *IV - manifestação clara da vontade das partes e dos intervenientes;*
>
> *V - referência ao cumprimento das exigências legais e fiscais inerentes à legitimidade do ato;*
>
> *VI - declaração de ter sido lida na presença das partes e demais comparecentes, ou de que todos a leram;*
>
> *VII - assinatura das partes e dos demais comparecentes, bem como a do tabelião ou seu substituto legal, encerrando o ato.*
>
> *§ 2º Se algum comparecente não puder ou não souber escrever, outra pessoa capaz assinará por ele, a seu rogo.*
>
> *§ 3º A escritura será redigida na língua nacional.*
>
> *§ 4º Se qualquer dos comparecentes não souber a língua nacional e o tabelião não entender o idioma em que se expressa, deverá comparecer tradutor público para servir de*

intérprete, ou, não o havendo na localidade, outra pessoa capaz que, a juízo do tabelião, tenha idoneidade e conhecimento bastantes.

§ 5º Se algum dos comparecentes não for conhecido do tabelião, nem puder identificar-se por documento, deverão participar do ato pelo menos duas testemunhas que o conheçam e atestem sua identidade.

Pelo "caput" do artigo acima se percebe que se trata de um documento que, por ser produzido por um servidor público competente (tabelião, oficial de registro ou escrivão), terá PRESUNÇÃO DE VERACIDADE e de PRESUNÇÃO de CONHECIMENTO de TERCEIROS.

CAPÍTULO 10. CONTRATO DE MANDATO

Temas no Edital: arts. 653 a 666, do CC.

Contratos são Negócios Jurídicos formados por duas ou mais manifestações de vontade. Dentre os diversos contratos previstos no Código Civil, encontra-se o contrato de mandato (arts. 653-692).

Trata-se de contrato bilateral, bifronte (pode ser gratuito ou oneroso – **art. 658, do CC**), informal, personalíssimo e consensual, e se constitui quando alguém recebe de outrem poderes para, em seu nome, praticar atos ou administrar interesses (espécie de representação). Para ser mandante, é preciso ser CAPAZ, mas o MANDATÁRIO pode ser RELATIVAMENTE INCAPAZ (maior de 16 e menor de 18 anos – **art. 666, do CC**). O substabelecimento é o instrumento pelo qual o mandatário transfere poderes que lhe foram outorgados a terceiros e só é possível se houver previsão no Mandato.

O EDITAL para o concurso de OFICIAL DE JUSTIÇA do TJSP exigiu apenas os artigos referentes às "Disposições Gerais", cujas principais regras serão seguir esquematizadas:

Conceito:	*Art. 653. Opera-se o mandato quando alguém recebe de outrem poderes para, em seu nome, praticar atos ou administrar interesses.*
Forma:	Informal, pois *pode ser expresso ou tácito, verbal ou escrito* (**art. 656**). Se for escrito, seu *instrumento* é a PROCURAÇÃO (**art. 653, segunda parte**). * Obs.: Vinculação da forma da procuração à forma do negócio a ser realizado pelo representante => *Art. 657. A outorga do mandato está sujeita à forma exigida por lei para o ato a ser praticado. Não se admite mandato verbal quando o ato deva ser celebrado por escrito.*
Procuração Pública ou Particular:	*Art. 654. Todas as pessoas capazes são aptas para dar procuração mediante instrumento particular, que valerá desde que tenha a assinatura do outorgante.* *§ 1º O instrumento particular deve conter a indicação do lugar onde foi passado, a qualificação do outorgante e do outorgado, a data e o objetivo da outorga com a designação e a extensão dos poderes conferidos.* *§ 2º O terceiro com quem o mandatário tratar poderá exigir que a procuração traga a firma reconhecida.* *Art. 655. Ainda quando se outorgue mandato por instrumento público, pode substabelecer-se mediante instrumento particular.*
Aceitação:	*Art. 659. A aceitação do mandato pode ser tácita, e resulta do começo de execução.*

Poderes do mandatário – Gerais e Especiais:	*Art. 660. O mandato pode ser especial a um ou mais negócios determinadamente, ou geral a todos os do mandante.* *Art. 661. O mandato em termos gerais só confere poderes de administração.* *§ 1º Para alienar, hipotecar, transigir, ou praticar outros quaisquer atos que exorbitem da administração ordinária, depende a procuração de poderes especiais e expressos.* *§ 2º O poder de transigir não importa o de firmar compromisso.* *Art. 662. Os atos praticados por quem não tenha mandato, ou o tenha sem poderes suficientes, são ineficazes em relação àquele em cujo nome foram praticados, salvo se este os ratificar.* *Parágrafo único. A ratificação há de ser expressa, ou resultar de ato inequívoco, e retroagirá à data do ato.*
Prática de atos em extrapolação de poderes:	*Art. 662. Os atos praticados por quem não tenha mandato, ou o tenha sem poderes suficientes, são ineficazes em relação àquele em cujo nome foram praticados, salvo se este os ratificar.* *Parágrafo único. A ratificação há de ser expressa, ou resultar de ato inequívoco, e retroagirá à data do ato.* *Art. 663. Sempre que o mandatário estipular negócios expressamente em nome do mandante, será este o único responsável; ficará, porém, o mandatário pessoalmente obrigado, se agir no seu próprio nome, ainda que o negócio seja de conta do mandante.* *Art. 665. O mandatário que exceder os poderes do mandato, ou proceder contra eles, será considerado mero gestor de negócios, enquanto o mandante lhe não ratificar os atos.*
Direito de retenção:	*Art. 664. O mandatário tem o direito de reter, do objeto da operação que lhe foi cometida, quanto baste para pagamento de tudo que lhe for devido em consequência do mandato.*

CAPÍTULO 11. PREPOSTOS DA EMPRESA

Temas no Edital: arts. 1.169 a 1.173, do CC.

No campo do DIREITO EMPRESARIAL, o EDITAL para o concurso de OFICIAL DE JUSTIÇA do TJSP impõe ao Candidato a breve revisão de alguns tópicos sobre os PREPOSTOS, auxiliares do empresário no exercício da "empresa" (atividade de circulação de bens e serviços).

Na atividade empresarial, pode-se vislumbrar a atuação de diversos colaboradores, porém o Código Civil traz, além das regras gerais, normas específicas sobre o Gerente e o Contabilista. Neste concurso, apenas o Gerente é objeto do Edital.

11.1. Disposições Gerais

O preposto é o profissional que, vinculado juridicamente ao empresário ou sociedade empresária, colabora com a atividade econômica para a qual fora contratado. Entre os arts. 1.169 e 1.171, o Código Civil prevê as seguintes regras:

> *Art. 1.169. O preposto não pode, sem autorização escrita, fazer-se substituir no desempenho da preposição, sob pena de responder pessoalmente pelos atos do substituto e pelas obrigações por ele contraídas.*

Art. 1.170. O preposto, salvo autorização expressa, não pode negociar por conta própria ou de terceiro, nem participar, embora indiretamente, de operação do mesmo gênero da que lhe foi cometida, sob pena de responder por perdas e danos e de serem retidos pelo preponente os lucros da operação.

Art. 1.171. Considera-se perfeita a entrega de papéis, bens ou valores ao preposto, encarregado pelo preponente, se os recebeu sem protesto, salvo nos casos em que haja prazo para reclamação.

11.2. Gerente

O Gerente exerce funções administrativas com natureza decisória, de acordo com os limites dos poderes conferidos no ato constitutivo ou no ato posterior devidamente arquivado que o elegeu. As normas cobradas no Edital são as seguintes:

Caracterização:	*Art. 1.172. Considera-se gerente o preposto permanente no exercício da empresa, na sede desta, ou em sucursal, filial ou agência.*
Poderes Gerais e Especiais:	*Art. 1.173. Quando a lei não exigir poderes especiais, considera-se o gerente autorizado a praticar todos os atos necessários ao exercício dos poderes que lhe foram outorgados.* *Parágrafo único. Na falta de estipulação diversa, consideram-se solidários os poderes conferidos a dois ou mais gerentes.*

CAPÍTULO 12. POSSE E SUA CLASSIFICAÇÃO

Item do Edital: arts. 1.196 a 1.203, do CC.

O Direito das Coisas, LIVRO III do Código Civil, divide-se entre a POSSE (Título I) e dos DIREITOS REAIS (Títulos II a XI). O EDITAL para o concurso de OFICIAL DE JUSTIÇA do TJSP prevê, em seu conteúdo programático, O Capítulo I do tema POSSE (Da Posse e sua Classificação).

12.1. Conceito e Caracterização

Segundo o art. 1.196, do CC, pode ser considerado *possuidor* "todo aquele que tem de fato o exercício, pleno ou não, de algum dos poderes inerentes à propriedade".

Para compreender o alcance do conceito de posse, convém lembra que, sobre os "poderes inerentes à propriedade", o mesmo Código Civil os elenca, no art. 1228 => usar, fruir (arrendar, alugar, etc.), dispor (vender, doar, etc.) e "o direito de reavê-la do poder de quem quer que injustamente a possua ou detenha" (reivindicar).

12.2. Classificação, composse e desdobramento da posse

A Posse pode ser classificada em várias espécies, com diferentes repercussões jurídicas, que normalmente decorrem da forma como é adquirida (*Art. 1.203. Salvo prova em contrário, entende-se manter a posse o mesmo caráter com que foi adquirida*). Eis as principais categorias:

Quanto ao exercício e gozo, decorrente do **desdobramento** dos poderes (art. 1.197, do CC):	Posse Direta: exercida mediante poder material direto sobre a coisa. *Cabe o uso dos interditos possessórios, inclusive contra o possuidor indireto.* Ex.: locatário, usufrutuário, comodatário, depositário, etc.
	Posse Indireta: exercida pela via oblíqua, sem contato direto com a coisa. *Cabe o uso dos interditos possessórios, inclusive contra o possuidor direto (Enunciado 76, JDC/CJF).* Ex.: locador, nu-proprietário, comodante, depositante, etc.
Quanto à distribuição da **composse** (mais de uma pessoa tem posse sobre a mesma coisa – art. 1.199, do CC):	Composse *pro diviso*: os compossuidores, embora possuam a posse sobre o bem como um todo, delimitam a área de exercício de determinados poderes (Ex.: Três herdeiros de uma casa moram juntos, mas cada um dorme em um quarto específico).
	Composse *pro indiviso*: o exercício da posse é simultâneo, e todos os compossuidores utilizam integralmente a coisa, contanto que não excluam os dos outros (Ex.: Um casal tem posse de uma moto, que é usada livremente por ambos, a depender da necessidade).
Quanto ao tempo de exercício da posse:	Posse Nova: seu exercício tem menos de "ano e dia". Se a posse do terceiro que praticou esbulho ou turbação é nova, é possível ao prejudicado pleitear a liminar específica das ações possessórias (arts. 558-562, do CPC).
	Posse Velha: seu exercício tem mais de "ano e dia". Se a posse do terceiro que praticou esbulho ou turbação é velha, só resta prejudicado ajuizar ação possessória sem liminar específica. A tutela de urgência seguirá as regras do procedimento comum (arts. 294-310, do CPC).
Quanto à existência de vício na aquisição:	Posse Justa: adquirida com justo título e sem vícios de consentimento ou sociais (art. 1.200, do CC).
	Posse Injusta: adquirida de forma violenta, clandestina ou precária (por abuso de confiança).
Quanto à legitimidade e interesse do titular (boa-fé subjetiva):	Posse de Boa Fé: É de boa-fé a posse, se o possuidor ignora o vício, ou o obstáculo que impede a aquisição da coisa, havendo presunção da boa fé quando o titular porta justo título (art. 1.201, do CC).
	Posse de Má Fé: A posse de boa-fé só perde este caráter no caso e desde o momento em que as circunstâncias façam presumir que o possuidor não ignora que possui indevidamente (art. 1.201, do CC).

12.3. Posse X Detenção

A Detenção está "um degrau abaixo da posse", é a situação de fato que confere menos poderes ao detentor => menor proteção jurídica. Restringe-se a hipóteses específicas, definidas por lei ou mesmo identificadas pela doutrina e jurisprudência. Eis as principais hipóteses de Detenção:

Fâmulo da Posse (Ex.: motorista, caseiro, etc.)	*Art. 1.198. Considera-se detentor aquele que, achando-se em relação de dependência para com outro, conserva a posse em nome deste e em cumprimento de ordens ou instruções suas.* *Parágrafo único. Aquele que começou a comportar-se do modo como prescreve este artigo, em relação ao bem e à outra pessoa, presume-se detentor, até que prove o contrário.*

Situações provisórias que não configuram Posse:	*Art. 1.208. Não induzem posse os atos de mera permissão ou tolerância assim como não autorizam a sua aquisição os atos violentos, ou clandestinos, senão depois de cessar a violência ou a clandestinidade.*
Se o *bem é público*:	Inteligência do art. 102: *Os bens públicos não estão sujeitos a usucapião.*

 # DICA importante:

Na lide entre DETENTOR e o PODER PÚBLICO, titular do bem ocupado, o Estado poderá "expulsar" o ocupante sem qualquer ônus, nos termos da Súmula n. 619, do STJ, conforme transcrição a seguir:

> ***Súmula n. 619, do STJ****: A ocupação indevida de bem público configura mera detenção, de natureza precária, insuscetível de retenção ou indenização por acessões e benfeitorias.*

CAPÍTULO 13. PENHOR

Item do Edital: arts. 1.431 a 1.432; 1.442; 1.444 a 1.447; 1.451; 1.461; 1.467 a 1.472, do CC.

Consoante destacado no tópico anterior, o Direito das Coisas se divide entre a POSSE (Título I) e dos DIREITOS REAIS (Títulos II a XI). Quanto a estes últimos, destacam-se os de GARANTIA (direitos reais na coisa alheia com a finalidade especial de garantir o pagamento de dívidas vinculadas a negócios jurídicos ou títulos de créditos).

O EDITAL para o concurso de OFICIAL DE JUSTIÇA do TJSP cobra algumas regras de um desses direitos reais de garantia, o PENHOR.

13.1. Constituição do Penhor

O direito real de PENHOR surge quando o devedor oferece um <u>*bem móvel*</u> ao credor, como garantia em face de uma dívida, o que transforma esse bem em uma garantia real. Ex.: empenhar joias na Caixa Econômica para garantir mútuo.

O Código Civil contém as seguintes regras sobre a constituição do penhor real:

Posse (art. 1.431, do CC):	*Em regra, transfere-se a posse da coisa emprenhada para o credor.* *Exceções: No penhor rural, industrial, mercantil e de veículos, as coisas empenhadas continuam em poder do devedor, que as deve guardar e conservar.*
Registro (art. 1.432):	Regra Geral => Qualquer dos contratantes poderá levar o instrumento de penhora a registro, que, como regra, será feito no Cartório de Títulos e Documentos (Penhor Comum).

13.2. Espécies de Penhor

Pelas normas cobradas no Edital, o Candidato deverá atentar para as espécies de Penhor, de acordo com o bem móvel que é objeto da garantia real, conforme esquema abaixo:

Penhor **Rural <u>Agrícola</u>**:	*Art. 1.442. Podem ser objeto de penhor:* ***I - máquinas e instrumentos de agricultura;*** ***II - colheitas pendentes, ou em via de formação;***

Penhor **Rural Agrícola**:	***III - frutos acondicionados ou armazenados;*** ***IV - lenha cortada e carvão vegetal;*** ***V - animais do serviço ordinário de estabelecimento agrícola.***
Penhor **Rural Pecuário**:	*Art. 1.444. Podem ser objeto de penhor* ***os animais que integram a atividade pastoril, agrícola ou de lacticínios.*** *Art. 1.445.* ***O devedor não poderá alienar os animais empenhados sem prévio consentimento, por escrito, do credor.*** *Parágrafo único. Quando o devedor pretende alienar o gado empenhado ou, por negligência, ameace prejudicar o credor, poderá este requerer se depositem os animais sob a guarda de terceiro, ou exigir que se lhe pague a dívida de imediato.* *Art. 1.446.* ***Os animais da mesma espécie, comprados para substituir os mortos, ficam sub-rogados no penhor.*** *Parágrafo único. Presume-se a substituição prevista neste artigo, mas não terá eficácia contra terceiros, se não constar de menção adicional ao respectivo contrato, a qual deverá ser averbada.*
Penhor **Industrial e Mercantil**:	*Art. 1.447. Podem ser objeto de penhor* ***máquinas, aparelhos, materiais, instrumentos, instalados e em funcionamento, com os acessórios ou sem eles; animais, utilizados na indústria; sal e bens destinados à exploração das salinas; produtos de suinocultura, animais destinados à industrialização de carnes e derivados; matérias-primas e produtos industrializados.*** *Parágrafo único. Regula-se pelas disposições relativas aos armazéns gerais o penhor das mercadorias neles depositadas.*
Penhor de **Direitos** e **Títulos de Crédito**:	*Art. 1.451. Podem ser objeto de penhor* ***direitos, suscetíveis de cessão, sobre coisas móveis.*** (Ex.: cheques, notas promissórias, ações, quotas de sociedades, etc.).
Penhor de **Veículos**:	*Art. 1.461. Podem ser objeto de penhor os* ***veículos empregados em qualquer espécie de transporte ou condução.***
Penhor **Legal**:	*Art. 1.467.* ***São credores pignoratícios****, independentemente de convenção:* ***I - os hospedeiros, ou fornecedores de pousada ou alimento, sobre as bagagens, móveis, jóias ou dinheiro que os seus consumidores ou fregueses tiverem consigo nas respectivas casas ou estabelecimentos, pelas despesas ou consumo que aí tiverem feito;*** ***II - o dono do prédio rústico ou urbano, sobre os bens móveis que o rendeiro ou inquilino tiver guarnecendo o mesmo prédio, pelos aluguéis ou rendas.*** *Art. 1.468. A conta das dívidas enumeradas no inciso I do artigo antecedente será extraída conforme a tabela impressa, prévia e ostensivamente exposta na casa, dos preços de hospedagem, da pensão ou dos gêneros fornecidos, sob pena de nulidade do penhor.* *Art. 1.469. Em cada um dos casos do art. 1.467, o credor poderá tomar em garantia um ou mais objetos até o valor da dívida.* *Art. 1.470. Os credores, compreendidos no art. 1.467, podem fazer efetivo o penhor, antes de recorrerem à autoridade judiciária, sempre que haja perigo na demora, dando aos devedores comprovante dos bens de que se apossarem.* *Art. 1.471.* ***Tomado o penhor, requererá o credor, ato contínuo, a sua homologação judicial.*** *Art. 1.472. Pode o locatário impedir a constituição do penhor mediante caução idônea.*

CAPÍTULO 14. NOÇÕES DE TUTELA E CURATELA

Temas no Edital: arts. 1.728; 1.767; 1.775 a 1.778, do CC.

No campo do DIREITO DE FAMÍLIA, o EDITAL para o concurso de OFICIAL DE JUSTIÇA do TJSP exige do candidato o conhecimento de regras básicas da TUTELA e da CURATELA.

Tutela e Curatela são institutos protetivos criados para garantir os direitos dos incapazes e daqueles que têm alguma dificuldade de exercer, por si mesmos, sua plena cidadania.

Considerando os dispositivos cobrados no Edital, eis as principais distinções entre Tutela e Curatela:

TUTELA	CURATELA
Tutela é o encargo conferido a uma pessoa capaz, para cuidar da pessoa do menor de 18 anos e administrar seus bens. Destina-se a suprir a falta do poder familiar (art. 1.728, do CC).	***Curatela*** é o encargo conferido a uma ou mais pessoas capazes para administrar alguns aspectos patrimoniais de quem não pode fazê-lo por si mesmo. Destina-se à proteção de relativamente incapazes e de nascituro quando a mãe está sob curatela.
Hipóteses: *Art. 1.728. Os filhos menores são postos em tutela:* *I - com o falecimento dos pais, ou sendo estes julgados ausentes;* *II - em caso de os pais decaírem do poder familiar.*	Hipóteses: *Art. 1.767. Estão sujeitos a curatela:* *I - aqueles que, por causa transitória ou permanente, não puderem exprimir sua vontade;* *II - os ébrios habituais e os viciados em tóxico;* *III - os pródigos.*
Não há previsão legal para tutela compartilhada, mas sim para a nomeação de um *protutor*, que fiscalizará a atuação do tutor (art. 1.742, do CC).	O art. 1.775-A, do CC, permite que: *na nomeação de curador para a pessoa com deficiência, o juiz poderá estabelecer curatela compartilhada a mais de uma pessoa.*

 # DICAS importantes:

a) Ordem de preferência para ser CURADOR (art. 1.775, do CC): 1°) Cônjuge/Companheiro (não separado judicialmente ou de fato); 2°) Pai/Mãe; 3°) Descendente (os mais próximos precedem aos mais remotos); 4°) Pessoa nomeada pelo juiz.

b) Preferência do Convívio Familiar (art. 1.777, do CC): nos casos do art. 1767, I, deverá ser evitado o recolhimento do curatelado em estabelecimento que o afaste do convívio familiar ou comunitário;

c) Extensão da Curatela aos Bens dos Descendentes Menores do Interdito: *Art. 1.778. A autoridade do curador estende-se à pessoa e aos bens dos filhos do curatelado, observado o art. 5º.*

CAPÍTULO 15. PAGAMENTO DE DÍVIDAS EM INVENTÁRIO E PARTILHA

Temas no Edital: art. 1997, do CC.

O Inventário é o procedimento judicial ou extrajudicial que formaliza a transmissão do patrimônio de uma pessoa falecida para seus herdeiros. A partilha é o momento em que, após o pagamento de dívidas e impostos, o patrimônio restante é dividido entre os herdeiros (se houver mais de um).

Neste particular, o EDITAL para o concurso de OFICIAL DE JUSTIÇA do TJSP cobra apenas um dispositivo legal, que traz regras gerais referentes ao pagamento de dívidas do falecido, *in verbis*:

> Art. 1.997. A herança responde pelo pagamento das dívidas do falecido; mas, feita a partilha, só respondem os herdeiros, cada qual em proporção da parte que na herança lhe coube.
>
> § 1º Quando, antes da partilha, for requerido no inventário o pagamento de dívidas constantes de documentos, revestidos de formalidades legais, constituindo prova bastante da obrigação, e houver impugnação, que não se funde na alegação de pagamento, acompanhada de prova valiosa, o juiz mandará reservar, em poder do inventariante, bens suficientes para solução do débito, sobre os quais venha a recair oportunamente a execução.
>
> § 2º No caso previsto no parágrafo antecedente, o credor será obrigado a iniciar a ação de cobrança no prazo de trinta dias, sob pena de se tornar de nenhum efeito a providência indicada.

REFERÊNCIAS BIBLIOGRÁFICAS:

DINIZ, Maria Helena. Curso de Direito Civil Brasileiro. Teoria Geral do Direito Civil. v. 1. 39. ed. São Paulo: Saraiva, 2022;

_____. Curso de Direito Civil Brasileiro. Teoria Geral das Obrigações. v. 2. 36. ed. São Paulo: Saraiva, 2021;

_____. Curso de Direito Civil Brasileiro. Teoria Geral das Obrigações Contratuais e Extracontratuais. v. 3. 37. ed. São Paulo: Saraiva, 2021;

_____. Curso de Direito Civil Brasileiro. Direito das Coisas. v. 4. 39. ed. São Paulo: Saraiva, 2022;

_____. Curso de Direito Civil Brasileiro. Direito de Família. v. 5. 36. ed. São Paulo: Saraiva, 2022;

_____. Curso de Direito Civil Brasileiro. Direito das Sucessões. v. 6. 36. ed. São Paulo: Saraiva, 2022;

_____. Curso de Direito Civil Brasileiro. Responsabilidade Civil. v. 7. 32. ed. São Paulo: Saraiva, 2018.

FARIAS, Cristiano Chaves de; NETTO, Felipe Braga; ROSENVALD, Nelson. Manual de Direito Civil. Volume Único. 7. ed. rev. atual. e ampl. Salvador: JusPodivm, 2022.

GONÇALVES, Carlos Roberto; (Coord.) LENZA, Pedro. Direito Civil Esquematizado. Parte Geral – Obrigações – Contratos. v. 1 – 11. Ed. São Paulo: Saraiva, 2023;

_____. Direito Civil Esquematizado. Contratos em Espécie – Direito das Coisas. v. 2 – 10. Ed. São Paulo: Saraiva, 2023.

PAMPLONA FILHO, Rodolfo; GAGLIANO, Pablo Stolze. Manual de Direito Civil. v. único. 6. Ed. São Paulo: Saraiva, 2022.

TARTUCE, Flávio. Manual de Direito Civil. v. único. 12. ed. São Paulo: GEN, 2022.

Direito Processual Civil

Luciano Alves Rossato

Direito Processual Civil

1. AS NORMAS FUNDAMENTAIS DO DIREITO PROCESSUAL CIVIL (ARTS. 1º/11)

1.1. O Princípio do Devido Processo Legal como Princípio Nuclear

Os princípios fundamentais decorrem de um **núcleo comum**, que é o **princípio do devido processo legal**, "o gênero do qual todos os demais princípios constitucionais do processo são espécies".[1] Encontra-se previsto no art. 5º, LIV, da CF e, genericamente, é caracterizado pelo "trinômio vida-liberdade-propriedade, vale dizer, tem-se o direito de tutela àqueles bens da vida em seu sentido mais amplo e genérico".[2]

O devido processo legal pode se expressar por meio dos seguintes sentidos:

(i) **Devido processo legal em sentido material**: busca-se evitar o arbítrio do legislador e a discricionariedade do Poder Público, exigindo-se a edição de normas que observem a razoabilidade e a proporcionalidade.

(ii) **Devido processo legal em sentido processual**: concretiza-se com a possibilidade efetiva de acesso à justiça, com a apresentação de pretensão e oferecimento de defesa da forma mais ampla possível.[3]

1.2. Regra Jurídica da Iniciativa da Parte e do Impulso Oficial

O Poder Judiciário deverá ser provocado para que possa atuar no caso concreto. Trata-se de efeito corolário da regra jurídica da iniciativa da parte, dispositivo ou inércia da jurisdição.

De acordo com o art. 2º do CPC, o processo começa por iniciativa da parte, com a ressalva das exceções previstas em lei. Em complemento, o art. 312 do CPC consagra que o processo somente se inicia com o protocolo da petição inicial perante o Poder Judiciário.

Ao provocar o Poder Judiciário, o jurisdicionado exerce a **demanda** por meio do instrumento específico denominado petição inicial.

A ordem jurídica admite, **em situações excepcionais**, que ocorra a atuação do Poder Judiciário sem prévio pedido da parte. Podem ser indicados como exemplos: i) arrecada-

1. NERY JR, Nelson. *Princípios do Processo Civil na Constituição Federal.* 8ª. ed. São Paulo: RT, 2004, p. 60.
2. NERY JR, Nelson. *Princípios do Processo Civil na Constituição Federal.* 8ª. ed. São Paulo: RT, 2004, p. 63.
3. NERY JR, Nelson. *Princípios do Processo Civil na Constituição Federal.* 8ª. ed. São Paulo: RT, 2004, p. 70.

ção de herança jacente; ii) condenação por litigância de má-fé processual; iii) admissão do *amicus curiae*; iv) determinação da medida coercitiva adequada para o cumprimento de obrigação de fazer ou de entregar; v) início do procedimento de remoção de irregularidades em entidade de atendimento processado perante a Vara da Infância e da Juventude.

Atenção!

Pelo CPC de 2015, a abertura de **inventário não poderá ocorrer de ofício pelo juiz**, tal como era autorizado no Código anterior.

1.3. Impulso Oficial

Por força do caráter publicístico do processo, a lei processual atribui ao juiz o dever de impulsioná-lo em busca de seu desfecho. Trata-se de tradição entre os países de *civil law*.

O labor impulsionador do magistrado seguirá uma sequência lógica, tendo como objetivo a solução de mérito justa e efetiva.

1.4. Princípio do Acesso à Justiça ou Inafastabilidade do Controle Jurisdicional

O princípio do acesso à justiça foi positivado no inciso XXXV, do art. 5º, da CF, garantindo-se que "a lei não excluirá da apreciação do Poder Judiciário lesão ou ameaça a direito".

O acesso à justiça consiste, a um só tempo, em um direito fundamental e uma garantia à efetivação de direitos[4], formando-se entre as partes uma situação de interdependência e não propriamente de submissão. O Código de Processo Civil repetiu a fórmula de que "não se excluirá da apreciação jurisdicional ameaça ou lesão a direito" no *caput* do art. 3º e, na sequência, trouxe uma novidade, que se apresentou como uma transformação radical.[5]

Com efeito, a adequada leitura do art. 3º demonstra que o acesso à justiça não se encerra apenas como direito à ordem jurídica justa por meio de acesso aos tribunais. Pelo novo modelo, garante-se o acesso à ***justiça coexistencial***, em que a solução adjudicada pela autoridade judiciária representará o último remédio, a ser ministrado unicamente se adequado ao caso concreto. Busca-se "o acesso aos direitos pela via adequada de composição".[6]

Nesse sentido, o acesso à justiça não se efetivará apenas pela via adjudicada, mas por várias alternativas, abrindo-se muitas portas que objetivam o acesso à efetivação de direitos. Fala-se, então, **em tribunal multiportas,** em que a efetivação de direitos pode ser obtida pela conciliação, mediação, arbitragem, entre outras técnicas.

A ideia de acesso à justiça partiu de uma concepção de cunho exclusivamente formal, por meio da qual se buscava garantir ao jurisdicionado demandar em juízo.

4. CICHOCKI NETO, José. Limitações ao Acesso à Justiça. Curitiba: Paraná, 1999, p. 65.
5. DIDIER JR., Fredie. ZANETI JR., Hermes. *Justiça Multiportas e Tutela Constitucional Adequada*. Grandes Temas do CPC, vol. 9. Salvador: Juspodivm, 2016, p. 36.
6. DIDIER JR., Fredie. ZANETI JR., Hermes. *Justiça Multiportas e Tutela Constitucional Adequada*. Grandes Temas do CPC, vol. 9. Salvador: Juspodivm, 2016, p. 36.

Atualmente, porém, esta concepção não se revelou suficiente para a efetivação de direitos, evoluindo-se para alcançar também a concepção material, por meio da qual "o partícipe do discurso de aplicação do direito pelo Judiciário na condição de seu coautor".[7]

1.5. Princípio da Primazia do Julgamento de Mérito

Em conformidade com o disposto no art. 4º do CPC, "as partes têm o direito de obter em prazo razoável a solução integral do mérito, incluída a atividade satisfativa". Neste dispositivo é possível extrair o princípio da preferência ou da primazia pelo julgamento de mérito.

Uma vez iniciada a relação processual, deverá o magistrado conduzir o processo com vista ao julgamento de seu mérito, aproveitando-se ao máximo os atos processuais, evitando-se reconhecer nulidades quando estas podem ser sanadas ou se o mérito pode ser decidido em favor do prejudicado, deixando de lado a jurisprudência defensiva etc.

Consequentemente, o formalismo vazio não encontra aderência ao processo de cunho democrático.

1.6. Princípio da Duração Razoável do Processo

Seguindo a tendência internacional, a Emenda Constitucional n. 45/2004 inseriu o inciso LXXVIII ao art. 5º da Constituição Federal e, a partir de então, o princípio da duração razoável do processo passou a ter *status* constitucional.

No mesmo sentido, o Código de Processo Civil de 2015 encampou o princípio conforme se vê do art. 4º, no sentido de que as partes têm o direito de obter em prazo razoável a solução integral do mérito, incluída a atividade satisfativa. No mesmo passo, incumbiu ao magistrado o dever de velar pela duração razoável do processo (art. 139, II).

1.7. Princípio da boa-fé processual

O princípio da boa-fé decorre da segurança jurídica, um dos fundamentos da República, bem como da dignidade da pessoa humana (art. 1º, III) e da própria solidariedade social (art. 3º, I). Para outros, trata-se de corolário do devido processo legal.[8]

O CPC de 2015 incluiu a boa-fé processual entre as normas fundamentais do processo civil, sob a forma de cláusula geral (art. 5º). Possui como destinatários todos os sujeitos do processo, alcançando, portanto, as partes, terceiros interessados e intervenientes, auxiliares da justiça, juízes e Tribunais, que devem estabelecer um diálogo transparente, eficiente e probo.[9]

Adotando a cláusula geral da boa-fé objetiva, o Código de Processo Civil propõe melhorar a relação juiz-litigantes, permitindo o estabelecimento de um verdadeiro diálogo entre

7. PEDRON, Folávio Quinaud. *Reflexões sobre o "acesso à justiça" qualitativo no Código de Processo Civil Brasileiro"*. DIDIER JR, Fredie (org.). *Normas Fundamentais*. Salvador: Juspodivm, 2016, p. 34.

8. GAJARDONI, Fernando da Fonseca. DELLORE, Luiz. ROQUE, André Vasconcelos. OLIVEIRA JR., Zulmar Duarte de Oliveira. *Teoria Geral do Processo. Comentários ao CPC de 2015. Parte geral*. São Paulo: Método, 2015, p. 252.

9. THEODORO JÚNIOR, Humberto. NUNES, Dierle. BAHIA, Alexandre Melo Franco. PEDRON, Flávio Quinaud. *Op. Cit.*, p. 163.

os sujeitos processuais nas mais diferenciadas fases do processo, quer seja na preparatória do procedimento, de problematização e até mesmo na fase recursal.

1.8. Princípio da Cooperação Processual

O princípio processual da cooperação processual tem o seu cerne na concepção de que o processo rege uma relação processual entre as partes e o juiz, que interagem entre si, estabelecendo-se uma comunidade de trabalho.

Nesse sentido, a cooperação processual pode ser vista sob a ótica do juiz, que tem o dever de direcionar o processo em busca da decisão de mérito justa e efetiva, bem como pela ótica das partes, que possam participar da condução do processo.

O CPC previu expressamente o princípio da cooperação em seu artigo 6º, de acordo com o qual "todos os sujeitos do processo devem cooperar entre si para que se obtenha, em tempo razoável, decisão de mérito justa e efetiva". O princípio da cooperação imputa aos sujeitos processuais determinados deveres (dever de lealdade, dever de esclarecimento, dever de consulta, dever de proteção, dever de prevenção etc).

1.9. Princípio da Isonomia

O art. 7º do CPC assegura a paridade de tratamento em relação ao exercício de direitos e faculdades processuais, aos meios de defesa, aos ônus, aos deveres e à aplicação de sanções processuais, cabendo ao magistrado zelar pelo efetivo contraditório. Encampou-se o direito à igualdade processual como sendo um componente integrante do processo justo.

Veda-se a concessão de discriminações sem que exista justo motivo para tanto. Além disso, deve-se garantir que todos aqueles que tenham iguais posições processuais possam buscar influenciar, em igual medida, o juiz.

1.10. Princípio da publicidade dos atos processuais

Em conformidade com o art. 5º, LX, da CF, "a lei só poderá restringir a publicidade dos atos processuais quando a defesa da intimidade ou o interesse social o exigirem", enquanto o art. 93, IX, também da CF, dispõe que "todos os julgamentos dos órgãos do Poder Judiciário serão públicos".

E o CPC, dando-se efetividade à publicidade dos atos processuais, prevê o art. 189 do CPC que os atos processuais são públicos. Porém, há determinados processos e atos que correm em segredo de justiça.

Correrão em segredo de justiça os seguintes processos
I) em que se o exija o interesse público ou social;
II) que versem sobre casamento, separação de corpos, divórcio, separação, união estável, filiação, alimentos e guarda de crianças e adolescentes;
III) em que constem dados protegidos pelo direito constitucional à intimidade;
IV) que versem sobre arbitragem, inclusive sobre cumprimento de carta arbitral, desde que a confidencialidade estipulada na arbitragem seja comprovada perante o juízo.

O direito de consultar os autos de processo que tramite em segredo de justiça e de pedir certidões de seus atos é restrito às partes e aos seus procuradores.

O terceiro que demonstrar interesse jurídico poderá requerer ao juiz certidão do dispositivo da sentença, bem como de inventário e de partilha resultantes de divórcio ou separação.

Tem-se que as hipóteses mencionadas integram rol exemplificativo, admitindo-se que o juiz fixe o segredo de justiça também para outras situações.

Existem determinados atos que são atingidos pelo segredo de justiça, muito embora o processo como um todo seja público.

1.11. Princípio do Contraditório Dinâmico

Não há processo sem o efetivo contraditório. Trata-se de princípio inerente ao devido processo legal, pelo qual deve ser garantido às partes a possibilidade de se manifestar previamente à decisão judicial, com a finalidade de influenciá-lo, evitando-se a decisão surpresa.

Dessa maneira, ainda que se trate de matéria que possa conhecer de ofício, o juiz não poderá decidir, em grau algum de jurisdição, com base em fundamento a respeito do qual não se tenha dado às partes oportunidade de se manifestar.

Não obstante o que foi dito anteriormente, admite-se que o contraditório seja postergado, ou seja, ocorra posteriormente, ante a necessidade de urgência no deferimento da medida pleiteada.

Por isso, o parágrafo único do art. 9º do CPC indica não ser proferida decisão contra uma das partes sem que ela seja previamente ouvida, o que não é aplicável à tutela provisória de urgência, às hipóteses de tutela da evidência indicadas nos incisos II e III do art. 311, bem como à decisão prevista no art. 701.

1.12. Princípio da Fundamentação Analítica

A fundamentação das decisões judiciais é um dever imposto pela Constituição Federal (art. 93, IX), reiterado pelo Novo Código de Processo Civil (art. 11), que registrou o conteúdo mínimo das decisões judiciais (art. 489 do CPC).

Na medida em que se garante o contraditório dinâmico (ou, substancial), dando-se voz às partes para que possam influenciar o magistrado, o Código de Processo Civil também impõe o dever de que o juiz possa oferecer uma resposta adequada.

Ou seja, deve-se garantir que as partes tenham os seus argumentos considerados pelo juiz quando da tomada das decisões.

A propósito, **não considera fundamentada qualquer decisão judicial, seja ela interlocutória, sentença ou acórdão**, que:

I - se limitar à indicação, à reprodução ou à paráfrase de ato normativo, sem explicar sua relação com a causa ou a questão decidida;

II - empregar conceitos jurídicos indeterminados, sem explicar o motivo concreto de sua incidência no caso;

III - invocar motivos que se prestariam a justificar qualquer outra decisão;

IV - não enfrentar todos os argumentos deduzidos no processo capazes de, em tese, infirmar a conclusão adotada pelo julgador;

V - se limitar a invocar precedente ou enunciado de súmula, sem identificar seus fundamentos determinantes nem demonstrar que o caso sob julgamento se ajusta àqueles fundamentos;

VI - deixar de seguir enunciado de súmula, jurisprudência ou precedente invocado pela parte, sem demonstrar a existência de distinção no caso em julgamento ou a superação do entendimento.

1.13. Atendimento Preferencial da Ordem Cronológica

Os juízes e os tribunais atenderão, preferencialmente, à ordem cronológica de conclusão para proferir sentença ou acórdão. Estão excluídos desta regra:

I - as sentenças proferidas em audiência, homologatórias de acordo ou de improcedência liminar do pedido;

II - o julgamento de processos em bloco para aplicação de tese jurídica firmada em julgamento de casos repetitivos;

III - o julgamento de recursos repetitivos ou de incidente de resolução de demandas repetitivas;

IV - as decisões proferidas com base nos arts. 485 e 932;

V - o julgamento de embargos de declaração;

VI - o julgamento de agravo interno;

VII - as preferências legais e as metas estabelecidas pelo Conselho Nacional de Justiça; VIII - os processos criminais, nos órgãos jurisdicionais que tenham competência penal; IX - a causa que exija urgência no julgamento, assim reconhecida por decisão fundamentada.

Terão prioridade de tramitação, em qualquer juízo ou tribunal, os procedimentos judiciais:

I - em que figure como parte ou interessado pessoa com idade igual ou superior a 60 (sessenta) anos ou portadora de doença grave, assim compreendida qualquer das enumeradas no art. 6º, inciso XIV, da Lei nº 7.713, de 22 de dezembro de 1988;

II - regulados pela Lei nº 8.069, de 13 de julho de 1990 (Estatuto da Criança e do Adolescente) .

III - em que figure como parte a vítima de violência doméstica e familiar, nos termos da Lei nº 11.340, de 7 de agosto de 2006 (Lei Maria da Penha).

IV - em que se discuta a aplicação do disposto nas normas gerais de licitação e contratação a que se refere o inciso XXVII do caput do art. 22 da Constituição Federal. (Incluído pela Lei nº 14.133, de 2021).******************************

2. A NORMA PROCESSUAL CIVIL (ARTS. 13/15)

2.1. Definição de Lei Processual Civil

O Código de Processo Civil em vigor foi aprovado pela Lei n. 13.105/2015, posteriormente modificado pela Lei n. 13.257/2016. Aquela é uma das leis processuais civis em vigência no Brasil.

A Lei Processual Civil constitui toda aquela que "disciplina a função jurisdicional desenvolvida pelos juízes e tribunais, quando convocados pelos titulares de interesses jurídicos em conflito na órbita civil *lato sensu*".[10]

Em conformidade com o art. 13 do CPC, a "jurisdição civil será regida pelas normas processuais brasileiras, ressalvadas as disposições específicas previstas em tratados, convenções ou acordos internacionais de que o Brasil seja parte".

A lei processual terá eficácia imediata aos processos em curso, respeitando-se os atos processuais praticados e as situações jurídicas consolidadas sob a vigência da norma revogada.

2.2. Interpretação da norma processual

No processo de interpretação, busca-se descobrir o sentido da lei. Na atualidade, em razão da constitucionalização do direito processual civil, as regras de hermenêutica tradicional se mostram insuficientes.

2.3. Norma processual no tempo e no espaço

A Lei Processual Civil constitui toda aquela que "disciplina a função jurisdicional desenvolvida pelos juízes e tribunais, quando convocados pelos titulares de interesses jurídicos em conflito na órbita civil *lato sensu*".[11]

Em conformidade com o art. 13 do CPC, a "jurisdição civil será regida pelas normas processuais brasileiras, ressalvadas as disposições específicas previstas em tratados, convenções ou acordos internacionais de que o Brasil seja parte".

A lei processual terá eficácia imediata aos processos em curso, respeitando-se os atos processuais praticados e as situações jurídicas consolidadas sob a vigência da norma revogada.

3. JURISDIÇÃO E AÇÃO – ARTS. 16/18

3.1. Conceito, princípios, natureza e classificações da jurisdição

A Jurisdição é o poder que detém o Estado de fazer atuar as regras jurídicas de forma concreta. Frise-se: só diante de casos concretos é que atuará a função jurisdicional. Essa

10. THEODORO JÚNIOR, Humberto. Curso de Direito Processual Civil. 56a. ed. Vol. I. Rio de Janeiro: Gen-Forense, 2015, p. 33.
11. THEODORO JÚNIOR, Humberto. Curso de Direito Processual Civil. 56a. ed. Vol. I. Rio de Janeiro: Gen-Forense, 2015, p. 33.

atividade apresenta-se como secundária, instrumental, declarativa, desinteressada e provocada.

Há várias **teorias** que tentam explicar a **natureza jurídica** da jurisdição, podendo ser resumidas da seguinte forma:

Teoria	Sentido
Organicista	Os atos jurisdicionais teriam essa natureza em razão do órgão de que provêm. Porém, os órgãos jurisdicionais também emitem atos administrativo, motivo pelo qual a teoria não pode ser aceita.
Subjetiva	Considera que a jurisdição tem a finalidade de tutelar direitos e aplicar a lei ao caso concreto. Merece críticas na medida em que é possível que haja a necessidade da tutela jurisdicional ainda que não exista direito subjetivo violado.
Objetiva	A jurisdição asseguraria a vigência do direito, é aplicável ao caso concreto. Não é capaz de separar os atos administrativos dos atos judiciais e, por isso, também é criticável.
Substituição	O Estado-Juiz substitui a vontade das partes por meio da atividade de seus órgãos jurisdicionais, fazendo com que haja a atuação da vontade concreta da lei.

A jurisdição é informada por três princípio basilares: princípio do juiz natural; princípio da improrrogabilidade; e, princípio da indeclinabilidade.

Princípio do juiz natural: somente exercerá a jurisdição aquele devidamente investido na forma prevista na Constituição Federal. Ainda como decorrência do princípio, a competência deverá ser determinada de modo prévia ao litígio, de maneira abstrata e hipotética (art. 44, CPC).

Princípio da improrrogabilidade: os limites do poder jurisdicional são os traçados pela Constituição Federal.

Princípio da indeclinabilidade: não poder o poder jurisdicionar recusar-se a cumprir a sua função, e nem a delegar a quem quer que seja.

Podem ser apontadas como **características** da jurisdição:

a) substitutividade: o Estado-Juiz substitui a vontade das partes, aplicando o direito ao caso concreto;

b) imparcialidade: o magistrado não poderá ter qualquer interesse no resultado do litígio;

c) lide: embora questionada atualmente, a doutrina clássica defendia que a lide era característica da jurisdição, na medida em que o seu papel seria solucioná-las;

d) monopólio do Estado: a atividade jurisdicional é monopólio do Estado. Não obstante, permite-se que as partes, em determinados casos, elejam pessoa que possa solucionar a lide que lhes é apresentada, ajustando a convenção de arbitragem;

e) inércia: não haverá atividade do Estado-Juiz sem a devida provocação pela parte interessada. Somente em casos excepcionalíssimos admite-se que a jurisdição atue sem ser previamente provocada;

f) unidade: o poder jurisdicional, embora possa ser repartido, é uno;

g) definitividade: o exercício da jurisdição implicará em se alcançar a decisão definitiva sobre o assunto.

3.2. Ação

3.2.1. Conceito

Como o Estado-juiz é o detentor do monopólio jurisdicional, o cidadão possui o direito à jurisdição ou o direito de ação, que se apresenta como um direito subjetivo distinto.

Trata-se de um direito que não é vinculado ao direito material da parte, motivo pelo qual o direito de ação é abstrato, tal como prevalece doutrinariamente na atualidade.

A ação é um direito público **subjetivo, abstrato, autônomo e instrumental**.

3.2.2. Elementos identificadores da ação

A ação poderá ser identificada, distinguida em relação a outras, por conta de seus **três elementos**.

É de extrema importância entender bem essa distinção, futuro oficial de justiça, para poder se identificar casos de litispendência e de coisa julgada, bem como para se apurar se, eventualmente, não se está diante de causas que guardem uma relação, o que pode caracterizar a conexão e a continência.

Os elementos da ação proporcionam a sua individualização. São três: **partes, pedido e causa de pedir, podendo ser apresentada a seguinte estruturação para facilitar o estudo.**

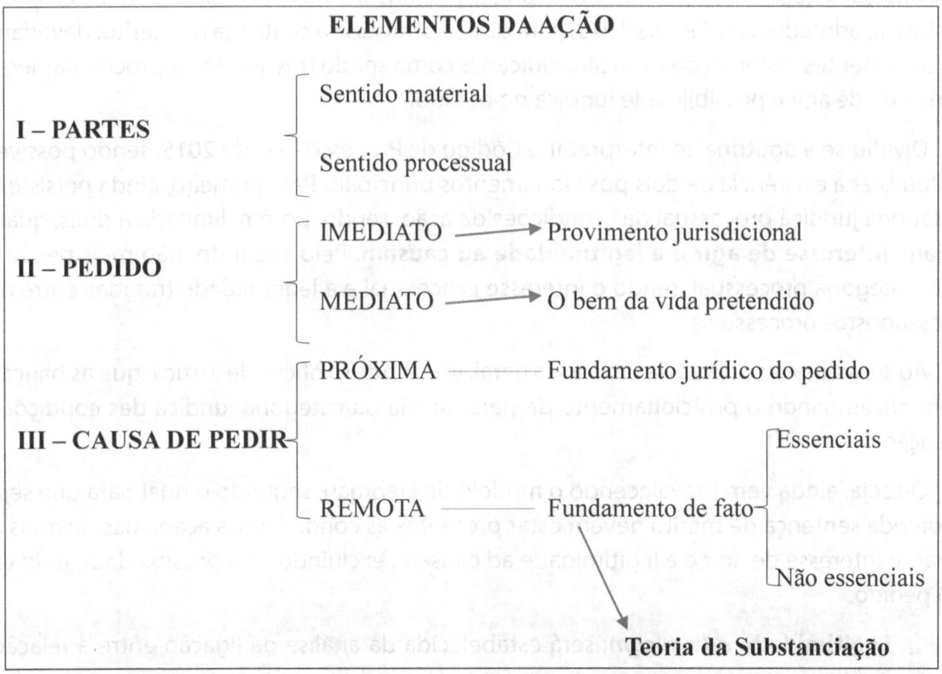

Partes: quem pede e em face de quem se pede a tutela jurisdicional. Há dois sentidos para o conceito de parte: o material e o processual. Em consonância com o primeiro, traça-

-se correlação para com o negócio jurídico de direito material que está sendo discutido em juízo. Exemplo: em ação de reparação de danos por acidente de veículo, o autor postula em face daquele que causou o dano. Em consonância com o sentido processual, de outro lado, identifica-se que, embora o demandante ou o demandado não sejam titulares da relação jurídica de direito material, poderão figurar em um dos polos da ação. Neste caso, por exemplo, postula-se direito alheio em nome próprio, o que se identifica como substituição processual, como adiante será visto.

Pedido: composto pelo *pedido imediato* e pelo *pedido mediato*. O primeiro corresponde ao tipo de pronunciamento jurisdicional que se busca (exemplo: pedido para que se profira sentença meramente declaratória). O segundo, por sua vez, faz referência ao bem jurídico pretendido. É possível que se apresente apenas um pedido, ou uma variedade deles (cumulação de pedidos).

Causa de pedir: o CPC encampou a *teoria da substanciação* (que se contrapõe à teoria da individuação), de modo que a identificação da causa de pedir é indispensável. Compõe-se da *causa de pedir próxima*, que correspondente ao fundamento jurídico do pedido, e da *causa de pedir remota*, que se refere ao fundamento de fato do pedido. Alguns autores entendem adequado trocar os significados, o que requer bastante cuidado na prova.

3.2.3. Condições da Ação

A Constituição Federal assegura o direito de ação, mas é a lei processual que estabelece as condições necessárias para a devida prestação jurisdicional necessitada. No modelo de Liebman, adotado pelo CPC de 1973, para que se obtivesse a sentença de mérito, deveriam estar presentes as condições da ação, indicadas como sendo três: interesse processual, legitimidade de agir e possibilidade jurídica do pedido.

Dividiu-se a doutrina ao interpretar o Código de Processo Civil de 2015, sendo possível vislumbrar a existência de dois posicionamentos principais. Pelo primeiro, ainda persiste a categoria jurídica processual das condições da ação, sendo, porém, limitada a duas, quais sejam, **interesse de agir e a legitimidade ad causam**. Pelo segundo, não mais persiste esta categoria processual, sendo o interesse processual e a legitimidade tratadas entre os pressupostos processuais.

Ao se analisar as provas de um modo geral, vê-se, futuro oficial de justiça, que as bancas vêm encampando o posicionamento da persistência da categoria jurídica das condições da ação.

Ou seja, ainda vem prevalecendo o modelo de Liebman, segundo o qual para que seja proferida sentença de mérito devem estar presentes as condições da ação, mas restritas a duas, o interesse de agir e a legitimidade ad causam, excluindo-se a possibilidade jurídica do pedido.

Legitimidade *ad causam*: será estabelecida da análise da ligação entre a relação jurídica material e as partes do processo. Havendo esse liame, tem-se que as partes são legítimas. A propósito, ninguém poderá pleitear direito alheio em nome próprio, salvo quando autorizado pelo ordenamento jurídico (art. 18, *caput*). Como regra, a legitimação será *ordinária*. Contudo, admite-se também a *legitimação extraordinária*, em que não há aquela ligação direta, mas o ordenamento autoriza que parte litigue para defesa de direito de outrem.

Legitimação
- **Ordinária**
- **Extraordinária**
  - **Substituição processual**
  - **Representação processual**

Interesse de agir: o interesse de agir engloba a *necessidade* e a adequação.

Somente aquele que necessita da tutela jurisdicional poderá demandar. A propósito, o interesse do autor pode limitar-se à declaração da existência, da inexistência ou do modo de ser de uma relação jurídica, ou à autenticidade ou falsidade de documento. É admissível a ação meramente declaratória, ainda que tenha ocorrido a violação do direito.

Além disso, há de ser observada a via processual adequada em conformidade com o pedido inicial.

A ausência das condições da ação acarretará a extinção do processo sem a resolução do mérito (art. 485, VI, do CPC). Contudo, há de se levar em conta a ***teoria da asserção,*** segundo a qual as questões atinentes às condições da ação são aferidas à luz das *assertivas (afirmativas)* constantes da petição inicial. Constatado, quando do exame da inicial, a falta de uma das condições da ação, será proferida sentença sem resolução do mérito. **Se posteriormente, passa-se ao exame do próprio mérito e, por isso, será proferida de improcedência.**

4. LIMITES DA JURISDIÇÃO NACIONAL E COOPERAÇÃO INTERNACIONAL – ARTS. 21/27

Há necessidade de que o futuro oficial de justiça distinga duas situações. Há casos em que a decisão jurisdicional estrangeira poderá produzir efeitos no território nacional, pois o legislador não restringiu o seu exame ao órgão jurisdicional nacional, exigindo-se, tão somente, a homologação pelo **Superior Tribunal de Justiça**.

Para outros casos, no entanto, o legislador brasileiro exigiu que a **demanda seja julgada exclusivamente pelo órgão jurisdicional brasileiro**, não sendo permitido que sobre eles haja decisão por órgão estrangeiro.

É possível distinguir, então, as hipóteses de ***jurisdição exclusiva*** **e de** ***jurisdição concorrente.***

Jurisdição exclusiva: somente podem ser decididas pela jurisdição brasileira. Eventuais decisões estrangeiras não serão homologadas pelo Superior Tribunal de Justiça.

Compete à autoridade judiciária brasileira, **com exclusão de qualquer outra**:

I - conhecer de ações relativas a imóveis situados no Brasil;

II - em matéria de sucessão hereditária, proceder à confirmação de testamento particular e ao inventário e à partilha de bens situados no Brasil, ainda que o autor da herança seja de nacionalidade estrangeira ou tenha domicílio fora do território nacional;

III - em divórcio, separação judicial ou dissolução de união estável, proceder à partilha de bens situados no Brasil, ainda que o titular seja de nacionalidade estrangeira ou tenha domicílio fora do território nacional.

De outro lado,

Jurisdição concorrente: podem ser decididas tanto pelo tribunal estrangeiro quanto pela jurisdição nacional, ressalvadas disposições em contrário de tratados internacionais e acordos bilaterais. **Eventual decisão estrangeira deverá ser homologada pelo Superior Tribunal de Justiça, em procedimento específico**, no qual o Tribunal Superior não ingressará na análise do mérito, mas na verificação do preenchimento dos requisitos formais. A ação proposta perante o Tribunal estrangeiro não induz litispendência. No caso de haver concomitância de ações, prevalecerá aquela que transitar em julgado em primeiro lugar, ressaltando-se que o trânsito em julgado da sentença estrangeira ocorrerá tão somente após a sua homologação pelo STJ.

No entanto, a jurisprudência do STJ tem o seguinte entendimento:

A sentença estrangeira de divórcio que convalida acordo celebrado pelos ex-cônjuges quanto à partilha de bens imóveis situados no Brasil poderá ser homologada pelo Superior Tribunal de Justiça, desde que não viole as regras de direito interno brasileiro.

A homologação é condição de eficácia da sentença estrangeira. O STJ verificará se houve a observância do contraditório, se a decisão não ofende a coisa julgada brasileira e a ordem pública, bem como se é eficaz no país em que foi proferida, não se exigindo o trânsito em julgado.

(Entre parêntesis)

Ainda que a sentença não tenha transitado em julgado, mas seja impugnada por recurso sem efeito suspensivo, será possível a homologação pelo STJ.

A autoridade brasileira tem **jurisdição corrente** quando:

I - o réu, qualquer que seja a sua nacionalidade, estiver domiciliado no Brasil;

II - no Brasil tiver de ser cumprida a obrigação;

III - o fundamento seja fato ocorrido ou ato praticado no Brasil.

E, **também, nas ações:**

I - de alimentos, quando:

a) o credor tiver domicílio ou residência no Brasil;

b) o réu mantiver vínculos no Brasil, tais como posse ou propriedade de bens, recebimento de renda ou obtenção de benefícios econômicos;

II - decorrentes de relações de consumo, quando o consumidor tiver domicílio ou residência no Brasil;

III - em que as partes, expressa ou tacitamente, se submeterem à jurisdição nacional.

A cooperação jurídica internacional terá por objeto: I - citação, intimação e notificação judicial e extrajudicial; II - colheita de provas e obtenção de informações; III - homologação e cumprimento de decisão; IV - concessão de medida judicial de urgência;

V - assistência jurídica internacional; e, VI - qualquer outra medida judicial ou extrajudicial não proibida pela lei brasileira.

5. CARTA ROGATÓRIA - ART. 36

Os atos processuais serão praticados mediante ordem judicial expedida.

Será admitida a prática de atos processuais por meio de videoconferência ou outro recurso tecnológico de transmissão de sons e imagens em tempo real.

Admite-se a expedição das cartas: de ordem, rogatória, precatória e arbitral.

CARTA	EXPEDIDOR	FINALIDADE
Ordem		Prática de ato por órgão jurisdicional a ele vinculado. **TJ → JUÍZO DE DIREITO**.
Rogatória	Tribunal	Para que órgão jurisdicional estrangeiro pratique ato de cooperação jurídica internacional, relativo a processo em curso perante órgão jurisdicional brasileiro.
Precatória	Juízo de primeiro grau ou tribunal.	Para que órgão jurisdicional brasileiro pratique ou determine o cumprimento, na área de sua competência territorial, de ato relativo a pedido de cooperação judiciária formulado por órgão jurisdicional de competência territorial diversa. Juiz para juiz de outra comarca. Tribunal para outro tribunal.
Arbitral	Juízo arbitral	Para que órgão do Poder Judiciário pratique ou determine o cumprimento, na área de sua competência territorial, de ato objeto de pedido de cooperação judiciária formulado por juízo arbitral, inclusive os que importem efetivação de tutela provisória.

6. COMPETÊNCIA - ARTS. 42 A 53; ARTS. 64-66

6.1. Definição

Consiste a competência na delimitação da jurisdição. Em outras palavras, na repartição do trabalho entre todos aqueles que podem atuar como julgadores e que integram o Poder Judiciário.

Obedecendo-se aos limites estabelecidos pela Constituição Federal, a competência será determinada pelas normas previstas no CPC ou em legislação especial, pelas normas de organização judiciária e, ainda, no que couber, pelas constituições dos Estados (art. 44, CPC).

A competência determinada em razão da matéria, da pessoa ou da função é inderrogável por convenção das partes (art. 62, CPC).

6.2. Regra da perpetuação da competência

Com a finalidade de evitar-se qualquer instabilidade no processo, o sistema processual encampou a regra (por alguns designada como princípio) da perpetuação da competência. Desse modo, escolheu o legislador que a partir do ajuizamento da demanda, a competência será fixada, sendo, como regra, irrelevantes as modificações de estado de fato ou de direito ocorridas posteriormente. Considera-se **proposta a ação** no momento do registro ou da distribuição da petição inicial.

Contudo, a **regra da perpetuação da competência cede espaço** quando as modificações suprimirem órgão judiciário ou alterarem a competência absoluta.

6.3. Competência nas ações de direito pessoal e direito real sobre bem móvel

A primeira das regras da competência territorial está referida no art. 46, do CPC, que trata da competência nas ações de direito pessoal e de direito real sobre bem imóvel.

Como determinado, tais ações devem, como regra, tramitar no foro de domicílio do réu, observando-se, ainda:

a) Tendo mais de um domicílio, o réu será demandado no foro de qualquer deles;

b) Sendo incerto ou desconhecido o domicílio do réu, ele poderá ser demandado onde for encontrado ou no foro de domicílio do autor;

c) Quando o réu não tiver domicílio ou residência no Brasil, a ação será proposta no foro de domicílio do autor, e, se este também residir fora do Brasil, a ação será proposta em qualquer foro;

d) Existindo dois ou mais réus com diferentes domicílios, serão demandados no foro de qualquer deles, à escolha do autor;

e) O foro de domicílio do autor da herança, no Brasil, é o competente para o inventário, a partilha, a arrecadação, o cumprimento de disposições de última vontade, a impugnação ou anulação de partilha extrajudicial e para todas as ações em que o espólio for réu, ainda que o óbito tenha ocorrido no estrangeiro. Se o autor da herança não possuía domicílio certo, é competente: foro de situação dos bens imóveis; havendo bens imóveis em foros diferentes, qualquer destes; não havendo bens imóveis, o foro do local de qualquer dos bens do espólio;

f) A ação em que o ausente for réu será proposta no foro de seu último domicílio, também competente para a arrecadação, o inventário, a partilha e o cumprimento de disposições testamentárias;

g) A ação em que o incapaz for réu será proposta no foro de domicílio de seu representante ou assistente.

Tratando-se de hipóteses de competência territorial relativa, permite-se a prorrogação da competência se acaso o réu não alegar a incompetência em preliminar de contestação. Não é possível que o juízo conheça de ofício da incompetência. Admite-se, ainda, o ajuste de foro de eleição.

6.4. Competência para as ações fundadas em direito real sobre imóveis

Diferentemente do que ocorre nas ações de direito pessoal, aquelas fundadas em direito real sobre imóveis tramitarão no foro de situação da coisa. Trata-se de regra que, embora seja de competência territorial, é absoluta, podendo ser conhecida de ofício pelo juiz.

Se o bem imóvel estiver situado em mais de um Estado, comarca, seção ou subseção judiciária, a competência territorial do juízo prevento estender-se-á sobre a totalidade do imóvel.

Admite-se que o autor opte, em tais ações, pelo foro de domicílio do réu ou pelo foro de eleição, se o litígio não recair sobre direito de propriedade, vizinhança, servidão, divisão e demarcação de terras e de nunciação de obra nova.

A ação possessória imobiliária será proposta no foro de situação da coisa, cujo juízo tem competência absoluta.

6.5. Exceções à regra de competência das ações pessoais

Com a finalidade de facilitar o acesso à justiça, o art. 53, do CPC, prevê regras específicas de competência, diferenciadas em relação àquela vigente para as ações pessoais.

Porém, trata-se de competência territorial relativa, de modo que admite a prorrogação.

Assim prevê o art. 53, do CPC:

> **Art. 53. É competente o foro:**
>
> I - para a ação de divórcio, separação, anulação de casamento e reconhecimento ou dissolução de união estável:
>
> a) de domicílio do guardião de filho incapaz;
>
> b) do último domicílio do casal, caso não haja filho incapaz;
>
> c) de domicílio do réu, se nenhuma das partes residir no antigo domicílio do casal;
>
> d) de domicílio da vítima de violência doméstica e familiar, nos termos da Lei nº 11.340, de 7 de agosto de 2006 (Lei Maria da Penha)
>
> II - de domicílio ou residência do alimentando, para a ação em que se pedem alimentos;
>
> III - do lugar:
>
> a) onde está a sede, para a ação em que for ré pessoa jurídica;

b) onde se acha agência ou sucursal, quanto às obrigações que a pessoa jurídica contraiu;

c) onde exerce suas atividades, para a ação em que for ré sociedade ou associação sem personalidade jurídica;

d) onde a obrigação deve ser satisfeita, para a ação em que se lhe exigir o cumprimento;

e) de residência do idoso, para a causa que verse sobre direito previsto no respectivo estatuto;

f) da sede da serventia notarial ou de registro, para a ação de reparação de dano por ato praticado em razão do ofício;

IV - do lugar do ato ou fato para a ação:

a) de **reparação de dano**;

b) em que for réu administrador ou gestor de negócios alheios;

V - de domicílio do autor ou do local do fato, para a ação de reparação de dano sofrido em **razão de delito ou acidente de veículos**, inclusive aeronaves.

Futuro oficial de justiça, vamos trabalhar? Analise as questões simuladas adiante, que dizem respeito ao art. 53, CPC, tão exigido nas provas.

Questão simulada 1:

Em ação promovida para a reparação de dano decorrente de acidente entre dois barcos motorizados, será competente o foro:

a) do domicílio do réu.

b) do domicílio do autor.

c) do local do fato.

d) do domicílio do autor ou do local do fato, concorrentemente.

Qual a alternativa correta?

Note-se que a questão alude a acidente envolvendo dois barcos. O inciso V, do art. 53, do CPC, faz menção à competência para a ação de reparação de dano sofrido em razão de delito ou acidente de veículos, inclusive aeronaves. Portanto, engloba veículos terrestres, aquáticos, aeronaves, entre outras possibilidades. Neste caso, **será competente concorrentemente** o foro de domicílio do autor ou do local do ato.

Questão simulada 2:

Em ação promovida para a reparação de dano, será competente o foro:

a) do domicílio do réu;

b) do domicílio do autor;

c) do local do ato ou fato.

d) do domicílio do autor ou do local do fato, concorrentemente.

Qual a alternativa correta?

Perceba que a questão trata de ação promovida para reparação de dano, sem especificar que se trata de dano decorrente de delito ou de acidente de veículos. Quando for feita alusão genericamente a "reparação de dano", a competência será do foro do lugar do ato ou fato – e não do domicílio do autor ou do local do ato.

6.6. Modificação Legal da Competência

A competência relativa poderá ser alterada em **decorrência de lei** (conexão ou continência) ou **pela vontade das partes** (eleição de foro ou réu não alega a incompetência em contestação).

De ora em diante, passa-se, **futuro oficial de justiça**, às hipóteses de alteração legal da competência, tema de extrema importância, pois muito presentes nos concursos.

Analisando-se duas ou mais demandas, é possível verificar a existência, entre elas, de uma ligação, de afinidade, de um liame. Buscando-se evitar que sejam proferidas decisões conflitantes, o legislador indica a reunião dessas demandas para julgamento conjunto.

Quando for possível estabelecer esse liame entre duas ações (o que não se confunde com a identidade entre demandas, quando se tem a litispendência), tem-se a conexão, estabelecendo o art. 55, caput, do CPC, uma hipótese mínima de conexidade ao determinar que "reputam-se conexas 2 (duas) ou mais ações quando lhes for comum o pedido ou a causa de pedir".

Causas conexas: quando lhes for comum o pedido ou a causa de pedir.

As demandas conexas devem ser reunidas para julgamento conjunto, evitando-se, assim, o risco de decisões contraditórias. A reunião, porém, não será possível se um dos processos já tiver sido sentenciado.

Presencia-se a conexão, ainda: I – à execução de título extrajudicial e à ação de conhecimento relativa ao mesmo ato jurídico; II – as execuções fundadas no mesmo título executivo.

Constatada outra hipótese de conexão que não a indicada no *caput* do art. 55 (comum o pedido ou a causa de pedir), admite o CPC que os processos sejam reunidos para julgamento conjunto, evitando-se o risco de serem proferidas decisões conflitantes ou contraditórias caso decididos separadamente.

Mas, tenha muita atenção futuro oficial de justiça, pois o § 3º, do art. 55, em sua literalidade, expressa que essa reunião poderia ocorrer **mesmo que não exista conexão entre os processos** (na verdade, existe, mas há de se ter cuidado com a literalidade do dispositivo para a resolução de questões, principalmente para provas da FCC).

A **continência** também é causa de modificação da competência.

Dá-se a continência entre duas ou mais ações quando houver identidade quanto às partes e à causa de pedir, mas o pedido de uma, por ser mais amplo, abrange o das demais.

Havendo continência e a ação continente tiver sido proposta anteriormente, no processo relativo à ação contida será proferida sentença sem resolução de mérito. Caso contrário, as ações serão necessariamente reunidas. Assim, se a ação A (mais ampla – continente) for proposta anteriormente à ação B (menos ampla – contida), nesta (ação B) será proferida sentença sem resolução de mérito.

1ª. ação: CONTINENTE. **2ª. ação**: CONTIDA. **Solução**: ação contida será extinta, sem resolução do mérito. **1ª. ação**: CONTIDA. **2ª. ação**: CONTINENTE. **Solução**: as ações serão reunidas para julgamento conjunto.

A reunião dos processos, no caso da conexão ou da continência, ocorrerá em favor do juízo prevento, onde serão decididas simultaneamente.

Considera-se prevento o juízo em que registrada ou distribuição a petição inicial em primeiro lugar.

A propósito, futuro oficial de justiça:

"(FCC – Analista Judiciário – Área Judiciária – TRT 6/2018) Em relação às modificações de competência, (...) Alternativa correta: (C) quando houver continência e a ação continente houver sido proposta anteriormente, no processo relativo à ação contida será proferida sentença sem resolução de mérito, caso contrário, as ações serão necessariamente reunidas".

Testando...

Questão simulada 3:

Analise as assertivas abaixo e assinale a alternativa correta:

I – Admite-se a reunião para julgamento conjunto os processos que puderem gerar risco de prolação de decisões conflitantes ou contraditórias caso decididos separadamente, mesmo sem conexão entre eles.

II – Havendo continência e a ação contida tiver sido proposta anteriormente, no processo relativo à ação continente será proferida sentença sem resolução do mérito.

III – A citação válida torna prevento o juízo.

a) Todas as assertivas estão corretas.

b) Todas as assertivas estão incorretas.

c) As assertivas I e II estão corretas.

d) As assertivas II e III estão corretas.

e) Somente a assertiva I está correta.

Qual a resposta? Correto para a alternativa "e".

> I – assertiva correta. Em conformidade com o art. 55, § 3º, do CPC, que admite a reunião de processos que possam gerar risco de decisões conflitantes caso decididos separadamente, ainda que não exista conexão entre eles.

II – assertiva incorreta. Tendo a ação contida (menos ampla) sido ajuizada em primeiro lugar, os processos serão reunidos.

III – assertiva incorreta. O que torna o juízo prevento é o registro ou a distribuição da petição inicial e não a citação válida (art. 59, CPC).

6.7. Foro de eleição

Admite-se que as partes celebrem negócio jurídico processual típico e ajustem que determinado litígio tramitará no foro estipulado.

A eleição de foro somente produz efeito quando constar de instrumento escrito, aludir expressamente a determinado negócio jurídico e guardar pertinência com o domicílio ou a residência de uma das partes ou com o local da obrigação, ressalvada a pactuação consumerista, quando favorável ao consumidor.

Por se tratar de negócio jurídico processual, o foro contratual obriga os herdeiros e sucessores das partes.

Como já visto, a competência territorial, como regra, é relativa, de modo que o juiz não pode conhecer da incompetência de ofício, devendo ser alegada pela parte.

Contudo, há mais um caso em que o juízo poderá conhecer de ofício da incompetência territorial. E assim o fará para dar operacionalidade à decisão que reputar ineficaz abusiva cláusula de eleição de foro.

Assim, antes da citação, a cláusula de eleição de foro, se abusiva, pode ser reputada ineficaz de ofício pelo juiz, que determinará a remessa dos autos ao juízo do foro de domicílio do réu.

Se o juízo, porém, não assim proceder, compete à parte alegar a abusividade da cláusula de eleição de foro na contestação, sob pena de preclusão.

O ajuizamento de ação em juízo aleatório, entendido como aquele sem vinculação com o domicílio ou a residência das partes ou com o negócio jurídico discutido na demanda, constitui prática abusiva que justifica a declinação de competência de ofício.

6.8. Incompetência

As regras de competência podem existir para atendimento do interesse público, quando então se diz que se está diante da **competência absoluta**, ou para **comodidade das partes**, hipótese em que será **relativa**.

A Constituição Federal aponta regras de competência absoluta. O Código de Processo Civil, por sua vez, também a prevê, levando-se em conta regras pertinentes à matéria, à função e à pessoa. A competência absoluta é um pressuposto de validade da relação processual, configurando-se matéria que pode ser conhecida de ofício pelo juiz.

A inobservância das regras fixadoras de competência, ainda que absoluta, salvo decisão judicial em sentido contrário, **conservarão os seus efeitos até que outra seja proferida,**

se for o caso, pelo juízo competente (art. 64, § 4º do CPC). Esta é uma hipótese em que houve a relativização de regra de competência absoluta, mas não se trata da única.

> **Hipóteses de relativização da incidência do efeito da nulidade de decisão proferida por juízo incompetente**:
>
> **a)** A inobservância das regras fixadoras de competência, salvo decisão judicial em sentido contrário, conservarão os seus efeitos até que outra seja proferida, se for o caso, pelo juízo competente (art. 64, § 4º do CPC).
>
> **b)** A citação válida, ainda que ordenada por juízo incompetente, induzirá litispendência, tornará litigiosa a coisa e constituirá em mora o devedor, salvo nas hipóteses dos artigos 397 e 398 do Código Civil Brasileiro (art. 240, *caput* do CPC);
>
> **c)** A interrupção da prescrição, ainda que ordenada por juízo incompetente, retroagirá à data de propositura da ação;
>
> **d)** Na execução, o despacho que ordena a citação, desde que realizada em observância com o § 2º do art. 240, interrompe a prescrição, ainda que determinada por juízo incompetente;
>
> **e)** Ao decidir o incidente de conflito de competência, o tribunal declarará qual o juízo competente, bem como se pronunciará sobre a validade dos atos do juízo incompetente.

A relativização tem por fundamento a aplicabilidade do **princípio da *Kompetenz Kompetenz*,** segundo o qual entende-se que qualquer juiz tem um grau mínimo de competência, possibilitando-lhe examinar a sua própria competência.

A inobservância das regras de competência gera a *incompetência absoluta ou relativa*, matéria que poderá ser alegada em **sede de contestação, como preliminar**. Ao contrário do CPC anterior, não mais se admite a *exceção de incompetência*.

A incompetência absoluta poderá ser conhecida de ofício pelo juiz e alegada pelas partes a qualquer tempo, diferentemente da incompetência relativa, que deverá ser alegada pela parte na própria contestação.

> A INCOMPETÊNCIA ABSOLUTA E A RELATIVA DEVEM SER ALEGADAS COMO PRELIMINARES, NA PRÓPRIA CONTESTAÇÃO.

6.9. Conflito de competência

Será possível que, entre dois juízos, haja divergência quanto à competência para o julgamento de determinada demanda, quando se está diante **do conflito de competência, que poderá ser positivo ou negativo.**

O conflito positivo de competência ocorrerá quando dois ou mais juízos se derem por competentes. Diferentemente, haverá o conflito negativo se houver a recusa entre eles, por entenderem não serem competentes, ou se surgir controvérsia sobre a reunião ou separação de processos.

Se excluído do feito o ente federal, cuja presença foi fator preponderante para que o juízo estadual declinasse de sua competência, deverá o juízo federal restituir os autos e não suscitar o conflito (Súmula 224 STJ), não podendo o juízo estadual discutir sobre o interesse do ente federal.

O juiz que não acolher a competência declinada deverá suscitar o conflito, salve se a atribuir a outro juízo.

O conflito poderá ser suscitado por qualquer das partes, pelo Ministério Público ou pelo juiz. A parte, contudo, não poderá suscitá-lo se já alegou a incompetência relativa.

A competência para o julgamento do conflito segue as seguintes regras:

- entre dois juízos do mesmo Tribunal: julgamento pelo próprio Tribunal;

– entre dois juízos federais da mesma Região: julgamento pelo respectivo Tribunal Regional Federal;

- entre juízo de primeiro grau e tribunal a que está subordinado: julgamento pelo próprio tribunal;

- entre juízo estadual com competência delegada e juízo federal, da mesma região: julgamento pelo respectivo Tribunal Regional Federal;

- entre quaisquer tribunais e entre os tribunais e juízos a eles não vinculados, e, ainda, entre juízos vinculados a tribunais diversos: ao Superior Tribunal de Justiça; entre o STJ e quaisquer tribunais; e,

- entre tribunais superiores ou entre esses e qualquer outro tribunal: ao Supremo Tribunal Federal.

O conflito poderá ser decidido por decisão monocrática ou pelo colegiado.

Permite-se ao relator julgar de plano o conflito quando sua decisão estiver baseada em súmula do STF, do STJ ou do próprio tribunal, ou se a tese estiver firmada em julgamento de casos repetitivos ou em incidente de assunção de competência.

Ao decidir o conflito, o Tribunal não só reconhecerá o juízo competente (que poderá ser até um terceiro, que não tenha participado do conflito), como também se pronunciará sobre a validade dos atos do juiz incompetente.

6.10. Cooperação nacional

Aos órgãos do Poder Judiciário, estadual ou federal, especializado ou comum, em todas as instâncias e graus de jurisdição, inclusive aos tribunais superiores, incumbe o dever de **recíproca cooperação**, por meio de seus magistrados e servidores.

O pedido de cooperação jurisdicional deve ser prontamente atendido, prescinde de forma específica e pode ser executado como: I - auxílio direto; II - reunião ou apensamento de processos; III - prestação de informações; IV - atos concertados entre os juízes cooperantes.

O pedido de cooperação judiciária pode ser realizado entre órgãos jurisdicionais de diferentes ramos do Poder Judiciário.

6.11. Dos atos concertados entre os juízes cooperantes

Os atos concertados entre os juízes cooperantes poderão consistir, além de outros, no estabelecimento de procedimento para: I - a prática de citação, intimação ou notificação de ato; II - a obtenção e apresentação de provas e a coleta de depoimentos; III - a efetivação de tutela provisória; IV - a efetivação de medidas e providências para recuperação e preservação de empresas; V - a facilitação de habilitação de créditos na falência e na recuperação judicial; VI - a centralização de processos repetitivos; VII - a execução de decisão jurisdicional.

7. SUJEITOS DO PROCESSO – ARTS. 70/85, 98/102, 110/111 E 125/135

7.1. Das partes e dos seus procuradores

7.1.1. Capacidade de ser parte

As pessoas físicas maiores (e menores emancipadas) e as pessoas jurídicas possuem capacidade civil de **direito** e **de ser parte.** Têm aptidão para ter direitos e podem praticar os atos da vida civil. Tendo possibilidade de exercício, terão capacidade processual. Nesse sentido, o art. 70 do CPC: "toda pessoa que se encontre no exercício de seus direitos tem capacidade para estar em juízo".

Se o indivíduo, embora tenha capacidade civil de direito, não puder exercê-la, deve ter a capacidade de agir ou processual integrada.

Em determinadas hipóteses, a lei determina que seja necessário um advogado para postular em nome de determinada parte. E assim prevê a nomeação de curador especial ao:

> I - incapaz, se não tiver representante legal ou se os interesses deste colidirem com os daquele, enquanto durar a incapacidade;
>
> II - réu preso revel, bem como ao réu revel citado por edital ou com hora certa, enquanto não for constituído advogado.
>
> É atribuição institucional da Defensoria Pública exercer a curatela especial.
>
> **Vide Súmula 196/STJ**: "Ao executado que, citado por edital ou por hora certa, permanecer revel, será nomeado curador especial, com legitimidade para apresentação dos embargos".
>
> **Vide Súmula 421/STJ**: "Os honorários advocatícios não são devidos à Defensoria Pública quando ela atua contra a pessoa jurídica de direito público à qual pertence".

No que se refere à necessidade ou não da outorga uxória/marital, é preciso verificar que existem regras distintas, a depender de atuação no polo ativo ou no polo passivo.

Polo ativo: será necessário o consentimento do outro cônjuge para a propositura de ação que verse sobre **direito real imobiliário**, a não ser que casados sob o regime de separação absoluta de bens.

Polo passivo: ambos os cônjuges serão citados para a ação:

> I - que verse sobre direito real imobiliário, salvo quando casados sob o regime de separação absoluta de bens;
>
> II - resultante de fato que diga respeito a ambos os cônjuges ou de ato praticado por eles;

III - fundada em dívida contraída por um dos cônjuges a bem da família;

IV - que tenha por objeto o reconhecimento, a constituição ou a extinção de ônus sobre imóvel de um ou de ambos os cônjuges.

Aplicam-se essas regras à união estável comprovada nos autos.

O consentimento necessário para o ajuizamento da ação poderá ser suprido judicialmente quando for negado por um dos cônjuges sem justo motivo, ou quando não seja possível concedê-lo.

7.1.2. *Capacidade da pessoa jurídica*

O art. 75 do CPC indica quem *representa* as pessoas jurídicas e alguns entes despersonalizados em juízo (ou *presenta*).

Ente	Quem representa?
União	Advocacia-Geral da União.
Estado e o Distrito Federal	Respectivos procuradores.
Município	Prefeito, procurador ou Associação de Representação de Municípios, quando expressamente autorizada;
Autarquia e a fundação de direito público	Por quem a lei do ente federado designar.
Massa falida	Administrador judicial.
Herança jacente ou vacante	Curador.
Espólio	Inventariante
Pessoa jurídica	Por quem os respectivos atos designarem. Na ausência, por seus diretores.
Sociedade e a associação irregulares e outros entes sem personalidade jurídica	Pela pessoa a quem couber a administração dos bens.
Pessoa jurídica estrangeira	Pelo gerente, representante ou administrador de sua filial, agência ou sucursal aberta ou instalada no Brasil.
Condomínio	Pelo administrador ou síndico.

A representação judicial do Município pela Associação de Representação de Municípios somente poderá ocorrer em questões de interesse comum dos Municípios associados e dependerá de autorização do respectivo chefe do Poder Executivo municipal, com indicação específica do direito ou da obrigação a ser objeto das medidas judiciais.

7.1.3. *Vício por incapacidade processual ou irregularidade da representação da parte*

Se o magistrado verificar a incapacidade processual ou irregularidade da representação da parte deverá suspender o processo, fixando prazo razoável para que o vício seja sanado.

Não sendo sanado o vício:

se o processo ainda estiver na instância originária (em primeiro grau): I – será extinto, se a providência couber ao autor; II – o réu será considerado revel, se a providência lhe couber; III - o terceiro será considerado revel ou excluído do processo, dependendo do polo em que se encontre.

Se o processo estiver em grau recursal perante o tribunal de justiça, tribunal regional federal ou tribunal superior, o relator: I – não conhecerá do recurso, se a providência couber ao recorrente; II – determinará o desentranhamento das contrarrazões, se a providência couber ao recorrido.

7.1.4. Deveres das partes

O art. 77, do CPC, sem prejuízo de outros previstos em lei, indica os principais deveres das partes. Entre eles, destaca-se o inserido pela Lei nº 14.195/2021: VII - informar e manter atualizados seus dados cadastrais perante os órgãos do Poder Judiciário e, no caso do § 6º do art. 246 deste Código, da Administração Tributária, para recebimento de citações e intimações.

São deveres das partes:

I - expor os fatos em juízo conforme a verdade;

II - não formular pretensão ou de apresentar defesa quando cientes de que são destituídas de fundamento;

III - não produzir provas e não praticar atos inúteis ou desnecessários à declaração ou à defesa do direito;

IV - cumprir com exatidão as decisões jurisdicionais, de natureza provisória ou final, e não criar embaraços à sua efetivação [neste caso, o o juiz advertirá a pessoa de que a conduta pode ser punida como ato atentatório à dignidade da justiça];

V - declinar, no primeiro momento que lhes couber falar nos autos, o endereço residencial ou profissional onde receberão intimações, atualizando essa informação sempre que ocorrer qualquer modificação temporária ou definitiva;

VI - não praticar inovação ilegal no estado de fato de bem ou direito litigioso [neste caso, o o juiz advertirá a pessoa de que a conduta pode ser punida como ato atentatório à dignidade da justiça].

VII - informar e manter atualizados seus dados cadastrais perante os órgãos do Poder Judiciário e, no caso do § 6º do art. 246 deste Código, da Administração Tributária, para recebimento de citações e intimações.

Podem caracterizar ato atentatório à dignidade da justiça: multa de até 20% do valor da causa, de acordo com a gravidade da conduta. Não sendo paga no prazo fixado pelo juiz, a multa será inscrita em dívida ativa e cobrada por execução fiscal.

A multa não será imposta aos advogados públicos e privados e aos membros do Ministério Público e Defensoria Pública.

7.1.5. Sentidos da expressão "parte"

Há dois sentidos para o conceito parte: sentido material e o sentido processual. Por meio do primeiro, traça-se correlação para com o negócio jurídico de direito material discutido em juízo. Porém, é possível que o demandante ou demandado não seja esse titular, mas ainda assim possa postular ou ser postulado. Tem-se aqui o conceito de parte em sentido processual, pois não se identifica com a lide.

A titularidade, como regra, será daquele que tem relação com o direito material em discussão. Nesse sentido, "ninguém poderá pleitear direito alheio em nome próprio, salvo quando autorizado pelo ordenamento jurídico" (art. 18). Terá, então, a legitimação ordinária.

Porém, como ressalvado na lei, há certas hipóteses em que o legislador autoriza que terceiro possa demandar ou ser demandado em nome próprio, mas para a defesa de direito de terceiro. Ou seja, a parte não é titular do direito material em jogo, ocorrendo a substituição processual. Tem-se, então, a legitimação extraordinária, que compreenderá a substituição processual e a representação processual.

- Legitimação
  - Ordinária
  - Extraordinária
    - Substituição processual
    - Representação processual

7.1.6. *Legitimação extraordinária*

Na legitimação extraordinária, demanda-se para a defesa de interesse de outrem. Compreenderá a *substituição* e a *representação* processuais.

Substituição processual: o autor, em seu nome, demanda para a defesa de direito de outrem. Exemplos: o alienante de coisa litigiosa que persistir no processo defenderá direito do adquirente (art. 109, CPC); o autor na ação popular defenderá, em seu nome, o interesse da coletividade; o Ministério Público ajuizará ação, em seu nome, na defesa de interesses da coletividade.

Representação processual: o autor agirá em nome e para a defesa de direitos de terceiros. Exemplo: ação coletiva ordinária proposta por associação para a defesa dos direitos dos associados.

A substituição processual não se confunde com a sucessão de parte. Naquela, terceiro demanda em seu nome na defesa de direito de outrem. Na sucessão, de outro lado, altera-se o polo da ação (por exemplo, o cessionário do crédito na execução).

7.1.7. *Alienação da coisa litigiosa*

Este tema, **futuro oficial de justiça**, é sempre lembrado pelos examinadores. Refere-se à alienação da coisa ou do direito litigioso por ato entre vivos, depois da citação do requerido.

Entre os efeitos da citação válida, que incidirá ainda quando ordenada por juiz incompetente, está ***tornar litigiosa a coisa.***

E, **sendo litigiosa a coisa ou o direito**, a sua alienação por ato entre vivos não altera a legitimidade das partes. Ou seja, **permanecerão no processo os polos ativo e passivo**

originários, somente podendo o adquirente ou cessionário ingressar em juízo, sucedendo o alienante ou cedente se consentir a parte contrária.

Não havendo o consentimento, contudo, o adquirente ou o cessionário poderá intervir no processo como assistente litisconsorcial do alienante ou cedente.

Proferida sentença, estende-se os seus efeitos ao adquirente ou cessionário.

Como se nota, o alienante da coisa ou do direito, que tiver permanecido no processo, atuará, em seu nome, na defesa de direito de outrem, verificando-se presente hipótese de substituição processual.

7.1.8. Sucessão processual

Somente será admitida a sucessão voluntária das partes quando assim permitido pela lei.

Ocorrendo a morte de qualquer das partes, dar-se-á a sucessão pelo seu espólio ou pelos seus sucessores, e o juiz suspenderá o processo.

Se não for ajuizada ação de habilitação, o juiz observará o seguinte: I - falecido o réu, ordenará a intimação do autor para que promova a citação do respectivo espólio, de quem for o sucessor ou, se for o caso, dos herdeiros, no prazo que designar, de no mínimo 2 (dois) e no máximo 6 (seis) meses; II - falecido o autor e sendo transmissível o direito em litígio, determinará a intimação de seu espólio, de quem for o sucessor ou, se for o caso, dos herdeiros, pelos meios de divulgação que reputar mais adequados, para que manifestem interesse na sucessão processual e promovam a respectiva habilitação no prazo designado, sob pena de extinção do processo sem resolução de mérito.

7.1.9. Dos Procuradores

A parte somente litigará em juízo se for representado por advogado devidamente inscrito na OAB. Permite-se a litigância em causa própria, desde que a parte tenha habilitação legal.

Há situações excepcionais em que se admite que a parte demande sem o patrocínio de advogado, como ocorre nas ações trabalhistas, nos Juizados Especiais Cíveis (até vinte salários-mínimos).

O advogado não poderá postular sem procuração, salvo para evitar a preclusão, decadência ou a prescrição, ou ainda para praticar ato considerado urgente.

Nestes casos, compromete-se o advogado a apresentar a procuração no prazo de 15 dias, prorrogável pelo mesmo período. A apresentação da procuração acarretará a ratificação do ato. A não observância da regra acarretará a ineficácia do ato em relação àquele em cujo nome foi praticado.

A procuração habilita o advogado para o foro em geral. Para alguns atos, no entanto, exige-se que conste expressamente a autorização.

O advogado tem direito a:

I - examinar, em cartório de fórum e secretaria de tribunal, mesmo sem procuração, autos de qualquer processo, independentemente da fase de tramitação, assegurados a obtenção de cópias e o registro de anotações, salvo na hipótese de segredo de justiça, nas quais apenas o advogado constituído terá acesso aos autos;

II - requerer, como procurador, vista dos autos de qualquer processo, pelo prazo de 5 (cinco) dias;

III - retirar os autos do cartório ou da secretaria, pelo prazo legal, sempre que neles lhe couber falar por determinação do juiz, nos casos previstos em lei.

A parte que revogar o mandato outorgado a seu advogado constituirá, no mesmo ato, outro que assuma o patrocínio da causa. Não sendo constituído novo procurador no prazo de 15 (quinze) dias, observar-se-á o disposto no art. 76.

Portanto, descumprida a determinação, caso o processo esteja na instância originária: I - o processo será extinto, se a providência couber ao autor; II - o réu será considerado revel, se a providência lhe couber; III - o terceiro será considerado revel ou excluído do processo, dependendo do polo em que se encontre.

De outro lado, descumprida a determinação em fase recursal perante tribunal de justiça, tribunal regional federal ou tribunal superior, o relator: I - não conhecerá do recurso, se a providência couber ao recorrente; II - determinará o desentranhamento das contrarrazões, se a providência couber ao recorrido.

O advogado poderá renunciar ao mandato a qualquer tempo, provando que comunicou a renúncia ao mandante, a fim de que este nomeie sucessor.

Durante os 10 (dez) dias seguintes, o advogado continuará a representar o mandante, desde que necessário para lhe evitar prejuízo.

Dispensa-se a comunicação referida no caput quando a procuração tiver sido outorgada a vários advogados e a parte continuar representada por outro, apesar da renúncia.

7.2. Responsabilidade das partes por dano processual

As situações objetivas de litigância de má-fé são aquelas indicadas no art. 80 do CPC, sobre as quais não há por que questionar sobre o elemento vontade da conduta.

Situações objetivas de litigância de má-fé (aquele que...):

I - deduzir pretensão ou defesa contra texto expresso de lei ou fato incontroverso;

II - alterar a verdade dos fatos;

III - usar do processo para conseguir objetivo ilegal;

IV - opuser resistência injustificada ao andamento do processo;

V - proceder de modo temerário em qualquer incidente ou ato do processo;

VI - provocar incidente manifestamente infundado;

VII - interpuser recurso com intuito manifestamente protelatório.

De outro lado, as situações subjetivas são aquelas em que a conduta não está indicada no art. 80, não obstante possa caracterizar situação de má-fé processual a partir da constatação da intenção da violação do dever de probidade.

O juiz poderá impor multa ao litigante de má-fé, de ofício ou a requerimento, que será fixada entre 1 e 10% do valor corrigido da causa. Também condenará a indenizar a parte contrária pelos prejuízos que esta sofreu e a arcar com os honorários advocatícios e com todas as despesas que efetuou.

Quando forem 2 (dois) ou mais os litigantes de má-fé, o juiz condenará cada um na proporção de seu respectivo interesse na causa ou solidariamente aqueles que se coligaram para lesar a parte contrária.

Quando o valor da causa for irrisório ou inestimável, a multa poderá ser fixada em até 10 (dez) vezes o valor do salário-mínimo.

O valor da indenização será fixado pelo juiz ou, caso não seja possível mensurá-lo, liquidado por arbitramento ou pelo procedimento comum, nos próprios autos.

7.3. Despesas, Honorários Advocatícios e das Multas

7.3.1. Despesas

As despesas processuais abrangem as **custas dos atos do processo**, a indenização de viagem, a remuneração do assistente técnico e a diária de testemunha, além de outras verbas, como a remuneração do perito, considerando-se que o rol do art. 84 do CPC é exemplificativo. As despesas (gênero) – englobam as custas (taxas).

A quem compete o pagamento das despesas processuais?

Compete às partes efetuar o pagamento das despesas dos atos que realizarem ou requererem no processo, **antecipando-lhe o pagamento**, desde o início até a sentença final ou, na execução, até a plena satisfação do direito reconhecido no título.

Se o ato for realizado por determinação de ofício do juiz ou a requerimento do Ministério Público (agindo como fiscal da ordem jurídica), incumbirá ao autor adiantar as despesas.

A sentença imporá ao vencido a obrigação de pagar ao vencedor as despesas que antecipou. Se cada litigante for, em parte, vencedor e vencido, serão proporcionalmente distribuídas entre eles as despesas. Porém, se um litigante sucumbir em parte mínima do pedido, o outro responderá, por inteiro, pelas despesas e pelos honorários.

> **Despesas dos atos praticados a requerimento da Fazenda Pública, do Ministério Público ou da Defensoria Pública:**
> **Regra:** serão pagas ao final pelo vencido.
> **Exceção 1:** as perícias requeridas poderão ser realizadas por entidade pública ou, havendo previsão orçamentária, ter os valores adiantados por aquele que requerer a prova.
> **Exceção 2:** não existindo previsão orçamentária no exercício financeiro para adiantamento dos honorários periciais, eles serão pagos no exercício seguinte ou

ao final, pelo vencido, caso o processo se encerre antes do adiantamento a ser feito pelo ente público.

Despesas com o adiantamento da remuneração do perito:

Regra: a despesa será adiantada pela parte que houver requerido a perícia ou rateada quando a perícia for determinada de ofício ou a requerimento de ambas as partes.

Se de responsabilidade do beneficiário de gratuidade da justiça: será custeada com recursos alocados no orçamento do ente público e realizada por servidor do Poder Judiciário ou por órgão público conveniado; paga com recursos alocados no orçamento da União, do Estado ou do Distrito Federal, no caso de ser realizada por particular.

7.3.2. Honorários advocatícios

O CPC trouxe várias disposições sobre os **honorários advocatícios sucumbenciais, ou seja, aqueles devidos pelo vencido ao advogado do vencedor.** Não há referência aos honorários contratuais, que são aqueles ajustados entre a parte e o seu advogado.

> Mas, Luciano, poderia a parte vencedora cobrar da outra o que despendeu a título de honorários contratuais? Resposta: não. Estes estão a cargo exclusivo da parte contratante do advogado.

O **regramento relativo aos honorários sucumbenciais** pode ser assim resumido:

> I – Serão devidos os honorários na reconvenção, no cumprimento de sentença, provisório ou definitivo (se for contra a fazenda pública, há previsão específica adiante), na execução, resistida ou não, e nos recursos interpostos, cumulativamente;
>
> II – Percentual dos honorários – serão fixados entre 10 e 20% sobre o valor da condenação, do proveito econômico obtido ou, não sendo possível mensurá-lo, sobre o valor atualizado da causa, atendidos os seguintes critérios: a) - o grau de zelo do profissional; b) o lugar de prestação do serviço; c) a natureza e a importância da causa; d) o trabalho realizado pelo advogado e o tempo exigido para o seu serviço.
>
> III – Nas causas em que for inestimável ou irrisório o proveito econômico ou, ainda, quando o valor da causa for muito baixo, o juiz fixará o valor dos honorários por apreciação equitativa, observando-se os critérios antes mencionados.
>
> IV – Na ação de indenização por ato ilícito contra pessoa, o percentual de honorários incidirá sobre a soma das prestações vencidas acrescidas de 12 (doze) prestações vincendas.
>
> V – Nos casos de perda do objeto, os honorários serão devidos por quem deu causa ao processo.
>
> VI – Ao julgar o recurso, o tribunal aumentará os honorários fixados anteriormente levando em conta o trabalho adicional realizado em grau recursal, sendo vedado ao tribunal, no cômputo geral da fixação de honorários devidos ao advogado do vencedor, ultrapassar o limite de 10 a 20% sobre o valor da condenação, do proveito econômico obtido ou, não sendo possível mensurá-lo, sobre o valor atualizado da causa.
>
> VII – As verbas de sucumbência arbitradas em embargos à execução rejeitados ou julgados improcedentes e em fase de cumprimento de sentença serão acrescidas no valor do débito principal, para todos os efeitos legais.

Em relação aos honorários advocatícios devidos quando o vencido for a fazenda pública, há necessidade de estudo apartado.

I – Em primeiro lugar, o percentual devido a títulos de honorários, sendo vencida a fazenda pública, **não** será de 10 a 20%, mas variará, conforme o valor da condenação ou do proveito econômico obtido e assim ocorrerá independentemente do conteúdo da decisão.

Valor da condenação ou proveito econômico obtido (em salários-mínimos)	Percentual
Até 200	Entre 10 e 20%.
Acima de 200 até 2.000	Entre 8 e 10%.
Acima de 2.000 até 20.000	Entre 5 e 8%.
Acima de 20.000 até 100.000	Entre 3 e 5%.
Acima de 100.000	Entre 1 e 3%.

II – A fixação do percentual **deve observar a faixa inicial e, naquilo que a exceder, a faixa subsequente, e assim sucessivamente**.

Então, se o proveito econômico for correspondente a 250 salários-mínimos, qual será o mínimo de honorários devidos pela fazenda pública?

O montante será calculado da seguinte forma: até 200 salários – 10% (ou seja, 20 salários); de 201 a 250 salários – 8% (ou seja, 4 salários) = o resultado final corresponderá a 24 salários, se fixado no mínimo legal, sendo considerado o salário-mínimo vigente quando prolatada sentença líquida ou o que estiver em vigor na data da decisão de liquidação.

III – Não sendo líquida a sentença, a definição do percentual somente ocorrerá quando liquidado o julgado;

IV – Não havendo condenação principal ou não sendo possível mensurar o proveito econômico obtido, a condenação em honorários dar-se-á sobre o valor atualizado da causa;

V – Não serão devidos honorários no cumprimento de sentença contra a Fazenda Pública que enseje expedição de precatório, desde que não tenha sido impugnada.

Futuro oficial de justiça: atenção para esta hipótese, pois já foi objeto de duas questões em concursos da área. Segue um dos exemplos:

(FCC – Analista Judiciário – Área Judiciária – TRT 11/2017) A respeito dos honorários advocatícios, é correto afirmar que

(A) os honorários advocatícios não podem exceder 5% do valor da condenação, nas causas em que a Fazenda Pública for parte.

(B) os honorários fixados na sentença não podem ser cumulados com os honorários arbitrados na fase recursal.

→ **(C) não são devidos honorários no cumprimento de sentença contra a Fazenda Pública que enseje a expedição de precatório, desde que não tenha sido impugnada.**

(D) não são devidos honorários advocatícios no cumprimento provisório de sentença.

(E) não são devidos honorários advocatícios nos casos de perda de objeto.

Correta: "C".

Atenção: Tema 1.190, Repercussão Geral, STF:

Na ausência de impugnação à pretensão executória, não são devidos honorários advocatícios sucumbenciais em cumprimento de sentença contra a Fazenda Pública, ainda que o crédito esteja submetido a pagamento por meio de Requisição de Pequeno Valor - RPV.

Muita atenção: uma vez intimado no cumprimento de sentença, a fazenda pública poderá oferecer impugnação (art. 535, CPC). Se não oferecida, ou se já julgada e não acolhida, tem-se que a obrigação de pagar **será cumprida por meio de precatório ou por requisição de pequeno valor** (para o caso de obrigação de pequeno valor). Para se saber se serão devidos honorários na fase de cumprimento de sentença (execução), é preciso fazer as seguintes perguntas:

a) A fase de cumprimento de sentença foi impugnada? Em caso positivo, independentemente de se tratar de cumprimento por precatório ou por requisição de pequeno valor, serão devidos honorários advocatícios na execução.

b) Não sendo impugnada (e não acolhidos), serão devidos honorários se o cumprimento da obrigação se der mediante requisição de pequeno valor (por se tratar de obrigação de pequeno valor). Se o cumprimento se der por precatório, não serão devidos honorários.

VI – Nas causas em que for inestimável ou irrisório o proveito econômico ou, ainda, quando o valor da causa for muito baixo, o juiz fixará o valor dos honorários por apreciação equitativa. Nesta hipótese, para fins de fixação equitativa de honorários sucumbenciais, o juiz deverá observar os valores recomendados pelo Conselho Seccional da Ordem dos Advogados do Brasil a título de honorários advocatícios ou o limite mínimo de 10% (dez por cento) estabelecido no § 2º deste artigo, aplicando-se o que for maior.

Quando o valor da condenação ou do proveito econômico obtido ou o valor atualizado da causa for líquido ou liquidável, para fins de fixação dos honorários advocatícios, nos termos dos §§ 2º e 3º, é proibida a apreciação equitativa, salvo nas hipóteses expressamente previstas no § 8º.

Futuro oficial de justiça: também tenha muita atenção com essa hipótese, pois o Superior Tribunal de Justiça julgou recurso especial repetitivo e fixou tese no **Tema 1.076 dos Repetitivos**. A questão toda girava em se saber se, quando o valor da causa fosse alto, seria possível também a fixação dos honorários por apreciação equitativa. E a tese vencedora foi no sentido de aplicar a literalidade do dispositivo, decidindo-se pela inviabilidade da fixação de honorários de sucumbência por apreciação equitativa quando o valor da condenação ou o proveito econômico forem elevados.

De toda forma, quer seja parte a fazenda pública ou não, os honorários constituem direito do advogado e possuem natureza alimentar, com os mesmos privilégios dos créditos oriundos da legislação do trabalho, sendo proibida a compensação em caso de sucumbência parcial.

Caso a decisão transitada em julgado seja omissa quanto ao direito aos honorários ou ao seu valor, é cabível ação autônoma para sua definição e cobrança.

7.3.3. Multas

O valor correspondente à sanção por litigância de má-fé será revertido em benefício da parte contrária, e o montante das sanções impostas aos serventuários pertencerá ao Estado ou à União.

7.3.4. Caução real do residente no exterior

O autor, brasileiro ou estrangeiro, que residir fora do Brasil ou deixar de residir no país ao longo da tramitação do processo deverá prestar caução suficiente ao pagamento das custas e dos honorários de advogado da parte contrária nas ações que promover, se não tiver no Brasil bens imóveis que lhe assegurem o pagamento.

A caução, contudo, estará dispensada:

I - quando houver dispensa prevista em acordo ou tratado internacional de que o Brasil faz parte;

II - na execução fundada em título extrajudicial e no cumprimento de sentença;

III - na reconvenção.

7.4. Gratuidade da Justiça

Inicialmente, deve ser feita a distinção entre assistência jurídica, assistência judiciária e justiça gratuita.

Assistência jurídica: orientação jurídica prestada ao hipossuficiente econômico.

Assistência judiciária: possibilita-se à parte um advogado sem qualquer custo.

Justiça gratuita: tem-se a isenção do pagamento de custas e despesas no processo.

A propósito, o art. 98, *caput*, do CPC, garante à pessoa natural ou jurídica, brasileira ou estrangeira, com insuficiência de recursos para pagar as custas, as despesas processuais e os honorários advocatícios, a gratuidade da justiça (ou justiça gratuita). Admite-se a concessão da gratuidade em relação a algum ou a todos os atos processuais, ou consistir na redução percentual de despesas processuais que o beneficiário tiver de adiantar no curso do procedimento.

Quando o pedido de gratuidade da justiça deve ser formulado?

Deverá ser formulado na petição inicial, na contestação, na petição para ingresso de terceiro no processo ou em recurso. Se superveniente à primeira manifestação da parte na instância, o pedido poderá ser formulado por petição simples, nos autos do próprio processo, e não suspenderá seu curso.

O direito à gratuidade da justiça é pessoal, não se estendendo a litisconsorte ou a sucessor do beneficiário, salvo requerimento e deferimento.

Admite-se que o juiz conceda direito ao parcelamento de despesas processuais que o beneficiário tiver de adiantar no curso do procedimento.

É possível impugnar ao pedido de justiça gratuita apresentado pela outra parte?

Sim. Será possível na contestação, na réplica, nas contrarrazões de recurso ou, nos casos de pedido superveniente ou formulado por terceiro, por meio de petição simples, a ser apresentada no prazo de 15 dias, nos próprios autos, sem suspensão do processo.

7.5. Da Denunciação da Lide

7.5.1. Definição

Trata-se de espécie de intervenção de terceiros provocada, que possui natureza jurídica de ação condenatória eventual. Diz-se que é eventual, pois somente será julgada se o responsável pela denunciação (denunciante) for vencido no mérito da ação principal. Nesse sentido, dispôs o parágrafo único do art. 129: "Se o denunciante for vencedor, a ação de denunciação não terá o seu pedido examinado, sem prejuízo da condenação do denunciante ao pagamento das verbas de sucumbência em favor do denunciado".

Percebe-se que a denunciação da lide cria uma nova relação jurídica processual, com lide própria.

Na denunciação da lide, o denunciante tem pretensão própria contra terceiro.

São requisitos indispensáveis para o deferimento da denunciação: a) pretensão própria do denunciante *versus* o denunciado; e b) existência de direito de regresso do denunciante frente ao denunciado.

7.5.2. A provocação da denunciação da lide

Têm legitimidade à denunciação as partes da ação principal (autor e réu, além dos que já figurem como denunciados), desde que exista uma pretensão de regresso.

DENUNCIAÇÃO DA LIDE PELO AUTOR	DENUNCIAÇÃO DA LIDE PELO RÉU
O autor requer a denunciação na própria petição inicial. Ela somente será julgada se a ação principal, movida em face do réu, for julgada improcedente.	O réu a requer no prazo de resposta. Somente será julgada se a ação principal, movida em face do denunciante, for julgada procedente.
Requerida a citação do denunciado, o processo principal permanecerá paralisado. Realizada a citação, poderá o denunciado assumir a posição de litisconsorte do denunciante e acrescentar novos argumentos à petição inicial, procedendo-se em seguida à citação do réu.	Oferecida a denunciação, podem surgir três situações distintas: i) se o denunciado contestar o pedido formulado pelo autor, o processo prosseguirá tendo, na ação principal, em litisconsórcio, denunciante e denunciado; ii) se o denunciado for revel, o denunciante pode deixar de prosseguir com a sua defesa e abster-se de recorrer, restringindo sua atuação à ação regressiva; iii) se o denunciado confessar os fatos alegados pelo autor, o denunciante poderá prosseguir com sua defesa ou, aderindo a tal reconhecimento, pedir apenas a procedência da ação de regresso.

Independentemente da modalidade de denunciação – requerida pelo autor ou pelo réu –, será a ação regressiva julgada na mesma sentença em que analisada a ação principal.

De toda maneira, estando prejudicada a denunciação da lide por conta de ser a ação principal favorável ao denunciante, deverá este ser condenado ao pagamento dos honorários devidos ao advogado do denunciado.

Esse tema, aliás, já foi objeto de questionamento em prova realizada pela FCC – Analista Judiciário – Área Judiciária – TRT.

(FCC – Analista Judiciário – Área Judiciária – TRT 24/2017) Sobre a intervenção de terceiros, nos termos preconizados pelo Código de Processo Civil,

(A) na denunciação da lide, se o denunciante for vencedor, a ação de denunciação não terá o seu pedido examinado, sem prejuízo da condenação do denunciante ao pagamento das verbas de sucumbência em favor do denunciado (correta).

7.5.3. Cabimento da Denunciação da Lide

Será admissível a denunciação da lide, promovida por qualquer das partes:

> I – ao alienante imediato, no processo relativo à coisa cujo domínio foi transferido ao denunciante, a fim de que possa exercer os direitos que da evicção lhe resultam;
>
> II – àquele que estiver obrigado, por lei ou pelo contrato, a indenizar, em ação regressiva, o prejuízo de quem for vencido no processo.

a) Denunciação para exercício do direito que da evicção resulta

(Entre parêntesis...)

A denunciação da lide para o exercício do direito de evicção somente poderá ser realizada em face do alienante imediato (e não dos demais integrantes da cadeia contratual). Além disso, será admitida uma única denunciação sucessiva. Não se admite a denunciação *per saltum*.

A hipótese do inciso I do art. 125, traz duas importantes alterações.

A primeira delas é constar que será admitida a **denunciação exclusivamente ao alienante imediato**, de modo que não poderá ser escolhido qualquer integrante da cadeia contratual, mas unicamente aquele que alienou o bem ao denunciante.

Também é digno de nota que houve a revogação do art. 456 do Código Civil e, como mencionado expressamente no § 2º do art. 125, **somente será admitida uma única denunciação sucessiva, promovida pelo denunciado, contra seu antecessor imediato na cadeia dominial ou quem seja responsável por indenizá-lo**, não podendo o denunciado sucessivo promover nova denunciação, hipótese em que eventual direito de regresso será exercido por ação autônoma.

Portanto, não se admite a denunciação *per saltum*, permitindo-se apenas uma denunciação sucessiva para com o alienante imediato.

b) Denunciação àquele que estiver obrigado a indenizar em ação regressiva

A segunda hipótese de admissibilidade da denunciação da lide é em relação àquele que estiver obrigado, por lei ou pelo contrato, a indenizar, em ação regressiva, o prejuízo de quem for vencido no processo. Trata-se de hipótese típica do contrato de seguro.

A inadmissibilidade da denunciação *per saltum* e a possibilidade apenas uma denunciação sucessiva também se aplica a esta hipótese.

7.6. Do Chamamento ao Processo

7.6.1. Definição

O chamamento ao processo é modalidade de intervenção de terceiros provocada pelo réu, que deverá exercer tal direito na contestação.

Existem duas teses a respeito da natureza do chamamento ao processo.

a) Trata-se de ação condenatória requerida pelo devedor solidário que, acionado sozinho para responder pela totalidade da dívida, pretende acertar, na ação secundária de chamamento, a responsabilidade do devedor principal ou dos demais codevedores solidários, na proporção de suas cotas. De acordo com os autores adeptos desta teoria, tese contrária ofenderia a opção do litisconsórcio facultativo para o autor nos casos de solidariedade.

b) Outros autores defendem tratar-se de forma de ampliação subjetiva passiva da relação processual.

O CPC/2015, ao que parece, adotou a segunda tese, como se pode extrair do que está previsto no art. 131, caput, ao mencionar que "a citação daqueles que devam figurar em litisconsórcio passivo (...)".

7.6.2. Da admissibilidade do Chamamento ao Processo

O chamamento ao processo poderá ser requerido réu, na sua contestação, quando: i) o fiador for réu, hipótese em que chamará o afiançado; ii) os demais fiadores, na ação proposta contra um ou alguns deles; iii) os demais devedores solidários, quando o credor exigir de um ou de alguns o pagamento da dívida comum.

Nessas hipóteses, o réu foi citado para responder sozinho pela obrigação. Então, buscando fixar a responsabilidade do devedor principal ou dos demais devedores, poderá chamá-los ao processo, com quem formará litisconsórcio passivo.

Após requerer a citação do chamado e sendo a intervenção deferida pelo juiz, o réu deverá providenciar a sua citação, disponibilizando o que for necessário. Deverá tomar tal providência no prazo de trinta dias, sob pena de ficar sem efeito o chamamento. Porém, se o chamado residir em outra comarca, seção ou subseção judiciária, ou ainda em lugar incerto, o prazo será de dois meses.

7.6.3. Da sentença de procedência

O réu, ao promover o chamamento ao processo, tem o interesse, como já foi dito, de ver reconhecida a responsabilidade do chamado em responder total ou parcialmente pela dívida. E, em conformidade com o art. 132 do CPC 2015, a sentença de procedência valerá como título executivo judicial em favor do réu que satisfizer a dívida, a fim de que possa exigi-la, por inteiro, do devedor principal, ou de cada um dos codevedores, na proporção que lhes tocar.

7.7. Do incidente de desconsideração da personalidade jurídica

7.7.1. Definição

Com a finalidade de resguardar os princípios do contraditório dinâmico e da ampla defesa, o legislador fez previsão do incidente de desconsideração da personalidade jurídica, por meio do qual o sócio ou a própria pessoa jurídica (desconsideração invertida) serão previamente ouvidos, antes de se decidir pela possibilidade de desconsiderá-la.

A lei processual não fez previsão das hipóteses em que será admitida a desconsideração, reservando tal regulação para o direito material, como é possível verificar no Código Civil, Código de Defesa do Consumidor etc.

Trata-se de novidade inserida pelo CPC de 2015, pois, embora o ordenamento jurídico admitisse a desconsideração em algumas hipóteses, não se preocupava com aspectos processuais.

7.7.2. Desconsideração requerida na própria inicial

O pedido de desconsideração da personalidade jurídica não depende propriamente da instauração de um incidente próprio, pois poderá ser requerido na própria petição inicial, ou em reconvenção (apresentada na contestação).

Optando por tal procedimento, o demandante requererá a formação de litisconsórcio passivo entre a pessoa jurídica e o sócio (ou, o sócio e a pessoa jurídica, no caso da desconsideração invertida).

7.7.3. Legitimidade para requerer a instauração do incidente

O incidente de desconsideração da personalidade jurídica será instaurado a pedido da parte ou do Ministério Público, quando lhe couber intervir no processo.

Aquele que demandar no processo poderá requerer a instauração do incidente de desconsideração da personalidade jurídica. Nesse sentido, poderão fazê-lo: i) autor; ii) o réu, por meio de reconvenção; iii) o autor ou o réu, quando requererem a denunciação da lide; iv) o réu, quando valer-se do chamamento ao processo; v) o assistente litisconsorcial também poderá requerer, até porque poderia ser parte na relação processual.

O Ministério Público também poderá fazê-lo, atuando como parte no processo, ou como fiscal da ordem jurídica.

7.7.4. Admissibilidade do incidente e procedimento

O incidente de desconsideração da personalidade jurídica é cabível em todas as fases do processo de conhecimento, no cumprimento de sentença ou na execução fundada em título executivo extrajudicial.

O incidente será requerido por meio do interessado, em petição dirigida ao juízo. Uma vez instaurado, haverá comunicação ao distribuidor para as anotações devidas, acarretando a imediata suspensão do processo.

Trata-se, como se vê, de suspensão imprópria, na medida em que, enquanto outros atos processuais não serão praticados, o incidente tramitará, com a citação do sócio ou da pessoa jurídica para manifestar-se e requerer as provas cabíveis no prazo de quinze dias.

Terminada a instrução, se acaso for necessário, o incidente será solucionado por meio de decisão interlocutória, podendo ser impugnada pelo recurso de agravo de instrumento. Se a decisão for proferida pelo relator, caberá o recurso de agravo interno.

Sendo acolhido o incidente, o juiz determinará que os bens do sócio ou da pessoa jurídica também responderão pela dívida. Além disso, a alienação ou a oneração de bens, havida em fraude de execução, será ineficaz em relação ao requerente.

7.8. Do *Amicus Curiae*

7.8.1. Definição

O *amicus curiae* não é parte no processo, pois não tem qualquer interesse no resultado da ação. Tem unicamente interesse em auxiliar o órgão judicial. Terá legitimidade recursal limitada, pois somente poderá recorrer para opor embargos declaratórios e para impugnar o pronunciamento que julgar o incidente de resolução de demandas repetitivas (art. 138, § 3º do CPC).

7.8.2. Limitação à legitimação recursal do Amicus Curiae

Se, de um lado, o CPC prevê a intervenção do *amicus curiae* em quatro dispositivos, restringe a possibilidade de interposição de recurso a apenas um deles – incidente de resolução de demandas repetitivas – e admite a apresentação de embargos declaratórios em todos (art. 138, §§ 1º e 3º), ressalvado nos processos de controle concentrado de constitucionalidade, em que o STF não admite tal interposição.

O *amicus curiae* tem autorização legal para a interposição de embargos declaratórios, bem como poderá recorrer da decisão que julgar o incidente de resolução de demandas repetitivas.

Além disso, a decisão que admitir o *amicus curiae* é irrecorrível.

Já foi questionado pela FCC, em concurso para analista judiciário – TRT:

> **(FCC – Analista Judiciário – Área Judiciária – TRT 2/2018)** Sobre a intervenção de terceiros no Código de Processo Civil, é correto afirmar:
>
> (B) A decisão do Magistrado que admitir uma entidade especializada, com representatividade adequada como amicus curiae, pode ser objeto de recurso de agravo de instrumento. [**Alternativa incorreta**].

8. DO JUIZ E DOS AUXILIARES DA JUSTIÇA – ARTS. 139/143; 149/155; 159/161

8.1. Incumbências do juiz

O juiz atuará como presidente do processo, sendo de sua atribuição dirigi-lo (princípio do impulso oficial), como um verdadeiro gestor para a garantia da ampla defesa, contraditório e com o objetivo de ser alcançada uma sentença de mérito justa e efetiva.

Para tanto, terá as incumbências indicadas no art. 139, quais sejam:

I - assegurar às partes igualdade de tratamento;

II - velar pela duração razoável do processo;

III - prevenir ou reprimir qualquer ato contrário à dignidade da justiça e indeferir postulações meramente protelatórias;

IV - determinar todas as medidas indutivas, coercitivas, mandamentais ou sub-rogatórias necessárias para assegurar o cumprimento de ordem judicial, inclusive nas ações que tenham por objeto prestação pecuniária; V - promover, a qualquer tempo, a autocomposição, preferencialmente com auxílio de conciliadores e mediadores judiciais;

VI - dilatar os prazos processuais e alterar a ordem de produção dos meios de prova, adequando-os às necessidades do conflito de modo a conferir maior efetividade à tutela do direito;

VII - exercer o poder de polícia, requisitando, quando necessário, força policial, além da segurança interna dos fóruns e tribunais;

VIII - determinar, a qualquer tempo, o comparecimento pessoal das partes, para inquiri-las sobre os fatos da causa, hipótese em que não incidirá a pena de confesso;

IX - determinar o suprimento de pressupostos processuais e o saneamento de outros vícios processuais;

X - quando se deparar com diversas demandas individuais repetitivas, oficiar o Ministério Público, a Defensoria Pública e, na medida do possível, outros legitimados a que se referem o art. 5o da Lei no 7.347, de 24 de julho de 1985, e o art. 82 da Lei no 8.078, de 11 de setembro de 1990, para, se for o caso, promover a propositura da ação coletiva respectiva.

8.2. Proibição do *non liquet*

É sabido que o juiz não se exime de decidir sob a alegação de lacuna ou obscuridade do ordenamento jurídico, sendo proibido o *non liquet*, como consequência do princípio da indeclinabilidade da jurisdição.

O ordenamento jurídico é composto não apenas pela lei, mas por várias fontes, compreendendo-se os princípios, entre outros.

8.3. Decisão por equidade

A admissibilidade de o juiz decidir por equidade somente ocorrerá nos casos expressamente previstos em lei, como ocorre nos juizados especiais.

A propósito, prevê o art. 723, parágrafo único, que o juiz não é obrigado a observar critério da legalidade estrita, podendo adotar em cada caso a solução que considerar mais conveniente ou oportuna.

8.4. Processo utilizado para a prática de ato simulado ou para fim vedado pela lei

Convencendo-se, pelas circunstâncias, de que autor e réu se serviram do processo para praticar ato simulado ou conseguir fim vedado por lei, o juiz proferirá decisão que impeça os objetivos das partes, aplicando, de ofício, as penalidades da litigância de má-fé.

8.5. Responsabilidade civil do juiz

O juiz responderá civil e **regressivamente** por perdas e danos quando:

i) no exercício de suas funções, proceder com dolo ou fraude;

ii) recusar, omitir ou retardar, sem justo motivo, providência que deva ordenar de ofício ou a requerimento da parte. Estes fatos somente serão verificados depois que a parte requerer ao juiz que determine a providência e o requerimento não for apreciado no prazo de 10 (dez) dias.

Como é possível verificar, futuro oficial de justiça, o juiz somente poderá ser responsabilizado de **forma regressiva**, aplicando-se, por extensão, a tese fixada no Tema 940, Repercussão Geral, STF, *in verbis:* "A teor do disposto no art. 37, § 6º, da Constituição Federal, a ação por danos causados por agente público deve ser ajuizada contra o Estado ou a pessoa jurídica de direito privado prestadora de serviço público, sendo parte ilegítima para a ação o autor do ato, assegurado o direito de regresso contra o responsável nos casos de dolo ou culpa".

No que se refere, ainda, à responsabilidade dos juízes no exercício de suas atividades, deve ser enfatizado, futuro oficial de justiça, o deferimento de liminar na ADFP nº 774, para "determinar a **suspensão dos processos judiciais que visam a condenar o poder público ao pagamento de indenizações com base no art. 37, § 6º, da Constituição Federal, tendo como causa de pedir a impropriedade ou o excesso de linguagem de membro da magistratura nacional (art. 41 c/c arts 35 e 36, todos da LC nº 35/1979),** até ulterior decisão em sentido diverso ou julgamento definitivo no âmbito" da ADPF.

8.6. Auxiliares da justiça

8.6.1. *Quem são os auxiliares da Justiça?*

O juiz não atua sozinho no processo. Ao contrário, é auxiliado por outros profissionais, que podem ter vínculo funcional direto com o Tribunal, ou apenas exercerem a sua função de forma eventual, sem vínculo funcional.

Para fins penais, são considerados *funcionários públicos*. Para o Direito Administrativo, alguns ocupam cargos públicos, enquanto outros não.

São auxiliares da Justiça, além de outros cujas atribuições sejam determinadas pelas normas de organização judiciária, **o escrivão, o chefe de secretaria, o oficial de justiça, o perito, o depositário, o administrador, o intérprete, o tradutor, o mediador, o conciliador judicial, o partidor, o distribuidor, o contabilista e o regulador de avarias.**

8.6.2. *Escrivão e Chefe de Secretaria*

Em cada juízo (foro ou comarca) haverá um ou mais ofícios de justiça (unidades judiciárias), cujas atribuições serão determinadas pelas normas de organização judiciária. Na comarca de Campinas, por exemplo, há várias unidades judiciárias, cada qual correspondendo a um ofício de justiça. Há o 1º Ofício Cível, 2º Ofício Cível (...), 1º Ofício Criminal e assim por diante. Cada uma dessas unidades será dirigida por um Escrivão.

Incumbirá ao escrivão ou ao chefe de secretaria:

I – redigir, na forma legal, os ofícios, os mandados, as cartas precatórias e os demais atos que pertençam ao seu ofício;

II – efetivar as ordens judiciais, realizar citações e intimações, bem como praticar todos os demais atos que lhe forem atribuídos pelas normas de organização judiciária;

III – comparecer às audiências ou, não podendo fazê-lo, designar servidor para substituí-lo;

IV – manter sob sua guarda e responsabilidade os autos, não permitindo que saiam do cartório, exceto: a) quando tenham de seguir à conclusão do juiz; b) com vista a procurador, à Defensoria Pública, ao Ministério Público ou à Fazenda Pública; c) quando devam ser remetidos ao contabilista ou ao partidor; d) quando forem remetidos a outro juízo em razão da modificação da competência;

V – fornecer certidão de qualquer ato ou termo do processo, independentemente de despacho, observadas as disposições referentes ao segredo de justiça;

VI – praticar, de ofício, os atos meramente ordinatórios, nos termos regulamentados por ato do juiz.

No impedimento do escrivão ou chefe de secretaria, o juiz convocará substituto e, não o havendo, nomeará pessoa idônea para o ato.

O escrivão ou o chefe de secretaria atenderá, **preferencialmente**, à ordem cronológica de recebimento para publicação e efetivação dos pronunciamentos judiciais, com exceção dos atos urgentes, assim reconhecidos pelo juiz no pronunciamento judicial a ser efetivado, bem como as preferências legais.

A parte que se considerar preterida na ordem cronológica poderá reclamar, nos próprios autos, ao juiz do processo, que requisitará informações ao servidor, a serem prestadas no prazo de dois dias. Constatada a preterição, o juiz determinará o imediato cumprimento do ato e a instauração de processo administrativo disciplinar contra o servidor.

8.6.3. Do Oficial de Justiça

"Era no tempo do Rei"... Quem não se lembra dessa passagem do livro "Memórias de um Sargento de Milícias", de Manuel Antônio de Almeida? É um clássico. Entre tantas personagens, há uma que é sempre lembrada: a do meirinho, que dizia: "Dou-lhe por citado".

Esta passagem serviu apenas para lembrar que o meirinho, ou o oficial de justiça, é o auxiliar da justiça que atua na execução das ordens do juiz, incumbindo-lhe várias tarefas.

São incumbências do oficial de justiça:

I – fazer pessoalmente citações, prisões, penhoras, arrestos e demais diligências próprias do seu ofício, sempre que possível na presença de 2 (duas) testemunhas, certificando no mandado o ocorrido, com menção ao lugar, ao dia e à hora;

II – executar as ordens do juiz a que estiver subordinado;

III – entregar o mandado em cartório após seu cumprimento;

IV – auxiliar o juiz na manutenção da ordem;

V – efetuar avaliações, quando for o caso;

VI – certificar, em mandado, proposta de autocomposição apresentada por qualquer das partes, na ocasião de realização de ato de comunicação que lhe couber, hipótese em que o juiz ordenará a intimação da parte contrária para manifestar-se, no prazo de 5 (cinco) dias, sem prejuízo do andamento regular do processo, entendendo-se o silêncio como recusa.

8.6.4. Responsabilidade civil e regressiva do escrivão, do chefe de secretaria e do oficial de justiça

O escrivão, o chefe de secretaria e o oficial de justiça são responsáveis, civil e regressivamente, quando: I – sem justo motivo, se recusarem a cumprir no prazo os atos impostos pela lei ou pelo juiz a que estão subordinados; II – praticarem ato nulo com dolo ou culpa.

Note-se que há menção à responsabilidade civil e regressiva, de modo que, em primeiro lugar, responderá o Estado pelo dano, cabendo a busca da responsabilização posteriormente aos agentes públicos.

8.6.5 Depositário e do Administrador

A guarda e a conservação de bens penhorados, arrestados, sequestrados ou arrecadados serão confiadas a depositário ou a administrador, não dispondo a lei de outro modo.

Por seu trabalho o depositário ou o administrador perceberá remuneração que o juiz fixará levando em conta a situação dos bens, ao tempo do serviço e às dificuldades de sua execução.

9. MINISTÉRIO PÚBLICO, ADVOCACIA PÚBLICA E DEFENSORIA PÚBLICA (ARTS. 176/187)

9.1. Ministério Público

Perfil Constitucional. O Ministério Público atuará na defesa da ordem jurídica, do regime democrático e dos interesses e direitos sociais e individuais indisponíveis, conforme determina a Constituição Federal, a sua Lei Orgânica e o art. 176 do CPC.

Intervenção como parte. Poderá atuar no processo civil como **parte.** Nesse passo, poderá ajuizar ações com fundamento na Constituição Federal (como, por exemplo, a representação para impugnação de mandato eletivo (art. 14, § 10, c.c. art. 22, I, da LC 64/90), dissídio coletivo (art. 1124, § 3º), ação civil pública para a proteção do patrimônio público e social, do meio ambiente e de outros interesses difusos e coletivos (art. 129, III).

Também poderá a ação ser fundada no Código Civil, como poderá ocorrer no pedido de declaração de ausência e nomeação de curador (art. 22), ação de nulidade ou de anulação de atos jurídicos (CC, art. 168).

O Código de Processo Civil também dá suporte para o ajuizamento de ações, como poderá ocorrer na ação rescisória, no pedido de abertura de inventário, no procedimento de jurisdição voluntária etc.

Intervenção como fiscal da ordem jurídica.

Atuará como fiscal da ordem jurídica nas hipóteses previstas na Constituição e na lei e, também nos processos: i) que envolvam interesse público ou social; ii) interesse de incapaz; iii) litígios coletivos pela posse de terra rural ou urbana.

O Ministério Público, no exercício de suas funções, contará com as prerrogativas da intimação pessoal e do prazo em dobro para manifestar-se nos autos.

Poderes investigatórios. No exercício de suas funções, o Ministério Público poderá instaurar inquéritos civis e outras medidas e procedimentos administrativos pertinentes e, para instruí-los, entre outras providências, requisitar informações, exames periciais e documentos de autoridades federais, estaduais e municipais, bem como dos órgãos e entidades da administração direta, indireta ou fundacional, de qualquer dos Poderes da União, dos Estados, do Distrito Federal e dos Municípios, bem como, promover inspeções e diligências investigatórias junto às autoridades, órgãos e entidades a que se refere a alínea anterior e, ainda, requisitar informações e documentos a entidades privadas, para instruir procedimentos ou processo em que oficie.

Responsabilidades. O Ministério Público será civil e regressivamente responsável quando agir com dolo ou fraude no exercício de suas funções

RESPONSABILIDADE REGRESSIVA DO MEMBRO DO MINISTÉRIO PÚBLICO.

Impedimentos e suspeição. Aplicam-se ao membro do Ministério Público os motivos de impedimento e de suspeição previstos para o juiz.

A parte interessada deverá arguir o impedimento ou a suspeição, em petição fundamentada e devidamente instruída, na primeira oportunidade em que lhe couber falar nos autos.

O juiz mandará processar o incidente em separado e sem suspensão do processo, ouvindo o arguido no prazo de 15 (quinze) dias e facultando a produção de prova, quando necessária.

9.2. Advocacia Pública

Atribuição. É missão da Advocacia Pública a defesa e promoção dos interesses públicos da União, dos Estados, do Distrito Federal e dos Municípios, por meio de representação judicial, em todos os âmbitos federativos, das pessoas jurídicas de direito público que integram a administração direta e indireta. É integrada por profissionais que ingressam por meio de concurso.

Prerrogativas das pessoas jurídicas de direito público. As pessoas jurídicas de direito público gozam de prazo em dobro para a prática de atos processuais (ressalvados os prazos que lhe são específicos), bem como da prerrogativa da intimação pessoal. O membro da Advocacia Pública será civil e regressivamente responsável quando agir com dolo ou fraude no exercício de suas funções

9.3. Defensoria Pública

Missão institucional. A Defensoria Pública exercerá a orientação jurídica, a promoção dos direitos humanos e a defesa dos direitos individuais e coletivos dos necessitados, em todos os graus, de forma integral e gratuita.

Prerrogativa. A Defensoria Pública gozará de prazo em dobro para todas as suas manifestações processuais. O prazo tem início com a intimação pessoal do defensor público.

A requerimento da Defensoria Pública, o juiz determinará a intimação pessoal da parte patrocinada quando o ato processual depender de providência ou informação que somente por ela possa ser realizada ou prestada.

Não se aplica o benefício da contagem em dobro quando a lei estabelecer, de forma expressa, prazo próprio para a Defensoria Pública.

A prerrogativa do prazo em dobro aplica-se aos escritórios de prática jurídica das faculdades de Direito reconhecidas na forma da lei e às entidades que prestam assistência jurídica gratuita em razão de convênios firmados com a Defensoria Pública.

O membro da Defensoria Pública será civil e regressivamente responsável quando agir com dolo ou fraude no exercício de suas funções.

10. ATOS PROCESSUAIS – ARTS. 188/202

10.1. Definição

Apenas para entender a matéria

São **atos processuais** aqueles que se destinam à criação, modificação, conservação ou extinção da ***relação jurídica processual***.[1] Podem ser praticados pelas partes, pelos auxiliares do juízo e pelo magistrado. Diferenciam-se dos fatos processuais, que são fatos humanos ou não que tenham repercussão no processo.

Durante o trâmite do procedimento, há a prática de vários atos coordenados, que seguem uma ordem lógica. Assim, a petição inicial é apresentada, depois se dá oportunidade para a defesa e assim por diante.[12]

Esses atos processuais são praticados pelas partes, pelo juiz e pelos auxiliares da justiça, e devem ser registrados nos autos. Podem ser **físicos** (autos em papel) ou **registrados em meio eletrônico** (processo eletrônico).

Geralmente, vários atos praticados pelo escrivão ou chefe de secretaria são registrados por meio de ***termos,*** como ocorre com a conclusão, a vista, a juntada, o recebimento etc., que formalizam o trâmite processual.

10.2. Forma dos Atos Processuais

Tais atos processuais não devem ser praticados em conformidade com determinada forma, a não ser se a lei expressamente o exigir.

E uma regra importante: ainda que um ato processual não seja praticado em conformidade com a forma estabelecida na lei, serão considerados válidos os que, realizados de outro modo, lhe preencham a finalidade essencial.

Para entender

Aduz a doutrina que o Código de Processo Civil encampou o princípio da instrumentalidade das formas, de modo que o juiz somente invalidará o ato processual se existir prejuízo demonstrado para a parte.

12. WAMBIER, Luiz Rodrigues. TALAMINI, Eduardo. ALMEIDA. Flávio Renato Correia. Curso Avançado de Processo Civil. VOL. 1. 10ª ed. São Paulo: RT, 2008.

Dessa maneira, por exemplo, ainda que a citação seja praticada pelo correio, quando deveria tê-lo sido por oficial de justiça, será considerada válida se a comunicação ao réu ocorreu efetivamente, proporcionando-lhe a efetivação do direito de defesa. Nota-se, assim, que a sua finalidade essencial foi cumprida.

Os atos e termos do processo deverão ser praticados com a utilização da língua portuguesa. Existindo documento em língua estrangeira, este somente poderá ser juntado aos autos quando acompanhado de versão para a língua portuguesa tramitada por via diplomática ou pela autoridade central, ou firmada por tradutor juramentado.

10.3. Segredo de Justiça

Como regra, os atos processuais são públicos, de modo que todos podem ter acesso aos seus termos. Uma pessoa pode, perfeitamente, consultar os autos em que estranhos estão sendo processados.

> **Contudo, há determinados casos em que o processo tramitará em segredo de justiça. São eles: I – em que o exija o interesse público ou social; II – que versem sobre casamento, separação de corpos, divórcio, separação, união estável, filiação, alimentos e guarda de crianças e adolescentes; III – em que constem dados protegidos pelo direito constitucional à intimidade; IV – que versem sobre arbitragem, inclusive sobre cumprimento de carta arbitral, desde que a confidencialidade estipulada na arbitragem seja comprovada perante o juízo.**

Diferentemente do que ocorre em regra, a consulta aos autos de processos que tramitam sob segredo de justiça e de pedir certidões de seus atos será restrito às partes e aos seus procuradores.

Se acaso o terceiro **demonstrar interesse jurídico**, poderá ser requerido ao juiz certidão do dispositivo da sentença, bem como de inventário e de partilha resultantes de divórcio ou separação.

Como isso pode cair na prova? TESTE 3.

Em relação aos casos em que o processo tramitará sob segredo de justiça, é correto afirmar que:

a) se acaso o terceiro demonstrar interesse econômico, poderá requerer ao juiz certidão do dispositivo da sentença.

b) os processos que versem sobre arbitragem, em que a confidencialidade estiver estipulada e comprovada perante o juízo, tramitarão em segredo de justiça.

c) nestes processos qualquer pessoa poderá ter acesso ao dispositivo da sentença, em razão da publicidade absoluta que é garantida.

d) a exigência do interesse público ou social não é motivo suficiente para ver o processo tramitar em segredo de justiça.

10.4. Negócio Processual

O Código de Processo Civil de 2015, enfatizando a autonomia de vontade das partes, permitiu-lhes estipular mudanças no procedimento para ajustá-lo às especificidades da causa e convencionar sobre os seus ônus, poderes, faculdades e deveres processuais, antes ou durante o processo, desde que se admita a autocomposição.

Dessa maneira, poderão as partes modificar o procedimento como, por exemplo, estipular que, se ocorrer um litígio entre elas, a única prova a ser admitida no processo será a pericial, com quesitos previamente estipulados e sem possibilidade de manifestação de assistente técnico.

O juiz não poderá negar validade a tal negociação, muito embora a lei lhe permita controlar a validade das convenções processuais, admitindo que recuse aplicabilidade somente nos casos de nulidade ou de inserção abusiva em contrato de adesão ou em que alguma parte se encontre em manifesta situação de vulnerabilidade.

Nos contratos de consumo, por exemplo, não se aceitará a negociação processual que prejudicar ao consumidor, por se tratar de vulnerável.

10.5. Calendário Processual

Poderão as partes, ainda, acordar sobre a fixação de um calendário para a prática dos atos processuais, quando for o caso.

Assim, por exemplo, poderão as partes estipular que a contestação será apresentada até o dia 20, com possibilidade manifestação do autor no dia 25 e que o juiz proferirá sentença em 5 dias.

Diferentemente do que ocorre com o negócio processual, o juiz dever concordar com a fixação do calendário para a prática dos atos processuais, pois estará vinculado aos seus termos.

Nesse sentido, estipula o art. 191, § 1º, que o calendário vincula as partes e o juiz, e os prazos nele previstos somente serão modificados em casos excepcionais, devidamente justificados.

Se o ato processual ou a audiência forem ser praticados em datas já designadas, estará dispensada a intimação das partes.

10.6. Da Prática Eletrônica de Atos Processuais

Os atos processuais poderão ser praticados de forma eletrônica ou, como indicou o Código, total ou parcialmente digital, "de forma a permitir que sejam produzidos, comunicados, armazenados e validados por meio eletrônico, na forma da lei".

O registro de tais atos deverá respeitar a publicidade dos atos, o acesso e a participação das partes e de seus procuradores, inclusive nas audiências e sessões de julgamento, observadas as garantias da disponibilidade, independência da plataforma computacional, acessibilidade e interoperabilidade dos sistemas, serviços, dados e informações que o Poder Judiciário administre no exercício de suas funções.

Havendo problema técnico do sistema e de erro ou omissão do auxiliar da justiça responsável pelo registro dos andamentos, poderá ser configurada a justa causa prevista apta a autorizar a concessão de prazo para a prática de ato processual.

11. DOS PRONUNCIAMENTOS DO JUIZ – ARTS. 203/205

O CPC de 2015 corrigiu a imprecisão terminológica existente no Código anterior, que fazia referência aos *atos do juiz*.

Ora, o juiz pratica vários atos, de modo que a sentença, a decisão interlocutória e o despacho representam apenas uma parcela do total de suas atividades.

Por isso, o CPC de 2015 fez referência aos *pronunciamentos do juiz*, os quais poderão consistir em: sentenças, decisões interlocutórias e despachos, observando-se o seguinte esquema que consolida várias informações importantes e poderá auxiliar no estudo:

Sentença	Decisão interlocutória	Despacho
Ressalvadas as disposições expressas dos procedimentos especiais, sentença é o pronunciamento por meio do qual o juiz, com fundamento nos arts. 485 e 487, põe fim à fase cognitiva do procedimento comum, bem como extingue a execução. (critérios do conteúdo do ato e da finalidade).	Decisão interlocutória é todo pronunciamento judicial de natureza decisória que não se enquadre no conceito de sentença.	São despachos todos os demais pronunciamentos do juiz praticados no processo, de ofício ou a requerimento da parte.
Será proferida em **trinta dias**.	Será proferida em **dez dias.**	Será proferido em **cinco dias.**
Impugnável pelo recurso de apelação.	Poderá, nas hipóteses do art. 1.015, ser impugnada pelo recurso de agravo de instrumento.	Irrecorrível.
Pode ser processual (terminativa) ou de mérito.	Admite-se a decisão interlocutória própria (matéria processual) e a imprópria (mérito).	Não tem carga decisória.
Fará coisa julgada formal ou material.	Admite-se a possibilidade da formação da coisa julgada formal ou material, a depender da matéria decidida.	

O servidor poderá praticar de ofício, revistos pelo juiz quando necessário, os atos meramente ordinatórios, como a juntada e a vista obrigatória.

Considera-se acórdão o julgamento colegiado proferido pelos tribunais.

Quando os pronunciamentos previstos no caput forem proferidos oralmente, o servidor os documentará, submetendo-os aos juízes para revisão e assinatura. A assinatura dos juízes, em todos os graus de jurisdição, pode ser feita eletronicamente, na forma da lei.

Os despachos, as decisões interlocutórias, o dispositivo das sentenças e a ementa dos acórdãos serão publicados no Diário de Justiça Eletrônico.

12. DOS ATOS DO ESCRIVÃO OU DO CHEFE DE SECRETARIA – ARTS. 206/211

Autuação: recebendo a petição inicial, o escrivão ou o chefe de secretaria deverá autuá-la, mencionando o juízo, a natureza do processo, o número de seu registro, os nomes das partes e a data de seu início e, da mesma forma, com relação aos volumes que se formarão. Formam-se os **autos processuais,** cujas folhas deverão todas ser numeradas e rubricadas.

Os termos de juntada, vista, conclusão e outros semelhantes constarão de notas datadas e rubricadas pelo escrivão ou pelo chefe de secretaria.

Os atos e os termos do processo deverão ser assinados pelas pessoas que neles intervirem, como pode ocorrer em uma audiência, por exemplo. Se não puderem, ou não quiserem, tal fato deverá ser certificado pelo escrivão.

Tratando-se de processo total ou parcialmente documentado em autos eletrônicos, se os atos forem praticados na presença do juiz, tem-se que poderão ser produzidos e armazenados de modo integralmente digital em arquivo eletrônico inviolável, mediante registro ou termo, tal como determinado na lei, sendo digitalmente assinado pelo juiz e pelo escrivão ou chefe de secretaria, bem como pelos advogados das partes.

Constatando existir contradições na transcrição, tais deverão ser suscitadas oralmente no momento de realizado do ato, decidindo o juiz de plano e ordenar o registro, no termo, da alegação e da decisão.

Se a contradição não for suscitada no próprio momento de realização do ato, haverá a preclusão, de modo que não poderá ser alegada posteriormente.

13. DO TEMPO E DO LUGAR DOS ATOS PROCESSUAIS – ARTS. 212/217

Regras relativas ao **tempo (dia e hora)** em que praticados os atos processuais:

Os atos processuais poderão ser praticados em **dias úteis**, das **6 às 20 horas**. Porém, é possível que ocorra a conclusão do ato após as vinte horas, se o adiamento prejudicar a diligência ou causar grave dano.

Reforço

O ato processual deverá ser praticado até às 20 horas. Se não concluído o ato, poderá haver a sua continuação além desse horário, desde que o adiamento prejudique a diligência ou cause grave dano.

Exceção existe em relação às citações, intimações e penhoras, pois estas poderão ser realizadas nos feriados ou em dias úteis fora do horário estabelecido, independentemente de ordem judicial, observando-se a inviolabilidade do domicílio.

Como isso pode cair na prova? TESTE 4.

No que se refere ao tempo dos atos processuais, assinale a alternativa correta.

a) As citações somente poderão ser praticadas em dias úteis, das 6 às 20 horas.

b) As citações poderão ser praticadas após às 20 horas, desde que haja autorização judicial.

c) Os atos processuais poderão ser praticados das 6 às 20h, embora as intimações possam ser realizadas após este horário.

d) As penhoras não poderão ser realizadas em dias não úteis.

(Resposta após as dicas).

Se o ato tiver de ser praticado por meio de petição em autos não eletrônicos, essa deverá ser protocolada no horário de funcionamento do fórum ou em tribunal, tal como estiver disposto na lei de organização judiciária local.

Diferentemente, a prática eletrônica de ato processual poderá ocorrer em qualquer horário até as 24 horas do último dia do prazo, considerando-se, para todos os fins, o horário vigente no juízo perante o qual deve ser praticado o ato.

Nas férias e nos feriados forenses não se praticarão atos processuais, salvo as citações, intimações e as penhoras, em como a tutela de urgência.

Contudo, existem exceções à regra, nas quais não haverá suspensão pela superveniência delas. Assim ocorrerá: I – nos procedimentos de jurisdição voluntária e os necessários à conservação de direitos, quando puderem ser prejudicados pelo adiamento; II – na ação de alimentos e os processos de nomeação ou remoção de tutor e curador; III – nos processos que a lei determinar.

Serão feriados, para efeito forense: os dias declarados em lei, os sábados, os domingos e os dias em que não haja expediente forense.

Como foi possível perceber, a ação de alimentos e os processos de nomeação ou remoção de tutor ou curador, entre outros, tramitarão durante as férias.

Como regra, **os atos processuais serão praticados na sede do juízo**, ou, excepcionalmente, em outro lugar em razão de deferência, de interesse da justiça, da natureza do ato ou de obstáculo arguido pelo interessado e acolhido pelo juiz.

Em ação de interdição, por exemplo, será possível ouvir o interditando na sua residência, hipótese em que a sua condição assim autorizará (obstáculo arguido pelo interessado e acolhido pelo juiz).

14. DOS PRAZOS – ARTS. 218/235

Prazo: período de tempo compreendido entre um ***termo inicial*** e um ***termo final.***

Os atos processuais deverão ser praticados nos prazos previstos em lei. Sendo esta omissa, o juiz os determinará, levando-se em consideração a complexidade do ato. No silêncio da lei e do juiz, será de cinco dias o prazo para a prática de ato processual a cargo da parte.

Regras para os prazos:	Serão estabelecidos pela lei.
	No silêncio, serão fixados pelo juiz.
	Na omissão da lei e do juiz, serão de cinco dias.

Se a lei ou o juiz não determinar o prazo, as intimações somente obrigarão a comparecimento após decorridas 48 horas.

Contagem dos prazos: na contagem de prazo em dias, estabelecido por lei ou pelo juiz, computar-se-ão somente os dias úteis, quando se tratar de prazo processual.

Suspensão do curso do prazo processual: estará suspenso o curso do prazo no período compreendido entre 20 de dezembro e 20 de janeiro, inclusive.

Suspensão do processo: suspende-se o curso do prazo por obstáculo criado em detrimento da parte ou ocorrendo qualquer das hipóteses do art. 313, devendo o prazo ser restituído por tempo igual ao que faltava para sua complementação. Também haverá a suspensão durante a execução de programa instituído pelo Poder Judiciário para promover a autocomposição, incumbindo aos tribunais especificar, com antecedência, a duração dos trabalhos.

Prazos peremptórios: de acordo com o CPC 2015, houve alteração no conceito de prazo peremptório. Atualmente, tais prazos são aqueles que não podem ser reduzidos senão com a anuência das partes.

Regra:

a) o juiz poderá dilatar os prazos processuais (art. 139, VI), independentemente da concordância das partes;

b) o juiz somente poderá reduzir os prazos peremptórios se houver concordância das partes (exemplo: prazo para oferecer resposta).

Comarcas em que for difícil o transporte: nestas, o juiz poderá prorrogar os prazos por até dois meses. Havendo calamidade pública, este limite poderá ser excedido.

Preclusão temporal: decorrido o prazo processual sem a prática do ato processual, ocorrerá a preclusão temporal, extinguindo-se o direito de praticar ou de emendar o ato processual, independentemente de declaração judicial, ficando assegurado, porém, à parte provar que não o realizou por justa causa.

Haverá justa causa se ocorrer evento alheio à vontade da parte e que a impediu de praticar o ato por si ou por mandatário. Verificada a justa causa, o juiz permitirá à parte a prática do ato no prazo que lhe assinar.

Contagem dos atos processuais: os prazos serão contados excluindo o dia do começo e incluindo o dia do vencimento.

Os dias do começo e do vencimento do prazo serão protraídos para o primeiro dia útil seguinte, se coincidirem com dia em que o expediente forense for encerrado antes ou iniciado depois da hora normal ou houver indisponibilidade da comunicação eletrônica.

Data de publicação: será considerada como data de publicação o primeiro dia útil seguinte ao da disponibilização da informação no Diário da Justiça eletrônico. A contagem do prazo, nesta hipótese, terá início no primeiro dia útil que seguir ao da publicação.

Renúncia de prazo: admite-se que a parte renuncie ao seu prazo, desde que o faça de maneira expressa.

Excesso de prazo pelo juiz: em qualquer grau de jurisdição, havendo motivo justificado, pode o juiz exceder, por igual tempo, os prazos a que está submetido. Trata-se de prazos impróprios.

Prazos para o serventuário: deverá remeter os autos conclusos no prazo de um dia e executar os atos processuais no prazo de 5 dias, contado da data em que: I – houver concluído o ato processual anterior, se lhe foi imposto pela lei; II – tiver ciência da ordem, quando determinada pelo juiz.

CONCLUSÃO:	prazo de um dia.
EXECUÇÃO:	prazo de cinco dias.

Nos processos em autos eletrônicos, a juntada de petições ou de manifestações em geral ocorrerá de forma automática, independentemente de ato de serventuário da justiça.

Litisconsortes com diversos procuradores e prazo em dobro: os litisconsortes contarão com prazo em dobro para a prática de atos processuais se preenchidos os seguintes requisitos:

i) serem os Advogados dos litisconsortes integrantes de escritórios de advocacia distintos;

ii) que não se trate de processo eletrônico.

Cessa a contagem do prazo em dobro se, havendo apenas 2 (dois) réus, é oferecida defesa por apenas um deles.

O prazo para a parte, o procurador, a Advocacia Pública, a Defensoria Pública e o Ministério Público será contado da citação, da intimação ou da notificação.

Salvo disposição em sentido diverso, considera-se dia do começo do prazo:

I – a data de juntada aos autos do aviso de recebimento, quando a citação ou a intimação for pelo correio;

II – a data de juntada aos autos do mandado cumprido, quando a citação ou a intimação for por oficial de justiça;

III – a data de ocorrência da citação ou da intimação, quando ela se der por ato do escrivão ou do chefe de secretaria;

IV – o dia útil seguinte ao fim da dilação assinada pelo juiz, quando a citação ou a intimação for por edital;

V – o dia útil seguinte à consulta ao teor da citação ou da intimação ou ao término do prazo para que a consulta se dê, quando a citação ou a intimação for eletrônica;

VI – a data de juntada do comunicado de que trata o art. 232 ou, não havendo esse, a data de juntada da carta aos autos de origem devidamente cumprida, quando a citação ou a intimação se realizar em cumprimento de carta;

VII – a data de publicação, quando a intimação se der pelo Diário da Justiça impresso ou eletrônico;

VIII – o dia da carga, quando a intimação se der por meio da retirada dos autos, em carga, do cartório ou da secretaria; e,

IX – o quinto dia útil seguinte à confirmação, na forma prevista na mensagem de citação, do recebimento da citação realizada por meio eletrônico.

Existindo mais de um réu, o dia do começo do prazo para contestar corresponderá à última das datas a que se referem os incisos I a VI do caput.

Havendo mais de um intimado, o prazo para cada um é contado individualmente.

Se o ato tiver de ser praticado diretamente pela parte ou por quem, de qualquer forma, participe do processo, sem a intermediação de representante judicial, o dia do começo do prazo para cumprimento da determinação judicial corresponderá à data em que se der a comunicação.

Nos atos de comunicação por carta precatória, rogatória ou de ordem, a realização da citação ou da intimação será imediatamente informada, por meio eletrônico, pelo juiz deprecado ao juiz deprecante.

Competirá ao juiz verificar se o serventuário excedeu, sem motivo legítimo, os prazos estabelecidos em lei. Constatada a falta, o juiz ordenará a instauração de processo administrativo, na forma da lei. Qualquer das partes, o Ministério Público ou a Defensoria Pública poderá representar ao juiz contra o serventuário que injustificadamente exceder os prazos previstos em lei.

Os advogados públicos ou privados, o defensor público e o membro do Ministério Público devem restituir os autos no prazo do ato a ser praticado.

É lícito a qualquer interessado exigir os autos do advogado que exceder prazo legal. Se, intimado, o advogado não devolver os autos no prazo de 3 (três) dias, perderá o direito à vista fora de cartório e incorrerá em multa correspondente à metade do salário-mínimo.

Verificada a falta, o juiz comunicará o fato à seção local da Ordem dos Advogados do Brasil para procedimento disciplinar e imposição de multa.

Se a situação envolver membro do Ministério Público, da Defensoria Pública ou da Advocacia Pública, a multa, se for o caso, será aplicada ao agente público responsável pelo ato.

Verificada a falta, o juiz comunicará o fato ao órgão competente responsável pela instauração de procedimento disciplinar contra o membro que atuou no feito.

15. COMUNICAÇÕES DOS ATOS PROCESSUAIS – ARTS. 236/237

Haverá a expedição de carta:

I – de ordem, pelo tribunal para juízo a ele vinculado, se o ato houver de se realizar fora dos limites territoriais do local de sua sede.

II – rogatória, para que órgão jurisdicional estrangeiro pratique ato de cooperação jurídica internacional, relativo a processo em curso perante órgão jurisdicional brasileiro;

III – precatória, para que órgão jurisdicional brasileiro pratique ou determine o cumprimento, na área de sua competência territorial, de ato relativo a pedido de cooperação judiciária formulado por órgão jurisdicional de competência territorial diversa;

IV – arbitral, para que órgão do Poder Judiciário pratique ou determine o cumprimento, na área de sua competência territorial, de ato objeto de pedido de cooperação judiciária formulado por **juízo arbitral**, inclusive os que importem efetivação de tutela provisória.

Se o ato relativo a processo em curso na justiça federal ou em tribunal superior houver de ser praticado em local onde não haja vara federal, a carta poderá ser dirigida ao juízo **estadual** da respectiva comarca.

Portanto, se na cidade não existir vara federal, a carta precatória poderá ser dirigida ao juízo estadual da comarca para o seu cumprimento.

16. CITAÇÃO – ARTS. 238/259

Citação: é o ato pelo qual são convocados o réu, o executado ou o interessado para integrar a relação processual (art. 238 do CPC 2015). A citação será efetivada em até **45 (quarenta e cinco) dias** a partir da propositura da ação. O prazo foi inserido pela Lei nº 14.195/2021.

Pressuposto processual de validade: Para a validade do processo é indispensável a citação do réu ou do executado, ressalvadas as hipóteses de indeferimento da petição inicial ou de improcedência liminar do pedido.

Falta ou nulidade da citação: o comparecimento espontâneo do réu ou do executado supre a falta ou a nulidade da citação, fluindo a partir desta data o prazo para apresentação de contestação ou de embargos à execução. Tal regra é justificada em razão de ter sido atingida a finalidade do ato processual.

Porém, embora alegada unicamente a ausência ou a nulidade da citação e não sendo acolhida a manifestação, o réu será considerado revel, no caso de processo de conhecimento, ou o feito terá prosseguimento, tratando-se de execução.

Efeitos da citação válida: induzir litispendência, tornar litigiosa a coisa e constituir em mora o devedor, ressalvado os casos previstos no Código Civil, ainda que ordenada por juízo incompetente.

		Induzir litispendência
Efeitos da citação válida		Tornar litigiosa a coisa
		Constituir em mora o devedor.

Interrupção da prescrição: ocorrerá com o despacho do juiz, ainda que proferido por juízo incompetente, retroagindo à data da propositura da ação, desde que o autor adote, no prazo de dez dias, as providências necessárias para viabilizar a citação. Tal efeito retroativo também ocorre em relação à decadência e aos demais prazos extintivos previstos em lei.

Regra

i) a interrupção da prescrição retroagirá à data da propositura da ação;

ii) não retroagirá se não for adotado, no prazo de dez dias, as providências necessárias para viabilização da citação.

A citação deverá ser feita pessoalmente ao réu, executado ou do interessado, podendo ser feita também na pessoa do representante legal ou do procurador.

Na ausência do citando, a citação será feita na pessoa de seu mandatário, administrador, preposto ou gerente, quando a ação se originar de atos por eles praticados.

O locador que se ausentar do Brasil sem cientificar o locatário de que deixou, na localidade onde estiver situado o imóvel, procurador com poderes para receber citação será citado na pessoa do administrador do imóvel encarregado do recebimento dos aluguéis, que será considerado habilitado para representar o locador em juízo.

A citação da União, dos Estados, do Distrito Federal, dos Municípios e de suas respectivas autarquias e fundações de direito público serão realizadas perante o órgão de Advocacia Pública responsável por sua representação judicial.

Lugar de realização da citação: onde for encontrado o réu, o executado ou o interessado. Tratando-se de militar em serviço ativo, poderá ser citado na unidade em que estiver servindo, se não for conhecida sua residência ou nela não for encontrado.

Não realização da citação: em alguns casos específicos, com a finalidade de preservar a dignidade da pessoa, optou o legislador pela não realização da citação. São estes casos: I – de quem estiver participando de ato de culto religioso; II – de cônjuge, de companheiro ou de qualquer parente do morto, consanguíneo ou afim, em linha reta ou na linha colateral em segundo grau, no dia do falecimento e nos 7 (sete) dias seguintes; III – de noivos, nos 3 (três) primeiros dias seguintes ao casamento; IV – de doente, enquanto grave o seu estado.

Contudo, mesmo nestes casos, será realizada a citação para evitar perecimento de direito.

Como isso já foi cobrado?

(Vunesp – Escrevente Técnico Judiciário – TJ – SP/2021) A citação poderá ser feita em qualquer lugar em que se encontre o réu, o executado ou o interessado. No entanto, não se fará a citação, salvo para evitar o perecimento do direito

*(A) de doente, enquanto grave o seu estado.

(B) de noivos, nos 5 (cinco) primeiros dias seguintes ao casamento.

(C) de cônjuge, de companheiro ou de qualquer parente do morto, consanguíneo ou afim, em linha reta ou na linha colateral em terceiro grau, no dia do falecimento e nos 7 (sete) dias seguintes.

(D) de quem estiver participando de ato de culto religioso, desde que aos domingos.

(E)quando se verificar que o citando é mentalmente incapaz ou está impossibilitado de recebê-la.

Citando mentalmente incapaz ou está impossibilitado de recebê-la: se o citando for mentalmente incapaz ou estiver impossibilitado de receber a citação, **não será realizada a citação.** Nesse passo, competirá ao oficial de justiça descrever minuciosamente a ocorrência, nomeando o juiz médico para examinar o citando, que apresentará laudo. Tal nomeação será dispensada se pessoa da família apresentar declaração do médico do citando que ateste a incapacidade deste.

Sendo reconhecida a impossibilidade, o juiz nomeará curador ao citando, observando, quanto à sua escolha, a preferência estabelecida em lei e restringindo a nomeação à causa, com a citação na pessoa do curador, a quem incumbirá a defesa dos interesses do citando.

Na ação de usucapião de imóvel, será dispensada a citação pessoal dos confinantes quando tiver por objeto unidade autônoma de prédio em condomínio.

Citação na ação de usucapião.

- **Regra:** citação pessoal dos confinantes na ação de usucapião.
- **Exceção**: quando tiver por objeto unidade autônoma de prédio em condomínio.

Modalidades de citação:

Novidades da Lei nº 14.195/2021

Muita atenção!

As empresas públicas e privadas são obrigadas a manter cadastro nos sistemas de processo em autos eletrônicos, para efeito de recebimento de citações e intimações, as quais serão efetuadas preferencialmente por esse meio. A regra é aplicável à União, aos Estados, ao Distrito Federal, aos Municípios e às entidades da administração indireta.

As microempresas e as pequenas empresas somente se sujeitam ao disposto no § 1º deste artigo quando não possuírem endereço eletrônico cadastrado no sistema integrado da Rede Nacional para a Simplificação do Registro e da Legalização de Empresas e Negócios (Redesim).

Deverá haver compartilhamento de cadastro com o órgão do Poder Judiciário, incluído o endereço eletrônico constante do sistema integrado da Redesim, nos termos da legislação aplicável ao sigilo fiscal e ao tratamento de dados pessoais.

A citação será feita **preferencialmente por meio eletrônico**, no prazo de até 2 (dois) dias úteis, contado da decisão que a determinar, por meio dos endereços eletrônicos indicados pelo citando no banco de dados do Poder Judiciário, conforme regulamento do Conselho Nacional de Justiça.

A ausência de confirmação, em até 3 (três) dias úteis, contados do recebimento da citação eletrônica, implicará a realização da citação:

I – pelo correio;

II – por oficial de justiça;

III – pelo escrivão ou chefe de secretaria, se o citando comparecer em cartório;

IV – por edital.

Se o réu for citado por correio, oficial de justiça, pelo escrivão ou chefe de secretaria ou por edital, deverá apresentar justa causa para a ausência de confirmação do recebimento da citação enviada eletronicamente.

Considera-se ato atentatório à dignidade da justiça, passível de multa de até 5% (cinco por cento) do valor da causa, deixar de confirmar no prazo legal, sem justa causa, o recebimento da citação recebida por meio eletrônico.

A citação será feita por meio eletrônico ou pelo correio para qualquer comarca do País, **exceto**:

I – nas ações de estado;

II – quando o citando for incapaz;

III – quando o citando for pessoa de direito público;

IV – quando o citando residir em local não atendido pela entrega domiciliar de correspondência;

V – quando o autor, justificadamente, a requerer de outra forma.

CITAÇÃO POR OFICIAL DE JUSTIÇA	
Item:	Regras importantes:
Será obrigatória para os seguintes casos:	I – nas ações de estado, realizando-se na pessoa do réu; II – quando o citando for incapaz; III – quando o citando for pessoa de direito público; IV – quando o citando residir em local não atendido pela entrega domiciliar de correspondência; V – quando o autor, justificadamente, a requerer de outra forma. VI – se frustrada a citação pelo correio.
Requisitos do mandado a ser cumprido pelo oficial de justiça	I – os nomes do autor e do citando e seus respectivos domicílios ou residências; II – a finalidade da citação, com todas as especificações constantes da petição inicial, bem como a menção do prazo para contestar, sob pena de revelia, ou para embargar a execução; III – a aplicação de sanção para o caso de descumprimento da ordem, se houver; IV – se for o caso, a intimação do citando para comparecer, acompanhado de advogado ou de defensor público, à audiência de conciliação ou de mediação, com a menção do dia, da hora e do lugar do comparecimento; V – a cópia da petição inicial, do despacho ou da decisão que deferir tutela provisória; VI – a assinatura do escrivão ou do chefe de secretaria e a declaração de que o subscreve por ordem do juiz.

CITAÇÃO POR OFICIAL DE JUSTIÇA	
Incumbências do oficial de justiça:	Incumbe ao oficial de justiça procurar o citando e, onde o encontrar, citá-lo: I – lendo-lhe o mandado e entregando-lhe a contrafé; II – portando por fé se recebeu ou recusou a contrafé; III – obtendo a nota de ciente ou certificando que o citando não a apôs no mandado.
Comarcas contíguas:	Nas comarcas contíguas de fácil comunicação e nas que se situem na mesma região metropolitana, o oficial de justiça poderá efetuar, em qualquer delas, citações, intimações, notificações, penhoras e quaisquer outros atos executivos. Não é necessária a expedição de carta precatória com essa finalidade.

Durante o cumprimento do mandado, o oficial de justiça poderá constatar ser o caso de realizar a citação por hora certa.

CITAÇÃO POR HORA CERTA
Espécie de citação *ficta,* pois se supõe que o réu terá conhecimento dos termos da ação. É necessário entender **três itens importantes sobre este tema**: **1) Quando será realizada**? **Se, por 2 (duas) vezes**, o oficial de justiça houver procurado o citando em seu domicílio ou residência sem o encontrar, deverá, havendo suspeita de ocultação, intimar qualquer pessoa da família ou, em sua falta, qualquer vizinho de que, no dia útil imediato, voltar a fim de efetuar a citação, na hora que designar. Nos condomínios edilícios ou nos loteamentos com controle de acesso, será válida a intimação a que se refere o *caput* feita a funcionário da portaria responsável pelo recebimento de correspondência. **2) Como será realizada?** No dia e na hora designados, o oficial de justiça, independentemente de novo despacho, comparecerá ao domicílio ou à residência do citando a fim de realizar a diligência. Se o citando não estiver presente, o oficial de justiça procurará informar-se das razões da ausência, dando por feita a citação, ainda que o citando se tenha ocultado em outra comarca, seção ou subseção judiciárias. A citação com hora certa será efetivada mesmo que a pessoa da família ou o vizinho que houver sido intimado esteja ausente, ou se, embora presente, a pessoa da família ou o vizinho se recusar a receber o mandado. Da certidão da ocorrência, o oficial de justiça deixará contrafé com qualquer pessoa da família ou vizinho, conforme o caso, declarando-lhe o nome. O oficial de justiça fará constar do mandado a advertência de que será nomeado curador especial se houver revelia. **3) Providência complementar**: feita a citação com hora certa, o escrivão ou chefe de secretaria enviará ao réu, executado ou interessado, no prazo de 10 (dez) dias, contado da data da juntada do mandado aos autos, carta, telegrama ou correspondência eletrônica, dando-lhe de tudo ciência.

CITAÇÃO POR EDITAL	
Item:	Regras importantes:
Quando será realizada?	I – quando desconhecido ou incerto o citando; II – quando ignorado, incerto ou inacessível o lugar em que se encontrar o citando; III – nos casos expressos em lei. Considera-**se inacessível**, para efeito de citação por edital, o país que recusar o cumprimento de carta rogatória. No caso de ser **inacessível** o lugar em que se encontrar o réu, a notícia de sua citação será divulgada também pelo rádio, se na comarca houver emissora de radiodifusão. O réu será considerado em local ignorado ou incerto se infrutíferas as tentativas de sua localização, inclusive mediante requisição pelo juízo de informações sobre seu endereço nos cadastros de órgãos públicos ou de concessionárias de serviços públicos.

CITAÇÃO POR EDITAL	
Requisitos:	I – a afirmação do autor ou a certidão do oficial informando a presença das circunstâncias autorizadoras; II – a publicação do edital na rede mundial de computadores, no sítio do respectivo tribunal e na plataforma de editais do Conselho Nacional de Justiça, que deve ser certificada nos autos; III – a determinação, pelo juiz, do prazo, que variará entre 20 (vinte) e 60 (sessenta) dias, fluindo da data da publicação única ou, havendo mais de uma, da primeira; IV – a advertência de que será nomeado curador especial em caso de revelia.
Providência complementar:	O juiz poderá determinar que a publicação do edital seja feita também em jornal local de ampla circulação ou por outros meios, considerando as peculiaridades da comarca, da seção ou da subseção judiciárias.
Procedimentos em que também serão publicados editais:	I – na ação de usucapião de imóvel; II – na ação de recuperação ou substituição de título ao portador; III – em qualquer ação em que seja necessária, por determinação legal, a provocação, para participação no processo, de interessados incertos ou desconhecidos.

Se a parte requerer a citação por edital, incorrerá em multa de cinco salários-mínimos se alegar dolosamente a ocorrência das circunstâncias autorizadas para sua realização.

17. DAS INTIMAÇÕES – ARTS. 269/275

Considerando-se também a importância do tema, passa-se a sintetizá-lo em alguns itens.

Itens	Observações importantes:
Definição	Intimação é o ato pelo qual se dá ciência a alguém dos atos e dos termos do processo.
Modalidades	As mesmas da citação, ou seja: correio, oficial de justiça, escrivão, eletrônica e por edital. Poderá, ainda, ser promovida pelo advogado em relação ao causídico da outra parte por meio do correio, juntando aos autos, a seguir, cópia do ofício de intimação e do aviso de recebimento. Modalidade preferencial: eletrônica.
Intimação das pessoas jurídicas de direito público	A intimação da União, dos Estados, do Distrito Federal, dos Municípios e de suas respectivas autarquias e fundações de direito público serão realizadas perante o órgão de Advocacia Pública responsável por sua representação judicial. O Ministério Público, a Defensoria Pública e a Advocacia Pública são obrigados a manter cadastro nos sistemas de processo em autos eletrônicos, para efeito de recebimento de citações e intimações, as quais serão efetuadas preferencialmente por esse meio.

Intimação pela publicação dos atos no órgão oficial:

Quando não realizadas por meio eletrônico, consideram-se feitas as intimações pela publicação dos atos no órgão oficial.

Os advogados poderão requerer que, na intimação a eles dirigida, figure apenas o nome da sociedade a que pertençam, desde que devidamente registrada na Ordem dos Advogados do Brasil.

Sob pena de nulidade, é indispensável que da publicação constem os nomes das partes e de seus advogados, com o respectivo número de inscrição na Ordem dos Advogados do Brasil, ou, se assim requerido, da sociedade de advogados.

A grafia dos nomes das partes não deve conter abreviaturas.

A grafia dos nomes dos advogados deve corresponder ao nome completo e ser a mesma que constar da procuração ou que estiver registrada na Ordem dos Advogados do Brasil.

Constando dos autos pedido expresso para que as comunicações dos atos processuais sejam feitas em nome dos advogados indicados, o seu desatendimento implicará nulidade.

Retirada dos autos com carga:

A retirada dos autos do cartório ou da secretaria em carga pelo advogado, por pessoa credenciada a pedido do advogado ou da sociedade de advogados, pela Advocacia Pública, pela Defensoria Pública ou pelo Ministério Público implicará intimação de qualquer decisão contida no processo retirado, ainda que pendente de publicação.

O advogado e a sociedade de advogados deverão requerer o respectivo credenciamento para a retirada de autos por preposto.

A parte arguirá a nulidade da intimação em capítulo preliminar do próprio ato que lhe caiba praticar, o qual será tido por tempestivo se o vício for reconhecido.

Não sendo possível a prática imediata do ato diante da necessidade de acesso prévio aos autos, a parte limitar-se-á a arguir a nulidade da intimação, caso em que o prazo será contado da intimação da decisão que a reconheça.

Intimação pelo escrivão ou chefe de secretaria:

Se inviável a intimação por meio eletrônico e não houver na localidade publicação em órgão oficial, incumbirá ao escrivão ou chefe de secretaria intimar de todos os atos do processo os advogados das partes: I – pessoalmente, se tiverem domicílio na sede do juízo; II – por carta registrada, com aviso de recebimento, quando forem domiciliados fora do juízo.

Presunção de validade das intimações: presumem-se válidas as intimações dirigidas ao endereço constante dos autos, ainda que não recebidas pessoalmente pelo interessado, se a modificação temporária ou definitiva não tiver sido devidamente comunicada ao juízo, fluindo os prazos a partir da juntada aos autos do comprovante de entrega da correspondência no primitivo endereço.

18. PROVA TESTEMUNHAL – ARTIGOS 447/449 E 453/454

A testemunha é a fonte da prova testemunhal. É a pessoa que, não sendo parte, será chamada a depor sobre fatos tratados no processo, sendo indeferida a sua oitiva sobre fatos já provados por documento ou confissão da parte, ou que só por documento ou por exame pericial puderem ser provados.

Todas as pessoas podem ser acionadas como testemunhas, havendo ressalva, contudo, em relação às incapazes, impedidas e suspeitas.

Incapazes. São incapazes: I - o interdito por enfermidade ou deficiência mental; II - o que, acometido por enfermidade ou retardamento mental, ao tempo em que ocorreram os fatos, não podia discerni-los, ou, ao tempo em que deve depor, não está habilitado a transmitir as percepções; III - o que tiver menos de 16 (dezesseis) anos; IV - o cego e o surdo, quando a ciência do fato depender dos sentidos que lhes faltam.

Impedidos. São impedidos: I - o cônjuge, o companheiro, o ascendente e o descendente em qualquer grau e o colateral, até o terceiro grau, de alguma das partes, por consanguinidade ou afinidade, salvo se o exigir o interesse público ou, tratando-se de causa relativa ao estado da pessoa, não se puder obter de outro modo a prova que o juiz repute necessária ao julgamento do mérito; II - o que é parte na causa; III - o que intervém em nome de uma parte, como o tutor, o representante legal da pessoa jurídica, o juiz, o advogado e outros que assistam ou tenham assistido as partes.

Suspeitos. São suspeitos: I - o inimigo da parte ou o seu amigo íntimo; II - o que tiver interesse no litígio.

Dispensa de depor. A testemunha não é obrigada a depor sobre fatos: I - que lhe acarretem grave dano, bem como ao seu cônjuge ou companheiro e aos seus parentes consanguíneos ou afins, em linha reta ou colateral, até o terceiro grau; II - a cujo respeito, por estado ou profissão, deva guardar sigilo.

Local de oitiva. Salvo disposição especial em contrário, as testemunhas devem ser ouvidas na sede do juízo. Quando a parte ou a testemunha, por enfermidade ou por outro motivo relevante, estiver impossibilitada de comparecer, mas não de prestar depoimento, o juiz designará, conforme as circunstâncias, dia, hora e lugar para inquiri-la.

Audiência de instrução e julgamento. As testemunhas depõem, na audiência de instrução e julgamento, perante o juiz da causa, exceto: I - as que prestam depoimento antecipadamente; II - as que são inquiridas por carta. § 1º A oitiva de testemunha que residir em comarca, seção ou subseção judiciária diversa daquela onde tramita o processo poderá ser realizada por meio de videoconferência ou outro recurso tecnológico de transmissão e recepção de sons e imagens em tempo real, o que poderá ocorrer, inclusive, durante a audiência de instrução e julgamento.

Local diverso de oitiva – autoridades.

São inquiridos em sua residência ou onde exercem sua função:

I - o presidente e o vice-presidente da República;

II - os ministros de Estado;

III - os ministros do Supremo Tribunal Federal, os conselheiros do Conselho Nacional de Justiça e os ministros do Superior Tribunal de Justiça, do Superior Tribunal Militar, do Tribunal Superior Eleitoral, do Tribunal Superior do Trabalho e do Tribunal de Contas da União;

IV - o procurador-geral da República e os conselheiros do Conselho Nacional do Ministério Público;

V - o advogado-geral da União, o procurador-geral do Estado, o procurador-geral do Município, o defensor público-geral federal e o defensor público-geral do Estado;

VI - os senadores e os deputados federais;

VII - os governadores dos Estados e do Distrito Federal;

VIII - o prefeito;

IX - os deputados estaduais e distritais;

X - os desembargadores dos Tribunais de Justiça, dos Tribunais Regionais Federais, dos Tribunais Regionais do Trabalho e dos Tribunais Regionais Eleitorais e os conselheiros dos Tribunais de Contas dos Estados e do Distrito Federal;

XI - o procurador-geral de justiça;

XII - o embaixador de país que, por lei ou tratado, concede idêntica prerrogativa a agente diplomático do Brasil.

19. COISA JULGADA – ART. 502

Denomina-se coisa julgada material a autoridade que torna imutável e indiscutível a decisão de mérito não mais sujeita a recurso.

20. CUMPRIMENTO DE SENTENÇA QUE RECONHEÇA A EXIGIBILIDADE DE OBRIGAÇÃO DE PRESTAR ALIMENTOS – ART. 528

Execução diferenciada, com admissibilidade da prisão civil por dívida.

No cumprimento de sentença que condene ao pagamento de prestação alimentícia ou de decisão interlocutória que fixe alimentos, o juiz, a requerimento do exequente, mandará intimar o executado pessoalmente para, em 3 (três) dias, pagar o débito, provar que o fez ou justificar a impossibilidade de efetuá-lo.

INTIMAÇÃO – EXECUTADO:
- Pagar o débito
- Provar que o fez
- Justificar a impossibilidade de efetuá-lo.

Somente a comprovação de fato que gere a impossibilidade absoluta de pagar justificará o inadimplemento.

Prisão civil. Se o executado não pagar ou se a justificativa apresentada não for aceita, o juiz, além de mandar protestar o pronunciamento judicial, decretar-lhe-á a prisão pelo prazo de 1 (um) a 3 (três) meses. A prisão será cumprida em regime fechado, devendo o preso ficar separado dos presos comuns. O cumprimento da pena não exime o executado do pagamento das prestações vencidas e vincendas. O débito alimentar que autoriza a prisão civil do alimentante é o que compreende até as 3 (três) prestações anteriores ao ajuizamento da execução e as que se vencerem no curso do processo.

O exequente pode optar por promover o cumprimento da sentença ou decisão desde logo, caso em que não será admissível a prisão do executado, e, recaindo a penhora em dinheiro, a concessão de efeito suspensivo à impugnação não obsta a que o exequente levante mensalmente a importância da prestação.

21. CUMPRIMENTO DE SENTENÇA QUE RECONHEÇA A EXIGIBILIDADE DE OBRIGAÇÃO DE PAGAR QUANTIA CERTA PELA FAZENDA PÚBLICA – ART. 535

Regime jurídico processual diferenciado. Sistemática de precatórios. Art. 100, da CF.

A Fazenda Pública não será intimada para efetuar o pagamento da obrigação. Diferentemente, será intimada na pessoa de seu representante judicial, por carga, remessa ou meio eletrônico, para, querendo, no prazo de 30 (trinta) dias e nos próprios autos, impugnar a execução.

Matérias alegáveis na impugnação: I - falta ou nulidade da citação se, na fase de conhecimento, o processo correu à revelia; II - ilegitimidade de parte; III - inexequibilidade do título ou inexigibilidade da obrigação; IV - excesso de execução ou cumulação indevida de execuções; V - incompetência absoluta ou relativa do juízo da execução; VI - qualquer causa modificativa ou extintiva da obrigação, como pagamento, novação, compensação, transação ou prescrição, desde que supervenientes ao trânsito em julgado da sentença.

Atos para a satisfação da execução.

Não impugnada a execução ou rejeitadas as arguições da executada: I - expedir-se-á, por intermédio do presidente do tribunal competente, precatório em favor do exequente, observando-se o disposto na Constituição Federal ; II - por ordem do juiz, dirigida à autoridade na pessoa de quem o ente público foi citado para o processo, o pagamento de obrigação de pequeno valor será realizado no prazo de 2 (dois) meses contado da entrega da requisição, mediante depósito na agência de banco oficial mais próxima da residência do exequente.

Se a impugnação for parcial, a parte não questionada pela executada será, desde logo, objeto de cumprimento. Atenção para o que foi decidido na ADI 5534: será observada a sistemática relacionada ao valor total (precatório ou obrigação de pequeno valor).

Inexigibilidade da obrigação. considera-se também inexigível a obrigação reconhecida em título executivo judicial fundado em lei ou ato normativo considerado inconstitucional pelo Supremo Tribunal Federal, ou fundado em aplicação ou interpretação da lei ou do ato normativo tido pelo Supremo Tribunal Federal como incompatível com a Constituição Federal , em controle de constitucionalidade concentrado ou difuso.

Decisão do STF anterior ao trânsito em julgado da decisão exequenda.	Decisão do STF posterior ao trânsito em julgado da decisão exequenda.
A inconstitucionalidade poderá ser alegada em impugnação ao cumprimento de sentença.	A inconstitucionalidade poderá ser alegada por meio de ação rescisória, cujo prazo será contado do trânsito em julgado da decisão proferida pelo STF.

22. CUMPRIMENTO DE SENTENÇA QUE RECONHEÇA A EXIGIBILIDADE DE OBRIGAÇÃO DE FAZER, DE NÃO FAZER OU DE ENTREGAR COISA - ART. 536

Medidas assecuratórias. No cumprimento de sentença que reconheça a exigibilidade de obrigação de fazer ou de não fazer, o juiz poderá, de ofício ou a requerimento, para a efetivação da tutela específica ou a obtenção de tutela pelo resultado prático equivalente, determinar as medidas necessárias à satisfação do exequente. Para tanto, poderá impor multa, busca e apreensão, remoção de pessoas e coisas, desfazimento de obras e o impedimento de atividade nociva, podendo, se for o caso, requisitar o auxílio de força policial.

Mandado de busca e apreensão. Será cumprido por dois oficiais de justiça.

23. CUMPRIMENTO DE SENTENÇA QUE RECONHEÇA A EXIGIBILIDADE DE OBRIGAÇÃO DE ENTREGAR COISA CERTA - ART. 538

Não cumprida a obrigação de entregar coisa no prazo estabelecido na sentença, será expedido mandado de busca e apreensão ou de imissão na posse em favor do credor, conforme se tratar de coisa móvel ou imóvel.

Direito de retenção por benfeitorias. Deve ser exercido na contestação, na fase de conhecimento.

24. AÇÕES POSSESSÓRIAS - ART. 554; 560-563

Fungibilidade entre as ações possessórias. A propositura de uma ação possessória em vez de outra não obstará a que o juiz conheça do pedido e outorgue a proteção legal correspondente àquela cujos pressupostos estejam provados.

Polo passivo com grande número de pessoas. Serão feitas a citação pessoal dos ocupantes que forem encontrados no local e a citação por edital dos demais, determinando-se, ainda, a intimação do Ministério Público e, se envolver pessoas em situação de hipossuficiência econômica, da Defensoria Pública.

Manutenção e reintegração de posse. O possuidor tem direito a ser mantido na posse em caso de turbação e reintegrado em caso de esbulho.

Requisitos. Incumbe ao autor provar: I - a sua posse; II - a turbação ou o esbulho praticado pelo réu; III - a data da turbação ou do esbulho; IV - a continuação da posse, embora turbada, na ação de manutenção, ou a perda da posse, na ação de reintegração.

Liminar. Estando a petição inicial devidamente instruída, o juiz deferirá, sem ouvir o réu, a expedição do mandado liminar de manutenção ou de reintegração, caso contrário, determinará que o autor justifique previamente o alegado, citando-se o réu para comparecer à audiência que for designada. Contra as pessoas jurídicas de direito público não será deferida a manutenção ou a reintegração liminar sem prévia audiência dos respectivos representantes judiciais.

25. INVENTÁRIO E PARTILHA - ART. 626

Feitas as primeiras declarações, o juiz mandará citar, para os termos do inventário e da partilha, o cônjuge, o companheiro, os herdeiros e os legatários e intimar a Fazenda Pública, o Ministério Público, se houver herdeiro incapaz ou ausente, e o testamenteiro, se houver testamento.

O cônjuge ou o companheiro, os herdeiros e os legatários serão citados pelo correio, sendo, ainda, publicado edital. Das primeiras declarações extrair-se-ão tantas cópias quantas forem as partes. A citação será acompanhada de cópia das primeiras declarações. Incumbe ao escrivão remeter cópias à Fazenda Pública, ao Ministério Público, ao testamenteiro, se houver, e ao advogado, se a parte já estiver representada nos autos.

26. AÇÕES DE FAMÍLIA - ART. 695

Recebida a petição inicial e, se for o caso, tomadas as providências referentes à tutela provisória, o juiz ordenará a citação do réu para comparecer à audiência de mediação e conciliação.

O mandado de citação conterá apenas os dados necessários à audiência e deverá estar desacompanhado de cópia da petição inicial, assegurado ao réu o direito de examinar seu conteúdo a qualquer tempo.

A citação ocorrerá com antecedência mínima de 15 (quinze) dias da data designada para a audiência.

A citação será feita na pessoa do réu.

Na audiência, as partes deverão estar acompanhadas de seus advogados ou de defensores públicos.

27. INTERDIÇÃO – ART. 751

Citação do interditando.

O interditando será citado para, em dia designado, comparecer perante o juiz, que o entrevistará minuciosamente acerca de sua vida, negócios, bens, vontades, preferências e laços familiares e afetivos e sobre o que mais lhe parecer necessário para convencimento quanto à sua capacidade para praticar atos da vida civil, devendo ser reduzidas a termo as perguntas e respostas.

28. ATOS EXECUTIVOS E DESCONSIDERAÇÃO DA PERSONALIDADE JURÍDICA – ARTS. 782 E 795

Atos executivos. Durante o desenvolvimento da relação jurídica processual, serão praticados atos executivos sob a determinação do juiz. O oficial de justiça poderá cumprir os atos executivos determinados pelo juiz também nas comarcas contíguas, de fácil comunicação, e nas que se situem na mesma região metropolitana.

Desconsideração da personalidade jurídica.

Os bens particulares dos sócios não respondem pelo pagamento da dívida, salvo se assim previsto em lei.

Para a desconsideração da personalidade jurídica, é necessário que se observa o respectivo incidente.

Quando responsável pelo pagamento da dívida da sociedade, o sócio réu tem o direito de exigir que primeiro sejam excutidos os bens da sociedade.

29. EXECUÇÃO PARA A ENTREGA DE COISA CERTA. ARTS. 806/807

Citação do devedor. O devedor de obrigação de entrega de coisa certa, constante de título executivo extrajudicial, será citado para, em 15 (quinze) dias, satisfazer a obrigação.

Ao despachar a inicial, o juiz poderá fixar multa por dia de atraso no cumprimento da obrigação, ficando o respectivo valor sujeito a alteração, caso se revele insuficiente ou excessivo.

Do mandado de citação constará ordem para imissão na posse ou busca e apreensão, conforme se tratar de bem imóvel ou móvel, cujo cumprimento se dará de imediato, se o executado não satisfizer a obrigação no prazo que lhe foi designado.

Se o executado entregar a coisa, será lavrado o termo respectivo e considerada satisfeita a obrigação, prosseguindo-se a execução para o pagamento de frutos ou o ressarcimento de prejuízos, se houver.

30. EXECUÇÃO POR QUANTIA CERTA - ARTS. 827/848 - 870/885

Citação do devedor e do Arresto

Honorários advocatícios – regras importantes:

a) será fixado pelo juiz quando despachar a inicial;

b) o percentual a ser fixado será de 10%;

c) se houver pagamento integral em três dias, os honorários serão reduzidos pela metade;

d) admite-se que os honorários sejam elevados até 20%, quando rejeitados os embargos à execução, podendo a majoração, caso não opostos os embargos, ocorrer ao final do procedimento executivo, levando-se em conta o trabalho realizado pelo advogado do exequente.

Averbação Premonitória

O exequente poderá obter certidão de que a execução foi admitida pelo juiz, com identificação das partes e do valor da causa, para fins de averbação no registro de imóveis, de veículos ou de outros bens sujeitos a penhora, arresto ou indisponibilidade.

Presume-se em fraude à execução a alienação ou a oneração de bens efetuada após a averbação.

Citação do Executado

O executado será citado para pagar a dívida no prazo de três dias, contado da citação. Do mandado de citação também constarão a ordem de penhora e a avaliação a serem cumpridas pelo oficia de justiça, lavrando-se o respectivo auto.

Se o oficial de justiça não encontrar o executado, promoverá o arresto de tantos bens quantos bastem para garantir a execução. Assim procedido, nos dez dias seguintes, o oficial de justiça procurará o executado duas vezes em dias distintos e, havendo suspeita de ocultação, realizará a citação com hora certa, certificando o ocorrido de forma pormenorizada.

Compete ao exequente requerer a citação por edital, quando frustradas a citação pessoal ou com hora certa.

Realizada a citação e não realizado o pagamento no prazo legal, o arresto será convertido em penhora, independentemente de termo.

Penhora

Não estão sujeitos à execução os bens que a lei considera ***impenhoráveis* ou *inalienáveis*.**

São **impenhoráveis** os seguintes bens (art. 833, CPC).

I - os bens inalienáveis e os declarados, por ato voluntário, não sujeitos à execução;

II - os móveis, os pertences e as utilidades domésticas que guarnecem a residência do executado, salvo os de elevado valor ou os que ultrapassem as necessidades comuns correspondentes a um médio padrão de vida;

III - os vestuários, bem como os pertences de uso pessoal do executado, salvo se de elevado valor;

IV - os vencimentos, os subsídios, os soldos, os salários, as remunerações, os proventos de aposentadoria, as pensões, os pecúlios e os montepios, bem como as quantias recebidas por liberalidade de terceiro e destinadas ao sustento do devedor e de sua família, os ganhos de trabalhador autônomo e os honorários de profissional liberal, ressalvado o § 2º;

V - os livros, as máquinas, as ferramentas, os utensílios, os instrumentos ou outros bens móveis necessários ou úteis ao exercício da profissão do executado;

VI - o seguro de vida;

VII - os materiais necessários para obras em andamento, salvo se essas forem penhoradas;

VIII - a pequena propriedade rural, assim definida em lei, desde que trabalhada pela família;

IX - os recursos públicos recebidos por instituições privadas para aplicação compulsória em educação, saúde ou assistência social;

X - a quantia depositada em caderneta de poupança, até o limite de 40 (quarenta) salários-mínimos;

XI - os recursos públicos do fundo partidário recebidos por partido político, nos termos da lei;

XII - os créditos oriundos de alienação de unidades imobiliárias, sob regime de incorporação imobiliária, vinculados à execução da obra.

Exceções:

A impenhorabilidade não é oponível à execução de dívida relativa ao próprio bem, inclusive àquela contraída para sua aquisição.

Situações dos incisos IV e X: não se aplicam à hipótese de penhora para pagamento de prestação alimentícia, independentemente de sua origem, e às importâncias excedentes a cinquenta salários-mínimos mensais

Situação do inciso V: incluem-se na impenhorabilidade os equipamentos, os implementos e as máquinas agrícolas pertencentes a pessoa física ou a empresa individual produtora rural, exceto quando tais bens tenham sido objeto de financiamento e estejam vinculados em garantia a negócio jurídico ou quando respondam por dívida de natureza alimentar, trabalhista ou previdenciária.

Impenhorabilidade relativa: podem ser penhorados, à falta de outros bens, os frutos e os rendimentos dos bens inalienáveis.

Ordem de penhora: a penhora observará, preferencialmente, a seguinte ordem:

I - dinheiro, em espécie ou em depósito ou aplicação em instituição financeira;

II - títulos da dívida pública da União, dos Estados e do Distrito Federal com cotação em mercado;

III - títulos e valores mobiliários com cotação em mercado;

IV - veículos de via terrestre;

V - bens imóveis;

VI - bens móveis em geral;

VII - semoventes;

VIII - navios e aeronaves;

IX - ações e quotas de sociedades simples e empresárias;

X - percentual do faturamento de empresa devedora;

XI - pedras e metais preciosos;

XII - direitos aquisitivos derivados de promessa de compra e venda e de alienação fiduciária em garantia;

XIII - outros direitos.

Não se levará a efeito a penhora quando ficar evidente que o produto da execução dos bens encontrados será totalmente absorvido pelo pagamento das custas da execução.

Documentação da penhora: a penhora será realizada mediante auto ou termo, que conterá os seguintes requisitos: I - a indicação do dia, do mês, do ano e do lugar em que foi feita; II - os nomes do exequente e do executado; III - a descrição dos bens penhorados, com as suas características; IV - a nomeação do depositário dos bens.

Conclusão da penhora: considerar-se-á feita a penhora mediante a apreensão e o depósito dos bens, lavrando-se um só auto se as diligências forem concluídas no mesmo dia. Formalizada a penhora por qualquer dos meios legais, dela será imediatamente intimado o executado. A intimação da penhora será feita ao advogado do executado ou à sociedade de advogados a que aquele pertença. Se não houver constituído advogado nos autos, o executado será intimado pessoalmente, de preferência por via postal. Contudo, se a penhora for realizada na presença do executado, a intimação não será realizada na pessoa do advogado, reputando-se aquele já intimado.

Penhora de bem indivisível: tratando-se de penhora de bem indivisível, o equivalente à quota-parte do coproprietário ou do cônjuge alheio à execução recairá sobre o produto da alienação do bem. É reservada ao coproprietário ou ao cônjuge não executado a preferência na arrematação do bem em igualdade de condições. Não será levada a efeito expropriação por preço inferior ao da avaliação na qual o valor auferido seja incapaz de garantir, ao coproprietário ou ao cônjuge alheio à execução, o correspondente à sua quota-parte calculado sobre o valor da avaliação.

Presunção absoluta de conhecimento por terceiros: cabe ao exequente providenciar a averbação do arresto ou da penhora no registro competente, mediante apresentação de cópia do auto ou do termo, independentemente de mandado judicial.

Penhora de bens imóveis: a penhora de imóveis, independentemente de onde se localizem, quando apresentada certidão da respectiva matrícula, e a penhora de veículos automotores, quando apresentada certidão que ateste a sua existência, serão realizadas por termo nos autos.

Substituição da penhora requerida pelo executado: o executado pode, no prazo de 10 (dez) dias contado da intimação da penhora, requerer a substituição do bem penhorado, desde que comprove que lhe será menos onerosa e não trará prejuízo ao exequente. Requerida a substituição do bem penhorado, o executado deve indicar onde se encontram os bens sujeitos à execução, exibir a prova de sua propriedade e a certidão negativa ou positiva de ônus, bem como abster-se de qualquer atitude que dificulte ou embarace a realização da penhora.

Substituição da penhora requerida pelas partes. As partes poderão requerer a substituição da penhora se: I - ela não obedecer à ordem legal; II - ela não incidir sobre os bens designados em lei, contrato ou ato judicial para o pagamento; III - havendo bens no foro da execução, outros tiverem sido penhorados; IV - havendo bens livres, ela tiver recaído sobre bens já penhorados ou objeto de gravame; V - ela incidir sobre bens de baixa liquidez; VI - fracassar a tentativa de alienação judicial do bem; ou VII - o executado não indicar o valor dos bens ou omitir qualquer das indicações previstas em lei.

Substituição da penhora por fiança bancária ou seguro garantia: a penhora pode ser substituída por fiança bancária ou por seguro garantia judicial, em valor não inferior ao do débito constante da inicial, acrescido de trinta por cento.

Avaliação: será realizada por oficial de justiça. Porém, se forem necessários conhecimentos especializados e o valor da execução o comportar, o juiz nomeará avaliador, fixando-se prazo não superior a 10 dias para a entrega do laudo.

Dispensa da avaliação. Não se procederá à avaliação quando: I - uma das partes aceitar a estimativa feita pela outra;

II - se tratar de títulos ou de mercadorias que tenham cotação em bolsa, comprovada por certidão ou publicação no órgão oficial; III - se tratar de títulos da dívida pública, de ações de sociedades e de títulos de crédito negociáveis em bolsa, cujo valor será o da cotação oficial do dia, comprovada por certidão ou publicação no órgão oficial; IV - se tratar de veículos automotores ou de outros bens cujo preço médio de mercado possa ser conhecido por meio de pesquisas realizadas por órgãos oficiais ou de anúncios de venda divulgados em meios de comunicação, caso em que caberá a quem fizer a nomeação o encargo de comprovar a cotação de mercado.

Nova avaliação. Será admitida nova avaliação quando: I - qualquer das partes arguir, fundamentadamente, a ocorrência de erro na avaliação ou dolo do avaliador; II - se verificar, posteriormente à avaliação, que houve majoração ou diminuição no valor do bem; III - o juiz tiver fundada dúvida sobre o valor atribuído ao bem na primeira avaliação.

Realizadas a penhora e a avaliação, o juiz dará início aos atos de expropriação do bem.

31. RECURSOS – ARTS. 994, 1.001, 1.003, 1.009-1.010, 1.015, 1.022

Princípio da taxatividade recursal

Somente são recursos aqueles estabelecidos por lei federal, não sendo possível deixar à autonomia dos litigantes a instituição dos meios hábeis para impugnar as resoluções judiciais".

São cabíveis os seguintes recursos: I – apelação; II – agravo de instrumento; III – agravo interno; IV – embargos de declaração; V – recurso ordinário; VI – recurso especial; VII – recurso extraordinário; VIII – agravo em recurso especial ou extraordinário; e IX – embargos de divergência.

Além destes, persistem os seguintes recursos: recurso inominado, incidentes de uniformização de interpretação de lei (Juizados Especiais Federais e Juizados Especiais da Fazenda Pública) e os embargos infringentes de alçada na execução fiscal.

Irrecorribilidade dos despachos

Dos despachos não cabe recurso.

Contagem do prazo para interposição de recursos

O prazo para interposição de recurso conta-se da data em que os advogados, a sociedade de advogados, a Advocacia Pública, a Defensoria Pública ou o Ministério Público são intimados da decisão.

Aplica-se o disposto no art. 231 , incisos I a VI, ao prazo de interposição de recurso pelo réu contra decisão proferida anteriormente à citação.

No prazo para interposição de recurso, a petição será protocolada em cartório ou conforme as normas de organização judiciária, ressalvado o disposto em regra especial.

Para aferição da tempestividade do recurso remetido pelo correio, será considerada como data de interposição a data de postagem.

Excetuados os embargos de declaração, o prazo para interpor os recursos e para responder-lhes é de 15 (quinze) dias.

Atenção para dispositivo com nova redação – alteração em 2024
O recorrente comprovará a ocorrência de feriado local no ato de interposição do recurso, e, se não o fizer, o tribunal determinará a correção do vício formal, ou poderá desconsiderá-lo caso a informação já conste do processo eletrônico.

Apelação

Quando será cabível? Para a impugnação da sentença.

As questões resolvidas na fase de conhecimento, se a decisão a seu respeito não comportar agravo de instrumento, não são cobertas pela preclusão e devem ser suscitadas em preliminar de apelação, eventualmente interposta contra a decisão final, ou nas contrarrazões. Se estas questões forem suscitadas em contrarrazões, o recorrente será intimado para, em 15 (quinze) dias, manifestar-se a respeito delas.

Juízo a que é dirigida a apelação: o recurso será interposto por petição dirigida ao juízo de primeiro grau. Contudo, a admissibilidade da apelação ocorrerá em segundo grau.

Uma vez interposto o recurso, a parte contrária será intimada para oferecimento de contrarrazões.

Agravo de instrumento.

É cabível a interposição de agravo de instrumento contra as decisões interlocutórias que versarem sobre:

I - tutelas provisórias;

II - mérito do processo;

III - rejeição da alegação de convenção de arbitragem;

IV - incidente de desconsideração da personalidade jurídica;

V - rejeição do pedido de gratuidade da justiça ou acolhimento do pedido de sua revogação;

VI - exibição ou posse de documento ou coisa;

VII - exclusão de litisconsorte;

VIII - rejeição do pedido de limitação do litisconsórcio;

IX - admissão ou inadmissão de intervenção de terceiros;

X - concessão, modificação ou revogação do efeito suspensivo aos embargos à execução;

XI - redistribuição do ônus da prova nos termos do art. 373, § 1º ;

XII - outros casos expressamente referidos em lei.

Também caberá agravo de instrumento contra decisões interlocutórias proferidas na fase de liquidação de sentença ou de cumprimento de sentença, no processo de execução e no processo de inventário.

Vide o Tema 988, recursos repetitivos: o rol do art. 1.015 do CPC é de taxatividade mitigada, por isso admite a interposição de agravo de instrumento quando verificada a urgência decorrente da inutilidade do julgamento da questão no recurso de apelação.

Embargos declaratórios

Serão cabíveis os embargos declaratórios contra qualquer decisão judicial para o fim de: I - esclarecer obscuridade ou eliminar contradição; II - suprir omissão de ponto ou questão sobre o qual devia se pronunciar o juiz de ofício ou a requerimento; III - corrigir erro material.

Para este fim, considera-se omissa a decisão que: I - deixe de se manifestar sobre tese firmada em julgamento de casos repetitivos ou em incidente de assunção de competência aplicável ao caso sob julgamento; II - incorra em qualquer das condutas descritas no art. 489, § 1º.

32. LEI Nº 9.099/1995 – ARTS. 8º, 9º, 18 E 19

Partes nos Juizados Especiais

Não poderão ser partes nos Juizados Especiais: o incapaz, o preso, as pessoas jurídicas de direito público, as empresas públicas da União, a massa falida e o insolvente civil.

Somente poderão propor ação perante o Juizado Especial: I – as pessoas físicas capazes, excluídos os cessionários de direito de pessoas jurídicas; II – as pessoas enquadradas como microempresas individuais, microempresas e empresas de pequeno porte; III – as pessoas jurídicas qualificadas como Organização da Sociedade Civil de Interesse Público; e, IV – as sociedades de crédito ao microempreendedor.

Dispensa de Assistência de Advogado

Nas causas de valor até vinte salários-mínimos, as partes comparecerão pessoalmente, podendo ser assistidas por advogado; nas de valor superior, a assistência é obrigatória.

Sendo facultativa a assistência, se uma das partes comparecer assistida por advogado, ou se o réu for pessoa jurídica ou firma individual, terá a outra parte, se quiser, assistência judiciária prestada por órgão instituído junto ao Juizado Especial, na forma da lei local.

O Juiz alertará as partes da conveniência do patrocínio por advogado, quando a causa o recomendar.

O mandato ao advogado poderá ser verbal, salvo quanto aos poderes especiais.

O réu, sendo pessoa jurídica ou titular de firma individual, poderá ser representado por preposto credenciado.

O réu, sendo pessoa jurídica ou titular de firma individual, poderá ser representado por preposto credenciado, munido de carta de preposição com poderes para transigir, sem haver necessidade de vínculo empregatício.

Citações e intimações

A citação será feita: I - por correspondência, com aviso de recebimento em mão própria; II - tratando-se de pessoa jurídica ou firma individual, mediante entrega ao encarregado da recepção, que será obrigatoriamente identificado; III - sendo necessário, por oficial de justiça, independentemente de mandado ou carta precatória.

Não se fará citação por edital.

As intimações serão feitas na forma prevista para citação, ou por qualquer outro meio idôneo de comunicação.Dos atos praticados na audiência, considerar-se-ão desde logo cientes as partes.

As partes comunicarão ao juízo as mudanças de endereço ocorridas no curso do processo, reputando-se eficazes as intimações enviadas ao local anteriormente indicado, na ausência da comunicação.

Noções de Informática

Emannuelle Gouveia

Noções de Informática

EDITAL

MS-Windows 10 ou superior: conceito de pastas, diretórios, arquivos e atalhos, área de trabalho, área de transferência, manipulação de arquivos e pastas, uso dos menus, programas e aplicativos, interação com o conjunto de aplicativos do Microsoft-365: MS-Word : estrutura básica dos documentos, edição e formatação de textos, cabeçalhos, parágrafos, fontes, colunas, marcadores simbólicos e numéricos, tabelas, impressão, controle de quebras e numeração de páginas, legendas, índices, inserção de objetos, campos predefinidos, caixas de texto. MS-Excel: estrutura básica das planilhas, conceitos de células, linhas, colunas, pastas e gráficos, elaboração de tabelas e gráficos, uso de fórmulas, funções e macros, impressão, inserção de objetos, campos predefinidos, controle de quebras e numeração de páginas, obtenção de dados externos, classificação de dados. Correio Eletrônico: uso de correio eletrônico, preparo e envio de mensagens, anexação de arquivos. Internet: navegação internet, conceitos de URL, links, sites, busca e impressão de páginas. MS Teams: chats, chamadas de áudio e vídeo, criação de grupos, trabalho em equipe: Word, Excel, PowerPoint, SharePoint e OneNote, agendamento de reuniões e gravação. OneDrive: armazenamento e compartilhamento de arquivos.

Capítulo I.
MS-Windows 10: conceito de pastas, diretórios, arquivos e atalhos, área de trabalho, área de transferência, manipulação de arquivos e pastas, uso dos menus, programas e aplicativos

1.1. ÁREA DE TRABALHO, ÁREA DE TRANSFERÊNCIA E USO DOS MENUS

A nova área de trabalho do Windows10 é mais moderna e com cores fortes.

Barra de tarefas

A barra de tarefas do Windows10 manteve o padrão original, com: área de notificação, área intermediária, barra de inicialização rápida e botão Iniciar.

As novidades surgem apenas na Barra de Inicialização Rápida e no Menu Iniciar como veremos agora.

a) **Barra de Inicialização Rápida:** Surge o botão para busca no Windows e na Web e o botão que permite ter a visão de várias tarefas simultâneas

b) **O botão Iniciar:** ficou com uma imagem mais sóbria e trouxe um novo formato de menu, como veremos a seguir:

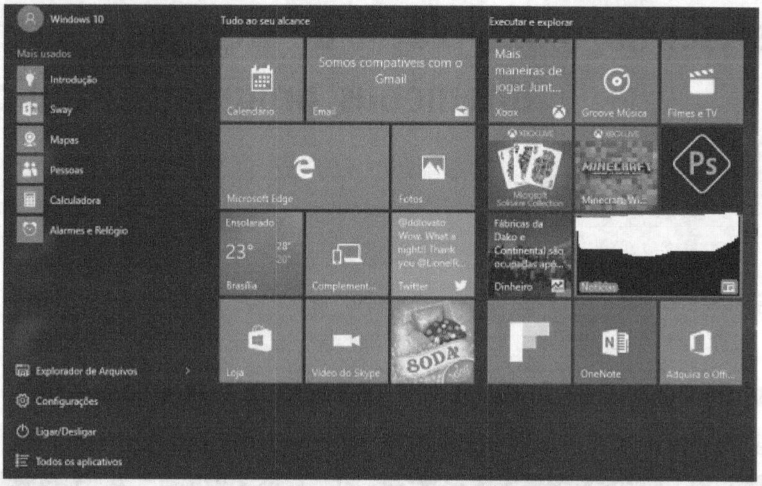

Na parte superior à esquerda, está a listagem dos programas considerados mais importantes e os mais recentemente utilizados.

Na parte inferior, vêm os principais menus de navegação:

→ fornece acesso ao Windows Explorer;

→ fornece acesso ao Painel de Controle, que também veio com cara nova e que estudaremos a seguir.

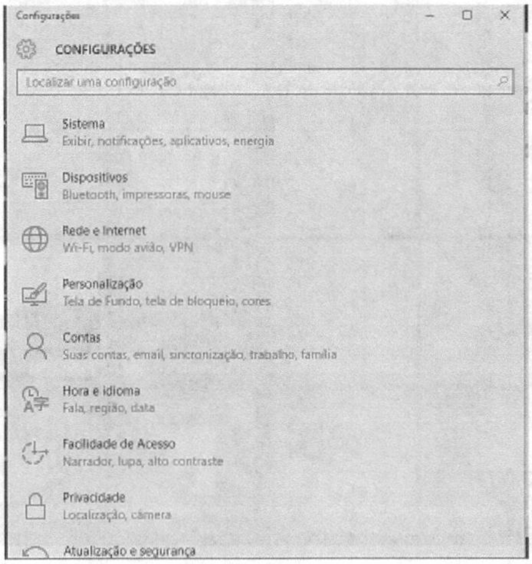

→ que oferece as funções de Desligar, Suspender e Reiniciar

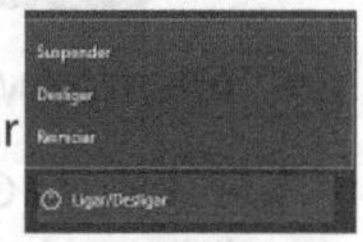

→ que exibe todos os programas instalados no computador. Agora, ele está organizado em ordem alfabética e agregou algumas funcionalidades que antes ficavam no painel de controle, como "Ferramentas Administrativas", por exemplo.

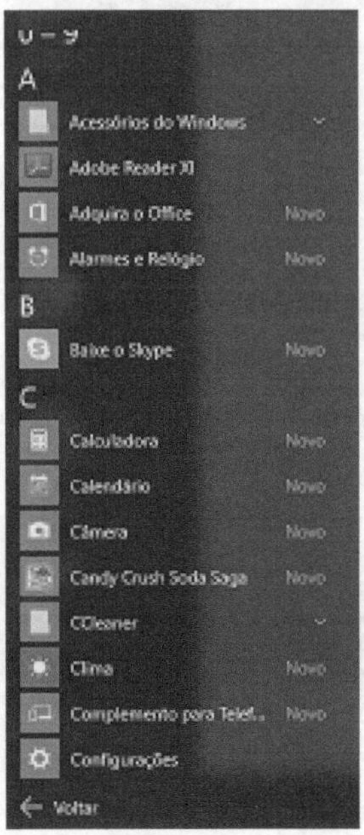

Do lado direito, vamos encontrar as áreas: "Tudo ao seu alcance" e "Executar e Explorar" que podem ser configuradas pelo usuário (assim como todo o resto) com os softwares e itens que julgar mais importantes.

1.2. PROGRAMAS E APLICATIVOS

O painel de Controle passa a se chamar "Configurações". Manteve quase todas as funcionalidades das versões anteriores, mas ficou menos repetitivo, mais objetivo e mais fácil de usar.

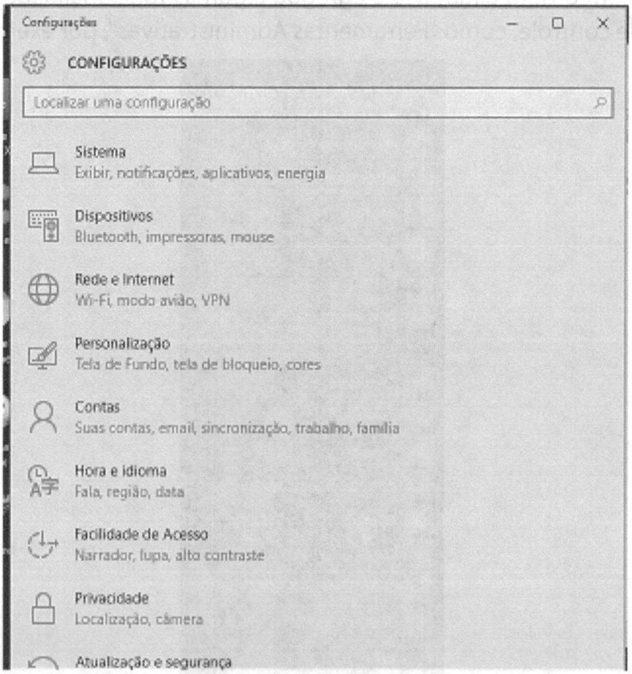

1.2.1. Sistema

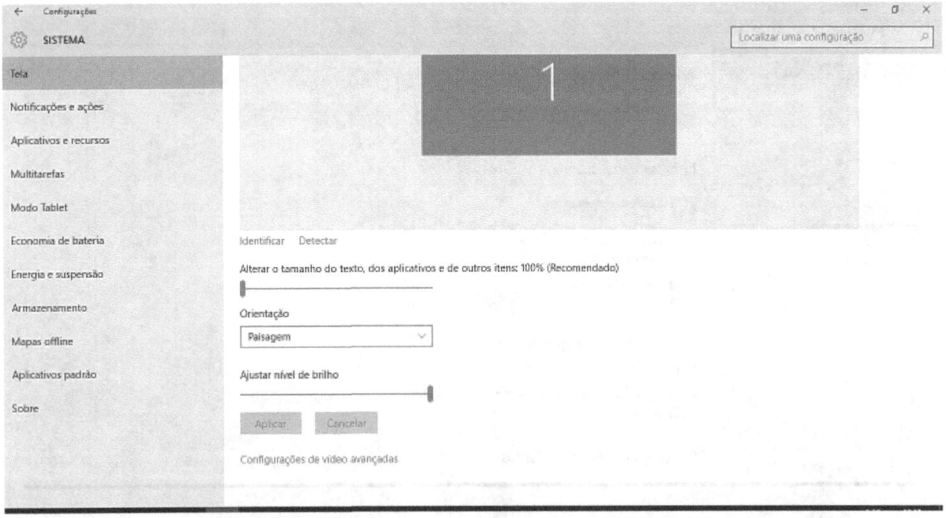

Item	Subitem	Função
Sistema	Tela	Permite que o usuário configure brilho e resolução da tela.
	Notificações e Ações	Oferece a possibilidade de ativar notificações de atividade no Windows e configurar a barra de Ações Rápidas;
	Aplicativos e Recursos	Aplicativos e Recursos é o antigo Programas e Recursos;
	Multitarefa	Permite configurar as várias áreas de trabalho virtuais e definir como o Windows vai se comportar em seu gerenciamento;
	Modo Tablet	Oferece a possibilidade de trabalhar na interface adaptada para os dispositivos móveis;
	Economia de Bateria	Oferece recursos para o aparelho funcionar em modo econômico de bateria
	Energia e Suspensão	Oferece recursos para configuração de esquemas de energia e para a suspensão do dispositivo
	Armazenamento	Oferece informações sobre o estado de armazenamento do disco e permite definir opções de locais padrão para armazenamento de arquivos;
	Mapas Off-line	Integração com sistemas de mapas que podem ser baixados no computador
	Aplicativos Padrão	É o antigo Programas Padrão
	Sobre	É a antiga tela inicial do item Sistema, que oferece informações sobre a máquina e sua configuração.

1.2.2. Dispositivos

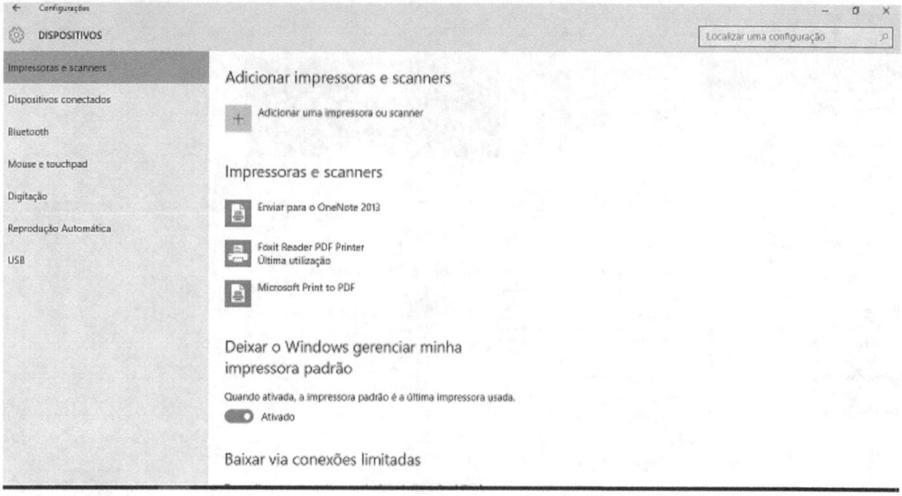

Item	Subitem	Função
Dispositivos	**Impressoras e Scanners**	Permite instalar e gerenciar impressoras e Scanners
	Dispositivos Conectados	Gerencia dispositivos conectados ao computador e eventuais problemas encontrados
	Bluetooth	Permite a configuração desse tipo de conexão
	Mouse e Touchpad	Permite a configuração desses dispositivos
	Digitação	Permite a configuração de velocidade de repetição de teclas e elementos de digitação
	Reprodução Automática	Permite a configuração da respectiva função
	USB	Gerencia as conexões dos elementos USB

1.2.3. Rede e Internet

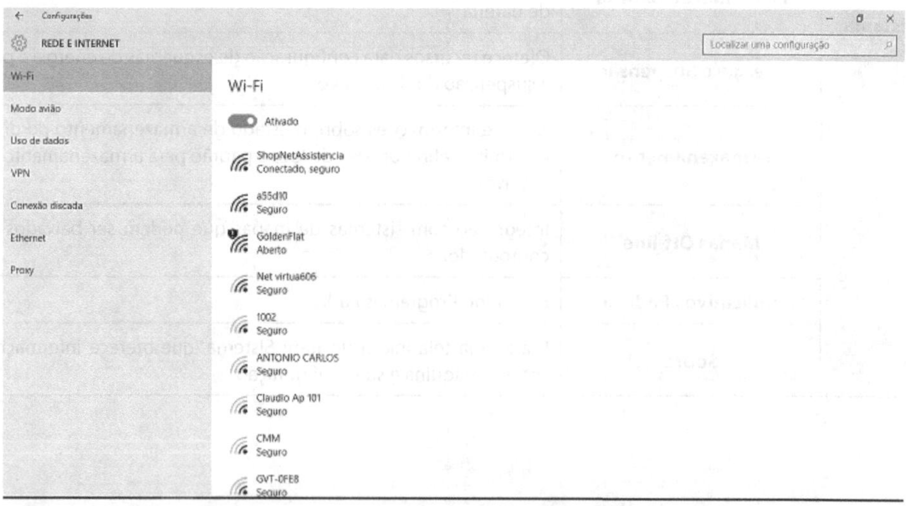

Item	Subitem	Função
Rede e Internet	**Wi-fi**	Permitem a configuração de conexões utilizando a tecnologia citada em cada item
	Modo Avião	
	Uso de Dados	
	VPN	
	Conexão Discada	
	Ethernet	
	Proxy	

1.2.4. Personalização

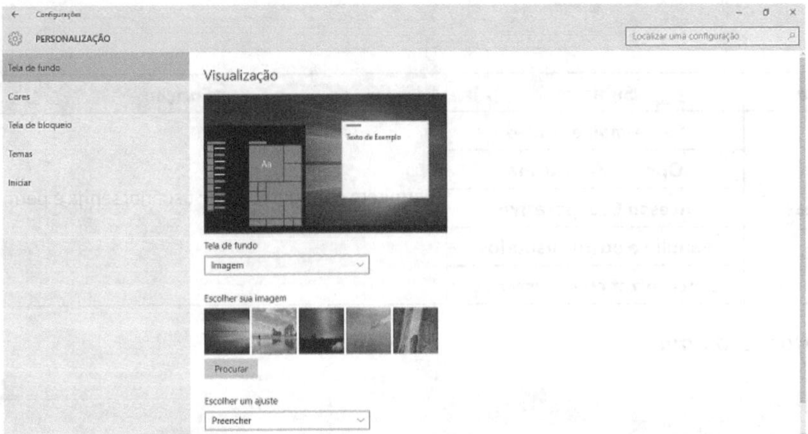

Item	Subitem	Função
Personalização	**Tela de Fundo**	Permite configurar a Área de Trabalho
	Cores	Permite configurar o padrão de cores desejado
	Tela de Bloqueio	Permite configurar a proteção de tela
	Temas	Permite configurar temas de cores para as janelas do Windows
	Iniciar	Permite a configuração do menu Iniciar

1.2.5. *Contas*

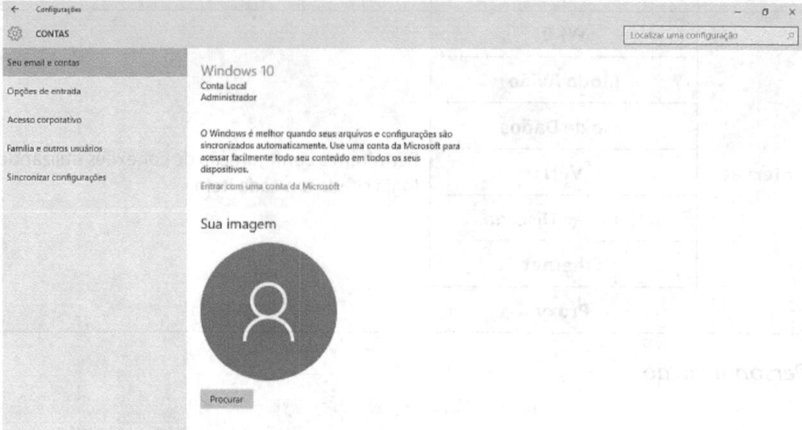

Item	Subitem	Função
Contas	Seu e-mail e contas	Permitem configurar o trio: usuário, senha e permissão nos respectivos níveis citados.
	Opções de entrada	
	Acesso Coorporativo	
	Família e outros usuários	
	Sincronizar configurações	

1.2.6. *Hora e Idioma*

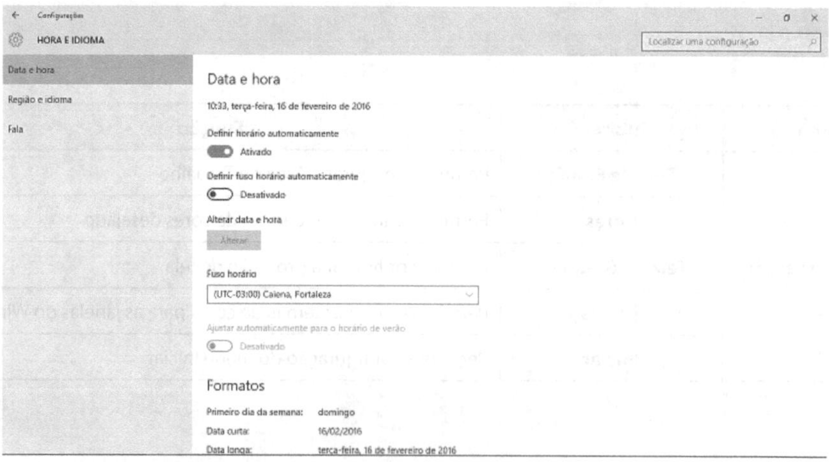

Item	Subitem	Função
Hora e Idioma	Data e Hora	Nessa opção é possível alterar não o formato de apresentação, mas efetivamente a data e a hora do sistema e o fuso horário.
	Região e Idioma	Aqui são ajustados (para todo o ambiente Windows) configurações, formato de apresentações de número, data, moeda e idioma.
	Fala	Permite configurar elementos de acessibilidade por voz.

1.2.7. *Facilidade de Acesso*

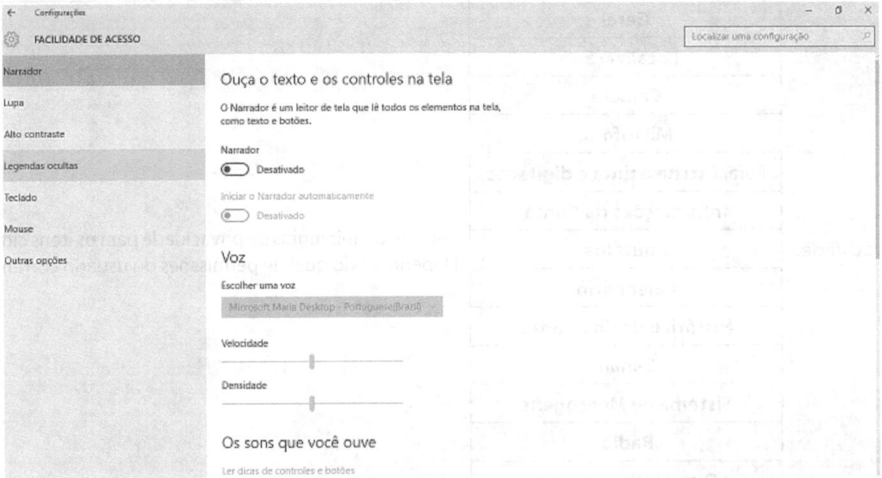

Item	Subitem	Função
Facilidade de Acesso	**Narrador**	Permitem definir recursos de acessibilidade de acordo com o item citado no título.
	Lupa	
	Alto Contraste	
	Legendas Ocultas	
	Teclado	
	Mouse	
	Outras opções	

1.2.8. *Privacidade*

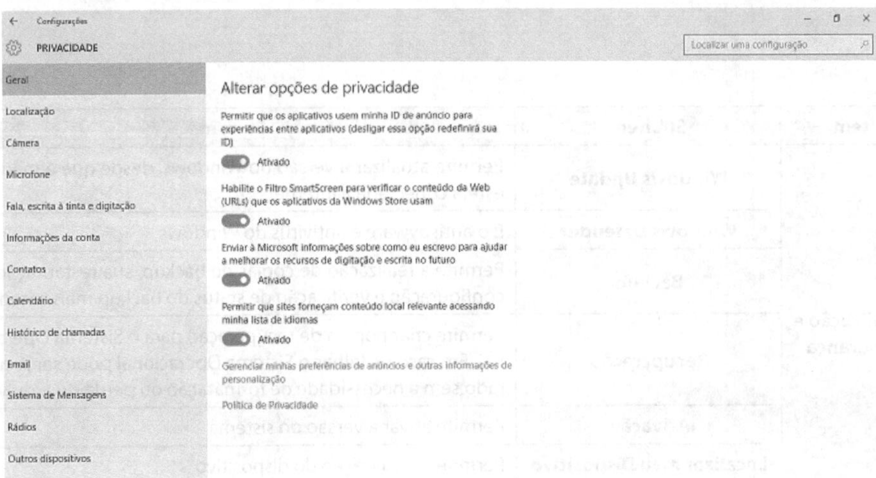

Item	Subitem	Função
Privacidade	Geral	Permite definir regras de privacidade para os itens citados. Dependerá do qual de permissões do usuário corrente.
	Localização	
	Câmera	
	Microfone	
	Fala, Escrita a tinta e digitação	
	Informações da Conta	
	Contatos	
	Calendário	
	Histórico de Chamadas	
	E-mail	
	Sistema de Mensagens	
	Rádio	
	Outros Dispositivos	

1.2.9. Atualização e Segurança

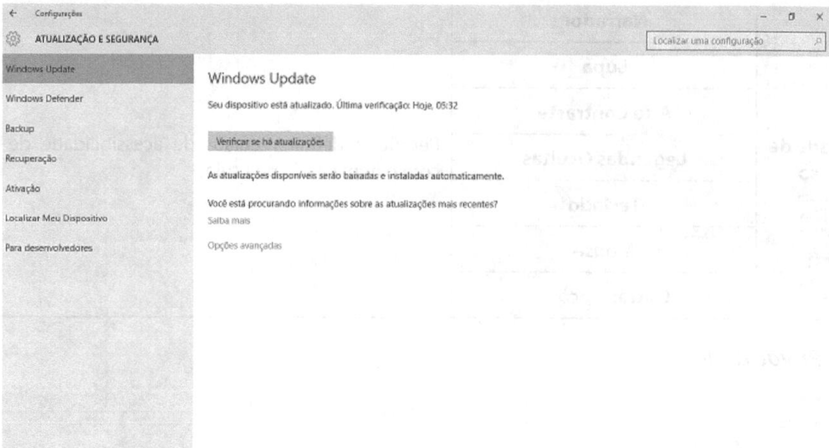

Item	Subitem	Função
Atualização e Segurança	Windows Update	Permite atualizar a versão do Windows, desde que a máquina esteja conectada a Internet.
	Windows Defender	É o antispyware e antivírus do Windows
	Backup	Permite a realização de cópias de backup, sua restauração e a configuração e verificação de status do backup mais recente.
	Recuperação	Permite criar pontos de recuperação para o Sistema Operacional. Em caso de falhas o Sistema Operacional pode ser recuperado sem a necessidade de formatação ou perda de arquivos.
	Ativação	Permite ativar a versão do sistema
	Localizar meu Dispositivo	Permite a localização do dispositivo
	Para desenvolvedores	Oferece ferramentas avançadas para desenvolvedores.

1.3. CONCEITO DE PASTAS, DIRETÓRIOS, ARQUIVOS E ATALHOS E MANIPULAÇÃO DE ARQUIVOS E PASTAS

- O Windows Explorer é o gerenciador eletrônico de arquivos e diretórios do Windows.
- **Arquivo**: é uma informação salva em memória secundária. É a menor unidade manipulada pelo usuário.
- O nome do arquivo é dividido em duas partes, o **identificador** que é o nome dado pelo usuário, um ponto **"."** que é obrigatório, e a **extensão** que indica o tipo do arquivo. O nome de arquivo pode conter até 255 caracteres, incluindo espaços. Entretanto não é recomendável criar nomes de arquivos com 255 caracteres. A maioria dos programas não pode interpretar nomes de arquivos que sejam extremamente longos. Não esqueça que os nomes de arquivos não podem conter os seguintes caracteres:

  \ / : ? " <>! *

Extensões mais utilizadas			
BMP, GIF, TIF, JPG, PCX, PCG, WMF,PCD, CPT	Imagens	**TXT, DOC, WRI, RTF**	Textos e documentos
AVI, QT	Vídeo Clip	**INF**	Informações
WAV, MP3	Som	**HTM, HTML**	Internet
FON	Fontes	**DOT**	Modelo do Word
MDB	Banco de Dados do Ms - Access	**INI**	Iniciação do Windows
HLP	Ajuda	**SCR**	Protetor de tela
ICO	Ícone	**XLS**	Planilha eletrônica
EXE	Executável	**GRP**	Grupo de programas
COM	Comando	**TTF**	Font True Type
BAT	Arquivo de Lote	**BAK**	Backup
PIF	Arquivo de Programa do DOS	**MPG, MP2, MPEG, MIV**	Clipe de filme
CUR	Cursor	**ANI**	Cursor animado

- **Pasta**: é um local criado para armazenar nossos arquivos, permitindo assim, organizá-los nos discos de nossos computadores.

As pastas podem conter subpastas.

As pastas também podem ser chamadas de diretórios e as subpastas de subdiretórios.

- **Unidade de disco:** É a representação de uma memória secundária.
- Árvore de Diretórios: O Windows Explorer exibe os arquivos e pastas existentes em seu computador em uma estrutura hierarquizada, permitindo a navegação através deles, em uma única janela. Essa estrutura é chamada de árvore de diretórios.

As principais tarefas que realizamos no Windows Explorer são:

Função	Formas para Realização
Selecionar Itens	Pode selecionar vários itens **não sequenciais**, mantendo a tecla **CTRL** pressionada e clicando sobre os itens desejados. Pode selecionar arquivos **em sequência** de duas formas: → Seleciona uma extremidade da sequência, mantêm a tecla **SHIFT** pressionada e seleciona a outra extremidade da sequência. → Seleciona uma extremidade da sequência, mantêm a tecla **SHIFT** pressionada e movimenta-se com as setas de direção do teclado.
Excluir Itens	_Enviando os itens para a Lixeira:_ 1. Selecione o item a ser excluído; Selecione a opção de menu **"Arquivo\Excluir";** Na tela de confirmação que surgirá, selecione "**OK**". 2. Selecione o item a ser excluído; Clique com o botão direito do mouse, e escolha a opção **"Excluir"**; Na tela de confirmação que surgirá, selecione "**OK**". 3. Selecione o item a ser excluído; Aperte a tecla **DEL** ou **DELETE** _Apagando definitivamente_ 1. Combinando Shift Com qualquer uma das formas de exclusão
Renomear Itens	**1.** Selecione o item que será renomeado Selecione a opção **"Arquivo\Renomear"** Digite o novo nome desejado para o item. **2.** Selecione o item que será renomeado Clique com o botão direito do mouse, e escolha a opção **"Renomear"**; Digite o novo nome desejado para o item. **3**. Selecione o item que será renomeado Clique novamente sobre o item e observe que a área de edição é ativada. Digite o novo nome desejado para o item. 4. Selecione o item que será renomeado Clique na tecla **F2** e observe que a área de edição é ativada. Digite o novo nome desejado para o item.
Mover Itens	**1.** Selecione o item que será movido Selecione a opção **"Editar\Recortar"** Selecione o local de destino Selecione a opção **"Editar\Colar"** **2.** Selecione o item que será movido Clique com o botão direito do mouse, e escolha a opção **"Recortar"**; Selecione o local de destino Clique com o botão direito do mouse, e escolha a opção **"Colar"**; **3**. Selecione o item que será movido Aperte a combinação de teclas **CTRL + X** Selecione o local de destino Aperte a combinação de teclas **CTRL + V** **4**. Selecione o item que será movido Arraste até o local de destino.(O pressionamento da tecla SHIFT é opcional caso a movimentação seja na mesma unidade de disco. Se for entre unidades de discos diferentes o pressionamento da tecla SHIFT é obrigatório)

Função	Formas para Realização
Copiar Itens	**1.** Selecione o item que será copiado Selecione a opção **"Editar\Copiar"** Selecione o local de destino Selecione a opção **"Editar\Colar"** **2.** Selecione o item que será copiado Clique com o botão direito do mouse, e escolha a opção **"Copiar"**; Selecione o local de destino Clique com o botão direito do mouse, e escolha a opção **"Colar"**; **3.** Selecione o item que será copiado Aperte a combinação de teclas **CTRL + C** Selecione o local de destino Aperte a combinação de teclas **CTRL + V** **4.** Selecione o item que será copiado Arraste até o local de destino. (O pressionamento da tecla CTRL é obrigatório caso a cópia seja na mesma unidade de disco. Se for entre unidades de discos diferentes o pressionamento da tecla CTRL é opcional).

1.4. TECLAS DE ATALHO

As principais teclas de atalho são:

Atalhos de teclado gerais

Pressione	Para
CTRL+C	Copiar.
CTRL+X	Recortar.
CTRL+V	Colar.
CTRL+Z	Desfazer.
DELETE	Excluir.
SHIFT+DELETE	Excluir um item selecionado permanentemente sem colocá-lo na **Lixeira**.
CTRL ao arrastar um item	Copiar um item selecionado.
CTRL+SHIFT ao arrastar um item	Criar um atalho para um item selecionado.
F2	Renomear um item selecionado.
CTRL+SETA PARA A DIREITA	Mover o ponto de inserção para o início da próxima palavra.
CTRL+SETA PARA A ESQUERDA	Mover o ponto de inserção para o início da palavra anterior.
CTRL+SETA PARA BAIXO	Mover o ponto de inserção para o início do próximo parágrafo.
CTRL+SETA PARA CIMA	Mover o ponto de inserção para o início do parágrafo anterior.
CTRL+SHIFT com qualquer uma das teclas de direção	Realçar um bloco de texto.
SHIFT com qualquer uma das teclas de direção	Selecionar mais de um item em uma janela ou na área de trabalho, ou selecionar texto dentro de um documento.
CTRL+A	Selecionar tudo.
F3	Procurar um arquivo ou uma pasta.

Pressione	Para
ALT+ENTER	Exibir as propriedades do item selecionado.
ALT+F4	Fechar o item ativo ou sair do programa ativo.
ALT+Enter	Exibir as propriedades do objeto selecionado.
ALT+BARRA DE ESPAÇOS	Abrir o menu de atalho para a janela ativa.
CTRL+F4	Fechar o documento ativo em programas que permitem vários documentos abertos simultaneamente.
ALT+TAB	Alternar entre itens abertos.
ALT+ESC	Percorrer os itens na ordem em que foram abertos.
F6	Percorrer os elementos da tela em uma janela ou na área de trabalho.
F4	Exibir a lista da barra de endereços em **Meu computador** ou no Windows Explorer.
SHIFT+F10	Exibir o menu de atalho para o item selecionado.
ALT+BARRA DE ESPAÇOS	Exibir o menu **Sistema** para a janela ativa.
CTRL+ESC	Exibir o menu **Iniciar**.
ALT+Letra sublinhada em um nome de menu	Exibir o menu correspondente.
Letra sublinhada em um nome de comando de um menu aberto	Executar o comando correspondente.
F10	Ativar a barra de menus no programa ativo.
SETA PARA A DIREITA	Abrir o próximo menu à direita ou abrir um submenu.
SETA PARA A ESQUERDA	Abrir o próximo menu à esquerda ou fechar um submenu.
F5	Atualizar a janela ativa.
BACKSPACE	Exibir a pasta um nível acima em **Meu computador** ou no Windows Explorer.
ESC	Cancelar a tarefa atual.
SHIFT ao inserir um CD na unidade de CD-ROM	Evitar que o CD seja executado automaticamente.

Atalhos de teclado de caixas de diálogo

Pressione	Para
CTRL+TAB	Avançar pelas guias.
CTRL+SHIFT+TAB	Recuar pelas guias.
TAB	Avançar pelas opções.
SHIFT+TAB	Recuar pelas opções.
ALT+Letra sublinhada	Executar o comando correspondente ou selecionar a opção correspondente.
ENTER	Executar o comando para a opção ou o botão ativo.
BARRA DE ESPAÇOS	Marcar ou desmarcar a caixa de seleção caso a opção ativa seja uma caixa de seleção.
Teclas de direção	Selecionar um botão caso a opção ativa seja um grupo de botões de opção.

Pressione	Para
F1	Exibir a **Ajuda**.
F4	Exibir os itens na lista ativa.
BACKSPACE	Abrir uma pasta um nível acima caso uma pasta esteja selecionada na caixa de diálogo **Salvar como** ou **Abrir**.

Atalhos de teclado do Windows Explorer

Pressione	Para
END	Exibir a parte inferior da janela ativa.
HOME	Exibir a parte superior da janela ativa.
NUM LOCK+ASTERISCO no teclado numérico (*)	Exibir todas as subpastas da pasta selecionada.
NUM LOCK+SINAL DE MAIS no teclado numérico (+)	Exibir o conteúdo da pasta selecionada.
NUM LOCK+SINAL DE MENOS no teclado numérico (-)	Recolher a pasta selecionada.
SETA PARA A ESQUERDA	Recolher a seleção atual se estiver expandida ou selecionar a pasta pai.
SETA PARA A DIREITA	Exibir a seleção atual se estiver recolhida ou selecionar a primeira subpasta.

Você pode usar os seguintes atalhos de teclado com um Microsoft Natural Keyboard ou qualquer outro teclado compatível que inclua a tecla de logotipo do Windows e a tecla de aplicativo.

Pressione	Para
Windows	Exibir ou ocultar o menu **Iniciar**.
Windows +BREAK	Exibir a caixa de diálogo **Propriedades do sistema**.
Windows +D	Mostrar a área de trabalho.
Windows +M	Minimizar todas as janelas.
Windows + Shift + M	Restaurar as janelas minimizadas.
Windows+ E	Abrir **Meu computador**.
Windows+ F	Procurar um arquivo ou uma pasta.
CTRL + Windows + F	Procurar computadores.
Windows+ F1	Exibir a **Ajuda** do Windows.
Windows+ L	Bloquear o computador se você estiver conectado a um domínio de rede ou alternar usuários se você não estiver conectado a um domínio de rede.
Windows+ R	Abrir a caixa de diálogo **Executar**.
Tecla de Aplicativo	Exibir o menu de atalho para o item selecionado.
Windows+ U	Abrir o **Gerenciador de utilitários**.

Capítulo II. MS-Word : estrutura básica dos documentos, edição e formatação de textos, cabeçalhos, parágrafos, fontes, colunas, marcadores simbólicos e numéricos, tabelas, impressão, controle de quebras e numeração de páginas, legendas, índices, inserção de objetos, campos predefinidos, caixas de texto

1. ESTRUTURA BÁSICA DOS DOCUMENTOS

Ao ser iniciado, é apresentada uma nova tela no Office , que irá se repetir na abertura de todos os aplicativos do pacote. A tela é dividida em lado esquerdo e lado direito. No primeiro são listados os últimos arquivos abertos na máquina e no segundo o usuário pode abrir um novo documento em branco ou um dos muitos modelos oferecidos pela Microsoft.

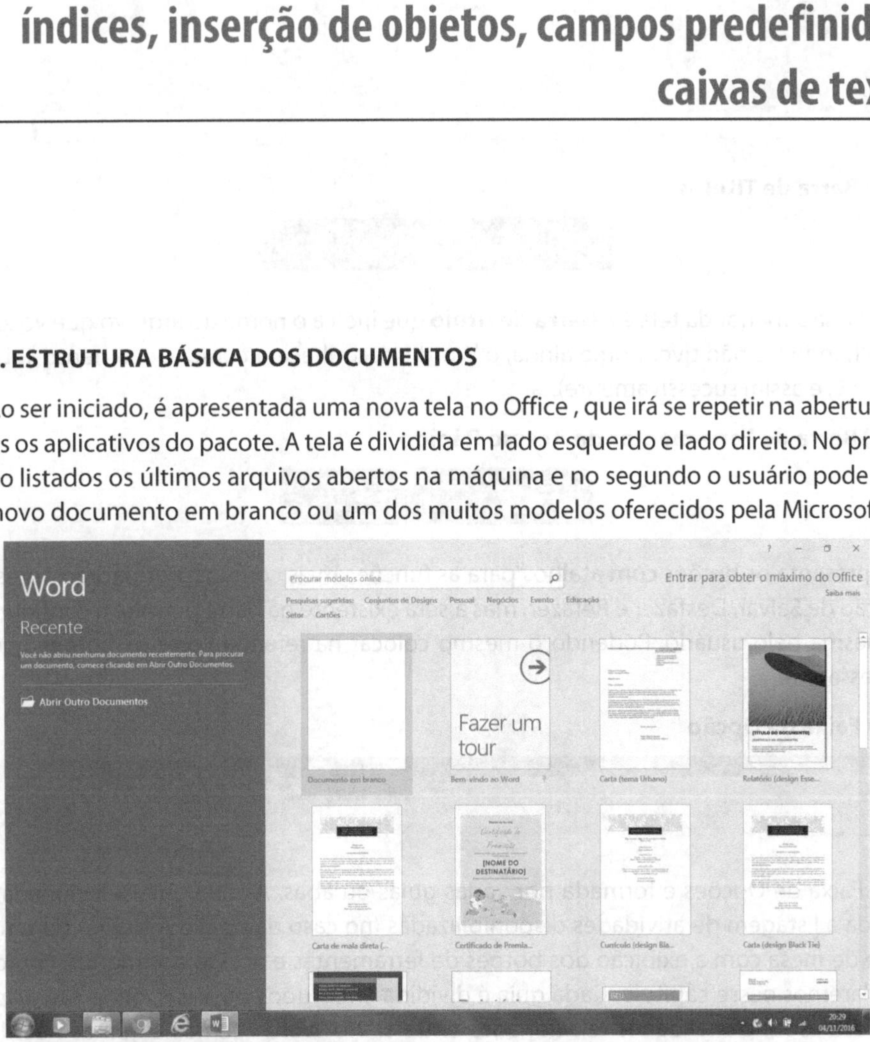

Ao selecionar uma das possibilidades será aberta a área de trabalho do Word, contendo as guias de trabalho e os menus. Se o usuário escolher um documento em branco, a janela de documento é equivalente a uma folha de papel.

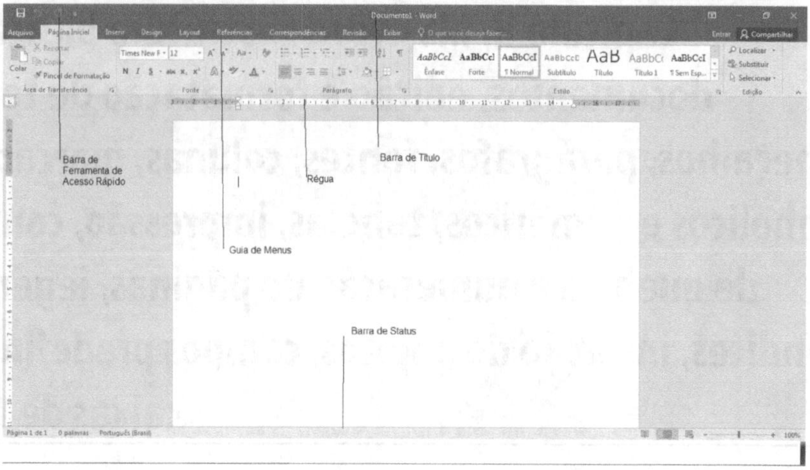

a) Barra de Títulos

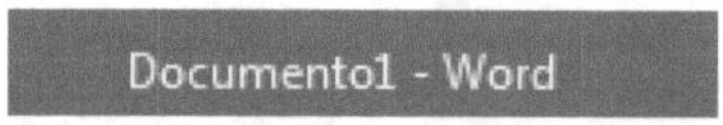

A linha superior da tela é a **barra de título** que indica o nome do arquivo que você está trabalhando (se não tiver nome ainda, o Word o reconhecerá como: Documento 1, Documento 2, e assim sucessivamente).

b) Barra de Ferramentas de Acesso Rápido

Apresenta os botões com atalhos para as funções mais comuns. Por padrão apresenta o botão de Salvar, Desfazer e Refazer, mas a seta existente na barra permite a configuração da mesma pelo usuário. Podendo o mesmo colocar na referida barra os botões que lhe interessarem.

c) Faixa de Opção

A Faixa de Opções é formada por várias guias ou abas. A cada guia selecionada será exibida a listagem de atividades disponibilizadas (no caso da opção Arquivo) ou uma espécie de mesa com a exibição dos botões de ferramentas e acesso aos menus, conforme estudaremos nesse capítulo. Cada guia é dividida em grupos ou áreas, onde são disponibilizadas as funcionalidades relacionadas entre si. No Word temos algumas novidades como:

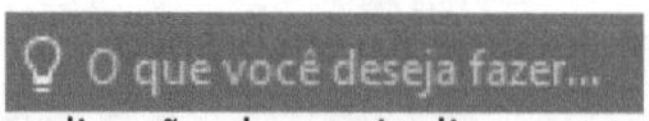

→ Menu que funciona como um assistente para auxiliar na realização das mais diversas tarefas no Word

→ Permite o acesso ao compartilhamento de dados na nuvem e assim o usuário pode acessar os arquivos de qualquer lugar ou dispositivo;

→ Permite configurar as opções de compartilhamento do arquivo com os mais diversos usuários.

d) Régua Horizontal

A **linha régua** permite efetuar rapidamente, com a ajuda do mouse, as operações de edição dos recuos do parágrafo, ajustamento de margens, alteração das colunas do tipo jornalístico, alteração da largura das colunas de uma tabela e a definição das tabulações.

e) Região do Texto

E finalmente o Word apresenta então a região do texto, ou seja, onde o seu texto aparecerá quando você digitar.

O modo **WYSIWYG** (What You See Is What You Get = o que você ver é o que você tem) é uma das boas e práticas opções do Word – permitindo que o usuário trabalhe com uma tela (o que ele está vendo no monitor), que representa exatamente aquilo que será impresso no papel, ao final.

A janela na qual você estiver trabalhando atualmente, ou seja, a janela que contém o ponto de inserção ou onde você seleciona o texto, chama-se janela ativa e o documento com que você está trabalhando, chama-se documento ativo.

O texto que você digita é inserido no documento ativo; a maioria dos comandos ou ações que são executadas, afeta somente o documento ativo. Para se trabalhar com um documento diferente, deve-se primeiro torná-lo ativo.

f) Barra de Status

Oferece informações sobre o posicionamento do cursor, o modo de visualização e o zoom.

Página 1 de 1	Indica a página atual e o total de páginas do documento
Palavras	Exibe a quantidade de palavras do documento
Português(Brasil)	Indica o idioma padrão selecionado

Oferece atalhos para alternar entre os modos de exibição oferecidos pelo Word.

1. Modo de leitura
2. Modo Layout de impressão
3. Modo Layout da Web

Exibe o nível de zoom utilizado para a visualização do documento.

2. EDIÇÃO E FORMATAÇÃO DE TEXTOS

Vamos listar as Guias do Word para que o aluno tenha uma noção mais ampla do ambiente de edição e formatação oferecido e dentro da cada guia, especificar as funções solicitadas no edital.

a) Arquivo

- **Imprimir:** Esse menu agrupou o menu **Imprimir**, **Visualizar Impressão** e **Configurar Página** das versões anteriores;

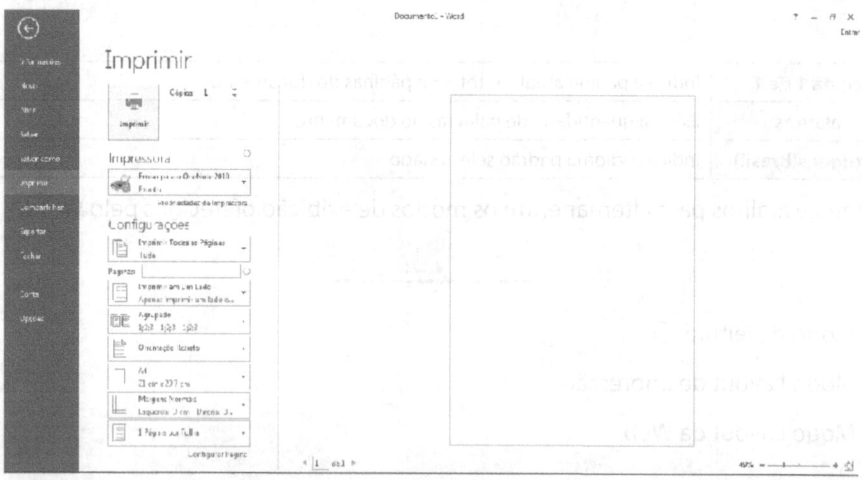

Do lado direito está a visualização da impressão do documento atual;

Na caixa **"Impressora"**, seleciona-se a impressora desejada (ao abrir a caixa de diálogo sempre aparecerá a impressora configurada como a padrão).

Para imprimir múltiplas cópias de um documento: Digite ou selecione o número de cópias na caixa "**Cópias**".

Em **Configurações** podemos: escolher o intervalo de páginas que será impresso, pode imprimir todas as páginas, na opção "**Todas**", ou apenas a "**Página atual**" para imprimir a página na qual se encontra o ponto de inserção, para imprimir uma seleção feita no texto, selecione o botão de opção "**Seleção**", ou um intervalo de páginas, para isso selecione o botão de opção "**Páginas**" e digite um intervalo com um hífen entre os números, ou para imprimir páginas não contínuas digite os números separados por vírgulas. Podemos classificar as páginas pelo número delas, selecione a caixa de verificação "**Cópias agrupadas**". Escolher a orientação do papel, o tipo, a margem e a quantidade de páginas por folhas.

No item **Configurar Página** chama-se a mesma tela das versões anteriores.

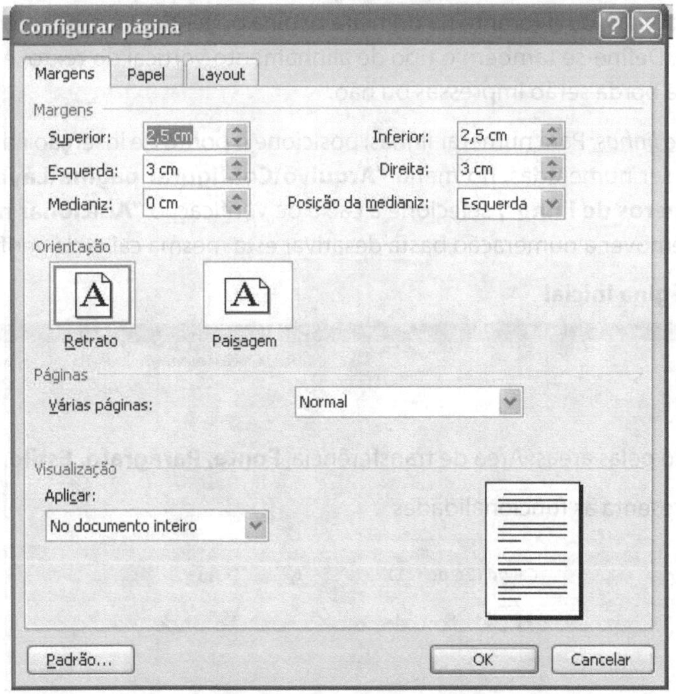

Geralmente a maneira mais fácil de definir o tamanho do papel, a orientação da página (retrato ou paisagem), a configuração do cabeçalho ou rodapé e opções similares, é fazê-lo antes de iniciar o documento. É possível usar as mesmas opções em todo documento ou dividi-lo em seções e estabelecer diferentes opções para cada seção.

Guia Margens: Aqui define-se as margens esquerda, direita, superior e inferior, a posição do cabeçalho e do rodapé, a medianiz e sua posição. Define-se a orientação do papel (retrato ou paisagem).

No item "**Várias páginas"**, você configura a formatação da sua impressão para uma ou mais páginas por folha ou formato livro.

No item **"Aplicar"**, você define se quer aplicar essa configuração em todo o documento ou não.

Se o documento não tiver várias seções, as margens serão mudadas para todo o documento.

Guia Papel: Aqui seleciona-se o tamanho do papel a ser utilizado. Pode–se também digitar as medidas nas caixas "**Largura**" e "**Altura**" para um tamanho de papel personalizado. Nas versões anteriores a 2003, estas opções estavam na guia **"Tamanho do Papel"**;

Pode-se também escolher a fonte do papel e a partir de que local do texto deseja-se aplicar as configurações escolhidas. Nas versões anteriores a 2003, estas opções estavam na Guia **"Origem do Papel"**;

Guia Layout: Permite a configuração da aparição do cabeçalho e do rodapé. Nesta guia e possível definir o local de início de uma seção, definir o cabeçalho e o rodapé será igual em todas as páginas, ou diferente na primeira página ou ainda diferente nas páginas pares e nas ímpares. Define-se também o tipo de alinhamento vertical do texto, e se as numerações de linha e borda serão impressas ou não.

Numerando linhas: Para numerar linhas, posicione o ponto de inserção na seção onde as linhas devem ser numeradas, no menu **"Arquivo\Configurar página\Layout"** e escolha o botão **"Números de linha",** selecione a caixa de verificação **"Adicionar numeração de linha**", para remover a numeração basta desativar esta mesma caixa de verificação.

b) Guia Página Inicial

É composto pelas áreas: Área de transferência, **Fonte, Parágrafo, Estilo, Edição**

Fonte: apresenta as funcionalidades

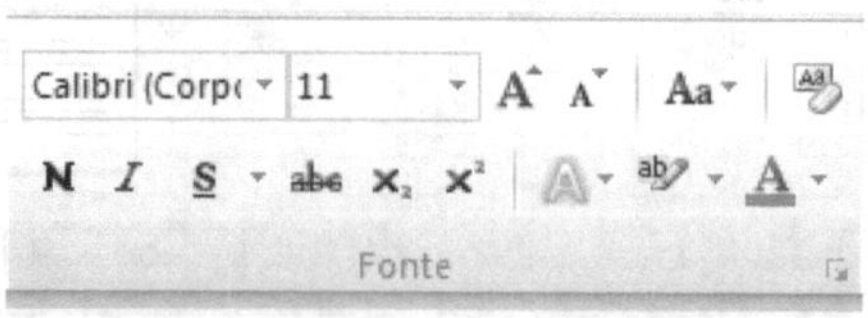

Botão	Funcionalidade
Calibri (Corp	Altera o tipo da letra
11	Altera o tamanho da letra
A	Aumenta o tamanho da letra

Botão	Funcionalidade
A	Diminui o tamanho da letra
Aa	Permite acessar as opções de formatação de maiúscula e minúscula. Permite ao usuário modificar rapidamente a combinação de letras Maiúsculas/minúsculas ou a inicial maiúscula sem que seja necessário digitar o texto novamente. Para alterar a combinação de Maiúsculas/minúsculas no texto selecione a parte do texto a ser alterada e vá ao menu **"Formatar\Maiúsculas e minúsculas"**. Um atalho muito utilizado para essa função é o pressionamento da combinação de teclas SHIFT+F3 até que o texto apresente a combinação desejada. À medida que você pressiona SHIFT+F3, as palavras no texto selecionado serão exibidas de 3 maneiras: • Todas as letras minúsculas • A primeira letra de cada palavra maiúscula • Todas as letras maiúsculas
Aa	Limpa a Formatação do texto
N	Formata o negrito
I	Formata o itálico
S	Formata o sublinhado
abc	Formata o tachado simples
X_2	Formata o subscrito
X^2	Formata o sobrescrito
A	Formata efeitos de texto
ab	Formata a cor de realce de texto
A	Formata a cor da fonte

Parágrafo, marcadores simbólicos e numéricos: apresenta as funcionalidades

Botão	Funcionalidade
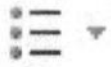	Formata marcadores
	Formata numeração
	Formata listas de múltiplos níveis
	Aumenta o nível de recuo
	Diminui o nível de recuo
	Coloca o texto em ordem alfabética ou classifica também dados numéricos
	Mostra os símbolos de formatação ocultos
	Formata o parágrafo a esquerda
	Formata o parágrafo centralizado
	Formata o parágrafo a direita
	Formata o parágrafo justificado
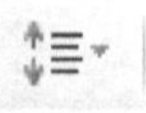	Formata o espaçamentos entre as linhas
	Formata o sombreamento no texto. Sombreamento é uma cor de fundo que o usuário pode aplicar ao documento. O Word também oferece diversas opções de sombreamentos para o usuário escolher a que mais lhe convier.
	Formata as bordas no texto. As bordas são quadros que limitam a página ou um texto. O Word não só cria tais bordas, como dispõe de muitas opções de configurações para o usuário escolher a que desejar.

c) Guia Inserir

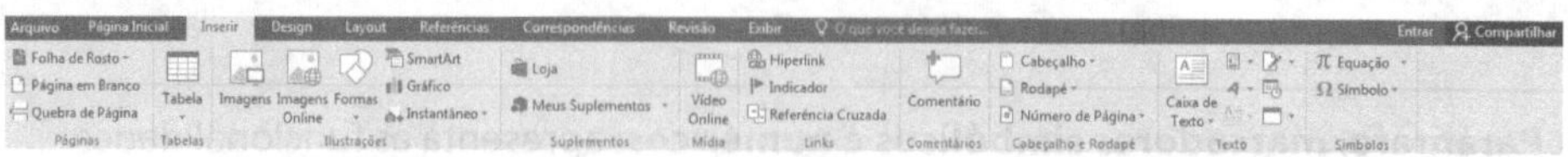

É composto pelas áreas: **Páginas**, **Tabelas, Ilustrações, Suplementos, Mídia, Links, Comentários, Cabeçalho e Rodapé, Texto e Símbolos**

Controle de quebras de Página

	Insere uma quebra de página no documento. De regra, assim que um digitador/usuário preenche uma página com textos ou elementos gráficos, O Word, automaticamente, muda a página, inserindo uma quebra de página e já iniciando nova página. É comum de ocorrer de a quebra de página automática acontecer onde não convém a estética do documento, como por exemplo, logo após um título, ou então, deixando quase todo um parágrafo em uma página e apenas uma linha na página seguinte. Para isso, o usuário tem a opção de forçar uma quebra de página onde desejar, inserindo uma quebra de página manual. O atalho para a quebra de página manual é CTRL+ENTER.

Tabelas

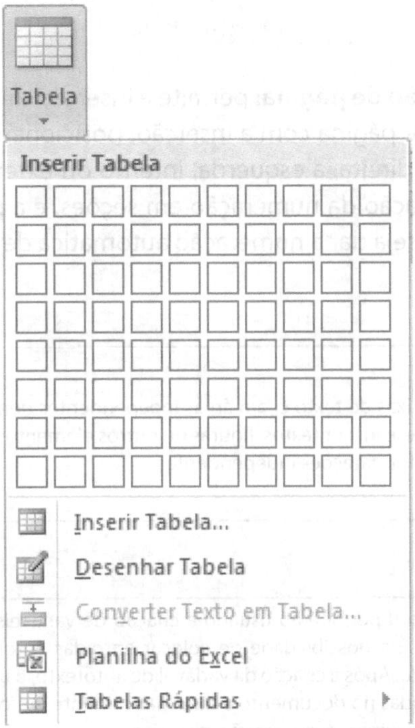

Uma das formas de se organizar um texto em um documento é através de tabelas, essas por sua vez facilitam o trabalho da diagramação. Tecnicamente uma tabela é um conjunto de linhas e colunas onde podemos armazenar dados. A junção de uma linha e uma coluna chama-se célula da tabela.

- **Desenhar Tabela:** Permite a inserção de uma tabela onde o usuário arrastar o mouse no documento. Depois de arrastar o mouse para inserir a tabela, o usuário deve arrastar o mouse dentro da tabela para adicionar células, linhas e colunas.
- **Inserir:** Permite a inserção de uma tabela (com um número de linhas e colunas definido pelo usuário), ou a inclusão de linhas, células ou colunas em uma tabela já existente.

Uma outra forma é clicar na célula da última linha e última coluna e pressionar a tecla TAB. Surgirá então uma nova linha.

- **Planilhas do Excel:** permite a integração e importação de arquivos. São conhecidos como objetos Planilha do Excel.
- **Tabelas Rápidas:** exibe alguns modelos de tabelas já pré-formatadas.

Após a inserção das tabelas são geradas duas novas abas: Layout e Design

Cabeçalho e Numeração de página: permite a inserção de cabeçalho, rodapé e a configuração da numeração de página com a inserção, posicionamento (no cabeçalho ou no rodapé), o alinhamento (a direita, a esquerda, interno ou externo) e a formatação (o tipo do número usado, a separação da numeração em seções, e a partir de que número deve começar) que o usuário deseja dar a numeração automática de páginas no documento.

Caixa de texto

	As caixas de texto criam áreas independentes dentro do documento. Nessas áreas pode-se inserir textos, figuras ou outros elementos em qualquer posição do texto e com formatações independentes.

Campos Predefinidos

	O Word permite ao usuário a criação de variáveis automáticas de texto. O que é isso? É a possibilidade de colocar entradas automáticas de textos no seu documento. Após a criação da variável de autotexto, o usuário simplesmente inclui essas entradas no documento e automaticamente o Word acrescenta o respectivo texto no documento, na posição do cursor. Nesse menu é possível criar e incluir variáveis de autotexto, ou partes rápidas, no seu documento.

Inserção de Objetos

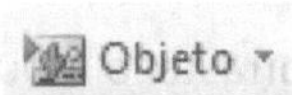	**:** Permite a inserção de elementos criados em outros programas no documento atual. Os elementos são inseridos no ponto onde está o cursor.

d) Guia Design

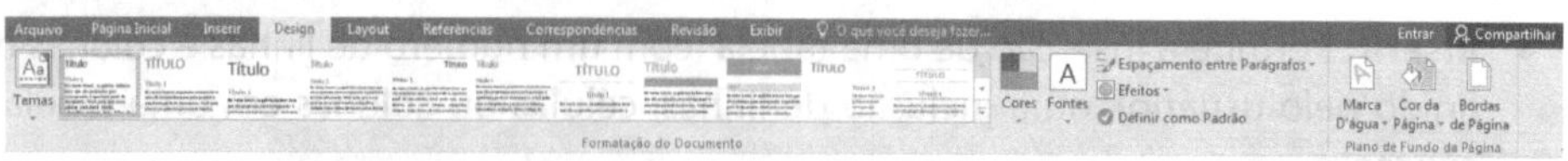

É composto pelas áreas: **Formatação do Documento, Plano de Fundo da Página**

e) Guia Layout de Página

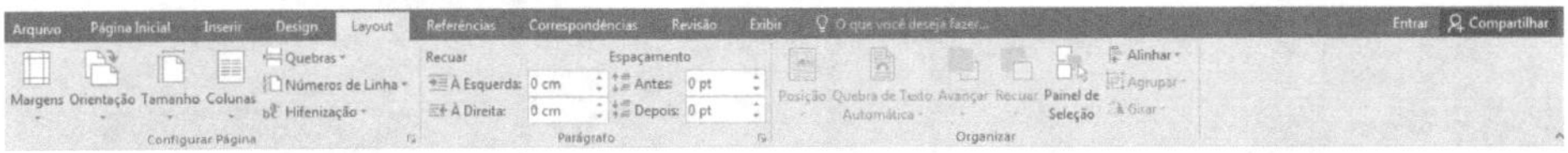

É composto pelas áreas: **Configurar Página, Parágrafo, Organizar**

f) Referências

É composto pelas áreas: **Sumário, Notas de Rodapé, Citações e Bibliografia, Legendas, Índice, Índice de Autoridades.**

g) Correspondências

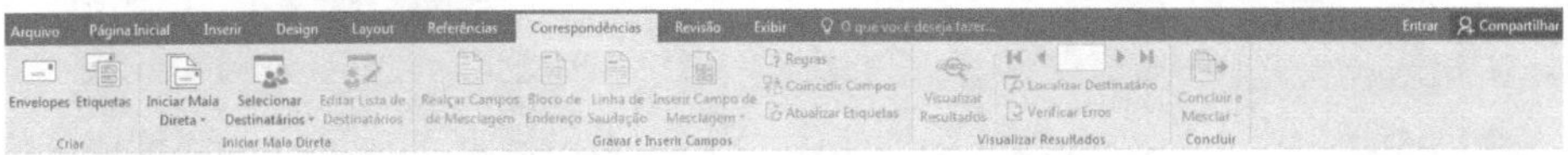

Nessa guia estão agrupadas as funcionalidades necessárias para a criação de malas diretas. Inclui o documento principal, a base de dados e a mesclagem dos dados e criação da mala direta em si.

<u>*Mala Direta*</u> → Usamos uma mala direta, quando desejamos enviar um mesmo documento (carta circular) para destinatários diferentes, mas não queremos generalizar a mensagem. Dessa forma a maneira de personalizar ou individualizar o mesmo documento para vários destinatários é utilizar o recurso da mala direta. O Word cria uma página para cada registro da base de dados.

<u>*Envelopes e Etiquetas*</u> → Permite o trabalho personalizado com etiquetas e envelopes. A maneira de trabalhar e os conceitos são semelhantes aos vistos em Mala Direta.

Permite criar um único envelope ou uma única etiqueta, ou um conjunto de envelopes ou etiquetas mescladas.

h) Revisão

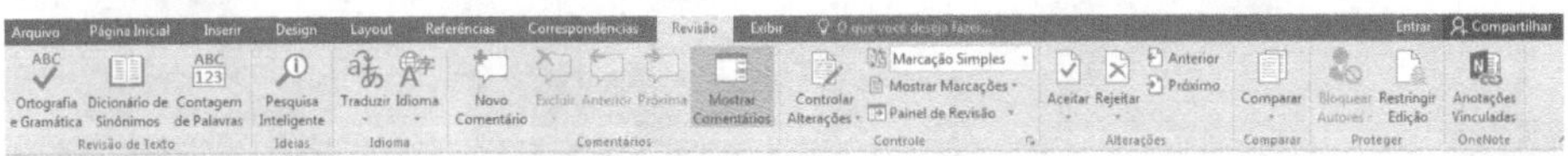

É composto pelas áreas: **Revisão de Texto, Ideias, Idioma, Comentários, Controle, Alterações, Comparar, Proteger, One Note.**

i) Exibição

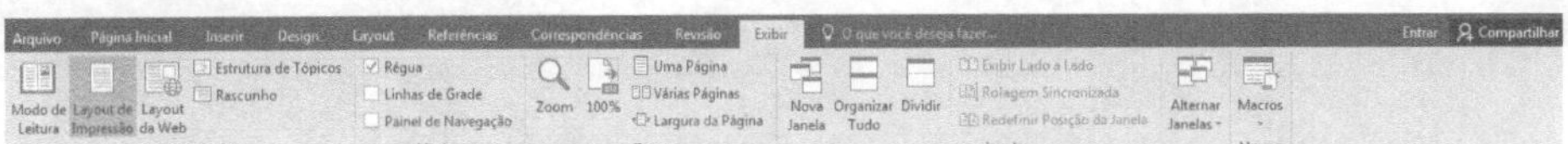

É composto pelas áreas: **Modos de Exibição, Mostrar, Zoom, Janela, Macro.**

Capítulo III. MS-Excel : estrutura básica das planilhas, conceitos de células, linhas, colunas, pastas e gráficos, elaboração de tabelas e gráficos, uso de fórmulas, funções e macros, impressão, inserção de objetos, campos predefinidos, controle de quebras e numeração de páginas, obtenção de dados externos, classificação de dados

Ao ser iniciado, é apresentada uma nova tela no Office , que irá se repetir na abertura de todos os aplicativos do pacote. A tela é dividida em lado esquerdo e lado direito. No primeiro são listados os últimos arquivos abertos na máquina e no segundo o usuário pode abrir uma nova pasta em branco ou um dos muitos modelos oferecidos pela Microsoft. Todas essas funcionalidades são repetidas em menus internos, como veremos posteriormente.

Antes de conhecermos a tela do Excel propriamente dita, vamos conhecer alguns conceitos básicos.

- Pasta de Trabalho: é cada arquivo novo aberto no Excel, ou seja, é o arquivo no qual você trabalha e armazena seus dados.

- Planilha: também chamada de planilha de cálculo, é o elemento da pasta de trabalho no qual é efetivamente realizada a digitação dos dados. No Excel , a pasta de trabalho contém inicialmente 1(uma) planilha (esse é o padrão do Excel, mas o usuário pode acrescentar planilhas).

Cada planilha se apresenta como uma grade retangular formada por colunas, que são identificadas da esquerda para a direita pelas letras do alfabeto, começando com A até Z. Depois de Z, a identificação continua com AA até AZ, seguida de BA até BZ, e assim por diante e por linhas , que são identificadas por números. A interseção de uma coluna e uma linha é chamada **célula**, a unidade básica da planilha onde é armazenado o dado. É a menor parte de uma planilha e irá funcionar como o endereço de uma informação no Excel.

Quando você inicia o Microsoft Excel, uma pasta nova e vazia aparece na tela. A janela da pasta é equivalente à uma folha de papel quadriculada.

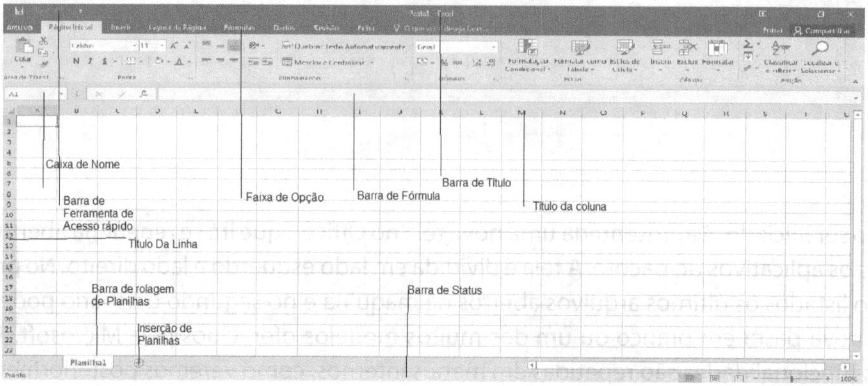

a) Barra de Títulos

A janela de edição do Excel possui os mesmos componentes de uma janela qualquer. Note que a linha superior da tela é a **barra de título** que indica o nome do arquivo que você está trabalhando (se não tiver nome ainda, o Excel o reconhecerá como pasta1, pasta2, etc.).

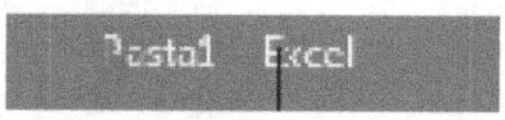

b) Barra de Ferramentas de Acesso Rápido

Apresenta os botões com atalhos para as funções mais comuns. Por padrão apresenta o botão de Salvar, Desfazer e Refazer, mas a seta existente na barra permite a configuração da mesma pelo usuário. Podendo o mesmo colocar na referida barra os botões que lhe interessarem.

c) Faixa de Opção

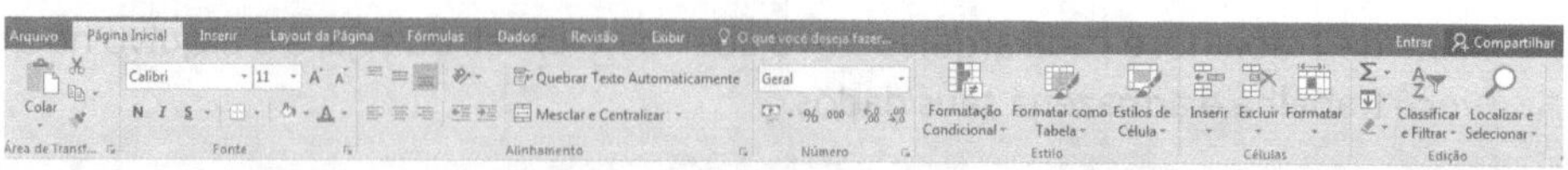

A Faixa de Opções é formada por várias guias ou abas. A cada guia selecionada será exibida a listagem de atividades disponibilizadas (no caso da opção Arquivo) ou uma espécie de mesa com a exibição dos botões de ferramentas e acesso aos menus, conforme estudaremos nesse capítulo. Cada guia é dividida em grupos ou áreas, onde são disponibilizadas as funcionalidades relacionadas entre si. No Word temos algumas novidades como:

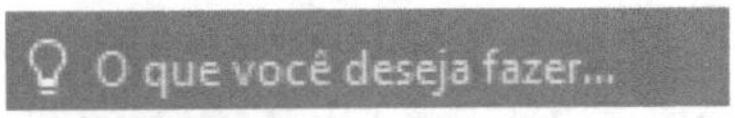

→ Menu que funciona como um assistente para auxiliar na realização das mais diversas tarefas no Word;

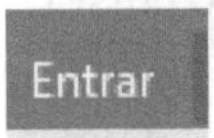

→ Permite o acesso ao compartilhamento de dados na nuvem e assim o usuário pode acessar os arquivos de qualquer lugar ou dispositivo;

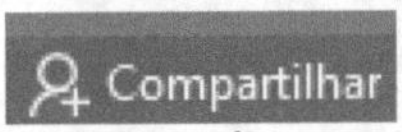

→ Permite configurar as opções de compartilhamento do arquivo com os mais diversos usuários.

d) Caixa de Nomes

Abaixo da barra de ferramentas de formatação, encontramos a caixa de nomes. Ela serve para darmos nome a uma célula ou a um conjunto de células. Basta para isso selecioná-las e digitar o nome na caixa. A seta lateral ao ser pressionada, exibe uma listagem dos nomes que já foram dados.

e) Barra de Fórmulas

A **barra de fórmulas** se localiza do lado direito da caixa de nomes. Ela permite que as células sejam editada, bem como exibem o conteúdo das células. À medida que você se movimenta na planilha, a barra de fórmula mostra o conteúdo da célula ativa.

f) Área de Trabalho da Planilha

É a área da planilha ativa onde os dados são digitados. Como já vimos, é formada pelas colunas e pelas linhas, cujas interseções formam as células.

g) Barra de Planilhas

Exibe as planilhas existentes na pasta de trabalho. A planilha ativa no momento fica com a guia em primeiro plano (com uma cor diferente, por padrão branco). O nome da **planilha ativa** fica sempre em negrito.

h) Barras de Rolagem

Nos lados direito e inferior da região de edição, estão as **barras de rolagem**. Quando movimentamos com a barra de rolagem, estamos movimentando a tela, não o cursor.

i) Barra de Status

Localizada na parte inferior da janela do Excel, está a **barra de status**, no lado esquerdo aparece uma mensagem mostrando o estado atual do Excel, Por exemplo, a palavra **PRONTO** indica que o Excel está esperando que você comece uma tarefa. O mesmo indicador muda para **DIGITE** quando você insere dado, ou muda para **EDITA**, quando você edita o conteúdo de uma célula. Quando você escolhe um item do menu ou clica sobre um botão de barra de ferramentas, a barra de status indica a tarefa que aquele item ou botão executa.

No canto direito esta a área que mostra os modos de exibição disponíveis e o que esta ativo no momento.

1. Normal
2. Layout de Página
3. Visualização de Quebra de Página

Exibe o nível de zoom utilizado para a visualização do arquivo.

1. EDIÇÃO E FORMATAÇÃO DE PLANILHAS

Vamos listar as Guias do Excel para que o aluno tenha uma noção mais ampla do ambiente de edição e formatação oferecido e dentro da cada guia, especificar as funções solicitadas no edital.

Impressão: igual ao menu de mesmo nome já falado no Word

a) Arquivo: igual ao menu de mesmo nome já falado no Word

b) Página Inicial:

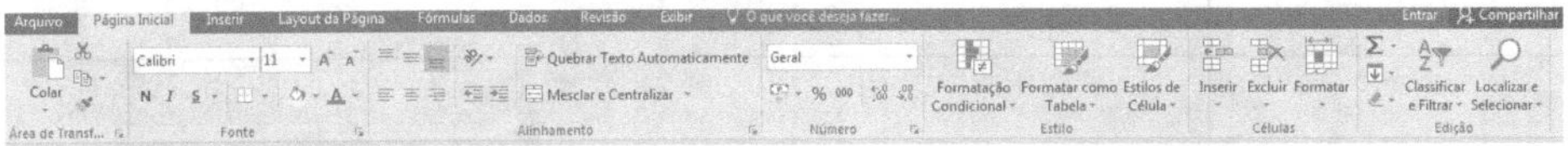

É composto pelas áreas: Área de transferência, **Fonte, Alinhamento, Numero, Estilo, Células, Edição**

Classificação de Dados

	♦ **Classificar:** Organiza as informações em colunas ou linhas selecionadas, e de acordo com a ordem solicitada (ordem alfabética, numérica ou por data). Ao Classificar, o Excel reordena as linhas, colunas ou células individuais usando a ordem de classificação especificada. Você pode classificar listas em ordem crescente (1 a 9, A a Z) ou decrescente (9 a 1, Z a A), e classificar com base no conteúdo de uma ou mais colunas. ♦ **Filtrar:** É uma maneira rápida e fácil de localizar e trabalhar com um subconjunto de dados em um intervalo. Um intervalo filtrado exibe somente as linhas que atendem aos critérios especificados para uma coluna. Ao contrário da classificação, filtrar não reorganiza um intervalo. Filtrar oculta temporariamente as linhas que você não deseja exibir.

c) Inserir

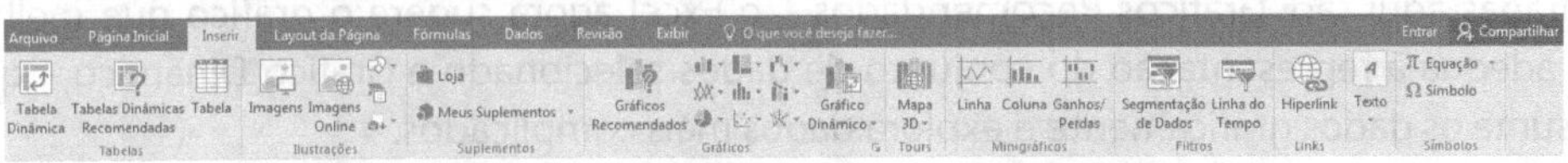

É composto pelas áreas: **Tabelas, Ilustrações, Suplementos, Gráficos, Tours, Minigráficos, Filtro, Links, Texto, Símbolos.**

Tabelas: apresenta as funcionalidades

Botão	Funcionalidade
 Tabela Dinâmica ▾	Permite a inserção de tabelas dinâmicas
 Tabelas Dinâmicas Recomendadas	O Excel agora sugere modelos de tabelas dinâmicas que melhor se adapte aos seus dados complexos. O usuário pode aceitar ou não os modelos sugeridos.
 Tabela	Permite a criação de tabelas para a análise de dados relacionados.

Gráficos: Para facilitar a visualização do sentido dos dados digitados em uma planilha, o gráfico é um recurso visual de efeito bastante significativo. O Excel oferece uma gama variada de tipos de gráficos que podem ser criados e manipulados com muita facilidade pelo usuário e que podem ser utilizados de acordo com o tipo de dado que será exibido e com o efeito visual que se deseja criar.

As duas novidades importantes, introduzidas desde a versão 2013, que devem ser ressaltadas aqui são: Gráficos Recomendados – o Excel agora sugere o gráfico que melhor se adequa a representação do conjunto de dados selecionado e Gráfico Dinâmico – que resume os dados graficamente e explora dados mais complicados.

Tipos mais comuns de gráficos:

Área	Gráfico de linhas onde os valores são acumulados. Ideal para representar variações através do tempo.
Barras	Gráfico de barras. Utilize esse tipo de gráfico para comparar itens individualmente.
Colunas	Gráfico de colunas. Semelhante ao gráfico de área, mas enfatiza melhor a função do tempo.
Linhas	Gráfico de linhas e marcas. Represente as tendências dos seus empreendimentos usando este tipo de gráfico.
Pizza	Gráfico de setores circulares. Esse gráfico tem como objetivo mostrar as proporções.
Área 3D	Gráfico de linhas em três dimensões.
Barras 3D	Gráfico de barras em três dimensões.

Colunas 3D	Gráfico de colunas em três dimensões.
Linhas 3D	Gráfico de linhas em três dimensões.
Pizza 3D	Gráfico de setores circulares em três dimensões.
Cilindro 3D	Esse gráfico cria efeitos tridimensionais com elementos representados por cilindros. Semelhante ao barras ou colunas.
Cone 3D	Semelhante ao cilindro alterando apenas a representação dos elementos para cones tridimensionais.
Pirâmide 3D	Semelhante ao cilindro alterando apenas a representação dos elementos para pirâmides tridimensionais.

Depois que o gráfico foi criado o usuário pode perfeitamente mudar qualquer característica dele, basta para isso dar dois cliques sobre a área que deseja modificar e a tela de formatação especifica para a referida área aparecerá na tela.

Uma outra forma de mudar características do gráfico é clicar sobre ele com o botão direito do mouse. Ao aparecer o menu suspenso, selecione a opção corresponde aos itens que se deseja modificar.

Pode ainda:

Alterar o tamanho de um gráfico: para alterar o tamanho de um gráfico, selecione-o clicando sobre ele e posicione o ponteiro do mouse sobre um dos seus cantos, quando o ponteiro do mouse assumir a forma de uma seta dupla, arraste o gráfico para redimensioná-lo.

Exclusão de um gráfico: para excluir um gráfico de uma planilha, selecione o gráfico com um clique e pressione a tecla DELETE.

Para mover um gráfico: para mover o seu gráfico de lugar na planilha, selecione-o com um clique e arraste-o até o local desejado. Se o gráfico estiver ativo, você poderá movê-lo, arrastando sua borda.

Texto: apresenta as funcionalidades

Inserção de Objetos e Campos Predefinidos

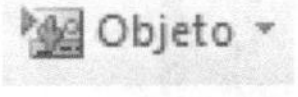	**:** Permite a inserção de elementos criados em outros programas no arquivo atual. Os elementos são inseridos no ponto onde está o cursor.

d) Layout de Pagina

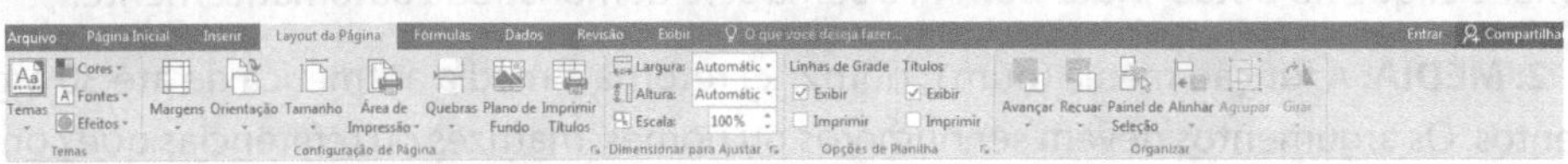

É composto pelas áreas: **Temas, Configurar Página, Dimensionar para Ajustar, Opções de Planilha, Organizar**

Controle de Quebra e Numeração de Páginas

Quebras	Quebra de página é o ponto em que uma página termina e a outra começa. Para imprimir uma planilha maior que o papel definido, o Excel a divide em páginas, inserindo quebras de páginas automáticas baseadas no tamanho do papel, nas definições de margens e nas opções de escalas definidas. Ainda, é possível inserir quebras de páginas manuais (forçar quebras de páginas), controlando o que deve aparecer no impresso através de quebras de páginas horizontais ou verticais. Na visualização de quebra de página, é possível mover quebras de página, arrastando-as para um local diferente da planilha. Porém, este procedimento altera a condição de uma quebra automática para uma quebra de página manual. Para iniciar uma nova página inserindo uma quebra de página, clique na célula imediatamente abaixo e à direita de onde você deseja iniciar a nova página, e: • Clique em uma célula da linha 1, para inserir somente uma quebra de página vertical; ou • Clique em uma célula da coluna A, para inserir somente uma quebra de página horizontal; ou • Clique em qualquer outra célula na planilha, para inserir uma quebra de página horizontal e vertical.

e) Fórmulas

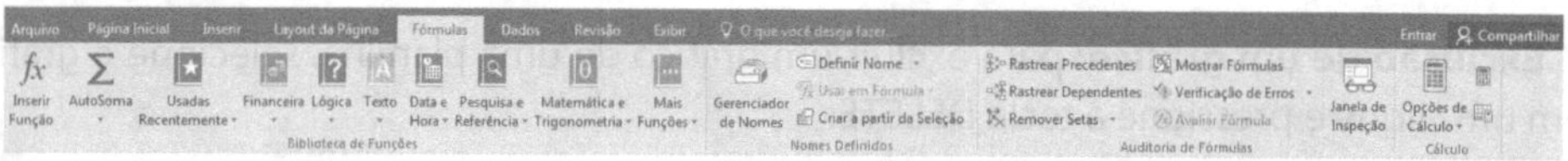

É composta pelas áreas: **Biblioteca de Funções, Nomes Definidos, Auditoria de Fórmulas, Cálculo**

Principais Funções do Excel

1. SOMA: A função **soma (núm1; núm2,...)** retorna a soma de todos os números em uma lista de até 30 segmentos. Os números, valores lógicos e representações em forma de texto de números digitados diretamente na lista de argumentos são contados. Se um argumento for uma matriz ou referência, apenas os números nessa matriz ou referência serão contados. Células em branco, valores lógicos, texto ou valores de erro na matriz ou referência são ignorados. Os argumentos que são valores de erro ou texto que não podem ser traduzidos em números geram erros.

Para somar intervalos (somar matrizes) digite **= soma (célula inicial: célula final do intervalo)**

Outra maneira de somar: utilize o botão (Auto-Soma): selecione os valores que deseja somar e clique no botão "Auto-Soma", a soma será demonstrada automaticamente.

2. MÉDIA: A função média (núm1; núm2; ...) retorna a média aritmética de até 30 argumentos. Os argumentos devem ser números ou nomes, matrizes ou referências que contenham números. Veja os exemplos abaixo.

Se A1:A5 contiver os números 10, 7, 9, 27 e 2, então:

MÉDIA (A1:A5) é igual a 11

MÉDIA (A1:A5;5) é igual a 10

MÉDIA (A1:A5) é igual a SOMA (A1:A5)/CONT.NÚM (A1:A5) que é igual a 11

3. MÁXIMO: Mostra qual é o valor máximo entre os números selecionados. Exemplo: a fórmula =MÁXIMO (A1:A10) faz o Excel procurar o maior número existente entre A1 e A10.

4. MÍNIMO: Mostra qual é o valor mínimo entre os números selecionados. Exemplo: a fórmula =MÍNIMO (A1:A10) faz o Excel procurar o menor número existente entre A1 e A10.

5. SE: = SE(teste; valor se verdadeiro; valor se falso). Use a função SE para conduzir testes condicionais sobre valores e fórmulas e para efetuar ramificações de acordo com o resultado deste teste. O resultado do teste determina o valor retornado pela função SE. A função SE tem a seguinte sintaxe:

***Teste lógico*:** é qualquer valor ou expressão que pode ser avaliada como VERDADEIRO ou FALSO.

***Valor se verdadeiro*:** é o valor fornecido se o teste lógico for VERDADEIRO. Se o teste lógico for VERDADEIRO e valor se verdadeiro for omitido, o valor VERDADEIRO será fornecido.

***Valor se falso*:** é o valor fornecido se o teste lógico for FALSO. Se o teste lógico for FALSO e valor se falso for omitido, o valor FALSO será fornecido.

6. OU: Retorna VERDADEIRO se qualquer argumento for VERDADEIRO; retorna FALSO se todos os argumentos forem FALSOS. Ex.: =OU(A1;A2).

7. CONT.SE: Calcula o número de células não vazias em um intervalo que corresponde a determinados critérios.

Sintaxe: CONT.SE(intervalo;critérios)

Exemplo prático: seja uma planilha com nome de alunos e suas médias. Para saber quantos alunos tiraram médias maior e igual a 9, temos: = CONT.SE(B2:B5;"=9")

Onde:

[(B2:B5)]: refere-se ao endereço das células que você deseja contar.

[;]: utiliza-se como parte da sintaxe para separar.

[".=9"]: refere-se à condição, ou seja, esta fórmula só irá contar as células que contêm valores maiores ou iguais a 9.

A condição também pode ser texto, porém, independentemente de ser texto ou valor numérico, deve-se colocar entre as aspas.

Ex.: =CONT.SE(C2:C5;"Aprovado"). Neste exemplo, o Excel contará apenas as células em que houver a palavra "Aprovado".

8. SOMASE: Adiciona as células especificadas de acordo com um determinado critério.

Sintaxe: SOMASE(intervalo;critérios;intervalo soma)

Exemplo prático: seja somar as faturas que foram pagas. Então na planilha, a coluna A tem os nomes dos clientes, a coluna B tem os valores das faturas e na coluna C, as situações (pago ou não).Neste exemplo, o Excel deve somar somente as faturas que estiverem pagas, assim podemos saber o quanto já foi recebido:

=SOMASE(C2:C7;"PG";"B2:B7)

Onde:

[C2:C7]: é o endereço inicial e final de células onde foi, ou não, digitado o texto "PG", especificando se foi pago ou não.

["PG"]: é o critério para somar, ou seja, só somará se neste intervalo de células de "C2" até "C7", e onde houver o texto"PG". O critério deverá ser sempre colocado entre aspas.

[B2:B7]: é o intervalo de células onde será somado, mediante a condição, ou seja, ele somará somente aqueles valores que na coluna "C" houver digitado o texto "PG".

9. MOD: Calcula o resto de uma divisão. Sintaxe: =MOD(valor1;valor2);

10. MULT: Multiplica os valores passados como parâmetros. Sintaxe: =MULT(valor1;valor2);

11. ABS: Calcula o valor absoluto de um número. Sintaxe: =ABS(célula);

12. AGORA: Mostra a data e a hora atuais. Sintaxe: =AGORA();

13. DATA: Exibe a data atual. Sintaxe: =DATA();

14. HORA: Exibe a hora atual. Sintaxe: =HORA();

15. ARRED: Arredonda o número em uma determinada quantidade de dígitos. Sintaxe: =ARRED(valor;número de dígitos);

16. SEN: Calcula o seno. Sintaxe: =SEN(ângulo);

17. COS: Calcula o cosseno. Sintaxe: =COS(ângulo);

18. TAN: Calcula a tangente. Sintaxe: =TAN(ângulo);

19. FATORIAL: Calcula o fatorial de um número. Sintaxe: =FATORIAL(valor);

20. LOG: Calcula o logaritmo, do valor passado, em uma determinada base. Sintaxe: =LOG(valor;base);

21. RAIZ: Calcula a raiz quadrada do valor passado. Sintaxe: =RAIZ(valor);

22. HOJE: Mostra a data atual. Sintaxe: =HOJE();

23.TEXTO: Coloca as datas por extenso. Sintaxe:= TEXTO(data atual;"formato desejado"). EX: =TEXTO(DATA ATUAL;"MMM") – colocará a data atual, com os meses abreviados;

24. MÊS: Mostra a posição numérica de cada mês. Sintaxe: =MÊS(data);

25. MAÍSCULA: Coloca o conteúdo da célula passada em maiúsculo. Sintaxe: =MAIÚSCULA(célula);

26. MINÚSCULA: Coloca o conteúdo da célula passada em minúsculo. Sintaxe: = MINÚSCULA(célula);

27. CONCATENAR: Une o conteúdo de células. Sintaxe:=CONCATENAR(Célula1;celula2);

28. POTÊNCIA: Calcula a potência de um número em uma determinada base. Sintaxe:=POTÊNCIA(base;expoente);

29. CONT.NUM: Calcula a quantidade de células com valore numéricos em um intervalo. Sintaxe: =CONT.NUM(intervalo);

30. CONT.VALORES: Conta todas as células em um intervalo com valores de texto ou numéricos. Sintaxe: =CONT.VALORES(intervalo);

31. CONTAR.VAZIO: Conta quanta células vazias existem em um determinado intervalo. Sintaxe: =CONTAR.VAZIO(intervalo);

32. EXATO: Compara se o conteúdo de duas células são iguais. Sintaxe: =EXATO(célula1;célula2);

33. REPT: Repete o conteúdo de uma célula na quantidade de vezes especificada. Sintaxe: =REPT(célula, nºde vezes);

34. INT: Mostra apenas a parte inteira de um número. Sintaxe:=INT(célula);

35. E: Serve como elo entre funções; a resposta será verdadeira se todos os parâmetros de entrada forem verdadeiros. Sintaxe: =E(célula1;célula2).

f) Dados

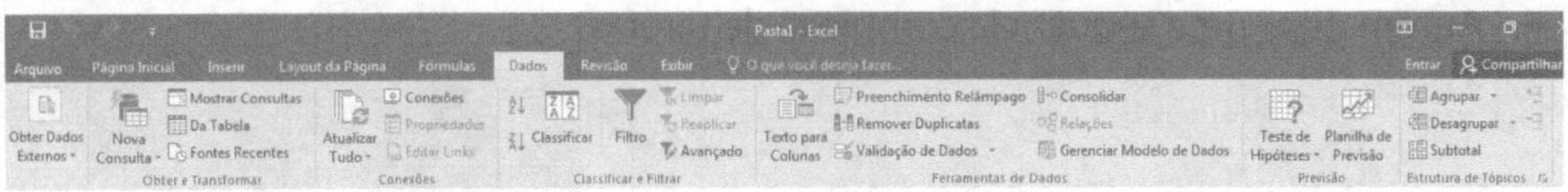

É composta pelas áreas: **Obter Dados Externos, Obter e Transformar, Conexões, Classificar e Filtrar, Ferramenta de dados, Previsão, Estrutura de Tópicos**

Obter Dados Externos

Permite importar e editar dados oriundos de banco de dados ou de outros programas.

Ao importar dados, você não precisa digitar novamente os dados que deseja analisar no Microsoft Excel. Você também pode atualizar seus relatórios e resumos do Excel automaticamente a partir do banco de dados original, sempre que o banco de dados for atualizado com novas informações. Oferece uma série de recursos para a integração com ferramentas externas.

Classificar Dados

Organiza as informações em colunas ou linhas selecionadas, e de acordo com a ordem solicitada (ordem alfabética, numérica ou por data). Ao Classificar, o Excel reordena as linhas, colunas ou células individuais usando a ordem de classificação especificada. Você pode classificar listas em ordem crescente (1 a 9, A a Z) ou decrescente (9 a 1, Z a A), e classificar com base no conteúdo de uma ou mais colunas.

g) Revisão

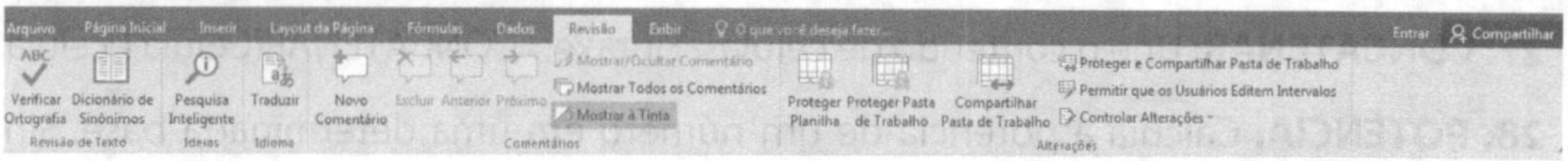

É composta pelas áreas: **Revisão de Texto, Ideias, Idioma, Comentários, Alterações**

h) Exibição

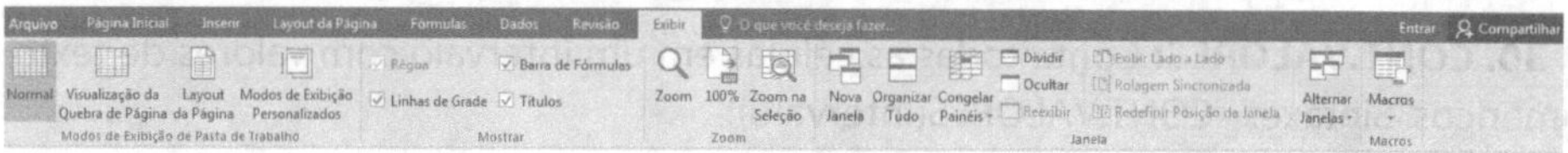

É composta pelas áreas: **Modos de Exibição de Pasta de Trabalho, Mostrar, Zoom, Janela, Macros**

Macro: É uma sequência de comandos e instruções do Word que o usuário agrupa como um único comando para executar uma tarefa automaticamente.

Algumas utilizações típicas das macros são:

- Acelerar as tarefas rotineiras de edição ou formatação;
- Combinar vários comandos, por exemplo, inserir uma tabela com bordas e tamanho específico, e com um determinado número de linhas e colunas;
- Tornar uma opção de caixa de diálogo mais acessível;
- Automatizar uma sequência complexa de tarefas.

Capítulo IV. Correio Eletrônico: uso de correio eletrônico, preparo e envio de mensagens, anexação de arquivos

É o serviço que permite a troca de mensagens entre usuários. Para utilizar o e-mail é necessário ter um endereço de e-mail que é formado por: identificador@servidor de e-mail. A mensagem de e-mail não é enviada para o usuário e sim para o servidor de e-mail e depositada em sua caixa postal, onde será visualizada quando o usuário desejar.

Existem dois tipos de e-mails: o cliente de e-mail (software instalado na máquina do usuário só para gerenciar contatos e mensagens) e o webmail (acessado através da Web).

Os protocolos usados são: POP, IMAP e SMTP

Por padrão as pastas encontradas normalmente são:

Rascunho: mensagens que estão sendo redigidas.

Caixa de Saída: mensagens cujo envio foi solicitado, mas, por um motivo qualquer, o envio ainda não foi realizado.

Itens Enviados: mensagens enviadas.

Caixa de Entrada: mensagens recebidas.

Itens Excluídos: mensagens apagadas.

Obs.: a caixa de Spam não é padrão. Aparece na maioria dos servidores, mas não é obrigatória.

O usuário pode criar suas próprias pastas. Outra funcionalidade interessante é a criação de regras para mensagens que permite a manipulação da mensagem (pasta a ser colocada, cor, ordem na pilha) seja feita de acordo com uma regra pré-definida pelo usuário, que ainda pode criar vistas para personalizar a sua visão do ambiente.

As partes do email são: Para, CC e CCo (que indicam destinatários), Anexo (para anexar arquivos) e Assunto (para o título do email). A mensagem não pode ser enviada sem, pelo menos, um destinatário.

Capítulo V. Internet: navegação, conceitos de URL, links, sites, busca e impressão de páginas

Conceitos de URL, Links e Sites

Para vermos esses conceitos, precisamos embasar alguns conhecimentos de redes de computadores.

- Rede de computadores é um conjunto de computadores interligados com o intuito de compartilhar recursos e serviços.
- A máquina na qual o serviço está instalado passa a ser servidora do serviço.
- Toda rede se baseia no trio: usuário, senha e permissão.
- Existem alguns conceitos e equipamentos que costumam aparecer nas questões, nos enunciados e nas alternativas. Os principais deles são:

Equipamento	Definição
Cabos	A maioria das redes utiliza ainda cabo para interligar equipamentos, visto que a rede sem fio ainda é potencialmente insegura. Os principais tipos de cabo são: coaxial, par trançado e fibra óptica.
Conectores	O do cabo coaxial é o BNC, do par trançado o RJ-45 e a fibra óptica não apresenta um padrão único.
Hub	É um concentrador. Atua na camada física da rede. Gerencia apenas uma comunicação por vez e entrega os dados utilizando a difusão.
Switch	Atua na camada de enlace da rede. Gerencia mais de uma comunicação por vez e entrega a mensagem apenas ao destinatário. Há quem diga, e já apareceu em prova, que seria uma evolução do hub, mas isso é uma visão simplista. Na verdade, existem muitas outras diferenças técnicas entre eles.
Repetidor	Regenera o sinal da rede, permitindo sua transmissão com qualidade em uma maior extensão.
Gateway	Permite a comunicação entre redes com tecnologias distintas.
Banda de passagem	É a taxa de transmissão da rede. Indica a quantidade máxima de dados que uma rede é capaz de transmitir em um determinado tempo. Ex.: 1Gbps (a rede poderá transmitir no máximo 1gigabit por segundo).
URL	É o endereço de um recurso em uma rede.

- As redes podem ser classificadas quanto à abrangência física e quanto à abrangência lógica.

- Quanto à abrangência física temos:

Tipo de Rede	Definição
LAN	É a rede local, de pequena abrangência. Apresenta um pequeno raio de acesso.
WAN	É a rede de longa distância. Apresenta um maior raio de acesso.
MAN	É a rede metropolitana. Uma rede que tem a abrangência de uma cidade. Com a expansão do uso da Internet, perderam um pouco o sentido de existir e um exemplo prático que podemos citar é a rede de TV a cabo.

- Quanto à abrangência lógica temos:

Tipo de Rede	Definição
Intranet	É a rede corporativa que oferece serviços típicos de redes públicas, como a Internet. Geralmente apresenta um repositório de dados interno e uma camada de segurança associada a esses dados.
Internet	É a rede mundial de computadores. Utiliza, para transmissão de dados, os backbones de comunicação e exige um provedor de acesso para a interligação com a telefonia.
Extranet	É o acesso à Intranet através da Internet.

- Os meios de acesso são os meios que podem ser utilizados para transmissão de dados em uma rede. Os principais estão listados na tabela abaixo:

Meios de Acesso	Definição
Cabos	Já citados anteriormente.
Linha telefônica	Oferece diversos tipos de acesso como: discado -> dial-up (baixa taxa de transmissão e problemas de conexão), dedicado →comunicações diretas entre dois pontos como com o LPCD, canais com alta taxa de transmissão (ADSL, SDSL, VDSL, HDSL).
TV a cabo	Utiliza a estrutura da rede de TV a cabo. Compartilha o meio de transmissão.
PLC	Transmissão de dados através da corrente elétrica.
Fibra submarina	Fibras ópticas passadas nos rios e mares. Já temos uma vasta malha cobrindo todo o litoral brasileiro e interligando o Brasil a vários outros pontos no mundo.
Wireless	É a comunicação sem fio. Oferece várias opções como o WAP, IRDA, Bluetooth (comunicação através de ondas de rádio. Atinge pequenas distâncias) e o GPRS (comunicação através de ondas de rádio. Atinge longas distâncias e transmite) dados através da rede de telefonia móvel).

O padrão de protocolos adotado na Internet é o TCP/IP, que por consequência também é adotado pelas Intranets. É importante saber quais os protocolos e suas respectivas funções e camadas de atuação.

O modelo TCP/IP divide a rede em cinco camadas:

Camada	Função
Aplicação	É a camada com a qual o homem interage. Os principais protocolos que nela atuam são: HTTP, HTTPS, DNS, DHCP, POP, IMAP, SMTP, SNMP, IRC, NNTP, TELNET, FTP.
Transporte	Divide a mensagem em pedaços menores de tamanho máximo fixo e sequenciados chamados de pacotes. Os principais protocolos que nela atuam são: UDP e TCP.
Rede	É responsável pelo endereçamento, transformar endereço lógico para físico e físico para lógico e por rotear. Os principais protocolos que nela atuam são: IP, ARP, RARP, OSPF e RIP.
Enlace	Responsável pela transmissão e recepção de quadros e pelo controle de fluxo de dados.
Física	Responsável pela transmissão e recepção do fluxo de bits brutos não estruturados através de um meio físico.

A função básica dos protocolos é:

Protocolo	Função
IP	Leva pacotes de dados da origem ao destino e os identifica com um número de endereço que é o endereço IP.
ARP	Converte endereços lógicos para físicos.
RARP	Converte endereços físicos para lógicos.
OSPF	Realiza roteamento dinâmico.
RIP	Realiza roteamento estático.
TCP	Atua na camada de transporte. É confiável e orientado à conexão.
UDP	Atua na camada de transporte. É não confiável e não orientado à conexão.
HTTP	É utilizado pelo serviço de web, que é o serviço que permite a transmissão de páginas ou hipertexto entre computadores.
HTTPS	Também é utilizado pelo serviço de web, mas agrega o certificado digital SSL que realiza a criptografia dos dados enviados e os descriptografa na chegada, garantindo sua confidencialidade.
SMTP	Responsável por enviar mensagens de e-mail da máquina do usuário para o servidor de e-mail.
POP	Responsável por trazer mensagens de e-mail do servidor de e-mail para a máquina do usuário. Descarrega as mensagens fisicamente e realiza a leitura na máquina do usuário.
IMAP	Responsável por trazer mensagens de e-mail do servidor de e-mail para a máquina do usuário. Traz uma cópia da mensagem, mas a leitura é realizada no servidor.
FTP	Permite a transmissão de arquivos entre computadores. Download e Upload.
TELNET	Permite a emulação de terminais. Muito usado atualmente para realizar suporte à distância.
DNS	Mapeia endereços IP para domínios e vice-versa.
DHCP	Fornecer endereços dinâmicos.
IRC	Possibilita a troca de mensagens on-line.
NNTP	Utilizado em grupos de discussão (Fóruns).

Navegação Internet e impressão de páginas

O serviço de navegação é um dos mais utilizados nas redes e permite a troca de páginas ou hipertexto entre computadores. A linguagem utilizada para criação desses arquivos é o HTML e a ligação entre as páginas é o hyperlink. Para a visualização das páginas utilizamos os programas navegadores ou browsers. Os protocolos usados são o HTTP e o HTTPS.

Apesar do edital indicar vários navegadores, o que costuma cair com mais frequência é o Internet Explorer e as questões podem ser resolvidas por analogia para os demais, pois os conceitos básicos são similares.

O menu mais cobrado é:

Opções da Internet que possui várias guias, onde é feita toda a configuração do navegador. Nelas escolhemos a página inicial, excluímos arquivos temporários, limpamos o histórico, configuramos os recursos de segurança, os recursos para controle de conteúdo, dentre outras. Estudemos as telas a seguir:

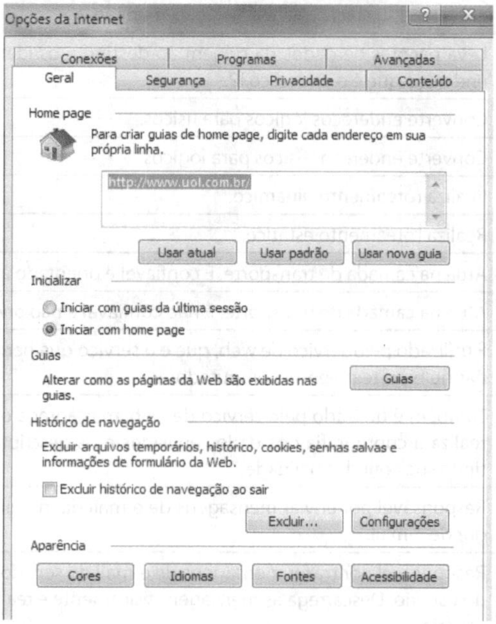

Na guia Geral é possível:

Configurar a página inicial que é a primeira página aberta quando o browser é inicializado. A Microsoft traduz como "home-page", apesar de não ser esse o conceito acadêmico para a expressão. Ela pode ser a página padrão, uma página em branco, a escolhida pelo usuário ou até várias páginas, cada uma em uma guia distinta.

Configurar a área em disco reservada para o histórico de navegação que , por padrão, varia de 50 MB a 250 MB e armazena dos últimos 20 dias.

Excluir o histórico de navegação. Lembrando que a exclusão é feita apenas na máquina local.

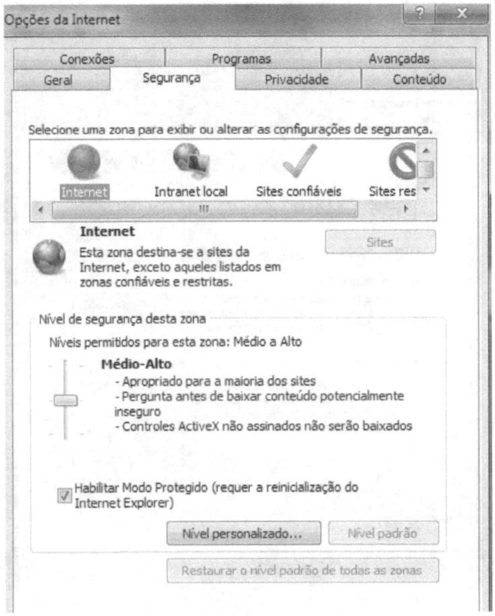

Na guia Segurança verifica-se que o IE divide a rede em quatro zonas de segurança: Internet, Intranet Local, Sites Confiáveis e Sites restritos.

Para cada uma delas é possível escolher um nível de personalização pré-definido, ou ainda personalizar os critérios de segurança desejados.

Nos sites confiáveis e Sites Restritos é possível ainda listar os sites desejados em cada grupo.

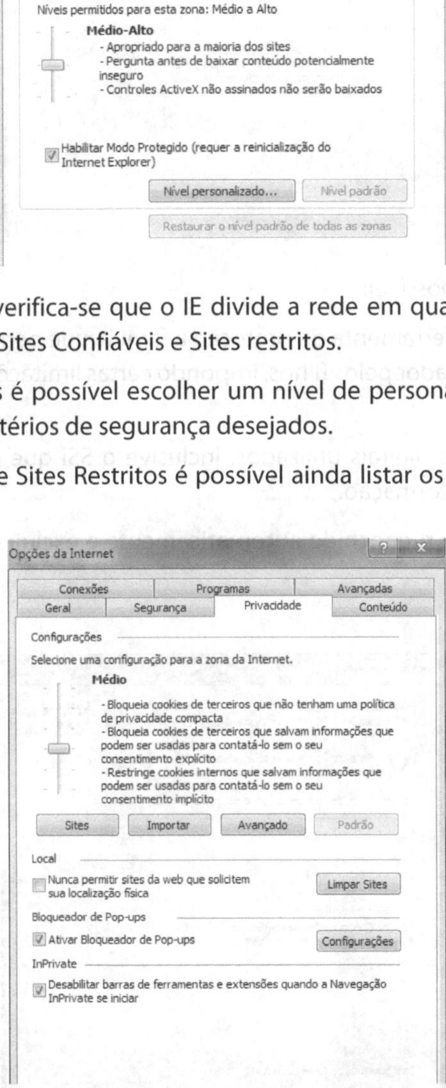

Na guia Privacidade pode-se controlar o acesso dos cookies, ativar ou desativar o bloqueador de Pop-Up, inclusive listar os sites para os quais eles estariam liberados ou não através do botão "Configurações" e ainda ativar ou desativar o modo de navegação InPrivate.

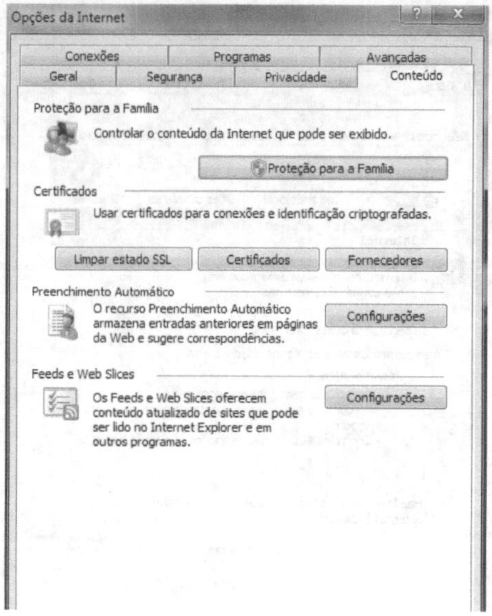

Na guia Conteúdo é possível:

Ativar e configurar a ferramenta de proteção a família que permite aos pais gerenciar o uso da rede e do computador pelos filhos, impondo certas limitações de uso de aplicativos, páginas e horários.

Gerenciar certificados digitais utilizados, inclusive o SSl que estudaremos melhor na parte de segurança da informação.

Configurar o que será preenchido automaticamente e excluir dados armazenados por essa funcionalidade.

Gerenciar os feeds.

Na guia Conexões é possível configurara s conexões de redes disponíveis, inclusive com a configuração de recursos de VPN no botão "Adicionar VPN", e configurações de proxys no botão "Configurações da Lan".

E as principais teclas de atalho são:

Pressione	Para
Ctrl + N	Abre uma nova janela
Ctrl + A	Selecionar tudo
Esc	Parar
F5	Atualizar
Alt + Home	Abre a página Inicial
Alt + →	Ir para a próxima página
Alt + ←	Ir para a página anterior
Ctrl + E	Abrir pesquisar na barra do explorer
Ctrl + I	Abrir favoritos na barra do explorer
Ctrl + H	Abrir histórico
Ctrl + D	Adiciona a página atual aos favoritos

BUSCA DE PÁGINAS

Os principais buscadores atualmente são: Google, Yahoo e Bing. Existem os operadores de busca que são utilizados para reduzir o universo de busca e retornar conjuntos mais precisos de resultados. Os principais são:

" " (aspas duplas) Ex.: "Porto de Galinhas" – retornará apenas as páginas que tem exatamente a expressão Porto de Galinhas, escrita dessa forma e nesse sequência;

E, AND ou + Ex.: "Porto E Galinhas" – retornará todas as páginas que tenham a palavra galinhas e a palavra porto, mas em qualquer contexto;

OU, OR Ex.: "Porto OU Galinhas" – retornará todas as páginas que tenham a palavra galinhas ou a palavra porto;

- (expressão) Ex.: "Porto – (galinhas)" – retornará todas as páginas que tenham a palavra Porto, mas excluíra do resultado qualquer uma que tenha a palavra galinhas.

Capítulo VI. MS teams: chats, chamadas de áudio e vídeo, criação de grupos, trabalho em equipe: Word, Excel, PowerPoint, SharePoint e OneNote, agendamento de reuniões e gravação

O Microsoft Teams, como o próprio nome sugere, é uma ferramenta da Microsoft lançada em cujo intuito é prover condições ideais para a interação e colaboração de equipes, permitindo assim o trabalho remoto e a disponibilização de uma série de aplicativos em uma única interface.

Dentre as funcionalidades oferecidas é possível estabelecer com os demais usuários cadastrados e autorizados a comunicação por chat, fazer videoconferências com recursos de vídeo, texto, compartilhamento de telas, chat simultâneo, visão dos participantes e interação entre eles e sem tempo máximo delimitado e com gravação para uso posterior (inclusive já integrado também com o serviço de nuvem da Microsoft o One Drive). Permite a realização de chamadas de áudio e vídeo e o uso de todos os aplicativos do pacote office 365 também integrado na nuvem.

Suas principais funções são:

1) **Trocar emails por mensagens:**

Utilizar emails para registrar a comunicação não é um hábito seguro e nem produtivo, então o permite criar um grupo para cada projeto e manter todas as mensagens registradas em um canal de comunicação exclusivo para os integrantes do projeto.

Existem 3 níveis de troca de informações: menções, mensagens e notificações.

Menções: consiste em usar @ e o nome da pessoa ou do canal e assim ressaltar a chamada para aquele usuário.

Mensagens: pode-se mandar mensagens para grupos específicos do projeto.

Notificações: registram qualquer ação dos proprietários ou membros do grupo, como por exemplo entrada ou saída de membros, alterações na diretrizes.

2) **Realizar chamadas de áudio e vídeo:**

Permite a realização de ligações de voz ou de vídeo e oferece recursos para gravação da ligação e para a troca dos arquivos mencionados.

3) **Calendário de reuniões e tarefas:**

Permite criar e enviar solicitações de reunião e apresenta um calendário integrado que reúne todos os acontecimentos registrados para o usuário ou para os grupos aos quais ele pertença. Além de listar as tarefas comuns, também exibe links para videoconferências.

4) **Utilização de robôs:**

Permite a utilização de uma série de robôs para a automação de tarefas, como por exemplo: o T-bot que é responsável por responder dúvidas sobre a utilização do aplicativo Teams, o Statsbot, especializado em gerar relatórios que podem ser programados com dados extraídos de diversas fontes, como o Google Analytics, Power BI ou Salesforce e permite que o usuário possa programar um robô com funções exclusivas para si.

5) **Integração com o Office 365:**

Permite o uso integrado do pacote do Office 365 disponibilizado na estrutura de nuvem da Microsoft, o OneDrive. Isso facilita o acesso do usuário e permite a gravação dos arquivos gerados localmente, na rede ou na nuvem, além de não exigir instalação local, permitindo que todo o trabalho seja realizado on-line ou em máquinas de baixa performance.

Integra-se também com aplicativos de produtividade como o Trello e o Evernote e com outras ferramentas como softwares de SAP e de gestão de demandas.

Observe que o objetivo da ferramenta é aumentar a produtividade das equipes, gerando maior integração, menor perda de tempo e distração.

Capítulo VII. OneDrive: armazenamento e compartilhamento de arquivos

O One Drive é o serviço de armazenamento e dados em nuvem da Microsoft e o seu login pode ser feito a parte ou ser associado aos serviços de email da Microsoft ou à própria conta geral da empresa.

Pode ser utilizado para guardar arquivos pessoais do usuário, como: fotos, vídeos e etc, mas também permite compartilhar projetos com outros usuários e oferece recursos extras como interação com aplicativos d**o Microsoft Office 365** e outros softwares, a depender do tipo de plano assinado pelo usuário, como por exemplo a versão paga como o OneDrive for Bussines.

O pacote gratuito e o plano de 100 GB oferecem apenas direito ao armazenamento online.

Atualidades

Rodolfo Muniz Alves Gracioli

Edital Sistematizado

Edital Sistematizado TJ/SP– Atualidades	
Cargo: Oficial de Justiça	
Itens do edital	**Onde encontrar no livro**
Questões relacionadas a fatos políticos, econômicos, sociais e culturais, nacionais e internacionais, ocorridos a partir do 1º semestre de 2024 divulgados na mídia local e/ou nacional.	Tópico 1

Apresentação da disciplina

O estudo de atualidades é um dos mais peculiares de toda preparação (e com toda certeza, acertar questões de atualidades pelo nível de competitividade das demais disciplinas, pode render algumas posições no resultado final). Para compreender os principais acontecimentos e alicerçar uma visão descritiva para os fatos relevantes para a prova, é preciso um direcionamento, a fim de otimizar os estudos e trabalhar com temas "reais". Alguns temas são mais complexos e exigem um olhar cirúrgico, enquanto outros podem ser amadurecidos de modo facilitado, simples e objetivo.

Dentro dessa possibilidade, será nítida a exaustão para alguns temas mais complexos, o que tende a promover a fixação das principais informações. Além disso, é preciso sistematizá-las da forma mais sintética possível, reunindo uma visão diagnóstica com o olhar sobre provas anteriores.

Por isso, explore o seu material lembrando sempre:

- O treino com exercícios inéditos pode ser de extrema valia para aplicar essa gama de acontecimentos.
- Busque o caráter descritivo da informação. Esse não é o momento de aprofundamento dos temas, mas de repertório preciso para resolução de itens.
- Nutra-se de elementos conceituais que o tema oferece. Não basta saber que na projeção do Fundo Monetário Internacional o Brasil deverá superar a Itália e fechar 2024 como a 8ª maior economia, é preciso entender como tal dado estatístico não reproduz o enfrentamento à desigualdade.
- Mantenha-se atualizado. É comum que os temas mais complexos atendam a um dinamismo que acaba por exigir uma análise contínua. Exemplo: Guerra da Ucrânia potencializa uma série de possíveis itens, dessa forma, é preciso monitorar o tema em si – mais de 2 anos de guerra e seus desdobramentos acaba sendo um dos temas mais "ativos".
- Desconstrua a visão de que a disciplina de atualidades é fácil e você deve negligenciar o estudo, ou ainda que a prova é impossível. Com o direcionamento pontual é muito possível alcançar um bom desempenho. Serão questões preciosas na sua prova.
- Não fique apenas nas notícias de ampla repercussão. Por se tratar de uma prova volumosa em número de candidatos, é provável que os temas transitem por fenômenos "menores", menos divulgados, o que considero como temas "secundários" e acaba surpreendendo grande parte dos candidatos.
- Busque a interação dos temas. Um exemplo interessante é a intensa cobrança de questões sobre meio ambiente. O tronco temático em questão acaba inserindo o Brasil na agenda global, já que desenvolvimento sustentável, desmatamento (em alta no Cerrado, por exemplo), economia verde, responsabilidade compartilhada, impactos dos fenômenos climáticos se tornaram debates impositivos para a sociedade.

- A banca Vunesp tem mudado o seu padrão de prova em cada nova aplicação. Em certames de 2024, tem sido comum a banca estabelecer a cobrança de temas atuais em abordagem mais técnica, seja do Direito ou de qualquer outra área.

Em 2024, em uma prova de atualidades aplicada em setembro, a banca cobrou quatro temas num caráter mais aprofundado: desdobramentos da condenação de Donald Trump; lei das saidinhas de presos no Brasil; aplicação da Lei Marcial na Ucrânia e compra de gás brasileiro pela argentina por conta das baixas temperaturas. Todas as questões eram de temas de maio.

Dessa forma, certamente seu repertório estará amplificado com os temas recortados dos grandes portais de notícias e destrinchados no modelo de revisão final. Qualquer dúvida, estou à disposição.

Bons estudos!

Prof. Rodolfo Gracioli

Tópico 1:
Janeiro de 2024 até Maio de 2024

1. JANEIRO

O mês de janeiro marca o início do prazo do edital. Apesar de ser o mês mais distante da data de prova, é possível que a banca examinadora cobre algum fato (exatamente por estar distante da data de aplicação de criar maior dificuldade).

- **LAI CHING-TE venceu eleição PRESIDENCIAL em TAIWAN.** Trata-se de uma eleição que a China definiu como uma escolha entre a guerra e a paz. O candidato do principal partido da oposição de Taiwan, o Kuomintang (KMT), Hou Yu-ih, admitiu a derrota nas eleições. **Lai é o atual vice-presidente da ilha e substituirá sua companheira de chapa, a presidente Tsai Ing-wen**. Ela não participou do pleito por atingir o limite de 2 mandatos consecutivos. A vitória do taiwanês nas eleições presidenciais consolida um 3º mandato do PDP (Partido Democrático Progressista), que defende a identidade separada de Taiwan e rejeita as reivindicações territoriais da China. Sua posse está prevista para 20 de maio. **TAIWAN** é uma ilha com cerca de 23 milhões de habitantes cuja capital é Taipei. Atualmente, a ilha domina a produção global de chips para computador, sendo uma economia extremamente importante para as cadeias globais de produção. Para a China, a ilha trata-se de uma província rebelde que segue fazendo parte de seu território. Já para o governo de Taiwan, a ilha é um estado independente, gerido por uma Constituição própria, e por décadas foi considerada o próprio governo chinês, no exílio. Isso porque os atuais governantes de Taiwan foram os inimigos derrotados na década de 1940 pelos comunistas que governam atualmente a China. **Taiwan é o epicentro de uma crise entre os Estados Unidos e a China**, um dos territórios mais indefinidos do atual cenário geopolítico mundial e um dos mais estratégicos para potências mundiais.
- **GRUPO REBELDE XIITA HOUTHIS, financiado pelo IRÃ**, **já ATACOU mais de 30 navios** mercantes internacionais no **MAR VERMELHO** desde meados de novembro e os sinais são de que os ataques irão continuar. Os houthis controlam as partes mais populosas do Iêmen. Eles afirmam que seus ataques são atos de solidariedade aos palestinos, depois dos ataques de Israel contra a Faixa de Gaza. Os ataques dos houthis têm prejudicado o transporte marítimo global. Os Houthis têm atacado o que consideram navios ligados a Israel no Mar Vermelho em solidariedade aos palestinos de Gaza, perturbando o tráfego marítimo e levando os **ESTADOS UNIDOS e o REINO UNIDO a realizar ataques retaliatórios.**
- **AUTORIDADES DO EQUADOR** intensificaram as buscas e o patrulhamento em Guayaquil. A ação vem em meio à escalada da **CRISE DE SEGURANÇA no país após a fuga de "FITO",** chefe da maior quadrilha criminosa de um presídio da cidade. Há suspeitas de que ele tenha entrado em território colombiano após a fuga. As quadrilhas ligadas ao

narcotráfico estão no centro da crise de segurança enfrentada pelo Equador. A situação no país ganhou novas proporções após uma **emissora de TV ser invadida por homens armados com revólveres e bombas.** A crise no Equador tem origem em motins em prisões e faz parte de uma onda de violência que vem tomando conta do país desde agosto de 2023. A Polícia Federal do Brasil formalizou a oferta de ajuda ao governo do Equador na área de inteligência.

- **EX-JOGADOR E TÉCNICO MÁRIO JORGE LOBO ZAGALLO,** lenda do futebol e único tetracampeão do mundo, **FALECEU aos 92 anos** no Rio de Janeiro, cidade onde foi criado e começou a jogar a bola. A origem do Velho Lobo, no entanto, é **alagoana**. Ele **nasceu em MACEIÓ** no dia 9 de agosto de 1931.
- **DOURADOS (MS) foi a 1ª cidade do Brasil** a iniciar **vacinação em massa** contra **DENGUE.** Município fez convênio com o laboratório japonês Takeda, que desenvolveu a vacina Qdenga. A vacina disponibilizada **QDENGA** possui duas doses, que devem ser administradas com intervalo de 3 meses. É indicada para a **faixa etária de 4 a 59 anos**. Ela também poderá ser aplicada em quem já teve a doença.
- **IMPULSIONADA PELA SAFRA RECORDE DE SOJA** e pela queda das importações, a balança comercial encerrou 2023 com **SUPERÁVIT recorde de US$ 98,839 bilhões**. O resultado representa alta de 60,6% sobre 2022, pelo critério da média diária, e é o maior desde o início da série histórica em 1989. Comparando o desempenho do agro com os demais setores produtivos, fica claro o peso do setor rural para a economia brasileira. De tudo o que o Brasil exportou em 2023, **49% foi AGRO.** Problemas climáticos em importantes produtores mundiais, como Argentina, Estados Unidos, Índia e Tailândia, causaram quebras de safra e consequente redução da oferta mundial de produtos como soja, milho e açúcar. Com isso, o Brasil vendeu mais. No caso do milho, o Brasil ultrapassou os Estados Unidos e se tornou o maior exportador mundial. Só para a Argentina, as compras de soja em grãos cresceram mais de 1.000%, fazendo com que o país pulasse do 18º lugar para o sétimo principal destino do agro brasileiro em 2023. **A SOJA em grãos continua como a grande estrela da pauta exportadora.** Dos quase US$ 167 bilhões exportados no ano passado pelo setor, **US$ 53 bilhões** foram soja em grãos. Segundo colocado, o **milho** respondeu por **8%** do total (US$ 13,5 bilhões).
- **NOVO SALÁRIO MÍNIMO NACIONAL**, de **R$ 1.412,** passa a valer a partir do dia 1º de janeiro. O valor responde por um aumento de quase 7% (R$ 92 a mais) em comparação aos R$ 1.320 válidos até dezembro de 2023. Se cumprisse apenas a regra da Constituição, de corrigir o valor pela inflação, o governo poderia reajustar o salário mínimo dos atuais R$ 1.320 para algo em torno de R$ 1.370,82. O cálculo leva em conta a inflação medida pelo Índice Nacional de Preços ao Consumidor (INPC) em 12 meses até novembro, que foi de 3,85%. O governo Lula, no entanto, prometeu ainda durante a campanha que retomaria a chamada **"política de valorização do salário mínimo",** o que significa **AUMENTOS PARA ALÉM DA INFLAÇÃO.** O Congresso aprovou uma medida provisória editada por Lula e incluiu esse mecanismo na lei. Pela nova regra, o reajuste do salário mínimo leva em conta dois fatores:
- **a inflação medida pelo INPC até novembro, como prevê a Constituição;**
- **o índice de crescimento real do Produto Interno Bruto (PIB) dos dois anos anteriores.**

Com isso, além dos 3,85% de inflação, o salário mínimo de 2024 crescerá 3% (ganho real) equivalente à expansão do PIB em 2022. A previsão do salário mínimo para 2025 é de R$1.502.

- **LÍDER DA OPOSIÇÃO DA COREIA DO SUL, LEE JAE-MYUNG**, foi **ESFAQUEADO** durante uma visita a uma cidade portuária do país quando conversava com jornalistas. O político estava em Busan para visitar obras de um novo aeroporto. O agressor se aproximou de Lee fingindo ser um apoiador e afirmando que queria um autógrafo. Em seguida, o homem atacou o político. Ele foi detido no local. Lee, que é líder do **Partido Democrata**, foi socorrido consciente. Ele foi encaminhado para o hospital e, depois, transferido para um hospital de Seul. Ele não corre risco de vida.
- **BRASÍLIA**, a capital de design "modernista", foi a única cidade do Brasil escolhida pelo jornal americano The New York Times no ranking dos **52 melhores DESTINOS TURÍSTICOS DO MUNDO para 2024.**
- **Lei nº 14.794, de 5 de janeiro de 2024** que institui o **ANO DE 2024** como o **ANO NACIONAL FERNANDO SABINO** em comemoração ao **CENTENÁRIO do nascimento do escritor. FERNANDO SABINO** é autor da terceira fase do modernismo brasileiro (ou pós-modernismo). Seus livros mais conhecidos são "O encontro marcado" e "O grande mentecapto". O escritor mineiro nasceu em outubro de 1923 e faleceu em outubro de 2004. Neste ano, a morte do cronista e romancista completa 20 anos.
- **Universidade de São Paulo (USP),** uma das mais prestigiadas instituições de ensino superior e pesquisa no Brasil e na América Latina, celebrou recentemente seu **90º ANIVERSÁRIO**. **Fundada em 1934**, a **USP** é uma das maiores riquezas do Brasil, considerada a **melhor universidade da AMÉRICA LATINA e a número 85 do mundo**, de acordo com o QS World University Ranking 2024.
- **PRESIDENTE DA FIFA, GIANNI INFANTINO, DEFENDEU DERROTA AUTOMÁTICA de equipes** quando seus **TORCEDORES COMETEREM RACISMO OU INJÚRIA RACIAL** durante partidas. A declaração foi dada por Infantino depois de um caso de racismo durante um jogo do Campeonato Italiano. Na partida entre Udinese e Milan, o goleiro do Milan, Mike Maignan, foi alvo de ofensas racistas por parte de torcedores da equipe adversária. O jogo foi paralisado por cerca de 5 minutos e os jogadores chegaram a deixar o campo, mas retornaram pouco depois.
- **IBGE está substituindo a denominação dos "Aglomerados Subnormais",** adotada pelo instituto em seus censos e pesquisas desde 1991. A **nova denominação** será **"FAVELAS E COMUNIDADES URBANAS",** que irá abranger também os diferentes termos utilizados em outros locais do Brasil, como comunidades, quebradas, grotas, baixadas, alagados, vilas, ressacas, palafitas, loteamentos informais e vilas de malocas. Com isso, o IBGE retoma o termo "Favela", utilizado historicamente pelo órgão desde 1950, junto ao termo "Comunidades Urbanas", de acordo com identificações mais recentes. Não houve alteração no conteúdo dos critérios que estruturam a identificação e o mapeamento dessas áreas e que orientaram a coleta do Censo Demográfico 2022. Antes da nova mudança, já foram usados os termos **"Aglomerados Subnormais", "Aglomerados Urbanos Excepcionais"** e **"Setores Especiais de Aglomerados Urbanos"** para se referir aos locais. A alteração foi feita por demanda dos moradores de favelas e comunidades urbanas. Segundo o IBGE, a aceitação unânime do termo favela está "vinculado à reivindicação histórica por reconhecimento e identidade dos movimentos populares".
- **PARLAMENTO DA TURQUIA aprovou a ENTRADA da SUÉCIA na Organização do Tratado do Atlântico Norte (OTAN)** encerrando meses de negociações entre o país e a aliança militar. Foram 287 votos a favor e 55 contra. O presidente turco, Recep Tayyip Erdogan, ainda precisa assinar a decisão para que os suecos se tornem o 32º o país a inte-

grar a aliança, o que deve acontecer nos próximos dias. Agora, resta apenas a aprovação da **HUNGRIA** para que a Suécia entre na organização. É necessária a aprovação de todos os integrantes da Otan para a entrada de um novo país.

- **PROTESTOS DE AGRICULTORES** levam a **FRANÇA** a pressionar a **UNIÃO EUROPEIA** a **encerrar negociações** de acordo comercial com o **MERCOSUL**. Os dois blocos tentam finalizar as negociações, que se arrastam há mais de 20 anos. Os produtores franceses afirmam que haveria uma "concorrência desleal" devido à entrada de mercadorias de países como o Brasil. Há quase duas semanas, os agricultores protestam contra o aumento do preço dos combustíveis, os impostos no setor agrícola e o que chamam de crescente competição com o mercado externo.
- **ELON MUSK**, o bilionário fundador da **NEURALINK**, disse que o **primeiro humano** recebeu um **implante da startup de chips cerebrais** e está se recuperando bem. O estudo avaliará a funcionalidade da interface que permite que pessoas com tetraplegia, ou paralisia dos quatro membros, controlem dispositivos com o pensamento. Pessoas com paralisia causada por lesão da medula espinhal cervical ou esclerose lateral amiotrófica (ELA) podem se qualificar para o estudo, mas não foi revelado quantos participantes seriam incluídos na pesquisa, que levará cerca de seis anos para ser concluída.
- **AGÊNCIA DA ONU PARA OS REFUGIADOS PALESTINOS** (**UNRWA**), enfrenta a sua maior crise de legitimidade. Embora tenha sido pensada como fins humanitários, diversas provas demonstraram nos últimos dias que a organização é uma das principais estimuladoras do ódio contra judeus e do terrorismo no Oriente médio. Pelo menos **12 funcionários da UNRWA participaram dos ATAQUES TERRORISTAS em ISRAEL em 7 de outubro**, como demonstrou, para além de dúvidas, um relatório de inteligência israelense. Dez deles pertenciam ao Hamas. Um era da Jihad Islâmica. Seis deles entraram nesse dia em Israel como outros terroristas, como prova a geolocalização de seus celulares. Os que não participaram diretamente da ação compraram munições, guardaram lançadores de granadas ou ajudaram na logística. Sete eram professores de escolas da UNRWA, ministrando disciplinas como matemática e árabe. **Dezesseis países cancelaram temporariamente a ajuda financeira à UNRWA**.
- **REDE SOCIAL X** (antigo Twitter) **BLOQUEOU as pesquisas por "TAYLOR SWIFT"** após nudes falsas da cantora, criadas por inteligência artificial, circularem nas redes sociais. As imagens começaram a viralizar na internet gerando revolta nos fãs, que colocaram a tag "**protect Taylor**" nos assuntos mais comentados do X. O objetivo da plataforma é tentar reduzir a circulação das imagens falsas de Taylor. Ao pesquisar pelo nome da cantora na seção "Explorar" da rede social, aparece a mensagem: "Ocorreu um erro. Tente recarregar a página". Com a popularização do uso de inteligência artificial, têm se tornado um desafio frequente combater a manipulação de voz, rosto ou corpo de pessoas de maneira realista – uma prática chamada de "**DEEPFAKE**". No caso de Taylor Swift, a cantora foi mais uma das vítimas de "**DEEPNUDES**", uma variação para designar a criação de nudes falsos de uma pessoa.
- **DUAS ATIVISTAS AMBIENTAIS JOGARAM SOPA** no vidro que protege o **quadro "MONA LISA" no museu do Louvre, em Paris.** A ação foi reivindicada pela organização "**RIPOSTE ALIMENTAIRE**". No vídeo da ação publicado nas redes sociais, duas mulheres jogam o líquido e se posicionam em frente à obra. Elas falam: "*O que é mais importante? Arte ou direito à alimentação saudável e sustentável? Nosso sistema agrícola está doente. Nossos agricultores estão morrendo no trabalho*".

- **NÚMERO DE CASOS DE DENGUE explodiu no Brasil em 2024**. De 1º a 30 de janeiro, o Ministério da Saúde registrou mais de 217 mil casos. No mesmo período de 2023, foram pouco mais de 65 mil – um **AUMENTO DE 233%.** O Ministério da Saúde anunciou o início das atividades do **Centro de Operações de Emergência contra a dengue (COE Dengue)**, implementado diante do aumento de casos da doença no país. O COE Dengue terá a participação de todas as secretarias do ministério e participação dos estados e municípios, cujos representantes vão realizar reuniões diárias para monitorar a notificação de casos, produção de relatórios, elaboração de ações de resposta e divulgação de informações para a população.

NOTÍCIAS EXTRAS

- **A META**, empresa de tecnologia de **MARK ZUCKERBERG**, responsável pelo Facebook, Instagram e WhatsApp, foi **alvo de investigação**. A Meta foi alvo de um processo no estado americano do Novo México, acusada de **FALHAR NA REMOÇÃO** de material de **ABUSO SEXUAL INFANTIL EM SUAS PLATAFORMAS**. A acusação seguiu uma investigação encoberta de meses, onde contas fictícias foram criadas representando crianças menores de 14 anos. Além disso, uma investigação identificou que os algoritmos da Meta facilitaram a criação de uma rede para compra e venda de conteúdo sexual de menores. Em resposta, a empresa afirmou ter melhorado a detecção proativa de grupos potencialmente suspeitos. Zuckerberg pediu desculpas a familiares de crianças e adolescentes que morreram depois de sofrer violência nas redes sociais.
- **PRODUTOS INDÍGENAS PASSAM A TER SELO DE IDENTIFICAÇÃO DE ORIGEM**: o governo federal criou o **SELO INDÍGENAS DO BRASIL**, para identificação de origem de produtos indígenas, da agricultura familiar, extrativistas e artesanal. A certificação identificará origem étnica e territorial. O uso do selo tem validade por cinco anos e pode ser renovado com antecedência de seis meses do fim do prazo.
- **RIO DE JANEIRO PROÍBE COBRANÇA DE TAXA PARA USO DE AR CONDICIONADO EM CARROS DE APP:** pela nova resolução, logo que o usuário pede o carro, as informações precisam estar bem visíveis. Mas, enquanto as plataformas não deixam claro se os veículos têm ou não ar-condicionado, todo motorista deve manter o aparelho ligado durante a corrida. Só pode desligá-lo se o passageiro pedir. Além disso, se o carro não tiver ar-condicionado ou se o aparelho estiver quebrado, o aplicativo tem que suspender a circulação dele.
- **X-59: NASA APRESENTA SEU JATO SUPERSÔNICO SILENCIOSO.** Ele foi projetado para voar mais rápido que a velocidade do som sem gerar o tradicional estrondo sônico de modelos do tipo. A apresentação oficial do X-59 ocorreu nas instalações Skunk Works da Lockheed Martin em Palmdale, na Califórnia, onde o avião foi montado. O X-59 faz parte da Quesst, missão da Nasa que visa demonstrar as capacidades de voo supersônico silencioso sobre comunidades selecionadas nos Estados Unidos.
- **CIDADES DE 2500 ANOS SÃO DESCOBERTAS NA AMAZÔNIA:** Hoje cobertas pela floresta, vilas conectadas por estradas reuniam até 30 mil pessoas no **EQUADOR.** Rede de casas e campos é mil anos mais antiga que achados anteriores. A ideia de que a Amazônia era pouco habitada antes da chegada dos europeus cai cada vez mais por terra.
- **JOGADOR ISRAELENSE LEMBRA REFÉNS DO HAMAS APÓS GOL E É DETIDO NA TURQUIA**. **SAGIV JEHEZKEL**, atacante de 28 anos do **Antalyaspor**, fez uma comemoração de gol que ocasionou a rescisão de seu contrato, abriu uma investigação criminal

e provocou sua detenção na **TURQUIA**. Israelense, ele lembrou os 100 dias desde o ataque do Hamas ao seu país natal.

- **MACRON, PRESIDENTE DA FRANÇA, ANUNCIA TRAJE ÚNICO EM ESCOLAS APÓS POLÊMICA COM VESTE ISLÂMICA**. Para Macron, o traje único ajudaria a resolver problemas ligados à **LAICIDADE** e ao que chamou de roupas excêntricas. A escola deve ser "um espaço onde haja o mínimo de diferenças possível", afirmou ele. Nas escolas em questão, cada aluno receberá um kit composto por cinco camisas pólo, dois suéteres e duas calças.
- **BRASIL É O PAÍS QUE MAIS MATA TRANS PELO 15º ANO CONSECUTIVO**. O relatório anual da Associação Nacional de Travestis e Transexuais (Antra) divulgou que 145 pessoas foram assassinadas em 2023, um aumento de 10,7% comparado a 2022. Os estados com maior número de homicídios são: São Paulo (19), Rio de Janeiro (16), Ceará(12), Panará (12) e Minas Gerais (11). O perfil das vítimas se mantém entre 18 e 39 anos, negras (72%) e moradoras da periferia.
- **ESTADOS UNIDOS ANUNCIAM QUE NÃO VÃO MAIS SOBRETAXAR IMPORTAÇÕES BRASILEIRAS DE TUBOS DE AÇO.** Os EUA deixarão de cobrar taxas adicionais de 103,4% na importação de tubos soldados de aço não-ligado das indústrias brasileiras. Decisão foi baseada na conclusão de que a extinção da medida não causará danos à indústria. A sobretaxa encarecia os produtos siderúrgicos brasileiros. Brasil foi o único país contemplado.
- **PRESIDENTE DE BELARUS SANCIONOU LEI QUE LHE GARANTE IMUNIDADE VITALÍCIA** contra processos criminais e impede que líderes da oposição que vivem no exterior possam se candidatar em futuras eleições presidenciais. O texto estabelece que quando – ou se – Lukashenko deixar o poder ele "não poderá ser responsabilizado por medidas tomadas em associação ao exercício de seus poderes presidenciais". Considerado "o último ditador da Europa", Lukashenko governa Belarus com mão de ferro há quase 30 anos. A lei aumenta os pré-requisitos para possíveis candidaturas e proíbe que líderes da oposição que tiveram de fugir do país possam disputar as eleições. Apenas estão aptos a concorrer os cidadãos de Belarus que moram no país em caráter permanente há pelo menos 20 anos e que jamais tenham obtido permissão de residência em qualquer outra nação.
- **TERREMOTO NO JAPÃO**: Número de mortos em terremoto no Japão sobe para 200, e mais de 1.000 seguem isolados. Tremor, de magnitude 7,6, atingiu costa oeste do país em 1º de janeiro. Alerta de tsunami com 'grandes ondas' chegou a ser ativado. Governo japonês mobilizou tropas de todo o país para ajudar no trabalho de reconstrução.
- **ARGENTINA BATE RECORDE DE CASOS DE DENGUE**: O país registrou 135 mil casos de dengue apenas em 2023. Uma espécie "parente" do mosquito, o **AEDES ALBIFASCIATUS**, também se alastrou pelo país, transmitindo outros vírus.
- **COREIA DO NORTE INTENSIFICA DISPAROS E AUMENTA TENSÕES COM A COREIA DO SUL**: A Coreia do Norte realizou cerca de 260 disparos de projéteis perto da fronteira marítima com a Coreia do Sul. A nova rodada de exercícios de artilharia de Pyongyang é mais um episódio do aumento das tensões entre as duas Coreias. Os exercícios foram realizados em meio a uma série de declarações bélicas do líder norte-coreano, Kim Jong-un. Nos últimos dias, ele ameaçou "aniquilar" a Coreia do Sul e os Estados Unidos e defendeu o aumento na produção de lançadores de mísseis para uma possível guerra.

- **CRIMINOSO MAIS PROCURADO DO EQUADOR DESAPARECE DA PRISÃO.** Investigam suposta fuga de José Adolfo Macias, líder da organização criminosa **LOS CHONEROS.**
- **EUA LANÇAM PRIMEIRO FOGUETE RUMO À LUA APÓS MAIS DE MEIO SÉCULO. VULCAN CENTAUR** leva o que pode ser considerado o 1º módulo comercial a pousar no satélite, em parceria com várias empresas. Última missão americana de pouso lunar foi em 1972.
- **AUSTRÁLIA PROÍBE SAUDAÇÃO NAZISTA E EXIBIÇÃO PÚBLICA DE SÍMBOLOS DE GRUPOS TERRORISTAS**. Lei entrou em vigor e crime pode levar a 12 meses de prisão. Comércio de material que faça referência ao nazismo ou ao terrorismo também foi proibido.
- **VIENA É ELEITA A CIDADE COM A MELHOR QUALIDADE DE VIDA DO MUNDO**. Pesquisa em consideração critérios como segurança, serviços de saúde, educação e transporte público.
- **COREIA DO SUL APROVA PROJETO QUE PROÍBE CONSUMO DE CARNE DE CACHORRO**. Alimento é popular no país, com estimativas de até um milhão de animais consumidos por ano. Consumo tem diminuído à medida que população passou a ver os cães mais como companheiros.
- **GABRIEL ATTAL, AOS 34 ANOS, É O MAIS JOVEM PRIMEIRO-MINISTRO DA FRANÇA E O PRIMEIRO ABERTAMENTE GAY**. Emmanuel Macron nomeou o ministro da Educação, Gabriel Attal como seu novo primeiro-ministro. A nomeação ocorre no momento em que o presidente francês busca dar novo fôlego ao seu segundo mandato antes das eleições para o Parlamento Europeu. A medida não levará necessariamente a qualquer mudança política importante, mas sinaliza o desejo de Macron de tentar ir além das impopulares reformas da previdência e de imigração do ano passado e melhorar as chances de seu partido de centro na votação da União Europeia em junho.
- **RICARDO LEWANDOWSKI É O NOVO MINISTRO DA JUSTIÇA.** Ele ocupará a vaga deixada por Flávio Dino, indicado ao STF para o lugar da ex-ministra Rosa Weber que se aposentou compulsoriamente ao completar 75 anos.
- **INFLAÇÃO BRASILEIRA** fecha 2023 em **4,62%** segundo dados do IBGE.
- **INFLAÇÃO NA ARGENTINA** sobe **211%** em 2023, maior patamar em mais de 30 anos. Novas medidas do país com o presidente Milei incluem combater a hiperinflação.
- **HELICÓPTERO DESAPARECIDO EM SÃO PAULO É LOCALIZADO**. Corpos estavam ao lado da aeronave que caiu a caminho de Ilhabela. As vítimas estavam na região da mata em **PARAIBUNA.** Operação durou 12 dias e contou com a participação da FAB.
- **RÓTULO DE MEDICAMENTO TEM QUE ALERTAR PRESENÇA DE DOPING**. Obrigatoriedade é para evitar o chamado doping acidental quando atletas acabam ingerindo substâncias proibidas de forma inadvertida ao tomarem um medicamento com outra finalidade.
- **PRESIDENTE LULA SANCIONA LEI QUE INCLUI BULLYING E CYBERBULLYING NO CÓDIGO PENAL**. As duas condutas passam a integrar o artigo que trata de constrangimento ilegal. Agora, o Código Penal prevê multa para quem cometer bullying, e reclusão e multa para quem cometer o mesmo crime por meios virtuais. No caso do cyberbullying, a pena pode chegar a um período de 2 a 4 anos de reclusão, além de multa. O termo inclui a intimidação sistemática feita em redes sociais, aplicativos, jogos online ou "qualquer meio ou ambiente digital". O Código Penal também prevê agravantes se o bullying

for cometido em grupo (mais de três autores), se houver uso de armas ou se envolver outros crimes violentos incluídos na legislação. No trecho do Código Penal que trata de homicídio, por exemplo, a nova lei prevê que a pena por matar uma criança menor de 14 anos seja aumentada em 2/3 caso o crime tenha sido cometido em uma escola (pública ou privada). No crime de indução ou auxílio ao suicídio, a pena agora pode dobrar se o autor é "líder, coordenador ou administrador de grupo, de comunidade ou de rede virtual, ou por estes é responsável". Com a nova lei, os crimes previstos no Estatuto da Criança e do Adolescente (ECA) passam a ser considerados hediondos. Isso significa que o acusado não pode pagar fiança, ter a pena perdoada ou receber liberdade provisória, por exemplo. A progressão de pena também é mais lenta. A lei sancionada nesta segunda também inclui na lista de crimes hediondos outras três condutas: indução ou auxílio a suicídio ou automutilação, usando a internet; sequestro e cárcere privado contra menores de 18 anos; tráfico de pessoas contra crianças ou adolescentes.

- **PRESIDENTE LULA SANCIONA LEI QUE CRIA POUPANÇA PARA ALUNOS DO ENSINO MÉDIO**. O programa **PÉ DE MEIA** prevê o pagamento de um incentivo financeiro mensal para alunos de baixa renda matriculados no ensino médio público e que pertençam a famílias inscritas no **CadÚnico** cuja renda per capita mensal seja igual ou inferior a R$ 218.
- **PRESIDENTE LULA ASSINA LEI QUE CRIA BOLSA PARA MORADOR DE RUA QUE FIZER CURSO TÉCNICO**. O presidente Lula sancionou uma lei que institui a **Política Nacional de Trabalho Digno e Cidadania para População em Situação de Rua** (**PNTC Pop Rua**). A bolsa destina "a promover os direitos humanos de pessoas em situação de rua ao trabalho, à renda, à qualificação profissional e à elevação da escolaridade". Para que a política alcance o seu objetivo, foram estabelecidos três eixos estratégicos de organização, são eles: incentivar a geração de empregos e a contratação de pessoas em situação de rua; promover iniciativas de estímulo e apoio à permanência para qualificação profissional e elevação da escolaridade; e facilitar o acesso à renda por meio da implantação de uma política de acesso ao microcrédito para assim incentivar o associativismo e o empreendedorismo solidário. O projeto cria as **Bolsas de Qualificação para o Trabalho e Ensino da População em Situação de Rua (Bolsas QualisRua).** Pessoas que queiram participar de cursos de qualificação profissional ou aprimorar o nível de escolaridade vão receber um incentivo financeiro. A legislação não cita valores, que ainda serão definidos por meio de decreto, assim como critérios de concessão, de vigência e de interrupção. Entre as medidas previstas, está a criação de uma bolsa de qualificação profissional para custear despesas com alimentação e transporte às pessoas em situação de rua que participarem de cursos técnicos ou que escolherem aprimorar seu nível de escolaridade. Os entes federativos que aderirem à política deverão criar **Centros de Apoio ao Trabalhador em Situação de Rua (CatRua).** Esses centros serão responsáveis por cadastrar, captar e oferecer aos desempregados e aos trabalhadores em situação de rua a possibilidade de reinserção no mercado de trabalho, vagas de qualificação profissional, além de acesso ao Programa Nacional de Acesso ao Ensino Técnico e Emprego (Pronatec) e ao Sistema Nacional de Emprego (Sine).
- **PERU FAZ MEGAOPERAÇÃO COM BUSCAS EM TODOS OS PRESÍDIOS DO PAÍS**. Em onda de violência, Peru proíbe cidadãos de se reunirem entre meia-noite e 4h. País registrou mais de 7600 homicídios somente em 2023, número considerado recorde.

- **MINISTÉRIO PÚBLICO DO PERU PEDE 34 ANOS DE PRISÃO PARA EX-PRESIDENTE PEDRO CASTILLO.** Político está preso preventivamente até dezembro de 2025 em um presídio especial. Castillo nega acusações.
- **ARGENTINA VAI EMITIR NOTAS DE 10 MIL E 20 MIL PESOS.** Novas cédulas entrarão em circulação neste ano. A medida é adotada depois de a taxa de inflação anual ultrapassar 211% em dezembro.
- **TJ-RJ MANDA APAGAR DA INTERNET VÍDEO DE FILHO DO MINISTRO BENEDITO GONÇALVES DO STJ.** Após a repercussão negativa do vídeo de Felipe Brandão, filho do ministro ostentando roupas e acessórios avaliados em mais de R$ 1 milhão, a justiça do Rio de Janeiro ordenou retirada dos vídeos das redes sociais.
- **REI FREDERICO X SOBE AO TRONO APÓS RAINHA ABDICAR NA DINAMARCA.** Sucessão foi formalizada no Parlamento. Dinamarca não tem coroação.
- **PRESIDENTE DE PORTUGAL DISSOLVE PARLAMENTO E CONFIRMA ELEIÇÕES ANTECIPADAS.** Medida foi tomada após renúncia de premiê ANTÓNIO COSTA, que foi alvo de operação sobre tráfico de influência.
- **BERNARDO ARÉVALO ASSUME COMO PRESIDENTE DA GUATEMALA APÓS POSSE CAÓTICA.** Novo mandatário foi empossado após uma cerimônia atrasada por horas pelos opositores do Congresso.
- **SUÍÇA SEDIARA CÚPULA DE PAZ SOBRE UCRÂNIA A PEDIDO DO PRESIDENTE ZELENSKY.** Neutra, a Suíça já agiu como mediadora de conflitos no passado e agora pode ajudar a encontrar uma solução para a guerra entre Rússia e Ucrânia.
- **POLÍCIA DA BÉLGICA ENCONTRA PINTURAS ROUBADAS DE PICASSO E CHAGALL.** As pinturas "TETÊ", de PICASSO, e "L´HOMME EM PRIÈRE", de CHAGALL, foram roubadas de um colecionador de arte de Tel Aviv.
- **CONSUMO MUNDIAL DE TABACO CAI, INFORMA OMS.** Embora as taxas de tabagismo estejam diminuindo na maioria dos países, a OMS alerta que as mortes relacionadas ao tabaco deverão permanecer elevadas nos próximos anos.
- **ESTADOS UNIDOS RECLASSIFICAM HOUTHIS COMO ENTIDADE TERRORISTA.** Governo afirma que medida visa o fim dos ataques a navios no Mar Vermelho, ao mesmo tempo que não dificultaria entrega de ajuda humanitária ao Iêmen.
- **JAPÃO É 5º PAÍS A COLOCAR ESPAÇONAVE NA LUA.** Até então, somente os estados Unidos, a antiga União Soviética, a China e a Índia tinham alcançado esse marco. A agência espacial informou que sua sonda **SMART LANDER for Investigating Moon (Slim)** fez um pouso suave na superfície lunar.
- **SOROCABA DECRETA ESTADO DE CALAMIDADE EM RAZÃO DAS CHUVAS.** Desde 1981 não se registrava na cidade um volume de alagamento nas proporções como de 20 de janeiro de 2024.
- **REGIÃO NORTE REGISTRA MAIOR TREMOR DE TERRA DA HISTÓRIA DO BRASIL.** Não há registro de danos, pois o abalo ocorreu a 615 quilômetros de profundidade, o que permite que a energia se dissipe. Segundo geólogos, um tremor como esse dificilmente é sentido pela população.
- **APÓS ENCONTRO EM BRASÍLIA, GUIANA E VENEZUELA PROMETEM EVITAR CONFLITOS.** Chanceleres dos dois países se reuniram no Palácio do Itamaraty e disseram estar dispostos a continuar o diálogo em busca de solução para crise.

- **MUHAMMAD YUNUS, VENCEDOR DO NOBEL DA PAZ EM 2006, É CONDENADO À PRISÃO EM BANGLADESH.** Tribunal condenou o banqueiro a 6 meses de prisão por **VIOLAR LEGISLAÇÃO TRABALHISTA**. Yunus e mais 3 parceiros de negócio da Grameen Telecom foram considerados culpados por não criarem um fundo de assistência para os funcionários da empresa. Os 4 poderão recorrer em liberdade.
- **SUPREMO DE ISRAEL DERRUBA REFORMA QUE LEVOU MILHÕES ÀS RUAS CONTRA PRIMEIRO MINISTRO DO PAÍS BENJAMIN NETANYAHU**. Ele tirava o poder do Judiciário do país. A lei provocou uma onda de protestos sem precedentes nas principais cidades de Israel ao longo de 2023.
- **JUSTIÇA DA SUÍCA ANULA CONDENAÇÃO DO TÉCNICO DE FUTEBOL CUCA POR ESTUPRO.** Ele era suspeito de estuprar uma menor de idade durante uma excursão do GRÊMIO ao país europeu em 1987. Em novembro de 2023, a juíza Bettina reabriu o caso após pedido solicitado pela defesa do treinador. Após analisar os procedimentos do processo entre 1987 e 1990, a magistrada, em função de diversas irregularidades ocorridas no processo de 1989, tendo levado a um "veredito injusto", reconheceu as razões do técnico e submeteu o processo ao Ministério Público para análise de eventual prescrição. O Ministério Público, por sua vez, alegou que o crime estava prescrito, não podendo haver um novo julgamento, sugerindo a anulação da pena e, consequentemente, a extinção do processo. No dia 28 de dezembro, a juíza encerrou o caso e ainda determinou que Cuca recebesse uma indenização de R$ 75 mil. As cifras foram reduzidas a R$ 55,2 mil após descontos dos casos processuais. Cabe ressaltar que a decisão da Justiça da Suíça não inocenta Cuca, apenas anula a sentença e extingue o processo, sem entrar no mérito de culpa ou inocência. Não há a possibilidade da abertura de um novo julgamento.
- **43 ESQUELETOS E 100 MIL ARTEFATOS SÃO ACHADOS EM OBRA NO BAIRRO VICENTE FIALHO, EM SÃO LUÍS** onde a construtora MRV está erguendo condomínios residenciais do programa federal de habitação Minha Casa Minha Vida.
- **JUSTIÇA DA ITÁLIA PERMITE SAUDAÇÃO FACISTA EM COMÍCIOS** a menos que ameacem a ordem pública ou corram o risco de reviver o partido fascista ilegal do país. Vários membros dos partidos de oposição italianos e líderes da comunidade judaica criticaram a decisão e planejam se mobilizar contra ela.
- **FMI AFIRMA QUE INTELIGÊNCIA ARTIFICIAL AFETARÁ 40% DOS EMPREGOS NO MUNDO**. O documento alerta que a IA poderá agravar as desigualdades salariais, prejudicando sobretudo a classe média, enquanto os trabalhadores com rendimentos já elevados poderão ver os seus salários "aumentarem mais do que a proporção" dos ganhos de produtividade com essa tecnologia.
- **MICROSOFT PASSA APPLE E SE TORNA A EMPRESA MAIS VALIOSA DO MUNDO**. A Microsoft está avaliada em cerca de US$ 2,9 trilhões. A companhia cofundada por Bill Gates tem seu crescimento atribuído ao investimento realizado em inteligência artificial em um período em que ela ainda não era uma tendência. Um dos principais motivos da Apple perder o posto foi a queda do número de vendas do iPhone 15, removendo cerca de US$ 162 bilhões da capitalização de mercado da empresa em 2024. Atualmente, a Apple vale aproximadamente US$ 2,8 trilhões.
- **RÚSSIA DIZ QUE AVIÃO COM 65 PRISIONEIROS CAIU**. Ucrânia alega que aeronave levava mísseis. Existem relatos conflitantes sobre o que a aeronave IL-76 carregava. Agências de notícias russas, citando o Ministério da Defesa, disseram que 65 militares ucranianos estavam a bordo e eram levados de avião para Belgorod para uma troca de

prisioneiros. O governador de Belgorod afirmou que todos os passageiros a bordo morreram. Já fontes ucranianas afirmaram que o avião transportava mísseis para o sistema de defesa aérea S-300. A causa do acidente estava sendo investigada.

FALECIMENTOS:

- **JOÃO CARREIRO** morreu aos 41 anos. **Sertanejo da dupla com Capataz** não resistiu a uma cirurgia no coração.
- **QUINHO DO SALGUEIRO**, uma das maiores vozes do **carnaval carioca**, morreu aos 66 anos lutando contra um câncer.
- **FRANZ BECKENBAUER**, considerado o maior nome da história do **futebol alemão**, morreu aos 78 anos. Não há detalhes da causa da morte.
- **JANDIRA MARTINI, atriz de longa carreira televisiva**, morre aos 78 anos. Teve destaque ao participar de novelas como "O CLONE", "CAMINHO DAS ÍNDIAS", "AMÉRICA" e "SALVE JORGE" entre outras. Ela tratava um câncer no pulmão.

2. FEVEREIRO

- **FUGITIVOS DA PENITENCIÁRIA FEDERAL EM MOSSORÓ – RIO GRANDE DO NORTE:** no dia 14 de fevereiro, **DEIBSON NASCIMENTO** e **ROGÉRIO MENDONÇA** escaparam da **Penitenciária Federal de MOSSORÓ (RN),** em uma **FUGA INÉDITA registrada no Sistema Penitenciário Federal (SPF).** Os dois integrantes da **FACÇÃO COMANDO VERMELHO** fugiram pela luminária que estava na cela, chamada pela perícia da Polícia Federal de **"shaft de manutenção".** Os dois ficaram em um **esconderijo na região de BARAÚNA**, a 22 km do presídio, segundo a polícia. O dono da chácara onde os fugitivos teriam se escondido foi preso. Ele teria recebido R$ 5 mil para esconder os foragidos. **O governo anunciou RECOMPENSA de R$ 15 mil por foragido** para informações que levem até os fugitivos. O objetivo é contar ainda mais com ajuda dos vizinhos na caçada. Ao todo, mais de 600 agentes de segurança atuam de forma integrada na operação para tentar recapturar os foragidos. São policiais federais, rodoviários federais, militares e civis, além da Força Nacional.
- **MORTE DE ALEXEI NAVALNY:** depois que o **serviço penitenciário do distrito russo de Yamalo-Nenets, na SIBÉRIA**, comunicou a **MORTE DE ALEXEI NAVALNY** em 16 de fevereiro, **a família do ativista conseguiu acesso ao corpo 7 dias depois.** Os familiares afirmam que a demora se deu porque o governo russo tentou esconder vestígios de assassinato. O Kremlin nega. Segundo o certificado de óbito, **a morte se deu por "CAUSAS NATURAIS".** Em discurso no Parlamento Europeu, a mulher do ativista, Yulia Navalnaya, acusou as **autoridades russas de TORTURAR Navalny enquanto ele estava na prisão.** A **música da cena final do filme "O Exterminador do Futuro 2"** foi uma das escolhidas para ser **tocada no funeral** porque Navalny considerava a obra como "o melhor filme do mundo". **O caixão do ativista foi BAIXADO NA SEPULTURA ao som da música "My Way" de FRANK SINATRA.** Do lado de fora da igreja e no caminho até o cemitério, as pessoas seguraram rosas e gritaram o sobrenome de Navalny, além de mensagens como "não a guerra", em referência ao conflito na Ucrânia, e "a Rússia será livre.
- **NOVA LEI PERMITE O USO RECREATIVO DE CANNABIS SATIVA, A MACONHA** NA **ALEMANHA:** é mais um país a legalizar o consumo da planta em seu território depois de décadas de proibição. Canadá, Malta e Uruguai são outras nações que permitem o uso adulto da cannabis sativa. Nos Estados Unidos, não há uma legalização federal, mas

diversos Estados, como Nova York, Califórnia e Colorado, têm leis próprias que permitem o consumo e o comércio de maconha. Usar cannabis em muitos espaços públicos da Alemanha será permitido pela lei a partir de 1º de abril. A posse de até 25 gramas será liberada em espaços públicos. Em residências particulares o limite legal será de 50 gramas. A lei aprovada também prevê uma anistia e revisão de casos anteriormente puníveis.

- **SANTOS (SP) É A CIDADE MAIS VERTICAL DO BRASIL:** pela primeira vez na história, três cidades brasileiras têm **mais da metade de sua população morando em APARTAMENTOS**. É o que mostram os dados do **Censo Demográfico de 2022**, divulgados pelo **IBGE**. Em **SANTOS (SP), 63%** dos moradores residem em prédios. Em **Balneário Camboriú (SC)**, esse percentual é de **57%.** Já em **São Caetano do Sul (SP)**, a proporção é de **50,7%.**
- **PERSONA NON GRATA:** um dia após **BENJAMIN NETANYAHU, primeiro-ministro de ISRAEL**, afirmar que vai convocar o embaixador brasileiro para "uma dura conversa de repreensão", **o governo do país declarou que o PRESIDENTE LULA é uma "PERSONA NON GRATA".** A decisão aconteceu depois de o **presidente do Brasil comparar ações de Israel na Faixa de Gaza ao EXTERMÍNIO de judeus na Segunda Guerra.** O ministro das Relações Exteriores de Israel disse que **o termo só será retirado se Lula pedir desculpas e se retratar.** O petista fez a afirmação após ser questionado sobre a decisão de alguns países de suspender repasses financeiros à Agência da ONU para os Refugiados Palestinos (UNRWA). Lula deu as declarações durante entrevista em Adis Abeba, na Etiópia, onde participou nos últimos dias da 37ª Cúpula da União Africana. O **termo "PERSONA NON GRATA"** (alguém que não é bem-vindo) é um instrumento jurídico utilizado nas relações internacionais para indicar que um representante oficial estrangeiro não é mais bem-vindo. O termo foi descrito no **artigo 9 da Convenção de Viena sobre relações diplomáticas.** Katz afirmou também que "a comparação do presidente brasileiro Lula entre a guerra justa de Israel contra o Hamas e as ações de Hitler e dos nazistas, que exterminaram 6 milhões de judeus, é um grave ataque antissemita que profana a memória daqueles que morreram no Holocausto". Lula classificou como "**GENOCÍDIO**" e "**CHACINA**" a resposta de Israel na Faixa de Gaza aos ataques terroristas promovidos pelo Hamas no início de outubro. Ele comparou a ação israelense ao extermínio de milhões de judeus pelos nazistas chefiados por Adolf Hitler no século passado.
- **GRÉCIA APROVOU UM PROJETO DE LEI QUE PERMITE O CASAMENTO CIVIL E A ADOÇÃO DE FILHOS POR PESSOAS DO MESMO SEXO.** A aprovação faz da Grécia a **1ª nação cristã ORTODOXA do mundo** a legalizar o casamento entre pessoas do mesmo sexo. A Igreja Ortodoxa opõe-se à medida por considerar a homossexualidade um pecado. O apoio do **partido de esquerda SYRIZA**, o principal da oposição, foi fundamental para a aprovação do projeto. A legenda é liderada por Stefanos Kasselakis, o 1º líder de partido assumidamente gay da Grécia. Apesar de ajudar na aprovação da medida, o Syriza disse que o texto é "imperfeito" por, entre outras coisas, proibir casais do mesmo sexo de conseguirem a paternidade por meio de barriga de aluguel.
- **UNIDOS DO VIRADOURO** é a grande **CAMPEÃ do CARNAVAL 2024 DO RIO DE JANEIRO**. A Vermelha e Branca de Niterói mostrou as **SERPENTES** que são objeto de culto na tradição africana. Em "**ARROBOBOI, DANGBÉ**", o enredo pedia proteção à grande cobra mítica. Foi contado na avenida o **mito de uma SERPENTE VODUM**, que

se tornou uma divindade após épica batalha entre reinos da antiga região da Costa da Mina, na África, e exaltando a força e representatividade da mulher negra.

- **MOCIDADE ALEGRE** levou o título de **CAMPEÃ do CARNAVAL DE 2024 em SÃO PAULO** pelo segundo ano consecutivo. O desfile **homenageou o ESCRITOR MÁRIO DE ANDRADE** com o enredo: **"Brasiléia Desvairada: a Busca de Mário de Andrade por um País".** O samba narrou a jornada do escritor desde Minas Gerais, onde pesquisou sobre a arte barroca, até São Paulo, em que consolidou boa parte de seu arsenal literário. Com **270 pontos**, a escola **conquistou o 12º título da sua história**. Em **segundo lugar, ficou a Dragões da Real (270), seguida da Acadêmicos do Tatuapé.** As duas escolas duelaram até o último momento da corrida pelo título e encerraram o placar com 270 pontos, mas a Mocidade levou a melhor no **critério de desempate**, que este ano foi o quesito "**HARMONIA**".
- **INCÊNDIO NO CHILE:** Com mais de 110 mortos e cerca de 15 mil casas atingidas, o **INCÊNDIO** que ocorreu na **região de Valparaíso chocou o CHILE**. Foi descrito como uma das maiores tragédias que o Chile viveu nas últimas décadas. Em duas das cidades mais atingidas, **Viña del Mar e Quilpué** – localizadas a cerca de 120 km da capital Santiago –, bairros inteiros viraram cinzas. As imagens são devastadoras. Centenas de pessoas perderam suas casas e agora tentam recuperar alguns de seus pertences dos escombros. As autoridades garantiram que existem provas de que alguns dos focos foram acesos intencionalmente. O próprio presidente, Gabriel Boric, pediu que sejam investigadas "todas as informações" sobre a origem dos incêndios. Embora grandes incêndios não sejam um fenômeno novo no Chile – o país já viveu anos críticos em 2014, 2017 e 2023, entre outros – este último tem uma dimensão sem precedentes devido ao número de vítimas. Um dos fatores que mais tem chamado a atenção é a velocidade com que os incêndios se espalharam. Seca prolongada, vento forte, altas temperaturas e densidade populacional podem se fatores que contribuíram para o incêndio.
- **CHINA MOBILE, lançou o primeiro satélite de testes para o 6G.** De acordo com a mídia chinesa, a nova tecnologia deve ser 50 vezes mais rápida que o 5G. O satélite conta com autonomia própria e é considerado de **ÓRBITA-BAIXA**, cobrindo mais facilmente buracos na cobertura de internet.
- **FACEBOOK completou 20 ANOS de operação** e, mesmo após duas décadas de existência — e muitas polêmicas no caminho –, segue como a maior referência em rede social. A plataforma criada por Mark Zuckerberg e colegas da Universidade Harvard em 2004 alcança mensalmente mais de 3 bilhões de usuários ativos, o que representa 40% da população mundial.
- **MORTE DO EX-PRESIDENTE DO CHILE – SEBASTIAN PIÑERA:** presidente do **CHILE**, Gabriel Boric, decretou **LUTO NACIONAL** depois que a notícia da **MORTE de SEBASTIAN PIÑERA, ex-presidente do país**, foi oficialmente confirmada. **O HELICÓPTERO em que Piñera estava CAIU no lago Ranco, em Los Ríos**, na região central do Chile. Autópsia feita pelo Serviço Médico Legal confirmou que a morte do ex-presidente, de 74 anos, deu-se por "**ASFIXIA POR IMERSÃO**", ou seja, por **afogamento.**
- **OSCAR – NOVA CATEGORIA:** Academia de Artes e Ciências Cinematográficas de Hollywood anunciou uma **NOVA CATEGORIA** para **o OSCAR, chamada** de **"MELHOR ELENCO".** O novo prêmio será entregue pela primeira vez na 98ª edição do Oscar, em 2026. As regras para elegibilidade na categoria serão anunciadas em abril de 2025. Essa é a primeira vez em mais de 20 anos que um novo prêmio é acrescentando ao Oscar.

- **REGIÃO NORTE SEM ACESSO A UMA ESTRUTURA ADEQUADA DE SANEAMENTO BÁSICO: cerca de 1/4 da população brasileira (24,3%),** ou aproximadamente 49 milhões de pessoas, **continua SEM ACESSO a uma estrutura adequada de SANEAMENTO BÁSICO**. Os dados são da edição de 2022 do Censo Demográfico do **IBGE**. O levantamento do IBGE considera como estrutura adequada de saneamento básico os métodos reconhecidos pelo Plansab (Plano Nacional de Saneamento Básico). Veja o percentual da população: rede geral ou pluvial – 58,3%; fossa séptica ou fossa filtro ligada à rede – 4,2%; fossa séptica ou fossa filtro não ligada à rede – 13,2%. Isso significa que os dejetos de 24,3% dos 203 milhões de habitantes do país são depositados em buracos e valas ou seguem sem nenhum tipo de tratamento para rios, lagos, córregos ou para o mar. Há ainda um percentual (0,6%) de brasileiros, ainda que pequeno, que sequer tem banheiro em casa. O **NORTE** é a região do Brasil com o **menor percentual da população com acesso a uma estrutura adequada de saneamento básico**: são só **46,4%** –menos da metade dos seus 17,2 milhões de habitantes. O Estado com o pior percentual da população com acesso a uma estrutura adequada de saneamento básico fica no Norte. É **RONDÔNIA**, com 39,4%, seguido de Maranhão (41%) e Pará (45%) –também no Norte.
- **PROGRAMA MUNDIAL DE ALIMENTOS (PMA),** da ONU, afirmou que a **FOME EXTREMA** é iminente no norte da **FAIXA DE GAZA**, sem acesso aos itens de assistência humanitária e onde continua a guerra entre Israel e o grupo terrorista Hamas. Cerca de 97% da água em Gaza foi reportada como "não apta para o consumo humano" e a produção agrícola está começando a colapsar, disse a Organização das Nações Unidas para a Agricultura e a Alimentação (**FAO**). Considerada agremiação **TERRORISTA** pelos EUA e União Europeia, **HAMAS** foi criado em 1987 e **controla desde 2007 a FAIXA DE GAZA**, na Palestina.
- **FIES SOCIAL:** O **Ministério da Educação (MEC)** anunciou o lançamento do **FIES SOCIAL**, que dará condições especiais de financiamento para alunos de baixa renda estudarem em faculdades particulares. A partir do segundo semestre de 2024, os cadastrados no **CadÚnico** que tenham renda familiar per capita de até meio salário mínimo poderão pagar 100% dos gastos com a universidade só depois da formatura. Terão acesso a essas condições especiais de empréstimo os candidatos que: **estejam inscritos no Cadastro Único (CadÚnico); tenham renda familiar per capita de até meio salário mínimo (R$ 706).** Lembrando que: os "tetos" do Fies continuam valendo para todos, inclusive aos beneficiários do novo Fies Social. Isso significa que o programa não vai financiar mais do que R$ 42,9 mil por semestre (no caso de medicina, o limite é de R$ 60 mil). O valor que exceder essa quantia deverá ser pago a cada mês pelo estudante. O MEC não informou o total de alunos beneficiados pelo programa. O que foi determinado, por enquanto, é que pelo menos **metade das vagas** de cada processo seletivo seja direcionada para o Fies Social. O Comitê Gestor do Fies decidiu também que haja uma reserva de vagas para estudantes com deficiência e/ou autodeclarados pretos, pardos, indígenas e quilombolas.
- **EXPULSÃO NA VENEZUELA DE FUNCIONÁRIOS DA ACNUDH: FUNCIONÁRIOS** de um escritório local do **Alto Comissariado das Nações Unidas para os Direitos Humanos (ACNUDH) deixaram a VENEZUELA depois que o governo ordenou sua EXPULSÃO**. O governo venezuelano deu-lhes **72 HORAS** para partir e ordenou que o gabinete de assessoria técnica do ACNUDH suspendesse as suas atividades, segundo o ministro dos Negócios Estrangeiros venezuelano, Yvan Gil. O ministro fez o anúncio depois

que o ACNUDH expressou preocupação com o destino da ativista venezuelana Rocío San Miguel, detida por uma suposta conspiração para assassinar o presidente Nicolás Maduro. A acusação foi amplamente questionada.

- **EL SALVADOR INICIOU UM GRANDE JULGAMENTO de quase 500 supostos líderes da gangue MARA SALVATRUCHA** por mais de **37 MIL CRIMES** cometidos ao longo de uma década. Entre os acusados estão 24 chefões da MS-13, alguns que têm pedidos de extradição emitidos pelos Estados Unidos. Eles são acusados de crimes como homicídio qualificado, sequestro e tráfico de armas. O julgamento é **realizado de FORMA VIRTUAL,** já que os acusados estão detidos em várias prisões. O **presidente NAYIB BUKELE** fez do combate ao crime a marca de seu governo, e **foi REELEITO** com facilidade em um momento em que suas políticas mostram popularidade entre os eleitores.
- **MÉXICO SUPERA ARGENTINA COMO MAIOR MERCADO PARA VEÍCULOS BRASILEIROS**. O "posto" pertencia tradicionalmente à Argentina há quatro décadas. A Argentina sentiu os efeitos da recessão em 2023 e deve repetir o cenário de demanda baixa em 2024, com queda de 20% a 25% do mercado para automóveis. É um efeito direto da crise vivida no ano passado e, agora, do ajuste pretendido pelo novo governo de Javier Milei.
- **FINANCIAMENTO CLIMÁTICO**: governo **BRASILEIRO** busca associar a presidência do G20 em 2024 a avanços na agenda do financiamento climático para os países em desenvolvimento. A meta é encaminhar soluções sobre o tema para a próxima **Cúpula das Nações Unidas sobre as Mudanças Climáticas (COP29),** que acontecerá no **AZERBAIJÃO**, no fim do ano, e cujo foco das negociações será o aporte de recursos para as nações mais pobres promoverem a transição ecológica. Desde que assumiu a presidência do G20, o Brasil vem apontando que irá priorizar a agenda climática nas reuniões do bloco. O **FINANCIAMENTO CLIMÁTICO**, principal tema da mesa, se caracteriza por "fundos e mecanismos de financiamento, estabelecidos ou regulados internacionalmente, para apoiar países na transição climática e no combate aos seus efeitos". O **OBJETIVO do financiamento climático** é fornecer recursos financeiros e técnicos para projetos e programas que promovam a redução de emissões de gases de efeito estufa, a proteção contra os impactos das mudanças climáticas e a promoção de uma transição energética justa e sustentável.

NOTÍCIAS EXTRAS

- **LULA COBRA REGULAÇÃO DAS REDES SOCIAIS** para "desmantelar a máquina de **FAKE NEWS".** Ele disse que é preciso criminalizar aqueles que incitam a violência nas redes sociais. Mas é também necessário responsabilizar as empresas pelos crimes que são cometidos em suas plataformas – a exemplo de pedofilia, incentivo a massacres nas escolas e estímulo à automutilação de adolescentes e crianças. Ele discursou durante a abertura do **ANO JUCIDIÁRIO DE 2024.**
- **PREFEITURA DO RIO DE JANEIRO PROÍBE USO DE CELULARES EM SALA DE AULA E NO RECREIO.** Os dispositivos só poderão ser usados antes da primeira aula e após a última, à exceção de casos especiais. Apenas na Educação de Jovens e Adultos será permitido o uso de celulares nos intervalos. O decreto orienta que os celulares e demais dispositivos eletrônicos deverão ser guardados na mochila ou bolsa do próprio aluno, desligado ou ligado em modo silencioso e sem vibração. Apesar disso, a publicação deixa margem para que a equipe da escola adote outra estratégia de preferência. Caso haja desrespeito à proibição, o decreto autoriza os professores a advertir os alunos e cer-

cear o uso dos dispositivos em sala de aula. Apesar da proibição, os professores podem propor a utilização dos celulares e dispositivos eletrônicos para fins pedagógicos, como pesquisas, leituras ou acesso a outros materiais educativos. Os alunos com deficiência ou com condições de saúde que necessitam destes dispositivos para monitoramento ou auxílio de sua necessidade também têm autorização para mantê-los em funcionamento na escola. O uso também pode ser liberado quando a cidade estiver classificada nos estágios operacionais 3, 4 e 5 pelo Centro de Operações da Prefeitura do Rio. Isso ocorre em situações que causam impacto na rotina da cidade, como temporais que provocam alagamentos e incidentes graves de trânsito ou segurança pública.

- **EXÉRCITO ENVIA MAIS DE 20 BLINDADOS A RORAIMA PARA REFORÇAR FRONTEIRA COM VENEZUELA E GUIANA.** O reforço na fronteira pelo Brasil teve início após a escalada de tensões entre Venezuela e Guiana causada **pela disputa pelo território de ESSEQUIBO**, aprovada inclusive em referendo pelos venezuelanos. O território voltou a ser reclamado pelo governo da Venezuela no ano passado.
- **ALAGOAS E PERNAMBUCO TÊM MAIS DE 400 CASOS DE INTOXICAÇÃO DA MARÉ VERMELHA.** A maré vermelha é um fenômeno provocado pelo crescimento excessivo de algas que liberam ou não toxinas. É percebido na superfície da água pelo odor e pela formação de uma grande mancha que pode apresentar tons avermelhados, alaranjados, amarelados ou acastanhados. O fenômeno é provocado pelo aumento da temperatura, salinidade, excesso de nutrientes, entre outros fatores. Também contribui a liberação de esgoto doméstico nas praias, fazendo com que o tempo de permanência da maré vermelha na região dure entre 12h e 48h. Entre os principais sintomas de intoxicação estão enjoo, diarreia, irritação e secura nos olhos, além de falta de ar.
- **GOVERNO AMPLIA ISENÇÃO DO IMPOSTO DE RENDA PARA QUEM RECEBE ATÉ DOIS SALÁRIOS MÍNIMOS.** A partir de agora, a pessoa física com remuneração mensal de até R$ 2.824 não terá mais de pagar o tributo. O governo alterou a primeira faixa da tabela progressiva mensal do IR, **com elevação do limite de aplicação da alíquota zero em 6,97%.** Assim, o valor atualmente vigente passa de R$ 2.112 para R$ 2.259,20. O contribuinte com rendimentos de até R$ 2.824 mensais será beneficiado com a isenção porque, dessa renda, se tira o desconto simplificado, de R$ 564,80, resultando em uma base cálculo mensal de R$ 2.259,20, ou seja, exatamente o limite máximo da faixa de alíquota zero da nova tabela. O desconto de R$ 564,80 é opcional, ou seja, quem tem direito a descontos maiores pela legislação atual (previdência, dependentes, alimentos) não será prejudicado.
- **COMISSÃO DO SENADO APROVA FIM DO SAIDÃO PARA PRESOS.** O benefício é mantido aos presos que fazem cursos profissionalizantes ou ensino médio e superior. A legislação atual prevê a saída temporária, conhecida como "saidão" ou "saidinha", para condenados no semiaberto. Eles podem deixar a prisão cinco vezes ao ano para visitar a família em feriados, estudar fora ou participar de atividades de ressocialização. O projeto de lei revoga esse benefício. O relator, senador Flávio Bolsonaro (PL-RJ), acatou emenda do senador Sergio Moro (União-PR) para a manutenção do benefício aos presos que fazem cursos profissionalizantes ou cursam os ensinos médio e superior. O tema ganhou destaque após a morte do sargento Roger Dias da Cunha, da Polícia Militar de Minas Gerais. Ele foi baleado e morto ao abordar dois suspeitos de furto em Belo Horizonte, no dia 5 de janeiro. O autor do disparo tinha deixado a cadeia em um "saidão" e deveria ter retornado no dia 23 de dezembro. O texto ainda determina a obrigatoriedade de exame

criminológico para a progressão de regime e para a autorização do semiaberto. O exame terá de verificar se o detento tem condições de se ajudar ao novo regime, baixa periculosidade e senso de responsabilidade. O projeto amplia as regras para uso de tornozeleira eletrônica pelos presos autorizados a deixar o regime fechado. O projeto foi aprovado pela Câmara dos Deputados em 2022.

- **ÉRIKA HILTON SE TORNA A 1ª LÍDER PARLAMENTAR TRANS DA HISTÓRIA DO CONGRESSO.** Erika vai liderar um grupo de 14 parlamentares, sucedendo o deputado Guilherme Boulos (PSOL-SP), que vai se dedicar neste ano à campanha à Prefeitura de São Paulo. A escolha, segundo as siglas, ocorreu por aclamação durante a primeira reunião de bancada da federação.
- **DENÚNCIAS NA ILHA DE MARAJÓ:** De volta ao centro das atenções devido a denúncias de ser o palco de um cenário em que **CRIANÇAS SÃO SEXUALMENTE EXPLORADAS, a Ilha de Marajó, no Pará**, já viu o mesmo tema ser discutido em uma Comissão Parlamentar de Inquérito (CPI), no Senado, em 2010. Dessa vez, o cenário ganhou repercussão e chamou a atenção de influenciadores após a **CANTORA AYMEÊ** fazer fortes relatos sobre o tema em um programa de competição musical no dia 16 de fevereiro. Após cantar a artista declarou: "Marajó é uma ilha a alguns minutos de Belém, minha terra. E lá tem muito tráfico de órgãos. Lá é normal isso. Tem pedofilia em nível hard". "Marajó é muito turístico, e as famílias lá são muito carentes. As criancinhas de 6 e 7 anos saem numa canoa e se prostituem no barco por R$ 5", completou a artista. O ministro da Advocacia-Geral da União, Jorge Messias, afirmou no dia 24 de fevereiro em uma rede social que o órgão vai investigar se **"REDES DE DESINFORMAÇÃO" atuaram para espalhar informações falsas sobre a situação** de crianças na Ilha do Marajó, no Pará. Ao longo da última semana, influencers e artistas divulgaram imagens e informações que citavam um suposto aumento da violência e da exploração infantil na Ilha do Marajó. Esse material, segundo o governo, é falso – havia inclusive vídeos gravados em outros países e divulgados como se fossem no Brasil.
- **MILEI COMPARTILHA POSTAGENS EM APOIO A ATO PRÓ-BOLSONARO.** O **PRESIDENTE ARGENTINO** também reproduziu mensagem que associa Lula ao Hamas. **BOLSONARO** liderou um ato público no dia 25 de fevereiro para questionar as **SUSPEITAS DE TENTATIVA DE GOLPE DE ESTADO** levantadas pela PF (Polícia Federal) durante a **OPERAÇÃO TEMPUS VERITATIS.** Reuniu de 300 mil a 350 mil pessoas em uma das principais avenidas da capital paulista. Em seu perfil no X (ex-Twitter), Milei republicou vídeos compartilhados na internet por jornalistas e manifestantes presentes no evento. Os textos dizem que a "grande mobilização" buscou questionar "o autoritarismo de Lula" e a "perseguição à oposição" do chefe do Executivo. Entre as imagens compartilhadas, Bolsonaro aparece segurando a bandeira de Israel, em referência à crise diplomática desde que Lula comparou a guerra em Gaza ao extermínio de judeus pela Alemanha nazista. Junto do vídeo, o texto diz: "Lula é pró-Hamas. Bolsonaro é pró-Israel. Fim".
- **DANIEL ALVES É CONDENADO A 4 ANOS E 6 MESES POR ESTUPRO NA ESPANHA.** O jogador terá ainda que pagar 150 mil euros (cerca de R$ 800 mil) para a vítima. Daniel Alves já passou um ano na prisão, tempo que será descontado da condenação. Depois que for liberado, terá que cumprir um período de cinco anos de liberdade vigiada, além da proibição de se aproximar a menos de mil metros do domicílio ou do local de trabalho da vítima por nove anos e seis meses.

- **CLUBES BRASILEIROS PRESTAM SOLIDARIEDADE AO FORTALEZA APÓS ATAQUE**. O ônibus com a delegação foi atingido por bombas e pedras na saída da Arena Pernambuco após jogo contra o Sport na saída da Arena de Pernambuco após o jogo pela Copa do Nordeste.
- **AMAZÔNIA CORRE RISCO DE ENTRAR EM COLAPSO EM 2050.** Artigo científico liderado por pesquisadores brasileiros aponta que se não forem tomadas medidas urgentes, o ano de 2050 pode marcar o início de uma redução substancial na cobertura de floresta na região amazônica.
- **ORGANIZAÇÃO MUNDIAL DA SAÚDE (OMS)** diz que novos **CASOS DE CÂNCER** devem **aumentar 77%** em 2050. **TABACO, ÁLCOOL** e **OBESIDADE** estão por trás do aumento da incidência da doença.
- **ORGANIZAÇÃO MUNDIAL DA SAÚDE (OMS) ALERTA PARA AUMENTO DE CASOS DE SARAMPO NO MUNDO.** Dados mais recentes, segundo Natasha, apontam para mais de 300 mil casos de sarampo reportados ao longo de 2023, um aumento de 79% em relação ao ano anterior. Em 2023, um total de 51 países reportaram grandes surtos da doença contra 32 no ano anterior.
- **NAUFRÁGIO DO "IVANOVETS" NAVIO DE GUERRA DA RÚSSIA**: ataques ucranianos com drones afundaram o navio de guerra da Rússia Ivanovets na costa da Criméia.
- **REGIÃO ESPANHOLA DA CATALUNHA DECLARA EMERGÊNCIA POR CAUSA DA SECA.** A Catalunha tem enfrentado uma crescente escassez de água nos últimos anos. A atual seca, conhecida como a "pior da história", já dura mais de três anos.
- **UNIÃO EUROPEIA (EU) DÁ AVAL AS PRIMEIRAS REGRAS DO MUNDO PARA INTELIGÊNCIA ARTIFICIAL.** Os países da União Europeia deram luz verde ao texto quase final de um pioneiro projeto de lei que cria normas para o uso da Inteligência Artificial. Trata-se da primeira região do mundo a estabelecer regras que se aplicam a todos, de usuários comuns a grandes empresas fabricantes de softwares de IA generativa, contemplando ainda os direitos autorais de criadores cujas obras são varridas para "treinar" os sistemas. Entre as regras mais detalhadas agora estão, por exemplo, uma que prevê uma "obrigação de transparência" por parte das produtoras da tecnologia, como Chat GPT e Google, em que as empresas devem esclarecer quando um conteúdo é criado ou manipulado por IA. Além disso, as criações por IA generativa devem respeitar as regras europeias já existentes sobre direitos autorais — tema caro aos criadores humanos, que veem como suas obras atualmente são varridas sem qualquer controle (ou pagamento) pelos softwares de IA generativa. O não cumprimento desta e de outras regras pode dar em multas pesadas, como a que prevê o pagamento de 7% da receita global dessas companhias. Apesar da **APROVAÇÃO UNÂNIME** na reunião, **ainda há países que veem a futura lei com DESCONFIANÇAS**. É o caso da **FRANÇA**. O motivo disso é a cláusula do texto que obriga as empresas de IA generativa a publicarem todo o conjunto de dados utilizados no treinamento dos seus softwares para evitar violações de direitos autorais. O governo de Emmanuel Macron via nesse nível de transparência uma ameaça ao florescimento de start-ups europeias — como a francesa Mistral AI e a alemã Aleph — e sua capacidade de competir com as empresas do Vale do Silício, como ChatGPT e Bard, entre outras. Agora que uma versão mais definitiva do texto foi conhecida e aprovada, virá a última etapa da longa tramitação do projeto: uma nova votação no Parlamento Europeu, prevista para abril. Caso o texto seja aprovado, deverá ser implementado em

etapas, com alguns dispositivos aplicados já depois de seis meses e outros, somente depois de dois anos.

- **LEI DOS SERVIÇOS DIGITAIS ENTRA EM VIGOR NA UNIÃO EUROPEIA:** A Lei dos Serviços Digitais entra em vigor na União Europeia (UE), estabelecendo novas obrigações para plataformas digitais no que diz respeito à **moderação** de conteúdo e à publicidade online. A DSA (sigla da nova lei em inglês) proíbe explicitamente o direcionamento de anúncios a menores com base em dados pessoais e a qualquer pessoa com base em informações sensíveis, por exemplo. As plataformas agora devem informar os usuários sobre os motivos de moderação de conteúdo ou contas, além de oferecer meios para contestação e reclamação. A nova legislação aplica-se a big techs como X (Twitter), Meta e Google, enquanto serviços menores são isentos. Mas há preocupações sobre a prontidão dos Estados-Membros da UE para aplicar a lei de forma eficaz.
- **INTELIGÊNCIA ARTIFICIAL "RESSUSCITA" O DITADOR SUHARTO EM CAMPANHA ELEITORAL NA INDONÉSIA**. Ele foi presidente da Indonésia por 31 anos e morreu há quase 16 anos. Partido diz que utilizou imagens de ditador para lembrar eleitores da importância do voto nas eleições deste ano.
- **CUBA ADIA PLANO DE AUMENTAR PREÇO DOS COMBUSTÍVEIS EM 500%.** A justificativa dada foi um **ATAQUE CIBERNÉTICO promovido** por um agente externo e que frustrou a implementação. Os planejados aumentos de preços abalaram Cuba, onde os moradores dependem há muito tempo de um vasto programa de alimentos, combustíveis e medicamentos subsidiados pelo Estado para sobreviver. O governo disse que também aumentará os preços nos próximos meses do gás liquefeito, utilizado para cozinhar, bem como da eletricidade, mas prometeu proteger os vulneráveis desse aumento dos custos. O **AUMENTO DA GASOLINA em CUBA em MAIS DE 500% entrará em vigor em 1º de março**. Cuba enfrenta uma crise crônica de combustíveis, que se agravou em abril de 2023. O presidente Miguel Díaz-Canel a atribuiu ao descumprimento dos compromissos por parte dos países que fornecem petróleo à ilha porque enfrentam "uma situação energética complexa.
- **IRLANDA DO NORTE NOMEIA NACIONALISTA COMO PRIMEIRA MINISTRA EM MUDANÇA HISTÓRICA.** **Michelle O'Neill** representa o partido Sinn Féin que defende a unificação da Irlanda.
- **IRÃ CONDENA ATAQUES AÉREOS DOS EUA NO IRAQUE E NA SÍRIA:** o exército norte-americano bombardeou alvos nos países ligados à Guarda Revolucionária do Irã, incluindo centros de comando, sedes de inteligência e galpões de armazenamento de equipamentos militares. Segundo a Casa Branca, os ataques duraram cerca de 30 minutos. Ao menos 39 pessoas morreram por causa do bombardeio. A investida é parte da resposta norte-americana ao ataque na **JORDÂNIA** que matou 3 soldados do país e deixou 40 feridos. O presidente Joe Biden culpou o Irã pela ação. O governo iraniano negou envolvimento no ataque.
- **REI CHARLES 3º É DIAGNOSTICADO COM CÂNCER, mas** não informou o tipo de câncer ou o estágio da doença.
- **RÚSSIA E UCRÂNIA TROCAM 100 PRISIONEIROS DE GUERRA.** Emirados Árabes Unidos mediaram a troca. O Ministério da Defesa da Rússia forneceu poucos detalhes da troca, mas disse que os soldados que retornassem seriam submetidos a exames médicos em Moscou.

- **PRESIDENTE DA HUNGRIA, KATALIN NOVÁK, RENUNCIA APÓS PERDÃO DE CASO DE ABUSO SEXUAL.** Novák vinha sendo pressionada após ter perdoado um homem condenado por ser cúmplice de ajudar a encobrir um caso de abuso sexual em um orfanato. "Eu cometi um erro. Hoje é o último dia em que me dirijo a vocês como presidente", disse Novák em um discurso transmitido pela televisão estatal.
- **VATICANO CANONIZA 1ª SANTA ARGENTINA.** Francisco liderou uma missa de canonização na Basílica de São Pedro para **Maria Antônia de Paz y Figueroa**, mais conhecida como **"MAMA ANTULA"**, uma leiga consagrada do século XVIII que renunciou às riquezas de sua família para se concentrar na caridade e nos exercícios espirituais jesuítas.
- **RUSSIA NEGA ACUSAÇÕES DE USO DA EMPRESA DE INTERNET DE ELON MUSK NA GUERRA.** Governo ucraniano disse que as tropas russas estavam usando o **STARLINK** em partes da Ucrânia.
- **RÚSSIA EMITIU UM MANDADO DE PRISÃO PARA A PRIMEIRA-MINISTRA DA ESTÔNIA, KAJA KALLAS**. Ela foi acusada de "destruir monumentos aos soldados soviéticos". O monumento é um tanque de guerra, monumento da URSS, da qual a Estônia fez parte, e que o governo teria colocado em discussão a retirada. No momento da fala de Kallas, o secretário de Estado da Estónia, Taimar Peterkop, estava ao lado dela, o que o levou a também ser incluído na lista de procurados pela polícia.
- **POLÍCIA SE DISFARÇA DE URSO DE PELÚCIA PARA PRENDER SUPOSTA TRAFICANTE NO PERU.** Operação chamada de **"O ursinho do amor pela segurança"** resultou na prisão de duas pessoas.
- **ALEMANHA ULTRAPASSA O JAPÃO E SE TORNA A TERCEIRA MAIOR ECONOMIA DO MUNDO.** O país fica atrás apenas dos **ESTADOS UNIDOS** e **CHINA**, o primeiro e segundo lugar, respectivamente. Na projeção do Fundo, o **BRASIL** figura em **9º LUGAR**, com um Produto Interno Bruto (PIB) estimado em US$ 2,13 trilhões em 2023, ultrapassando o Canadá, com PIB previsto de US$ 2,12 trilhões.
- **NAVE DOS EUA PODE SE TORNAR A PRIMEIRA A POUSAR NA LUA EM 52 ANOS**. A **MISSÃO "IM-1"**, liderada pela **INTUITIVE MACHINES**, tem como objetivo realizar uma alunissagem suave. Em seguida, irá colocar o primeiro robô americano na Lua desde as missões Apollo.
- **CHILE REABRE INQUÉRITO SOBRE MORTE DO POETA E VENCEDOR DO PRÊMIO NOBEL PABLO NERUDA EM 1973.** Sugere-se que Neruda não morreu apenas de câncer, como foi oficialmente declarado. Há indícios de que ele foi envenenado.
- **RAPPER KILLER MIKE É ALGEMADO E RETIRADO DO GRAMY DEPOIS DE VENCER TRÊS PRÊMIOS**: Durante a cerimônia, ele venceu as três categorias a que foi indicado: **melhor música RAP** e **melhor performance de rap**, ambas pela música "Scientists & Engineers", e **melhor álbum de rap** por "Michael", lançado em junho de 2023. Policiais informam que Killer Mike foi detido após uma briga com um segurança do evento. O rapper esteve sob custódia da polícia, mas não foi encaminhado à prisão.
- **EX-PRIMEIRO MINISTRO DA HOLANDA, DRIES VAN AGT, E SUA ESPOSA, EUGENIE, MORREM POR EUTANÁSIA DUPLA E DE MÃOS DADAS.** O ex-premiê, que governou a Holanda entre 1977 e 1982, tinha sequelas de uma hemorragia cerebral que teve em 2019, e sua esposa optou por não viver sem o marido, ainda de acordo com a fundação. A Holanda permite que casais optem pelo procedimento. Desde 2022, o governo já

registrou 116 eutanásias duplas. Dries e Eugenia van Agt estavam casados havia 70 anos. Ambos tinham 93 anos e morreram assistidos por médicos. Na Europa, além da Holanda, Bélgica, Luxemburgo, Espanha e Portugal permitem a eutanásia.

- **ALEXANDER STUBB É ELEITO PRESIDENTE DA FINLÂNDIA.** Ele é um forte apoiador da Ucrânia. A eleição de Stubb se dá menos de 1 ano depois de o país ingressar oficialmente na Otan (Organização do Tratado do Atlântico Norte) –bloco defendido pelo presidente eleito.
- **PARLAMENTO DA HUNGRIA APROVA ADESÃO DA SUÉCIA À OTAN.** A Hungria foi o último entre os 31 membros da aliança a ratificar a adesão da Suécia. Com a adesão da Suécia, a Otan contará com **32 PAÍSES** entre os seus membros, uma reviravolta irônica, dado que a Rússia lançou a guerra contra a Ucrânia em parte devido ao crescimento da aliança na Europa Oriental, ao longo da fronteira russa. Com isso, a Finlândia e a Suécia irão desfrutar da proteção concedida ao abrigo do Artigo 5º do tratado que estabeleceu a aliança, que afirma que um ataque a um membro é considerado um ataque contra todos. Em 2024, a OTAN completou 75 anos.

FALECIMENTOS:

- **HAGE GEINGOB, PRESIDENTE DA NÍBIA**, morre aos 82 anos. Ele lutava contra o câncer.
- **MIGUEL ÁNGEL GONZÁLEZ, EX GOLEIRO DO REAL MADRID,** morre aos 76 anos. Ele sofria de Esclerose Lateral Amiotrófica (ELA) uma doença degenerativa.
- **PUMA CHÁVEZ, JOGADOR que atuava na 1ª divisão do MÉXICO**, morre aos 28 anos. Ala direito do JUÁREZ sofreu acidente de carro.
- **ABÍLIO DINIZ, EMPRESÁRIO**, morre aos 87 anos. Trata-se do **ex-dono do Grupo Pão de Açucar**.
- **WILSON FITTIPALDI, EX-PILOTO DE FÓRMULA 1,** morre aos 80 anos. Ele estava internado vítima de complicações por uma parada cardíaca após um engasgo.
- **LUIZA TRAJANO DONATO, FUNDADORA DO GRUPO MAGAZINE LUIZA,** morre aos 97 anos de causas naturais.
- **AFFONSO CELSO PASTORE, EX-PRESIDENTE DO BANCO CENTRAL DO BRASIL**, morre aos 84 anos.

3. MARÇO

- **HOUTHIS** constituem uma milícia ou um movimento político que controla a maior parte do **território do Iêmen**, país que foi e continua a ser palco de uma disputa entre sunitas e xiitas. Os sunitas receberam e continuam a receber suporte dos Emirados Árabes Unidos e da Arábia Saudita. O **IRÃ**, xiita, **apoiou os HOUTHIS** que integram o chamado **MOVIMENTO DE RESISTÊNCIA**, que é contrário aos Estados Unidos, a Israel e ao próprio Ocidente. Os houthis têm realizado constantes **ATAQUES CONTRA NAVIOS atravessando o MAR VERMELHO como forma de protestar contra a guerra de Israel e o Hamas na Faixa de Gaza.** O Mar Vermelho é um canal entre a Península Arábica e o continente africano, sendo muito importante para as cadeias de suprimento de produtos em todo o mundo. Cerca de 50 embarcações passam por lá todos os dias, transportando os mais variados produtos. Aproximadamente 10% dos bens comercializados no mundo atravessam essa passagem, sendo essencial para a segurança energética global. Os **ESTADOS UNIDOS** e o **REINO UNIDO** realizaram uma retaliação pesada contra o grupo, após os ataques contra navios comerciais no Mar Vermelho. A **UNIÃO EUROPEIA**

(UE) lançou oficialmente uma missão para ajudar a proteger a navegação internacional no Mar Vermelho dos ataques dos Houthis do Iêmen. Trata-se da **OPERAÇÃO ASPIDES**, que significa **ESCUDO** em grego. A operação trabalhará para proteger os navios comerciais e interceptar os ataques.

- **VLADIMIR PUTIN foi ELEITO para o seu QUINTO MANDATO como PRESIDENTE DA RÚSSIA.** Ele recebeu 88% dos votos. Com o resultado, ele se mantém no poder por mais seis anos, **até 2030**. Como a maioria dos candidatos da oposição mortos, presos, exilados, impedidos de concorrer ou simplesmente figuras simbólicas, a vitória de Putin já era praticamente garantida. Se concluir o novo mandato, o presidente de 71 anos somará 30 anos no comando da Rússia, ultrapassando Josef Stalin, governante soviético entre 1927 e 1953, como o líder russo mais longevo da história moderna. Foram realizadas votações em áreas **ANEXADAS DA UCRÂNIA** em **Zaporizhzhia, Kherson, Luhansk e Donetsk** que a Rússia anexou como parte do seu território em setembro de 2022.
- **SUÉCIA se tornou oficialmente o 32º país a integrar a OTAN, a Organização do Tratado do Atlântico Norte.** Suécia enfrentou resistência da Turquia e da Hungria para aderir à aliança. Os turcos acusaram o país nórdico de clemência para com ativistas curdos que se refugiaram em solo sueco, sendo alguns considerados como terroristas. Também houve resistência do primeiro-ministro húngaro Viktor Orban, que cobrou "respeito" de Estocolmo, que teria "atacado" as políticas húngaras durante anos. Para entrar na OTAN, é necessário que todos os 31 integrantes aprovem. Caso contrário, o país candidato tem sua filiação à comunidade negada. A Rússia prometeu tomar medidas em reação à adesão de Estocolmo. O país afirmou que o grau de sanções dependerá "das condições e da extensão da integração da Suécia na Otan".
- **LILIA KATRI MORITZ SCHWARCZ**, historiadora e antropóloga, **foi eleita a nova integrante da ABL (Academia Brasileira de Letras). Ela** ocupará a cadeira de número 9, que pertencia ao também historiador Alberto da Costa e Silva, que faleceu em novembro de 2023. Lilia é a **11ª mulher a integrar a organização** desde a sua fundação, 127 anos atrás. Ela possui mais de 30 livros publicados. Entre suas obras mais conhecidas estão "Retrato em branco e negro" (1987), "As Barbas do Imperador" (1998), "Brasil uma biografia"(2015) e "Lima Barreto triste visionário" (2018). Porém, ela também foi premiada com: Comenda do Mérito Científico, medalha Júlio Ribeiro e Comenda Rio Branco. Seu livro "As barbas do imperador: D. Pedro II, um monarca nos trópicos" ganhou o prêmio Jabuti de Livro do Ano, em 1999.
- **PRODUTO INTERNO BRUTO (PIB) do Brasil CRESCEU 2,9% em 2023**. O PIB teve dinâmicas diferentes no primeiro e segundo semestres. Na primeira metade do ano, a atividade econômica foi puxada por uma safra excepcional de grãos. Com o desempenho recorde da produção de soja e milho, a **AGROPECUÁRIA registrou ALTA de 15,1% no ano**, um **recorde da série histórica** que se inicia em 1996. A agropecuária também ajudou o resultado de outros setores, como as **exportações (9,1%), a indústria de alimentos e segmentos específicos do setor de serviços,** que são beneficiados pela cadeia de produção e logística do campo. O recuo mais relevante do ano foi dos **Investimentos (-3%).**
- **BRASIL** é o primeiro país das Américas a se tornar **"ESTADO MEMBRO ASSOCIADO"** do **CERN**, Organização Europeia para a Pesquisa Nuclear responsável pela operação do maior colisor de partículas do mundo, palco de uma das grandes descobertas da história

da física: **o bóson de Higgs, apelidado de "PARTÍCULA DE DEUS".** O **CERN (Organização Europeia para a Pesquisa Nuclear)** possui 23 Estados Membros, todos países europeus, como Suíça, França e Alemanha, que contribuem com os custos de estrutura e operações. Como "Estado Membro Associado", o terceiro não europeu e o único nas Américas, o **BRASIL** se compromete a contribuir com algo em torno de 10% do que é investido pelos membros principais, equivalente a R$ 58 milhões por ano.

- **CHEF DE COZINHA BRASILEIRA JANAÍNA TORRES RUEDA venceu o prêmio DE MELHOR CHEF FEMININA DO MUNDO de 2024.** O reconhecimento partiu do The World's 50 Best Restaurants, o maior prêmio da gastronomia mundial. Ela é chef e co-proprietária do **restaurante A CASA DO PORCO** e conhecida por ter atuado no projeto "Cozinheiros pela Educação", onde treinou cozinheiros de escolas públicas para oferecer uma merenda com menos produtos processados e mais ingredientes in natura.
- **SUBMARINO TONELERO (S42):** presidente **LULA** e o presidente da **FRANÇA, EMMANUEL MACRON**, participaram da cerimônia de batismo e lançamento ao mar do **SUBMARINO TONELERO (S42), em Itaguaí, no Rio de Janeiro.** A embarcação faz parte do **Programa de Desenvolvimento de Submarinos (Prosub),** uma parceria entre o Brasil e França firmada em 2008, com orçamento de aproximadamente R$ 40 bilhões. O **TONELERO é o 3º submarino** convencional com propulsão diesel-elétrico construído totalmente no Brasil, através do Prosub. Todos os submarinos desenvolvidos pelo Prosub **são batizados com nomes de batalhas vencidas pela Marinha no século 19.** O nome Tonelero faz menção à principal ação naval da Marinha Imperial brasileira na Guerra do Prata (1851-1852), também conhecida como **Guerra contra Oribe e Rosas**. A "Passagem de Tonelero" foi uma manobra em que os navios brasileiros transpuseram, sob ataque do Exército argentino, o Passo de Tonelero, uma região às margens do rio Paraná, em território argentino. Atualmente, 2 submarinos desenvolvidos pelo Prosub já estão em operação: o Riachuelo e o Humaitá. O **submarino RIACHUELO** foi entregue em setembro de 2022, primeiro a ser lançado com recursos do Prosub, homenageia a **vitória brasileira na batalha do Riachuelo**, na Guerra do Paraguai (1864-1870) entre Brasil, Argentina, Uruguai e Paraguai. Já o **submarino HUMAITÁ** foi entregue em janeiro de 2024 e homenageia a passagem da **Esquadra brasileira pelo complexo fortificado de Humaitá no Rio Paraguai**, durante a Guerra do Paraguai.
- A **Corte Interamericana de Direitos Humanos (Corte IDH)**, na Costa Rica, **CONDENOU o ESTADO BRASILEIRO pela ação policial que terminou com a morte de 12 homens,** na rodovia Senador José Ermírio de Moraes, a Castelinho (SP-75), entre Itu e Sorocaba, no interior de São Paulo. O caso ficou conhecido como **"OPERAÇÃO CASTELINHO",** e **ocorreu em 2002**. Teve como ponto de partida a **saída temporária da prisão de três detentos** com autorização da Justiça. De acordo com a corte, eles transmitiram a 12 pessoas a notícia falsa de que um avião que transportava R$ 28 milhões aterrissaria no Aeroporto de Sorocaba, no interior do estado, no dia 5 de março daquele ano, e incitaram o grupo a preparar um roubo à aeronave. O grupo, juntamente com os infiltrados [os três detentos], saiu em direção ao aeroporto, pela Rodovia Castelo Branco, em quatro veículos. Quando o ônibus do comboio chegou ao pedágio, os agentes de polícia interromperam o trânsito, rodearam o comboio e dispararam durante, aproximadamente, 10 minutos contra o ônibus. A Corte argumentou que não houve um intercâmbio de disparos entre os policiais e as 12 pessoas mortas, uma vez que a maior parte das provas indica que as supostas vítimas não estavam armadas no momento de sua morte. Por isso, a corte concluiu que a privação da vida das 12 pessoas durante a Operação Cas-

telinho resultou de uma ação planejada e realizada por agentes estatais para executar extrajudicialmente as referidas pessoas. O julgamento internacional responsabilizou o Estado brasileiro, mas a ação se refere aos atos cometidos pela polícia militar paulista.

- **AUMENTO DO VALOR DAS MORADIAS EM PORTUGAL** vem ocasionando uma série de crises no país europeu, entre elas, o acréscimo de pessoas sem-tetos espalhadas pelas ruas da capital, Lisboa. **Os brasileiros correspondem a 80% das inscrições do programa de retorno voluntário ao país** de origem. O projeto, financiado em parte pelo Governo Portugal, visa ajudar imigrantes que não conseguem suprir com as suas necessidades básicas. Uma alternativa encontrada por alguns brasileiros para fugir dos aluguéis caros foi montar um acampamento, com tendas, em lugares públicos. A **XENOFOBIA em Portugal** é uma realidade que vem aumentando desde 2017. Segundo dados da Comissão para Igualdade e Contra a Discriminação Racial do governo de Portugal, as denúncias de xenofobia contra imigrantes brasileiros cresceram mais de 500% até o final do ano passado, em relação a 2022.
- **AGÊNCIA DE MONITORAMENTO FINANCEIRO DA RÚSSIA**, a Rosfinmonitoring, adicionou o **ex-campeão mundial de xadrez GARRY KASPAROV**, um crítico proeminente do governo russo, à **LISTA de "TERRORISTAS E EXTREMISTAS" do país**. A listagem impõe limites às transações bancárias dos indivíduos e os obriga a buscar aprovação sempre que quiserem usar suas contas. Kasparov fugiu da Rússia em 2014 por medo de perseguição. Em reação a decisão, Kasparov ironizou a decisão do governo russo. "Uma honra que diz mais sobre o regime fascista de Putin que sobre mim", escreveu em seu perfil do X.
- **FILME "OPPENHEIMER"** foi o grande **vencedor da 96ª edição do OSCAR 2024**. O longa sobre o "pai" da **BOMBA ATÔMICA** foi premiado nas seguintes categorias: melhor filme, melhor direção, melhor montagem, melhor fotografia, melhor trilha sonora original, melhor ator, com Cillian Murphy, e melhor ator coadjuvante, com Robert Downey Jr.
- **CONSELHO DE SEGURANÇA DAS NAÇÕES UNIDAS aprovou** sua primeira proposta de resolução que **pede um CESSAR-FOGO imediato na FAIXA DE GAZA**. Após quatro tentativas fracassadas ao longo de mais de cinco meses de conflito, o Conselho aprovou a resolução com os votos de 14 de seus 15 membros e a **ABSTENÇÃO dos ESTADOS UNIDOS. Não teve nenhum voto contrário.** A ONU não tem poder coercitivo, mas o secretário-geral da entidade pediu para governo israelense acatar decisão do conselho. O **CESSAR-FOGO prevê uma pausa no conflito durante o mês do Ramadã**, o período sagrado para os muçulmanos — que começou dia 10 e termina em 9 de abril. O Conselho de Segurança é formado por 15 países: cinco com assento permanente (China, França, Rússia, Reino Unido e Estados Unidos) e dez rotativos (Argélia, Equador, Guiana, Japão, Malta, Moçambique, Coréia do Sul, Serra Leoa, Eslovênia e Suíça).
- **ALIANÇA DEMOCRÁTICA (AD)**, coligação liderada pelo **Partido Social Democrata (PSD)**, de **centro-direita**, ganhou por estreia margem de votos do Partido Socialista (PS) as eleições legislativas de **PORTUGAL. LUIS MONTENEGRO,** o líder do Partido Social Democrata, de 51 anos, é advogado de formação e está no Parlamento há 16 anos. Em Portugal, os votos na eleição legislativa, diferentemente do que ocorre no Brasil, são para um partido, não em um candidato. O partido que obtiver mais votos pode ganhar o controle do Legislativo, mas só se conquistar um número mínimo de assentos no Parlamento. A disputa ficou marcada também pela **ascensão** do **CHEGA**, **de extrema**

direita, que aumentou significativamente o número de cadeiras na Assembleia da República, como é chamado o Parlamento local, e terminou em terceiro lugar.

- **PRIMEIRO-MINISTRO DO HAITI, ARIEL HENRY**, anunciou sua **RENÚNCIA** em meio a uma **grave crise de violência que assola o país há semanas**, com ataques altamente coordenados de gangues contra as autoridades e instituições estatais.
- **NOVA LEI DE SEGURANÇA NACIONAL,** conhecida como **ARTIGO 23**, entrou em vigor em **HONG KONG**. A legislação dá às autoridades da ex-colônia britânica mais poder para reprimir manifestações contrárias a China e ao governo de Hong Kong. A medida estabelece novos crimes de segurança nacional. Dentre eles interferência externa, traição, espionagem, insurreição, sabotagem e roubo de segredos de Estado. Os crimes mais graves podem ter **PENAS DE PRISÃO PERPÉTUA**. A nova legislação permitirá à região administrativa "prevenir, resistir e eliminar prontamente os riscos à segurança nacional".
- **Por maioria de votos**, a Corte Especial do Superior Tribunal de Justiça (STJ) homologou a sentença da Itália que condenou o **ex-jogador Robson de Souza**, conhecido como **ROBINHO, à pena de 9 ANOS de prisão por ESTUPRO COLETIVO na ITÁLIA**. Com a homologação, o STJ confirmou a possibilidade de transferência da execução da pena para o Brasil e estabeleceu o regime. Robinho, foi preso pela Polícia Federal em **SANTOS**. O caso foi em 2013, em Milão, e a vítima é uma jovem albanesa. A sentença definitiva saiu nove anos depois, em janeiro de 2022, pela mais alta instância da Justiça italiana.
- **EL NIÑO** que vivemos é um dos mais intensos já registrados. Inclusive, o **ano de 2023** foi o **MAIS QUENTE DA HISTÓRIA** e confirmado pelo relatório da Organização Meteorológica Mundial (OMM). Os recordes foram, mais uma vez, quebrados em termos de níveis de gases de efeito de estufa, temperaturas da superfície, calor e acidificação dos oceanos, aumento do nível do mar, cobertura de gelo marinho na Antártida e recuo dos glaciares. Já a **LA NIÑA** é o oposto do El Niño e deve **refrescar grande parte do Brasil e do mundo. Ela é provocada pelo resfriamento do OCEANO PACÍFICO**. Apesar de atualmente o fenômeno [El Niño] estar classificado como forte, a intensidade do fenômeno deve mudar de moderada para fraca nos próximos meses com possibilidade de formação do La Niña no segundo semestre.
- **FINLÂNDIA** mais uma vez **LIDERA** o **Relatório Mundial de FELICIDADE**, que mede o suporte social, renda, saúde, liberdade, generosidade e ausência de corrupção para determinar a felicidade de um país. Em **2º lugar** ficou a **DINAMARCA** e em **3º lugar** a **ISLÂNDIA.** O **BRASIL** subiu 5 posições e agora é o **44º colocado no ranking.** O **AFEGANISTÃO** aparece em **ÚLTIMO LUGAR**. Pela 1ª vez em 10 anos, **EUA e Alemanha NÃO figuram entre os 20 primeiros colocados**. Na atual edição, ocupam as posições 23 e 24, respectivamente.
- **ÍNDICE DE DESENVOLVIMENTO HUMANO (IDH):** Os três países no topo do Índice de Desenvolvimento Humano (IDH) são:

Suíça (0,967),

Noruega (0,966)

Islândia (0,959).

Em **ÚLTIMO LUGAR** está a **SOMÁLIA (0,380).** Os dados do relatório atual são referentes ao ano de 2022.

O **BRASIL caiu duas posições** e agora está na **POSIÇÃO 89,** na faixa dos países com desenvolvimento alto. O IDH brasileiro ficou em **0,760**. O **AZERBAIJÃO** tem o MESMO índice do

Brasil. O IDH mede o bem-estar da população considerando três pilares: **saúde, educação e renda**. Ele varia de **zero** a **1** e, quanto maior, melhor. Anualmente, o programa divulga o IDH das nações em um ranking dividido em **quatro faixas de desenvolvimento**. São elas:

MUITO ALTO (igual ou acima de 0,800)

ALTO (de 0,700 a 0,799)

MÉDIO (de 0,555 a 0,699) e

BAIXO (abaixo de 0,555)

O Brasil está à frente de países vizinhos como Colômbia e Venezuela. Mas segue atrás da Argentina, Peru, Uruguai, Chile, além de México e Cuba. A melhora do Brasil veio graças principalmente a um aumento da expectativa de vida, que subiu de 72,8 para 73,4 anos, em relação a 2021, depois de uma queda causada pela pandemia. O **CHILE** é o país da **América Latina e do Caribe com** o **IDH MAIS ALTO, sendo 0,860.** O PNUD afirma que a **América Latina e Caribe** são as regiões que tiveram **MAIOR QUEDA** no IDH entre 2019 e 2021, com leve recuperação de 0,75 para 0,76 em 2022.

- **CHORO É DECLARADO PATRIMÔNIO CULTURAL IMATERIAL DO BRASIL:** o **CHORO**, musicado pelo conjunto de bandolim, flauta, violão 7 Cordas, pandeiro, cavaquinho e clarinete, virou Patrimônio Cultural do Brasil. O gênero genuinamente brasileiro passa a ser reconhecido como parte da cultura e da história do país. A decisão do registro foi tomada por unanimidade, pelo Conselho Consultivo do Patrimônio Cultural, presidido pelo Iphan, Instituto do Patrimônio Histórico e Artístico Nacional. Nomes como Chiquinha Gonzaga e Pixinguinha se consagraram no gênero.
- **AMAZONAS RECONHECE SURTO DE FEBRE DO OROPOUCHE:** Após 1.674 casos da Febre do Oropouche no Amazonas em 2024, o governo do Estado reconheceu o surto da doença. A arbovirose tem sintomas semelhantes aos da dengue. A Febre do Oropouche é transmitida principalmente por um mosquito conhecido popularmente como **MARUIM ou MERUIM.** O mosquito é 20 vezes menor que o Aedes aegypti.
- **PRINCIPAL RIO DE RORAIMA REGISTRA SEGUNDA MAIOR SECA DA HISTÓRIA:** O **RIO BRANCO** atingiu a marca de 39 centímetros e enfrenta a segunda maior seca da história.
- **LIVRO "O AVESSO DA PELE" É RETIRADO DE ESCOLAS:** O livro "O avesso da pele", escrito por Jeferson Tenório e vencedor do prêmio Jabuti em 2021, teve seu recolhimento decretado nos **estados de GOIÁS, MATO GROSSO DO SUL e PARANÁ**. O livro conta a história de um menino negro que teve o pai assassinado em uma abordagem policial. Os estados do Mato Grosso do Sul e Paraná, por sua vez, recolheram os livros sob a justificativa de linguagem "imprópria" ou "inadequada".
- **LULA LANÇA PLANO JUVENTUDE NEGRA VIVA (PJNV):** O objetivo do programa é reduzir desigualdades enfrentadas pela população negra através de ações nas áreas de saúde, educação e segurança pública. Ao todo, serão investidos 655 milhões de reais no Plano. Em destaque entre as ações está a criação de um projeto nacional para o uso de câmeras corporais por policiais. A intenção é evitar abordagens violentas, que atingem, principalmente, jovens negros. Ainda estão programadas ações de cotas étnico-raciais para programas de fomento à cultura, além de bolsas de incentivo a jovens que queiram ingressar em carreiras do serviço público federal. Em outro ponto, o plano prevê a aplicação de uma política pública de saúde para tratar pessoas que foram resgatadas de regime de trabalho análogo à escravidão, em sua maioria, negros.

- **RIO DE JANEIRO CRIA DATA PARA REFLEXÃO SOBRE MORTE DE JOVENS NEGROS:** O governo do Rio de Janeiro sancionou a lei que cria o **DIA DE LUTA JOVEM PRETO VIVO – JOÃO PEDRO MATOS PINTO,** aprovada pela Assembleia Legislativa do Rio de Janeiro (Alerj). A lei visa criar uma data comemorativa, a ser celebrada anualmente em **18 DE MAIO**, com o objetivo de sensibilizar a sociedade sobre a violência cometida contra **jovens negros** no estado. O Dia de Luta homenageia João Pedro Matos Pinto, adolescente de 14 anos assassinado com um tiro de fuzil, pelas costas, por policiais em 18 de maio de 2020, durante uma operação no Complexo do Salgueiro, em São Gonçalo, no Grande Rio.
- **MATTEL LANÇA BARBIE INDÍGENA EM HOMENAGEM A INFLUENCER MAIRA GOMEZ:** trata-se da primeira Barbie indígena do Brasil, inspirada na influenciadora Maira Gomez, conhecida nas redes como Cunhaporanga, que significa "moça bonita".
- **DEPUTADO FEDERAL NIKOLAS FERREIRA NA COMISSÃO DE EDUCAÇÃO DA CÂMARA:** Nikolas Ferreira (PL-MG) foi eleito presidente da Comissão de Educação, por 22 votos favoráveis e 15 votos brancos. A decisão se deu após falhar a articulação de parte do PT, que tentava impedir que o parlamentar indicado pelo PL ocupasse o posto. Petistas alegam que o partido oposicionista teria quebrado um acordo estabelecido e feito a indicação de última hora para tentar barganhar com o PT pela vice-presidência no colegiado de Saúde.
- **PRISÕES DOS MANDANTES DO ASSASSINATO DA VEREADORA MARIELLE FRANCO:** trata-se do deputado estadual fluminense **CHIQUINHO BRAZÃO,** do União Brasil, e seu irmão **DOMINGOS BRAZÃO**, Eles são os idealizadores do crime brutal. A outra, que pegou até a família de Marielle de surpresa, é o envolvimento de **RIVALDO BARBOSA, chefe da Polícia Civil do Rio de Janeiro**, no planejamento do crime e obstrução da investigação.
- **BOLSONARO NA EMBAIXADA DA HUNGRIA**: ex-presidente Jair Bolsonaro confirmou ter permanecido dois dias na Embaixada da Hungria em Brasília, logo após ser alvo de uma operação da Polícia Federal que apreendeu seu passaporte, em fevereiro. As imagens captadas mostram que Bolsonaro chegou à embaixada no dia 12 de fevereiro, segunda-feira de Carnaval. Quatro dias antes de Bolsonaro se abrigar na embaixada, a PF tinha apreendido o passaporte dele, com base em uma investigação que apura uma suposta trama golpista liderada pelo ex-presidente para permanecer no poder após a derrota para Lula nas eleições de 2022.
- **GABIGOL, JOGADOR DO FLAMENGO, É SUSPENSO POR 2 ANOS** sob acusação de **FRAUDE** em exame **ANTIDOPING**.
- **TROFÉU ROBERTO DINAMITE:** A CBF vai homenagear Roberto Dinamite. E dará o nome do maior ídolo da **história do Vasco** ao troféu de **ARTILHEIRO do Campeonato Brasileiro**. Além do troféu, o vencedor receberá também um prêmio financeiro.
- **BRASIL VOLTA AO GRUPO DAS 10 MAIORES ECONOMIAS DO MUNDO APÓS ALTA DO PIB**: O crescimento de 2,9% do Produto Interno Bruto (PIB) em 2023 colocou o Brasil de volta **na** lista das 10 maiores economias do mundo. O desempenho fez o **BRASIL** ocupar a **9ª COLOCAÇÃO**. Os ESTADOS UNIDOS, CHINA e ALEMANHA lideram o ranking.
- **TURISTA BRASILEIRA É ESTUPRADA POR SETE HOMENS NA ÍNDIA**: Fernanda e Vicente viajavam de moto até o Nepal, mas decidiram acampar em **DUMKA** e foram atacados pelo grupo durante a noite. Fernanda cedeu à polícia uma gravação que con-

seguiu fazer da voz de um dos criminosos. Esse arquivo permitiu que a polícia encontrasse em poucas horas o suspeito, que confessou o crime. Depois, outras duas prisões de envolvidos foram feitas. Como Fernanda e seu marido também foram agredidos e roubados, o governo local pagou uma indenização para eles de cerca de R$ 60 mil.

- **PERNAMBUCANA É A PRIMEIRA DO PAÍS A OBTER REGISTRO INTERSEXO**: Após quase três anos de espera, incluindo o período de um processo judicial, a jornalista e fotógrafa **Céu Ramos de Albuquerque** conseguiu o direito de retificar o nome e o sexo na certidão de nascimento. Ela é a primeira pessoa intersexo de que se tem notícia em todo o Brasil a fazer a alteração com esse termo no registro civil. As pessoas intersexo são aquelas que têm características sexuais que, desde o nascimento, não se enquadram nas normas médicas e sociais para corpos femininos ou masculinos. Essas características podem estar relacionadas a cromossomos, órgãos genitais, hormônios, entre outros.
- **GOVERNO FEDERAL ANUNCIOU MUDANÇAS NA COMPOSIÇÃO DA CESTA BÁSICA BRASILEIRA:** Agora, a cesta básica será composta principalmente por **ALIMENTOS IN NATURA** ou minimamente processados, em detrimento dos **ALIMENTOS ULTRAPROCESSADOS**. Essa mudança reflete o compromisso do governo em promover uma alimentação mais saudável e nutritiva para os brasileiros. Com essa iniciativa, o governo busca melhorar a qualidade da alimentação da população de baixa renda, contribuindo para a promoção da saúde e o combate à desnutrição e às doenças relacionadas à má alimentação. Além disso, a nova composição da cesta básica incluirá ingredientes culinários, proporcionando maior diversidade e possibilidades na preparação das refeições.
- **AMPLIAÇÃO DO DIREITO À LICENÇA MATERNIDADE A TRABALHADORAS:** O Supremo Tribunal Federal (STF) decidiu, em julgamento da Ação Direta de Inconstitucionalidade (ADI) 2110 ampliar o direito à licença-maternidade para trabalhadoras autônomas, derrubando uma regra de 1999. Agora, as profissionais **autônomas, seguradas especiais e facultativas** devem se igualar às contratadas pela Consolidação das Leis do Trabalho (CLT), tendo direito à licença por parto, nascimento, adoção ou aborto com **APENAS** um pagamento/contribuição ao INSS.
- **PANDEMIA DA COVID-19 COMPLETA 4 ANOS:** A pandemia de covid-19 completou 4 anos no dia 11/03/2024. A caracterização da doença foi decretada pela OMS (Organização Mundial da Saúde) em 2020. Na época, o patamar foi determinado pelo fato desse vírus ter se espalhado mundialmente, disseminando-se em diversos países e afetando um grande número de pessoas.
- **ANVISA APROVA REGISTRO DA VACINA SPIKEVAX MONOVALENTE:** o imunizante está atualizado para proteger contra a **variante ômicron XBB 1.5 da covid**, conhecida popularmente como **KRAKEN**.
- **OBESIDADE ATINGE MAIS DE UM BILHÃO DE PESSOAS NO MUNDO:** A pesquisa foi feita em colaboração com a OMS (Organização Mundial da Saúde). Os dados mostram que a doença mais do que **dobrou** entre adultos e **quadruplicou** entre crianças e adolescentes de 5 a 19 anos, no período entre 1990 e 2022. Esses dados sugerem que a obesidade se tornou a forma mais comum de **MÁ NUTRIÇÃO** na maioria dos países.
- **FRANÇA INCLUI DIREITO AO ABORTO EM SUA CONSTITUIÇÃO:** no Dia Internacional da Mulher, a inclusão tornou a França o primeiro país do mundo a tornar a interrupção voluntária da gravidez um direito previsto na Constituição. A inserção foi feita manualmente com uma impressora do século XIX para selar a alteração na Constituição. Foi a primeira vez que a máquina, de 300 kg, saiu da sala onde fica. A lei foi inserida dentro

do **Artigo 34** da Constituição francesa. O artigo passou a ter a seguinte inscrição: "a lei determina as condições em que uma mulher tem a liberdade garantida de recorrer ao aborto".

- **CRISE ENERGÉTICA EM CUBA:** O governo de Cuba desligou quase 75% da iluminação pública da ilha para evitar apagão. O país passa por problemas de abastecimento energético por causa da **FALTA DE COMBUSTÍVEL** e pela necessidade de manutenção da infraestrutura obsoleta.
- **REPÚBLICA TCHECA – KRYSTYNA PYSZKOVA - MISS MUNDO 2024: Krystyna é** coroada Miss Mundo 2024. A **AMAZONENSE LETÍCIA FROTA** ficou entre as 8 finalistas e recebeu o prêmio **BELEZA COM PROPÓSITO**. A brasileira possui um projeto que apoia a luta contra a **HANSENÍASE.**
- **EX-PRESIDENTE DA ARGENTINA, ALBERTO FERNANDEZ, É DENUNCIADO POR PECULATO:** a denúncia diz respeito à contratação de serviços de seguros para diversas áreas da administração pública. A origem da denúncia é um decreto do próprio Fernández de 2021, quando estabeleceu que, a partir daquele momento, todas as apólices dos órgãos estatais deveriam ser feitas com a Nación Seguros, braço segurador do banco estatal Banco de la Nación Argentina. A medida pagou comissões ao novo corretor que giram em torno de US$ 20 milhões por ano e US$ 300 mil mensalmente, aumentando exponencialmente os custos para o erário público e alimentando a suspeita de que o valor seria redistribuído.
- **ARGENTINA E LEI ANTICASTA:** O presidente da Argentina, **JAVIER MILEI** enviará ao Congresso um novo pacote de leis na abertura das sessões ordinárias. **Batizada de lei "anticasta",** as medidas preveem o fim do financiamento público dos partidos e o desconto no pagamento de funcionários públicos que participem de greves. Além disso, a lei prevê uma espécie de "lei ficha limpa" que proíbe que pessoas condenadas em segunda instância sejam candidatas em eleições nacionais.
- **EXTREMA DIREITA NÃO VENCEU AS ELEIÇÕES EM PORTUGAL:** o líder do partido **CHEGA, André Ventura**, dizia que "se o Chega vencer as eleições legislativas no próximo domingo, o senhor presidente do Brasil, Luiz Inácio Lula da Silva, não vai entrar em Portugal". Ele ameaçou até prender o presidente brasileiro caso ele insista em viajar ao país europeu para comemorar a **REVOLUÇÃO DOS CRAVOS**, que completará 50 anos em 25 de abril. Por fim, o partido ficou em terceiro lugar no pleito. Quem venceu foi a coligação política **Aliança Democrática**, de **CENTRO DIREITA**, coligação liderada pelo Partido Social Democrata (PSD).
- **PAOLA ROLDÁN, A MULHER QUE LUTOU PELA DESCRIMINALIZAÇÃO DA EUTANÁSIA NO EQUADOR**, morre aos 42 anos. Ela foi diagnosticada com esclerose lateral amiotrófica (ELA) em 2020, que a manteve com 95% de incapacidade e a mantinha conectada a um respirador e sob cuidados paliativos. No dia 7 de fevereiro, o Tribunal Constitucional do **EQUADOR APROVOU A DESCRIMINALIZAÇÃO CONDICIONAL DA EUTANÁSIA** no país com base na alegação de inconstitucionalidade do artigo 144 do Código Penal Integral. A medida criminalizava, por homicídio simples, quem ajudava uma pessoa que manifestasse seu desejo pela eutanásia. O processo foi apresentado pela equipe jurídica de Roldán em agosto de 2023. A ação foi admitida em setembro e o procedimento foi autorizado para Paola.
- **CIDADE DE LIMA (PERU) É ESCOLHIDA COMO SEDE DOS JOGOS PAN-AMERICANOS DE 2027:** Palco da competição em 2019, a cidade será a primeira a abrigar o Pan duas

vezes nos jogos em um intervalo tão curto de tempo. Lima venceu Assunção, cidade do Paraguai, em eleição realizada em Miami, nos Estados Unidos, por 28 a 24.

- **VENEZUELA PROÍBE COMPANHIAS AEREAS DA ARGENTINA DE SOBREVOAREM SEU TERRITÓRIO:** O governo da Argentina apresentou uma nota de protesto à Venezuela pela decisão, e anunciou que serão tomadas medidas correspondentes no âmbito da Organização da Aviação Civil Internacional por violação da Convenção sobre Aviação Civil Internacional (Convenção de Chicago, 1944). Isso ocorre quase um mês depois que os **ESTADOS UNIDOS** confiscaram um avião de carga Boeing da estatal venezuelana **EMTRASUR** que estava na Argentina e que havia sido vendido por uma companhia aérea **IRANIANA** sancionada, violando as leis federais de controle de exportação.
- **PARLAMENTO EUROPEU APROVA NOVA LEI DE LIBERDADE DE IMPRENSA**: A chamada Lei Europeia de Liberdade de Imprensa visa proteger os profissionais de mídia de pressões políticas e da espionagem cibernética, além de criar salvaguardas legais para garantir a independência editorial e a proteção das fontes jornalísticas. As grandes plataformas de internet, como o Google ou as redes sociais X e Facebook, serão obrigadas a dar um prazo de 24 horas aos veículos de imprensa, além de um direito de resposta, antes de restringir ou eliminar seus conteúdos. Para que estejam aptas a receber esse benefício, as organizações de mídia deverão estar devidamente registradas. O texto ainda precisará ser adotado pelos Parlamentos dos 27 Estados-membros da UE, o que deve ocorrer dentro de poucos meses. A aplicação da lei ficará a cargo de cada país.
- **INCÊNDIO DEVASTA ESTÚDIO HISTÓRICO DE CINEMA NO EGITO**: Um grande incêndio devastou o icônico **AL-AHRAM STUDIO**, de 80 anos, no Cairo, causando grandes danos e se espalhando para edifícios adjacentes. O Ministério Público do Egito lançou uma investigação sobre a causa do incêndio.
- **ONU APROVA RESOLUÇÃO PARA REGULAR O USO DA INTELIGÊNCIA ARTIFICIAL**: Texto aprovado por unanimidade ressalta que ninguém deve usar a Inteligência Artificial para prejudicar a paz ou reprimir direitos humanos.
- **ATAQUE A CASA DE SHOW NA RÚSSIA:** O número de mortos nos ataques a tiros à casa de shows **CROCUS CITY HALL**, em Moscou, capital da Rússia, subiu para 139. Assassinos usaram armas automáticas e roupas camufladas. O **ESTADO ISLÂMICO** reivindicou a autoria do ataque. A **UCRÂNIA** nega envolvimento.
- **PONTE DESABA EM BALTIMORE, NOS EUA, APÓS COLISÃO DE NAVIO:** A **ponte FRANCIS SCOTT KEY**, em Baltimore (EUA), desabou depois de ser atingida por um navio de carga. A embarcação tem bandeira de Cingapura. Cerca de 20 pessoas estão desaparecidas. Investigação irá apurar o uso de combustível impróprio pela embarcação, possível causa da falta de energia durante o acidente.
- **UNIÃO EUROPEIA APROVA INÍCIO DE NEGOCIAÇÕES PARA ADESÃO DA BÓSNIA-HERZEGOVINA AO BLOCO.** Porém, os Estados-membros deixam claro que o país terá que empreender mais reformas judiciais e eleitorais.
- **PRIMEIRA MINISTRA DA ITÁLIA, GIORGIA MELONI, PEDE 100 MIL EUROS EM INDENIZAÇÃO** após ser vítima de **DEEPFAKE** pornográfico.
- **RÚSSIA ADICIONA "MOVIMENTO INTERNACIONAL LGBTQIA+" A LISTA DE ENTIDADES TERRORISTAS:** Medida segue a decisão judicial de novembro passado, de que ativistas LGBT deveriam ser designados como extremistas, o que os coloca em risco de prisões, processos e congelamento de contas bancárias.

OSCAR - 2024

- **MELHOR FILME:** OPPENHEIMER
- **MELHOR FILME INTERNACIONAL:** ZONA DE INTERESSE
- **MELHOR FILME DE ANIMAÇÃO:** O MENINO E A GARÇA
- **MELHOR DOCUMENTÁRIO:** 20 DIAS EM MARIUPOL
- **MELHOR ATOR:** CILLIAN MURPHY (Oppenheimer)
- **MELHOR ATRIZ:** EMMA STONE (Pobres Criaturas)
- **MELHOR ATOR COADJUVANTE:** ROBERT DOWNEY JR (Oppenheimer)
- **MELHOR ATRIZ COAJJUVANTE:** DA'VINE JOY RANDOLPH (Os Rejeitados)

FALECIMENTOS:

- **AKIRA TORIYAMA**, criador de **DRAGON BALL**, morre aos 68 anos devido a um coágulo de sangue no cérebro
- **ERIC CARMEN,** cantor de **"ALL BY MYLSELF"** morre aos 74 anos. Não foi anunciada a causa da morte.
- **PEDRO HERZ**, dono da **LIVRARIA CULTURA**, morre aos 83 anos de ataque cardíaco.

4. ABRIL

- **ACAMPAMENTO TERRA LIVRE:** Oito mil **INDÍGENAS** estão em **BRASÍLIA** para cobrar demarcação de terras. O **Acampamento TERRA LIVRE completa 20 anos com o lema: "Nosso marco é ancestral. Sempre estivemos aqui".** O foco é a reafirmação da luta contra a lei do marco temporal. Por meio dessa regra, os povos indígenas somente teriam direito à demarcação de terras que estavam ocupadas por eles na data da promulgação da Constituição, em 5 de outubro de 1988. O Acampamento marca também uma postura de crítica ao governo, principalmente, pela demora em demarcar novas terras. Além disso, aconteceu um ato denúncia à violência contra lideranças indígenas, e também uma **homenagem à Nêga Pataxó, assassinada em janeiro, na BAHIA.**
- **ALEMANHA descriminalizou parcialmente o uso de MACONHA.** A nova lei passa a valer a partir de 1º de abril de 2024. Segundo a nova legislação do país, os maiores de 18 anos na Alemanha poderão possuir quantidades substanciais de cannabis, mas regras rigorosas vão dificultar a compra da droga. A nova lei tem como objetivo minar o mercado ilegal, proteger os usuários da cannabis de baixa qualidade e cortar os fluxos de receitas das quadrilhas do crime organizado. A posse de até **25 gramas** será liberada em **espaços públicos**. Em **residências particulares** o limite legal será de **50 gramas**. As pessoas não poderão fumar maconha perto de escolas, centros desportivos ou em "zonas de pedestres" entre as 7h00 e as 20h00. Associações de produtores ou "clubes sociais" podem ser criados com até 500 integrantes. Os membros dos clubes devem ter mais de 18 anos e morar na Alemanha. Os clubes podem cultivar e distribuir a droga estritamente sem fins lucrativos. Não será permitido consumir o medicamento no local.

Descriminalização no Brasil: No Brasil, o Supremo Tribunal Federal (STF) está prestes aprovar a descriminalização do porte de drogas para consumo, incluindo a maconha. Cinco ministros se posicionaram a favor da medida, sendo necessário mais um voto para que ela entre em vigor. A Corte também caminha para fixar parâmetros objetivos de quantidade de maconha para diferenciar quem seria usuário ou traficante, o que, na visão de defensores da medida, pode reduzir o que seriam prisões equivocadas por tráfico no país. Por enquanto, estão a favor da descriminalização do porte para consumo Gilmar Mendes (relator da ação), Edson Fachin, Luís Roberto Barroso, Alexandre de Moraes e a ex-presidente da Corte, Rosa Weber, que se aposentou. Eles argumentaram que o uso da maconha é uma questão de liberdade individual e deve ser combatido com campanhas de informação e atendimento focado na saúde dos usuários. Votou contra a descriminalização os ministros André Mendonça, Nunes Marques e Cristiano Zanin. "A descriminação, ainda que parcial das drogas, poderá contribuir com o agravamento deste problema de saúde", argumentou Zanin. O julgamento, iniciado em 2015, foi suspenso em março de 2024, após o ministro Dias Toffoli pedir vista (mais tempo para analisar o caso). Ele terá até 90 dias para analisar o processo antes de devolvê-lo para que o presidente da Casa, Luís Roberto Barroso. Além dele, faltam votar Luiz Fux e Cármen Lúcia.

- **BRASIL NO CENTRO: Instituto Brasileiro de Geografia e Estatística (IBGE)** lançou o **NOVO MAPA** voltado para o público escolar. Na edição, o **BRASIL** aparece pela primeira vez no **CENTRO DO MUNDO**. Além disso, há sinalização nos países que compõem o G20. De acordo com o IBGE, a divulgação ocorre em consonância com o momento especial em que o Brasil está presidindo o G20 e é uma oportunidade de mostrar uma forma singular do Brasil ser visto em relação a esse grupo de países e ao restante do mundo. A nova versão também inclui a **marcação dos países que compõem o G20** e dos com **representação diplomática brasileira**.
- **MERCÚRIO**: uma pesquisa realizada pela Fundação Oswaldo Cruz (Fiocruz) indica que a **contaminação por MERCÚRIO** afeta toda a população de nove aldeias em **RORAIMA**, do povo Yanomami. Os resultados foram obtidos a partir da análise de amostras de cabelos colhidas em outubro de 2022. De acordo com as pesquisadoras e os pesquisadores, o estudo mostra uma situação preocupante e contribui para aprofundar o conhecimento sobre os impactos do garimpo ilegal de ouro na região. Os pesquisadores apontam que os maiores níveis de exposição foram detectados em indígenas que vivem nas aldeias localizadas mais próximas aos garimpos ilegais. A Terra Yanomami ocupa mais de 9 milhões de hectares e se estende pelos estados de Roraima e do Amazonas. A presença do garimpo ilegal nesse território é um problema de décadas. O mercúrio é usado no processo de separação do ouro dos demais sedimentos. Sendo uma atividade clandestina, que busca driblar a fiscalização, geralmente não são adotados cuidados ambientais. O mercúrio acaba sendo despejado nos rios e entra na cadeia alimentar dos peixes e de outros animais. Além da contaminação, o avanço do garimpo ilegal tem sido relacionado com outros problemas de saúde enfrentados pelas populações yanomamis, tais como a desnutrição e o aumento de diferentes doenças, sobretudo a malária.
- **CANTORA BRASILEIRA, MARÍLIA MENDONÇA** (1995-2021), alcançou um marco significativo ao se tornar a **primeira artista do Brasil a atingir 10 bilhões de reproduções no SPOTIFY.**
- **SUÍÇA:** comissão do **Tribunal Europeu dos Direitos Humanos CONDENOU** o governo da **SUÍÇA** por não estar agindo como deveria em relação às **MUDANÇAS CLIMÁTICAS**. O pedido de análise foi levado ao tribunal por um grupo de suíças que argumenta que a falta de planos do país para diminuir a emissão de gases de efeito estufa, entre outras iniciativas, estaria colocando em risco os cidadãos da nação. **As mulheres integram a associação de Idosas Pela Proteção do Clima**. Essa foi a primeira vez na história que um país foi condenado por não agir para combater o aquecimento global.
- **ENCHENTE EM DUBAI:** em pleno deserto, a cidade de **DUBAI**, nos **EMIRADOS ÁRABES UNIDOS**, parou devido a um problema incomum: a **CHUVA**. Foi a tempestade mais

intensa por lá em pelo menos 75 anos. Em menos de 48 horas, a cidade registrou 142 milímetros de chuva – volume muito maior do que o esperado para um ano inteiro, de 94,7 milímetros. **E a causa disso pode ser o FATOR HUMANO** e uma das razões pode ser **uma "SEMEADURA DE NUVENS" mal calculada.** A "semeadura", ou "cloud seeding", em inglês, é uma intervenção humana que consiste em bombardear nuvens com produtos químicos específicos, como iodeto de prata ou gelo seco. O governo dos Emirados realiza voos para esse propósito regularmente. O objetivo é provocar chuvas para aumentar a oferta de água na região desértica. Os Emirados Árabes Unidos dependem em grande parte de usinas de dessalinização para obter água potável, num processo caro, que consome muita energia. Por isso, eventualmente o país utiliza a semeadura de nuvens para aumentar a presença de água no subsolo. O **AQUECIMENTO GLOBAL** também pode ter potencializado o fenômeno, que transformou a cidade localizada em pleno deserto em um grande rio.

- **FOTO da palestina Inas Abu Maamar**, de 36 anos, **abraçada ao corpo da sobrinha Saly**, de 5 anos, morta em um bombardeio israelense em Khan Younis, na **FAIXA DE GAZA**, **ganhou o primeiro PRÊMIO DO WORLD PRESS PHOTO.** A imagem foi registrada pelo fotojornalista Mohammed Salem, no dia 17 de outubro de 2023, no hospital Nasser. A criança morreu com a mãe e a irmã após um míssil atingir sua casa na região sul de Gaza. O registro foi feito dez dias após o início do conflito entre Israel e Hamas, desencadeado no dia 7 de outubro de 2023, quando o grupo extremista atacou Israel.
- **GAIA BH3:** astrônomos identificaram um novo **BURACO NEGRO** na vizinhança. Batizado de GAIA BH3, o novato tem massa aproximadamente 33 vezes maior que o nosso Sol. Ele está a 2 mil anos-luz de distância da Terra, na constelação de Águia, e é o segundo buraco negro mais próximo de nós, atrás apenas do Gaia BH1, que está a 1,5 mil anos-luz daqui. (Lembrando: ano-luz é uma medida de distância. Dizer que um objeto que está a dois mil anos-luz de nós significa dizer que, se quebrássemos as leis da física e viajássemos na velocidade da luz, demoraríamos dois mil anos para chegar lá).
- **CIDADE DE AMSTERDÃ**, na **HOLANDA, proibiu a construção de hotéis para limitar o número de turistas em sua rede hoteleira.** A decisão foi anunciada como uma tentativa de "manter a cidade habitável para residentes e visitantes". A decisão faz parte de uma política que Amsterdã adotou em 2021, depois de uma iniciativa com 30 mil moradores pedir um **CONTROLE NO FLUXO DE TURISTAS na região.** Desde então, as autoridades são obrigadas a adotar medidas para limitar o turismo se a cidade passar de 20 milhões de diárias de hotéis em um ano. Em 2023, turistas totalizaram cerca de 20,7 milhões de diárias, de acordo com o governo local.
- **20ª edição da SP-ARTE** se deparou com uma polêmica ao ser revelada que uma tela de **TARSILA DO AMARAL** levada à feira por um galerista **poderia ser uma FALSIFICAÇÃO**. A tela é uma pintura datada de 1925 e que seria da fase **"PAU-BRASIL" de Tarsila**, quando a artista morava em Paris nos seus anos de formação. Ele pede **R$ 16 milhões pela tela.** O quadro estava no Líbano desde 1976 e foi trazido de volta ao Brasil há poucos meses, segundo seu proprietário, um homem de 60 anos com raízes familiares naquele país e que prefere não ter seu nome publicado. A tela, por não constar no catálogo raisonné de Tarsila, e por exigir a aprovação de especialistas, ainda carece de validação definitiva.
- **INVASÃO da polícia do EQUADOR na embaixada do MÉXICO** aconteceu na noite do dia 05/04. Durante a ação, os policiais **prenderam ex-vice-presidente do país**

JORGE DAVID GLAS ESPINEL GLAS, condenado a seis anos de prisão por corrupção em um caso que envolve a **ODEBRECHT**. Glas recebeu asilo político do México e estava na embaixada desde dezembro 2023. Ele alega ser vítima de uma perseguição da Procuradoria-Geral do Equador. Após a invasão, o presidente mexicano López Obrador anunciou o rompimento das relações diplomáticas com o Equador. De acordo com a Convenção de Viena sobre as Relações Diplomáticas, de 1961, os locais de missões de um país dentro de um outro — como embaixadas e consulados — são considerados invioláveis. Equador e México aderiram à regra na década de 1960. Segundo o tratado, a entrada de agentes de estado dentro desses locais depende da autorização do chefe da missão estrangeira. Ou seja, no caso do Equador, a polícia deveria solicitar permissão ao embaixador mexicano para ingressar na Embaixada do México. **CRISE:** A crise entre México e Equador começou a escalar após declarações do presidente López Obrador sobre as eleições equatorianas de 2023. Em abril de 2024, Obrador comparou o assassinato de Fernando Villavicencio, que era candidato à Presidência do Equador, à violência na atual temporada eleitoral do México. Villavicencio foi morto em agosto de 2023, após um comício em Quito. Já no caso do México, vários candidatos locais foram assassinados nas últimas semanas. As eleições mexicanas estão marcadas para junho. **LOPES OBRADOR, presidente do MÉXICO**, também afirmou que a candidata de esquerda Luisa González, derrotada nas eleições do Equador, foi injustamente associada ao assassinato de Villavicencio. O presidente mexicano ainda culpou a mídia do Equador, chamando-a de corrupta. O governo do **EQUADOR** considerou as falas de Obrador "infelizes" e, como resposta, **declarou a embaixadora mexicana "PERSONA NON GRATA".** O termo "persona non grata" é um instrumento jurídico utilizado nas relações internacionais para indicar que um representante oficial estrangeiro não é mais bem-vindo.

- **TERRITÓRIO DE ESSEQUIBO** é disputado por **VENEZUELA e GUIANA** há mais de 100 anos. A área representa 70% do atual território da Guiana, e lá moram 125 mil pessoas. Tanto a Guiana quanto a Venezuela afirmam ter direito sobre o território com base em documentos internacionais. O **presidente da Venezuela, Nicolás Maduro, promulgou** a chamada **LEI ORGÂNICA PARA A DEFESA DE ESSEQUIBO**, que cria uma região venezuelana dentro do território internacionalmente reconhecido como parte da Guiana. O texto conta com 39 artigos que regulamentam a fundação da "Guiana Essequiba", como é chamado o território pelos venezuelanos. O artigo 25 da lei promulgada impede que apoiadores do governo da Guiana ocupem cargos públicos ou eletivos, o que cria uma camada de proteção à Venezuela contra críticos do projeto de anexação. Além disso, a lei também proíbe a divulgação do mapa político da Venezuela sem a inclusão do território de Essequibo. Caso Maduro decida realizar uma ação militar para tomar Essequibo, a única ligação viável por terra passa pelo Brasil. Trata-se de uma rodovia que começa em Boa Vista, em **RORAIMA**, e entra no território da Guiana por meio da ponte sobre o Rio Tacutu e segue adentro pelo país vizinho. No Brasil, essa via leva o nome de BR-401. O Itamaraty observa com "cautela" a decisão do presidente Nicolas Maduro de promulgar uma lei para anexar o território de Essequibo à Venezuela. A área de Essequibo corresponde a dois terços do território guianense, portanto uma anexação pela Venezuela representaria uma ameaça à integridade da Guiana.
- **ESLOVÁQUIA** escolheu como **novo presidente PETER PELLEGRINI**, político considerado do campo pró- Rússia e cético à Ucrânia.
- **PESQUISADORES BRASILEIROS** encontraram um **FÓSSIL INÉDITO de 540 milhões de anos,** em **MINAS GERAIS, no município de JANUÁRIA**. Batizado de **GHOSHIA**

JANUARENSIS, o achado é uma **CIANOBACTÉRIA** de 10 micrômetros. A cianobactéria estava presente no período Pré-Cambriano, ou seja, antes dos dinossauros existirem. A descoberta de mais uma cianobactéria aponta que existiam fósseis mais antigos, o que reforça a teoria da evolução de Charles Darwin, de que já existia vida há mais de 500 milhões de anos.

- **PRESIDENTE DE PORTUGAL, Marcelo Rebelo de Sousa**, disse que o país foi responsável por uma série de **CRIMES CONTRA ESCRAVOS E INDÍGENAS NO BRASIL** na era colonial e que o Estado português deveria **REPARAR DANOS CAUSADOS** nesse período. Portugal foi o país que mais traficou africanos na era colonial. Foram quase 6 milhões deles, quase a metade do total de pessoas escravizadas à época pelos países europeus. Os principais destinos foram o Brasil e Caribe. Esta foi a primeira vez que um presidente de Portugal reconhece a culpa. Na conversa, no entanto, Marcelo Rebelo não especificou de que forma a reparação será feita.
- **PRESIDENTE DOS ESTADOS UNIDOS Joe Biden** sancionou projeto de lei que pode resultar no **BANIMENTO do TIKTOK no país.** No caso do TikTok, o aplicativo poderá ser banido nos EUA caso a **BYTEDANCE,** que é dona da rede social, não encontre um comprador de confiança dos norte-americanos. Após sanção de Biden, a ByteDance terá 270 dias – até meados de janeiro de 2025 – para encontrar um comprador das operações do TikTok nos Estados Unidos. Esse prazo poderá ser renovado por mais 90 dias. O novo dono não pode ter relação com a empresa chinesa. A expectativa é que a ByteDance ingresse com uma ação judicial para impedir a aplicação da lei. A empresa alega que o projeto é inconstitucional. A ideia de banir a plataforma vem desde o governo de Donald Trump, que dizia que a ByteDance representava um risco para a segurança do país porque a China poderia se aproveitar do poder da empresa para obter dados de usuários americanos. O TikTok, por sua vez, sempre negou. O **pacote também inclui o envio de ajuda financeira para UCRÂNIA, ISRAEL e TAIWAN.** Por que o projeto passou junto de um pacote com temas diferentes? Uma versão anterior do texto estava paralisada no Senado desde março. Os congressistas, então, resolveram incluir a rede social em um pacote que inclui ajuda econômica a países aliados dos EUA, como Ucrânia e Israel. Projetos de lei de financiamento costumam andar mais rápido nas casas, além de ser uma prioridade do presidente Joe Biden.
- **PARLAMENTO DO REINO UNIDO aprovou uma LEI para DEPORTAR estrangeiros que pedem REFÚGIO.** O texto prevê que as autoridades britânicas mandem os imigrantes que entram ilegalmente no Reino Unido - e que pedem asilo no país - para **RUANDA**, na África, com passagem só de ida. Para abrir a porta para esses imigrantes, Ruanda concordou em receber do governo britânico um total de 370 milhões de libras esterlinas em um período de cinco anos, o equivalente a uns R$ 2,3 bilhões.
- **BANCO CENTRAL lançou** uma **MOEDA COMEMORATIVA de R$ 5** em **celebração aos 200 ANOS DA CRIAÇÃO DA PRIMEIRA CONSTITUIÇÃO DO BRASIL.** Moeda comemorativa é de prata e pesa 28 gramas. Destinados a colecionadores, a moeda foi cravada em sua face com o valor de R$ 5. Cada unidade custava R$ 440. Na parte da frente, ela tem **um livro da primeira Constituição brasileira aberto com as páginas em cor amarelada**, representando a antiguidade. Também há uma pena ao lado, que, segundo o BC, foi material usado para escrever o texto. A parte de trás mostra **o prédio do Congresso Nacional.** Banco Central diz que lançamento é uma homenagem ao Poder Legislativo. A primeira Constituição brasileira é datada de 25 de março de 1824, durante o Brasil

Império. A Carta implementou o bicameralismo - composição formada pela Câmara dos Deputados e pelo Senado Federal.

- **ISRAEL ENCERRA OPERAÇÃO MILITAR NO MAIOR HOSPITAL DE GAZA.** A operação matou cerca de 200 homens do Hamas e da Jihad Islâmica **no HOSPITAL AL-SHIFA.** O Exército de Israel acusou o Hamas de usar o hospital como centro de comando. O Hamas nega.
- **A LEI "AL JAZEERA" FOI APROVADA EM ISRAEL.** O Parlamento de Israel aprovou uma lei que permite fechar emissoras internacionais no país. A nova legislação do governo de Benjamin Netanyahu mira o **JORNAL ÁRABE AL JAZEERA,** que é financiado pela monarquia do Qatar, país que tem atuado como mediador nas conversas entre Israel e o Hamas.
- **IRÃ ACUSA ISRAEL DE ATAQUE A CONSULADO NA SÍRIA E PROMETE DURA RESPOSTA.** Os governos do Irã e da Síria culparam Israel por um **ATAQUE AO CONSULADO IRANIANO** em Damasco, **NA SÍRIA**, no qual foi morto o brigadeiro-general da Guarda Revolucionária iraniana Mohamed Reza al Zahedi e seu assistente. Devido a isso, o IRÃ lançou mais de 300 drones e mísseis no território ISRAELENSE. Alguns drones foram derrubados pelas forças de defesa de Israel, pelos Estados Unidos, pelo Reino Unido e pela Jordânia antes de chegarem ao espaço aéreo israelense. O ataque do Irã foi uma grande surpresa para o mundo inteiro
- **VENEZUELA PRENDE YOUTUBER QUE GRAVOU VÍDEO "ENSINANDO" A DERRUBAR SISTEMA BANCÁRIO.** O Ministério Público da Venezuela confirmou nesta segunda-feira (1) que pediu uma medida cautelar contra um youtuber venezuelano que gravou um vídeo indicando um edifício onde ficavam os sistemas operativos de cartões de crédito e débito do país e afirmando que se uma bomba fosse colocada no local, derrubaria o sistema bancário do país. Oscar Alejandro Pérez, de 37 anos, foi preso no Aeroporto Internacional de Maiquetía.
- **IBAMA CRIA PLATAFORMA PARA ACOMPANHAR RECUPERAÇÃO AMBIENTAL.** Trata-se da **RECOOPERAR,** que reunirá processos sobre áreas degradadas e dados geográficos como bioma e informações hidrográficas.
- **CARTÓRIOS LANÇAM AUTORIZAÇÃO ELETRÔNICA PARA DOAÇÃO DE ÓRGÃOS:** O presidente do Conselho Nacional de Justiça (CNJ), ministro Luís Roberto Barroso, junto com os cartórios, assinaram o lançamento da campanha **"Um Só Coração: Seja Vida na Vida de Alguém".** Essa iniciativa marca também a regulamentação da **Autorização Eletrônica de Doação de Órgaos (Aedo),** que é uma forma eletrônica e gratuita de autorizar a doação dos órgãos, tecidos e partes do corpo. A partir do preenchimento do formulário, o tabelião agenda uma videoconferência com a pessoa interessada e confirma a manifestação de vontade de se tornar doadora. Ambos assinam digitalmente a Aedo, que vai para um banco de dados e, imediatamente após o falecimento de um doador, é notificado no sistema que todos os médicos credenciados terão acesso.
- **VÍRUS SINCICIAL RESPIRATÓRIO E INFLUENZA TÊM AUMENTO DE CASOS NO BRASIL.** O Brasil registrou, um aumento no predomínio de casos de **vírus sincicial respiratório (VSR)** e de influenza, que corresponderam, respectivamente, a 35% e 21% dos casos de Síndrome Respiratória Aguda Grave (SRAG).
- **BACTÉRIA WOLBACHIA:** Rio de Janeiro faz nova soltura de **MOSQUITOS USADOS NO COMBATE À DENGUE.** Fêmeas geneticamente modificadas se acasalam com Aedes

Aegypti e filhotes nascem com a bactéria Wolbachia, sem capacidade de transmitir a doença.

- **CAMPANHA CONTRA O ÓDIO A JUDEUS ESPALHA PAINÉS EM SHOPPINGS PELO BRASIL:** a iniciativa PIN FOR PEACE surgiu depois dos ataques do grupo terrorista Hamas a Israel e da onda de antissemitismo global.
- **INCÊNDIO EM BOATE NA TURQUIA:** Um incêndio em uma boate de Istambul, na Turquia, deixou ao menos 29 funcionários mortos. O fogo se alastrou durante reforma no subsolo da casa noturna. O local não tinha licença para realizar os reparos.
- **LUIS MONTENEGRO TOMA POSSE COMO PREMIÊ DE PORTUGAL:** O governo minoritário de centro-direita do **primeiro-ministro** de Portugal, Luís Montenegro, tomou posse no Palácio Nacional da Ajuda, em Lisboa, após a vitória da coligação Aliança Democrática (AD) nas eleições legislativas em 10 de março.
- **FORTE TERREMOTO ATINGE TAIWAN:** O terremoto de magnitude 7,4 que atingiu Taiwan foi o mais forte registrado na ilha em 25 anos. O tremor deixou 9 mortos, 1.038 pessoas feridas e 52 desaparecidas.
- **BRASIL PASSA A EXIGIR VISTO DE TURISTAS DA AUSTRÁLIA, CANADÁ E DOS EUA.** A partir do Decreto nº 11.875/2024, o prazo inicial para a cobrança era 10 de janeiro, mas foi adiado para abril. À época, em nota, o Ministério de Relações Exteriores (MRE) justificou o novo prazo como necessário para conclusão do processo de implementação do sistema e para evitar consequências negativas para o turismo brasileiro.
- **UCRÂNIA DIMINUI IDADE DE ALISTAMENTO PARA AUMENTAR EFETIVO MILITAR:** presidente Zelensky promulgou lei que reduz a idade de mobilização militar de 27 para 25 anos.
- **SUBSTÂNCIA TÓXICA INTERROMPE ABASTECIMENTO DE ÁGUA NA REGIÃO METROPOLITANA DO RIO DE JANEIRO:** vazamento de **TOLUENO** afeta dois milhões de moradores de diversas cidades. Autoridades investigam contaminação e pedem economia de água. A substância é adicionada à gasolina e comumente usada como matéria-prima de solventes orgânicos em colas e tintas. A OPERAÇÃO ÁGUAS LIMPAS está investigando o caso
- **OTAN COMPLETA 75 ANOS** com recorde de países membros e sob ameaça de guerra na Europa. Organização se fortaleceu nos últimos anos, mas encara ofensiva russa e teme resultado das eleições americanas.
- **BRASÍLIA TEM A MAIOR RENDA MENSAL DO BRASIL**: a **MENOR RENDA É NO MARANHÃO.** Os moradores do Distrito Federal têm um rendimento nominal médio per capita de R$ 3.215. O valor é 232% maior que a média no Maranhão (R$ 969), Estado mais pobre do país. Quando a comparação é feita com o Brasil (R$ 1.848), a renda média mensal do DF é 74% superior. Os dados são do IBGE.
- **HINO NACIONAL** É CANTADO EM **IDIOMA TIKUNA** em reunião do conselho de política indigenista.
- **PRESIDENTE DO PERU CRITICA ESCÂNDALO DO ROLEX.** A presidente do Peru, **DINA BOLUARTE**, criticou um escândalo sobre seu uso de relógios de luxo e joias de grife caras dizendo que os itens foram emprestados a ela e que ela admitiu ter feito um mau julgamento, uma semana depois que a polícia fez buscas em sua casa e seu escritório por suspeita de corrupção.

- **ALEXANDRE DE MORAES INCLUI ELON MUSK NO INQUÉRITO DAS MILÍCIAS DIGITAIS**: a divulgação do documento ocorreu após Musk escrever que Moraes deveria "renunciar" ou sofrer um impeachment.
- **FOTO DA CARTEIRA DE MOTORISTA PODERÁ CONTER ITENS RELIGIOSOS:** vestuário relacionado à crença ou religião, como véus e hábitos, e à queda de cabelo, por causa de doenças, poderá ser utilizado. A face, a testa e o queixo precisam ficar visíveis.
- **GOVERNO FEDERAL VETA PARCIALMENTE O PROJETO DE LEI DAS SAIDINHAS PARA MANTER VISITAS ÀS FAMÍLIAS:** impedir que detentos do regime semiaberto deixem a prisão em datas especiais como Páscoa e Dia das Mães iria ferir os "valores fundamentais da Constituição".
- **TURISMO NO ESTADO DO RIO DE JANEIRO DEVERÁ SER ACESSÍVEL A PESSOAS COM AUTISMO**. Lei estabelece que haja capacitação dos colaboradores para que possam orientar esses visitantes e a disponibilização de materiais impressos ou online.
- **MULHER MORRE POR EUTANÁSIA NO PERU. CASO É O PRIMEIRO DA HISTÓRIA DO PAÍS.** Trata-se da psicóloga Ana Estrada. Ela foi a primeira pessoa no país a receber o procedimento, autorizado pela Suprema Corte em 2022. Ela exerceu o seu direito fundamental a uma morte digna. Morreu nos seus próprios termos, conforme a sua ideia de dignidade e em pleno controle da sua autonomia até o final.
- **EXPLOSÃO DE HIDRELÉTRICA NA ITÁLIA:** Uma explosão em uma hidrelétrica da **ENEL** no norte da Itália deixou três pessoas mortas e quatro desaparecidas.
- **LEI QUE REGULA O USO DA INTERNET NO BRASIL COMPLETA 10 ANOS**: Há 10 anos o uso da internet no Brasil passou a ter princípios e garantias previstas em lei. O Marco Civil da Internet (Lei 12.965, de 2014) foi criado para estabelecer o direito ao exercício da cidadania nos meios digitais, além da diversidade e da liberdade de expressão na internet.
- **EMBARCAÇÃO É ENCONTRADA NO PARÁ COM VÁRIOS CORPOS EM DECOMPOSIÇÃO.** Uma perícia feita no barco sugere que ele tinha capacidade máxima de comportar entre 30 e 40 pessoas. Com essa informação, para os investigadores, é possível que houvesse mais pessoas dentro da embarcação que naufragou e veio parar na costa brasileira. A investigação aponta que eram mais de 25 pessoas. Além dos 27 celulares, havia 25 capas de chuvas idênticas no barco. As investigações apontam que o grupo teria como destino as Ilhas Canárias, arquipélago espanhol. Documentos e objetos encontrados na embarcação apontam que as vítimas eram migrantes da região da **MAURITÂNIA e MALI, na ÁFRICA.**
- **NOVA REGRA DE SUBSTITUIÇÃO EXTRA POR CONCUSSÃO NO BRASILEIRÃO**: regulamento permite uma troca extra em caso de jogadores que sofram pancadas na cabeça. Antes da partida, a equipe de **arbitragem** entregará ao médico um cartão específico para a substituição por concussão (**DE COR ROSA**), que será mostrado ao árbitro no momento da troca do atleta. Após o apito final, o médico o devolverá, com sua assinatura e o número do jogador, e preencherá um questionário obrigatório, detalhando os sintomas identificados e o tratamento feito com o atleta, como, por exemplo, se foi submetido a uma tomografia computadorizada, se ficou em observação no hospital ou em domicílio/hotel, entre outros. Um relatório deverá ser enviado, com a evolução do quadro do jogador, o protocolo de retorno aplicado e a data do retorno do jogador para a próxima partida, à Comissão Médica da CBF, que irá verificar se os procedimentos

preconizados foram cumpridos. A nova regra de substituição prioriza a continuação do jogo além de demonstrar preocupação com a saúde do atleta.

- **ARMEIRA DO FILME "RUST" É CONDENADA A 18 MESES DE PRISÃO POR HOMICÍDIO CULPOSO.** Hannah Gutierrez-Reed havia carregado o revólver com o qual Alec Baldwin estava ensaiando, em outubro de 2021, quando a filmagem virou tragédia em um rancho do Novo México. Além da morte da diretora de fotografia, o incidente deixou o diretor Joel Souza ferido.
- **APÓS COVID, OMS DEFINE DOENÇA PROPAGADA "PELO AR"**: a expressão **"PELO AR"** pode ser usada para doenças infecciosas em que o principal tipo de transmissão envolve o patógeno que viaja ou fica suspenso no ar, em linha com outros termos, como doenças "transmitidas pela água", que são compreendidas por todas as disciplinas e pelo público.
- **BRASIL REGISTROU UM CASO AUTÓCTONE DE CÓLERA**, ou seja, em que o paciente contraiu a doença no próprio país e não em viagem para regiões afetadas. O caso foi detectado em Salvador, na **BAHIA**. Desde 2006, o Brasil não registrava casos da doença.
- **EFEITO GLORIA É RARO E FOI DETECTADO PELA PRIMEIRA VEZ EM UM EXOPLANETA:** Astrônomos identificaram o que eles acreditam ser um fenômeno semelhante a um arco-íris – **o efeito Glória** – acontecendo em um planeta fora do nosso sistema solar pela primeira vez. A descoberta pode revelar novas percepções sobre os mundos fora da Terra.
- **BRASIL E ANGOLA LANÇAM PROGRAMA PARA FORMAÇÃO DE RECURSOS HUMANOS EM SAÚDE.** A iniciativa de cooperação técnico-educacional tem como meta fortalecer o sistema público de saúde do país africano.
- **GOL SUSPENDE TRANSPORTE DE ANIMAIS NO PORÃO POR 30 DIAS APÓS MORTE DE CACHORRO JOCA:** Após a morte do golden retriever Joca, a Gol anunciou a suspensão do transporte aéreo de animais no porão. O cachorro embarcou com destino a Sinop, em **MATO GROSSO**, mas, devido a um erro da empresa, foi parar em Fortaleza, **CEARÁ**. Tutor do cachorro apresentou à companhia aérea um atestado veterinário que indicava que o animal suportaria uma viagem de duas horas e meia. Com o erro da empresa, porém, Joca ficou quase 8 horas no trajeto.
- **EXPOSIÇÃO HOMENAGEIA TRAJETÓRIA DE MULHERES NA SAÚDE:** Exposição **DONA IVONE LARA** e **MULHERES DA SAÚDE** tem como proposta enaltecer o legado de trajetórias femininas importantes para a construção da saúde pública no Brasil.
- **ÁSIA FOI REGIÃO MAIS AFETADA POR DESASTRES CLIMÁTICOS EM 2023** com inundações e tempestades causando o maior número de vítimas e perdas, anunciou a ONU.
- **MORAES CONCLUI QUE NÃO HÁ PROVAS QUE BOLSONARO PEDIRIA ASILO À HUNGRIA.** Ex-presidente teve o passaporte retido e foi proibido de sair do país por decisão do ministro do STF e é investigado por "tentativa de golpe de Estado".
- **ANVISA PUBLICA RESOLUÇÃO QUE PROÍBE CIGARRO ELETRÔNICO NO BRASIL:** documento proíbe ingresso no país de produto trazido por viajantes por qualquer forma de importação, incluindo a modalidade de bagagem acompanhada ou bagagem de mão. A Resolução da Diretoria Colegiada RDC n° 855/2024 além de proibir a comercialização, importação, o armazenamento, o transporte e a propaganda dos **Dispositivos Eletrônicos para Fumar (DEF),** reforça a proibição de seu uso em recintos coletivos fechados, público ou privado.

- **PAMPA É O BIOMA BRASILEIRO MENOS PROTEGIDO POR UNIDADES DE CONSERVAÇÃO.** O Pampa é o único dos seis biomas terrestres do Brasil que abrange um só estado, o Rio Grande do Sul. Com 178 mil km2, ocupa 63% do território gaúcho com paisagens naturais como serras, planícies, morros rupestres e coxilhas.
- **INSEGURANÇA ALIMENTAR ATINGE 27,6% DOS DOMICÍLIOS BRASILEIROS E 64 MILHÕES DE PESSOAS:** segundo o IBGE, falta de alimentos é mais prevalente em áreas rurais, em famílias lideradas por mulheres, em lares com pessoas pretas ou pardas e em residências com crianças.
- **PREMIÊ DO HAITI ARIEL HENRY RENUNCIOU AO CARGO.** O Haiti foi invadido pelo caos e pela violência de **gangues nas últimas semanas**, com grupos criminosos atacando estruturas governamentais e a ordem social à beira do colapso.
- **MODELO ARGENTINA DE 60 ANOS VENCE CONCURSO DE BELEZA E PODE CONCORRER A MISS UNIVERSO:** Alejandra Rodrigues foi estreante na competição regional, na primeira vez que não houve limite de idade.
- **DEFESA DE MULHER QUE LEVOU TIO MORTO AO BANCO PEDE PRISÃO DOMICILIAR.** Erika levou o tio, Paulo Roberto Braga, 68 anos, já morto, para receber um empréstimo de R$ 17 mil, previamente autorizado, em uma agência bancária em Bangu, na zona oeste do Rio de Janeiro. Érika responde por **vilipêndio de cadáver e furto qualificado mediante fraude**. Ela foi presa em flagrante quando tentou sacar um empréstimo em nome do tio, cujo corpo foi carregado em uma cadeira de rodas até o local. Ela foi presa em flagrante. A defesa alegou que o homem estaria vivo ao chegar ao banco. A investigação do caso, porém, indica que ele já havia chegado ao estabelecimento morto.
- **IRAQUE CRIMINALIZA RELAÇÕES ENTRE PESSOAS DO MESMO SEXO.** Lei impõe penas de prisão de até 15 anos para os atos homossexuais. Nova medida também criminaliza pessoas transgênero e cirurgias de mudança de sexo. Perseguição à comunidade LGBTQIA+ vem crescendo no país.
- **MINISTÉRIO DA SAÚDE INCLUI NOVO GRUPO PRIORITÁRIO PARA VACINAÇÃO CONTRA HPV:** portadores de PAPILOMATOSE RESPIRATÓRIA RECORRENTE (PRR) agora poderão recorrer à vacina como forma de tratamento.
- **POR UNANIMIDADE, STF REJEITA A TESE DE QUE AS FORÇAS ARMADAS SERIAM UM "PODER MODERADOR"** – ou seja, uma instância superior para mediar eventuais conflitos entre Legislativo, Executivo e Judiciário. No julgamento, o STF assentou, ainda, que a chefia das Forças Armadas tem poder limitado, não sendo possível qualquer interpretação que permita sua utilização para indevidas intromissões no funcionamento independente dos poderes da República. O Plenário considerou que a prerrogativa do presidente da República de autorizar o emprego das Forças Armadas, por iniciativa própria ou a pedido dos presidentes do STF, do Senado ou da Câmara dos Deputados, não pode ser exercida contra os próprios poderes entre si. Por fim, o Supremo reforçou que o emprego das Forças Armadas deve ser usado, excepcionalmente, quando houver grave e concreta violação à segurança pública interna. Ponderou que essa medida só deve ser utilizada após o esgotamento dos mecanismos ordinários e preferenciais de preservação da ordem pública.
- **GOVERNO BRASILEIRO PREVÊ SALÁRIO MÍNIMO DE R$ 1.502 PARA 2025.** O percentual segue a nova regra de valorização do salário mínimo, que leva em conta o crescimento do Produto Interno Bruto (PIB) além da inflação do período.

- **COMISSÃO RECONHECE CLARICE HERZOG, VIÚVA DE JORNALISTA VLADIMIR HERZOG MORTO PELA DITADURA, COMO ANISTIADA POLÍTICA. A decisão admite que o Estado brasileiro perseguiu**, durante o regime militar, Clarice e sua família, em razão do movimento liderado pela publicitária para esclarecer o assassinato do marido. Também assegura à Clarice o direito a uma reparação econômica, que deverá ser paga pelo Ministério do Planejamento em até 60 dias após a publicação da portaria que reconhece a condição. Vladimir Herzog era diretor de jornalismo da TV Cultura quando foi convocado pelo Exército para prestar depoimento sobre as ligações com o PCB, partido contrário ao regime militar e que nunca defendeu a luta armada. A versão dada pelo Exército à época foi a de que o jornalista teria se enforcado com um cinto, o que logo provou-se ser uma mentira (veja imagem abaixo). Vladimir Herzog foi torturado e assassinado por militares.

FALECIMENTOS:

- **PETER HIGGS**, ganhador do Prêmio Nobel de Física em 2013, morre aos 94 anos. Ele descobriu em 1964 a existência da **"PARTÍCULA DE DEUS"**.
- **MORREU aos 91 anos o desenhista e escritor ZIRALDO**, criador de personagens como os de **"O MENINO MALUQUINHO" e "TURMA DO PERERÊ".** Ziraldo morreu dormindo, quando estava em casa, em um apartamento no bairro da Lagoa, na Zona Sul do Rio. Também chargista, caricaturista e jornalista, ele foi um dos fundadores nos anos 1960 do **jornal "O Pasquim", um** dos principais veículos a **combater a DITADURA MILITAR no Brasil**. O Pasquim, tabloide de oposição ao regime militar, foi uma das prováveis razões de sua prisão, ocorrida um dia após a promulgação do AI-5. **Ziraldo Alves Pinto nasceu em 24 de outubro de 1932 em Caratinga (MG),** onde passou a infância. Mais velho de uma família com sete irmãos, foi batizado a partir da combinação do **nome da mãe (Zizinha) com o nome do pai (Geraldo).** Em 1969, publicou seu **primeiro livro infantil, "FLICTS"**. Em 1979, passou a se dedicar à literatura para crianças. Seu maior sucesso, "O Menino Maluquinho", saiu em 1980. É considerado um dos maiores fenômenos do mercado editorial brasileiro em todos os tempos.
- **ANDERSON LEONARDO,** vocalista do **GRUPO MOLEJO, morre aos 51 anos. Ele tratava desde 2022 um câncer inguinal.**

5. MAIO

- **ANITTA E HOMENAGEM AO CANDOMBLÉ:** ANITTA abriu uma live no Instagram para falar sobre o lançamento do **clipe "Aceita",** que faz parte do álbum **"Funk Generation"** e homenageará o candomblé – religião da qual é adepta Ela desabafou sobre a **perda de mais de 200 mil seguidores** desde o anúncio do novo trabalho. Ela ainda ressaltou não ter raiva das pessoas que estão lhe enviando ataques virtuais e que manterá os comentários de repúdio na publicação, para que todos enxerguem que o preconceito existe (INTOLERÂNCIA RELIGIOSA) e precisa ser combatido.
- **VÍRUS MAYARO:** Cientistas confirmaram a circulação do **vírus MAYARO (MAYV)** entre humanots no estado de **RORAIMA**. No Brasil, a detecção do vírus ocorre historicamente em estados da **região Norte**, como Acre, Pará e Amazonas. O MAYV é transmitido por um mosquito silvestre – o Haemagogus janthinomys, o mesmo que transmite a febre amarela. Causador de sintomas parecidos com os da dengue e febre chikungunya, o diagnóstico clínico do vírus pode ser uma tarefa difícil.

- **MORTE DO PRESIDENTE DO IRÃ:** o corpo do presidente do **IRÃ**, **EBRAHIM RAISI**, foi enterrado na sua cidade natal, Mashhad. **Ele MORREU em queda de um helicóptero**. A aeronave caiu numa região montanhosa do Irã em razão das más condições climáticas durante um voo que transportava o presidente e outras autoridades que voltavam da inauguração de uma represa na região da fronteira com o **AZERBAIJÃO**.
- **PAÍSES ANUNCIAM RECONHECIMENTO DE UM ESTADO PALESTINO INDEPENDENTE. NORUEGA, ESPANHA E IRLANDA** reconheceram a **PALESTINA** como Estado Independente. Com isso, 146 países reconhecem o estado palestino, incluindo o Brasil. A decisão conjunta foi tomada **depois** de a Assembleia Geral da ONU ter aprovado, no início do mês, uma resolução que abre caminho para o reconhecimento da Palestina como Estado-membro da organização. Os **ESTADOS UNIDOS é o único país**, dos "MEMBROS PERMANENTES" no Conselho de Segurança, que ainda **VETA** o reconhecimento oficial da Palestina.
- **CERRADO SE TORNOU O BIOMA MAIS DESMATADO DO BRASIL**. A **exportação de soja para a CHINA** tem estimulado a expansão do agronegócio no Cerrado. Devido a isso, o Cerrado superou a Amazônia e se tornou o bioma mais desmatado do país em 2023. A região do **MATOPIBA** (Maranhão, Tocantins, Piauí e Bahia), dedicada ao agronegócio para exportação, concentrou 47% de todo o desmatamento registrado no Brasil no ano de 2023. Dos estados mais desmatados do Brasil em 2023, três são do Matopiba. **Maranhão (1º), Bahia (2º) e Tocantins (3º) ULTRAPASSARAM Pará (4º) e Mato Grosso (5º),** que tradicionalmente ocupavam os primeiros lugares da lista. De 2022 para 2023, o Tocantins foi o estado que mais acelerou o desmatamento – aumento de 177,9%, de acordo com o Mapbiomas. Ao contrário do Matopiba, onde a perda de vegetação costuma acontecer em áreas legalizadas, a **AMACRO** (Amazonas, Acre e Rondônia) é marcada por crimes ambientais como pecuária ilegal e extração de madeira. Em 2023, o desmatamento nessa região caiu 74% em relação ao ano anterior.
- **CARLO ACUTIS, O PADROEIRO DA INTERNET**. Carlo Acutis foi **BEATIFICADO** em 2020 pelo Vaticano após seu primeiro milagre ter sido reconhecido pela igreja. Na ocasião, ele curou uma criança brasileira que tocou em uma relíquia sua em 12 de outubro de 2010 em Campo Grande, no Mato Grosso do Sul. No segundo milagre, ele curou uma jovem da COSTA RICA após um acidente de bicicleta ocorrido em 2022 em Florença, na Itália. A costarriquenha Valeria estava internada com poucas chances de sobrevivência e foi curada dias após sua mãe rezar em sua tumba em Assis, na Itália. A expectativa, agora, é que Acutis possa ser santificado. O corpo de Acutis, considerado o "PADROEIRO DA INTERNET", está exposto na igreja de Santa Maria Maggiore. O Vatican News trata Acutis como "**MILLENNIAL**". O beato nasceu em 3 de maio de 1991, em Londres, na Inglaterra, mas passou toda sua vida na Itália. Ele gostava de computadores e tinha um conhecimento de ciência da computação muito acima da média para garotos da sua idade. Ele tinha leucemia e morreu em 12 de outubro de 2006.
- **NOTA DE 10.000 PESOS ARGENTINOS:** O Banco Central da Argentina (BCRA) colocou em circulação uma nova cédula de 10 mil pesos, o maior valor emitido até agora. O país enfrenta uma das maiores inflações do planeta, que atingiu 279% ao ano em março. Com isso, as notas perdem valor e é preciso usar quantidades cada vez maiores de cédulas. Na cotação, 10 mil pesos equivalem a R$ 57, ou US$ 11,35. O objetivo será reduzir o custo de produção em notas de valor mais baixo, tendo em vista a alta inflação no país. A nova cédula traz as imagens de **Manuel Belgrano**, general e criador da **BANDEIRA**

ARGENTINA, e de **María Remedios del Valle**, heroína da guerra da independência do país e considerada a **MÃE DA PÁTRIA.**

- **EUTANÁSIA AUTORIZADA NA HOLANDA**: A holandesa Zoraya ter Peek, de 29 anos, recebeu autorização do país para passar por um processo de eutanásia, justificado por um "sofrimento mental insuportável. A mulher conta com diagnóstico de Transtorno do Espectro Autista, além de relatar depressão crônica, ansiedade e transtorno de personalidade. Ao jornal britânico, Zoraya contou que registrou o pedido de "morte assistida" em dezembro de 2020, depois de passar por cerca de 10 anos de terapia e acompanhamento psiquiátrico. A resposta com a autorização veio no final de abril 2024. A solicitação se baseia em uma lei da Holanda de 2002, que autoriza o processo de eutanásia para pessoas que alegam passar por um "sofrimento insuportável, sem perspectiva de melhora".
- **HOMENAGEM À DEPUTADA AMÁLIA BARROS -PRÊMIO BRASIL MAIS INCLUSÃO** é batizado com o nome da deputada federal AMÁLIA BARROS (PL-MT). O prêmio é concedido a empresas, União, Estados, municípios, entidades ou indivíduos que se destacaram na promoção de inclusão de pessoas com deficiência. Ela perdeu a visão do olho esquerdo por causa de uma infecção - toxoplasmose – e precisou retirar o globo ocular, passando a usar uma prótese. Como parlamentar foi uma das articuladoras pela inclusão da **VISÃO MONOCULAR** na situação de deficiência. **Amália faleceu aos 39 anos** no mês de maio 2024. Foi submetida a vários procedimentos cirúrgicos após precisar retirar um nódulo do pâncreas.
- **ENCHENTE NO RIO GRANDE DO SUL:** As chuvas que atingem o Rio Grande do Sul desde o fim de abril já deixaram 171 mortos. Das 497 cidades do Rio Grande do Sul, 475 sofreram algum dano. Estamos em **ano de EL NIÑO**, o que provoca aumentos nas precipitações no sul do país. A **ENCHENTE DO GUAÍBA** de 1941 foi a segunda maior enchente (4,76 metros) já registrada na cidade de Porto Alegre, sendo superada apenas pela enchente (5,35 metros) de 2024. O Guaíba é um **LAGO** de 496 km² de superfície localizado no Rio Grande do Sul. Nos últimos dias, o número de mortes e casos confirmados de **LEPTOSPIROSE** tem subido.
- **DEPUTADO ESTADUAL RODRIGO AMORIM (UNIÃO BRASIL) É O 1º CONDENADO POR VIOLÊNCIA POLÍTICA DE GÊNERO NO BRASIL.** Ele foi condenado pelo TRE-RJ por ofender a vereadora de **BENNY BRIOLLY (PSOL)**, primeira travesti eleita em Niterói, durante uma seção plenária na Assembleia Legislativa. Na ocasião, Amorim ofendeu a vereadora, chamando-a de "**boizebu**" e "**aberração da natureza**", entre outros impropérios. Ele foi condenado à pena de um ano, quatro meses e 13 dias, convertidos a serviços comunitários prestados à população em situação de rua, além de um pagamento de multa de 70 salários mínimos. A Lei 14.192/2021 tornou crime a violência política de gênero no Brasil. De acordo com a lei, considera-se violência política contra a mulher toda ação, conduta ou omissão com a finalidade de impedir ou restringir os direitos políticos femininos. A norma prevê pena de um a quatro anos de prisão para quem assediar, constranger, perseguir ou ameaçar candidata a cargo eletivo ou detentora de mandato, utilizando-se de discriminação à condição de mulher ou à sua cor, raça ou etnia.
- **RISHI SUNAK, PRIMEIRO-MINISTRO DO REINO UNIDO, DISSOLVE PARLAMENTO E ANTECIPA ELEIÇOES.** Essa manobra é comum em regimes parlamentaristas. Ele assumiu o governo em outubro de 2022 após Liz Truss renunciar. Segundo a imprensa local, ele decidiu antecipar o pleito após a divulgação de novos dados econômicos positivos

para seu governo. Membros do partido convenceram Sunak de que esses números não melhorariam até o fim do ano, de forma que seria melhor para os Conservadores realizar o pleito o quanto antes. No entanto, pesquisas indicam que o líder do Partido Trabalhista, Keir Starmer, é o favorito para vencer um novo pleito.

- **VOX – PARTIDO DA ESPANHA**: O partido VOX da ESPANHA organizou um **COMÍCIO** com líderes de extrema direita do mundo todo. Estiveram presentes: líder da extrema direita da França, Marine Le Pen, presidente da Argentina, Javier Milei, presidente do partido de Portugal anti-imigração Chega, André Ventura. Além de via vídeo, a primeira-ministra italiana Giorgia Meloni e o primeiro-ministro húngaro Viktor Orbán. Isso mostra como o movimento está se reorganizando e como o Vox está desempenhando um papel central. O Vox pode passar de quatro a seis assentos no Parlamento Europeu, caso se confirmem os 8,8% de intenção de votos medidos em uma pesquisa.
- **PRIMEIRO MINISTRO DA ESLOVÁQUIA É BALEADO:** O primeiro-ministro da Eslováquia, **ROBERT FICO**, recebeu alta do hospital após semanas de internação devido aos ferimentos que sofreu durante uma **tentativa de assassinato**. Ele sofreu um ataque a tiros enquanto cumprimentava apoiadores em frente a um centro cultural em **Handlova.** Roberto Fico tentava reformular as regras sobre mídias do país, o que, segundo críticos, daria ao governo controle total da televisão e da rádio públicas. Isto, somado com os seus planos de alterar o código penal para eliminar um procurador especializado em combate à corrupção, levou opositores a acusarem-no de estar levando a Eslováquia em uma direção mais autocrática, como a Hungria de Viktor Órban.
- **FESTIVAL EUROVISION 2024:** Cerca de 10 mil foram às ruas de Malmö, na **SUÉCIA**, protestar contra a participação de **ISRAEL** no Festival Eurovisão da Canção 2024 (EUROVISION), poucas horas depois da israelense **EDEN GOLAN** chegar à final do concurso com apoio de votos populares com a **música Hurricane**. Entre os manifestantes em Malmö, estava a ativista climática sueca Greta Thunberg. A União Europeia de Radiodifusão (EBU), organizadora do Eurovisão. decidiu que Israel tem permissão para competir, apesar de meses de oposição contra a participação do país em meio à guerra entre Israel e o Hamas. No entanto, Golan teve de mudar o título e a letra de sua música. Originalmente, o título era **October Rain** (Chuva de outubro), o que parecia ser uma referência ao ataque terrorista do Hamas a Israel em 7 de outubro, o que desencadeou a guerra atual.A **SUÍÇA ganhou o festival Eurovision** com a **canção "The Code", cantada por NEMO**. Foi a primeira vez que um **ARTISTA NÃO-BINÁRIO** venceu e a primeira vitória suíça desde 1988, quando o país foi representado por Celine Dion. A performance da cantora israelense Eden Golan foi recebida com uma mistura de vaias e aplausos. Apesar da controvérsia, a jovem - com sua música "Hurricane" - ficou em quinto lugar.
- **ASTRAZENECA ENCERRA PRODUÇÃO E DISTRIBUIÇÃO DA VACINA CONTRA A COVID-19:** a Astrazeneca está retirando do mercado sua vacina bem-sucedida contra o coronavírus, citando a disponibilidade de novas doses de outros imunizantes que levou a uma queda na demanda. **A vacina – chamada VAXZEVRIA** e desenvolvida em parceria com a Universidade de Oxford – tem sido uma das principais vacinas contra a Covid-19 em todo o mundo, com mais de 3 bilhões de doses fornecidas desde a primeira aplicação no Reino Unido em 4 de janeiro de 2021. Mas a vacina não gerou receita para a AstraZeneca desde abril de 2023.
- **GOVERNO FEDERAL E RIO GRANDE DO SUL:** O governo federal sancionou a Lei Complementar 206/2024, aprovada pelo Congresso Nacional, que trata da **SUSPENSÃO** do

pagamento das parcelas da dívida pública do Rio Grande do Sul com a União por **36 MESES** e o **PERDÃO DOS JUROS** das dívidas do estado. A legislação determina que os valores destinados ao pagamento do serviço da dívida sejam aplicados no Fundo do Plano Rio Grande (Funrigs), que financiará ações de enfrentamento aos danos causados pela tragédia climática. Além disso, estudantes do Rio Grande do Sul ganham **isenção da taxa de inscrição do Enem 2024**. No total, já foram destinados R$ 62,5 bilhões ao Rio Grande do Sul arrasado pelas chuvas. Entre as ações do governo federal, além da liberação de recursos, estão a antecipação de benefícios e a prorrogação do pagamento de tributos: **AUXÍLIO RECONSTRUÇÃO** - pagamento de R$ 5,1 mil a cada família, em parcela única, para aquisição de itens perdidos nas enchentes. Adiantamento do Bolsa Família; Benefício de Prestação Continuada ;Liberação do FGTS; Seguro Desemprego - duas parcelas adicionais aos trabalhadores; Restituição antecipada do Imposto de Renda; Importação de até 1 milhão de toneladas de ARROZ para suprir os prejuízos com a safra no estado; ·Apoio a empresas de todos os portes afetadas pelas inundações; Linha especial de crédito para micro, pequenas e médias empresas; Linha especial para agricultura familiar e o médio produtor; Antecipação da parcela do Piso Nacional de Enfermagem.

- **OPERAÇÃO TERRESTRE NA CIDADE DE RAFAH:** Quase metade da população de Gaza – mais de um milhão de palestinos – foi deslocada criando uma **CRISE HUMANITÁRIA** muito grave. Os militares israelenses iniciaram uma **OPERAÇÃO TERRESTRE** na cidade de RAFAH em 6 de maio, após sete meses de guerra em Gaza. Israel insiste que a vitória é impossível sem tomar Rafah e eliminar os últimos batalhões restantes do Hamas. Rafah era lar de pouco mais de 200 mil pessoas antes do massacre israelense. Os palestinos fugiram de Rafah e agora estão aglomerados **na cidade KHAN YOUNIS**, que **enfrenta inundação de esgoto** depois do rompimento de um duto. A cidade fica ao norte de Rafah e abriga agora cerca de 1,7 milhão de pessoas.
- **APRESENTAÇÃO DA CANTORA MADONNA** em Copacabana, no **RIO DE JANEIRO**, tornou-se um dos assuntos mais comentados nas redes sociais um dia após o espetáculo. A cantora prestou homenagem a ícones da cultura, do esporte e da política do Brasil e resgatou as cores da bandeira nacional. Ela celebrou 40 anos de carreira para um público de 1,6 milhões de pessoas. O espetáculo gratuito foi o maior já realizado nas areias do simbólico ponto turístico nacional. Durante a **canção MUSIC**, ela foi acompanhada por crianças e adolescentes ritmistas de comunidades do Rio de Janeiro, sob a regência do instrumentista Pretinho da Serrinha. A **versão em SAMBA da música** foi executada ao lado de **PABLO VITTAR**, enquanto o telão mostrava figuras nacionais icônicas. Madonna, Vittar, instrumentistas e o corpo de dança do espetáculo vestiam camisas da seleção brasileira e as cores da bandeira. Uma das **HOMENAGEADAS** no telão foi a vereadora **MARIELLE FRANCO**, assassinada em 2018 em retaliação a sua luta contra o domínio das milícias na cidade do Rio de Janeiro. O educador e filósofo **PAULO FREIRE**, patrono da educação brasileira e pioneiro da alfabetização popular também recebeu tributo, assim como líder popular quilombola **ZUMBI DOS PALMARES**. Na lista de personalidades brasileiras que foram lembradas estiveram ainda o rapper Mano Brown, do Racionais MCs, a deputada federal Erika Hilton (PSOL), a ministra do Meio Ambiente, Marina Silva (Rede) e a ministra dos Povos Indígenas Sonia Guajajara (PSOL), a jogadora de futebol Marta e o também jogador Pelé, o músico Gilberto Gil, a artista plástica Tarsila do Amaral, a cantora Elza Soares. A música terminou com a imagem gigantesca da bandeira brasileira no telão, aplaudida durante vários minutos pela multidão. Madonna também usou as cores do país no figurino que vestiu quando foi

acompanhada de **ANITTA**, na canção **VOGUE, carregada de referências à LIBERDADE SEXUAL**. Como de costume, o espetáculo foi permeado por homenagens e celebrações à comunidade LGBTQIAPN+ e à diversidade. A diva lembrou ainda as vítimas da crise do HIV, nas décadas de 1980 a 1990, como fotos de Renato Russo, Cazuza, Fred Mercury, entre outros. As manifestações políticas não ficaram apenas no palco. Fãs que foram ao evento projetaram a bandeira da Palestina no Copacabana Palace, em memória às vítimas dos ataques diários israelenses ao território. A **cantora Anitta** ironizou a **MOÇÃO DE REPÚDIO APROVADA POR DEPUTADOS FEDERAIS**, contra ela, a também cantora Pabllo Vittar e a cantora americana Madonna. O requerimento de moção foi protocolado pela deputada federal Chris Tonietto (PL-RJ), "em razão do vilipêndio à fé da maioria da população brasileira, e do conteúdo nocivo apresentado, de **FORTE VIÉS ERÓTICO**", apresentado no show, segundo a justificativa do pedido. A moção diz que o show foi realizado "durante um momento extremamente delicado para toda a nação, comovida com a tragédia natural resultante das fortes chuvas no Rio Grande do Sul".

- **27 NAÇÕES DA UNIÃO EUROPEIA (UE) APROVARAM A PRIMEIRA LEI VOLTADA PARA O COMBATE À VIOLÊNCIA CONTRA MULHERES** a ser adotada em todos os Estados-membros. A legislação aprovada pelos ministros da Igualdade de todos os países do bloco tem como objetivo punir a violência de gênero, mutilações genitais femininas, casamentos forçados e atos de violência através da internet, como o assédio online e compartilhamento não consensual de conteúdo íntimo. A lei torna mais fácil para as vítimas denunciarem os crimes, que poderão render penas de até CINCO ANOS de prisão, sendo que as punições para crimes contra crianças, esposas, ex-esposas, políticos, jornalistas e ativistas dos direitos humanos podem ser ainda maiores. A partir de agora, os Estados-membros terão prazo de três anos para transformam as novas regulamentações em leis nacionais. Mas, apesar da unanimidade entre os países no que diz respeito à necessidade da lei, os Estados-membros fracassaram na tentativa de elaborar uma definição comum para o **ESTUPRO**, o que gerou desentendimentos entre diferentes países durante as negociações. Nações como Itália e Grécia defendiam a inclusão de uma definição. Já outras, como Alemanha e França, alegavam que a UE não possui competência sobre essa questão.

NOTÍCIAS EXTRAS

- **TELESCÓPIO JAMES WEB REGISTRA A IMAGEM MAIS NÍTIDA DA NEBULOSA CABEÇA DE CAVALO.** Conhecida por ser um dos objetos mais singulares do espaço, esta fotografia permitirá estudos sobre a interação entre radiação e o meio interestelar.
- **ATAQUE RUSSO ATINGE "CASTELO DO HÁRRY POTTER"** e mata cinco pessoas na Ucrânia. Prédio faz parte de uma instituição de ensino de Odessa.
- **TRIBUNAL DA ONU REJEITA AÇÃO QUE OBRIGARIA ALEMANHA A PARAR VENDA DE ARMAS A ISRAEL.** A Corte Internacional de Justiça, das Nações Unidas, derrubou uma exigência da **Nicarágua** de que a Alemanha suspenda imediatamente suas exportações de armas para Israel, dizendo que não pode emitir medidas de emergência contra Berlim nas circunstâncias atuais.
- **AUSTRÁLIA ANUNCIA CONTROLE DE PORNOGRAFIA NA INTERNET** e apoio financeiro a vítimas de violência doméstica. Medidas para combater pornografia é resposta ao que o governo chama de **"crise nacional"** de violência de gênero.
- **EUA DEVE RECLASSIFICAR MACONHA COMO SUBSTÂNCIA DE MENOR RISCO.** A mudança representaria uma alteração importante na lei federal sobre a maconha e

poderia proporcionar um ganho político a Biden no momento em que ele luta para aumentar sua popularidade entre jovens.

- **LULA PEDE VOTOS A GUILHERME BOULOS DURANTE EVENTO EM ITAQUERA E É ACUSADO DE BURLAR REGRAS ELEITORAIS.** A fala do petista gerou reação de adversários e acusações de desrespeito à legislação eleitoral brasileira. A manifestação favorável a Boulos pode configurar propaganda eleitoral antecipada, o que é vedado.
- **SOBE PARA 181 O NÚMERO DE MORTOS APÓS INUNDAÇÕES NO QUÊNIA.** Chuvas torrenciais e inundações destruíram casas, estradas, pontes e outras infraestruturas em toda a região
- **VULCÃO IBU NA INDONÉSIA ENTRA EM ERUPÇÃO** expelindo uma coluna de fumaça de 1,5 km, o que levou as autoridades a aumentar o nível de alerta e a pedir à população que se afastasse do local.
- **INUNDAÇÕES NA INDONÉSIA** deixam 52 mortos e forçam retirada de moradores.
- **CRIANÇAS SÃO RETIRADAS DA LAMA APÓS ENCHENTES MORTAIS NO AFEGANISTÃO**. Ao menos 300 pessoas morreram. Essa catástrofe natural acontece após um período de seca no Afeganistão, sendo vista como um exemplo de uma **crise climática** — que atinge mesmo os países que não são os maiores poluidores.
- **POR COMBUSTÍVEL NEGADO, CUBA SUSPENDE VOOS PARA ARGENTINA APÓS 39 ANOS**. Interrupção acontece após estatal petrolífera da Argentina, YPF, negar-se a abastecer aviões por causa de embargo dos EUA contra ilha.
- **SÃO TOME E PRÍNCIPE VAI PEDIR REPARAÇÕES PELA COLONIZAÇÃO A PORTUGAL**. Presidente português afirmou que é necessário reparar para resolver o legado da **ESCRAVATURA**.
- **SENADO APROVA SEGURO OBRIGATÓRIO PARA INDENIZAR ACIDENTES DE TRÂNSITO**. Valor do novo Seguro Obrigatório para Proteção de Vítimas de Acidentes de Trânsito (SPVAT) ficará entre R$ 50 e R$ 60 por ano, sem diferença entre motos e veículos, para pessoas que sofrem acidentes.
- **ISRAEL E HEZBOLLAH TROCAM FOGO PESADO EM MEIO À ESCALADA DE TENSÃO**. Israel realizou ataques aéreos pesados no sul do **LÍBANO** e o Hezbollah, grupo apoiado pelo **IRÃ**, afirmou ter lançado drones explosivos e foguetes poderosos contra alvos israelenses em uma escalada de sete meses de hostilidades na região da fronteira.
- **COLÔMBIA RECONHECE FACÇÃO DISSIDENTE DE GRUPO REBELDE COMO ORGANIZAÇÃO INDEPENDENTE.** Frente Comunitária Sul, que opera na província colombiana de Narino, anunciou ruptura com o Exército de Libertação Nacional (ELN).
- **ARQUEÓLOGA NIÈDE GUIDON RECEBE PRÊMIO ALMIRANTE ÁLVARO ALBERTO.** Niéde identificou mais de 700 sítios pré-históricos, entre os quais 426 paredes de pinturas antigas e evidências de habitações humanas antigas na área da Serra da Capivara, em **PIAUÍ**.
- **CONGRESSO DERRUBA VETO A PARTES DA LEI DO AGROTÓXICO**. Com derrubada do veto, registro e fiscalização de agrotóxicos ficam sob responsabilidade do **Ministério da Agricultura e Pecuária (Mapa)** e **NÃO** precisam passar por Ibama e Anvisa.
- **ATIVISTAS IDOSAS TENTAM DESTRUIR CARTA MAGNA DA INGLATERRA**. Manifestantes do grupo ambientalista **JUST STOP OIL** foram detidas. A dupla se manteve

colada ao lado da caixa do documento e segurou um cartaz que dizia: "O governo está violando a lei"

- **ASSEMBLEIA DA ONU PEDE QUE CONSELHO RECONSIDERE ADESÃO DA PALESTINA:** a Assembleia da ONU aprovou **no dia 10/05** uma resolução que abre caminho para que a Palestina se torne membro das Nações Unidas e concede "novos direitos e privilégios" aos palestinos. O texto pede que o Conselho de Segurança da ONU **aprove que a PALESTINA se torne o 194º MEMBRO das Nações Unidas.** A resolução foi aprovada por 143 votos a favor, nove contra e 25 abstenções. O Brasil votou a favor da resolução. Argentina, Israel, Estados Unidos, República Tcheca, Hungria, Micronésia, Nauru, Palau, Papua-Nova Guiné deram votos contrários à medida. Para que a Palestina seja reconhecida como "Estado observador" da ONU, a medida tem que passar pelo Conselho de Segurança, o que não deve acontecer, já que os **EUA** têm **PODER DE VETO** no órgão.
- **ISRAEL CONDENA RESOLUÇÃO DA ONU QUE PEDE ADESÃO DA PALESTINA.** Decisão complicaria ainda mais as negociações em torno da libertação de reféns mantidos em Gaza.
- **MILHARES DE PESSOAS FORAM ÀS RUAS NA GEÓRGIA PARA PROTESTAR CONTRA "LEI RUSSA".** O projeto de lei de **"agentes estrangeiros"**, foi chamado de **"lei russa"** por críticos por conter pontos similares a uma legislação adotada na Rússia em 2012 e depois reforçada em 2022 após a invasão da Ucrânia pelo regime do Kremlin. Na Rússia, essa legislação foi instrumentalizada para sufocar organizações da sociedade civil e críticos do Kremlin. Se aprovada, a lei prevê exigir que qualquer ONG ou organização de mídia que receba mais de 20% de seu financiamento do exterior passe a ser registrada como uma "organização que busca os interesses de uma potência estrangeira".
- **BRASIL É ESCOLHIDO PARA RECEBER A COPA DO MUNDO FEMININA DE FUTEBOL DE 2027**. Foi a primeira vez que um Congresso da Fifa decidiu, por meio de eleição com os mais de 200 filiados, a sede de uma Copa Feminina. As anteriores eram definidas em reuniões do Conselho, antigo Comitê Executivo, que tem pouco mais de 30 membros.
- **PELO MENOS 56 MORRERAM EM ESTADO NO SUDÃO**. País está à beira do colapso e da **FOME** após um ano de guerra civil.
- **CASAMENTO EM MASSA DE MENINAS NA NIGÉRIA PROVOCA DEBATE SOBRE CRISE SOCIAL**. Um plano para casar 100 meninas e mulheres jovens nigerianas em um casamento em massa patrocinado pelo Estado provocou um debate sobre o casamento infantil e a educação feminina na Nigéria, com esforços em andamento para proibir as cerimônias.
- **PORTUGAL APROVA REDUÇÃO DE IMPOSTOS PARA EVITAR QUE JOVENS DEIXEM O PAÍS.** De acordo com o Observatório da Emigração, cerca de 850 mil jovens, ou 30% das pessoas com idade entre 15 e 39 anos, deixaram o país e estão vivendo no exterior.
- **VENTO FORTE DERRUBA PALCO E DEIXA 9 MORTOS EM COMÍCIO DE PRESIDENCIÁVEL NO MÉXICO**. Candidato **JORGE ÁLVAREZ MÁYNEZ** conseguiu escapar sem ferimentos.
- **MAGDA CHAMBRIARD TOMA POSSE COMO PRESIDENTE DA PETROBRÁS**. Ela é a segunda mulher a ocupar o cargo de presidente da Petrobras. A primeira foi Graça Foster, que presidiu a companhia entre 2012 e 2015.

- **TIKTOK PROCESSA O GOVERNO DOS EUA CONTRA VENDA DA EMPRESA.** A chinesa ByteDance, dona do TikTok, disse que entrou com uma ação no Tribunal Federal dos EUA buscando derrubar uma lei que força a venda da rede social nos país.A empresa alega que a legislação viola a Constituição dos EUA por vários motivos, incluindo entrar em conflito com as proteções à liberdade de expressão da Primeira Emenda. A lei, assinada por Biden, força a ByteDance a vender o TikTok para uma empresa de confiança dos EUA. Se essa operação não for concluída até janeiro de 2025, a plataforma poderá ser banida no país.
- **GOVERNO DO PERU CLASSIFICA TRANSEXUALIDADE COMO DOENÇA MENTAL.** Foram incluídos na lista transexualidade, travestismo, transtorno de gênero na infância e itens mais genéricos, como outros transtornos de identidade de gênero ou transtorno da identidade de gênero não especificado.
- **TODOS OS PACIENTES QUE TOMAS ZOLPIDEM VÃO PRECISAR DA RECEITA MÉDICA AZUL** com três vias. Isso significa que o médico precisa estar previamente cadastrado na vigilância sanitária local, o que aumenta o controle sobre a venda do medicamento. Para aprovar a mudança, a Anvisa alegou também falta de dados científicos que justifiquem normas diferentes pra dosagens até 10 mg. Segundo a Anvisa, o uso do zolpidem deve ser o menor possível e não pode passar de quatro semanas, a depender da orientação médica.
- **TAXA DE ANALFABETISMO NO NORDESTE É O DOBRO DA MÉDIA DO BRASIL:** No Brasil, 11,4 milhões de pessoas com 15 anos ou mais não sabem ler e escrever uma carta simples – o equivalente a 7% da população nessa faixa etária. Ainda que o problema tenha sido atenuado nas últimas décadas o Nordeste continua sendo a região com o índice de analfabetismo mais alto do país: 14,2%, o dobro da média nacional. Entre os **ESTADOS**, os piores números foram registrados em **Alagoas** (17,7%) e no **Piauí** (17,2%). A disparidade regional, no entanto, continua acentuada: o **SUL**, com o melhor índice do país, chegou ao patamar de 96,6% de moradores que sabem ler e escrever.
- **BILIONÁRIA AUSTRALIANA EXIGE QUE GALERIA RETIRE SEU RETRATO DE EXPOSIÇÃO.** Imagem de **GINA RINEHART** foi criada pelo artista Vincent Namatjira, conhecido por pintar representações caricatas de personagens famosos. A Galeria Nacional se recusou a fazer a retirada da imagem e informou em comunicado que recebeu com satisfação o diálogo público sobre a sua coleção e exposições. A pintura de Gina está ao lado de imagens da Rainha Elizabeth II e do jogador de futebol Adam Goodes
- **INFLUENCIADORA QUE ASSOCIOU TRAGÉDIA CLIMÁTICA DO RIO GRANDE DO SUL A RELIGIÕES DE MATRIZ AFRICANA É DENUNCIADA PELO MP.** A empresária e influenciadora **Michele Mendonça Dias Abreu**, acusada de **INTOLERÂNCIA RELIGIOSA** após associar a tragédia climática no Rio Grande do Sul a religiões de matriz africana, virou ré. Em vídeo publicado nas redes sociais, no dia 5 de maio, Michele Mendonça disse que os temporais que afetaram 2,3 milhões de pessoas e deixaram mais de 170 mortos no Rio Grande do Sul foram motivados pela **"IRA DE DEUS".** defesa de Michele Mendonça afirmou que os vídeos publicados nas redes sociais da influenciadora "foram manipulados e divulgados indevidamente".
- **TRIBUNAL DE LONDRES AUTORIZA JULIAN ASSANGE A APRESENTAR RECURSO CONTRA EXTRADIÇÃO PARA OS EUA.** Assange, **fundador do WikiLeaks** , pode ser condenado a 175 anos de prisão nos Estados Unidos caso seja enviado ao país, do qual é cidadão. A Justiça dos EUA quer julgá-lo por vazar 700 mil documentos confidenciais

desde 2010 sobre as atividades militares e diplomáticas americanas, principalmente no Iraque e Afeganistão.

- **PORTA DO INFERNO NA SIBÉRIA CRESCE EM RITMO ASSUSTADOR.** Misteriosa cratera de Batagaika, na Sibéria, popularmente conhecida como **"PORTA DO INFERNO"**, está expandindo em ritmo alarmante de até um milhão de metros cúbicos por ano devido ao derretimento do **PERMAFROST**. O fenômeno removeu a cobertura de permafrost – uma camada de gelo, rocha e sedimentos – que permaneceu congelado por 650 mil anos. Essa cratera é um sinal claro do impacto das mudanças climáticas.
- **MERCOSUL AUMENTOU O PREÇO DO ARROZ EM ATÉ 30% APÓS BRASIL ANUNCIAR LEILÃO**. A intenção do ministério era comprar toneladas do cereal dos vizinhos que pertencem ao bloco, para aumentar a oferta no mercado interno e evitar altas de preços ao consumidor após a tragédia no Rio Grande do Sul, estado responsável por 70% da produção nacional do grão. Mas o leilão de compra foi suspenso depois de, segundo o ministro, o Mercosul elevar em até 30% o preço do cereal. **CARLOS FÁVARO**, **Ministro da Agricultura**, disse que, por conta da alta, o governo decidiu zerar o imposto de importação do grão vindo de fora do bloco sul-americano.
- **MINISTÉRIO DA SAÚDE MUDA CLASSIFICAÇÃO DE GÊNERO EM TRATAMENTOS PARA AMPLIAR ACESSO A TRANSEXUAIS**. Com a portaria, homens e mulheres vão poder fazer vários tratamentos e exames que antes tinham restrição de gênero. Na lista, estão incluídos 271 procedimentos entre eles: Vasectomia, Tratamentos contra o câncer no útero, Parto, Mastectomia (retirada das mamas) e exames específicos para a saúde feminina e masculina.
- **ACABA MANDATO DE ZELENSKY NA UCRÂNIA, MAS ELE CONTINUA PRESIDENTE**. As novas eleições no país deveriam ter sido realizadas em 31 de março, mas a **LEI MARCIAL** decretada desde a invasão da Rússia contra o território ucraniano o mantém no cargo sem um novo pleito até que a situação no país seja normalizada. Segundo o artigo 108, o presidente em exercício se manterá no poder até que um novo presidente eleito assuma o cargo, desconsiderando o artigo 103, que afirma que o mandato de um chefe do Executivo é de 5 anos. Além de eleições, a lei marcial ucraniana restringe a existência de alguns direitos civis, como reunião pacífica de indivíduos, liberdade de expressão e movimento. O governo justifica as restrições políticas e individuais como necessárias para a manutenção da soberania da Ucrânia.
- **USO DIÁRIO DE MACONHA SUPERA PELA 1ª VEZ E DE ÁLCOOL NOS EUA:** O estudo indica que, em 2022, 17,7 milhões de norte-americanos diziam usar a cannabis diariamente ou quase diariamente, enquanto 14,7 milhões de cidadãos afirmava consumir álcool frequentemente.
- **STF INVALIDA ESTRATÉGIA JURÍDICA DE DESQUALIFICAR MULHERES VÍTIMAS DE VIOLÊNCIA:** Por unanimidade, os ministros do STF decidiram que é inválida a prática de desqualificar e culpar as mulheres vítimas de violência quando ocorre o julgamento destes crimes na Justiça. Os ministros decidiram estender para todos os crimes de violência contra a mulher – os delitos previstos na Lei Maria da Penha e a violência política de gênero, por exemplo.
- **MORRE KABOSU**, cachorrinha japonesa da raça **shiba inu** que inspirou memes e logotipo da **CRIPTOMOEDA DOGECOIN**.

- **OBRA DO ARTISTA KOBRA** leiloada para ajudar o **RIO GRANDE DO SUL** deve virar mural. Uma obra que retrata um punho tatuado com a Estátua do Laçador – símbolo oficial de Porto Alegre– segurando a bandeira do Rio Grande do Sul foi leiloada por R$ 400 mil. A **tela "RESILIÊNCIA"** foi criada pelo artista **EDUARDO KOBRA** e pode ganhar um espaço no estado em breve.
- **"ANORA" VENCE PALMA DE OURO NO FESTIVAL DE CANNES NA FRANÇA.** A produção é sobre uma garota que trabalha como stripper e se apaixona por um filho de um oligarca russo. O filme "**MOTEL DESTINO**", do diretor do **CEARÁ**, Karim Ainouz, representou o **BRASIL** na disputa.
- **GILBERTO GIL É HOMENAGEADO EM UMA SÉRIE DE SELOS E CARIMBOS DOS CORREIOS.** O selo institucional de Gil **é o primeiro da Série "Personalidades"**, criada pela estatal para celebrar expoentes brasileiros da música, das artes cênicas e dos esportes.
- **MARCO LEGAL DOS GAMES É SANCIONADO POR LULA**. O chamado Marco Legal dos Games regulamenta a fabricação, importação, comercialização, o desenvolvimento de jogos eletrônicos e seu uso comercial no Brasil. Na definição de jogos eletrônicos, entram os softwares, as imagens geradas a partir da conexão com o jogador, conhecido como gamer; os jogos de console de videogames e de realidade virtual, realidade aumentada, realidade mista e realidade estendida ou imersiva. **Não entram nesta categoria de gamer:** os jogos de azar eletrônicos, apostas do tipo bet, poker on-line e outros que envolvam prêmios em dinheiro.
- **A MINISTRA CÁRMEN LÚCIA É ELEITA PRESIDENTE DO TSE no biênio 2024-2026.** O ministro **Nunes Marques** foi eleito **vice-presidente** do Tribunal. O cargo de presidente é ocupado de forma rotativa entre os ministros do STF que atuam no tribunal. A ministra Cármen Lúcia substitui Alexandre de Moraes no comando da Justiça Eleitoral a partir de junho. O ministro **ALEXANDRE DE MORAES** poderá ficar no **STF até 2043**, quando completará 75 anos, idade limite para aposentadoria. A vaga aberta no TSE com a saída de Alexandre de Moraes – também em junho – será preenchida pelo ministro **ANDRÉ MENDONÇA**, também do STF. A partir de junho, a composição titular do **TSE** será: Cármen Lúcia (presidente), Nunes Marques, (vice-presidente) André Mendonça; Raul Araújo; Isabel Gallotti; André Ramos Tavares; e Floriano de Azevedo Marques.
- **MORTE DE MARIELLE OCORREU PARA PROTEGER INTERESSES DE MILÍCIAS:** A Procuradoria-Geral da República (PGR) concluiu que o assassinato da vereadora Marielle Franco e do motorista Anderson Gomes, ocorrido em 2018, foi executado para proteger interesses econômicos de milícias e desencorajar atos de oposição política de Marielle, filiada ao Psol. A base da acusação é a delação premiada do ex-policial **Ronnie Lessa**, réu confesso da execução dos homicídios.
- **PAULO PIMENTA SERÁ MINISTRO EXTRAORDINÁRIO PELA RECONSTRUÇÃO DO RIO GRANDE DO SUL:** o Rio Grande do Sul vai ganhar um ministro extraordinário para coordenar as ações do governo federal. Atual titular da Secom, **Secretaria de Comunicação Social**, Paulo Pimenta é o novo ministro extraordinário para ajudar na reconstrução do estado.
- **RIO DE JANEIRO TEM LEI CONTRA ASSÉDIO SEXUAL EM ESTÁDIOS DE FUTEBOL**. A intenção é combater a importunação sexual durante as competições.
- **ESPANHA RETIRA EMBAIXADORA DA ARGENTINA DE FORMA DEFINITIVA APÓS FALA DE JAVIER MILEI.** A crise começou após o presidente argentino, **Javier Milei**, chamar a **ESPOSA** do primeiro-ministro espanhol, **Pedro Sánchez**, de **CORRUPTA** por

conta de uma investigação arquivada contra ela. A Espanha, como reação, convocou sua embaixadora em Buenos Aires e exigiu pedido de desculpas por parte de Milei.

- **LULA SANCIONA LEI QUE DESONERA ATIVIDADES DO SETOR DE EVENTOS.** O presidente Lula sancionou sem vetos a lei que muda as regras do **Programa Emergencial de Retomada do Setor de Eventos (PERSE)**, para o período entre 2024 e 2026. O texto sancionado define o valor de R$15 bilhões como teto de **RENÚNCIA TRIBUTÁRIA** para beneficiar empresas com faturamento de até R$ 78 milhões e que exerçam 30 atividades do setor de eventos.
- **DESLIZAMENTO DE TERRA EM PAPUA-NOVA GUINÉ:** Organização Internacional para as Migrações da ONU (OIM) estimou que **670 pessoas morreram** após um deslizamento de terra em Papua-Nova Guiné, que costuma ter fortes chuvas. No entanto, as tempestades e inundações têm sido mais intensas em 2024 do que o normal.
- **ESPANHA ANUNCIA UM BILHÃO DE EUROS DE AJUDA MILITAR A KIEV.** O acordo entre **Espanha** e **Ucrânia** está centrado na entrega de **mísseis Patriot** para defesa antiaérea e **tanques Leopard.**
- **NOVO PRESIDENTE INTERINO DO IRÃ, MOHAMMAD MOKHBER,** vai ocupar o papel de Ebrahim Raisi, que morreu depois do helicóptero no qual viajava ter caído no noroeste do país.
- **CONGRESSO DERRUBA VETO DE LULA E PROÍBE USO DE VERBAS PARA ABORTO E MUDANÇA DE SEXO.** O Congresso derrubou o veto do presidente Lul a um trecho da LDO (Lei de Diretrizes Orçamentárias) de 2024 que proibia o uso de recursos públicos para ações que estimulem "aborto, transição de gênero, ocupações de terras" ou que atentem contra a "família tradicional brasileira". Leia o que a emenda retomada determina: "É vedado à União realizar despesas que, direta ou indiretamente, promovam, incentivem ou financiem: **I** – invasão ou ocupação de propriedades rurais privadas; **II** – ações tendentes a influenciar crianças e adolescentes, da creche ao ensino médio, a terem opções sexuais diferentes do sexo biológico; **III** – ações tendentes a desconstruir, diminuir ou extinguir o conceito de família tradicional, formado por pai, mãe e filhos; **IV** – cirurgias em crianças e adolescentes para mudança de sexo; **V** – realização de abortos, exceto nos casos autorizados em lei.
- **CONGRESSO DERRUBA VETO DE LULA E ACABA COM SAIDINHAS PARA VISITAS A FAMILIARES.** Com a derrubada do veto, legislação volta à redação original aprovada pelo Congresso, que acaba com a saída temporária de presos do regime semiaberto. O único senador do PT a votar contra veto de Lula a "saidinha" foi o DELEGADO FABIANO CONTARATO (ES). Ele disse não considerar o benefício "razoável". A decisão dos parlamentares restringe ainda mais as saidinhas, porque também proíbe que os detentos deixem os presídios temporariamente para: **visitar a família**; **praticar atividades que contribuam para o retorno do convívio social**. O benefício, portanto, será dado somente a quem for sair para estudar – seja ensino médio, superior, supletivo ou cursos profissionalizantes. O detento tem direito de solicitar até cinco saídas de sete dias por ano ou de acordo com a duração do curso. Em abril, Lula vetou o texto na tentativa de permitir que o preso visite a família e participe de atividades para reinserção social. Agora, o parlamento reverteu a decisão.
- **TAXA DAS BLUSINHAS:** O projeto de lei que institui uma **TAXA de 20% sobre compras internacionais de até US$ 50** foi aprovado na Câmara dos Deputados e aguarda

a sanção do presidente Lula. A medida, apelidada de "taxa das blusinhas", deve reduzir drasticamente o volume de encomendas do exterior.

- **THIAGO BRAZ É SUSPENSO POR DOPING E PERDE PARIS 2024**. Thiago, campeão olímpico do **SALTO COM VARA**, estava suspenso provisoriamente desde 28 de julho de 2023, após ter sido pego no antidoping com a **substância OSTARINA**, droga utilizada para o aumento de massa muscular. Com a confirmação da suspensão, ele só poderá voltar a competir em 27 de novembro deste ano, três meses após o fim dos Jogos Olímpicos.
- **CONGRESSO DA COLÔMBIA APROVA PROIBIÇÃO DE TOURADAS APÓS SETE ANOS DE TENTATIVAS.** O projeto de lei que proíbe as touradas foi aprovado com 93 votos a favor e dois contra. O tribunal constitucional da Colômbia instou o Congresso nos últimos anos a emitir uma regulamentação definitiva sobre o assunto. Os eventos de touradas são **proibidos** por lei em alguns países latino-americanos, como Argentina e Cuba, enquanto são **legais** na maior parte do México e do Peru.
- **BARROSO DÁ 72 HORAS PARA SÃO PAULO EXPLICAR EDITAL DE CÂMERAS PARA POLÍCIA**. Governo do Estado deverá prestar informações sobre regras para gravação de imagens de forma ininterrupta, prazo para armazenamento das imagens captadas e políticas públicas para destinação de câmeras.
- **COREIA DO NORTE ENVIA BALÕES COM LIXO E SUPOSTAS FEZES DE ANIMAIS PARA COREIA DO SUL.** Pyongyang defende sua campanha dizendo que esses "presentes" são uma represália pelos balões cheios de propaganda contra o governo de Kim Jong Un enviados ao norte por ativistas do sul.
- **CORTINA BLOQUEIA VISTA "VIRAL" DE MONTE FUJI EM CIDADE JAPONESA.** Uma cidade no Japão inaugurou uma cortina preta de 2,5 metros de altura e 20 m de comprimento para separar os turistas de uma vista do monte Fuji em frente a uma loja de conveniência. A barreira é um sinal recente da luta do Japão contra um pico de visitantes. Isso ocorre por conta da **queda na cotação do Iene**, que atingiu seu menor valor em 34 anos. O iene fraco se tornou irresistível para muitos visitantes. Isso significa boas notícias para a economia local, mas também um turismo exagerado em algumas cidades e locais populares.
- **CONGRESSO MANTÉM VETO DE BOLSONARO A LEI QUE PUNIRÁ FAKE NEWS EM ELEIÇÕES.** O Congresso Nacional manteve veto do ex-presidente Jair Bolsonaro (PL) que impediu punir quem espalhar fake news durante as eleições. A decisão dos parlamentares barrou a possibilidade de estipular na lei o crime de "comunicação enganosa em massa", com uma pena de prisão de um a cinco anos e multa. O texto previa a reclusão, o que admite início do cumprimento em regime fechado. Com a decisão de hoje, deixa de ocorrer a inclusão de uma lista de "crimes contra a democracia" no Código Penal.
- **DESAPARECIMENTO DE CRIANÇA PODE SER COMUNICADO ANTES DE 24 HORAS.** A iniciativa, chamada **"Não Espere 24h",** foi lançada para lembrar o Dia Internacional das Crianças Desaparecidas. A recomendação é que a polícia seja notificada o mais rápido possível do sumiço. Quanto antes o desaparecimento é comunicado, maior a chance de localização da criança.
- **LIBERDADE DE EXPRESSÃO E O AVANÇO DO BRASIL NO RANKING.** O Brasil foi o país que registrou o maior avanço mundial no ranking que mede a liberdade de expressão

em 161 países. No último relatório, o Brasil estava em 81º lugar no ranking mundial. Agora, passou para a **35ª POSIÇÃO** e fez com que o país saísse da categoria "restrito" e passasse a integrar a "aberto", considerada a com maior liberdade de expressão.

- **ESCUTA SUSP:** programa Escuta Susp (**Sistema Único de Segurança Pública**) dará apoio psicológico a profissionais da segurança.
- **TRUMP SE TORNA 1º EX-PRESIDENTE CONDENADO EM AÇÃO CRIMINAL NA HISTÓRIA DOS EUA:** Trump foi acusado de fraudar documentos fiscais para esconder pagamento a atriz de filmes adultos, Stormy Daniels, **ANTES** das eleições de 2016.
- **VIOLÃO DE JOHN LENNON É LEILOADO POR R$ 15 MILHÕES.** Violão de modelo HOOTENANNY foi o quinto mais caro já vendido. Ele usou esse violão na gravação dos álbuns "HELP" e "Rubber Soul".
- **PARLAMENTO DA ESPANHA APROVA LEI POLÊMICA DE ANISTIA PARA SEPARATISTAS CATALÃES.** Medida concede perdão a mais de 400 pessoas acusadas de separatismo pelo governo espanhol, incluindo o ex-presidente autodeclarado da Catalunha, Carles Puigdemont, que atualmente está em exílio na Bélgica. Com a nova lei, ele poderá retornar ao país.
- **PEC DO QUINQUÊNIO:** cria um **adicional de 5% do salário** a cada cinco anos — como valorização por tempo de exercício — para agentes públicos de carreiras jurídicas, como juízes, procuradores e defensores públicos. O impacto estimado pela área orçamentária do Senado é de R$ 81,6 bilhões até 2026 se o texto for aprovado. O governo é contra a proposta, avaliada como "pauta-bomba" por integrantes da base. O texto, em tramitação no Senado, passará por novas análises de impacto financeiro e foi retirado da agenda por conta da situação do Rio Grande do Sul.

FALECIMENTOS:

- **BERNARD HILL**, ator britânico de **TITANIC** e **O SENHOR DOS ANÉIS** morre aos 75 anos. Ator interpretou o capitão Edward Smith no filme sobre o naufrágio e o rei Théoden na trilogia de fantasia.
- **PAULO CESAR PEREIRO**, renomado ator, morre aos 83 anos. Ele estava residindo no **Retiro dos Artistas**.
- **WASHINGTON RODRIGUES**, o **APOLINHO**, **jornalista** e ex-técnico do Flamengo, morre aos 87 anos.
- **ANTERO GRECO**, **jornalista** que marcou época como apresentador dos **canais ESPN**, morre aos 69 anos. Ele lutava contra um tumor no cérebro.
- **SILVIO LUIZ**, **narrador de futebol**, morre anos 89 anos. Ele sofreu derrame enquanto trabalhava na transmissão digital da Record em Palmeiras x Santos.
- **TONI VENTURI, cineasta,** morreu aos 68 anos. Ele faleceu após passar mal nadando na praia de São Sebastião, litoral de São Paulo.
- **ALICE MUNRO, escritora** que venceu **PRÊMIO NOBEL DE LITERATURA**, morreu aos 92 anos.

6. JUNHO

- **FILME DIVERTIDA MENTE 2:** Há tanta coisa acontecendo dentro do **cérebro de um adolescente** que a subsidiária da Disney, Pixar, fez um **filme** inteiro sobre isso. "**DIVERTIDA MENTE 2**" segue a personagem principal, Riley, enquanto ela completa 13 anos e passa por todas as mudanças emocionais que acompanham a puberdade: mais sensibilidade, consciência de seu lugar no círculo social e muita ansiedade. Nos primeiros anos da adolescência, o cérebro está passando por uma remodelação. Junto com essas reformas vêm novas e complexas emoções – **VERGONHA, INVEJA, TÉDIO E ANSIEDADE.**

- **NOVA PRESIDENTE DO MÉXICO:** Apadrinhada pelo atual presidente Andrés Manuel López Obrador, a política **CLAUDIA SHEINBAUM** se tornou a **PRIMEIRA MULHER PRESIDENTE DO MÉXICO**. De perfil sóbrio, chamada de **"Dama de Gelo"** por opositores, Claudia será também a primeira pessoa de **ascendência judaica** a comandar o país. Com candidatura de esquerda pelo **partido MORENA**, ela deve aprofundar combate às desigualdades iniciado por Obrador. A presidente eleita considera as reformas constitucionais de programas sociais sobre **direitos e reconhecimento dos povos indígenas** uma prioridade para as próximas negociações. Antes de entrar na política, Sheinbaum construiu uma carreira acadêmica: formou-se em física pela Unam e fez pós-graduação em engenharia ambiental.
- **ONDA DE CALOR MATA MAIS DE MIL PESSOAS DURANTE PEREGRINAÇÃO ANUAL A MECA, NA ARÁBIA SAUDITA:** Temperatura na região chegou a 52ºC. Chamada de **HAJJ**, a peregrinação leva milhares de muçulmanos a Meca todos os anos. Meca é a principal cidade sagrada do Islã e um dos cinco pilares do islamismo. Apenas os muçulmanos podem entrar na cidade, e, durante o período de peregrinação, **o governo saudita distribui vistos para estrangeiros**, com base em um sistema de cotas. No entanto, entre as vítimas, **mais 630 estavam em situação irregular no país**, porque não têm dinheiro suficiente para pagar os custos dos trâmites oficiais. Essas pessoas são mais vulneráveis ao calor extremo, porque, sem documentos oficiais, não podem ter acesso aos espaços com ar-condicionado disponibilizados pelas autoridades sauditas, que este ano receberam 1,8 milhão de peregrinos autorizados.
- **PRESIDENTE DA ARGENTINA ENVIOU UM PROJETO PARA REDUZIR A MAIORIDADE PENAL NO PAÍS PARA 13 ANOS.** O texto foi enviado em regime de urgência e já está em discussão no Congresso argentino. Atualmente, a maioridade penal no país é de 16 anos. A proposta prevê que menores entre 13 e 18 serão destinados a prisões especiais, uma espécie de Fundação Casa. Os pais do infrator serão notificados, mas não responderão pelo adolescente. As penas, segundo o projeto, podem chegar até 6 anos de prisão em casos graves. Em caso de morte ou violência grave, as penas podem atingir 20 anos de prisão. O texto ainda prevê que o tempo de prisão deverá considerar a idade do infrator. A depender dos crimes, as penas podem ser trocadas por medidas socioeducativas, como tratamento médico e proibição de consumo de álcool e drogas.
- **ACORDO MÚTUO ENTRE COREIA DO NORTE X RÚSSIA: Coreia Do Norte** divulgou alguns detalhes do **acordo de ajuda mútua** fechado com a **Rússia**. O tratado cita a segurança nacional dos dois países e possíveis ameaças e ataques que ambos possam sofrer. Veja a seguir alguns pontos do pacto: Cada país deve fornecer toda a assistência militar necessária e outras disponíveis se o outro enfrentar um ataque armado; Ambos não poderão assinar tratados com nações terceiras que infrinjam os interesses de Rússia e Coreia do Norte; As duas nações ficam proibidas de autorizar o uso do próprio território por terceiros para infringir a segurança ou a soberania; Rússia e Coreia do Norte irão tomar ações conjuntas para fortalecer as capacidades de defesa; Ambos os lados cooperarão em questões de interesse mútuo e segurança dentro da ONU; Os dois países adotarão políticas pacíficas para uma ordem mundial justa e multipolar; Cooperarão

em pesquisas espaciais, além do uso pacífico da energia nuclear e inteligência artificial; Coreia do Norte e Rússia também assinaram um acordo para construir uma ponte rodoviária na fronteira entre os dois países. Segundo a Coreia do Norte, o pacto não tem prazo para acabar, a menos que uma das partes pretenda suspendê-lo. O acordo assinado resgata relações semelhantes que os países tinham durante a Guerra Fria. A parceria também prevê, de um lado, apoio da Rússia a manobras de Pyongyang perto da Coreia do Sul, o que deve piorar ainda mais a relação entre as duas Coreias.

- **ESCRITORA ADÉLIA PRADO** é a vencedora do Prêmio Camões - o mais importante da língua portuguesa, e também venceu o Prêmio Machado de Assis 2024. **PRÊMIO CAMÕES 2024**: O valor da premiação é de 100 mil euros, um dos maiores valores do mundo entre os prêmios literários. A premiação é concedida por meio de subsídio da Fundação Biblioteca Nacional (FBN) – entidade vinculada ao Ministério da Cultura (MinC) e do Governo de Portugal. **PRÊMIO MACHADO DE ASSIS 2024**: Criado em 1941, o Prêmio Machado de Assis é entregue a autores que se destacam pelo conjunto de sua obra. Os vencedores são escolhidos pelos membros da ABL. Adélia Prado é a 11ª mulher a receber o prêmio, que atualmente tem o valor de R$ 100 mil. O prêmio celebra os mais de 20 livros publicados por Adélia, cuja escrita é construída entre **A PROSA E O VERSO**, poetizando temas do cotidiano, da religiosidade e do feminino. Considerada uma das principais escritoras brasileiras, Adélia Prado, aos 88 anos, é considerada a maior poetisa viva da literatura brasileira. Nascida em Divinópolis, no estado de Minas Gerais, ela escreveu os primeiros versos aos 15 anos. Em 1976, publicou "**BAGAGEM**". Já em 1978 foi a vez de "O coração disparado", agraciado com o Prêmio Jabuti. Sua estreia em prosa se deu no ano seguinte, com o livro "Solte os cachorros". Depois de alguns anos de ausência, prepara-se para lançar uma obra ainda em 2024, com o título provisório de "**JARDIM DAS OLIVEIRAS**".
- **CÁRMEN LÚCIA**, ministra do Supremo Tribunal Federal, **tomou posse no cargo de PRESIDENTE DO TRIBUNAL SUPERIOR ELEITORAL (TSE).** O mandato será de dois anos. Cármen Lúcia entra na vaga deixada por Alexandre de Moraes, que cumpriu o período máximo de um biênio na chefia do TSE. A ministra será responsável por comandar as eleições municipais de outubro. O **ministro NUNES MARQUES** ficará com a **VICE-PRESIDÊNCIA** do tribunal pelo mesmo período. O TSE é composto por sete ministros, sendo três do STF, dois do Superior Tribunal de Justiça (STJ), e dois advogados com notório saber jurídico indicados pelo presidente da República.
- **OPERAÇÃO FUNDO NO POÇO:** Polícia Federal deflagrou a **OPERAÇÃO FUNDO NO POÇO** para desarticular organização criminosa responsável pelos desvios nos fundos partidários e eleitorais de 2022 do **partido PROS – que foi incorporado pelo partido SOLIDARIEDADE em 2023.** Um dos alvos é **Eurípedes Gomes Júnior**, atual presidente nacional do Solidariedade. As investigações começaram a partir de uma denúncia feita por Marcus Vinicius Chaves de Holanda, que foi presidente do PROS. Ele acusou Eurípedes Júnior de desviar cerca de R$ 36 milhões do partido. Investigadores da Polícia Federal identificaram indícios de que o grupo criminoso agiu com o objetivo de desviar e se apropriar de recursos dos fundos partidário e eleitoral por meio de **CANDIDATURAS LARANJAS** em diferentes estados do país. O grupo também é suspeito de superfaturar serviços contratados junto a consultorias jurídicas e também de desviar verbas destinadas à Fundação de Ordem Social, ligada ao PROS. O grupo teria lavado o dinheiro desviado a partir da criação de empresas de fachada, compra de imóveis por intermediários e superfaturamento de serviços prestados aos laranjas e ao próprio partido.

- **FUNDADOR DO WIKILEAKS, JULIAN ASSANGE**, declarou-se culpado e foi condenado durante uma audiência no **tribunal dos Estados Unidos** nas **ILHAS MARIANAS DO NORTE**. Apesar da condenação por espionagem, devido a um acordo, ele foi posto em **LIBERDADE**. A juíza disse ainda ser "justo" e "razoável" aceitar como sentença os 62 meses de prisão que Assange já cumpriu no Reino Unido. A audiência é fruto de um acordo de Assange com a Justiça dos EUA. Ele se declarou culpado por violar a Lei de Espionagem dos Estados Unidos. Ele divulgou em 2010, através do Wikileaks, centenas de documentos militares confidenciais dos EUA sobre guerra no Afeganistão e Iraque. Ele disse ao tribunal acreditar que a Lei de Espionagem contradizia os direitos da Primeira Emenda dos Estados Unidos, mas que aceitava o fato de que incentivar fontes a fornecer informações confidenciais para publicação pode ser ilegal. Depois de deixar o tribunal, Assange foi para o aeroporto e embarcou em voo rumo a Camberra, na **AUSTRÁLIA**. **O ativista é australiano** e deve viver no país com a esposa e os dois filhos.
- **KRIST NOVOSELIC, ex-baixista do NIRVANA,** anunciou que lançará sua candidatura para concorrer nas **eleições presidenciais dos EUA** previstas para 5 de novembro. Ele foi nomeado durante a convenção do partido recém-criado **Cascade Party**. Mas Novoselic afirma que não pretende concorrer de fato ao cargo. Apesar de ser um candidato, a campanha terá como objetivo só atender exigências legais para a formalização da sigla. Dentre os requisitos para a criação de um novo partido, a legislação de Washington exige a formação de uma chapa presidencial para concorrer no pleito. O Cascade Party também busca conseguir ao menos 1.000 assinaturas para a formalização do grupo. O **Cascade Party** se classifica como uma associação "**CENTRISTA**". O partido afirma ser uma associação para os cidadãos norte-americanos insatisfeitos com a polarização política do país.
- **PROPOSTA BRASILEIRA NO G20 PARA TAXAR SUPER-RICOS** pode arrecadar até US$ 250 bilhões por ano. Trata-se de **um imposto mínimo de 2% da riqueza dos bilionários do mundo** Documento dá sustentação técnica para a proposta da presidência do Brasil no G20 de taxar os bilionários e destaca a importância da cooperação internacional para evitar evasão fiscal e os desafios para a implementação de um padrão de tributação internacional. A proposta foi elaborada pelo **economista francês Gabriel Zucman,** professor de economia na Escola de Economia de Paris e da Universidade da Califórnia.
- **MANIFESTANTES DA FRANÇA AMEAÇAM UMA DEFECAÇÃO EM MASSA NO RIO SENA** em **PROTESTO aos Jogos Olímpicos em Paris**, que começam em julho de 2024. O protesto é por causa do alto nível de poluição do rio mesmo depois de gastos estimados em 1,4 bilhão de euros para despolui-lo até o evento. Nas redes sociais, a hashtag "*Eu caguei no Sena em 23 de junho*" mobiliza internautas. A prefeita de Paris, Anne Hidalgo chamou autoridades –inclusive o presidente, que confirmou presença– a fim de provar que a água está apta para receber atletas que vão usá-lo na competição, como os de **NATAÇÃO e TRIÁTLON**. Contudo, o mergulho da prefeita foi remarcado para 15 de julho –duas semanas antes das Olimpíadas. Especula-se que o motivo seja o **NÍVEL DE POLUIÇÃO DO RIO.** A Prefeitura culpou as más condições meteorológicas de junho na França.
- **MAIS DE 120 MILHÕES DE PESSOAS EM TODO O MUNDO ESTÃO DESLOCADAS À FORÇA** de suas casas devido a perseguições, conflitos, violência e violação de direitos. Isso representou, segundo a Agência das Nações Unidas para Refugiados (Acnur), um

aumento de 8% em relação ao ano anterior. De acordo com a agência internacional, 73% dos refugiados e dos deslocados pertencem apenas a 5 países: **AFEGANISTÃO, SÍRIA, VENEZUELA, UCRÂNIA e SUDÃO DO SUL**. A **SÍRIA** continua sendo a fonte da maior crise de refugiados do mundo, com 13,8 milhões de pessoas deslocadas à força dentro e fora do país até ao final de 2023, devido à guerra civil que começou há 12 anos.

- **PRESIDENTE DA TURQUIA PEDE APOIO AO PRESIDENTE LULA PARA INTEGRAR O BRICS**. Lula teve uma reunião bilateral com o presidente Recep Erdoğan, à margem da Cúpula do G7, na Itália. BRICS é bloco de países originalmente formado por Brasil, Rússia, Índia, China e África do Sul, que teve em 2023 as adesões de Egito, Etiópia, Arábia Saudita, Emirados Árabes Unidos e Irã. A Rússia saúda desejo da Turquia de se juntar ao Brics. Como integrante da Otan, a Turquia tem sido criticada por seus aliados ocidentais por causa dos seus laços com a Rússia. No entanto a Turquia rejeitou as alegações, reafirmando seu compromisso com a aliança e seu objetivo de adesão plena à União Europeia.

- **ESQUERDA VENCEU ELEIÇÕES NA FRANÇA:** Macron dissolve parlamento e convoca eleição legislativa na França. Decisão foi tomada após extrema-direita mostrar força nas eleições europeias.

O **partido de direita radical REUNIÃO NACIONAL (NR),** liderado por **Marine Le Pen**, saiu como vencedor do **primeiro turno** das eleições parlamentares realizadas na **FRANÇA**, com 33% dos votos. O ex-meio campista **RAÍ**, um dos maiores ídolos do São Paulo, do Paris Saint-Germain e da seleção brasileira nos anos 1990, discursou em um ato **contra a extrema-direita**. Ele relembra Bolsonaro em discurso contra a ultradireita na França: 'Vivemos um pesadelo'. O capitão da seleção francesa de futebol, **MBAPPÉ**, fez um apelo para que os eleitores franceses não votem na extrema direita no segundo turno das eleições.**Macron** apelou aos partidos de **centro** (Juntos) e de **esquerda** (Nova Frente Popular) para se unirem para evitar que a direita radical ganhe o controle do Parlamento. Um grande número de candidatos de esquerda e de centro deixaram de concorrer numa tentativa de bloquear uma possível vitória do Reunião Nacional. Essa estratégia, conhecida como **"CORDÃO SANITÁRIO",** já foi utilizada em outras eleições francesas e tem por objetivo concentrar os votos do campo considerado democrático em uma única candidatura em cada região em disputa. Em um resultado surpreendente, **a coalizão de esquerda NOVA FRENTE POPULAR, liderada por Jean-Luc Mélenchon**, foi a **VENCEDORA** no **segundo turno** e obteve o maior número de assentos na Assembleia Nacional da França nas eleições legislativas, mas sem força suficiente para governar sozinha.

1. Nova Frente Popular (esquerda): 182 assentos;
2. Juntos (centro): 168 assentos;
3. Reunião Nacional (extrema direita): 143 assentos.

Para a extrema direita, apesar do crescimento vertiginoso do número de assentos obtidos pelo Reunião Nacional (RN), de 88 para 143, o resultado foi uma decepção. O **primeiro-ministro, GABRIEL ATTAL,** que é do Juntos (centro), também admitiu a derrota, e **disse que iria renunciar ao cargo**. Caberá ao presidente da França, Emmanuel Macron, indicar um novo premiê a partir dos resultados dessas eleições. Ainda não há previsão de quando isso vai ocorrer.

- **TENTATIVA DE GOLPE DE ESTADO NA BOLÍVIA:** A Bolívia sofreu uma tentativa de golpe de estado liderada pelo ex-comandante do Exército do país, mas que acabou falhando. Tanques do Exército e militares armados **chegaram a invadir o Palácio Quemado, em La Paz.** A tentativa de golpe, a segunda em cinco anos no país, foi arquitetada pelo **general JUAN JOSÉ ZÚÑIGA.** Ele, que havia sido destituído do cargo de comandante do Exército após fazer **ameaças ao ex-presidente Evo Morales**, afirmou que prenderia Morales caso o ex-presidente volte ao poder. O ex-comandante terminou preso após o ato e, ao ser levado por policiais, **acusou o atual presidente da Bolívia, LUIS ARCE,** a ter orquestrado o ato para promover um autogolpe e ganhar popularidade. Após cerca de quatro horas de tensões que incluíram um cara a cara entre o presidente, Luis Arce, e Zúñiga, o movimento foi desmobilizado por ordem de Arce, e os militares que participaram da tentativa de golpe deixaram o local, cercados por soldados que se mantiveram fiéis ao governo. Zuñiga disse a TVs locais que o movimento era uma "tentativa de restaurar a democracia" na Bolívia e de " libertar prisioneiros políticos". No entanto, a tentativa de golpe foi fortemente condenada até por adversários políticos de Arce, como a ex-presidente da Bolívia Jeanine Áñez.

- **ESCÂNDALO DO PANAMÁ PAPERS**: A Justiça do **PANAMÁ** decidiu absolver 28 pessoas acusadas de lavagem de dinheiro relacionadas ao extinto **escritório de advocacia MOSSACK FONSECA**, que protagonizou o escândalo dos PANAMA PAPERS. Entre os absolvidos estão os fundadores do escritório, Jürgen Mossack e Ramón Fonseca — que morreu no último dia 9 de maio. Durante o julgamento, a promotoria defendeu que os acusados fossem condenados a 12 anos de prisão. A juíza, contudo, entendeu que as provas coletadas nos servidores do escritório de advocacia não permitiram "ter certeza de sua autenticidade e integridade" Objeto de uma série de reportagens, o escândalo do Panama Papers revelou o funcionamento de um esquema de ocultação de propriedade e lavagem de dinheiro por meio de empresas de fachadas.
- **TRIBUNAL REGIONAL ELEITORAL DO AMAPÁ CASSOU O MANDATO DA DEPUTADA FEDERAL SILVIA WAIÃPI**. Ela foi denunciada pelo Ministério Público Eleitoral por gasto ilícito de dinheiro público. A representação descrevia que ela teria usado R$ 9 mil dos recursos destinados à campanha de 2022 para **pagar uma HARMONIZAÇÃO FACIAL** em um consultório odontológico em Macapá. Antes da carreira política, Silvia Wiãpi teve trabalhos na TV. Na novela **"Uga Uga"** (2000), ficou conhecida pelo papel da **índia CROCOKÁ**. De 2018 a 2022, ocupou o cargo de secretária de Saúde Indígena no governo federal. Em 2023, o nome de Silvia foi incluído no inquérito que apura os atos golpistas no Distrito Federal.
- **DEBATE SOBRE PROPOSTA QUE REDUZ A 14 ANOS A IDADE MÍNIMA PARA QUE ADOLESCENTE POSSA TRABALHAR** volta à CCJ da câmara. Pela PEC principal, além do regime da aprendizagem, adolescentes com 14 anos ou mais poderão trabalhar em tempo parcial (**até 30 horas semanais ou 6 horas diárias**). O Conselho Nacional dos Direitos da Criança e do Adolescente (Conanda), vinculado ao Ministério dos Direitos Humanos, e a OIT já se posicionaram contra a aprovação da proposta, que viola os "direitos fundamentais à proteção no trabalho e à profissionalização e princípios da proteção integral e da prioridade absoluta". O órgão também diz que a medida traz um "retrocesso social" e prejuízos à saúde e ao desenvolvimento físico, psíquico, moral e social dos adolescentes.
- **LEI Nº 14.902/2024** acaba com a isenção do Imposto de Importação para compras internacionais de até US$ 50, determinando a **INCIDÊNCIA DO IMPOSTO DE IMPORTAÇÃO SOB A ALÍQUOTA DE 20%,** popularmente conhecida como "**TAXA DAS BLUSINHAS**". Logo, **o consumidor pagará 20% de Imposto de Importação para mercadorias até US$ 50** (atualmente cerca de R$ 275) ou de 60% para mercadorias acima desse valor.

De acordo com o governo, a taxação de 20% do Imposto de Importação **NÃO** valerá para medicamentos importados por pessoa física. A Lei 14.902, de 2024, **também** cria o **PROGRAMA MOBILIDADE VERDE E INOVAÇÃO (MOVER).** O Mover inova em relação ao Rota 2030, criado em 2018, e a seu antecessor, o Inovar Auto, de 2012. Todos têm como meta **reduzir em 50% as emissões de carbono até 2030**, estabelecendo requisitos mínimos para que os veículos saiam das fábricas mais econômicos, mais seguros e menos poluentes. O "Mover" é um programa sistematizado pelo Ministério do Desenvolvimento, Indústria, Comércio e Serviços (MDIC), visando a descarbonização dos veículos e incentivando a eficiência energética e a reciclagem na fabricação. Ele introduz o **"IPI VERDE"**, que reduz impostos para veículos menos poluentes. Além disso, oferece incentivos fiscais para empresas que investem em descarbonização, alinhando-se ao compromisso com o desenvolvimento sustentável. O novo programa aumenta os requisitos obrigatórios de sustentabilidade para os veículos novos comercializados no país. Entre as novidades está a medição das emissões de carbono "**DO POÇO À RODA**", ou seja, considerando todo o ciclo da fonte de energia utilizada. Posteriormente, o Mover prevê uma medição ainda mais ampla, conhecida como "**DO BERÇO AO TÚMULO**" e abrangendo a pegada de carbono de todos os componentes e de todas as etapas de produção, uso e descarte do veículo.

NOTÍCIAS EXTRAS

- **PANTANAL REGISTROU ALTA de quase 1000% NAS QUEIMADAS** no primeiro semestre de 2024, em comparação com o mesmo período do ano passado. Os municípios com mais focos de incêndio registrados foram **CORUMBÁ, no Mato grosso do Sul, e CÁCERES, no Mato Grosso.** As duas cidades juntas representam mais de 70% dos registros no Pantanal neste ano. **MATO GROSSO DO SUL** decreta **SITUAÇÃO DE EMERGÊNCIA.** O decreto de emergência prevê uma atuação do poder público mais célere nos municípios de Mato Grosso do Sul afetados pelos incêndios.
- **DISPUTA TERRITORIAL ENTRE CEARÁ E PIAUÍ:** O **LITÍGIO** entre o Piauí e o Ceará é uma disputa territorial que iniciou em 1758 e permanece até hoje devido a inúmeras controvérsias quanto à divisa entre os estados. O território em disputa é de 3 mil quilômetros quadrados de terras na Serra da Ibiapaba, a maioria das terras fica na Zona Rural dos municípios, e envolve 13 municípios cearenses e nove piauienses. Vivem cerca de 25 mil pessoas nestas áreas. Como se trata de litígio, essa área não pertence nem ao Piauí nem ao Ceará. Uma eventual mudança de território somente acontecerá após o final do processo com o trânsito em julgado da decisão tomada pelo Supremo Tribunal.
- **MASSACRE DA PRAÇA DA PAZ CELESTIAL FAZ 35 ANOS. CHINA PROÍBE HOMENAGEM**: Três décadas e meia após a repressão sangrenta do movimento pró-democracia pacifico, a memória dos acontecimentos em Tiananmen — Praça da Paz Celestial — continua proibida no país. Como em todos os dias 4 de junho desde 1989, a censura e a vigilância dos locais comemorativos foram reforçadas. Presidente de Taiwan provoca a China e promete preservar a memória do massacre da Praça da Paz Celestial. Declaração de Lai Ching-te ocorre após a China ter realizado manobras militares em torno de Taiwan
- **ASSEMBLEIA DO PARANÁ APROVA PROJETO PARA TERCEIRIZAR GESTÃO DE ESCOLAS EM 204 COLÉGIOS ESTADUAIS.** O próximo passo é a sanção do governador Ratinho Jr. (PSD), autor do projeto. Programa **"PARCEIRO DA ESCOLA"** transfere a gestão administrativa e de infraestrutura das escolas estaduais para empresas. Segundo o

projeto de Ratinho Jr., o objetivo é "otimizar a gestão", mantendo diretores, professores e funcionários das escolas. Professores da rede estadual entraram em greve contra a proposta. O sindicato argumenta que não houve debate com a sociedade.

- **MARIA DA CONCEIÇÃO TAVARES, ECONOMISTA E PROFESSORA, MORRE AOS 94 ANOS,** no Rio de Janeiro. Nascida em Aveiro, Portugal, ela era brasileira naturalizada. Uma das maiores intelectuais brasileiras, ela era filiada ao PT desde 1994, foi professora titular da Unicamp, professora emérita da Universidade Federal do Rio de Janeiro e deputada federal pelo Rio de Janeiro, de 1995 a 1999.
- **COREIA DO NORTE X COREIA DO SUL:** Na chamada **'GUERRA DE BALÕES'**, a COREIA DO SUL envia para Coreia do Norte pen drives com músicas do estilo local, e a COREIA DO NORTE envia para Coreia do Sul lixo e fezes. Ou seja, o regime de Kim Jong-un enviou cerca de 260 balões com fezes e lixo ao território sul-coreano, em retaliação a uma onda de envio de pen drives com músicas de k-pop por ativistas da Coreia do Sul.
- **JOVEM ATACADA COM SODA CÁUSTICA NO PARANÁ**: A jovem Isabelly Aparecida Ferreira Moro, de 23 anos, atacada com soda cáustica contou lembrar que ao ser atingida pelo produto, sentiu que a pele estava "pegando fogo". O caso aconteceu na cidade paranaense de **JACAREZINHO.** A suspeita de atacar é Débora Custódio, 22 anos, detida dois dias após o ataque. A polícia acredita que Débora cometeu o crime por ciúmes de Isabelly, que é ex-namorada do atual companheiro dela.
- **PEELING DE FENOL:** O empresário Henrique Silva Chagas, de 27 anos, **morreu** após ser submetido a um tratamento estético, em São Paulo. O procedimento foi realizado pela influenciadora que se identifica como Natalia Becker nas redes sociais. Ela não é médica. Também não é especialista em dermatologia. A polícia também investiga se ela chegou a usar algum registro profissional falso ou de outra pessoa para se passar por médica em algum momento. Ela realizou um curso online para poder aplicar o peeling de fenol. Uma das hipóteses é a de que o empresário possa ter tido algum tipo de reação alérgica ao tratamento e morrido por "choque anafilático" pelo uso de alguma substância química, entre elas o fenol.
- **DESCRIMINALIZAÇÃO DA MACONHA NO BRASIL:** Após nove anos de sucessivas interrupções, por 6 votos a 3, o Supremo Tribunal Federal (STF) finalizou o julgamento que descriminalizou o porte de maconha para uso pessoal e fixou a **QUANTIA DE 40 GRAMAS** para diferenciar usuários de traficantes. Com a decisão, **não comete infração penal** quem adquirir, guardar, tiver em depósito, transportar ou trouxer consigo até 40 gramas de maconha para consumo pessoal. A decisão do Supremo não legaliza o porte de maconha. O porte para uso pessoal continua como comportamento ilícito, ou seja, permanece proibido fumar a droga em local público, mas as consequências passam a ter natureza administrativa e não criminal. **PRINCIPAIS PONTOS DE DECISÃO**: A Corte manteve a validade da Lei de Drogas, mas entendeu que **as consequências são ADMINISTRATIVAS**. Com a descriminalização, **sai do rol de punições possíveis** a **PRESTAÇÃO DE SERVIÇOS À COMUNIDADE**, que tem caráter penal. A advertência e presença obrigatória em curso educativo seguem mantidas e deverão ser aplicadas pela Justiça em procedimentos administrativos, sem repercussão penal. O registro de antecedentes criminais também não poderá ser avaliado contra os usuários. A Corte fixou que deve ser de **40 GRAMAS ou SEIS PLANTAS FÊMEAS DE CANNABIS** a quantidade de maconha para caracterizar porte para uso pessoal e diferenciar usuários e traficantes. A decisão também permite a prisão por tráfico de drogas nos casos de quantidade de maconha

inferiores a 40 gramas. Nesses casos, deverão ser considerados pelos delegados indícios de comercialização, apreensão de balança para pesar o entorpecente e registros de vendas e de contatos entre traficantes. A decisão não impede abordagens policiais, e a apreensão da droga poderá ser feita pelos agentes. Os usuários poderão ser levados para uma delegacia quando forem abordados pela polícia portando maconha. Caberá ao delegado pesar a droga, verificar se a situação realmente pode ser configurada como porte para uso pessoal. Em seguida, o usuário será notificado a comparecer à Justiça. Contudo, não pode ocorrer prisão em flagrante no caso de usuário. Após o julgamento, o presidente do STF, Luís Roberto Barroso, disse que a decisão pode retroagir para atingir pessoas condenadas pela Justiça. Segundo ele, a decisão pode beneficiar pessoas exclusivamente condenadas por porte de até 40 gramas de maconha, sem ligações com o tráfico. A revisão da pena não é automática e só poderia ocorrer por meio de um recurso apresentado à Justiça. "A regra básica em matéria de Direito Penal é que a lei não retroage se ela agravar a situação de quem é acusado ou esteja preso. Para beneficiar, é possível", afirmou.

- **TRIBUNAL DA NAMÍBIA ANULOU LEI QUE CRIMINALIZAVA AS RELAÇÕES HOMOSSEXUAIS, HERDADA DOS TEMPOS COLONIAIS.** A decisão, chamada de "histórica", foi comemorada pela comunidade LGBTQIA+. O tribunal de Windhoek, capital do país, decidiu que "o crime de sodomia" e os "crimes sexuais contra natura" são inconstitucionais".
- **BRASIL NÃO ASSINA DECLARAÇÃO DE CÚPULA DE PAZ NA UCRÂNIA, QUE ACONTECEU NA SUÍÇA.** Lula diz que tomou a decisão de não ir ao encontro internacional porque o Brasil só participaria da discussão sobre a paz quando os 2 lados em conflito, Ucrânia e Rússia, estiverem sentados à mesa. Ao fim da Cúpula para a Paz na Ucrânia, na Suíça, não houve unanimidade entre as 101 delegações participantes. O documento, que pede que "todas as partes" do conflito armado estejam envolvidas para alcançar a paz, foi assinado por 84 países. Os países signatários assumem que os princípios de soberania, independência e integridade territorial de todos os Estados devem ser salvaguardados. O documento reforça que qualquer ameaça ou uso de armas nucleares no contexto da guerra em curso contra a Ucrânia é inadmissível. Entre os países que não assinaram o comunicado estão os membros do Brics -bloco formado por Brasil, Rússia, Índia, China e África do Sul, sendo que Rússia e China sequer enviaram representantes. O presidente russo, Vladimir Putin, prometeu estabelecer imediatamente um cessar-fogo na Ucrânia e iniciar negociações se o país começasse a retirar as tropas das quatro regiões anexadas por Moscou, em 2022: Donetsk, Luhansk, Kherson e Zaporíjia. Putin ainda exigiu que a Ucrânia renunciasse aos planos de adesão à Otan.
- **LÍDERES DO G7 DIVULGARAM A DECLARAÇÃO FINAL DA CÚPULA DE 2024.** Destacaram a situação na Faixa de Gaza e na Ucrânia, além de enfatizar a importância dos direitos humanos e da migração. O apoio à Ucrânia foi o principal tópico da reunião. O Brasil participou como convidado. Também foram convidados: presidente da Ucrânia, presidente da Turquia e o Papa Francisco. Compõem o G7: **EUA, Reino Unido, França, Japão, Canadá, Alemanha** e **Itália**. Abaixo, leia os destaques:

Faixa de Gaza — a declaração expressou "profunda preocupação" com as operações de Israel em Rafah, apelando ao governo israelense para evitar uma ofensiva militar em larga escala devido às "consequências desastrosas para os civis". Reconheceu o direito de Israel à autodefesa depois do ataque do Hamas em 7 de outubro, mas exigiu que o país cumpra as normas do direito internacional para garantir ajuda humanitária na região. Também endossou a proposta de cessar-fogo apresentada pelo presidente norte-americano Joe Biden e apoiada pelo Conselho de Segurança da ONU;

Ucrânia – o G7 prometeu um empréstimo de US$ 50 bilhões, financiado pelos lucros dos ativos russos congelados. Os líderes reafirmaram o "apoio inabalável à Ucrânia" pelo "tempo que for necessário" e se comprometeram a continuar fornecendo apoio militar, financeiro e humanitário para a reconstrução do país no Leste Europeu. O presidente Lula, que participou como convidado, defendeu que as discussões sobre a paz na Ucrânia devem incluir a participação russa;

Migração – os integrantes do G7 aprovaram o lançamento de uma coalizão para combater o tráfico de migrantes, enfatizando a importância da cooperação em questões migratórias;

Clima e meio ambiente – a declaração também abordou os esforços para mitigar os efeitos da crise climática, proteger a segurança alimentar global, apoiar soluções de energia e infraestrutura para países africanos e promover ações para atingir os ODS (Objetivos de Desenvolvimento Sustentável);

IA (Inteligência Artificial) – foi prometido o lançamento de um plano de ação para o uso da inteligência artificial no mundo do trabalho e a implementação do Código Internacional de Conduta para Organizações que Desenvolvem Sistemas Avançado.

A **CÚPULA DO G7**, que contou com a presença inédita do **PAPA FRANCISCO** foi realizada na **ITÁLIA** e **PRESIDIDA pela primeira-ministra italiana GIORGIA MELONI**, **NÃO** abordou diretamente os direitos da população LGBTQIA+ **NEM** o direito ao aborto. A maior opositora à menção ao aborto no documento final foi Meloni. Seu governo não reverteu o direito à interrupção da gravidez voluntária na Itália, mas apoiou um projeto de lei, aprovado em abril, que permite o acesso de grupos antiaborto a clínicas de planejamento familiar. No entanto, a declaração enfatizou o compromisso do grupo com a equidade de gênero, expressando preocupação com o retrocesso dos direitos de mulheres, meninas e pessoas LGBTQIA+ ao redor do mundo.

- **ESPANHA AUMENTA IDADE PARA ABRIR CONTA NAS REDES SOCIAIS: 16 ANOS**. O Governo local aprovou um pacote de medidas para controlar a utilização das redes sociais pelos mais jovens e restringir o acesso dos menores a sites e conteúdos pornográficos. Os menores de 16 anos só poderão registrar-se nas redes sociais com a autorização de um dos pais ou de um tutor, de acordo com a lei proposta.
- **'O MENINO MARROM': JUSTIÇA DETERMINA VOLTA DO LIVRO EM ESCOLAS DE CIDADE DE MINAS GERAIS**: O Tribunal de Justiça de Minas Gerais (TJMG) derrubou a suspensão dos trabalhos pedagógicos com o livro de **ZIRALDO**. O material havia sido suspenso nas escolas de **Conselheiro Lafaiete**, na Região Central de Minas Gerais, após pressão de pais que consideraram o conteúdo da obra "agressivo". O livro, de 1986, conta a história de dois amigos, um negro e um branco, que querem entender juntos as cores. Eles buscam saber o que é branco e o que é preto e se isso os torna diferentes. Para alguns pais, trechos do texto induzem crianças "a fazer maldade".
- **PROJETO DE LEI EQUIPARA ABORTO AO CRIME DE HOMICÍDIO:** o texto altera o Código Penal e estabelece a aplicação de pena de homicídio simples nos casos de **aborto em fetos com MAIS DE 22 SEMANAS** nas situações em que a gestante:
  1. Provoque o aborto em si mesma ou consente que outra pessoa lhe provoque. Pena passa de prisão de 1 a 3 anos para **6 a 20 anos.**

2. Tenha o aborto provocado por terceiro com ou sem o seu consentimento. Pena para quem realizar o procedimento com o consentimento da gestante passa de 1 a 4 anos para **6 a 20 anos**, mesma pena para quem realizar o aborto sem consentimentos, hoje fixada de 3 a 10 anos.

A proposta também altera o artigo que estabelece casos em que o aborto é legal. Conforme o texto, só poderão realizar o procedimento mulheres com gestação até a 22ª semana. **Após esse período, MESMO EM CASO DE ESTUPRO, a prática será criminalizada.** Vale lembrar que a lei brasileira não prevê um limite máximo para interromper a gravidez de forma legal. Em um caso hipotético de uma mulher adulta vítima de estupro e que interrompa a gravidez após a 22ª semana, é possível que **ela seja condenada a 20 anos de prisão**, **enquanto o seu estuprador fique entre 6 e 10 anos preso**. O aborto é crime no Brasil, mas existem três situações em que ele é permitido. São os casos de aborto legal: anencefalia fetal, ou seja, má formação do cérebro do feto; gravidez que coloca em risco a vida da gestante e gravidez que resulta de estupro.

A sessão teve uma encenação contra o aborto no início, em que a contadora de histórias **Nyedja Gennari** simulou um feto sofrendo com o procedimento. Pacheco não gostou do teatro. Sinalizou que debates do tipo não devem ser feitos com "dramatização" e, sim, argumentos técnicos.

- **ALISTAMENTO DE MULHERES:** A cúpula das Forças Armadas e o Ministério da Defesa, comandado pelo ministro José Múcio, decidiram abrir o alistamento militar feminino para ingresso na **carreira de SOLDADO a partir de 2025**. É a primeira vez na história do Brasil que isso ocorre. O alistamento não será obrigatório como no caso dos homens.
- **MPOX NA REPUBLICA DEMOCRÁTICA DO CONGO:** Organização Mundial da Saúde (OMS) emitiu um alerta de urgência para a variante da mpox que se espalha na República Democrática do Congo. Por enquanto, 24 das 26 províncias foram afetadas, no que tem sido considerado como o pior surto de mpox até agora no local. Dados da OMS indicam que a taxa de letalidade pela **nova variante 1B** na África Central chega a ser de **mais de 10% em crianças pequenas**. Enquanto a variante 2b, que causou a emergência global de Mpox em 2022, registrou taxa de letalidade de menos de 1%.
- **PRESIDENTE CYRIL RAMAPHOSA**, reeleito para um 2º mandato, **TOMOU POSSE NA ÁFRICA DO SUL**. Os deputados aprovaram a reeleição de Ramaphosa, nas quais o seu partido, o Congresso Nacional Africano (ANC), venceu, mas perdeu a maioria absoluta.
- **BAHIA É O ESTADO COM MAIS CIDADES ENTRE AS MAIS VIOLENTAS DO PAÍS** – 7 das 10 com maior taxa de homicídios. O levantamento é do Atlas da Violência 2024, do Ipea (Instituto de Pesquisa Econômica Aplicada) junto ao Fórum Brasileiro de Segurança Pública, com dados de 2022. Com 94,1 homicídios para cada 100 mil habitantes, a **cidade baiana** que lidera o ranking é **SANTO ANTÔNIO DE JESUS**. A cidade de Jequié ficou na segunda posição.
- **ROSSBACH SERÁ A PRIMEIRA PESSOA LATINO-AMERICANA A LIDERAR A AGÊNCIA ONU-HABITAT.** e será a brasileira em cargo mais elevado no secretariado das Nações Unidas. A nomeação de **ANACLÁUDIA ROSSBACH** foi ratificada pela Assembleia Geral da ONU e vai contemplar o **mandato de 2024 a 2028.** A economista brasileira tem mais de 20 anos de experiência na área. O ONU-Habitat é ponto focal para todas as questões de **urbanização e assentamentos humanos** dentro do sistema das Nações Unidas. O programa trabalha com parceiros em mais de 90 países para construir cidades e comunidades inclusivas, seguras, resilientes e sustentáveis.

- **NOVO ENSINO MÉDIO (NEM):** A partir de 2025, alunos no ensino médio vão ter disciplinas novas e mais horas de ensino obrigatório. A Comissão de Educação do Senado aprovou o PL 5.230 de 2023, que estabelece uma reforma no ensino médio no Brasil. O **ministro da Educação, CAMILO SANTANA**, comemorou a aprovação do substitutivo na comissão do Senado. Agora, a proposta segue para a sanção do presidente Lula. As 3.000 horas do Novo Ensino Médio poderão ser cursadas da seguinte maneira:
  1. ampliação da **carga horária mínima total** destinada à **FORMAÇÃO BÁSICA**: das atuais 1,8 mil horas para **2400 horas.**
  2. A carga horária mínima anual do **ENSINO MÉDIO** passa de 800 para **1000 horas** distribuídas em 200 dias letivos. Há a possibilidade dessa carga ser ampliada progressivamente para 1,4 mil horas, desde que levando em conta prazos e metas estabelecidos no Plano Nacional de Educação (PNE), respeitando uma distribuição que seja de **70% para formação geral básica e 30% para os ITINERÁRIOS FORMATIVOS** – disciplinas, projetos, oficinas e núcleos de estudo a serem escolhidos pelos estudantes nos três anos da etapa final da educação básica. os itinerários formativos terão carga horária mínima de **600 horas.**
  3. Os ITINERÁRIOS (disciplinas optativas) têm de estar relacionados a uma das **4 ÁREAS** de conhecimento previstas na Base Nacional Comum Curricular (BNCC). Cada escola deve ofertar no mínimo dois itinerários (exceto aquelas que oferecem ensino técnico). As 4 áreas de conhecimento são:
     1. **Linguagens e suas tecnologias**, integrada pela língua portuguesa, inglês, artes e educação física;
     2. **Ciências da natureza e suas tecnologias**, integrada pela biologia, física e química;
     3. **Ciências humanas e sociais aplicadas**, integrada pela filosofia, geografia, história e sociologia;
     4. **Matemática e suas tecnologias.**
  4. Em relação aos estudantes dos **CURSOS PROFISSIONALIZANTES**, estabeleceu **2.100 horas** para disciplinas básicas e **900 horas** para o chamado "itinerário formativo" para aqueles que optarem pelo ensino técnico, com possibilidade de estender para 1.200 horas de optativas, a depender do curso técnico.
  5. A disciplina de **ESPANHOL** aparecia como componente curricular obrigatório. Mas foi rejeitado, pois alegaram aumento de custos com a novidade, além de falta de professores. Agora ESPANHOL é uma disciplina **OPTATIVA**. O texto que segue para sanção prevê **apenas** o **INGLÊS** como língua estrangeira obrigatória.
  6. Obriga estados a manter **pelo menos UMA escola de ENSINO MÉDIO regular NOTURNO** em cada município, se houver demanda comprovada.
  7. Quanto às regras para as instituições adotarem o **EAD** (Ensino à Distância), foi definido que o modelo poderá ser autorizado em "**casos de excepcionalidade emergencial temporária** reconhecida pelas autoridades competentes".
  8. O texto prevê também que **profissionais com NOTÓRIO SABER** e experiência comprovada no campo da formação técnica e profissional, mesmo sem diploma de licenciatura, poderão atuar nos sistemas de ensino. É o que já ocorre, por exemplo, quando engenheiros dão aula de matemática. Porém, estabeleceu que só poderá

ser realizado "**em caráter excepcional**", mediante justificativa do sistema de ensino e regulamentação do Conselho Nacional de Educação (CNE).

9. A partir de 2027 serão cobrados no **Exame Nacional do Ensino Médio (ENEM)** conteúdos dos itinerários formativos, além daqueles da formação geral básica que já são cobrados.

- **PRIMEIRO-MINISTRO, NARENDRA MODI**, do Partido Bharatiya Janata, é **REELEITO NAS ELEIÇÕES gerais da ÍNDIA**, mas não consegue vitória esmagadora. a contagem mostra que a coligação de partidos que apoiam Modi, a Aliança Democrática Nacional, conquistou 286 assentos no Parlamento – para garantir a maioria, são necessários 272. No entanto, o partido de Modi teve um desempenho pior do que em eleições anteriores e precisará negociar com os aliados regionais para governar. Esta é a primeira vez em 10 anos que o partido de Modi não detém sozinho a maioria no Parlamento indiano
- **CONSUMO DE BEBIBA ALCOÓLICA ADULTERADA NA ÍNDIA**: ao menos 63 pessoas morreram e mais de 100 foram hospitalizadas após o consumo de bebida alcoólica adulterada vendida em um mercado clandestino de uma pequena cidade do sul do país. Trabalhadores pobres, em sua maioria homens que trabalham na agricultura, compram **'ARRACK'**, uma bebida popular no sul e sudeste da Ásia, em sacos plásticos e bebem antes de seguir para o trabalho. O lote contaminado era uma mistura de "**ARRACK**" com **METANOL**, substância usada principalmente como solvente ou combustível de aviões a jato.
- **CONCURSO COMIDA DI BUTECO SE TORNA PATRIMÔNIO CULTURAL, GASTRONÔMICO E IMATERIAL DO RIO DE JANEIRO.** O evento, que tem mais de 24 anos de existência, bateu recordes na última edição ao gerar mais de 10 mil empregos e angariar mais de 10 milhões de pessoas em 27 circuitos. Para além do incremento econômico que ele gera, é um evento que une a gastronomia e a cultura.
- **YULIA NAVALNAYA RECEBE PRÊMIO DE LIBERDADE DE EXPRESSÃO NA ALEMANHA.** Ela é viúva de Alexei Navalny, que foi o principal opositor do presidente da Rússia. Na cerimônia de entrega, o diretor-geral da DW afirmou que a Fundação Anticorrupção e Yulia Navalnaya assumiram a missão de jogar luz sobre a escuridão do sistema corrupto e assassino do governo russo
- **CONSELHO DE SEGURANÇA DA ONU TEM NOVOS MEMBROS NÃO-PERMANENTES:** Dinamarca, Grécia, Paquistão, Panamá e Somália foram eleitos MEMBROS NÃO PERMANENTES do Conselho de Segurança para o biénio 2025/2026. Atualmente, o órgão conta com 15 membros, dos quais apenas cinco são **MEMBROS PERMANENTES** (EUA, França, Reino Unido, China e Rússia) e **têm** o **PODER DE VETO**.
- **CHILE ACUSA VENEZUELA DE ENCOMENDAR ASSASSINATO DE EX-MILITAR OPOSITOR DE MADURO.** Tenente **RONALD OJEDA**, opositor do regime de maduro e asilado político no Chile após escapar de centros de tortura na Venezuela, foi sequestrado em Santiago e seus restos mortais foram encontrados 10 dias depois em uma cidade periférica da capital, enterrados sob um bloco de cimento. O presidente do Chile, Gabriel Boric, instruiu seu ministro a enviar uma nota de protesto ao governo de Nícolas Maduro após declarações ofensivas do procurador venezuelano que sugere que o Chile é o país com responsabilidade no assassinato do Tenente
- **CICLISTAS NUS PROTESTAM CONTRA CARROS NAS RUAS DA CIDADE DO MÉXICO E DE LONDRES.** Centenas de ciclistas nus percorreram as ruas da Cidade do México para

protestar contra a cultura do carro e exigir direitos para os ciclistas. Parte da ideia do movimento é tornar os ciclistas mais visíveis e conscientizar os motoristas sobre a segurança destes. As ruas da capital inglesa também foram tomadas por protestos. Manifestantes nus em bicicletas se uniram para realizar atos contra a cultura centrada em carros e celebrar a positividade corporal. O World Naked Bike Ride (WNBR), que em 2024 completa 20 anos, tem como objetivo demonstrar a vulnerabilidade dos ciclistas, protestar contra a dependência global de petróleo e criar uma atmosfera divertida e livre para os participantes e espectadores.

- A **PEC DAS PRAIAS**, como vem sendo chamada, poderá permitir a transferência da propriedade de terrenos do litoral, hoje sob o domínio da União, para Estados, municípios e proprietários privados. Também foi dito que a PEC regularizaria todo o **COMPLEXO DA MARÉ**, conjunto de comunidades no **RIO DE JANEIRO**. A polêmica cresceu ainda mais depois que a **atriz Luana Piovani e o jogador Neymar** trocaram farpas nas redes sociais por causa da PEC. O jogador de futebol anunciou parceria com uma construtora para um condomínio na beira do mar. Pelo projeto, os lotes deixariam de ser compartilhados, entre o governo e quem os ocupa, e teriam apenas um dono, como um hotel ou resort. Só permaneceriam com o governo áreas ainda não ocupadas e locais onde são prestados serviços públicos, como portos e aeroportos, por exemplo. O projeto abre brecha para "privatizar o acesso à praia, e não a praia em si", já que a parte frequentada pelos banhistas continuaria com a União. Para a especialista, a proposta não prevê a "privatização direta" das praias, mas possibilita que uma empresa cerque o terreno e impeça a passagem de banhistas na faixa de areia, como já é visto hoje em alguns resorts. **SENADOR FLÁVIO BOLSONARO,** relator da medida, culpou a imprensa por ter "dado um nome à PEC que não condiz com a realidade". Não há, no texto da proposta, nenhuma menção explícita à privatização das praias brasileiras, de fato. No entanto, uma das consequências diretas das mudanças da PEC é justamente a possibilidade de privatizar o acesso às praias.
- **ASTRONAUTAS FICAM 'PRESOS' NO ESPAÇO APÓS PROBLEMA COM NAVE DA BOEING ADIAR RETORNO À TERRA**. Após anos de atraso, a NASA lançou o primeiro voo tripulado na **espaçonave STARLINER**, da Boeing. Dois pilotos de teste decolaram a bordo da cápsula. A missão deveria durar 8 dias, mas já teve a sua volta adiada três vezes. **Nasa citou vazamento de hélio e falha em propulsores**.
- **VICE-PRESIDENTE DO MALAWI, SAULOS CHILIMA, MORRE EM QUEDA DE AVIÃO.** O avião militar, com dez pessoas a bordo, desapareceu dos radares após não conseguir aterrissar devido ao mau tempo. Saulo fazia parte de uma comitiva oficial que iria participar de um funeral. Não houve sobreviventes. Ele foi eleito vice-presidente pela primeira vez em 2014 ao lado do ex-presidente Peter Mutharika.
- **PRESIDENTE LULA SANCIONA A LEI 14.899/24** que determina que União, Estados, DF e municípios criem um plano de metas para o **enfrentamento integrado de todo tipo de VIOLÊNCIA CONTRA A MULHER**. O plano terá validade de 10 anos com atualização obrigatória a cada 2 anos e deve assegurar atenção humanizada à mulher. A lei prevê ainda a inclusão de conteúdo sobre prevenção da violência contra a mulher no **currículo da educação básica** e a criação da **Semana Escolar de Combate à Violência contra a Mulher.**
- **LULA SANCIONA LEI QUE IMPÕE SIGILO AO NOME DE VÍTIMAS DE VIOLÊNCIA DOMÉSTICA.** Em tese, o texto faz uma **alteração na LEI MARIA DA PENHA**. A nova lei

garante o sigilo no processo apenas ao nome da vítima. O nome do investigado pelo crime não receberá a proteção nem outros detalhes do processo. A medida tem como objetivo dar maior proteção à vítima, preservando a sua integridade física, mental e psicológica. Na prática, os nomes de mulheres que sofreram violência doméstica estarão em segredo de justiça assim que começarem a tramitar nos tribunais. A obrigatoriedade do sigilo ao nome das vítimas vai valer quando a sanção presidencial completar 180 dias, em 18 de novembro.

- **EUA ENVIAM SUBMARINO NUCLEAR PARA GUANTÁNAMO APÓS NAVIOS DA RÚSSIA CHEGAREM À CUBA**. Em resposta à chegada de navios de guerra russos à Cuba, os Estados Unidos enviaram um submarino nuclear de ataque rápido à Baía de Guantánamo. O submarino chamado **USS HELENA**, tem propulsão nuclear. A movimentação elevou as tensões entre EUA e Rússia. Governo norte-americano não consideram a movimentação russa uma ameaça, mas a Marinha americana vai monitorar de perto e também designaram embarcações e aviões para vigiar os exercícios militares. O Ministério das Relações Exteriores de CUBA disse que se trata de operação entre dois países (Cuba e Rússia) com uma **amizade histórica**. "Nenhum dos barcos carrega armas nucleares, então a parada no nosso país não representa uma ameaça para a região", disse a pasta cubana.
- **NAVIO DE GUERRA DO CANADÁ CHEGA A CUBA DEPOIS DE SUBMARINOS DA RÚSSIA E EUA.** Chamado de **MARGARET BROOKE**, a embarcação chegou às águas de **HAVANA** e ficará atracada no porto.O aumento da tensão na ilha de Cuba acontece duas semanas depois de Biden autorizar a Ucrânia a conduzir ataques limitados dentro da Rússia com armas fabricadas nos Estados Unidos. Em **1962**, a então União Soviética desembarcou mísseis nucleares em Cuba, provocando um bloqueio naval americano à ilha. O evento é considerado o momento mais tenso da **GUERRA FRIA**. Um acordo entre soviéticos e americanos, mantido em segredo por anos, pôs fim à ameaça e abriu caminho à retirada das armas da ilha cubana.
- **GREVE DOS PROFESSORES DE UNIVERSIDADES FEDERAIS.** Os professores das universidades federais decidiram encerrar a greve nacional dos docentes, deflagrada em abril deste ano em instituições de ensino superior de todo o país. A proposta apresentada pelo governo - acatada pelo Comando Nacional de Greve - foi a de reajuste **zero em 2024**, devido às limitações orçamentárias. Para compensar, foi oferecida uma elevação do **REAJUSTE LINEAR**, até 2026, de 9,2% para 12,8%, **sendo 9% em janeiro de 2025 e 3,5% em maio de 2026.** Além disso, a **reestruturação na progressão entre os diferentes níveis de carreira**. A proposição do governo estabelece a criação de 3 grupos de trabalho para discutir temas específicos da carreira docente: **1º grupo** – debaterá o reenquadramento de aposentados que se aposentaram no final da carreira e, com a criação da classe de associado, que permaneceram como adjunto; **2º grupo** – discutirá a alteração da lei 12.772 de 2012, para permitir a entrada lateral, em caso de novo concurso, em outra IFE (Instituição Federal de Ensino), para que professores que já estão na carreira e fizeram novos concursos não percam a progressão anterior; **3º grupo** – analisará a revogação da instrução normativa 15 de 2022, que trata dos adicionais ocupacionais, como insalubridade. Pela proposta, o salário inicial de um docente com doutorado que trabalhe 40 horas semanais sai de R$ 9.900 para R$ 13.700. Já a remuneração de um professor titular, no topo da carreira, passa de R$ 20.530 para R$ 26.326 em 2026.

- **GEADA É DETECTADA EM VULCÕES DE MARTE PELA PRIMEIRA VEZ.** Pesquisadores detectaram evidências de geada nos maiores vulcões do Sistema Solar, localizados na **região de THARSIS**. O estudo fala de uma fina camada de gelo que se mantém só algumas horas após o nascer do Sol, antes de evaporar. A geada constitui pelo menos 150 mil toneladas de água, valor equiparado a cerca de 60 piscinas olímpicas.
- **COMITÊ DE POLÍTICA MONETÁRIA (COPOM)** decidiu **reduzir a TAXA SELIC em 0,25** ponto percentual, de 10,75% ao ano para **10,50% ao ano**. A alta recente do dólar e o aumento das incertezas fizeram o Banco Central (BC) diminuir o ritmo do corte de juros. Essa foi a sétima vez consecutiva que o Copom reduziu a Selic. A redução da taxa Selic ajuda a estimular a economia. Isso porque juros mais baixos barateiam o crédito e incentivam a produção e o consumo. Por outro lado, taxas mais baixas dificultam o controle da inflação.
- **EUA CLASSIFICAM GRUPO NEONAZISTA NÓRDICO COMO TERRORISTA.** O departamento designou o **Movimento de Resistência Nórdica (NRM)** e três de seus principais integrantes – Tor Fredrik Vejdeland, Pär Öberg e Leif Robert Eklund – como Terroristas Globais Especialmente Designados. É a primeira vez que o governo de Joe Biden classifica um grupo supremacista branco desta maneira. O **NRM** é uma organização neonazista transnacional fundada na Suécia em 1997, com filiais na Noruega, Dinamarca, Islândia e Finlândia. Ela foi proibida na Finlândia em 2020. O NRM recebeu essa classificação "por ter cometido ou tentado cometer atos de terrorismo que ameaçam a segurança de cidadãos dos Estados Unidos ou a segurança nacional, política externa ou economia dos Estados Unidos. A designação desta negará aos membros do NRM o acesso ao sistema financeiro dos EUA, com a intenção de tornar mais desafiador para eles movimentar dinheiro pelo sistema internacional e financiar seus esforços.
- **BRASIL E PARAGUAI ASSINARAM UM ACORDO PARA ENCERRAR A DISPUTA EM TORNO DA USINA HIDRELÉTRICA ITAIPU BINACIONAL.** A usina é administrada pelos dois países e a energia é dividida meio a meio. Pelos termos acordados, a tarifa da energia produzida na usina será reajustada em 15,4%, passando dos atuais US$ 16,71 por KW/mês para US$ 19,28 por quilowatt/mês (KW) até 2026. O acordo também prevê que o **ANEXO C** do Tratado de Itaipu seja revisto e renegociado em seis meses. Esse dispositivo trata das bases financeiras que foram acertadas 50 anos atrás, quando a hidrelétrica foi criada. O valor extra que será recebido pela parte da margem brasileira será revertido para modicidade tarifária e abaterá o valor extra. Com isso, o governo Lula assegura que o aumento será zero para os consumidores brasileiros.
- **ESTADOS UNIDOS AUMENTAM TARIFAS CONTRA PRODUTOS DA CHINA.** os EUA anunciaram um pacote de aumento de tarifas sobre os produtos chineses ligados à tecnologia, como veículos elétricos, semicondutores, baterias, células solares, aço e alumínio. Os americanos afirmam que a China promove "riscos inaceitáveis" à segurança econômica por conta do que consideram práticas injustas de concorrência, que deixam os produtos chineses mais baratos que a média e roubam fatias dos mercados globais. A China imediatamente prometeu retaliação e disse que o país se opõe aos aumentos tarifários dos EUA, e que tomará medidas para defender os seus interesses. Veja abaixo as principais mudanças:

  Veículos elétricos passam de 25% para 100% (4 vezes mais);

  Semicondutores passam de 25% para 50% (2 vezes mais em 2025);

  Células solares passam de 25% para 50% (2 vezes mais);

Aço e alumínio passam de 0%-7,5% para 25% (mais de 3 vezes mais).

- **ANITA DEFENDE CRIAÇÃO DE LEI ANTI-RIQUEZA.** Durante sua participação no podcast On Purpose with Jay Shetty, Anitta revelou que, se pudesse, criaria uma lei que limitasse a quantidade de dinheiro que uma pessoa pode ter. "Ninguém precisa de bilhões, estou falando de necessidade". A brasileira explicou que essa 'lei anti-riqueza' serviria para ajudar a melhorar a desigualdade social.
- **PF QUEBRA QUADRILHA QUE FATUROU R$ 180 MILHÕES COM VENDA ILEGAL DE CRÉDITO DE CARBONO NA AMAZÔNIA.** Trata-se da **OPERAÇÃO GREENWASHING**. Esquema de fraudes fundiárias que se estendeu por mais de uma década e foi iniciado no município de **LÁBREA (AM),** envolvendo a duplicação e falsificação de títulos de propriedade. Entre as atividades ilegais identificadas estão a exploração florestal e a pecuária em áreas protegidas, incluindo a criação de **GADO "fantasma"** para atender áreas com restrições ambientais, a venda de créditos virtuais de madeira e a obtenção de licenças ambientais fraudulentas.
- **ESPANHA AUTORIZA ABORTO EM MENORES <u>SEM CONSENTIMENTO DOS RESPONSÁVEIS</u>.** Jovens de 16 e 17 anos podem interromper gravidez sem aval do país. Medida já estava em lei aprovada pelo Parlamento do país em 2023, mas **partido de extrema direita VOX** pediu que juízes a proibissem. o Tribunal Constitucional da Espanha vetou o pedido do Vox. A sigla da extrema direita havia argumentado que a permissão violava vários direitos constitucionais da Espanha, como a liberdade e a pluralidade. Na decisão, no entanto, os juízes disseram que a medida se encaixa na doutrina da Justiça espanhola de que a mulher é livre para decidir se seguirá adiante ou não com uma gravidez. Aborto na Espanha é permitido em qualquer condição até as 14 semanas de gestação e por risco ao feto e à mãe até as 22 semanas.
- **QUADRILHA JUNINA É RECONHECIDA COMO MANIFESTAÇÃO DA CULTURA NACIONAL.** A Lei nº 14.900/2024 torna oficial a decisão assinada pelo presidente Lula e pela ministra da Cultura, Margareth Menezes. O estilo de dança passa a integrar o grupo que inclui também as escolas de samba, o forró e as festas juninas.
- **30 ANOS DO PLANO REAL.** Há 30 anos, em 1° de julho de 1994, o real era colocado em circulação. Apesar de ser a maior marca do Plano Real, essa foi só a ponta final de um extenso plano econômico que pôs fim a uma era de hiperinflação e constantes trocas da moeda corrente do Brasil.
- **CÂMARA DE SP APROVA MULTA DE 17 MIL PARA QUEM DOAR COMIDA PARA MORADORES**. A recente aprovação de uma lei pela Câmara Municipal de São Paulo, que impõe regras rígidas e multa de R$ 17 mil para a doação de alimentos às pessoas em situação de vulnerabilidade social, reacendeu discussões sobre um fenômeno social e psicológico pouco conhecido, mas amplamente presente: a **APOROFOBIA**. Aporofobia é o termo utilizado para descrever o medo, aversão ou desprezo por pessoas em situação de pobreza ou vulnerabilidade social. No contexto da nova lei aprovada em São Paulo, as medidas propostas pelo **vereador RUBINHO NUNES**, do União Brasil, foram criticadas por criarem **<u>barreiras burocrática</u>**s que dificultam a doação de alimentos às pessoas em situação de rua. Exemplo: Uma pessoa que doar alimento a um morador de rua da cidade <u>sem licença</u> pode ter que pagar multa de até R$ 17.680. O texto foi aprovado em 25 SEGUNDOS durante sessão na Câmara Municipal. Críticos da lei, argumentaram que a exigência de autorizações e o risco de multas pesadas podem desestimular ações de solidariedade e agravar ainda mais a situação de vulnerabilidade dessas

pessoas. Após repercussão negativa, o vereador recuou e disse que vai suspender a tramitação do texto. Ele disse que a "a suspensão tem por objetivo ampliar o diálogo com a sociedade civil, ONGs e demais associações e buscar o aperfeiçoamento do texto para que a finalidade do projeto seja atendida".

- **BRASIL E VIZINHOS SE UNEM POR ROTA AMAZÔNICA.**Governo brasileiro trabalha junto a **PERU, EQUADOR e COLÔMBIA** por rotas que ligam a maior floresta tropical do mundo, a Amazônia, a quatro portos localizados na costa do continente virada para o Oceano Pacífico. A avaliação do governo brasileiro é de que a rota vai potencializar a exportação de mercadorias, como os industrializados da Zona Franca de Manaus e produtos da bioeconomia, para países vizinhos e outros que podem ser alcançados através do Pacífico.
- **FOTO REAL DE FLAMINGO "SEM CABEÇA" VENCE CONCURSO DE INTELIGÊNCIA ARTIFICIAL.** Fotógrafo foi desclassificado após revelar que havia burlado as regras da premiação. Ele revelou que a sua motivação para esta façanha surgiu da tendência recente de imagens geradas por IA vencerem concursos de fotografia convencionais. "Ocorreu-me que poderia virar esta história de cabeça para baixo e de pernas para o ar da maneira que só um humano poderia e faria, ao submeter uma foto real numa competição de IA "**FLAMINGONE**" é uma imagem surreal que mostra um flamingo sem cabeça, vendo-se apenas um orbe de penas cor-de-rosa em cima de duas pernas nodosas. A imagem acabou por ficar em terceiro lugar nos prestigiados Prémios 1839 nas categorias de IA e conquistou ainda o Prémio de Escolha do Público. O seu sucesso foi de curta duração. Após descobrir que nenhuma IA esteve envolvida na criação da imagem, a competição retirou o prémio a Milei Astray, atribuindo o terceiro lugar e o Prémio Escolha do Público a outros participantes.
- **POLÍCIA FEDERAL RECUPERA LIVRO RARO DE PAISAGENS BRASILEIRAS PINTADO À MÃO NO ANO DE 1834**. A obra havia sido furtada juntamente com outros objetos e gravuras da **biblioteca de Mário de Andrade em São Paulo, em 2006**, e constava da lista de objetos roubados da Interpol. O livro de gravuras brasileiras raras **"SOUVENIRS DE RIO DE JANEIRO" foi pintado à mão por JOHANN JACOB STEINMANN** entre 1834 e 1835. O objeto estava em posse de um colecionador brasileiro que o havia adquirido legalmente junto a uma casa de leilões em Londres, Inglaterra. Ele será submetido à perícia e, depois, será devolvido à cidade de São Paulo para que possa ficar novamente à disposição da população brasileira.
- **COLISÃO ENTRE NAVIOS DA CHINA E FILIPINAS ELEVA TENSÃO MILITAR NO PACÍFICO.** A guarda costeira chinesa afirmou que o navio filipino entrou ilegalmente no mar **perto do recife Ren'ai, nas ILHAS NANSHA da China**, ignorando vários avisos do lado chinês. Segundo Pequim, a embarcação filipina abordou o navio chinês de forma pouco profissional, resultando numa colisão. Em resposta, os militares das Filipinas classificaram as informações chinesas como enganosas e ilusórias e negaram qualquer irregularidade na ação de seu navio. Em nota, eles reforçaram que a embarcação estava em missão de reabastecimento para as tropas do país estacionadas no local, dentro da zona econômica exclusiva das Filipinas. O incidente também ocorre em meio a novas regras da guarda costeira chinesa que permitem a detenção de estrangeiros por até 60 dias **sem julgamento** no Mar da China Meridional, o que tem sido criticado pelos EUA e outros países como uma escalada das tensões na região, A escalada das tensões na

região levanta preocupações sobre a estabilidade regional e a liberdade de navegação em uma das rotas marítimas mais importantes do mundo.

- **DOIS SUSPEITOS DE PARTICIPAR DO PLANO PARA SEQUESTRAR O ATUAL SENADOR SERGIO MORO FORAM MORTOS** a mando do **PCC** (Primeiro Comando da Capital), na **Penitenciária PRESIDENTE VENCESLAU (SP).** O ataque foi realizado depois do almoço, durante a soltura dos presos para o banho de sol. Os 3 autores das facadas se entregaram depois do ataque. A Polícia Civil já realizou a perícia no local e investigará a motivação das mortes. Janeferson Aparecido, o **Nefo**, e Reginaldo Oliveira, o **Rê**, haviam sido presos em março de 2023 na **OPERAÇÃO SEQUAZ** deflagrada pela PF contra grupo que planejava atentados contra autoridades, dentre elas, o senador e sua família.
- **COREIA DO SUL DECLARA EMERGÊNCIA DEMOGRÁFICA E ATIVARÁ PLANO PARA PROMOVER TAXA DE NATALIDADE.** Presidente delineou 3 áreas principais para o plano: equilíbrio entre vida profissional e pessoal; melhorias nos serviços de cuidados de crianças e melhor acesso à moradia para as famílias.
- **EQUADOR É AFETADO COM APAGÃO NACIONAL.** O apagão ocorre dias após o governo equatoriano anunciar novos cortes de energia pelo país por conta de problemas de produção. Desde o ano passado, o Equador enfrenta uma crise de geração elétrica que resultou em racionamentos em todo o país, o que levou o governo do **presidente Daniel Noboa**, em abril, a programar cortes de luz de 8 a 12 horas diárias durante o horário letivo. À época, esses cortes foram sendo gradualmente reduzidos.
- **COREIA DO SUL DIZ AQUE VAI RECONSIDERAR FORNECER ARMAS À UCRÂNIA**. Declaração acontece após Coreia do Norte e Rússia assinarem pacto de defesa mútua em caso de guerra. Seul também condenou o acordo assinado pelos dois líderes, dizendo que ele viola as sanções da ONU.
- **TARCISIO DEFENDE ESCOLAS CIVICO-MILITARES NO STF APÓS PSOL PEDIR SUSPENSÃO DE PROGRAMA**. O partido PSOL solicitou a suspensão da legislação argumentando que o projeto é inconstitucional por invadir a competência exclusiva da União para legislar sobre educação e desrespeitar as funções estabelecidas da Polícia Militar, entre outros pontos. Tarcísio argumenta, porém, que a lei não cria uma nova modalidade de educação e ensino além das já estabelecidas pela legislação federal. De acordo com o governador, ela apenas institui um modelo de gestão escolar que inclui conteúdos extracurriculares voltados à formação cívica dos alunos. O ministro do STF, Alexandre de Moraes, deu dez dias para o governador Tarcísio de Freitas (Republicanos) e a Assembleia Legislativa de São Paulo (Alesp) se explicarem sobre a lei que criou o programa escola cívico-militar no estado. O programa prevê que policiais militares ensinem os alunos sobre o que são os Três Poderes e as diferenças entre os papéis do presidente, dos deputados e dos ministros do STF. A gestão paulista elencou esse tema entre os conteúdos integrantes da atividade extracurricular "**PROJETO VALORES**", a ser ministrada semanalmente pelos militares nas escolas que aderirem ao modelo a partir de 2025.
- **BYTEDANCE**, empresa que é **dona do TIKTOK**, lançou um novo aplicativo que se assemelha ao Instagram. Com o nome **WHEE**, a nova plataforma visa compartilhar fotos apenas com seus amigos mais próximos.
- **ARQUEÓLOGOS ENCONTRAM SARCÓFAGO COM DESENHO SEMELHANTE A MARGE SIMPSON**. Uma imagem encontrada na tampa de um sarcófago de 3.500 anos atrás descoberto por arqueologista no **EGITO** acendeu uma discussão na internet por sua semelhança com Marge Simpson, a matriarca da série "**OS SIMPSONS**". Dentro do

caixão estavam os restos mumificados de **TADI IST**, filha do sumo sacerdote de Hermópolis Magna, a capital do 15º nomo (divisões administrativas) do Antigo Egito localizada na margem ocidental do Rio Nilo.

- **UNIÃO EUROPEIA ADOTA 14º PACOTE DE SANÇÕES CONTRA RÚSSIA QUE INCLUI GÁS NATURAL.** As novas restrições ao gás buscam reduzir as receitas da Rússia com exportações de gás natural liquefeito (GNL) ao proibir transbordos de portos da UE e uma cláusula que permite que Suécia e Finlândia cancelem alguns contratos de GNL. As medidas não chegam a representar uma proibição da UE a importações de GNL, que cresceram desde o início da guerra.
- **MAIS DE 200 ADOLESCENTES SE ENVOLVEM EM BRIGA GENERALIZADA EM SHOPPING DE BUENOS AIRES, NA ARGENTINA**. Os jovens entraram com pedras e facas e se confrontaram na praça de alimentação. A briga foi organizada e divulgada por quatro páginas de redes sociais, com horário previsto para 15h, segundo o próprio post de divulgação. Em meio aos incidentes, muitos estabelecimentos comerciais fecharam as portas, enquanto as pessoas que estavam sentadas na praça de alimentação gritavam e corriam para evitar serem atingidas por alguma das pedras, cadeiras e outros objetos que voavam. Cerca de 70 agentes de segurança foram envolvidos para acalmar a situação.
- **EUA CONDENAM EX-PRESIDENTE DE HONDURAS A 45 ANOS DE PRISÃO.** O ex-presidente de Honduras, **Juan Orlando Hernandez**, foi condenado a 45 anos de prisão e a uma multa de 8 milhões de dólares por crimes de tráfico de drogas e armas de fogo em 2022. Os promotores acusaram Hernández de conspirar com cartéis de drogas durante seu mandato, enquanto eles transportavam mais de 400 toneladas de cocaína através de Honduras em direção aos Estados Unidos.
- **EX-DIRETORES DA AMERICANAS ENTRAM NA LISTA DA INTERPOL.** Os dois ex-diretores do grupo Americanas (Miguel Gutierrez e Anna Christina Saicali) investigados pela **OPERAÇÃO DISCLOSURE** da Polícia Federal (PF) foram incluídos na lista de Difusão Vermelha da Interpol, a polícia internacional. Eles são acusados de participação em fraudes contábeis que chegam a R$ 25,3 bilhões. Em junho de 2023, segundo o MPF, a empresa comunicou oficialmente ao mercado que encontrou inconsistências nas demonstrações financeiras, reforçando a existência da fraude contábil.
- **ATIVISTAS VEGANOS VANDALIZAM 1º QUADRO OFICIAL DO REI CHARLES III**. Os ativistas colaram cartazes dos **personagens WALLACE E GROMIT** em cima da imagem do rei. Uma mensagem foi colada no quadro dizendo: "Sem queijo, Gromit. Veja toda essa crueldade nas fazendas da RSPCA". Com a ação, o grupo está convocando o rei Charles III para suspender seu apoio à instituição, a Real Sociedade para Proteção dos Animais, da qual ele é patrono. O intuito deles é aumentar a conscientização sobre uma investigação a 45 fazendas que são protegidas pela instituição e foram acusadas de cometer crueldade contra os animais. A primeira pintura oficial do rei Charles III foi divulgada no início de maio. O quadro é assinado pelo **artista JONATHAN YEO**, um dos mais reconhecidos do Reino Unido atualmente.
- **CRIAÇÃO DE CURSOS EAD ESTÁ SUSPENSA ATÉ MARÇO DE 2025**. A decisão é parte do processo de revisão do marco regulatório da educação a distância (EaD), que tem como objetivo garantir a sustentabilidade e a qualidade dos cursos de graduação oferecidos nessa modalidade. Além da suspensão da criação de novos cursos, também estão vetados o aumento de vagas em cursos de graduação EaD e a criação de polos

EaD por instituições do Sistema Federal de Ensino, inclusive por universidades e centros universitários. No final do último mês de maio, a pasta também homologou novas diretrizes para cursos de formação de professores, limitando o ensino a distância a 50% da carga horária e exigindo que metade do curso seja presencial. As novas regras se aplicam a cursos de licenciatura, formação pedagógica para graduados não licenciados, e segunda licenciatura.

- **DÓLAR FECHA EM ALTA APÓS DECLARAÇÃO DE LULA E DECISÃO DO FED.** A moeda norte-americana fechou cotada a **R$ 5,40.** Com isso, segue no nível mais alto desde 4 de janeiro de 2023. Lula afirmou que o governo está "arrumando a casa" e "colocando as contas públicas em ordem". No entanto, citou apenas o aumento de arrecadação e a redução de juros, **sem** abordar o controle de gastos. As declarações vieram em um momento em que investidores estão cautelosos com a questão fiscal brasileira e o governo vem sendo pressionado a reduzir gastos. No exterior, o foco ficou com os novos dados de inflação dos Estados Unidos e com a decisão de política monetária do **FED** (Banco Central dos EUA), que sinalizou apenas um corte na taxa de juros do país até o final 2024. O Ibovespa, principal índice acionário da **bolsa de valores brasileira**, a **B3**, fechou em forte queda.
- **STF DECIDE MUDAR CÁLCULO PARA MELHORAR GANHOS DO FGTS.** A correção dos valores do FGTS deverá ser feita, no **mínimo**, pelo **Índice de Preços ao Consumidor Amplo (IPCA).** Ou seja, o novo sistema prevê corrigir o FGTS pelo IPCA quando, no mês, o valor da inflação for **maior** do que o da correção atual do fundo. Para especialista, medida vai garantir maior proteção aos rendimentos do trabalhador.
- **TAILÂNDIA É O 1º PAÍS DO SUDESTE ASIÁTICO A LEGALIZAR CASAMENTO ENTRE PESSOAS DO MESMO SEXO.** Além disso, concede a eles os mesmos direitos que aos casais heterossexuais em relação à adoção e herança. Com a promulgação da legislação, a Tailândia também se tornará o terceiro país da Ásia a permitir o casamento homoafetivo, após **Nepal** e **Taiwan**.
- **LEILÃO DE ARROZ.** O **leilão para a importação de arroz** foi promovido pela **CONAB** (Companhia Nacional de Abastecimento) como uma maneira de o governo reagir ao aumento de preços do arroz depois das enchentes que atingiram o **RIO GRANDE DO SUL**. A decisão contrariou os produtores, que têm afirmado que há arroz suficiente para abastecer o Brasil. O RS é responsável por 70% da produção nacional do grão e já havia colhido 80% do cereal antes das inundações. O 1º leilão para compra de arroz importado, foi suspenso. Já o 2º certame foi anulado depois que foram encontradas inconsistências nos dados das empresas vencedoras. O presidente Lula declarou que houve "falcatrua" no leilão. O arroz seria vendido em pacotes de 5 quilos por um preço tabelado de R$ 20 e teria o rótulo do governo. Entenda a seguir as duas principais polêmicas do leilão: três das quatro empresas vencedoras **NÃO** são do ramo de arroz ou de importação. Todas, no entanto, têm como atividade secundária o comércio de produtos alimentícios. Por outro lado, nenhuma empresa tradicional participou do leilão. Em relação às empresas vencedoras, uma das principais polêmicas envolve a loja de queijos, que arrematou R$ 736 milhões no leilão, e que alterou, no site da Receita Federal, o seu capital social de R$ 80 mil para R$ 5 milhões dias antes do evento. Outra polêmica do leilão envolve o secretário de Política Agrícola do Ministério da Agricultura, **Neri Geller**, que foi **EXONERADO** do cargo. Seu ex-assessor parlamentar é dono da Bolsa de Mercadorias de Mato Grosso (BMT) e da Foco Corretora de Grãos, que intermediaram a venda de 44% de arroz no lei-

lão. Por causa dessa ligação, oposição e associações de produtores apontam que houve favorecimento da empresa.

- **ERRO EM MEDIÇÃO HÁ MAIS DE 100 ANOS VAI FAZER PARANÁ PERDER TERRITÓRIO PARA SANTA CATARINA.** O Paraná vai perder 490 hectares de área para Santa Catarina a partir de 2025. O terreno pertence a um morador de Guaratuba (PR) que, após uma medição feita por ele mesmo, descobriu que o trecho está em território catarinense, diferentemente do que mostra a delimitação definida pelo Exército brasileiro entre 1918 e 1919. A principal mudança está no limite entre os municípios de **Guaratuba (PR) e Garuva (SC).** Na prática, a alteração representa somente 0,002% da área do estado paranaense, mas pode impactar pessoas que têm terrenos na região.
- **SONDA DA CHINA, CHANG'E 6, RETORNA PARA A TERRA COM AMOSTRAS DO LADO OCULTO DA LUA.** Oficialmente, a China é o primeiro país a coletar amostras do lado oculto da Lua e trazê-las para a análise posterior na Terra. A parte oculta da Lua é aquela que nunca é visível da Terra devido à rotação do satélite.
- **LULA LANÇA SELO DOS CORREIOS EM CELEBRAÇÃO AO LIVRO DE PAULO COELHO.** Presidente Lula participou do lançamento do selo em comemoração aos 35 anos da publicação do livro **O ALQUIMISTA, do escritor brasileiro PAULO COELHO**. O evento ocorreu na Embaixada do Brasil, em Genebra, capital da Suíça, onde mora o escritor. Alquimista conta a história de Santiago, um jovem pastor do Sul da Espanha que viaja ao Egito após ter um sonho profético.
- **POLÍTICA NACIONAL DE EQUIDADE NA EDUCAÇÃO.** Ministério da Educação (MEC) criou a **Política Nacional de Equidade, Educação para as Relações Étnico-Raciais e Educação Escolar Quilombola (PNEERQ)**. Com a iniciativa, a Pasta busca fomentar ações e programas educacionais voltados à superação das desigualdades étnico-raciais na educação brasileira e à promoção da política educacional para a população quilombola.

FALECIMENTOS:

- **JOÃO JUSTINO AMARAL,** conhecido como **AMARAL, ex-jogador do Guarani e zagueiro da Seleção na Copa do Mundo de 1977** faleceu aos 69 anos, vítima de um câncer.
- **ANDRÉ FELIPE FALBBO, o PAMPA, jogador da geração de ouro de VÔLEI,** morre aos 59 anos de câncer. Ele ganhou o apelido pela força que colocava na bola em cada ataque, como se lembrasse um "coice do cavalo da raça Pampa".
- **MICHEL MOSLEY, famoso médico e apresentador no REINO UNIDO**, é encontrado morto, aos 67 anos, na **GRÉCIA**. Ele havia desaparecido após sair para uma caminhada na pequena ilha de Simi, no leste do Mar Egeu. Segundo o laudo, ele morreu de causas naturais.
- **TAMAYO PERRY, ator de PIRATAS DO CARIBE**, morre aos 49 anos após sofrer um ataque de tubarão enquanto surfava no **HAVAÍ**.
- **ASTRONAUTA WILLIAM ANDERS**, que orbitou a Lua com a **MISSÃO APOLLO 8 em 1968**, morre aos 90 anos em um acidente aéreo nos Estados Unidos. Ele ficou famoso por ser o autor da foto "**EARTHRISE**", que mostra a vista da Terra a partir da Lua.
- **CANTOR NAHIM JORGE ELIAS JÚNIOR**, conhecido como **NAHIM**, que fez sucesso na década de 80, morre aos 71 anos em Taboão da Serra, São Paulo. Fala-se que morte

natural por mal súbito é causa mais provável, mas que não pode descartar outras hipóteses: **morte acidental e até crime.**

- **CHRYSTIAN, cantor que fez dupla com seu irmão RALF**, morre aos 67 anos. A causa da morte foi em decorrência de pneumonia agravada por comorbidades.

7. JULHO

- **NOVO ENSINO MÉDIO (NEM):** Presidente Lula sancionou, com VETOS, a lei que institui o Novo Ensino Médio. O governo optou por **VETAR a exigência de que vestibulares e o Enem incluíssem o conteúdo dos itinerários formativos, além das disciplinas básicas já exigidas**. Com o veto, os processos seletivos para o ensino superior continuarão cobrando apenas o conteúdo tradicional. A nova lei mantém as **3000 horas** (1 mil para cada ano, dividido em 200 dias letivos de 5 horas cada) **de carga**, mas determina uma nova divisão com aumento do período destinado à formação geral básica (**2400 horas** formação básica **+ 600 horas** para itinerários formativos. As 3.000 horas do Novo Ensino Médio poderão ser cursadas da seguinte maneira:

  1. ampliação da **carga horária mínima total** destinada à **FORMAÇÃO BÁSICA**: das atuais 1,8 mil horas para **2400 horas.**
  2. A carga horária mínima anual do **ENSINO MÉDIO** passa de 800 para **1000 horas** distribuídas em 200 dias letivos. Há a possibilidade dessa carga ser ampliada progressivamente para 1,4 mil horas, desde que levando em conta prazos e metas estabelecidos no Plano Nacional de Educação (PNE), respeitando uma distribuição que seja de **70% para formação geral básica e 30% para os ITINERÁRIOS FORMATIVOS** – disciplinas, projetos, oficinas e núcleos de estudo a serem escolhidos pelos estudantes nos três anos da etapa final da educação básica. os itinerários formativos terão carga horária mínima de **600 horas.**
  3. Os ITINERÁRIOS (disciplinas optativas) têm de estar relacionados a uma das **4 ÁREAS** de conhecimento previstas na Base Nacional Comum Curricular (BNCC). Cada escola deve ofertar no **mínimo dois itinerários** (exceto aquelas que oferecem ensino técnico). As 4 áreas de conhecimento são:
     1. **Linguagens e suas tecnologias**, integrada pela língua portuguesa, inglês, artes e educação física;
     2. **Ciências da natureza e suas tecnologias**, integrada pela biologia, física e química;
     3. **Ciências humanas e sociais aplicadas**, integrada pela filosofia, geografia, história e sociologia;
     4. **Matemática e suas tecnologias.**
  4. Em relação aos estudantes dos **CURSOS PROFISSIONALIZANTES**, estabeleceu **2.100 horas** para disciplinas básicas e **900 horas** para o chamado "itinerário formativo" para aqueles que optarem pelo ensino técnico, com possibilidade de estender para 1.200 horas de optativas, a depender do curso técnico.
  5. A disciplina de **ESPANHOL** é **OPTATIVA**. O texto prevê **apenas** o **INGLÊS** como língua estrangeira obrigatória.
  6. Obriga estados a manter **pelo menos UMA escola de ENSINO MÉDIO regular NOTURNO** em cada município, se houver demanda comprovada.

7. Quanto às regras para as instituições adotarem o **EAD** (Ensino à Distância), foi definido que o modelo poderá ser autorizado em "**casos de excepcionalidade emergencial temporária** reconhecida pelas autoridades competentes".
8. O texto prevê também que **profissionais com NOTÓRIO SABER** e experiência comprovada no campo da formação técnica e profissional, mesmo sem diploma de licenciatura, poderão atuar nos sistemas de ensino. É o que já ocorre, por exemplo, quando engenheiros dão aula de matemática. Porém, estabeleceu que só poderá ser realizado "**em caráter excepcional**", mediante justificativa do sistema de ensino e regulamentação do Conselho Nacional de Educação (CNE).

- **JOEN BINDEN ANUNCIA DESISTÊNCIA DA CANDIDATURA À REELEIÇÃO E APOIA KAMALA HARRIS**. Presidente dos Estados Unidos estava sendo pressionado a abandonar corrida eleitoral desde o fim de junho, quando teve um mau desempenho no primeiro debate presidencial. Idade avançada e aptidão de Biden levantaram preocupações.
- **BRASIL E EUA AFIRMAM PARCERIA SOBRE CLIMA**: produção de energia limpa, mercado de carbono, finanças da natureza e fundos climáticos são os quatro pilares do acordo.
- **DONALD TRUMP SOFRE ATENTADO DURANTE COMÍCIO NA PENSILVÂNIA**. Tiros foram disparados enquanto o republicano discursava para eleitores. Ex-presidente foi atingido de raspão na orelha. Duas pessoas morreram, sendo uma delas o autor dos disparos. O atirador foi morto. Ele foi identificado como Thomas Matthew Crooks, de 20 anos.
- **DOENÇA DE NEWCASTLE**: governo federal **SUSPENDEU** temporariamente, a **EXPORTAÇÃO DE CARNE DE AVES** para 44 países após identificar o vírus da doença de Newcastle em um aviário de Anta Gorda, no Vale do Taquari, no **RIO GRANDE DO SUL**. Suspensões devem durar pelo menos 21 dias e variam de área, a partir de cada acordo comercial. A doença de Newcastle (DNC) é uma enfermidade viral que contamina aves domésticas e silvestres. Causada pelo vírus pertencente ao grupo **PARAMIXOVÍRUS AVIÁRIO** sorotipo 1 (APMV-1), a doença apresenta sinais respiratórios, seguidos por manifestações nervosas, diarreia e edema da cabeça dos frangos. A doença pode causar, no máximo, **conjuntivite transitória em humanos**, podendo durar cerca de uma semana. A transmissão ocorre pelo contato, e não pelo consumo. O Rio Grande do Sul é o terceiro estado que mais exporta carne de frango no Brasil, ficando atrás, respectivamente, de Paraná e Santa Catarina. Os principais destinos do frango produzido no Rio Grande do Sul nos primeiros seis meses de 2024 foram Emirados Árabes Unidos, Arábia Saudita, China e Japão.
- **ROBERTA METSOLA É REELEITA PRESIDENTE DO PARLAMENTO EUROPEU** em Estrasburgo, na França. Eleita pela 1ª vez em 2022, a maltesa permanecerá no cargo por mais 2 anos e meio depois de obter a maioria absoluta.
- **PESQUISADORES ENCONTRAM SUBSTÂNCIA 500 VEZES MAIS POTENTE QUE A HEROÍNA**. Opioide sintético **NITAZENO** nunca tinha aparecido no Brasil e foi encontrado em drogas apreendidas em São Paulo.
- **MARROQUINA KENZA LAYLI É VENCEDORA DO 1º CONCURSO DE MISS INTELIGÊNCIA ARTIFICIAL DO MUNDO.** O evento, organizado pela plataforma Fanvue, promoveu pela primeira vez na história um concurso de beleza em que só mulheres que não existem podem participar.
- **CELINE DION CANTA EM ABERTURA DAS OLIMPÍADAS NA FRANÇA**. Na cerimônia, a artista cantou a música "Hymne à l'amour". A apresentação marca sua volta aos palcos após mais de um ano sem fazer shows, devido ao transtorno neurológico cujo diagnóstico

recebeu em 2022. Ela sofre da síndrome da pessoa rígida (SPR). A doença provoca rigidez muscular, causa dores agudas e afeta a mobilidade.

- **MAPA DA FOME DA ONU: Insegurança Alimentar Grave cai 85% no Brasil em 2023** (dado referente à comparação de 2022 para 2023). Em números absolutos, 14,7 milhões de pessoas deixaram de passar fome no Brasil. Ou seja, a Insegurança Alimentar Grave que afligia 17, 2 milhões de brasileiros em 2022, caiu para 2,5 milhões. Percentualmente, **queda** foi de 8% para **1,2% da população**. Mesmo assim o **BRASIL PERMANECE no Mapa da Fome da ONU**, que foi divulgado no Rio de Janeiro, no encontro de líderes do G20. Em relação ao MUNDO, Cerca de 733 milhões de pessoas passaram fome em 2023 – um em cada 11 habitantes do planeta, segundo a FAO. O **Objetivo do Desenvolvimento Sustentável FOME ZERO e AGRICULTURA SUSTENTÁVEL é o ODS 2**.
- **ODS 18:** O governo federal realizou evento paralelo ao Fórum Político de Alto Nível na sede da ONU, em Nova York, para apresentar a experiência brasileira com a criação do Objetivo de Desenvolvimento Sustentável **(ODS) 18 IGUALDADE ÉTNICO-RACIAL**. O ODS 18 é uma iniciativa voluntária do Brasil.
- **POPULAÇÃO QUILOMBOLA NO BRASIL:** Em 2022, existiam 8.441 localidades quilombolas no território brasileiro, associadas a 7.666 comunidades quilombolas declaradas pelos informantes do Censo Demográfico. A **Região Nordeste** possui o maior quantitativo de localidades identificadas, com 5.386 (63,81%) ocorrências, enquanto o **MARANHÃO** é o **ESTADO com o maior número**, com 2.025 localidades (23,99%)".
- **DIRETOR DA ABERTURA DAS OLIMPÍADAS EM PARIS NEGA TER ZOMBADO DAS "ÚLTIMA CEIA".** Em um dos momentos da cerimônia, chamada de "Festividade", um grupo de pessoas apareceu em uma longa mesa, incluindo várias **DRAG QUEENS**, que recordavam a **'ÚLTIMA CEIA'**, a refeição final, segundo os Evangelhos, que Jesus teria compartilhado com seus apóstolos antes de sua crucificação. A conferência episcopal francesa (CEF) condenou o que considera cenas de "zombaria do cristianismo. Mas de acordo com o diretor, a 'Última Ceia' "não foi minha inspiração". A inspiração, na verdade, teria sido a **obra de 1514 do italiano Giovanni Bellini: "A FESTA DOS DEUSES".** Comitê Organizador dos Jogos Olímpicos (COJO) declarou que não houve a intenção de desrespeitar religiosos.
- **ARTEFATOS INDÍGENAS RETIDOS NA FRANÇA RETORNAM AO BRASIL**. Artefatos indígenas de mais de 50 etnias **retidos na FRANÇA** há mais de 20 anos voltam ao Brasil. Ao todo, 585 objetos irão integrar o acervo do Museu do Índio, no Rio de Janeiro. Também este mês, o **Museu Nacional** recebeu o **MANTO TUPINAMBÁ**, artefato indígena **que estava na DINAMARCA desde o século 17** e retornou ao Brasil. O manto é uma vestimenta de 1,80 metro de altura, confeccionada com penas vermelhas de guará sobre e chegou ao Museu Nacional da Dinamarca há mais de três séculos, em 1689. Provavelmente foi produzido quase um século antes.
- **FÓSSIL ENCONTRADO NO RIO GRANDE DO SUL VAI AJUDAR A ENTENDER A ORIGEM DOS DINOSSAUROS**. Pesquisadores descobriram o fóssil quase completo de um dinossauro carnívoro do grupo **Herrerasauridae,** com idade estimada de 233 milhões de anos. O material foi encontrado em maio, no sítio fossilífero de **SÃO JOÃO DO POLÊSINE**, no Rio Grande do Sul, após as intensas chuvas que atingiram o estado.
- **ARGENTINA DECLARA HAMAS COMO ORGANIZAÇÃO TERRORISTA INTERNACIONAL** pelo ataque de 7 de outubro em Israel e um "extenso histórico de atentados". Com

a decisão, o governo do ultradireitista Javier Milei se alinha com a União Europeia, os Estados Unidos, o Canadá e o Reino Unido.

- **PARQUE NACIONAL DOS LENÇÓIS MARANHENSES É RECONHECIDO COMO PATRIMÔNIO NATURAL DA HUMANIDADE.** Título concedido pela **UNESCO** aumentará a visibilidade global do local, atraindo turistas de todo o mundo. A chancela garante, ainda, a valorização ambiental da região e a necessidade da sua preservação.
- **UNRWA:** O Parlamento de **ISRAEL** aprovou uma lei que classifica a principal organização de ajuda humanitária da **Organização das Nações Unidas para palestinos**, UNRWA, como uma **ORGANIZAÇÃO TERRORISTA** e propõe cortar todas as relações com a agência.
- **GUERRA NO SUDÃO:** Mais de 10 milhões de pessoas, ou 20% da população, deixaram suas casas desde o início da guerra no país. O número é o mais recente dado terrível do país do leste da África, devastado por um conflito que começou em abril de 2023. A guerra deixou metade da população de cerca de 50 milhões de habitantes enfrentando uma **CRISE DE FOME** e precisando de ajuda humanitária, a maior de todos os países.
- **ADIDAS. E ERRO DE MARKETING:** Um erro de marketing colocou a marca ADIDAS sob fogo cruzado e como alvo de campanhas de boicote. Tudo começou com o lançamento de uma campanha publicitária para o relançamento do tênis retrô SL 72OG inspirado nos Jogos Olímpicos de Munique de 1972, evento marcado pelo **ATAQUE DE TERRORISTAS PALESTINOS**, que assassinaram 11 membros da equipe olímpica de Israel. Sem considerar as implicações, a **Adidas escolheu a top model BELLA HADID** para estrelar a campanha. **Mas Bela é filha de palestinos** e conhecida por se posicionar publicamente sobre o conflito entre Israel e Palestina, e isto gerou **PROTESTOS DE JUDEUS**. Várias postagens de membros da comunidade judaica pediram que a marca retirasse a campanha do ar. Sob pressão, a Adidas decidiu suspender os anúncios e emitiu um comunicado oficial.
- **UNIFORMES DA SELEÇÃO BRASILEIRA NAS OLIMPÍADAS DE PARIS.** As **bordadeiras de TIMBAÚBA DOS BATISTAS**, pequena cidade no interior do **RIO GRANDE DO NORTE**, foram responsáveis pelas artes que estão nos uniformes do Brasil na abertura das Olimpíadas. O trabalho foi feito nas jaquetas bordadas imagens que representam a **FAUNA BRASILEIRA**, como **TUCANOS**, **ARARAS** e **ONÇAS**. Elas defendem as peças e também se dizem chateadas com as críticas que o uniforme tem recebido. Várias postagens e comentários foram publicados nas redes sociais com críticas ao uniforme e com comparações com a vestimenta de delegações de outros países.
- **70 ANOS DA MORTE DE FRIDA KAHLO.** Libertária, criativa e inspiradora. Estes são alguns dos adjetivos usados para caracterizar a artista plástica e ativista **MEXICANA** Frida Kahlo, que faleceu aos 47 anos em 13 de julho de 1954. O MIS (Museu da Imagem e do Som do Estado de São Paulo) realizou uma programação especial com produções que acompanham a vida e obra da artista. A história da artista é atravessada por uma poliomielite, que sofreu ainda na infância e atrofiou os músculos da perna direita, por um grave acidente de ônibus, aos 18 anos, que provocou múltiplas fraturas, e por três abortos espontâneos, que frustraram o desejo da maternidade.
- **HOLANDÊS CONDENADO POR ESTUPRO É VAIADO NO VÔLEI DE PRAIA EM PARIS.** O jogador de Vôlei de Praia, da HOLANDA, **VAN DE VELDE**, foi condenado a quatro anos de prisão no Reino Unido em 2016 pelo estupro de uma menina de 12 anos. A reação do

público ocorreu na partida em que o vôlei de praia brasileiro se classificou às quartas de final.

NOTÍCIAS EXTRAS

- **FURACÃO BERYL:** O furacão já passou por mais de dez ilhas e países no sudeste do **CARIBE**. Mas atingiu de maneira especialmente forte **São Vicente e Granadinas**. Em uma das ilhas do país, o furacão deixou seu maior rastro até agora: 90% das casas da Ilha de União foram destruídas com a passagem. A tempestade já causou inúmeros estragos em partes do **México** e em **ilhas do Caribe**. O fenômeno de rápido desenvolvimento indica **mais aquecimento da água no Oceano Atlântico e no Caribe**, o que pode ser uma mostra do que a região deve enfrentar na temporada de tempestades.
- **GAVIÃO PEIXOTO (SP), BRASÍLIA (DF) E SÃO CARLOS (SP) SÃO AS TRÊS MELHORES CIDADES PARA VIVER NO BRASIL**, segundo o Índice de Progresso Social Brasil, que mede a **QUALIDADE DE VIDA** nas 27 unidades da Federação. O resultado mostra que entre as dez melhores cidades para viver no Brasil, oito se concentram no interior de São Paulo, enquanto as dez piores estão no Norte (sete delas no Pará).

Embora cidades de São Paulo estejam entre os melhores do Brasil, a **CAPITAL** paulista figura em sexto lugar no recorte das capitais. **BRASILIA** está em **primeiro lugar** no ranking seguido por GOIÂNIA e BELO HORIZONTE.

- **PERU APROVOU LEI QUE PRESCREVE CRIMES CONTRA A HUMANIDADE COMETIDOS ANTES DE 2002:** "Ninguém será processado, condenado ou punido por crimes contra a humanidade ou crimes de guerra, por atos cometidos antes de 1º de Julho de 2002, sob pena de nulidade e responsabilidade funcional. Nenhum ato anterior a essa data pode ser classificado como crime contra a humanidade ou crime de guerra". A iniciativa, que agora aguarda a sanção presidencial, pode beneficiar o ex-ditador Alberto Fujimori, de 85 anos, e 600 militares ao anular os julgamentos por supostos crimes de guerra cometidos no país durante o conflito interno que deixou mais de 69 mil mortos e 21 mil desaparecidos entre 1980 e 2000.
- **ÍNDIA: TUMULTO EM CERIMÔNIA RELIGIOSA DEIXA DEZENAS DE MORTOS PISOTEADOS.** O tumulto aconteceu no final do encontro religioso organizado por um guru conhecido localmente como **BHOLE BABA**. A superlotação pode ter ocasionado o tumulto causado no vilarejo. Relatórios iniciais sugerem que mais de 15 mil pessoas se reuniram para o evento, que tinha permissão para receber apenas 5 mil pessoas.
- **DIA DO REI PELÉ**: Presidente Lula sancionou a **Lei 14.909, de 2024**, que institui o Dia do Rei Pelé, a ser celebrado anualmente no **DIA 19 DE NOVEMBRO**. A data escolhida representa o **DIA DO MILÉSIMO GOL DO REI PELÉ.** O Rei do Futebol atingiu a marca em 1969, durante partida contra o Vasco (RJ).
- **TALCO É CANCERÍGENO PARA HUMANOS:** Agência Internacional de Pesquisa sobre o Câncer (IARC), ligada à Organização Mundial da Saúde (OMS), classificou o TALCO como "provavelmente cancerígeno" para humanos. Na ocasião, **a agência também apontou a ACRILONITRILA**, um composto usado na produção de polímeros (presentes, por exemplo, em tecidos e plásticos), como comprovadamente cancerígeno.
- **A BRASILEIRA DANIELA BARONE RECEBE TÍTULO DA REALEZA BRITÂNICA.** Ela mora há 20 anos em Londres, na Inglaterra, e receberá o título de Officer of the Most Excellent Order of the British Empire (OBE), ou **OFICIAL DA ORDEM DO IMPÉRIO BRITÂNICO**, em

tradução livre. A **OBE** é concedida para o cidadão que contribui de alguma forma para o crescimento da arte do da ciência ou trabalhou em organizações de caridade, assistência social e serviço público ingleses. No caso de Daniela, o título é resultado do seu impacto social na Snowball Impact Investment, um **fundo de investimentos** que tem o intuito de criar resultados positivos para pessoas em todo o mundo, com **EQUIDADE E SUSTENTABILIDADE**, onde é CEO. Para ser agraciado pela honraria, o cidadão deve ter contribuído de alguma forma para o país. O OBE pode ser incluído após o último sobrenome – o que a mineira já fez. Com o título, ela está no mesmo patamar de nomes como o ex-jogador de futebol David Beckham, o tenista Andy Murray, a escritora J.K.Rowling e os Beatles.

- **DINAMARCA SERÁ O PRIMEIRO PÁIS DO MUNDO A COLOCAR IMPOSTO SOBRE O ARROTO E O PUM DO GADO**, que emitem o segundo gás com efeito estufa mais presente na atmosfera: o metano, que tem a sigla de CH4. É uma medida inusitada do país, que pretende **atingir seu objetivo de neutralizar as emissões de poluentes até 2045**. A partir de 2030, as emissões de metano causadas pela flatulência de bovinos e suínos dinamarqueses serão tributadas em 300 coroas (R$ 239 na cotação atual) por tonelada equivalente de CO2.
- **PARTIDO TRABALHISTA VENCE ELEIÇÕES NO REINO UNIDO.** A legenda conquistou mais de 410 assentos para o Parlamento. **KEIR STARMER** foi nomeado o **novo PRIMEIRO-MINISTRO do Reino Unido**. O resultado está sendo tratado pela mídia britânica como uma "lavada" dos Trabalhistas. Por outro lado, o Partido Conservador, do primeiro-ministro Rishi Sunak, sofreu uma derrota histórica.
- **GESTO SUPREMACISTA GERA TENSÃO DIPLOMÁTICA ENTRE TURQUIA E ALEMANHA.** Após ter comemorado um gol fazendo um gesto supremacista em uma partida da Eurocopa em Leipzig, na Alemanha, **o jogador da TURQUIA, MERIH DEMIRAL, foi suspenso** pelos próximos dois jogos por decisão da União das Associações Europeias de Futebol (Uefa), que organiza o torneio. Ao comemorar o gol da vitória contra a Áustria nas oitavas de final, Demiral **fez um gesto com as mãos imitando um lobo**, em uma suposta referência ao grupo ultranacionalista de extrema direita conhecido como **LOBOS CINZENTOS**.
- **MERCOSUL E EMIRADOS ÁRABES UNIDOS INICIAM NEGOCIAÇÕES DE UM ACORDO DE LIVRE COMÉRCIO.** Representantes se reuniram em Assunção. As negociações visam eliminar ou reduzir tarifas alfandegárias e outras barreiras comerciais, além de facilitar o fluxo de investimentos e serviços entre as partes.
- **MALÁSIA ENVIOU À RÚSSIA UMA CARTA DE SOLICITAÇÃO DE ADESÃO AOS BRICS.** Os russos ocupam a presidência rotativa dos Brics em 2024. Segundo o ministro da MALÁSIA, a conversa se concentrou especialmente na candidatura do país para o Brics, o que teria um "potencial significativo para ambos os países.
- **A EXPULSÃO EM MASSA DE SEM-TETO DAS RUAS DE PARIS ANTES DOS JOGOS OLÍMPICOS. FRANÇA** promoveu a retirada de 12,5 mil pessoas das ruas de Paris. Autoridades negam que remoções estejam ligadas à competição e dizem que ocorrem por razões de segurança e saúde públicas. presidente francês, Emmanuel Macron, prometeu que os Jogos Olímpicos de Paris colocariam em destaque a grandiosidade da França. Mas a "pátria dos direitos humanos" – como o país é conhecido por ter feito a primeira declaração nesse tema durante a Revolução Francesa – também tem sido criticado por

associações. As críticas se dão pela **REMOÇÃO DE MORADORES DE RUAS COM O OBJETIVO DE "EMBELEZAR" A CIDADE.**

- **POPULAÇÃO MUNDIAL ATINGIRÁ 10,3 BILHÕES DE PESSOAS EM MEADOS DA DÉCADA DE 2080**, antes de cair para um nível muito inferior ao previsto há uma década, afirmou a ONU. O relatório intitulado "Perspectivas da População Mundial 2024" observou que a **população atual de 8,2 bilhões** atingirá esse pico nos próximos 60 anos e depois diminuirá".
- **FACÇÕES PALESTINAS ASSINAM DECLARAÇÃO DE RECONCILIAÇÃO APÓS NEGOCIAÇÕES NA CHINA**. Eles concordaram em acabar com suas divisões e fortalecer a unidade palestina assinando a Declaração de Pequim na China. Um total de 14 facções palestinas, incluindo os líderes de grupos rivais, **HAMAS E FATAH**, também se encontraram com a mídia.
- **IAN – PRIMEIRA ONDA DE CALOR NO RIO DE JANEIRO:** A Prefeitura do Rio de Janeiro escolheu 50 nomes para batizar ondas de calor extremas a caminho da cidade. A medida consta do protocolo a ser seguido diante de altas temperaturas. São 10 nomes por ano, definidos até 2028. A 1ª onda de calor de 2024, que ainda não tem data para chegar, vai se chamar IAN. A lista vai de A até Y. Uma onda de calor ganhará um nome preestabelecido se atender a essas 3 condições: a temperatura prevista chegar a 44°C (ou passar disso); A máxima durar ao menos 2 horas do dia; A massa de ar quente agir por 3 dias ou mais. Assim como na escala de 1 a 5 adotada pelo Centro de Operações, a "**fornalha**" será classificada em **5 Níveis de Calor (ou NCs, na sigla)**, e para cada um haverá instruções. **A morte de uma fã por hipotermia durante o SHOW DE TAYLOR SWIFT** no Engenhão, em novembro, foi uma das razões para a criação dessa norma. O NC4 e o NC5 podem mexer com a rotina da cidade, pois a máxima provavelmente passará dos 40°C. Não só eventos podem ser cancelados, mas também trabalhos ao ar livre devem ser suspensos.
- **BRASIL TERÁ PELA PRIMEIRA VEZ PSIQUIATRA NAS OLIMPÍADAS. HÉLIO FÁDEL** será o primeiro profissional da área a participar dos Jogos Olímpicos na delegação do Brasil. Ele trabalha atualmente como coordenador do Vasco, e já prestou serviços também no Flamengo, em 2019, onde atuou diretamente com o futebol profissional.
- **ANNA SAICALI, EX-DIRETORA DA AMERICANAS, DESEMBARCA EM SÃO PAULO E TEM PASSAPORTE RETIDO.** Considerada uma das principais envolvidas no esquema de fraudes fiscais nos balanços da empresa, ela se entregou à Justiça em Lisboa. As fraudes contábeis chegaram a R$ 25 bilhões. A **OPERAÇÃO DISCLOSURE** cumpriu 15 mandados de busca e apreensão contra outros ex-executivos do grupo. A fraude maquiou os resultados financeiros do conglomerado a fim de demonstrar um falso aumento de caixa e consequentemente valorizar artificialmente as ações das Americanas na bolsa. Com esses números manipulados, os executivos recebiam bônus milionários por desempenho e obtinham lucros ao vender as ações infladas no mercado financeiro. A maquiagem foi detectada em pelo menos 2 operações: **Risco sacado:** antecipação do pagamento a fornecedores por meio de empréstimo junto a bancos; **Verba de propaganda cooperada (VPC):** incentivos comerciais que geralmente são utilizados no setor, mas no presente caso eram contabilizadas VPCs que nunca existiram. Americanas fecha os sites **SUBMARINO** e **SHOPTIME** devido ao escândalo e se tornarão "Americanas.com".

- **FOGUETE CHINÊS TIANLONG 3 CAI APÓS LANÇAMENTO.** A empresa afirmou que o módulo se soltou de sua plataforma em Gongyi durante um teste por conta de uma falha estrutural, após ser lançado por engano. Ele foi feito para auxiliar a construção da rede de internet via satélite da China.
- **ISRAEL – JUDEUS ULTRAORTODOXOS VÃO ÀS RUAS CONTRA ALISTAMENTO MILITAR OBRIGATÓRIO.** A justificativa da Suprema Corte foi de que em tempos de "uma guerra difícil", a distinção entre quem presta ou não o serviço militar no país torna o peso da guerra ainda maior. Decisão **MUDA regra** instituída há 76 anos. Segundo determinação datada da fundação de Israel, todos os judeus ultraortodoxos que se dedicassem aos estudos da religião em seminários não seriam obrigados a se alistar. Essa exceção tinha prazo de 75 anos e expirou em 2023, mas continuava informalmente aplicada no país.
- **HOMEM SAI DE BAGAGEIRO DE MÃO APÓS TURBULÊNCIA EM VOO DA AIR EUROPA.** Boeing 787-9 Dreamliner havia saído de Madri, na Espanha, com destino a Montividéu e teve que fazer um **pouso de emergência** no aeroporto internacional Aluízio Alves, em **NATAL, RIO GRANDE DO NORTE**, após fortes turbulências.
- **BRASIL ULTRAPASSA EUA E SE TORNA O MAIOR EXPORTADOR DE ALGODÃO DO MUNDO.** Apesar do marco, tendência é que os dois países alternem liderança ao longo das safras. Ultrapassar os norte-americanos era uma meta apenas para 2030.
- **INFLAÇÃO 4,23%.** Medida pelo IPCA (Índice Nacional de Preços ao Consumidor Amplo), a inflação do Brasil atingiu 4,23% no acumulado dos 12 meses encerrados em junho. Na prática, pode alcançar até 4,50% ao final de dezembro para cumprir o limite. O maior impacto do mês de junho veio no grupo **ALIMENTAÇÃO e BEBIDAS**. Preços subiram 0,21%
- **CAPRICHOSO É CAMPEÃO DE PARINTINS PELA TERCEIRA VEZ CONSECUTIVA.** Considerado patrimônio cultural do país pelo Iphan, o evento está ligado à tradição cultural do Boi-Bumbá. No Caprichoso, a cor principal é a **AZUL** Tema do boi vencedor deste ano foi **CULTURA-O TRIUNFO DO POVO.**
- **HUNGRIA ASSUME PRESIDÊNCIA TEMPORÁRIA DA UNIÃO EUROPEIA** com o tema "Tornar a Europa grande novamente". Presidência húngara durará até 31 de dezembro de 2024.
- **VÍTIMAS DO HAMAS PROCESSAM IRÃ, COREIA DO NORTE E SÍRIA em tribunal dos EUA.** Ação acusa os três países de fornecer apoio financeiro, militar e tático ao grupo terrorista armado.
- **MUSEU DE LONDRES LANÇA EXPOSIÇÃO PARA CELEBRAR OS 65 ANOS DA BONECA BARBIE.** Apresentação começa com a 'Barbie número 1' e passa por todos os modelos lançados, mostrando a evolução.
- **PROCESSO CONTRA KEIKO FUJIMORI É INSTAURADO NO PERU.** Ela é acusada de supostamente cometer os crimes de organização criminosa, lavagem de dinheiro, declaração falsa em processo administrativo, falsidade ideológica e obstrução à justiça. A **filha do ex-presidente Alberto Fujimori** assistiu à audiência e é acusada junto com outros 45 investigados. Preso por assassinatos e sequestros, ALBERTO FUJIMORI pretende se candidatar a presidente do Peru.
- **OMS LANÇA DIRETRIZES INÉDITAS PARA TRATAMENTO CONTRA O TABAGISMO.** Dentre as recomendações está a terapia de reposição de nicotina (TRN), que pode ser feita utilizando goma de mascar, pastilha ou adesivo transdérmico.

- **RIO DE JANEIRO VOLTARÁ A TER BOLSA DE VALORES DEPOIS DE 20 ANOS.** O objetivo da nova bolsa de valores do Rio de Janeiro é competir com a **B3**, a bolsa de valores que funciona em **São Paulo**. A nova legislação propõe a redução do ISS (Imposto Sobre Serviços) de 5% para **2% sobre atividades da bolsa de valores,** um incentivo ao retorno do mercado de ações carioca.
- **ERUPÇÃO DOS VULCÕES ETNA E STROMBOLI DEIXA ITÁLIA EM ALERTA.** As autoridades estão adotando medidas de urgência para proteger a população. ETNA é o vulcão ativo mais alto da Europa.
- **GRUPO LIBANÊS HEZBOLLAH DISPARA DEZENAS DE MÍSSES CONTRA ISRAEL**. Ataque seria retaliação à morte de comandante da organização política e paramilitar fundamentalista islâmica xiita.
- **INGRESSO DA BOLÍVIA COMO MEMBRO PLENO NA MERCOSUL.** Em Assunção, no Paraguai, a 64ª reunião de cúpula do Mercosul teve como destaque a incorporação da Bolívia como sexto membro pleno do bloco, bem como a passagem da **presidência temporária** do grupo do Paraguai para o **URUGUAI**. Criado em 1991, o bloco é formado por Paraguai, Argentina, Uruguai, Brasil, Venezuela (suspensa do bloco desde 2016) e Bolívia.
- **NOVO PRIMEIRO-MINISTRO DO REINO UNIDO, KEIR STARMER, ANUNCIA FIM DE DEPORTAÇÃO DE IMIGRANTES PARA RUANDA.** Foi seu primeiro grande anúncio político desde que foi eleito. No final de abril, o Parlamento britânico aprovou um projeto de lei que previa expulsar para Ruanda, no centro-leste da África, requerentes de asilo que entraram de forma ilegal no Reino Unido.
- **MASOUD PEZESHKIAN FOI ELEITO O NOVO PRESIDENTE DO IRÃ.** Considerado moderado e reformista, Pezeshkian assumirá o comando do Irã após a morte do presidente Ebrahim Raisi, que sofreu um acidente de helicóptero em maio.
- **PRESIDENTE DA ARGENTINA ENCERRA CONFERÊNCIA DA AÇÃO POLÍTICA CONSERVADORA (CPAC) AO LADO DE BOLSONARO EM SANTA CATARINA**. Conferência da Ação Política Conservadora (CPAC), versão brasileira do maior fórum conservador dos Estados Unidos, aconteceu em Balneário Camboriú. Essa é a primeira visita de Milei ao Brasil desde que virou presidente da Argentina. Durante seu discurso, Milei criticou o que chamou de governos socialistas dos últimos 20 anos na América Latina, sem citar o presidente Lula. Milei afirmou que Bolsonaro é vítima de perseguição judicial. O presidente argentino assistiu ao jogo do Brasil contra o **Uruguai** na companhia do ex-presidente Bolsonaro.
- **PEC DA ANISTIA.** A proposta de emenda à Constituição (PEC 9/2023), que **PERDOA** multas de partidos políticos que **não** cumpriram as **COTAS DE GÊNERO E RAÇA nas eleições anteriores, não** foi votada pela Comissão de Constituição e Justiça e deve voltar a ser analisada somente em agosto. Aprovada pela Câmara, a chamada "PEC da Anistia" também vai permitir o refinanciamento de dívidas tributárias de partidos e de suas fundações, dos últimos cinco anos. A proposta perdoa todas as sanções tributárias de partidos, com prazo superior a cinco anos, mesmo aquelas de processos administrativos e judiciais já transitados em julgado. Para pagar multas eleitorais poderão ser utilizados recursos do Fundo Partidário.
- **TORRE DA CATEDRAL DE ROUEN, NA FRANÇA, PEGA FOGO** durante obras de renovação. As cenas lembram o incêndio devastador na catedral de Notre Dame, em Paris,

em 2019, e ocorrem duas semanas antes do início das Olimpíadas na capital da França. Não houve relatos de vítimas. A catedral, uma das mais belas do país, foi pintada várias vezes pelo artista impressionista **CLAUDE MONET** no século 19.

- **QUEDA DE METEORO ILUMINA CÉU DO NORDESTE.** Várias cidades do Nordeste presenciaram o fenômeno, a maioria nos Estados de **Piauí**, **Ceará**, **Pernambuco**, **Paraíba** e **Bahia**. Segundo especialistas, a Terra está passando pelo fenômeno chamado **"DELTA AQUÁRIDAS"**, durante o qual vários meteoros entram na atmosfera terrestre, aumentando a probabilidade de eventos luminosos. O clarão ocorre quando um corpo celeste entra na atmosfera e provoca uma onda de pressão, aquecendo o gás ao seu redor. No Ceará, o meteoro surpreendeu o público durante o show da cantora Simone Mendes.
- **ASSASSINOS DE FERNANDO VILLAVICENCIO, CANDIDATO À PRESIDENCIA DO EQUADOR, SÃO CONDENADOS**. Ao todo, cinco réus foram condenados a penas que variam de 12 a 34 anos de prisão. Candidato foi morto em agosto de 2023, após deixar um comício em Quito. Após a morte, Villavicencio foi substituído por Christian Zurita na chapa presidencial. Ele ficou em terceiro lugar na disputa. As eleições foram vencidas pelo direitista **DANIEL NOBOA**.
- **ÚNICO MAROTONISTA BRASILEIRO CLASSIFICADO PARA PARIS 2024 É SUSPENSO POR DOPING**. Daniel Ferreira testou positivo para drostanolona, metenolona e nandrolona.
- **BOLÍVIA ANUNCIA DESCOBERTA DE "MEGACAMPO" DE GÁS NATURAL.** A Bolívia descobriu um megacampo de gás natural de 1,7 trilhão de pés cúbicos a "mais importante" descoberta deste hidrocarboneto desde 2005.
- **NASCIDO HÁ 100 ANOS, CÉSAR LATTES FEZ DESCOBERTA QUE MARCOU A FÍSICA**. O cientista brasileiro César Lattes (1924-2005), se estivesse vivo, teria completado 100 anos. Ele nasceu em 11 de julho de 1924 em Curitiba (PR). Em um experimento com emulsões químicas, conseguiu identificar **partículas MÉSON PÍ**, uma hipótese que estava antes somente no campo da teoria, para explicar o funcionamento do átomo. Lattes é homenageado pelo nome da plataforma que reúne os dados de pesquisadores e professores brasileiros, na base do CNPq (Conselho Nacional de Desenvolvimento Científico e Tecnológico).
- **90 ANOS DA CONSTITUIÇÃO DE 1934.** O Brasil ganhou sua segunda Constituição Republicana e Getúlio Vargas foi eleito indiretamente presidente da República.
- **LEI QUE PRESERVA PRODUÇÃO INTELECTUAL BRASILEIRA FAZ 20 ANOS.** Toda obra publicada no Brasil precisa ter pelo menos uma cópia enviada para a Fundação Biblioteca Nacional (FBN), a mais antiga instituição cultural do país. Promulgada em 2004, durante a gestão do cantor e compositor Gilberto Gil como ministro da Cultura, a Lei 10.994 "regulamenta o depósito legal de publicações, na Biblioteca Nacional, objetivando assegurar o registro e a guarda da produção intelectual nacional, além de possibilitar o controle, a elaboração e a divulgação da bibliografia brasileira corrente, bem como a defesa e a preservação da língua e cultura nacionais".
- **IMAGENS INÉDITAS MOSTRAM TRIBO INDÍGENA ISOLADA EM "ÁREA PERIGOSA" DA AMAZÔNIA PERUANA**. Grupo retratado é o povo **MASHCO PIRO**, estimado como o maior povo de indígenas isolados do mundo.
- **TERREMOTO DE MAGNITUDE 7,3 ATINGE O CHILE.** Não há relato de vítimas. A Defesa Civil do Estado de São Paulo confirmou que foram registrados leves tremores em cida-

des de **São Paulo**. Outras cidades de **Minas Gerais** também sentiram o impacto do terremoto no Chile.

- **APAGÃO CIBERNÉTICO GLOBAL E CROWDSTRIKE**. Uma falha em um dos sistemas de segurança da CrowdStrike causou um apagão cibernético em 8,5 milhões de computadores no dia 19 de julho. incidente afetou diversos setores, como aviação, bancos, comunicações e até mesas de negociações. A pane global afetou a Microsoft, provocando uma falha na nuvem que fez com que o Windows travasse e exibisse uma **tela azul**, conhecida informalmente como a **"Tela Azul da Morte".** Segundo a CrowdStrike, não se tratou de um incidente de segurança ou de um ataque cibernético. Uma ferramenta chamada **FALCON**, que serve para detectar possíveis invasões hacker, teve um **PROBLEMA NA ATUALIZAÇÃO DE SOFTWARE**. O problema foi corrigido, mas foi informado que um impacto residual permaneceria por alguns dias até que tudo se restabelecesse.
- **ESPANHA PRENDE 3 HACKERS PRÓ-RÚSSIA** acusados de ataques contra membros da OTAN. Grupo "**NONAME057**" alega combater "ações hostis e abertamente anti-russas".
- **PREMIÊ DE BANGLADESH CANCELA VIAGEM AO BRASIL APÓS PROTESTOS EM MASSA.** Estimativa é que pelo menos 114 pessoas morreram durante os protestos contra **cotas que reservam 30% das vagas** em **Concursos Públicos** para famílias que lutaram pela independência do país.
- **MINISTÉRIO DO TRABALHO INCLUI UFOLOGIA EM LISTA OFICIAL DE OCUPAÇÕES.** Ufologia é o estudo de óvnis, **EXTRATERRESTRES** e fenômenos naturais. O trabalho de **confeccionador de Peruca** e **Facilitador de Biodança** também são uma das 19 novas profissões reconhecidas no Guia Brasileiro de Ocupações. As 19 novas profissões são: terapeuta reiki, instrutor de ioga, instrutor de meditação, facilitador de biodança, facilitador de grupos de movimento, condutor escolar terrestre, lactarista, brinquedista, condutor de cães domésticos, monitor de animais domésticos, instrutor de mobilidade com cães-guia, biólogo em meio ambiente e diversidade, biólogo em saúde, ergonomista, hidrojatista, ufólogo, analista de sucesso do cliente, analista de experiência do cliente e confeccionador de perucas.
- **ESTADOS MAIS VIOLENTOS DO BRASIL – MAIORES TAXAS:** 1º Amapá; 2º Bahia e 3º Pernambuco. Menores taxas: 1º São Paulo; 2º Santa Catarina e 3º Distrito Federal. O estado do AMAPÁ tem 69,9 mortes violentas por 100 mil habitantes – o triplo da média nacional.
- **PONTO TURÍSTICO DE SÃO LUIS (MA) É TOMADO POR MILHÕES DE ARANHAS**. Quando se chega perto, são milhões de aranhas que, há cerca de um mês, se multiplicaram na **LAGOA DA JANSEN**, um dos pontos turísticos de São Luís. De 2017 para cá, a invasão das aranhas se repetiu pelo menos quatro vezes. Mas nunca de uma forma tão intensa quanto agora. Professores explicam que a espécie é inofensiva e que o fenômeno está associado principalmente à **POLUIÇÃO**. Quanto mais poluída a água, mais inseto nasce. Quanto mais inseto nasce, mais comida para as aranhas.
- **ARCABOUÇO FISCAL**. O arcabouço se constitui em um conjunto de medidas para manter o controle dos gastos e receitas do país. Chamado também de política fiscal, o governo busca manter os gastos e receitas nos eixos para dar credibilidade para sua dívida e, assim, financiar serviços públicos como saúde, educação e segurança pública. Ministro da Fazenda **Fernando Haddad** anuncia **CONGELAMENTO DE R$ 15 BILHÕES NO ORÇAMENTO DE 2024** para cumprir as regras do arcabouço fiscal e preservar a

META DE DÉFICIT ZERO das despesas públicas prevista para o fim do ano. Essa conta abrange R$ 11,2 bilhões em **BLOQUEIOS** e R$ 3,8 bilhões em **CONTINGENCIAMENTOS**. Tanto o contingenciamento como o bloqueio representam cortes temporários de gastos. O bloqueio ocorre quando os gastos do governo crescem mais que o limite de 70% do crescimento da receita acima da inflação. Contingenciamento ocorre quando há falta de receitas que comprometem o cumprimento da meta de resultado primário (resultado das contas do governo sem os juros da dívida pública). Em 2023, foi estabelecida a nova regra fiscal – ela limita o crescimento da despesa a **70% da variação da receita dos 12 meses anteriores.**

- **MORTES POR VÍRUS NIPAH. DEIXA AUTORIDADES DE SAÚDE EM ALERTA NA ÍNDIA**. Trata-se da morte de um menino de 14 anos. O Nipah é um vírus zoonótico, transmitido de **animais para humanos**. Os **MORCEGOS FRUGÍVOROS** são os principais reservatórios do vírus. Ele pode ser contraído por meio de alimentos contaminados ou diretamente entre pessoas. O primeiro surto registrado da doença ocorreu em 1999 na Malásia, onde o vírus foi transmitido aos humanos através de **PORCOS**, outra espécie hospedeira possível. As pessoas infectadas desenvolvem sintomas como febre, dores de cabeça, mialgia, vômitos e dor de garganta. Isso pode ser seguido por tontura, sonolência, alteração da consciência e sinais neurológicos que indicam encefalite aguda.
- **PRIVATIZAÇÃO DA SABESP.** O governador de São Paulo, Tarcísio de Freitas, participou na Sede da Bolsa de Valores (B3) da cerimônia que marcou a conclusão do processo de privatização da Sabesp. Com a privatização, o **ESTADO FICOU COM 18%; 17%** foram comprados por **investidores no mercado financeiro**; **15%** pela **Equatorial Participações e Investimentos**. A **venda de 32% da empresa** resultou em R$ 14,8 bilhões aos cofres do governo paulista. O dinheiro vai subsidiar a redução na tarifa de água e também as obras para ampliar o acesso ao saneamento básico, que devem ser concluídas até 2029. De imediato, a redução na conta será de 10% para mais de 1 milhão de pessoas com renda de até meio salário mínimo e inscritas no CadÚnico; de 1% para residências, e de 0,5% para comércio e indústria.
- **AVIÃO DE PEQUENO PORTE CAI NO NEPAL.** 19 pessoas estavam abordo e piloto é o único sobrevivente.
- **PROGRAMA VOA BRASIL** foi lançado pelo governo federal, oferecendo **passagens aéreas de até R$ 200**, **inicialmente focado em aposentados do INSS.** Os aposentados elegíveis **não** podem ter viajado de avião nos últimos 12 meses e poderão comprar os bilhetes através de um site especial, usando o cadastro do gov.br. O programa não implicará gastos do orçamento federal, pois depende de um acordo com as companhias aéreas para oferecer os bilhetes a preços reduzidos. Não há limite de renda, ou seja, o aposentado que recebe o teto do INSS (R$ 7.786,02) também está contemplado.
- **BIBLIOTECA NACIONAL CELEBRA OS 500 ANOS DE CAMÕES.** Entre as raridades estão as primeiras edições de OS LUSÍADAS, de 1572, e a segunda, CHAMADA DOS PICOS, de 1584
- **AGÊNCIA NACIONAL DE PROTEÇÃO DE DADOS (ANPD) PROÍBE META DE USAR DADOS DE USUÁRIOS PARA TREINAR INTELIGÊNCIA ARTIFICIAL.** A Meta, dona do Facebook e Instagram, tentou implantar a mesma política de privacidade na União Europeia e no Reino Unido, mas diante da repercussão negativa, adiou a decisão. Diferentemente do que fez no Brasil. Na decisão, a autoridade brasileira afirma que identificou

pontos que podem estar desrespeitando a Lei Geral de Proteção de Dados, inclusive com o uso de informações de crianças e adolescentes.

- **NVIDIA SE TORNOU EMPRESA MAIS VALIOSA DO MUNDO**: Nvidia, gigante de design de **CHIPS** e **INTELIGÊNCIA ARTIFICIAL**, superou a capitalização de mercado da Microsoft e se tornando a empresa pública mais valiosa do mundo. O fato ocorreu menos de duas semanas após a empresa ter ultrapassado o valor de mercado da Apple. **A Nvidia é uma empresa norte-americana**. A **CHINA** tem conseguido contornar as sanções dos **ESTADOS UNIDOS** para comprar chips de última geração da NVIDIA para usar em processamento de Inteligência Artificial.
- **CÂMARA APROVA PRIMEIRO PROJETO QUE REGULAMENTE REFORMA TRIBUTÁRIA.** O texto ainda vai para o Senado. Depois de votar o texto-base, os deputados analisaram os chamados destaques — sugestões de alteração no texto. A principal discussão dessa etapa foi a tributação zero da carne bovina e do frango, uma demanda do presidente Lula que foi defendida também pela oposição, mas que não era bem vista pela equipe econômica do governo. E esse destaque foi aprovado. Ou seja, a **CARNE VERMELHA entra na cesta básica e NÃO pagará imposto sobre consumo**. Porém, um destaque que foi rejeitado pedia cobrança do chamado IMPOSTO SELETIVO (ou **IMPOSTO DO PECADO**) para **ARMAS**. Com a rejeição, armas não serão submetidas a esse imposto, que busca taxar itens nocivos à saúde ou ao meio ambiente.
- **ROBÔ CURIOSITY ATROPELA ROCHA EM MARTE** e revela mineral inédito no planeta. Dentro dela havia **ENXOFRE PURO.**
- **HACKER WALTER DELGATTI É CONDENADO POR CALÚNIA CONTRA BOLSONARO**. A defesa de Bolsonaro afirmou que o hacker mentiu ao acusá-lo de grampear o ministro Alexandre de Moraes, do Supremo Tribunal Federal (STF), em depoimento na CPI do 8 de Janeiro. Na sentença, o juiz considerou que a materialidade e a autoria do crime de calúnia foram comprovadas pelas provas apresentadas durante o processo e condenou o hacker a 10 meses e 20 dias de detenção. Além da detenção, Delgatti foi condenado a pagar as custas do processo. O juiz concedeu a Delgatti o direito de apelar em liberdade, embora ele já esteja preso por outro processo. O hacker está preso em Araraquara (SP) em decorrência dos desdobramentos de uma investigação que apura suposto plano para invadir o sistema do Poder Judiciário. No dia 23 de abril, ele foi denunciado, junto à **deputada federal CARLA ZAMBELLI**, pela invasão no sistema do CNJ, no qual incluíram um mandado de prisão de Alexandre de Moraes, assinado pelo próprio magistrado.
- **INQUÉRITO DAS JOIAS E EX-PRESIDENTE BOLSONARO.** A defesa do ex-presidente Jair Bolsonaro (PL) se manifestou após a retirada do sigilo do inquérito da Polícia Federal (PF) que apura possíveis desvios das **joias da ARÁBIA SAUDITA**, recebidas como presente em visita ao Oriente Médio. Bolsonaro foi indiciado por peculato (que é desvio de bens públicos), lavagem de dinheiro e associação criminosa no caso das joias. Bolsonaro e outras 11 pessoas foram indiciadas por crimes relacionados ao caso. Segundo a PF, o grupo que atuou na suposta venda ilícita das peças milionárias teria agido para enriquecimento ilícito do ex-presidente. Os advogados de Bolsonaro afirmam que os presentes ofertados à Presidência da República "obedecem a um rígido protocolo de tratamento e catalogação", sobre o qual "o Chefe do Executivo não tem qualquer ingerência, direta ou indireta".
- **JULGAMENTO DO ATOR ALEC BALDWIN É ANULADO APÓS OCULTAÇÃO DE PROVAS**. A Justiça anulou o julgamento de Alec Baldwin por homicídio culposo com base na

alegação de ocultação de provas, uma reviravolta surpreendente no processo que buscava esclarecer a responsabilidade do ator na tragédia que abalou o set de Rust. Durante um ensaio no set de filmagem no Novo México, Baldwin empunhava um revólver Colt calibre 45 quando uma bala foi disparada, ferindo fatalmente a diretora de fotografia Halyna Hutchins. Os advogados de Baldwin argumentaram que o ator não tinha responsabilidade de verificar o conteúdo da arma e não sabia que ela continha munições reais.

- **NÍCOLAS MADURO É REELEITO PRESIDENTE DA VENEZUELA.** Segundo o órgão eleitoral controlado pelo governo, presidente recebeu 51,2% dos votos; comandará o país por mais 6 anos. A oposição venezuelana, por sua vez, alega que houve fraude eleitoral e que, na verdade, **o vencedor foi o oposicionista EDMUNDO GONZÁLEZ**. As **ATAS ELEITORAIS** – espécie de boletins com os registros das urnas — ainda não foram apresentadas. A alegação de fraude é sustentada por países como Estados Unidos, Argentina, Chile e Uruguai, os quais não reconhecem Maduro como vencedor. Já o governo brasileiro vem adotando a mesma postura desde o domingo da eleição: pedir que o CNE apresente as atas. Só depois disso, o Brasil terá condições de dizer se reconhece ou não o resultado.
- **MASCOTE DAS OLIMPÍADAS DE PARIS**. As mascotes **PHRYGES** representam os valores dos Jogos Olímpicos e Paralímpicos de Paris 2024. Mascotes foram inspiradas no **GORRO FRÍGIO**, um símbolo histórico de liberdade e revolução na **FRANÇA**. Além de promover os Jogos, as Phryges também destacam a importância da inclusão e da diversidade. A Phryge Paralímpica, com sua prótese visível, envia uma mensagem poderosa sobre a aceitação e a celebração das diferenças. Essa representação é essencial para promover uma imagem positiva dos atletas com deficiência e reforçar os valores de igualdade e inclusão dos Jogos Paralímpicos.
- **TRENS NA FRANÇA SÃO ALVO DE SABOTAGEM NO DIA DA ABERTURA DAS OLIMPÍADAS**. O sistema francês de Trens de Alta Velocidade sofreu ataques coordenados de vandalismo na madrugada, o que as autoridades consideram uma sabotagem a algumas horas da cerimônia de abertura dos Jogos Olímpicos de Paris. Os ataques incluíram incêndios provocados e paralisaram principalmente linhas de alta velocidade que ligam Paris ao resto da França e aos países vizinhos. A **REDE DE FIBRA ÓPTICA** de várias operadoras de telecomunicações também foi alvo de atos de vandalismo. Esse incidente ocorreu três dias depois do ataque aos trens.
- **NADADORA BRASILEIRA É EXPULSA DA DELEGAÇÃO NAS OLIMPÍADAS EM PARIS APÓS ATOS DE INDISCIPLINA. Ana Carolina e o namorado Gabriel Santos**, que também é atleta da natação, saíram da Vila Olímpica sem autorização. Os dois publicaram fotos nas redes sociais na capital francesa fora da vila. Toda saída da vila dos atletas deve ser previamente comunicada, por motivos de segurança. No entanto, o que causou a exclusão de Ana Vieira da delegação não foi este episódio. No sábado, a atleta fez parte do revezamento 4x100m livre feminino, que acabou eliminado antes da final. Ana Carolina teria contestado de forma veemente a mudança na escalação do revezamento, que nadou sem Mafê Costa, poupada. O comunicado da CBDA (Confederação Brasileira de Desportos Aquáticos) diz que a decisão técnica foi contestada "de forma desrespeitosa e agressiva". Gabriel Santos, que participou do revezamento 4x100 livre masculino e não tinha mais provas a nadar, foi punido apenas com uma advertência.

- **GABRIEL MEDINA TIRA A MAIOR NOTA DA HISTÓRIA DO SURFE**. Atleta brasileiro avançou para às quartas de final com a **nota 9.9**, batendo o recorde do japonês Kanoa Igarashi.
- **LUTA COM ITALIANA LEVANTOU DEBATE SOBRE GÊNERO DE IMANE KHELIF.** A **BOXEADORA** da **ARGÉLIA** Imane Khelif venceu a italiana Angela Carini nas oitavas de final da categoria meio-médio nas Olimpíadas de Paris após **46 segundos de disputa**. A italiana desistiu da luta após ser atingida por pelo menos dois golpes potentes no rosto. No entanto, a luta acabou se tornando uma polêmica dentro dos Jogos Olímpicos. O caso teve início porque Imane Khelif não foi aprovada em um teste feito pela Associação Internacional de Boxe (IBA). De acordo com a entidade, a boxeadora não atendeu aos critérios de elegibilidade, e por isso, não disputou o campeonato mundial em 2023. A não aprovação iniciou um onda de questionamentos sobre o gênero da atleta. Em nota de 31 de julho, a IBA informou que desqualificou Imane Khelif por "falha em atender aos critérios de elegibilidade" conforme os regulamentos da entidade e que atleta teria "vantagens competitivas sobre outras competidoras femininas". "Ponto a ser observado, os atletas não passaram por um exame de testosterona, mas foram submetidos a um teste separado e reconhecido, pelo qual os detalhes permanecem confidenciais", diz a nota. A boxeadora teve aval do COI para disputar em Paris. O Comitê Olímpico Internacional (COI), por sua vez, baniu a IBA devido a questões de governança e finanças e argumenta que a atleta foi vítima de uma decisão arbitrária da entidade. O COI disse ainda que as regras de elegibilidade para os Jogos de Paris 2024 foram baseadas nas dos Jogos de Tóquio em 2021 e não podem ser alteradas durante uma competição. Nas redes sociais, a delegação da Argélia informou que Imane Khelif tem **HIPERANDROGENISMO**, condição médica caracterizada por níveis excessivamente altos de andrógenos ou hormônios masculinos, o que teria levado à sua desclassificação do Mundial de Boxe. "Desde esse episódio, Imane está em tratamento e as coisas voltaram ao normal desde que foi autorizada pelo COI a participar dos Jogos Olímpicos de 2024.
- **ONU LANÇA OS PRINCÍPIOS GLOBAIS PARA A INTEGRIDADE DA INFORMAÇÃO.** Os 5 princípios baseiam-se em uma visão primordial de um ecossistema de informações mais humano. Eles exigem um ambiente de informação que defenda os direitos humanos e fornecem uma base sólida para o desenvolvimento sustentável e inclusivo, ação climática, democracia e paz. Os **5 PRINCÍPIOS** são:

  1 – **Co**nfiança e Resiliência

  2 – **Ca**pacitação Pública

  3 – **I**ncentivos Saudáveis

  4 – **Mí**dia independente, livre e plural

  5 – **T**ransparência e Pesquisa

FALECIMENTOS:

- **SÉRGIO CABRAL, jornalista, compositor e pesquisador da música brasileira**, morre aos 87 anos. Como jornalista, ele é um dos fundadores de "**O PASQUIM**" e chegou a ser preso na Ditadura devido a sua atuação no jornal. Ele é pai do ex-governador do Rio de Janeiro Sérgio Cabral Filho.
- **ATOR THOMMY SCHIAVO** morre aos 39 anos de traumatismo craniano após se desiquilibrar e cair de sacada de prédio em Cuiabá. Thommy Schiavo fez parte do elenco da

segunda fase da **novela PANTANAL**, da TV Globo. Ele interpretou o **peão João Zoinho** que trabalhava na fazenda de José Leôncio.

- **J.BORGES, artista, mestre da XILOGRAVURA e poeta PERNAMBUCANO**, morre aos 88 anos. Ele registrou em seus versos e ilustrações o cotidiano, o folclore e as lendas de sua gente. **Amigo de Ariano Suassuna**, a quem considerava seu padrinho artístico, Borges participou de exposições e deu aulas em países da Europa e nos Estados Unidos.
- **ROSA MAGALHÃES, carnavalesca do Rio de Janeiro**, morre aos 77 anos. Campeã absoluta da avenida, Rosa colecionou sete títulos ao longo de mais de 50 anos de Carnaval. A Prefeitura do Rio de Janeiro anunciou que vai **BATIZAR** a **NOVA CIDADE DO SAMBA**, com previsão de inauguração em 2027, **com o nome da carnavalesca.**
- **IRAN LIMA**, ator famoso por interpretar o **CANDIDO MANSO** da Escolinha do Professor Raimundo, morre aos 88 anos.

8. AGOSTO

- **LÍDER DO GRUPO TERRORISTA HAMAS, ISMAIL HANIYEH, É ASSASSINADO NO IRÃ:** Tanto o Irã quanto o Hamas acusaram Israel de ter cometido o assassinato e prometeram retaliar seu inimigo. Israel não reivindicou a responsabilidade pela morte nem a negou. Haniyeh foi morto por um míssil que o atingiu diretamente em uma pousada em Teerã, onde estava hospedado. Ele estava no Irã para participar da cerimônia de posse do presidente Masoud Pezeshkian, na qual estiveram autoridades de outros países, inclusive **GERALDO ALCKMIN**. **Funeral** ocorreu em **CATAR**. O assassinato ocorreu no mesmo dia em que Israel bombardeou Beirute, capital do Líbano. O alvo foi Fuad Shukr, considerado o chefe número dois do grupo extremista libanês Hezbollah.
- **TURQUIA BLOQUEIA ACESSO AO INSTAGRAM:** funcionário do governo acusa plataforma americana de censurar as mensagens de pêsames pelo assassinato do líder do **grupo terrorista HAMAS**, Ismail Haniyeh.
- **PRIMEIRA-MINISTRA DE BANGLADESH, SHEIKH HASINA, RENUNCIA E FOGE DO PAÍS APÓS PROTESTOS:** Hasina estava no poder havia 15 anos e era uma das mulheres mais poderosas da Ásia. Acredita-se que ela fugiu para a ÍNDIA. O **PROTESTO ESTUDANTIL** começou a partir da insatisfação de estudantes universitários que exigiam a **abolição de um sistema de cotas**, segundo o qual 30% dos empregos públicos eram reservados aos descendentes dos veteranos da guerra de libertação de 1971. o Supremo Tribunal de Bangladesh anulou a controversa decisão do Tribunal Superior, que havia restabelecido o sistema de cotas. A decisão do tribunal, no entanto, não foi suficiente. Protestos mataram centenas de pessoas. Vencedor do Nobel da Paz, MUHAMMAD YUNUS, vai liderar governo interino.
- **A AUTORIDADE ELEITORAL DA VENEZUELA ENTREGA ATAS DE ELEIÇÕES PRESIDENCIAIS À CORTE SUPREMA DO PAÍS.** Tanto o CNE quanto o Tribunal Supremo de Justiça (TSJ) são acusados pela oposição de servir ao chavismo no poder. **GONZÁLEZ** se autodeclarou presidente eleito da Venezuela. A autoproclamação de González tem caráter simbólico, porque segundo a legislação venezuelana quem tem poder legal de proclamar um novo presidente é o Conselho Nacional Eleitoral (CNE), autoridade eleitoral do país. Após a autoproclamação de González, o **Ministério Público da Venezuela** abriu uma investigação criminal contra o candidato e contra Maria Corina Machado por,

supostamente, atuarem "às margens da Constituição" ao "anunciar falsamente" que González foi eleito no último 28 de julho.

- **VENEZUELA EXPULSA EMBAIXADORES E DIPLOMATAS DE 7 PAÍSES QUE CONTESTARAM RESULTADO DAS ELEIÇÕES:** governo venezuelano afirma que **Argentina, Chile, Costa Rica, Peru, Panamá, República Dominicana e Uruguai** atentam contra soberania nacional e expulsa todo corpo diplomático "imediatamente". Brasil ainda **NÃO** se manifestou. A expulsão ocorre após o Conselho Nacional Eleitoral ter proclamado Nícolas Maduro como presidente da Venezuela. Entre os países que tiveram os diplomatas e embaixadores expulsos estão **Argentina, Chile, Panamá, Peru e Uruguai**, que **CONTESTARAM** o resultado das eleições. Entre os países que contestaram o resultado das eleições também estão Estados Unidos, Reino Unido, Alemanha, Espanha, Itália, Equador, Peru, Colômbia, Guatemala e Portugal. Entre países que **PARABENIZARAM** Nicolás Maduro pelo resultado da eleição estão Rússia, China, Irã, Bolívia, Cuba e Nicarágua.
- **BANDEIRA BRASILEIRA É HASTEADA EM EMBAIXADA ARGENTINA**. Presidente da **ARGENTINA** agradece ao Brasil por assumir representação diplomática da Casa Rosada na **VENEZUELA**. Brasil ficou responsável por proteger a embaixada e os asilados políticos da oposição ao governo chavista que estão abrigados no local. O Brasil também assumiu formalmente a Embaixada do **PERU**.
- **OPERAÇÃO TOC-TOC. AUMENTA A REPRESSÃO NA VENEZUELA**: O presidente venezuelano, Nicolás Maduro, e outras autoridades têm promovido a operação "toc-toc" como um meio de chegar aos responsáveis pela violência nos protestos, que eles descreveram como "criminosos fascistas". Forças de vão atrás de envolvidos em protestos.
- **BRASIL É O PAÍS COM MAIS CASOS DE FEBRE OROPOUCHE DAS AMÉRICAS**. Primeira morte fetal foi registrada em **PERNAMBUCO.**
- **BÉLGICA DESISTE DO TRIATLO APÓS ATLETA SER INTERNADA COM BACTÉRIA EM PARIS.** Claris Michel está hospitalizada com **E.COLI,** uma bactéria que pode causar problemas estomacais e intestinais. O episódio acontece em meio às discussões sobre a qualidade da água do **RIO SENA**, que tem sido motivo de polêmica, com adiamento de provas e treinos nos Jogos. Tanto que até a prefeita de Paris, Anne Hidalgo, nadou no Sena para "provar" que águas estariam limpas o suficiente para a natação.
- **FURACÃO DEBBY:** Ao menos quatro pessoas morreram em decorrência da tempestade tropical. Em sua passagem pela Flórida (**EUA**), o furacão levou 25 pacotes de **COCAÍNA** a uma praia. A quantidade vale cerca de US$ 1 milhão no mercado local. Região é rota de tráfico.
- **OXIGÊNIO NEGRO. NO FUNDO DO MAR:** Cientistas descobriram que oxigênio está sendo produzido no fundo do **OCEANO PACÍFICO**, ao largo da costa do México. Esse é um fenômeno misterioso, pois nas profundezas do mar não há possibilidade de fazer fotossíntese, devido à ausência de luz solar. A primeira vez que o nomeado "oxigênio negro" foi encontrado no fundo do mar ocorreu em 2013.
- **GOVERNO LULA DECRETA SIGILO DE 100 ANOS EM DECLARAÇÃO DE CONFLITO DE INTERESSE (DCI) DO MINISTRO DE MINAS E ENERGIA, ALEXANDRE SILVEIRA:** A justificativa é de que o termo contém dados privados e restritos. Esse tipo de declaração é apresentado por todos os ministros quando vão trabalhar no governo, e deve informar se eles têm parentes que exercem atividades que possam gerar conflitos de interesse. Os

documentos também contêm informações bancárias e patrimoniais sobre as atividades da autoridade

- **HEMAN BEKELE É ELEITO CRIANÇA DO ANO PELA TIME.** Heman Bekele, aos 15 anos, já é um nome de destaque na ciência, tendo sido eleito a Criança do Ano de 2024 pela revista TIME. Natural da **ETIÓPIA** e atualmente vivendo nos Estados Unidos, Heman se destacou pelo desenvolvimento de um **SABONETE** inovador que pode tratar e prevenir diversos tipos de **CÂNCER DE PELE.**
- **ESPIÃO RUSSO "NASCIDO EM GOIÁS" FOI TROCADO POR PRISIONEIROS AMERICANOS.** Um russo que usava uma falsa identidade brasileira está entre os libertados pelos Estados Unidos em uma troca de prisioneiros com a Rússia. **MIKHAIL MIKUSHIN** se passava por "brasileiro", com o nome de **José de Assis Giammaria**. Ele foi preso na Noruega, em novembro de 2022. A certidão de nascimento foi emitida na cidade de **Padre Bernardo, no interior de Goiás**. Funcionários do cartório não sabem dizer como documento foi parar na mão do russo. Mikushin usou o nome falso para se infiltrar em universidades do Canadá e da Noruega. As autoridades dos países afirmam que ele seria um coronel russo que fingia ser brasileiro para atuar como pesquisador na Universidade do Ártico da Noruega, país com quem a Rússia faz fronteira.
- **KAYLIA NEMOUR, GINASTA DA ARGÉLIA, FAZ HISTÓRIA NOS JOGOS DE PARIS:** é primeira **GINASTA AFRICANA** da história da ginástica em olimpíadas a conquistar uma medalha. Ela garantiu a medalha de OURO.
- **MERCADO LIVRE PASSA PETROBRÁS** e vira empresa **MAIS VALIOSA** da **AMÉRICA LATINA.**
- **AVIÃO DA VOEPASS CAI EM VINHEDO.** Não há sobreviventes.
- **PRESIDENTE LULA CRIA DIA NACIONAL DO FUNK** e afirma que gênero merece reconhecimento.
- **BRASIL ADOTA RECIPROCIDADE E EXPULSA EMBAIXADORA DA NICARÁGUA:** decisão foi tomada após Nicarágua expulsar o embaixador brasileiro, Breno Dias. Diplomata não compareceu ao aniversário de 45 anos da Revolução Sandinista, o que irritou o governo Daniel Ortega.
- **CAMPEÃ DE XADREZ É SUSPENSA APÓS ENVENENAR TABULEIRO DE RIVAL.** Amina Abakarova, uma campeã de xadrez da **RÚSSIA**, foi suspensa após supostamente envenenar sua rival de infância, Umayganat Osmanova, ao espalhar **MERCÚRIO** sobre as peças que seriam usadas antes de uma partida. A mulher está sendo acusada de agir por vingança após um insulto pessoal. Ela foi presa e pode pegar 3 anos de prisão.
- **MPOX É DECLARADA EMERGÊNCIA DE SAÚDE PÚBLICA GLOBAL.** Em 2024, os casos já superam o total registrado em 2023 e somam mais de 14 mil, além de 524 mortes.
- **AUDIÊNCIA DO PAPA FRANCISCO É INTERROMPIDA POR ATIVISTAS CONTRA TOURADAS.** A ONG Peta, de defesa dos direitos dos animais, reivindicou autoria e cobrou do papa Francisco uma posição sobre as touradas, ainda permitidas em diversas regiões da Europa.
- **PRISIONEIROS LIBERTADOS PELA RÚSSIA DESEMBARCAM NOS EUA APÓS MAIOR ACORDO DESDE O FIM DA GUERRA FRIA.** O jornalista norte-americano Evan Gershkovich e o ex-fuzileiro naval norte-americano Paul Whelan chegaram nos Estados Unidos horas depois de serem libertados pela Rússia O acordo foi negociado em segredo por

mais de um ano, envolvendo 24 prisioneiros e oito países: EUA, Rússia, Alemanha, Polônia, Eslovênia, Noruega, Bielorrússia e a Turquia, que coordenou a troca.

- **MANSÃO DO JOGADOR MESSI É VANDALIZADA POR GRUPO DE ATIVISTAS AMBIENTAIS.** Um grupo de ambientalistas chamado "**Futuro Vegetal**" entrou na casa do astro na cidade espanhola, IBIZA, e jogou tinta na fachada, deixando-a manchada de vermelho e preto. O intuito era "chamar a atenção para "a **responsabilidade dos ricos na CRISE CLIMÁTICA**". Disseram que era uma construção ilegal. O Futuro Vegetal citou um relatório da Oxfam de 2003 segundo o qual "o 1% mais rico da população mundial gerou a mesma quantidade de emissões de carbono em 2019 que os dois terços mais pobres da humanidade, apesar de serem as comunidades mais vulneráveis as que mais sofrem as consequências da crise".
- **AMEAÇA TERRORISTA EM SHOW DE TAYLOR SWIFT, NA ÁUSTRIA:** Os fãs de Taylor Swift que aguardavam ansiosamente os shows da "Eras Tour" em **VIENA**, na Áustria, foram surpreendidos pelo cancelamento das apresentações devido a uma ameaça terrorista. Um dos suspeitos, um jovem de 19 anos, havia jurado lealdade ao grupo extremista **ESTADO ISLÂMICO**, e os shows de Swift estavam entre seus principais alvos.
- **PRIMEIRO MINISTRO DA TAILÂNDIA É AFASTADO DO CARGO**. Tribunal na Tailândia destituiu o primeiro-ministro do país, Srettha Thavisin, do cargo por **VIOLAÇÃO ÉTICA**. Thavisin foi julgado por nomear para seu gabinete um advogado que já havia sido preso por tentativa de suborno a funcionários do tribunal. Seu gabinete permanecerá no cargo em caráter interino até que o Parlamento aprove um novo primeiro-ministro.
- **ESTÁTUA DE LÚCIFER NO RIO GRANDE DO SUL.** A inauguração de um **SANTUÁRIO** com uma estátua de Lúcifer na cidade de **Gravataí (RS)** foi barrada por uma decisão da Justiça. Surgiram boatos de que a administração municipal teria investido dinheiro público nas obras do espaço, fato que foi negado pelos representantes do culto e da prefeitura. Na decisão da Justiça, as autoridades observaram que a liberdade religiosa é um direito fundamental, mas os templos devem cumprir exigências para seu pleno funcionamento. Na sentença, foi citado que o local não possui alvará ou plano de prevenção contra incêndios, algo que, somado ao sigilo do endereço, poderia resultar em "situações catastróficas".
- **TODAS AS ESCOLAS PÚBLICAS NOTA 10 ESTÃO NO NORDESTE**, anuncia Índice de Desenvolvimento da Educação Básica (**IDEB**). Ao total, foram 21 escolas, uma em Pernambuco, cinco em Alagoas e 15 no Ceará.
- **PRESIDENTE DO STF, BARROSO, PEDE DESCULPAS À MARIA DA PENHA POR OMISSÃO.** O presidente do Supremo Tribunal Federal (STF) e do Conselho Nacional de Justiça (CNJ), ministro Luís Roberto Barroso, fez um pedido de desculpas inédito em nome do poder judiciário à biofarmacêutica Maria da Penha pela omissão e demora da Justiça brasileira em julgar o agressor que tentou assiná-la por duas vezes em 1983. A **LEI MARIA DA PENHA completou 18 ANOS.**
- **LEI PREVÊ CORES PARA BENGALAS DE ACORDO COM GRAU DE DEFICIÊNCIA VISUAL**. O Plenário aprovou projeto de lei que designa cores específicas para as chamadas bengalas longas. Os equipamentos são usados como instrumentos auxiliares na locomoção de pessoas com diferentes graus de deficiência visual. De acordo com o texto, a **COR BRANCA** deve ser destinada a **PESSOAS CEGAS**. Usuários com **BAIXA VISÃO** ou **VISÃO SUBNORMAL** devem portar órteses **VERDES**, enquanto a bengala

VERMELHA E BRANCA é reservada para pessoas **SURDOCEGAS**. O SUS será responsável por fornecer as bengalas nas cores solicitadas.

- **TRIBUNAL DE HOLANDA CONDENA BRASKEM A INDENIZAR VÍTIMAS DE MACEIÓ.** A petroquímica Braskem foi condenada por um Tribunal da Holanda a indenizar nove vítimas do afundamento provocado pela extração de sal-gema em Maceió, em Alagoas. A Petroquímica disse que já foram pagos valores superiores a R$ 4 bilhões em indenizações e que os nove autores da ação já receberam proposta de compensação financeira.
- **EX-PRIMEIRO-MINISTRO, DELFIM NETTO**, morre aos 96 anos.
- **MÚSICO E COMPOSITOR RUBENS ANTÔNIO, conhecido como CAÇULINHA**, morre aos 86 anos.

REFERÊNCIAS BIBLIOGRÁFICAS

O material produzido faz referência à reunião de temas comentados pelos principais noticiários, informativos e portais do país e do mundo. Alguns trechos recortam o fato em si, outros acompanham aprofundamento teórico e conceitual.

<www.uol.com.br> (Acesso em abril de 2024)

<www.g1.globo.com> (Acesso em abril de 2024)

<www.nexojornal.com.br> (Acesso em abril de 2024)

<https://nacoesunidas.org/> (Acesso em abril de 2024)

<www.ebc.com.br> (Acesso em abril de 2024)

<www.globo.com> (Acesso em abril de 2024)

<www.folha.com.br> (Acesso em abril de 2024)

<www.terra.com.br> (Acesso em abril de 2024)

<www.adorocinema.com> (Acesso em abril de 2024)

<www.estadao.com.br> (Acesso em abril de 2024)

<www.r7.com> (Acesso em abril de 2024)

<www.brasil.elpais.com> (Acesso em abril de 2024)

<https://www.unodc.org/> (Acesso em abril de 2024)

<http://www.onu.org.br/> (Acesso em abril de 2024)

<http://www.epoca.globo.com/> (Acesso em abril de 2024)

<http://www.veja.abril.com.br/> (Acesso em abril de 2024)

< https://www.dw.com/pt-br /> (Acesso em abril de 2024)

<http://www.extra.globo.com/> (Acesso em abril de 2024)

<http://www.bol.uol.com.br/> (Acesso em abril de 2024)

<http://www.stf.gov.br/> (Acesso em abril de 2024)

Direitos das Pessoas com Deficiência

Paulo Henrique Boldrin

Noções Sobre Direitos das Pessoas com Deficiência

A seguir, selecionamos dicas de Noções sobre Direitos das Pessoas com Deficiência conforme conteúdo programático do edital para o concurso do TJ-SP para o cargo de Oficial de Justiça. Note-se que a disciplina de Direitos das Pessoas com Deficiência permanece exigida no edital do TJ-SP, tendo sido alocada como conteúdo da disciplina de atualidades e, diante de suas particularidades, foi mantida em texto autônomo de estudos.

1. Artigos 1º ao 13; 34 ao 38; 79 a 87 da Lei nº 13.146/2015 – Estatuto da Pessoa com Deficiência, com as alterações vigentes até a publicação deste Edital.

Edital sistematizado TJ-SP	
Item do edital	**Onde encontrar no livro**
1. Art. 1º ao 13 da Lei nº 13.146/2015	Tópicos 1 a 3
2. Art. 34 ao 38 da Lei nº 13.146/2015	Tópico 4
3. Art. 79 a 87 da Lei nº 13.146/2015	Tópico 5

1. ESTATUTO DA PESSOA COM DEFICIÊNCIA (LEI Nº 13.146/2015)

Em julho de 2015, foi promulgada a **Lei nº 13.146/2015**, que instituiu a **Lei Brasileira de Inclusão da Pessoa com Deficiência – LBI**. Essa legislação também é denominada de **Estatuto da Pessoa com Deficiência** e constitui importante dispositivo normativo que regulamenta os direitos da pessoa com deficiência. A legislação é destinada a assegurar e a promover, em igualdade de condições, o exercício de direitos e liberdades fundamentais por pessoa com deficiência, a fim de garantir a inclusão social e a cidadania (art. 1º). Ressalta-se que o Estatuto da Pessoa com Deficiência entrou em vigor apenas **180 dias** após a sua publicação (art. 127). Tendo em vista que a lei foi publicada no dia 07 de julho de 2015, as regras previstas somente passaram a ser aplicadas em 03 de janeiro de 2016.

Convenção sobre os Direitos das Pessoas com Deficiência e seu protocolo facultativo: é o diploma normativo que influenciou fortemente o surgimento e o conteúdo das normas do Estatuto da Pessoa com Deficiência. Essa convenção foi o primeiro tratado internacional recepcionado com força de emenda constitucional.

A Convenção da ONU sobre os Direitos das Pessoas com Deficiência foi realizada em Nova York no ano de 2007 e assinada pelo Brasil em 30 de março de 2007. A assinatura do tratado não assegura sua vigência no plano interno e externo, pois o Estado ainda necessita ratificar a convenção.

Equivalente às emendas constitucionais: O ordenamento jurídico brasileiro exige a aprovação prévia pelo Congresso Nacional para que a convenção ou tratado internacional possam ser ratificados no plano externo. Ademais, o art. 5º, § 3º da CF/88 prevê que a convenção ou tratado internacional sobre direitos humanos que venha a ser aprovado, em cada casa do Congresso Nacional, em 2 turnos de votação por 3/5 dos votos de seus membros, será equivalente às emendas constitucionais. Dessa forma, a Convenção sobre os Direitos das Pessoas com Deficiência foi aprovada pelo Congresso Nacional **com "status" de emenda constitucional** por meio da promulgação do Decreto Legislativo nº 186/2008.

Depósito da ratificação e vigência no plano interno: Em 1º de agosto de 2008, o Governo brasileiro depositou o instrumento de ratificação da Convenção e de seu Protocolo Facultativo que passaram a obrigar o Brasil no plano externo em 31/08/2008. Por fim, em 25/08/2009, a Convenção e seu Protocolo facultativo foram promulgados pelo Decreto nº 6.949/2009 e passaram a ser exigidos com força de emenda constitucional no plano interno.

Princípios gerais da Convenção: A Convenção sobre os Direitos das Pessoas com Deficiência estabelece, em seu art. 3º, os princípios gerais que nortearam a elaboração do Estatuto da Pessoa com Deficiência e que devem ser memorizados pelo candidato ao concurso do TJ-SP:

PRINCÍPIOS DA CONVENÇÃO SOBRE OS DIREITOS DAS PESSOAS COM DEFICIÊNCIA
a) O respeito pela dignidade, a autonomia individual, inclusive a liberdade de fazer as próprias escolhas, e a independência das pessoas;
b) A não discriminação;
c) A plena e efetiva participação e inclusão na sociedade;
d) O respeito pela diferença e pela aceitação das pessoas com deficiência como parte da diversidade humana e da humanidade;
e) A igualdade de oportunidades;
f) A acessibilidade;
g) A igualdade entre o homem e a mulher;
h) O respeito pelo desenvolvimento das capacidades das crianças com deficiência e pelo direito das crianças com deficiência de preservar sua identidade.

1.1. Pessoa com deficiência

Conceito[1]**:** O Estatuto da Pessoa com Deficiência traz o conceito de pessoa com deficiência, que foi inspirado naquilo que prevê o art. 1º da Convenção sobre os Direitos das Pessoas com Deficiência. **Atenção! A memorização do conceito de pessoa com deficiência é essencial ao seu concurso:**

1 O conceito de pessoa com deficiência previsto no Estatuto da Pessoa com Deficiência foi exigido no concurso de Técnico Judiciário do TRT da 24ª Região e constava do material de Direitos das Pessoas com Deficiência elaborado por esse autor no livro Revisão Final TRT-24ª Região.

> **Art. 2º, Estatuto da Pessoa com Deficiência:** Considera-se pessoa com deficiência aquela que tem impedimento de longo prazo de natureza física, mental, intelectual ou sensorial, o qual, **em interação com uma ou mais barreiras**, pode obstruir sua participação plena e efetiva na sociedade em igualdade de condições com as demais pessoas (grifos acrescidos).
>
> **Art. 1º, Convenção sobre os Direitos das Pessoas com Deficiência:** O propósito da presente Convenção é promover, proteger e assegurar o exercício pleno e equitativo de todos os direitos humanos e liberdades fundamentais por todas as pessoas com deficiência e promover o respeito pela sua dignidade inerente.
>
> Pessoas com deficiência são aquelas que têm impedimentos de longo prazo de natureza física, mental, intelectual ou sensorial, os quais, em interação com diversas barreiras, podem obstruir sua participação plena e efetiva na sociedade em igualdades de condições com as demais pessoas.

Observe que o conceito trazido pela legislação ressalta que a deficiência não necessariamente decorre de doença enfrentada pela pessoa e que deverão ser consideradas pessoas com deficiência aqueles que apresentam impedimento intelectual. Portanto, além da deficiência física, é necessário o reconhecimento da **deficiência de ordem psicológica**, que merece atenção especial do Estado[2].

Além disso, o conceito esclarece que não é o próprio impedimento da pessoa com deficiência que obstrui a participação efetiva na sociedade, mas sua **interação com barreiras**. Portanto, a eliminação de barreiras à pessoa com deficiência, especialmente ao se assegurar a acessibilidade e a utilização de tecnologias assistivas, é uma das formas de garantir a plena participação na sociedade em igualdade de condições com as demais pessoas.

Para facilitar a memorização do assunto, segue quadro acerca do conceito de pessoa com deficiência, que, repito, é extremamente importante para seu concurso:

CONCEITO DE PESSOA COM DEFICIÊNCIA
– Pessoa com deficiência é aquela que: a) tem **impedimento de longo prazo**; b) O impedimento pode ser decorrente de **natureza física, mental, intelectual ou sensorial**; c) Esse impedimento, em **interação com um ou mais barreiras**, pode **obstruir a participação plena e efetiva na sociedade em igualdade de condições** com as demais pessoas.

Avaliação da deficiência: A avaliação da deficiência, quando for necessária, será **biopsicossocial**, realizada por equipe multiprofissional e interdisciplinar (art. 2º, § 1º, Estatuto da Pessoa com Deficiência). A avaliação biopsicossocial é aquela que considera os aspectos sociais da pessoa com deficiência além de dados médicos que demonstrem sua incapacidade. Há superação do modelo apenas biológico de análise para acrescentar fatores como nível de escolaridade, profissão, composição familiar, etc.[3] Os critérios para a avaliação

2 FARIAS, Cristiano Chaves de.; CUNHA, Rogério Sanches; PINTO, Ronaldo Batista. *Estatuto da Pessoa com Deficiência comentado artigo por artigo*. Salvador: Juspodivm, 2016. p. 24.

3 FARIAS, Cristiano Chaves de.; CUNHA, Rogério Sanches; PINTO, Ronaldo Batista. *Estatuto da Pessoa com Deficiência comentado artigo por artigo*. Salvador: Juspodivm, 2016. p. 25.

foram definidos pelo Decreto 11.063, de 04 de maio de 2022 e estabelece o enquadramento da deficiência em: deficiência física, auditiva, visual e mental. Ademais, destaca-se:

AVALIAÇÃO BIOPSICOSSOCIAL DA DEFICIÊNCIA
A avaliação deve se atentar para: – impedimentos nas funções e estruturas do corpo; – fatores socioambientais, psicológicos e pessoais; – limitação no desempenho de atividades; – restrição de participação.

Instrumentos de avaliação da deficiência: devem ser criados pelo Poder Executivo . O Decreto 11.063/2022 estabeleceu os critérios e os requisitos para a avaliação de pessoas com deficiência ou pessoas com transtorno do espectro autista para fins de concessão de isenção do IPI na aquisição de automóveis.

Exame médico-pericial da avaliação biopsicossocial: Conforme inclusão da Lei nº 14.724/2023, o exame poderá ser realizado com o uso de tecnologia de telemedicina ou por análise documental conforme situações e requisitos definidos em regulamento.

Símbolo nacional de identificação de pessoas com deficiências ocultas: corresponde ao cordão de fita com desenhos de girassóis, sendo seu uso opcional, e sua ausência não prejudica o exercício de direitos e garantias previstos em lei.

Atenção: A utilização do símbolo não dispensa a apresentação de documento comprobatório da deficiência, caso seja solicitado pelo atendente ou pela autoridade competente.

1.2. Conceitos do Estatuto da Pessoa com Deficiência

ATENÇÃO!

Não é comum que os diplomas legislativos tragam as definições legais para os termos utilizados, muitas vezes deixando o trabalho de interpretação das palavras e expressões para a doutrina e jurisprudência. Contudo, o Estatuto da Pessoa com Deficiência traz diversos conceitos que serão utilizados por TODA a lei, que assumem, juntamente com o conceito de pessoa com deficiência, especial relevância para seus estudos. Para facilitar a compreensão dos conceitos legais, segue quadro sistematizado do art. 3º da Lei Brasileira de Inclusão com grifos acrescidos que facilitam a memorização:

CONCEITOS UTILIZADOS NO ESTATUTO DA PESSOA COM DEFICIÊNCIA	
Palavra ou expressão	**Conceito legal**
Acessibilidade	**Possibilidade e condição de alcance para utilização, com segurança e autonomia, de espaços, mobiliários, equipamentos urbanos, edificações, transportes, informação e comunicação**, inclusive seus sistemas e tecnologias, bem como de outros serviços e instalações abertos ao público, de uso público ou privados de uso coletivo, tanto na zona urbana como na rural, **por pessoa com deficiência ou com mobilidade reduzida**. (art. 3º, I, Estatuto da Pessoa com Deficiência e art. 3º, I, Resolução CNJ nº 401/2021)
Desenho universal	Concepção de produtos, ambientes, programas e serviços a serem usados por todas as pessoas, **sem necessidade de adaptação ou de projeto específico, incluindo os recursos de tecnologia assistiva**. (art. 3º, II, Estatuto da Pessoa com Deficiência e art. 3º, V, Resolução CNJ nº 401/2021)

CONCEITOS UTILIZADOS NO ESTATUTO DA PESSOA COM DEFICIÊNCIA	
Palavra ou expressão	**Conceito legal**
Tecnologia assistiva ou ajuda técnica	Produtos, equipamentos, dispositivos, recursos, metodologias, estratégias, práticas e serviços que objetivem **promover a funcionalidade, relacionada à atividade e à participação** da pessoa com deficiência ou com mobilidade reduzida, visando **à** sua **autonomia, independência, qualidade de vida e inclusão social**. (art. 3º, III, Estatuto da Pessoa com Deficiência e art. 3º, XVI, Resolução CNJ nº 401/2021)
Barreiras	Qualquer **entrave, obstáculo, atitude ou comportamento que limite ou impeça a participação social da pessoa**, bem como o gozo, a fruição **e o exercício de seus direitos à acessibilidade, à liberdade de movimento e de expressão, à comunicação, ao acesso à informação, à compreensão, à circulação com segurança,** entre outros, classificadas em: a) **barreiras urbanísticas:** as existentes nas vias e nos **espaços públicos** e privados **abertos ao público** ou de uso coletivo; b) **barreiras arquitetônicas:** as existentes nos edifícios públicos e privados; c) **barreiras nos transportes:** as existentes nos sistemas e **meios de transportes**; d) **barreiras nas comunicações e na informação:** qualquer entrave, obstáculo, atitude ou comportamento que **dificulte ou impossibilite a expressão ou o recebimento de mensagens e de informações** por intermédio de sistemas de comunicação e de tecnologia da informação; e) **barreiras atitudinais: atitudes ou comportamentos que impeçam ou prejudiquem a participação social** da pessoa com deficiência em igualdade de condições e oportunidades com as demais pessoas; f) **barreiras tecnológicas:** as que **dificultam ou impedem o acesso** da pessoa com deficiência **às tecnologias**; (art. 3º, IV, Estatuto da Pessoa com Deficiência e art. 3º, IV, Resolução CNJ nº 401/2021)
Comunicação	Forma de interação dos cidadãos que abrange, entre outras opções, as línguas, inclusive a Língua Brasileira de Sinais (Libras), a visualização de textos, o Braille, o sistema de sinalização ou de comunicação tátil, os caracteres ampliados, os dispositivos multimídia, assim como a linguagem simples, escrita e oral, os sistemas auditivos e os meios de voz digitalizados e os modos, meios e formatos aumentativos e alternativos de comunicação, incluindo as tecnologias da informação e das comunicações. (art. 3º, V, Estatuto da Pessoa com Deficiência e art. 3º, VII, Resolução CNJ nº 401/2021)
Adaptações razoáveis	**Adaptações, modificações e ajustes necessários e adequados que não acarretem ônus desproporcional e indevido**, quando requeridos em cada caso, a fim de assegurar que a pessoa com deficiência possa **gozar ou exercer, em igualdade de condições e oportunidades com as demais pessoas, todos os direitos e liberdades fundamentais.** (art. 3º, VI, Estatuto da Pessoa com Deficiência e art. 3º, VI, Resolução CNJ nº 401/2021)
Elemento de urbanização	Quaisquer componentes de **obras de urbanização**, tais como os referentes a pavimentação, saneamento, encanamento para esgotos, distribuição de energia elétrica e de gás, iluminação pública, serviços de comunicação, abastecimento e distribuição de água**,** paisagismo e os que materializam as indicações do planejamento urbanístico; (art. 3º, VII, Estatuto da Pessoa com Deficiência)
Mobiliário urbano	**Conjunto de objetos existentes nas vias e nos espaços públicos, superpostos ou adicionados aos elementos de urbanização ou de edificação**, de forma que sua modificação ou seu traslado não provoque alterações substanciais nesses elementos, tais como semáforos, postes de sinalização e similares, terminais e pontos de acesso coletivo às telecomunicações, fontes de água, lixeiras, toldos, marquises, bancos, quiosques e quaisquer outros de natureza análoga. (art. 3º, VIII, Estatuto da Pessoa com Deficiência)

CONCEITOS UTILIZADOS NO ESTATUTO DA PESSOA COM DEFICIÊNCIA	
Palavra ou expressão	**Conceito legal**
Pessoa com mobilidade reduzida	Aquela que tenha, por qualquer motivo, **dificuldade de movimentação, permanente ou temporária**, gerando redução efetiva da mobilidade, da flexibilidade, da coordenação motora ou da percepção, incluindo pessoa idosa, gestante, lactante, pessoa com criança de colo e obeso. (art. 3º, IX, Estatuto da Pessoa com Deficiência e art. 3º, XI, Resolução CNJ nº 401/2021)
Residências inclusivas	**Unidades de oferta do Serviço de Acolhimento do Sistema Único de Assistência Social (Suas)** localizadas em áreas residenciais da comunidade, com estruturas adequadas, que possam contar com apoio psicossocial para o atendimento das necessidades da pessoa acolhida, **destinadas a jovens e adultos com deficiência, em situação de dependência, que não dispõem de condições de autossustentabilidade e com vínculos familiares fragilizados ou rompidos**. (art. 3º, X, Estatuto da Pessoa com Deficiência)
Moradia para a vida independente da pessoa com deficiência	Moradia com estruturas adequadas capazes de proporcionar serviços de apoio coletivos e individualizados que respeitem e ampliem o grau de autonomia de jovens e adultos com deficiência. (art. 3º, XI, Estatuto da Pessoa com Deficiência)
Atendente pessoal[4]	Pessoa, membro ou não da família, que, com ou sem remuneração, assiste ou **presta cuidados básicos e essenciais à pessoa com deficiência no exercício de suas atividades diárias**, excluídas as técnicas ou os procedimentos identificados com profissões legalmente estabelecidas. (art. 3º, XII, Estatuto da Pessoa com Deficiência e art. 23, III, Resolução CNJ nº 401/2021)
Profissional de apoio escolar	Pessoa que exerce atividades de alimentação, higiene e locomoção do estudante com deficiência e atua em todas as atividades escolares nas quais se fizer necessária, em todos os níveis e modalidades de ensino, em instituições públicas e privadas, excluídas as técnicas ou os procedimentos identificados com profissões legalmente estabelecidas. (art. 3º, XIII, Estatuto da Pessoa com Deficiência)
Acompanhante	Aquele que acompanha a pessoa com deficiência, podendo ou não desempenhar as funções de atendente pessoal. (art. 3º, XIV, Estatuto da Pessoa com Deficiência e art. 3º, II, Resolução CNJ nº 401/2021)

2. DIREITO À IGUALDADE E À NÃO DISCRIMINAÇÃO

Dentre os princípios basilares do Estatuto da Pessoa com Deficiência, encontram-se o respeito **à igualdade de oportunidades** com as demais pessoas e na **não discriminação** (art. 4º, Lei nº 13.146/2015).[4]

Discriminação em razão da deficiência: Toda forma de distinção, restrição ou exclusão que prejudique, impeça ou anule o reconhecimento ou exercício de direitos e liberdades fundamentais da pessoa com deficiência é considerada pela Lei Brasileira de Inclusão como discriminação em razão da deficiência. **Atenção!** Tendo em vista que o Estatuto da Pessoa com Deficiência foi pautado pelo princípio da não discriminação, é fundamental a memorização do conceito de discriminação trazido pela legislação:

4 O conceito de atendente pessoal foi exigido no concurso de Analista Judiciário do TRE-SP realizado em 2017 e constava do material de Direitos das Pessoas com Deficiência elaborado por esse autor no livro Revisão Final TRE-SP.

> **Art. 4º, § 1º, Lei nº 13.146/2015:** Considera-se discriminação em razão da deficiência toda forma de distinção, restrição ou exclusão, por ação ou omissão, que tenha o propósito ou o efeito de prejudicar, impedir ou anular o reconhecimento ou o exercício dos direitos e das liberdades fundamentais de pessoa com deficiência, incluindo a recusa de adaptações razoáveis e de fornecimento de tecnologias assistivas.

No mesmo sentido, a Resolução CNJ nº 401/2021 traz o conceito da discriminação por motivo de deficiência:

> **Art. 3º, VIII, Resolução CNJ nº 401/2021:** Para fins de aplicação desta Resolução, consideram-se: "discriminação por motivo de deficiência" significa toda e qualquer diferenciação, exclusão ou restrição, por ação ou omissão, baseada em deficiência, com o propósito ou efeito de impedir ou impossibilitar o reconhecimento, o desfrute ou o exercício, em igualdade de oportunidades com as demais pessoas, de direitos humanos e liberdades fundamentais nos **âmbitos** político, econômico, social, cultural, civil ou qualquer outro, incluindo a recusa de adaptações necessárias e de fornecimento de tecnologias assistivas.

Ações afirmativas: são políticas públicas promovidas pelo Estado ou pela sociedade civil com a finalidade de compensar situações historicamente desiguais e tem como fundamento proporcionar a igualdade de oportunidades entre as pessoas. Nesse sentido, tendo em vista a adoção pelo Estatuto da Pessoa com Deficiência da necessidade de respeito à igualdade de oportunidades, é possível a implementação de ações afirmativas às pessoas com deficiência. Essa igualdade somente é alcançada se proporcionado tratamento jurídico diferenciado às pessoas com deficiência ao assegurar acesso ao mercado de trabalho por exemplo. Contudo, é importante destacar que a lei é expressa ao determinar que a pessoa com deficiência não está obrigada a fruir de benefícios de ação afirmativa (art. 4º, § 2º, Lei nº 13.146/2015). Sobre o assunto, é importante destacar algumas das principais ações afirmativas presentes na legislação nacional:

a) **Relação de emprego:** As empresas com 100 empregados ou mais deverão manter de 2% a 5% de seus cargos com pessoas com deficiência ou empregados reabilitados ao trabalho.

b) **Relação de estágio:** Como formar de integração ao mercado de trabalho, a lei assegura percentual de 10% das vagas de estágio oferecidas a pessoas com deficiência.

c) **Concurso público:** O art. 1º, § 1º do Decreto nº 9.508/2018, editado em 24 de setembro de 2018, estabelece a necessidade de se assegurar percentual mínimo de 5% das vagas oferecidas para o provimento de cargos efetivos e para a contratação por tempo determinado para atender necessidade temporária de excepcional interesse público, no âmbito da administração pública federal direta e indireta, às pessoas com deficiência. Destaca-se que esse Decreto revogou os art. 37 a 43 do Decreto nº 3.298/1999, que disciplinavam o assunto. Atenção! Tendo em vista a alteração recente desse dispositivo, é possível sua cobrança nos concursos que abordam Noções sobre Direitos das Pessoas com Deficiência.

Dever de proteção da pessoa com deficiência: É necessária a garantia de proteção da pessoa com deficiência, em especial para aquelas consideradas especialmente vulneráveis:

a **criança**, o **adolescente**, a **mulher** e a pessoa idosa, com deficiência. Ressalta-se que a legislação estabelece as formas de proteção que necessitam as pessoas com deficiência (art. 5º, Lei nº 13.146/2015):

PROTEÇÃO DA PESSOA COM DEFICIÊNCIA
– Deve haver proteção contra toda forma de: a) negligência; b) discriminação; c) exploração; d) violência; e) tortura; f) crueldade; g) opressão; e h) tratamento desumano ou degradante.

Capacidade legal: As pessoas com deficiência têm direito ao exercício da capacidade legal em **igualdade de condições** com as demais pessoas (art. 84). Na maioria dos casos, a pessoa com deficiência tem capacidade plena para exercício dos atos da vida civil, em especial (art. 6º, Lei nº 13.146/2015):

CAPACIDADE CIVIL DA PESSOA COM DEFICIÊNCIA
– A pessoa com deficiência tem capacidade inclusive para: a) Casar-se e constituir união estável; b) Direitos sexuais e reprodutivos; c) Planejamento familiar; d) Conservar fertilidade, sendo veda a esterilização compulsória; e) Direito à família e à convivência familiar e comunitária; f) Direito à guarda, à tutela, à curatela e à adoção, como adotante ou adotando em igualdade de condições com as demais pessoas.

Dever de comunicação: É dever de **TODOS** a comunicação à autoridade competente quando verificada qualquer forma de ameaça ou de violação aos direitos da pessoa com deficiência (art. 7º, Lei nº 13.146/2015).

Deveres do Estado, sociedade e família: Além do dever de comunicação em relação a qualquer forma de ameaça ou violação aos direitos de pessoa com deficiência, a Lei Brasileira de Inclusão estabelece **rol exemplificativo** de direitos das pessoas com deficiência que toda a sociedade, o Estado e também a família devem efetivar com prioridade (art. 8º, Lei nº 13.146/2015). Ressalta-se que esse rol é complementado pelos demais direitos assegurados na Constituição Federal, na Convenção sobre os Direitos das Pessoas com Deficiências e seu Protocolo Facultativo bem como demais normas que assegurem o **bem-estar pessoal, social e econômico à** pessoa com deficiência:

> **Art. 8º, Lei nº 13.146/2015:** É dever do Estado, da sociedade e da família assegurar à pessoa com deficiência, com prioridade, a efetivação dos direitos referentes à vida, à saúde, à sexualidade, à paternidade e à maternidade, à alimentação, à habitação, à educação, à profissionalização, ao trabalho, à previdência social, à habilitação e à reabilitação, ao transporte, à acessibilidade, à cultura, ao desporto, ao turismo, ao lazer, à informação, à comunicação, aos avanços científicos e tecnológicos, à dignidade, ao

respeito, à liberdade, à convivência familiar e comunitária, **entre outros decorrentes da Constituição Federal, da Convenção sobre os Direitos das Pessoas com Deficiência e seu Protocolo Facultativo e das leis e de outras normas que garantam seu bem-estar pessoal, social e econômico.** (grifos acrescidos)

Atribuição do Ministério Público: Os juízes e tribunais têm a obrigação de remeter as peças ao Ministério Público quando tomarem conhecimento de fatos que caracterizem violações ao Estatuto da Pessoa com Deficiência (art. 7º, parágrafo único). Nesse sentido, o próprio Estatuto estabelece como atribuição do Ministério Público zelar pela correta aplicação de seus dispositivos normativos e, portanto, assegurar o cumprimento dos direitos e garantias das pessoas com deficiência.

Atribuição da Defensoria Pública (art. 3º, Lei nº 7.853/1989): A Defensoria Pública passou a ser legitimada para tutelar os interesses coletivos, difusos, individuais homogêneos e individuais indisponíveis da pessoa com deficiência. Além da Defensoria Pública, a Lei nº 7.853/1989 já previa a legitimidade dos seguintes entes:

LEGITIMADOS
– São legitimados para propor medidas judiciais destinadas à proteção de interesses coletivos, difusos, individuais homogêneos e individuais indisponíveis da pessoa com deficiência: a) Ministério Público; b) Defensoria Pública; c) União; d) Estados; e) Municípios; f) Distrito Federal; g) Autarquia, fundação, empresa pública e sociedade de economia mista que tenham entre suas finalidades institucionais, a proteção dos interesses e a promoção de direitos da pessoa com deficiência; e h) Associação constituída há mais de 1 ano, que tenha entre suas finalidades institucionais, a proteção dos interesses e a promoção de direitos da pessoa com deficiência.

Como forma de sistematizar o assunto abordado nesse tópico, segue quadro de resumo para ser lido e memorizado antes de sua prova:

DIREITO À IGUALDADE E À NÃO DISCRIMINAÇÃO
– **Princípios basilares do Estatuto da Pessoa com deficiência:** igualdade de oportunidades e não discriminação – **Discriminação em razão da deficiência:** Toda forma de distinção, restrição ou exclusão que prejudique, impeça ou anule o reconhecimento ou exercício de direitos e liberdades fundamentais da pessoa com deficiência. – **Ações afirmativas:** políticas públicas cuja finalidade é compensar situações historicamente desiguais e tem como fundamento proporcionar a igualdade de oportunidades entre as pessoas. Pessoa com deficiência não está obrigada a fruir de benefícios de ação afirmativa. – **Dever de proteção:** garantia de proteção à pessoa com deficiência, em especial para aqueles que são considerados vulneráveis: a) criança b) adolescente c) mulher d) pessoa idosa

DIREITO À IGUALDADE E À NÃO DISCRIMINAÇÃO
– **Deveres do Estado, sociedade e família:** • Dever de comunicação de ameaça ou violação de direitos da pessoa com deficiência; • Dever de efetivação, com prioridade, dos direitos das pessoas com deficiência. Lei traz rol exemplificativo que pode ser complementado por: a) direitos previstos na CF/88; b) direitos previstos na Convenção sobre os Direitos das Pessoas com Deficiência e Protocolo Facultativo; c) demais normas que assegurem bem-estar pessoal, social e econômico à pessoa com deficiência. – **Atribuição do Ministério Público:** Juízes e tribunais devem remeter ao Ministério Público as peças quando tiverem conhecimento de violações ao Estatuto da Pessoa com Deficiência para que sejam tomadas providências.

2.1. Atendimento prioritário da pessoa com deficiência

Atendimento prioritário: De acordo com a legislação (art. 9º, Lei nº 13.146/2015), a pessoa com deficiência tem direito ao recebimento de atendimento prioritário, que compreende tratamento diferenciado e atendimento imediato (art. 6º, Decreto nº 5.296/2004). Cumpre ressaltar que, além da pessoa com deficiência, tem direito ao atendimento prioritário (art. 1º, Lei nº 10.048/2000 e art. 5º, Decreto nº 5.296/2004):

- pessoas com transtorno do espectro autista;
- Pessoas idosas com idade superior a 60 anos;
- Gestantes;
- Lactantes;
- Pessoas com crianças de colo;
- Obesos;
- pessoas com mobilidade reduzida;
- doadores de sangue.

Doadores de sangue: terão direito a atendimento prioritário após todos os demais beneficiados no rol anterior, mediante apresentação de comprovante de doação, com validade de 120 dias.

O Estatuto da Pessoa com Deficiência traça as principais hipóteses para esse tratamento diferenciado no atendimento.

HIPÓTESES DE ATENDIMENTO PRIORITÁRIO
– **Proteção e socorro**: nos serviços de emergência públicos e privados, a prioridade é condicionada à observância dos protocolos de atendimento médico (art. 9º, I, Estatuto da Pessoa com Deficiência); – **Atendimento ao público:** Atendimento em todas as instituições e serviços de atendimento ao público (art. 9º, II, Estatuto da Pessoa com Deficiência); – **Recursos para igualdade de condições:** Disponibilização de recursos humanos e tecnológicos que assegurem atendimento em igualdade de condições com as demais pessoas (art. 9º, III, Estatuto da Pessoa com Deficiência); – **Transporte acessível e seguro:** Disponibilização de pontos de parada, estações e terminais acessíveis de transporte coletivo de passageiros e garantia de segurança no embarque e desembarque (art. 9º, IV, Estatuto da Pessoa com Deficiência);

HIPÓTESES DE ATENDIMENTO PRIORITÁRIO
- **Acesso a informações e recursos de comunicação acessíveis** (art. 9º, V, Estatuto da Pessoa com Deficiência);
- Recebimento de **restituição de imposto de renda** (art. 9º, VI, Estatuto da Pessoa com Deficiência);
- **Tramitação processual** e procedimentos judiciais e administrativos em que for parte ou interessada, em todos os atos e diligências (art. 9º, VII, Estatuto da Pessoa com Deficiência).

Acompanhante e atendente pessoal: os direitos de atendimento prioritário são extensíveis ao acompanhante de pessoa com deficiência ou ao seu atendente pessoal com exceção do atendimento prioritário no recebimento de restituição de imposto de renda e na tramitação processual.

Tratamento diferenciado: O art. 6º, § 1º, Decreto nº 5.296/2004 determina um rol exemplificativo de hipóteses de tratamento diferenciado:

TRATAMENTO DIFERENCIADO
• Assentos de uso preferencial sinalizados, espaços e instalações acessíveis;
• Mobiliário de recepção e atendimento obrigatoriamente adaptado à altura e à condição física de pessoas em cadeira de rodas conforme normas técnicas da ABNT;
• Serviços de atendimento para pessoas com deficiência auditiva, prestado por intérpretes ou pessoas capacitadas em Língua Brasileira de Sinais – LIBRAS e no trato com aquelas que não se comuniquem em LIBRAS, e para pessoas surdocegas, prestado por guias-intérpretes ou pessoas capacitadas neste tipo de atendimento;
• Pessoal capacitado para prestar atendimento às pessoas com deficiência visual, mental e múltipla, bem como às pessoas idosas;
• Área especial para embarque e desembarque de pessoa com deficiência ou mobilidade reduzida;
• Sinalização ambiental para orientação das pessoas com atendimento prioritário;
• Divulgação do direito de atendimento prioritário das pessoas com deficiência ou mobilidade reduzida em local visível;
• Admissão e permanência de cão-guia junto de pessoa com deficiência nos órgãos públicos, concessionárias de serviços públicos, edificações de uso público ou coletivo com a apresentação de carteira de vacina atualizada do animal;
• Local de atendimento específico às pessoas com atendimento prioritário.

Atendimento prioritário: poderá ser realizado mediante discriminação de postos, caixas, guichês, linhas ou atendentes específicos para esse fim. Caso não haja postos, caixas, guichês, linhas ou atendentes específicos para a realização do atendimento prioritário, as pessoas mencionadas deverão ser atendidas imediatamente após a conclusão do atendimento que estiver em andamento, antes de quaisquer outras pessoas.

3. DIREITO À VIDA

Dignidade da pessoa com deficiência: é dever do poder público assegurar o respeito à dignidade da pessoa com deficiência ao longo de toda sua vida. Lembre-se de que o respeito à dignidade da pessoa humana é fundamento da República Federativa do Brasil (art. 1º, III, CF/88) e deve ser observado em maior intensidade em relação à pessoa com deficiência em razão de sua vulnerabilidade. Em situações de risco**, emergência ou estado de calamidade pública**, a pessoa com deficiência é considerada vulnerável e o poder público deve adotar medidas para sua proteção e segurança (art. 10, Lei nº 13.146/2015). Como já visto, é assegurado atendimento prioritário às pessoas com deficiência na proteção e socorro em quaisquer circunstâncias (art. 9º, I).

Liberdade de escolha de tratamento e intervenções: para facilitar a memorização do assunto, segue quadro resumo sobre a liberdade de escolha da pessoa com deficiência a se submeter a tratamentos, intervenções e institucionalização (art. 11, Lei nº 13.146/2015):

A pessoa com deficiência **NÃO** pode ser **obrigada** a se submeter a: • Intervenção clínica ou cirúrgica; • Tratamento; e • Institucionalização forçada. **Exceção:** Se a pessoa estiver em situação de curatela, é possível que o consentimento para o tratamento, intervenção ou institucionalização seja suprido judicialmente (art. 11, parágrafo único, Lei nº 13.146/2015).

Consentimento livre e esclarecido: Qualquer procedimento, tratamento, hospitalização e pesquisa científica exige o consentimento **prévio, livre e esclarecido** da pessoa com deficiência (art. 12, Lei nº 13.146/2015). Lembre-se de que o consentimento livre e esclarecido compreende não apenas a transmissão das informações referentes aos procedimentos que serão adotados, mas também o conhecimento de todos os riscos envolvidos com o procedimento, tratamento, hospitalização ou pesquisa científica. Mesmo na hipótese de pessoa em situação de curatela, é imprescindível a sua participação, **no maior grau possível**, para a obtenção do consentimento. Essa medida assegura o respeito à vida e à dignidade da pessoa com deficiência que não será submetido a procedimentos contrários à sua vontade ou conhecimento.

Atendimento sem consentimento: o atendimento sem o consentimento prévio, livre e esclarecido de pessoa com deficiência somente é possível em casos de risco de morte e de emergência de saúde, desde que sejam resguardados seus interesses e adotadas todas as salvaguardas legais cabíveis (art. 13, Lei nº 13.146/2015).

Pesquisa científica de pessoa com deficiência em situação de curatela: deve ser realizada apenas em **caráter excepcional** quando preenchidos dois requisitos exigidos pelo art. 12, § 2º do Estatuto da Pessoa com Deficiência:

a) Benefício direto para sua saúde ou para outras pessoas com deficiência; e
b) Não exista outra opção de pesquisa de eficácia similar com participantes que não sejam tutelados ou curatelados.

Como forma de sistematizar o assunto abordado nesse tópico, segue quadro de resumo para ser lido e memorizado antes de sua prova:

DIREITO À VIDA
– **Dever do poder público:** Respeito à dignidade da pessoa com deficiência.
– **Risco, emergência ou estado de calamidade pública:** pessoas com deficiência são consideradas vulneráveis (medidas de proteção e segurança).
– A pessoa com deficiência não pode ser **obrigada** a se submeter a tratamentos, intervenções e institucionalização forçada.

DIREITO À VIDA
Exceção: Curatela. - **Consentimento prévio, livre e esclarecido:** necessário para qualquer procedimento, tratamento, hospitalização e pesquisa científica. - **Atendimento sem consentimento:** risco de morte e emergência de saúde. - **Pesquisa científica de pessoa com deficiência em situação de curatela:** excepcional desde que atende aos requisitos: a) benefício direto para a saúde da pessoa ou para outras pessoas com deficiência; b) Não exista outra opção de pesquisa em pessoas não tuteladas ou curateladas.

4. DIREITO AO TRABALHO

Direito ao trabalho: De acordo com o art. 6º da Constituição Federal, o direito ao trabalho é reconhecido como direito fundamental, enquanto direito social. A pessoa com deficiência tem direito ao trabalho de sua livre escolha e aceitação em ambiente acessível e inclusivo em igualdade de oportunidades com as demais pessoas (art. 34 do Estatuto da Pessoa com Deficiência.

Equiparação salarial: São asseguradas condições justas e favoráveis de trabalho à pessoa com deficiência com **igual remuneração por trabalho de igual valor**. A equiparação salarial consiste em assegurar ao trabalhador a igualdade salarial no exercício de uma mesma função para determinado empregador em determinada localidade. Dessa forma, o empregado não pode ser discriminado em relação à remuneração quando exercer trabalho de igual valor com os demais trabalhadores.

Empregado readaptado: Ressalta-se que o empregado readaptado não pode ser utilizado como paradigma para pedido de equiparação salarial (art. 461, § 4º, CLT).

Meio ambiente de trabalho: É obrigação das pessoas jurídicas de direito público, privado ou de qualquer natureza assegurar meio ambiente de trabalho acessível e inclusivo (art. 34, § 1º, Lei nº 13.146/2015). Dessa forma, é necessário que o trabalho seja desenvolvido em ambiente que não imponha nenhuma forma de barreira à pessoa com deficiência (acessíveis) e que não ocasione a segregação do trabalhador com deficiência em relação aos demais (inclusivos).

Vedação à discriminação ao trabalho: É proibida a restrição ao trabalho da pessoa com deficiência em razão de sua condição em todas as etapas para contratação de empregado, seja na fase pré-contratual como na execução do contrato de trabalho (art. 34, § 3º, Lei nº 13.146/2015).

PROIBIÇÃO DE DISCRIMINAÇÃO NO TRABALHO
- A vedação à restrição e à discriminação ao trabalho da pessoa com deficiência deve ser aplicada nas seguintes etapas: a) recrutamento; b) seleção; c) contratação;

PROIBIÇÃO DE DISCRIMINAÇÃO NO TRABALHO
d) admissão;
e) exames admissionais e periódico;
f) permanência no emprego;
g) ascensão profissional;
h) reabilitação profissional; e
i) aptidão plena.

O trabalhador com deficiência tem direito ao acesso em igualdade de oportunidades com os demais empregados a **cursos, treinamentos, educação continuada, planos de carreira, promoções, bonificações e incentivos profissionais**. Ressalta-se que deve ser assegurada acessibilidade em cursos de formação e de capacitação para o trabalhador com deficiência (art. 34, §§ 4º e 5º, Lei nº 13.146/2015).

Políticas públicas de trabalho e emprego: tem como finalidade primordial promover e garantir condições de acesso e permanência da pessoa com deficiência no campo de trabalho (art. 35, Lei nº 13.146/2015). Assim, impõe-se ao poder público a necessidade de desenvolver programas que assegurem o ingresso e permanência no mercado de trabalho de trabalhadores com deficiência.

Estímulo ao trabalho autônomo, cooperativismo e associativismo: Ainda em relação às políticas públicas, destaca-se que os programas de estímulo ao empreendedorismo e ao trabalho autônomo, inclusive quanto ao cooperativismo e o associativismo, devem prever a participação da pessoa com deficiência e a disponibilização de linhas de crédito, quando necessárias. Note-se, portanto, que as políticas públicas não devem ser voltadas apenas aos empregados (vínculo de emprego), mas também assegurar a participação de pessoas com deficiência em trabalhos autônomos, cooperativas e associações.

4.1. Habilitação e reabilitação profissional

Habilitação e reabilitação profissional: É dever do poder público implementar serviços e programas de habilitação e de reabilitação profissional para viabilizar o ingresso, continuação ou retorno ao mercado de trabalho da pessoa com deficiência, sempre devendo respeitar a livre escolha, a vocação e o interesse. Cabe ressaltar que equipe multidisciplinar será responsável por indicar programa de habilitação, para que o trabalhador com deficiência adquira novas capacidades e habilidades de trabalho, e reabilitação profissional para restaurar sua capacidade profissional (art. 36, Lei nº 13.146/2015).

ATENÇÃO!
É importante o conhecimento da diferença entre habilitação e reabilitação profissional:

DIFERENÇA ENTRE HABILITAÇÃO E REABILITAÇÃO	
HABILITAÇÃO	**REABILITAÇÃO**
A habilitação profissional corresponde ao processo destinado a **propiciar à pessoa com deficiência aquisição de conhecimentos, habilidades e aptidões para exercício de profissão ou de ocupação**, permitindo o ingresso no mercado de trabalho. Nesse sentido, a pessoa nunca teve capacidade laborativa e necessita de ações do poder público para trabalhar.	É o processo destinado a **recuperar a capacidade laborativa** de trabalhador que a perdeu em razão de alguma doença ou acidente. Nesse sentido, o empregado tinha capacidade para o trabalho e a perdeu posteriormente, sendo necessário processo para o retorno ao campo de trabalho.

Os serviços de habilitação, de reabilitação e de educação profissional devem ser dotados de **recursos necessários para atender a toda pessoa com deficiência**, independentemente de sua característica específica, para que possa obter, conservar e progredir no trabalho. Além disso, devem ser oferecidos em ambientes acessíveis e inclusivos (art. 36, §§3º e 4º, Lei nº 13.146/2015).

Articulação com redes públicas e privadas: A habilitação e a reabilitação profissional devem ser articuladas com as redes públicas e privadas, especialmente de saúde, de ensino e de assistência social, em entidades de formação profissional ou diretamente com o empregador.

Habilitação profissional e reserva de vagas: Apesar da habilitação profissional ser proporcionada, via de regra, pelo poder público (INSS), é possível que ocorra em empresas por meio de prévia formalização do contrato de trabalho. Nesse caso, a contratação da pessoa com deficiência é considerada no cômputo da reserva de vagas para contratação de pessoa com deficiência prevista no art. 93 da Lei nº 8.213/1991 - 2% a 5% dos empregados da empresa devem ser pessoas com deficiência. Para maiores informações, consulte o tópico referente aos reflexos do Estatuto da Pessoa com Deficiência no Direito do Trabalho.

4.2. Inclusão da pessoa com deficiência no trabalho

Colocação competitiva no mercado de trabalho: trata-se de modo de inclusão da pessoa com deficiência no mercado de trabalho em igualdade de oportunidades com as demais pessoas sempre atendidas as regras de acessibilidade, o fornecimento de recursos de tecnologia assistiva e a adaptação razoável no ambiente de trabalho (art. 37, Lei nº 13.146/2015).

Trabalho com apoio: A colocação competitiva da pessoa com deficiência pode ser realizada por meio de trabalho com apoio desde que observe algumas diretrizes traçadas pelo Estatuto da Pessoa com Deficiência:

DIRETRIZES DO TRABALHO COM APOIO
- **Prioridade no atendimento à** pessoa com deficiência **com maior dificuldade de inserção no campo de trabalho**[5]; - **Suportes individualizados que atendam às necessidades** da pessoa com deficiência, inclusive com a disponibilização de recursos de tecnologia assistiva de agente facilitador e de apoio no ambiente de trabalho; - Respeito ao **perfil vocacional e ao interesse** da pessoa com deficiência apoiada;
- **Aconselhamento e apoio aos empregadores** para traçar estratégias de inclusão e de superação de barreiras, inclusive de atitudes em relação **à** pessoa com deficiência; - **Avaliações periódicas;** - **Articulação intersetorial das políticas públicas;** - Possibilidade de **participação de organizações da sociedade civil**.

Processo seletivo público ou privado: A entidade contratada para realização de processo seletivo público (concurso público) ou privado para cargo, função ou emprego deve observar todas as normas do Estatuto da Pessoa com Deficiência e as normas vigentes de acessibilidade. Nesse sentido, deve atender às mesmas regras aplicáveis para ingresso em ensino superior e na educação profissional e tecnológica conforme visto previsto no art. 30 do Estatuto (confira o tópico de direito à educação desta obra para mais informações):

MEDIDAS PARA INGRESSO EM ENSINO SUPERIOR E NA EDUCAÇÃO PROFISSIONAL E TECNOLÓGICA
1) **Atendimento preferencial à** pessoa com deficiência nas dependências das Instituições de Ensino Superior (IES) e nos serviços;
2) **Disponibilização de formulário de inscrição** de exames com campos específicos para que o candidato com deficiência informe os **recursos de acessibilidade e de tecnologia assistiva** necessários para sua participação;
3) **Disponibilização de provas em formatos acessíveis às** necessidades do candidato com deficiência;
4) **Disponibilização de recursos de acessibilidade e de tecnologia assistiva adequados**, previamente solicitados e escolhidos pelo candidato com deficiência;
5) **Dilação de tempo na realização do exame para seleção quanto nas atividades acadêmicas**, conforme prévia solicitação e comprovação da necessidade;
6) **Adoção de critérios de avaliação** das provas escritas, discursivas ou de redação que considerem a singularidade linguística da pessoa com deficiência no domínio da modalidade escrita da língua portuguesa;
7) **Tradução completa do edital e de suas retificações em Libras.**

5. ACESSO À JUSTIÇA

Acesso à justiça: poder público deve assegurar o acesso da pessoa com deficiência à justiça, em igualdade de oportunidades com as demais pessoas, garantindo adaptações e recursos de tecnologia assistiva (art. 79, Lei nº 13.146/2015).

Capacitação dos membros e servidores que atuam no processo: Para assegurar a atuação da pessoa com deficiência em todo o processo judicial, é necessária a capacitação quanto aos direitos da pessoa com deficiência dos membros e servidores do Poder Judiciário, no Ministério Público, na Defensoria Pública, nos órgãos de segurança pública e no sistema penitenciário.

Capacitação no âmbito do Poder Judiciário: Nesse sentido, cada órgão do Poder Judiciário deverá dispor de, pelo menos, **5% de servidores(as) com capacitação básica** em Libras (art. 9º da Resolução CNJ nº 401/2021).

Medidas restritivas de liberdade: Devem ser assegurados todos os direitos aos apenados sem deficiência sempre garantida a acessibilidade.

Atuação do Ministério Público e Defensoria Pública: Cabe a esses órgãos adotar as medidas necessárias para assegurar à pessoa com deficiência o cumprimento de todos os direitos previstos no Estatuto da Pessoa com Deficiência.

Recursos de tecnologia assistiva: devem ser assegurados para o acesso à justiça da pessoa com deficiência que atue como (art. 80, Estatuto da Pessoa com Deficiência):

- Parte no processo;
- Testemunha;
- Advogado;
- Defensor público;
- Magistrado;

- Membro do Ministério Público; ou
- Partícipe da lide posta em juízo.

Acesso ao conteúdo dos atos processuais: A pessoa com deficiência tem direito ao acesso ao conteúdo de todos os atos processuais de seu interesse, inclusive no exercício da advocacia (art. 80, parágrafo único, Lei nº 13.146/2015).

Sanções penais: Direitos da pessoa com deficiência devem ser garantidos na aplicação de sanções penais (art. 81).

Serviços notariais e de registro: Não pode negar ou criar óbices ou condições diferenciadas para prestar serviços em razão de deficiência, sob pena de constituir o ato discriminação em razão de deficiência. Deve ser reconhecida capacidade legal plena, garantida a acessibilidade (art. 83, Lei nº 13.146/2015).

5.1. Reconhecimento igual perante a lei

As pessoas com deficiência têm direito ao exercício da capacidade legal em **igualdade de condições** com as demais pessoas (art. 84, Lei nº 13.146/2015). Na maioria dos casos, a pessoa com deficiência tem capacidade plena para exercício dos atos da vida civil, em especial (art. 6º, Lei nº 13.146/2015):

CAPACIDADE CIVIL DA PESSOA COM DEFICIÊNCIA
– A pessoa com deficiência tem capacidade inclusive para: a) Casar-se e constituir união estável; b) Direitos sexuais e reprodutivos; c) Planejamento familiar; d) Conservar fertilidade, sendo veda a esterilização compulsória; e) Direito à família e à convivência familiar e comunitária; f) Direito à guarda, à tutela, à curatela e à adoção, como adotante ou adotando em igualdade de condições com as demais pessoas.

Quando necessário, é possível a instituição da curatela, desde que respeite alguns requisitos previstos no Estatuto:

a) Instituição como medida protetiva **extraordinária**, devendo constar da sentença que a determinar as razões e motivações de sua definição, preservados os interesses do curatelado;

b) Proporcional **às necessidades** da pessoa com deficiência e **às circunstâncias** de cada caso;

c) Duração da curatela pelo **menor tempo** possível.

Curatela no Código Civil: O Estatuto da Pessoa com Deficiência alterou significativa o procedimento de curatela previsto no Código Civil. Tendo em vista o caráter excepcional da curatela, removeu-se as hipóteses que vinculavam a necessidade de curatela à existência de deficiência. Lembre-se de que a pessoa com deficiência tem, em regra, plena capacidade para os atos da vida civil. A curatela somente será possível quando a pessoa não puder exprimir sua vontade por causa transitória ou permanente. Portanto, somente se a pessoa com deficiência não puder exprimir sua vontade, é possível a instituição da curatela. As demais hipóteses de curatela estão previstas no art. 1.767 do CC/02 e não dizem respeito à pessoa com deficiência:

> **Art. 1.767, CC/02:** Estão sujeitos a curatela:
>
> I – aqueles que, por causa transitória ou permanente, não puderem exprimir sua vontade;
>
> II – (Revogado);
>
> III – os **ébrios** habituais e os viciados em tóxico;
>
> IV – (Revogado);
>
> V – os pródigos.

Curatela compartilhada: É possível que a curatela da pessoa com deficiência seja compartilhada (art. 1775-A, CC/02), ou seja, exercida por duas ou mais pessoas com o intuito de assegurar a proteção do curatelado.

Direitos do curatelado: O Estatuto da Pessoa com Deficiência limita a abrangência da curatela quanto aos direitos do curatelado. O candidato deve estar atento, conforme informações da tabela a seguir, para o fato de que os direitos do curatelado permanecem, em sua maioria, livres para seu exercício sem a necessidade de curatela (art. 85, Lei nº 13.146/2015):

Direitos afetados pela curatela	Direitos NÃO afetados pela curatela
– Direitos de natureza patrimonial e negocial	– Direito ao **P**róprio **C**orpo – Direito à **S**exualidade – Direito à **E**ducação – Direito ao **M**atrimônio – Direito à **P**rivacidade – Direito ao **T**rabalho – Direito ao **V**oto – Direito à **S**aúde

Ressalta-se que, para a emissão de documentos oficiais, não será exigida a situação de curatela da pessoa com deficiência (art. 86, Lei nº 13.146/2015).

Curador: É obrigação dos curadores a prestação anual de contas de sua administração ao juiz, apresentando o balanço do respectivo ano (art. 84, § 4º, Lei nº 13.146/2015).

Se a pessoa com deficiência estiver em situação de institucionalização, o juiz deve dar preferência na escolha do curador para aqueles que tenham vínculo de natureza familiar, afetiva ou comunitária com o curatelado (art. 85, § 3º, Lei nº 13.146/2015). Além disso, deve ser assegurado o apoio necessário para ter preservado o direito à convivência familiar e comunitária, sendo evitado o seu recolhimento em estabelecimento que os afaste desse convívio (art. 1.777, CC/02).

Curador provisório: Em casos de relevância e urgência e a fim de proteger os interesses da pessoa com deficiência em situação de curatela, é possível a nomeação de curador provisório pelo juiz, ouvido o Ministério Público, de ofício ou a requerimento do interessado (art. 87, Lei nº 13.146/2015). Essa nomeação constitui medida processual de urgência de natureza antecipatória (art. 300 e seguintes do Código de Processo Civil de 2015). A nomeação de curador provisório pode ser realizada para a prática de atos urgentes de interesse do curatelando, como o pagamento de dívidas, evitar o perecimento de direitos, etc.[5]

Tomada de decisão apoiada: O Estatuto da Pessoa com Deficiência criou modelo de proteção intermediária para a pessoa com deficiência que não determina sua incapacidade relativa ou absoluta. Assim, a plena capacidade civil é garantida, mas verifica-se um auxílio a sua dignidade e igualdade substancial[6]. Trata-se do processo pelo qual a pessoa com deficiência escolhe 2 pessoas idôneas com quem mantenha vínculos e relação de confiança para prestar-lhe apoio na tomada de decisão sobre atos da vida civil, fornecendo elementos e informações necessários para que possa exercer sua capacidade (art. 1.783-A, CC/02).

Termo de apoio: Para o exercício da tomada de decisão apoiada, é necessário que a pessoa com deficiência e seus apoiadores apresentem termo que conste as seguintes informações (art. 1.783-A, § 1º, CC/02):

- Limites do apoio a ser oferecido;
- Compromissos dos apoiadores;
- Prazo de vigência do acordo; e
- Respeito à vontade, aos direitos e aos interesses da pessoa que devem apoiar.

Procedimento: Antes de se pronunciar, o Juiz deve ser assistido por equipe multidisciplinar e ouvir pessoalmente o requerente e as pessoas que lhe prestarão apoio, ouvido o Ministério Público.

Efeitos da decisão: A decisão tomada por pessoa apoiada tem validade e efeitos sobre terceiros sem restrições desde que esteja inserida nos limites do apoio acordado. Nesse sentido, pode ser solicitado que os apoiadores contra-assinem o contrato ou acordo entre a pessoa com deficiência e o terceiro com quem mantem relação negocial.

Negócio jurídico que traga risco ou prejuízo: Se houver divergência de opinião entre a pessoa apoiada e um dos apoiadores, o juiz deve decidir a questão, ouvido o Ministério Público.

Negligência, pressão indevida ou inadimplemento das obrigações pelo apoiador: Se o apoiador agir com negligência, exercer pressão indevida ou não adimplir as obrigações assumidas, qualquer pessoa, inclusive a pessoa apoiada, pode apresentar denúncia ao Ministério Público ou ao juiz. Se procedente a denúncia, será destituído e nomeada outra pessoa para prestação de apoio.

5 FARIAS, Cristiano Chaves de.; CUNHA, Rogério Sanches; PINTO, Ronaldo Batista. *Estatuto da Pessoa com Deficiência comentado artigo por artigo*. Salvador: Juspodivm, 2016. p. 245.

6 FARIAS, Cristiano Chaves de.; CUNHA, Rogério Sanches; PINTO, Ronaldo Batista. *Estatuto da Pessoa com Deficiência comentado artigo por artigo*. Salvador: Juspodivm, 2016. p. 335.

Término do acordo firmado em processo de tomada de decisão apoiada: pode ser solicitado a qualquer tempo pela pessoa apoiada. É possível ainda que o apoiador solicite sua exclusão do processo de tomada de decisão apoiada, ficando seu desligamento condicionado à manifestação do juiz.

Para mais informações acerca da capacidade civil da pessoa com deficiência, veja o tópico referente aos reflexos do Estatuto da Pessoa com deficiência no Direito Civil.

6. DISPOSIÇÕES COMPLEMENTARES DO ESTATUTO DA PESSOA COM DEFICIÊNCIA

ATENÇÃO!

Até esse ponto, as dicas seguiram estritamente aquilo que é indicado no conteúdo programático do edital do TJ-SP para o cargo de Oficial de Justiça. Contudo, o Estatuto da Pessoa com Deficiência traz diversos temas correlatos aos artigos exigidos. Destaca-se que diversos conceitos trazidos pela legislação são trabalhados de forma mais detalhada e completa nos demais dispositivos da Lei nº 13.146/2015, o que pode auxiliar na compreensão e memorização desses conceitos. Assim, para aprofundamento maior do tema, seguem demais dicas sobre o Estatuto da Pessoa com Deficiência.

6.1. Direito à habilitação e à reabilitação

Direito à habilitação e à reabilitação: é um direito da pessoa com deficiência que se baseia em avaliação multidisciplinar das necessidades, habilidades e potencialidade de cada pessoa (arts. 14 e 15, "caput", Lei nº 13.146/2015). A habilitação corresponde ao processo que assegura a aquisição de habilidade e aptidões à pessoa que nunca as teve. Por sua vez, a reabilitação é o processo de recuperação de habilidades e aptidões à pessoa que as perdeu em razão de alguma doença ou acidente.

> **Objetivo do processo de habilitação e da reabilitação:** desenvolver as potencialidades, talentos, habilidades e aptidões que contribuam para o alcance da **autonomia da pessoa com deficiência** e de sua **participação social em igualdade de condições e oportunidades** com as demais pessoas. Note-se, novamente, o destaque da lei à necessidade de se assegurar o direito à igualdade de oportunidades à pessoa com deficiência. Confira o texto do art. 14, parágrafo único, do Estatuto da Pessoa com Deficiência:
>
> Art. 14, parágrafo único, Lei nº 13.146/2015: O processo de habilitação e de reabilitação tem por objetivo o desenvolvimento de potencialidades, talentos, habilidades e aptidões físicas, cognitivas, sensoriais, psicossociais, atitudinais, profissionais e artísticas que contribuam para a conquista da autonomia da pessoa com deficiência e de sua participação social em igualdade de condições e oportunidades com as demais pessoas.

Diretrizes do processo de habilitação e de reabilitação: O Estatuto da Pessoa com deficiência traça as diretrizes que devem ser observadas durante o processo de avaliação da pessoa com deficiência:

DIRETRIZES DO PROCESSO DE HABILITAÇÃO E REABILITAÇÃO
– **Diagnóstico e intervenção precoces**;
– Medidas para **compensar perda ou limitação funcional** com a busca pelo desenvolvimento de aptidões;
– Atuação permanente, integrada e articulada de políticas públicas para **plena participação social** da pessoa com deficiência;
– **Oferta de rede de serviços articulados**, com atuação intersetorial, nos diferentes níveis de complexidade, para atender necessidades da pessoa com deficiência; e
– Prestação de **serviços próxima ao domicílio da pessoa com deficiência**, inclusive na zona rural, respeitadas a organização das Redes de Atenção **à** Saúde (RAS) nos territórios locais e as normas do SUS.

Garantias à pessoa com deficiência nos programas e serviços de habilitação e de reabilitação: Além de traçar as diretrizes que informam a habilitação e a reabilitação, a Lei Brasileira de Inclusão traz as garantias conferidas às pessoas com deficiência nesses programas e serviços (art. 16, Lei nº 13.146/2015):

GARANTIAS NA HABILITAÇÃO E REABILITAÇÃO
– Organização, serviços, métodos, técnica e recursos devem atender às características de cada pessoa com deficiência. Evita-se, portanto, a utilização de serviços, métodos e técnicas genéricas;
– Acessibilidade em todos os ambientes e serviços;
– Tecnologia assistiva, de reabilitação, materiais e equipamentos adequados e apoio técnico profissional, de acordo com as especificidades de cada pessoa com deficiência;
– Capacitação continuada de todos os profissionais que participem dos programas e serviços.

Dever de informação: É dever dos Sistema Único de Saúde (SUS) e Sistema Único de Assistência Social (Suas) proporcionar à pessoa com deficiência e sua família o acesso a informações, orientações e formas de acesso às políticas públicas com a finalidade de assegurar a plena participação social. A legislação lista as principais áreas de informações e orientações que podem ser fornecidas às pessoas com deficiência pelo SUS e Suas, mas permite a transmissão de outras informações que possibilitem o exercício de sua cidadania:

> **Art. 17, parágrafo único, Lei nº 13.146/2015:** Os serviços de que trata o "caput" deste artigo podem fornecer informações e orientações nas áreas de saúde, de educação, de cultura, de esporte, de lazer, de transporte, de previdência social, de assistência social, de habitação, de trabalho, de empreendedorismo, de acesso ao crédito, de promoção, proteção e defesa de direitos e nas demais áreas que possibilitem à pessoa com deficiência exercer sua cidadania.

6.2. Direito à saúde

Atendimento universal e gratuito: A pessoa com deficiência tem direito à atenção integral à saúde por meio do Sistema Único de Saúde – SUS com a garantia do acesso universal e igualitário. Ressalta-se que o direito à saúde gratuita, universal e igualitária é direito assegurado a todas as pessoas, conforme previsto no art. 196 da Constituição Federal. Nesse sentido, a Lei Brasileira de Inclusão tem a função de reforçar essa garantia constitucional às pessoas com deficiência:

> **Art. 196, CF/88:** A saúde é direito de todos e dever do Estado, garantido mediante políticas sociais e econômicas que visem à redução do risco de doença e de outros agravos e ao acesso universal e igualitário às ações e serviços para sua promoção, proteção e recuperação.

Políticas públicas de saúde: A pessoa com deficiência tem assegurada sua participação na elaboração das políticas públicas de saúde a elas destinadas (art. 18, § 1º, Lei nº 13.146/2015). Essa medida contribui para o aumento da efetividade das políticas públicas voltadas às pessoas com deficiência, pois é possível a apresentação dos reais problemas enfrentados por essas pessoas no âmbito da saúde pública.

Capacitação profissional: os profissionais que prestam assistência à pessoa com deficiência devem ter asseguradas a capacitação inicial e continuada, especialmente em serviços de habilitação e de reabilitação (art. 18, § 3º, Lei nº 13.146/2015). Ademais, o atendimento deve seguir as normas éticas e técnicas que regulamentam a atuação dos profissionais da saúde relacionadas aos direitos das pessoas com deficiência.

Ações e serviços de saúde pública: O Estatuto da Pessoa com Deficiência estabelece as medidas que devem ser asseguradas pelas ações e serviços de saúde pública voltadas à pessoa com deficiência (art. 18, § 4º, Lei nº 13.146/2015). As instituições privadas que participam de forma complementar do SUS ou que recebem recursos públicos para sua manutenção têm o dever de seguir as diretrizes traçadas às ações e serviços de saúde pública:

AÇÕES E SERVIÇOS DE SAÚDE PÚBLICA
– **Diagnóstico e intervenção precoces**;
– **Serviços de habilitação e de reabilitação** sempre que necessários para a manutenção da melhor condição de saúde e qualidade de vida;
– **Atendimento domiciliar multidisciplinar**, tratamento ambulatorial e internação;
– Campanhas de **vacinação**;
– **Atendimento psicológico** para as pessoas com deficiência e seus familiares e atendentes pessoais;
– Respeito **à identidade de gênero** e **à orientação sexual** da pessoa com deficiência;
– **Atenção sexual e reprodutiva** com o direito **à** fertilização assistida;
– **Informação adequada e acessível** sobre sua condição de saúde. Nesse sentido, o dispositivo coaduna-se com a exigência de consentimento prévio, livre e esclarecido para quaisquer tratamentos e intervenções que a pessoa com deficiência possa se submeter;
– Serviços para **prevenção na ocorrência e desenvolvimento de deficiências** e agravos adicionais;
– **Capacitação permanente** das equipes que atuam no SUS para atendimento **à** pessoa com deficiência e orientação para seus atendentes pessoais;
– **Oferta de órteses, próteses**, meios auxiliares de locomoção, medicamentos, insumos e fórmulas nutricionais. Ressalta-se que o Estatuto da Pessoa com Deficiência incluiu nova hipótese de saque do FGTS para possibilitar a aquisição de **órteses** e próteses para pessoas com deficiência (art. 20, XVIII, Lei nº 8.036/1990 – Lei do FGTS).

Prevenção de deficiências por causas evitáveis: O Estatuto da Pessoa com Deficiência prevê como atribuição do SUS o desenvolvimento de ações destinadas à prevenção de deficiências por causas evitáveis e traça algumas formas de se efetuar essa atuação preventiva (art. 19, Lei nº 13.146/2015):

a) **Acompanhamento da gravidez, do parto e do puerpério com garantia de parto humanizado e seguro**. É válido destacar que o parto humanizado deve ser estimulado não somente às pessoas com deficiência, mas em todo o sistema de saúde. O parto humanizado, em geral, é entendido como aquele realizado com a menor quantidade de intervenções médicas e farmacológicas possível, o qual respeita o tempo físico e psíquico de cada mulher para parir, ocorrido em um lugar respeitoso e aconchegante e com o consentimento informado para todos os procedimentos que possam ser realizados, sempre com observância da medicina baseada em evidências e com o respeito à autonomia da mulher[7];

7 CARNEIRO, Rosamaria Giatti. *Cenas de parto e políticas do corpo: uma etnografia de práticas femininas de parto humanizado.* Tese (Doutorado em Ciências Sociais), Universidade Estadual de Campinas, Campinas, 2011.

b) **Promoção de práticas alimentares saudáveis e adequadas, vigilância alimentar e nutricional, prevenção e cuidado integral dos agravos causados pela alimentação da nutrição da mulher e da criança.** O desenvolvimento de práticas de alimentação saudáveis é fundamental para a prevenção no desenvolvimento de diversas doenças que podem levar ao surgimento de deficiências. Nesse sentido, a legislação assegura destaque à nutrição da mulher e da criança, uma vez que são consideradas especialmente vulneráveis (art. 5º, parágrafo único, Lei nº 13.146/2015);

c) **Aprimoramento e expansão dos programas de imunização e de triagem neonatal.** Nesse sentido, ganham especiais destaques a necessidade de estímulo às campanhas de vacinação e também a realização do "teste do pezinho" (triagem neonatal) que é capaz de identificar diversas doenças e problemas congênitos e permite o tratamento precoce; e

d) **Identificação e controle da gestação de alto risco;**

e) **aprimoramento do atendimento neonatal, com a oferta de ações e serviços de prevenção de danos cerebrais e sequelas neurológicas em recém-nascidos, inclusive por telessaúde. (Incluído pela Lei nº 14.510, de 2022)**

Operadoras de planos e seguros privados: devem garantir à pessoa com deficiência, no mínimo, todos os serviços e produtos ofertados aos demais clientes (art. 20, Lei nº 13.146/2015). Além disso, como foram de se evitar a discriminação contra a pessoa com deficiência, é vedada a cobrança de valores diferenciados por planos e seguros privados de saúde em razão da sua condição (art. 23, Lei nº 13.146/2015).

Atendimento domiciliar: Como vimos no quadro de ações e serviços de saúde pública, a pessoa com deficiência tem assegurado o tratamento domiciliar multidisciplinar. Contudo, se forem esgotados os meios de atenção à saúde da pessoa com deficiência no local de residência, será prestado atendimento fora de domicílio desde que garantidos o transporte e a acomodação da pessoa e de seu acompanhante.

Direito a acompanhante ou atendente pessoal: A pessoa com deficiência tem assegurado o direito a acompanhante e atendente pessoal quando estiver internada ou em observação, devendo a instituição de saúde proporcionar condições adequadas para a sua permanência em tempo integral. Se não for possível a permanência, é necessário que o profissional de saúde responsável pelo tratamento justifique as razões dessa impossibilidade por escrito. Trata-se de um importante instrumento que coíbe práticas abusivas e arbitrárias que impedem o acompanhamento das pessoas com deficiência. No caso de impossibilidade, o órgão ou instituição de saúde deve adotar as providências cabíveis para suprir a ausência do acompanhante ou atendente pessoal.

CONCEITOS DE ACOMPANHANTE E ATENDENTE PESSOAL
Lembre-se de que o Estatuto da Pessoa com Deficiência traz a definição de acompanhante e atendente pessoal: – **Atendente pessoal** (art. 3º, XII)**:** pessoa, membro ou não da família, que, com ou sem remuneração, assiste ou presta cuidados básicos e essenciais à pessoa com deficiência no exercício de suas atividades diárias, excluídas as técnicas ou procedimentos relacionados às profissões legalmente estabelecidas; – **Acompanhante** (art. 3º, XIV)**:** aquele que acompanha a pessoa com deficiência, podendo ou não desempenhar as funções de atendente pessoal.

Acesso a recursos de tecnologia assistiva: é assegurado à pessoa com deficiência o acesso aos serviços de saúde, públicos e privados, e às informações recebidas por meio de recursos de tecnologia assistivas e de toda forma de comunicação, como o uso da Libras, Braille, sistema de sinalização ou de comunicação tátil, etc. (art. 24, Lei nº 13.146/2015).

Remoção de barreiras: os espaços dos serviços públicos e privados de saúde devem garantir o acesso da pessoa com deficiência mediante a remoção de barreiras, por meio de projetos arquitetônicos, de ambientação interior e de comunicação que atendam às pessoas com deficiência física, sensorial, intelectual e mental (art. 25, Lei nº 13.146/2015).

Violência contra pessoa com deficiência: é considerada qualquer ação ou omissão, praticada em local público ou privado, que cause à pessoa com deficiência morte ou dano ou sofrimento físico ou psicológico. Qualquer suspeita ou confirmação de violência contra pessoa com deficiência deve ser objeto de **notificação compulsória** pelos serviços de saúde públicos e privados **à autoridade policial e ao Ministério Público**, além dos Conselhos dos Direitos da Pessoa com Deficiência (art. 26, Lei nº 13.146/2015).

6.3. Direito à educação

Educação enquanto direito: A educação é direito da pessoa com deficiência sendo assegurado **sistema educacional inclusivo** em todos os níveis de aprendizado ao longo da vida para se alcançar o máximo desenvolvimento possível dos talentos e habilidades da pessoa com deficiência.

Educação enquanto dever: É dever do Estado, da família, da comunidade escolar e da sociedade assegurar educação de qualidade à pessoa com deficiência. Além disso, deve ser garantida proteção contra toda forma de violência, negligência e discriminação.

Deveres do Estado: O Estatuto da Pessoa com Deficiência traz os deveres do Estado em relação à garantia do direito à educação da pessoa com deficiência (art. 28, Lei nº 13.146/2015). Ressalta-se que, com exceção dos deveres apontados nos itens 4 e 6 da tabela abaixo, as obrigações apontadas a seguir também se aplicam obrigatoriamente às instituições privadas, de qualquer nível e modalidade de ensino, sendo vedada a cobrança de valores adicionais de qualquer natureza em suas mensalidades, anuidades e matrículas no cumprimento dessas determinações (art. 28, §1º, Lei nº 13.146/2015).

DEVERES DO PODER PÚBLICO NA EDUCAÇÃO
– Incumbe ao poder público assegurar, criar, desenvolver, implementar, incentivar, acompanhar e avaliar:
1) Sistema educacional inclusivo em todos os níveis e modalidades, bem como o aprendizado ao longo de toda a vida;
2) Aprimoramento dos sistemas educacionais com o objetivo de garantir condições de acesso, permanência, participação e aprendizagem por meio da **oferta de serviços e de recursos de acessibilidade** que eliminem barreiras e promovam a inclusão plena;
3) Projeto pedagógico que institucionalize o **atendimento educacional especializado** para atender **às** características dos estudantes com deficiência e garantir o acesso ao currículo em condições de igualdade, com a promoção de sua autonomia;

DEVERES DO PODER PÚBLICO NA EDUCAÇÃO
4) **Oferta de educação bilíngue**, em Libras como primeira língua e na modalidade escrita da língua portuguesa como segunda língua, em escolas e classes bilíngues e em escolas inclusivas;
Obs.: *Essa obrigação acima não se aplica* ***às*** *instituições privadas de ensino.*
5) **Maximização do desenvolvimento acadêmico e social** dos estudantes com deficiência favorecendo o acesso, a permanência e a aprendizagem em instituições de ensino;
6) **Pesquisas** para o desenvolvimento de **novos métodos e técnicas pedagógicas**, de materiais didáticos, de equipamentos e de recursos de tecnologia assistiva;
Obs.: *Essa obrigação acima não se aplica às instituições privadas de ensino.*
7) **Planejamento** de estudo de caso, de elaboração de plano de atendimento educacional especializado, de organização de recursos e serviços de acessibilidade e de disponibilização e usabilidade pedagógica de recursos de tecnologia assistiva;
8) **Participação dos estudantes** com deficiência e de suas famílias nas diversas instâncias de atuação da comunidade escolar;
9) **Estimular o desenvolvimento** dos aspectos linguísticos, culturais, vocacionais e profissionais, de acordo com o talento, a criatividade, as habilidades e os interesses do estudante com deficiência;
10) **Práticas pedagógicas inclusivas** pelos programas de formação inicial e continuada de professores e oferta de formação continuada para atendimento educacional especializado;
11) **Formação e disponibilização de professores** para o atendimento educacional especializado, de **tradutores e intérpretes de Libras, de guias intérpretes** e de profissionais de apoio;
12) Oferta de ensino da **Libras**, do **Sistema Braille** e de uso de **recursos de tecnologia assistiva**, de forma a ampliar habilidades funcionais dos estudantes, promovendo sua autonomia e participação;
13) Acesso **à educação superior e à educação profissional e tecnológica** em igualdade de oportunidades e condições com as demais pessoas;
14) **Inclusão em conteúdos curriculares**, em cursos de nível superior e de educação profissional técnica e tecnológica, de **temas relacionados à pessoa com deficiência** nos respectivos campos de conhecimento;
15) **Acesso em igualdade de condições a jogos e a atividades recreativas, esportivas e de lazer** no sistema escolar;
16) **Acessibilidade para todos os estudantes, trabalhadores da educação e demais integrantes da comunidade escolar às** edificações, aos ambientes e **às** atividades concernentes a todas as modalidades, etapas e níveis de ensino;
17) Oferta de **profissionais de apoio escolar**;
18) Articulação intersetorial na **implementação de políticas públicas.**

Formação dos tradutores e intérpretes da Libras: O Estatuto da Pessoa com Deficiência estabelece o nível necessário de formação dos tradutores e intérpretes da Língua Brasileira de Sinais para cada área de atuação (art. 28, § 2º, Lei nº 13.146/2015).

ATENÇÃO!

Ressalta-se que essas exigências de formação somente serão aplicadas após 48 meses da entrada em vigor da Lei Brasileira de Inclusão (art. 125, I). Lembre-se de que o Estatuto da Pessoa com Deficiência entrou em vigor apenas 180 dias após a sua publicação, ou seja, em 03 de janeiro de 2016. Somente após esse prazo, é que se iniciou o período de 48 meses acerca da exigência de formação de tradutores e intérpretes da Libras.

FORMAÇÃO EXIGIDA DOS TRADUTORES E INTÉRPRETES DA LIBRAS	
Atuação na **educação básica**	Ensino médio completo + Certificado de proficiência em Libras
Atuação nos cursos de **graduação e pós-graduação**	Nível superior com habilitação, prioritariamente, em Tradução e Interpretação em Libras

Ingresso e permanência no ensino superior e na educação profissional e tecnológica: O Estatuto prevê ainda medidas que devem ser asseguradas à pessoa com deficiência nos processos seletivos para ingresso e permanência nos cursos oferecidos pelas instituições de ensino superior e de educação profissional e tecnológica:

MEDIDAS PARA INGRESSO EM ENSINO SUPERIOR E NA EDUCAÇÃO PROFISSIONAL E TECNOLÓGICA
1) **Atendimento preferencial à** pessoa com deficiência nas dependências das Instituições de Ensino Superior (IES) e nos serviços;
2) **Disponibilização de formulário de inscrição** de exames com campos específicos para que o candidato com deficiência informe os **recursos de acessibilidade e de tecnologia assistiva** necessários para sua participação;
3) **Disponibilização de provas em formatos acessíveis às** necessidades do candidato com deficiência;
4) **Disponibilização de recursos de acessibilidade e de tecnologia assistiva adequados**, previamente solicitados e escolhidos pelo candidato com deficiência;
5) **Dilação de tempo na realização do exame para seleção quanto nas atividades acadêmicas**, conforme prévia solicitação e comprovação da necessidade;
6) **Adoção de critérios de avaliação** das provas escritas, discursivas ou de redação que considerem a singularidade linguística da pessoa com deficiência no domínio da modalidade escrita da língua portuguesa;
7) **Tradução completa do edital e de suas retificações em Libras.**

6.4. Direito à moradia

Moradia digna: É assegurado à pessoa com deficiência o direito à moradia digna (art. 31, Lei nº 13.146/2015) que pode ser:

- **No seio da família natural ou substituta**, com seu cônjuge ou companheiro ou desacompanhada;
- **Em moradia para a vida independente**. Para isso, o poder público deve adotar programas e ações estratégicas para apoiar a criação e a manutenção dessa moradia para vida independente; ou
- **Em residência inclusiva**. A proteção integral na modalidade de residência inclusiva será prestada no **âmbito** do SUAS à pessoa com deficiência em situação de dependência que não disponha de condições de autossustentabilidade, com vínculos familiares fragilizados ou rompidos.

CONCEITOS DE RESIDÊNCIAS INCLUSIVAS E DE MORADIA PARA A VIDA INDEPENDENTE
Lembre-se de que o Estatuto da Pessoa com Deficiência traz a definição de residências inclusivas e de moradias para a vida independente:
– **Residências inclusivas:** Unidades de oferta do Serviço de Acolhimento do Sistema **Único** de Assistência Social (Suas) localizadas em **áreas** residenciais da comunidade, com estruturas adequadas, que possam contar com apoio psicossocial para o atendimento das necessidades da pessoa acolhida, destinadas a jovens e adultos com deficiência, em situação de dependência, que não dispõem de condições de autossustentabilidade e com vínculos familiares fragilizados ou rompidos. (art. 3º, X, Estatuto da Pessoa com Deficiência)
– **Moradia para a vida independente da pessoa com deficiência:** Moradia com estruturas adequadas capazes de proporcionar serviços de apoio coletivos e individualizados que respeitem e ampliem o grau de autonomia de jovens e adultos com deficiência. (art. 3º, XI, Estatuto da Pessoa com Deficiência)

Prioridade na aquisição de moradia própria: A pessoa com deficiência ou o seu responsável gozam de prioridade na aquisição de imóvel para moradia própria em programas habitacionais, públicos ou subsidiados com recursos públicos. Ressalta-se que o direto à prioridade é válido **apenas uma vez**. Portanto, para compra do 2º imóvel, não há prioridade de aquisição para a pessoa com deficiência. Além disso, é necessário observar o seguinte (art. 32, Lei nº 13.146/2015):

PRIORIDADE NA AQUISIÇÃO DE IMÓVEL
– **Reserva** de, no mínimo, **3% das unidades habitacionais** para pessoa com deficiência;
– **Garantia de acessibilidade** nas **áreas** de uso comum e nas unidades habitacionais no piso térreo e de acessibilidade ou adaptação nos demais piso em se tratando de **edificação multifamiliar**;
– Disponibilização de **equipamentos urbanos comunitários acessíveis**;
– Elaboração de especificações técnicas no projeto que permitam a **instalação de elevadores**.

Critérios de financiamento: Nos programas habitacionais públicos, os critérios de financiamento devem ser compatíveis com os rendimentos da pessoa com deficiência ou de sua família.

Ausência de interesse: Se não houver pessoa com deficiência interessada nas unidades habitacionais reservadas (3%), poderão ser disponibilizadas às demais pessoas.

Obrigações do Poder Público: Cabe ao poder público (art. 33, Lei nº 13.146/2015):

- Assegurar o direito à moradia digna da pessoa com deficiência e o atendimento aos requisitos da prioridade na aquisição de moradia própria.
- Divulgar a política habitacional aos agentes interessados e beneficiários com **ênfase** na garantia da acessibilidade.

6.5. Direito à assistência social

Política pública de assistência social: tem como objetivo a garantia da segurança de renda, da acolhida, da habilitação e da reabilitação, do desenvolvimento da autonomia e da convivência familiar e comunitária, para a promoção do acesso a direitos e da plena participação social da pessoa com deficiência (art. 39, Lei nº 13.146/2015).

Proteção Social Básica e da Proteção Social Especial: conjunto articulado de serviços, ofertados pelo SUAS, para a garantia de seguranças fundamentais no **enfrentamento de situações de vulnerabilidade e de risco**, por fragilização de vínculos e ameaça ou violação de direitos.

Cuidadores sociais: serviços socioassistenciais destinados à pessoa com deficiência em situação de dependência devem contar com cuidadores sociais para prestar-lhe cuidados básicos e instrumentais. A legislação não é clara quanto à abrangência da proteção realizada pelos cuidadores sociais. No entanto, é possível sua destinação especial às pessoas com maior grau de vulnerabilidade, como crianças, adolescentes e pessoas idosas que se encontrem em situação de dependência.

Benefício de prestação continuada (BPC-LOAS): A Lei Brasileira de inclusão inseriu dispositivo que assegura à pessoa com deficiência que não possa prover a sua subsistência e nem tê-la provida por sua família o recebimento de 1 salário mínimo mensal (art. 40). Nesse mesmo sentido, prevê o art. 2º, I, "e" e 20 da Lei nº 8.742/1993 (Lei Orgânica da Assistência Social):

Art. 2º, I, "e", da Lei nº 8.742/1993: A assistência social tem por objetivos: a proteção social, que visa à garantia da vida, à redução de danos e à prevenção da incidência de riscos, especialmente: a garantia de 1 (um) salário-mínimo de benefício mensal à pessoa com deficiência e ao idoso que comprovem não possuir meios de prover a própria manutenção ou de tê-la provida por sua família.

Art. 20, "caput", Lei nº 8.742/1993: O benefício de prestação continuada é a garantia de um salário-mínimo mensal à pessoa com deficiência e à pessoa idosa com 65 (sessenta e cinco) anos ou mais que comprovem não possuir meios de prover a própria manutenção nem de tê-la provida por sua família.

Para assegurar o direito ao BPC, é necessário o preenchimento de alguns requisitos previstos na Lei Orgânica da Assistência Social:

REQUISITOS PARA PERCEPÇÃO DO BENEFÍCIO DE PRESTAÇÃO CONTINUADA
– **Pessoa com deficiência;** *Obs.: Lembre-se de que é fundamental o conceito de pessoa com deficiência presente no art. 2º da Lei nº 13.146/2015: "Considera-se pessoa com deficiência aquela que tem impedimento de longo prazo de natureza física, mental, intelectual ou sensorial, o qual, em interação com uma ou mais barreiras, pode obstruir sua participação plena e efetiva na sociedade em igualdade de condições com as demais pessoas."* – **Não possuir meios para prover sua subsistência e de sua família.** – Família **é** considerada nesse caso somente a pessoa com deficiência, o cônjuge ou companheiro, os pais e, na ausência de um deles, a madrasta ou o padrasto, os irmãos solteiros, os filhos e enteados solteiros e os menores tutelados, desde que vivam sob o mesmo teto. – Terão direito ao benefício financeiro a pessoa com deficiência ou a pessoa idosa com renda familiar mensal per capita igual ou inferior a 1/4 (um quarto) do salário-mínimo. – **Benefício não pode ser cumulado com outro** no **âmbito** da Seguridade Social com exceção para os benefícios da assistência médica e da pensão especial de natureza indenizatória; – Não pode exercer **atividade remunerada**, inclusive na condição de microempreendedor individual. *Obs.: O Benefício pode ser cumulado com a aprendizagem, limitado a 2 anos o período de recebimento concomitante da remuneração e do BPC.*

6.6. Direito à previdência social

Direito à aposentadoria: A pessoa com deficiência que for segurada do Regime Geral de Previdência Social (RGPS) tem direito à aposentadoria prevista na Lei Complementar nº 142/2013. Os requisitos para obtenção do benefício previdenciário são:

Aposentadoria por tempo de contribuição	
Tempo de contribuição	**Grau de deficiência**
Homem – 25 anos Mulher – 20 anos	Deficiência grave
Homem – 29 anos Mulher – 24 anos	Deficiência moderada

Aposentadoria por tempo de contribuição	
Tempo de contribuição	**Grau de deficiência**
Homem – 33 anos Mulher – 28 anos	Deficiência leve
Aposentadoria por idade (independentemente do grau de deficiência)	
– 60 anos de idade para o homem; – 55 anos de idade para a mulher; – Tempo mínimo de contribuição: 15 anos e existência de deficiência durante igual período.	

Segurado tornar-se pessoa com deficiência ou alterar seu grau de deficiência: terá a contagem do direito à aposentadoria proporcionalmente ajustado, considerando-se o número de anos em que o segurado exerceu atividade laboral sem deficiência e com deficiência, observado o grau de deficiência correspondente.

Renda mensal: A renda mensal devida será calculada sobre o salário de benefício nos seguintes percentuais:

a) 100% do salário de benefício para as hipóteses de aposentadoria por tempo de contribuição;

b) 70% + 1% do salário de benefício por grupo de 12 contribuições mensais até o máximo de 30% no caso de aposentadoria por idade.

Auxílio-inclusão: o art. 94 do Estatuto da Pessoa com Deficiência criou o benefício previdenciário auxílio-inclusão que é devido à pessoa com deficiência moderada ou grave que:

1) Receba o BPC da LOAS e que passe a exercer atividade remunerada que a enquadre como segurado obrigatório do RGPS;

2) Tenha percebido, nos **últimos** 5 anos, o BPC e exerça atividade remunerada que a enquadre como segurado obrigatório do RGPS.

6.7. Direito à cultura, ao esporte, ao turismo e ao lazer

Direito à cultura, ao esporte, ao turismo e ao lazer em igualdade de oportunidades: Nesse sentido, o Estatuto da Pessoa com Deficiência assegura o acesso a (art. 42, Lei nº 13.146/2015):

a) bens culturais em formato acessível;

b) programas de televisão, cinema, teatro e outras atividades culturas e desportivas em forma acessível; e

c) Monumentos e locais de importância cultural e a espaços que ofereçam serviços culturais e esportivos.

Proibição de recusa de obra intelectual em forma acessível: é proibida a recusa de oferta de obra intelectual em formato acessível sob qualquer argumento, inclusive sob a alegação de proteção dos direitos de propriedade intelectual.

Deveres do poder público: eliminação, redução ou superação de barreiras para a promoção do acesso ao patrimônio cultural, observadas as normas de acessibilidade, ambientais e de proteção do patrimônio histórico e artístico nacional.

Participação da pessoa com deficiência: é dever do poder público promover a participação de pessoa com deficiência em atividades artísticas, intelectuais, culturais, esportivas e recreativas, com vistas ao seu protagonismo, devendo atender a algumas exigências (art. 43, Lei nº 13.146/2015):

PARTICIPAÇÃO EM ATIVIDADES ARTÍSTICAS, CULTURAIS, INTELECTUAIS, ESPORTIVAS E RECREATIVAS
– Incentivar a provisão de instrução, de treinamento e de recursos adequados, em igualdade de oportunidades com as demais pessoas;
– Assegurar acessibilidade nos locais de eventos e nos serviços prestados nessas atividades;
– Assegurar participação da pessoa com deficiência em jogos e atividades recreativas, esportivas, de lazer, culturais e artísticas, inclusive no sistema escolar, em igualdade de condições com as demais pessoas. Nota-se, portanto, que a legislação sempre destaca a necessidade de assegurar a igualdade de oportunidades e condições com as demais pessoas.

Reserva de espaços livres e assentos: É assegurada a reserva de espaços livres e assentos para as pessoas com deficiência de acordo com a capacidade de lotação da edificação nos teatros, cinemas, auditórios, estádios, ginásios de esportes, locais de espetáculos e de conferências (art. 44, Lei nº 13.146/2015). Esses espaços devem atender às normas de acessibilidade. Além disso, o Estatuto estabelece algumas regras para a utilização dos assentos:

DISTRIBUIÇÃO DE ESPAÇOS RESERVADOS
– Os espaços devem ser distribuídos em **locais diversos, de boa visibilidade, em todos os setores, devidamente sinalizados**, evitando a segregação ao público (art. 44, § 1º).
– Assentos devem se situar em locais que garantam a **acomodação de, no mínimo, 1 acompanhante** da pessoa com deficiência ou com mobilidade reduzida, resguardado o direito de se acomodar próximo a grupo familiar ou comunitário (art. 44, § 3º).
– Obrigatoriedade na presença de **rotas de fuga e saídas de emergência acessíveis** (art. 44, § 4º).
– **Salas de cinema:** devem oferecer recursos de acessibilidade (art. 44, § 6º). **Atenção!** Esse dispositivo somente passará a ser exigido após 84 meses da entrada em vigor do Estatuto da Pessoa com Deficiência (art. 125, II – com redação dada pela Lei nº 14.159/2021).
– **Valor do ingresso** não pode ser superior em relação ao cobrado das demais pessoas (art. 44, § 7º).

Ausência de procura pelos assentos reservados: Os assentos podem, excepcionalmente, ser ocupados por pessoas sem deficiência ou que não tenham mobilidade reduzida.

Desenho universal em hotéis, pousadas e similares: dever de construção, observados os princípios do desenho universal, além de adotar todos os meios de acessibilidade (art. 45, Lei nº 13.146/2015). **Atenção!** Esse dispositivo somente passará a ser exigido após 24 meses da entrada em vigor do Estatuto da Pessoa com Deficiência (art. 125, III).

Veja como são frequentes as remissões aos conceitos do art. 3º da legislação informados no tópico 1.2. desta obra.

LEMBRE-SE:

O **desenho universal** compreende a concepção de produtos, ambientes, programas e serviços a serem usados por todas as pessoas, **sem necessidade de adaptação ou de projeto específico**, incluindo os recursos de tecnologia assistiva (art. 3º, II).

Hotéis, pousadas e similares já construídos: Devem disponibilizar, pelo menos, 10% de seus dormitórios acessíveis e em rotas acessíveis, garantida, no mínimo, 1 unidade acessível. Trata-se de regra que flexibiliza a necessidade de dormitórios em desenho universal e acessível para apenas 10% do número total de dormitórios quando o hotel, pousada ou similar já existir.

6.8. Direito ao transporte e à mobilidade

Transporte e mobilidade em igualdade de oportunidades: Novamente, a Lei Brasileira de Inclusão da Pessoa com Deficiência ressalta a necessidade de assegurar direito ao transporte e mobilidade em igualdade de oportunidades com as demais pessoas à pessoa com deficiência ou com mobilidade reduzida, por meio de identificação e de **eliminação de obstáculos e barreiras ao acesso** (art. 46, Lei nº 13.146/2015).

Transporte coletivo terrestre, aquaviário e aéreo: Com a finalidade de acessibilidade, consideram-se integrantes desses serviços, os veículos, os terminais, as estações, os pontos de parada, o sistema viário e a prestação do serviço.

Submissão ao Estatuto da Pessoa com Deficiência: Sujeitam-se às disposições do Estatuto da Pessoa com Deficiência, a outorga, a concessão, a permissão, a autorização, a renovação ou a habilitação de linhas e de serviços de transporte coletivo. Além disso, as empresas de transporte de fretamento e de turismo também se sujeitam às disposições do Estatuto quanto à promoção do direito ao transporte e mobilidade da pessoa com deficiência ou com mobilidade reduzida. **Atenção!** Esse dispositivo somente passará a ser exigido após 48 meses da entrada em vigor do Estatuto da Pessoa com Deficiência (art. 125, IV).

Símbolo internacional de acesso: Para colocação do símbolo internacional de acesso nos veículos de empresa de transporte coletivo de passageiros, é necessária a certificação de acessibilidade emitida pelo gestor público responsável pela prestação do serviço.

Vagas em estacionamentos: é necessária a **reserva de 2% das vagas sinalizadas**, sempre garantida 1 vaga, próximas aos acessos de circulação de pedestres para veículos que transportem pessoa com deficiência com comprometimento de mobilidade em todas as áreas de estacionamento abertas ao público, de uso público ou privado de uso coletivo e em vias públicas. Os veículos estacionados nessas vagas devem exibir credencial de beneficiário confeccionada pelos órgãos de trânsito, que será válida em todo território nacional (art. 47, Lei nº 13.146/2015).

No mesmo sentido, o art. 6º, "caput" e § 1º da Resolução CNJ nº 401/2021 estabelece o mesmo percentual de reserva 2% das vagas sinalizadas em áreas de estacionamento abertas ao público. Para a garantia do acesso à pessoa com deficiência, a Administração deve assegurar, na medida do possível, o acesso inclusive às vagas para uso interno do Poder Judiciário (art. 6º, § 2º, Resolução CNJ nº 401/2021).

> Utilização indevida das vagas reservadas às pessoas com deficiência: sujeita o infrator à multa de trânsito de natureza grave conforme art. 181, XX, do Código de Trânsito Brasileiro:
>
> **Art. 181, CTB.** Estacionar o veículo:
>
> (...)

XX – nas vagas reservadas às pessoas com deficiência ou idosos, sem credencial que comprove tal condição:

Infração – gravíssima;

Penalidade – multa;

Medida administrativa – remoção do veículo.

Acessibilidade no transporte: Os veículos de transporte coletivo terrestre, aquaviário e aéreo, as instalações, estações, portos e terminais devem ser acessíveis para o uso de todas as pessoas. É necessária a disponibilização de informações em comunicação acessível sobre todos os pontos do itinerário (art. 48, Lei nº 13.146/2015).

Prioridade no embarque e desembarque: A pessoa com deficiência tem assegurada prioridade e segurança nos procedimentos de embarque e desembarque nos veículos de transporte coletivo.

Fabricação de veículos acessíveis: O poder público deve incentivar a fabricação de veículos acessíveis e sua utilização como táxis e vans para permitir seu uso por todas as pessoas (art. 50, Lei nº 13.146/2015).

Isenção de IPI em automóveis: De acordo com o art. 1º, IV, Lei nº 8.989/1995, há isenção de IPI sobre os automóveis para pessoa com deficiência. Destaca-se que o art. 126 do Estatuto da Pessoa com deficiência prorrogou a vigência da Lei nº 8.989/1995 até 31 de dezembro de 2021.

Reserva de táxis acessíveis: Empresas de táxi devem reservar 10% de seus veículos acessíveis à pessoa com deficiência, sendo proibida a cobrança de valores adicionais pelo serviço prestado. Para assegurar o cumprimento da cota de 10%, é possível a instituição de incentivos fiscais pelo poder público (art. 51, Lei nº 13.146/2015).

Reserva de vagas na outorga de táxis: O Estatuto da Pessoa com Deficiência inseriu o art. 12-B à Lei nº 12.587/2012 que prevê a necessidade de se reservar 10% das vagas em outorga de exploração de serviço e táxis à pessoa com deficiência. Para ter direito de concorrer às vagas, o condutor deve atender aos seguintes requisitos quanto ao veículo utilizado, sob pena de deixar sua vaga para os remanescentes:

- Ser o veículo de sua propriedade e por ele conduzido;
- Estar adaptado às suas necessidades.

Locadores de veículos: Obrigação de oferecimento de 1 veículo adaptado para pessoa com deficiência a cada conjunto de 20 veículos de sua frota. Veículo deverá ter, no mínimo, câmbio automático, direção hidráulica, vidros elétricos e comandos manuais de freio e embreagem.

Para facilitar a memorização do assunto, segue quadrinho com dicas sobre o direito ao transporte e mobilidade da pessoa com deficiência:

DIREITO AO TRANSPORTE E À MOBILIDADE
– **Transporte e mobilidade em igualdade de oportunidades:** identificação e de eliminação de obstáculos e barreiras ao acesso; – **Transporte coletivo terrestre, aquaviário e aéreo:** Também integram os veículos, os terminais, as estações, os pontos de parada, o sistema viário e a prestação do serviço. – **Submissão ao Estatuto da Pessoa com Deficiência:**

DIREITO AO TRANSPORTE E À MOBILIDADE
- A outorga, a concessão, a permissão, a autorização, a renovação ou a habilitação de linhas e de serviços de transporte coletivo;
- As empresas de transporte de fretamento e de turismo. **Atenção!** Esse dispositivo somente passará a ser exigido após 48 meses da entrada em vigor do Estatuto da Pessoa com Deficiência (art. 125, IV);
- **Símbolo internacional de acesso:** certificação de acessibilidade emitida pelo gestor público responsável;
- **Vagas em estacionamentos:** reserva de 2% das vagas sinalizadas com necessidade de utilização de credencial;
- **Acessibilidade no transporte:** Veículos de transporte coletivo terrestre, aquaviário e aéreo, as instalações, estações, portos e terminais devem ser acessíveis para o uso de todas as pessoas;
- Pessoa com deficiência tem **prioridade no embarque e desembarque** de veículos de transporte coletivo;
- **Fabricação de veículos acessíveis:** incentivar a fabricação de veículos acessíveis e sua utilização como táxis e vans;
- **Reserva de táxis acessíveis:** 10% da frota com veículos acessíveis;
- **Locadores de veículos:** 1 veículo adaptado a cada 20 veículos de sua frota.

6.9. Acessibilidade

Acessibilidade: É o direito que assegura à pessoa com deficiência ou com mobilidade reduzida **viver de forma independente** e exercer seus **direitos de cidadania e de participação social** (art. 53, Lei nº 13.146/2015). Nesse sentido, é importante destacar o conceito trazido no art. 3º do Estatuto sobre acessibilidade. Ressalta-se novamente a importância dos conceitos trazidos pela Legislação que poderão ser exigidos em seu concurso. Não deixe de conferir nosso quadro com os conceitos no tópico 1.2 dessas dicas:

> **Art. 3º, I, Estatuto da Pessoa com Deficiência:** Para fins de aplicação desta Lei, consideram-se: **acessibilidade**: possibilidade e condição de alcance para utilização, com segurança e autonomia, de espaços, mobiliários, equipamentos urbanos, edificações, transportes, informação e comunicação, inclusive seus sistemas e tecnologias, bem como de outros serviços e instalações abertos ao público, de uso público ou privados de uso coletivo, tanto na zona urbana como na rural, **por pessoa com deficiência ou com mobilidade reduzida**; (grifos acrescidos)

Instrumentos sujeitos ao cumprimento das normas de acessibilidade: A Lei Brasileira de Inclusão da Pessoa com Deficiência traçou os instrumentos que estão **sujeitos** ao respeito da legislação sobre acessibilidade previstas no Estatuto e em outras normas (art. 54, Lei nº 13.146/2015):

OBRIGATORIEDADE NO CUMPRIMENTO DAS NORMAS DE ACESSIBILIDADE
1) Aprovação de **projeto arquitetônico e urbanístico** ou de **comunicação e informação**;
2) Fabricação de **veículos de transporte coletivo** e a prestação do respectivo serviço;
3) Execução de qualquer tipo de **obra**, quando tenham destinação **pública ou coletiva**;
4) Outorga ou renovação de **concessão, permissão, autorização ou habilitação** de qualquer natureza;
5) Aprovação de **financiamento de projeto com utilização de recursos públicos**, por meio de renúncia ou de incentivo fiscal, contrato, convênio ou instrumento congênere. Nesse caso, de acordo com o art. 64 do Estatuto da Pessoa com Deficiência, para a obtenção do financiamento **é** necessário assegurar acessibilidade nos sítios eletrônicos; e
6) Concessão de aval da União para **obtenção de empréstimo e de financiamento internacionais** por entes públicos ou privados.

Atos e legislações orientados pelas regras de acessibilidade: O Estatuto da Pessoa com Deficiência aponta ainda os atos e legislações que devem se **orientar** pelas regras de acessibilidade, sempre observando o disposto nas seguintes leis (art. 60, Lei nº 13.146/2015):

- Lei nº 10.098/2000 (estabelece normas gerais e critérios básicos para a promoção da acessibilidade das pessoas portadoras de deficiência ou com mobilidade reduzida);
- Lei nº 10.257/2001 (estabelece diretrizes gerais da política urbana);
- Lei nº 12.857/2012 (institui as diretrizes da Política Nacional de Mobilidade Urbana).

OBSERVAÇÃO

Note a diferença entre o tópico anterior que traz os instrumentos que estão sujeitos às normas de acessibilidade (obrigatoriedade), enquanto que os atos e legislações desse tópico devem ser orientados pelas regras de acessibilidade.

ORIENTAÇÃO PELAS REGRAS DE ACESSIBILIDADE
– Planos diretores municipais; – Planos diretores de transporte e trânsito; – Planos de mobilidade urbana; – Planos de preservação de sítios históricos; *Obs.: Todos os planos listados acima devem se orientar pelas regras de acessibilidade quando elaborados ou atualizados a partir da publicação do Estatuto da Pessoa com deficiência.*
– Códigos de obras;
– Código de postura;
– Leis de uso e ocupação do solo;
– Leis do sistema viário;
– Estudos prévios de impacto de vizinhança;
– Atividades de fiscalização e a imposição de sanções;
– Legislação referente à prevenção contra incêndio e pânico.

Concessão e renovação de alvará de funcionamento: condicionada ao cumprimento e certificação das regras de acessibilidade.

Carta de habite-se: A emissão de cara de habite-se, sua habilitação equivalente e renovação, é condicionada à observância e certificação das regras de acessibilidade.

6.9.1. Princípio do desenho universal

Princípio do desenho universal: Projetos que versem sobre o meio físico, de transporte, de informação e comunicação, inclusive de sistemas e tecnologias da informação e comunicação, e de outros serviços, equipamentos e instalações abertas ao público, devem atender aos princípios do desenho universal, tendo como referência as normas de acessibilidade (art. 55, Lei nº 13.146/2015).

Desenho universal será utilizado como **regra geral**, inclusive desde a etapa de concepção das políticas públicas. **Exceção:** Nas hipóteses que comprovadamente não seja possível utilizar o desenho universal, deve ser adotada **adaptação razoável** (art. 55, §§ 1º e 2º, Lei nº 13.146/2015).

LEMBRE-SE:

O **desenho universal** compreende a concepção de produtos, ambientes, programas e serviços a serem usados por todas as pessoas, **sem necessidade de adaptação ou de projeto específico**, incluindo os recursos de tecnologia assistiva (art. 3º, II);

As **adaptações razoáveis** compreendem as **adaptações, modificações e ajustes necessários e adequados que não acarretem ônus desproporcional e indevido** a fim de assegurar que a pessoa com deficiência possa exercer todos seus direitos fundamentais em igualdade de condições e oportunidades com as demais pessoas (art. 3º, VI).

Diretrizes curriculares e projetos de pesquisa: é dever do poder público incluir conteúdos temáticos referentes ao desenho universal nas diretrizes curriculares da educação profissional e tecnológica e do ensino superior e na formação das carreiras de Estado. Projetos de pesquisa com apoio de organismos públicos de auxílio à pesquisa e de agências de fomento devem incluir temas voltados para o desenho universal.

6.9.2. Premissas básicas de acessibilidade

Premissas básicas para ações de acessibilidade: É importante ressaltar que a legislação traça ainda as premissas básicas para a formulação, implementação e manutenção das ações de acessibilidade (art. 61, Lei nº 13.146/2015):

PREMISSAS BÁSICAS PARA AÇÕES DE ACESSIBILIDADE
– Eleição de prioridades;
– Elaboração de cronograma;
– Reserva de recursos para implementação de ações;
– Planejamento contínuo e articulado entre os setores envolvidos.

Contas em formato acessível: É direito da pessoa com deficiência, desde que realize a solicitação, o recebimento de contas, boletos, extratos e cobranças de tributos em formato acessível (art. 62, Lei nº 13.146/2015).

6.9.3. Acessibilidade em edificações, vias e espaços públicos

Alterações em edificações abertas ao público: a construção, reforma, ampliação ou mudança de uso de edificações abertas ao público devem ser executadas de modo a serem acessíveis. Entidades de fiscalização profissional de Engenharia, Arquitetura e correlatas devem exigir a responsabilidade profissional declarada de atendimento às regras de acessibilidade ao anotarem a responsabilidade técnica de projetos. Após a certificação de acessibilidade pelo poder público será colocado símbolo internacional de acesso em locais de ampla visibilidade (art. 56, Lei nº 13.146/2015).

Também é necessário o atendimento às regras de acessibilidade para:

- Aprovação, licenciamento ou emissão de certificado de projeto executivo arquitetônico, urbanístico e de instalações e equipamentos temporários ou permanentes;
- Licenciamento ou emissão de certificado de conclusão de obra ou serviço.

Edificações já existentes: as edificações públicas e privadas de uso coletivo já existentes devem assegurar o atendimento às normas de acessibilidade à pessoa com deficiência em todas as suas dependências e serviços (art. 57).

Edificação de uso privado multifamiliar: O projeto e a construção de edificação de uso privado multifamiliar devem atender aos preceitos de acessibilidade (art. 58, Lei nº 13.146/2015). Percentual mínimo das unidades internamente acessíveis deve ser assegurado pelas construtoras e incorporadoras responsáveis pelo projeto e nenhum valor adicional pode ser exigido na aquisição da unidade acessível.

Intervenção nas vias e espaços públicos: dever do poder público e das concessionárias de assegurar a fluidez do trânsito e a livre circulação e acessibilidade das pessoas nas intervenções nas vidas e nos espaços públicos, durante e após sua execução (art. 59, Lei nº 13.146/2015).

6.9.4. Acesso à informação e à comunicação

***Sites* acessíveis:** É obrigatória a acessibilidade à pessoa com deficiência nos sítios eletrônicos (sites) mantidos por empresas com sede ou representação comercial no país ou por **órgãos** de governo. Os *sites* devem conter o símbolo de acessibilidade em destaque (art. 63, Lei nº 13.146/2015).

Telecentros comunitários e *lan houses*: Os telecentros comunitários que receberem recursos públicos federais e as *lan houses* devem possuir equipamentos e instalações acessíveis com, no mínimo, 10% de seus computadores com recursos de acessibilidade para pessoa com deficiência visual, garantido pelo menos 1 equipamento, quando o resultado percentual for inferior a 1. Assim, por exemplo, se uma *lan house* tem 5 computadores, ao se aplicar o percentual de 10% leva ao resultado de 0,5 computador, o que obriga a garantia de pelo menos 1 computador, ainda que o resultado seja inferior.

Financiamento público: Para obtenção de financiamento de projeto com utilização de recursos públicos, é necessário assegurar a acessibilidade nos sítios eletrônicos da empresa (art. 64, Lei nº 13.146/2015).

Telecomunicação: As empresas prestadoras de serviços de telecomunicações devem garantir o pleno acesso à pessoa com deficiência conforme regulamentação específica (art. 65, Lei nº 13.146/2015).

Telefones e celulares acessíveis: É dever do poder público incentivar a oferta de aparelhos de telefonia fixa e celulares com acessibilidade que permitam a possibilidade de indicação e de ampliação sonoras de todas as operações e funções disponíveis (art. 66, Lei nº 13.146/2015).

Serviços de radiodifusão de sons e imagens: devem permitir o uso dos seguintes recursos (art. 67):

- Subtitulação por legenda oculta;
- Janela com intérprete de Libras;
- Audiodescrição.

Canais de comercialização virtual e anúncios publicitários veiculados na imprensa escrita, na internet, no rádio, na televisão e nos demais veículos de comunicação devem disponibilizar os recursos de acessibilidade previstos para os serviços de radiodifusão de sons e imagens, observado o disposto no Código de Defesa do Consumidor referente à publicidade (arts. 36 a 38 do CDC).

Livros e artigos acessíveis: Incentivo do poder público na produção, edição, difusão, distribuição e comercialização de **livros em formatos acessíveis**, inclusive nas publicações da administração pública ou financiadas com recursos públicos, para garantir à pessoa com deficiência o direito de acesso à leitura, à informação e à comunicação (art. 68, Lei nº 13.146/2015). Além disso, o poder público deve estimular a adaptação e produção de **artigos científicos** em formato acessível, inclusive em Libras.

Impedimento às editoras sem formatos acessíveis: Nas compras de livros para as bibliotecas públicas e de todos os níveis de educação, o poder público deve adotar cláusulas que impeçam a participação de editoras que não oferecem livros em formatos acessíveis. Além disso, seguem os formatos acessíveis estabelecidos pelo Estatuto:

FORMATOS ACESSÍVEIS
– O Estatuto da Pessoa com Deficiência traz os formatos que são considerados acessíveis **às** pessoas com deficiência: a) *Softwares* leitores de telas ou tecnologias assistivas que permitem leitura de voz sintetizada; b) Ampliação de caracteres; c) Diferentes contrastes; e d) Impressão em Braile.

Informações aos consumidores: É dever do poder público assegurar que as informações disponíveis aos consumidores nos produtos e serviços ofertados sejam corretas e claras, por quaisquer meios de comunicação, inclusive em ambiente virtual, contendo a **especificação correta de quantidade, qualidade, características, composição e preço, bem como sobre os eventuais riscos à saúde e à segurança do consumidor com deficiência** com aplicação no que couber dos arts. 30 a 41 do Código de Defesa do Consumidor nos assuntos referentes à oferta dos produtos e serviços, à publicidade e às práticas abusivas.

Ressalta-se que o Estatuto da Pessoa com Deficiência incluiu o art. 6º, parágrafo único e 43, § 6º ao Código de Defesa do Consumidor para estabelecer a necessidade de que as informações sobre produtos e serviços e também as informações constantes em dados cadastrais sobre o consumidor sejam acessíveis às pessoas com deficiência, o que reforça o que foi apresentado no item anterior (art. 100, Estatuto da Pessoa com Deficiência).

Fornecedores devem disponibilizar exemplares de bulas, prospectos, textos ou qualquer outro tipo de material de divulgação em formato acessível.

Congressos, seminários e oficinas sem dinheiro público: As instituições que promoverem congressos, seminários, oficinas e demais eventos de natureza científico-cultural devem oferecer, no mínimo, recursos de tecnologia assistiva previstos aos serviços de radiodifusão acima mencionados à pessoa com deficiência (art. 70):

- Subtitulação por legenda oculta;
- Janela com intérprete de Libras;
- Audiodescrição.

Congressos seminários e oficinas financiadas pelo poder público: Nesse caso, devem garantir além dos recursos de tecnologia assistiva, as condições de acessibilidade (art. 71, Lei nº 13.146/2015). Projetos de pesquisa com apoio de agências de financiamento e de órgãos e entidades integrantes da administração pública que atuem no auxílio à pesquisa devem incluir temas voltados para o desenho universal (art. 72).

Capacitação de tradutores e intérpretes de Libras, profissionais habilitados em Braille: cabe ao poder público, diretamente ou mediante parceria com organizações da sociedade civil, promover a capacitação de tradutores e intérpretes de Libras, de guias intérpretes e profissionais habilitados em Braille, audiodescrição, estenotipia e legendagem.

6.9.5. Tecnologia assistiva

Acesso à tecnologia assistiva: A pessoa com deficiência tem assegurado o acesso a produtos, recursos, estratégias, práticas, processos, métodos e serviços de tecnologia assistiva que possibilitem a maximização da autonomia, mobilidade pessoal e qualidade de vida (art. 74, Lei nº 13.146/2015). É importante ressaltar que a Lei Brasileira de Inclusão da Pessoa com Deficiência traz o conceito de tecnologia assistiva em seu art. 3º, III:

> **LEMBRE-SE:**
>
> **Conceito de tecnologia assistiva:** também denominado de ajuda técnica, compreende produtos, equipamentos, dispositivos, recursos, metodologias, estratégias, práticas e serviços que objetivem promover a funcionalidade, relacionada à atividade e à participação da pessoa com deficiência ou com mobilidade reduzida, visando à sua **autonomia, independência, qualidade de vida e inclusão social**;

Plano específico de medidas: Acerca da implementação de tecnologia assistiva, o Estatuto da Pessoa com Deficiência traz plano específico de medidas, que deve ser **renovado a cada 4 anos**. Os procedimentos constantes desse plano específico devem ser avaliados a cada 2 anos para assegurar o acesso à tecnologia assistiva. O plano deve ter as seguintes finalidades (art. 75, Lei nº 13.146/2015):

PLANO ESPECÍFICO DE MEDIDAS PARA ACESSO À TECNOLOGIA ASSISTIVA
– Facilitar o acesso a **crédito especializado para aquisição de tecnologia assistiva**;
– Agilizar, simplificar e priorizar procedimentos de **importação de tecnologia assistiva**, especialmente quanto aos procedimentos alfandegários e sanitários;
– Criar mecanismos de **fomento à pesquisa e à produção nacional de tecnologia assistiva**, inclusive por meio de concessão de linhas de crédito subsidiado e de parcerias com institutos de pesquisa;
– **Eliminar o reduzir a tributação** da cadeia produtiva e de importação **de tecnologia assistiva**;
– Facilitar e agilizar o processo de **inclusão de novos recursos de tecnologia assistiva no âmbito do SUS** e outros **órgãos** governamentais.

6.9.6. Participação na vida pública e política

Exercício de direitos políticos: A pessoa com deficiência deve ter assegurado pelo poder público todos os direitos políticos e a oportunidade de exercê-los em igualdade de condições com as demais pessoas (art. 76).

Direito de votar e ser votado: Deve ser assegurado à pessoa com deficiência o direito de votar e ser votada por meio das seguintes ações (art. 76, § 1º, Lei nº 13.146/2015):

- **Procedimentos, instalações, materiais e equipamentos acessíveis** e de fácil compreensão, sendo vedada a instalação de seções eleitorais exclusivas para a pessoa com deficiência. Essa medida assegura o respeito ao direito à não discriminação e ao exercício do voto em igualdade de condições com as demais pessoas;
- **Incentivo à candidatura da pessoa com deficiência** e ao desempenho de funções públicas, inclusive com o uso de tecnologias assistivas;
- **Pronunciamentos oficiais, propagando eleitoral gratuita e os debates** transmitidos pelas emissoras de televisão por meio de **recursos de tecnologia assistiva** (subtitulação por legenda oculta, janela com intérprete de Libras e audiodescrição);
- **Livre exercício do direito ao voto** e sempre que necessário e a seu pedido, permissão para que a pessoa com deficiência seja auxiliada na votação por pessoa de sua escolha.

Alteração no art. 135 do Código Eleitoral: Os Tribunais Regionais Eleitorais deverão, a cada eleição, expedir instruções aos Juízes Eleitorais para orientá-los na escolha dos locais de votação, de modo que se assegure a acessibilidade ao eleitor com deficiência ou com mobilidade reduzida (art. 96, Lei nº 13.146/2015).

Participação da pessoa com deficiência: Poder público deve promover a participação da pessoa com deficiência na condução das questões públicas sem discriminação e em igualdade de oportunidades, sempre observado o seguinte:

PARTICIPAÇÃO DA PESSOA COM DEFICIÊNCIA
a) Participação em organizações não governamentais relacionadas à vida pública e à política do país;
b) Participação em atividades e administração de partidos políticos;
c) Formação de organizações para representar a pessoa com deficiência em todos os níveis;
d) Participação da pessoa com deficiência em organizações que a representem.

6.10. Ciência e tecnologia

Fomento da ciência e tecnologia: O poder público deve fomentar o desenvolvimento científico, a pesquisa, a inovação e a capacitação tecnológicas voltadas à melhoria da qualidade de vida e sua inclusão social. O fomento deve priorizar a geração de conhecimentos e técnicas que visem à prevenção e ao tratamento de deficiências e ao desenvolvimento de tecnologias assistiva e social.

Acessibilidade e tecnologias assistiva e social devem ser fomentadas mediante criação de **cursos de pós-graduação**, a formação de recursos humanos e a inclusão do tema nas **diretrizes de áreas do conhecimento**.

Capacitação tecnológica para desenvolvimento de tecnológicas assistiva e social: Essa capacitação deve ser voltada à melhoria da funcionalidade e da participação social da pessoa com deficiência.

Reavaliação periódica das medidas de fomento à ciência e tecnologia: as medidas previstas para desenvolvimento da ciência e tecnologia da pessoa com deficiência devem ser reavaliadas periodicamente pelo poder público para assegurar seu aperfeiçoamento.

Tecnologias da informação e comunicação: estímulo à pesquisa e desenvolvimento das tecnologias da informação e comunicação e às tecnologias sociais (art. 78, Lei nº 13.146/2015). Os estímulos devem se concentrar especialmente:

- Emprego de tecnologias da informação e comunicação como **instrumento de superação de limitações funcionais e de barreiras** à comunicação, à informação, à educação e ao entretenimento da pessoa com deficiência;
- **Acessibilidade da pessoa com deficiência à computação e aos sítios da internet**, em especial aos serviços de governo eletrônico.

Para facilitar a memorização do assunto, segue quadro de resumo sobre ciência e tecnologia:

CIÊNCIA E TECNOLOGIA
– **Fomento da ciência e tecnologia à pessoa com deficiência:** assegurar melhoria da qualidade de vida e sua inclusão social;
– **Capacitação tecnológica** para desenvolvimento de tecnológicas assistiva e social;
– **Reavaliação periódica das medidas de fomento à ciência e tecnologia:** assegurar aperfeiçoamento;
– **Tecnologias da informação e comunicação:**
– Instrumento de superação de limitações funcionais e de barreiras;
– Acessibilidade da pessoa com deficiência **à** computação e aos sítios da internet;

Matemática

Marcelo Sbicca

Edital Sistematizado

Itens do edital	No livro	Item
1. Operações com números reais.	Operações numéricas	1.1.
	Expressões numéricas	1.2.
	Operações com frações	1.3.
	Operações com decimais	1.4.
2. Mínimo múltiplo comum e máximo divisor comum.	Múltiplos	2.1.
	Mínimo múltiplo comum	2.2.
	Divisores	2.3.
	Máximo divisor comum	2.4.
3. Razão e proporção.	Razão	3.1.
	Proporção	3.2.
	Divisão proporcional	3.3.
4. Porcentagem.	Porcentagem	4.1.
	Porcentagem sobre porcentagem	4.2.
	Fator de multiplicação	4.3
5. Regra de três simples e composta.	Regra de três simples	5.1.
	Relação diretamente proporcional	5.2.
	Relação inversamente proporcional	5.3.
	Regra de três composta	5.4.
6. Média aritmética simples e ponderada.	Média aritmética simples	6.1.
	Média aritmética ponderada	6.2.
7. Juros simples.	Conceito	7.1.
	Juros simples	7.2.
8. Equação do 1º e 2º graus.	Equação do 1º grau	8.1.
	Equação do 2º grau	8.2.
9. Sistema de equação do 1º grau.	Sistema de equações	9.1.
	Método da substituição	9.2.
	Método da soma	9.3.
10. Relação entre grandezas: tabelas e gráficos	Tabelas	10.1.
	Gráficos	10.2.

Itens do edital	No livro	Item
11. Sistemas de medidas usuais.	Sistema internacional – SI	11.1.
	Múltiplos e submúltiplos do segundo	11.2.
	Conversão de Unidades	11.3.
	Velocidade média	11.4.
12. Noções de geometria: forma, perímetro, área, volume, ângulo, teorema de Pitágoras.	Geometria	12.1.
	Formas geométricas	12.2.
	Perímetro	12.3.
	Área das figuras planas	12.4.
	Volume dos sólidos espaciais	12.5.
	Resumo das figuras geométricas	12.6.
	Ângulo	12.7.
	Teorema de Pitágoras	12.8.
13. Resolução de situações-problema.	Análise do tema	13.1.
	Situações-problema	13.2.

1. OPERAÇÕES COM NÚMEROS REAIS

1.1. Operações numéricas

O conjunto dos números naturais possibilita a execução de apenas uma das operações numéricas: a adição.

A adição é a primeira das operações e significa somar, juntar, agregar uma quantidade à outra. Sempre que forem somados dois números naturais, o resultado será outro número natural.

A operação de subtração requer uma maior abrangência em relação aos conjuntos numéricos, uma vez que podemos encontrar operações que resultam em números negativos, ou seja, fora do conjunto dos números naturais.

O conjunto dos números inteiros (números positivos e negativos) comporta, além da adição, outras duas operações numéricas: subtração (uma quantidade é retirada de outra) e multiplicação (permite a soma de um mesmo número repetidas vezes).

Por fim, a divisão é a operação contrária à multiplicação e significa fracionar um número em partes iguais.

LEMBRE-SE

Tanto na multiplicação quanto na divisão, quando os termos tiverem o mesmo sinal, o resultado será positivo. Quando os termos tiverem sinais diferentes, o resultado será negativo.

Sinais Iguais	Sinais Diferentes
(+) × (+) = +	(+) × (–) = –
(+) ÷ (+) = +	(+) ÷ (–) = –
(–) × (–) = +	(–) × (+) = –
(–) ÷ (–) = +	(–) ÷ (+) = –

O interessante é que operações de divisão podem resultar em números decimais finitos ou infinitos, portanto, a operação é possível quando considerado o conjunto dos números racionais.

Assim, relacionamos as quatro operações matemáticas básicas aos números reais que é composto pelos conjuntos dos números naturais, inteiros e racionais e irracionais.

IMPORTANTE

A divisão é uma operação explorada em vários itens do edital (razão e proporção, porcentagem, regra de três, média, juros, equações e na resolução de situações-problema) e é um tanto quanto traiçoeira.

Você tem certeza que domina a operação de divisão? Você sabe fazer divisão com números decimais e ou fracionários?

Se não tem convicção em responder afirmativamente, sugiro muito treino para que não perca pontos por causa de detalhes.

DICA

Exclua a calculadora do seu dia a dia até o dia da sua prova. Pelo menos, não a utilize durante o tempo dedicado aos estudos.

A última operação a ser analisada, interessante para sua prova, é a potenciação.

A potenciação ou exponenciação implica multiplicar a base (número real) por ela mesma tantas vezes quanto for o valor da potência.

Lembre-se

- $x^1 = x$
- $x^0 = 1$ (Obs.: $0^0 = 1$, por convenção)
- $1^x = 1$

Multiplicação e divisão:

Nos casos da multiplicação, a potência do produto é igual ao produto das potências.

A mesma regra vale para a divisão, ou seja, a potência do quociente é igual ao quociente das potências.

Ficou complicada a explicação? Então, veja como vai clarear bastante com a exemplificação:

A potência do produto é igual ao produto das potências.	$(a.b)^x = a^x . b^x$
A potência do quociente é igual ao quociente das potências.	$\left(\frac{a}{b}\right)^x = \frac{a^x}{b^x}$

Propriedades da potenciação:

Propriedade	Regra	Exemplo
Multiplicação de potências com mesma base.	Manter a base e somar os expoentes.	$a^x . a^y = a^{(x+y)}$
Divisão de potências com mesma base.	Manter a base e subtrair os expoentes.	$\frac{a^x}{a^y} = a^{x-y}$
Potência da potência.	Manter a base e multiplicar os expoentes.	$(a^x)^y = a^{x \cdot y}$

Observe a potenciação a seguir.

a^{x^y}	Não se trata de potência da potência. Nesse caso, primeiro calcula-se x elevado à potência "y" para, na sequência, calcular a potenciação da base "a".

Potenciação com base negativa:

O sinal negativo somente integra a operação de potenciação quando estiver delimitado por parênteses. Veja os exemplos:

$(-2)^3 = (-2) . (-2) . (-2) = -8$ $(-2)^4 = (-2) . (-2) . (-2) . (-2) = 16$	**O sinal faz parte da base.**

Não existindo a delimitação por meio de parênteses, cuja função é indicar que o sinal negativo faz parte da operação, a potenciação aplica-se apenas ao número.

$-2^4 = -(2 . 2 . 2 . 2) = -16$	**O sinal não faz parte da base.**

Potenciação com expoente negativo:

O número da base deve ser invertido e o expoente passa de negativo para positivo.

Exemplos:	$3^{-4} = \frac{1}{3^4} = \frac{1}{81}$ $\left(\frac{2}{3}\right)^{-3} = \left(\frac{3}{2}\right)^3 = \frac{3^3}{2^3} = \frac{27}{8}$

Potenciação com expoente fracionário:

O expoente fracionário transforma-se em radical.

MNEMÔNICO

"Aquele que está por cima está por dentro e aquele que está por baixo está por fora".

Exemplo:	$4^{\frac{3}{2}} = \sqrt[2]{4^3}$

O numerador do expoente fracionário, número 3, está "por cima", logo, encontra-se "por dentro" da raiz.

Já o número 2, denominador do expoente fracionário, está "por baixo" quando o referencial é a fração e, conforme o mnemônico, "por fora" em relação à raiz.

Potenciação da raiz:

Na potenciação do radical, o índice da potência (expoente) passa a ser o índice do radicando:

Exemplo:	$\left(\sqrt[3]{4}\right)^2 = \sqrt[3]{4^2}$

Professor Sbicca, aqui entre nós, é mesmo necessário estudar as operações básicas da matemática?

A resposta é aquela esperada: Depende.

Depende da sua habilidade em analisar e manejar números. Digo mais, é o treino com resolução de muitas questões que vai proporcionar a familiaridade com a matemática.

Na sua prova não haverá cobrança direta de uma operação matemática, entretanto, serão elas a base para todas as questões.

Vamos a uma questão cobrada pela Vunesp, em 2021, para o cargo de Escrevente do Tribunal de Justiça de São Paulo (capital). A questão tem como tema central uma sequência, mas observe a importância das operações básicas na resolução.

Na sequência a seguir (45, 41, 42, 38, 40, 36, 39, 35, 39, 35, 40, 36, 42, 38, 45, 41, 49, ...), a soma entre o elemento da posição 21 e o elemento da posição 26 é igual a

(A) 129.

(B) 134.

(C) 138.

(D) 143.

(E) 131.

Comentários

Precisamos fazer algumas operações matemáticas com o objetivo de identificar o padrão lógico.

Vejamos as diferenças entre cada elemento e o imediatamente posterior.

Sequência	Lógica
45, 41, 42, 38, 40, 36, 39, 35, 39, 35, 40, 36, 42, 38, 45, 41, 49, ...	45 – 41 = 4 41 – 42 = -1 42 – 38 = 4 38 – 40 = -2 40 – 36 = 4 36 – 39 = -3

As diferenças em relação aos primeiros termos são suficientes para entender a lógica: Alternadamente, 4 unidades e, entre estas, diferenças negativas, -1, -2, -3, -4, ...

Uma vez que precisamos de termos razoavelmente próximos, posições 21 e 26, mais fácil é dar continuidade à sequência.

Lógica	Continuidade da Sequência
45 – 41 = 4	Posição 18: 49 – 4 = 45
41 – 42 = -1	Posição 19: 45 + 9 = 54
42 – 38 = 4	Posição 20: 54 – 4 = 50
38 – 40 = -2	**Posição 21: 50 + 10 = 60**
40 – 36 = 4	Posição 22: 60 – 4 = 56
36 – 39 = -3	Posição 23: 56 + 11 = 67
...	Posição 24: 67 – 4 = 63
45 – 41 = 4	Posição 25: 63 + 12 = 75
41 – 49 = -8	**Posição 26: 75 – 4 = 71**

Observe que já trabalhamos anteriormente com diferenças, por isso, para a continuidade da sequência, invertemos os sinais.

Resposta: A soma entre o elemento da posição 21 (igual a 60) e o elemento da posição 26 (igual a 71) é igual a 131.

Gabarito: E

1.2. Expressões numéricas

Convenhamos, é bem improvável questão de concurso apresentar uma expressão numérica e solicitar a sua resolução. Mesmo assim, dominar o assunto é importante por tratar-se de matéria prima para praticamente a totalidade das questões de matemática.

O que se deve guardar é, simplesmente, a ordem em que serão efetivadas as operações.

Ordem das operações matemáticas.	1º passo: Resolver as potências e raízes. 2º passo: Resolver os produtos e quocientes. 3º passo: Resolver as adições e subtrações.

A ordem das operações será alterada com a inclusão dos símbolos de operação, os quais também seguem determinada ordem.

Ordem dos símbolos de operações.	1º passo: Operações entre parênteses ( ). 2º passo: Operações entre colchetes [ ]. 3º passo: Operações entre chaves { }.

DICA

Para expressões com vários números positivos e negativos, separe-os, faça o somatório dos positivos, o somatório dos negativos para, finalmente, fazer a subtração.

Esse procedimento facilita as operações e minimiza a possibilidade de cometer erros durante as contas.

1.3. Operações com frações

Fração:

A fração é uma representação numérica de determinada quantidade de partes do todo. Ainda, podemos dizer que é, simplesmente, uma divisão.

A fração $\frac{x}{y}$ significa a divisão de x por y, para y diferente de zero.

Propriedades:

O produto do numerador e do denominar por um mesmo número natural resulta em uma fração equivalente.	$\frac{5}{2} = \frac{5.3}{2.3} = \frac{15}{6}$
Quando for possível a divisão do numerador e do denominador por um mesmo número natural, o resultado será uma fração equivalente.	$\frac{20}{8} = \frac{20:4}{8:4} = \frac{5}{2}$

Fração própria, imprópria e mista:

- Fração própria: O numerador é menor que o denominador. Por exemplo: $\frac{3}{4}$.
- Fração imprópria: O numerador é maior que o denominador. Por exemplo: $\frac{4}{3}$.
- Fração mista: Possui uma parte inteira e outra fracionária. Por exemplo: $2\frac{3}{5}$.

A fração imprópria pode ser convertida em fração mista com a divisão do numerador pelo denominador. O resultado da divisão (quociente) é a parte inteira e o resto da operação passa a ser o novo numerador da parte fracionária. O denominador permanece inalterado.

Exemplos:

$\frac{4}{3} = 1\frac{1}{3}$	A divisão de 4 por 3 tem resultado igual a 1 (parte inteira da fração mista) e o resto também igual a 1 (numerador da fração).
$\frac{13}{5} = 2\frac{3}{5}$	O quociente da divisão é igual a 2 (parte inteira da fração mista) e o resto é igual a 3 (numerador da fração). O denominador, 5, permanece inalterado.

Adição e subtração de frações:

Adição e subtração de frações com mesmos denominadores	
Manter o denominador e somar (ou subtrair) os numeradores.	$\frac{4}{7} + \frac{5}{7} - \frac{3}{7} = \frac{4+5-3}{7} = \frac{6}{7}$

Caso as frações apresentem diferentes denominadores, é necessário que elas sejam convertidas em suas equivalentes com denominadores iguais.

Adição e subtração de frações com diferentes denominadores	
As frações são convertidas em suas equivalentes, com a utilização do m.m.c., de modo que os denominadores fiquem iguais.	$\frac{1}{2} + \frac{6}{4} - \frac{5}{7} = \frac{(28:2.1)}{28} + \frac{(28:4.6)}{28} - \frac{(28:7.5)}{28}$
Resolver como frações de mesmo denominador.	$\frac{14}{28} + \frac{42}{28} - \frac{20}{28} = \frac{14+42-20}{28} = \frac{36}{28} = \frac{9}{7}$

Multiplicação de frações:

A multiplicação de números fracionários independe da igualdade dos denominadores.

Multiplicar os numeradores entre si e os denominadores entre si.	$\frac{9}{4} \cdot \frac{3}{5} = \frac{9.3}{4.5} = \frac{27}{20}$

Divisão de frações:

Na divisão de números fracionários, o que encontramos, na realidade, é uma razão entre frações (fração de frações).

Manter o numerador e inverter a fração que se encontra no denominador. Transformar a operação de divisão em multiplicação.	$\frac{\frac{9}{4}}{\frac{3}{5}} = \frac{9}{4} . \frac{5}{3}$
Resolver a multiplicação.	$\frac{\frac{9}{4}}{\frac{3}{5}} = \frac{9 . 5}{4 . 3} = \frac{45}{12} = \frac{15}{4}$

1.4. Operações com decimais

Superadas as operações com números inteiros e fracionários, as operações com os decimais tornam-se mais simples, basta conhecermos algumas regras básicas.

As operações de adição e subtração são realizadas com a segmentação dos números (partes inteiras entre si e partes decimais entre si), de tal forma que o posicionamento dos números tem como referência a vírgula.

	3,45 + 7,2 + 0,225	13 – 4,22
Exemplos:	3,45 + 7,2 0,225 10,875	13 – 4,22 8,78

Quando a operação for de multiplicação, ignoramos as vírgulas, pelo menos durante a operação. Finalizados os cálculos, o resultado terá tantas casas decimais quanto o somatório das casas decimas dos fatores (termos multiplicadores).

Multiplicação: 4,32 x 2,5	
Operação sem as vírgulas.	432 25 10800
A soma das quantidades de casas decimais dos fatores é igual a três (duas no primeiro fator e uma no segundo fator).	10,800 ou 10,8

Na divisão com números decimais, seja dividendo ou divisor, ou ambos, basta igualar o número de casas decimais com o acréscimo de zeros à direita, na parte decimal. Na sequência, retiram-se as vírgulas e realiza-se a operação.

Divisão: 12,75 : 1,5	
Igualar as casas decimais e retirar as vírgulas.	12,75 | 1,5 1275 | 150
Fazer a divisão.	1275 | 150 8,5

2. MÍNIMO MÚLTIPLO COMUM E MÁXIMO DIVISOR COMUM

2.1. Múltiplos

Os múltiplos de um número natural são os produtos desse número por outros números naturais quaisquer.

A sequência de múltiplos de um número natural é infinita e forma uma progressão aritmética da qual sempre faz parte o número 0.

Múltiplos de 4.	M = {0, 4, 8, 12, 16, 20, 24, ...}

Inerente ao item "múltiplos de um número natural" existe o conceito de mínimo múltiplo comum, ou simplesmente m.m.c.

2.2. Mínimo Múltiplo Comum – M.M.C.

O mínimo múltiplo comum de dois ou mais números inteiros é o menor múltiplo comum a eles, diferente de zero. Pode ser calculado através do produto dos fatores primos.

Por exemplo, o M.M.C. entre os números 8, 9 e 10.

Calcular o m.m.c. dos números 8, 9 e 10:		
	8, 9.10	2
	4, 9, 5	2
	2, 9, 5	2
	1, 9, 5	3
	1, 3, 5	3
	1, 1, 5	5
	1, 1, 1	$2^3 . 3^2 . 5 = 360$

2.3. Divisores

Dizemos que um número é divisor de outro número natural se o resto da operação de divisão, entre eles, for igual a zero.

Observação:

O conjunto dos divisores de um número forma um conjunto finito do qual participa o próprio número e o número um. A exceção à regra é o conjunto dos divisores de zero que é formado por todos os números naturais (excluído o próprio zero), portanto esse é um conjunto infinito.

2.4. Máximo divisor comum – M.D.C.

O máximo divisor comum de dois ou mais números inteiros é o maior divisor comum a eles.

Da mesma forma como o m.m.c., o m.d.c. pode ser calculado com a decomposição dos números em seus fatores primos. Entretanto, no caso do M.D.C., faz-se o produto dos fatores que são comuns a todos os números.

Por exemplo, o m.d.c. entre os números 48, 60 e 72:

Calcular o m.d.c. dos números 48, 60 e 72:		
	48, 60, 72	(2)
	24, 30, 36	(2)
	12, 15, 18	2
	6, 15, 9	2
	3, 15, 9	(3)
	1, 5, 3	3
	1, 5, 1	5
	1, 1, 1	$2^2 . 3$ 12

Os fatores primos assinalados com o círculo são aqueles que dividem os três números simultaneamente. O m.d.c. é o produto apenas desses fatores.

O máximo divisor comum entre os números 48, 60 e 72 é igual a 12.

Caso seja este um dos itens a serem cobrados entre as questões de matemática, saiba que a Vunesp tem um único formato para estruturar a questão. As variações ocorrerão na contextualização do problema, mas o esqueleto matemático não se altera.

O enunciado da questão vai informar diferentes valores, que podem ser medidas de tamanho ou quantidades, e vai sugerir que cada um deles seja dividido em partes menores, porém iguais. Ainda, dirá que cada uma das partes resultantes deve ser a maior possível e que não haja sobras.

Veja como foi cobrado na prova para Escrevente do TJ-SP em 2015.

> *"Para a montagem de molduras, três barras de alumínio deverão ser cortadas em pedaços de comprimento igual, sendo este o maior possível, de modo que não reste nenhum pedaço nas barras. Se as barras medem 1,5 m, 2,4 m e 3 m, então o número máximo de molduras quadradas que podem ser montadas com os pedaços obtidos é".*

Questões com estas características serão resolvidas por meio do M.D.C.

São 3 barras de alumínio de tamanho distinto e que deverão ser divididas em partes menores de modo que os tamanhos sejam iguais, porém, o maior possível sem que haja sobra.

No caso, existe uma particularidade, as medidas informadas consideram valores em decimais os quais devem ser evitados tanto para apurar o m.m.c. como o M.D.C. Uma possível solução seria multiplicar as três medidas por 10 (ficaríamos com: 15, 24 e 30) e, ao final, aplicaríamos a operação inversa, dividir por 10.

Outra possibilidade, aqui adotada, é a transformação de metro em centímetro, o que resultaria em 150 cm, 240 cm e 300 cm. Sobre estas medidas aplica-se o M.D.C.

Calcular o m.d.c.	150, 240, 300	2 ✓
	75, 120, 150	2
	75, 60, 75	2
	75, 30, 75	2
	75, 15, 75	3 ✓
	25, 5, 25	5 ✓
	5, 1, 5	5
	1, 1, 1	2 . 3 . 5 = 30

LEMBRE-SE

O m.d.c. é o produto dos fatores primos que dividem todos os números simultaneamente.

Cada segmento da barra de ferro terá, após cortado, 30 centímetros. Portanto, para cada barra de alumínio teremos as seguintes quantidades de pedaços de mesmo tamanho:

Quantidade de segmentos.	Barra de 150 cm: 150/30 = 5 Barra de 240 cm: 240/30 = 8 Barra de 300 cm: 300/30 = 10 Total: 23 barras

Fique atento ao que foi solicitado! Número máximo de molduras quadradas.

Uma moldura quadrada necessita de quatro segmentos para que possa ser montada. Logo, dividindo o total de segmentos por 4, o quociente (parte inteira) indica o número máximo de molduras.

Quantidade de molduras.	M = 23/4 M = 5,75

Resposta: A quantidade máxima de molduras quadradas que podem ser montadas é igual a 5.

3. RAZÃO E PROPORÇÃO

3.1. Razão

A razão é o quociente entre dois números que tem por finalidade a comparação relativa entre eles.

Ao fazer a divisão de uma grandeza por outra, na mesma unidade de medida, o resultado indica o quanto a primeira representa em relação à segunda, por exemplo: uma adega tem 120 garrafas de vinho tinto e 80 de vinho branco. Podemos considerar as seguintes razões em relação às quantidades de vinho:

Razão de garrafas de vinho tinto em relação às garrafas de vinho branco.	$\frac{Tinto}{Branco} = \frac{120}{80} = 1{,}5$	Significa que existe a quantidade de 1,5 garrafa de vinho tinto para cada de vinho branco. Ainda, a quantidade de garrafas de vinho tinto representa 150% das de vinho branco.
Razão de garrafas de vinho branco em relação às garrafas de vinho tinto.	$\frac{Branco}{Tinto} = \frac{80}{120} = 0{,}667$	Significa que existe a quantidade de 0,667 garrafa de vinho branco para cada de vinho tinto. Ainda, a quantidade de garrafas de vinho branco representa 66,7% das de vinho tinto.

Este tema foi cobrado pela Vunesp na prova para Escrevente do Tribunal de Justiça de São Paulo (capital) em julho de 2017.

Os preços de venda de um mesmo produto nas lojas X, Y e Z são números inteiros representados, respectivamente, por x, y e z. Sabendo-se que x + y = 200, x + z = 150 e y + z = 190, então a razão x/y é:

Inicialmente resolvemos o sistema de equação para conhecer os valores de x, y e z.

Dados conhecidos	$x + y = 200$ $x + z = 150$ $y + z = 190$

Uma vez que a razão solicitada envolve x e y, não há necessidade de trabalharmos com z. Assim, isolamos z em uma equação e substituímos na outra, nos restará apenas x e y.

Isolar z na 2ª equação	$x + z = 150$ $z = 150 - x$
Substituir na 3ª equação	$y + z = 190$ $y + 150 - x = 190$ $y - x = 40$

Ficamos com duas equações e duas incógnitas.

Equações com x e y	$x + y = 200$ $y - x = 40$

Resolvendo o sistema de equações encontramos os valores 80 e 120 para x e y, respectivamente.

Razão x/y	$R = x/y$ $R = 80/120$ $R = 2/3$

Resposta: A razão x/y é igual a 2/3.

3.2. Proporção

A igualdade entre duas frações é a chamada proporção.

$\frac{a}{b} = \frac{c}{d}$	A razão "*a* para *b*" é igual à razão "*c* para *d*", ou seja, as razões (frações) são proporcionais.

Propriedade da proporção:

O produto dos extremos é igual ao produto dos meios.	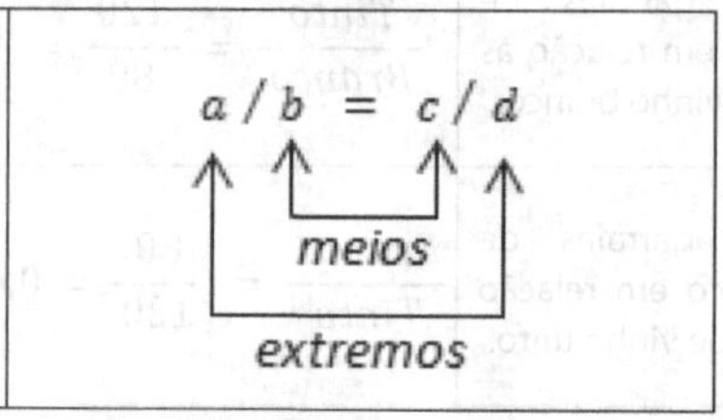

Temos que o produto dos extremos (*a* e *d*) é igual ao produto dos meios (*b* e *c*):

Exemplo numérico:	1,5/4 = 6/16 1,5 . 16 = 4 . 6 24 = 24

No exemplo ficou confirmado que as frações 1,5/4 e 6/16 são equivalentes.

O examinador ao elaborar questões levando em conta o item razão e proporção terá mais zelo na elaboração do texto, aumentando, assim, o grau de dificuldade de sua resolução.

Foi o que a banca examinadora trouxe na prova de 2015 para Escrevente do TJ-SP.

> *"Para fazer 200 unidades do produto P, uma empresa utilizou 3/4 do estoque inicial (E) do insumo Q. Para fazer mais 300 unidades do produto P, vai utilizar a quantidade que restou do insumo Q e comprar a quantidade adicional necessária para a produção das 300 unidades, de modo que o estoque do insumo Q seja zerado após a produção desse lote. Nessas condições, deverá ser comprada, do insumo Q, uma quantidade que corresponde, do estoque inicial E, a".*

O examinador anuncia que existe o insumo Q como matéria prima para produzir o produto P. Da quantidade desse insumo, 3/4 foram empregados na produção de 200 unidades de P.

Para uma nova produção de 300 unidades do produto P há necessidade de calcular o quanto comprar do insumo Q, de modo que não haja sobra. Não esquecer que restou, em estoque, 1/4 do estoque inicial de tal insumo.

A proporção não apresenta grandes dificuldades. Para 200 unidades de P usa-se 3/4 de Q, logo, para 300 unidades de P é necessária uma quantidade X de Q.

Produção de P	Insumo Q
200	3/4
300	X

DETALHE

Com a estrutura pronta, tanto para a regra de três simples como para composta, é possível fazer simplificações em linha reta (coluna ou linha) antes mesmo de iniciar a operação.

Na questão, na mesma coluna (linha reta) a simplificação é possível entre as quantidades 200 e 300 (dividir ambos por 100).

Produção de P	Insumo Q
2	3/4
3	X

Resolver com a multiplicação cruzada.

Resolução.	2X = 3 . 3/4 2X = 9/4 X = 9/4 . 1/2 X = 9/8

Para a produção de 300 unidades do produto P há necessidade de 9/8 da quantidade inicial do insumo Q.

Como existe uma sobra de estoque do insumo Q igual a 1/4 do primeiro lote de produção do produto P (foram utilizados 3/4 da quantidade inicial), a necessidade de compra é igual à diferença da quantidade de insumo necessária para a produção em relação à sobra do estoque que havia inicialmente.

Necessidade de compra.	$C = \frac{9}{8} - \frac{1}{4}$ $C = \frac{9-2}{8}$ $C = \frac{7}{8}$

Resposta: Nessas condições, deverá ser comprado 7/8 (em relação ao estoque inicial) do insumo Q.

3.3. Divisão Proporcional

A divisão proporcional é uma aplicabilidade daquilo que acabamos de estudar, razão e proporção. Ressalta-se que o item já foi objeto de concurso para o TJ-SP, porém, não fez parte da última prova Escrevente.

A divisão tanto pode ser direta como inversamente proporcional. Caso a questão cobre a divisão diretamente proporcional, monta-se uma planilha relacionando linhas e colunas e segue com a resolução por meio da regra de três simples.

Existe uma pequena diferença para o caso de divisão inversamente proporcional. Vejamos um exemplo para este tipo que contempla todo o conhecimento sobre divisão proporcional.

> *"Três estudantes de arquitetura construíram uma maquete em conjunto e combinaram que o valor total gasto com a compra dos materiais necessários seria dividido entre eles, de forma inversamente proporcional ao número de horas que cada um trabalhou na elaboração da maquete. Observe a tabela. Nesse caso pode-se afirmar que x e y valem, respectivamente".*

	BRUNO	EDUARDO	FLÁVIO
Valor pago (em Reais)	100	x	125
Nº de horas trabalhadas	20	25	y

A questão deixa bastante claro que se trata de divisão inversamente proporcional. Destaque por ser "inversamente" proporcional, o que faz toda diferença.

O enunciado trouxe pronta a estrutura que, usualmente, precisamos montar para a resolução deste tipo de questão, apenas vamos alterar as posições de linhas e colunas para facilitar a visualização.

Estudantes de arquitetura	Valor pago	Horas trabalhadas
Bruno	100	20
Eduardo	x	25
Flávio	125	y

OBSERVAÇÃO

No quadro existe uma linha completa com o valor e a quantidade de horas, que servem de referência para a regra de três. Caso não houvesse, bastaria acrescentar uma linha ao final do quadro com os totais das colunas.

O mais importante na resolução da questão é preparar a estrutura para a divisão inversamente proporcional.

IMPORTANTE

A divisão inversamente proporcional faz-se com a inversão dos números relativos à coluna que define a proporcionalidade: "de forma inversamente proporcional ao número de horas que cada um trabalhou", ou seja, a coluna "Horas trabalhadas" deve ter os números invertidos.

Inverter os números que representam às horas trabalhadas.

Estudantes de arquitetura	Valor pago	Horas trabalhadas
Bruno	100	1 / 20
Eduardo	x	1 / 25
Flávio	125	1 / y

Seguimos com a resolução por meio da regra de três.

Calcular o valor de x:

Estudantes de arquitetura	Valor pago	Horas trabalhadas
Bruno	100	1 / 20
Eduardo	x	1 / 25

Resolver com a multiplicação cruzada.

Valor de x.	$\frac{1}{20}x = 100 . \frac{1}{25}$ $\frac{1}{20}x = \frac{100}{25}$ $x = \frac{100}{25} . \frac{20}{1}$ $x = 80$

O valor de x é igual a 80. Significa que o estudante Eduardo gastou R$ 80,00 na compra dos materiais para a maquete.

Para o cálculo do valor de y:

Estudantes de arquitetura	Valor pago	Horas trabalhadas
Bruno	100	1 / 20
Flávio	125	1 / y

Resolver com a multiplicação cruzada.

Valor de y.	$100 . \frac{1}{y} = 125 . \frac{1}{20}$ $\frac{100}{y} = \frac{125}{20}$ $100 = \frac{125}{20} . y$ $y = 100 . \frac{20}{125}$ $y = 16$

O valor de y é igual a 16, portanto, Flávio dedicou 16 horas de trabalho na construção da maquete.

Resposta: Nesse caso pode-se afirmar que x e y valem R$ 80,00 e 16 horas, respectivamente.

4. PORCENTAGEM

4.1. Porcentagem

A porcentagem é uma razão, ou seja, é uma fração que tem como característica a base 100. Quando escrito de modo formal, o número é acompanhado pelo símbolo da porcentagem "%".

Apresentação da porcentagem:

A razão centesimal ou fração de base 100 tem o denominador com esse valor. O número decimal é o quociente (resultado) da fração centesimal. Assim, a porcentagem pode ser representada por:

Razão centesimal	Número decimal	Porcentagem
0,5/100	0,005	0,5%
1/100	0,01	1%
4,3/100	0,043	4,3%
25/100	0,25	25%
100/100	1	100%
650/100	6,5	650%
1200/100	12	1200%

O mais importante, em se tratando de porcentagem, é a identificação da base sobre a qual será aplicado o índice.

Podemos dizer, por exemplo, que um comerciante comprou uma mercadoria pelo custo X e pretende vender a um preço Y de tal forma que obtenha um lucro de 30% sobre o preço de venda. Neste caso, o índice percentual deve ser aplicado sobre o valor Y, ou seja, valor de venda.

No mesmo exemplo, o examinador poderia mencionar lucro sobre o custo. Então, o percentual seria aplicado sobre o valor X, ou seja, valor da compra despendido pelo comerciante.

Nas duas situações propostas para o mesmo exemplo os resultados serão distintos.

Veja como o assunto foi tratado em prova.

(Vunesp – Escrevente TJ SP – 2017) A empresa Alfa Sigma elaborou uma previsão de receitas trimestrais para 2018. A receita prevista para o primeiro trimestre é de 180 milhões de reais, valor que é 10% inferior ao da receita prevista para o trimestre seguinte. A receita prevista para o primeiro semestre é 5% inferior à prevista para o segundo semestre. Nessas condições, é correto afirmar que a receita média trimestral prevista para 2018 é, em milhões de reais, igual a igual esse texto da questão

A) 200.

B) 203.

C) 195.

D) 190.

E) 198.

RESPOSTA: C

A primeira informação é objetiva e não provoca nenhuma dúvida: "A receita prevista para o primeiro trimestre é de 180 milhões de reais...". Logo, 1º Trimestre = R$ 180.000.000,00.

Na sequência foi dito que: "... valor que é 10% inferior ao da receita prevista para o trimestre seguinte".

Interpretação ERRADA: Aplicar o percentual de 10% sobre a receita para o 1º trimestre e calcular a previsão para o 2º trimestre. O resultado seria R$ 198.000.000,00.

Lendo atentamente, percebemos que o valor previsto para o 1º trimestre é 10% inferior ao da receita prevista para o 2º trimestre. Concluímos, desta feita, que o percentual deve ser aplicado sobre o valor do 2º trimestre.

Assim, especificamente para este cálculo, a previsão para o 2º trimestre é a base, corresponde a 100%. Como o 1º trimestre é inferior em 10%, seu valor corresponde a 90% da base de cálculo.

Usando o raciocínio acima, resolvemos com a regra de três.

Regra de três	1º Trimestre = 90% 2º Trimestre = 100%	180.000.000 = 90% X = 100%

Resolução com a multiplicação cruzada.

Cálculo	90X = 180.000.000 . 100 X = 200.000.000

Passamos a dispor das previsões para os dois primeiros trimestres, 180 e 200 milhões respectivamente. Ainda, podemos dizer que o 1º semestre tem previsão de receita de 380 milhões.

O enunciado segue dizendo que: "A receita prevista para o primeiro semestre é 5% inferior à prevista para o segundo semestre".

A relação entre os semestres é semelhante à relação entre os trimestres tratada anteriormente. Portanto, o referencial 100% é o 2º semestre e, consequentemente, o 1º semestre corresponde a 95% daquele.

Regra de três	1º Semestre = 95% 2º Semestre = 100%	380.000.000 = 95% X = 100%

Resolução com a multiplicação cruzada.

Cálculo	95X = 380.000.000 . 100 X = 400.000.000

Considerando a previsão de receita de 380 e 400 milhões para os 1º e 2º semestres, respectivamente, temos uma previsão anual de 780 milhões.

Média trimestral	M = 780.000.000 / 4 M = 195.000.000

Resposta: Nessas condições, é correto afirmar que a receita média trimestral prevista para 2018 é igual a 195 milhões de reais.

4.2. Porcentagem sobre porcentagem

Esse é um assunto recorrente nas provas da Vunesp. Os valores são fragmentados em percentual e, na sequência, novamente fragmentados considerando outro percentual.

O candidato que mantiver atenção em cada aplicação da porcentagem acaba chegando ao resultado sem maiores dificuldades. Contudo, abordaremos o assunto com uma proposta de resolução mais célere, reduzindo a quantidade de cálculos.

O candidato ao cargo de Escrevente em 2012 enfrentou a seguinte questão:

> *"Do valor total recebido pela venda de um terreno, Ricardo separou 20% para custear uma pequena reforma em sua casa e reservou o restante para a compra de um carro novo. Sabe-se que 60% do valor separado para a reforma foi usado na compra de material de construção, e o restante, no pagamento da mão de obra. Sabendo-se que Ricardo gastou R$ 6.000,00 com a mão de obra empregada na reforma, pode-se afirmar que, para a compra do carro novo, Ricardo reservou".*

Existe um valor inicial que, a cada momento, desmembra-se em partes de acordo com percentuais indicados. A compreensão e consequente resolução do problema serão mais fáceis se adotada a sugestão que passamos a tratar.

Leia cada trecho do enunciado e monte a estrutura conforme modelo, considerando cada coluna como uma das etapas em que foram aplicados os percentuais.

Ricardo vendeu o terreno e reservou 20% para a reforma e o restante para o carro novo.

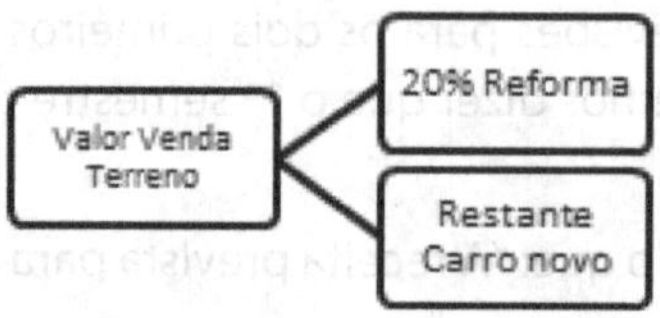

Passamos para a segunda etapa, ou seja, nova aplicação de percentual.

Da reserva para a reforma, 60% foi para material e o restante para mão de obra.

Sabe-se que o valor gasto com mão de obra foi de R$ 6.000,00.

A estrutura está desenhada. Perceba que existe um valor inicial (desconhecido), no caso o valor total recebido pela venda do terreno, outras duas colunas que representam as aplicações de percentuais (primeiro, o percentual incide sobre o valor da venda, após, o segundo percentual incide sobre o percentual anterior) e o valor final correspondente à mão de obra (resultado das duas aplicações de percentuais).

A mão de obra é a referência para efetivar os cálculos. A partir dela, calcula-se o valor total da venda do terreno com uma única expressão matemática seguindo o caminho do início ao final do diagrama.

DICA

A mesma estrutura será utilizada quando o examinador trabalhar com fração em vez de porcentagem.

Multiplicar os percentuais e igualar a R$ 6.000,00.

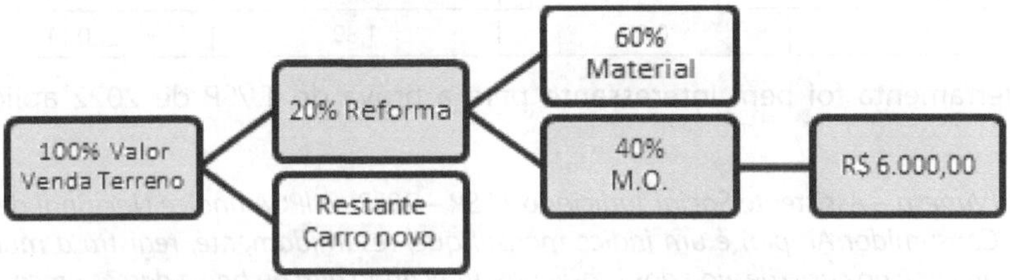

Produto dos percentuais igualado ao valor de R$ 6.000,00.	x . 20% . 40% = 6.000,00 x . 0,2 . 0,4 = 6.000 0,08x = 6.000 x = 75.000

Na equação, o valor da venda do terreno corresponde à variável x.

Reconhecido o valor de venda, basta aplicar, sobre ele, o percentual de 80% para saber quanto foi reservado para a compra do carro novo.

Valor do carro novo.	C = 75.000 . 80% C = 75.000 . 0,8 C = 60.000

Resposta: Ricardo reservou R$ 60.000,00 para a compra do carro novo.

DICA

A porcentagem pode ser representada em sua forma tradicional, acompanhada do símbolo da porcentagem, por meio de razão centesimal (fração com numerador igual a 100) ou por meio de número decimal. Exemplo: 18% ou 18/100 ou 0,18.

Para as operações com porcentagem, procure utilizar o número decimal (no exemplo: 0,18).

4.3. Fator de Multiplicação

O fator de multiplicação é um número decimal que permite o cálculo, de forma direta, do valor resultante de um acréscimo percentual ou desconto percentual.

Descrição	Fator
Fator de multiplicação para aumento percentual:	FM = 1 + Porcentagem
Fator de multiplicação para desconto percentual:	FM = 1 – Porcentagem

- FM = fator de multiplicação
- A porcentagem deve ser representada pelo número decimal.

Veja alguns exemplos de fator de multiplicação.

Porcentagem	Número decimal	Fator para acréscimo	Fator para desconto
0,2%	0,002	1,002	0,998
5%	0,05	1,05	0,95
36%	0,36	1,36	0,64
89%	0,89	1,89	0,11

Essa ferramenta foi bem interessante para a prova do TJ/SP de 2022 aplicada pela Vunesp.

(Vunesp – Assistente Social Judiciário TJ SP – 2022) O IPCA (Índice Nacional de Preços ao Consumidor Amplo) é um índice mensal que, resumidamente, registra a mudança nos preços e no custo de vida dos brasileiros, indicando alta ou baixa desses preços e do custo de vida, sempre em relação ao mês imediatamente anterior.

O IBGE (Instituto Brasileiro de Geografia e Estatística) é o órgão responsável por efetuar os cálculos e divulgar o índice mensal, assim como o acumulado no ano e o acumulado nos últimos 12 meses.

Sabendo que, em outubro de 2021, o IPCA foi de 1,25% e que, em novembro do mesmo ano, foi de 0,95%, no acumulado desses dois meses, o IPCA ficou entre

A) 2,205% e 2,215%.

B) 2,215% e 2,225%

C) 2,195% e 2,205%.

D) 2,185% e 2,195%.

E) 2,185% e 2,195%.

RESPOSTA: A

São percentuais a serem somados referente aos meses de outubro e novembro, o que faremos por meio do fator de acréscimo (aumento percentual):

Outubro	FM = 1 + 1,25% FM = 1 + 0,0125 FM = 1,0125
Novembro	FM = 1 + 0,95% FM = 1 + 0,0095 FM = 1,0095

Lembre-se que 1,25% é igual a 0,0125 (porcentagem na forma decimal, divisão por 100).

Para finalizar, o somatório dos meses de outubro e novembro faz-se por meio da multiplicação dos fatores.

IPCA acumulado	IPCA = FM(out) . FM(nov) IPCA = 1,0125 . 1,0095 IPCA = 1,02212

O cálculo foi por meio dos fatores, logo, a resposta está no mesmo formato. Então, subtraímos 1 do fator e temos a resposta em percentual (1,02212 – 1 = 0,02212 ou 2,212%).

Resposta: O IPCA acumulado de outubro e novembro foi igual a 2,212%

5. REGRA DE TRÊS SIMPLES E COMPOSTA

5.1. Regra de três simples

A regra de três é uma importante ferramenta para resolver as questões que abordam grandezas proporcionais.

Usando um termo mais técnico, denominamos a regra de três por "quarta proporcional", onde são conhecidos três valores de uma sequência de quatro e, mantida a proporção, descobrimos o quarto valor.

$$\frac{a}{b} = \frac{c}{X}$$

Para resolver e achar o valor de X, multiplica-se em cruz ou, como dito anteriormente, no item proporção, o produto dos extremos é igual ao produto dos meios.

$$\frac{a}{b} = \frac{c}{X}$$

$$aX = bc$$

$$X = \frac{bc}{a}$$

5.2. Relação diretamente proporcional

A proporção é direta quando são comparadas duas grandezas e a variação de uma provoca a variação proporcional da outra no mesmo sentido.

Por exemplo, para fazer uma receita de bolo usamos vários ingredientes, entre eles ovos e farinha de trigo. Se o desejo é fazer uma receita maior, aumentamos a quantidade de ovos e a quantidade de farinha. Por outro lado, para um bolo menor, ambos os ingredientes devem ser reduzidos, mantendo-se a mesma proporção.

É importante esta análise para a resolução da regra de três porque, apesar de não ter implicação alguma quando a relação é direta, a relação inversa exige que seja feito um procedimento antes de efetivamente resolvermos a regra de três.

5.3. Relação inversamente proporcional

Diferente da proporção direta, na relação inversa, a variação de uma grandeza provoca a variação da outra em sentido contrário.

Por exemplo, uma pessoa dedica meia hora por dia para fazer a leitura de determinado livro e, assim, a leitura estará concluída em 12 dias. Se essa mesma pessoa passar a dedicar três horas por dia, vai acabar a leitura do livro em menor prazo. A situação deixa claro que ao aumentar o tempo diário de leitura o prazo para o término do livro reduz-se (aumenta uma grandeza enquanto a outra reduz).

Ao resolver problemas de regra de três em que a relação seja inversamente proporcional é necessário a alteração da posição dos valores de uma das grandezas. Aproveitando o exemplo citado temos:

Horas por dia	Tempo para a conclusão
1/2 ou 0,5	12
3	X

Como a relação é inversamente proporcional, faz-se a inversão das posições dos valores de uma das grandezas.

Horas por dia	Tempo para a conclusão
3	12
0,5	X

Após a alteração dos valores da coluna "Horas por dia", a resolução faz-se como uma regra de três simples.

Multiplicar em cruz.	$3X = 0,5 \cdot 12$ $X = 6/3$ $X = 2$

Conclui-se que passando o tempo de leitura diária de meia hora para três horas, o livro será lido em dois dias.

A regra de três, além de não trazer maiores dificuldades, é uma ferramenta de grande utilidade na resolução dos mais variados problemas matemáticos. Por essa razão, a banca examinadora vai tentar confundir o candidato que estiver desatento ao garimpar dados junto ao enunciado.

Para a prova de 2015, a Vunesp elaborou uma questão acerca de proporcionalidade que, não fosse o detalhe acrescentado quanto ao peso do recipiente, seria facilmente resolvida aplicando a regra de três.

> *"Um determinado recipiente, com 40% da sua capacidade total preenchida com água, tem massa de 428 g. Quando a água preenche 75% de sua capacidade total, passa a ter massa de 610 g. A massa desse recipiente, quando totalmente vazio, é igual, em gramas, a".*

Aqui não basta a simples aplicação da regra de três. Antes de iniciarmos, é preciso entender qual o problema proposto pelo examinador.

O enunciado relata que o recipiente tem massa de 428 gramas quando preenchido com 40% de sua capacidade. A medida abrange o peso da água e também o peso do recipiente, assim, a massa tem uma parte que é invariável, relativa ao recipiente, e outra parte variável, relativa à água.

O raciocínio leva ao entendimento de que o peso total (recipiente e água) não sofre variação proporcional em relação à quantidade de água. A proporcionalidade é percebida somente quando excluída a massa (peso) do recipiente.

Informações conhecidas.	Recipiente com 40% de água = 428 g Recipiente com 75% de água = 610 g

Como foi mencionado anteriormente, existe uma parte do peso que não se altera e a outra parte variável em função da quantidade de água.

Se tomarmos a variação de 40% para 75% em relação à quantidade de água, então a diferença medida em gramas reflete exatamente o peso da água adicionada ao recipiente.

Peso somente da água.	Diferença em %: 75 – 40 = 35 Diferença em gramas: 610 – 428 = 182 Logo: 35% de água = 182 g

O peso de 182 g corresponde a 35% de água (excluído o peso do recipiente). Esta relação pode ser usada de referência para calcular outras quantidades.

Agora sim, usar a regra de três, por exemplo, para calcular o peso da água correspondente a 40% do volume do recipiente.

40% de água.	35% de água = 182 g 40% de água = X g

Resolver por meio da regra de três:

$$35X = 182 \cdot 40$$
$$X = 7280 / 35$$
$$X = 208$$

Agora sabemos qual é a massa do recipiente com 40% de água e a massa somente da água.

Recipiente e água = 428 g Somente água = 208 g

O peso do recipiente é igual à diferença: 428 – 208 = 220.

Resposta: O recipiente, quando vazio, tem massa de 220 gramas.

5.4. Regra de três composta

Para a resolução dos problemas que apresentam mais de duas grandezas lança-se mão da regra de três composta, cujo desenvolvimento obedece ao seguinte regramento:

- Posicionar as grandezas em linhas e colunas.
- Analisar se as relações são direta ou inversamente proporcionais.
- Alterar as posições das grandezas inversamente proporcionais.
- Isolar a coluna na qual se encontra a variável e fazer o produto das demais.
- Resolver como uma regra de três simples.

Segue exemplo no qual utilizaremos exatamente o regramento acima para resolver o problema por meio da regra de três composta.

Prova aplicada pela Vunesp para Oficial de Justiça do TJ SP no ano de 2023.

> *Considere as informações apresentadas na tabela a seguir, relacionadas à produção de certa peça que é realizada apenas por máquinas iguais, trabalhando ao mesmo tempo, com a mesma capacidade de produção.*

	Produção em 30/08/2023	Produção em 31/08/2023
Número de máquinas em funcionamento		10
Carga horária trabalhada	5 horas	
Número de peças produzidas		80 000

> *Sabendo-se que as informações apresentadas são proporcionais, que em 30/08/2023 o número de máquinas em funcionamento era um quinto maior que o número de máquinas trabalhando no dia seguinte, e que o número de peças produzidas em 31/08/2023 foi quatro terços do número de peças produzidas no dia anterior, é correto afirmar que a carga horária trabalhada no dia 31/08/2023 foi de*
>
> *(A) 8 horas.*
>
> *(B) 7 horas.*
>
> *(C) 9 horas.*
>
> *(D) 8 horas e 30 minutos.*
>
> *(E) 7 horas e 30 minutos.*

Comentários

De acordo com a regra apresentada, iniciamos por:

- **Posicionar as grandezas em linhas e colunas.**

Primeiro os valores que farão parte da tabela (linha e colunas).

Enunciado	Equação Matemática
"Em 30/08/2023 o número de máquinas em funcionamento era um quinto maior que o número de máquinas trabalhando no dia seguinte"	1/5(10) + 10 = X

Onde "X" é o número de máquinas em funcionamento no dia 30 de agosto. Então "*um quinto* (1/5 . 10) *maior que o número de máquinas trabalhando no dia seguinte* (+ 10)".

Número de máquinas em 30/08/2023	1/5(10) + 10 = X X = 2 + 10 X = 12

Para completar.

Enunciado	Equação Matemática
"O número de peças produzidas em 31/08/2023 foi quatro terços do número de peças produzidas no dia anterior"	80000 = 4/3 . Y Y = (80000 . 3) / 4 Y = 60000

Apurados os valores, preencher a planilha.

Máquinas	Carga Horária	Peças
12	5	60.000
10	?	80.000

Pronto, seguimos para o segundo passo.

- **Analisar se as relações são direta ou inversamente proporcionais.**

Comparamos as grandezas em relação àquela com a incógnita.

Se <u>aumentar</u> a carga horária, posso considerar <u>menor</u> número de máquinas para realizar o mesmo trabalho. O aumento da quantidade de uma grandeza provoca a redução da outra, logo, relação inversa.

Máquinas	Carga Horária	Peças
↓	↑	

Por outro lado, o <u>aumento</u> da carga horária implica <u>maior</u> quantidade de peças produzidas se mantiver inalterada as demais variáveis. Ambos têm resultado no mesmo sentido, relação direta.

Máquinas	Carga Horária	Peças
↓	↑	↑

- **Alterar as posições das grandezas inversamente proporcionais.**

Analisando de forma simplista, inverteremos os valores da grandeza cuja seta aponta na direção contrária das outras, como se mantivéssemos todas as setas voltadas na mesma direção.

Máquinas	Carga Horária	Peças
10	5	60.000
12	?	80.000

O resultado seria o mesmo se invertêssemos as posições das outras duas grandezas (Carga horária e quantidade de peças).

- **Isolar a coluna na qual se encontra a variável e fazer o produto das demais.**

Máquinas x Peças	Carga Horária
10 . 60000	5
12. 80000	X

Aproveite para fazer as simplificações (na mesma linha ou mesma coluna) antes da multiplicação cruzada, isso vai facilitar a resolução e poupar-lhe tempo precioso.

Por exemplo, na mesma coluna (10 e 12; 60000 e 80000; 6 e 6):

Máquinas x Peças	Carga Horária
5 . 1	5
1. 8	X

Na mesma linha (5 e 5):

Máquinas x Peças	Carga Horária
1 . 1	1
1. 8	X

- **Resolver como uma regra de três simples.**

Face às simplificações, chegamos ao resultado sem qualquer operação matemática. Não fosse por isso, para o fechamento basta a multiplicação cruzada.

Multiplicar em cruz	1X = 1 . 8 X = 8

Resposta: A carga horária trabalhada no dia 31/08/2023 foi de 8 horas

Gabarito: A

IMPORTANTE

Tanto para a regra de três simples como para a composta, lembre-se de analisar se as grandezas são direta ou inversamente proporcionais.

6. MÉDIA ARITMÉTICA SIMPLES E PONDERADA

6.1. Média aritmética simples

O termo "média", quando aparece isoladamente em provas, traduz-se por média aritmética simples. Significa a transformação do conjunto de elementos numéricos em um único que os representa.

O cálculo da média aritmética simples faz-se com o somatório dos valores dividido pela quantidade.

Média aritmética simples.	$M = \dfrac{x_1 + x_2 + x_3 + ... + x_n}{n}$

Nesse tipo de média, cada um dos elementos tem a mesma representatividade. No entanto, caso exista uma classificação quanto à importância, de forma que um elemento tenha maior representatividade que outro, então, passamos a tratar por média aritmética ponderada.

6.2. Média aritmética ponderada

A ideia de média permanece a mesma, definir um único elemento que represente o conjunto de vários deles. A diferença está na composição do conjunto cujos elementos têm, cada um, a sua importância, ou seja, cada elemento tem peso diferente.

Para chegar ao equilíbrio, a média ponderada considera o peso de cada elemento multiplicando-os (elemento multiplicado pelo seu peso). O somatório desses produtos é dividido pelo somatório dos pesos.

Média aritmética ponderada.	$MP = \dfrac{x_1 \cdot p_1 + x_2 \cdot p_2 + ... + x_n \cdot p_n}{p_1 + p_2 + ... + p_n}$

IMPORTANTE

Não se esqueça do detalhe, a divisão é pelo somatório dos pesos e não pela quantidade de elementos como é feita da média aritmética simples.

Exemplo:

Determinado aluno tirou nota 8 no primeiro bimestre, 4 no segundo, 6,5 no terceiro e 9 na prova final. Sabendo que a média para aprovação deve ser, no mínimo igual a 7, o aluno foi aprovado?

Média aritmética simples:

$$M = \frac{8 + 4 + 6{,}5 + 9}{4}$$

$$M = \frac{27{,}5}{4}$$

$$M = 6{,}875$$

No caso, o aluno foi reprovado.

Entretanto, se a escola tivesse definido que a última prova teria peso 2, qual seria a situação do mesmo aluno?

Média aritmética ponderada:

$$MP = \frac{1.8 + 1.4 + 1.6{,}5 + 2.9}{1 + 1 + 1 + 2}$$

$$MP = \frac{8 + 4 + 6{,}5 + 18}{5}$$

$$M = \frac{36{,}5}{5}$$

$$M = 7{,}3$$

O mesmo aluno com as mesmas notas teria sido aprovado caso a escola adotasse peso 2 para a última prova.

7. JUROS SIMPLES

7.1. Conceito

O estudo dos juros se vale dos fundamentos tratados em porcentagem e, em poucas palavras, definimos como sendo a remuneração do capital.

Na situação em que tomamos dinheiro emprestado junto à instituição financeira, estamos utilizando o capital desta instituição e a remuneramos com o pagamento dos juros.

Por outro lado, ao deixar o dinheiro aplicado na mesma instituição financeira, é o banco quem nos paga juros pela remuneração do capital deixado sob sua guarda.

7.2. Juros simples

No regime de capitalização simples, os juros são calculados sobre o valor inicial independentemente da quantidade de períodos considerados. Por exemplo, o valor de R$ 1.000,00 aplicado pelo período de três meses, a uma taxa de 5% ao mês, seria remunerado conforme tabela a seguir:

Período	Base de cálculo	Juros simples: 5%	Saldo
0			1.000,00
1	1.000,00	50,00	1.050,00
2	1.000,00	50,00	1.100,00
3	1.000,00	50,00	1.150,00

Observe que os juros são calculados sempre sobre o valor inicial de R$ 1.000,00.

Para trabalhar com os juros simples são necessárias apenas duas fórmulas:

Fórmulas	Nomenclatura
J = C . i . t	J = Juros C = Capital i = Taxa t = Tempo
M = C + J	M = Montante

IMPORTANTE

Verificar se os termos taxa e tempo estão na mesma unidade de medida. Quando o tempo estiver definido em meses, por exemplo, a taxa de juros deverá ser apresentada na mesma unidade. Nas situações em que as unidades forem diferentes, é necessário fazer a devida conversão.

Aproveitando o exemplo dado no início deste item, veja a aplicação da fórmula:

Dados	Nomenclatura
C = 1.000,00	J = C . i . t
i = 5% ao mês ou 0,05	J = 1000 . 0,05 . 3
t = 3 meses	J = 150

Calculado os juros, basta somar ao capital inicial para chegar ao montante (valor final).

Montante
M = C + J M = 1000 + 150 M = 1.150,00

Vamos aplicar os conceitos na questão proposta pela Vunesp na prova para Escrevente do TJ-SP em 2015.

> *"Aluísio e Berilo aplicaram, respectivamente, R$ 4.000,00 e R$ 5.000,00 a uma mesma taxa mensal de juros simples durante quatro meses. Se o valor dos juros recebidos por Berilo foi R$ 50,00 maior que o valor dos juros recebidos por Aluísio, então a taxa anual de juros simples dessas aplicações foi de".*

São conhecidas as seguintes informações acerca das duas aplicações sob capitalização simples.

Aluísio	Berilo
Capital = 4.000,00 Tempo = 4 meses	Capital = 5.000,00 Tempo = 4 meses

Para completar, os juros recebidos no período por Berilo foram maiores que os de Aluísio em R$ 50,00.

Diferença entre os juros recebidos.	Jb = Ja + 50,00

Mesmo que haja dificuldades em estruturar a questão para seu desenvolvimento, inicie substituindo as informações conhecidas na fórmula básica dos juros (sistema de capitalização simples).

Aluísio	Berilo
Ja = C . i . t Ja = 4000 . i . 4 Ja = 16000 i	Jb = C . i . t Jb = 5000 . i . 4 Jb = 20000 i

Dispomos, nesse momento, de três equações: duas que acabamos de construir a partir da fórmula e outra referente à diferença entre os juros recebidos pelos aplicadores.

Substituir os valores de Ja e Jb.	Jb = Ja + 50 20000 i = 16000 i + 50 4000 i = 50 i = 50 / 4000 i = 0,0125

A taxa (i) considerada na aplicação foi de 0,0125 (ou 1,25%) ao mês, o que nos remete à taxa anual de 15% (1,25 . 12 = 15).

Resposta: A taxa anual de juros simples dessas aplicações foi de 15%.

8. EQUAÇÃO DO 1º E 2º GRAUS

8.1. Equação do 1º grau

O que vai caracterizar uma equação é a presença de uma ou mais variáveis (termo desconhecido) e a igualdade. A resolução consiste em determinar o valor da variável, ou das variáveis, de forma que a igualdade seja verdadeira.

Nas questões de matemática, as equações são, em sua maioria, de fácil resolução. O ponto crucial para o sucesso na prova está na compreensão e tradução do que se lê para a linguagem matemática.

A equação de primeiro grau é definida por: ax + b = 0, sendo "a" e "b" termos conhecidos de tal modo que "a" necessariamente seja diferente de 0.

Resolver uma equação significa descobrir o valor da incógnita geralmente representada por "x".

Vejamos a resolução da equação 70 + 8x = 5x + 19 passo a passo.

Equação	70 + 8x = 5x + 19
Deixar incógnitas de um lado da igualdade e termos numéricos do outro lado.	8x – 5x = 19 – 70
Fazer as operações em cada um dos membros da equação.	3x = -51
Isolar a incógnita em um dos membros da equação (preferencialmente no primeiro).	x = -51 / 3 x = -17

Acontece que as equações podem apresentar duas ou mais incógnitas e, nem por isso, a equação deixa de ser de primeiro grau. Ela é representada por: $ax + by + c = 0$.

Os valores desconhecidos estão representados por "x" e "y", sendo que os termos "a" e "b" são diferentes de 0.

As duas incógnitas, x e y, formam o par ordenado (x, y) da equação e mantém entre si uma relação de dependência. Nesta situação o valor de x depende do valor que assume a variável y (o contrário também é válido).

Dada a equação:	Valor de x	Valor de y	Par ordenado (x, y)
Dada a equação:	$x = 0$	$y = -2$	(0, -2)
4x - 6y = 12	$x = 3$	$y = 0$	(3, 0)
	$x = 6$	$y = 2$	(6, 2)

As equações com duas incógnitas serão resolvidas por meio do sistema de equações, que pressupõe a existência de, pelo menos, duas equações com as mesmas duas incógnitas.

8.2. Equação do 2º grau

A característica da equação de segundo grau é a existência do expoente 2 em uma das variáveis. Assim, a representação será: $ax^2 + bx + c = 0$.

Esse tipo de equação tem no máximo duas raízes (valores de x) e a resolução largamente utilizada é por meio do método de *Bhaskara*.

Veja, por exemplo, que as raízes da equação: "$x^2 - 10x + 24 = 0$" tanto pode ser o valor 4 quanto o valor 6.

$x = 4$	$x^2 - 10x + 24 = 0$ $4^2 - 10(4) + 24 = 0$ $16 - 40 + 24 = 0$ $0 = 0$
$x = 6$	$x^2 - 10x + 24 = 0$ $6^2 - 10(6) + 24 = 0$ $36 - 60 + 24 = 0$ $0 = 0$

Vejamos, então, a fórmula de *Bhaskara*, e como é sua aplicação.

Fórmula de *Bhaskara*	$x = \frac{-b \pm \sqrt{\Delta}}{2 . a}$ ou $x = \frac{-b \pm \sqrt{b^2 - 4ac}}{2 . a}$

<u>Exemplo</u>: $x^2 - 2x - 3 = 0$.

Como dito anteriormente, a equação de 2º grau possui a seguinte lei de formação "$ax^2 + bx + c = 0$", onde a, b e c são os coeficientes da equação ($a = 1$, $b = -2$ e $c = -3$).

Na fórmula de *Bhaskara* utilizaremos somente os coeficientes. Veja:

Definir o valor do discriminante (delta).	$\Delta = b^2 - 4ac$ $\Delta = (-2)^2 - 4(1)(-3)$ $\Delta = 4 + 12$ $\Delta = 16$
Desenvolver a fórmula para x.	$x = \frac{-b \pm \sqrt{\Delta}}{2 . a}$ $x = \frac{-(-2) \pm \sqrt{16}}{2 . 1}$ $x = \frac{2 \pm 4}{2}$

A equação possui duas raízes.

Calcular a raiz x'.	$x' = \frac{2 + 4}{2}$ $x' = 3$
Calcular a raiz x".	$x" = \frac{2 - 4}{2}$ $x" = -1$

Resposta: As possíveis soluções para a equação são: x' = 3 e x" = -1.

<u>Discriminante igual a zero</u>:

Determinar a solução da seguinte equação do 2º grau: $x^2 + 8x + 16 = 0$.

Definir o valor do discriminante (delta).	$\Delta = b^2 - 4ac$ $\Delta = 8^2 - 4(1)(16)$ $\Delta = 64 - 64$ $\Delta = 0$
Desenvolver a fórmula para x.	$x = \frac{-b \pm \sqrt{\Delta}}{2 . a}$ $x = \frac{-(8) \pm \sqrt{0}}{2 . 1}$ $x = \frac{-8 \pm 0}{2}$

As duas raízes são iguais.

Calcular a raiz x'.	$x' = \frac{-8+0}{2}$ $x' = -4$
Calcular a raiz x''.	$x'' = \frac{-8-0}{2}$ $x'' = -4$

Resposta: A única possibilidade para a resolução da equação é: x = –4.

No exemplo 2 devemos observar que o valor do discriminante é igual a zero. Nesses casos, a equação possuirá somente uma solução ou raiz única.

Discriminante negativo:

Calcule o conjunto solução da equação: $10x^2 + 6x + 1 = 0$

Definir o valor do discriminante (delta).	$\Delta = b^2 - 4ac$ $\Delta = 6^2 - 4(10)(1)$ $\Delta = 36 - 40$ $\Delta = -4$

A equação de 2º grau cujo discriminante é menor que zero, isto é, número negativo, não possui raiz, pelo menos não uma que pertença ao conjunto dos números reais.

Resumo dos discriminantes:

Δ > 0	Duas raízes reais e diferentes
Δ = 0	Duas raízes reais e iguais
Δ < 0	Nenhuma raiz real

Relação entre coeficientes e raízes:

Uma opção para resolver a equação de 2º grau, sem nos valermos da fórmula de *Bhaskara*, é por meio da relação de soma e multiplicação das raízes.

Soma das raízes x' e x'':	$S = \frac{-b}{a}$
Produto das raízes x' e x'':	$P = \frac{c}{a}$

Exemplos: Calcular o valor de x para a equação: $x^2 - 10x + 24 = 0$

Soma das raízes x' e x'':	$S = \frac{-b}{a} = \frac{-(-10)}{1} = 10$
Produto das raízes x' e x'':	$P = \frac{c}{a} = \frac{24}{1} = 24$

Sabemos que a soma dos dois possíveis valores para x é igual a 10 e que o produto desses mesmos dois valores é igual a 24. Logo, as raízes são:

Possíveis produtos	Soma	Satisfaz
1 x 24 = 24	1 + 24 = 25	não
2 x 12 = 24	2 + 12 = 14	não
3 x 8 = 24	3 + 8 = 11	não
4 x 6 = 24	**4 + 6 = 10**	**sim**

Resposta: As raízes para a equação são iguais a 4 e 6.

Agora um caso real, questão de prova muito recente, 2024, apesar de não ser do TJ, foi cobrada pela Vunesp, nossa banca, para Analista Judiciário de TRF 3ª Região.

Três terrenos retangulares, um ao lado outro, têm as laterais com a mesma medida. O primeiro terreno tem a medida de frente correspondente a 3 m a menos que metade da medida lateral; o segundo terreno tem medida de frente correspondente à quinta parte da medida lateral; e o terceiro terreno tem 9 m a mais de frente que tem o segundo terreno. Sabendo-se que a média aritmética simples das áreas dos três terrenos é 850 m², a medida da frente do primeiro terreno é de

(A) 22 m.

(B) 21 m.

(C) 20 m.

(D) 19 m.

(E) 18 m.

Comentários

Questão abrangente em relação à matemática, fração, equação, geometria e média aritmética e a famosa equação de 2º grau. Isso sem falar na contextualização, o que nos cobra um pouco de interpretação e lógica.

Mas vamos aos fatos.

São três terrenos, lado a lado, cujas medidas das laterais são todas iguais.

O primeiro terreno tem a medida de frente correspondente a 3 m a menos que metade da medida lateral; o segundo terreno tem medida de frente correspondente à quinta parte da medida lateral; e o terceiro terreno tem 9 m a mais de frente que tem o segundo terreno.

Foi-nos dito, também, que a área média dos terrenos é igual a 850 m², o que nos leva à medida da área total multiplicando este valor por 3. A área dos terrenos é igual a 2550 m².

Agora, a geometria, área do retângulo.

Calcular o valor da medida da lateral "L"	$\text{Área} = \text{base} \,.\, \text{altura}$ $2550 = \left(\frac{L}{2} - 3 + \frac{L}{5} + \frac{L}{5} + 9\right) .\, L$

Frações, lembra? Encontrar o mmc e eliminar os denominadores.

mmc entre 2 e 5 é igual a 10.	$25500 = (5L - 30 + 2L + 2L + 90) \,.\, 10L$ $25500 = (9L + 60) \,.\, 10L$ $25500 = 90L^2 + 600L$ $90L^2 + 600L - 25500 = 0$

Temos uma equação de segundo grau e, para facilitar nossos cálculos, vamos simplificar.

Simplificar por 10 e, após, por 3.	$90L^2 + 600L - 25500 = 0$ $9L^2 + 60L - 2550 = 0$ $3L^2 + 20L - 8500 = 0$

Você pode resolver utilizando a fórmula completa. Nós faremos por partes, primeiro o discriminante delta.

Definir o valor do discriminante (delta).	$\Delta = b^2 - 4ac$ $\Delta = (20)^2 - 4(3)(-8500)$ $\Delta = 400 + 102000$ $\Delta = 102400$

Seguimos com *Bhaskara.*

Valor de L.	$L = \frac{-b \pm \sqrt{\Delta}}{2a}$ $L = \frac{-(20) \pm \sqrt{102400}}{2\,(3)}$

E como resolver a raiz quadrada de 102400?

Vale a informalidade e tentativas assertivas.

O radicando tem seis dígitos, logo a raiz terá três dígitos, então, vamos às tentativas.

Raiz quadrada de 1420000	100 . 100 = 10.000 300 . 300 = 90.000 310 . 310 = 96.100 320 . 320 = 102.400

Retomando à fórmula.

Valor de L.	$L = \frac{-(20) \pm \sqrt{102400}}{2\,(3)}$ $L = \frac{-20 \pm 320}{6}$ $L = \frac{300}{6}$ $L = 50$

Conhecido o valor de L (utilizamos apenas o valor positivo das duas raízes), passamos a medida da frente do primeiro terreno.

Frente do Primeiro Terreno (PT)	PT = (L/2) – 3 PT = (50/2) – 3 PT = 25 – 3 PT = 22

Resposta: A medida da frente do primeiro terreno é de 22 metros.

Gabarito: A

9. SISTEMA DE EQUAÇÃO DO 1º GRAU

9.1. Sistema de equações

O par ordenado (x, y) que soluciona as equações do 1º grau que apresentam as mesmas duas variáveis será definido, principalmente, pelo método, mais conhecido, da substituição.

9.2. Método da substituição

O nome não é tão familiar, entretanto, a definição, com toda certeza, você já ouviu.

O método da substituição para a resolução do sistema de equações do 1º grau consiste em escolher uma das equações, isolar uma incógnita e substituir na outra.

Dadas as equações.	2x + 3y = 5 x – 4y = 8
Isolar uma das incógnitas em uma das equações.	x – 4y = 8 x = 8 + 4y
Substituir na outra equação.	2x + 3y = 5 2(8 + 4y) + 3y = 5 16 + 8y + 3y = 5 11y = 5 – 16 y = -11 / 11 y = -1
Substituir o valor de y em qualquer das equações dadas.	x = 8 + 4y x = 8 + 4(-1) x = 8 – 4 x = 4

Resposta: O valor de x é igual a 4 e o valor de y é igual a -1. Dessa forma, o par ordenado que soluciona o sistema é (4, –1).

9.3. Método da soma

Consiste em somar cada um dos termos semelhantes das duas equações, de tal modo que o resultado de uma das operações de soma, desde que acompanhado por incógnita, seja igual a zero.

Dadas as equações.	$2x + 3y = 19$ $x - y = -3$
Multiplicar a segunda equação por (-2).	$x - y = -3$ $(-2)\ (x - y = -3)$ $-2x + 2y = 6$
Somar os termos semelhantes da primeira equação com a segunda (transformada).	
Calcular o valor de y a partir da soma das equações.	$0 + 5y = 25$ $y = 25 / 5$ $y = 5$
Substituir o valor de y em qualquer das equações dada.	$x - y = -3$ $x - 5 = -3$ $x = 2$

10. RELAÇÃO ENTRE GRANDEZAS: TABELAS E GRÁFICOS

10.1. Tabelas

As tabelas são formas de apresentação de dados sobre os mais variados assuntos, como por exemplo, medidas, quantidades, pessoas, funções, tempo, preços, etc., inclusive, com a possibilidade de fazer relações entre eles.

Geralmente são apresentadas em quadros com informações em linhas e colunas dispostas de acordo com determinada ordem.

As finalidades principais são armazenar informações de forma sintética e facilitar a visualização e entendimento para terceiros.

No ano de 2017, na prova para Escrevente do TJM-SP, a Vunesp aproveitou uma mesma tabela e propôs dois questionamentos.

"Leia o enunciado a seguir para responder a questão.

A tabela apresenta o número de acertos dos 600 candidatos que realizaram a prova da segunda fase de um concurso, que continha 5 questões de múltipla escolha".

Número de acertos	Número de candidatos
5	204
4	132

Número de acertos	Número de candidatos
3	96
2	78
1	66
0	24

Primeira questão:

"Analisando-se as informações apresentadas na tabela, é correto afirmar que

a) mais da metade dos candidatos acertou menos de 50% da prova.

b) menos da metade dos candidatos acertou mais de 50% da prova.

c) exatamente 168 candidatos acertaram, no mínimo, 2 questões.

d) 264 candidatos acertaram, no máximo, 3 questões.

e) 132 candidatos acertaram a questão de número 4."

Na verdade, as questões que apresentam tabela têm como objetivo cobrar do concursando a capacidade de leitura e interpretação do conteúdo, juntamente com outro ou outros fundamentos da matemática, no caso a porcentagem.

Vejamos as alternativas.

a) mais da metade dos candidatos acertou menos de 50% da prova.

Para uma prova com 5 questões, acertar menos de 50% corresponde ao somatório daqueles que não acertaram nenhuma questão com os que acertaram 1 ou 2 questões. Foram 168 candidatos (24 + 66 + 78 = 168), portanto, menos da metade dos candidatos.

Item errado.

b) menos da metade dos candidatos acertou mais de 50% da prova.

Fez mais que 50% da prova o candidato que acertou 3, 4 ou 5 questões, cujo somatório é igual a 432 (96 + 132 + 204 = 432). Portanto, mais da metade dos candidatos.

Item errado.

c) exatamente 168 candidatos acertaram, no mínimo, 2 questões.

A expressão "acertaram, no mínimo, 2 questões" traduz-se por "acertaram 2, 3, 4 ou 5 questões" cujo somatório é igual a 510 (78 + 96 + 132 + 204 = 510). Portando, diferente de 168 candidatos.

Item errado.

d) 264 candidatos acertaram, no máximo, 3 questões.

Entende-se que os candidatos acertaram 0, 1, 2 ou 3 questões, cujo somatório é igual a 264 (24 + 66 + 78 + 96 = 264).

Item correto.

e) 132 candidatos acertaram a questão de número 4."

A informação sobre a quantidade de candidatos que acertaram determinada questão não está disponível na tabela. A informação disponível revela que 132 pessoas acertaram quatro das cinco questões cobradas.

Item errado.

<u>Segunda questão</u>:

> *"A média de acertos por prova foi de".*

Apesar de o examinador ter mencionado apenas média, cada quantidade de acerto corresponde a uma quantidade de candidatos. A quantidade de candidatos é que define o peso a ser aplicado nas quantidades de questões respondidas corretamente. Significa que devemos aplicar a média aritmética ponderada.

Média ponderada.	$MP = \frac{5.204 + 4.132 + 3.96 + 2.78 + 1.66 + 0.24}{204 + 132 + 96 + 78 + 66 + 24}$ $MP = \frac{1020 + 528 + 288 + 156 + 66 + 0}{600}$ $MP = \frac{2058}{600}$ $MP = 3{,}43$

Resposta: A média de acertos por prova foi de 3,43.

10.2. Gráficos

Assim como a tabela, o gráfico é uma ferramenta para a apresentação de dados com um apelo visual ainda maior.

Este tema foi objeto de prova realizada pela Vunesp para Escrevente do TJ-SP.

> *"Levantamento feito pelo CRA-SP questionou qual reforma deve ser priorizada pelo governo. Entre as opções estavam os setores previdenciário, trabalhista, político, tributário e judiciário, sendo que apenas um deles deveria ser apontado. O gráfico mostra a distribuição porcentual arredondada dos votos por setor.*

QUAL REFORMA DEVE SER PRIORIZADA PELO GOVERNO?

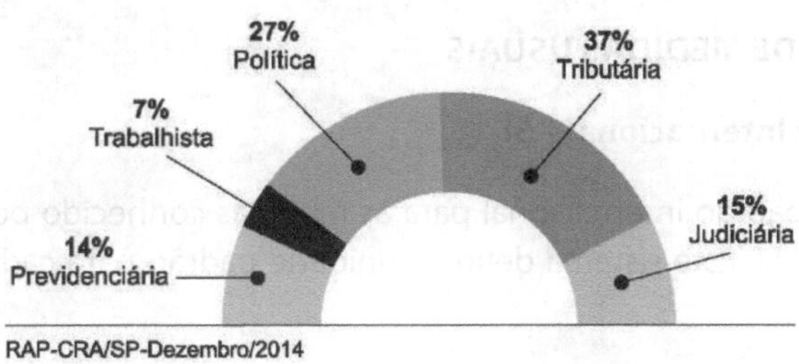

Sabendo que o setor político recebeu 87 votos a mais do que o setor judiciário, é correto afirmar que a média aritmética do número de apontamentos por setor foi igual a".

Aqui, como na questão anterior, cobra-se a média.

O desenho traz um gráfico conhecido por Gráfico Rosca, no caso, diríamos "Meia Rosca", cuja informação indica os setores, identificados pelas tonalidades de cinza e preto, e a quantidade de votos, em percentual, inferida a cada um deles.

Para completar, 87 é a quantidade de votos que o setor político recebeu a mais que o setor judiciário.

Setor político.	27%	
Setor judiciário.	15%	
Diferença.	12%	87

A diferença de votos entre os setores político e judiciário é igual a 87, conforme mencionado, e corresponde a 12% (diferença percentual entre os dois setores).

Poderíamos, neste momento, achar as quantidades para os dois setores por meio da regra de três. O mesmo raciocínio seria estendido a todos os outros setores. Acontece que não há necessidade de conhecer quantidade por setor para atender ao que nos foi solicitado.

Por necessitar da média por setor, procedemos ao cálculo tomando como base os percentuais. Ao final, a porcentagem será transformada em quantidade de votos. Assim, aplicaremos a regra de três uma única vez.

Média por setor em %.	(14 + 7 + 27 + 37 + 15) / 5 100 / 5 20

A média por setor é igual a 20%.

Agora sim a regra de três. 12% equivalem a 87 votos, então 20% equivalem a X votos.

Média de votos por setor.	12% → 87 votos 20% → X votos	12 X = 87 . 20 X = 1740 / 12 X = 145

Resposta: A média aritmética do número de apontamentos por setor foi igual a 145.

11. SISTEMA DE MEDIDAS USUAIS

11.1. Sistema Internacional – SI

Existe um padrão internacional para as medidas conhecido por Sistema Internacional de Unidades – SI. Este sistema define a unidade padrão para cada medida, entre elas, as principais são as medidas de tempo (segundo), distância (metro), peso (grama) e volume (litro).

11.2. Múltiplos e submúltiplos do segundo

Os múltiplos do segundo são, nessa ordem, minuto, hora, dia, semana e assim por diante.

Vale destacar que o tempo não está baseado no sistema decimal, mas sim no sistema sexagesimal. Portanto, é errado representar oito e meia da manhã por 8,30 h. A forma correta é 8h e 30min.

Múltiplos do segundo			
Segundo (s)	Minuto (min)	Hora (h)	Dia (d)
1s	1s . 60 = 1min	1min . 60 = 1h	1h . 24 = 1d

Por outro lado, existem os submúltiplos do segundo (décimo de segundo, centésimo de segundo, milésimo de segundo) que, por não serem cobrados em provas de concursos, não serão aqui tratados.

11.3. Conversão de unidades

As unidades de tempo são utilizadas cotidianamente e, por esse motivo, estamos familiarizados com elas. Falo isso porque as conversões serão por meio de multiplicação e divisão, também, claro, para converter uma unidade menor em outra maior faz-se a divisão. De modo inverso, de uma unidade maior para outra menor, com a multiplicação.

LEMBRE-SE

Converter minutos em horas (menor para o maior), divisão por 60.

Converter horas em minutos (maior para o menor), multiplicação por 60.

Tabela de conversão:

Sendo	**Converter**		**Multiplicar por**
	De:	**Para:**	
1h = 1/24 dia	Horas	Dias	1/24
1min = 1/60h	Minutos	Horas	1/60
1s = 1/60min	Segundos	Minutos	1/60
1min = 60s	Minutos	Segundos	60
1h = 60min	Horas	Minutos	60
1 dia = 24h	Dias	Horas	24

11.4. Velocidade média

A velocidade média, além da medida do tempo, agrega a distância percorrida. Vejamos como é a cobrança em prova e qual o procedimento para a resolução.

"Observe, nos quadrinhos, o Calvin fazendo a lição de casa:

(O Estado de S. Paulo, 17.04.2004)

Abstraindo-se a irreverência e o humor, característicos do Calvin, e observando-se com atenção apenas a questão formulada nos quadrinhos, pode-se afirmar que, se ambos mantiverem constante sua velocidade média, que é dada pela razão entre a distância percorrida e o tempo gasto para percorrê-la, e não ocorrendo interrupções no percurso, eles irão se cruzar na estrada, aproximadamente, às". (Vunesp – Escrevente – 2007).

Para não perder tempo pensando qual a fórmula a ser utilizada nas situações que envolvem tempo, distância e velocidade, pense como é dita a velocidade: "Estou dirigindo a 100 km/h". Pronto, esta é a fórmula: V = km/h.

Fórmula da velocidade.	Velocidade = Distância / Tempo V = D / t
Variações.	D = V . t t = D / V

Passamos às informações dos quadrinhos.

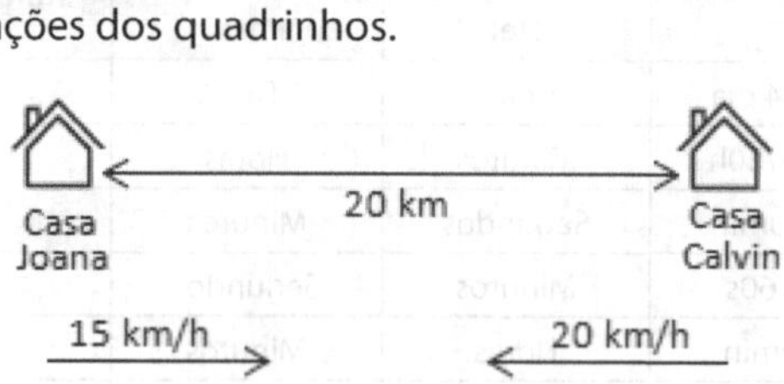

A distância entre as casas de Joana e Calvin e de 20 km. Joana caminha em direção à casa de Calvin a uma velocidade constante de 15 km/h e Calvin caminha no sentido contrário a 20 km/h.

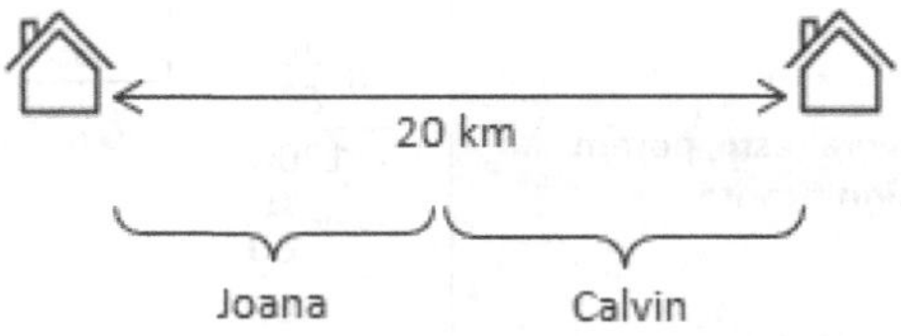

A distância à direita, percorrida por Calvin, chamaremos de C, logo, a distância percorrida por Joana será o total do percurso subtraída a distância C (parte que Calvin percorreu).

Distância percorrida por Calvin = C Velocidade de Calvin = 20 km/h
Distância percorrida por Joana = 20 – C Velocidade da Joana = 15 km/h

Agora nos valemos da fórmula (visto no início dos comentários).

Fórmula da velocidade.	V = D / t
Calvin.	V = D / t 20 = C / t
Joana	V = D / t 15 = (20 – C) / t

Já é possível resolver como um sistema de equações.

Face à questão considerar a variável tempo para a resposta, isolamos a incógnita C (distância) na primeira equação para substituir na segunda.

Isolar a variável C.	20 = C / t C = 20t
Substituir na outra equação.	15 = (20 – C) / t 15 = (20 – 20t) / t t = 20 / 35

Faça a divisão considerando a unidade de tempo que estamos trabalhando: hora.

O dividendo é menor que o divisor, então horas é igual a zero.	20 ÷ 35 = 0 h
Para passar a unidade de horas para minutos, multiplicar o resto por 60 (quantidade de minutos em uma hora) e seguir com a divisão.	20 × 60 = 1200 35 → 0 h
Quando o resto ficar menor que o divisor, multiplicar por 60 para converter em segundos e seguir com a divisão.	20 × 60 = 1200 10 35 → 0 h 34 min

Ainda haverá resto, porém insignificante.	20 × 60 = 1200 ; 10 × 60 = 600 — 35 → 0 h 34 min 17 seg

Por meio deste procedimento, no lugar de trabalhar com números decimais, encontramos as quantidades nas suas respectivas unidades de tempo.

Resposta: Calvin e Joana irão se cruzar na estrada às 5 horas, 34 minutos e 17 segundos.

12. NOÇÕES DE GEOMETRIA

12.1. Geometria

A Geometria é uma ciência e juntas, geometria, cálculo e álgebra, integram as três principais áreas da matemática. Ocupa-se do estudo das formas geométricas, planas ou espaciais, suas medidas e propriedades.

Geometria analítica: Tem a função de aproximar álgebra da geometria (não consta no edital).

Geometria plana (euclidiana): A geometria plana fundamenta-se na ideia intuitiva de ponto, sendo que a partir dele formam-se as retas e os planos. As retas e os planos nada mais são que um conjunto de pontos sem limitar-se a um fim, ou seja, são infinitos.

Dentro do contexto da geometria plana estudam-se as figuras geométricas planas tais como quadrado, triângulo, retângulo, losango, círculo, trapézio, paralelogramo, ou seja, polígonos regulares e irregulares, suas propriedades e as relações existentes entre eles.

Geometria Espacial: É o estudo da geometria no espaço, ou seja, figuras que possuem mais de duas dimensões.

Essas figuras recebem o nome de sólidos geométricos ou figuras geométricas espaciais e são conhecidas como: prisma (cubo, paralelepípedo), pirâmides, cone, cilindro, esfera.

12.2. Formas geométricas

Provavelmente você não percebeu, mas já falamos a respeito desse item no tópico anterior.

As formas geométricas vão desde o ponto, considerado um axioma ou postulado geométrico, passando por: retas, segmentos de reta, planos, até as figuras planas: quadrados, retângulos, triângulos e figuras espaciais: prismas, cones, pirâmides e esferas.

Para a sua prova, o que o examinador vai perguntar envolve figuras geométricas e as medidas de perímetro, área ou volume.

12.3. Perímetro

Perímetro é a soma das medidas dos lados de um polígono.

Nos polígonos regulares as medidas de todos os lados são iguais. Assim o perímetro desses polígonos será o produto do número de lados pela sua medida:

Polígonos regulares – Fórmula	
P = n . l	P = Perímetro n = Número de lados l = Medida do lado

Segue uma relação para sua familiarização com os nomes dados aos polígonos.

Nomenclatura dos Polígonos	
3 lados	Triângulo
4 lados	Quadrilátero
5 lados	Pentágono
6 lados	Hexágono
7 lados	Heptágono
8 lados	Octógono
9 lados	Eneágono
10 lados	Decágono

Preste atenção ao detalhe dito acima, não há necessidade de decorar este quadro. Leia apenas para acostumar com a nomenclatura.

12.4. Áreas das figuras planas

O cálculo da área exige conhecimento um pouco mais refinado, pois não se trata do contorno da região, mas sim de toda sua superfície. Para isso é necessário conhecer as formulas específicas para o cálculo de cada uma das áreas das figuras geométricas.

Comumente, a área é denotada pela letra S.

ÁREA
É a região plana, interna, delimitada pelos lados de um polígono.

Imprescindível para a prova são as fórmulas de, pelo menos, três figuras geométricas: Triângulo, quadrilátero e círculo.

	Figura	Fórmula	Nomenclatura
Área das Figuras planas.	Triângulo		S = Área b = Base h = Altura π = Pi (3,1416) r = Raio
	Retângulo	S = b . h	
	Círculo	$S = \pi \, . \, r^2$	

A unidade de área será a unidade de medida adotada elevada ao quadrado já que a operação é o produto. Se as medidas são dadas em cm (centímetro), a área mede-se em cm^2 (centímetro quadrado).

Assim foi cobrado em prova.

"Em um jardim, um canteiro de flores, formado por três retângulos congruentes, foi dividido em cinco regiões pelo segmento AB, conforme mostra a figura.

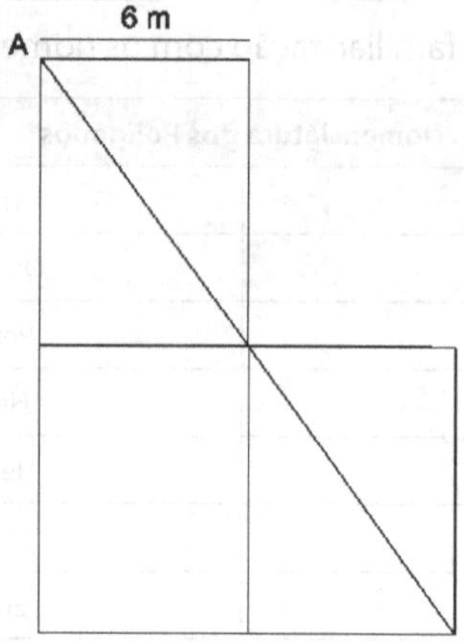

Se mede 20 m, então a área total desse canteiro é, em m², igual a". (Vunesp – Escrevente – 2015)

O enunciado traz a expressão "congruentes", incomum às questões de concurso público, pelo menos para a Vunesp.

FIGURAS CONGRUENTES

Figuras congruentes nada mais são que figuras iguais. Tecnicamente, diríamos que são figuras geométricas que apresentam lados e ângulos correspondentes iguais.

Enfim, mesmo desconhecendo o significado de congruente, visualmente é possível supor que os retângulos são iguais e os triângulos, entre si, também são.

Além da informação visual (desenho), sabemos que o segmento AB tem medida igual a 20 metros, logo, cada metade (que divide os retângulos ao meio) tem 10 metros.

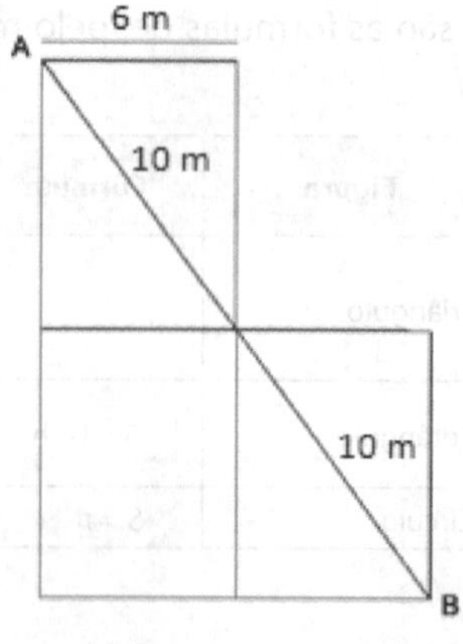

Conhecendo a medida de dois lados do triângulo retângulo, por meio do Teorema de Pitágoras, chegamos à medida do terceiro lado.

Entretanto, sem a necessidade de Pitágoras ou de outros cálculos, definimos a medida do terceiro lado.

O "Triângulo 3-4-5" facilita o cálculo e nos proporciona economia de tempo.

TRIÂNGULO 3-4-5

O triângulo 3-4-5, ou Terno Pitagórico, são triângulos retângulo que apresentam ladas cujas medidas são números inteiros.

Portanto, guarde as medidas 3, 4 e 5 e suas equivalentes: 6, 8 e 10; 9, 12 e 15; 12, 16 e 20; e assim por diante. Elas formam os triângulos retângulos cujos lados são iguais a números inteiros.

Conhecer a medida de dois lados do triângulo retângulo 3-4-5 implica a terceira.

Na questão, por exemplo, as medidas dos lados do triângulo conhecidas são 6m (múltiplo de três: 3 . 2 = 6) e 10m (múltiplo de cinco: 5 . 2 = 10), logo, o terceiro lado tem 8 metros (múltiplo de quatro: 4 . 2 = 8).

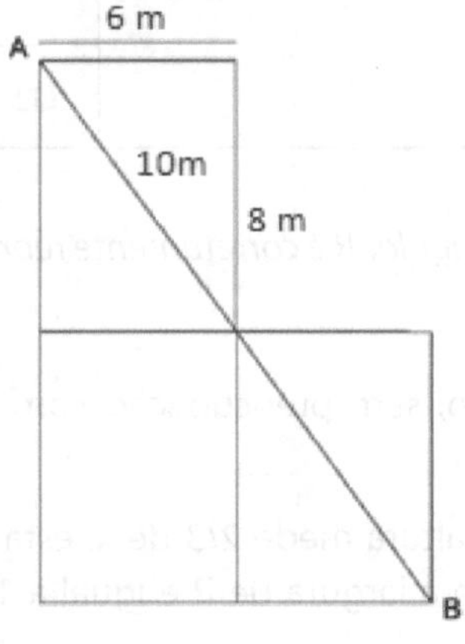

Agora, concursando, você pode escolher o caminho: calcular a área do triângulo e multiplicar por 6 ou calcular a área do retângulo e multiplicar por 3.

Para comprovar, e isso não será preciso na prova, faremos a resolução pelos dois modos.

<u>Área do triângulo:</u>

Área = (base . altura) / 2	S = (6 . 8) / 2 S = 48 / 2 S = 24
Área do canteiro.	Sc = 24 . 6 Sc = 144

<u>Área do retângulo:</u>

Retângulo = base . altura	S = 6 . 8 S = 48
Área do canteiro.	Sc = 48 . 3 Sc = 144

Resposta: A área total desse canteiro corresponde a 144 m^2.

Ainda considerando as figuras geométricas exploradas pela Vunesp, quadrado, retângulo e triângulo, pode acontecer de a questão ser um pouco mais elaborada, o que vai exigir maior atenção do concursando.

> *(Vunesp – Escrevente TJ SP – 2017) Para segmentar informações, de modo a facilitar consultas, um painel de formato retangular foi dividido em 3 regiões quadradas, Q1, Q2 e Q3, e uma região retangular R, conforme mostra a figura, com dimensões indicadas em metros.*

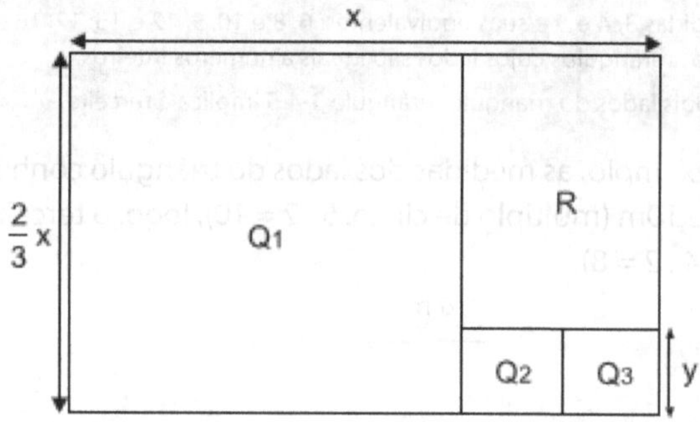

A área, em m^2, da região retangular R é corretamente representada por:

Não sabe por onde começar?

Então vejamos um caminho, sem preocupação com fórmulas ou regras, prestando atenção nas medidas e na figura.

Se Q1 é um quadrado cuja altura mede 2/3 de x, esta também será a medida de sua largura. Isto nos leva a crer que a largura de R é igual a 1/3 de x (medida que falta para completar x).

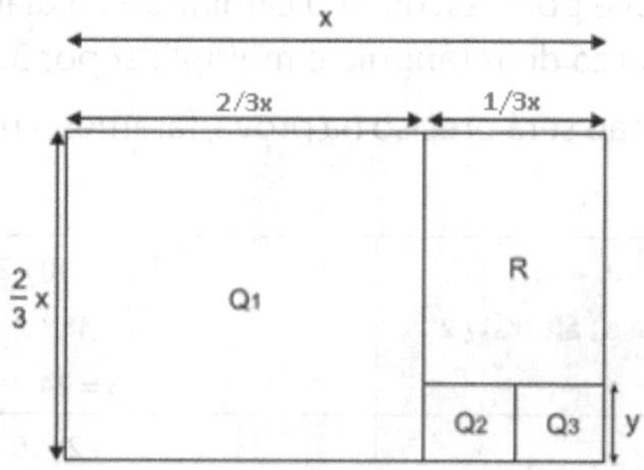

Na parte inferior à direita, cada um dos lados dos quadrados Q2 e Q3 tem a metade da medida da largura de R, ou seja, a metade de 1/3 de x que é igual a 1/6 de x. Conforme o desenho, esta é a medida de y.

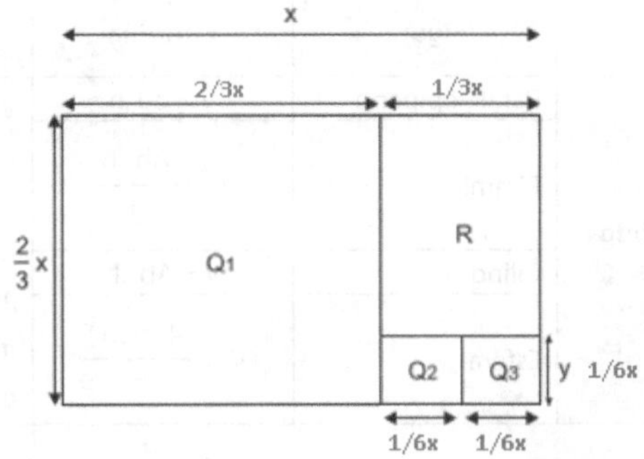

Na sequência, calculamos a medida da altura do retângulo R (subtração de frações: 2/3 - 1/6 = 3/6).

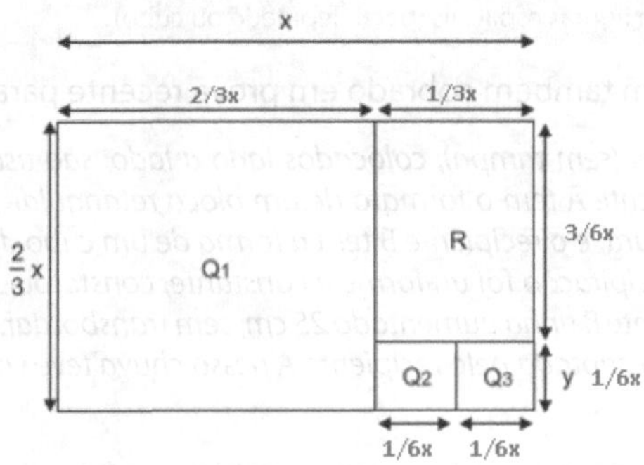

Conhecidas as medidas da largura e altura do retângulo R, para calcular a área basta a multiplicação.

Área do retângulo R	R = L . h R = 1/3x . 3/6x R = $3/18x^2$ R = $1/6x^2$

Resposta: A área, em m^2, da região retangular R é corretamente representada por $1/6\ x^2$.

12.5. Volume das figuras espaciais

Podemos ter muitas definições para a palavra volume, mas para a Matemática é o espaço ocupado por um corpo.

Todo sólido geométrico possui volume e ocupa espaço, sendo a unidade usual de medida o metro cúbico (m^3).

Seguem as principais figuras sólidas geométricas e as respectivas fórmulas para o cálculo do volume.

	Figura	Fórmula	Nomenclatura
Volume dos sólidos geométricos.	Paralelepípedo	V = c . l . h	V = Volume c = Comprimento l = Largura h = Altura Ab = Área da base π = Pi (3,1416) r = Raio
	Pirâmide	$V = \frac{Ab \cdot h}{3}$	
	Cilindro	V = Ab . h	
	Esfera	$V = \frac{4 \cdot \pi \cdot r^3}{3}$	

NOTA DO AUTOR

A Vunesp, historicamente, tem apresentado questões de geometria exigindo o conhecimento acerca de figuras planas, entretanto, nos últimos certames, além do cálculo de área, cobrou também o cálculo para volume. Por isso, é imprescindível ir para a prova sabendo as fórmulas para, pelo menos, três figuras planas (triângulo, quadrilátero e círculo) e para figuras espaciais (paralelepípedo ou cubo).

Volume foi outro item também cobrado em prova recente para Escrevente do TJ-SP.

> *"Dois recipientes (sem tampa), colocados lado a lado, são usados para captar água da chuva. O recipiente A tem o formato de um bloco retangular, com 2 m de comprimento e 80 cm de largura, e o recipiente B tem a forma de um cubo de 1 m de aresta. Após uma chuva, cuja precipitação foi uniforme e constante, constatou-se que a altura do nível da água no recipiente B tinha aumentado 25 cm, sem transbordar. Desse modo, pode-se concluir que a água captada pelo recipiente A nessa chuva teve volume aproximado, em m³, de".*

Os recipientes, A e B, são, respectivamente, um bloco retangular e o outro um cubo com as seguintes medidas.

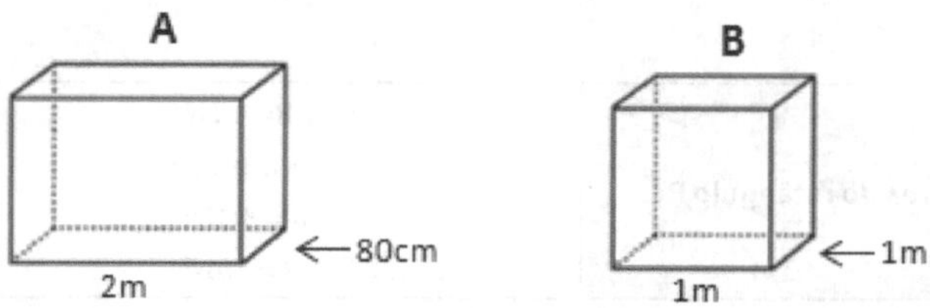

NOTA

No estudo da geometria, aresta é cada uma das linhas que delimitam os planos da figura geométrica.

A informação prestada é de que, após a chuva, houve um acréscimo de 25 cm no nível de água no recipiente B.

A constância e uniformidade da chuva nos leva a acreditar que o recipiente A, sob mesma condição, teve o volume de água acrescido na mesma proporção, ou seja, 25 cm.

O volume de água capitada pelo recipiente A é igual ao produto do comprimento de 2 metros, pela largura de 80 cm (ou 0,8 m) e pela altura de 25 cm (ou 0,25 m).

As referências em metros destinam-se ao cálculo do volume, uma vez que as alternativas apresentam as medidas em metros cúbicos.

Comprimento = 2 m Largura = 0,8 m Altura = 0,25 m	$V = c . l . h$ $V = 2 . 0{,}8 . 0{,}25$ $V = 0{,}4$

Resposta: A água captada pelo recipiente A nessa chuva teve volume aproximado de 0,4 m^3.

Para finalizar o item "volume das figuras espaciais", seguem algumas relações que poderão facilitar resolução de questão sobre o tema, caso seja cobrado.

RELAÇÕES IMPORTANTES
1 m^3 = 1000 litros
1 cm^3 = 1 ml (mililitro)
1 litro = 1000 cm^3 = 1 dm^3 (decímetro cúbico)

12.6. Resumo das figuras geométricas

	Figura	Fórmula
Perímetro	Polígonos regulares	$P = n . l$
Área das Figuras planas	Triângulo	$S = \frac{b . h}{2}$
	Retângulo	$S = b . h$
	Paralelogramo	$S = b . h$
	Círculo	$S = \pi . r^2$
Volume dos sólidos geométricos	Paralelepípedo	$V = c . l . h$
	Pirâmide	$V = \frac{1}{3} . A_b . h$
	Cilindro	$V = A_b . h$
	Esfera	$V = \frac{4 . \pi . r^3}{3}$

12.7. Ângulo

Duas semirretas com a mesma origem formam, entre elas, o ângulo. As semirretas são denominadas lados enquanto a origem é denominada vértice do ângulo. Sua medida é representada pela unidade grau e, de acordo com a medida, o ângulo classifica-se em agudo (medida inferior a 90°), reto (medida igual a 90°) e obtuso (medida superior a 90°).

Agudo	Reto	Obtuso
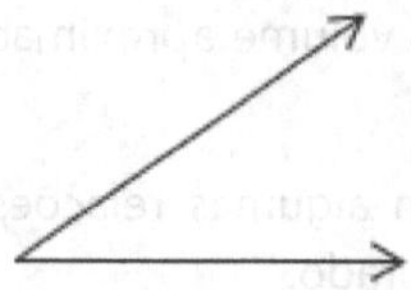	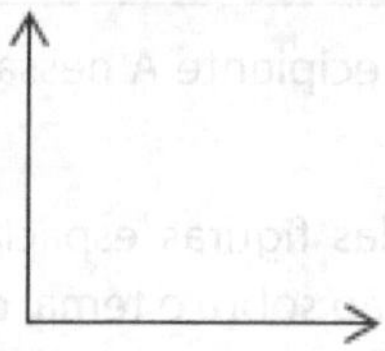	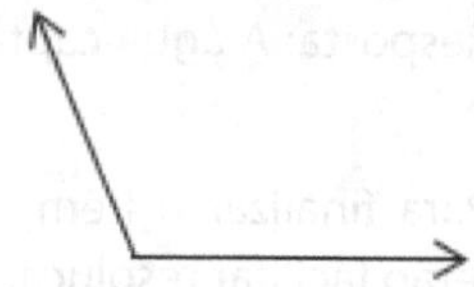

Mas, vamos ao que interessa, ou seja, aquilo que a Vunesp pode cobrar em sua prova: Ângulos associados às figuras geométricas.

Soma dos ângulos internos do polígono regular:

Fórmula	S = 180 (n – 2)

Sendo "n" a quantidade de lados do polígono.

Por exemplo, soma dos ângulos internos do pentágono.

Pentágono	S = 180 (n – 2) S = 180 (5 – 2) S = 180 . 3 S = 540

O somatório dos ângulos internos ao pentágono é igual a 540°.

Ainda, é possível dizer que cada ângulo do pentágono tem 108° (quociente da soma dos ângulos pela sua quantidade: 540/5 = 108).

Outra variação para aplicação da fórmula está na determinação da quantidade de lados da figura geométrica. Por exemplo, quantos lados possui o polígono cuja soma dos ângulos internos é igual a 720°.

Quantidade de lados?	S = 180 (n – 2) 720 = 180 (n – 2) n – 2 = 720/180 n = 4 + 2 n = 6

O polígono tem 6 lados (hexágono).

Veja como a Vunesp abordou o assunto na prova para Escrevente do TJ-SP em 2015.

"Na figura, o trapézio retângulo ABCD é dividido por uma de suas diagonais em dois triângulos retângulos isósceles, de lados $\overline{AB} \cong \overline{BC}$ *e* $\overline{BC} \cong \overline{DC}$ *..*

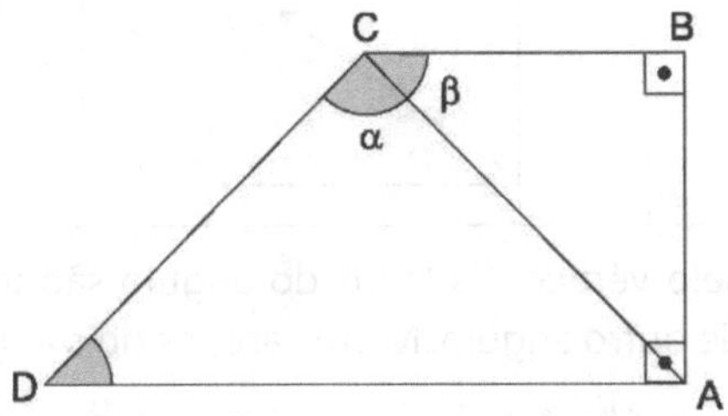

Desse modo, é correto afirmar que a soma das medidas dos ângulos α e β é igual a".

Esta questão é para ser respondida imediatamente após a leitura do enunciado. Os ângulos α e β têm, respectivamente, 90 e 45 graus, cuja soma é igual a 135 graus.

Por que desta conclusão?

Primeiro, o trapézio é dividido por um segmento de reta que o divide em dois triângulos retângulos isósceles, conforme abaixo:

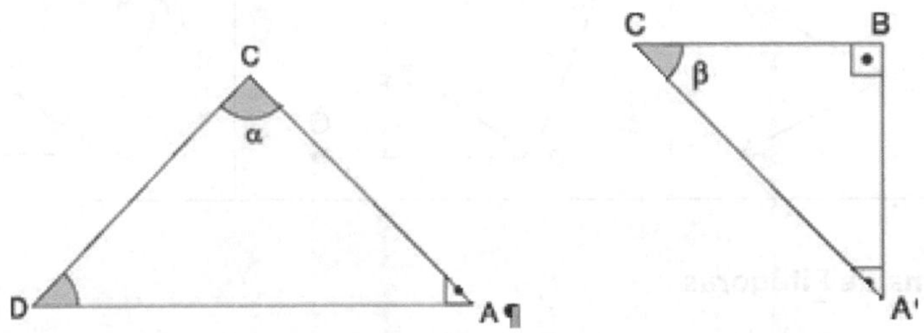

Veja qual é a definição.

TRIÂNGULO RETÂNGULO ISÓSCELES

O triângulo retângulo isósceles possui um ângulo reto e dois lados com a mesma medida, portanto, dois ângulos iguais.

Esse tipo de triângulo sempre tem um ângulo com 90 graus e os outros dois com 45 graus, razão pela qual concluímos que o ângulo α tem 90 graus e o ângulo β tem 45 graus.

Resposta: A soma dos ângulos α e β é igual a 135 graus.

<u>Outras classificações para os ângulos</u>:

- Ângulo raso: Tem medida de 180°.
- Ângulos complementares: Dois ângulos são complementares quanto a soma é igual a 90°.
- Ângulos suplementares: Dois ângulos são suplementares quanto a soma é igual a 180°.

Ângulo Raso	Complementares	Suplementares
	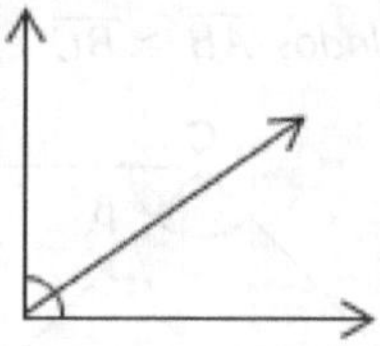	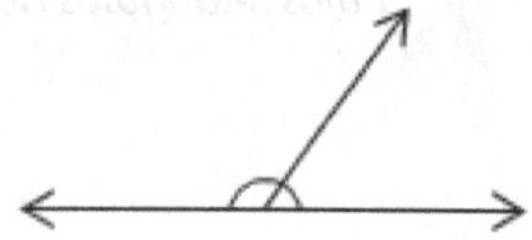

- Ângulos opostos pelo vértice: Os lados do ângulo são formados pelas semirretas opostas aos lados de outro ângulo. Neste caso, os dois ângulos são congruentes.
- Ângulos consecutivos: São ângulos que têm o mesmo vértice e um dos lados é comum a ambos. Exemplo, os ângulos AoB e AoC, também os ângulos AoC e BoC e os ângulos AoB e BoC.
- Ângulos adjacentes: São ângulos consecutivos, porém não possuem pontos internos em comum (ângulos "vizinhos"). Exemplo: ângulos AoB e BoC.

Ângulo opostos pelo vértice	Ângulos consecutivos	Ângulos adjacentes
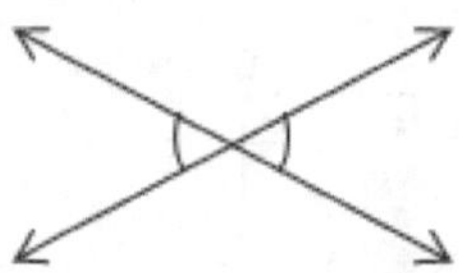	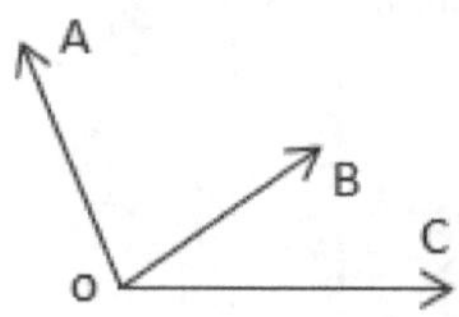	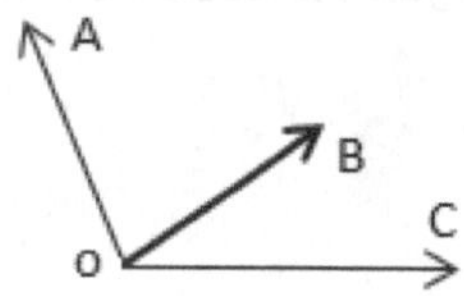

12.8. Teorema de Pitágoras

O Teorema de Pitágoras é a relação existente entre as medidas dos catetos do triângulo retângulo e sua hipotenusa.

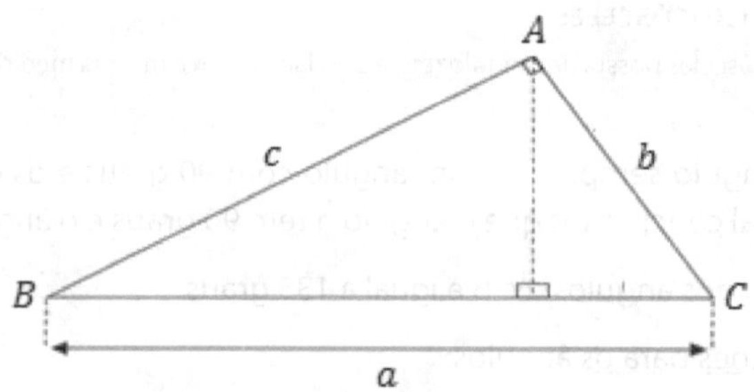

O maior segmento do triângulo, lado oposto ao ângulo reto, é a hipotenusa e está representado por "a". Os catetos estão representados por "b" e "c".

Teorema de Pitágoras	$a^2 = b^2 + c^2$

13. RESOLUÇÃO DE SITUAÇÕES-PROBLEMAS

13.1. Análise do tema

A intenção é imprimir um maior grau de dificuldades ao conteúdo matemático com a apresentação de casos. O concursando deve ter atenção na leitura objetivando extrair os dados disponibilizados na linguagem escrita e convertê-los em expressões matemáticas.

A intensão é imprimir um maior grau de dificuldades ao conteúdo matemático com a apresentação de casos. O concursando deve ter atenção na leitura objetivando extrair os dados disponibilizados na linguagem escrita e convertê-los em expressões matemáticas.

13.2. Situações-problemas

DICA

A leitura do enunciado das questões de raciocínio lógico-matemático deve ser feita em partes e, concomitantemente, separar os dados disponibilizados e os transformar em expressões matemáticas.

Não há mais a acrescentar. A partir de agora é aplicar os conhecimentos na resolução de questões.

Vejamos um exemplo de questão contextualizada.

> *"Em um laboratório, há 40 frascos contendo amostras de drogas distintas. Esses frascos estão numerados de 01 a 40, sendo que os frascos de numeração par estão posicionados na prateleira Q e os de numeração ímpar estão posicionados na prateleira R. Sabe-se que o volume, em cm^3, de cada amostra é igual à soma dos algarismos do número de cada frasco. Nessas condições, é correto afirmar que a quantidade de frascos cujas amostras têm mais de 8 cm^3 é".* (Vunesp – Escrevente – 2015).

No caso apresentado, a interpretação parece não impor qualquer barreira. Entende-se que existem fracos numerados de 01 a 40 e que estão dispostos, os ímpares na prateleira R e os pares na prateleira Q. Também, que a soma dos algarismos equivale ao volume contido em cada frasco.

Precisamos conhecer aqueles frascos cuja soma dos algarismos seja maior que 8 cm^3 e em qual prateleira se encontram.

Neste caso, não há que se falar em fórmula ou equação matemática. Apesar de a questão não ser difícil, deve ser resolvida, como diria no jargão popular, na raça.

Diante da situação, resolveremos passo a passo.

Números cuja soma dos algarismos é maior que 8.	9, 18, 19, 27, 28, 29, 36, 37, 38, 39

Vejamos em qual prateleira estão dispostos.

Pares na prateleira Q (pares).	18, 28, 36, 38
Ímpares na prateleira R (ímpares).	9, 19, 27, 29, 37, 39

Portanto, são 10 frascos com volume superior a 8 cm³, sendo que 4 deles estão na prateleira Q e outros 6 na prateleira R.

Resposta: Existe uma maior quantidade de amostras com mais de 8 cm³ na prateleira R que na Q.

Raciocínio Lógico

Marcelo Sbicca

Edital Sistematizado

Itens do edital	No livro	Item
Visa avaliar a habilidade do candidato em entender a estrutura lógica das relações arbitrárias entre pessoas, lugares, coisas, eventos fictícios; deduzir novas informações das relações fornecidas e avaliar as condições usadas para estabelecer a estrutura daquelas relações. As questões desta prova poderão tratar das seguintes áreas: estruturas lógicas, lógicas de argumentação, diagramas lógicos.	LÓGICA PROPOSICIONAL	1.
	Proposições	1.1.
	Conectivos	1.2.
	Negação das proposições	1.3.
	Equivalência das proposições	1.4.
	Fórmulas proposicionais	1.5.
	ESTRUTURAS LÓGICAS	2.
	Argumento	2.1.
	Proposições categóricas	2.2.
	Estruturas lógicas	2.3.
	CORRELACIONAMENTO LÓGICO	3.
	Ordenação	3.1.
	Dedução	3.2.
	Hipóteses	3.3.
Visa também avaliar se o candidato identifica as regularidades de uma sequência, numérica ou figural, de modo a indicar qual é o elemento de uma dada posição. As questões desta prova poderão tratar da seguinte área: sequências.	Problemas lógicos	4.

1. LÓGICA PROPOSICIONAL

1.1. Proposições

Proposição é qualquer conjunto de palavras ou símbolos que expressa uma ideia com sentido completo.

Para facilitar a compreensão, saiba que a sentença possível de ser classificada como verdadeira ou falsa é uma proposição. A esta classificação denominamos valor lógico da proposição.

IMPORTANTE

Uma sentença é considerada proposição quando puder ser classificada como verdadeira ou falsa.

Não são proposições:

- Sentenças imperativas:

  As sentenças imperativas, que expressam um pedido ou uma ordem, não são classificadas como proposição. Exemplos: "Vai estudar"; "Volte agora para casa"; "Compre todas as ações".

- Sentenças interrogativas:

  As sentenças interrogativas são facilmente percebidas devido a presença do ponto de interrogação ao final. Exemplos: "Qual o horário da missa?"; "Vai estudar hoje?"; "Gosta de chocolate?".

- Sentenças exclamativas:

  Basta o sinal de exclamação ao final da sentença. Exemplos: "Que linda mulher!"; "Estude!"; "Oh meu Deus!".

- Sentenças abertas:

  No caso de sentenças abertas a informação não é clara. Exemplo: "Saiu o edital". Não sabemos a que edital está se referindo. Pode ser edital de compras de uma prefeitura, edital de leilão de automóveis do Detran ou mesmo um edital de determinado concurso público.

- Conjunto de palavras sem sentido completo:

Palavras jogadas sem a presença de conectivos que relacionem umas às outras não formam uma sentença, consequentemente, não são classificadas como proposição. Exemplo: Concurso, edital, estudar, prova.

1.2. Conectivos

As proposições simples unem-se por meio de operadores lógicos, ou conectivos, para formar as proposições compostas.

Passaremos, então, ao estudo de cada um dos conectivos.

1.2.1. Conjunção

A conjunção representa adição de proposições simples por meio do conectivo "e" ou simbolicamente representado por "∧".

A proposição composta conjuntiva é válida quando ambas as sentenças são verdadeiras.

p	q	p ∧ q
V	V	V
V	F	F
F	V	F
F	F	F

Exemplo:

"Natália é analista judiciária e Olívia não é oficial de justiça" (Vunesp – TJ/SP – 2021).

A sentença é composta por duas proposições simples que estão relacionadas por meio do conectivo "e", formando a proposição composta.

Na simbologia lógica, é representada por "p ∧ q", sendo:

p	∧	q
Natália é analista judiciária	e	Olívia não é oficial de justiça

As proposições simples são representadas pelas letras minúsculas p e q.

- p = Natália é analista judiciária.
- q = Olívia não é oficial de justiça.
- ∧ = Conectivo "e".

Em se tratando de uma proposição composta conjuntiva, para que ela seja verdadeira, é necessário que as duas proposições simples, p e q, sejam verdadeiras (primeira linha da tabela verdade). Assim, basta que uma das informações seja falsa para que a proposição composta seja falsa também.

Imagine que Natália realmente é analista judiciária e Olívia é oficial de justiça. Neste caso, a primeira proposição simples é verdadeira, entretanto, a segunda é falsa (nesta hipótese consideramos que Olívia é oficial de justiça enquanto a proposição diz que não é). Concluímos que a proposição composta (conjunto das duas proposições simples ligadas pelo conectivo "e") também é falsa.

MEMORIZAR

A conjunção somente será verdadeira quando ambas as proposições simples que a compõem tiverem valor lógico verdade. Será falsa nos demais casos.

1.2.2. Disjunção

A disjunção é o conectivo que constrói uma sentença com ideia de escolha, de opção. Basta que apenas uma das orações (proposição simples) seja verdadeira para que a sentença (proposição composta) também seja.

Na proposição composta disjuntiva está presente o conectivo "ou", cuja representação simbólica é o "V".

p	q	p V q
V	V	V
V	F	V
F	V	V
F	F	F

Repare que, na tabela verdade do "ou", a última linha destaca-se por ser a única cujo resultado (terceira coluna) é falso, logo, só estaremos diante de uma sentença falsa se ambas as proposições simples, separadamente, apresentarem valor lógico falso.

MEMORIZAR

A disjunção somente será falsa quando ambas as proposições simples que a compõem forem falsas. Será verdadeira nos demais casos.

Exemplo:

A proposição a seguir foi retirada do contexto da questão para análise individualizada do conectivo "ou" (disjunção).

"*Celia não é cineasta* ***ou*** *Elisa é escultora*" (Vunesp - Escrevente do TJ SP - 2023).

Onde:

p = Célio não é cineasta.

q = Elisa é escultora.

Λ = Conectivo "ou"

p	Λ	q
Célio não é cineasta	ou	Elisa é escultora

Na situação definida pela proposição composta disjuntiva, se apenas uma das proposições simples for verdadeira, toda a informação será verdadeira também. Ou seja, considerando que Célio, de fato, não é cineasta, podemos afirmar que a sentença completa é verdadeira independente da análise da segunda proposição simples.

1.2.3. Disjunção exclusiva

Também é uma disjunção, porém exclusiva, com pequena diferença se comparada com a proposição anterior.

Veja o exemplo: "Ou Gilmar continua membro da comissão ou Adélia vence a eleição" (Vunesp – Auditor Fiscal Tributário Municipal – 2014).

A diferença é sutil, mas importante. O fato é que o "ou" que inicia a frase faz parte do conectivo e restringe a escolha em apenas uma das proposições simples.

No exemplo, se a primeira proposição simples for verdadeira, "Gilmar continua membro da comissão", então a segunda deve ser falsa, "Adélia não venceu a eleição", e vice-versa.

Outro detalhe que a diferencia da disjunção é quanto ao símbolo. A representação do conectivo da disjunção exclusiva é sublinhado: "$\underline{v}$".

p	$\underline{v}$	q
Ou Gilmar continua membro da comissão	ou	Adélia vence a eleição

Lembre-se que o primeiro "ou" faz parte do conectivo cuja leitura é: "ou... ou".

As proposições são mutuamente excludentes. Assim, apenas uma delas pode ser verdadeira, consequentemente, a outra será necessariamente falsa. Ambas nunca poderão ser, ao mesmo tempo, verdadeiras e nunca poderão ser, ao mesmo tempo, falsas.

A tabela verdade para a disjunção exclusiva é a seguinte:

p	q	p $\underline{v}$ q
V	V	F
V	F	V
F	V	V
F	F	F

MEMORIZAR

A disjunção exclusiva será verdadeira quando as duas partes tiverem valores lógicos distintos, uma verdadeira e outra falsa. E será falsa quando ambas as proposições simples que a compõem forem verdadeiras ou ambas forem falsas.

1.2.4. Condicional

A condicional é a proposição composta mais cobrada em concursos públicos, portanto a mais importante. Representada pela seta "→", cuja leitura é "se... então...".

Exemplo:

"Se Sônia é mãe, então Carla não é casada" (Vunesp – Oficial de Justiça do TJ SP – 2023).

p	→	q
Se Sônia é mãe	então	Carla não é casada

A partícula "se" que inicia a sentença faz parte do conectivo "se... então".

É imprescindível que você saiba que a proposição composta condicional será falsa em apenas uma situação: quando a primeira proposição simples for verdadeira e a segunda proposição simples for falsa.

No exemplo, se é verdade a primeira parte, ou seja, está correto a informação de que Sônia é mãe, implica a verdade da segunda parte. Caso contrário, se a segunda parte for falsa, portanto, Carla é sim casada, concluímos que a proposição composta é falsa.

MEMORIZAR

Uma condicional somente será falsa quando a primeira parte for verdadeira e a segunda for falsa. Para as outras três combinações, a proposição composta será verdadeira.

Os termos da condicional possuem ainda outra característica: são classificados como suficiente e necessário, o primeiro e o segundo termo, respectivamente.

Suficiente:

O primeiro termo da proposição composta condicional é condição suficiente para o segundo.

Voltando ao nosso exemplo, *"Sônia é mãe"* é condição suficiente para *"Carla não é casada"*.

Necessário:

O segundo termo da proposição composta condicional é condição necessária para o primeiro.

Dessa forma, no exemplo, *"Carla não é casada"* (segunda parte da proposição composta) é condição necessária para *"Sônia é mãe"*.

Tabela verdade:

A representação do que foi explicado está sintetizada na tabela verdade da condicional:

p	q	p → q
V	V	V
V	F	F
F	V	V
F	F	V

As seguintes expressões podem ser empregadas como equivalentes à condicional "se p, então q":

- Se p, q.

  Suprimiu parte do conectivo "então".

- q, se p.

  Inverteu a ordem das proposições. A sentença iniciou pela segunda proposição simples.

- p é condição suficiente para q.

  O primeiro termo é condição suficiente para o segundo.

- q é condição necessária para p.

  O segundo termo é condição necessária para o primeiro.

- Quando p, q.

  Substituiu "se" por "quando" e suprimiu a partícula "então".

- p implica q.

  O primeiro termo é causa que implica o segundo, efeito.

Então, podemos encontrar a mesma proposição escrita de diversas formas distintas. Veja as variações para a proposição condicional "Se Alberto for à festa, então Bernardo também irá".

Se p, q	Se Sônia é mãe, Carla não é casada.
q, se p	Carla não é casada, se Sônia é mãe.
p é condição suficiente para q	Sônia ser mãe é condição suficiente para Carla não ser casada.
q é condição necessária para p	Carla não ser casada é condição necessária para Sônia ser mãe.
Quando p, q	Quando Sônia é mãe, Carla não é casada.
p implica q	Sônia ser mãe implica Carla não ser casada.

1.2.5. Bicondicional

A bicondicional é formada a partir da proposição condicional cujos termos são, ao mesmo tempo, suficientes e necessários, ou seja, "p → q e q → p".

É representada pelo conectivo "↔", lê-se "se, e somente se".

Exemplo: "Rafaela compra pipoca se e somente se Cíntia também comprar" (Consulplan – Engenheiro – Prefeitura de Patos de Minas/MG – 2015).

p	↔	q
Rafaela compra pipoca	se e somente se	Cíntia também comprar

A informação é equivalente a duas proposições condicionais simultâneas:

"Se Rafaela compra pipoca, então Cíntia também compra e se Cíntia comprar pipoca, então Rafaela também compra".

Conclusão, a proposição bicondicional "p se, e somente se, q" equivale à proposição composta: "se p então q e se q então p", ou seja, "p ↔ q" é equivalente à proposição "(p → q) ∧ (q → p)".

Sabendo que a frase "p se, e somente se, q" é representada por "p ↔ q", então nossa tabela verdade será a seguinte:

p	q	p ↔ q
V	V	V
V	F	F
F	V	F
F	F	V

MEMORIZAR
A bicondicional será verdadeira quando os valores lógicos das duas proposições simples que a compõem forem iguais. Por outro lado, será falsa quando ambas as proposições simples forem diferentes, uma verdadeira e a outra falsa.

1.2.6. Resumo Esquematizado

Podemos resumir as principais informações sobre os conectivos no seguinte quadro:

Conectivo	Estrutura lógica	A proposição composta é verdadeira quando:	A proposição composta é falsa quando:
Conjunção	**p ∧ q**	Ambas as proposições simples forem verdadeiras.	Pelo menos uma proposição simples for falsa.
Disjunção	**p ∨ q**	Pelo menos uma proposição simples for verdadeira.	Ambas as proposições simples forem falsas
Disjunção exclusiva	**p ⊻ q**	Os valores lógicos das proposições simples forem diferentes.	Os valores lógicos das proposições simples forem iguais.
Condicional	**p → q**	Em todas as situações, exceto quando o primeiro termo for verdadeiro e o segundo falso.	O primeiro termo for verdadeiro e o segundo for falso
Bicondicional	**p ↔ q**	Os valores lógicos das proposições simples forem iguais.	Os valores lógicos das proposições simples forem diferentes.

1.3. Negação das proposições

A negação da proposição simples faz-se com a inversão do valor lógico.

Proposição simples	Negação da proposição simples
p	~p
~p	p

Para as proposições compostas existem as seguintes regras:

Negação da proposição composta conjuntiva:

Fórmula lógica	Negação	Regra
p ∧ q	~p ∨ ~q	Negar ambas as proposições simples e alterar o conectivo para disjunção.

Como exemplo, vamos à prova aplicada pela Vunesp para Escrevente em 2015.

A afirmação "canto e danço" tem, como uma negação, a afirmação contida na alternativa.

São duas proposições simples, "canto" a primeira e "danço" a outra, que estão ligadas pelo conectivo "e" formando a proposição composta conjuntiva.

Pede-se a negação da proposição composta:

Negação da Conjunção "A e B"	
Negar ambos os termos.	~A ~B
Substituir a conjunção "e" pela disjunção "ou".	~A ou ~B

Entenda por A e B cada uma das proposições simples (A = canto e B = danço).

Aplicar a regra na proposição dada:

Negação da Conjunção "e"	
Proposição dada.	Canto e danço.
Negar ambos os termos.	**Não** canto **não** danço.
Substituir a conjunção "e" pela disjunção "ou".	Não canto **ou** não danço.

O detalhe a ser observado é a substituição do conectivo "e" por "ou", ou seja, para negar a conjunção não é necessário que as duas ações sejam negadas simultaneamente, basta apenas "não cantar" ou apenas "não dançar" para que a proposição conjuntiva seja negada. Por essa razão o uso do conectivo "ou".

A negação "não canto ou não danço", em se tratando de uma disjunção, não tem restrição quanto à inversão da posição dos membros, como encontramos na alternativa considerada correta na prova "Não danço ou não canto".

NOTA

Admite-se inversão da ordem das posições simples a conjunção "e", a disjunção "ou", a disjunção exclusiva "ou... ou" e a bicondicional "se, e somente se"; porém não é admitida para a condicional "se... então".

Resposta: A negação da proposição "canto e danço" é "**Não** danço **ou não** canto".

Negação da proposição composta disjuntiva:

Fórmula lógica	Negação	Regra
p ∨ q	~p ∧ ~q	Negar ambas as proposições simples e alterar o conectivo para conjunção.

Exemplo:

Proposição composta disjuntiva	Negação
Passei na prova ou estudarei por mais um ano.	Não passei na prova e não estudarei por mais um ano.

Negação da proposição composta condicional:

Fórmula lógica	Negação	Regra
p → q	p ∧ ~q	Manter o primeiro termo inalterado, negar o segundo termo e alterar o conectivo para conjunção "e".

Exemplo:

Proposição composta condicional	Negação
Se passar na primeira fase, então está aprovado no concurso.	Passou na primeira fase e não foi aprovado no concurso.

A proposição condicional, tanto em relação à equivalência como em relação à negação, sempre é objeto de provas de raciocínio lógico. Foi o que aconteceu na prova de 2017 para Escrevente do TJ-SP.

Observe que a banca pode trabalhar com o enunciado e cobrar a negação de forma indireta.

"Considerando falsa a afirmação "Se Ana é gerente, então Carlos é diretor", a afirmação necessariamente verdadeira é:" (Vunesp – TJ SP – Escrevente – 2017).

a) Ana é gerente.

b) Carlos é diretor.

c) Ana não é gerente, e Carlos não é diretor.

d) Ana não é gerente, ou Carlos é diretor.

e) Ana é gerente, e Carlos é diretor.

A afirmação dada foi declarada no próprio enunciado como sendo falsa, pede-se, então, a afirmação verdadeira. Ora, se uma afirmação é falsa, a sua negação passa a ser a informação verdadeira, portanto, o que o examinador nos solicitou foi a negação da proposição anunciada.

Relembrando, a negação da condicional faz-se que a manutenção do valor lógico da primeira parte, negação da segunda e alteração do conectivo para conjunção "e".

Proposição composta condicional	Negação
Se Ana é gerente, então Carlos é diretor.	Ana é gerente, e Carlos não é diretor.

Interessante que a alternativa correta, gabarito da questão, trouxe apenas a primeira proposição simples "Ana é gerente", o que responde perfeitamente a questão.

Além da resposta oficial, outras alternativas poderiam ser apresentadas e que também estariam corretas:

- Carlos não é diretor.
- Ana é gerente, e Carlos não é diretor.

Gabarito: "a".

Negação da proposição composta bicondicional:

Fórmula lógica	Negação	Regra
$p \leftrightarrow q$	$p \veebar q$	Alterar o conectivo de bicondicional para disjunção exclusiva.

As tabelas verdade da bicondicional e da disjunção exclusiva são uma o inverso da outra, por isso, a associação de que uma é a "negação" da outra.

Acima a razão de a bicondicional ter como negação a disjunção exclusiva, e vice versa. Apesar disso, também por não ser o entendimento de todas as bancas examinadoras e, ainda, por não ser cobrando com frequência, veja que a Vunesp adota esta premissa e cobrou em prova recente, ano de 2023, para Oficial de Justiça do TJ de São Paulo.

Considere a seguinte afirmação: "Ou durmo ou trabalho". Uma negação lógica para a afirmação apresentada é

(A) Ou não durmo ou não trabalho.

(B) Trabalho ou durmo.

(C) Se não durmo, então não trabalho.

(D) Não trabalho e não durmo.

(E) Durmo se, e somente se, trabalho.

Comentários

A abordagem é objetiva da mesma forma que se apresenta o enunciado.

Foi solicitada a negação da disjunção exclusiva o que pressupõe a alteração do conectivo "ou... ou" pela bicondicional "se, e somente se".

Proposição dada: Disjunção Exclusiva	Ou durmo ou trabalho
Negação: Bicondicional	Durmo se, e somente se, trabalho.

Resposta: A negação lógica para a afirmação apresentada é "Durmo se, e somente se, trabalho".

Gabarito: E

1.4. Equivalência das proposições

São quatro as proposições que admitem a simples troca de posição das proposições simples sem a perda de informação: conjunção, disjunção, disjunção exclusiva e bicondicional.

Fórmula lógica	Equivalência	Regra
$p \wedge q$	$q \wedge p$	A equivalência faz-se com a alteração das posições dos termos antecedente e consequente.
$p \vee q$	$q \vee p$	
$p \veebar q$	$q \veebar p$	
$p \leftrightarrow q$	$q \leftrightarrow p$	

Mais importante para a sua prova são as regras seguintes, em especial a que trata da proposição composta condicional.

Equivalência da bicondicional:

A equivalência da bicondicional, além da inversão da ordem das posições (como acabamos de ver), pode ser feita com a repetição de sua principal característica: duas vezes a condicional.

Fórmula lógica	Equivalência	Regra
$p \leftrightarrow q$	$(p \rightarrow q) \wedge (q \rightarrow p)$	A bicondicional transforma-se em duas condicionais (em uma delas altera-se a posição das proposições simples) ligadas pela conjunção "e".

Equivalência da condicional:

São duas as equivalências da proposição condicional. Um dos itens mais cobrados em lógica proposicional.

Fórmula lógica	Equivalência	Regra
$p \rightarrow q$	$\sim p \vee q$	Negar o primeiro termo, alterar o conectivo para disjunção "ou" e manter o valor lógico do segundo termo.

Ou

Fórmula lógica	Equivalência	Regra
$p \rightarrow q$	$\sim q \rightarrow \sim p$	Alterar a posição dos termos, negar as duas proposições simples e manter o mesmo conectivo "se... então".

Como foi comentado anteriormente, a condicional é a proposição mais cobrada em concursos públicos, inclusive para Escrevente em 2015.

> *"Uma equivalente da afirmação "Se eu estudei, então tirei uma boa nota no concurso" está contida na alternativa".*

Para tratar tanto da equivalência como da negação de proposição condicional, sugiro fortemente que o concursando se abstenha por completo da interpretação daquilo que a proposição informa. Apenas siga estritamente a regra.

Para treinar, vejamos as duas formas de equivalência para a condicional.

Equivalência 1:

Inverter a posição dos termos da proposição e negar ambas as informações, conforme modelo.

Proposição Condicional	Equivalência 1
Se A então B.	Se ~B então ~A.

Aplicado na questão, temos:

"Se eu estudei, então tirei uma boa nota no concurso".

A = Eu estudei

B = Tirei uma boa nota no concurso

Proposição	Equivalência 1
Se eu estudei, então tirei uma boa nota no concurso.	Se não tirei uma boa nota no concurso, então eu não estudei.

Equivalência 2:

Negar o primeiro termo da proposição e manter o segundo inalterado. Substituir a condicional "se... então" pela disjunção "ou".

Proposição Condicional	Equivalência 2
Se A então B.	~A ou B.

Aplicado na questão, temos:

Proposição	Equivalência 2
Se eu estudei, então tirei uma boa nota no concurso.	Eu não estudei ou tirei uma boa nota no concurso.

OBSERVAÇÃO

Esta segunda equivalente, quando analisada sob o aspecto da interpretação, parece não fazer muito sentido, mas deixemos essa discussão para outra oportunidade.

Por isso, insisto, prenda-se à regra para fazer a equivalência (também a negação) das proposições em geral.

Resposta: As equivalências para a proposição "Se eu estudei, então tirei uma boa nota no concurso" são:

- Se não tirei uma boa nota no concurso, então eu não estudei.
- Eu não estudei ou tirei uma boa nota no concurso.

A primeira delas foi a reposta para a questão formulada pela Vunesp.

Outras equivalências:

Fórmula lógica	Equivalência
$(p \rightarrow r) \wedge (q \rightarrow r)$	$(p \vee q) \rightarrow r$
$(p \rightarrow r) \vee (q \rightarrow r)$	$(p \wedge q) \rightarrow r$

1.5. Fórmulas proposicionais

Tautologia:

A proposição composta é uma tautologia quando for verdadeira para todas as possíveis combinações de valores lógicos das proposições simples que a compõem.

Assim, a resposta obtida por meio da tabela verdade (última coluna à direita) terá, para todas as linhas, valores lógicos verdadeiros. Veja o exemplo:

(Vunesp – PC SP – Técnico Pericial – 2014) Considerando a tabela-verdade apresentada, assinale a alternativa correta.

a) A proposição $p \vee \neg p$ indica uma contradição.

b) A proposição $p \vee \neg p$ indica uma tautologia.

c) A proposição $p \vee \neg p$ indica uma dupla negação.

d) A proposição $p \vee \neg p$ indica uma implicação.

e) A proposição $p \vee \neg p$ indica uma contingência.

A questão traz a tabela verdade e, na última coluna, observa-se que todas as linhas são verdadeiras. A proposição composta é sempre verdadeira independente dos valores lógicos das proposições simples, trata-se de tautologia.

Gabarito oficial: "b".

Contradição:

Contrária à tautologia, a proposição composta é uma contradição quando o resultado é sempre falso para todas as combinações entre os valores lógicos das proposições simples que a compõem.

A Vunesp já cobrou este tema, em 2014, de forma teórica, para a Polícia Civil do Estado de São Paulo, cuja resposta é a exatamente a definição de contradição.

O princípio da não contradição, inicialmente formulado por Aristóteles (384-322 a.C.), permanece como um dos sustentáculos da lógica clássica. Uma proposição composta é contraditória quando.

a) seu valor lógico é falso e todas as proposições simples que a constituem são falsas.

b) uma ou mais das proposições que a constituem decorre/ decorrem de premissas sempre falsas.

c) seu valor lógico é sempre falso, não importando o valor de suas proposições constituintes.

d) suas proposições constituintes não permitem inferir uma conclusão sempre verdadeira

e) uma ou mais das proposições que a constituem possui/ possuem valor lógico indeterminável.

Gabarito oficial: "c".

Contingência:

Por exclusão, quando a proposição composta não for tautologia nem contradição, então será uma contingência.

Se, para tautologia, as respostas têm sempre valores lógicos verdadeiros e, para contradição, sempre falsos, no caso de contingência, encontraremos, na última coluna da tabela verdade, valores lógicos mesclados: verdadeiros e falsos.

2. ESTRUTURAS LÓGICAS

2.1. Argumento

Usamos a argumentação, baseada no raciocínio, para provocar o convencimento do outro.

O raciocínio envolve juízos existentes cujo objetivo é chegar a conclusões adequadas. Já a argumentação faz uso de raciocínio baseado em lastros sólidos e argumentações aceitáveis.

Para o raciocínio lógico, objeto de concursos públicos, argumento é a relação entre um conjunto de proposições (sentenças declarativas) com uma proposição conclusiva. Nessa relação, denominam-se premissas as primeiras, que resultam em uma sentença declarativa denominada "conclusão".

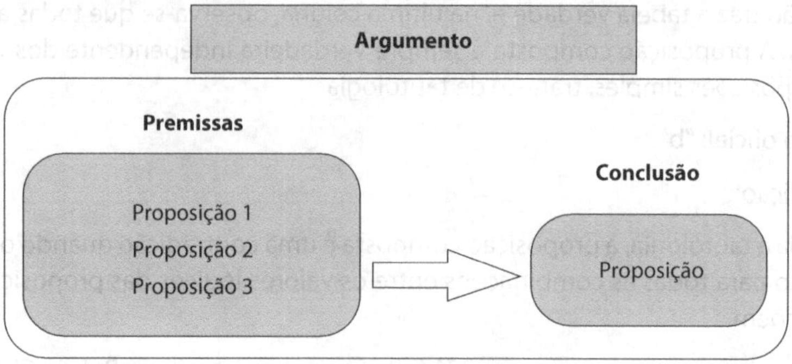

Silogismo:

O silogismo é uma construção especial de argumentação na qual estarão presentes duas, e somente duas, premissas e a conclusão. Muito explorado em provas, principalmente com a inserção de proposições categóricas.

Validade do argumento:

É importante não confundir valor lógico de cada uma das premissas (verdadeiras ou falsas) com o valor lógico da argumentação (validade do argumento).

O argumento poderá ter premissas verdadeiras e conclusão verdadeira, mas a relação entre premissas e conclusão não foi o que garantiu a verdade da última. Então, estamos diante de um argumento inválido.

Ainda, encontraremos argumentação bem estruturada que justificam uma conclusão com valor lógico falso. Ou seja, a estrutura está bem montada, porém a falsidade de uma das premissas resultou em uma conclusão falsa. Importante é que o resultado foi totalmente deduzido das premissas, a estrutura está correta e o argumento é dito válido.

Para a prova, o candidato, diante de uma estrutura lógica, tem por objetivo descobrir o valor lógico de cada uma das proposições simples (verdadeiras ou falsas) de tal modo que as proposições compostas sejam todas verdadeiras.

2.2. Proposições categóricas

Proposições categóricas trazem consigo informações sobre duas classes considerando pertencer ou não pertencer, total ou parcialmente, uma classe da outra.

- Universal afirmativa: "Todo A é B".
- Universal negativa: "Nenhum A é B".
- Particular afirmativa: "Algum A é B".
- Particular negativa: "Algum A não é B".

Proposição categórica caracteriza-se pela presença de um quantificador (todo, algum e nenhum) associado ao sujeito da oração. Por exemplo: Algumas provas são difíceis.

- Algumas provas: Sujeito da oração.
- Provas: Núcleo do sujeito.
- Algumas: Quantificador.

A melhor forma para apresentar e interpretar as informações sobre as proposições categóricas é lançando mão de diagramas. Os conjuntos ou diagrama de *Venn* serão a base para o estudo dos diagramas lógicos.

Todo:

"Todo A é B".

São duas proposições simples, ligadas pelo conectivo todo, de tal modo que a integralidade daquilo informado em A faz parte do conteúdo de B. Para facilitar nossa vida, o conjunto A está contido no conjunto B.

Graficamente:

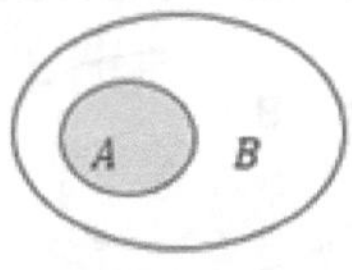

Algum:

"Algum A é B".

Para o quantificador "algum", consideram-se sinônimos a expressão "pelo menos um" ou, simplesmente, o termo "existem".

Independente da forma como se apresenta na questão: algum, alguns, existe, existem ou pelo menos um, a interpretação é a mesma.

Graficamente:

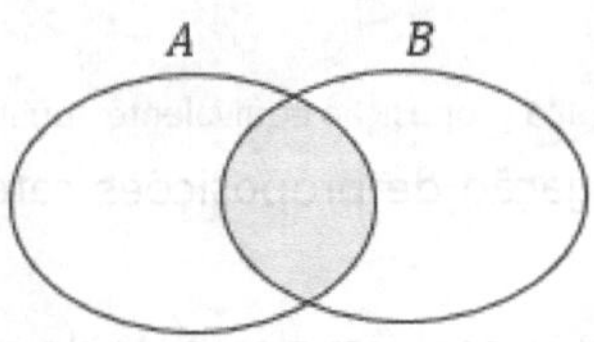

O termo que melhor explica essa situação é "pelo menos um", ou seja, pelo menos um elemento do conjunto A pertence ao conjunto B.

Esse mesmo diagrama também representa a proposição "algum A não é B":

Nenhum:

Para a expressão "nenhum A é B", não há intersecção entre os conjuntos. Os elementos do conjunto A são totalmente distintos dos elementos do conjunto B.

Graficamente:

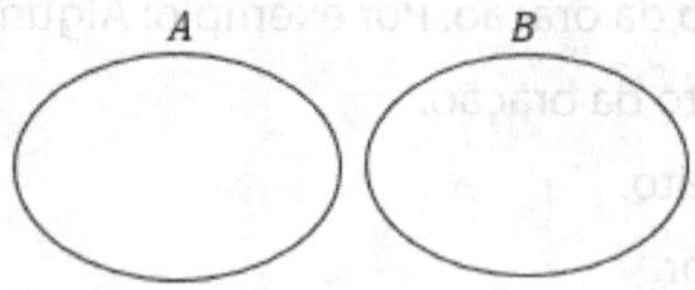

As representações gráficas, por meio dos diagramas de *Venn*, serão a ferramenta para a resolução de questões que trazem as proposições categóricas.

Veja o exemplo:

> *"Se todo estudante de uma disciplina A é também estudante de uma disciplina B e todo estudante de uma disciplina C não é estudante da disciplina B, então é verdade que"* (Vunesp – Escrevente – 2015).

Primeira proposição:

"Todo estudante de uma disciplina A é também estudante de uma disciplina B".

A proposição coincide como o modelo "Todo A é B".

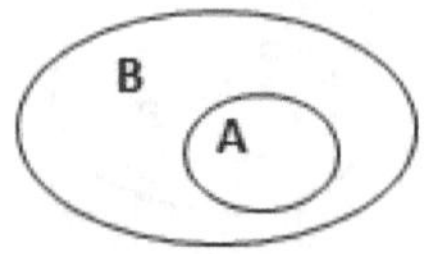

O conjunto interno representa os alunos da disciplina A que, por sua vez, também são alunos da disciplina B. Percebam que todos os elementos do conjunto A (menor) pertencem ao conjunto B (maior).

Segunda proposição:

"Todo estudante de uma disciplina C não é estudante da disciplina B".

A proposição tem o mesmo significado que: "Nenhum estudante de uma disciplina C é estudante da disciplina B".

NOTA

O que acabamos de fazer foi apresentar a proposição equivalente àquela dada na questão.

Os itens equivalência e negação de proposições categóricas serão tratados mais à frente.

Enfim, veja o diagrama a seguir, nenhum elemento do conjunto C pertence ao conjunto B, ou seja, não há estudante da disciplina C que também seja estudante da disciplina B.

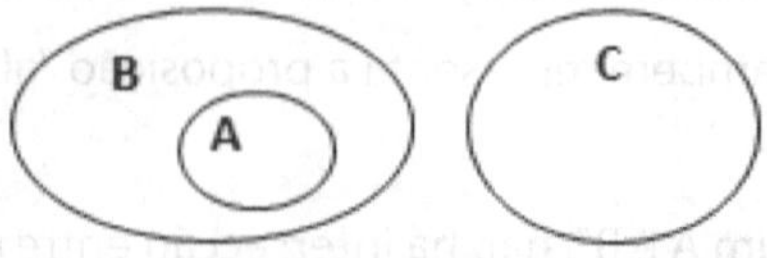

Observe que o diagrama construído na primeira proposição repetiu-se com a adição da informação trazida pela segunda proposição.

Baseado neste último diagrama, passamos a analisar cada uma das alternativas dadas na questão.

A) algum estudante da disciplina A é estudante da disciplina C.

Não existe intersecção entre os conjuntos A e C, portanto, não existe estudante da disciplina A e que estuda a disciplina C.

Alternativa errada.

B) algum estudante da disciplina B é estudante da disciplina C.

A informação contradiz a segunda proposição dada na questão. Também, de acordo com o diagrama, não existe intersecção entre os conjuntos B e C.

Alternativa errada.

C) nenhum estudante da disciplina A é estudante da disciplina C.

Perfeito! É exatamente o que o diagrama mostra. Não há elementos que sejam comuns aos conjuntos A e C.

Alternativa correta.

D) nenhum estudante da disciplina B é estudante da disciplina A.

Os conjuntos demonstram que, apesar de não serem todos, existem alguns elementos do conjunto B que pertencem ao conjunto A.

Alternativa errada.

E) nenhum estudante da disciplina A é estudante da disciplina B.

A informação é exatamente contrária ao que nos informa a primeira proposição que lemos no enunciado.

Alternativa errada.

2.2.1. *Equivalência das proposições categóricas*

Equivalência	
Todo A é B	Nenhum A não é B
Todo A não é B	Nenhum A é B

Exemplos	
Todo engenheiro é matemático	Nenhum engenheiro não é matemático
Todo engenheiro não é físico	Nenhum engenheiro é físico

2.2.2. *Negação das proposições categóricas*

Negação	
Algum	Nenhum
Nenhum	Algum
Todos	Algum... não

Exemplos	
Algum engenheiro é matemático	Nenhum engenheiro é matemático

Exemplos	
Nenhum engenheiro é físico	Algum engenheiro é físico
Todo engenheiro é arquiteto	Algum engenheiro não é arquiteto

Vejamos como a Vunesp aborda o tema.

"Para que seja falsa a afirmação "todo escrevente técnico judiciário é alto", é suficiente que" (Vunesp – Escrevente – 2015).

A negação do quantificador "todo" faz-se com a substituição por "algum" e a inclusão da negação.

Negação da Proposição Categórica "Todo"	
Todo A é B.	Algum A não é B.

Vejamos a proposição dada na questão:

Negação da Proposição Categórica	
Todo escrevente técnico judiciário é alto.	**Algum** escrevente técnico judiciário **não** é alto.

Para negar que "todo escrevente técnico judiciário é alto" não é necessário que todos os escreventes técnicos não sejam altos, conforme dispôs erroneamente uma das alternativas na prova. Basta apenas dizer que "algum" ou "pelo menos um" técnico não é alto.

Resposta: Para negar a proposição "todo escrevente técnico judiciário é alto" é suficiente que "algum escrevente técnico judiciário não seja alto".

2.3. Estruturas lógicas

Entre os autores da matéria, encontramos quatro ou cinco diferentes formas para resolver as questões de estrutura lógica. Inclusive, há aqueles que ensinam e deixam à disposição do concursando todas elas.

Optamos por um único caminho: Considerar todas as proposições compostas verdadeiras.

Mesmo entre os autores e professores que trabalham com mais de uma forma para tratar questões de argumentação, ainda assim, esta é a primeira escolha para eles.

<u>Considerar todas as proposições compostas verdadeiras</u>:

Para as estruturas que têm entre as proposições uma que seja simples, basta considerar esta proposição verdadeira e, a partir dela, valorar as demais proposições simples.

Caso exista entre as proposições uma composta conjuntiva, basta considerar verdadeiras as proposições simples que a compõem e, a partir delas, valorar as demais proposições simples.

Para os demais casos, escolhemos uma proposição simples (de preferência a que apareça mais vezes) e lhe atribuímos um valor lógico: verdadeiro ou falso.

Efetivamos o teste da veracidade de todas as proposições compostas.

Feito o teste, se não houver nenhuma incompatibilidade entre as proposições, assumimos os valores lógicos definidos. Caso contrário, se encontrarmos alguma contradição, voltaremos àquela proposição simples inicial e testamos com o outro valor lógico.

Assim, resolvemos todas as questões de argumentação.

Difícil? Sim, eu concordo. Este é um daqueles momentos em que a prática vai explicar a teoria.

Questão:

(Vunesp – TJ (SP) – Escrevente Técnico Judiciário – 2023) *Para descobrir se André é ou não é arquiteto, se Célia é ou não é cineasta, se Daniel é ou não é dançarino, se Elisa é ou não é escultora, se Luisa é ou não é literata, se Paulo é ou não é pintor, afirmou-se o que segue:*

I. *Se André é arquiteto, então Célia não é cineasta.*

II. *Se Daniel não é dançarino, então Elisa é escultora.*

III. *Se Luisa é literata, então Célia é cineasta e Elisa é escultora.*

IV. *Se André não é arquiteto e Daniel é dançarino, então Paulo é pintor.*

V. *Célia não é cineasta ou Elisa é escultora.*

Em relação às afirmações anteriores, as afirmações III e V são falsas e as demais afirmações são verdadeiras. Dessa forma, a afirmação com valor lógico verdadeiro é:

(A) Paulo não é pintor ou Daniel não é dançarino.

(B) Se Luisa é literata, então André é arquiteto.

(C) Luisa não é literata e Paulo é pintor.

(D) Se Paulo não é pintor, então André é arquiteto.

(E) Daniel não é dançarino e Luisa é literata.

Comentários

A ideia é considerar todas as proposições dadas verdadeiras, em sua grande maioria são proposições compostas. Também, trabalhar com cada uma das proposições simples com o objetivo de dar-lhes seus devidos valores lógicos.

Como dito, vamos considerar as proposições apresentadas como sendo verdadeiras, mas isso, desde que o examinador não diga nada contrário, como neste caso "*as afirmações III e V são falsas*".

Conhecida a falsidade das afirmações III e V, faremos a negação dessas duas proposições para chegarmos às informações verdadeiras.

- Negação da proposição composta condicional "*Se Luisa é literata, então Célia é cineasta e Elisa é escultora*".

Condicional	*Se Luisa é literata, então Célia é cineasta e Elisa é escultora*
Manter o valor lógico da primeira parte (causa)	Luisa é literata...
Substituir o conectivo "se, então" pela conjunção "e"	Luisa é literata **e**...
Alterar o valor lógico da segunda parte (efeito)	Luisa é literata e Célia **não** é cineasta **ou** Elisa **não** é escultora

- Negação da proposição composta disjuntiva "*Celia não é cineasta ou Elisa é escultora*".

Disjunção	*Célia não é cineasta ou Elisa é escultora*
Substituir o conectivo disjunção "ou" pela conjunção "e"	... e ...
Negar ambas as proposições simples	Célia é cineasta e Elisa **não** é escultora

Passamos a trabalhar somente com afirmações verdadeiras com o acréscimo das negações ao conjunto inicial de afirmativas.

I. Se André é arquiteto, então Célia não é cineasta.

II. Se Daniel não é dançarino, então Elisa é escultora.

III. Luisa é literata e Célia não é cineasta ou Elisa não é escultora.

IV. Se André não é arquiteto e Daniel é dançarino, então Paulo é pintor.

V. Célia é cineasta e Elisa não é escultora.

Reescrevendo de maneira didática.

Se André é arquiteto	então	Célia não é cineasta
Se Daniel não é dançarino	então	Elisa é escultora
Luisa é literata	e	Célia não é cineasta ou Elisa não é escultora
Se André não é arquiteto e Daniel é dançarino	então	Paulo é pintor
Célia é cineasta	e	Elisa não é escultora

Aqui é o início da resolução da estrutura lógica propriamente dita que ficou facilitada porque há duas afirmações cujo conectivo é a conjunção "e".

Sabendo que a conjunção somente é verdadeira quando ambos os termos (antecedente e precedente) são verdadeiros, podemos classificar algumas proposições simples como verdadeiras.

Observação: As proposições sublinhadas são verdadeiras e as riscadas são falsas.

Se André é arquiteto	então	Célia não é cineasta
Se Daniel não é dançarino	então	Elisa é escultora
Luisa é literata	e	Célia não é cineasta ou Elisa não é escultora

Se André não é arquiteto e Daniel é dançarino	então	Paulo é pintor
Célia é cineasta	e	**Elisa não é escultora**

Apenas não classificamos como verdadeira a segunda parte da terceira afirmação porque é uma proposição composta dentro de outra proposição composta. Mesmo assim, podemos extrapolar este conhecimento inicial para as mesmas proposições simples que se encontram em outras afirmações.

Se André é arquiteto	então	~~**Célia não é cineasta**~~
Se Daniel não é dançarino	então	~~**Elisa é escultora**~~
Luisa é literata	e	~~**Célia não é cineasta**~~ ou **Elisa não é escultora**
Se André não é arquiteto e Daniel é dançarino	então	Paulo é pintor
Célia é cineasta	e	Elisa não é escultora

Já falamos da terceira afirmação, uma disjunção verdadeira porque tem pelo menos um termos verdadeiro.

Seguimos com a primeira afirmação, uma condicional. A condicional será falsa apenas quando o primeiro termo é verdadeiro e o segundo falso. Sabendo que o segundo termo é falso (último quadro), inferimos que o primeiro também é falso.

O mesmo raciocínio vale para a segunda afirmação.

~~**Se André é arquiteto**~~	então	~~Célia não é cineasta~~
~~**Se Daniel não é dançarino**~~	então	~~Elisa é escultora~~
Luisa é literata	e	~~Célia não é cineasta~~ ou Elisa não é escultora
Se **André não é arquiteto** e **Daniel é dançarino**	então	Paulo é pintor
Célia é cineasta	e	Elisa não é escultora

As mesmas proposições simples das afirmações I e II repetem-se na afirmação IV com valores lógicos invertidos.

Na quarta afirmação, outra condicional, a primeira parte é verdadeira, logo, a segunda parte também deve ser verdadeira. Lembre-se, condicional com termos verdadeiro e falso, nesta sequência, é falsa.

~~Se André é arquiteto~~	então	~~Célia não é cineasta~~
~~Se Daniel não é dançarino~~	então	~~Elisa é escultora~~
Luisa é literata	e	~~Célia não é cineasta~~ ou Elisa não é escultora
Se André não é arquiteto e Daniel é dançarino	então	**Paulo é pintor**
Célia é cineasta	e	Elisa não é escultora

Conclusão sobre cada uma das proposições simples:

- André não é arquiteto.
- Célia é cineasta.
- Daniel é dançarino.
- Elisa não é escultora.
- Luisa é literata.
- Paulo é pintor.

Finalmente, vamos verificar a alternativa correta.

(A) Paulo não é pintor ou Daniel não é dançarino.

Ambas as proposições simples são falsas. Alternativa errada.

(B) Se Luisa é literata, então André é arquiteto.

A primeira parte é verdadeira (Luisa é literata) e a segunda parte é falsa (André não é arquiteto), logo, a alternativa traz uma condicional falsa porque os termos são verdadeiro e falso, nesta ordem. Alternativa errada.

(C) Luisa não é literata e Paulo é pintor.

Somente a segunda parte é verdadeira, todavia, em se tratando de uma disjunção (conectivo "e") seria necessário que ambos os termos fossem verdadeiros. Alternativa errada.

(D) Se Paulo não é pintor, então André é arquiteto.

Ambos os termos são falso, mas atenção, a condicional somente será falsa se o primeiro termo for verdadeiro e o segundo falso. São dois termos falsos, porém a condicional é verdadeira. Alternativa correta.

(E) Daniel não é dançarino e Luisa é literata.

Somente a primeira parte é verdadeira, todavia, em se tratando de uma disjunção (conectivo "e") seria necessário que ambos os termos fossem verdadeiros. Alternativa errada.

Gabarito: D

Amigo concurseiro, a Vunesp, nos últimos anos, sempre tem cobrado questões sobre estrutura lógica, razão pela qual deixaremos a resolução de outra questão sobre o tema.

> *(Vunesp – Escrevente TJ SP – 2023) Acerca de cinco servidores de um tribunal foram feitas quatro afirmações. A terceira afirmação é FALSA e as demais são VERDADEIRAS.*
>
> I. *Se Fabiana é técnica judiciária, então Gerusa é escrevente.*
>
> II. *Se Humberto é juiz, então Gerusa não é escrevente.*
>
> III. *Se Janice é desembargadora, então Ivo é promotor.*

IV. *Ivo é promotor ou Humberto é juiz.*

A partir dessas afirmações, é logicamente VERDADEIRO que

(A) Gerusa é escrevente.

(B) Janice não é desembargadora.

(C) Ivo é promotor.

(D) Humberto não é juiz.

(E) Fabiana não é técnica judiciária.

Comentários

O enunciado apresenta quatro itens com uma proposição composta em cada um deles, isso nos basta para ter a certeza de estarmos diante de uma questão de estrutura lógica. Além disso, há informação de que a terceira afirmação é falsa e, neste caso, como de costume, operamos a negação para trabalhar com informação verdadeira.

Agora o detalhe sobre a proposição composta condicional (item III) que vai facilitar a resolução da estrutura lógica.

Recordando a tabela verdade da condicional:

p	**q**	**p → q**
V	V	V
V	**F**	**F**
F	V	V
F	F	V

Sabemos que a única situação na qual a condicional é falsa (segunda linha) é quando o primeiro termo é verdadeiro e o segundo falso.

Se o examinador afirma que terceira afirmativa falsa, sendo ser ela uma condicional, obrigatoriamente a situação coincide com aquela da segunda linha da tabela verdade.

p	**q**	**p → q**
V	F	F
Janice é desembargadora	Ivo é promotor	

Concluímos corretamente sobre as proposições simples:

- Janice é desembargadora – VERDADEIRO.
- Ivo é promotor – FALSO, logo, Ivo **não** é promotor.

Conhecido o valor lógico de suas proposições simples, isso elimina as alternativas "B" e "C", seguimos com o trabalho sobre a estrutura lógica para definir os valores lógicos das demais proposições simples.

Fabiana é técnica judiciária	→	Gerusa é escrevente

Humberto é juiz	→	Gerusa não é escrevente
Janice é desembargadora	→	**Ivo é promotor**
Ivo é promotor	V	Humberto é juiz

Grifei a informação verdadeira e risquei a informação falsa.

Na quarta proposições compostas repete-se a mesma proposições simples.

Fabiana é técnica judiciária	→	Gerusa é escrevente
Humberto é juiz	→	Gerusa não é escrevente
Janice é desembargadora	→	~~Ivo é promotor~~
~~Ivo é promotor~~	V	Humberto é juiz

Para a disjunção, item IV, é obrigatório pelo menos uma proposição simples ser verdadeira para manter a verdade da sentença completa, portanto, é certo que Humberto é de fato juiz.

A mesma proposição simples encontramos na segunda afirmação.

Fabiana é técnica judiciária	→	Gerusa é escrevente
Humberto é juiz	→	Gerusa não é escrevente
Janice é desembargadora	→	~~Ivo é promotor~~
~~Ivo é promotor~~	V	**Humberto é juiz**

A análise do item II, condicional, revela que o segundo termo deve ser verdadeiro. Caso contrário, a condicional teria valores lógicos das proposições simples V e F, nesta sequência, ela, a condicional, seria falsa.

Fabiana é técnica judiciária	→	**~~Gerusa é escrevente~~**
Humberto é juiz	→	**Gerusa não é escrevente**
Janice é desembargadora	→	~~Ivo é promotor~~
~~Ivo é promotor~~	V	**Humberto é juiz**

Finalmente a primeira afirmação, sabendo que o segundo termo da condicional é falso, obrigatoriamente o primeiro termo deve ser falso também para manter a proposição composta (sentença completa) verdadeira.

Lembre-se, segundo a tabela verdade, a condicional é verdadeira quando as proposições simples têm valores lógicos F e F.

~~Fabiana é técnica judiciária~~	→	~~Gerusa é escrevente~~
Humberto é juiz	→	Gerusa não é escrevente
Janice é desembargadora	→	~~Ivo é promotor~~
~~Ivo é promotor~~	V	**Humberto é juiz**

Concluímos que:

- Fabiana não é técnica judiciária.

- Gerusa não é escrevente.
- Humberto é juiz.
- Janice é desembargadora.
- Ivo não é promotor.

Resposta: A partir das afirmações, é logicamente VERDADEIRO que Fabiana não é técnica judiciária.

Gabarito: E

3. CORRELACIONAMENTO LÓGICO

O correlacionamento lógico, aqui abordado, é uma modalidade de argumentação na qual trabalhamos com o encadeamento lógico.

A estrutura é composta de informações, aquelas definidas no enunciado da questão, e, baseados nelas, buscamos determinada conclusão que servirá de resposta para a questão.

Classificações:

Não existe regra definida para a resolução de questões de correlacionamento. O que será preciso é atenção naquelas informações que o examinador está disponibilizando para poder esquematizá-las, geralmente com o auxílio de diagramas ou planilhas, na busca da conclusão lógica adequada.

Contudo, mesmo sem uma regra única, podemos classificar as questões de argumentação (ou correlacionamento lógico) para facilitar sua resolução.

Se partirmos das premissas, seja usando o processo de indução ou dedução, e chegamos a uma conclusão, podemos então dizer que a argumentação é uma estruturação de informação que produz novas informações. É uma construção de conhecimento.

O processo de produção de novas informações para as questões de raciocínio lógico em provas de concursos públicos pode ser dividido em três classes de argumentação: ordenação, dedução e hipóteses.

3.1. Ordenação

A ordenação é o mecanismo de reestruturação do ordenamento das informações para, enfim, chegar à conclusão. Todas as informações são conhecidas, porém estão fora de ordem.

Esse tipo de questão apresenta uma série de informações relacionadas a uma situação de ordenamento sequencial, por exemplo: pessoas na fila do caixa bancário, espectadores sentados lado a lado nas cadeiras do cinema, alunos em ordem de acordo com as notas das provas, fila organizada pela altura dos jogadores de basquete, ordem de emissoras de TV conforme pontos em pesquisa de audiência e assim por diante.

A resolução dessas questões, consideradas fáceis na maior parte das vezes, faz-se com a leitura atenta das informações e alocação dos elementos identificados na sequência correta em conformidade com o que está sendo interpretado.

Questão:

"Alice, Bianca, Clara, Débora e Érica são amigas e sentam-se juntas e lado a lado no meio de uma fileira vazia do cinema com 15 lugares. Depois que todos se acomodam, verifica-se que:

– Bianca não se senta ao lado de Débora, mas em cada um dos seus lados está sentada uma das suas amigas.

– Ao lado de Érica há uma poltrona vazia.

– Sentada, Clara está na terceira poltrona à esquerda da poltrona de Érica.

– Há apenas duas poltronas ocupadas entre Alice e uma poltrona vazia.

Nas condições descritas, é correto afirmar que" (Eletrobras – FCC – 2016).

Sabemos que as amigas sentaram-se juntas e lado a lado numa fileira do cinema. Adicionalmente, sabemos que:

Bianca não se senta ao lado de Débora, mas em cada um dos seus lados está sentada uma das suas amigas.	~~D~~ B ~~D~~

Bianca está entre amigas que não a Débora.

Ao lado de Érica há uma poltrona vazia.	E ___ ___ ___ E

Érica sentou-se em um desses dois lugares (na extremidade da direita ou da esquerda) entre os cinco lugares ocupados pelas amigas.

Sentada, Clara está na terceira poltrona à esquerda da poltrona de Érica.	___ ___ C ___ ___ E ___

Analisando esta informação em conjunto com a anterior, concluímos qual a cadeira que Érica ocupa e que a cadeira a sua direita está vazia. Ainda, que Clara está na terceira poltrona à esquerda de Érica.

Há apenas duas poltronas ocupadas entre Alice e uma poltrona vazia.	___ ___ C A ___ E ___

Alice está na posição central. Assim, são duas poltronas com amigas a sua direita e outras duas com amigas a sua esquerda.

Retomando a primeira informação, como Bianca está sentada entre duas amigas, ela ocupa a poltrona à direita de Alice.

E, claro, como só restou um lugar, Débora está mais à esquerda entre as amigas.

As amigas estão sentadas nessa ordem: Débora, Clara, Alice, Bianca e Érica.	___ D C A B E ___

Resposta correta: É correto afirmar que Alice está sentada ao lado de Clara.

3.2. Dedução

A análise das informações disponíveis serve de parâmetro para deduzirmos novas informações que são necessariamente consequências das existentes.

São os casos em que o examinador disponibiliza alguns dados relacionados a grandezas diferentes e que se relacionam entre si. Por exemplo, a questão diz que três irmãs usam vestidos de cores diferentes. Então, são dadas algumas dicas iniciais e, finalmente, é solicitada qual a cor do vestido que cada uma das irmãs está usando.

O padrão para a resolução é com o auxílio de planilha com cruzamentos de linhas e colunas. As linhas são identificadas por uma das grandezas e as colunas são identificadas pela outra grandeza.

As células que representam o cruzamento de linha e coluna são preenchidas com "sim" e "não" considerando se a relação está correta ou errada, respectivamente.

Imagine que uma das informações da questão diz que, entre as irmãs, Maria veste casaco amarelo e outra informação diz que Silvia não veste casaco verde:

	Maria	**Silvia**	**Irmã**
Cor			
Verde		Não	
Amarelo	Sim		

Repete-se o processo para cada informação até que se conclua qual a cor do casaco de cada uma das irmãs.

Veja o passo a passo para a resolução de uma questão aplicada pela Vunesp.

(Vunesp – TJ SP – Escrevente – 2017) Em um edifício com apartamentos somente nos andares de 1° ao 4°, moram 4 meninas, em andares distintos: Joana, Yara, Kelly e Bete, não necessariamente nessa ordem. Cada uma delas tem um animal de estimação diferente: gato, cachorro, passarinho e tartaruga, não necessariamente nessa ordem. Bete vive reclamando do barulho feito pelo cachorro, no andar imediatamente acima do seu. Joana, que não mora no 4°, mora um andar acima do de Kelly, que tem o passarinho e não mora no 2° andar. Quem mora no 3° andar tem uma tartaruga. Sendo assim, é correto afirmar que

a) Kelly não mora no 1° andar.

b) Bete tem um gato.

c) Joana mora no 3° andar e tem um gato.

d) o gato é o animal de estimação da menina que mora no 1° andar.

e) Yara mora no 4° andar e tem um cachorro.

Apesar de serem três informações distintas (andares, meninas e animais de estimação), faremos a planilha inicialmente com duas informações, a terceira delas será acrescentada à medida que resolvemos.

	Joana	**Yara**	**Kelly**	**Bete**
Gato				
Cachorro				

	Joana	Yara	Kelly	Bete
Passarinho				
Tartaruga				

Então, nos é informado que "Bete vive reclamando do barulho feito pelo cachorro, no andar imediatamente acima do seu", portanto, o animal de estimação de Bete não é o cachorro e ela não mora no 4º andar, uma vez que há vizinho no piso superior ao dela.

	Joana	Yara	Kelly	Bete 4º andar
Gato				
Cachorro				Não
Passarinho				
Tartaruga				

A informação seguinte revela que "Joana, que não mora no 4°, mora um andar acima do de Kelly, que tem o passarinho e não mora no 2° andar".

Inferimos que:

- Joana não mora no 4º andar.
- Joana mora no andar superior ao de Kelly.
- Kelly tem passarinho.
- Kelly não mora no 2º andar.

Tais informações (exceto a de que Joana mora um andar acima de Kelly) podem ser consignadas na planilha.

	Joana 4º andar	Yara	Kelly 2º andar	Bete 4º andar
Gato				
Cachorro				Não
Passarinho			Sim	
Tartaruga				

Detalhe, quando preenchemos uma célula com "sim", completamos todas as demais células da mesma linha e mesma coluna com "não".

	Joana 4º andar	Yara	Kelly 2º andar	Bete 4º andar
Gato			Não	
Cachorro			Não	Não

Passarinho	Não	Não	Sim	Não
Tartaruga			Não	

A última informação diz que "Quem mora no 3° andar tem uma tartaruga", logo:

	Joana 4º andar	Yara	Kelly 2º andar	Bete 4º andar
Gato			Não	
Cachorro			Não	Não
Passarinho	Não	Não	Sim	Não
Tartaruga 3º andar			Não	

Já sabemos que Kelly não mora no 2º andar. Também não mora no 3º, uma vez que seu animal de estimação é o passarinho e não a tartaruga. Ainda, como Joana mora no andar acima de Kelly, a conclusão é de que Kelly mora no 1º andar e Joana no 2º.

	Joana 2º andar	Yara	Kelly 1º andar	Bete 4º andar
Gato			Não	
Cachorro			Não	Não
Passarinho	Não	Não	Sim	Não
Tartaruga 3º andar			Não	

Por dedução, Bete mora no 3º andar (e tem uma tartaruga) e Yara no 4º.

	Joana 2º andar	Yara 4º andar	Kelly 1º andar	Bete 3º andar
Gato			Não	Não
Cachorro			Não	Não
Passarinho	Não	Não	Sim	Não
Tartaruga 3º andar	Não	Não	Não	Sim

Retomando a primeira informação "Bete vive reclamando do barulho feito pelo cachorro, no andar imediatamente acima do seu", concluímos que o cachorro é de Yara e está no 4º andar.

E, finalmente, Joana tem um gato.

	Joana 2º andar	Yara 4º andar	Kelly 1º andar	Bete 3º andar

Gato	Sim	Não	Não	Não
Cachorro	Não	Sim	Não	Não
Passarinho	Não	Não	Sim	Não
Tartaruga 3º andar	Não	Não	Não	Sim

Gabarito oficial: "e". Yara mora no 4º andar e tem um cachorro.

Hipóteses:

Por fim, nos casos de questões que envolvam verdades e mentiras, as hipóteses serão utilizadas.

O desenvolvimento e a resolução do problema passam pela criação de hipóteses, considerando situações ora verdadeiras, ora mentirosas.

O objetivo é testar cada uma das situações hipotéticas até chegar a uma conclusão sem que haja contradições entre premissas e conclusão.

Por exemplo, são dadas três afirmativas e a questão informa que duas delas são falsas e a outra é verdadeira, porém, não se sabe qual. Logo, é preciso formular as possíveis situações e testar cada uma delas:

	Hipótese 1	Hipótese 2	Hipótese 3
Afirmativa 1	Verdade	Falsa	Falsa
Afirmativa 2	Falsa	Verdade	Falsa
Afirmativa 3	Falsa	Falsa	Verdade

Então, para as informações falsas, faz-se a negação para, finalmente, identificar qual a hipótese que não apresenta contradição e, a partir dela, chegar à resposta para a questão.

4. PROBLEMAS LÓGICOS

Além das questões de argumentação, estrutura e correlacionamento lógico, que seguem um determinado padrão e que podem ser resolvidas de acordo com o conteúdo abordado nos itens anteriores, as bancas, inclusive a Vunesp, abusam da criatividade e apresentam questões que fogem dos modelos apresentados.

Conhecimento lógico-matemático e interpretação são indispensáveis: Primeiro porque as questões são contextualizadas, exigindo do candidato o entendimento daquilo que se lê e também porque as provas de raciocínio envolvem algum conteúdo matemático.

Estamos falando de questões estruturadas a partir de uma determinada lógica, muitas vezes inédita, e que você, concursando, terá que identificar no momento em que estiver resolvendo a prova.

Questão 01:

"Marta confeccionou três cartões em papel cartolina e carimbou figuras em somente uma das faces de cada cartão. Ao encontrar um de seus amigos, Marta informou-lhe que

todo cartão de cor amarela tinha carimbada, em uma das faces, uma figura em tinta na cor azul. Após dizer isso, ela mostrou a esse amigo três cartões: o primeiro cartão, de cor amarela, continha uma figura carimbada em tinta na cor azul; o segundo cartão, de cor vermelha, continha uma figura carimbada em tinta na cor preta; o terceiro cartão, na cor branca, continha uma figura carimbada em tinta na cor azul.

Com base no que foi apresentado, pode-se afirmar corretamente que" (Vunesp – Escrevente – 2015).

A primeira impressão leva a acreditar que o problema proposto tem certa complexidade. Apesar disso, façamos uma leitura atenta, e mais, sugiro que lance mão de desenhos ou diagramas para demonstrar aquilo que se lê.

Marta apresenta 3 cartões com as seguintes características:

1º Cartão	2º Cartão	3º Cartão
Amarelo	*Vermelho*	*Branco*
Com figura: Azul	Com figura: Preta	Com figura: Azul

A informação visual é completa e simples. O primeiro cartão é amarelo e tem figura azul, o segundo é da cor vermelha com figura preta e o último cartão é branco com figura Azul.

Ainda, Marta havia informado que: "Todo cartão amarelo tem figura na cor azul". Lembre-se está é uma proposição categórica e pode ser representada pelo diagrama:

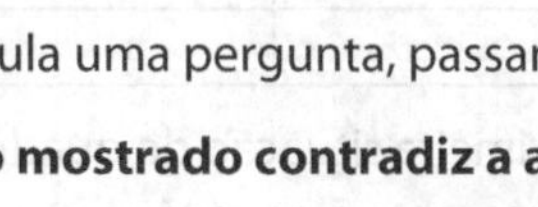

Na primeira figura estão os cartões apresentados, enquanto a segunda figura traz a representação da proposição categórica dita por Marta.

Como o enunciado não formula uma pergunta, passamos à análise das alternativas.

A) apenas o terceiro cartão mostrado contradiz a afirmação de Marta.

O terceiro cartão <u>não</u> contradiz o que ela disse: "Todo cartão amarelo tem figura azul". A contradição seria percebida se a afirmação de Marta fosse: "Todo cartão que tem figura azul é da cor amarela".

Alternativa errada.

B) apenas o segundo cartão mostrado contradiz a afirmação de Marta.

O segundo cartão não tem nenhuma relação com a afirmação. As cores do cartão e da figura são outras.

Alternativa errada.

C) todos os cartões mostrados contradizem a afirmação de Marta.

As justificativas para rejeitar as alternativas A e B são suficientes para classificar esta como incorreta.

Alternativa errada.

D) nenhum dos cartões mostrados contradiz a afirmação de Marta.

O segundo e o terceiro cartão não contradizem a afirmação de Marta (conforme comentários às alternativas A e B). O primeiro cartão é da cor amarela e tem figura azul, exatamente como Marta afirmou. Portanto, nenhum cartão contradiz a afirmação de Marta.

Alternativa correta.

E) apenas o segundo e o terceiro cartões mostrados contradizem a afirmação de Marta.

Alternativa errada, conforme explicado anteriormente.

Outra forma para resolver a mesma questão:

Tratamos, em questões anteriores, de proposições categóricas, ou seja, aquelas que trazem um dos quantificadores: todo, algum ou nenhum.

A afirmação de Marta é uma proposição categórica: "Todo cartão amarelo tem figura na cor azul".

Percebe-se que todas as alternativas repetem a expressão "contradiz a informação de Marta", ou seja, contrária à informação de Marta ou negação daquilo que ela afirma.

Para a negação da proposição categórica (conhecimento que o examinador está cobrando) precisamos apenas guardar as regras descritas no quadro a seguir.

Negação das Proposições Categóricas	
Todo A é B.	Algum A não é B.
Nenhum A é B.	Algum A é B.
Algum A é B.	Nenhum A é B.

A afirmação coincide com a primeira situação do quadro. Então, a regra é: Troca o quantificador "todo" por "algum" e acrescenta a negação.

Negação das Proposições Categóricas	
Todo cartão amarelo tem figura na cor azul.	**Algum** cartão amarelo **não** tem figura na cor azul.

O cartão contrário à afirmação de Marta seria da cor amarela e deveria ter uma figura de qualquer cor, desde que não fosse azul. Não há um cartão, entre os três apresentados, contrário àquilo que foi afirmado.

Resposta: Nenhum dos cartões mostrados contradiz a afirmação de Marta.

Questão 02:

"Mantendo-se a regularidade da sequência numérica -3, 1, -5, 3, -7, 5, ..., os dois próximos elementos dessa sequência serão, respectivamente" (Vunesp – Escrevente – 2015).

A questão apresenta uma sequência numérica com seis números e solicita que seja completada com os dois próximos elementos.

Diferente das progressões aritmética e geométrica, que tem característica específica e por consequência fórmulas para a resolução, aqui não há que se falar em fórmulas, uma vez que o examinador define um padrão de sequência diferente a cada nova questão.

Apesar de não existir fórmula, a sequência tem regra que deverá ser identificada. A solução depende da análise da situação e identificação da lógica empregada pelo examinador para, então, resolver a questão.

Assim, ao trabalhar com sequências, o concursando deve observar as possíveis combinações, por exemplo: associar o primeiro com o último elemento, verificar a sequência na ordem inversa, analisar os elementos alternadamente, aplicar as operações aritméticas entre os elementos, examinar se a sequência é crescente ou decrescente e assim por diante.

Voltando à resolução da questão, temos:

Sequência dada.	-3, 1, -5, 3, -7, 5, ...

Nesse caso, a lógica empregada está no agrupamento alternado dos elementos.

-3 1 -5 3 -7 5

-2 -2

A variação do primeiro para o terceiro elemento é de -2. O mesmo repete-se do terceiro para o quinto elemento. Concluímos que, pela regra, o sétimo elemento é igual a -9.

-3 1 -5 3 -7 5 **-9**

-2 -2 -2

Para os números que ocupam as posições pares, existe outra sequência, porém, com variação positiva igual a 2.

-3 1 -5 3 -7 5 **-9** **7**

+2 +2 +2

Resposta: Os dois próximos elementos da sequência serão os números -9 e 7.

DICA

Não gaste mais do que um minuto para identificar a lógica empregada no problema. Após a leitura do enunciado, não fique debruçado sobre a mesma questão por vários minutos tentando adivinhar qual a lógica de uma sequência ou como estruturar a questão para poder resolvê-la. Descobriu a lógica, vá em frente e resolva a questão. Não identificou, pule para a próxima questão e, depois de resolver as demais, retome a resolução desta que pulou.

Questão 03:

"Considere as seguintes figuras de uma sequência de transparências, todas enumeradas:

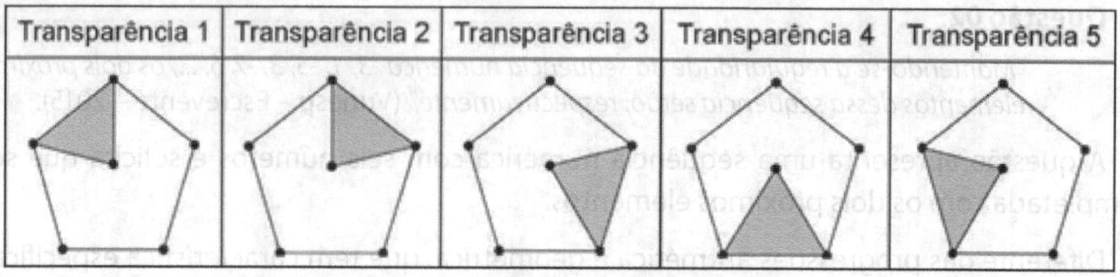

Na referida sequência, a transparência 6 tem a mesma figura da transparência 1, a transparência 7 tem a mesma figura da transparência 2, a transparência 8 tem a mesma figura da transparência 3, e assim por diante, obedecendo sempre essa regularidade. Dessa forma, sobrepondo-se as transparências 113 e 206, tem-se a figura" (Vunesp – Escrevente – 2015).

Os segmentos de reta partindo do centro até cada um dos vértices do pentágono dividem a figura geométrica em cinco partes, conforme numeração a seguir.

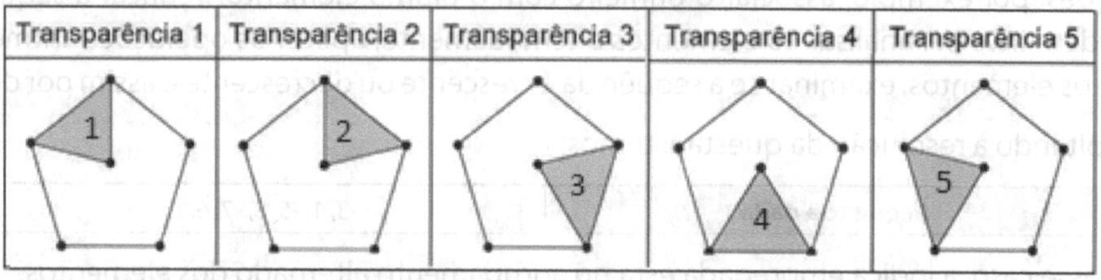

À vista disso, cada grupo de cinco números completa um ciclo.

Ao tomar uma posição qualquer e efetuar a operação de divisão por cinco, o resto desta operação coincide com uma das posições identificadas na figura.

Ao dividir o número 113 por 5, o quociente é igual a 22 (parte inteira) e o resto igual a 3. Entende-se que foram 22 ciclos completos e restaram outras três unidades. Portanto, a transparência de número 113 coincide com a de número 3.

Transparência 113 (mesma posição que a transparência 3).

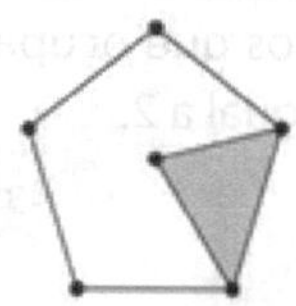

A operação 206 dividido por 5 tem resto igual a 1, logo, o desenho da transparência 206 coincida com a transparência 1.

Transparência 206 (mesma posição que a transparência 1).

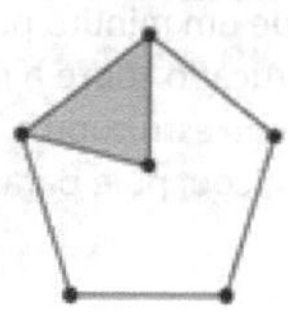

Ao sobrepor as duas transparências obtém-se a imagem:

Transparências 113 e 206 sobrepostas.	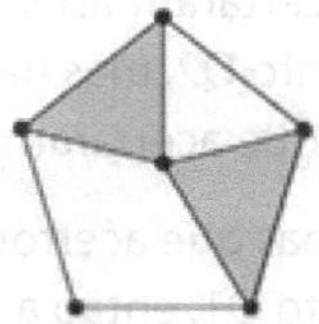

Resposta: Sobrepondo-se as transparências 113 e 206, tem-se uma figura que é a combinação das transparências 1 e 3.

Questão 04:

> *"Uma avaliação com apenas duas questões foi respondida por um grupo composto por X pessoas. Sabendo-se que exatamente 160 pessoas desse grupo acertaram a primeira questão, que exatamente 100 pessoas acertaram as duas questões, que exatamente 250 pessoas acertaram apenas uma das duas questões, e que exatamente 180 pessoas erraram a segunda questão, é possível afirmar, corretamente, que X é igual a"* (Vunesp – Escrevente – 2015).

Seguimos abusando do uso dos diagramas.

A situação descrita pode ser representada por dois conjuntos. O primeiro deles corresponde às pessoas que acertaram a primeira questão e o segundo conjunto, às pessoas que acertaram a segunda questão. A intersecção dos conjuntos, evidente, corresponde àquelas que acertaram ambas as questões.

Sabe-se que: "Exatamente 160 pessoas desse grupo acertaram a primeira questão".

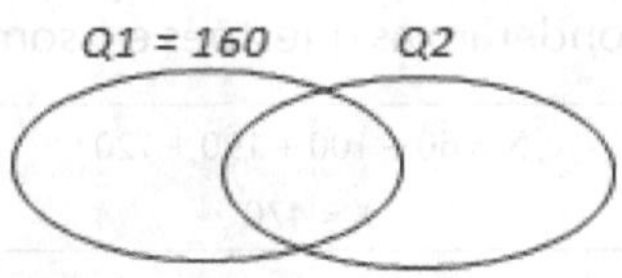

Também: "Que exatamente 100 pessoas acertaram as duas questões".

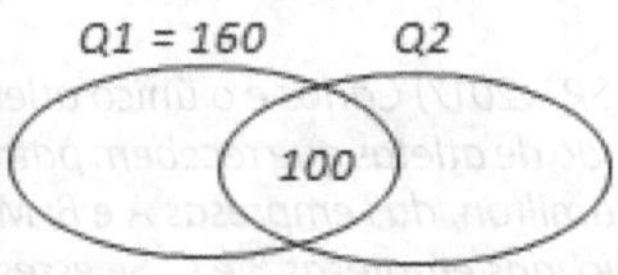

Conclui-se que a quantidade de pessoas que acertaram apenas a primeira questão é igual a 60 (diferença entre o total do conjunto Q1, 160, menos o total de elementos da intersecção, 100).

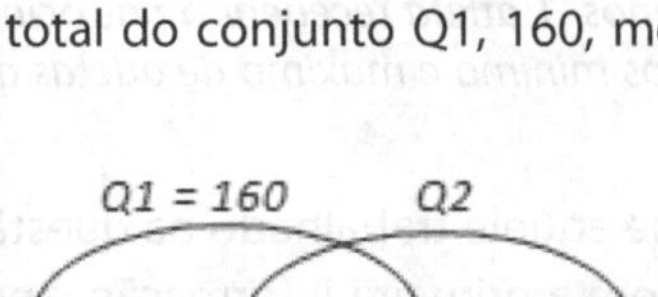

Sabe-se, ainda que: "Exatamente 250 pessoas acertaram apenas uma das duas questões".

As pessoas que acertaram apenas uma questão são aquelas que pertencem ao conjunto Q1 ou ao conjunto Q2, mas não fazem parte da intersecção entre eles (a intersecção corresponde àquelas que acertaram as duas questões).

Se o total de pessoas que acertou apenas uma questão é igual a 250 e sabendo que 60 pertencem ao conjunto Q1, então a diferença, 190, pertence ao outro conjunto.

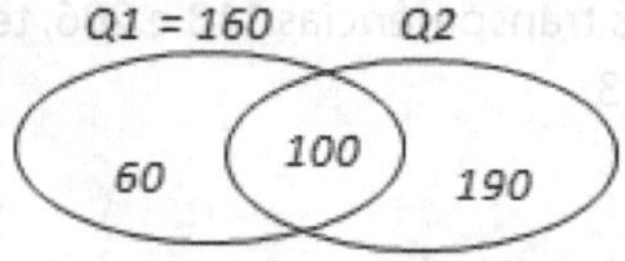

Por fim, sabe-se que: "Exatamente 180 pessoas erraram a segunda questão".

De acordo com o diagrama, já estão identificadas 60 pessoas que não acertaram a segunda questão (acertaram somente a primeira), logo, restam outras 120 para completar o total informado de 180.

Posto isso, completamos o diagrama com as 120 pessoas restantes que não acertaram nenhuma das questões.

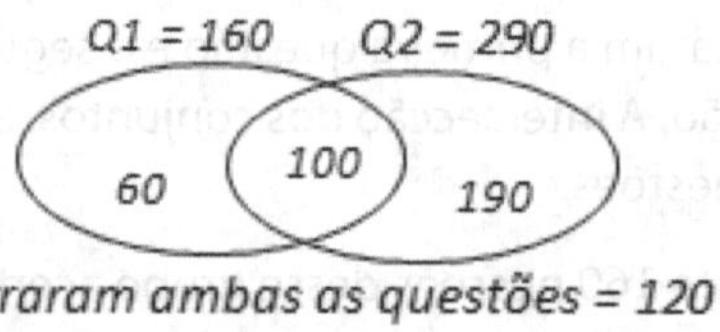

O total de pessoas que responderam as questões é o somatório das partes do diagrama.

$$X = 60 + 100 + 190 + 120$$
$$X = 470$$

Resposta: É possível afirmar, corretamente, que X é igual a 470.

Questão 05:

> *(Vunesp – Escrevente TJ SP – 2017) Carlos é o único atleta que tem patrocínio de 3 empresas: A, B e C. Em se tratando de atletas que recebem patrocínios de apenas 2 dessas empresas, temos: Leandro e Hamilton, das empresas A e B; Marta e Silas, das empresas A e C; e Amanda, Renata e Sérgio, das empresas B e C. Se esses atletas fazem parte de um grupo contendo, ao todo, 18 atletas que recebem patrocínio das empresas A, B ou C, e cada empresa tem, pelo menos, 1 atleta recebendo patrocínio somente dela, então é correto afirmar que os números mínimo e máximo de atletas que a empresa B pode patrocinar são, respectivamente,*

O raciocínio é o mesmo que aquele trabalhado na questão anterior. São três empresas patrocinadoras e, de acordo com a primeira informação, apenas Carlos tem patrocínio de todas.

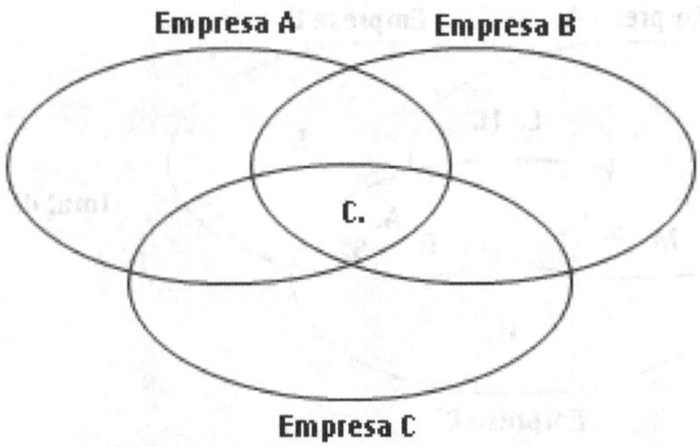

Na figura acima, Carlos está representado pela letra "C" e encontra-se na intersecção dos três conjuntos visto que recebe o patrocínio das três empresas.

O enunciado informa, também, que os atletas Leandro e Hamilton recebem patrocínio das empresas A e B.

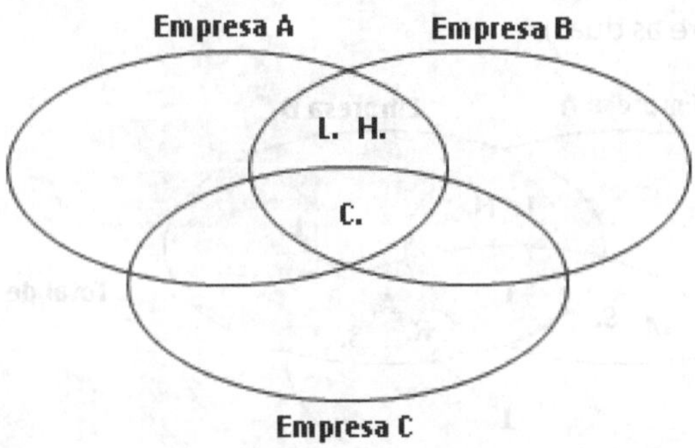

Ainda, Marta e Silas, das empresas A e C; e Amanda, Renata e Sérgio, das empresas B e C.

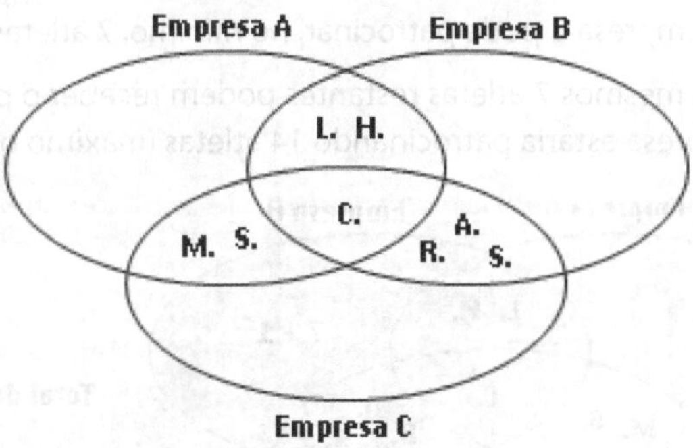

Completa dizendo que são 18 atletas no total e que cada empresa tem, pelo menos, 1 atleta recebendo patrocínio somente dela.

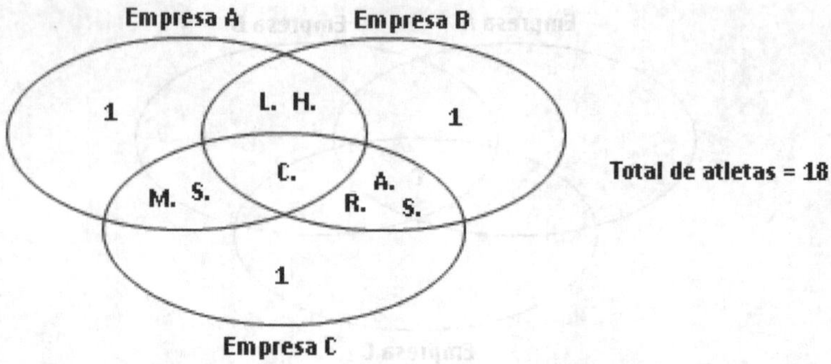

Resta saber os números mínimo e máximo de atletas que a empresa B pode patrocinar.

Analisando a última figura, percebemos que estão distribuídos 11 atletas no diagrama, portanto, restam outros 7 para completar o total de atletas que recebem patrocínio.

Dada as circunstâncias, para que a empresa B tenha o mínimo de atletas patrocinados, estes 7 restantes ficariam distribuídos entre as empresas A e B (indiferente se todos em uma delas ou dividido entre as duas).

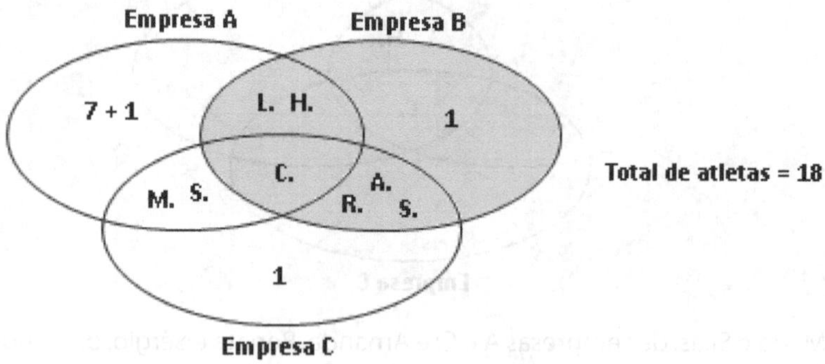

Conclui-se que a empresa B pode patrocinar, no mínimo, 7 atletas.

Por outro lado, os mesmos 7 atletas restantes podem receber o patrocínio da empresa B. Neste caso, tal empresa estaria patrocinando 14 atletas (máximo que pode patrocinar).

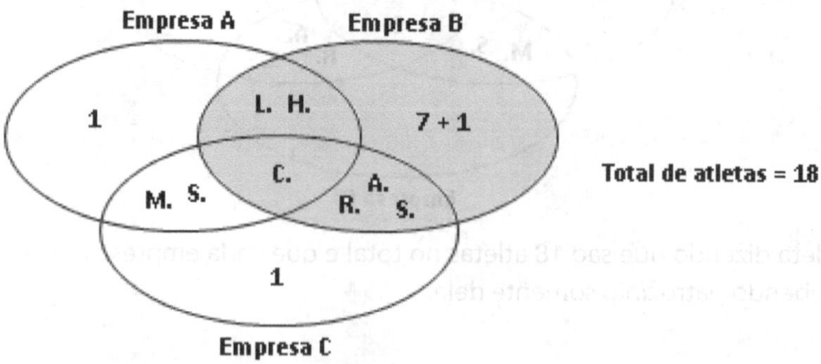

Resposta: É correto afirmar que os números mínimo e máximo de atletas que a empresa B pode patrocinar são, respectivamente, 7 e 14.